A GREEK ≈ HEBREW/ARAMAIC
TWO-WAY INDEX TO THE
SEPTUAGINT

T. MURAOKA

A GREEK ≈ HEBREW/ARAMAIC TWO-WAY INDEX TO THE SEPTUAGINT

PEETERS
LOUVAIN - PARIS - WALPOLE, MA
2010

A catalogue record for this book is available from the Library of Congress.

ISBN 978-90-429-2356-0
D/2010/0602/92

© PEETERS, Bondgenotenlaan 153, 3000 Leuven, Belgium

PRINTED IN BELGIUM

Peeters, Warotstraat 50, B-3020 Herent

CONTENTS

INTRODUCTION

This two-way index is meant to supplement our recently published lexicon[1] as well as Hatch and Redpath's Septuagint Concordance.[2]

Up to the second edition of our lexicon published in 2002[3] many of the entry words had at the end a list of Hebrew/Aramaic words or phrases which are translated in the Septuagint with the entry word in question. In the latest edition of the lexicon, however, we have decided to delete all these lists[4] as not integral to the lexicon. This set of information is important all the same for better understanding of the Septuagint, its translation techniques, the Septuagint translators' ways of relating to the Hebrew/Aramaic words and phrases in their original text. In order fully to understand how a Hebrew/Aramaic lexeme or phrase X was perceived to relate to a Greek lexeme or phrase Y one would need to study each biblical passage, with the help of HR, to which the equivalence applies. Yet a quick overview of, and easy access to, the range of Greek words or phrases can be helpful and illuminating. Therefore we are presenting these data here separately as Part I of this two-way Index.[5]

As to how the other part, Part II, of this two-way Index supplements HR, the reader is referred to the Introduction, as printed below, to our *Hebrew/Aramaic Index to the Septuagint Keyed to the Hatch-Redpath Concordance* (Grand Rapids, MI: Baker Books, 1998). This *Index* is presented here in a fairly extensively revised form.

Both parts, taken together, are a derivative of HR. However, they are not a mechanical transfer in a different format of the data as found in HR. The data as presented in HR have been subjected to a critical examination, as a result of which many Hebrew/Aramaic words or phrases identified by HR as translated with such and such a Greek lexeme or phrase have been rejected by us, whilst just as many, new Hebrew/Aramaic - Greek equivalences have been established by us. Our revision of HR, however, is still incomplete. Ideally, one should study each verse of every Septuagint book translated from either Hebrew or Aramaic and compare it with what is judged to be the Semitic Vorlage of the Septuagint text. This is a project for the future, and we doubt that such an investigation can be performed wholly and mechanically with a computer.

The revision of HR has partly to do with some new developments in textual studies of both the Hebrew/Aramaic Bible and the Septuagint that have taken place since the days of HR. Our *Lexicon* 2009 is on the whole based on the Göttingen critical edition and A. Rahlfs's Handausgabe, the latter for books for which the former is not yet available. On this basis, under ἐξέρχεσθαι in HR, for instance, Ex 3.13 ought to be deleted:

[1] T. Muraoka, *A Greek-English Lexicon of the Septuagint* (Leuven: Peeters Press, 2009), henceforward *Lexicon* 2009.

[2] E. Hatch and H.A. Redpath, *A Concordance to the Septuagint and the other Greek Versions of the Old Testament (Including the Apocryphal Books)* (Oxford: Clarendon Press, 1897–1906), henceforward HR.

[3] T. Muraoka, *A Greek-English Lexicon of the Septuagint: Chiefly of the Pentateuch and the Twelve Prophets* (Leuven: Peeters Press, 2002), henceforward *Lexicon* 2002. This is an expanded version of our *A Greek-English Lexicon of the Septuagint: Twelve Prophets* (Leuven: Peeters Press, 1993).

[4] On the very few exceptions to this rule, see *Lexicon* 2009, p. xv.

[5] In the first two editions of our Lexicon we have also indicated how often such and such an equivalence applies. For this two-way Index, however, we are content with the use of <+> symbol following the figure given in *Lexicon* 2009 when a given equivalence appears to occur very frequently, e.g. ἀνήρ איש [114+]. Even where the frequency figure is not that high, the same procedure is followed unless the equivalence has not been listed in *Lexicon* 2002. For more accurate statistics, Camilo Dos Santos's *An Expanded Index* could be consulted: for bibliographical details of this work, see below, p. 11. Likewise data in the Antiochene text have not been taken into account systematically for the purpose of frequency statistics, because the data here overlap to a certain extent those in the Kaige recension. We are aware that in this regard we are being inconsistent, since our statistics for the two versions of the Book of Daniel represent partial double counting. For more accurate statistics, the *Índice* mentioned in f.n. 8 below needs to be consulted. Thus, for example, our Index shows that the equivalence κληδονίζομαι ≈ ענן po(lel) applies 3 times, whereas according to the *Índice* it applies in two of the three passages in the Antiochene text.

in this particular case the Göttingen edition prefers ἐλεύσομαι over against ἐξελεύσομαι found in Codex Vaticanus. However, the equivalence [בוֹא qal ≈ ἐξέρχεσθαι] is attested several times elsewhere without ἔρχεσθαι as a variant. Thus the equivalence itself can be left to stand, though its frequency statistics would be affected.

As part of this revision and updating of HR we have decided to incorporate two sets of new data.

On the one hand, we have systematically studied the apocryphal book of 1Esdras, which was, for a reason unknown to us, excluded by HR as far as the feature of Hebrew/Aramaic ≈ Greek equivalence is concerned. Results of this study were published in 1984[6] and incorporated in our 1998 *Index*. In addition, our *Lexicon* 2009 systematically incorporates data as presented by the so-called Antiochene or Proto-Lucianic text-form for parts of the Septuagint, namely the books of Judges, Chronicles, and parts of Kingdoms.[7] These data are also incorporated now in the present two-way Index.[8] On the other hand, we have now a considerable amount of Hebrew/Aramaic biblical texts which were unknown to HR, all coming from the Judaean Desert, not only biblical texts, but also apocryphal books such as Ben Sira and Aramaic fragments of Tobit.

All these new data have been taken into account and / or incorporated in our *Lexicon* 2009 and / or this two-way Index.

Another way in which we have expanded on the data provided in HR is that we have undertaken a systematic enquiry into some Greek lexemes for which HR, most probably on account of their high frequency, does not list their Hebrew/Aramaic equivalents. Examples are ἀντί and עֲבוּר used prepositionally often prefixed with -בַּ or -לְבַ.

The data relating to the symbols (†) and (-) are only sporadically given. In HR, the former signifies that in the Scripture passage with it at the end no Greek ≈ Hebrew/Aramaic equivalence can be established, whilst the latter symbol implies that in the Scripture passage in question there most likely stood no Hebrew/Aramaic text either in the MT or the Hebrew/Aramaic text the translator had in his Vorlage or had in mind. As far as the present Index is concerned, these symbols are used mainly to indicate that we disagree with HR who identified a Hebrew/Aramaic equivalent in the passages concerned.

It is hoped that this two-way Index can be of some assistance for not only students of the Septuagint, but also of the early Jewish and Christian documents including the New Testament.

Last but not least, I would like to express my sense of indebtedness and gratitude to Peeters Press of Leuven for agreeing to publish this tool and Mr F. Persijn of the said firm for converting our 1998 *Index* in Windows format to Mac format. Thanks are also due to Baker Books for putting at our disposal their digitalised version of our 1998 *Index*.

Takamitsu Muraoka,

6th July, 2009
Oegstgeest, The Netherlands

[6] T. Muraoka, *A Greek-Hebrew/Aramaic Index to I Esdras* (Scholars Press: Chico, CA, 1984).

[7] For details, see *Lexicon* 2009, pp. vii-viii. Some of these data are occasionally and accidentally, but not systematically, included already in HR.

[8] This part of our work has been substantially facilitated by the invaluable publication by our Spanish colleagues: N. Fernández Marcos, Mª V. Spottorno Díaz-Caro, J.M. Cañas Reíllo, *Índice griego-hebreo del texto antioqueno en los libros históricos*, 2 vols. (Consejo Superior de Investigaciones Científicas, Instituto de Filologia: Madrid, 2005).

ABBREVIATIONS AND SYMBOLS

General

acc.	accusative
act.	active
adj.	adjective
adv.	adverb
Ar.	Aramaic
Arb.	Arabic
bis	twice
c.	cum, "with"
conj.	conjunction
dat.	dative
Del.	Delete
fr.	free translation
gen.	genitive
Index 1E	*Index to 1Esdras*[1]
idiom.	idiomatic rendering
inf.	infinitive
interj.	interjection
K	Ktiv
L	Lucianic or Antiochene version
Lex	*Lexicon* 2009[2].
metath.	metathesis
MH	Mishnaic Hebrew
MT	Massoretic text
neg.	negative
nom.	nominative
pass.	passive
pl.	plural
prep.	preposition
ptc.	participle
Q	Qre
RH	Rabbinic Hebrew
sg.	singular
sub.	subject
subst.	substantive
suf.	suffix
ter	thrice
transp.	transposition
voc.	vocalisation
Vorl.	Vorlage
word div.	word division
Zgl	J. Ziegler

Hebrew Stems

qal	qal
ni.	nifal
pi.	piel
pu.	pual
pilp.	pilpel
pulp.	pulpal
hi.	hifil
ho.	hofal
hitp.	hitpael
hisht.	hishtafel
hotp.	hotpael
nit.	nitpael
hitpal.	hitpalel
hitpalp.	hitpalpel
hitpo.	hitpoel
hitpolel	hitpolel
tif.	tifel

Aramaic Stems

pe.	peal
pa.	pael
af.	afel
haf.	hafel
hof.	hofal
shaf.	shafel
itpe.	itpeel
itpa.	itpaal
itpo.	itpoal
hitpe.	hitpeel
ishtaf.	ishtafal
ittaf.	ittafal

[1] See f.n. 6 above.
[2] See f.n. 1 above.

Symbols

+	When prefixed to a Scripture reference within the square brackets, e.g. "σίκλος 1) שֶׁקֶל [40: + 1K 13.21]" the symbol means that the equivalence applies not only to the 39 places identified by HR, but also to 1K 13.21. In the case of 1 Esdras and the Lucianic version of the books of Judges, 1-4 Kingdoms and 1-2 Chronicles we have mentioned all the passages only when it concerns a Greek ≈ Hebrew/Aramaic equivalence that does not occur elsewhere.
	When it follows a Scripture reference, e.g. [3: Ge 4.5 +], it signifies that the same Greek ≈ Hebrew/Aramaic equivalence applies at Ge 4.5 and other unnamed passages.
-	When prefixed to a Scripture reference within the square brackets, e.g. "φάραγξ 1) אָפִיק [6: - Ez 6.3]" the minus symbol signifies that the equivalence φάραγξ ≈ אָפִיק applies only six times and Ez 6.3 mentioned by HR for such an equivalence needs to be discounted.
*	Indicates an identification new in relation to HR. Thus *φράξις signifies that the lexeme is not registered in HR. "κοινῶς *1) Ar. כְּחֲדָא [1: To 6.6]" means that the equivalence κοινῶς ≈ Ar. כְּחֲדָא, which was unknown to HR, has been identified, and such an equivalence occurs only once in the LXX, at To 6.6. Under κράτος "4) a. חזק ... *c. pi.[1: Is 22.21]" the asterisk means that we have identified a new equivalence κράτος ≈ חזק pi. at Is 22.21. Under διδάσκω "10) פרשׁ *pi.[1]" the symbol signifies that we propose διδάσκω ≈ פרשׁ pi. instead of HR's διδάσκω ≈ פרשׁ pu. Under ἐγκωμιάζω, "2) *בְּרָכָה [1]" the asterisk means that we propose to replace HR's רְבָה with בְּרָכָה, HR's data about the frequency of the equivalence and its attested passage remaining unchanged.
x∫	Placed at the end of a Greek entry, e.g. ἀλλά, it signifies that the data presented under the Greek entry word in question are incomplete.

Books of the Septuagint

Ge	Genesis		Pr	Proverbs
Ex	Exodus		Ec	Ecclesiastes
Le	Leviticus		Ct	Canticles / Song of Songs
Nu	Numbers		Si	Sirach (Ecclesiasticus)
De	Deuteronomy		Ho	Hosea
Jo	Joshua		Am	Amos
Jd	Judges		Mi	Micah
Ru	Ruth		Jl	Joel
1K	1 Samuel		Ob	Obadiah
2K	2 Samuel		Jn	Jonah
3K	1 Kings		Na	Nahum
4K	2 Kings		Hb	Habakkuk
1C	1 Chronicles		Zp	Zephaniah
2C	2 Chronicles		Hg	Haggai
1E	1 Esdras		Zc	Zechariah
2E	Ezra		Ml	Malachi
Ne	Nehemiah		Is	Isaiah
To	Tobit		Je	Jeremiah
Ju	Judith		La	Lamentations
Es	Esther		Ez	Ezekiel
Jb	Job		Da LXX	Daniel Old Greek
Ps	Psalms		Da TH	Daniel Theodotion

BIBLIOGRAPHY[11]

Barthélemy, D. 1963. *Les devanciers d'Aquila* etc. [SVT 10]. Leiden.

——. 1972. "Le papyrus Bodmer 24 jugé par Origène," J. Schreiner (ed.), *Wort, Lied und Gottesspruch* [Fschr J. Ziegler], 11-19. Würzburg.

Ben-Ḥayyim, Z. 1973. "From the Ben-Sira entries," *Lĕšonénu* 40.215-17.

Ben-Yehudah, E. 1908-58. *Thesaurus totius hebraitatis et veteris et recentioris* [מלון הלשון העברית הישנה והחדשה]. Jerusalem/New York.

Brock, S.P. 1973. "An unrecognised occurrence of the month name Ziw (2 Sam. XXI 9)," *VT* 23.100-03.

Caird, G.B. 1969. "Towards a lexicon of the LXX, II" *JThSt* 19.21-40.

Camilo Dos Santos, E. n.d. *An Expanded Hebrew Index for the Hatch-Redpath Concordance to the Septuagint*. Jerusalem.

Chadwick, J. 1996. *Lexicographica Graeca. Contributions to the Lexicography of Ancient Greek*. Oxford.

Dogniez, C. 2001. "Fautes de traduction, ou bonnes traductions? Quelques exemples pris dans la LXX des Douze Petits Prophètes," B. Taylor (ed.), *X Congress of the IOSCS* (Atlanta), 241-61.

Driver, S.R. ²1912. *Notes on the Hebrew Text and the Topography of the Books of Samuel*. Oxford.

Ehrlich, A.B. 1908. *Randglossen zur hebräischen Bibel. Textkritisches, sprachliches und sachliches*. 7 vols. Leipzig.

Frankel, Z. 1851. *Über den Einfluss der palästinischen Exegese auf die alexandrinische Hermeneutik*. Leipzig.

Gooding, D.W. 1959. *The Account of the Tabernacle. Translation and Textual Problems of the Greek Exodus*. Cambridge.

Montgomery, J.A. 1927. *A Critical and Exegetical Commentary on the Book of Daniel*. Edinburgh.

Muraoka, T. 1970. "Is the Septuagint Amos viii 12—ix 10 a separate unit?," *VT* 20.496-500.

——. 1973. "Literary device in the Septuagint," *Textus* 8.20-30.

Prijs, L. 1948. *Jüdische Tradition in der LXX*. Leiden.

Rösel, M. 1994. *Übersetzung als Vollendung der Auslegung. Studien zur Genesis-Septuaginta* [BZAW 223]. Berlin / New York.

Schleusner, J.F. 1820-21. *Novus thesaurus philologico-criticus sive lexicon in LXX et reliquos interpretes graecos ac scriptores apocryphos veteris testamenti*, 5 vols. Leipzig.

Seeligmann, I.L. 1948. *The Septuagint Version of Isaiah. A Discussion of its Problems*. Leiden.

Strugnell, J. 1969. "Notes and queries on 'The Ben Sira Scroll from Masada'," in A. Malamat (ed.) [W.F. Albright Volume], *Eretz Israel* 9.109-19.

Thomas, D.W. 1960. "The Septuagint's rendering of שנות לב טוב in Ecclus xxxiii: 13," *VT* 10.456.

Walters (formerly Katz), P., ed. by D.W. Gooding, 1973. *The Text of the Septuagint: its Corruptions and their Emendation*. Cambridge.

Wellhausen, J. ⁴1963. *Die kleinen Propheten: Skizzen und Vorarbeiten*. Göttingen.

——. 1871. *Der Text der Bücher Samuelis untersucht*. Göttingen.

Ziegler, J. 1934. *Untersuchungen zur Septuaginta des Buches Isaias*. Münster i. W.

——. 1958. *Beiträge zur Jeremias-Septuaginta*. Göttingen.

——. 1985. *Beiträge zum griechischen Iob* [Mitteilungen des Septuaginta-Unternehmens XVIII]. Göttingen.

[1] Listing only those works mentioned in this work in abbreviated form.

PART I

GREEK ≈ HEBREW/ARAMAIC INDEX

A

ἆ. 1) אֲהָהּ [2].

ἀβασίλευτος 1) אֵין מֶלֶךְ [1].

ἀβατόω 1) שָׁמֵם hi.[1].

ἄβατος 1) אֵיתָן [1]; 3) גְּזֵרָה [1]; 4) עִי [1]; 5) עָיֵף [1]; 6) עֲרָבָה [1]; 7) שׁוֹאָה [1]; 8) שׁוּחָה [1]; 9) *a*. שַׁמָּה [6], *b*. שְׁמָמָה [6]; 10) תֹּהוּ [1]; 11) תֵּל [1]. Del. 2).

ἀβοηθησία 1) מְשׁוֹאָה [1].

ἀβοήθητος 1) אֵין אֱיָל [1].

ἀβουλία 1) אִוֶּלֶת [1]. Del. 2) Pr 11.6 v.l.

ἅβρα 1) אָמָה [1]; 2) נַעֲרָה [5].

ἀβροχία 1) בַּצֹּרֶת [3].

ἄβυσσος 1) תְּהוֹם [32]; 2) *a*. צוּלָה [1], *b*. מְצוּלָה [1]; 3) רַחַב [1]; 4) רַבָּה [1].

ἀγαθοποιέω 1) יטב hi.[3].

ἀγαθοποιός 1) *a*. טוֹב [1], *c*. טִיב [1: Si 42.14 M]. Del. 1*b*).

ἀγαθός 1) בִּין ni.[1]; 2) בָּמָה [1]; 3) דֶּשֶׁן [1]; 4) *a*. Ar. טָב [3: + To 14.2, Is 63.7], *b*. טוֹב, טוֹבָה [28+], *c*. טוּב [8+], *d*. יטב qal[1], *e*. hi.[1], *f*. מֵיטָב [1]; 5) יָפֶה [1]; 6) יָשָׁר [3]; 7) נָכוֹחַ [1]; 8) תִּקְוָה [1]; 9) שָׁלֵם [1]; 10) כּוּן ni.[1]; 11) οὐκ ἀγαθός, עִקְּשׁוּת [1]; 12) ἀγαθὸν ποιεῖν גמל qal[1]; 13) ἀγαθὸς τῷ εἴδει [A ἰδεῖν] תֹּאַר [1]. Del. De 8.1 v.l.

ἀγαθόω 1) *a*. טוֹבָה [1], *b*. טוֹב, יטב hi.[2].

ἀγαθύνω 1) Ar. טְאֵב pe.[1]; 2) טוֹב, יטב *a*. qal [9], *b*. hi.[12], *c*. Ar. יְטֵב pe.[1]. Del. 3); Je 51.27 v.l.

ἀγαθῶς 1) טוֹב [1]; 2) יטב hi.[1].

ἀγαθωσύνη 1) *a*. טוּב [2], *b*. טוֹב [2], *c*. טוֹבָה [11]. Del. Ps 37.20 v.l.

ἀγαλλίαμα 1) גָּאוֹן [1]; 2) *a*. גִּיל [2], *b*. גִּילָה [1]; 3) תְּהִלָּה [1]; 4) *a*. רֹן [1], *b*. רִנָּה [1]; 5) *a*. שָׂשׂוֹן [4], *b*. מָשׂוֹשׂ [1]; 6) שִׂמְחָה [6]; 7) ἀ. εὑρίσκειν גִּיל qal[1]; 8) תִּפְאֶרֶת [1].

ἀγαλλιάομαι 1) גִּיל qal[25]; 2) הלל hit.[2]; 4) עלז *a*. qal[3]; 5) צהל qal[1]; 6) *a*. רנן qal[2], *b*. pi.[21], *c*. hi.[1]; 7) שִׂישׂ qal[3]; *9) Ar. בוע pe.[1: To 13.13]; *10) דוץ qal[1: To 13.13]; *11) עלץ qal [1:1C 16.32*L*]. Del. 3, 4*b*, *c*, 8); Ps 19.7 v.l.

ἀγαλλίασις 1) גִּיל [2]; 2) תְּרוּעָה [1]; 3) *a*. רִנָּה [8], *b*. רנן pi.[1], *c*. רְנָנָה [2]; 4) שָׂשׂוֹן [5]; *5) תִּשְׁבּוֹחֶת [1: To 13.1].

ἄγαλμα 1) אַט [1]; 2) פֶּסֶל [1].

ἀγαπάω 1) אָהֵב *a*. qal[58+: + Ho 8.9, *y* > *w*; 8.12 MT *hbhb*; 2K 13.21 4Q], *b*. ni.[3], *c*. אַהֲבָה [3]; 5) *a*. חָפֵץ [2], **b*. qal[1: 1K 19.1*L*]; 6) יְדִידוּת [1]; 7) יָדִיד [4]; 8) יָחִיד [1]; 9) יְשֻׁרוּן [4]; 10) מָשׂוֹשׂ [1]; 15) רחם *a*. qal[1], *b*. pi.[2: - Ho 2.23 v.l. > ἐλέω], *c*. pu.[1], **d*. Ar. רְחֵם pe.[3: To 6.17, 13.14, 14.7]; 16) רצה qal[1]; 17) שׁמר qal[1]; 18) שׁעע pilp.[1]; 19) שַׁעֲשֻׁעִים [1]. Del. 2-4, 11-14).

ἀγάπη 1) אַהֲבָה [15]. Del. 2K 1.26, Si 48.11 v.l.

ἀγάπησις 1) אַהֲבָה [8]; 2) חֶבְיוֹן [1]; *3) חִבָּה [1: Si 11.14].

ἀγαπητός 1) דּוֹד [1]; 2) יָדִיד [5]; 3) יָחִיד [7]; 4) יַקִּיר [1]; 5) אהב pi.[1].

ἀγαυρίαμα 2) תְּהִלָּה [1]. Del. 1); Je 31.2 v.l.

ἀγγεῖον 1) בּוֹר [1]; 2) כִּכָּר [1]; 3) כְּלִי [15]; 4) נֵבֶל [3].

ἀγγελία 1) דָּבָר [1]; 2) טַעַם [1]; 3) שְׁמוּעָה [8]; 4) שֵׁמַע [1].

ἄγγελος 1) אַבִּיר [1]; 2) אֵל [2]; 3) *a*. Ar. אֱלָהּ [2], *b*. אֱלוֹהַּ [3]; 4) אֱנוֹשׁ [1]; 5) *a*. בֵּן [4], *b*. בֶּן אֱלֹהִים [1]; 6) חֶרֶב [1]; 7) מַלְאָךְ [6+: + To 10.9; Si 43.26; 1Es 1.50, 51]; 8) מַלְאָכוּת [1]; 10) עֶבְרָה [1]; 11) עִיר [2]; 12) צִיר [3]; 13) שַׂר [2]; 14) יָד [1]; 15) Ar. מַלְאַךְ [3: To 6.1, 6, 12.22]; *16) קָדוֹשׁ [1: Jb 5.1]; (fr) [Is 37.24]. Del. 9):

ἄγγος 1) כְּלוּב [2]; 2) כְּלִי [4].

ἀγέλη 1) גְּדֵרָה [1]; 2) עֵדֶר [8]; 3) שִׁפְעָה [1].

ἁγιάζω 1) ברר hit.[2]; 2) כפר *a*. pi.[1], *b*. pu.[1]; 3) מִקְדָּשׁ [2]; 4) נָזִיר [3]; 5) נזר hi.[1]; 6) קָדוֹשׁ [4]; 7) קדשׁ *a*. qal[9], *b*. ni.[14], *c*. pi.[44+: + Ps 45.4 voc.], *d*. pu.[6: + Nu 18.9 voc.], *e*. hi.[36: + 1E 1.49, Si 36.9, 20], *f*. hit.[9: + 2C 35.3]; 8) קֹדֶשׁ [8]; *9) טהר *a*. pi.[1: 2C 29.16*L*], *b*. hit.[2C 30.18*L*]; (-) [- Ex 13.12[1]].

ἁγίασμα 1) מָעוֹן [1]; 2) מִקְדָּשׁ [3]; 3) נָזִיר [26]; 5) נֵזֶר [3: Zc 7.3 voc.]; 6) עֹז [1]; 7) קֹדֶשׁ [17]. Del. 4) > 5) voc.

ἁγιασμός 1) מִקְדָּשׁ [1]; 3) נָזִיר [1]; 4) קדשׁ hi.[1]. Del. 2, 5).

ἁγιαστήριον 1) מִקְדָּשׁ [3]; 2) נָאָה [1].

ἅγιος 1) אֱלוֹהַּ [4]; 2) στολὴ ~α בַּד [3]; 3) ברר hi. [1]; 4) זְבוּל [1]; 5) טָהוֹר [1]; 6) *a*. מִקְדָּשׁ [34: - Le 19.30, 26.2 > 12)], *b*. בֵּית מִקְדָּשׁ [1: 1E 1.53]; 7) נָזִיר [2]; 8) נֵזֶר [4]; 10) צוּר [1]; 12) קָדוֹשׁ [40+: Am 4.2 voc.; To 13.18]; 13) Ar. קַדִּישׁ [1: + To 3.11]; 14) קדשׁ *a*. pi.[1], *b*. hi.[1], *c*. hit.[1]; 15) קֹדֶשׁ [221+]; 16) שׂגב ni.[1]; *22) Ar. קְדֹשׁ [1: To 13.9]; 23) אֵל [1]; *24) אֲדֹנָי [1: Si 43.10M]; (-) [- Ex 23.22 > 12), 28.3 > 15)]. Del. 9, 11, 17-21).

ἁγιωσύνη 1) הוֹד [1]; 2) עֹז [1]; 3) קֹדֶשׁ [2].

ἀγκάλη 1) *אַצִּיל [1: 3K 3.20]; 2) חֵיק [1].

ἄγκιστρον 1) חָח [1]; 2) חַכָּה [3]. Del. 3).

ἀγκύλη 1) וָו [4]; 2) לֻלָאוֹת [6]; (?)[1].

ἀγκών 1) אַצִּיל [2]; 2) יָד [2]; 3) קָנֶה [1].

ἀγκωνίσκος 1) יָד [1].

ἁγνεία 1) טָהֳרָה [1]; 2) נָזִיר [1]; 3) נֵזֶר [1].

ἁγνίζω 1) חטא hit.[4]; 2) טהר *a*. pi.[2], *b*. hit. [1], **c*. טָהֹר [1: 1Es 7.10]; 3) נזר hi.[1]; 4) קדשׁ *a*. qal[4], *b*. pi.[3], *c*. hit.[13], **d*. hi.[1: 2C 30.17*L*]; 5) קֹדֶשׁ [1].

ἅγνισμα 1) חַטָּאת [1].

ἁγνισμός 1) חַטָּאת [2]; 2) טָהֵר pi.[1]; 3) מַרְגּוֹעַ [1]; 4) נִדָּה [1]; 5) נֵזֶר [1].

ἀγνοέω 1) אשׁם qal[1]; 2) יאל ni.[1]; 3) סכל ni.[1]; 4) רשׁע qal[1]; 5) שׁגג qal[1]; 6) שׁגה qal[3]; 7) שׁחת *hi.[1: Si 5.13].

ἀγνόημα 1) מִשְׁגֶּה [1].

ἄγνοια 1) אָשָׁם [5]; 2) אַשְׁמָה [3]; 3) עָוֹן [1]; 4) פֶּשַׁע [1]; 5) שְׁגָגָה [3]; *6) שְׁחִיתָה [1: Si 30.11].

ἄγνος 1) עֲרָבָה [2].

ἁγνός 1) זַךְ [1]; 2) זכה pi.[1]; 3) טָהוֹר [3].

ἀγνωσία 1) בְּלִי דַעַת [1].

ἄγονος 1) גַּלְמוּד [1]; 2) עָקָר [1]; 3) שׁכל pi. ptc.f.[1].

ἀγορά 1) עִזָּבוֹן [5]; 2) also Ar. שׁוּק [2: + 1Es 2.18 MT שׁורי].

ἀγοράζω 1) חלק hi.[1]; 2) לקח qal[1]; 3) לָקַח בִּמְחִיר [1]; 4) קנה *a.* qal[4], **b.* hi.[1: Si 37.11]; 5) שׁבר qal[9]. Del. Le 27.19 v.l.

ἀγορασμός 1) מַקָּחוֹת [1]; 2) שֶׁבֶר [1].

ἀγρεύω 2) לכד qal[1]; 3) לקח ni.[1]; 4) צוד qal[1]; (fr) [1: Ho 5.2]. Del. 1, 5).

ἀγριαίνω 1) מרר hitpalp.[1].

ἀγριομυρίκη 1) עַרְעָר [1].

ἄγριος 1) אֶרֶץ [1]; 2) בַּר [6]; 3) ψώρα ἀγρία גָּרָב [2]; 4) φρύγανα ἄ. חָרוּל [1]; 5) ὄνος ἄ. פֶּרֶא [4]; 6) שָׂדֶה [8]; *7) עָרוֹד [1: Je 31.6].

ἄγροικος 1) אִישׁ שָׂדֶה [1]; 2) פֶּרֶא [1].

ἀγρός 1) אֶרֶץ [3]; 2) יַעַר [1]; 3) מִדְבָּר [1]; 4) מַחֲנֶה [1]; 5) בַּר [1]; 6) קָצִיר [1]; 7) שָׂדֶה [73+].

ἀγρυπνέω 1) עור qal[1]; 2) שׁקד qal[8: + 1E 8.59, Si 36.16].

ἀγρυπνία 1) *a.* שֶׁקֶד [2: + Si 42.9 *r* > *d*], *b.* שְׁקִידָה [1]; *2) נְדֻדֵי שֵׁנָה [1: Si 34.20].

ἄγρωστις 1) עֵשֶׂב [1]; 2) רֹאשׁ [1]; 3) שָׁמִיר וָשַׁיִת[1]. Del. 4, 5).

ἀγχιστεία 1) גֹּאֵל [1]; 2) גְּאֻלָּה [2].

ἀγχιστεύς 1) גאל qal[10].

ἀγχιστευτής 1) גאל qal[1].

ἀγχιστεύω 1) גאל *a.* qal[12], *b.* pu.[2]; 2) ירשׁ qal[2].

ἄγχω 1) בלם qal[1].

ἄγω 1) בּוֹא *a.* qal[4], *b.* hi.[17+], *c.* ho.[1]; 2) גלה *a.* qal[2], *b.* ni.[1], *c.* pi.[1], *d.* hi.[1], *e.* ho.[1]; 3) הלך *a.* qal[2], *b.* hi.[17]; 4) חבר hit.[1]; 5) ἡσυχίαν ἄγειν חרשׁ hi.[1]; 6) יאל hi.[1]; 7) יבל ho.[2]; 9) ירד hi.[1]; 10) יצא *a.* qal[1], *b.* ho.[1]; 11) לקח *a.* qal[8], *b.* ni.[1], *c.* pu.[1]; 12) מִנְהָג [3]; 13) משׁך *a.* qal[1], *b.* pu.[1]; 14) נהג *a.* qal[8], *b.* pi.[4]; 15) נהל pi.[1]; 16) נחה hi.[2]; 17) נתן qal[3]; 18) עלה hi.[7]; 19) עשׂה *a.* qal[14], *b.* ni.[3]; 20) עשׁק qal[1]; 23) תאר qal[1]; 24) Ar. אתה af.[8]; 25) עמד hi.[1]; 26) אסף ni.[1]; 27) γῆρας ἄγειν זקן hi.[1]; *28) נגע qal[1: Is 53.8]; *29) חשׁב qal[1: Si 30.39]; *30) Ar. דבר pe.[1: To 2.2]; *31) Ar. עלל af.[1: To 7.1]. Del. 8, 18, 21, 22).

ἀγωγή *1) מִנְהָג [1: 4K 9.20*L*].

ἀγών 1) ἀγῶνα παρέχειν לאה hi.[2].

ἀγωνιάω 1) יָרֵא [2]; *2) חָרֵד [1: 1K 4.13*L*].

ἀγωνίζομαι 1) Ar. שׂוּם בָּל pe.[1]; 2) Ar. שׁדר itpa.[1]; 3) עצה ni.[1].

ἀδαμάντινος 1) אֲנָךְ [1].

ἀδάμας 1) אֲנָךְ [3].

ἄδειπνος 1) Ar. טְוָת [1].

ἀδελφή 1) אָחוֹת [43+], **b.* Ar. אֲחָה [2: To 5.21, 6.18]. Del. 2) De 27.23 v.l.

ἀδελφιδός 1) אָח [1]; 2) דּוֹד [34].

ἀδελφός 1) אָח [281+]; 2) אִישׁ [1]; 3) דּוֹד [3]; 4) ἀ. τοῦ πατρὸς דּוֹד [8]; 5) τοῦ ἀ. τοῦ πατρὸς θυγάτηρ דּוֹדָה [1]; 6) ἀ. τοῦ ἀνδρός יָבָם [2]; 7) τοῦ ἀ. γυνή יְבֶמֶת [2]; 8) כֹּהֵן [1]; 9) רֵעַ [2]; 10) Ar. אַח [14: + To 2.2+]; 11) ἀ. τοῦ ἀνδρός יבם pi.[1]. Del. Is 7.3 v.l.

ἄδηλος 1) בַּטֻּחוֹת [1].

ᾅδης 1) *a.* אַבְנֵי־בוֹר [1], *b.* יוֹרֵד־בּוֹר [1]; 2) דּוּמָה [2]; 3) מָוֶת [3]; 4) מות hi.[1]; 5) צַלְמָוֶת [1]; 6) שְׁאוֹל [12: + To 13.2].

ἀδιάλυτος 1) לֹא־יִקָּרֵעַ [1].

ἀδιάφορος Del. Si 7.18, 27.1, 42.5 v.l.

ἀδικέω 1) בצע qal[1]; 2) דכא pi.[1]; 3) חטא qal[4]; 4) חָמָס [2]; 5) *a.* חָמֵץ [1], *b.* חָמוֹץ [1]; 6) יגה hi.[1]; 7) יָרִיב [1]; 8) מעל qal[2]; 10) נכה hi.[1]; 11) עוה *a.* qal[3], *b.* ni.[1], *c.* hi.[8]; 12) עלה qal[1]; 13) עָרִיץ [2]; 15) עשׁק *a.* qal[13], *b.* pu.[1], *c.* עָשׁוֹק [1]; 16) פשׁע qal[1]; 17) רעע qal[1]; 18) רשׁע hi.[1]; 19) רָשָׁע [1]; 20) שׁקר *a.* qal[1], *b.* pi.[1]; 21) יָד הָיְתָה [1]; 22) עות pi.[1]; 23) פֹּעַל [1]; 25) יצק *a.* hi.[1], *b.* ho.[2]; *26) שׁוּף qal[1: Pr 1.32 MT *mšwbt*]. Del. 9, 14, 24); Ez 17.21 v.l.; Si 33.11 v.l. (> κακόω).

ἀδίκημα 1) חָמָס [1]; 2) מִשְׁפָּט [1]; 3) עַוְלָה [1]; 4) עָוֹן [5]; 5) עֹשֶׁק [2]; 6) פֶּשַׁע [4];7) *a.* רַע [1] *b.* רָעָה [1]; 8) פֶּשַׁע [1]; (fr) [Zp 3.15].

ἀδικία 1) אָוֶן [7]; 2) אָשָׁם [1]; 3) בֵּית־מְרִי [1]; 4) בֶּצַע [1]; 5) מִרְמָה [2]; 6) זמם qal[1]; 8) חָמָס [15]; 9) מַעַל [3]; 10) הַוָּה [1]; 12) מֻטֶּה [1]; 13) עוה hi.[1]; 15) Ar. עֲוָיָא [2]; 16) עָוֶל [11: + Zp 3.5, voc.]; 17) עַוָּל [2]; 19) עַוְלָה [16]; 20) עֹשֶׁק [5: Ge 26.20, *ś* > *š*]; 21) עָוֹן [20+: + Zc 5.6, *y* > *w*]; 24) מַעֲשַׁקּוֹת [1]; 25) עָתָק [2]; 26) פֶּרֶק [1]; 27) פֶּשַׁע [7]; 28) קֶשֶׁר [1]; 29) רִיב [1]; 30) רַע [2]; 31) רָעָה [2]; 32) רָשָׁע [1]; 33) רֶשַׁע [2]; 34) שֶׁקֶר [7], *a.* Ar. שְׁקַר [1: To 4.5]; 35) חַטָּאת [2]; 37) זָדוֹן [1]; *38) לֹא מִשְׁפָּט [1: Pr 15.29]; *39) מִדְיָן [1: Pr 21.9]; (†)[1: Ma 3.7]. Del. 7, 11, 14, 18, 22-3, 36).

ἄδικος 1) אָוֶן [3: + Jb 22.15]; 2) דָּבָר [1]; 3) חָמָס [10]; 4) עֲוִיל [1]; 8) עָוֶל [4]; 9) לְזוּת [1]; 5) מִרְמָה [2]; 6) נְוָלָה [1]; 7) עַוָּל [3]; 10) עַוְלָה [9]; 11) תַּהְפֻּכָה [1]; 12) עֹשֶׁק [2]; 13) רְמִיָּה [1]; 14) רַע [2]; 15) רשׁע hi.[1]; 16) רָשָׁע [4]; 17) שֹׁד [1]; 18) שֶׁקֶר [4+]; 19) תֹּהוּ [1]; 20) עָוֹן [1]; *22) רִיב [1: Pr 17.1]. Del. 21); Ma 3.18 v.l.

ἀδίκως 2) חִנָּם [2]; 3) כָּזָב [1]; 4) צַדִּיק [1]; 5) רַע [1]; 6) רָשָׁע [1]; 7) שֶׁקֶר [9]. Del. 1).

ἀδόκιμος 1) סִיג [2].

ἀδολεσχέω 1) *a.* שׂוּחַ qal[1]; *b.* שִׂיחַ qal[9]; 2) טרד qal[1]; 3) סוד qal[1].

ἀδολεσχία 1) שִׂיחַ [4]; *2) שִׂיחָה [1: Ps 118.85].

ἀδοξέω 1) מִשְׁחַת [1].

ἀδοξία *1) קלל pi.[1: Si 3.11].

ἄδοξος 1) קלה ni.[1].

ἁδρός 1) אִישׁ [1]; 2) גָּדוֹל [3]; 3) דַּל [1]; 4) רְאֵם [1]; 5) שַׂר [1].

ἁδρύνω 1) גדל *a.* qal[6], *b.* pi.[1].

ἀδυναμία 1) שָׁאוֹן [1].

ἀδυνατέω 1) בצר ni.[1]; 2) כרע ni.[1]; 3) כשׁל qal[1]; 4) ἀδυνατέω ταῖς χερσίν מָטָה יָד (√ מוט) qal[1]; 5) פלא ni.[4]; 6) Ar. אנס pe.[1]; *7) אֵין עִם [1: 2C 14.11].

ἀδύνατος 1) אֶבְיוֹן [4]; 2) אַבִּיר (?)[2]; 3) דַּל [3]; 4) חַלָּשׁ [1]; 5) עָנִי [1]; 6) קְשֵׁה יוֹם [1]; 7) פלא ni.[1].

ᾄδω 1) זַמָּר [1]; 2) פצח qal[2]; 3) שִׁיר *a.* qal[4+: + 2Es 8.17], *b.* pil.[24], *c.* ho.[1]; 4) שִׁיר (subst.) [1]; 6) תּוֹדָה [1]. Del. 5); Ho 7.2 v.l.

ἀεί 1) מֵעוֹלָם [1]; 2) תָּמִיד [1]; 3) καθὼς ἀ. כְּפַעַם בְּפַעַם [1].

ἀέναος 1) חַי [1]; 2) עוֹלָם [3].

ἀεργός 1) עָצֵל [3: + Pr 19.15]. Del. 2).

ἀετός 1) *a.*נֶשֶׁר [9+], *b.* Ar. נְשַׁר [3].

ἄζυμος 1) מַצָּה [36+].

ἀηδία 1) שִׂיחַ [1].

ἀήρ 1) שַׁחַק [2].

ἀθάνατος Del. Si 51.9 v.l. (> θάνατος).

ἀθεσία 2) חָמָס [1]; 3) מַעַל [1]. Del. 1) Je 3.7 v.l. (> ἀσυνθεσία).

ἀθετέω 1) בגד qal[21]; 3) חמס qal[1]; 4) מור hi.[1]; 5) מעל qal[5]; 7) מרד qal[5]; 8) נאץ pi.[1], *a.* qal [1: Je 15.16]; 9) נוא hi.[1]; 10) סור hi.[1]; 11) עמר hit.[1]; 12) פשׁע qal[10]; 13) שׁנה pi.[1]; 14) שׁוּב מִן qal[1]; 16) שׁקר pi.[1]; 17) Ar. שׂנא pa.[1]. Del. 6, 15).

ἀθέτημα 1) בֶּגֶד [1]; 2) מַעַל [1]; 3) פֶּשַׁע [1].

ἀθέτησις 2) פֶּשַׁע [1]. Del. 1, 3); Je 12.1, Da TH 9.7 v.l.

ἀθροίζω 1) נגד hi.[1]; 2) קבץ *a.* qal[2], *b.* ni.[1], *c.* pi.[2]; 3) קהל ni.[1].

ἀθυμέω 1) אֶבְיוֹן [1]; 2) חרה qal[3]; 3) כעס hi.[1]; 4) רעם hi.[1]; 5) רַגָּז [1]. Del. Je 30.12, Si 35.11 v.l.

ἀθυμία 1) זַלְעָפָה [1]; 2) כַּעַס [2].

ἄθυτος 1) פִּגּוּל [1].

ἀθῷος 2) נקה *a.* ni.[7], *b.* pi.[3]; 3) נָקִי [28]; 4) נִקָּיוֹן [2]; 5) תָּמִים [1]; 6) תמם qal[1]; 7) ἀ. εἶναι נקה ni.[1]; *8) ברר ni.[2K 22.27*L*]. Del. 1); Na 1.3 v.l. (> ἀθῳόω).

ἀθῳόω 1) כפר pi.[1]; 2) נקה *a.* qal[1], *b.* ni.[9], *c.* pi.[7]. Del. Si 12.12 v.l.

αἴγειος 1) עֵז [4].

αἰγιαλός 1) חוֹף [1]. Del. Si 24.14 v.l.

αἰγίδιον 1) גְּדִי [1].

Αἰγύπτιος 1) מִצְרַיִם; 2) מִצְרִי.

αἰδέομαι 1) נכר hi.[1].

αἰδοῖον 1) זִרְמָה [2].

αἰθάλη 1) פִּיחַ [2].

Αἰθιόπισσα 1) כּוּשִׁי [2].

αἴθριον 1) מִפְתָּן [3]; 2) פָּנִים [4].

αἴθριος *1) בַּחוּץ [1: 1E 9.11].

αιλαμ 1) אוּלָם, אֻלָם; 2) אַיִל [7]; 3) אֵילָם [3]; 4) סַף [1].

αἷμα 1) דָּם [171+]; 2) נֵצַח [2]; 3) רוּחַ (?)[1]. Del. Am 2.4, Zc 9.15 v.l.

αἱμάσσω *1) מַהֲלֻמָּה [1: Si 42.5].

αἱμορροέω 1) דָּוֶה [1].

αἱμωδιάω 1) קהה qal[2]. Del. Ez 18.4 v.l.

αἴνεσις 1) *a.* ידה hi.[1], *b.* תּוֹדָה [23]; 2) *a.* הלל pi.[2], *b.* תְּהִלָּה [25]; 3) *a.* זִמְרָה [2]; 5) רִנָּה [1]; 6) שִׂמְחָה [1]; 7) שָׂשׂוֹן [1]; 9) שִׁירָה [1]. Del. 3*b*, 4, 8); Si 15.20 v.l. (> ἄνεσις).

αἰνετός 1) *a.* הִלּוּלִים [1], *b.* הלל pi.[1], *c.* pu.[5], **d.* תְּהִלָּה [1: Je 31.14].

αἰνέω 1) ברך pi.[1]; 2) *a.* הלל pi.[73+], *c.* hit.[3]; 3) ידה hi.[11]; 5) רוּעַ hi.[1]; 6) שׁבח *a.* pi.[2], *b.* Ar. pa.[7]; 7) שִׁיר [1]; 8) הֲדָרָה [1]; 9) כנה pi.[1]. Del. 2*b* (> pi., voc.), 4); Si 51.6, 23 v.l. (> ἐγγίζω)

αἴνιγμα 1) חִידָה [4]; 2) שַׁמָּה [1].

αἰνιγματιστής 1) משׁל qal ptc.act.[1].

αἶνος 1) הלל pi.[2]; 2) עֹז [1]; 3) תְּהִלָּה [2]; *4) הוֹד [:1C 16.27*L*]. Del. Ne 11.17, Jb 15.27 v.l.

αἴξ 1) עֵז [50]; (†)[2]. Del. Nu 31.28 v.l. (> ὄνος).

αἰπόλος 1) בּוֹקֵר [1].

αἵρεσις 1) נְדָבָה [2]; *2) בְּרֵירָה or בְּרִירָה [1: Ge 49.5 MT מְכֵרֹתֵיהֶם]. Del. Ne 12.40 v.l.

αἱρετίζω 1) אוה pi.[2]; 2) בחר qal[13]; 3) זבל qal[1]; 4) חמל qal[2]; 5) חָפֵץ qal[1]; 6) נשׂא qal[1]; *8) Ar. נדב hitpa.[1: 1Es 8.10]. Del. 7).

αἱρετισμός *1) חַטָּאָה [1: 4K 12.17*L*].

αἱρετός 1) בחר ni.[2]; 2) טוֹב [1]; 3) מַחְמָד [1].

αἱρέω 1) אמר hi.[2]; 2) בחר qal[3]; 3) חָפֵץ [1]; 4) חשׁק qal[1]; 5) נטה qal[1]. Del. 6) v.l. (> ἀφαιρέω).

αἴρω: 1) אמן qal[1]; 2) אסף qal[4]; 3) אָפֵס [1]; 4) בּוֹא *a.* qal[1], *b.* hi.[1]; 5) גזר qal[1]; 6) חתה qal[1]; 7) טול hi.[1]; 8) לקח qal[2: + Ps 151.4 11QPs[a]]; 9) מוּשׁ hi.[1]; 11) נטה qal[2]; 12) נטל *a.* qal[2], *b.* Ar. pe.[1]; 13) נסע *a.* qal[2], *b.* hi.[2]; 14) נשׂא *a.* qal[37+; - Mi 4.3], *b.* ni.[3], *c.* pi.[1], *d.* מַשָּׂא [7]; 15) סור *a.* hi.[2], *b.* ho.[1]; 16) עדר ni.[1]; 17) עמס qal[1]; 18) ערך qal[1]; 19) פרר qal[1]; 20) רום hi.[3]; 21) שׁחת hi.[1]; 22) אבד pi.[1]; 24) פרשׂ qal[1]; 26) Ar. עדה pe.[1]; 27) שׁבת qal[2]; 29) נוּחַ hi.[1]; *30) מַעַל [: 1E 9.47]. Del. 10, 23); 25) Ez 30.18 v.l. (> ἄγω); 28); Mi 4.3 v.l.

αἰσθάνομαι 1) בִּין qal/hi.[1]; 2) חפז qal[1]; 3) ידע qal[2].

αἴσθησις 1) *a.* ידע qal[1], *b.* דַּעַת [19]; 2) חָכְמָה [1].

αἰσθητήριον 1) קִיר [1].

αἰσθητικός 1) ידע qal[1]; 2) καρδία αἰ. קִנְאָה [1].

αἰσχρός 1) *a.* רַע [5], *b.* רֹעַ [1].

αἰσχύνη 1) *a.* בּוֹשׁ [4], *b.* בּוּשָׁה [3], *c.* בֹּשֶׁת [26: + Si 20.22], *d.* בֹּשֶׁת פָּנִים [1]; 2) דֵּרָאוֹן [2]; 3) הַכָּרָה [1]; 4) חֶרְפָּה [1]; 5) כְּלִמָּה [2], **a.* כלם ni.[1: Si 20.23]; 6) מַעַר [1]; 7) עֶרְוָה [8]; 8) בַּעַל [2]; 9) הַוָּה [1]; *10) שׁוּב po.[1: Is 47.10]; 11) קָלוֹן [1].

αἰσχυντηρός 1) *a.* בּוֹשׁ [1], *b.* בּוֹשִׁי [1], **c.* בַּיָּשׁ [2: Si 26.15, 42.1M].

αἰσχύνω 1) באשׁ *a.* ni.[2], *b.* hi.[3], *c.* hit.[1]; 2) בּוֹשׁ *a.* qal[56], *b.* hi.[6], *c.* hit.[1], *d.* pol.[1], *e.* בֹּשֶׁת [2]; 3) חפר *a.* qal[1], *b.* hi.[1]; 4) חרשׁ qal[1]; 5) כלם ni.[1]; 6) כנע ni.[1]; 7) נכר hi.[1]; 8) נשׂא qal[1]; 9) חֲרָדָה [1]; *11) נשׂא פָּנִים qal[1: Jb 32.21]. Del. 10) v.l. at Ez 23.29.

αἰτέω 1) אָמַר הָבוּ qal[1]; 2) נתן qal[1]; 3) שׁאל *a.* qal[8+: + 1E 8.51], *b.* ni.[1], *c.* Ar. pe.[3: + 1E 6.12, 2E 6.9]; 4) Ar. בעא pe.[4].

αἴτημα 1) מָה אֶתֵּן [1]; 2) *a.* שְׁאֵלָה [8], *b.* שֵׁלָה [1], *c.* מִשְׁאָלָה [2]; 3) Ar. בָּעוּ [2].

αἴτησις 1) שְׁאֵלָה [4].

αἰτία 1) עָוֹן [1]; (†) [4: + 1E 2.23]. Del. 2).

αἰτιάομαι 1) זעף qal[1].

αἴτιος 1) סבב qal[1].

αἰχμαλωσία 1) *a.* גּוֹלָה [21], *b.* גלה qal[1], *c.* גָּלוּת [10]; 2) *a.* שְׁבוּת [14], *b.* שְׁבִית [6], *c.* also Ar. שְׁבִי [12+: + To 3.15, Is 1.27, Je 38.18, 1E 6.27], *d.* שִׁבְיָה [8: + Ps 125.1], **e.* שׁבה qal pass.ptc.[1: Jl 3.8 MT שְׁבָאִים]. Del. 3-5).

αἰχμαλωτεύω 1) גלה *a.* qal[5: - Am 1.5], *b.* hi.[1], *c.* ho.[1], **d.* Ar. ha.[1: 1E 6.16]; 2) לקח qal[2]; 3) נהג qal[1]; 4) שׁבה *a.* qal[21], *b.* ni.[4], *c.* שְׁבִי [3]. Del. Am 1.5 v.l. (> αἰχμαλωτίζω).

αἰχμαλωτίζω 1) גלה qal[3]; 2) שׁבה qal[7], **a.* Ar. שׁבה pe.[1: To 7.3]; 3) הלך בַּשְּׁבִי qal[1].

αἰχμαλωτίς 1) *a.* שׁבה qal[1], *b.* שְׁבִי [1].

αἰχμάλωτος 1) *a.* גּוֹלָה [1], *b.* גלה qal ptc.[3], *c.* ni.[1], *d.* ho.[1]; 2) שׁבה *a.* qal[2], *b.* ni.[1], *c.* שְׁבִי [4], *d.* שְׁבִית [1], **e.* שִׁבְיָה [1: Jb 41.24]; 3) שׁוֹלָל [2].

αἰών 1) אַחֲרוֹן [1]; 2) הָלְאָה [1]; 3) *a.* נֵצַח [1], *b.* נֶצַח [4]; 4) עַד [35+]; 5) *a.* עוֹלָם + *c.* עֹלָם [39+: + To 13.1], *b.* עֵילוֹם [1], *d.* Ar. עָלַם [28: + To 6.8], **e.* Ar. יוֹמָת עָלְמָא [2: 1E 2.23, 26]; 6) קֶדֶם [2]; 7) תָּמִיד [1]; 9) עוֹד [1]; 10) εἰς τὸν αἰῶνα עוֹלָם [1]. Del. 8).

αἰώνιος 1) *a.* עוֹלָם + *c.* עֹלָם [42+: Hb 3.6*bis*], *b.* Ar. עָלַם [6], *d.* לְעוֹלָם [2].

ἀκαθαρσία 1) *a.* טָמֵא adj.[3], *b.* טָמֵא qal[1], *c.* pi.[1], *d.* also Ar. טֻמְאָה [18+: + Le 15.3^{1}, To 3.14 $\mathfrak{G}^{II}$, and del. Le 15.3^{2}], *e.* טָמְאָה[1]; 2) *a.* *נְבֵלָה [2: Na 3.6 voc., 2K 13.12*L*], *b.* נַבְלוּת [1]; 3) נִדָּה [4]; 4) עָרְלָה [1]; 5) תּוֹעֵבָה [7].

ἀκάθαρτος 1) אלח ni.[1]; 2) *a.* טָהֵר [1], *b.* טָהֳרָה [2]; 3) טָמֵא *a.* qal[50+], *b.* ni.[2], *c.* טָמֵא adj.[61+], *d.* טֻמְאָה [1]; 4) תּוֹעֵבָה [4]; *5) חָנֵף [1: Si 40.15]. Del. Hg 2.13 v.l.

ἀκαίρως 1) לֹא עֵת [1].

ἀκακία 1) *b.* תֹּם [7: + Ps 36.37 voc.; Jb 4.6], *c.* תֻּמָּה [3], *d.* תָּמִים [1]. Del. 1*a*).

ἄκακος 1) אַלּוּף [1]; 2) פְּתִי [5]; 3) *a.* תָּם [2], *b.* תֹּם [2], *c.* תָּמִים [1].

ἀκάλυπτος Del. 1) v.l. at Le 13.45.

ἀκάν 1) חוֹחַ [2].

ἄκανθα 1) בְּאֻשִׁים [2]; 2) חֵרֶק [1]; 3) חוֹחַ [3]; 4) סִיר [3]; 5) קוֹץ [12: + Ps 31.4]; 6) שַׁיִת [4].

ἀκάνθινος 1) סִיר [1].

ἀκάρδιος 1) *a.* לֵב־אַיִן [1], *b.* אֵין לֵב [1], *c.* חֲסַר לֵב [2].

ἄκαρπος Del. 1).

ἀκατακάλυπτος 1) פרע qal[1].

ἀκατασκεύαστος 1) בֹּהוּ [1].

ἀκαταστασία 1) מִדְחֶה [1].

ἀκατάστατος 1) סער qal[1].

ἀκατέργαστος 1) גֹּלֶם [1].

ἄκαυστος 1) לֹא נָפַח pu.[1].

ἀκηδία 1) כֵּהֶה [1]; 2) תּוּגָה [1].

ἀκηδιάω 1) עטף *a.* qal[2], *b.* hit.[1]; 2) Ar. כרא itpe.[1].

ἀκιδωτός 1) שׁנן qal[1].

ἀκίνητος 1) לֹא סוּר qal[1].

ἀκίς 1) לטשׁ qal[1]; *2) שֵׁבֶט [1: 2K 18.14*L*].

ἄκλητος 1) אֲשֶׁר לֹא יִקָּרֵא ni.[1].

ἄκμων 1) פֶּלַח [1].

ἀκοή 1) שׁמע *a.* qal[14], *b.* hi.[1], *c.* מִשְׁמַעַת [1], *d.* שְׁמוּעָה [7], *e.* שִׁמְעָה [7], *f.* שֵׁמַע [8], *g.* שֹׁמַע [1]; 2) שׁמר qal[1]; (fr) [1: Na 1.12].

ἀκόλαστος 1) לוּץ qal[3].

ἀκολουθέω 1) אַחַר [1]; 2) דבק qal[1]; 3) *a.* הלך לְרֶגֶל qal[1], *b.* הלך qal[4]; 4) פנה qal[1]. Del. Ho 2.5 v.l.

ἀκολούθως *1) -כְּ [4: + 1E 8.12 *b* > *k*].

ἀκονάω 1) חַד [1]; 2) לטשׁ pu.[1]; 3) שׁנן qal[4].

ἀκοντίζω 1) ירה *a.* qal[2], *b.* hi.[2]. Del. Ps 75.9 v.l.

ἀκοντιστής 1) ירה hi.[1].

ἀκουσιάζομαι 2) שׁגג qal[1]. Del. 1); Jd 5.2, 2E 7.16 v.l.

ἀκούσιος 1) שְׁגָגָה [4].

ἀκουσίως 1) בִּבְלִי־דַעַת [1]; 2) *a.* בִּשְׁגָגָה [12], *b.* לִשְׁגָגָה [1]. Del. Le 4.13 v.l.

ἀκουστός 1) שׁמע *a.* qal[3], *b.* ni.[1], *c.* hi.[17], *d.* שֵׁמַע [1]; 2) ἀκουστὸν ποιεῖν שׁמע *a.* ni.[1], *b.* hi.[2].

ἀκουτίζω 1) שׁמע hi.[8].

ἀκούω 1) *a.* אזן hi.[4], *b.* אֹזֶן [3]; 2) ידע hi.[2]; 3) יצא qal[1]; 4) βαρέως ἀ. כבד hi.[1]; 5) לֶקַח [1]; 6) פתח ni.[1]; 7) קשׁב hi.[8]; 8) שׁמע *a.* qal[169+: + To 3.10], *b.* ni.[33], *c.* hi.[19], *d.* שְׁמוּעָה [1], *e.* Ar. שׁמע pe.[16: + To 6.18+]; 9) שׁמר qal[6]; 10) ענה qal[2]; 11) יחל hi.[1]; 12) אבה qal[1]; 13) ראה qal[1]; *14) נכר hi.[1: 1E 5.65]; *15) דרשׁ qal[1: 1E 5.69].

ἄκρα 1) מִלּוֹא [4]; 2) עִיר [1]; 3) רַבָּה [1]; *4) צִיץ [1: Si 43.19].

ἄκρατος 1) חֵמָה [1]; 2) חמר qal[1].

ἀκριβάζω 1) דרשׁ ni.[1]; *2) יצב hi.[1: 2K 1.19 voc.]; *3) חקר ni.[1: 2C 4.18*L*].

ἀκρίβασμα *1) חֻקָּה [1: 3K 2.3*L*].

ἀκριβασμός 1) חֹק [3]. Del. Pr 8.29 v.l.

ἀκρίβεια 1) Ar. יַצִּיב [2]; 2) צנע hi.[2].

ἀκριβής 1) Ar. יַצִּיב [2]; 2) צנע hi.[1]; 3) אמן ni.[1].

ἀκριβῶς 1) יטב hi.[1]; 2) Ar. יְצֵב pa.[1]. Del. Si 18.29, Ez 39.14 v.l.

ἀκρίς 1) אַרְבֶּה [191: + Ho 13.3, voc.]; 2) *a.* גֵּב [1], *b.* גּוֹבַי [2], *c.* גּוֹב [1]; 3) חָגָב [5]; 4) יֶלֶק [2].

ἀκρόαμα 1) מִזְמוֹר [1].

ἀκροάομαι 1) קשׁב hi.[1]; 2) שׁמע qal[1]; 3) צות pol.[1].

ἀκρόασις 1) ענה qal[1]; 2) *a.* קֶשֶׁב [2], *b.* קשׁב hi.[1: 1K 15.22*L*}; 3) שׁמע qal[1]; 4) אזן hi.[1]. Del. Si 4.29 v.l.

ἀκροατής 1) לַחַשׁ [1]; 2) קשׁב hi.[1].

ἀκροβυστία 1) עָרְלָה [14: + Je 4.4].

ἀκρογωνιαῖος 1) פִּנָּה [1].

ἀκρόδρυα 1) מֶגֶד [3].

ἄκρος 1) אֶפֶס [6]; 2) בֹּהֶן [13]; 3) יַרְכָה [1]; 4) כָּנָף [2]; 5) סוֹף [1]; 6) *a.* קָצֶה [20], *b.* קָצָה [8]; 7) רֹאשׁ [16].

ἀκρότομος 1) חַלָּמִישׁ [3]; 2) שָׁלֵם [1]; 3) שֵׁן [1]; 4) צוּר [1].

ἀκρωτήριον 1) כְּרָעַיִם [1]; 2) קָצֶה [1]; 3) שֵׁן [2]; 4) מְזָרִים [1].

ἄκυρος 1) סוּר qal[1]; 2) ἄκυρον ποιεῖν פרע qal[1].

ἀκυρόω *1) Ar. שׁנה af.[1].

ἀλάβαστρος 1) צַלַּחַת [1].

ἀλαζονεύομαι 1) הדר hit.[1].

ἀλαζών 1) יָהִיר [1]; 2) שַׁחַץ [1]; 3) לוּץ qal[1].

ἀλάλαγμα *1) תְּרוּעָה [1: 1K 4.6*L*]. Del. Ps 43.12 v.l.

ἀλαλαγμός 1) יְלָלָה [1]; 2) תְּרוּעָה [8].

ἀλαλάζω 1) ילל hi.[5: + Je 31.39, Zgl 1958: 30]; 2) רוּעַ *a.* qal[2], *b.* hi.[11]; 3) שׁמע hi.[1].

ἄλαλος 1) *a.* אלם ni.[1], *b.* אִלֵּם [1].

ἀλγέω 1) חוּל *a.* qal[1]; 2) חשׂך ni.[1]; 3) כאב *a.* qal[2], *b.* hi.[1]; 4) צַר [1]. Del. Si 40.29 v.l.

ἀλγηδών 1) מַכְאוֹב [1].

ἄλγημα 1) *a.* כְּאֵב [1], *b.* מַכְאוֹב [2].

ἀλγηρός 1) חלה ni.[2]; *2) מָגוֹר [1: Je 37.13).

ἄλγος 1) מַכְאוֹב [4].

ἁλεεύς 1) *a.* דִּיג qal[1], *b.* דַּוָּג [1], *c.* דַּיָּג [2].

ἄλειμμα 1) מִשְׁחָה [1]; 2) שֶׁמֶן [1]; 3) סוּךְ qal[1]

ἀλείφω 1) טוּחַ qal[7]; 2) משׁח qal[4]; 3) סוּךְ *a.* qal[6], *b.* hi.[1], *c.* אָסוּךְ [1].

ἀλέκτωρ 1) זַרְזִיר [1].

ἄλευρον 1) קֶמַח [12].

ἀλέω 1) טחן qal[1].

ἀλήθεια 2) *a.* אֵמוּן [3], *b.* אֱמוּנָה [22], *c.* אָמְנָם [5], *d.* אֱמֶת [11+: - Zc 8.16*b* v.l.]; 3) יַצִּיב [2]; 4) *a.* יָשָׁר [1], *b.* מֵישָׁרִים [1]; 5) נָכֹחַ [1]; 6) קֹשְׁט [2]; 7) תֹּם [3: + De 33.8]; 8) כּוּן ni.[1]; *9) לֹא חָמָס [1: 1C 12.17]; *10) Ar. אַזְדָּא [1: Dn 2.5 LXX]; *11) שְׁרִירוּת [1: Si 41.19]; *12) צֶדֶק [1: Si 4.28]. Del. 1).

ἀληθεύω 1) אֱמֶת [1]; 3) מִשְׁפָּט [1]; 4) שׁלם hi.[1]; (fr) [1: Ge 20.16]. Del. 2) Ge 20.16.

ἀληθής 1) אֱמֶת [6]; 2) חָכָם [1]; 3) כּוּן ni.[3]; 4) צַדִּיק [1]; 5) *a.* קֹשֶׁט [1], *b.* Ar. קְשׁוֹט [1]; 6) תּוּשִׁיָּה [1]; 7) רַב [1]; 8) טוֹב [1].

ἀληθινός 1) *a.* אֱמוּנָה [1], *b.* אָמֵן [3: + Is 25.1], *c.* אֱמֶת [13: + Nu 14.18, - Si 42.1]; 2) *a.* יָשָׁר [7: + Jb 1.1, 6.25]; 3) נָקִי [1]; 4) שָׁלֵם [3]; 5) תָּם [1: - Jb 1.1]; 6) Ar. קְשׁוֹט [1]; 7) Ar. יַצִּיב [2]; 9) טוֹב [1]; *10) צַדִּיק [1: 1E 8.89]. Del. 2*b*, 8); Nu 24.3, 15, Ps 102.8, Si 42.1 v.l.

ἀληθινῶς 2) בֶּאֱמֶת [3: + Si 42.1]; *3) תָּם [2: Nu 24.3, 15]. Del. 1).

ἀλήθω 1) *a.* טחן qal[3], *b.* טַחֲנָה [1].

ἀληθῶς 1) *a.* אָמֵן [2: + Je 28.13], *b.* אָמְנָה [2], *c.* אָמְנָם [1], *d.* אֻמְנָם [3], *e.* אֱמֶת [2]; 2) אֵפוֹא [1]; 4) Ar. יַצִּיב [2]; 5) Ar. צְדָא [1]. Del. 3); De 13.14, Dn 8.26 TH v.l.

ἁλιάετος 1) עָזְנִיָּה [2].

ἁλιεύς 1) *b.* דַּוָּג [2], *c.* דַּיָּג [2], **d.* דיג qal [1: Jb 40.31].

ἁλιεύω 1) דיג qal[1].

ἁλίζω 1) מלח *a.* qal[1], *b.* ho.[1], **c.* Ar. pe.[1: To 6.6]. Del. Is 47.2 v.l.

ἄλιμος 1) חֲרֵרִים [1]; 2) מַלּוּחַ [1]; 3) רֹתֶם [1].

ἀλισγέω 2) גאל *a.* pi.[1], *b.* pu.[2], *c.* hit.[3]; *3) געל hi.[1: Si 40.29 MS מעגל]. Del. 1) v.l. at Ma 1.7.

ἁλίσκομαι 1) חלה pu.[1]; 2) חפשׂ pu.[1]; 3) לכד ni.[13]; 4) מצא ni.[5]; 5) נכה ho.[2]; 6) פקד qal[1]; 7) רשׁע hi.[1]; 8) תפשׂ ni.[2]; *9) בעה ni.[1: Is 30.13]; 10) יקשׁ pu.[1].

ἀλλά 1) ἀλλ᾽ ἤ *a.* וְאוּלָם [1], *b.* אַךְ [1]; 2) -ו [1]; 3) כִּי אִם [1]; 4) אַךְ [1]. xʃ

ἄλλαγμα 1) כֹּפֶר [2]; 2) מְחִיר [5]; 3) תְּמוּרָה [3].

ἀλλάσσω 1) הפך qal[1]; 2) חלף *a.* qal [2], *b.* pi.[2], *c.* hi.[5], *d.* חֲלִיפָה [5], *e.* Ar. חלף pe. [2]; 3) מור hi.[10]; 5) פדה qal[3]; 6) Ar. שׁנא *a.* af.[2], *b.* Heb. שׁנה pi.[2: + 3K 21.25]. Del. 4); Je 4.8, 30.3, Ez 27.30 v.l.

ἀλλήλω 1) אִשָּׁה .. 3f.sg.suf.[1]; 2) אִישׁ .. רֵעֵהוּ [3]; 3) אִישׁ .. אָחִיו [2]; 4) זֶה .. זֶה [2]; 5) אִשָּׁה .. אֲחֹתָהּ [2]; 6) אִשָּׁה .. רְעוּתָהּ [1]; 7) אֶחָד .. אֶחָד [1]; 8) Ar. דְּנָה .. דְּנָה [2].

ἀλλογενής 1) זָר [18] (+ Ma 4.1 *d* > *r*); 2) מַמְזֵר [1]; 3) *a.* נֵכָר [16], *b.* נָכְרִי [1]; *4) עַם [1: 1E 8.83].

ἀλλόγλωσσος Del. 1).

ἄλλοθεν 1) מִמָּקוֹם אַחֵר [1].

ἀλλοιόω 1) כחשׁ qal[1]; 2) שׁנה *a.* qal[3], *b.* pi. [7], *c.* hit.[2], *d.* שׁנא qal[1], *e.* pi.[1], *f.* Ar. שׁנא pe.[6], *g.* itpa.[5], *h.* af.[2], *i.* pa.[3]; 3) Ar. חלף pe.[1]; *4) חפשׂ hit.[2: 1K 28.8*L*, 2C 18.29*L*].

ἀλλοίωσις 1) שׁנה hit.[1]; 2) תְּשׁוּבָה [1].

ἅλλομαι 1) דלג pi.[1]; 2) סלד pi.[1]; 3) צלח qal[5: + 1K 10.2].

ἄλλος 2) אַחֵר [7+: + 1E 5.22, Ma 2.15*bis*]; 3) Ar. *a.* + *b.* אָחֳרָן [6: - Da 7.20a LXX, doublet]; 4) אֵלֶּה [1]; 5) זֶה [2]; 6) Ar. חַבְרָה [1]; 7) זור qal[1]; 8) עוֹד [1]; 9) תַּחַת [1]; 10) כֹּל [1]. Del. 1) (*d* > *r*).

ἀλλότριος 1) אַחֵר [17]; 2) זָר [37: + Ma 3.15, Ps 18.13, Si 35.18 *d* > *r*; Jb 19.13; Pr 23.27 MT זוֹנָה]; 3) לֹא־לוֹ [1], *b.* לֹא לְךָ [1]; 4) *a.* נֵכָר [6+], *c.* נָכְרִי [12+: + Ob 12, *w* > *y*]. Del. 4) *b* (> *c*).

ἀλλοτριόω 1) נכר hit.[1]; *2) בדל ni.[1: 1E 9.4].

ἀλλοτρίωσις 1) מְחִתָּה [1]; 2) נֵכָר [1].

ἀλλόφυλος 1) אֲרָם [1]; 2) *a.* בֶּן־נֵכָר [2], *b.* נָכְרִי [1]; 3) פְּלֶשֶׁת [4], **a.* פְּלִשְׁתִּי [4: Ob 19, Zp 2.5, Zc 9.6, Ps 151.6]; 4) בְּנֵי־קֶדֶם [1]. Del. Ex 34.15 v.l.

ἀλλόφωνος 1) עִמְקֵי שָׂפָה [1].

ἄλλως 1) נבב qal[1]; 2) ἄ. χρᾶσθαι עבר qal[2].

ἅλμα 1) רַעַם [1].

ἅλμη 1) מְלֵחָה [1]; 2) מֶלַח [1].

ἁλμυρίς 1) מְלֵחָה [1].

ἁλμυρός 1) מְלֵחָה [1].

ἀλοάω 1) דּוּשׁ *a.* qal[3], *b.* דּוֹשׁ [1], *c.* דִּישׁ [1]; 2) דרך hi.[1]; 3) חָרוּץ [1]; 4) רשׁשׁ qal[1].

ἄλογος 1) נפל qal[1]; 2) עֲרַל־שְׂפָתַיִם [1].

ἀλόητος 1) דַּיִשׁ [2: + Am 9.13 MT *ḥwrš*]. Del. 2).

ἀλοιφή 1) בנה qal[1]; 2) טִיחַ [1]; 3) מחה qal[1]; 4) כֹּפֶר [1].

ἅλς 1) *a.* מלח ho.[1], *b.* מֶלַח [8+: + Zp 2.9], *c.* Ar. מְלַח [4: + 1E 6.30, 2E 8.20].

ἄλσος 1) אֲשֵׁרָה [5+: + 2K 5.24]; 2) בָּמָה [2]; 3) עַשְׁתֹּרֶת [3]; 4) עָב [1].

ἀλσώδης 1) רַעֲנָן [6]; *2) אֲשֵׁרָה [1: Ez 19.6].

ἁλυκός 1) מֶלַח [5]; 2) שִׂדִּים [3].

ἁλυσιδωτός 1) עֲבֹת [2]; 2) קַשְׂקֶשֶׂת [1]; *3) שַׁרְשְׁרָה [1: 2C 3.16].

ἄλφιτον 1) קָלִי [4: + 1K 17.17].

ἀλφός 1) בֹּהַק [1].

ἅλων 1) Ar. אִדַּר [2]; 2) גָּדִישׁ [2]; 3) גֹּרֶן [32]; 4) הֵיכָל [1]; 5) מְגוּרָה [1]; 6) מְלֵאָה [1]; 7) מַתְבֵּן [1]. Del. Zp 2.9 v.l.(> ἅλς).

ἀλώπηξ 1) שׁוּעָל [6]; *2) שַׁעַלְבִּ [1: Jd 1.35, 3K 21.10].

ἅλωσις 1) תפשׂ ni.[1].

ἅμα (*a*) -כּ [Mi 2.1, MT -בּ]; (*b*) יַחְדָּו; (*c*) אֵת; (*d*) עַל; (*e*) יַחַד; (*f*) עִם; (*g*) אַף; (*h*) גַּם; (*i*) כְּאֶחָד. Del. Ge 46.8, De 22.22 v.l.

ἅμαξα 2) עֲגָלָה [10+]; *3) כְּלִי בָקָר [1: 1C 21.23]. Del. 1).

ἁμαρτάνω 1) *a.* אשׁם qal[2: + 1K 2.25, 4QSam[a]], *b.* אָשֵׁם [1], *c.* אַשְׁמָה [2]; 2) חטא *a.* qal[52+], *b.* hi.[2], *c.* חֵטְא [3], *d.* חַטָּא [3], *e.* חַטָּאת [3], **f.* חטא Ar. pe.[1: To 4.5]; 3) מעל qal[2], 4) עָוֹן [1]; 6) פשׁע *a.* qal [2], *b.* פֶּשַׁע [3]; 7) *a.* רשׁע hi.[4], *b.* רֶשַׁע [2]; 8) שׁחת *a.* pi.[1], *b.* ni.[1]. Del. 5); Le 4.22², Nu 5.7 v.l.

ἁμάρτημα 1) *a.* חֵטְא [1], *b.* חַטָּאת [8]; 2) עָוֹן [4]; 3) פֶּשַׁע [4]; 4) קֶצֶף [1]; 5) רֶשַׁע [1]. Del. 6); Ho 10.13 v.l.(> ἅρμα).

ἁμαρτία 1) *a.* אָשָׁם [3], *b.* אָשֵׁם [1], *c.* אַשְׁמָה [5]; 2) *b.* חֵטְא / חֵט [15+: Ho 8.11, voc.], *c.* חֲטָאָה [5], *d.* חַטָּאָה [2], *e.* חַטָּאת [140+], *f.* Ar. חֲטָיָא [2]; 3) חֳלִי [1]; 4) מַחֲשָׁבָה [1]; 5) מְשׁוּבָה [1]; 6) עָוֹן [29+]; 8) *a.* פשׁע qal[3], *b.* פֶּשַׁע [22]; 9) רָעָה [1]; 10) *a.* רשׁע hi.[1], *b.* רֶשַׁע [2]; 11) טֻמְאָה [1]; 12) תּוֹעֵבָה [2]; 13) דֶּרֶךְ [1]; 14) עִלָּה [1]; 15) חֲבוּלָה [1]; 16) מַעַל [1]. Del. 2*a*, 7); Na 3.6 v.l.(> ἀκαθαρσία), Si 7.2, 12.12, 35.12 v.l.

ἁμαρτωλός 1) *a.* חטא qal[4], *b.* also Ar. חַטָּא [13: + To 13.6], *c.* חַטָּאָה [1]; 2) חָנֵף [1]; 3) חרשׁ qal[1]; 4) רַע [8]; 5) *a.* רָשָׁע [79], *b.* רֶשַׁע [2]; 6) *a.* זֵד [1], *b.* זָדוֹן [2]; 7) חָמָס [1]; 8) עַוָּל [3]; 9) בְּלִיַּעַל [1]; *10) פּוֹשֵׁעַ [1: Si 11.15].

ἀμάσητος 1) תְּמוּרָה [1].

ἀμαυρός 1) כהה pi.[5].

ἀμαυρόω 1) כהה qal[1], pi.[1: Si 43.4]; 2) עמם ho.[1].

ἀμάω 1) קצר qal[5].

ἀμβλύνω 1) כהה qal[1].

ἀμβλυωπέω 1) קוּם qal[1].

ἀμέθυστος 1) אַחְלָמָה [2].

ἀμέλγω 1) מִיץ [1]; 2) נתך hi.[1].

ἀμελέω 1) בעל qal[1]; 2) מרה qal[1].

ἄμελξις Del. 1).

ἀμελῶς 1) רְמִיָּה [1].

ἄμεμπτος 1) בַּר [1]; 2) *a.* זכה qal[1], *b.* זכך qal [2]; 3) חַף [1]; 4) טהר qal[1]; 5) נָקִי [1]; 6) תָּם [4]; 7) תָּמִים [1]; 8) צדק qal[1]; 9) יָשָׁר [1].

ἀμεσσαῖος 1) בֵּנַיִם [1: 1K 17.23].

ἀμέτρητος 1) רְחַב יָדַיִם [1]; (fr) [2: Si 16.17, 30.15]. Del. 2) Si 16.17.

ἄμητος 1) קַיִץ [2]; 3) *a.* קָצִיר [8: + Mi 7.1 MT *qyṣ* > *qš bqṣyr*?], *b.* קצר qal[1]. Del. 2 (see under the next item); Le 26.5, Am 9.13 v.l.

ἀμητός 2) קָמָה [3]; 3) *a.* קָצִיר [7].

Ἀμμανίτης 1) בְּנֵי־עַמּוֹן [1]; 2) עַמּוֹנִי [2]

ἄμμος 1) חוֹל [6+: + Je 26.22]; 2) עָפָר [2].

ἀμνάς 1) *a.* כֶּבֶשׂ [13], *b.* כִּבְשָׂה [6], *c.* כַּבְשָׂה [1], *d.* כִּשְׂבָּה [1]; 2) קְשִׂיטָה [2].

ἀμνημονέω *1) עָזַב qal[1: Si 37.6].

ἀμνησία 1) שׁכח pi.[1].

ἀμνήστευτος 1) לֹא ארשׂ pu. [1].

ἀμνός 1) Ar. אִמַּר [3], 2) *a.* כֶּבֶשׂ [72+], *b.* כֶּשֶׂב [1]; 3) עַתּוּד [2]; 4) צֹאן [1]; 5) קְשִׂיטָה [1]; 6) רָחֵל [1]; 7) שֶׂה [3]; 8) אַיִל [1].

ἀμοιρέω *1) חָסֵר qal[1: Si 3.25].

***ἀμόρα** *1) אֲשִׁישָׁה [1: Ct 2.5].

ἀμορίτης 1) אֲשִׁישָׁה [1].

ἄμπελος 1) גַּן [1]; 2) גֶּפֶן [30+]; 3) כֶּרֶם [3]; 4) *a.* + *c.* שֹׂרֵק [2], *b.* שְׂרוּקִּים [1].

ἀμπελουργός 1) כֹּרֵם [4].

ἀμπελών 1) גֶּפֶן [1]; 2) כֶּרֶם [23+]; 3) כַּרְמֶל [1]; 4) שָׂדֶה [1].

ἀμύγδαλον 1) שָׁקֵד [1].

ἀμύθητος 1) רַב [1]; 2) שָׂגָה מְאֹד qal[1].

ἀμύνω 1) ישׁע hi.[1]; 2) מוּל hi.[3]; 3) נקם qal[1].

ἀμφήκης *1) צמד pu.[1: 2K 20.8*L*].

ἀμφιά/έζω 1) חפא pi.[1]; 2) כְּסוּת [1]; 3) לבשׁ qal [2].

ἀμφίασις 1) בֶּגֶד [1]; 2) כְּסוּת [1]; 3) לְבוּשׁ [1].

ἀμφίβληστρον 1) חֵרֶם [2]; 2) *a.* מַכְמֹר [1], *b.* מִכְמֶרֶת [1]; 3) מְצוֹדָה [1].

ἀμφιβολεύς 1) פָּרַשׂ מִכְמֹרֶת qal[1].

ἀμφίταπος 1) חטב qal[1]; 2) מִשְׁכָּב [1].

ἄμφοδον 1) אַרְמוֹן [2].

ἀμφοτεροδέξιος 1) אִטֵּר יַד־יְמִינוֹ [2].

ἀμφότερος 1) כֹּל [1]; 2) יַחַד [1]; 3) שְׁנַיִם [44+], **b.* Ar. תְּרֵין [1: To 6.6]; *4) Ar. כַּחֲדָא [1: To 6.2].

ἄμωμος 1) מְאוּם c. negat.[1]; 2) *a.* תֹּם [1], *b.* תָּם [1], *c.* תָּמִים [34], *d.* תמם qal[1]. Del. Ex 29.1[1] v.l.

ἀναβαθμίς 1) מַעֲלָה [1].

ἀναβαθμός 1) מַעֲלָה [12+].

ἀναβαίνω 1) בּוֹא *a.* qal[3], *b.* hi.[1]; 3) הלך qal[4]; 5) ירד qal[1]; 7) קוּם qal[1]; 8) סלק qal[1]; 9) Ar. סלק pe.[8: + To 12.20]; 10) עבר qal[1]; 11) עלה *a.* qal[132+: + 1K 1.24 voc., 2.10], *b.* ni.[12], *c.* hi.[3], *d.* ho.[1], *e.* מַעֲלֶה [1]; 12) עמד qal[2]; 13) פרה qal[1]; 15) קרם qal[1]; 16) רכב qal[2: + 1E 1.31]; 17) שׁוּב qal[2]; 20) נגה qal[1]; 21) סָפִיחַ = τὰ αὐτόματα ἀναβαίνοντα (?) [2]. Del. 2, 4, 6, 14, 18, 19) Jn 1.3, Hg 2.23, Nu 32.7, Am 5.5 v.l.

ἀναβάλλω 2) עבר hit.[2]; 3) עטה qal[2]. Del. 1) Is 37.19 v.l.

ἀνάβασις 1) מְסִלָּה [4]; 2) *a.* עלה qal[9: + Ez 47.12 voc.], *b.* מַעֲלָה [2], *c.* מַעֲלֶה [13], *d.* עֲלִיָּה [2]. Del. 2*e* (> *a*).

ἀναβαστάζω 1) נסע qal[1].

ἀναβάτης 1) פָּרָשׁ [5]; 2) *a.* רכב qal ptc.[12: + Ez 39.20 voc.], *b.* רֶכֶב [4].

ἀναβιβάζω 2) עבר hi.[1]; 3) עלה *a.* qal[3], *b.* hi.[30: + Nu 20.27, 1E 1.52]; 5) רכב hi.[7]. Del. 1, 4).

ἀναβλαστάνω 1) צמח qal[2].

ἀναβλέπω 1) אוֹר qal[1]; 2) נבט hi.[3]; 3) נשׂא *a.* qal[16], *b.* נָשָׂא עֵינַיִם qal[4], *c.* נָשָׂא פָּנִים [1]; 4) ערג qal[1]; 5) פנה qal[1]; *7) Ar. נְטַל עַיְנַיִן pe.[1: To 3.12]. Del. 6).

ἀνάβλεψις 1) פְּקַח־קוֹחַ [1].

ἀναβοάω 1) זעק *a.* qal[8: + Zc 6.8 voc.], *b.* ni.[1], *d.* זַעַק [1]; 2) *a.* נשׂא qal[1]; *b.* נָשָׂא קוֹל qal[1]; 3) צעק *a.* qal[7], *b.* ni.[1]; 4) קרא qal[9]. Del. 1*c*, 5).

ἀναβολή 1) חֹצֶן [1]; 2) כָּנָף [1]; 3) מִפְשָׂעָה [1].

ἀναβράσσω 1) קלל pilp.[1]; 2) רקד pi.[1].

ἀναγγέλλω 1) אַחֲוָה [1]; 2) אמר *a.* qal[6], *b.* Ar. pe.[1]; 3) דבר pi.[2]; 4) חוה *a.* pi.[5: + Is 38.16], *b.* Ar. pa.[3], *c.* af.[10]; 5) ידע *a.* hi.[5]. *b.* ho.[1], *c.* pu.[1], *d.* Ar. af.[3]; 6) יעץ qal[1]; 7) ירה hi.[4]; 8) מלל pi.[1]; 9) נבע hi.[1]; 10) נגד *a.* hi.[30+: + De 13.9*bis*, Ps 151.3; - Ge 24.28 v.l.], *b.* ho.[4+: - Ge 38.24 v.l.]; 11) ספר *a.* pi.[6], *b.* pu.[2]; 12) קרא qal[1]; 13) *a.* שׁוּב hi.[1], *b.* הֵשִׁיב דָּבָר hi.[1]; 14) שׁמע hi.[5]; 15) בשׂר pi.[1]; 16) בין hi.[1]; 17) יצא hi.[1]. Del. Ge 24.47; Am 3.9, 4.5 v.l.(> ἀπ~).

ἀναγινώσκω 1) גלה qal[2]; 2) קרא *a.* qal[5+: + Am 4.5 MT *qṭr*], *b.* ni.[2], *c.* Ar. pe.[7].

ἀναγκάζω 1) שׁטר qal[1].

ἀναγκαῖος Del. Es 8.13 v.l.

ἀνάγκη 1) ἀνὴρ ἐν ~αις אֶבְיוֹן [1]; 2) *a.* זְוָעָה [1], *b.* זַעֲוָה [1]; 3) יַד עָמֵל [1]; 4) לַעֲנָה [1]; 5) צעד hi.[1]; 6) *a.* מָצוֹק [2], *b.* מְצוּקָה [5]; 7) *a.* צַר [3], *b.* צָרָה [4].

ἀνάγλυφον 1) צִיץ [1].

ἀναγνωρίζω 1) ידע hit.[1].
ἀνάγνωσις 1) מִקְרָא [2: + 1E 9.48].
ἀναγνώστης 1) *a.* סוֹפֵר [4], *b.* Ar. סָפַר [2].
ἀναγράφω 1) כתב qal[2].
ἀνάγω 1) בוֹא hi.[6]; 2) גרר qal[1]; 3) יבל hi.[1]; 4) יצא hi.[3]; 5) נהג pi.[1]; 6) עלה *a.* qal[2], *b.* hi.[24+: + To 13.2]; 7) שׁוּב hi.[1]; 8) הלך hi.[1].
ἀναδείκνυμι 1) ידע hi.[1: Hb 3.2, doublet?]; *2) *b.* מנה Ar. pa.[1: 1E 8.23]; (fr) [5, all in 1E]. Del. 2*a*, 3); Da LXX 1.11, 20 v.l.
ἀνάδειξις *1) מֶמְשָׁלָה [1: Si 43.6].
ἀναδενδράς 1) עָנָף [1]; 2) פֹּארָה [1].
ἀναζευγνύω 1) נסע qal[7: + 1E 8.61]; *2) Ar. אזל pe.[1: 1E 2.30]. Del. Nu 2.9, 16, 17, 31 v.l.
ἀναζέω 1) qal פרח [1]; 2) רתח hi.[1].
ἀναζητέω 1) בקשׁ pi.[1]; 2) דרשׁ qal[1].
ἀναζυγή 1) מַסַּע [1].
ἀναζώννυμι 1) חגר qal[2].
ἀναζωπυρέω 1) חיה qal[1].
ἀναθάλλω 1) עלז qal[1]; 2) פרח *a.* hi.[1], *b* + *c* qal[2: Ho 8.9 MT *pr'*]; *4) רַעֲנָן [1: Si 50.10]. Del. 3).
ἀνάθεμα 1) *a.* חֵרֶם [18], *b.* חָרְמָה [2], *c.* חרם hi.[1], *d.* חֵרֶם [1].
ἀναθεματίζω 1) *a.* חרם hi.[11], *b.* ho.[1], *c.* חֵרֶם [1].
ἀναιδής 1) זעם ni.[1]; 2) נצח ni.(?)[1]; 3) *a.* עזז hi.[1], *b.* עַז [5: + Ec 8.1 voc.], **d.* עַז נֶפֶשׁ [1: Si 40.30]; 4) Ar. חצף af.[1]. Del. 3*c*).
ἀναιδῶς 1) ἀ. ὑφίστασθαι עזז hi.[1].
ἀναίρεσις 1) הרג qal[1]; 2) רָמָה [1].
ἀναιρέω 1) בצע pi.[1]; 2) הרג *a.* qal[18], *b.* ni.[1], *c.* pu.[=passive qal][1], *d.* הֶרֶג הֲרֻגִים [1], *e.* הֲרֵגָה [1]; 3) לקח qal[1]; 4) מות *a.* qal[1], *b.* hi.[11], *c.* ho.[1]; 5) משׁה *a.* qal[1], **b.* hi.[1: 2K 22.17*L*]; 6) נכה hi. [8]; 7) נשׂא qal[3]; 8) פגע qal[4]; 9) רום hi.[2]; 10) רוק hi.[1]; 11) חרם hi.[1]; 12) קטל Ar. *a.* pe.[3], *b.* pa.[1], *c.* itpa.[1].
ἀναίτιος 1) נָקִי [4].
ἀνακαινίζω 1) חדשׁ *a.* pi.[2], *b.* hit.[1]; 2) עכר ni.[1]. Del. 2C 15.8 v.l
ἀνακαίω 1) בער *a.* qal[1], *b.* hi.[1]; 2) דלק hi.[1]; 4) להט pi.[1]; (?)[1: Ho 7.6 MT *qrbw*]. Del. 3).
ἀνακαλέω 1) נקב ni.[1]; 2) *a.* קרא qal[4], *b.* מִקְרָא [1].
ἀνακαλύπτω 1) גלה *a.* qal[1], *b.* ni.[5], *c.* pi.[7], *d.* + *e.* Ar. גלה pe.[3]; 3) חשׂף qal[2: + Jb 28.11 MT חבשׁ); 4) עוה pi.[1]; *6) אוֹר hi.[1: 1E 8.79]. Del. 2) (> 3), 5); Is 3.17 v.l.; Jb 41.5, Da 2.28 LXX v.l.
ἀνακάμπτω 1) סור qal[1]; 2) שׁוּב qal[2+: + 1Es 8.87].
ἀνακλίνω *1) סָבַב hi.[1: 1K 16.11*L* MT qal].
ἀνάκλισις 1) מֵסַב [1].
ἀνάκλιτος 1) רְפִידָה [1].
ἀνακράζω 1) זעק qal[2]; 2) קרא qal[4]; 3) רוּעַ hi.[2]; 4) שׁאג qal[1].
ἀνακρεμάννυμι, ~μάζω *1) תלה ni.[1: 2K 18.9*L* 4Q51].
ἀνακρίνω 1) חקר qal[1].
ἀνακρούω 1) חזה [1: cf. MH חַזָּן *cantor*]; *2) √חצצר [1: Jd 5.11]; 3) כרר pilp.[2]; 4) נבא ni.[1].
ἀνακύπτω 1) נָשָׂא רֹאשׁ qal[1].

ἀναλαμβάνω 1) חגר qal[1]; 2) יסף hi.[1]; 3) *a.* לקח qal[15], *b.* ni.[4], *c.* pu.[1]; 4) נטל *a.* pi.[1], *b.* Ar. pe.[1]; 5) נשׂא qal[35]; 6) סבל qal[1]; 7) עדה qal[1]; 8) עוד pol.[2]; 9) עלה qal[1]; 10) ערך qal[1]; 11) שׂים qal[1], *b.* Ar. שׂוּם itpe.[1]. Del. 12) Si 50.11 v.l. (> ἀναβάλλω); 2K 22.17, La 5.13 v.l.
ἀναλάμπω 1) לא כָּהָה qal[1]; 2) נשׂא qal[1]; 3) צלח qal[1]; *4) נגה hi.[1: 2K 22.29*L*].
ἀναλέγω 1) חלט hi.[1]; 2) לקט pi.[1].
ἀνάλημμα 1) מִלּוֹא [1].
ἀναλημπτήρ 1) יָע [1].
ἀναλίσκω 1) אכל qal[7]; 3) כלה *a.* qal[1], *b.* pi.[1]; 4) מות qal[1]; 5) סוּף qal[2: + Pr 23.28 MT *twsp*]; 6) תמם qal[1]; 7) כרת ni.[1]. Del. 2); Na 2.1 v.l.(> ἐξαίρω).
ἀναλύω 1) שׁבת hi.[1]; *2) מסס ni.[1: Si 3.15].
ἀνάλωμα *1) יצא qal[1: 4K 12.13*L*].
ἀνάλωσις 1) *a.* אכל qal[1], *b.* אָכְלָה [2]; 2) מִבְעֶרֶת [1].
ἀναμάρτητος 1) צָמֵא [1].
ἀναμένω 1) קוה pi.[4]; 2) אחר pi.[1].
ἀναμίγνυμι 1) *b.* סִיג [2]; 2) Ar. ערב pe.[2], *b.* itpa.[1]; 3) רסס qal[1]. Del. 1*a*).
ἀναμιμνήσκω 1) זכר *a.* qal[1], *b.* ni7], *c.* hi.[13]. Del. Ge 8.1, Ne 9.17 v.l. (> simp.).
ἀνάμνησις 1) *a.* זכר hi.[2], *b.* אַזְכָּרָה [1], *c.* זִכָּרוֹן [1].
ἀναμφισβητήτως *1) Ar. דִּי לָא שָׁלוּ [1: 2E 6.9].
ἀνάνευσις 1) חַרְצֻבּוֹת [1].
ἀνανεύω 1) מאן pi.[3]; 2) נוא hi.[4].
ἀναντλέω 1) נקף pi.[1]; *2) נשׂא qal[1: Pr 9.12].
ἀναξηραίνω 1) חרב qal[1]; *2) יבשׁ hi.[1: Ho 13.15, *w* > *y*]; 3) רָתַח hi.[1]. Del. 2 בּוֹשׁ.
ἀνάξιος 1) זלל qal[1]; 2) קלה ni.[1].
ἀνάπαυμα 1) *b.* מְנוּחָה [1]. Del. 1*a*); Is 28.2 v.l.
ἀνάπαυσις 1) *a.* נוּחַ qal[4], *b.* מָנוֹחַ [5], *c.* מְנוּחָה [11], *d.* נַחַת [4], *e.* נוּחָה [1]; 2) *a.* רבץ qal[1], *b.* רֵבֶץ [1]; 3) *√רגע [2: Jb 7.18, 21.13]; 4) *a.* שַׁבָּת [2], *b.* שֶׁבֶת [1], *c.* שַׁבָּתוֹן [8: - Le 16.31], *d.* שׁבת qal[1]; 5) שׁקט hi.[1], *b.* qal[1]; 6) ~ιν διδόναι נוּחַ *hi.[1]; 7) ~ιν ποιεῖν נוּחַ hi.[1]; 8) מִשְׁעָן [1]. Del. 3 רֶגַע.
ἀναπαύω 1) בלג hi.[1]; 3) נוּחַ *a.* qal[18], *b.* + *c.* hi.[10], *d.* ho.[1], *e.* מְנוּחָה [1]; 5) נפשׁ ni.[1: 2K 16.14*L*]; 6) *a.* רבץ qal[82: + Is 13.20], *b.* hi.[1]; 7) רגע *a.* qal[1], *b.* hi.[2]; 8) רוח qal[1]; 9) שׁאן pa'l.[1]; 10) שׁבת qal[5: Mi 4.4 MT *yšbw*, see E.Z. Melamed, *Eshkoloth* 3 (1959) 102]; 11) שׁכב qal[1]; 12) שׁכן qal[8: De 33.20, not שָׁכֵן]; 13) שׁקט *a.* qal[2], *b.* hi.[2]; 14) עבר qal[1]; 15) מָצָא נַחַת qal[1]; *16) הֵשִׁיב נֶפֶשׁ hi.[1: La 1.6]. Del. 2, 4, 5); Ex 23.12b.
ἀναπείθω 1) נשׁא hi.[2].
ἀναπετάννυμι 1) פרשׂ qal[1].
ἀναπηδάω *2) Ar. שׁוּר pe.[1: To 7.6]; *3) פחז qal[2: 1K 20.34 4Q52; 25.9 4Q51]. Del. 1).
ἀναπιδύω 1) נבע qal[1].
ἀναπίπτω 1) כרע qal[1]; 2) ישׁב qal[1]; 3) *a.* רבץ qal[1], **b.* Ar. רבע pe.[1: To 2.1].
ἀναπληρόω 1) מָלֵא *a.* qal[2], *b.* ni.[1], *c.* pi.[2]; 2) נגע hi.[1]; 3) סגר qal[1]; 4) קֵץ [1]; 5) *a.* שׁלם qal[2], *b.* שָׁלֵם [1].

ἀναπλήρωσις 1) מָלֵא pi.[2].

ἀναπνεύω 1) הֵשִׁיב רוּחַ hi.[1].

ἀναποδίζω 1) עמד qal[1]. Del. Si 46.4 v.l.

ἀναποιέω 1) *a.* בלל qal[30], *b.* בְּלִיל [1: Is 30.24]; 3) μὴ ἀ. חָרֵב [1]. Del. 2) Is 30.24.

ἀναπτερόω 1) המה qal[1]; 2) רהב hi.[1].

ἀναπτύσσω 1) כסה pu.[1]; 2) מְזוּזָה [1]; 3) פרשׂ qal[3].

ἀνάπτω 1) אור hi.[1]; 2) בער *a.* qal[2], *b.* pi.[1]; 4) יצת *a.* ni.[4: + Je 21.12, 31.9, La 4.15], *b.* hi.[7]; 5) להט pi.[3]; 7) נשׂק ni.[1]; 8) עלה qal[1]. Del. 3, 6); 1E 8.76 v.l.

ἀναρίθμητος 1) *a.* אֵין מִסְפָּר [3], *b.* לֹא נִסְפַּר וְלֹא נִמְנָה ni. [1]; 2) אֵין־קֵץ [1]; 3) כַּבִּיר [1]; 4) עָצוּם [1].

ἀναρπάζω 1) גזל qal[1].

ἀναρρήγνυμι 1) בקע pi.[3].

ἀνασκάπτω 1) חפר qal[1]; 2) כסח qal[1].

ἀνασπάω 1) לקח qal[1]; 2) עלה hi.[1].

ἀνάστασις 1) קום *a.* qal[1], *b.* קִימָה [1]; *2) עמד hi.[1: Da LXX 11.30].

ἀναστατόω 1) Ar. דושׁ pe.[1].

ἀναστέλλω 1) נשׂא ni.[1: Na 1.5 MT *wtś'*].

ἀναστενάζω 1) אנח ni.[1], *b.* hit.[1].

ἀνάστημα 1) יְקוּם [1]; 2) *a.* נְצִיב [1], *b.* מַצָּבָה [1]; (†)[1: Zp 2.14, MT *'rh* > *'mdh* ?]. Del. Ge 7.4 v.l. (> ἐξανάστασις).

ἀναστρέφω 1) בוֹא qal[1]; 3) הלך *a.* qal[3], *c.* hit.[2], **d.* pi.[1: Zc 3.7 voc. and cf. Engl. *to go about*]; 4) הפך qal[2]; 5) יצא qal[1]; 6) עשׂה qal[1]; 7) פנה hi.[1]; 8) שׁוב *a.* qal[9+: + 3K 15.21], *b.* hi.[2]; 9) שׁור qal[1: Ge 49.22 > שׁוּב?]; 11) שׁנה qal[1]; 13) הגה qal[1]; 14) רטשׁ hit.[1]; *15) דחף qal[1: Si 36.12]; *16) שׁוּג ni.[1: 2S 1.22*L*]. Del. 2, 3*b*, 10, 12); Ge 8.7, De 24.19, Jn 3.8, Si 12.12, 16 v.l.

ἀνασύρω 1) גלה pi.[1].

ἀνασχίζω 1) בקע qal[1].

ἀνασῴζω 1) ישׁע hi.[1: - Ob 21 v.l.]; 2) מלט *a.* ni.[2], *b.* pi.[1]; 3) *a.* פלט qal[1], *b.* פָּלֵט [3], *c.* פָּלִיט [10], *d.* + *e.* פְּלֵ(י)טָה [6].

ἀνατέλλω 2) זרח qal[16: + Ps 96.11, Si 26.16]; 4) יצא qal[1]; 5) סָחִישׁ [1]; 8) פרח qal[6: + Hb 2.3 MT *yph*], *a.* hi.[1]; 10) צמח *a.* qal[9], *b.* pi.[4], *c.* hi. [5], *d.* צֶמַח [2]; 11) קום *a.* qal[1], *b.* pol.[1]; 12) ὁ πρωῒ ἀνατέλλων בֶּן־שַׁחַר [1]; *14) יפע hi.[1: Jb 3.9 MT *'p'py*]; *15) עלה qal[1: 2K 23.6*L*, MT כל יעלה > בליעל]. Del. 1, 3 > 2, 6-7, 9, 13).

ἀνατίθημι 1) חרם *a.* hi.[2], *b.* ho.[1]; 2) יצג hi.[1]; 3) שׂים qal[1]; *4) פָּתַח פֶּה qal[1: Mi 7.5 MT *pitḥē piḥā*]; *5) נתן qal[1: 4K 23.11*L*].

ἀνατιναγμός 1) מְבוּקָה [1].

ἀνατολή 1) יצא qal[1]; 2) מִזְרָח [14+]; 3) נֹגַהּ [1]; 4) צֶמַח [6]; 5) *a.* קָדִים [10+], *b.* רוּחַ הַקָּדִים [1], *c.* קֶדֶם [10+], *d.* קֵדֶם [10+], *e.* קַדְמוֹן [1], *f.* קַדְמֹנִי [1]; 6) ἡλίου ἀ. מִזְרָח [2: + Ez 8.5]; 7) ἡλίου ἀ. קֶדֶם [3]; *8) שַׁעַר [1]; *9) πρὸς τῇ ~ῇ / ~άς לִפְנֵי [2: 1E 5.46, 9.38]. Del. Ex 27.13, Si 39.31 v.l.

ἀνατρέπω 1) דחה qal[1]; 2) דהף qal[2]; 3) כפה qal[1];*6) מגר pa.[1: To 13.12]. Del. 4, 5).

ἀναφαίνω 1) גלשׁ qal[1]; *(-) [2: Jb 11.18, 24.19]. Del. 2).

***ἀναφάλαντος** 1) גִּבֵּחַ [1].

***ἀναφαλάντωμα** 1) גַּבַּחַת [3].

ἀναφέρω 1) בּוֹא *b.* hi.[10]; 2) חטא pi.[1]; 3) יבל ho.[1]; 4) ירד hi.[1]; 6) נוף hi.[3]; 7) נשׂא qal[5]; 8) סבל qal[1]; 9) עבר hi.[1]; 10) עלה *a.* qal[2], *b.* hi.[11+], *c.* ho.[1]; 12) קטר hi.[23]; 13) קרב hi.[2]; 14) שׁוּב hi.[1]; 15) Ar. סלק *a.* af.[1], *b.* ho.[1]; 16) דוּחַ hi.[1]; *17) נגד hi.[1: 1K 3.13]; *18) רכב hi.[1: 4K 9.28]. Del. 1*a*), Ex 35.21 v.l.; 5, 11).

ἀναφορά 1) מַשָּׂא [1]; 3) *a.* עוֹלָה [1], **b.* עלה hi.[1: 2C 35.14*L*]. Del. 2).

ἀναφορεύς 1) בַּד [13: - Ex 27.6, 7 v.l.]; 2) מוֹט [4].

ἀναφράσσω 1) סתם qal[1].

ἀναφύω 1) יצא qal[1]; 2) עלה qal[1]; 3) צמח qal[2]; 4) סלק Ar. pe.[1].

ἀναφωνέω 1) זכר hi.[1]; 2) שׁמע hi.[4].

ἀναχωρέω 1) ברח qal[3]; 2) נגע ni.[1]; 3) נוס qal[3]; 4) סבב qal[1]; 5) עלה hi.[1]; 6) פרץ hit. (?)[1]; *7) סור qal[1: Pr 25.8]; *8) פרשׂ hit.[1: 1K 25.10 4Q51]; *9) נגשׁ ni.[1: 1K 13.6*L*].

ἀνάψυξις 1) רְוָחָה [1].

ἀναψυχή 1) אוֹן [1]; 2) בֶּטַח [1]; *4) רְוָחָה [1: Ps 65.12]. Del. 3).

ἀναψύχω 1) בלג hi.[1]; 2) חיה qal[1]; 3) נפשׁ ni.[2]; 4) רוח qal[1].

ἀνδραγαθία 1) גְּבוּרָה [1].

ἀνδρεία 1) כִּשְׁרוֹן [3]. Del. 2).

ἀνδρεῖος 1) גֶּבֶר [1]; 2) חַיִל [3]; 3) חָרוּץ [2]; 4) יָשָׁר [1]; 5) עָרִיץ [1]; *6) כָּשֵׁר or כַּשִּׁיר [1: Ec 10.10].

ἀνδρίζομαι 1) אמץ *a.* qal[5], *b.* pi.[1]; 2) חזק qal[11: + Mi 4.10]; 3) מָעוֹז [1]; 4) גבר hit.[1]; *5) אֱנוֹשׁ [2: Je 2.25, 18.12].

ἀνδρόω 1) עֲלוּמִים [1]. Del. 2).

ἀνεγείρω 1) רפא qal[1].

ἀνειλέω 1) פרשׂ qal[1].

ἄνειμι Del. 1) v.l. at 3K 21.22.

ἀνελεημόνως 1) אַכְזָר [1].

ἀνελεήμων 1) *a.* אַכְזָר [1], *b.* אַכְזָרִי [7], *c.* אַכְזָרִיּוּת [1]. Del. 2).

ἀνέλπιστος *1) קָוָה pi.[1: Is 18.2]. Del. Is 18.7 v.l.

ἄνεμος 1) רוּחַ [7+]; 2) ἀ. καύσων רוּחַ [1].

ἀνεμοφθορία 1) יֵרָקוֹן [1]; 2) שִׁדָּפוֹן [2].

ἀνεμόφθορος 2) רוּחַ [1]; 3) שְׁדוּף קָדִים [3]. Del. 1).

ἀνεξέλεγκτος 1) אֵין חֵקֶר [1]; 2) עֹזֵב תּוֹכַחַת qal[1].

ἀνεξιχνίαστος 1) אֵין חֵקֶר [3].

ἀνέρχομαι 1) הלך qal[1]; *2) בּוֹא qal[1: 1C 21.4*L*].

ἄνεσις 1) Ar. שְׁלוּ [1].

ἀνετάζω 1) דרשׁ qal[1]. Del. 2) Es 2.23 v.l.

ἄνευ **a*) אַיִן [3]; **b*) לֹא [1]; **c*) בִּלְעָד [3]; **d*) מִבִּלְעֲד [3]; **e*) בְּלִי [5]; **f*) מִבְּלִי [1]; **g*) בְּלֹא [7]; **h*) Ar. לָא בְּ [4].

ἀνέχω 1) אפק hit.[4]; 2) ארך hi.[1]; 3) יאשׁ ni.[1]; 4) יָכֹל qal[1]; 5) כלא qal[1]; 6) מנע qal[1]; 7) סבל qal[1]; 8) שׁוּב qal[1]; 9) עצר qal[1].

ἀνεψιός 1) בֶּן דּוֹד [1], *b.* Ar. בַּר דָּד [To 7.2 $\mathfrak{G}^{I}$].

ἀνήκοος 1) בְּלִי דַעַת [1]; 2) מְרִי [1]; 3) סרר qal[2]; 4) לֹא שָׁמַע qal[1].

ἀνήκω 1) בּוֹא qal[1]; *2) עלה qal[1: 1K 27.8 voc.].

ἀνήλατος 1) תַּחְתִּי [1].

ἀνήρ 1) אָדָם [26]; 2) אִישׁ [114+]; 3) *a.* אֲנָשִׁים [67+: + Mi 7.2^2], *b.* Ar. אֱנָשׁ [2]; 4) בֵּן [5]; 5) *a.* בַּעַל [36], *b.* ἔχειν ἄνδρα בעל qal[1], **c.* τυγχάνειν ἀνδρός ni.[1: Pr 30.23]; 6) *a.* גֶּבֶר [40], *b.* Ar. גְּבַר [26], δυνατὸς ἀ. גֶּבֶר [1]; 7) גִּבּוֹר [5]; 8) זָכָר [13]; 11) בַּיִת [1]; 12) נֶפֶשׁ [2]; 14) עַם [8]; 18) אָדוֹן [1]; 19) ὁ ἀδελφὸς τοῦ ἀνδρός יָבָם [3]; 20) רֹאשׁ [1]; 21) מַת [1]; 22) ἀ. ἐν ἀνάγκαις אֶבְיוֹן [1]; *23) עֶבֶד [1: 2K 21.15*L*]. Del. 9, 10, 13, 15-7) Nu 32.2 v.l.; Am 7.7 v.l.

ἀνθέμιον 1) גֻּלָּה [1].

ἀνθέω 1) גמל qal[1]; 2) חיל qal[1]; 3) יצא qal[1]; 4) נצץ hi.[3: + Ec 12.5]; 5) פרח *a.* qal[5], *b.* hi.[2]; 6) פתח pi.[1]; 7) צוץ *a.* qal[1], *b.* hi.[1]; 8) חלף hi.[1]. Del. Le 13.12 v.l.

ἄνθινος 1) רִמּוֹן [1].

ἀνθίστημι 1) אמץ hit.[1]; 2) בחן qal[1]; 3) גרה hit.[1]; 4) זוד qal[1]; 5) חזק hit.[2]; 6) יעד hi.[2]; 7) *a.* יצב hit.[7], *b.* נצב ni.[3]; 8) מרה qal[1]; 9) עמד qal[11]; 10) ענה qal[3]; 11) צרר qal[1]; 12) קדם hi.[1]; 13) קום *a.* qal[4: Mi 2.8 יְקוֹמֵם may be either יָקוּם or יִתְקוֹמֵם], *b.* pol.[1], *c.* hit.[1], *d.* תְּקוּמָה [1]; 14) קרה qal[1]; 15) נשׂא hi.[1: Ob 7, שׁ > שׂ]; *17) סות hi.[1: 2K 5.6 4Q51]. Del. 16).

ἀνθομολογέομαι 1) ידה *a.* hi.[1], **b.* hit.[1: 1E 8.91]; 2) Ar. שׁבח pa.[1].

ἀνθομολόγησις 1) ידה hi.[1].

ἄνθος 1) חֲבַצֶּלֶת [1]; *3) *a.* נִצָּה [2], *b.* נִצָּן [1], **c.* נֵץ [2: + Zp 2.2 MT *mṣ*]; 4) נֵצֶר [2]; 5) פֶּרַח [2]; 6) *a.* צִיץ [6], *b.* צִיצָה [1]; 7) צֶמַח [1]; 8) רֹאשׁ [1]. Del. 2); Si 51.15 (> ἐξανθέω).

ἀνθρακιά 1) גַּחֶלֶת [1].

ἄνθραξ 1) אַגְמוֹן [1]; 2) בְּדֹלַח [1]; 3) גַּחֶלֶת [15: + Si 8.10]; 4) לָשׁוֹן [1]; 5) נֹפֶךְ [2]; 6) פֶּחָם [1]; 7) רִצְפָּה [1]; 8) רֶשֶׁף [1]; 9) תַּרְשִׁישׁ [1]; 10) ἄ. πυρός גַּחֶלֶת [3]; 11) אֹדֶם [1]; *12) פּוּךְ [1: Is 54.11].

ἀνθρώπινος 1) אָדָם [4]; 2) *a.* אֱנוֹשׁ [1], *b.* Ar. אֱנָשׁ [3].

ἄνθρωπος 1) אָדָם [112+: + Na 2.4 voc., and Am 9.12 *'dwm*]; 2) אִישׁ [183+]; 3) *a.* אֱנוֹשׁ (alw. pl. אֲנָשִׁים exc. De 32.26)[36+], *b.* Ar. אֱנָשׁ [27]; 4) בֵּן [1]; 5) בַּעַל [1]; 6) בָּשָׂר [4]; 7) *a.* גֶּבֶר [17], *b.* Ar. גְּבַר [11]; 8) גּוֹי [1]; 10) עֶבֶד [1]; 11) עַם [3]; 13) אֶרֶץ חַיִּים [1]; 14) חַי [2]; 15) הוּא [1]; 16) בֶּן־אָדָם [3]; 18) υἱὸς τοῦ ~ου אִישׁ [1]; 19) υἱὸς ~ου אָדָם [1]; 20) Ar. בַּר אֱנָשׁ [1]; 21) זָכָר [1]; 22) מַת [1]. Del. 9, 12) Nu 24.17; 17). On Ma 4.5, see *Lex.* s.v., **3 e**.

ἀνθυφαιρέω 1) גרע ni.[1].

ἀνίατος 1) *a.* אַכְזָר [2], *b.* אַכְזָרִי [1]; 2) בִּלְתִּי סָרָה [1]; 3) מְרִירִי [1]; 4) אֵין מַרְפֵּא [1]; *5) מַבְלִיגִיתִי גֵהָה [1: Je 8.18].

ἀνιερόω *1) חרם ho.[1: 1E 9.4].

ἀνίημι 2) חדל qal[3]; 3) יאשׁ ni.[1]; 4) כשׁל qal[1]; 7) נטשׁ qal[3]; 8) נשׂא qal[7: + Je 27.7]; 9) פרשׂ pi.[1]; 10) קלל hi.[1]; 11) רפה *a.* qal[2], *b.* pi.[1], *c.* hi.[7], *d.* רָפֶה [1]; 13) שׁלח *a.* qal[1], *b.* pu.[1]; 14) שׁעה hi.[1]; 15) שׁקט qal[1]; *16) נוח hi.(הִנִּיחַ) [1: Je 15.6]; (fr) [1: Ma 4.2 MT *marbēq*]. Del. 1, 5, 6, 12); Si 5.4 v.l.

ἀνίπταμαι 1) נדד qal[1].

ἀνίστημι 1) חזק qal[1]; 2) חיה qal[2]; 3) יצב *a.* hit.[2], *b.* נצב hi.[1]; 5) עזר qal[1]; 6) עלה qal[1]; 7) עמד *a.* qal[34], *b.* hi.[6]; 8) קום *a.* qal[81+], *b.* pi.[1], *c.* hi.[19+], *d.* ho.[1], *e.* Ar. pe.[10], *f.* af.[2]; 9) קוץ qal[2]; 10) שׁכם hi.[9]; 11) היה qal[1]; 13) אמץ hit.[1]; 14) נשׂא *b.* pi.[1]; *15) Ar. כלל išhtaf.[1: 1E 2.24]. Del. 4) Ez 26.20 > 3*a*); 12) 4K 4.7 v.l.; 14*a*) Na 1.5 v.l.

ἄνισχυς 1) ἄ. εἶναι כשׁל ni.[1].

ἀνόητος 1) *a.* אֱוִיל [1], *b.* אִוֶּלֶת [1]; 2) פתה qal[1].

ἄνοια 1) אִוֶּלֶת [2].

ἀνοίγω 2) בקע qal[1]; 3) גלה *a.* qal[1], *b.* ni.[1]; 4) פער qal[1]; 5) פצה qal[6]; 6) פקח *a.* qal[9], *b.* ni.[1]; 7) פרשׂ qal[1]; 8) פתח *a.* qal[19+: + Is 13.2], *b.* ni.[10], *c.* pi.[6], *d.* מִפְתָּח [1], *e.* פִּתָּחוֹן [2], *f.* Ar. pe.[4]; 9) קרע qal[1]; 10) רחב hi.[1]; 11) שִׂיחַ qal[1]; 13) נשׂא qal[1]; *14) פרע qal[1: Si 43.14]. Del. 1, 12).

ἀνοικοδομέω 1) בנה *a.* qal[10: Mi 1.10 MT *k* > *n*], *b.* ni.[3], *c.* Ar. pe.[1], *d.* itpe.[1]; 2) גדר qal[4].

ἀνομβρέω 1) נבע hi.[1].

ἀνομέω 1) בגד qal[1]; 2) חָנֵף qal[1]; 3) מעל qal[3: + 1E 1.49, 9.7]; 4) עוה *a.* pi.[1], *b.* hi.[1], *c.* עָוֹן [1]; 5) *a.* פשׁע qal[3], *b.* פֶּשַׁע [1]; 6) רשׁע *a.* qal[3], *b.* hi.[5]; 7) שׁדד qal[2]; 8) שׁחת *a.* pi.[3], *b.* hi.[2]; 9) שׁקד qal[1]; 10) תעב *a.* hi.[1], *b.* עָשָׂה תוֹעֵבָה qal[1]. Del. 11); De 4.23 v.l.

ἀνόμημα 1) בְּלִיַּעַל [1]; 2) זִמָּה [1]; 3) חַטָּאת [2]; 4) נְבָלָה [1]; 5) עָוֹן [3]; 6) פֶּשַׁע [3]; 7) תּוֹעֵבָה [1]; 8) תִּפְלָה [1].

ἀνομία 1) אָוֶן [26]; 2) בְּלִיַּעַל [2]; 3) בֶּצַע [1]; 5) הַוָּה [3]; 6) זִמָּה [7]; 7) *a.* חַטָּאת [7], *b.* חַטָּאָה [1]; 8) חָמָס [7]; 9) מַעַל [6]; 10) מַעֲלָל [1]; 11) מִשְׁפָּח [1]; 12) נְבָלָה [1]; 13) סָרָה [1]; 14) *a.* עָוֶל [3], *b.* עַוְלָה [7]; 15) עָוֹן [8+]; 16) עֹצֶב [1]; 17) עָתָק [1]; 18) *a.* פשׁע qal[1], *b.* פֶּשַׁע [21]; 19) *a.* רֶשַׁע [4], *b.* רִשְׁעָה [8]; 20) שׁחת hi.[1]; 21) שֶׁקֶר [2]; 22) תּוֹעֵבָה [27]; 23) קָלוֹן [1]; *25) אַשְׁמָה [1: 1E 8.90]; *26) הֶבֶל [1: Si 49.2]. Del. 4, 24).

ἄνομος 1) אָוֶן [5]; 3) בֶּצַע [2]; 4) הלל qal[1]; 5) זֵד [2]; 6) חַטָּא [1]; 7) *a.* חָנֵף qal[2], *b.* חֹנֶף [1]; 9) סָרָה [1]; 10) *b.* עַוְלָה [1]; 11) עָוֹן [2]; 12) ענן qal[1]; 13) עָרִיץ [1]; 14) פשׁע qal[4]; 15) רְמִיָּה [1]; 16) *a.* רָשָׁע [4+], *b.* רֶשַׁע [5], *c.* רִשְׁעָה [3], *d.* מִרְשַׁעַת [1]; 17) שָׁוְא [1]; 18) שׁחת hi.[1]; 19) שֶׁקֶר [2]; 20) זִמָּה [1]; 21) תּוֹעֵבָה [1]; 22) בגד qal[1]; 23) חָמָס [1]. Del. 2, 8, 10*a*); Le 5.4, 18.30, Zp 1.3 v.l.(v. Zgl).

ἀνορθόω 1) זקף qal[2]; 2) כון *a.* ni.[4], *b.* pol.[2], *c.* hi.[3], *d.* hitpol.[1]; 3) עוד hitpol.[1]; 4) רבה hi.[1]; 5) נער pi.[1]. Del. 2K 7.26 v.l.

ἀνορύσσω 1) חפר qal[2].

ἀνόσιος 1) זִמָּה [1].

ἄνους 2) פתה qal ptc.[1]; *3) כְּסִיל [1: Ps 48.10]. Del. 1).

ἀνταίρω 1) נשׂא qal[1]. Del. 2K 18.28 v.l.

ἀντακούω 1) ענה ni.[1].

ἀντάλλαγμα 1) *a.* חֲלִיפָה [1], *b.* תַּחֲלִיף [1]; 2) מְחִיר [4]; 3) תְּמוּרָה [1]; *5) עֵקֶב [1: Ps 88.51]. Del. 4) Am 5.12 v.l.

ἀνταλλάσσω *2) עקב pi.[1: Jb 37.4]. Del. 1).

ἀντάμειψις 1) עֵקֶב [1].

ἀνταναιρέω 1) אסף qal[1]; 2) בְּלִי [1]; 3) הלך *a.* qal[1], *b.* ni.[1]; 4) לקח qal[1]; 6) ערה pi.[1]; 7) שׁבת hi.[1]; *8) רום ho.[1: Ps 9.26]. Del. 5); Pr 8.11 v.l.

ἀνταποδίδωμι 2) *a.* גמל qal[13], *b.* גְּמוּל [2], *c.* גְּמוּלָה [1], *d.* תַּגְמוּל [1]; 3) פקד qal[1]; 4) שׁוב *a.* qal[1: Ob 15, Gk in pass.]; *b.* hi.[9+]; 5) שׁלם *a.* qal[2], *b.* pi. [6+: + De 32.43^2], *c.* pu.[2], *d.* שִׁלֵּם n.[1]; 6) נקם ni.[1]; 7) פעל qal[1]. Del. 1).

ἀνταπόδομα 1) *a.* גְּמוּל [9], **b.* גְּמוּלָה [1: 2K 19.37*L*]; 2) שׁוּב hi.[1]; 3) שַׁלְמֹנִים [1]; 4) תֹּאֲנָה [1].

ἀνταπόδοσις 1) *a.* גְּמוּל [5: + Ps 130.2], *b.* גְּמוּלָה [2]; 2) נָקָם [3]; 3) עֵקֶב [1]; 4) *a.* שִׁלּוּם [3: + Ps 68.22], *b.* שִׁלְמָה [1], *c.* שׁלם pi.[2].

ἀνταποθνήσκω *(fr) [1: Ex 22.3]. Del. 1).

ἀνταποκρίνομαι 1) ענה qal[3]; *2) שׁוּב hi.[2K 3.11*L*].

ἀνταπόκρισις 1) *a.* שׁוּב hi.[1], *b.* תְּשׁוּבָה [1].

ἀνταποστέλλω 1) שׁלח qal[1].

ἀνταποτίνω 1) שׁלם pi.[1].

ἀντεῖπον (aor.) 1) אמר qal[1]; 2) דבר pi.[2]; 3) ענה qal[2]; 5) צפף pilp.[1]; 6) שׁוּב hi.[3]. Del. 4).

ἀντέχω 1) אחז qal[2]; 2) דרשׁ qal[2]; 3) הלך qal[1]; 4) חזק *a.* hi.[5], *b.* hit.[1]; 5) חסה qal[1]; 6) פדע qal[1]; 7) קרא ni.[1]; 8) שׁמר qal[1]; 9) תפשׂ qal[1].

ἀντί *a)* אֲשֶׁר [6]; *b)* אֵת [1]; *c)* בְּ [20]; *d)* בַּעֲבוּר [1]; *e)* כַּאֲשֶׁר [1]; *f)* כְּפִי אֲשֶׁר [1]; *g)* יַעַן [1]; *h)* לְמַעַן [1]; *i)* עַל [7]; *j)* תַּחַת [47]; *k)* עֵקֶב אֲשֶׁר [2]; *l)* אֶל־תַּחַת [1]; *m)* יַעַן וּבְיַעַן [1]; *n)* חֵלֶף [1]; *o)* תַּחַת אֲשֶׁר [4]; *p)* עֵקֶב [1]; *q)* יַעַן כִּי [1]; *r)* ἀντὶ τούτου לָכֵן [3]; *s)* כִּי [1]; *t)* עֵקֶב כִּי [1]; *u)* יַעַן אֲשֶׁר [2]; †)[1]. x∫

ἀντίγραφον 1) פַּתְשֶׁגֶן [3]; *2) Ar. פַּרְשֶׁגֶן [2: 1E 6.7, 8.8].

ἀντιγράφω *1) Ar. pe. פִּתְגָם שְׁלַח [1: 1E 2.21].

ἀντιδίδωμι 1) נתן qal[1]; 2) שׁוּב hi.[1].

ἀντιδικέω 1) *a.* רִיב qal[1], *b.* noun [1].

ἀντίδικος 1) רִיב *a.* hi.[1], *b.* n.[2: + Je 28.36], *c.* אִישׁ רִיב [1]; 2) צָר [1]; *3) רֵעַ [1: Pr 18.17].

ἀντίζηλος 1) צרר qal[1]; 2) צָרָה [1].

ἀντίδικος 1) רִיב *a.* hi.[1], *b.* n.[2: + Je 28.36], *c.* אִישׁ רִיב [1]; 2) צָר [1]; *3) רֵעַ [1: Pr 18.17].

ἀντικαθίζω 1) ישׁב hi.[1].

ἀντικαθίστημι 1) ענה qal[1]; 2) קוּם *a.* pil.[1], *b.* hi.[1]; *3) יצב hit.[1: 2K 21.5*L*].

ἀντικαταλλάσσω 1) חלף hi.[1].

ἀντίκειμαι 1) איב qal ptc.[2]; 2) אִישׁ מִלְחָמָה [1]; 3) חרה ni.[1]; 4) צוּר qal[2]; 5) צרר qal[1]; 6) קרא qal[1]; 7) רדף qal[1]; 8) *a.* שׂטן qal[1], *b.* שָׂטָן [1].

ἀντικρίνω 1) כלם hi.[1]; 2) ענה qal[1].

ἀντίκρυς. Del. 1) Ne 12.8 v.l.

ἀντιλαμβάνομαι 1) אֲגַף [1]; 2) חזק *a.* pi.[2], *b.* hi.[8]; 3) כפף ni.[1]; 4) נחל pi.[1]; 5) נצר qal[2: + Is 26.3]; 6) נשׂא *a.* qal[1], *b.* pi.[1]; 7) סמך qal[3]; 8) סעד qal[3]; 9) עזר qal[3]; 10) פגע hi.[1]; 11) קוּם hi.[1]; 12) *a.* שׂגב pi.[1], *b.* מִשְׂגָּב [1]; 13) Ar. שֵׁיזִב [1]; 14) תמך qal[4]; *15) סכך qal[2: Ps 138.13, Is 26.3]; *16) גאל qal[1: Is 49.26]. Del. 2*c*).

ἀντιλέγω. 1) סוּג ni.[1]; 2) רִיב hi.[1]; 3) סרב pi.[1].

ἀντιλήμπτωρ 1) מָגֵן [2]; 2) מַחְסֶה [1]; 3) מִשְׂגָּב [10]; 4) מָשַׁךְ חֶסֶד qal[1]; 5) סֶלַע [1]; 6) סמך qal[1]; 7) צוּר [1]; 8) עזר qal[1].

ἀντίλημψις 1) אֱיָלוּת [1]; 2) זְרוֹעַ [1]; 3) מָגֵן [1]; 4) *a.* עֹז [1], *b.* מָעוֹז [1]; 5) עֶזְרָה [1]; 6) סמך qal[1]; *7) יָד [1: 1E 8.27].

ἀντιλογία 1) דָּבָר [1]; 2) *a.* מָדוֹן [1], *b.* מִדְיָן [1]; 3) מְרִי [1]; 4) *a.* רִיב [8], *b.* מְרִיבָה [6].

ἀντίον 1) מָגוֹר [3].

ἀντιπαρατάσσομαι *1) Ar. נשׂא itpa.[1: 1E 2.26].

ἀντιπίπτω 1) מְרִיבָה [1]; 2) קבל hi.[1]; 4) שׁלב pu.[1]. Del. 3) Jb 23.13 v.l.

ἀντιποιέω 1) Ar. מחא pe.[1]; 2) עשׂה ni.[1].

ἀντιπολεμέω 1) אִישׁ מִלְחָמָה [1].

ἀντιπρόσωπος 1) פָּנִים [4]; *3) לִקְרַאת [1: Ge 15.10]. Del. 2) > 3).

ἀντίπτωμα 1) מוֹקֶשֶׁת [1]; 2) כַּעַס [1].

ἀντίρρησις 1) פִּתְגָם [1].

ἀντιστήριγμα 1) מִשְׁעָן [2: + 2K 22.19]; 2) סמך qal[1]. Del. Si 31.15 v.l.

ἀντιστηρίζω 1) סמך *a.* qal[1], *b.* ni.[1]; 2) שׁען ni.[1].

ἀντιτάσσω 2) נשׂא qal[2]; 3) שׁוה qal[1]. Del. 1, 4).

ἀντιτίθημι 1) בּוֹא hi.[1].

ἀντλέω 1) דלה qal[2]; 3) שׁאב qal[2: - Ge 24.43 v.l.]. Del. 2); Jb 19.26 v.l.

ἄντρον 1) אַרְמוֹן [1].

ἄνυδρος 1) בְּלִי־מַיִם [1]; 2) יַבָּשָׁה [1]; 3) γῆ ἄ. יְשִׁימוֹן [6]; 4) מִדְבָּר [1]; 5) עָיֵף [1]; 6) צִיָּה [19]; 7) שָׁרָב [1].

ἀνυπόδετος 1) יָחֵף [4]; 2) *a.* שׁוֹלָל [1], *b.* שֵׁילָל [1]; (fr) [1: Mi 1.8].

ἀνυπονόητος Del. Ex 18.18, Si 25.7 v.l.

ἀνυπόστατος 1) זֵידוֹן [1].

ἀνυψόω 1) Ar. חוט af.[1]; 2) רוּם *a.* pole.[1], *b.* hi.[8]; 3) גִּיל hi.[1]; 4) נשׂא qal[3]; 5) נגע hi.[1].

ἄνω 1) מַעַל [2]; 2) עֶלְיוֹן [1]; 3) לְמַעְלָה [2: 2C 16.12*L*, 26.8*L*].x∫

ἄνωθεν 1) *a.* עַל [5], *b.* מַעַל [16], **c.* מִלְמַעְלָה [1: Ge 6.16].

ἀνωφελής 1) *a.* בִּלְתִּי הוֹעִיל [1], *b.* לֹא הוֹעִיל hi.[1].

ἀξία *1) יוֹצֵא בְּ- [2: Si 10.28, 38.17].

ἀξίνη 1) גַּרְזֶן [2]; 2) קַרְדֹּם [5].

ἀξιόπιστος 1) *a.* אמן ni.[1], *b.* אֱמוּנָה [1].

ἄξιος 1) בֵּן [1]; 2) מָלֵא [3]; 3) שׁוה qal[4: + Jb 11.6]; *4) שִׁית qal[1: Jb 30.1]. Del. Si 25.8.

ἀξιόω 1) Ar. בעא/ה pe.[8: + To 1.22]; 2) *a.* בקשׁ pi.[4: + To 10.7], *b.* בַּקָּשָׁה [1]; 3) חנן hit.[1]; 4) נָא [1]; 5) נטשׁ qal[1]; 6) נשׂא qal[2]; 7) שְׁאֵלָה [1].

ἀξίωμα 1) Ar. בָּעוּ [1]; 2) בַּקָּשָׁה [5: + 1E 8.4]; 3) תְּחִנָּה [1]; *4) פְּלִילִים [1: Ex 21.22]. Del. Es 5.6, 8 v.l.

ἄξων 1) אֹפַן [2: + Si 36.5]; 2) מַעְגָּל [2].

ἀοίκητος 1) חוּץ [1]; 2) לֹא יָשַׁב qal[1]; 3) מְשׁוֹאָה [1]; 4) ἀ. εἶναι עזב ni.[1]; 5) שְׁמָמָה [1]; 6) תֵּל [1]; 7) תַּלְאוּבָה [1]; *8) שִׁיחוֹר [1: Jo 13.3].

ἀορασία 1) סַנְוֵרִים [3]; 2) עִוָּרוֹן [1].

ἀόρατος 1) מִסְתָּר [1]; 2) תֹּהוּ [1].

ἀπαγγελία 1) נגד ho.[1].

ἀπαγγέλλω 1) אמר *a.* qal[3], *b.* ni.[1]; *1α) דבר pi.[1: Jd 20.3*L*]; 2) נגד *a.* hi.[26+], *b.* ho.[3]; 3) Ar. חוה *b.* af.[2], *c.* pi.[3: + Si 44.3 חוזי or חזי]; 4) *a.* ידע hi.[3], *b.* Ar. af.[4: + Da 5.8 LXX]; 6) ספר pi.[2]; 7) פתר qal[1]; 8) קרא qal[1]; 9) שׁוּב hi.[1]; 10) שׁלח qal[1]; 11) שׁמע *a.* ni.[1], *b.* hi.[3]; *13) המה qal[1: Ps 54.18]. Del. 3*a.*, 5, 12); Ge 48.1, Ex 18.6, De 1.22; Hb 2.3 v.l.(> ἀνατέλλω).

ἀπογορεύω *1) אמר qal[1: 3K 11.3*L*].

ἀπάγχομαι 1) חנק ni.[1].

ἀπάγω 1) אסר *a*. qal[2], *b*. ni.[1], *c*. אָסִיר [1]; 2) בּוֹא hi.[2]; 3) גלה ho.[1], **a*. hi.[1: 1E 1.56]; 4) Ar. טרד pe.[1]; 5) הלך hi.[13]; 6) יבל *a*. hi.[1], *b*. ho.[1]; 7) משך qal[1]; 8) נהג *a*. qal[5], *b*. pi.[2]; 9) עבר hi.[2]; 10) שׁבה qal[1]; 11) שׁוּב hi.[2]; *12) Ar. דבר pe.[2: To 7.1*bis*]; *13) נשׂא qal [1: 4K 4.19*L*]; *14) עלה hi.[1: 4K 25.6*L*].

ἀπαγωγή *1) *a*. אַסִּיר [1: Is 10.4], **b*. אָסִיר [1: Is 14.17], **c*. Ar. אֱסוּר [1: 1E 8.24]. Del. Si 38.19; cf. Walters 1973.129f.

ἀπαδικέω 1) עשׁק qal[1].

ἀπαιδευσία Del. 1).

ἀπαίδευτος 1) אֱוִיל [1]; 2) אֵין מוּסָר [1]; 3) כְּסִיל [2]; 4) לוּץ qal[1]; 5) נָבָל [1]; 6) סָכָל [1]; 7) פרע qal[1]; (?)[1: Zp 2.1, MT *nksp*)

ἀπαίρω 1) הלך *a*. qal[1], *b*. hi.[1]; *1α) משׁך qal[1: Jd 4.7*L*]; 2) נסע *a*. qal[73+], *b*. hi.[2]; 3) מַסַּע [1]; 4) עתק hi.[1]; 5) פּוּשׁ ni.[1]; 6) צעד qal[1]; 7) רום qal[1]; *8) יצא qal[1: Si 30.40]. Del. Si 48.18.

ἀπαιτέω 1) נגשׂ qal[4]; 2) *a*. נשׁא or נשׁה qal[2: + Is 3.12 voc.]. Del. 2*b*); Si 34.2 v.l. (> ἀπαντάω); Is 30.33 v.l.

ἀπαίτησις 1) מַשָּׁא [3: + Ne 5.7]; 2) שְׁאֵלָה [1]; *3) נְגִשָׂה [1: Si 34.31 MS F]. Del. Si 40.30, Zp 3.5 v.l.

ἀπαλείφω 1) כפר qal[1]; 2) מחה qal[5: + Is 5.17]; *3) נטשׁ qal[1: 4K 21.14*L*].

ἀπαλλάσσω 1) הלך qal[1]; 2) יבל ho.[1]; 3) סור hi.[4]; 4) סתר hi.[1]; 5) עכר qal[1]; *6) פרץ qal[1: Ex 19.22]; *7) חתף qal[1: Jb 9.12].

ἀπαλλοτριόω 1) זור *a*. ni.[3: + Ho 9.10 MT *wynzrw* and Ez 14.7], *b*. ho.[1], *c*. qal[1]; 2) נוד qal[1: Je 27.8. cf. Syr. /šanni/ 'to migrate, depart']; 4) נכר pi.[3]; 5) שׁבת hi.[1]. Del. 3, 6).

ἀπαλλοτρίωσις 2) נֵכָר [1]. Del. 1).

ἁπαλός 1) רַךְ [7]. Del. Le 2.14, 9.2 v.l.

ἁπαλότης 1) יְנִיקָה [1]; 2) רֹךְ [1].

ἁπαλύνω 1) רֻטֲפַשׁ pu.[1]; 2) רכך qal[2].

ἀπαμαυρόω *2) טחח qal[1]. Del. 1) > 2).

ἀπαναίνομαι 1) מאן pi.[1]; 2) מאס qal[2]; 3) בזה qal[1].

ἀπαναισχυντέω 1) מֵאֵן הִכָּלֵם pi.[1].

ἀπαντάω 1) פגע *a*. qal[17: + Si 43.22 *r* >'; 34.22 *yg*'], *b*. hi.[1]; 2) פגשׁ qal[3]; 3) קרא II *a*. qal[1], **b*. עָלָה לִקְרַאת qal[1: 4K 1.3*L*]; 4) קרה qal[3: + To 11.10 v.l.]; 5) שׂוּם qal[1]; 6) נגע qal[1]; *8) בּוֹא qal[1: 1E 9.4]; *9) נהג qal [1: Si 40.23]. Del. 7); Si 9.3 v.l.

ἀπαντή 1) εἰς ἀπάντησιν לִקְרַאת [25].

ἀπάντημα 1) פֶּגַע [2]; *2) Ar. נגע pe.[1: To 6.8].

ἀπάντησις 1) אֶל־פְּנֵי [1]; 2) לִפְנֵי [5]; 3) לִקְרַאת [50]. Del. Zc 2.3 v.l.

ἀπάνωθεν *a*) מֵעַל [5]; *b*) מִמְּרֹמִים [1: Jb 31.2]. Del. 2K 11.21, 4K 2.3, 5, 10.31, Am 2.9 v.l.

ἅπαξ 1) אֶחָד [10]; 2) פַּעַם [18].

ἀπαρνέομαι 1) מאס qal[1].

ἄπαρσις 1) מוֹצָא [1].

ἀπαρτία 1) טִירָה [1]; 2) טַף [2]; 3) מַסַּע [2]; 4) שָׁלָל [1].

ἀπαρχή 1) חֵלֶב [5]; 2) מַעֲשֵׂר [1]; 3) רֵאשִׁית [19]; 4) תְּנוּפָה [1]; 5) תְּרוּמָה [39]; *6) ἀ. ἅλωνος מְלֵאָה [1: Ex 22.29]. Del. Nu 18.1.

ἀπάρχομαι 1) רֵאשִׁית [1]; 2) רום hi.[4].

ἅπας 1) *a*. כֹּל [3+], *b*. כָּלִיל [1]. Del. Le 10.11, Nu 23.17, Am 7.10, Zc 7.5, all v.l.

ἀπατάω 1) נשׁא hi. [6]; 2) סוּת hi.[6: + 2C 18.2]; 3) פתה *a*. qal[1], *b*. ni[11], *c*. pi. [3: + Ps 77.36, Si 30.23], *d*. pu.[1]; 4) תלל hi.[1]. Del. 4).

ἀπάτη Del. Ec 9.6 v.l., > ἀγάπη.

ἀπεῖδον 1) ראה qal[1].

ἀπειθέω 1) *a*. חדל qal[1], *b*. חָדֵל adj.[1]; 2) מאן pi.[2]; 3) מאס qal[4: + Is 7.16 < ἀπειθής]; 4) מעל qal[1]; 5) מרד qal[1]; 6) מרה *a*. qal[3], *b*. hi.[7: + Ex 23.21]; 9) סרר qal[8: + Is 8.11]; 10) לֹא אָבָה [1]; 11) לֹא שָׁמַע [1]; 12) סָרָב [1]; *13) איב qal ptc.[1: Je 13.25]. Del. 7 (> 6*b*), 8).

ἀπειθής 1) מרה qal[2]; 2) מְרִי [1]; 3) סרר qal[1]; 4) חָנֵף [1]; *5) חָמָס [1: Si 47.21]; *6) שָׁמִיר [1:Zc 7.12]. Del. Is 7.16.

ἀπειλέω 1) גער qal[1]; 2) זעם qal[1]; 3) נחם hit.[2: Ge 27.42, Nu 23.19].

ἀπειλή 1) אֵימָה [2: + Zc 9.14 MT *tymn*]; 2) *a*. גער qal[1], *b*. גְּעָרָה [3]; 3) זַעַם [1]; 4) זַעַף [1]; *5) שׂוּם ב [1: Jb 23.6].

I. ἄπειμι 1) כחד ni.[1]; 2) נדח ni.[1]; *3) שׁוּב qal[1: Pr 25.10].

II. ἄπειμι 1) אַחַר [1]. Del. Ex 33.10 v.l.

ἀπεῖπον 1) אמר qal[1]; 2) חדל qal[1]; 3) מאס qal[3: + Jb 6.14].

I. ἄπειρος *1) שׁוּחָה [1: Je Je 2.6]. Del. 2).

II. ἄπειρος 1) אֱוִילִי [1]; *2) נסה pi. w. neg.[1: 1K 17.39*L*]. Del. Zc 11.16 v.l.

ἀπέκτασις 1) מִפְרָשׂ [1].

ἀπελαύνω 1) נצל hi.[1]; 2) שׁלח pi.[1]; *3) נהג qal[1: 1K 23.5*L*].

ἀπελέκητος 1) גָּזִית [5]; *2) אַלְמֻגִּים [3: 3K 10.11,12*bis*].

ἀπελευθερόω 1) חפשׁ pu.[1].

ἀπελπίζω 1) אֶבְיוֹן [1].

ἀπενεόομαι 1) Ar. שׁמם itpo.[1].

ἀπέραντος 1) אֵין חֵקֶר [1].

ἀπερείδομαι 1) בּוֹא hi.[1]; 2) יצג hi.[2]; 3) סמך qal[2]; 4) שׁוּב hi.[1]; *5) נתן qal [2: 1E 1.39, 2.9]; *6) Ar. יבל ha.[1: 1E 6.17].

ἀπερικάθαρτος 1) עָרֵל [1].

ἀπερίσπαστος 1) שָׁלֵיו [1].

ἀπερίτμητος 1) לֹא מוּל [2]; 2) עָרֵל [3+].

ἀπέρχομαι 1) אזל Ar. pe.[2]; 2) אסף ni.[1]; 3) בּוֹא qal[9]; 4) גלה *a*. qal[1], *b*. ni.[1]; 5) הלך *a*. qal[33+], *b*. Ar. הוּךְ pe.[1]; 6) חלף qal[2]; 7) יצא qal[4]; 8) משׁך qal[5]; 9) נסע qal[1]; 10) סור qal[2]; 11) עבר qal[5]; 12) עלה qal[4]; 13) רפה qal[1]; 14) שׁוּב qal[14]; *15) מלט ni.[1: 1K 20.29*L*]. Del. Ge 31.13, 50.5, Ex 5.18, Le 11.34, Nu 12.10 v.l.

ἀπέχω 1) בּוֹא qal[2]; 2) גבה qal[2]; 3) גּוּר qal[1]; 4) חדל qal[1]; 5) מנע *a*. qal[1], *b*. ni.[1]; 7) סור qal[4]; 8) עצר qal[1]; 9) רחק *a*. qal[5: Jl 2.8, *d* > *r*], *b*. hi.[1], **c*. Ar. רַחִיק הֲוָה pe.[1: 1E 6.27]; 10) μακρὰν ἀ. *a*. רָחוֹק [4], *b*. רחק qal[4], *c*. hi.[1]; 11) πόρρω ἀ. רחק pi.[1]; *12) אצל ni.[1: Je 710]; *13) כלא qal[1: Ma 3.7, MT *klytm*]. Del. 6).

ἀπηλιώτης 1) צָפוֹן [2].

ἄπιος 1) בָּכָא [2].

Ἄπις *2) חַף [1: Je 26.15: MT אַבִּיר]. Del. 1).

ἀπιστέω Del. Si 1.27 v.l.

ἄπιστος Del. Pr 28.25.

ἄπλαστος 1) תָּם [1].

ἀπλάστως *1) לְתֹם [1: 2K 15.11*L*].

ἀπληστεύομαι *1) לוּעַ qal[1: Si 34.17].

ἀπληστία 2) הִרְבָּה אֹכֶל hi.[1]. Del. 1).

ἄπληστος 1) בַּעַל נֶפֶשׁ [1]; 2) *a.* רָחָב [1], *b.* רְחַב נֶפֶשׁ [1]; 3) לֹא שָׂבֵעַ qal[1].

ἁπλοσύνη 1) תֹּם [1].

ἁπλότης 1) יֹשֶׁר [1]; 2) תֹּם [1].

ἁπλόω 1) תמם hi.[1].

ἁπλῶς 1) בְּתֹם [1].

ἀποβαίνω 1) *a.* היה qal[4: + Jb 15.31]; 2) יצא qal[1]; 3) עשׂה ni.[1]; 4) σκολιὸς ἀ. עקשׁ hi.[1]; 5) שׁוה pi.[1: Jb 11.6]; 6) ילד qal[Jb 15.35]. Del. 1*b*); Jb 30.21.

ἀποβάλλω 1) נבל qal[1]; *2) אבד pi.[1: De 26.5].

ἀποβιάζομαι 1) גזל qal[1].

ἀποβλέπω 2) פנה qal[2]; 4) *a.* ראה qal[1: + Ma 3.9 MT *n'rym > r'ym*], **b.* מַרְאֶה [1: Ma 3.9 MT *m'rh > mr'h*]; *5) צפה qal[1: Ps 9.29]. Del. 1, 3); Pr 24.47 v.l.

ἀπογαλακτίζω 1) גמל *a.* qal[5], *b.* ni.[3]. Del. 1K 1.24 v.l.

ἀπογινώσκω 1) לֹא יָדַע qal[1].

ἀπόγονος 2) **a.* ילד qal pass.[1: 2K 21.20*L*], *b.* εἶναι ἀ. ילד ni.[1], **c.* יָלִיד [2: 2K 21.16, 18*L*]. Del. 1) 2K 21.22 > [-].

ἀπογραφή 1) כְּתָב [1]; *2) מִכְתָּב [1: 2C 35.4*L*]. Del. 1E 8.30 v.l.

ἀπογράφω 1) כתב qal[2]. Del. 1E 8.30 v.l.

ἀποδείκνυμι 1) ראה qal[1]; 2) ἀποδεικνύναι ἄρχοντα Ar. שׁלט af.[1]; *3) מנה pi.[1: Da 1.11].

ἀποδεκατόω 1) עשׂר *a.* qal.[3: + 1K 8.16], *b.* pi.[2], *c.* hi.[1].

ἀποδεσμεύω 1) צרר qal[1].

ἀπόδεσμος 1) צְרוֹר [1].

ἀποδέω 1) חתה qal[1]; 2) צרר pu.[1].

ἀποδιαστέλλω 1) נחל hi.[1].

ἀποδιδράσκω 1) ברח qal[8+]; 2) הלך qal[1]; 3) נוס qal[4]; *4) אבד qal[1: Si 30.40]; *5) Ar. pe. ערק [1: To 1.19]; *6) פרץ hit.[1: 1K 25.10*L*].

ἀποδίδωμι 1) **a.* יהב qal[1: Ge 29.21], *b.* Ar. pe.[2]; 2) מדד qal[1]; 3) מכר *a.* qal[28+], *b.* ni.[2]; 4) נוף hi.[3]; 5) נתן qal[15+]; 6) פקד qal[3]; 7) שׁבר *a.* ni.[1], *b.* hi.[3]; 8) שׁוב *a.* qal[3], *b.* hi.[18+], *c.* ho.[2]; 9) שׁלם *a.* pi.[4+], *b.* pu.[1]; 10) תוב *a.* Ar. pe.[1], **b.* uph.[1: To 2.1]. Del. 11); De 32.41, Ho 12.2, Si 32.13 v.l.(> ἀνταποδίδωμι).

ἀποδιώκω 1) רדף qal[1].

ἀποδοκιμάζω 1) מאס *a.* qal[7], *b.* ni.[1].

ἀπόδομα 1) נתן qal[2]; 2) תְּנוּפָה [3].

ἀπόδοσις 2) שׁוב hi.[1]. Del. 1) Ps 102.2 v.l.

ἀποδοχεῖον 1) אוֹצָר [1]; 2) מִקְוֶה [1].

ἀποθαυμάζω 1) Ar. שׁמם itpo.[1]; 2) תמה qal[1]; 3) סער hi.[1].

ἀποθερίζω 1) חצב qal[1].

ἀποθήκη 1) *מַאֲבוּס [1]; 2) אוֹצָר [3: + 1E 1.54]; 4) חֶדֶר [1]; 5) טֶנֶא [2]; 6) מִשְׁמֶרֶת [2]; *7) בַּיִת [1: 2E 7.22]; *8) נֶקֶב [1: Ez 28.13]. Del. 1, 3).

ἀποθλίβω 1) לחץ qal[1].

ἀποθνῄσκω 1) אבד qal[1]; 2) גוע qal[9: + Jb 9.29]; 3) כרת ni.[3]; 4) מות *a.* qal[159+], *b.* hi.[1], *c.* ho.[12+], *d.* מָוֶת [1], **e.* Ar. מית pe.[1: To 14.1]; 5) שׁכב qal[3].

ἀποικεσία 1) גּוֹלָה [5]; 2) גָּלוּת [1]; *3) גלה qal[1: 4K 19.25]. Del. 2E 10.6 v.l.

ἀποικία 1) *a.* גלה qal[1], *b.* ho.[1], *c.* גּוֹלָה [15], *d.* גָּלוּת [4]; 3) שְׁבוּת [6]. Del. 2) v.l.

ἀποικίζω 1) גלה *a.* qal[4], *b.* hi.[19], *c.* ho.[2], *d.* Ar. af.[3]; 2) גָּלוּת [2]; 3) שׁבה qal[1].

ἀποικισμός 1) גּוֹלָה [2]; 2) שְׁבִי [2].

ἀποίχομαι 1) הלך qal[3]; 2) שׁלח pi.[1].

ἀποκαθαίρω 1) זכך hi.[1]; 2) כלה qal[1]; 3) כפר pu.[1].

ἀποκαθαρίζω 1) זכה qal[1].

ἀποκάθημαι 1) דוה qal[2]; 2) טָמֵא [1]; 3) נִדָּה [3]; 4) עִדָּה [1].

ἀποκαθίστημι 1) אסף qal[1]; 2) חבשׁ qal[1]; 3) יצג hi.[2]; 5) שׁוב *a.* qal[9: + Je 23.8], *b.* pol.[1], *c.* hi.[13: + Ho 11.11 MT *hwšbtym > hšb(w)tym*], *d.* תוב Ar. pe.[2], **e.* ha.[1: 1E 6.26]; 6) שׁלם pi.[1]; 7) שׁקל qal[1: - Jb 22.28]; 8) תמך qal[1]; *9) הלך qal[1: 1E 1.31]; *10) סור hi.[1: 1E 1.33]. Del. 4).

ἀποκακέω 1) נפח qal[1].

ἀποκάλυμμα *1) פרע qal[1: Jd 5.2].

ἀποκαλύπτω 1) גלה *a.* qal[11], *b.* ni.[18], *c.* pi.[30+], *d.* pu.[2], *e.* + *g.* Ar. pe.[7], *f.* peil[1]; 4) חשׂף qal[4]; 5) נגד hi.[1]; 6) סור hi.[1]; 7) ערה *a.* pi. [1], *b.* hi.[2]; 8) פרע *a.* qal[2], **b.* hi.[1: 2C 28.19*L*]; *10) לבן hi.[1: Da TH 11.35]. Del. 2, 3, 9); Ge 8.2, Si 39.22 v.l.

ἀποκάλυψις 1) עֶרְוָה [1]; 2) חשׂף qal[1]; 3) נגד hi.[1].

ἀπόκειμαι 1) חשׂך qal[1]; *2) -שֶׁל [1: Ge 49.10 MT שׁילה].

ἀποκενόω 1) סכך qal[1]; 2) רשׁשׁ po.[1].

ἀποκεντέω 1) דקר qal[3]; 2) הרג qal[2: + Zp 1.10 *d > r*].

ἀποκέντησις 1) הרג qal[1].

ἀποκεφαλίζω *1) כרת ראשׁ qal[1: 1K 31.9*L*].

ἀποκιδαρόω 1) פרע qal[2].

ἀποκλαίω 1) בכה *a.* qal[1], *b.* pi.[1].

ἀποκλάω *1) קצב qal[1: 4K 6.6*L*].

ἀπόκλεισμα *2) צִינֹק [1]. Del. 1).

ἀποκλείω 1) נעל qal[3]; 2) סגר *a.* qal[14], *b.* ni.[1], *c.* pi.[5: + Is 24.22 voc.], *e.* hi.[1]; *3) כלה = כלא qal[1: 1K 6.10*L*]. Del. 2*d*).

ἀποκλίνω 1) נטה hi.[1]. Del. 2) 1K 23.7 v.l.

ἀποκλύζω 1) דוּחַ hi.[1].

ἀποκνίζω 1) מלק qal[2]; 2) קטף qal[2]; 3) קצב qal[1]; (-) [1: 1K 9.24].

ἀποκομίζω 1) שׁוב hi.[1].

ἀποκόπτω 1) אָפֵס qal[1]; 2) הלם qal[1]; 3) *a.* כרת qal[1], *b.* כָּרַת שָׁפְכָה qal[1]; 4) קצץ *a.* qal[1], *b.* pi.[1], *c.* pu.[1]; 5) תזז hi.[1]. Del. Is 18.5.

ἀποκρίνομαι 1) אמר qal[4]; 2) דרשׁ ni.[5]; 3) ידע hi.[2]; 4) ירה hi.[1]; 6) נבע hi.[1]; 7) ענה *a.* qal[52+: + Zp 2.3, word div.], *b.* ni.[1], *c.* pi.[3], *d.* מַעֲנֶה [1], *e.* Ar. pe.[26]; 8) שׁבע *a.* ni.[1]; 9) שׁוב *a.* hi.[26: + Zc 1.6, *w > y*], *b.* תוב Ar. pe.[4], *c.* הֵשִׁיב דָּבָר hi.[1]; 10) σκληρῶς ἀ. חרה qal[1];

*11) Ar. פִּתְגָם הֲתִיב ha.[1: 1E 6.13]; *12) גּוּב hi.[1: Si 36.4 *tgyh*]. Del. 5); Ge 29.26 v.l.

ἀπόκρισις 1) דָּבָר [2]; 2) מִלָּה [1]; 3) *a.* α. διδόναι ענה qal[1], *b.* מַעֲנֶה [2]; 4) *a.* ἀ. διδόναι שׁוב hi.[3], *b.* ἀ. ποιεῖσθαι שׁוב hi.[1]. *c.* תְּשׁוּבָה [1], **d.* שׁוב hi.[1: Si 5.11]; *5) √ענה [1: 2E 7.12].

ἀποκρυβή סֵתֶר [1].

ἀποκρύπτω 1) חבה qal[1]; 3) סתר *a.* ni.[5], *b.* hi.[1]; 4) עלם hi.[1]; 5) צפן hi.[1]; *6) פלא ni.[1: Je 39.17]; *7) טמן hi.[1: Si 41.15]. Del. 2); Ps 68.5, Jb 13.24, Zp 3.5 v.l.

ἀποκρυφή 1) סֵתֶר [2].

ἀπόκρυφος 1) *a.* מַטְמוֹן [2], *b.* מַטְמֹנֶת [1]; 2) מִכְמַנִּים [1]; 3) *a.* סֵתֶר [4], *b.* מִסְתּוֹר [1], *c.* מִסְתָּר [5], *d.* סתר pa.[1], *e.* ni.[2].

ἀποκτείνω or ἀποκτέννω 1) Ar. אבד af.[1]; 2) הרג *a.* qal[39+], *b.* ni.[1]; 3) חרם hi.[2]; 4) מות *a.* qal[6], *b.* pol.[1], *c.* hi.[32], *d.* ho.[2: + Ez 7.16]; 5) נכה hi.[8]; 6) ערף qal[1]; 7) פגע qal[1]; 8) צמת hi.[1]; 9) קטל *a.* qal[1], *b.* Ar. pa.[4: + To 6.14], *c.* itpa.[1], *d.* pe.[2: To 3.8, 6.15]; 10) שָׁלַח יָד qal[1]; *11) דקר qal[1: 1K 31.4*L*]. Del. Si 30.23 v.l.

ἀποκυλίω 1) *a.* גלל qal[3: + Ge 29.10, voc.]. Del. 1*b*).

ἀποκωλύω 1) כלא qal[4: + 1K 25.7,15]; 3) מנע qal[4]; 4) עצב qal[1]; *5) Ar. בטל pa.[1: 1E 2.28]; (fr) [1: 1E 5.73]. Del. 2).

ἀποκωφόω 1) אלם ni.[2]; 2) חרשׁ qal[1].

ἀπολακτίζω 1) בעט qal[1].

ἀπολαμβάνω 1) לקח qal[1]. Del. De 26.5, Is 5.17 (> ἀπαλείφω) v.l.

ἀπολαύω 1) רוה qal[1].

ἀπολέγω 1) שׁאל qal[1].

ἀπολείπω 1) גרע qal[1]; 2) חדל qal[5]; 3) יתר *a.* ni.[1], *b.* hi.[2]; 4) עזב qal[4]; 5) שׁאר ni.[1]; 6) חסר qal[1]; *7) אבד qal[1: Jb 11.20]; *8) פגר pi.[1: 1K 30.21*L*]; *8) פקד ni.[2: 4K 10.19*Lbis*, ‖ vs. 21B]. Del.Pr 19.9 v.l.

ἀπολήγω 1) Ar. שְׁלֵם ha.[1].

ἀπολιθόω *2) דמה qal/hit.[1: Ex 15.16 MT יִדְּמוּ]. Del. 1).

ἀπόλλυμι 1) אבד *a.* qal[27+: + Is 46.12], *b.* pi.[30]; *c.* hi.[22], *d.* Ar. pe.[2], *e.* aph,[7], *f.* ho.[2]; 2) אֵיד [1]; 3) אסף qal[1]; 4) בלע qal[1]; 5) גוע qal[1]; 7) הום qal[1]; 8) *a.* הרג qal[5], *b.* הֶרֶג [1]; 9) חרם hi.[1], *b.* חֵרֶם [1]; 10) ירשׁ *a*, qal[1], *b.* hi.[11: + Si 20.22b]; 11) כחד ni.[1]; 12) כלה *a.* qal[3], *b.* pi.[2]; 13) כרת *a.* ni.[3], *b.* hi.[9]; 14) כשׁל *a.* ni.[1], *b.* hi.[1: Si 34.25; 15) כתת qal[1]; 17) מות *a.* qal[3], *b.* hi.[1]; 19) נדח *a.* ni.[2], *b.* hi.[1]; 20) נכה hi.[2]; 21) ספה *a.* qal[1], *b.* ni.[1]; 23) עדר ni.[1]; 24) עכר ni.[1]; 25) עָלָה בַּתֹּהוּ qal[1]; 28) פרץ qal[1]; 30) שׁבר *a.* qal[1], **b.* pu.[1: Es 9.2]; 31) שׁבת *a.* ni.[2], *b.* hi.[5], *c.* qal[1: Si 44.9]; 32) שׁדד *a.* qal[2], *b.* pu.[4]; 33) שׁחת *a.* pi.[4: + Is 25.11], *b.* hi.[8] *c.* שַׁחַת [1]; 34) שְׁכֻלִים [1]; 35) שׁמד *a.* ni.[4], *b.* hi.[7]; 36) שׁמם *a.* hi.[2], *b.* qal[1: Si 10.17]; 37) שׁרשׁ pi.[3]; 38) תמם qal[2]; 39) פחז qal(?) [2]; *40) Ar. עדה af.[1: Da 7.26 LXX]; *41) שׁגה qal[1: Pr 5.23]; *42) נסב qal (Aramaising) [1: Si 9.6]. Del. 6, 16, 18, 22, 26, 27, 29); Nu 20.3 v.l.

ἀπολογέομαι 1) רִיב qal [1].

ἀπολόγημα 1) רִיב [1].

ἀπόλοιπος 1) *b.* אַתִּיק [1]; 2) גִּזְרָה [5]; 3) נוּחַ ho.[4]. Del. 1*a*).

ἀπολούω 1) רחץ hit.[1].

ἀπολυτρόω 1) גאל ni.[1]; 2) פדה hi.[1].

ἀπολύω 1) גוע qal[1]; 2) גרשׁ pi.[1]; 3) הלך qal[1]; 4) שׁוב qal[1]; *5) שׁלח pi.[1: 1E 9.36]; *6) Ar. פטר af.[1: To 3.13]; *7) רוח hi.[1: To 3.6]. Del. Ps 16.14, Je 1.10 v.l.

ἀπομαίνομαι *2) שׁטה qal[1: Da 12.4]. Del. 1).

ἀπομερίζω 1) חלק pi.[1].

ἀπονέμω 1) חלק qal[1].

ἀπονίπτω 1) מחה qal[1]; 2) רחץ pu.[1]; 3) שׁטף qal[1].

ἀποξενόω 1) נדד qal[1]. Del. 2) 3K 14.5, 6 v.l.

ἀποξηραίνω 1) יָבֵשׁ *a.* qal[1], *b.* hi.[3]; 2) מלל ni.[1].

ἀποξύω 1) קצה hi.[2]; 2) קצע hi.[1].

ἀποπαρθενόω *1) לִין עִם qal[1: Si 20.4].

ἀποπειράω 1) פתה pi.[1].

ἀποπεμπτόω 1) חמשׁ pi.[2]. Del. 2) voc.

ἀποπηδάω 1) qal נדד [1]; 2) עלה qal[1]. Del. 3) v.l. 1K 20.34.

ἀποπιάζω 1) זור qal[1].

ἀποπίπτω 1) חלץ *qal[1]; 2) לֶקֶט [1]; 3) מלל *a.* qal[1]; *b.* pol.[1]; 4) נבל qal[1]; 5) נפל *a.* qal[1], *b.* hi.[1].

ἀποπλανάω 1) נדח hi.[1]; 2) נטה hi.[1]; 3) שׁוב pil.[1]; 4) סור qal[1]; *6) נשׁא hi.[1: Si 13.6 השׁיע]. Del. 5).

ἀποπλάνησις 1) שְׁרִירוּת [1].

ἀποπλύνω 1) כבס pi.[2]; 2) שׁטף qal[1]. Del. 2K 19.24 v.l.

ἀποπνίγω 1) חנק pi.[1].

ἀποποιέομαι 1) μὴ ἀ. כסף qal[1]; 2) מאס qal[3]; 3) פרר hi.[2].

ἀποπομπαῖος 1) עֲזָאזֵל [2].

ἀποπομπή 1) עֲזָאזֵל [1].

ἀπόπτωμα 1) נְבֵלָה [2: possibly associated with √נפל].

ἀπορέω 1) דַּוַּי [1]; 2) חָסֵר qal[2: + Si 3.25]; 3) מוּךְ qal[2]; 4) עלף pu.[1]; 5) פרר hitpo.[1]; 6) צרר qal[1]; 7) שַׁכּוּל [1]; *8) יעף qal[1: Is 8.22].

ἀπορία 1) בֶּהָלָה [1]; 5) **b.* צַר [1: Is 5.30]; 8) שַׁחֶפֶת [1]; *9) שַׁמָּה [1: Je 8.21]; *10) √יעף [1: Is 8.22]; *11) דַּךְ [1: Si 4.2]. Del. 2-7); Hg 2.17 v.l.

ἀπορρέω 1) מצה qal[1]; 2) נָבֵל qal[1]; 3) נתר qal[1].

ἀπορρήσσω 1) נתק ni.[1]; 2) קרע qal[1]; *3) חלם qal[1: Jb 39.4].

ἀπόρρητος 1) מְכוּעָר [1].

ἀπορρίπτω1) גדע qal[2]; 2) גרז ni.[1]; 3) גרשׁ hit.[1: Mi 2.9, hapl. + voc.]; 6) טול hi.[2]; 7) מאס qal[1]; 8) מוג pol.[1]; 9) נָבֵל qal[1]; 10) נפל hi.[1]; 11) שׁלח pi.[1]; 12) שׁלך *a.* hi.[20], *b.* ho.[2]; *14) רמה *a.* qal[3: Ho 10.7, Je 8.14², 2K 19.27*L*], *b.* ni.[6: Ho 11.1*bis*, Ob 1.5, Je 8.14¹, 28.6, 29.5 *d* > *r*]; *15) סבב hi.[1: 2K 20.12*L*]. Del. 4) > 14); 5); 13) שָׁפָל, on which see Zgl. ad Ma 2.9.

ἀποσάσσω 1) פתח pi.[1].

ἀποσβέννυμι 1) כבה qal[1: add Is 10.18 MT *kbwd*; Si 43.21 *wnbh*], **a.* pi.[1: Si 3.30].

***ἀποσειρωτόν** *1) מְשׁוּרָה [1: 1C 23.29*L*].

ἀποσείω 1) נער qal[1].

ἀποσημαίνω *1) Ar. טְעֵם הָךְ pe.[1: 1E 6.6].

ἀποσιωπάω 1) חרשׁ qal[1].

ἀποσκαρίζω 1) רדם ni.[1].

ἀποσκευάζω 1) פנה pi.[1].

ἀποσκευή 1) טַף [14: + Jd 18.21*L*]; 3) מִקְנֶה [1]; 4) עֲבֻדָּה [1]; 5) רְכוּשׁ [6]. Del. 2) Ex 27.19 v.l.

ἀποσκηνόω 1) אהל qal[1].

ἀποσκληρύνω 1) קשׁה hi.[1].

ἀποσκοπέω 1) שׁמר qal[1]. Del. Jd 21.9 v.l.

ἀποσκοπεύω 1) *a.* צפה pi.[2], *b.* צְפִיָּה [1].

ἀποσκορακίζω 1) גער qal[1]; 2) נטשׁ qal[1].

ἀποσκορκισμός 1) גְּעָרָה [1].

ἀποσοβέω 1) חרד hi.[2].

ἀπόσπασμα 1) גְּזֵרָה [1]; 2) קֶרֶץ [1].

ἀποσπάω 1) כרת qal [1]; 2) נתק *a.* ni.[1], *b.* hi.[1]; 3) נתשׁ qal[1]; 4) עַתִּיק [1]; 5) פרד hit.[1].

ἀποστάζω 1) נוב qal[1]; 2) נטף qal[2].

ἀποσταλάζω 1) נטף *a.* qal[1], *b.* hi.[1].

ἀποστασία 1) בְּלִיַּעַל [1]; 2) מַעַל [2]; 3) מֶרֶד [1]; *5) מְשׁוּבָה [1: Je 2.19]. Del. 4) Je 2.19.

ἀποστάσιον 1) כְּרִיתוּת [4].

ἀπόστασις 1) מַעַל [2]; 2) *a.* מֶרֶד [1], *b.* Ar. מרד pe.[2: + 1E 2.27]. Del. Si 36.12 v.l.

ἀποστατέω 1) מרד qal[2]; 2) שׁגה qal[1].

ἀποστάτης 1) ἀ. γίνεσθαι מרד qal[3]; 2) סרר qal[1]; *3) בָּרִיחַ [1: Jb 26.13].

ἀποστάτις 1) Ar. מָרָד [4].

ἀποστέλλω 1) בּוֹא ho.[1], **a.* hi.[1: 1E 8.45]; 3) ירד hi.[1]; 5) Ar. נחת pe.[2]; 6) נשׁף qal[1]; 7) נתן qal[1]; 9) עוף qal[1]; 10) פוץ qal[1]; 11) צוה pi.[3]; 12) שׁוב hi.[1]; 13) שׁלח *a.* qal[72+: + To 10.8], *b.* ni.[1], *c.* pi.[21+], *d.* pu.[4], *e.* hi.[1], *f.* Ar. pe.[14], *g.* מִשְׁלָח [1]; 14) Ar. תוב af.[1]; *15) מַלְאָךְ [1: Is 33.7]; *16) טרד Ar. pe.[1: Da 4.22 LXX]; *17) pass., הלך qal[1: 2K 6.22*L*]. Del. 2, 4, 8, 15); Ge 28.6, Ex 8.28, 11.1, Nu 13.4, De 28.20, 4K 1.18, Am 1.4, Zc 2.11, 7.2, Si 15.9, 11 v.l.

ἀποστέργω 1) אמץ pi.[1].

ἀποστερέω 1) גרע qal[1]; 2) עשׁק qal[1]. Del. De 24.14 v.l.

ἀποστολή 1) *a.* מִשְׁלַחַת [2], *b.* שִׁלּוּחִים [2: + Ct 4.13], *c.* שׁלח pi.[1]; *2) דֶּבֶר [1: Je 39.36]; *3) מָנָה [2: 1E 9.51, 54]. Del. 1*d*).

ἀποστρέφω 3) בקע hi.[1]; 4) הלך qal[3]; 5) הפך *a.* qal[3], *b.* ni.[1], *c.* תַּהְפּוּכָה [1]; 6) זנח qal[2]; 7) חמק hit.[1]; 9) כנע hi.[1]; 10) מנע qal[1]; 11) נגשׁ *a.* qal[1], *b.* ni.[1]; 12) סבב *a.* qal[6], *b.* hi.[14], **c.* hi. + פָּנִים [1: 1E 1.28]; 13) *a.* + *b.* סוג / שׂוג hi.[9]; 14) סור *a.* qal[1], *b.* hi.[6: Mi 3.4 MT *ystr*]; 15) סות hi.[1]; 16) סתר *a.* ni.[1], *b.* hi.[28: + To 3.6, 4.7], **c.* ho.[1: To 4.7]; 17) עבר hi.[1]; 18) עלם hi.[3], **a.* ἀ. πρόσωπον hit.[1: Si 4.4]; 19) פנה *a.* qal[9], *b.* hi.[2]; 21) קבץ pi.[1]; 24) שׁוב *a.* qal[48+], *b.* pole.[2], *c.* pola.[1], *d.* hi.[14+: + Ho 1.4, voc. 2.11, voc.; Mi 2.4 MT *šwbb*], *e.* ho.[2], *f.* שׁוּבָה [1]; 25) שִׁית qal[1]; 26) שׁלך hi.[1]; 27) שׁקר pi.[1]; 28) נטשׁ qal[2]. Del. 1) De 15.7 v.l.; 2, 6, 8, 20, 22-3, 24*g*); Ge 50.14, De 15.7 v.l.

ἀποστροφή 1) סתר hi.[1]; 3) שׁוב *a.* qal[2], *b.* hi.[2], *c.* מְשׁוּבָה [2], *d.* תְּשׁוּבָה [1], **e.* √שׁוב [3: Ez 16.53]; 4) תְּשׁוּקָה [2]; 5) מַחֲשָׁבָה [2: Je 6.19, 18.12]. Del. 2).

ἀποσυνάγω 1) אסף qal[4].

ἀποσύρω *1) חשׂף qal[1: Is 30.14].

ἀποσφράγισμα 1) *b.* חוֹתָם [2: incl. Ez 28.12]. Del. 1*a*).

ἀποσχίζω 1) בדל ni.[1]; 2) *a.* גזר ni.[1], *b.* Ar. itpe.[1]; 3) סור qal[1].

ἀποτάσσω 1) יאשׁ pi.[1]; *2) מנה pu.[1: Je 20.2].

ἀποτείνω 1) רחק hi.[1].

ἀποτέμνω 1) הלם qal[1]; 2) קרע qal[1].

ἀποτηγανίζω 1) קלה qal[1].

ἀποτίθημι 1) נוּחַ hi. הִנִּיחַ [8: + Jl 1.18 MT האנה]; 2) שִׂים qal[1]; 3) שׁוב hi.[1]; *4) נטשׁ qal[1: 1K 17.22*L*]. Del. Le 22.23 v.l.

ἀποτίναγμα 1) נְעֹרֶת [1].

ἀποτινάσσω 1) נטשׁ qal[1]; 2) נאר pi.[1]; 3) נער ni.[1].

ἀποτιννύω 1) חטא pi.[1]; 2) שׁוב hi.[1].

ἀποτίνω 1) נתן qal[1]; 3) שׁלם pi.[28: + 1K 2.20 4Q51 (MT יָשֵׂם)]; 4) שׁקל qal[1]. Del. 2); Si 14.16 v.l.

ἀποτομή Del. 1).

ἀποτρέπω Del. Si 48.18 v.l.

ἀποτρέχω 1) הלך qal[14]; 2) יצא qal[2]; 3) עלה qal[1]; 4) שׁוב qal[2]; 5) פטר qal[1]. Del. 2C 10.16 v.l.

ἀποτρίβω 1) זנח qal[1]; 2) מחק qal[1]; 3) רחק qal[1].

ἀποτροπιάζομαι 1) עבר hi.[1].

ἀποτυγχάνω 1) מנע qal[1].

ἀποτυμπανίζω 1) Ar. קטל pe.[1].

ἀποτυφλόω Del. 1) De 16.19 v.l.

ἀποτύφλωσις 1) עִוָּרוֹן [1].

ἀποφαίνω 1) δίκαιον ἀ. צדק *a.* pi.[1], *b.* hi.[1].

ἀποφέρω 1) בּוֹא *a.* hi.[5], *b.* ho.[1]; 2) הלך *a.* hi.[2], *b.* הֲלַךְ [4: + Ec 10.20, Zc 5.10]; 3) יבל *a.* ho.[3], *b.* Ar. af.[3], **c.* hi.[1: Ho 10.6, voc.]; 4) לקח qal[2]; 5) נשׂא qal[1], *b.* Ar. pe.[1]; *6) √גלה [1]; *7) רוץ hi.[1]. Del. Mi 7.9 ἀποίσει v.l. (> ποιήσει).

ἀποφθέγγομαι 2) נבא ni.[1]; 3) נבע hi.[1]; 4) ענן pol.[1]; 5) קסם qal[1]; *6) תְּרָפִים [1: Zc 10.2]; *7) יִדְּעֹנִי [1: 1K 28.9*L*]. Del. 1).

ἀπόφθεγμα 1) μάταιον ἀ. כָּזָב [1]; 2) לֶקַח [1].

ἀποφράσσω 2) שׂתם qal[1]. Del. 1) Pr 8.33 v.l.

ἀποφυσάω 1) סער po.[1].

ἀποχέω 1) יצק qal[2]; 2) ערה hit.[1].

ἀποχωρέω 1) סוג ni.[1].

ἀποχωρίζω 1) מִפְקָד [1].

ἄπτόητος (-) [1: del. Je 26.28 v.l.].

ἅπτομαι 1) אחז qal[1]; 2) דבק *a.* qal[1], *b.* דָּבֵק [1]; 3) נגע *a.* qal[50+], *b.* pi.[1], *c.* hi.[4]; 4) *a.* קרב qal[2], *b.* קָרֵב [3]; 5) שָׁלַח יָד qal[1]; 6) Ar. שׁלט pe.[1]; *7) נצה ni.[1: Je 31.9]; *8) פגע qal[2K 1.15*L*].

ἅπτω . Del. 1) Ex 30.8 v.l.

ἄπυρος 1) χρυσίον ~ον פָּז [1].

ἀπωθέω 2) ברח hi.[1]; 3) גזר ni.[2]; 4) געל qal[2]; 5) גרע qal[1]; 6) גרשׁ ni.[1]; 7) דחה ni.[1]; 8) הדף qal[2]; 9) הלא ni.[2]; 10) זנח qal[13]; 11) מאס qal[20]; 12) נאץ pi.[1]; 13) נדח *a.* ni.[2: + 2K 14.14[2]*L*], *b.* hi.[2], **c.* qal[1: 2K 14.14[1]*L*]; 14) נטשׁ qal[8]; 15) סוג **a.* hi.[1: Mi 2.6, voc.]; 16) פרע qal[1]; 17) רעע hi.[1]; 18) רחק *b.* pi.[1], *c.* hi.[2],

d. hit.[1]; 19) שׁגה hi.[1]. Del. 1, 15, 18*a*); Mi 4.6 v.l.(> ἐξωθέω); 7.11 v.l.(> ἀποτρίβω).

ἀπώλεια 1) *a.* אבד qal[9], *b.* pi.[2], *c.* אֲבֵדָה [5], *d.* אֲבַדּוֹן [4], *e.* אָבְדָן [2], *g.* ἐκδίδοσθαι εἰς ἀ. Ar. pe. אבד [1]; 2) אֵיד [10]; 3) בַּלָּהָה [3]; 4) גוע qal[1]; 5) חָמָס [1]; 6) חֵרֶם [1]; 8) *a.* מָגוֹר [1], *b.* מְגוֹרָה [1]; 9) מַגֵּפָה [1]; 10) מְהוּמָה [1]; 11) מַפַּח נֶפֶשׁ [1]; 12) רָעָה [1]; 13) שָׁאוֹן [1]; 14) שׁדד qal[1]; 15) שׁוֹאָה [1]; 16) *a.* שׁחת hi.[2], *b.* שַׁחַת [1]; 17) שָׁלָל [1]; 18) שׁמד hi.[2: - Es 7.4]; 19) שְׁמָמָה [5], **a.* שַׁמָּה [1: Je 51.12]; 20) Ar. עֲבַד הַדָּמִין pe.[2]; 21) אֶפֶס [1]; 22) מָוֶת [1]; *24) הַוָּה [1: Pr 11.6]; *25) תְּהוֹם [1: To 13.2]. Del. 1*f*., 7, 23).

ἀπῶρυξ 1) בַּד [1].

ἀπωσμός *1) מָרוּד [1: La 1.7].

ἀπωτέρω 1) רָחוֹק [1].

ἄρα *a*) εἰ ἄρα אוּלַי [1]; *b*) נָא [1]; *c*) רַק [1]; *d*) ἄρα γε אַךְ הִנֵּה [1]; *e*) אָכֵן [1]; *f*) אַךְ [3]; *g*) ἄρα γε אָכֵן [1]; *h*) -הֲ [2]; *i*) εἰ ἄρα אַךְ [2]; *j*) אֲזַי [3]; (-) [19]; (?) [1: Ho 12.11 MT *ʾk*, see s.v. ἆρα].∫

ἆρα 1) הֲ [2].

ἀρά 2) אָלָה *a.* qal[1], *b.* אָלָה subst. [13]; 3) קְלָלָה [1]. Del. 1).

ἀράομαι 1) אלה *a.* qal[1], *b.* hi.[3], *c.* subst. אָלָה [1]; 2) ארר qal[2]; 3) קבב qal[3]; 4) קלל pi.[1].

ἀράχνη 1) עַכָּבִישׁ [2]; 2) עָשׁ [1: - Jb 27.18].

ἀργέω 1) *a.* Ar. בטל pe.[3: + 1E 2.25], *b.* בטל qal[1].

ἀργία 1) עֲצָרָה [1]; 2) שֶׁבֶת [1]; 3) שִׁפְלוּת [1]. Del. 4K 2.24 v.l.

ἀργός 1) מַסָּע [1]; 2) שָׁוְא [1]. Del. Si 38.28 v.l.

ἀργυρικός *1) נְכַס Ar.[1: 1E 8.24].

ἀργύριον 1) *a.* כֶּסֶף [104+], *b.* Ar. כְּסַף [9: + To 4.2]; 2) כֶּתֶם [1].

ἀργυροκοπέω 1) צרף qal[1].

ἀργυροκόπος 1) צרף qal[2].

ἄργυρος 1) *a.* כֶּסֶף [8], *b.* Ar. כְּסַף [3]. Del. Da 2.35 LXX.

ἀργυροῦς 1) *a.* כֶּסֶף [46+], *b.* Ar. כְּסַף [9].

ἀργυρώνητος 1) מִקְנַת כֶּסֶף [5].

ἄρδην 1) חֵרֶם [1]; 2) מרט pu.[1].

ἀρέσκεια 1) חֵן [1]. Del. 2) v.l. at Si 11.23.

ἀρέσκω 1) אנה pu.[1]; 2) *a.* טוֹב [6], *b.* טוֹב בְּעֵינֵי [2], *c.* יטב qal[8], *d.* יָטַב בְּעֵינֵי qal[7], *e.* יָטַב לִפְנֵי qal[1]; 3) *a.* ישׁר qal[4], *b.* יָשַׁר בְּעֵינֵי qal[2]; 5) ערב qal[1]; 6) ἀ. cum neg. *a.* רָעַע בְּעֵינֵי qal[1], *b.* רַע בְּעֵינֵי [3]; 7) שׁוה qal[1]; 8) שׁפר pe.[4]; *9) רצה qal[1: 2C 10.7*L*]. Del. 4); Is 51.13, Si 47.6.

ἀρεστός 1) בחר ni.[1]; 2) *a.* טוֹב [2], *b.* טוֹב בְּעֵינֵי [1], *c.* יָטַב בְּעֵינֵי qal[1]; 3) יָשָׁר [6], *b.* יוֹשֶׁר [1]; 4) רְעוּת [1]; 5) רָצוֹן [3]; 6) שְׁרִירוּת [3]; 7) תַּאֲוָה [1].

ἀρεταλογία 1) הוֹד [1].

ἀρετή 1) הוֹד [2]; 2) תְּהִלָּה [4].

ἀρήν 1) גְּדִי [2: + Is 5.17]; 2) *a.* טָלֶה [3], *b.* טְלִי [2]; 3) *a.* כֶּבֶשׂ [6], *b.* כֶּשֶׂב [4]; 4) כַּר [3]; 5) מְרִיא [5]; 6) עַתּוּד [1]; *7) Ar. אִמַּר [3: 1E 6.29, 7.7, 8.14]; *8) רביב [1: Mi 5.7, Aramaising]; (†) [4: + Mi 5.7 MT *rbybym*].

ἄρθρον 1) מוֹרָשׁ [1].

ἀριθμέω 1) בּוֹא qal[1]; 2) חֹק [1]; 3) מנה *a.* qal[7], *b.* ni.[2], *c.* Ar. pe.[3: + Da LXX 5.1, 17]; 4) ספר *a.* qal[11], *b.* ni.[5], *c.* pi.[1]; 5) פקד qal[11].

ἀριθμητός 1) מִסְפָּר [4].

ἀριθμός 1) יחשׂ hit.[4]; 2) מִדָּה [1]; 3) מִכְסָה [1]; 4) Ar. מִנְיָן [2]; 7) *a.* סֵפֶר [1], *b.* מִסְפָּר [44+], *e.* ספר qal[2: Ps 39.5 voc., Is 34.16; - Si 42.7]; 8) *b.* פְּקֻדָּה [2]; 9) צָבָא [1]; 10) קֵצֶה [2]; 11) רֹאשׁ [1]; *12) מנה qal[1: Jd 11.33 B]; *13) √מסר [1: Ez 20.37; Ben-Ḥayyim 1965: 212]. Del. 6, 8*a*); Nu 3.22[2] v.l.; Le 27.32.

ἀριστάω 1) אָכַל לֶחֶם qal[1]; 2) סעד qal[1]; *3) אכל Ar. pe.[1: To 2.1].

***ἀριστερεύω** *1) שׂמאל hi.[1C 12.2*L*].

ἀριστερός 1) *a.* + *b.* שְׂמֹאל [13+], *c.* שׂמאל hi.[4], *d.* שְׂמָאלִי [7].

ἄριστον 1) לֶחֶם [1]; *2) Ar. שָׁרוּ [1: To 2.1].

ἀρκεύθινος 1) בְּרוֹשׁ [1]; 2) שֶׁמֶן [2: + 3K 6.33].

ἄρκευθος 1) בְּרוֹשׁ [1]. Del. 2) v.l.

ἀρκέω 1) לְפִי [1]; 2) הוֹן [1]; 3) כול pilp.[1]; 4) מצא *a.* qal[2], *b.* ni.[1]. Del. 5) v.l. at Nu 22.34.

ἄρκος 1) דֹּב [2+].

Ἀρκτοῦρος 1) כְּסִיל [1].

ἅρμα 1) *b.* רֶכֶב [15+: + Ho 10.13 MT *drk*], *c.* רִכְבָּה [1], *d.* מֶרְכָּב [1], *e.* מֶרְכָּבָה [10+]; 2) רֶכֶשׁ [1]. Del. 1*a*).

ἁρματηλάτης *1) בְּמֶרְכָּבָה [1: 1K 8.1*L*].

ἁρμόζω 1) אָמַן [2: Na 3.8 *al tiqre* for MT אָמוֹן]; 2) אֹפֶן [1]; 3) נָאוֶה [1]; 4) עֹז [1]; 5) שׂכל hi.[1]; *6) קום Ar. pa./af.[1: To 6.13 v.l.].

ἁρμονία 1) הָמוֹן [1]; (fr) [1: Ez 37.7]. Del. 2).

ἀρνέομαι 1) כחשׁ pi.[1].

ἀρνίον 1) בֵּן [2]; 2) כֶּבֶשׂ [1]; 3) צָעִיר [1].

ἀροτήρ 1) אִכָּר [1].

ἀροτρίασις 1) חָרִישׁ [1].

ἀροτριάω 1) חרשׁ *a.* qal[9: + Is 45.9*bis*], *b.* ni.[1]; 2) *a.* עדר ni.[1], *b.* מַעְדֵּר [1].

ἄροτρον 1) אֵת [3]; 2) מוֹרַג [2: + 2K 24.22*L*]; 3) מַלְמֵד [1].

ἀροτρόπους 1) מַלְמָד [1].

ἄρουρα 1) אֶשֶׁל [3].

ἁρπαγή 1) *a.* גָּזֵל [2]; 2) טְרֵפָה [1]; 3) שָׁלָל [1].

ἅρπαγμα 1) *a.* גָּזֵל [3], *b.* גְּזֵלָה [1]; גָּזַל *c.* qal(pass. ptc.)[6]; 2) טֶרֶף [5]; 3) מְשִׁסָּה [1].

ἁρπάζω 1) גזל qal[16]; 2) חטף qal[3]; 3) טרף *a.* qal[12], *b.* pu.[1], טֶרֶף [1]; 4) לכד qal[1].

ἅρπαξ 1) טרף qal[1].

ἀρραβών 1) עֵרָבוֹן [3].

ἄρριζος 1) שׁרשׁ pu.[1].

ἀρρωστέω 1) אנשׁ ni.[1]; 2) חלה *a.* qal[10], *b.* hit.[2].

ἀρρώστημα 1) חוֹלִי, חֳלִי [2]; 2) כְּאֵב [1]; 3) מַחֲלָה [3]; 4) אָסוֹן [1].

ἀρρωστία 1) *a.* חלה qal[1], *b.* רָעָה חוֹלָה [1], *c.* חֳלִי [6], **d.* מַחֲלָה [1: 2C 21.15[2]*L*], **e.* מַחֲלֻיִים [1: 2C 24.25*L*], **f.* תַּחֲלוּאִים [1: 2C 21.19[2]*L*].

ἄρρωστος 1) חלה qal[1]. Del. 3K 14.5 v.l.

ἀρσενικός 1) *a.* זְכוּר [4], *b.* זָכָר [23+], *c.* זכר ni.[1].

ἄρσην (ἄρρην) 1) אִישׁ [2]; 2) בֵּן [3]; 3) גֶּבֶר [1]; 4) זָכָר [32+]; 5) יֶלֶד [2].

ἆρσις 1) *a.* מַשָּׂא [1], *b.* מַשְׂאֵת [1], *c.* נשׂא ni.[1]; 2) *a.* סַבָּל [2], *b.* סֵבֶל [2].

ἀρτάβη 1) ἀ. ἕξ חֹמֶר [1].

ἀρτήρ 1) סֵבֶל [1].

ἄρτι 1) עַתָּה [2].

ἀρτίως 1) עַתָּה [1].

ἀρτοκοπικός 1) אֶשְׁפָּר [1].

ἄρτος 1) דָּגָן [1]; 2) *a.* חַלָּה [8], *b.* חַלַּת לֶחֶם [3]; 3) *a.* לֶחֶם [67+: + Jd 5.8, 1K 21.6^{1}], *b.* כִּכַּר לֶחֶם [7], *c.* פַּת־לֶחֶם [2]; 4) ἄ. ἄζυμος מַצָּה [1]; 5) פַּת [1]. Del. Nu 15.20^{2} v.l.

ἀρτός 1) מַשָּׂא [1]; 2) עֲבֹדָה [1].

ἀρχαῖος 1) אֵם [1]; 3) יָשָׁן [2]; 4) *a.* קֶדֶם [8], *b.* קְדוּמִים [1], *c.* קַדְמֹנִי [2], *d.* מִקֶּדֶם [2]; 5) רִאשׁוֹן [2]; 6) מֵרָחוֹק [1]; 7) γενεαὶ ἀ. רֹאשׁ [1]; *8) אֵיתָן [1: Is 23.17]. Del. 2) > 8).

ἀρχή 1) אָז [3]; 2) בִּכּוּרִים [1]; 3) חַיִל [2]; 7) כֵּן [1]; 8) כִּפָּה [1]; 10) מַמְלָכָה [5]; 11) מֶמְשָׁלָה [4]; 12) מִשְׂרָה [2: + Is 9.7]; 15) עוֹלָם [3]; 16) פָּנִים [2]; 17) צַמֶּרֶת [3]; 18) *a.* קֶדֶם [9], *b.* יְמֵי־קֶדֶם [1], *c.* קַדְמָה [4]; 19) *a.* קֵץ [1], *b.* קָצֶה [4], *c.* קָצָה [1]; 20) *a.* רֹאשׁ [14+: + Na 1.6, Je 28.58, Ez 21.19^{3}, 3K 7.35^{1}], *b.* רִאשׁוֹן [6], *c.* + *d.* רֵאשִׁית [13]; 21) רָחוֹק [1]; 22) שָׁלְטָן [5]; 23) תְּחִלָּה [20: + Is 42.10]; 25) *√שׂרר [1: Jb 37.33]; *26) בָּאִים [1: 2C 23.8]; *27) נְדִיבֹת [1: Ps 109.3]; *28) אֵם [1: Ec 5.10]. Del. 4-6, 9, 13-4, 24); Da LXX 2.37, TH 11.19, Si 7.31.

ἀρχηγός 1) אַלּוּף [1]; 2) חבשׁ qal[1]; 3) נָשִׂיא [2]; 4) פֵּאָה [1]; 5) פקד qal[1]; 6) פֶּרַע [1]; 7) קָצִין [4]; 8) *a.* רֹאשׁ [14], *b.* רֵאשִׁית [1], *c.* רֹאשׁ אֲלָפִים [1]; 9) שַׂר [3].

ἀρχῆθεν Del. 1); 4Ki 19.25 v.l.

ἀρχιδεσμοφύλαξ 1) *a.* שַׂר בֵּית־סֹהַר [2: + Ge 39.22]. Del. 1) *b.*, *c.* v.l.

ἀρχιδεσμώτης 1) שַׂר־טַבָּחִים [1].

ἀρχιερεύς 1) כהן qal ptc.[1: - Jo 22.13]. Del. 3K 1.25, 1C 15.14.

ἀρχιευνοῦχος 1) רַב סָרִיסִים [2]; 2) שַׂר סָרִיסִים [12].

ἀρχιμάγειρος 1) רַב־טַבָּחִים [17]; 2) שַׂר־טַבָּחִים [4]; 3) Ar. רַב־טַבָּחַיָּא [2].

ἀρχιοινοχοΐα Del. 1).

ἀρχιοινοχόος 1) *a.* מַשְׁקֶה [2], *b.* שַׂר־מַשְׁקִים [6]; *2) Ar. רַב שָׁקֵה [1: To 1.22].

ἀρχιπατριώτης 1) רֹאשׁ אָבוֹת [1]; 2) Ar. פֶּחָה [1].

ἀρχισιτοποιός 1) *a.* אפה qal ptc.[2], *c.* שַׂר־אֹפִים [5].

ἀρχιστράτηγος 1) *a.* שַׂר [3], *b.* + *c.* שַׂר צָבָא [10].

ἀρχισωματοφύλαξ 1) *a.* שֹׁמֵר סַף [1], *b.* שֹׁמֵר לְרֹאשׁ [1].

ἀρχιτεκτονέω 1) חָרָשׁ [1]; 2) *a.* חשׁב qal[1], *b.* מַחֲשָׁבָה [1].

ἀρχιτεκτονία 1) חשׁב qal[1]; 2) ἔργον ~ας מַחֲשָׁבָה [1].

ἀρχιτέκτων 1) חָרָשׁ [1]; (?)[1].

ἀρχίφυλος 1) *a.* רֹאשׁ [2], *b.* רֹאשׁ שֵׁבֶט [1].

ἄρχω 2) גְּבֶרֶת [1]; 3) חלל hi.[15+: Ho 7.5 voc; Mi 1.12 MT *ḥlh*; ib. 6.13 *y* > *w*, Ez 13.6, Jb 13.15, Ps 76.10, Pr 13.12]; 4) יאל hi.[11]; 5) יסד ho.[1]; 6) משׁל qal[19]; 7) נָדִיב [1]; 8) נוּע qal[2]; 9) נֵס [1]; 10) נָסִיךְ [1]; 12) עצר qal[1]; 13) עַתּוּד [1]; 14) פרע qal[1]; 15) רֹאשׁ [2]; 16) רדה qal[2]; 17) שׂרר *b.* hi.[1: Ho 8.4 voc.], *c.* שׂרר qal[2: + Jd 9.22], *d.* שָׂרָה [6], *e.* שַׂר [1]; 18) שׁיר *a.* qal[2]; 19) Ar. שׁלט pe.[2]; 20) שׁפט qal[1]; 21) Ar. שׂרה pa.[3]; *22) קָדְקֹד [1: Is 3.17]; *23) תְּחִלָּה [1: Am 7.1]. Del. 1, 11, 17*a*, 18*b*).

ἄρχων 1) אָדוֹן [1]; 2) *a.* אַיִל [1], *b.* אֵל [1]; 3) *b.* אִישׁ מֵרָאשִׁים [1]; 4) בַּעַל [1]; 5) חקק pol.[2]; 6) חֹר [1]; 11) מֶלֶךְ [12]; 12) מֹלֵךְ [5]; 13) משׁל qal ptc.[12]; 14) נָגִיד [8]; 15) נָדִיב [12]; 16) נָסִיךְ [2]; 17) נָשִׂיא [66+]; 18) סָגָן [5]; 19) סֶרֶן [7]; 21) פֶּחָה [4]; 23) פֶּרַע [1]; 24) קָדְקֹד [1]; 25) קָצִין [4]; 26) רֹאשׁ [8+]; 27) שַׂר [4]; 28) רדה qal[2]; 29) רזן qal[2]; 30) *a.* שַׂר [29+: + Ge 14.7 *d* > *r*; 1K 22.14 *s* > *ś*; 2C 35.25, Ne 12.44, Ps 67.25, Is 16.4; Ho 10.14 *š* > *ś* and *d* > *r*; Ho 12.11 MT *šwrym*], *b.* אִישׁ שַׂר [2], *c.* ἄ. εἶναι שׂרר hit.[1]; 31) שֵׁבֶט [1]; 33) *a.* שִׁלְטוֹן [3], *b.* also Ar. שַׁלִּיט [1]; 34) ὁ ἄ. βασιλείας [1]; 35) καθιστάναι ~ντα צלח Ar. af.[1]; 36) עַתּוּד [1]; 37) פֵּאָה [1]; *38) נגשׂ qal[1: Is 60.17]; (†) [1: Zc 6.10 *ḥldy*, personal name]. Del. 3*a*, 7-10, 20, 22, 32); Nu 1.44^{2} v.l.

ἄρωμα 1) בֹּשֶׂם [15]; *2) סַם [2C 2.3*L*].

ἀσάλευτος 1) טוֹטָפוֹת [3].

ἀσβόλη 1) שְׁחוֹר [1].

ἀσέβεια 2) זָדוֹן [1]; 3) זִמָּה [9]; 5) חָמָס [11]; 7) מִרְמָה [1]; 8) סָרָה [1]; 9) עָוֹן [2]; 11) פֶּשַׁע [16+]; 12) רָעָה [1]; 13) *a.* רֶשַׁע [6: + Pr 28.3], *b.* רִשְׁעָה [4], *c.* רָשָׁע [2]; 14) תּוֹעֵבָה [1]; *15) עַוְלָה [1: Pr 1.19]. Del. 1, 4, 6, 10).

ἀσεβέω 1) זוד hi.[2]; 2) זִמָּה [1]; 3) חמס qal[3]; 4) מרה qal[1]; 5) עוה qal[1]; 7) פשׁע qal[9: - Am 4.4^{1}]; 8) רשׁע *a.* qal[5], *b.* hi.[4], *c.* רֶשַׁע [1]; 9) עָשָׂה תֶּבֶל qal[1]. Del. 6, 8*d*); De 25.2 (> ἀσεβής), Am 4.4*a* v.l.(> ἀνομέω).

ἀσέβημα 1) זִמָּה [1]; 2) חַטָּאת [1]; 3) פֶּשַׁע [1]; 4) רֶשַׁע [1].

ἀσεβής 1) אֱוִיל [1]; 2) אָוֶן [1]; 3) בֶּן־בְּלִיַּעַל [1]; 5) *a.* זֵד [4: Is 25.2, 5; 29.5; Si 12.5], *b.* זָדוֹן [3]; 6) *a.* חטא qal[1], *b.* חַטָּא [2]; 7) חָמָס [2]; 8) חָנֵף [6: - Jb 20.5^{2}]; 9) כְּסִיל [5]; 12) פשׁע qal[2: + Ez 20.38]; 13) *a.* רעע hi.[1], *b.* רָעָה [1]; 14) *a.* רשׁע qal[1], *b.* hi.[2], *c.* רָשָׁע [8+: + Ec 3.16*bis*], *d.* רֶשַׁע [2], *e.* אִישׁ־רֶשַׁע [1], *f.* רִשְׁעָה [1]; 15) שׁחת hi.[1]; 16) ἀνὴρ ἀ. חַטָּא [1]; 17) *a.* עול pi.[1: Is 26.10^{2}], *b.* עַוְלָה [1: Si 41.8]; *18) פרץ qal ptc.[1: Is 28.21]. Del. 4, 10-1); Zp 1.3 v.l. (see Zgl).

ἄσημος 1) עטף qal[1].

ἄσηπτος 1) לֹא־רָקַב qal[1]; 2) שִׁטָּה [15].

ἀσθένεια 1) *a.* כשׁל ho.[1], *b.* מִכְשׁוֹל [1]; 2) עַצֶּבֶת [1]; 3) שׁפל qal[1].

ἀσθενέω 1) אֵין כֹּחַ [1]; 2) אמל pul.[2]; 3) דאב qal[1]; 4) *a.* דלל qal[1], *b.* דַּל [3]; 5) חלה *a.* qal[2], *b.* ni.[2], *c.* hi.[1]; 6) *a.* חַת [1], *b.* חתת ni.[1: 2K 22.35*L*]; 7) כשׁל *a.* qal[6+: + Ma 3.11, metath., not 16. שׂכל pi.], *b.* ni.[13], *c.* hi.[3], *d.* *ho.[1]; 8) לאה ni.[1]; 9) מהר ni.[1]; 10) מול hitpal.[1]; 11) מעד qal[2]; 13) קצר qal[1]; 14) רכך qal[1]; 15) *a.* רפה qal[1], *b.* רָפֶה [1]; *17) צרר qal[1: Is 28.20]; *18) סרח qal[1: Ez 17.6]. Del. 7*e*, 12, 16); Zp 1.3 v.l., Si 34.19.

ἀσθενής 1) אֶבְיוֹן [1]; 2) אֻמְלָל [1]; 3) דַּל [1]; 5) ἀσθενῆ ποιεῖν חתת hi.[1]; 6) מהר ni.[1]; 7) *a.* עָנִי [2], *b.* בֶּן־עָנִי [1]; 8) רָזֶה [1]; 9) רַךְ [1]; 10) רָפֶה [2]; 11) שָׁפָל [1]; *12) כשׁל qal[1: 2C 28.15*L*]. Del 4).

ἀσιτέω 1) צוּם qal[1].

ἀσκός 1) חֵמֶת [3]; 2) *a.* נֹאד [7]; 3) נֵבֶל [2]; *4) רָקָב, רֶקֶב [1: Jb 13.28 voc.]. Del. 2*b*).

ᾆσμα 1) *a.* שִׁיר [12], *b.* שִׁירָה [3].

ἀσπάζομαι 1) שָׁאַל לְשָׁלוֹם qal[2], *b.* שָׁאַל שָׁלוֹם qal[1].

ἀσπάλαξ 1) תִּנְשֶׁמֶת [1].

ἀσπιδίσκη 1) מִשְׁבְּצוֹת [5].

I **ἀσπίς** 1) כִּידוֹן [2]; 2) מָגֵן [5]] 3) צִנָּה [2].

II **ἀσπίς** 1) אֶפְעֶה [1]; 2) עַכְשׁוּב [1]; 3) פֶּתֶן [5: + Ps 90.13]; 4) *a.* צֶפַע [1], *b.* צִפְעוֹנִי [1]; 5) שָׂרָף [1].

ἄστεγος 1) אֱוִיל [1]; 2) חָלָק [1]; 3) מָרוּד [1].

ἀστεῖος 1) בָּרִיא [1]; 2) טוֹב [1]; 3) οὐκ ἀ. ירט qal[1].

ἀστήρ 1) כּוֹכָב [7+]; 2) *a.* צָבָא [1]. Del. 2*b*); Ob 4, Si 43.9 v.l.(> ἄστρον).

ἀστοχέω 1) מאס ni.[2].

ἀστράγαλος 1) פַּס [2]; 2) *פַּרְסָה [1].

ἀστραγαλωτός *1) פַּס [2: 2K 13.18*L*, 19*L*].

ἀστραπή 1) בָּרָק [5+]; *3) זִיק [1: Si 35.10]. Del. 2).

ἀστράπτω 1) ברק qal[1].

ἀστρολόγος 1) הבר qal ptc.act.[1].

ἄστρον 2) *a.* כּוֹכָב [9+], *b.* כּוֹכְבֵי בֹקֶר [1]; 3) צָבָא [22]; 4) שַׁחַק [1]; 5) שָׁמַיִם [1]. Del. 1).

ἄσυλος 1) קבע qal[1].

ἀσύνετος 1) כְּסִיל [1]; 2) נָבָל [1]; *5) אֹבַד לֵב [1: Ps 75.5]. Del. 3, 4).

ἀσυνθεσία 1) מַעַל [3].

ἀσυνθετέω 1) בגד qal[1]; 2) מעל qal[6].

ἀσύνθετος 1) *a.* בגד qal[2], *b.* בָּגוֹד [2].

ἀσφάλεια 1) *a.* בטח qal[1], *b.* בֶּטַח [2]; 2) מָכוֹן [1]; 3) צֵל [1]; 4) שׁקט qal[1]; 6) תמך qal[1]; (fr) [1: 1E 8.51]. Del. 5).

ἀσφαλής 1) אשׁר pu.[1]; 2) כֵּן [1]; 3) ἀσφαλῆ τιθέναι עזז qal[1].

ἀσφαλίζω 1) חזק hi.[1]; 2) תמך qal[1]; *3) אמץ pi.[1: 2C 24.13*L*]

ἀσφαλτόπισσα 1) חֵמָר + זֶפֶת [1].

ἄσφαλτος 1) חֵמָר [2]; 2) כֹּפֶר [1].

ἀσφαλτόω 1) כפר qal[1].

ἀσφαλῶς 1) בֶּטַח [1].

ἀσχημονέω 1) עֶרְיָה [4]; 2) קלה ni.[1].

ἀσχημοσύνη 2) *a.* עֶרְוָה [38: + Ex 22.27], *b.* עֶרְוָה [1]; 3) צֵאָה [1]; 4) אִוֶּלֶת [1]. Del. 1, 2*c*); Na 3.5 v.l.(> αἰσχύνη).

ἀσχήμων 1) נְבָלָה [1]; 2) עֶרְוָה [1].

ἀσχολία 1) עֵסֶק [1].

ἀσωτία 1) זלל qal[1]

ἄσωτος 1) סרר qal[1].

ἀτείχιστος 1) אֵין חוֹמָה [1]; *2) מַחֲנֶה [1: Nu 13.20].

ἀτεκνία 1) שְׁכוֹל [2].

ἄτεκνος 1) עֲרִירִי [3]; 2) *a.* שָׁכֵל qal[1], *b.* שַׁכּוּל [1]; *3) לֹא בָנִים [2: 1C 2.30, 32*L*]

ἀτεκνόω 2) שׁכל *a.* qal[4], *b.* pi.[11], *c.* hi.[1], *d.* שַׁכּוּל [3]. Del. 1).

ἀτιμάζω 1) *a.* בוז qal[3], *b.* בזה qal[6], *c.* ni.[1], *d.* בִּזָּיוֹן [1]; 2) דכא pi.[1]; 3) כלם *a.* ni.[2; - Je 22.22], *b.* hi.[2]; 4) נבל pi.[1]; 6) קלה *a.* ni.[2], *b.* hi.[2], *c.* קלל qal[3], *d.* hi.[1], *e.* קָלוֹן [1]; 7) שׁדד pi.[1]; 8) *a.* שׁוּט qal[2], *b.* שְׁאָט [2: + Ez 36.3];10) שׁפל qal[1]; *11) חרף pi.[1: Pr 27.22]. Del. 5, 9); Ez 16.61, Si 9.6.

ἀτιμάω *1) קלל hi.[1: 2K 19.44*L*].

ἀτιμία 1) בּוּז [1]; 2) בּוֹשׁ hi.[1], **a.* noun [1: Jb 40.8]; 3) *a.* כלם hi.[1], *b.* כְּלִמָּה [9], *c.* כְּלִמּוּת [1]; 5) *a.* קלה ni.[1], *c.* קָלוֹן [5+: + Hb 2.16^2, MT *qyqlwn*]; *7) שׁוֹבֵב [1: Je 30.4]. Del. 4, 5*b*, 6).

ἄτιμος 1) בזה ni.[1]; 2) בְּלִי־שֵׁם [1]; 3) קלה ni.[2].

ἀτιμόω 1) בזה *a.* qal[5], *b.* ni.[2: + 1K 15.9]; 2) זלל qal[1]; 3) כלם ni.[3]; 4) קלל qal[1]; 5) שׁוֹבֵב [1]. Del. 1*c*).

ἀτιμώρητος 1) נקה ni.[4].

ἀτμίς 1) עָנָן [2]; 2) עָשָׁן [1]; 3) קִיטוֹר [1]; 4) תִּימָרָה [1].

ἄτοπος 1) אָוֶן [4]; 3) ~ον ποιεῖν רשׁע hi.[1]; 4) שָׁוְא [1]; *5) ~ον πράσσειν חרף pi.[1: Jb 27.6]. Del. 2).

ἄτρακτος 1) פֶּלֶךְ [1].

ἀτραπός 2) נְתִיבָה [2]; 4) *b.* שְׁבִיל [1]. Del. 1, 3, 4*a*); Jb 19.8, Pr 7.25 v.l.

ἄτρυγος 1) זָךְ [1].

ἀττάκης 1) סָלְעָם [1].

ἀττέλεβος 1) אַרְבֶּה [1].

ἀτυχέω 1) בְּיוֹם אֵיד [1].

αὐγάζω 1) בַּהֶרֶת [6]; 2) כֵּהֶה [1].

αὔγασμα 1) בַּהֶרֶת [2].

αὐγέω 1) הלל qal[1].

αὐγή 1) נֹגַהּ [1].

αὐθάδεια 1) שָׁאוֹן [1].

αὐθάδης 1) יָהִיר [1]; 2) עַז *a.* adj.[1], *b.* subst.[1].

αὐθημερινός 1) יוֹם [1].

αὐθημερόν 1) *a.* בַּיּוֹם, *b.* בְּיוֹמוֹ [1]. Del. Ne 11.23 v.l.

αὐθωρί 1) Ar. בַּהּ שַׁעֲתָא.

αὐλαία 1) אֹהֶל [1]; 2) יְרִיעָה [15]; 3) קֶלַע [3].

αὖλαξ 1) מִשְׁעוֹל [1]; 3) תֶּלֶם [4: + Jb 39.10]. Del. 2).

αὐλάρχης 1) כֹּהֵן [1].

αὐλέω *1) חלל pi.[1: 3K 1.40*L*].

αὐλή 1) חֲדָרָה [3]; 2) *a.* חָצִיר [1], *b.* חָצֵר [34+]; 3) לִשְׁכָּה [1]; 4) סַף [1]; 5) עֲזָרָה [3]; 6) פֶּתַח [1]; 7) שַׁעַר [11]; 8) Ar. תְּרַע [2]; 9) לִפְנֵי [1]; *10) Ar. דָּרָה [1: To 7.1].

αὐλίζω 1) בות Ar. pe.[1]; 2) הלך hi.[1]; 3) לִין *a.* qal[34], *b.* hitpalpel.[3]; 4) Ar. צבע *a.* pa.[1], *b.* itpa.[1]; 5) שׁכן *a.* qal[2], *b.* hi.[1].

αὐλός 1) חָלִיל [7: + 2K 6.5]; 3) תֹּף [1]. Del. 2).

αὐλών 1) גַּיְא [1]; 3) עֵמֶק [5]; *4) פַּחַת [1: 2K 17.9*L*]. Del. 2); De 1.1 v.l.

αὐξάνω 1) גדל *a.* qal[4], *b.* pi.[3: + 1C 17.10 MT *’gd lk* > *’gdlk*]; 2) יצא hi.[1]; 3) נשׂא *a.* ni.[1], *b.* hit.[1]; 4) פרה *a.* qal[11], *b.* hi.[7]; 5) פרץ qal[2]; 6) צלח *a.* qal[1], *b.* Ar. pe.[1]; 7) רבה qal[1]. Del. 4*c*> *a*; 8).

αὔρα 1) דְּמָמָה [3]; 2) זֹהַר [1].

αὔριον 1) *a.* מָחָר [16+], *b.* מָחֳרָת [4], *c.* יוֹם מָחָר [1]. Del. Ex 16.23^2 v.l.

αὐταρκέω 1) מצא **b.* hi.[1: De 32.10], cf. bḤag. 5a. Del. 1*a*.

αὐτάρκης 1) חֹק [1]; 2) לְאֵל יַד־ [1]; 3) דַּי [1].

αὐτόθι 1) תַּחְתָּם [1]; *2) שָׁם [2: 1E 8.41, 62].

αὐτόματος 1) סָפִיחַ [3].

αὐτομολέω 1) מצא qal[1]; 2) *מרד qal[1]; 3) שׁלם hi.[3].

αὐτοῦ 1) בָּזֶה [2]; 2) פֹּה [5]. Del. Ez 44.14.

αὐτόχθων 1) אֶזְרָח [14: + Je 14.8]; 2) עַם [1].

αὐχήν 2) עֲבֹת [1]; 3) עֹרֶף [3]. Del. 1); Jo 13.28, 3K 7.33, Je19.15 v.l.

αὐχμός 1) חֶרֶשׁ [1].

αὐχμώδης 1) מִדְבָּר [2]; *2) עָפָר [1: Mi 4.8 MT *'pl*].

ἀφαγνίζω 1) חטא *a*. pi.[3], *b*. hit.[4]; 2) טהר pi.[2]; 3) גזר hi.[1].

ἀφαίρεμα 1) מְלֵאָה [1]; 2) נְדָבָה [1]; 3) תְּנוּפָה [5]; 4) תְּרוּמָה [28]. Del. Ex 35.21[1].

ἀφαίρεσις *1) שְׂאֵת [1: Si 41.21; see Strugnell]. Del. Nu 36.4 v.l.

ἀφαιρέω 1) אַיִן [1]; 2) אסף qal[2]; 3) אצל qal[1]; 4) בצר qal[1]; 5) גדע ni.[2]; 6) גזל *a*. qal[3], *b*. ni.[1]; 7) גלל qal[1]; 8) גרע *a*. qal[6], *b*. ni.[4]; 9) דמה qal[1]; 10) הדף qal[1]; 12) ירד *a*. hi.[1], *b*. ho.[1]; 13) כפר pu.[2]; 14) כרת *a*. qal[8], *b*. hi.[1]; 15) לקח qal[5]; 16) מאס qal[1]; 17) מחה qal[1]; 18) מנע *a*. qal[1], *b*. ni.[1]; 19) נוף hi.[2]; 20) נטה qal[1]; 21) נצל hi.[6]; 22) נשׂא qal[5]; 23) סור *a*. qal[8], *b*. hi.[26], *c*. ho.[1]; 24) סלח qal[1]; 25) ספה qal[1]; 26) עבר *a*. qal[2], *b*. hi.[8]; 27) Ar. עדה *a*. pe.[1], *b*. af.[1]; *28α) פקד ni.[1: Jd 21.3*L*]; 29) פרע qal[1]; 30) פשׁט hi.[1]; 31) פתח pi.[1]; 32) רום *a*. hi.[15], *b*. ho.[2]; 33) רחק qal[1]; 34) שׁבת hi.[1]; 35) שׁלח pu.[1]; *36) אֶפֶס [1: Is 5.8]. Del. 11, 28).

ἀφάλλομαι 1) גדד polal[1]; 2) רחק qal[1]; 3) דלג pi.[1].

ἀφανής 2) סתר *a*. pu.[1], *b*. ho.[1]. Del. 1).

ἀφανίζω 1) אבד pi.[2]; 2) אַיִן [2]; 4) בער pi.[1]; 5) גמא pi.[1]; 7) חבל *a*. qal[1], *b*. Ar. pa.[1]; 8) חרם hi.[3]; 9) ישׁם qal[3]; 10) כחד ni.[1]; 11) כלה qal[1]; 12) כרת hi.[3]; 13) נתץ ni.[1]; 14) סוף Ar. af.[1]; 15) ספה qal[1]; 16) עות pi.[1]; 17) צמת hi.[1]; 18) שׁבת hi.[1], *a*. *qal[1: Si 45.26]; 19) שׁחת pi.[2]; 20) שׁמד *a*. ni.[3: + Mi 6.15 MT *yštmr*], *b*. hi.[12], *c*. Ar. af.[1]; 21) שׁמם *a*. qal[11: + Ho 5.15, 10.2, 14.1, Jl 1.18 where MT has אשׁם], *b*. ni.[13], *c*. hi.[3], *d*. po.[1], *e*. שְׁמָמָה [3], **f*. hitpo.[1: Mi 6.15]; 22) הרג qal[1]; 23) המם qal[1]; *24) תמם qal[1: Hb 1.3?]; *25) מגר Ar. pa.[1: 1E 6.33]; (-) [1: Hb 1.5]. Del. 3) *a*, *b*.> 21*a*; 6); Ez 30.7, 14 v.l.

ἀφανισμός 2) Ar. חֲבָל [1]; 3) חרם hi.[1];4) מְשׁוֹאָה [1]; 5) שׁחת hi.[1]; 6) שׁמד hi.[1]; 7) *a*. שַׁמָּה [5+], *b*. שְׁמָמָה [9+], *c*. שׁמם qal[3], *d*. po.[1], *e*. adj.[1], *f*. שִׁמָּמוֹן [2]. Del. 1).

ἀφάπτω 1) נגע qal[1]; 2) קשׁר qal[4].

ἄφεδρος 2) נִדָּה [11]; *3) טֻמְאָה [1: 2K 11.4*L*]. Del. 1); Ez 36.17 v.l.

ἀφειδῶς 1) לֹא חָשַׂךְ qal[1].

ἀφελῶς *1) לְתֻמּוֹ [1: 3K 22.34*L*].

ἄφεσις 1) אָפִיק [3]; 3) דְּרוֹר [7]; 4) הֲנָחָה [1]; 5) חָפְשִׁי [1]; 6) יוֹבֵל [16]; 7) נפץ pi.[1]; 8) עֲזָאזֵל [1]; 9) פֶּלֶג [1]; 10) שִׁלּוּחִים [1]; 11) שׁמט ἄφεσιν ποιεῖν *a*. qal[1], *b*. hi.[1], *c*. שְׁמִטָּה [5]; 12) ἐνιαυτὸς ἀφέσεως יוֹבֵל [1]; 13) ἀφέσεως σημασία יוֹבֵל [3]; (-) [1: Le 25.41]. Del. 2); Ez 47.3.

ἀφή 1) נֶגַע [67]; *2) יצת ni.[1: Je 31.9, MT נצא]. Del. Ec 6.3 v.l.

ἀφηγέομαι 2) נָשִׂיא [22: + Ez 12.10, 22.25]; 3) Ar. פֶּחָה [1]; 5) שַׂר 1]; 6) תְּחִלָּה [3]; *7) Ar. בְּרֵאשׁ [1: 1E 6.12]. Del. 1, 4) Ex 11.8 idiom. (MT בְּרַגְלֶיךָ).

ἄφθορος 1) בְּתוּלָה [1].

ἀφίημι 1) חדל qal[3]; 2) יצא qal[1]; 3) כפר pu.[1]; 4) נוּחַ *a*. qal[1], *b*. hi.[18]; 5) נטשׁ qal[4]; 6) נשׂא qal[9]; 7) נתן qal[9]; 8) סלח *a*. qal[2], *b*. ni.[13], *c*. סְלִיחָה [1]; 9) עזב *a*. qal[5: + To 10.8], *b*. pu.[1]; 10) פתח pi.[1]; 11) קלל hi.[2]; 12) רפה hi.[4]; 13) Ar. שׁבק pe.[3]; 14) שׁלח pi.[2]; 15) שׁמט qal[1]; 16) שׁעה qal[1]; *18) Ar. רמה pe.[1: To 14.6]. Del. 17); Si 20.7 v.l.

ἀφικνέομαι 1) בּוֹא qal[1]; 3) חקה hit.[1]; 4) מצא qal[1]; 5) נגע hi.[1]; 6) נטה qal[1]; 7) נשׂג hi.[1]. Del. 2).

ἀφίστημι 2) אסף qal[2]; 3) גלה pi.[1]; 4) געל qal[1]; 5) דמם qal[1]; 7) חדל qal[3]; 8) *a*. יקע qal[3], *b*. נקע qal[1]; 9) *a*. עזב qal[1: To 10.7]; 10) כרת ni.[2]; 11) מאס qal[1]; 12) מושׁ qal[2]; 13) מנע qal[1]; 14) מסס hi.[1]; 16) מעל qal [5]; 17) מרד qal[14]; 18) מרה hi.[2], *a*. qal[1]; 19) נבל pi.[1]; 20) נגשׁ qal[1]; 21) *a*. נדד qal[2], *b*. Ar. pe.[1]; 22) נדח hi.[3]; 23) נוא hi.[1]; 24) נפל *a*. *qal[1]; 25) נתק *a*. qal[1], *b*. hi.[1]; 26) סוג *a*. qal[2], *b*. ni.[1], *c*. ho.[1]; 27) סור *a*. qal[4+], *b*. hi.[1+], *c*. ho.[1], *d*. pol.[1]; 28) סתר ni.[1]; 29) עבר *a*. qal[1: Nu 31.16], **b*. hi.[2: 1E 1.30*bis*]; 30) Ar. עדה af.[1]; 31) עלה ni.[1]; 32) עמד qal[4]; 33) עתק hi.[2]; 34) פחד qal[1]; 35) פטר qal[1]; 36) פשׁע qal[4]; 37) רחק *a*. qal[5], *b*. hi.[3]; 38) שׁוּם qal[1]; 39) שׁוב *a*. qal[4], *b*. hi.[1], *c*. שׁוֹבָב [1]; 40) שׁעה qal[1]; 41) ἀ. μακράν *a*. qal[2], *b*. hi.[1]; 42) פֶּשַׁע [1]; 44) פרע *a*. qal [1], *b*. hi.[3]; 45) פרג qal[1](?); *48) פרד hi.[1: Si 42.9]; *49) סות hi.[1: 2K 5.6*L* 4Q51]. Del. 1, 6, 15, 24*b*, 43 > 18*a*, 46-7).

ἄφνω 1) פִּתְאֹם [5]; (†)[1: - Ec 10.3 v.l.].

ἄφοβος 1) לֹא־פָחַד qal[1]; *2) ἄ. γίνομαι בטח qal[1: Si 5.5].

ἀφόβως 1) מְפַחֵד [1].

ἀφορία 1) שִׁדָּפוֹן [1].

ἀφορίζω 1) בדל *a*. hi.[5], *b*. מִבְדָּלוֹת [1]; 2) ברר ni.[1]; 3) גבל hi.[2]; 4) גדע qal[1: Ma 2.3 MT *g'r*]; 5) חקק qal[1]; 6) חֵרֶם [1]; 7) מִגְרָשׁ [9]; 8) מִקְדָּשׁ [1]; 9) מִקְלָט [2]; 10) נוף *a*. hi.[6+], *b*. ho.[1]; 11) סגר *a*. ni.[2], *b*. hi.[10+]; 13) פדה qal[1]; 14) פרד ni.[2]; 15) רום hi.[6], *b*. ho.[1]; *16) גרשׁ hit.[1: 2K 8.1]; *17) חרם hi.[Is 45.25]. Del. 12) Ex 13.12 v.l.

ἀφόρισμα 1) חֵרֶם [1]; 2) מִגְרָשׁ [1]; 3) נֵזֶר [1]; 4) תְּנוּפָה [6]. Del. 5); Ex 29.28 v.l., Nu 15.19 gloss.

ἀφορισμός 1) מַשְׂאֵת [2: + Ez 20.31]; 3) תְּרוּמָה [1]. Del. 2).

ἀφορμή 1) המן qal[1].

***ἀφρονέω** *1) סכל ni.[1: 1C 21.8*L*].

ἀφρονεύομαι 1) בער ni.[1].

ἀφρόνως 1) סכל hi.[1].

ἀφροσύνη 1) אִוֶּלֶת [10]; 2) *a*. כְּסִיל [2], *b*. כֶּסֶל [1], *c*. כִּסְלָה [1]; 3) נְבָלָה [7]; 4) *a*. סָכָל [1], *b*. סִכְלוּת [5: + Ec 2.3]; 5) פְּתִי [2: + Pr 5.5]; 6) *a*. תָּפֵל [1], *b*. תִּפְלָה [1] 8) חֲסַר דַּעַת [1: Si 13.8]. Del. 7).

ἄφρων 1) *a*. אֱוִיל [12], *b*. אִוֶּלֶת [5: + Si 20.22]; 2) *a*. אָוֶן [1], *b*. אִישׁ אָוֶן [1]; 3) בּוֹשׁ hi.[1]; 4) בְּלִיַּעַל [3]; 5) *a*. בער qal[1], *b*. בַּעַר [4]; 6) לֹא חָכָם qal[1]; 7) חֲסַר לֵב [1]; 8) *a*. כְּסִיל [58], *b*. כְּסִילוּת [1]; 9) לוּץ qal[1]; 10) נָבָל [11]; 11) *a*. סָכָל [4], *b*. סֶכֶל [1]; 12) עָצֵל [1]; 13) פְּתִי [7]; 14) פתה qal[1].

ἀφυλάκτως 1) פָּרִיץ [1]. Del. Ez 23.29 v.l.

ἀφυστερέω 1) מנע qal[2].

ἄφωνος 1) אלם ni.[1].

ἀχάτης 1) שְׁבוֹ [2].
ἄχι 1) אָחוּ [2]; 2) ἄ. χλωρόν עָרָה [1]; *3) קַרְמִית [1: Si 40.16]. Del. -) Ge 41.3, 19 v.l.
ἀχρεῖος 1) שָׁפָל [1].
ἀχρε(ι)όω 1) אלח ni.[2]; 2) כאב hi.[1]; 3) רעע qal[1]; *4) שׁחת hi.[1: 1E 1.53].
ἄχρηστος 1) אֵין חֵפֶץ [1]; 2) שָׁוְא [1]; 3) יאל ni.[1].
ἄχρι(ς) *a) עַד [2: Jd 11.33B, Jb 32.11]. Del. Ge 44.28, Jb 32.12 v.l.
ἄχυρον 2) חֹמֶר [1]; 3) מוֹץ [2: + Is 30.24]; 4) עוּר [1]; 5) תֶּבֶן [10+]. Del. 1) > 3).
ἀωρία 1) אֲפֵלָה [1]; 2) נֶשֶׁף [1]; 3) שׁוֹאָה [1]; *4) לַיְלָה [1: 1E 1.13].
ἄωρος 1) לֹא־עֵת [1]; 2) עוּל יָמִים qal[1].

B

βαδίζω 1) בּוֹא qal[3]; 2) הלך qal[16+: + Ex 6.6]; 3) עבר qal[1]; 4) שׁוּב qal[1]; *5) דלק Ar. pe.[1: Da LXX 7.9 Pap. 967]; *6) Ar. אזל pe.[1: To 2.2].
βαθέως 1) עמק hi.[1].
βαθμός 1) מַעֲלָה [5]; 2) מִפְתָּן [1]; 3) β. θυρῶν סִיף [1].
βάθος 1) חֵיק [2]; 3) מַעֲמַקִּים [5]; 4) מְצוּלָה [3]; 5) עמק hi.[1]; 6) עֹמֶק [2]; 7) קַרְקַע [1]; 8) תַּחְתִּי [5]; 9) תְּהוֹם [1]; *10) אֲגַם [1: Pr 18.3]. Del. 2); Ez 32.19, 32.23 v.l.
βαθύνω 1) עמק *a*. qal[1], *b*. hi.[2].
βαθύς 1) *a*. Ar. עַמִּיק [2], *b*. עָמֹק [8: + Je 17.9]; *c*. עֹמֶק [1], *d*. עמק hi.[1]; 3) τὴν β. βουλὴν βουλεύεσθαι עמק hi.[1]. Del. 2) > 1*b*); Si 3.21.
βαθύφωνος 1) עֲמַק שָׂפָה [1].
βαθύχειλος 1) עֲמַק שָׂפָה [1].
βαίνω 1) יצג hi.[1].
βακτηρία 1) חֹטֶר [1]; 2) מַטֶּה [1]; 3) מַקֵּל [3]; 4) מִשְׁעֶנֶת [4]; 5) שֵׁבֶט [1]
βακχούρια 1) בִּכּוּרִים [1]
βάλανος 1) *a*. אַלּוֹן [4], *b*. אֵלוֹן [1]; 2) בְּרִיחַ [1].
βαλλάντιον 1) כִּיס [1]; 2) צְרוֹר [1]. Del. Si 18.33.
βάλλω 1) ידד qal[3]; 2) ירה qal[3]; 3) מחץ qal[1]; 4) נטה *hi.[1]; 5) נכה hi.[1]; 6) נפל *a*. qal[3], *b*. hi.[19]; 7) נשׂא qal[1]; 8) פרשׂ [1]; 9) צבר qal[1]; 10) צור qal[1]; 11) קדם pi.[1]; 12) קלע qal[1]; 13) רמה *a*. qal[1], *b*. Ar. pe.[5]; 14) *a* + *b* שׂוּם, שִׂים qal[5]; 15) שׁלח pi.[1]; 16) שׁלך hi.[6]; 17) שׁפך qal[1]; 19) ῥίζαν β. שׁרשׁ hi.[1]; *21) קבע MH qal[1:Ez 23.24]; *22) סקל pi.[2: 2K 16.6, 13*L*]. Del. 18) Ex 10.19 (> ἐμ~); 20) Jn 1.15 v.l.(> ἐκ~); 3K 6.1, 4K 23.4.
βάμμα 1) צֶבַע [3].
βαπτίζω 1) טבל qal[1].
βαπτός 1) טבל *a*. qal[1].
βάπτω 1) בּוֹא ho.[1]; 2) טבל *a*. qal[12], *b*. ni.[1]; 4) Ar. צבע itpa.[1]; *5) רחץ qal[1: Ps 67.23]. Del. 3); Pr 25.20 v.l.
βάραθρον 1) מַטְאֲטֵא [1].
βάρβαρος 1) בער qal[1]; 2) לעז qal[1].
βαρέως 1) חָרָה בְּעֵינֵי qal[1]; 2) כבד hi.[1].
βᾶρις 1) אַרְמוֹן [5]; 2) בִּירָה [5: + 1E 6.23]; 3) הֵיכָל [1]; *4) בִּירָנִית [2: 2C 17.12, 27.4*L*].
βάρος 1) כָּבֹד [1], *b*. כָּבֵד [1].
βαρύγλωσσος 1) כְּבַד לָשׁוֹן [1].
βαρυθυμέω 1) חרה qal[1]; 2) קוּץ qal[1].
βαρυκάρδιος *1) כְּבַד לֵב [1: Ps 4.2].
βαρύνω 1) אטם qal[2: + Ex 7.14]; 2) חזק qal[1]; 3) כבד *a*. qal[12: + Na 2.10, voc.], *b*. pi.[2], *c*. hi.[12], *d*. hit.[1]; 5) כבר hi.[1]; 6) כֵּהֶה [1]; 8) קצר qal[1]; 9) קשׁה hi.[1]; 11) רבה qal[1]. Del. 4, 7, 10); Ex 10.1 v.l.
βαρύς 1) Ar. יַקִּיר [2]; 2) *a*. כָּבֵד [4+], *b*. כֹּבֶד [2]; 3) כבד *a*. qal[5], *b*. hi.[1]; 5) עָצוּם [1]; 6) רעע qal[1]; 7) חָזָק [1]. Del. 4) > 2*a*).
βαρυωπέω 1) כבד qal[1].
βασανίζω *1) יסר pi.[1: Si 4.17]; *2) שׁמם hi.[1K 5.6*L*].
βάσανος 1) אָשָׁם [4]; 2) כְּלִמָּה [4]; 3) מִכְשׁוֹל [2]; *4) מַכְאוֹב [1: 2C 6.29*L*].
βασιλεία 1) מְדִינָה [3]; 2) מְדִינוֹת מֶלֶךְ [8]; 3) מְדִינוֹת מַלְכוּת [1]; 4) *a*. מְלוּכָה [15+], *b*. מלך qal[15], *c*. מֶלֶךְ [12], *d*. Ar. מַלְכוּ [90], *e*. מַלְכוּת [1+], *f*. מַמְלָכָה [12+], *g*. מַמְלָכוּת [8], *h*. מַמְלֶכֶת [1]; 5) בֵּית מֶלֶךְ [2]; 6) מֶמְשָׁלָה [2]; 7) Ar. שָׁלְטָן מַלְכוּ [1]. Del. Si 47.11.
βασίλειον 1) אַרְמוֹן [1]; 2) *a*. בֵּית מֶלֶךְ [1], *b*. בֵּית מַלְכוּת [1]; 3) הֵיכָל [2]; 4) *a*. מַמְלָכָה [3], *b*. Ar. מַלְכוּ [1]; 5) נָגִיד [1]; 6) נֵזֶר [1].
βασίλειος 1) מַמְלָכָה [2]. Del. Ex 23.22 v.l.
βασιλεύς 1) חקק pol.[2]; 2) *a*. מְלוּכָה [3], *b*. מלך qal[2], *c*. Ar. מַלְכוּ [1], *d*. also Ar. מֶלֶךְ [143+], *e*. מַלְכוּת [7], *f*. מַמְלָכָה [19], *g*. מַמְלָכוּת [1], *h*. מַמְלֶכֶת [1], **j*. ἀναδεικνύειν βασιλέα מלך hi.[3: 1E 1.32, 35, 44]; 4) Ar. מָרֵא [2]; 5) משׁל qal[1]; 6) נָגִיד [2]; 7) נָדִיב [3]; 8) נָשִׂיא [1]; 10) קָצִין [1]; 11) שַׂר [1]; 12) מלך hi. *a*. χρίειν εἰς β.[1], *b*. γίνεσθαι β.[1], *c*. καθιστάναι εἰς β.[2]. Del. 2*i*. > *h*.; 3*a*., *b*. > 2*d*.; 9); Ne 2.16. Jb 39.22, Si 46.13, 51.6 v.l.
βασιλεύω 1) הִגִּיעַ לַמַּלְכוּת [1]; 2) ישׁב qal[1]; 3) מלך *a*. qal[14+], *b*. hi.[40], *c*. ho.[2], **d*. Ar. pe.[1: To 1.21]; 4) *a*. מֶלֶךְ [18], *b*. הָיָה מֶלֶךְ qal[2], *c*. הִמְלִיךְ מֶלֶךְ hi.[1], *d*. מַמְלָכָה [2], *e*. מַלְכוּת [4], *f*. מְלוּכָה [1], *g*. Ar. מַלְכוּ [1]. Del. Zp 3.15.
βασιλικός 1) *a*. מֶלֶךְ [15], *b*. בֵּית מֶלֶךְ [1], *d*. מַלְכוּת [1], *e*. דְּבַר מַלְכוּת [1], *f*. מְלוּכָה [1], *g*. Ar. מַלְכוּ [1], **h*. τὰ ~ά רְכוּשׁ מֶלֶךְ [1: 1E 1.7]. Del. 1*c*).
βασιλίσκος 1) אֶפְעֶה [1]; 2) פֶּתֶן [1].
βασίλισσα 1) גְּבִירָה [1]; 2) *a*. מַלְכָּה [32: + Es 4.4], *b*. מְלֶכֶת [4], *c*. מַמְלָכָה [1]; 3) שֵׁגָל [1].
βάσις 1) אֶדֶן [35: + Ez 41.22]; 4) יְסוֹד [9]; 5) כִּיּוֹר [1]; 6) *a*. כֵּן [2], מְכוֹנָה [2]; 7) מַרְצֶפֶת [1]; 8) קִיר [1]; 9) רָמָה [1]; *10) אֹרַח [1: Jd 5.6A]; *11) גֻּלָּה [3: 2C 4.12*bis*, 13*L*]. Del 2-3).
βασκαίνω 1) רעע qal[2]; 2) רַע [1].
βάσκανος 1) רַע עַיִן [1]; 2) רַע [1].

βάσταγμα 1) מַשָּׂא [7].

βαστάζω 1) נטה qal[1]; 2) נשׂא qal[2]. Del. Jb 21.3.

I **βάτος** 1) בָּאְשָׁה [1]; 2) סְנֶה [6].

II **βάτος** 1) בַּת [2].

βάτραχος 1) צְפַרְדֵּעַ [13].

βαφή *1) צֶבַע [2: + Jd 5.30].

βδέλλα 1) עֲלוּקָה [1].

βδέλυγμα 1) אֱלוֹהַּ [2]; 2) אֱלִיל [2]; 3) גִּלּוּלִים [2]; 4) חַמָּן [1]; 6) *a.* שִׁקּוּץ [19], *b.* שֶׁקֶץ [12: + Le 5.2]; 7) *a.* תּוֹעֵבָה [27+], *b.* תעב pi.[1]; 8) זִמָּה [1]; *9) טֻמְאָה [1: 1E 7.13].

βδελυγμός 1) פּוּקָה [1]; 2) שִׁקּוּץ [1].

βδελυκτός 1) ἀκάθαρτος καὶ β. תּוֹעֵבָה [1]. Del. Si 41.5 v.l.

βδελυρός 1) מאס ni.[1].

βδελύσσω 1) באשׁ hi.[1]; 2) געל qal[2: + Ge 26.29 MT [נגענוך]; 3) נדה pi.[1]; 4) עצב pi.[1]; 5) קוץ qal[2]; 6) *a.* שִׁקּוּץ [1], *b.* שקץ pi.[4]; 7) תאב pi.[1]; 8) תעב *a.* ni.[2], *b.* pi.[14: Am 6.8 א > ע], *c.* hi.[3], *d.* תּוֹעֵבָה [3], **e.* pu.[1: Si 16.8]. Del. Le 21.14 v.l.

βεβαιόω 1) נצב hi.[1]; 2) קום pi.[1].

βεβαίως 1) לִצְמִיתֻת [1].

βεβαίωσις 1) צְמִיתֻת [1].

βέβηλος 1) *a.* חֹל [4], *b.* חָלָל [1]. Del. 2).

βεβηλόω 1) *a.* חָלָל [2], *b.* חלל ni.[9: + SI 42.10], *c.* pi.[21+], *d.* pu.[1], *e.* hi.[2]; 2) טמא pi.[2]. Del. 3).

βεβήλωσις 1) חלל ni.[1].

βέλος 1) *a.* חֵץ [2+], *b.* חֵצִי [1]; 2) נֶשֶׁק [1]; 4) שֶׁלַח [3: + 2K 18.14, Jb 30.13]. Del. 3).

βελόστασις 1) דָּיֵק [2]; 2) טִפְסַר [1]; 3) כַּר [1]. Del. Ez 26.8.

βελτίων 1) *a.* טוֹב [6], *b.* יטב qal[3], *c.* hi.[2], *d.* מֵיטָב [4]; 2) יָפֶה [1]; 3) יָשָׁר [1].

βῆμα 1) מִגְדָּל [2: + 1E 9.42]; 2) מִדְרָךְ [1]; 3) צַעַד [1].

βηρύλλιον 1) שֹׁהַם [3].

βία 2) יֶזַע [1]; 3) כְּבֵדֻת [1]; 4) פֶּרֶךְ [2]; 6) תֹּקֶף [1]; 7) אֹנֶס [2: + Si 20.4]; 8) גָּזֵל [1]; *9) עֹז [1: Hb 3.6 MT *'ad*]; *10) פֶּחָה [3: Ne 5.14, 15, 18]. Del. 1, 5).

βιάζομαι 1) הרס qal[1]; 2) חזק pi.[1]; 3) כבשׁ qal[1]; 4) עצר qal[2]; 5) פצר qal[1]; 6) פרץ qal[3]; 7) תפשׂ qal[1]; 8) עָמַד לִפְנֵי qal[1]; 9) אנס ni.[1]. Del. Jn 1.13.

βίαιος 1) אנשׁ qal[1]; 2) עַז [1]; 3) עֲיָם [1]; 5) קָדִים [1]. Del. 4).

βιαίως *1) זרם qal[1: Je 18.14].

βιβάζω 1) רבע qal[2].

βιβλιαφόρος 1) רוץ qal[2].

βιβλιοθήκη 1) Ar. בֵּית סִפְרַיָּא [1]; 2) דִּבְרֵי הַיָּמִים [1].

βιβλίον 3) מִדְרָשׁ [1]; 4) *c.* סֵפֶר [17+], *d.* Ar. סְפַר [5]. Del. 1-2, 4*a*, *b*, 5); Ne 10.34, Je 43.14, 20, 25, 29, Da TH 12.4 v.l.

βιβλιοφυλάκιον *1) Ar. בֵּית גִּנְזַיָּא [1: 1E 6.20]; *2) Ar. בֵּית סִפְרַיָּא דִּי גִנְזַיָּא [1: 1E 6.22].

βίβλος 1) *a.* סֵפֶר [3+], *b.* Ar. סְפַר [5: + 1E 7.9]; *2) תּוֹרָה [1: 1E 5.49]. Del. 1*c*.

βιβρώσκω 1) אכל *a.* qal[2+], *b.* ni.[17+], *c.* pu.[1]; 2) נִקֻּדִים [2];* 3) נקב qal[1: Jb 5.3]; *4) דקק ho.[1: Is 28.28].

βῖκος 1) בַּקְבֻּק [2].

βίος 1) הוֹן בַּיִת [1]; 2) חַי [2]; 3) *a.* יוֹם [12], *b.* יְמֵי חַיִּים [1]; 4) לֶחֶם [2: + Pr 24.71]; 5) נִכְסִין [1]; 7) שָׁנָה [1]; *8) בַּיִת [1: Si 34.4]. Del. 6).

βιόω 1) πολὺν χρόνον β. הִרְבָּה יָמִים hi.[1]; 2) חיה qal[3].

βλαστάνω 1) גמל qal[1]; 2) דשׁא *a.* qal[1], *b.* hi.[1]; 3) פרה qal[1]; 4) פרח qal[1]; 5) צוץ hi.[1]; 6) צמח *a.* qal[1], *b.* pi.[1], *c.* hi.[2].

βλάστημα 1) שְׁתִיל [1].

βλαστός 1) טֶרֶף [1]; 2) יוֹנֶקֶת [1]; 3) נֵץ or נִצָּה [1]; 4) *a.* עָנָף [2], *b.* עָנֵף [1]; 5) *a.* פֶּרַח [5], *b.* פִּרְחָה [1].

βλασφημέω 1) גדף pi.[2]; 2) יכח hi.[1]; 3) נאץ hitpo.[1]; 4) Ar. אֲמַר שָׁלוּ pe.[1].

βλασφημία 1) נֶאָצָה [1]; 2) שָׁלוּ [1].

βλάσφημος 1) מְבָרֵךְ אָוֶן [1]; 2) זיד hi.[1]; *3) גדף pi.[1: Si 3.16 MS C].

βλέπω 1) דֶּרֶךְ *a.* βλ. πρός [1], *b.* βλ. κατά [1], **c.* βλ. εἰς [1: Pr 16.25]; 2) חזה *a.* qal[3], *b.* Ar. pe.[1]; 3) ἐνώπιόν σου βλέποντος לְעֵינֶיךָ [1]; 4) נבט hi.[2]; 5) נֶגֶד [1]; 7) פנה *a.* qal[13]; 8) פָּנִים [9]; 9) פִּקֵּחַ [2]; 10) ראה *a.* qal[9+], *b.* ni.[2], *c.* יָכֹל לִרְאוֹת [1]; 11) שׁקף ni.[1]; 12) שׁגח hi.[1]. Del. 6, 7*b*, *c*, 13); Na 2.9 v.l.(> ἐπι~), Si 51.7 v.l. (> ἐμ~).

βλέφαρον 1) עַפְעַפַּיִם [8].

βοάω 1) הגה qal[1]; 2) המה qal[1]; 3) זעק *a.* qal[3+: - Jn 1.5 v.l.], *b.* ni.[4], *c.* hi.[3], *d.* Ar. pe.[1]; 4) זְעָקָה [1]; 5) כנה pi.[1]; 6) נהם qal[2]; 7) נהק qal[1]; 8) נשׂא qal[3]; 9) פצח qal[2]; 10) צהל qal[1]; 11) צוח qal[2: + Jo 15.18]; 12) צעק *a.* qal[7+], *c.* pi.[1]; 13) צרח hi.[1]; 14) קרא *a.* qal[5+], *b.* Ar. pe.[2]; 15) רוּעַ hi.[6]; 16) רעם qal[1]; 17) שׁאג qal[1]; 18) שׁוע pi.[4: + 2K 22.42]. Del. 12*b* (> *a*), 19, 20).

βοή 1) הָמוֹן [2]; 2) זְעָקָה [1]; 3) צְעָקָה [2]; 5) צֶרַח [1]; 6) שַׁוְעָה [1]; 7) תְּחִנָּה [1]. Del. 4); Is 24.14 v.l.

βοήθεια 1) אֱיָלוּת [1]; 2) מָגֵן [1]; 4) נצל hi.[2]; 5) *a.* עֹז [1], *b.* מָעוֹז [1]; 6) עזר *a.* qal[3], *c.* עֵזֶר [7], *d.* עֶזְרָה [12]; 7) רֶוַח [1]; 9) תּוּשִׁיָּה [1]; 10) תְּשׁוּעָה [3: + La 3.57]; *11) צוּר [2: Ps 48.14, 88.43]; *12) סֵתֶר [1: Ps 90.1]. Del. 3, 6*b*, 8).

βοηθέω 1) חוּשׁ qal[1]; 2) חזק hit.[1], **a.* חִזֵּק בְּיַד־ pi.[1: 1E 2.9]; 3) ישׁע *a.* ni.[2], *b.* hi.[6]; 4) סעד *a.* Ar. pe.[1], *b.* qal[3], **c.* Ar. pa.[1: 1E 6.2]; 5) *a.* עוּז [1], *b.* עזז qal[1]; 6) עזר *a.* qal[46], *b.* ni.[4]; 7) *a.* עֵזֶר [1], *b.* עֶזְרָה [5]; 8) עָמַד עַל נֶפֶשׁ qal[2]; 11) שׂגב pi.[1]; 12) שׂוּם hi.[1]; 13) סמך qal[1]; *14) נשׂא pi.[1: 1E 2.6]. Del. 6*c*, 9-10); 2C 32.18.

βοηθός 2) מַחְסֶה [2]; 3) מִשְׂגָּב [1]; 4) סֵתֶר [1]; 5) *a.* עֹז [3], *b.* מָעוֹז [3]; 6) *a.* עזר qal[9], *b.* עֵזֶר [5+], *c.* עֶזְרָה [6], *d.* β. γίνεσθαι עזר qal[2]; 7) צוּר [4]; 8) ישׁע hi.[1]. Del. 1) > 6*a*).

βόθρος 1) בּוֹר [10: + Ez 31.16, 32.19>21)]; 2) גּוּמָּץ [1]; 3) פִּתּוּחַ [1]; 4) צָרִיחַ [1]; 5) *a.* שׁוּחָה [1], *b.* שַׁחַת [3], *c.* שִׁיחָה [1]; 6) מַחְמֹרָה עֲמֻקָּה [1]; *7) פַּחַת [1: Jo 8.29] *8) קוֹר [1: Am 9.7, *y* > *w*].

βόθυνος 1) גֵּב [2]; 2) מִקְוֶה [1]; 3) פַּחַת [10: + Is 47.11, La 3.47]; 4) שַׁחַת [1].

βοΐδιον 1) עֶגְלָה [1].

βόλβιτον 1) *a.* גֵּל [2], *b.* גָּלָל [1]; 2) *a.* צָפִיעַ [1]. Del. 2*b*).

βολή 1) טחה pil.[1].

βολίς 1) חֵץ [7: + 1K 14.14]; 3) פְּתִחוֹת [1]; 4) צְנִינִים [2]; 5) שֶׁלַח [1]; 6) שֶׁלֶט [1]. Del. 2).

βομβέω 1) המה qal[3]; 2) רעם qal[1].

βορά 1) אֹכֶל [1]; 2) טֶרֶף [2]; 3) צַיִד [1].

βόρβορος 1) טִיט [2].

βορρᾶς 1) *a.* צָפוֹן [22+: + Ex 26.18], *b.* ὁ ἀπὸ βορρᾶ צְפוֹנִי [1]. Del. Nu 34.3 v.l.

βόσκημα 1) *a.* מִרְעֶה [1], *b.* מַרְעִית [1]; 2) מִשְׁלָח [1]; 3) צֹאן [1]; 4) מרה qal [1: Is 49.11, see Goshen-Gottstein, 101].

βόσκω 1) רבץ qal[1]; 2) רעה qal[25: + 3K 12.16]. Del. Ge 29.6 v.l.

βόστρυχος 1) מַחְלָפוֹת [1]; 2) קְוֻצּוֹת [2].

βοτάνη 1) דֶּשֶׁא [6]; 2) חָצִיר [2]; 3) עֵשֶׂב [6].

βοτρύδιον 1) β. μικρόν זַלְזַל [1].

βότρυς 1) אֶשְׁכֹּל [13].

βούβαλος 1) יַחְמוּר [1]

βούκεντρον 1) דָּרְבָן ,דָּרְבוֹן [2: + 1K 13.21*L*].

βουκόλιον 1) בָּקָר [14: + 1K 8.16]; 2) מַרְבֵּק [1]; 3) עֵדֶר [1]; 4) שֶׁגֶר [5].

βουλευτής 1) יעץ qal act. ptc.[2].

βουλευτικός 1) 1) יעץ qal act. ptc.[1].

βουλεύω 1) בקשׁ pi.[1]; 2) גמל qal[1]; 3) זמם qal[1]; 4) *a.* חֵפֶץ [1], *b.* חָפֵץ [1]; 5) חשׁב qal[4]; 6) יעץ *a.* qal[3+], *b.* ni.[15], *c.* hit.[1]; 7) כּוּן pol.[1]; 8) מלך ni.[1]; 9) נגשׁ hit.[1]; 10) *a.* עוּץ qal[1], *b.* עֵצָה [3]; 11) Ar. עֲשִׁית [1]. Del. 12) Si 9.14 v.l. (> συμ~).

βουλή 1) דַּעַת [2]; 2) *a.* יעץ qal[3], *b.* מוֹעֵצָה [3], *c.* עוּץ qal[2], *d.* Ar. עֵטָא [2], *e.* עֵצָה [4+]; 3) כְּלִי [1]; 4) מְזִמָּה [1]; 5) מַחֲשָׁבָה [6]; 6) *a.* מֶלֶךְ [1], *b.* Ar. מְלַךְ [1]; 7) סוֹד [5]; 8) *a.* מוֹעֵד [1]; 9) עֲצֻמוֹת [1]; 10) עָרְמָה [1]; 11) תּוּשִׁיָּה [1]; 12) β. καλή מְזִמָּה [1]; 13) חָכָם [1]; 14) יָד [2]; *15) Ar. כְּנָת [1: 1E 2.17]; *16) לֵב [1: 1E 7.15]; *17) Aramaising צְבוּ [1: Is 4.2]. Del. 8*b*).

βούλημα Del. Pr 9.10 v.l.

βούλομαι 1) אבה qal[17]; 2) Ar. הֲוָא צָבֵא pe.[4]; 3) cum neg. חדל qal[1]; 4) חמד qal[1]; 5) חָפֵץ *a.* qal[21], *b.* adj.[3], *c.* חֵפֶץ [2]; 6) טוֹב בְּעֵינַיִם [1]; 8) cum neg. מָאֵן *a.* pi.[9], *b.* adj.[4]; 9) cum neg. מאס qal[1]; 10) ἑκουσίως β. נָשָׂא לֵב qal[1]; 11) עֵצָה [1]; 12) Ar. צבא pe.[1]; 13) רָצוֹן [1]; 14) שִׂים לֵב qal[1]; *16) Ar. נדב hitpa.[1: 1E 8.10]; *17) Ar. יטב pe.[1: 1E 8.16]. Del. 7) v.l. (> βουλεύω); 15); 2E 10.8.

βουνίζω .1) צבט qal[1]; 2) צְבָתִים [1].

βουνός 1) בָּמָה [2]; 2) גִּבְעָה [17+]; 3) גַּל [8: + Ge 31.47², 48³]; 5) Ar. יְגַר [1]; 6) צִבֻּרִים [1]. Del. 4) Mi 6.2 v.l.

βοῦς 1) *a.* אַלּוּף [2], *b.* אֶלֶף [5]; 2) בָּקָר [62+]; 3) *a.* פַּר [2], *b.* פָּרָה [12+]; 5) *a.* שׁוֹר [15], *b.* Ar. תּוֹר [7: + To 8.19]. Del. 4); Ge 32.5b, 3K 1.9.

βούτομον 1) אָחוּ [1]; 2) בִּצָּה [1].

βούτυρον 1) *a.* חֶמְאָה [7], *b.* חֵמָה [1].

βραγχιάω 1) חרר ni.[1].

βραδύγλωσσος 1) כְּבַד־לָשׁוֹן [1].

βραδύνω 1) אחר pi.[2]; 2) מהה hitpalp.[2].

βραχίων 1) *a.* אֶזְרוֹעַ [4], *b.* Ar. דְּרָע [1], *c.* זְרוֹעַ [17+]; 2) יָד [4: - Ex 6.1, 32.11, Da LXX 9.15]; 3) שׁוֹק [12].

βραχύς 1) מְעַט [10]; 2) מַת [1]; 3) קָטֹן [1]; *4) בֶּצַע [1: Is 57.17].

βρέχω 2) ירד hi.[1]; 3) מטר *a.* ni.[1], *b.* hi.[10], **c.* ho.[1: Ez 22.24]; 4) מסה hi.[1]; 5) מסס ni.[1]. Del. 1).

βρόμος 1) זִמָּה [1]; *2) צַחֲנָה [2: Jl 2.20, Jb 6.7].

βροντάω 1) רעם hi.[9].

βροντή 1) רַעַם [5: + Am 4.13 MT *hrym*]. Del. Jb 40.4 v.l.

βροτός 1) אָדָם [6]; 2) אֱנוֹשׁ [9]; 3) בָּשָׂר [1].

βροῦχος 1) אַרְבֶּה [3]; 2) חָסִיל [1]; 3) יֶלֶק [6: + Am 7.1 MT *lqš*].

βροχή 1) גֶּשֶׁם [2].

βρόχος 2) יָד [1]; 3) מוֹקֵשׁ [2: + Si 51.3]. Del. 1).

βρυγμός 1) נַהַם [1]. Del. Si 51.3 v.l. (> βρόχος).

βρύχω 1) חרק qal[5].

βρῶμα 1) *a.* אֹכֶל [22+], *b.* אָכְלָה [1], *c.* מַאֲכָל [17]; 2) בְּלִיל [1]; 3) *a.* בָּרוּת [1], *b.* בִּרְיָה [3]; 4) טֶרֶף [1]; 5) מַטְעַמּוֹת [1], *b.* מַטְעַמִּים [1].

βρώσιμος 1) מַאֲכָל [3].

βρῶσις 1) *a.* אֲכִילָה [1], אכל *b.* qal[11], *c.* ni.[1], *d.* אֹכֶל [6], *e.* אָכְלָה [4], *f.* מַאֲכָל [11: + Hb 3.17, MT *mklh*]; 2) ברה qal[1]; 3) לֶחֶם [1]; 5) פֶּה [1]. Del. 4).

βρωτός 1) מַאֲכָל [2: + 1E 5.54]; 2) βρωτὸν σίτου לֶחֶם [1].

βύβλινος 1) גֹּמֶא [1].

βυθός 1) *a.* מְצוֹלָה [2], *b.* מְצוּלָה [4].

βύρσα 1) גֶּלֶד [1]; 2) עוֹר [3].

βύσσινος 1) בַּד [4]; 2) בּוּץ [3]; 3) כַּרְפַּס [1]; 4) *a.* שֵׁשׁ [3], *b.* שֵׁשִׁי [1]; 5) στολὴ β. בּוּץ [1]. Del. Da LXX 10.5².

βύσσος 1) בּוּץ [2]; 2) חוּרִי [1]; 3) סָדִין [1]; 4) שֵׁשׁ [27+]; 5) β. κεκλωσμένη שֵׁשׁ [3]. Del. Ex 39.13 v.l.

βύω 1) אטם hi.[1].

βῶλαξ 1) גּוּשׁ [1].

βῶλος 1) אֶגֶל [1]; 2) עֲרוּגָה [2].

βωμός 1) בָּמָה [7]; 2) מִזְבֵּחַ [25: + Je 30.2]; (-) [2: + Nu 3.10]. Del. Jd 7.1A.

Γ

γάζα 1) גִּזְבָּר [1]; 2) Ar. גִּנְזִין [4].

γαζαρηνός 1) Ar. גזר pe.[6].

γαζοφυλάκιον 1) *a.* גְּנָזִים [1], **b.* Ar. גְּנַז [1: 1E 8.17]; 2) *a.* לִשְׁכָּה [8], *b.* נִשְׁכָּה [3]; *3) אוֹצָר [1: 1E 5.45]; *4) Ar. כַּסְפְּיָא [1: 1E 8.45]. Del. Ez 40.17 v.l.

γαζοφύλαξ *1) also Ar. גִּזְבָּר [2: 1E 2.10, 8.19]; *2) נְתִינִים בְּכַסְפְּיָא [1: 1E 8.45].

γαῖα 1) אֲדָמָה [1]; 2) אֶרֶץ [7: + 2E 9.14]. Del. Ez 36.24, Da LXX 11.42 v.l.

γαῖσος 1) כִּידוֹן [2].

γάλα 1) *a.* חָלָב [21+]. Del. 1) *b* > *a*.

γαλαθηνός 1) חָלָב [2]; *2) מַרְבֵּק [1: 1K 28.24*L*].

γαλεάγρα *2) סוּגַר [1: Ez 19.9]. Del. 1).

γαλῆ 1) חֹלֶד [1].

γαμβρεύω 1) חתן hit.[1: - 2E 9.14 v.l.]; 2) יבם pi.[1].

γαμβρός 1) *a.* חתן qal ptc.[14+], *b.* חָתָן [3+].

γάμος 1) *a.* מִשְׁתֶּה [3], **b.* Ar. מִשְׁתּוּ [1: To 6.13].

γαστήρ 1) בֶּטֶן [3+]; 2) ἐν γαστρὶ ἔχω *a.* הרה qal[7], *b.* הָרָה

[11], *c.* הָרִיָּה [1], *d.* ἐν γαστρὶ λαμβάνω הרה qal[5]; 3) ἐν γαστρὶ λαμβάνω יחם pi.[1]; 4) ἐν γαστρὶ ἔχω עול qal [1]; 5) קֶרֶב [1]; 6) רֶחֶם [2]; *7) פְּנִים [1: Jb 16.16]. Del. Ge 25.24 v.l.

γαυρίαμα 1) שֵׁן [1]; 3) תִּפְאֶרֶת [1]; *4) זָדוֹן [1: Jb 13.12 MT זִכְרוֹן]; *5) תֹּאַר [1: Si 43.1]. Del. 2) Is 62.7, Je 31.2 v.l.

γαυριάω 1) רנה qal[1]; 2) שׂישׂ qal[1]; *3) עלז qal[1: 2K 1.20*L*]. Del. Jb 3.14 v.l.

γαυριόω 1) נשׂא hit.[1].

γαυρόω Del. 1) Nu 23.24 v.l.

γέ Del. Ho 6.5, Jl 2.29, Na 3.11, Zc 3.7 v.l.

γεῖσος 1) גְּבוּל [2]; 2) טֶפַח [1]; 3) כֹּתֶרֶת [3]; 4) שְׂפָתַיִם [1]. Del. Ez 41.7 v.l.

γείτων 1) גֵּר [1]; 2) *a.* שׁכן qal1], *b.* שָׁכֵן [2+].

γελάω 1) צחק qal[6: + Jb 19.7]; 2) שׂחק qal[3]; 3) שׂמח qal[1]; *4) זעק qal[1: Je 20.8].

γελοιάζω 1) צחק pi.[1].

γελοιασμός 1) שְׂחוֹק [1].

γελοιαστής 1) שָׁוְא [1].

γέλως 1) צְחֹק [1]; 2) *a.* שְׂחוֹק [10], *b.* יִשְׂחָק [1]; *3) תֹּפֶת [1: Jb 17.6]. Del. Mi 1.10 v.l.(> καταγέλως).

γεμίζω 1) טען qal[1].

γέμω 1) מָלֵא *a.* qal [1], *b.* adj.[1]; 2) נשׂא qal[2]. Del. Jb 32.19 v.l.

γενεά 2) *a.* דּוֹר [64+: + Zp 3.9 MT *brwrh* > *bdwrh*], *b.* Ar. דָּר [9]; 3) זֶרַע [4]; 4) יוֹם [1]; 5) *a.* יָלִיד [2], *b.* מוֹלֶדֶת [2], *c.* תּוֹלֵדוֹת [2]; 6) מִשְׁפָּחָה [3]; 8) πέμπτη γ. חמשׁ qal (pass. ptc.!)[1]; 9) τετάρτη γ. רִבֵּעַ [4]; 10) τρίτη γ. שִׁלֵּשִׁים [5]; *11) עֵקֶב [1: Pr 22.4]. Del. 1, 7); Le 20.18 v.l.; Ex 12.17^{2} v.l.

γενεαλογέω 1) יחשׂ hit.[1].

***γενεαλογία** *1) יחשׂ hit.[6: 1C 4.33. 5.7, 7.5, 7, 9, 9.22, all *L*].

γένεσις 1) דּוֹר [1]; 2) Ar. זְרַע [1]; 3) ילד *a.* ni.[2], *b.* ho.[1], *c.* מוֹלֶדֶת [5], *d.* תּוֹלֵדוֹת [13+]; 4) מִשְׁפָּחָה [5]; 5) נְעוּרִים [1]. Del. Ge 6.9^{2} v.l.

γενετή 1) עֵקֶר מִשְׁפָּחָה [1].

γένημα 1) אֵב [1]; 2) בַּר [2]; 4) יְבוּל [4]; 5) יצא qal[1]; 8) *a.* פרה qal[1], *b.* פְּרִי [11: + Ge 49.21 MT *'mry*]; 9) תְּבוּאָה [21+]; 10) תְּנוּבָה [4]; (†)[1: Ho 10.12 MT *yrh*]. Del. 3, 6); 7) > 9); 11) Si 45.20 v.l.

γενικός *1) יחשׂ hit.[1: 1E 5.39].

γεννάω 1) ברא ni.[1]; 2) גדל pi.[1]; 3) היה qal[2: - Ge 6.1, 25.26, Ex 10.16. Mi 4.48, Jo 5.7, 4K 23.25, Jb 12.4, Ec 3.15, Is 1.9, Je 16.2, Ez 31.7 v.l.]; 4) הרה qal[1]; 5) חול pol.[1]; 6) ילד *a.* qal[17+], *b.* ni.[8], *c.* hi.[63+], *d.* pu.[7], *e.* יִלּוֹד [3], *g.* מוֹלֶדֶת [4]; 7) קנה hi.[1]; 8) שׂוּם qal[1]; *9) גמל qal[1: Si 14.18]. Del. 3, 6*f*) Ge 4.18^{1}.

γέννησις Del. 1C 4.8, Ec 7.2.

γεννητός 1) ילד *a.* qal[3], *b.* ni.[1]; (-) [1: Jb 11.2].

γένος 1) זַן [3]; 2) זֶרַע [8]; 3) טוּר [2]; 4) מִין [19]; 5) מִשְׁפָּחָה [2]; 6) עַם [15].

γέρας 1) מָשְׁחָה [1].

γερουσία 1) זָקֵן [27: + Le 9.3].

γέρων 1) זָקֵן [43]; 2) שָׂב [1].

γεῦμα 1) טַעַם [4].

γεῦσις 1) Ar. טְעֵם [1].

γεύω 1) בלע qal[1]; 2) טעם qal[12: + Si 36.24]; 3) לעט hi.[1]; *4) אכל qal[1: 1E 9.2].

γέφυρα 1) τιθέναι ~αν קור qal[1].

γεωμετρικός 1) מִדָּה [1].

γεωργέω 1) עָשָׂה מְלֶאכֶת שָׂדֶה qal[1].

γεωργία 1) עֲבֹדָה [1].

γεώργιον 1) עֲבֻדָּה [1], *a.* עֲבֹדָה [1]; 2) צֶמֶד [1]; 3) שָׂדֶה [2].

γεωργός 2) ἄνθρωπος γ. γῆς אִישׁ אֲדָמָה [1]; 3) אִכָּר [5]; 4) יגב qal[1]. Del. 1) (2C 26.10 v.l.); 5).

γῆ 1) אֲדָמָה [115+: + Je 9.21^{1}]; 2) *a.* Ar. אֲרַע [33; + To 3.15, 14.4, Da LXX 7.23^{b}], *b.* Ar. אֲרַק [1], *c.* אֶרֶץ [1099+: + Ho 13.15 MT *'wṣr* and Ob 20, MT *šr*, Je 36.7, 38.24, 40.2, 43.31]; 4) בַּר [1]; 5) גְּבוּל [1]; 10) חֶלֶד [1]; 11) חָרָבָה [2]; 12) *a.* יַבָּשָׁה [1], *b.* יַבֶּשֶׁת [1], *c.* Ar. יַבֶּשְׁתָּא [2: To 6.4, Da 2.10 LXX]; 15) עַם [1]; 17) עָפָר [46: + Ho 8.1, MT *špr*; To 3.6]; 19) שָׂדֶה [10]; 20) תֵּבֵל [7]; 22) ἄνθρωπος γεωργὸς γῆς אִישׁ אֲדָמָה [1]; 23) γῆ ἄνυδρος *a.* יְשִׁימוֹן [1], *b.* מִדְבָּר [1], *c.* עֲרָבָה [1]; 24) ἐκ γῆς φωνεῖν אוֹב [1]; 25) γῆ διψῶσα *a.* עֲרָבָה [1], *b.* צִמָּאוֹן [1], *c.* יְשִׁימוֹן [1]; (fr) [Jb 30.23, 31.39, 38.14, 41.16, Is 63.3*bis*, 11, Je 49.17, Ez 11.24, 23.16]. Del. 3, 6-9, 13-4, 16, 18, 21); Ge 13.6^{2}, Ex 10.5^{2}, Le 25.41, Nu 9.15, 32.35, De 13.13, 15, 33.28, Jo 7.22, 15.8, 17.7, Jd 7.1, 2K 5.25, 3K 19.3, 4K 7.12, 1C 4.14, 2C 28.3, Jb 18.4, 38.16, Ps 38.12, 54.9, 64.8, 68.34, 94.3, Ec 12.6, Mi 4.3, Zc 11.7, Is 34.5, 42.5^{1}, 43.20, Je 2.18, 14.13, 28.36, 39.29, 41.22, 44.8, 46.16, 47.5, Ez 32.5, 18^{1}, Da LXX 9.2 v.l.

γηγενής 1) *a.* אָדָם [1], *b.* בֶּן אָדָם [2: + Je 30.11]; 2) *רְפָאִים [2].

γῆρας 1) *a.* זֹקֶן [1], *b.* זִקְנָה [4], *c.* זְקֻנִים [4]; 3) *a.* שֵׂיב [1], *b.* שֵׂיבָה[9]; *4) בלה qal[1: Ps 91.10]; *5) קהה qal [1: Pr 24.52]; (fr) [Da LXX 5.31]. Del. 2).

γηράσκω 2) זָקֵן *a.* qal[11], *b.* hi.[2], *c.* זִקְנָה [1]. Del. 1).

γίγαρτον 1) זָג [1].

γίγας 1) *a.* גִּבּוֹר, גִּבֹּר [17]; 2) נְפִילִים [2]; 3) עֲנָק [1]; 4) *a.* רְפָאִי [5], *b.* רָפֶה [3]; 5) *a.* רפא qal[2], *b.* רפה qal[1]. Del. 1*b*).

γίνομαι 1) Ar. אִיתַי [2]; 2) *a.* אָמֵן [18: + Is 25.1, Je 15.11], *b.* אָמְנָה [1: Je 3.19]; 3) בּוֹא [2: - Si 44.20]; 5) ברא ni.[4]; 6) *a.* + *b.* Ar. הוה pe.[13], *c.* הוה qal [3]; *d.* היה qal[402+: + Jo 16.1, 3K 17.22, 1C 20.4^{2}, 5, Mi 2.1, Hg 1.9, Is 46.1], *e.* ni.[10]; 10) c. neg. חָלִיל [5]; 13) ילד *a.* *qal*[4], *b.* ni.[17], *c.* pu.[14], *d.* hi.[1], *e.* מוֹלֶדֶת [3]; 17) יצר qal pass.[2: + Is 48.6]; 18) כּוּן *a.* qal[1], *b.* ni.[1]; 19) לקח pu. pass. [1]; 21) מצא qal[1]; 22) נגע hi.[1]; 24) נפל *a.* qal[1], *b.* Ar. pe.[1]; 25) נתן qal[1]; 26) Ar. עבד *a.* itpe.[7], *b.* pe.[1]; 27) עבר qal[1]; 31) עשׂה *a.* qal[13: + Ez 21.15*bis*], *b.* ni.[27: + Ec 8.11, - Si 5.4]; 32) קדם hi.[1]; 33) קוּם qal[1]; 34) קרה qal[1]; 35) ראה ni.[1]; 37) שׂים qal[1]; (fr) [3K 20.4, 1C 12.20, Jb 4.12, 6.18, 11.3, 13.8, 14.5, 21*bis*, 19.14, 29.22, 31.8, 38.7, 33, 40.18, Pr 1.22, 9.13, 20.25, 24.46, 29.16, Si 44.20, Is 2.6, 5.9, 7.4, 23.2, 38.12, 44.11, Da TH 3.7]. Del. 4, 7-9, 11-2, 14-6, 20, 23, 25*b*, 28-30, 36, 38); Le 20.2, De 22.7^{2}, 1C 7.15, 16.40, 2E 4.15, Jb 34.26, Am 7.10, Je

12.11, Ez 19.2, 31.8^{1}, 32.23^{2}, 36.3, Da TH 6.18 v.l. NB: all the combinations of γ. with an adjective from 39) onwards have been subsumed under 6) הָיָה *d.* qal.

γι(γ)νώσκω 2) בִּין *a.* qal[1], *b.* hi.[2], *c.* hitpol.[1]; 3) חזה qal[1]; 4) ידע *a.* qal[98+: + Nu 16.5, 1K 10.24; Ho 9.2 *r* > *d*, 11.12, word div.; Mi 4.9 MT *try'y*; To 10.7, Pr 13.20, 15.14, Is 8.9, 15.4, 41.26, 44.20, 45.21, 48.6, Je 2.16, 15.12, Da TH 12.7], *b.* ni.[30: + Ex 29.42, 30.6, 36, Nu 17.4], *c.* hi.[2], *d.* ho.[1], *e.* hit.[1], *f.* דַּעַת [3], *g.* Ar. ידע pe.[21: + To 3.14, 5.12, 6.12, 7.4*bis*], *h.* דֵּעָה [1]; 9) מצא qal[2]; 11) נכר hi.[2]; 12) ראה qal[5]; *16) גלה pu.[1: Si 16.15]; (fr) [Is 47.10]; (-) [2: + Hb 3.2]. Del. 1, 5) (> 4*b*), 6-8, 10, 13-5); De 33.9, Jd 6.29, Jl 3.17, Zc 2.11, 6.15, Ma 2.4 v.l.(v. s. ἐπι~); Zp 3.5 v.l.

γιώρας 1) גֵּר [2].

γλαύξ 1) תַּחְמָס [2]. Del. Le 11.19 v.l.

γλεῦκος 1) יַיִן [1].

γλυκάζω 1) מָתוֹק [1].

γλυκαίνω 1) מתק *a.* qal[3], *b.* hi.[4], *c.* מָתוֹק [1]; 2) נעם hi.[1]; 3) ערב hi.[1].

γλύκασμα 1) *a.* מָתוֹק [1], *b.* מַמְתַּקִּים [2]; 2) תְּנוּבָה [1].

γλυκασμός 1) מַמְתַּקִּים [1]; 2) עָסִיס [2].

γλυκερός 1) מתק qal[1].

γλυκύς 1) מלץ ni.[1]; 2) *a.* מָתוֹק [9], *b.* מֶתֶק [1]; 3) עָרֵב [1].

γλυκύτης 1) מֹתֶק [1].

γλύμμα 2) פֶּסֶל [1]; 3) פִּתּוּחַ [1]; 4) תְּהִלָּה (?)[1]. Del. 1) Ex 35.10 v.l.

γλυπτός 1) אֱלוֹהַּ [1]; 2) מַסֵּכָה [2]; 3) סֶמֶל [1]; 4) עָצָב [3]; 5) *a.* + *b.* פֶּסֶל [40]; 6) תְּרָפִים [1].

γλυφή 2) מִלֻּאִים [2]; 4) פִּתּוּחַ [3]. Del. 1, 3).

γλύφω 1) עלה hi.[1]; 3) פסל *a.* qal[1], *b.* פֶּסֶל [2]; 4) פתח *a.* pi.[4], *b.* pu.[1]. Del. 2).

γλῶσσα 2) *a.* לָשׁוֹן [9+], *b.* Ar. לִשָּׁן [12]; 4) שָׂפָה [8]. Del. 1); 3) Jd 7.6 (> 2*a*); Jb 17.6.

γλωσσόκομον 1) אָרוֹן [5].

γλωσσότμητος 1) חרץ qal pass.ptc.[1].

γλωσσοχαριτόω 1) חָלַק לָשׁוֹן hi.[1].

γλωσσώδης 1) כַּעַס [1]; 2) לָשׁוֹן [3]. Del. Si 4.24 v.l.

γνάθος 1) רַקָּה [3].

γναφεύς 1) כבס qal act.ptc.[3].

γνοφερός 1) צַלְמָוֶת [1].

γνόφος 1) *a.* אֹפֶל [1], *b.* אָפֵל [1], *c.* אֲפֵלָה [4], *d.* מַאֲפֵל [1]; 2) חֹשֶׁךְ [2]; 3) סוּפָה [1]; 4) *a.* עָנָן [2], *b.* עֲנָנָה [1]; 5) עֲרָפֶל [7]; 6) שְׂעָרָה [1].

γνοφόω 1) עוב hi.[1].

γνοφώδης 1) אֲפֵלָה [1]; 2) כָּבֵד [1].

γνώμη 1) דָּת [1]; 2) Ar. טְעֵם [21]; 3) סוֹד [1]. Del. Da LXX 2.14.

γνωρίζω 1) Ar. חוה *a.* pa.[1], *b.* af.[2]; 2) ידע *a.* qal[3], *b.* ni.[4: + Am 3.3 MT *nw'dw*], *c.* hi.[25], *d.* Ar. af.[22]; 4) נכר hi.[1]. Del. 3, 5).

γνώριμος 1) *b.* מוֹדַע [2], *c.* מוֹדַעַת [1]; 2) מֵרֵעַ [1]. Del. 1*a*).

γνωριστής 1) יִדְּעֹנִי [1].

γνῶσις 1) *a.* דֵּעָה [3: + 1C 4.10], *b.* דַּעַת [35: + Pr 13.19, 19.23, Ec 1,18^{1}; Ho 10.12 MT *w>t*], *c.* ידע qal[2], *d.* Ar. pe.[1]; *4) חָכְמָה [1: Si 36.8]. Del. 2).

γνώστης 1) *b.* יִדְּעֹנִי [3]. Del. 1*a*); 4K 10.11, Ps 54.13, Is 19.3 v.l.

γνωστός 1) ידע *a.* ni.[5], *b.* pu.[5], *c.* Ar. pe.[6], *d.* εἰδέναι γνωστόν דַּעַת [1].

γνωστῶς 1) ידע qal[1].

γογγύζω 1) אנן hitpo.[2]; 2) לוז ni.[1]; 3) לוּן *b.* ni.[1], *c.* hi.[5: + Ps 53.15]; 4) רנן *a.* qal[1], *b.* ni.[1]. Del. 3*a*); Ex 16.7.

γόγγυσις 1) תְּלוּנָּה [1].

γογγυσμός 2) תְּלוּנָּה [7]; 3) דִּבָּה [1]. Del. 1).

γομορ 1) חֹמֶר [7]; 2) עֹמֶר [6].

γόμος 1) מַשָּׂא [2].

γομφιάζω 1) קהה qal[1].

γομφιασμός *1) קֶהָיוֹן [1: Am 4.6 MT *nqywn*].

γονεῖς 1) *a.* אָב וָאֵם [1], *b.* אֵם [1].

γονορρυής 1) זוב qal[13].

γόνος 1) *רִיר [1].

γόνυ 1) Ar. אַרְכֻּבָּה [1]; 2) בֶּרֶךְ [26: + 4K 9.24, 1E 8.37]; κάμπτειν τὰ γ. קדר qal[1: 1C 29.20]. Del. Jb 16.11.

γράμμα 1) דָּבָר [2]; 2) *a.* כתב qal[1], *b.* כְּתָב [1], *c.* כְּתֹבֶת [1], *d.* מִכְתָּב [1]; 3) סֵפֶר [12: + Jo 15.49]. Del. 1C 2.55.

γραμματεία 1) סְפֹרָה [1]; *2) מחקקה [1: Si 44.4].

γραμματεύς 2) ספר *a.* qal ptc.[47], *b.* Ar. pe.ptc.[7]; 5) שׁטר qal act.ptc.[9+]; 6) שֹׁפֵט [1]; 7) חקק po. ptc.[1]. 1) Del. 1, 3-4); 1E 8.25, Is 22.15.

γραμματεύω 1) צבא hi.[1]; 2) שׁטר qal ptc. act.[1].

γραμματικός 1) יָדַע דַּעַת qal[1]; 2) *a.* ספר qal ptc. act. [1], *b.* סֵפֶר [2].

γραμματοεισαγωγεύς 1) שׁטר qal act. ptc.[4]. Del. Ex 18.21, 25 v.l.

γραπτόν 1) מִכְתָּב [3].

γραφεῖον 1) עֵט [1].

γραφή 1) *a.* כתב qal[5: + 1C 15.15], *b.* כְּתָב [24], *c.* מִכְתָּב [4]; 2) מִדְרָשׁ [1].

γραφίς 1) חֶרֶט [2]; 2) מִקְלַעַת [1]; 3) שָׁשַׁר [1].

γράφω 1) דָּת [1]; 2) חקק *a.* qal[1], *b.* po.[1]; 3) כתב *a.* qal[36+: + Ma 3.16, voc.; To 13.1], *b.* ni.[13], *c.* pi.[2], *d.* Ar. כתב pe.[13], *e.* כְּתָב [3]; 4) קלע qal[1]; 5) *a.* שׂים qal[1], **b.* Ar. שִׂים טְעֵם pe.[1: 1E 6,16]; *6) τὰ γραφέντα Ar. נִשְׁתְּוָן [1: 1E 2.30]. Del. Es 9.22, Da TH 9.12.

γρηγορέω 1) עמד qal[1]; 2) שׁקד *a.* qal[5: + Je 1.12], **b.* ni.[1: La 1.14].

γρηγόρησις 1) Ar. נַהִירוּ [2].

γρύζω 1) חרץ qal[2].

γρύψ 2) פֶּרֶס [2]. Del. 1) Le 11.14 v.l.

γυμνός 1) חֶלְקָה [1]; 2) בְּלִי לְבוּשׁ [1]; 3) γ. γίνεσθαι ערר qal[1]; 4) *a.* מַעֲרֻמִּים [1], *b.* עֵירֹם [3+], *c.* עָרֹם [4+].

γυμνότης 1) עֵירֹם [1].

γυμνόω 1) גלה hit.[1].

γύμνωσις 1) עֶרְוָה [3].

γυναικεῖος 1) אִשָּׁה [1]; 2) *a.* אֹרַח כַּנָּשִׁים [1], *b.* בֵּית נָשִׁים [1]. Del. Le 18.22, De 22.5 v.l.

γυναικοτραφής *1) Aramaising רבה pi.[1: 1K 20.30*L*].

γυναικών 1) בֵּית נָשִׁים [4].

γύναιον 1) אַלְמָנָה [1].

γυνή 1) אִשָּׁה [309+: + Nu 21.30, 3K 10.8, Je 3.1^{2}]; 2) בַּת [2]; 5) מַלְכָּה [1]; 6) נַעֲרָה [1]; 8) פִּ(י)לֶגֶשׁ [1]; 10) שִׁפְחָה [1: + 2K 14.17, - Pr 24.58]; 11) ἡ γ. τοῦ ἀδελφοῦ יְבֶמֶת [2]; 12) ἄφρων γ. נָבָל [1]; 13) γ. κακοποιός בוש hi.[1]; 14) γ. πόρνη זור qal[1]; 15) γ. τίκτουσα ילד qal[1]; *16) γ. ὕπανδρος בעל qal ptc. pass. [2: Es 2.7, Si 9.9]; *17) Ar. אִנְתְּה [6: Da 6.24, To 1.20, 3.15, 6.8, 7.2]. Del. 3-4, 7 (> 17), 9); Le 18.16^{2}, Jd 20.4^{2}, 2K 5.13, Is 49.15^{1}, 66.8, Ez 23.43.

γῦρος 1) חוּג [2].

γυρόω 1) חוג qal[1]; 2) נקף hi.[1].

γύψ 1) אַיָּה [2: + Jb 15.23]; 2) דָּאָה [2: + De 14.14]; 3) פֶּרֶס [1]. Del. 4) [*d* > *r*]; 5).

γωνία 1) כָּתֵף [1]; 2) *a.* מִקְצוֹעַ [7: + Ex 26.23]; 3) *a.* פִּנָּה [4+: + 2C 25.23, Ez 41.15]. Del. 2*b*, 3*b*).

γωνιαῖος 1) פִּנָּה [1].

Δ

δαιμόνιος 1) אֱלִיל [1]; 2) גַּד [1]; 4) שָׂעִיר [2: + Is 34.14]; 5) *a.* also Ar. שֵׁד [6: + Ps 90.6, To 3.8, 6.8,15,18]. Del. 3, 5*b*.

δάκνω 1) נשׁך *a.* qal[9], *b.* pi.[2]; 2) שָׂרָף [1].

δάκρυον 1) דִּמְעָה [1+]; 2) κλαίω δάκρυσι, נטף hi.[1]. Del. Ho 13.3 v.l.

δακρύω 2) נטף hi.[1]; 3) נתך qal[1]; 5) דמע *a.* qal[1], *b.* hi.[1]. Del. 1, 4); La 1.2 v.l.

δακτύλιος 1) *a.* חֹתָם [1], *b.* חֹתֶמֶת [1]; 2) טַבַּעַת [32]; 3) Ar. עִזְקָא [5: + To 1.22].

δάκτυλος 1) אֶצְבַּע [17+: + Ps 151.2 11QPs^{a}]; 3) כַּף [1]; 4) μικρὸς δ. קֹטֶן [1]. Del. 2); Is 31.7 v.l.

δαλός 1) אוּר [2]; 2) כִּיּוֹר [1]; 3) מְדוּרָה [1].

δαμάζω 1) Ar. חשׁל pe. [1]; 2) Ar. רעע pe.[1]. Del. Da 2.40 LXX > πρίζω.

δάμαλις 1) בָּקָר [12]; 2) *a.* עֵגֶל [6], *b.* עֶגְלָה [6+]; 3) *a.* פַּר [1], *b.* פָּרָה [7: + Jl 1.17, MT *prdwt*].

δανείζω 1) לוה *a.* qal[1], *b.* hi.[3]; 2) עבט *a.* qal[1], *b.* hi.[2]; 3) שׁאל qal[1].

δάνειον 1) *a.* נשׁה qal[1], **b.* נְשִׁי [1: 4K 4.7*L*]; 2) עבט hi.[1].

δαν(ε)ιστής 1) נשׁה qal[2]; *3) אִישׁ תְּכָכִים [1: Pr 29.13]. Del. 2).

δαπάνη 1) Ar. נִפְקָה [2].

δαπάνημα *1) Ar. נִפְקָה [1].

δάσος 1) סְבָךְ [1]; 3) שׂוֹבֶךְ [1]. Del. 2) Ps 131.6 v.l.

δασύπους 1) אַרְנֶבֶת [2]. Del. 2).

δασύς 1) עָבֹת [2]; 2) רַעֲנָן [3]; 3) *a.* שָׂעִיר [4], *b.* שֵׂעָר [1], *c.* בַּעַל שֵׂעָר[1]. Del. Ez 6.13.

δαψιλεύομαι *2) דגה qal[1: 1K 10.2 MT דאג], see Brock 1996.145. Del. 1).

δέησις 1) אֲרֶשֶׁת [1]; 2) עֱנוּת [1]; 3) צְעָקָה [2]; 5) רִנָּה [9]; 6) שִׂיחַ [2]; 7) *a.* שׁוע qal[1], *b.* שֶׁוַע [1], *c.* שַׁוְעָה [4: + La 3.56]; 8) *a.* תְּחִנָּה [23], *b.* תַּחֲנוּן [10]; 9) תְּפִלָּה [6]; *10) עתר hi.[1]. Del. 4); Ps 9.12 v.l.

δείδω 1) יָגֹר qal[1]; 2) שׁחח qal[2]; 3) cum neg. חָפְשִׁי [1]; *4) w. neg. אַכְזָר [1: Jb 41.2]. Del. Jb 29.14 v.l.

δείκνυμι, δεικνύω 3) גלה ni.[1]; 4) ידע *b.* hi.[4: + Ex 38.5; Zc 8.12 MT *zrʿ*]; 5) יצא qal[1]; 6) ירה hi.[4]; 7) לכד qal[2]; 8) למד pi.[3]; 9) נגד hi.[4]; 10) נחה hi.[1]; 12) ראה *b.* hi.[26+: + Nu 16.30, 22.41, 24.17, De 32.20, 3K 13.12, Ec 3.18, Is 48.9, 53.11, Je 18.17], *c.* ho.[3]; *13) Ar. חוה pa.[1: To 13.6]. Del. 1-2, 4*a*, 11-12*a*); 4K 16.14.

δείλαιος 2) *a.* שׁוֹד [1], *b.* שׁדד pu.[1]. Del. 1); Ez 5.15 v.l.

δείλη 1) עֶרֶב [12]. Del. Ex 18.13, Je 31.33 v.l.

δειλία 1) אֵימָה [1]; 2) מְחִתָּה [1]; 3) מֹרֶךְ [1]. Del. 4); Jb 13.11 v.l.

δειλιαίνω *2) מסס hi.[1: De 20.8 voc.]. Del. 1).

δειλιάω 1) חפז qal[1]; 2) חתת ni.[4]; 3) מסס ni.[1]; 4) נוד qal[1]; 5) ערץ qal[2]; 6) פחד qal[4].

δειλινός 1) רוּחַ הַיּוֹם [2]; 2) *a.* עֶרֶב [4], *b.* בֵּין הָעַרְבַּיִם [1].

δειλός 1) חָרֵד [1]; 3) רַךְ [2]; *4) פחד qal[1: Jd 9.4 MT *pḥz*]. Del. 2).

δεινός 1) δ. εἶναι גדל qal[1]; 2) σκότος δ. שָׁבָץ [1]; 3) δ. φόβος תַּרְדֵּמָה [1].

δεινῶς 1) δ. ὀλέκειν פלא hit.[1]; 2) δ. χρᾶσθαι חרה hi.[1].

δειπνέω 1) לחם qal[1]; *2) Ar. אכל ושׁתה pe.[1: To 7.9].

δεῖπνον 1) לְחֶם Ar.[1]; 2) Ar. פַּת־בַּג [5]; *3) בִּרְיָה [1: 2K 13.7*L*].

δέκα עֶשֶׂר, עֲשָׂרָה , עֲשֶׂרֶת.

δεκάδαρχος 1) שַׂר עֲשָׂרֹת [3].

δεκαδύο שְׁתֵּים עֶשְׂרֵה, שְׁנֵים עָשָׂר.

δεκάπηχυς 1) עֶשֶׂר אַמּוֹת [1].

δεκαπλασίων 1) עֶשֶׂר יָדוֹת [1].

δεκαπλασίως 1) עֶשֶׂר יָדוֹת [1].

δέκατος 1) *a.* עָשׂוֹר [11], *b.* עֲשִׂירִי [11+], *c.* מַעֲשֵׂר [13], *d.* עשׂר pi.[2], *e.* hi.[1], *f.* עִשָּׂרוֹן [33], *g.* עֶשֶׂר פְּעָמִים [1]. Del. 1*h*, *i*); Le 19.5, 2C 34.3, Ez 32.1.

δεκατόω 1) עשׂר pi.[1].

δεκάχορδος 1) עָשׂוֹר [3].

δεκτός 2) רצה *a.* qal[1], *b.* ni.[1], *c.* רָצוֹן [9+], *d.* δ. εἶναι רצה qal[1]; *3) חֵן [1: Pr 22.11]; (fr) [Pr 10.24]. Del. 1); Le 17.4 gloss; Si 3.17 (> δοτής).

δένδρον 1) Ar. אִילָן [11: + Da LXX 2.40]; 2) אֲשֵׁרָה [2]; 3) עֵץ [6+]; 4) *a.* παντοδαπὰ δ. [1], *b.* δ. μεγάλα צֶאֱלִים [1]; (fr) [1: Ho 4.13, cf. Muraoka 1973a:23f.]. Del. 5-6).

δεξαμενή 1) רַהַט [1].

***δεξιάζω** *1) ימין hi.[1C 12.2*L*].

δεξιός 2) *a.* יָמִין [31+], *b.* ימן hi.[5], *c.* יְמָנִי [23+], *d.* יַד יָמִין [1]; 3) χεὶρ ~ά יָמִין [2]; (†)[2: Zc 6.13, Vorl.]. Del. 1).

δέομαι 2) אֲהָהּ [1]; 3) אָנָּא [1]; 4) בִּי [3]; 5) בָּעוּ [1]; 6) דרשׁ qal[1]; 7) חלה pi.[11: + 2K 6.33*L*, MT אוחיל]; 8) חנן *a.* qal[1], *b.* pi.[1], *c.* hit.[15: + To 3.11], *d.* Ar. itpa.[1]; 9) *a.* נָא [2], *b.* אַל־נָא [1]; 10) נפל *a.* qal[2], *b.* hit.[3]; 11) נָשָׂא

תְּפִלָּה qal[1]; 12) עתר *a.* qal[2], *b.* hi.[3]; 13) Ar. צלא pa.[1]; 14) שִׂיחַ qal[1]; 15) שׁוע pi.[2]; *16) רִנָּה [2: Is 43.14; Je 7.16, Ziegler 1958:20]; *17) בקשׁ pi.[1: 1E 8.53]; *18) חִלָּה פָּנִים pi.[1: Si 30.30]. Del. 1) > ἐπιδέω; De 15.11

δέρμα 1) עוֹר [64+].

δερμάτινος 1) עוֹר [14].

δέρρις 1) אַדֶּרֶת [1]; 2) אֹהֶל [1]; 3) יְרִיעָה [19]; 4) מֵיתָר [1]; 5) שְׂמִיכָה [1].

δέρω 1) פשׁט hi.[1]. Del. Le 1.6, 2C 35.11 v.l.

δέσις 1) מִלּוּא [1: Si 45.11].

δεσμεύω 1) אלם pi.[1]; 2) אסר qal[2]; 3) חבל qal[1]; 4) חבשׁ qal[1]; 6) צרר qal[2: + 1K 24.12]. Del. 5).

δέσμη 1) אֲגֻדָּה [1].

δέσμιος 1) *a.* אסר qal[1], *c.* אָסִיר [4: + Jb 3.18]. Del. *1b*).

δεσμός 1) *a.* אסר qal[4], *b.* אֵסוּר [2], *c.* אִסָּר [1], *d.* אֱסוּר [3], *e.* מוֹסֵר [13: + Hb 3.13, MT *yswd*; Pr 7.22]; 2) חוֹחַ [1]; 3) מוֹטָה [1]; 4) *a.* מַסְגֵּר [1], **b.* מִסְגֶּרֶת [1: 2K 22.46*L*]; 5) מַעֲדַנּוֹת [1]; 6) עֲבוֹת [3]; 7) צָמִיד [1]; 8) צְרוֹר [4]; 10) מַרְבֵּק [1]. Del. 9) 4K 12.20 v.l.; Zc 9.11 v.l.(> δέσμιος).

δεσμωτήριον 1) *b.* אסר qal[2]; 2) בֵּית־סֹהַר [5]; *3) מַסְגֵּר [1: Is 24.22]. Del. *1a*).

δεσμώτης 1) *a.* אסר qal[1], *b.* אָסִיר [1]; 2) מַסְגֵּר [2].

δεσπόζω 1) משׁל qal[6: + 1C 29.11].

δεσποτεία 1) מֶמְשָׁלָה [2].

δεσπότης 1) *a.* אָדוֹן [4], *b.* אֲדֹנָי [9]; 2) אֱלוֹהַּ [2]; 3) יהוה [4: + Je 15.11]; 4) משׁל qal[1].

δεῦρο 3) הלך qal in the form of לְכָה or לְכָה נָא [18+: + Pr 7.18]; 4) עלה qal[1]; *5) אתה qal impv. [2: Ct 4.8]. Del. 1-2); Ge 12.1.

δεῦτε 1) אתה *a.* qal [2: + Is 27.11 Aramaising], *b.* Ar. pe.[1]; 2) בּוֹא qal[4]; 3) לְכוּ (impv.pl. of הלך qal, so alw. in the LXX)[25]; 4) הָבָה (impv. of יָהַב qal) [4].

δευτερεύω 1) מִשְׁנֶה [3].

δευτέριος *1) מִשְׁנֶה [1: 1E 1.29].

δευτερονόμιον 1) *b.* מִשְׁנֵה תּוֹרָה [2]. Del. *1a*).

δεύτερος 2) *a.* אַחֵר [5: + Ex 18.4, Ez 37.16]; 4) מִשְׁנֶה [12]; 5) פַּעֲמַיִם [1]; 6) קָטָן [1]; 8) שׁאר ni.[1]; 9) *a.* שְׁנַיִם [17: + 1C 26.16], *b.* שֵׁנִי [59+: + De 26.12], *c.* Ar. תְּרֵין [2: + 1E 2.30], *d.* Ar. תִּנְיָן [2: + To 1.22], *e.* Ar. תִּנְיָנוּת [2]; 10) δ. ἔτος שְׁנָתַיִם [3: + 1K 29.3]. Del. 1) > 2); *2b*, 3, 7, 11); Ex 4.8, 1E 8.6, Je 52.24.

δευτερόω 1) שׁנה *a.* qal[7], *b.* ni.[1], *c.* pi.[1], *d.* מִשְׁנֶה [1]. Del. Je 52.24 v.l.

δευτέρωσις 1) מִשְׁנֶה [2]; 2) שׁנה qal[1].

δέχομαι 3) כּוּל hi.[1]; 4) לקח qal[29: + Pr 9.9, Si 51.16]; 5) נשׂא qal[2]; 6) קבל pi.[5]; 7) רצה *a.* qal[1], *b.* ni.[5]; 8) שׁוּב qal[1]. Del. 1-2); Is 22.3, Si 6.23, 41.1.

I **δέω** 1) אסר *a.* qal[27: + 1E 1.36, Is 3.10, Ez 16.4], *b.* ni.[3], *c.* pu.[1], *d.* אָסִיר [1]; 2) חבשׁ qal[1]; 3) עצר qal[1]; 4) לֹא פָּתַח qal[1]; 5) צור qal[1]; 6) קשׁר qal[4]; 7) רתק pu.[1]; 8) שׂוּם qal[1]; 9) הָיָה חָבוּל [1]; (fr) [Is 45.14]. Del. Is 43.14.

II **δέω** (*a*) impers. 1) an imperfect verb [4]; 2) inf. with ל [12]; 3) Ar. חזה pe. ptc. pass.[1]; *4) סכן qal[1: Jb 15.3]. (*b*) τὰ δέοντα. 1) לֶחֶם [1]; 2) פַּת־בַּג [1]; 3) שְׁאֵר [1]; (-) [+ Le 4.2].

δή *a.* נָא; *b.* אֲהָהּ; *c.* (-). Del. Ge 15.5, Ex 12.32, Jl 1.2, Hg 1.1, 2.12 v.l.

δῆγμα *1) נְשִׁיכָה [1: Mi 5.4 MT *nsyky*].

δηλαϊστός 1) גְּדוּפָה [1].

δῆλος 1) אוּר [5: + De 33.8, 1K 14.41, Si 45.10]; 3) תְּרָפִים [1]. Del. *2a*, *b*).

δηλόω 1) Ar. גלא pe.[1]; 2) Ar. חוה *a.* pa.[2], *b.* af.[3]; 3) ידע *a.* qal[1], *b.* ni.[1], *c.* hi.[5: + Ex 6.3 MT נוֹדַעְתִּי], *d.* Ar. af.[9]; 4) ירה hi.[3]; 5) ראה ni.[1]; 6) שׁמע hi.[1]. Del. Ps 41.8.

δήλωσις 1) אוּר pl.[2: + 1E 5.40]; 2) Ar. חוה af.[1]; 3) פֵּתַח [1].

δημεύω 1) Ar. נְוָלִי שְׁוָה itpa.[1].

δημηγορέω *1) אַלְקוּם [1: Pr 30.31].

δῆμος 1) מִשְׁפָּחָה [147]; 2) עַם [4: + 1E 9.53]; 3) רֹבַע [1]; 4) שֵׁבֶט [1]. Del. 5) Nu 3.24 > (-).

διαβαίνω 1) בּוֹא qal[1]; 2) הלך qal[1]; 5) עבר *a.* qal[33+: + 1K 13.7^1], *b.* ni.[1], *c.* hi.[2]; 8) צעד qal[2]. Del. 3-4, 6-7); Ex 21.21, 1K 20.29, Ps 118.136, Je 6.5.

διαβάλλω 1) Ar. אֲכַל קְרַץ pe.[3]. Del. 2); Nu 22.22 v.l.

διάβασις 1) *a.* עבר qal[1], *b.* עֲבָרָה [1], *c.* מַעֲבָר [1], *d.* מַעְבָּרָה [6].

διάβημα 1) אֲשׁוּר [4]; 2) פַּעַם [5]; 3) *a.* צַעַד [5], *b.* מִצְעָד [2]. Del. Ps 21.14.

διαβιάζομαι 1) עפל hi.[1].

διαβιβάζω 1) עבר hi.[5].

διαβιόω 1) עמד qal[1].

διαβοάω 1) קרא qal[1]; 2) שׁמע ni.[1].

διαβολή 1) חֶלְקָה [1]; 2) שָׂטָן [1]; 3) דִּבָּה [1]. Del. Si 51.6 v.l.

διάβολος 1) *a.* צַר [1], *b.* צרר qal[1]; 2) שָׂטָן [18]. Del. 3) Si 11.29 v.l.

διαβουλεύω 1) מרר pi.[1].

διαβούλιον 1) מוֹעֵצָה [1]; 2) מְזִמָּה [2]; 3) מַעֲלָה [1]; 4) מַעֲלָל [4: Muraoka 1983:40f.]; *6) קֶשֶׁר [1: 2K 15.13*L*]. Del. 5).

διαγγέλλω 1) אמר qal[1]; 2) ספר pi.[3]; 3) עבר hi.[2]; 4) נבע hi.[1].

διάγγελμα Del. 1) > (†).

διαγινώσκω 1) דמה pi.[1]; 2) ידע *a.* qal[2], *b.* ni.[1].

διαγλύφω 1) עשׂה qal[2]; 2) פתח pi.[1]. Del. Ex 28.11^2 v.l.

διαγογγύζω 1) לוּן *a.* ni.[4], *b.* hi.[4]; 2) רגן *a.* ni.[1], *b.* qal[1: Si 34.24]. Del. 3); Ex 17.3, Si 34.24.

διαγορεύω *1) כתב qal[1: 1E 5.48].

διαγραφή 1) תּוֹרָה [1].

διαγράφω 1) חקה pu.[1]; 2) חקק qal[1]; 3) כתב qal[2]; 4) צור *a.* qal[1], *b.* צוּרָה [1]; 5) שׁקל qal[1].

διάγω 1) בּוֹא hi.[1]; 2) הלך hi.[2]; 3) עבר hi.[11: + 2C 28.3]; 4) פשׂק pi.[1]; *5) יבל ho.[1: Is 55.12]; *6) נהג qal [1: Si 38.27].

διαδέχομαι 1) מִשְׁנֶה [2]; 2) פַּרְבָּר [2]. Del. Si 14.20 v.l.

διάδηλος 1) δ. γίνομαι ידע ni.[1].

διάδημα 1) כֶּתֶר [3]; 2) *b.* צָנִיף [3]; 3) תַּכְרִיךְ [1]; *4) נֵזֶר [1: 2K 1.10*L*]. Del. 2*a*).

διαδίδωμι 1) חלק pi.[1]; 2) נפל hi.[1]; *4) נחל hi.[1: Si 30.32]. Del. 3); Ge 49.20 v.l.

διάδοχος 1) לְיַד [1]; 2) מִשְׁנֶה [1]; 3) שַׂר [1]; 4) שׁרת pi.[1]; 5) חלף hi.[1].

διαδύνω 1) טבע qal[1].

διάζομαι *1) ארג qal[1: Jd 16.13*L*]; *2) שתה qal[1: Is 19.10].

διαθερμαίνω 1) חמם qal[4].

διάθεσις 2) מַשְׂכִּית [1]. Del. 1) Jb 37.16 v.l.

διαθήκη 2) בְּרִית [93+; + 4K 11.4^2, Si 45.24]; 5) עֵדוּת [3]; 6) תּוֹרָה [1]; 7) διατιθέναι ~ην שלם hi.[1]; 8) *a.* חק [10: + Si 47.11]. Del. 1) אַחֲוָה for Zc 11.14 in favour of κατάσχεσις; see Zgl ad loc.; 3-4, 8*b*); Ex 25.14, Le 26.11, Jo 4.16, Je 41.16.

διαθρύπτω 1) נתץ ni.[1]; 2) פוץ hitpal.[1]; 3) פרס qal[1]; 4) פתת qal[1]; *5) גדע ni.[1: Si 43.15].

διαίρεσις 1) גֶּזֶר [1]; 2) מַחֲלֹקֶת [26: + 1C 26.10]; 3) נַחֲלָה [1]; 4) *a.* פְּלַגָּה [2], *b.* פְּלֻגָּה [2], *c.* מִפְלַגָּה [1]; 5) ידד qal[1].

διαιρέω 1) בדל hi.[2]; 2) בתר *a.* qal[1], *b.* pi.[1]; 3) גזר qal[2]; 4) חלק *a.* qal[5], *b.* ni.[3], *c.* pi.[4], *d.* hit.[1]; 5) חצה *a.* qal[9], *b.* ni.[3: + 1K 15.29]; 6) חצץ pu.[1]; 7) נחל *a.* qal[1: Jo 18.4], *b.* hi.[1: Jo 1.6]; 8) נתח pi.[1]; 9) פלג *a.* pi.(or hi.)[1: Am 5.9 MT *mblyg*], *b.* Ar. pe.[1: Da TH 2.41]; 10) Ar. פרס peil[1].

δίαιτα 1) אֹהֶל [5]; 2) בַּיִת [2]; 3) *a.* נָוֶה [2: + Jb 5.24], *b.* נָוָה [1].

διαιτάω 1) ספח pu.[1]. Del. 1E 8.14 v.l.

διακαθιζάνω 1) ישב qal[1].

διακαθίζω 1) צור qal[1].

διακάμπτω 1) גהר qal[1].

διάκενος 1) קְלֹקֵל [1].

διακλάω 1) פרשׂ qal[1].

διακλέπτω 1) גנב hit.[2].

διακομίζω 1) עבר hi.[2]; (-) [1: 1E 2.13].

διακονία 1) נַעַר [2]; 2) שׁרת pi.[1].

διάκονος 1) נַעַר [1]; 2) שׁרת pi.[1]; 1+2)[2].

διακοπή 1) *a.* פרץ qal[2], *b.* פֶּרֶץ [9], *c.* מִפְרָץ [1].

διακόπτω 1) בצע qal[1]; 2) בקע *a.* ni.[1], *b.* hi.[1]; 3) חצב qal[1]; 4) נכה hi.[1]; 5) נקב qal[1]; 6) פרץ *a.* qal[7], *b.* פֶּרֶץ [1]. Del. Ps 73.5 v.l.

διακόσιοι מָאתַיִם.

διακοσμέω *1) עדה qal[1: 2K 23.8*L*].

διακούω 1) שִׁית יָד hi.[1]; 2) שׁמע qal[1].

διακρίνω 1) בחן qal[2]; 2) בחר qal[2]; 3) ברר qal[1]; 4) דִּין *a.* qal[3], *b.* מָדוֹן [1]; 5) פרשׂ qal[1]; 6) רִיב qal[1]; 8) שׁפט *a.* qal[8], *b.* ni.[4], *c.* מִשְׁפָּט [1]. Del. 7) Jb 9.33 v.l.; Pr 31.9 v.l.

διάκρισις 1) מִפְלָשׂ [1].

διακύπτω 1) צוץ hi.[1]; 2) שׁקף *a.* ni.[3], *b.* hi.[4].

διαλανθάνω מלט ni.[1].

διαλέγομαι 1) דבר pi.[3: + 1E 8.45]; 2) רִיב qal[1]; 3) שׁעה qal[1].

διαλείπω 1) דמה qal[1]; 2) חדל qal[2]; 3) יחל *b.* hi.[2]; 4) מושׁ hi.[1]; 5) מנע qal[1]; 6) שׁוב qal[1]; 7) שׁלה ni.[1]; *8) לאה ni.[1: Je 9.5]. Del. 3*a*).

διάλεκτος 1) לָשׁוֹן [1].

διάλευκος 1) טָלוּא [4]; 2) עָקֹד [4].

διαλλάσσω 1) סור hi.[2]; 2) פרר hi.[1]; 3) רצה hit.[1]; 4) שׁוב hi.[1].

διάλλομαι 1) קפץ pi.[1].

διαλογή 1) שִׂיחַ [1].

διαλογίζομαι 1) זמם qal[1]; 2) חשׁב *a.* qal[7], *b.* pi.[2]. Del. 2K 14.14, Is 19.10, Je 27.45, Pr 16.30 v.l.

διαλογισμός 1) מְזִמָּה [1]; 2) מַחֲשָׁבָה [10]; 3) עֶשְׁתֹּנוֹת [1]; 4) *a.* רֵעַ [1], *b.* רַעְיוֹן [5]; 6) חֶשְׁבּוֹן [2]. Del. 5) v.l. (> simp.); Si 40.29, Je 27.45, Da LXX 7.15, TH 11.24.

διάλυσις 1) חבל qal[1].

διαλύω 1) אבה qal[1]; 2) חבל qal[1]; 3) מסס ni.[1]; 4) נתר hi.[1]; 5) פרק pi.[1]; 8) Ar. שׁרא itpa.[1]. Del. 6) v.l.; 7).

διαμαρτάνω 1) חטא hi.[1]; 2) שׁגה qal[1].

διαμαρτυρέω 2) עוד hi.[4: + 1K 21.3 MT יוֹדַעְתִּי, 4Q52 יעדתי]. Del. 1); Nu 15.22, Ne 9.26 v.l.

διαμαρτυρία 1) עוד hi.[1].

διαμαρτύρομαι 1) זהר hi.[1]; 2) ידע hi.[2]; 3) עוד *a.* hi.[20], *b.* ho.[1].

διαμασάομαι *2) לעס qal[1: Si 34.16]. Del. 1).

διαμαχίζομαι *1) חרה qal[1: Si 51.19].

διαμάχομαι 1) לחם ni.[1]; 2) רִיב qal[1]; *3) נצה ni.[2K 14.6*L*]. Del. Si 51.19 v.l.

διαμελίζω 1) Ar. הַדָּמִין עֲבַד itpe.[1].

διαμένω 1) יצג hit.[1]; 2) ישׁב qal[1]; 3) נוּן *b.* hi.[1]; 4) נטר qal[1]; 5) נצב ni.[1]; 6) עמד qal[7]; 7) אמן ni.[1]; 8) כון ni.[1]; 9) לוה qal[1]. Del. 3*a*).

διαμερίζω 1) חלק *a.* qal[1], *b.* pi. [10: + Ps 16.14 voc.], *c.* pu.[2: + Ps 54.21 voc.], *d.* חֵלֶק [1: - Ps 17.14 voc.]; 2) נחל hi.[1]; 3) פלג ni.[2].

διαμερισμός 1) מַחֲלֹקֶת [1]; *2) מָנָה [2: Mi 7.12 MT *mny*].

διαμετρέω 2) מדד *a.* qal[34: + Ez 41.26], *b.* pi.[3]. Del. 1); Mi 2.4, Ez 47.21 v.l.(> ~μερίζω).

διαμέτρησις 1) מִדָּה [5: + 2C 4.2]; 2) *a.* קַו [1]. Del. 2) *b.*

διαναπαύω 1) נחם pi. [1].

διανέμω 1) חלק qal[1].

διανεύω 1) קרץ qal[1].

διανήθω 1) תּוֹלַעַת שָׁנִי [4].

διανίστημι 1) קום qal[2].

διανοέομαι 1) אמר qal[1]; 2) בִּין *a.* qal[5], *b+c.* hi.[11], *d.* בִּינָה [2], *e.* hitpo.[5]; 3) זמם qal[3]; 4) חשׁב *a.* qal[3], *b.* pi.[1], *c.* יֵצֶר מַחֲשָׁבוֹת [1: Ge 6.5 voc.]; 8) עלה qal[2]; 9) שׂכל hi.[4: + Da LXX 11.35]; (fr) [1: Ge 8.21]; 10) שִׂים לֵב [2]; (†) [2: Ge 6.6]. Del. 5-7).

διανόημα 2) מַחֲשָׁבָה [2]; 3) שֵׂכֶל [3]; 4) חָכְמָה [1]; *5) מַעֲלֶה or מַעֲלָה [2: Pr 14.14, 15.24 voc.]. Del. 1).

διανόησις 1) מַחֲשֶׁבֶת [1].

διάνοια 1) בִּינָה [1]; 3) *a.* לֵב [19+: + Ge 24.15], *b.* לֵבָב [12]; 4) *a.* מַחֲשָׁבָה [1], *b.* יֵצֶר מַחֲשָׁבָה [1]; 5) קֶרֶב [1]; 6) διάνοια ἀγαθή בִּינָה [1]. Del. 2, 7).

διανοίγω 1) יצא hi.[1]; 3) *a.* פֶּטֶר [9], *b.* פִּטְרָה [1]; 4) פער qal[1]; 5) פצה qal[3: Hb 3.14 MT *lhpyṣny*]; 6) פקח *a.* qal[5], *b.* ni.[2]; 7) פרשׂ qal[1]; 8) פתח *a.* *q*al[6: + Ho 2.15, voc.], *b.* ni.[3]. Del. 2, 8*c*).

διαπαρθενεύω 1) עָשָׂה דַּדֵּי בְּתוּלִים qal[2].

διαπαύω 1) גהה qal[1]; 2) שׁבת hi.[1].

διαπειλέω 1) זהר hi.[1].

διαπέμπω 1) שׁלח *a.* pi.[1], **b.* + מַלְאָכִים [1: 1E 1.24].

διαπεράω 1) עבר qal[2].

διαπετάννυμι 2) פטר qal[2]; 3) פרשׂ *a.* qal[16], *b.* pi.[2]; 4) שׁטח pi.[1]. Del. 1); La 2.6 v.l.

διαπίπτω 1) מוג *a.* ni.[1]; 2) נבל qal[1]; 3) נפל *a.* qal[3], *b.* hi.[1]; 4) עצב ni.[1]; 5) שׁחת ni.[1]; 6) תמם qal[3: De 2.14, 15, 16]; 7?) תֹּפֶת [2].

διαπλανάω *1) פתה pi.[1: Jd 19.8*L* MT התמהמה].

διαπλατύνω 1) רֹחַב [1].

διαπληκτίζομαι 1) נצה ni.[1].

διαπνέω 1) פּוּחַ *a.* qal[2], *b.* hi.[1].

διαπονέω 1) עצב ni.[1].

διαπορεύομαι 2) בּוֹא qal[1]; 3) דרך hi.[1]; 4) הלך *a.* qal[4], *b.* pi.[1], *c.* hit.[8], *d.* Ar. pa.[1]; 5) יצא qal[1]; 6) עבר *a.* qal[13: + 1K 29.3], *b.* hi.[1]; 7) *a.* פֶּלֶג [1], *b.* פֶּלֶג יָבָל [1]; 8) שׁוּט qal[2]; 9) רכב qal[1]. Del. 1); Ge 24.62 v.l.

διάπρασις 1) מִמְכָּר [1].

διαπρίω 1) שׂוּר qal[1].

διάπτωσις 1) תֹּפֶת [2].

διαρπαγή 2) *a.* בַּז [6], *b.* בִּזָּה [2]; 3) בער pi.[1]; 5) טֶרֶף [1]; 7) *b.* מְשִׁסָּה [3]; 8) Ar. נְוָלִי [1]. Del. 1, 4, 6, 7*a*, 9); Is 5.5^2, 10.2 v.l.

διαρπάζω 1) *a.* בַּז [1], *b.* בזז qal[9], *c.* ni.[1]; 2) גזל qal[8]; 3) עזב qal[1]; 4) עשׁק qal[1]; 5) Ar. שׂוּם נְוָלִי itpe. [1]; 6) Ar. נְוָלִי שְׁוָה itpa.[1]; 7) בְּבִזָּה שָׁלַח יָד qal[3]; 8) שׁסה qal[4]; 9) שׁסס *a.* qal[1], *b.* ni.[1]; 10) בער **a.* pi.[1: Si 6.2], *b.* pu.[1]; *11) כבשׁ qal [1: Is 5.17 voc.].

διαρραίνω 1) נוּף qal[1].

διαρρήγνυμι 1) בָּצֵק [1]; 2) בקע *a.* qal[5], *b.* ni.[1], *c.* pi.[1], *d.* pu.[1]; 3) חצה ni.[1]; *3α) מסס ni.[1: Jd 15.14*L*]; 4) נתק *a.* ni.[1], *b.* pi.[6]; 5) פרם qal[2]; 6) פתח *a.* qal[1], *b.* ni.[3]; 7) קרע *a.* qal[6+], *b.* ni.[1], *c.* קְרָעִים [1]. Del. Jb 28.10 v.l.

διαρρίπτω 1) מלט hit.[1]; 2) סקל pi.[1].

διαρτάω 1) כזב *ni.[1].

διαρτίζω 1) קרץ pu.[1].

διασαλεύω *1) רעל ni.[1: MT הֵעָרֵל].

διασαφέω 1) באר pi.[1]; 2) Ar. af. חוה [1].

διασάφησις 1) פַּרְשֶׁגֶן [2]; 2) פִּתְרוֹן [1].

διασείω Del. 1), v.l. at Jb 4.14.

διασκεδάζω 2) בלע pi.[1]; 3) חתת hi.[1]; 5) סכל pi.[1]; 6) פוג qal[1]; 7) פּוּץ hi.[1]; 9) פרע qal[2]; 10) פרר *a.* pilp.[1], *b.* hi.[24: + Zc 11.10, Ps 32.10, 88.33], *c.* ho.[2]. Del. 1, 4, 8).

διασκευάζω 1) חמשׁ qal ptc.pass.[1].

διασκευή 1) כְּלִי [1].

διασκορπίζω 1) בדר Ar. pa.[1]; 2) בזז pu.[1]; 3) בזר *a.* qal[1], *b.* pi.[1]; 4) זרה *a.* qal[2], *b.* pi.[6: + Ez 5.12]; 5) זרק [1]; 6) נדח hi.[2]; 7) נוּעַ *a.* qal[1], *b.* hi.[1]; 8) נַעַר ?[1]; 10) פּוּץ *a.* qal[4], *b.* ni.[4], *c.* hi.[21]; 11) פזר *a.* ni.[1], *b.* pi.[2]; 12) פרד hit.[2]; *13) שׂחק qal[1: 2K 22.43*L*]. Del. 9 > 10*c*); Ge 49.7 (> διασπείρω), Zc 13.7 v.l.(> ἐκσπάω).

διασκορπισμός 3) זרה ni.[1]; *4) פּוּץ ni.[1: Da TH 12.7]; 5) פרח qal[1]. 1) Del. 1, 2); Je 24.9.

δίασμα 1) מַסֶּכֶת [2].

διασπασμός 1) סחב qal[1].

διασπάω 1) בקע pi.[1]; 2) נתץ qal[1]; 3) נתק *a.* qal[4: + Je 4.20]; *b.* pi.[3]; 4) פּוּץ qal[1]; 5) שׁסע pi.[2]; *6) חמס qal[1: La 2.6]. Del. Zp 3.10 v.l.

διασπείρω 1) זרה *a.* qal[1], *b.* pi.[7]; 2) נדח *a.* ni.[3: + To 13.3], *b.* hi.[2]; 5) פאה hi.[1]; 6) פּוּץ *a.* qal[4], *b.* ni.[14: + Ge 9.19, 10.32, Is 11.12, 33.3, Ez 34.6^2], *c.* hi.[15]; 7) פזר *b.* pu.[3: Jl 3.2 MT pi., Es 9.19]; 8) פרד *b.* hi.[1]; 10) פרשׂ ni.[1]; 11) רוק hi.[1]. Del. 3-4, 7*a*, 8*a*, *c*, 9, 12); Zp 3.10 v.l., Je 23.3, Ez 5.12.

διασπορά 4) מִזְרֶה [1]; 5) נדח ni.[3]; 6) *a.* נצר qal[1], *b.* נָצִיר [1]; *8) דֵּרָאוֹן [1: Dn 12.2]. Del. 1-3, 7); Ps 138 tit., Je 13.14.

διαστέλλω 1) בדל *a.* ni.[5], *b.* hi.[13: + Jd 1.19 MT *brzl*]; 2) בטא pi.[3]; 3) גזז ni.[1]; 5) זהר *a.* ni.[1], *b.* hi.[7]; 6) חלק *a.* qal[1], **b.* ni.[1: Si 15.9]; 7) ידע hi.[1]; 8) נקב qal[1]; 9) סור hi.[1]; 10) פלא pi.[1]; 11) פצה qal[1]; 13) פרד *a.* ni.[1], *b.* hi.[4: Ho 13.15 MT *ypry'*]; 14) פער qal[2: + Ma 3.11 MT גער]; 15) פרץ ni.[1]; 16) *פרשׁ qal / pi.[1]; 17) קדשׁ hi.[1]; 18) קרה hi.[1]; 19) קרע qal[1]; 20) רמס qal[1]; 22) נצב hi.[1]. Del. 4, 12, 21).

διάστημα 1) בּוֹא [1]; 2) אַצִּיל [1]; 3) בִּנְיָן [1]; 4) גֶּדֶרֶת [1]; 5) גִּזְרָה [1]; 6) מִגְרָעוֹת [1]; 7) מִגְרָשׁ [3]; 8) מִדָּה [3]; 9) *a.* יְסוֹד [1], *b.* מוּסָדָה [1]; 10) רֶוַח [1].

διαστολή 1) חֻקָּה [1]; 2) מִבְטָא [1]; 3) פְּדוּת [1].

διαστρέφω 1) הפך *a.* hit.[1], *b.* הֵפֶךְ [1], *c.* הֶפֶךְ [1], *d.* תַּהְפֻּכָה [3]; 2) כאב hi.[1]; 4) נוא *b.* hi.[1]; 5) נטה hi.[1]; 6) עות *a.* pi.[1], *b.* pu.[1], *c.* hit.[1]; 7) עכר qal[2]; 8) עקל *a.* pu.[1], *b.* עֲקַלְקַל [1]; 9) עקשׁ *a.* pi.[3], *b.* עִקֵּשׁ [1]; 10) פרע hi.[1]; 11) *a.* פתל hit.[1], *b.* פְּתַלְתֹּל [1]; 12) צוד qal[2]; 13) תור qal[1]. Del. 3-4, 14-15); 2K 22.27, Pr 22.9, Ez 14.5.

διαστροφή 1) תַּהְפֻּכָה [1].

διαστρώννυμι *1) רבד qal[1: 1K 9.25 for MT דִּבֵּר].

διασφαγή 1) פרץ qal[1].

διασχίζω 3) קרע qal[1]. Del. 1-2); Ex 14.21, 1C 20.3 v.l.

διασῴζω 1) חיה pi.[1]; 2) ישׁע *a.* ni.[3: + Jb 36.12], *b.* hi.[4: + Jn 1.6 MT *yt'št* (hapax)]; 3) מלט *a.* ni.[20: + Am 2.15, voc.; - Ge 19.20 v.l.], *b.* pi.[3]; 5) פלט *a.* pi.[2], *b.* hi.[1], *c.* פָּלִיט [1], *d.* פָּלֵיט [2], *e.* פְּלֵיטָה [5]; 6) *a.* שׂרד qal[1], *b.* שָׂרִיד [7]; *7) נצל ni.[1: Si 46.8]; *8) אגר qal[1: Pr 10.5]; *9) יצא qal[1: 4K 10.25*L*]. Del. 4); Ge 19.20, 4K 19.37.

διαταγή 1) Ar. פַּרְשֶׁגֶן [1].

διάταγμα 1) נִשְׁתְּוָן [1].

διάταξις 1) מַחֲלֹקֶת [2]; 2) מִשְׁפָּט [2]; 4) תָּכְנִית [1]; (-) [Ez 42.15, 20]. Del. 3);-3K 6.9.

διατάσσω 1) אמר qal[1]; 3) חקק qal[1]; 4) מדד qal[1]; 5) מנה pi.[1]; 7) שִׂים qal[2]; 8) שׁמר qal[1]; *9) יעד qal[1: 2K 20.5*L*]. Del. 2, 6).

διατείνω 1) דרך qal[1]; 2) משׁך qal[1]; 3) מתח qal[1]; 4) פרשׂ qal[1].

διατελέω 1) היה qal[1]; 2) כלה qal[2: + Je 20.7].

διατήκω *1) נתך ho.(= qal pass.) [1: Hb 3.6 MT *ytr*].

διατηρέω 2) Ar. נטר pe.[1]; 3) נצר qal[5: 2K 22.49*L*, so also 4Q51]; 4) עמד hi.[1]; 5) *a.* שׁמר qal[9], *b.* מִשְׁמֶרֶת [1]. Del. 1).

διατήρησις 1) מִשְׁמֶרֶת [5].

διατίθημι 1) כרת qal[22+]; 2) נתן qal[2]; 3) צוה pi.[1]; 4) קום hi.[1]; 5) שׁלם hi.[1]; 6) δ. διαθήκην שׁלם hi.[1]. Del. De 31.20, Je 41.13 v.l.

διατίλλω *2) פצץ [1: Jb 16.12]. Del. 1).

διατόνιον 1) קֶרֶשׁ [1].

διατρέπω 1) זעף qal[1]; 3) ערץ qal[1]; *4) כלם hi.[1: Jd 18.7]; *5) חפר qal[1: Es 7.8 MT חָפוּ]. Del. 2); Da LXX 1.13 v.l.

διατρέφω 2) חיה *a*. pi.21], *b*. hi.[2]; 3) כול pilp.[10]; 4) נהל pi.[1]. Del. 1).

διατρέχω 1) הלך qal[1]; 2) פסח pi.[1]; 3) רוץ *a*. pol.[1]. Del. 3*b*); 1K 17.17 v.l.

διατριβή 2) הֲלִיכָה [1]; 3) מוֹשָׁב [1]; 4) מָעוֹן [1]. Del. 1).

διατρίβω 1) גור qal[1]; 2) ישׁב qal[1].

διαυγάζω *1) נֶשֶׁף [1: 4K 7.5*L*, doublet with σκότος].

διαφανής 1) זַךְ [1]; 2) διαφανῆ Λακωνικά גִּלָּיוֹן [1].

διαφαύσκω 1) אור *a*. qal[3], *b*. ni.[2: add Jd 19.26 voc.]. Del. 1*c*) v.l.

διαφέρω 1) Ar. שׁנא *a*. pe.[6: + Da LXX 7.19], *b*. itpa.[1]. Del. 1K 17.39.

διαφεύγω 1) מלט ni.[1]; 2) נדד qal[1]; 3) נוס qal[1]; *4) עזז qal[1: Je 11.15]; 5) פָּלִיט [2]; 6) שׂגב qal[1]; 7) שָׂרִיד [3].

διαφθείρω 1) חבל *a*. pi.[2], *b*. Ar. pa.[1], *c*. itpa.[2]; 2) חרב pu.[2]; 3) מות hi.[1]; 6) שׁחת *a*. ni.[2], *b*. pi.[11], *c*. hi.[2+], *d*. ho.[1], *e*. Ar. שְׁחַת [1]; 7) שָׁמֵם [1]; 8) נפל hi.[1]; *9) מחה qal[1: 4K 14.27*L*]. Del. 4-5); Is 32.6. Je 13.24, 15.7, Ez 7.21, 16.52, Da LXX 7.19 v.l.

διαφθορά 1) *b*. Ar. חֲבָל [2]; 2) חֶבֶל [1]; 3) מַדְחֵפוֹת [1]; 4) מַכְאוֹב [1]; 5) שׁחת *a*. pi.[1], *b*. hi.[11], *c*. שְׁחוּת [1], *d*. שְׁחִית [2], *e*. שַׁחַת [8: + Zp 3.6], *f*. מַשְׁחִית [2]. Del. 1*a*); Si 34.5, Je 15.7 v.l.

διαφλέγω 1) בער qal[1].

διαφορέω 1) שׁסס qal[1].

διαφόρημα 1) מְשִׁסָּה [1].

διάφορος 1) כִּלְאַיִם [2]; 2) Ar. שׁנא *b*. pa.[1]; 3) *שׁנה qal[1]; *4) מְחִיר [1: Si 42.5]. Del. 2*a*) Da TH 7.19 v.l.

διαφόρως 1) δ. χρᾶσθαι Ar. שׁנא pe.[1].

διαφυλάσσω 1) חרף ni.[1]; 2) נצר qal[1]; 3) שׁמר *a*. qal[11], *b*. ni.[1].

διαφωνέω 1) גזר ni.[1]; 2) נפל qal[2]; 3) עדר ni.[1]; 4) פקד ni.[1].

διαφώσκω 1) אור *qal[2: + 2K 17.22*L*], ni.[1: 2K 2.32*L*]; *3) אוֹר הַבֹּקֶר *a*. qal [1: Jd 19.26B], *b*. δ. τὸ πρωΐ [1: 2K 17.22*L*]; *4) בַּנֶּשֶׁף [1: 4K 7.7*L*, doublet]. Del. 2); 1K 14.36 v.l.

διαφωτίζω 1) אור qal[2: + 1K 14.36*L*].

διαχέω 1) נטשׁ qal[1]; 2) פוץ qal[1]; 3) פזר pi.[1]; 5) פשׂה qal[14]; 6) צעה qal[1]; 7) שׁקה pu.[1]; *8) פרץ qal[1]; *9) פרשׂ ni.[1: Pr 23.32]. Del. 4).

διαχρίω 1) משׁח qal[2].

διάχρυσος 1) אוֹפִיר [1].

διάχυσις 1) פשׂה qal[3].

διαχωρέω *1) פרד hi.[1: 4K 2.11*L*].

διαχωρίζω 1) בדל *a*. ni.[2: + Si 6.13], *b*. hi.[7: + Si 36.11]; 2) סור hi.[1]; 3) *פלה hi.[1]; 4) פרד *a*. ni.[5: + 2K 1.23], *b*. hi.[1]; 5) פרשׁ ni.[1]; 6) שׁית qal[1]; 7) בדד qal[1]. Del. 1C 12.8 v.l.

διάψαλμα 1) סֶלָה [70].

διαψεύδομαι 1) כזב pi.[1]; *2) כחשׁ hit.[1: 2K 22.45].

διαψιθυρίζω 1) לַחַשׁ [1].

δίγλωσσος 1) רָכִיל [1]; 2) בַּעַל שְׁתַּיִם [2].

διγομία 1) מִשְׁפְּתַיִם [1].

διδακτός 1) לִמּוּד [1].

διδασκαλία 1) אַלּוּף [1]; 2) למד pu.[1].

διδάσκω 1) אלף pi.[1]; 2) בִּין hi.[3]; 3) חוה pi.[2]; 5) ידע *a*. hi.[7], *b*. Ar. haf.[1: 1E 9.48]; 7) ירה hi.[8]; 8) למד *a*. qal[2], *b*. pi.[9+: + Da 11.4 LXX], *c*. pu.[4]; 10) פרשׁ *pi.[1]. Del. 4, 6, 9, 11); Jb 8.10b, Is 55.12.

διδαχή 1) למד pi.[1].

δίδραχμον 1) כֶּסֶף [2]; 2) שֶׁקֶל [23].

διδυμεύω 1) תאם hi.[2].

δίδυμος 1) מְבֻשִׁים [1]; 2) תְּאֹם [5: + Jd 20.48*L* (MT מתם)].

δίδωμι 3) בזר qal[1]; 5) היה qal[5]; 9) חלק pi.[1]; 10) *a*. יהב qal[13], *b*. Ar. יהב pe.[15: + To 9.2], *c*. peil[15], *d*. itpe.[12; + 2E 6.5]; 11) יסף hi.[1]; 13) יצת ni.[1]; 14) ירד hi.[1]; 15) ירשׁ hi.[1]; 17) כלה pi.[1]; 20) מנה *pu.[2]; 23) נוּחַ hi.[1]; 25) נְתִינִים [1]; 26) נתן *a*. qal[368+: + Nu 32.32, Jd 5.11, Is 41.27, Ez 13.11, Da 9.27 TH, Si 30.31], *b*. ni.[8+: + Ez 32.22, Si 26.3], *c*. ho.[4], *d*. Ar. pe.[11: + To 13.11, 2E 6.6], *e*. מַתָּת [1], *f*. מַתָּנָה [1]; 27) עטה *hi.[1]; 29) ערב qal[1]; 31) פוק hi.[1]; 33) צפן ni.[1]; 36) רום hi.[2]; 37) שׂוּם, שִׂים qal[28]; 38) שׁוב *a*. qal[1], *b*. hi.[4]; 39) שִׁית qal[4]; 40) שׁלם pi.[1]; 41) שׁפת qal[1]; *54) Ar. שׁוה pa.[1: Da 5.21 TH]; (-) [+ Jo 16.10, 2K 19.42]; (fr) [1E 1.6, 8.6, 82, 9.54]. Del. 1-2, 4, 6-8, 12, 16, 18-9, 21-2, 24, 28, 30, 32, 34-5, 38*c*, 42); Ge 29.21, 49.27, Ex 22.30, 4K 5.1, Ez 32.7, 36.12, Zc 12.7, Ps 77.29, Ec 7.22, Si 6.32, 11.17, Is 49.6 v.l. NB: all the combinations of δ. with a noun or another verb from 43) onwards have been subsumed under the noun or verb concerned.

διεγγυάω 1) ערב qal[1].

διεκβάλλω 1) יצא qal[5]; 2) עבר qal[1]; 3) עלה qal[1]; 4) תאר qal[2].

διεκβολή 1) אֶפֶס [1]; 2) *b*. תּוֹצָאוֹת [1], **c*. יצא qal[1: Ez 47.11], **d*. מוֹצָא [1: Zc 9.10]; 3) פֶּרֶק [1]; 4) שְׁפִי [1]. Del. 2*a*).

διελαύνω 1) חלף qal[1]; 2) צנח qal[1].

διελέγχω 1) יכח *a*. ni.[1], *c*. hit.[1]. Del. 1*b*); Jb 9.33 v.l.(> simp.).

διεμβάλλω 1) נתן qal[1]; 2) שׂום qal[4].

διεξάγω 1) יצא qal[1]; 2) הלך *a*. *qal[1: Si 3.17C], *b*. hit.[1].

διεξέρχομαι 1) יצא *a*. qal[2], *b*. *ho.[1: Ez 12.5]; 2) צנח qal[1].

διέξοδος 1) *a*. יצא qal[1], *b*. מוֹצָא [3], *c*. תּוֹצָאוֹת [5+]; 2) מִפְרָץ [1]; 3) פֶּלֶג [2].

διέρχομαι 3) בּוֹא *a*. qal[15], *b*. hi.[1]; 4) הלך *a*. qal[7], *b*. pi.[2], *c*. hit.[9], *d*. תַּהֲלוּכָה [1]; 5) חלף qal[2]; 6) יצא qal[8]; 7) ירד qal[1]; 9) סבב *a*. qal[1], *b*. ni.[1]; 10) עבר *a*. qal[17+: + Am 5.17 v.l., 1K 6.20], *b*. hi.[5]; 12) פגע qal[1]; 13) רכב hi.[1]; 14) רמשׂ qal[1]; 15) שׁוט qal[1]; 16) שׁור qal[1]; 17) תאר qal[1]. Del. 1, 2, 8, 11); Jo 18.4b.

διεστραμμένως *1) נכר hit.[1: Si 4.17].

διετηρίς 1) שְׁנָתַיִם [1].

διευλαβέομαι 1) יָגֹר qal[1]; 2) קדר qal[1].

διηγέομαι 1) אמר qal[1]; 2) דבר *a.* qal[1], *b.* pi.[1]; 3) חוד qal[1]; 4) כרה qal[1]; 5) ספר *b.* pi.[12+: + Ps 47.12], *c.* pu.[2: + 3K 3.8*L*]; 6) שִׂיחַ *a.* qal[4], *b.* pol.[1]; 7) נשׂא qal[1]. Del. 5*a*) > 5*b*).

διήγημα 1) חִידָה [1]; 2) שְׁנִינָה [2]; 3) שִׂיחָה [1]; 4) שְׁמִיעָה [1].

διήγησις 1) חִידָה [1]; 2) מִסְפָּר [1]; 3) שִׂיחָה [1]; 4) שַׁעְיָה [1]; 5) סוֹד [1].

διηθέω 1) זקק qal[1].

διηλόω 1) חלף qal[1]; 2) מחק qal[1].

δίθυμος 1) נִרְגָּן [1].

διΐημι 1) פרשׁ qal[1].

διϊκνέομαι 1) ברח hi.[1].

διΐστημι 1) בדל hi.[1]; 2) חלק pi.[1]; 3) ערם ni.[1]; 4) פרד hi.[1].

δικάζω 2) *a.* רִיב qal[9: + Mi 7.2 MT *y'rbw*], *b.* subst. [1]; 3) שׁפט *a.* qal[10: + 1K 12.7], *b.* ni.[1]; *4) Ar. דין pe.[1; 1E 8.23]. Del. 1).

δίκαιος 1) אֱמֶת [5]; 2) דִּין [1]; 3) חֶסֶד [1]; 4) טָהוֹר [1]; 5) *a.* יָשָׁר [6], *b.* יֹשֶׁר [1]; 6) מִשְׁפָּט [4]; 7) נָדִיב [1]; 8) *a.* + *b.*(נָקִי(א [6]; 9) נָקָם [1]; 10) *a.* צדק hi.[1], *b.* צַדִּיק [26+: + Si 32.22], *c.* צֶדֶק [28], *d.* צְדָקָה [6]; 11) שָׁלֵם [1]; 13) νεύειν ~α יָשָׁר נֶגֶד hi.[1]; 14) ταράσσειν τὸ δ. עָוֶל [1]; 15) δ. ἀναφαίνεσθαι צדק qal [2]; 16) ~ον ἀποφαίνειν צדק *a.* pi.[1], *b.* hi.[1]; 17) δ. εἶναι צדק qal[9]; 18) ~ κρίνειν צדק hi.[1]; (-) [+ Ez 18.11]. Del. 12); Jb 1.1, 8, 2.3, 34.12, Ps 138.5, Pr 11.11, 28.18, Je 37.15; Zc 8.16 v.l.(> εἰρηνικός); Si 32.23 v.l. (> ἄδικος).

δικαιοσύνη 1) אֱמֶת [7]; 2) Ar. זָכוּ [1]; 3) חֶסֶד [8]; 4) טוֹב [1]; 5) מָדוֹן [1]; 6) מֵישָׁרִים [1]; 7) מִשְׁפָּט [8]; 8) נִקָּיוֹן [1]; 10) *a.* צַדִּיק [4], *b.* צֶדֶק [5+], *c.* צְדָקָה [17+: + Si 44.10]; 11) שׂכל hi.[1]; 12) φυλάσσειν ~ην צַדִּיק [1]; *13) Ar. קְשֹׁט [1: To 13.6]; (fr) [Pr 13.2, 16.5b]. Del. 9); Ps 70.21.

δικαιόω 1) בחן pu.[1]; 2) זכה *a.* qal[1], *b.* pi.[1]; 3) צדק *a.* qal[8], *b.* pi.[4], *c.* hi.[9], *d.* hit.[2], *e.* צֶדֶק [1]; 4) רִיב qal[2]; 5) שׁפט ni.[1]; 6) נקה ni.[2]; *7) Ar. *a.* דִּין [1: To 6.12], *b.* גְּזַר דִּין קְשֹׁטָא pe.[1: To 6.13].

δικαίωμα 1) דֶּרֶךְ [1]; 2) *a.* חֹק [21+: + 1E 8.7], *b.* חֻקָּה [12]; 3) מִצְוָה [1]; 4) מִשְׁפָּט [9]; 5) פִּקּוּדִים [6]; 6) צְדָקָה [4: + Ez 43.11]; 8) *a.* רִיב [2: + Je 18.19]; (fr) [Ps 118.24]. Del. 7, 8*b*); Mi 6.16 v.l.[see Zgl].

δικαίως 1) הֲכִי [1]; 2) *a.* צֶדֶק [4], **b.* צַדִּיק [1: 2K 23.3*L*]; 3) תָּמִים [1]. Del. Si 32.18 v.l.

δικαίωσις 1) מִשְׁפָּט [1]; *2) רִיב subst.[1: 2C 19.8*L*].

δικαστής 1) שׁפט qal[8]; *2) Ar. דַּיָּן [1: 1E 8.23].

δίκη 1) דָּבָר [1]; 2) דִּין [1]; 3) חָרוּץ [2]; 4) מִשְׁפָּט [1]; 5) *a.* נקם qal[1]; *b.* נָקָם [3]; 6) רִיב *a.* qal[2], *b.* רִיב subst.[5]. Del. Pr 22.23 v.l.

δίκτυον 1) חֲרַכִּים [1]; 2) רֶשֶׁת [9]; 3) *a.* שְׂבָךְ [1], *b.* שְׂבָכָה [10].

δικτυόω 1) שְׂבָכָה [1].

δικτυωτός 1) אטם qal[1]; 2) אֶשְׁנָב [1]; 3) רֶשֶׁת [2]; 4) שְׂבָכָה [1].

διμερής 1) Ar. פלג pe.[1].

δίμετρον 1) סָאתַיִם [3].

δίνη *2) סוּפָה [1: Jb 37.9]. Del. 1) Jb 13.11.

διοδεύω 1) דרך qal[1]; 2) הלך hit.[1]; 3) עבר qal[3+].

δίοδος 1) דֶּרֶךְ [1]; 2) חוּץ [2]; 3) מְסִלָּה [1]; 4) רְחֹב [1].

διοικέω Del. 1) 3K 21.27 v.l.

διοίκησις *1) Ar. הֲמָרְכְּלוּ [1: To 1.21].

διοικητής 1) אֲחַשְׁדַּרְפְּנִים [1]; 2) Ar. גְּדָבְרִין [1: Da 3.2]; *3) Ar. הֲמָרְכַּל [1: To 1.22].

διοικοδομέω 1) בנה qal[1].

διοράω (fr) [Jb 6.19]. Del. 1).

διορθόω 1) יטב hi.[3]; 2) כּוּן *a.* pil.[1], *b.* hi.[1], *c.* ho.[1].

διορίζω *1) פלה hi.[1: Jb 35.11 MT √אלף)]; 2) בדל hi.[2]; 3) *a.* בִּנְיָה [1], *b.* בִּנְיָן [5]; 4) גְּבוּל [3]; 5) כּוּן pil. [1]; 6) שׁבע ni.[1]. Del. 1, 7).

διόρυγμα 1) חַלּוֹן [1]; 2) מַחְתֶּרֶת [2].

διορύσσω 1) חתר qal[4].

διότι *a*) כִּי [148: + Ma 1.10 MT *my*]; *b*) אָז [1]; *c*) אֲשֶׁר [2]; *d*) עַל אֲשֶׁר [3]; *e*) כַּאֲשֶׁר [1]; *f*) רַק [1]; *g*) תַּחַת אֲשֶׁר [1]; *h*) הֲלֹא עַל כִּי [1]; *i*) כִּי אִם [1]; *j*) יַעַן אֲשֶׁר [1+?]; (-)[3: Ho 8.13, Am 6.8, Hg 2.9].

δίπηχυς 1) אַמָּתַיִם [1].

διπλασιάζω 1) כפל ni.[1].

διπλασιασμός 1) מִשְׁנֶה [1].

διπλάσιος 1) פִּי שְׁנַיִם [1]; 2) כֶּפֶל [1].

διπλοΐς 1) מְעִיל [7].

διπλοῦς 1) *a.* כפל qal[3], *b.* כֶּפֶל [2], *c.* מַכְפֵּלָה [5], *d.* τὸ δ. σπήλαιον מַכְפֵּלָה [3: + Ex 25.4, 35.6]; 2) *a.* מִשְׁנֶה [7], *b.* שְׁנַיִם [3], *c.* פִּי שְׁנַיִם [2].

δίς 1) *a.* פַּעֲמַיִם [11: + 3K 22.16, Ez 41.6], **b.* ἅπαξ καὶ δίς כְּפַעַם בְּפַעַם [1: Jd 20.28*L*]; 2) שְׁתַּיִם [1]; 3) δ. ἑπτά שִׁבְעַיִם [1]; 4) שנה qal[1].

δισσός 1) חֲלִיפָה [1]; 2) מִשְׁנֶה [2]; 3) μέτρα δ. אֵיפָה וְאֵיפָה [1]; 4) δ. στάθμιον אֶבֶן וָאֶבֶן [1]; 5) δ, χλαῖναι מַרְבַדִּים [1]; *7) שְׁנַיִם [1: Si 42.24]. Del. 6).

δισσῶς *1) פִּי שְׁנַיִם [1: 4K 2.9*L*].

δίστομος 1) שְׁנֵי פֵיוֹת [1]; 2) *a.* פֵּיוֹת [1], *b.* פִּיפִיּוֹת [1].

δισχίλιοι *1) אַלְפַּיִם [8+].

διτάλαντον 1) כִּכָּרַיִם [2].

διυλίζω 1) מְזֻקָּקִים [1].

διυφαίνω 1) כְּפִי תַחְרָא [1].

διφθέρα 1) מִכְסֶה [1].

δίφρος 1) כִּסֵּא [6]; 2) מוֹשָׁב [1]; 3) מִטָּה [1]; 4) πρὸς ~ους καθῆσθαι סכך רַגְלַיִם hi.[1].

δίχα 1) שְׁנַיִם [1].

διχηλέω 1) פרס hi.[11].

διχοτομέω 1) נתח pi.[1].

διχοτόμημα 1) גֶּזֶר [1]; 2) נֵתַח [4].

δίψα 1) *a.* צָמָא [7], *b.* צִמָּאוֹן [2].

διψάω 1) חֹרֶב [2]; 2) עָיֵף [5]; 3) צִיָּה [3]; 4) צָמֵא *a.* qal[11], *b.* adj.[7], *c.* ἡ διψῶσα γῆ צִמָּאוֹן [1]; 5) שׁקק qal[1]; 7) γῆ διψῶσα עֲרָבָה [1]. Del. 6).

δίψος 1) *a.* צָמָא [8], *b.* צָמֵא [1], *c.* צִמְאָה [1]; 2) תֹּהוּ [1]. Del. Ps 61.4, Is 5.13.

διωγμός 2) רדף *a.* pi.[1: Pr 11.19], *b.* qal[1: La 3.19 MT *mrwdy*]. Del. 1).

διωθέω 1) הדף qal[1].

διώκω 1) איב qal[1]; 2) ברח hi.[1]; 3) דהר qal[1]; 4) דחף qal[1]; 6) *a.* חרד hi.[1], *b.* חָרֵד [1]; 7) נדף ni.[1]; 8) נוס qal[2]; 10) רדף *a.* qal[15+: + Le 26.17[1], Ez 25.13, Si 34.5], *b.* ni.[2], *c.* pi.[4], *d.* pu.[1], *e.* hi.[1]; 11) רוץ qal[7: + Je 28.31*ter*]; 12) שׁדד qal[1]; (fr) [Is 30.28]. Del. 5, 9, 13-4); Si 34.5 (> 10 *a*), Is 31.8.

διώροφος 1) שֵׁנִי [1].

διῶρυξ 1) יְאֹר [4]; 2) נַחַל [1]; 3) שִׁבֹּלֶת [1].

διωστήρ 1) בַּד [5].

δόγμα 1) אֱסָר [2]; 2) also Ar. דָּת [5]; 3) Ar. טְעֵם [5]; 4) Ar. כְּתָב [1]. Del. Ez 20.26 v.l.

δογματίζω 1) *b.* דָּת [1]; 2) כתב ni.[1]; *3) Ar. *a.* שִׂים טְעֵם pe.[1: 1E 6.33]. Del. 1*a*).

δοκέω 1) אמר qal[1]; 2) הָיָה כְּ- qal[1]; 3) חשׁב *a.* qal[1], *b.* ni.[1]; 4) *a.* טוֹב [4], *b.* טוֹב בְּעֵינֵי [1]; 5) *a.* ישׁר qal[1], *b.* יָשָׁר בְּעֵינֵי [1]; 6) *a.* נדב qal[2], *b.* נָדִיב [1]; 8) Ar. צבא pe.[2]; *9) Ar. שׁלח pe.[1: 1E 8.11]; (fr) [Jb 15.21, 20.7, 22]. Del. 7) Ex 35.26.

δοκιμάζω 1) בחן qal[2+]; 2) *a.* בחר ni.[1], **b.* מִבְחָר [1: Je 6.27]; 3) חקר qal[2]; 4) יקר qal[1]; 5) *a.* צרף qal[1], *b.* מַצְרֵף [1]; *6) בדק ni.[1: Si 34.10]. Del. 1E 9.40.

δοκιμαστός 1) *בחן qal[1].

δοκιμεῖον 3) מַצְרֵף [1]; 4) עֲלִיל (?) [1]. Del. 1-2); Zc 11.13, 1C 29.4 v.l.

δόκιμος 1) זקק pu.[2]; 2) טָהוֹר [1]; 3) יָקָר [1]; 4) עבר qal[1]; 5) פזז ho.[1].

δοκός 1) מְחַבְּרוֹת [1]; 2) סִפּוּן [1]; 3) קִיר [1]; 4) קוֹרָה [4].

δόκωσις 1) מְקָרֶה [1].

δόλιος 1) אֶרֶב־דָּם [1]; 3) חֶלְקָה [2]; 4) מִרְמָה [10: + Ps 42.1]; 6) רְמִיָּה [4]; 7) שֶׁקֶר [2]; 8) תַּרְמִית [1]; 9) רכל qal[1]; 10) בצע qal[1]. Del. 2, 5).

δολιότης 1) חֶלְקָה [1]; 2) מִרְמָה [3]; 3) נֵכֶל [1]; 4) תַּרְמִית [1].

δολιόω 1) חלק hi.[1]; 2) נכל *a.* pi.[1], *b.* hit.[1].

δολίως 1) רָכִיל [1].

δόλος 2) חָנֵף [1]; 4) *a.* מִרְמָה [21: + Ps 9.28], *b.* דְּבַר מִרְמָה [1]; 5) מַשָּׁאוֹן [1]; 6) סֵתֶר [1]; 7) עָרְמָה [1]; 8) רָכִיל [1]; 9) רְמִיָּה [3]; (fr) [Pr 16.28, 26.23, Da 8.25]. Del. 1, 3, 10); 2K 14.20, Ps 138.4.

δολόω 1) חלק hi.[1]; 2) רגל qal[1].

δόμα 1) אֶתְנַן [1]; 2) גְּמוּל [1]; 3) מִגְדָּנוֹת [1]; 4) מֹהַר [1]; 5) מַשָּׂא [1]; 6) *a.* מַתָּן [2], *b.* מַתָּנָה [6+], *c.* Ar. מַתְּנָא [4], *d.* מַתַּת [4]; 7) נְדָבָה [2]; 9) נתן qal[4]; 10) תְּנוּפָה [1]; 11) מַשְׂאֵת [2: + 2K 19.42]; (fr) [Ge 47.22, 2C 2.10]. Del. 8).

δόμος 1) נִדְבָּךְ [4].

δόξα 1) אוֹן [1]; 3) *a.* גָּאוֹן [4], *b.* גֵּאוּת [1]; 4) *a.* הָדָר [7], *b.* הֶדֶר [2], *c.* Ar. הֲדַר [4], *d.* הֲדָרָה [1]; 5) *a.* הוֹד [14], *b.* הוֹדָאָה [1]; 6) הוֹן [1]; 7) זְבֻל [1]; 8) חֶסֶד [1]; 9) טוּב [1]; 11) יְפִי [2]; 12) יְקָר [4: + Da LXX 7.14]; 13) *a.* כבד pi.[1], *b.* כָּבוֹד [35+: + La 2.11], *c.* כֹּבֶד [1]; 14) מַרְאֵה עֵינַיִם [1]; 15) **a.* מַשּׂוֹא [2]; 17) עֹז [3]; 18) *a.* פאר hit.[2], *b.* פְּאֵר [2], *c.* תִּפְאֶרֶת [19], *d.* תִּפְאָרָה [1]; 21) תֹּאַר [4]; 22) תְּהִלָּה [2]; 23) תּוֹעָפוֹת [2]; 24) תְּמוּנָה [2]; 25) צְבִי [1]; 26) גֹּבַהּ [2: + Pr 18.11]; 27) נְהָרָה [1]; 28) רָצוֹן [1]; *29) מַשְׂכִּית [1: Pr 18.11]; (fr) [Es 10.2]. Del. 2, 10, 13, 15-6, 19, 20); 1K 4.22b, Is 62.8*bis*.

δοξάζω 1) אדר *a.* ni.[2], *b.* hi.[1]; 2) גאה qal[2]; 3) גבה qal[1]; 4) גדל *a.* pi.[5: + Si 43.28 *nglh* > *ngdlh*], *b.* גָּדוֹל [2]; 5) *a.* הדר ni.[4], *b.* Ar. pa.[3], *c.* pi.[1: Si 7.31]; 6) *a.* יְקָר [6], *b.* עָשָׂה יְקָר qal[1]; 7) כָּבֵד *a.* qal[1], *b.* ni.[14]; *c.* pi.[22], *d.* pu.[1], *e.* כָּבוֹד [1], *f.* hit.[4]; 8) נוה hi.[1]; 9) נָזִיר [1]; 10) נשׂא *a.* ni.[1], *b.* pi.[2]; 11) פאר *a.* pi.[5], *b.* hit.[3], *c.* תִּפְאֶרֶת [1]; 13) קרן qal[3]; 14) רום pil.[3]; 16) חזק pi.[1]; 18) ירא ni.[1]; *19) הוד [1: 1E 9.52]. Del. 15, 17).

δόξασμα 1) תִּפְאֶרֶת [2].

δοξασμός *1) כָּבוֹד [1: 2K 22.25*L r* > *d*].

δοξαστός 1) תִּפְאֶרֶת [1].

δορά 1) *a.* אֶדֶר [1], *b.* אַדֶּרֶת [1].

δορατοφόρος 1) נֹשֵׂא רֹמַח [1].

δορκάδιον 1) צְבִי [1].

δορκάς 1) *a.* צְבִי [4+], *b.* צְבִיָּה [1].

δόρκων 1) צְבִי [1].

δόρυ 1) חֲנִית [1+]; 2) צִנָּה [2]; 3) קַיִן [1]; 4) רֹמַח [6]. Del. 5) 2K 23.21b, Es 1.6 v.l.

δόσις 1) חֹק [2]; 2) *a.* מַתָּן [2], *b.* מַתַּת [4], *c.* מַתָּנָה [2: + Si 41.21 *mnh*]; 3) תְּרוּמָה [1]; *4) מִגְדָּנָה [1: 1E 2.6]; *5) מַחְלֹקֶת [1: Si 42.3].

δότης 1) *a.* נתן qal[1: Si 3.17A], *b.* מַתָּן [1: Si 3.17C].

δουλεία 1) *a.* עֶבֶד [7+: + 1K 14.40*bis*], *b.* עֲבֹדָה [3+], *c.* עַבְדוּת [4], *d.* Ar. עֲבִידָא [1], *e.* עבד qal[1]; (fr) [Es 7.4, Pr 26.9]. Del. 2); Le 26.36, Ez 29.20 v.l.

δουλεύω 1) עבד *a.* qal[33+: + 1K 2.24, Ps 80.6], *b.* pu.[1], *c.* hi.[1], *d.* עֶבֶד [10], **e.* עַבְדוּת [1: 1E 8.80]; 2) Ar. פלח pe.[2]; 3) שׁרת pi.[1]; *9) חוה hištaf.[1: 3K 11.31 (MT 33) *L*]. Del. 3K 5.6, Je 2.31.

δούλη 1) אָמָה [2+]; 2) עֶבֶד [1]; 3) שִׁפְחָה [1+]. Del. Ne 5.5 (> ~ος).

δοῦλος 1) נַעֲרָה [1]; 2) *b.* עֶבֶד [11+: + 1K 13.3, 14.21, 20.8[3], 2K 7.21, 4K 10.19*bis*, 21*bis*, 22. 23b, Ec 5.11; Jn 1.9, *r* > *d*], *c.* Ar. עֲבֵד [4: + 2E 4.15]; (fr) [1K 26.17]. Del. 2*a* > *b*; *d* > *c*; 3); Jo 14.7, 3K 8.36b, 4K 9.23, 1C 17.4, Je 3.22, 42.15, 51.4.

δουλόω 1) עבד *a.* qal[1]. Del. 1*b*); Is 43.23, Ez 29.18 v.l.

δοχή 1) Ar. לְחֶם [1]; 2) מִשְׁתֶּה [8].

δράγμα 1) אֲלֻמָּה [5]; 2) *a.* עָמִיר [1], *b.* עֹמֶר [7]; 3) עֲרֵמָה [1]; 4) קָמָה [2]; 5) קֹמֶץ [1]; 6) δράγματα συλλέγειν עמר hi.[1].

δράκων 2) לִוְיָתָן [5]; 3) נָחָשׁ [2]; 5) פֶּתֶן [1]; 6) *a.* תַּן [2], *b.* תַּנִּין [15: + Ez 29.3, 39.2]. Del. 1, 4, 6*c*).

δράξ 1) חֹפֶן [2]; 2) *a.* כַּף [1], *b.* מְלֹא כַף [1]; 3) קֹמֶץ [3]; 4) שָׁלִשׁ [1]; 5) שֹׁעַל [1].

δράσσομαι 1) נשׁק pi.[1]; 2) קמץ qal[3].

δραχμή 1) *a.* אֲדַרְכּוֹן [1], *b.* דַּרְכְּמוֹן [1]; 2) בֶּקַע [2]; 3) שֶׁקֶל [1].

δράω Del. 1) v.l. at 2C 35.19.

δρέπανον 1) דָּרְבָן [2: + 1K 13.20]; 2) חֶרְמֵשׁ [2]; 3) מַגָּל [3: + Zc 5.1, 2 MT *mglh*, which could be vocalized as **maggālā* for MT *megillā*]; 4) מַזְמֵרָה [4]. Del. 5).

δρομεύς 2) קַל [1]; 3) רוץ qal[1]; (fr) [2: Pr 6.11, 24.49]. Del. 1).

δρόμος 1) *a.* מֵרוֹץ [1], *b.* מְרוּצָה [4]. Del. 2) Jb 38.34 v.l.

δρόσος 1) טַל [13+]. Del. 2).

δρυμός 1) *a.* חֹרֶשׁ [1], *b.* חֳרֶשֶׁת [1]; 2) יַעַר [55: + Jo 17.18a, 2K 18.6, Is 27.9, Je 27.32]; 4) סְבָךְ [1]; (fr) [Is 65.10]. Del. 3) De 20.19 v.l.

δρῦς 1) *a.* אֵלָה [10: + Je 2.34], *b.* אֵלוֹן [9: + Jd 9.6*L*], *c.* אַלּוֹן [3]. Del. Ez 6.13.

δύναμαι 1) גִּבּוֹר [1]; 2) הָיָה ל qal[1]; 3) υἱοὶ δυνάμενοι חַיִל [1]; 4) יָכֹל *a.* qal[69+: + Jd 18.7, Je 2.13; Ho 11.4 *'wkyl* > *'wkl*; Je 2.13], *c.* Ar. יכל pe.[12: + To 6.12, Pr 24.73]; 6) Ar. *a.* + *b.* כהל pe.[6]; 7) כול hi.[1]; 9) מצא qal[1]; 10) w. neg., עצר qal[1]; 11) w. neg. חדל qal[1]; 13) w. neg. לאה ni.[1: + Je 5.4]; 14) w. neg., מאן pi.[1]; (fr) [2C 30.17, Jb 4.20, 10.13, 20.14, 33.20, 35.14, Is 8.8, 28.20]. Del. 4*b*, 8); Nu 13.32, Ne 4.2, Jb 24.5, Ps 140.6, Ho 9.4, Ct 7.6 v.l.

δύναμις 1) אוֹן [1]; 2) אֵל [1]; 6) *a.* גִּבּוֹר [1], *b.* גְּבוּרָה [17: + Da TH 2.20]; 7) גְּדוּד [4]; 8) הוֹן [2]; 9) הָמוֹן [4]; 10) חֹזֶק [1]; 11) חַיִל [15+: + 2C 13.3b]; 12) חלץ qal[1]; 13) יָד [1]; 15) כֹּחַ [3]; 16) מְאֹד [1]; 17) מַחֲנֶה [3]; 19) מַתָּנָה [1]; 21) *a.* עֹז [23], *b.* עֱזוּז [1], *c.* מָעוֹז [1]; 22) עַם [1]; 23) פֶּה [1]; 24) פלא ni.[1]; 25) צָבָא [65: + Nu 1.45, 2K 23.36, Da TH 8.9]; 26) υἱοὶ δυνάμεων [1]; *28) תַּעֲלֻם [2: Jb 11.6, 28.11]; *29) עֵרֶךְ [1: 4K 23.35*L*]; (fr) [Jb 26.3, Je 6.6]. Del. 3-5, 14, 18, 20, 27); Am 6.15, Zp 2.9, Zc 1.3*bis*, 7.4 (v.l.), 2C 34.8, Is 8.7, Si 51.17.

δυναμόω 1) גבר *a.* pi.[1], *b.* hi.[1]; 2) עזז qal[2]. Del. Da TH 9.27b.

δυναστεία 1) *a.* גִּבּוֹר [2], *b.* גְּבוּרָה [4+]; 2) גְּדֻלָּה [1]; 3) *a.* מִמְשָׁל [1], *b.* מֶמְשָׁלָה [2]; 4) *a.* מָעוֹז [1], *b.* עֹז [3], *c.* עֱזוּז [1]; 5) סִבְלָה [1]; *8) חֹסֶן [1: Ez 22.25]. Del. 6-7); 2C 33.11, Pr 18.18.

δυναστεύω 1) *a.* גבר hi.[1], *b.* גְּבִירָה [2], **c.* גִּבּוֹר [1: 2K 17.10*L*]; 2) משׁל qal[3]; 3) עשׁק qal[1]; 4) יכל qal[1]. Del. Ez 22.25, Si 48.12 v.l.

δυνάστης 1) אָבִיר [1]; 2) אַדִּיר [1]; 3) אֵיתָן [1]; 4) אִישׁ חַיִל [1]; 6) גִּבּוֹר [2]; 7) גָּדוֹל [4: Am 6.7 MT *glym*]; 8) הַדָּבְרִין [1]; 9) חָזָק [1]; 12) משׁל qal[3]; 13) *a.* נדב hit.[1], *b.* נָדִיב [5]; 14) סָרִיס [1]; 15) עָצוּם [2]; 16) עָרִיץ [4: + Jb 15.5]; 17) רַב [1]; 18) *a.* רזן qal[1], *b.* רָזוֹן [1]; 20) שַׂר [5]; 21) שַׁלִּיט [1]; 22) פֶּרֶז [1]; *23) מורא [1: Jb 36.22]; 24) נָשִׂיא [1]; (fr) [Jb 3.15, Pr 1.21, 8.3]. Del. 5, 10-1, 19).

δυνατός 1) אַבִּיר [2]; 2) אַדִּיר [1]; 3) בָּחוּר [4]; 6) *a.* גבר qal[1], *b.* גֶּבֶר [4], *c.* גִּבּוֹר [2+: + Jd 5.30, 2C 35.3]; 7) גָּדוֹל [1]; 8) חָזָק [2]; 9) *a.* חַיִל [17], *b.* בֶּן חַיִל [2]; 10) חלץ qal[2]; 11) חָסִין [1]; 12) יכל *a.* qal[4: Ma 1.14 MT *nwkl*], *b.* Ar. [2]; 13) כַּבִּיר [1]; 14) כון ni.[1]; 15) *a.* עַז [1], *b.* עֹז [1]; 17) רַב [1]; 18) רום [2]; 19) פְּרָזוֹן [1]; 20) שָׁלִישׁ [1]; 21) δυνατώτερος γίγνομαι עצם qal[1]; 22) υἱὸς δ. גִּבּוֹר [2]; 23) δ. ἰσχύϊ גבר qal[1]; 24) δ. ἰσχύϊ חַיִל [1]; 25) δ. ἀνήρ גֶּבֶר [1]; 26) δ. ἐν ידע qal[1]; (fr) [Jd 5.14, Pr 3.28, Is 8.8]. Del. 4-5, 16); 2C 35.3, Es 9.16, Jb 20.19, Pr 8.3, Mi 4.7, Ez 20.6.

δυνατῶς 1) בְּכֹחַ [1].

δύο שְׁתַּיִם, שְׁנַיִם.

δυσβάστακτος 1) נֵטֶל [1].

δύσις 1) מָבוֹא [1].

δυσκολία 1) מוֹקֵשׁ [1].

δύσκολος 1) אֵיד [1].

δύσκωφος 1) אִלֵּם [1].

δυσμή 1) אַחֲרוֹן [1]; 2) *a.* בוא qal[8], *b.* מָבוֹא [7]; 3) יָם [2]; 4) Ar. מֶעָל [1]; 5) *a.* מַעֲרָב [12: + Jd 20.33], *b.* מַעֲרָבָה [1], *c.* ערב qal[1], *d.* עֲרָבָה [15: + 1C 6.78]; 6) ἡλίου ~αί אָחוֹר [1]; 7) ἡ πρὸς ~αῖς עֲרָבָה [1].

δυστοκέω 1) קשׁה hi.[1].

δύω 1) אסף qal[2]; 2) בוא *a.* qal[12], *b.* hi.[1]; 3) חבשׁ qal[1]; 5) צלל qal[1]; 6) שׁחח qal[1]; (?) [1:Jn 2.6]. Del. 4); Pr 11.8 v.l.

δώδεκα שְׁתֵּים־עֶשְׂרֵה, שְׁנֵים־עָשָׂר.

δωδεκάμηνος 1) Ar. יַרְחִין תְּרֵי עֲשַׂר [1].

δωδέκατος שְׁתֵּים־עֶשְׂרֵה, שְׁנֵים־עָשָׂר [1+].

δῶμα 1) גַּג [2+: + 2C 28.4].

δωρεά 1) חִנָּם [5+: + Ps 119.7, Si 20.23]; 2) מְחִיר [1]; 3) Ar. מַתְּנָא [1]; 4) Ar. נְבִזְבָּה [2].

δωρέω 1) זבד qal[2]; 2) נתן qal[2]; 3) קָרְבָּן [1]; *5) רום hi.[2: 1E 1.7, 8.55]; *6) Ar. נדב hit.[1: 1E 8.14]. Del. 4).

δωροδέκτης 1) שֹׁחַד [1].

δωροκοπέω 1) שׁחד qal[1].

δωρολήμπτης 1) בּוֹצֵעַ בֶּצַע [1].

δῶρον 1) אֶשְׁכָּר [1]; 2) בֶּצַע [1]; 3) זֶבֶד [2]; 4) לֶחֶם [7]; 5) לֶקַח [1]; 7) מִגְדָּנוֹת [1]; 8) מְחִיר [1]; 9) מִנְחָה [10+: + Je 28.59]; 10) מַשְׂאֵת [2]; 11) מַתָּנָה [2]; 12) נֶדֶר [1]; 13) *a.* קָרְבָּן [74+], *b.* קֻרְבָּן [1]; 14) שֹׁחַד [22: + Is 8.20]; 15) שַׁי [4: + Jb 20.6]; 16) תּוֹדָה [1]; *17) תְּרוּמָה [1: Jd 9.31A]; *18) כֹּפֶר [1: Jb 36.18]; *19) אֶתְנַן [1: Ho 8.9]; (fr) [1E 8.13, Jb 22.9]. Del. 6); Ez 22.25.

E

ἐάν *a)* אִם; *b)* אוּלַי; *c)* גַּם כִּי; *d)* כִּי אִם; *e)* כִּי; *f)* also Ar. הֵן; *g)* אֲשֶׁר; *h)* -הֲ; *i)* ἐάν τε אִם; *j)* ἐὰν καί כַּאֲשֶׁר. x∫

ἔαρ 1) חֹרֶף [3].

ἐάω 1) דמם qal[1]; 3) יהב qal[1]; 4) נוּחַ hi.[2]; 5) ἀθῷον ἐᾶν נקה pi.[1]; 6) נתן qal[1]; 7) רפה hi.[2]; 8) Ar. שׁבק *a.* *pe.[4], *b.* itpe.[1]; 9) שָׁעָה מ׳ qal[1]; *10) שִׁית qal[1: Jb 10.20]. Del. 2); Jb 10.14, Je 41.11 v.l. (> ᾀθέω).

ἑβδομάς 1) *a.* שָׁבוּעַ [6+], **b.* Ar. שְׁבוּעַ [1: To 2.1]; 2) שַׁבָּת [3].

ἑβδομήκοντα שִׁבְעִים.

ἑβδομηκοντάκις 1) שִׁבְעִים [1].

ἑβδομηκοστός 1) שִׁבְעִים [1].

ἕβδομος 1) *a.* שְׁבִיעִי [57+], *b.* שֶׁבַע [10], *c.* שִׁבְעָה [7], *d.* שָׁבוּעַ [2]; 2) שַׁבָּת [2]. Del. Le 23.16, 4K 22.3, Je 52.4 v.l.

Ἑβραῖος *a)* עִבְרִי [18+]; *b)* עֵבֶר [1].

ἐγγαστρίμυθος 1) *a.* אוֹב [8], *b.* בַּעֲלַת־אוֹב [2], *c.* שֹׁאֵל אוֹב [1]; 2) בַּד [1]; 3) יִדְּעֹנִי [2].

ἐγγίζω 3) הרס qal[1]; 4) w. neg. זור qal[1]; 5) חוש hi.[1]; 9) Ar. מטא pe.[2]; 10) נגע *a*. qal[3: + Ps 37.11], *b*. hi.[4: + Si 37.2]; 11) נגשׁ *a*. qal[14+: Mi 4.10 MT *gḥy*, Ps 27.11], *b*. ni.[5], *c*. hi.[8]; 12) קוה pi.[2: + Mi 2.9(?) MT *tqḥw*]; 13) קרב *a*. qal[10+: + Hb 3.2 voc.], *b*. pi.[2: + Ez 36.8], *c*. hi.[5], *d*. Ar. pe.[1], *e*. קָרֵב [5: + Ps 54.18], *f*. קָרוֹב [27], *i*. קִרְבָה [1]; 14) פנה qal[1]; *15) סור qal[1: Si 51.23]; (fr) [Is 38.12]. Del. 1-2, 6-8, 10*c*, 13*g*, *h*); Le 21.3^2, De 22.2^2, Ps 68.3.

ἐγγλύφω 1) חצב ni.[1]; 2) פִּתּוּחַ [1].

ἔγγραπτος 1) כתב qal pass.ptc.[1].

ἐγγραφή *1) מִכְתָּב [1: 2C 21.12*L*].

ἐγγράφω 1) *a*. כתב qal[2: + Da 9.11]. Del. 1*b*, 2); Ex 36.21, Je 17.13, 28.60, 3K 22.46, 2C 34.31 v.l.

ἐγγυάω 1) עֵד [2: + Pr 28.17]; 2) ערב qal[4]; *3) Ar. נתן pe.[1: To 6.13].

ἐγγύη 1) *a*. ערב qal[1], *b*. עֲרֻבָּה [1].

ἐγγύθεν 1) *a*. קָרוֹב [1], *b*. מִקָּרוֹב [1].

ἐγγύς 1) אָח [1]; 2) אָצֵל [1]; 3) מוּל [2]; 4) *a*. קָרוֹב [16+], **b*. Ar. קָרִיב [2: To 3.15, 6.12]; 5) προσάγειν ἐ. קרב qal[1]; 7) ὁ ἐ. רָאָה פְּנֵי qal[1]; (fr)[1: Jb 13.18]. Del. 6); De 2.37v.l.

ἐγείρω 1) בקשׁ pi.[1]; 2) גרה pi.[1]; 5) יקץ qal[2]; 7) נוּעַ hi.[2]; 8) עוּר *a*. qal[1], *b*. ni.[2: + Ez 38.14], *c*. po.[2], *d*. hi.[10]; 9) עלה hi.[2]; 10) עמד hi.[4]; 11) קדשׁ pi.[1]; 12) קוּם *a*. qal[9], *b*. hi.[18: + 1K 5.3]; 13) קִיץ hi.[5]; 14) רוּם hi.[1]; 15) שׁכם hi.[1]; 16) שׁקד qal[2]; 17) תמך qal[2]; (fr) [Da LXX 9.2]. Del. 3-4, 6); Ex 5.8, 23.5, Nu 10.34 v.l., Jl 3.12 v.l.(> ἐξ~).

ἔγερσις 1) קוּם *a*. qal[1], *b*. hi.[1]; *2) יסד ho.[1: 1E 5.59].

ἐγκάθετος 1) ארב qal[1]; 2) חנה qal[1].

ἐγκάθημαι 1) ישׁב qal[14+]; 2) רבץ qal[1]. Del. 3).

ἐγκαθίζω 1) ישׁב *a*. qal[1], *b*. hi.[3]; *3) גּוּר hi.[1: Ez 35.5]. Del. 2).

ἐγκαινίζω 1) *a*. חדשׁ pi.[5: + Is 45.16], **b*. חָדָשׁ [1: Is 16.11]; 2) חנך qal[2].

ἐγκαίνιος 1) חֲנֻכָּה [5].

ἐγκαίνισις 1) חֲנֻכָּה [1].

ἐγκαινισμός 1) also Ar. חֲנֻכָּה [9: + 1E 7.7].

ἐγκαλέω 1) אמר qal[1]; 3) קרא qal[1]; 4) ענה qal[1]. Del. 2).

ἔγκαρπος 1) רָוֶה [1].

ἐγκατάλειμμα 1) אַחֲרִית [2]; 2) מִשְׁאֶרֶת [2]; 3) שְׁאֵרִית [3].

ἐγκαταλείπω 1) בגד qal[6]; 3) יתר *a*. ni.[1], *b*. hi.[1]; 4) כרת ni.[1]; 5) מאס qal[1]; 6) נטשׁ *a*. qal[4], *b*. ni.[1], *c*. pu.[1]; 7) עבר qal[2]; 8) עזב *a*. qal[11+], *b*. ni.[5], *c*. pu.[1]; 10) רפה hi.[3]; 12) שׁאר ni.[1]; 14) שׁיה qal[1]; 15) שׁכח qal[1]; *17) בזה qal[1: Si 3.16A]; (?) [1: Ho 11.9]. Del. 2 [> ἐγκάθημαι], 9, 11, 13, 16); Le 18.25, Ps 26.9, Si 44.8, 13.

ἐγκαταλιμπάνω 1) עזב qal[1].

ἔγκατον 1) עֲטִין [1]; 2) קֶרֶב [2]; *4) גֵּו [1: Jb 41.6]; *5) Ar. מְעִין [1: To 6.5]. Del. 3); Ge 43.30, 3K 17.22 v.l.

ἐγκαυχάομαι 1) הלל hit.[2]; 2) שׁאג qal[1]; 3) שׁבח hit.[1].

ἔγκειμαι 1) חפץ qal[1]; 2) יֵצֶר [1]; 3) נפל qal[1].

ἐγκισσάω 1) יחם *a*. qal[1: - Ge 30.39], *b*. pi.[3].

ἐγκλείω 1) סגר ni.[1].

ἔγκληρος 1) נַחֲלָה [1].

ἐγκλοιόω 1) ענד qal[1].

ἐγκοίλιος 1) קֶרֶב [2].

ἔγκοιλος 1) עָמֹק [2].

ἐγκολαπτός 1) פִּתּוּחַ [1]; 2) קלע qal[1].

ἐγκολάπτω 1) *a*. קלע qal[1], *b*. מִקְלַעַת [1].

ἐγκολλάω 1) נגע hi.[1].

ἔγκοπος 1) ~ον ποιεῖν יגה hi.[1]; 2) *a*. ~ον ποιεῖν יגע hi.[1], *b*. יָגֵעַ [1].

ἐγκοτέω 1) שׂטם qal[2].

ἐγκότημα 1) מְחִתָּה [1].

ἐγκρατεύομαι 1) אפק hit.[2]. Del. Es 5.10 v.l.

ἐγκρατέω 1) חזק hi.[1].

ἐγκρατής 1) תפשׂ qal[1]; 2) ἐ. γίνεσθαι חזק *hi.[1]; *3) צָרוּר [1: Si 26.15]; *4) Ar. תקף pe.[1: To 6.4].

ἐγκρίς 1) לָשָׁד [1]; 2) צַפִּיחִית [1].

ἐγκρούω 1) תקע qal[2: + Jd 4,21].

ἐγκρύπτω 1) חבא ni.[1]; 2) טמן qal[3]; 3) עוּג qal[1]; 4) צפן qal[1].

ἐγκρυφίας 1) *a*. מָעוֹג [1], *b*. עֻגָה [7].

ἐγκτάομαι 1) אחז ni.[1].

ἔγκτησις 2) מִקְנֶה [1]. Del. 1); Le 25.13, 16b, 4K 4.13 v.l.

ἔγκτητος 1) אֲחֻזָּה [1]; 2) *a*. מִקְנֶה [1], *b*. קִנְיָן [1].

ἐγκυλίω 1) עלס hit.[1].

ἔγκυος *1) ἔ. γίνεσθαι זרע hi.[1: Si 42.10].

ἐγκύπτω Del. 1) 3K 6.29 v.l.; 2) Ct 6.10 v.l.

ἐγκωμιάζω 1) הלל *a*. pi.[2], *b*. pu.[1], *c*. מַהֲלָל [1]; 2) *בְּרָכָה [1].

ἐγκώμιον 1) בְּרָכָה [1].

ἐγρήγορος 1) Ar. עִיר [1]; *2) עוּר qal[1: La 4.14].

ἐγχειρέω 1) זמם qal[1]; 4) שִׂים qal[1]; 5) כרה qal[1]; *6) נסה pi.[1: Je 29.16 MT נשׂא]. Del 2, 3).

ἐγχείρημα 1) מְזִמָּה [2].

ἐγχειρίδιον 1) חֶרֶב [4]; 2) כִּידוֹן [1].

ἐγχέω 1) יצק qal[3]; 2) רוק ho.[1]; 3) שׂוּם qal[2]. Del. 4) Nu 35.33 v.l.

ἐγχρίω 1) קרע qal[1]; *2) Ar. כחל pe.[1: To 6.9].

ἐγχρονίζω 1) אחר pi.[1]; 2) תּוֹחֶלֶת [1].

ἐγχώριος 1) אֶזְרָח [4]; 2) אֶרֶץ [1].

ἐδαφίζω 3) נפץ pi.[1]; 4) רטשׁ pu.[3], **b*. pi.[1: Ez 31.12]. Del. 1-2).

ἔδαφος 1) Ar. אַרְעִי [1]; 2) אֶרֶץ [4]; 3) מוֹסָד [1]; 4) עָפָר [4]; 5) קַרְקַע [6].

ἔδεσμα 1) דַּחֲוָה (?)[1]; 2) מַטְעַמִּים, מַטְעַמּוֹת [6+]. Del. 3).

ἕδνον *1) מֹהַר [1: 1K 18.25*L*].

ἕδρα 1) טְחֹרִים Q [8] and 2) עֳפָלִים K [5].

ἑδράζω 1) טבע ho.[1]. Del. 2) Ps 89.2 v.l.; 3) 3K 3.1 v.l.

ἐθισμός 1) τὰ καθ' ἐθισμόν דֶּרֶךְ [1]; 2) מִשְׁפָּט [1].

ἔθνος 2) *a*. אֻמָּה [8], *b*. לְאֹם [12]; 3) אֶרֶץ [2]; 4) גּוֹי [156+: + Na 3.3, Pr 26.3, Is 60.5]; 5) הָמוֹן [2]; 13) עַם also Ar. [50: + Nu 24.7, Pr 24.66, Es 10.3], **a*. οἱ ἐκ τοῦ ἔθνους עַם הָאָרֶץ [1: 1E 1.34]; 15) ἀλλογενὴ ἔ. בֶּן־נֵכָר [1]; (fr) [Pr 29.9, Is 38.8, 37.26]; (-) [+ Ge 36.40, De 9.4a, 1C 29.11, Ps 113.12]. Del. 1, 6-12); De 12.2, 32.42, Ne 9.30, Je 3.19a, 28.49, Ez 39.27b.

ἔθω 1) כְּפַעַם בְּפַעַם [1].

εἰ *a*) -הֲ; *b*) אִם; *c*) εἰ μή לוּלֵא, לוּלֵי [+ Nu 22.33 MT ’*wly*]; *d*) לוּ; *e*) ὡς εἰ כַּאֲשֶׁר; *f*) εἰ δὲ μή פֶּן; *g*) כִּי. Del. Mi 6.8 (*pace* Zgl.). x∫

εἶδον 3) הִנֵּה [3]; 4) חזה *a*. qal[18:+ Jb 27.12], *b*. Ar. pe.[21:+ To 3.9]; 5) חלם qal[7]; 6) ידע *a*. qal[2], *b*. pi.[1]; 8) מצא qal[2]; 9) נבט hi.[4]; 10) נָשָׂא עֵינַיִם qal[1]; 11) פוק hi.[1]; 12) צפה qal[1]; 13) ראה *a*. qal[199+: + Ge 43.18, 1K 14.29^{2}, To 11.13, Jb 28.25, Ez 1.18], *b*. ni.[3], *c*. hi. [1], *d*. מַרְאֶה [2]; 14) ἀγαθὸς τῷ ἰδεῖν תֹּאַר [1]; *15) Ar. הָא [1: To 2.2]; (fr) [Jb 34.17, 35.13, Is 26.14, 30.19, 34.15, 37.17, 46.5, 57.11]; (-) [1K 21.8, 2C 20.24]. Del. 1-2, 6*c*-7); Ex 8.10, 11.7, 33.13, Le 23.43, De 29.3, 34.6, 1K 10.11, 16.16, 4K 3.15, 10.10, Es 4.14, Jb 19.14, 19, 23.4, 28.16, 34.16, 38.12, Ps 138.24b, Ec 2.19, 3.21, Am 5.16, Is 6.9, Je 10.25, 16.13, 22.10.

εἶδος 1) מַרְאֶה [9+: + Jb 33.16]; 2) מִשְׁפָּחָה [1]; 3) מִשְׁפָּט [1]; 4) עַיִן [4]; 5) עַפְעַפַּיִם [1]; 6) εἶδος στερεώματος עֶצֶם [1]; 7) שִׁית [1]; 8) תֹּאַר [10]; 9) ἀγαθὸς τῷ εἴ. תֹּאַר [1]; 10) καλὸς τῷ εἴ. יָפֶה [1]; 11) עֶצֶם [1]; (fr) [1: Is 53.3]. Del. Si 45.11 v.l.

εἰδωλεῖον 1) בֵּית אוֹצַר אֱלֹהִים [1]; *2) בית אֱלֹהִים [1: 1E 2.9].

εἴδωλον 1) אֵל [3: + Is 1.29]; 2) *a*. אֱלוֹהַּ [7], *b*. Ar. אֱלָהּ [4]; 3) also Ar. אֱלִיל [6: + To 14.6]; 4) בָּמָה [1]; 5) בַּעַל [3]; 6) גִּלּוּלִים [18]; 7) הֶבֶל [3]; 8) חַמָּן [2]; 9) מִפְלֶצֶת [1]; 10) *a*. עֹצֶב [1], *b*. עָצָב [11]; 11) *a*. פְּסִילִים [3], *b*. פֶּסֶל [3]; 12) צֶלֶם [2]; 13) שָׂעִיר [1]; 14) שִׁקּוּץ [3]; 15) תְּרָפִים [3]; *16) אֲשֵׁרָה [1: 2C17.6*L*]. Del. Zp 1.5 v.l.(> δῶμα), Is 36.18.

εἰκάζω 1) חקר ni.[1].

εἰκάς 1) עֶשְׂרִים [11+: + Ge 7.11, 8.3]. Del. Zc 7.1 v.l.(> τέταρτος).

εἰκοσαετής 1) בֶּן עֶשְׂרִים שָׁנָה [21]. Del. †); Nu 4.3, 23, 30, 35, 39, 43, 47, 8.24 v.l.

εἴκοσι עֶשְׂרִים.

εἰκοστός 1) עֶשְׂרִים [27]. Del. Le 27.5 v.l.

εἰκών 1) דְּמוּת [1]; 2) סֵמֶל, סֶמֶל [3]; 3) פֶּסֶל [2]; 4) *a*. צֶלֶם [8+], *b*. Ar. צְלֵם [31]; *6) תְּמוּנָה [1: Ho 13.2]; (fr) [Da LXX 2.31^{c}]. Del. 5).

εἰλέω 1) אֵזוֹר [1]; 2) גלם qal[1]; 3) לוט qal[1]. Del. 4) Jb 40.21 v.l.

εἶμι 1) *a*. הלך qal[2: + Pr 6.3], **b*. hit.[1: 1K 25.15]. Del. Ez 7.12 v.l.

εἶπον 1) אמר *a*. qal[1032+: + Ez 5.6, 20.13a, To 10.7+], *b*. ni.[4+: + Ho 1.10, Da LXX 8.26 (ερρεθη > ευρεθη, Montg. 355)], *c*. Ar. pe.[8+: + To 3.13+], *d*. אֹמֶר [2]; 2) κακῶς ἐρεῖν ארר qal[1]; 4) εἰπεῖν ῥῆμα εἰς / πρός ברך pi.[1]; 5) *a*. דבר pi.[42+: + 2K 3.17], *b*. דָּבָר [6], *c*. הָיָה דָבָר qal[1]; 6) דמה pi.[2]; 7) ידע *hi.[1]; 8) ירה hi.[1]; 9) מלל Ar. pa.[2: + To13.18b]; 10) καθὼς εἶπε מַשְּׂאֵת [1]; 11) *a*. משׁל qal[2], *b*. εἰπεῖν παραβολήν משׁל qal[1]; 12) נאם qal[16]; 13) נגד hi.[5: + Is 48.5 transp.]; 15) סות hi.[1]; 16) *a*. ענה qal[8: + Is 65.24], *b*. Ar. pe.[15]; 18) פֶּה [1]; 19) צוה pi.[4]; 20) κακῶς εἰπεῖν *vel* ἐρεῖν קלל pi.[4]; 21) קרא *a*. qal[5]; 24) שׁמע hi.[1]; 25) *a*. תוב Ar. af.[1], *b*. שׁוב hi.[1: Jb 11.10]; 27) Ar. חוה af.[1]; *28 נטל qal[1: 2K 24.12*L*]; (fr) [Jb 31.29, 32.11]; (-) [16: + Ge 50.21, Jo 2.14b, 1K 28.13b]. Del. 3, 14, 17, 22-3, 26); Nu 22.20b, Jo 23.4b, Jd 9.27, 1K 26.3, 2K 15.15b, 24.12, 4K 3.21, Zc 5.9, La 3.36.

εἴργω *1) בהל pi.[1: 1E 5.69].

εἰρηνεύω 1) שְׁלֵה הֲוָה Ar. pe.[1]; 2) *a*. שָׁלֵו verb qal[1], *b*. adj.[1]; 3) שׁלם *a*. hi.[1], *b*. ho.[2], *c*. שָׁלוֹם [3]; 4) שׁקט qal[3].

εἰρήνη 1) בֶּטַח [7: - Jb 11.18, Pr 3.23]; 5) שַׁלְוָה [2]; 6) *a*. שָׁלוֹם [18+: + Mi 2.8, MT שלמה; Ps 84.8, Ez 34.29, To 14.1], **b*. διατίθεσθαι ~ην שׁלם hi.[1: 1C 19.19*L*], *c*. Ar. שְׁלָם [7: + To 14.1]; 7) שׁקט qal[1]. Del. 2-4, 6*c*); 2E 4.16, Is 45.25.

εἰρηνικός 1) כֵּן [5]; 2) *a*. שָׁלֵם qal[1], *b*. שָׁלוֹם [13: + Mi 7.3, voc.], *c*. שָׁלֵם adj.[2], *d*. שֶׁלֶם [14].

εἰρηνοποιέω Del. 1) לבט ni.

εἷς *a*) אֶחָד, אַחַת; *b*) w. neg., כֹּל; *c*) Ar. חַד; *d*) זֶה. x∫

εἰσάγω 2) בוא *a*. qal[3: + Ex 26.29], *b*. hi.[44+: + Ex 26.29, 2K 11.15], *c*. ho.[5: + Ez 27.15]; 3) הלך hi.[1]; 8) לקח *a*. qal[1], *b*. ho.[1]; 9) נהג pi.[1]; 10) עלל Ar. *a*. af.[6], *b*. oph.[2]; 14) נגשׁ hi.[1]; (fr) [Pr 23.7]. Del. 1, 4-7, 11-3, 15); Ex 23.10, Jo 2.3, Jd 19.4, 3K 12.20, Je 22.7, 42.2, Da LXX 1.18*bis*.

εἰσακούω 1) *a*. אזן hi.[4: + Ps 151.3 11QPs^{a}, Zc 1.4b], *b*. גָּלָה אֹזֶן qal[1]; 2) חוּשׁ qal[1]; 4) w. neg. מאן pi.[1]; 5) w. neg. מרה qal[1]; 6) ענה *a*. qal[2+: + Jb 37.23, Ps 151.3 11QPs^{a}], *b*. ni.[1], *d*. מַעֲנֶה [1]; 7) עתר ni.[1]; 8) *a*. קשׁב hi.[2]; 9) רצה qal[1]; 10) שׁמע *a*. qal[73+: + Zc 1.4b], *b*. ni.[2]; 11) שׁמר qal[4]. Del. 3, 6*c*, 8*b*, 10*c*); Ex 11.10, De 11.13, 28, 13.18, 19.9, 28.1, 2, 30.2, Jb 5.1, 9.14, 16a, Zc 1.4a, Je 23.22, 40.6 v.l.

εἰσβλέπω 1) פנה qal[2]; 2) ראה qal[1].

εἰσδέχομαι 1) קבץ *a*. qal[4], *b*. pi.[10], *c*. קְבוּצָה [1].

εἰσδύω 1) בּוֹא qal[1].

εἰσεῖδον Del. 1) v.l.

εἴσειμι 1) בּוֹא qal[3].

εἰσέρχομαι 2) Ar. אזל pe.[1]; 3) אסף ni.[2]; 4) *a*. בּוֹא qal[181+: + 1K 1.24, To 10.7; Na 2.12, *y* > *w*; Zc 7.3, metath.], *b*. hi.[3], *c*. ho.[1], *d*. ποιεῖν εἰσ. בּוֹא hi.[1]; 5) גלה ni.[1]; 6) הלך *a*. qal[2: + 1E 8.61], *b*. hi.[1]; 8) ירד qal[2]; 10) לקח ni.[1]; 11) נגשׁ ni.[1]; 12) עבר qal[2]; 13) עלה qal[1]; 14) *a*. Ar. עלל pe.[8: To 6.9+], *b*. ho.[1]; 17) קרב qal[1: - Le 18.19 v.l.]; (-) [1K 5.12]. Del. 1, 7, 9, 15-6, 18-9); Jd 20.8, Is 13.20b.

εἰσκύπτω 1) שׁקף qal[1].

εἰσόδ(ε)ιος *1) בּוֹא qal[1: Da TH 11.13].

εἰσοδιάζω 1) בּוֹא ho.[2].

εἴσοδος 1) בּוֹא *a*. qal[22: + Ps 120.8], *b*. hi.[1], *c*. מָבוֹא [12], *d*. מוּבָא [1]; 3) זִיז [1]; 5) סַף [1]; 6) פֶּתַח [1]. Del. 1*d*, 2, 4).

εἰσπηδάω 1) בּוֹא qal[1].

εἰσπορεύομαι 1) בּוֹא *a*. qal[56+: 1K 18.16, 4K 3.24*bis*, Ez 26.10b], *b*. בָּאָה [1]; 2) הלך qal[3]; 3) יצא qal[3]; 5) עבר qal[3]; 6) עלה qal[1]; 7) Ar. עלל pe.[4: + To 6.14]. Del. 4); Nu 4.19, 1K 26.6, Jn 3.4, Je 23.19, Da TH 10.20 v.l.

εἰσσπάω 1) בּוֹא hi.[1].

εἰσφέρω 1) אסף qal[4: + Is 23.3]; 2) בּוֹא *a*. qal[5], *b*. hi.[24+], *c*. ho.[7]; 4) Ar. עלל af.[1]; 6) שׁוב qal[2]. Del. 3, 5); Ex 16.5b, 34.26.

εἰσφορά 1) כִּפֻּרִים [1]; 2) תְּרוּמָה [3].

εἶτα 3) וְ [5: + Pr 6.11, 7.13]; 4) וְאַחַר דִּבְרֵי [1]; 5) כִּי אָז [1]. Del. 1, 2).

ἕκαστος 1) אָדָם [1]; 2) *a.* אֶחָד [2], *b.* εἷς .. ἕκαστος אִישׁ־אֶחָד אִישׁ־אֶחָד [2]; 3) *a.* אִישׁ [95+], *b.* אִישׁ אִישׁ [3], *c.* רֵעַ .. אִישׁ [1], *d.* אִשָּׁה [4], *e.* כָּל־אִישׁ [1], *f.* εἷς ἕ. אִישׁ [1], *g.* ἀνὴρ ἕ. אִישׁ [1]; 4) καθ᾽ ἕ. ἡμέραν *a.* יוֹם בְּיוֹם [2], *b.* כָּל־יוֹם וָיוֹם [1], *c.* יוֹם וָיוֹם [1], *d.* ἑ. ἡμέρα יוֹם בְּיוֹם [1]; 5) כֹּל [6]; 8) καθ᾽ ἑ. ἡμέραν תְּמוֹל שִׁלְשׁוֹם [1]; (fr) [1C 28.16, 17, 1E 9.13, Is 42.25]. Del. 6, 7); 3K 14.8, 2C 6.23, 31.16, Am 1.11 v.l.

ἑκάτερος 1) אָחוֹת [1]; 2) *a.* אִישׁ [3], *b.* אִשָּׁה [1]. Del. 3); Ez 1.23 v.l.

ἑκατόν מֵאָה.

ἑκατονταετής 1) בֶּן מֵאָה־שָׁנָה [1].

ἑκατονταπλασίων 1) מֵאָה פְּעָמִים [1].

ἑκατονταπλασίως 1) מֵאָה פְּעָמִים [2].

ἑκατόνταρχος 1) שַׂר מֵאוֹת [19].

ἑκατοντάς 1) מֵאָה [3].

ἑκατοστεύω 1) מֵאָה [1].

ἐκβαίνω 1) עלה qal[4]; 2) יצא qal[1]. Del. Si 12.8.

ἐκβάλλω 2) גרף qal[1]; 3) גרשׁ *a.* qal[6], *b.* pi.[16+: + 2K 7.23, La 3.16 MT גרס], *c.* pu.[2: + Ps 108.10]; 5) זנח hi.[1]; 6) טול *a.* hi.[1], *b.* pilp.[1]; 7) טרד qal[1]; 8) יצא hi.[7]; 9) ירשׁ *a.* qal[1], *b.* hi.[3]; 11) נדח hi.[1]; 12) נשׁל pi.[1]; 14) נתשׁ qal[2]; 15) סער pi.[1]; 16) עבר hi.[1]; 18) פלט hi.[1]; 19) קוא hi.[1]; 20) שׁלח *a.* qal[1], *b.* pi.[2]; 21) שׁלך *a.* hi.[6], *b.* ho.[1]; *22) Ar. שׁדה af.[1: Ps 26.11]; (fr) [2C 11.16]. Del. 1, 4, 10, 13, 17); De 23.24, Jo 15.8, Jb 22.22, Si 12.8, Je 23.31 v.l.

ἐκβιάζω 1) אכף qal[1]; 2) ירשׁ qal[1]; 3) כבשׁ qal[1]; 4) נקשׁ pi.[1].

ἐκβλαστάνω 1) פרח qal[1]; 2) צמח hi.[2].

ἐκβλύζω 1) פרץ qal[1].

ἐκβοάω 1) קרא qal[1].

ἐκβολή 1) גרשׁ pi.[1]; 2) ~ὴν ποιεῖσθαι טול hi.[1]. Del. 3) Ez 47.8 v.l.

ἐκβράζω 1) ברח hi.[1].

ἐκβρασμός 1) מְבֻלָּקָה [1].

ἐκγελάω 1) לעג hi.[2]; 2) שׂחק qal[3]; *3) כזב pi.[1: 4K 4.16*L*].

ἐκγεννάω *2) ילד qal[1: MT ילדות]. Del. 1).

ἔκγονος 1) אַחֲרִית [2]; 2) *a.* בֵּן [2], *b.* בְּנֵי בָנִים [1]; 3) דּוֹר [4]; 4) טַף [4]; 5) *a.* יָלִיד [2], *b.* מוֹלֶדֶת [1]; 6) פְּרִי [9]; 7) צֶאֱצָאִים [3]; 8) נִין [1]; 9) נֵצֶר [1]. Del. 8*b*) v.l.

ἐκγράφω 1) עתק hi.[1].

ἐκδαν(ε)ίζω 1) לוה hi.[2]; 2) נשׁך qal[1]. Del. De 28.12 v.l.

ἐκδέρω 1) פשׁט hi.[4]. Del. 2C 29.34 v.l. (> simp.).

ἐκδέχομαι 1) ערב qal[3]; 3) קבץ pi.[5: + Jl 2.16 (Zgl)]; 4) קצר qal[1]; 5) שׂוּם qal[1]; 7) לקח qal[2: + Si 6.33?]; 8) נשׂא qal[1]. Del. 2, 6); 2K 19.38, Jb 34.33, Is 66.4.

ἐκδέω 1) קשׁר qal[1].

ἐκδιδύσκω 1) פשׁט *a.* qal[2], *b.* pi.[2], *c. hi.[1: 1K 31.9*L*].

ἐκδίδωμι 1) ἐκδίδοσθαι εἰς ἀπώλειαν Ar. אבד af.[1]; 2) היה qal[1]; 3) יצא hi.[2]; 4) *a.* נתן qal[1], **b.* נָתַן לְחֹק qal[1: 1E 1.30]. Del. Si 7.26, Je 31.17 v.l.

ἐκδιηγέομαι 1) ספר *a.* pi.[6], *b.* pu.[1]; 2) שִׂיחַ qal[1]; 3) שׁעה *a.* hi.[1], *b.* hit.[1]; *4) שׁנן pi.[1: Si 42.15 MS M].

ἐκδικάζω 1) נקם qal[2].

ἐκδικέω 1) דרשׁ qal[1]; 3) נקם *a.* qal[9+: + De 32.43; Jl 3.21 MT *nqyty*; Na 1.9 voc.], *b.* ni.[3+: Zc 5.3*bis*, MT *nqh*], *c.* pi.[4], *d.* ho.[1], *e.* hit.[3], *f.* ἐκδικούμενα παραλύειν נקם ho.[1], *g.* ἐκδικεῖσθαι ἐκ נָקָם ho.[1], *h.* נָקַם מִ׳ ni.[2], *i.* נְקָמָה [1]; 4) *a.* פקד qal[13+], *b.* w. עַל [3], *c.* w. אֶל [1], **d.* hit.[1: Ez 19.12]; 6) רִיב qal[2]; 7) שׁפט *a.* qal[8], *b.* ni.[1]; *8) עָנַשׁ [1: Si 30.19]. Del. 2, 5); Si 12.8, Zc 5.3.

ἐκδίκησις 1) אַף [1]; 2) *a.* ~ιν ποιεῖσθαι נקם ni.[5], *b.* נָקָם [15], *c.* נְקָמָה [21]; 3) *a.* פקד qal[1], *b.* פְּקֻדָּה [5]; 4) *a.* שׁפט qal[1], *b.* שֶׁפֶט [8], *d.* מִשְׁפָּט [5]; 5) תֹּאֲנָה [1]; 6) תּוֹכַחַת [1]. Del. 4*c*).

ἐκδικητής 1) נקם hit.[1].

ἐκδιώκω 1) ברח hi.[2]; 2) הדף qal[1]; 3) טרד Ar. pe.[3]; 5) צמת hi.[2]; 6) רדף qal[3]; 7) רוץ *b.* hi.[2]; 8) רחק hi.[1]. Del. 4, 7*a*); Si 30.19, 39.30 v.l.

ἐκδύω 1) חלץ *a.* qal[1], *b.* ni.[1]; 2) פשׁט *a.* qal[7], *b.* hi.[9], *c.* hit.[1], **d.* pi.[1: 1K 31.8*L*]; 3) פתח hit.[1]. Del. Le 16.24, Si 43.20 v.l.

ἐκεῖ 1) אֲלֵיהֶם [1]; 2) *a.* בּוֹ [2], *b.* בָּהּ [8], *c.* בָּם [3]; 4) הָלְאָה [2]; 5) הֲלֹם [2: + 1K 20.37]; 7) עָלָיו [3]; 8) *a.* שָׁם [136+: + Am 9.3, 4, regarded as dittography; Ne 13.9, Ps 49.23, Is 57.7], *b.* שָׁמָּה [76+: + De 28.37^2, To 13.4, Je 13.16], *c.* מִשָּׁם [1], *d.* Ar. תַּמָּה [2], **e.* Ar. תַּמָּן [1: To 13.4]. Del. 3, 6); Ge 18.31^2, 45.10^2, Zc 14.17, 18 v.l.

ἐκεῖθεν 1) מֵהֶם [1]; 2) *a.* מִשָּׁם [43+]; *b.* שָׁם [7], *c.* שָׁמָּה [2], *d.* Ar. מִן־תַּמָּה [1]. Del. De 7.8 v.l.

ἐκεῖνος 1) Ar. pl. *a.* אִלֵּךְ [9], *b.* אִלֵּן [1]; 2) Ar. אִנּוּן [1]; 3) *a, b* אֵת (אֹתָהּ, אֹתוֹ) [3]; 4) Ar. *a, b* דָּךְ, דֵּךְ [11], *c.* דִּכֵּן [6]; 5) pers. suf.[17]; 6) *a, b, d.* הַהוּא, הַהִיא etc.[150+], *c.* הוּא [4+]; 7) *a, b, c, d* הָהֵם, הֵמָּה, הַהֵמָּה, הָהֵנָּה [11+]; 8) *a, c* הַזֶּה, הַזֹּאת [11: - De 2.7 v.l.], *b.* זֹאת [3]; 9) *a, b, c.* הַלָּז, הַלָּזֶה, הַלֵּזוּ [9]; 10) הֵנָּה [1]; 11) כֵּן [1]; (?) [Zc 14.17]. Del. Ge 26.20, 37.24, 50.11, De 22.17, Je 23.6, Zc 13.8 v.l.

ἐκεῖσε *2) שָׁם [1: Jb 39.29 MT מִשָּׁם]. Del. 1).

ἐκζέω 1) יתר hi.[1]; 2) נכה hi.[1]; 3) רום qal[1]; 4) *a.* רתח pu.[1]; 5) שׁרץ qal[1]. Del. 4*b*); Ez 24.5 v.l.

ἐκζητέω 1) בקר pi.[1]; 2) בקשׁ pi.[7+: + De 12.30a]; 3) דרשׁ *a.* qal[19+: 2E 10.16, Si 51.14; Am 9.2 MT *yyršw*], *b.* ni.[1]; 5) חלה pi.[1]; 6) חקר qal[3]; 9) נצר qal[11]; *13) תור qal[1: Si 51.21]. Del. 3*c*, 4, 7-8, 10-2); Ps 118.15, Is 34.16, Je 43.24.

#**ἐκζήτησις** 1) מִדְרָשׁ [1: 2C 13.22*L*].

ἔκθαμβος 1) Ar. אֵימְתָנִי [1].

ἔκθεμα 1) דָּת [1]; 2) רָמָה [1]. Del. Es 8.14 v.l.

ἐκθερίζω 1) קצר qal[3].

ἔκθεσις 1) דָּבָר [1].

ἐκθηλάζω 1) מצץ qal[1].

ἐκθλιβή (fr) [1: Mi 7.2]. Del. 1).

ἐκθλίβω 1) איב qal[1]; 2) דחה qal[1]; 3) דחק qal[1]; 4) כתת qal[1]; 5) לחץ *a.* qal[6: + Ez 34.21], *b.* לַחַץ [1]; 6) מחץ qal[1]; 8) צוק hi.[2]; 9) צרר *a.* qal[2: + Mi 7.2, *d* > *r* and

voc.], *b.* hi.[2], *c.* צָר [1]; 10) שׁחט qal[1]; 11) אכף qal[1]; *12) נגע qal[1: 2K 23.7*L*]. Del. 7); Si 40.14 v.l.

ἐκκαθαίρω 1) בער pi.[1]; 2) ברא pi.[1]; 3) צרף qal[1].

ἐκκαθαρίζω 1) בער pi.[1]; 2) ברא pi.[1]; 3) דוּחַ hi.[1]; 4) כפר pi.[1]. Del. Jo 17.15 v.l.

ἐκκαίδεκα שִׁשָּׁה עָשָׂר, שֵׁשׁ עֶשְׂרֵה.

ἐκκαιδέκατος 1) שִׁשָּׁה עָשָׂר.

ἐκκαίω 1) Ar. אזא pe.[4]; 2) בער *a.* qal[16: + Ps 117.12, Si 23.16], *b.* pi.[4], *c.* hi.[3]; 3) דלק *a.* qal[1], *b.* hi.[2]; 5) חדל qal[1]; 7) חמץ hit.[1]; 8) חרה qal[1]; 9) יצת ni.[3]; 11) נתך *a.* qal[1], *b.* ni.[1]; 12) עור hi.[1]; 13) עשׁן qal[1]; 14) פוּחַ *a.* hi.[6], **b.* ni.[1: Si 51.4]; 15) פתח ni.[1]; 16) קדח qal[2]; 17) נשׂק, נסק hi.[2]; 19) יקד qal[1]; *20) רשׁף qal[1]; *21) צָלֵחַ qal[1: Si 8.10]. Del. 4, 6, 10, 18 > 17); Ps 120.6, Ez 24.11 v.l.

ἐκκαλέω 1) קָרָא אֶל־ qal[2].

ἐκκαλύπτω 1) גלה ni.[1].

ἐκκενόω 1) מצה qal[2]; 2) נתק *a.* qal[1], *b.* ho.[1]; 3) ערה pi.[4]; 4) רוק *a.* hi.[5], *b.* ho.[1].

ἐκκεντέω 1) דקר *a.* qal[2], *b.* pu.[2]; 2) הרג qal[1]; 3) טען pu.[1].

ἐκκήρυκτος 1) עֲרִירִי [1].

ἐκκινέω 2) סער ni.[1]. Del. 1) סור v.l. at Pr 16.17.

ἐκκλάω 1) שׁסע pi.[1].

ἐκκλησία 1) *a.* לַהֲקָה [1], *b.* מַקְהֵלִים [1], *c.* מַקְהֵלוֹת [1], *d.* קָהָל [7+: + Si 30.27], *e.* קְהִלָּה [1].

ἐκκλησιάζω 1) כנס qal[1]; 2) קהל hi.[5]. Del. 1C 13.5 v.l.

ἐκκλησιαστής 1) קֹהֶלֶת [8]

ἔκκλητος *1) קְהִלָּה [1: Si 42.11].

ἐκκλίνω 1) בּוֹא qal[1]; 2) גזר qal[1]; 3) דלק qal[1]; 4) חטא hi.[1]; 5) חלץ qal[1]; 8) מוט *a.* hi.[1], *b.* ni.[2]; 9) מנע qal[1]; 10) נאץ qal[1]; 11) נטה *a.* qal[9+: + 1K 25.14, Jb 23.11], *b.* hi.[7+: + Jl 2.7 MT *y'bṭwn* > *yṭwn* or *y'wṭwn*, cf. Wellhausen ad loc.; Jb 39.32], *c.* ἐ. κρίσιν נטה hi.[1]; 12) נתשׁ ni.[1]; 13) סבב qal[1]; 14) סוג *a.* qal[1], *b.* ni.[1]; 15) סור *a.* qal[8+: + Pr 10.25], *b.* hi.[4: + Jb 39.32]; 16) עבט pi.[1]; 17) עבר qal[1]; 18) ערץ qal[1]; 19) פנה qal[4]; 20) שׂטה qal[2]; 21) שׂגה qal[2]; 22) שׁמט qal[1]; *24) עדה qal[1: Jb 29.11]; *25) פטר qal[1: 1K 19.10*L*]. Del. 6, 7 > †); Ps 118.50; Si 6.33 (simp.).

ἐκκλύζω 1) שׁטף pu.[1].

ἐκκόλαμμα 1) פִּתּוּחַ [1].

ἐκκολάπτω 1) נקר qal[1]; 2) פתח pu.[1]; 3) קלע qal[1].

ἐκκόπτω 1) *a.* Ar. גדד pe.[2], **b.* √גדד [1: Zc 12.11 MT *mgdwn*]; 2) גדע *a.* ni.[1], *b.* pi.[4: + Ps 73.6?], *c.* pu.[1]; 3) חבל Ar. pa.[1]; 4) כרת *a.* qal[10], *b.* ni.[1], *c.* hi.[2], *d.* pu.[1]; 5) נכה hi.[6]; 6) נסע hi.[1]; 7) נפל hi.[1]; 8) נקר *a.* qal[1], *b.* pi.[2]; 9) נתשׁ qal[1]; 10) קֵץ [1]; 11) רעע Ar. pe.[1].

ἐκκρέμαμαι 1) קשׁר [1].

ἐκκρούω 1) נדח ni.[1].

ἐκκύπτω 1) צוּץ hi.[1]; 2) שׁקף *a.* ni.[2], *b.* hi.[1].

ἐκλαμβάνω 1) גאל qal[1]; 2) לקח qal[3: + Jb 22.22, Je 23.31, 39.33]. Del. Jb 31.39 v.l.

ἐκλάμπω 1) אוֹר hi.[1]; 2) *a.* זהר hi.[1], **c.* זְהִירָה [1]; 3) נגהּ hi.[1]; 4) שׂרק hi.[1]. Del. 2*b*).

ἐκλατομέω 1) חצב qal[1]; 2) כרה qal[1].

ἐκλέγω 1) בחר qal[34+]; 3) ברר *a.* qal[3: + 1K 17.8 voc.], *b.* pi.[2], *c.* hit.[1]; 4) לקח qal[1]; 5) קבל pi.[1]; 7) תּור qal[1]. Del. 2, 6); Si 35.14 v.l.

ἐκλείπω 1) אבד qal[1]; 2) אזל qal[1]; 3) אמל pul.[1]; 4) אסף ni.[6: + Zp 1.2, 3 MT *'sp*]; 5) *a.* אָפֵס [3], *b.* אֶפֶס [1]; 6) בצר ni. [1]; 7) גוע qal[9: + Hb 2.13 MT *yyg'w*]; 8) גזר *ni.[1: Hb 3.17 MT *gzr*]; 9) גמר qal[1]; 10) דלל qal[1]; 11) זנח hi.[1]; 12) חדל *a.* qal[8: + Zp 2.9 MT *ḥrwl*, *r* > *d*, and cf. Pr 24.31], *b.* חָדֵל [1]; 13) חלה *a.* qal[1], *b.* ni.[1]; *14) חקר ni.[1: 2C 4.18]; 15) חָרֵב [3]; 16) חרר ni.[2]; 17) חתת *a.* qal[1], *b.* ni.[1]; 20) יָעֵף [2]; 22) כזב pi.[1]; 23) כחד ni.[2]; 24) כלה *a.* qal[26: + Ps 17.37, Je 15.10], *b.* pi.[3], *c.* pu.[1], *d.* כִּלָּיוֹן [2], *e.* כָּלָה noun []; 25) כִּמְעַט [1]; 26) כרת ni.[11]; 27) להה qal[1]; 29) מור hi.[1]; 30) *a.* מוּשׁ qal[2], *b.* מִישׁ [2]; 31) מות qal[2]; 32) נדף *a.* qal[1], *b.* ni.[1]; 33) נטה *qal[1]; 34) נתשׁ ni.[1]; 35) סוף *a.* qal[2]; 36) סור qal[1]; 37) עזב qal[2]; 38) עטף *a.* ni.[1], *b.* hit.[3]; 39) עָיֵף *a.* qal[1], *b.* adj.[3]; 40) עלף hit.[1]; 41) פנה qal[1]; 42) צדה ni.[2: + Je 9.10]; 43) צפן qal[1]; 45) שׁאר ni.[1]; 46) שׁבת *a.* qal[2], *b.* hi.[1]; 47) תמם *a.* qal[19], *b.* ni.[2], *c.* hi.[2]; 48) רקב qal[1]; (†)[1]. Del. 18-9, 21, 24*e*, 28, 35*b*, 44); Zc 11.16, Is 38.11.

ἐκλείχω 1) לחך *a.* qal[1], *b.* pi.[2]; 2) לקק qal[1].

ἔκλειψις 1) אסף qal[1]; 2) אֶפֶס [1]; 3) דלל ni.[1]; 4) חֹסֶר [1]; 5) מַשְׁחִית [1]; 6) תַּכְלִית [1].

ἐκλεκτός 1) בַּד [2: + Ez 19.12]; 2) בחר *a.* qal[8: + 2K 8.8], *b.* ni.[1], *c.* בָּחִיר [14], *d.* מִבְחָר [7], *e.* מִבְחוֹר [2], *f.* בְּחוּרִים [1], *g.* בָּחוּר [6]; 3) *a.* בחן qal[1], *b.* בֹּחַן [1]; 4) *a.* בַּר [3], *b.* ברר qal[4], *c.* ni.[2], *d.* ἐ. εἶναι hit.[2], *e.* בַּרְבֻּרִים [2]; 5) חֶמְדָּה [1]; 6) בְּרִי [1]; 7) בָּרִיא [8+]; 9) דְּרוֹר [1]; 10) בְּרוֹמִים [4]; 11) חֵפֶץ [2: + Ez 27.20]; 16) מַנְעַמִּים [1]; 18) צְבִי [2]; (fr) [2E 5.8]. Del. 8, 12-5, 17, 19-20); 3K 4.23*bis*, Hg 2.22 v.l.; Ez 17.3, 22 (> ἐπι~), 27.22 v.l.

ἐκλευκαίνω 1) לבן hit.[1].

ἔκλευκος 1) לָבָן [1].

ἐκλιμία 1) מְהוּמָה [1].

ἐκλιμπάνω 1) כחד ni.[1].

ἐκλογίζομαι 1) חשׁב *a.* ni.[1], *b.* pi.[1].

ἐκλογιστία *1) Ar. שֵׁיזְפָנוּ [1: To 1.21].

ἐκλοχίζω 1) דגל qal[1].

ἔκλυσις 1) חַלְחָלָה [1]; 2) יָגוֹן [1]; 3) רִפְיוֹן [1].

ἐκλύτρωσις 1) פְּדוּי [1].

ἐκλύω 1) גאל qal[1]; 4) יָעֵף [2: + 3K 21.43]; 5) יפח hit.[1]; 6) לאה hi.[1], **a.* ho.[1: Is 51.20]; 7) מהה hitpalp.[1]; 8) עטף *a.* qal[1], *b.* hit.[1]; 9) *a.* עוּף qal[2], *b.* עָיֵף [2]; *10) עלף pu.[1: Ez 31.15]; 11) פגר pi.[1]; 12) פזז qal[1]; 13) פרק qal[1]; 16) רכך qal[1]; 17) רפה *a.* qal[5], *b.* pi.[2], *c.* hi.[1], *d.* hit.[2], *e.* רָפֶה [1]; 18) שָׁמֵם hitpo.[1]; 20) שׁחח ni.[1]. Del. 2-3, 14-5, 19): 3K 20.4, Jb 20.28, 30.16, Is 52.2, Ho 2.3 v.l.

ἐκμάσσω 1) גלה pi.[1].

ἐκμετρέω 1) מדד *a.* qal[1], *b.* ni.[1]. Del. 1*c*); Ps 107.7 v.l.

ἐκμιαίνω 1) טמא qal[3]. Del. Le 18.25 v.l.

ἐκμυελίζω 1) גרם pi.[1].

ἐκμυκτηρίζω 1) לעג *a.* qal[1], *b.* hi.[1], *c.* לַעַג [1]; *2) עלב hi.[1: 1E 1.49].

ἐκνεύω 1) סוג hi.[1]; 2) סור qal[3]; 3) פנה qal[3].

ἐκνήφω 1) יצא qal[1]; 2) יקץ qal[2]; 3) קִיץ hi.[2].

ἔκνηψις 2) פּוּגָה [2: La 3.49 MT הֲפוּגָה]. Del. 1).

ἐκουσιάζομαι 1) נדב *a*. hit.[5], *b*. Ar. itpa.[3].

ἐκουσιασμός 1) נדב **a*. hit.[1: 1C 29.9*L*], *b*. Ar. itpa.[1].

ἑκούσιος 2) *a*. נדב hit.[2: + Ne 5.8], *b*. נְדָבָה [9], **c*. [1: 1C 28.21*L*]; 3) עתר ni.[1]. Del. 1).

ἑκουσίως 1) בִּנְדָבָה [1]; 2) ἑ. βούλεσθαι נָשָׂא לֵב qal[1]; *3) חֹב 'love' [1: Jb 31.33].

ἐκπαιδεύω 1) גדל pi.[1].

ἐκπαίζω *1) תעע hitpalp.[1: 1E 1.49].

ἐκπειράζω 1) נסה pi.[5].

ἐκπέμπω 1) שׁלח *a*. pi.[5], *b*. pu.[1].

ἐκπεράω 1) גוז qal[1].

ἐκπεριπορεύομαι 1) עבר qal[1].

ἐκπετάζω 1) עוּף *a*. qal[2], *b*. hitpol.[1]; 2) פרץ qal[1]; 3) פרשׂ *a*. qal[9], *b*. pi.[1]; 4) פַּרְשֵׁז [1].

ἐκπέτομαι 3) עוּף qal[1]. Del. 1-2) v.l.

ἐκπηδάω 1) זנק pi.[1]; 2) יצא qal[1]. Del. 3).

ἐκπιέζω 1) זור qal[1]; 2) מִיץ qal[1]; 3) עשׁק qal[1]; 4) צלע qal[1]; 5) רצץ qal[1].

ἐκπικραίνω 1) כעס hi.[1].

ἐκπίνω 1) שׁתה qal[3].

ἐκπίπτω 1) מלל qal[1]; 2) נבל qal[3]; 3) *a*. נפל qal[2], *b*. Ar. pe.[1]; 4) נשׁל qal[1]; 5) סור qal[1]; 6) עָנִי [1]; 7) קהה pi.[1]; 8) *a*. שׁלך hi.[1], *b*. שַׁלֶּכֶת [1].

ἐκπλήσσω 1) שׁמם hitpo.[1].

ἐκπλύνω 1) רחץ qal[1].

ἐκποιέω 1) יָכֹל qal[1]; 2) καθὼς ἂν ἐκποιῇ מַתַּת [1]; 3) נשׂג hi.[1]; 4) ספק, שׂפק *a*. qal[1], **b*. hi.[2: Si 39.11, 42.17].

ἐκπολεμέω 1) לחם ni.[8]; 2) נכה hi.[1]; 3) צָבָא [1].

ἐκπολιορκέω 1) לחם ni.[1]; 2) נכה hi.[1]. Del. Jo 10.34.

ἐκπορεύομαι 2) הלך qal[4]; 5) יצא *a*. qal[50+: + De 31.2, Jo 15.18, 1K 18.16, 3K 10.29, Da 11.30 TH], *c*. מוֹצָא [5]; 6) יצק qal[1]; 7) מִישׁ qal[1]; 8) נפק Ar. pe.[1]. Del. 1, 3-4, 5*b*, 9-11); Jo 15.3^2, Je 17.21.

ἐκπορνεύω 1) זנה *a*. qal[17+], *b*. hi.[7]; *c*. תַּזְנוּת [3: + Ez 16.30]. Del. 2).

ἐκρέω 2) נשׁל qal[1]; *3) נבל qal[1: Is 64.6]. Del. 1).

ἔκρηγμα 1) בקע ni.[1].

ἐκρήγνυμι 1) נתק ni.[1].

ἐκριζόω 2) נתשׁ qal[1]; 3) עקר *a*. ni.[1], *b*. Ar. itpe.[1]; *5) שׁרשׁ pi.[1: Jd 5.14]. Del. 1, 4); Si 3.28 v.l.

ἐκριπτέω, ἐκρίπτω 1) גרשׁ pi.[1]; 2) טול ho.[2]; 3) *Ar. טרה pe.[1: Jd 15.15]; 4) נדף qal[1]; 5) נטשׁ *a*. qal[1], *b*. ni.[1]; 8) שׁלך hi.[1]. Del. 6 v.l.; 7); Si 10.9, Zp 2.4b v.l.

ἔκρυσις Del. 1).

ἐκσαρκίζω Del. 1).

ἐκσείω (-) [4K 3.25*L*].

ἐκσιφωνίζω *2) שׁאב qal[1: Jb 5.5]. Del. 1).

ἐκσπάω 1) גחה qal[1]; 2) יצא hi.[3]; 3) מלט ni.[1]; 4) נסע qal[1]; 5) נצל *a*. ni.[2], *b*. hi.[3], *c*. ho.[2]; 7) נתק qal[1]; 8) נתשׁ ni.[1]; 9) סור hi.[1]; 10) *a*. שׁלך hi.[1], *b*. שַׁלֶּכֶת [1]; 11) שׁלף qal[3]; *12) משׁה qal[1: Ez 17.9]; *13) חלץ pi.[2K 22.20*L*]. Del. 6).

ἐκσπερματίζω 1) זרע ni.[1].

ἔκστασις 2) *a*. זְוָעָה [1], *b*. זַעֲוָה [1]; 3) חפז qal[2]; 4) חֲרָדָה [6]; 5) מְהוּמָה [2]; 6) פַּחַד [3]; 7) *a*. רדם qal[1], *b*. תַּרְדֵּמָה [2]; 8) שַׂעַר [2]; 9) שַׁמָּה [1]; 10) תִּמָּהוֹן [2]; 11) ~σει περιέχεσθαι בהל Ar. pa.[1]; *12) עֶבְרָה [1: Pr 26.10]. Del. 1); Ez 17.3.

ἐκστρατεύω 1) יצא qal[1].

ἐκστρέφω 1) *a*. הפך qal[1], *b*. תַּהְפֻּכָה [1]; 2) פרק pi.[1]; 3) צוד pil.[1]. Del. 1*c*, *d*); Ez 16.34 v.l.

ἐκσύρω 1) גרף qal[1].

ἐκταράσσω 1) בעת pi.[1]; 2) צמת pilp.[1].

ἔκταξις *1) חֲרָדָה [1: 4K 4.13*L*].

ἔκτασις 1) אֵבֶר [1]. Del. Je 5.30 v.l.

ἐκτάσσω 1) מנה pi.[1]; 3) *a*. צבא hi.[1], *b*. צָבָא subst.[1]; *חרד qal[1: 4K 4.13*L*]. Del. 2) v.l.

ἐκτείνω 3) זרה pu.[1]; 4) ישׁט hi.[6]; 5) יָשָׁר [1]; 6) משׁך qal[2]; 7) נטה *a*. qal[19+: + Ez 13.9], *b*. ni.[1], *c*. hi.[2]; 10) נשׂא qal[3]; 11) פרד qal[1]; 12) פרשׂ *a*. qal[7: + Pr 23.32], *b*. pi.[2]; 13) פשׁט qal[4]; 14) קרם qal[1]; 15) רום hi.[1]; 16) שׁלח *a*. qal[9], *b*. pi.[5], *c*. pu.[1], *d*. Ar. pe.[1]; 17) שׁלך hi.[2]; 19) ἐ. τὴν χεῖρα שׁלח qal[1]; 22) נשׂג hi.[1]; 23) שִׁית qal[1]. Del. 1 > 7*a*, 2, 8, 9 v.l., 18 v.l., 20-1); 2K 22.33, Ne 5.13 v.l.

ἐκτελέω 1) כלה qal[1: 2C 4.5]; 2) נתשׁ qal[1]. Del. De 32.45 v.l.

ἐκτέμνω 1) בצע pi.[1].

ἐκτενῶς 1) בְּחָזְקָה [1].

ἐκτήκω 1) דוב hi.[1]; 2) כלה pi.[1]; 3) מסה hi.[1]; 4) צמת pi.[1]; 5) קוט hitpol.[2]; 7) מחה qal[1]. Del. 6) v.l.

ἐκτίθημι 1) גלה qal[1]; 2) נגע hi.[2]; 4) נתן ni.[5]; 5) רשׁם Ar. pe.[1]; 6) שׂוּם qal[1]. Del. 3); Zc 1.16 v.l.

ἐκτίκτω 1) ילד hi.[1].

ἐκτίλλω 1) Ar. גדד pe.[1]; 2) חתה qal[1]; 3) Ar. מרט pe.[1]; 4) נתשׁ *a*. qal[4], *b*. ni.[1]; 5) עקר qal[1]; 6) Ar. קצץ pa.[1]; 7) דעך ni.[1].

ἐκτιναγμός 1) בוּקָה [1].

ἐκτινάσσω 1) בקק qal[2]; 2) חבט ni.[1]; 3) נער *a*. qal[4: + Ne 4.16, 5.15], *b*. ni.[3], *c*. pi.[4: + 2K 22.33 MT *wytr*], *d*. hit.[1]; 4) Ar. נפל pe.[1]; 5) נפץ *a*. qal[1], *b*. pi.[1]; 6) Ar. נתר af.[1]. Del. 7) תור hi.

ἐκτίνω 1) נתן qal[1].

ἐκτοκίζω 1) נשׁך hi.[3].

ἐκτομίας 1) נתק qal[1].

ἐκτός 1) אֶל־מִן [1]; 3) *a*. בְּעַד [1], *b*. מִבַּעַד לְ [3]; 4) זוּלָה [1]; 5) *a*. לְבַד מִן [5], *b*. מִלְּבַד [6: + Jd 3.31]; 6) מִ' [1]; 7) רַק [1]. Del. 2).

ἕκτος 1) *a*. שֵׁשׁ [2], *b*. שִׁשָּׁה [1], *c*. שִׁשִּׁי [11+], *d*. Ar. שֵׁת [2].

ἐκτρέπω 1) הפך qal[1].

ἐκτρέφω 1) גדל *a*. qal[4], *b*. pi.[7: + Pr 23.24]; 2) גמל qal[1]; 3) חיה *b*. pi.[2: + Zc 10.9, voc.], *c*. hi.[1]; 4) כול pilp.[1]; 6) נהל pi.[2]. Del. 3*a*, 5).

ἐκτρέχω 1) רוץ qal[2].

ἐκτριβή 1) שׁמד ni.[1].

ἐκτρίβω 1) אבד qal[1]; 2) חרד hi.[1]; 3) טַלְטֵלָה [1]; 4) ירשׁ *a*. qal[1], *b*. ni.[1], *c*. hi.[1]; 5) כחד *a*. ni.[2: + Ex 9.15 voc.],

c. hi.[1]; 6) כלה pi.[2]; 7) כנע hi.[1]; 8) כרת *a*. qal[1], *b*. ni.[3], *c*. hi.[2]; 9) מוּת hi.[1]; 10) מרק pu.[1]; 11) נתס qal[1]; 12) עכר qal[1]; 14) צרר hi.[1]; 15) שׁאף qal[1]; 18) שׁוּף qal[2: + Jb 30.23]; 19) שׁחת *a*. pi.[2], *b*. hi.[3]; 20) שׁמד *a*. ni.[3], *b*. hi.[5]; 21) חמם qal[1]; 22) שׁחק qal[1]; *24) חרם hi.[1: 2C 20.23*L*]. Del. 5*b*, 13, 16-7, 23); 2C 20.23, Si 5.7, Zc 11.16, Je 43.29 v.l.

ἔκτριψις 1) כרת ni.[1].

ἐκτρυγάω 1) בצר qal[1].

ἔκτρωμα 1) מוּת qal ptc. or adj. מֵת [1]; 2) נֵפֶל [2].

ἐκτυπόω 1) *a*. פתח pi.[1], *b*. פִּתּוּחַ [1]. Del. 2).

ἐκτύπωμα 1) פִּתּוּחַ [1]; *2) צִיץ [1: Si 45.12].

ἐκτύπωσις 1) חקה pu.[1].

ἐκτυφλόω 1) כהה qal[2]; 2) עור *a*. pi.[4], *b*. עִוֵּר [1]; 3) שׁחת pi.[1].

ἐκφαίνω 1) Ar. גלה *a*. pe.[1], *b*. peil [2]; 2) גלה *pi.[1: Si 8.19]; 3) נבע hi.[1].

ἐκφέρω 2) יצא *a*. qal[1], *b*. hi.[27+], **c*. ho.[1: Am 4.3, voc.]; 3) ירה *ho.[1]; 4) לקח qal[1]; 5) Ar. נפק af.[7]; 6) נשׂא qal[2: + Ne 5.11]; 9) שׁלח pi.[1]; 10) שׁלך hi.[1]; 11) κέρατα ἐκ. קרן hi.[1]. Del. 1, 7-8).

ἐκφεύγω 1) חדל qal[1]; 2) יצא qal[2]; 3) נוּס *a*. qal[1], *b*. hi.[1]; 4) סוּר מִנִּי [1]; 5) שָׂרִיד [1]; 6) מלט ni.[1]; *7) פצה ni.[1: To 13.2]. Del. Am 5.19 v.l.

ἐκφοβέω 1) חרד hi.[4]; 2) חתת pi.[3: + Jb 33.16, Ez 32.27]. Del. 2*a*); De 28.26 v.l.

ἔκφοβος 1) יָגֹר qal[1].

ἐκφορά 1) שְׂרֵפָה [3].

ἐκφόριον 1) יְבוּל [2]; 2) מַעֲשֵׂר [1]; 3) פְּרִי [2].

ἐκφύρομαι *2) *שׁכב qal[1: Je 3.2]. Del. 1).

ἐκφυσάω 1) נפח *a*. qal[3], *b*. hi.[1]; 2) נשׁב qal[1].

ἐκφωνέω: 1) Ar. ענה pe.[2]. Del. Da LXX 2.20 v.l.

ἐκχέω 2) זרק qal[1]; 3) יצק *a*. qal[2], *b*. ho.[1]; 5) משׁך qal[1]; 8) נתן qal[2]; 9) פשׁט qal[2]; 10) *ריק hi.[4]; 11) שׁחת pi.[1]; 12) שׁפך *a*. qal[23+], *b*. ni.[9: + Si 20.13], *c*. pu.[3], *d*. hit.[3], *e*. שֶׁפֶךְ [1]; 13) רבה hi.[1]; *14) גִּיחַ qal[1: Si 16.11 *h* > *ḥ*]; *15) נגר ni.[1: 1K 14.14*L*]; (?) [1: Ho 12.14]. Del. 1, 4, 6, 7); 4K 22.13, Ma 3.3, Je 7.20, Ez 23.33 v.l.

ἔκχυσις 1) *a*. שׁפך qal[1], *b*. שֶׁפֶךְ [1].

ἐκχωρέω 1) ברח qal[1]; 2) צפר qal[1]; 3) רום ni.[1].

ἐκψύχω 1) כהה pi.[1]; 2) עוּף qal[1]; *3) שׁמם qal[1: 2K 13.20*L*].

ἐλαία 1) זַיִת [15+].

ἐλάϊνος 1) זַיִת [1].

ἐλαιολογέω 1) חָבַט זַיִת qal[1].

ἔλαιον 1) יִצְהָר [13+]; 2) Ar. מְשַׁח [3]; 3) סוּךְ qal[1]; 4) שֶׁמֶן [4+: + Ps 151.4]. Del. Ru 3.10, Ps 100.1, Is 40.15 v.l.

ἐλαιών 1) זַיִת [9: + Jo 24.14].

ἔλασμα 1) תפשׂ qal ptc.pass.[1].

ἐλάσσων 1) Ar. אֲרַע [1]; 2) מַחְסוֹר [1]; 3) מעט *a*. qal[1], *b*. hi.[3], *c*. מְעַט [3]; 4) צָעִיר [7: + Jb 18.7]; 5) קָטֹן [3]; 6) ἐ. γίνεσθαι מעט qal[1].

ἐλάτη 1) עַרְמוֹן [1]; 2) שִׂיחַ [1]; 3) תַּלְתַּלִּים [1].

ἐλάτινος 1) אַלּוֹן [1].

ἐλατός 1) מִקְשָׁה [2]; 2) רִקֻּעִים [1]; 3) שׁחט qal[4].

ἐλαττονέω 1) חָסֵר *a*. qal[2], *b*. hi.[1], *c*. adj.[1]; 2) מעט hi.[1]. Del. Ex 16.17 v.l.

ἐλαττονόω 1) חָסֵר *a*. qal[6: + Pr 14.34], *b*. מַחְסוֹר [1]; 2) מעט *a*. qal[1], *b*. hi.[1]; 3) צער qal[1]. Del. 4); Ex 30.15, Si 16.23 v.l.

ἐλαττόω 1) חָסֵר *a*. qal[3], *b*. pi.[2], *c*. adj.[6]; 2) מעט *a*. qal[1], *b*. hi.[2]; 3) צער *a*. qal[1], **b*. hi.[1: Si 39.18]; 4) אצל ni.[1]; 5) קצר *pi.[1: Si 30.24]. Del. Si 50.3 v.l.

ἐλάττων. See under ἐλάσσων.

ἐλάττωσις 1) *b*. מַחְסוֹר [1]; **c*. חֹסֶר [1: Si 34.4]. Del. 1*a*).

ἐλαύνω 1) הלם qal[1]; 2) יצק qal[1]; 4) שַׁיִט [1]; 5) נהג qal[1]. Del. 3); Zc 10.4 v.l.

ἔλαφος 1) *a*. אַיָּל [12: + Pr 7.22], *b*. אַיָּלָה [6]; 2) דַּיָּה [1]; 3) יָעֵל [2].

ἐλαφρός 1) קָטֹן [1]; 2) *a*. קַל [1], *b*. קָלָל [1], *c*. ἐλαφρότερος εἶναι קלל qal[2].

ἐλεάω ⇒ **ἐλεέω.**

ἐλεγμός 1) גְּעָרָה [1]; 2) *a*. יכח hi.[1], *b*. תּוֹכֵחָה [2], *c*. תּוֹכַחַת [5]; 3) מַר [6]; 4) נְאָצָה [1]. Del. Si 48.10 v.l.

ἔλεγξις 1) שִׂיחַ [2].

ἔλεγχος 1) יכח *a*. ni.[1], *b*. hi.[2], *c*. תּוֹכֵחָה [2: + Ez 13.14], *d*. תּוֹכַחַת [17]; (fr) [Pr 28.13].

ἐλέγχω 1) אַשְׁמָה [1]; 2) חקר qal[1]; 3) יכח *a*. hi.[8+], *b*. ho.[1], *c*. תּוֹכַחַת [1]; 4) נגע pi.[1]; 5) רעשׁ hi.[1]; (fr) [Pr 10.10]. Del. Pr 3.12, Ez 20.38 v.l.

ἐλεεινός 1) חֲמוּדוֹת [3].

ἐλεέω 1) בכה qal[1]; 4) חַיִּן [1]; 5) חמל qal[6]; 6) חנן *a*. qal[10+], *b*. po.[1], *c*. ho.[1]; 7) חָסִיד [1]; 8) טוֹב עַיִן [1]; 9) יטב hi.[1]; 10) נחם *b*. pi.[3]; 14) רחם *a*. pi.[7+: + Ho 14.4 voc. Zc 1.17 MT *nḥm*; To 13.2], *b*. pu.[4]; 16) שׁמע qal[1]; 17) ישׁע hi.[2: + Ez 24.14]; *18) חוּס qal[1: Ez 24.14]. Del. 2-3, 10*a*, 11-3, 15); Ps 36.26, 114.5, Pr 13.9, 14.31, 21.26, 28.8, Si 18.14, Is 44.23², Je 7.16, Ma 1.9.

ἐλεημοσύνη 2) חֶסֶד [8]; 3) *a*. צֶדֶק [1], *b*. צְדָקָה [19: + To 4.7, 8*bis*], *c*. also Ar. צִדְקָה [3: + To 14.2]. Del. 1).

ἐλεήμων 1) חַנּוּן [12]; 2) *a*. חֶסֶד [3], *b*. חָסִיד [1]; 3) רַחוּם [3]. Del. 4): Si 37.11.

ἐλεηνός ⇒ **ἐλεεινός.**

ἔλεος 1) *a*. חֵן [3], *b*. חֲנִינָה [1], *c*. תְּחִנָּה [6], *d*. ἔ. ποιεῖν חנן qal[1], also *hit.[1: 2K 22.26*L*], *e*. תַּחֲנוּן [1]; 2) חֶסֶד [21+]; 3) *a*. יֶשַׁע [2], *b*. יְשׁוּעָה [1]; 4) מְעִי [1]; 5) צְדָקָה [3]; 6) *a*. רַחַם [12], *b*. רחם pi.[2]; 7) רָצוֹן [2]; (-) [Ps 83.11]. Del. Ps 88.20, 91.10, 118.41b, Si 50.4.

ἐλευθερία 1) *a*. חֻפְשָׁה [1], *b*. חֹפֶשׁ [1]; *2) נַחַת [1: Si 30.34].

ἐλεύθερος 1) חָפְשִׁי [6+]; 2) חֹר [4: + Je 36.2]; 3) לְנֶפֶשׁ [1]; 5) υἱὸς ἐ. חֹר [1]. Del. 4 > 2).

ἐλεφάντινος 1) שֵׁן [9]; 2) ὀδόντες ~οι *a*. שֵׁן [1], *b*. שֶׁנְהַבִּים [1].

ἐλέφας 1) שֵׁן [1].

ἑλικτός 1) לוּל [1]; 2) תְּפִינִים [1].

ἕλιξ 1) שְׂרֵקָה [1].

ἑλίσσω 1) גלל ni.[1]; 2) הלך hit.[1]. Del. 3); 3K 7.8, Ps 101.26 v.l.

ἕλκος 1) שְׁחִין [12].

ἕλκω 2) גרר qal[1]; 3) משה hi.[1]; 4) משך *a*. qal[8], *b*. מֶשֶׁךְ [1]; 5) Ar. נגד pe.[2]; 6) נוף hi.[1]; 7) שׁדד pi.[1]; 8) *a*. שׁאף qal[2], *b*. ἕ. πνεῦμα שׁאף qal[1]; 9) שׁלף qal[6]; *10) נתק qal[2: Jd 20.32*L*, Pr 25.20]; *11) גלל qal[1: Jb 20.28]. Del. 1).

ἐλλιπής. Del. 1).

ἔλος 1) אֲגַם [5]; 2) גֹּמֶא [1]; 3) סוּף [2].

ἐλπίζω 1) בטח *a*. qal[2+], *b*. בֶּטַח [1]; 3) דרשׁ qal[1]; 5) חסה qal[20]; 6) חשׁק qal[1]; 7) יחל *a*. pi.[10: Ge 4.26 MT אָז הוּחַל > זֶה יִחֵל (= οὗτος ἤλπισεν) or hi. זה הוֹחִל], *b*. hi.[4]; 8) נשׂא pi.[1]; 9) קוה pi.[4: + Ho 12.6, Is 18.7]; 11) רחץ Ar. itpe.[1]; 12) שׂבר pi.[2]; 13) שׁען ni.[1]; 15) εἰς κενὸν ἐ. שׁקק qal[1]. Del. 2, 4 > 7*b*, 10, 14); Ps 118.114, Ez 36.8 v.l.

ἐλπίς 1) *a*. בטח qal[6], *c*. בֶּטַח [12], *d*. בִּטָּחוֹן [1], *e*. מִבְטָח [10: + Ps 21.9]; 2) חָזוּת [1: Is 28.18: infl. by Ar. √ סכי); 4) כֶּסֶל [1]; 5) מַבָּט [1]; 6) מַחֲסֶה, מַחְסֶה [8]; 8) נֶפֶשׁ [1]; 9) עֶזְרָה [1]; 10) צְבִי [3]; 11) קַו [5]; 12) רַחַץ [2]; 13) שֵׂבֶר [1]; 14) תּוֹחֶלֶת [4: + Si 31.1]; 15) תִּקְוָה [19]; 16) ἐ. πονηρά זְוָעָה [1]; 17) ἔχειν ~δα בטח qal[1]; 18) διδόναι ~δα בטח hi.[1]; *19) מִקְוֶה [2: 1E 8.89, 1C 29.15*L*]. Del. 1*b*, 2-3, 7); 2C 35.26; Zc 9.5 v.l.

ἐμβαίνω 1) בּוֹא qal[1]; 2) ירד qal[1]. Del. 3) v.l.

ἐμβάλλω 1) אסף qal[1]; 3) טול hi.[1]; 4) נפל hi.[2]; 5) נתן qal[9+]; 7) פקד hi.[1]; 8) Ar. רמה *a*. pe.[5], *b*. itpe.[8]; 9) שׂוּם, שִׂים qal[14+]; 11) שׁלח pu.[1]; 12) שׁלך hi.[7]; 13) שׁמר qal[1]; 14) תקע qal[1]; 15) λόγοις τοῖς πρὸς χάριν ἐμβάλλεσθαι אֲמָרִים הֶחֱלִיק hi.[1]; 16) εἰς τὰ θεμέλια ἐ. יסד pi.[1]; *17) שִׁית qal[1: Je 11.19]; *18) Ar. יהב pe.[1: 1E 6.20]; (fr) [1: Hg 2.16]. Del. 2, 6, 10); Nu 4.14[1], 22.38, Jn 1.15, Si 12.8 v.l.

***ἐμβάπτω** 1) טבל qal[1: 1K 14.27*L*].

ἐμβατεύω 1) חלק pi.[1]; 2) נחל qal[1].

ἐμβιβάζω 1) דרך hi.[1]. Del. 2): 4K 9.28 v.l.

ἐμβίωσις 1) מִחְיָה [1].

ἐμβλέπω 1) נבט *a*. *pi.[1], *b*. hi.[10: + Si 30.30, 36.15, 42.18]; 2) פנה qal[1]; 3) ראה *a*. qal[3], *b*. ni.[1]; 4) צפה qal[1]; *5) בין hi.[1: Si 42.12]. Del. Jb 6.28, 21.5 v.l.

ἐμβρίμημα 1) זַעַם [1].

ἐμετός 1) קֵא [1].

ἐμέω 1) קיא qal[1].

ἐμμένω 1) חכה *a*. qal[1], *b*. pi.[1]; 2) קום *a*. qal[5], *b*. hi.[3], *c*. קום ἐ. ἐν hi.[1]; 3) w. neg. פרר hi.[1]; 4) כול pilp.[1]; 5) עמד hi.[1]; 6) קוה pi.[1]. Del. Da LXX 6.12 v.l.

ἐμμολύνω 1) רפה hit.[1].

ἔμμονος 1) מאר hi.[3]; 2) אָמַן ni.[1]; 3) עמד qal[1].

ἐμός 1) לִי [6]; 2) poss. suf. 1st pers.[8]. x∫

ἔμπαιγμα 2) תַּעֲלוּלִים [1]. Del. 1) Ps 37.7 v.l.

ἐμπαιγμός 1) קלה ni.[1]; 2) קַלָּסָה [1].

ἐμπαίζω 1) בוס qal[1]; 2) הלם qal[1]; 3) עלל hit.[6]; 4) צחק pi.[3]; 5) קלס hit.[1]; 6) שׂחק *a*. qal[2], *b*. pi.[1]; 7) *a*. תעע hitpal.[1], *b*. תַּעְתֻּעִים [1]; *8) לעג hit.[1: Na 2.4 MT *mtl'ym*, v. Schleusner, s.v.]. Del. Jb 40.29 v.l.

ἐμπαίκτης 1) תַּעֲלוּלִים [1].

ἐμπαραγίνομαι 1) בּוֹא qal[1].

ἐμπεριπατέω 1) הלך hit.[5]. Del. Jb 1.6.

ἐμπήγνυμι 1) טבע qal[4]; 2) מעך qal[1]; 3) נחת ni.[1]; 4) תקע qal[2].

ἐμπίμπλημι, ἐμπιμπλάω 1) דשׁן pu.[1]; 3) מָלֵא *a*. qal[4+], *b*. ni.[8], *c*. pi.[7+: + 1E 8.83, Ez 28.13], *d*. adj.[4], *e*. מְלֹא [1]; 5) ἐ. πνεῦμα רוּחַ hi.[1]; 6) שׂבע *a*. qal[14+: + 1K 20.3, Si 12.16], *b*. pi.[2], *c*. hi.[11], *d*. שָׂבָע [1], *e*. שֹׂבַע [3], *f*. שָׂבְעָה [1]; 7) ἐμπίμπλασθαι εὐφροσύνης גִּיל qal[1]; 8) צוּף qal[1]; 9) פוק hi.[2: Si 4.12, 35.15]. Del. 2, 4, 6*g*); Le 19.29, 2C 36.5, Jb 31.31, Ps 103.28, Pr 25.16, Ec 1.8[2], Jl 2.24, Is 6.4, 22.7, Ez 10.4 v.l.

ἐμπίμπρημι 1) אכל ni.[1]; 2) יצת *a*. ni.[1], *b*. hi.[4]; 3) שׂרף *a*. qal[2+], *b*. ni.[1]; 4) שׁלח pi.[2].

ἐμπίπτω 1) Ar. גִּיחַ af.[1]; 3) נפל qal[3+: + Le 11.33, Is 10.4]; 4) פגע qal[1]; 5) פגשׁ qal[1]; 7) קרב hit.[1]. Del. 2, 6, 8); Je 31.32, Si 3.26 v.l.

ἐμπιστεύω 1) אמן *a*. ni.[3: + Si 36.21], *b*. hi.[7: + Si 7.26]; 2) בטח qal[1].

ἐμπλατύνω 1) רחב hi.[8].

ἐμπλέκομαι 1) נפל qal[1].

ἐμπλόκιον 1) כּוּמָז [2]; 2) עֲבֹת [3]; 3) קִשֻּׁרִים [1]; 4) שְׁבִיסִים [1].

ἔμπνευσις 1) נְשָׁמָה [1].

ἐμπνέω 1) נֶפֶשׁ [5]; 2) נְשָׁמָה [4].

ἐμποδίζω 1) *b*. בלה pi.[1]; 2) הלם qal[1]. Del. 1*a*).

ἐμποδοστατέω *2) עכר qal[1: Jd 11.35, MT כָּנַע]. Del. 1).

ἐμποδοστάτης 1) עכר qal[1].

ἐμποιέω 1) סלל hitpo.[1]; *2) בקשׁ pi.[1: 1E 5.38]. Del. Si 39.11 and 42.17 v.l. ἐκ~ and Ez 27.33 v.l.

ἐμπολάω 1) שׁבר hi.[1].

ἐμπορεύομαι 1) יבל ho.[1: Ho 12.2 MT *ywbl*]; 3) *a*. סחר qal[5], *b*. סֹחֵר [1], *c*. ἐ. ἐπί סחר qal[1]; 4) רכל qal[1]; 5) שׁבר hi.[1]. Del. 2) v.l.

ἐμπορία 1) מַעֲרָב [1]; 2) *a*. סַחַר [3], *b*. סְחֹרָה [1], *c*. סחר qal[1]; 3) *a*. רכל qal[1], *b*. רְכֻלָּה [3], *c*. φέρειν ~αν רכל qal[1].

ἐμπόριον 1) רכל qal[1]; 3) ἐ. εἶναι זנה qal[1]. Del. 2).

ἔμπορος 1) מַעֲרָב [1]; 2) סחר *a*. qal[11], *b*. מִסְחָר [1]; 3) רכל qal[8].

***ἐμπρίω** 1) שׂוּר qal[1: 1C 20.3*L*].

ἔμπροσθεν 2) אֶתְמוֹל [1]; 3) *a*. לְפָנִים [10], *b*. מִלְּפָנִים [1], *c*. לִפְנֵי [12+], *d*. מִפְּנֵי [1], *e*. τὰ ἔ. פָּנִים [2], *f*. τὸ / τὰ ἔ. פְּנֵי [2], *g*. ἐκ τῶν ἔ. פָּנִים [1]; 4) *a*. קֶדֶם [3], *b*. Ar. קֳדָם [2], *c*. Ar. מִן־קַדְמַת דְּנָה [2], *d*. Ar. קַדְמָי [2], *e*. קַדְמָיֵא [2], *f*. Ar. מִן־קֳדָם [1], **g*. Ar. מִקַּדְמַת [1: 1E 1.63]; 5) לִקְרַאת [1]; 6) *a*. τὸ / τὰ ἔ. רֵאשָׁה [1], *b*. רִאשׁוֹן [5], *c*. בָּרִאשׁוֹן [4], *d*. τὰ ἔ. רֵאשִׁית [1]; (-) [3K 22.54]; (fr) [1E 1.11]. Del. 1) v.l.

ἔμπτυσμα 1) רֹק [1].

ἐμπτύω 1) ירק qal[2].

ἐμπυρίζω 1) בער *a*. pi.[1], *b*. hi.[1], **c*. qal[1: Si 8.10; 2) דלק qal[1]; 3) יצת *a*. qal[1], *b*. hi.[6: + Ps 59 tit.], **c*. ni.[1: Je 4.26]; 4) שׂרף *a*. qal[15], *b*, pu.[1], *c*. שְׂרֵפָה [1]; 5) שׁלח pi.[1].

ἐμπυρισμός 1) אֵשׁ [1]; 2) שְׂרֵפָה [1]; 4) תַּבְעֵרָה [2]; *5) √שׂרף [1: 3K 8.37 שִׁדָּפוֹן]. Del. 3).

ἔμπυρος 1) אָכְלָה [1].

ἐμφαίνω 1) יפע hi.[1]. Del. Si 24.32 v.l.

ἐμφανής 1) כּוּן ni.[1: Mi 4.1 infl. by Is 2.2?]; 2) ἐ. γίνομαι דרשׁ ni.[1]; 3) ἐ. γίνομαι ידע ni.[1].

ἐμφανίζω 1) אמר qal[1]; 2) ידע hi.[1]; 3) לֹא כחד pi.[1]; 4) ראה hi.[1].

ἐμφανῶς 1) יפע hi.[1]. Del. Zp 1.9 v.l. (> ἐφάλλομαι).

ἐμφραγμός 1) *גֶּדֶר [1]; *2) אֹטֶם [1: Si 27.14].

ἐμφράσσω 1) גדר hitpo.[1], *a. qal[1: La 3.9]; 3) Ar. סגר pe.[1]; 4) סכר ni.[1]; 5) סתם a. qal[7], b. pi.[2], *c. ni.[3: Zc 14.5*ter*, voc.]; 6) קפץ ni.[2]. Del. 2, 7).

ἐμφυσάω 1) מדד hitpo.[1]; 2) נפח qal[3]; 3) פּוּחַ hi.[1: Na 2.2 MT *mpyṣ*]; 4) פּוּץ hi.[1]; 5) נשׁב qal[1].

ἐμφυσιόω *1) בִּין hi.[2: 1E 9.48, 55].

ἐναγκαλίζομαι 1) חִבֵּק [2].

ἐνακόσιοι תְּשַׁע מֵאוֹת.

ἐνακούω 1) ענה *qal[1].

ἐναλλάξ 1) שׂכל pi.[1].

ἐνάλλομαι 1) חבר hi.[1]; 2) יכח hi.[1]; 3) כרה qal[1]; 4) ἀκίσιν ἐ. לטשׁ qal[1].

ἔναντι 1) בְּעֵינֵי; 2) לִפְנֵי; 3) נֶגֶד; 4) לְ; 5) מִ; 6) בִּפְנֵי [Si 46.7 *bpr‘*]. xʃ

ἐναντίον 1) מִ [1]; 2) לִפְנֵי [2]; 3) לְעֵינֵי [1].xʃ

ἐναντίος 1) לֹא טוֹב [1]; 2) מִנֶּגֶד [2]; 3) בְּלִיַּעַל [1]; 4) ἐξ ἐναντίας *a.* ἐξ ἐναντίας κατά אֶל מוּל [1], *b.* אֶל מוּל פְּנֵי [1]; 5) ἐξ ἐναντίας *a.* נֶגֶד [7], *b.* לְנֶגֶד [3], *c.* מִנֶּגֶד [11]; 6) ἐξ ἐναντίας *a.* נֹכַח [2], *b.* עַד נֹכַח [1]; 7) ἐξ ἐναντίας לִפְנֵי [1]; 8) ἐξ ἐναντίας *a.* קֶדֶם [1], *b.* קָדִימָה [1], *c.* קֵדְמָה [2], *d.* קִדְמָה [1]; 9) ἐξ ἐναντίας לִקְרַאת [9].

ἐναντιόω 1) זרה pi.[1]; *2) w. neg., אֵיב [1: 1E 8.51]; (fr) [1E 1.25].

ἐναποθνήσκω 1) מות qal[1].

ἐνάρχομαι 1) חלל hi.[6: + Pr 13.12]; 2) קצץ qal[1]; 3) בָּרִאשׁוֹן [2]; 4) רֵאשִׁית [1].

ἔνατος 1) *a.* תֵּשַׁע, תִּשְׁעָה [1+], *b.* תְּשִׁיעִי [5+].

ἐναφίημι 1) נוּחַ hi.[1].

ἐνδεής 1) אֶבְיוֹן [5]; 3) חָסֵר *a.* qal[1], *b.* adj.[8], *c.* מַחְסוֹר [1]; 4) רָעֵב [1]; 5) ἐ. γίνεσθαι חָסֵר qal[1]; 6) ἐ. φρενῶν כְּסִיל [1]; (fr) [Pr 9.13]. Del. 2).

ἔνδεια 2) דְּאָגָה [2]; 3) *a.* חסר [3: + Pr 10.21], *b.* חֶסֶר [1], *d.* מַחְסוֹר [4], *e.* חָסֵר [1]; 5) צַר [1]. Del. 1, 3*c*, 4).

ἐνδείκνυμι 1) גמל qal[2]; 2) לכד *a.* qal[2], *b.* ni.[3]; 3) ראה hi.[1].

ἕνδεκα אַחַת־עֶשְׂרֵה, אַחַד־עָשָׂר.

ἑνδέκατος 1) אַחַת עֶשְׂרֵה [2]; 2) *a.* עַשְׁתֵּי עָשָׂר [8], *b.* עַשְׁתֵּי עֶשְׂרֵה [5].

ἐνδελεχίζω 1) תָּמִיד [2: + Si 41.6].

ἐνδελεχισμός 1) תָּמִיד [9: + 1E 5.52]; (-) [1: Ex 29.38].

ἐνδελεχῶς 1) Ar. בִּתְדִירָא [2]; 2) תָּמִיד [5]; 3) כָּלִיל [1].

ἔνδεσμος 1) בַּיִת [1]; 2) *b.* יָצִיעַ [1]; 3) צְרוֹר [1]. Del. 2*a*).

I ἐνδέω 1) אחז ho.[1], 2) מְסֻכָּה [1]; 3) צרר qal[2].

II ἐνδέω 1) *a.* חָסֵר qal[2], *b.* מַחְסוֹר [1]. Del. De 15.10 v.l.

ἐνδιαβάλλω 1) *a.* שָׂטָן [1], *b.* שׂטן qal[5].

ἐνδιατρίβω Del. 1).

ἐνδιδύσκω 1) לבשׁ *a.* qal[2], *b.* hi.[1], *c.* hit.[1].

ἐνδίδωμι 1) חדל qal[1]; 2) מוט ni.[1]; 4) שׁוּב qal[2]. Del. 3) v.l.

ἐνδογενής 1) מוֹלֶדֶת בַּיִת [1].

ἔνδοθεν 1) לְמִבֵּית [1]. Del. 2) 3K 6.21 v.l.

ἔνδον 1) *a.* אֶל־תּוֹךְ [3], *b.* בְּתוֹךְ [1]; *2) εἰς τὸ ἔ. בַּיְתָה [1: 3K 7.13 (MT vs. 26) *L*].

ἐνδοξάζομαι 1) הלל hit.[1]; 2) כבד ni.[5]; 3) ערץ ni.[1]; 4) פאר hit.[2]; 5) פלה ni.[1].

ἔνδοξος 1) הָדָר [1]; 2) יָרֵא ni.[2]; 3) *a.* כָּבֵד ni.[2+], *b.* adj.[1], *c.* כָּבוֹד [1], *d.* כָּבֹד adj.[1], *e.* λόγοι ἔ. כָּבוֹד [1], *f.* ὄνομα ἔ. כָּבוֹד [1]; 6) מַחְמָד [2]; 7) עֲלִילָה [1]; 8) *a.* ἔ. εἶναι פאר pi.[1], *b.* פְּאֵרָה [1]; 9) *a.* פלא ni.[3], *b.* hi.[1]; 10) פַּרְתְּמִים [2]; 11) צְבִי [2]; 12) שַׂר [1]; 13) תְּהִלָּה [1]; 14) תְּרוּעָה [1]; 15) οὐχὶ ἔ. קלה ni.[1]; *16) קָצִין [2: Is 26.15 MT קצוי; Si 40.3]; (fr) [Is 22.17]. Del. 4-5); Is 11.4.

ἐνδόξως 1) גאה qal[1].

ἐνδόσθιος 1) קֶרֶב [6]; 2) גֵּו [1].

ἔνδυμα 1) בֶּגֶד [1]; 2) *a.* לְבוּשׁ [11: + Ma 2.10], *b.* מַלְבּוּשׁ [1]; 3) מִדָּה [1].

ἐνδυναμόω 1) לבשׁ qal[2]. Del. 2); 1C 12.19, Ps 51.9 v.l.

ἔνδυσις 1) לְבוּשׁ [1].

ἐνδύω 1) חגר qal[1]; 2) לבשׁ *a.* qal[16+], *b.* hi.[13+], *c.* pu.[2], *d.* לְבוּשׁ [3], *e.* Ar. לבשׁ pe.[2], *f.* af.[2]; 3) נתן qal[1]; 4) עלה qal[1].

ἐνέδρα 1) *a.* ארב qal[1], *b.* מַאֲרָב [2].

ἐνεδρεύω 1) ארב *a.* qal[14: + 1K 15.5], *b.* pi.[1], *d.* אֶרֶב [1]; 2) בַּשֶּׁלִי [1]; 3) רמה pi.[1]; 4) רגל pi.[1]; 5) רצד *pi.[1: Si 5.14]. Del. 1*c*).

ἔνεδρον 1) ארב *a.* qal[15: + Jb 25.3], *c.* מַאֲרָב [3: + Jd 9.25 A, voc.]; 2) מָזוֹר [1]; 3) צְדִיָּה [2]. Del. 1*b*).

ἐνεῖδον 1) ראה qal[1].

ἐνειλέω 1) לוט qal[1].

ἔνειμι 2) היה qal[1]; 3) עלה qal[1]. Del. 1); 2C 24.15, Jb 28.14*bis*, 36.2, Si 37.2 v.l.

ἐνείρω 1) שׂוּךְ qal[1].

ἕνεκα, ἕνεκεν *a*) עַל [11]; *b*) οὗ εἵνεκεν כִּי עַל כֵּן [3]; *c*) עַל דְּבַר [3]; *d*) בַּעֲבוּר [3]; *e*) לְבַעֲבוּר [1]; *f*) -בּ [2]; *g*) בְּשֶׁל [1]; *h*) בִּגְלָל [2]; *i*) -בַּאֲשֶׁר ל [1]; *j*) כִּי [2]; *k*) לְמַעַן [2: Zp 3.19, word div.]; *l*) תַּחַת [1]; *m*) אוֹדוֹת [1]; *n*) עַל אוֹדוֹת [1]; *o*) כִּי יַעַן אֲשֶׁר [1]; *p*) עֵקֶב [1]; *q*) לְ [1]; **r*) Ar. עַל דִּבְרַת דִּי [1: Da 230]. Del. Hb 1.15 v.l. xʃ

ἐνενήκοντα 1) תִּשְׁעִים [5+].

ἐνεξουσιάζομαι 1) משׁל hi.[1].

ἐνεός 1) אִלֵּם [1]; 2) ~ὸν ποιεῖν אָטַם שְׂפָתַיִם qal[1].

ἐνεργέω 1) גמל qal[1]; 2) *a.* פעל qal[1], *b.* פֹּעַל [1]; *4) עֲבֹדָה [1: Nu 8.24]. Del. 3).

ἐνέργημα 1) מַעֲשֶׂה [1: Si 16.15].

ἐνεργός 1) מַעֲשֶׂה [1].

ἐνευλογέομαι 2) בּרךְ *a.* ni.[4: + 1K 2.29], *b.* pi.[1], *c.* hit.[3]. Del. 1).

ἐνευφραίνω 2) שַׁעֲשֻׁעִים [1]. Del. 1) Pr 8.31a v.l.

ἐνεχυράζω 1) חבל qal[8]; 2) עבט qal[1].

ἐνεχύρασμα 1) *a.* חבל qal[1], *b.* חֲבֹל [1].

ἐνεχυρασμός 1) *a.* חֲבֹל [2], *b.* חֲבֹלָה[1].

ἐνέχυρον 2) עֲבוֹט [4]. Del. 1) Ez 33.15 v.l.

ἐνέχω 1) שׂטם qal[1]; (fr) [Ez 14.4].

ἔνθα 1) ἔ. καὶ ἔ. אָנֶה וָאָנָה [1]; 2) הֵנָּה [4]. Del. Jb 37.12.

ἔνθεμα 1) עֲנָק [1].

ἔνθεν 2) מִזֶּה [6+]; 3) הֵנָּה [6]; 4) מִפֹּה [12]; 5) מִפּוֹ [23]; *6) ἔ. καὶ ἔ. *a.* הֲלֹם [1], **b.* אַחַת הֵנָּה וְאַחַת הֵנָּה [1: 4K 4.35*L*], **c.* אָנֶה וָאָנֶה [1: 4K 5.25*L*]. Del. 1).

ἐνθουσιάζω *1) פתה qal[1: Si 34.7].

ἐνθρονίζω Del. 1) Es 1.2 v.l.

ἐνθυμέομαι 1) דמה pi.[1]; 2) זמם qal[1]; 3) חמד qal[2: + Jo 6.17]; 5) חשׁק qal[1]; 6) נחם ni.[1]; 8) שׂוּם qal[1]; 9) בִּין hitpol.[1]; *10) Ar. נדב hitpa.[1: 1E 8.11]; (fr) [Ge 6.6]. Del. 4, 7); Ge 6.7, Is 37.29, La 2.17 v.l.

ἐνθύμημα 2) *a.* יֵצֶר מַחֲשָׁבוֹת [1], **b.* יֵצֶר [1: Si 27.6]; 5) עֲלִילָה [2]; 6) שְׁרִירוּת [2]; 7) תַּרְמִית [1]; 8) מְזִמָּה [1]; 10) רָצוֹן [1]. Del. 1, 3-4, 9); Ma 2.16.

ἐνθύμιος 1) חֵמָה [2].

ἐνιαύσιος 1) *a.* בֶּן־שָׁנָה [54: + Nu 8.8], *b.* בַּת־שָׁנָה [3].

ἐνιαυτός 1) שָׁנָה [45+: + Si 36.7]; 2) אֹרַח [1]. Del. 3K 8.59, Ps 89.10 v.l.

ἐνίστημι 1) עמד qal[1]; *2) נגע qal[1: 1E 5.46]; *3) נגשׁ ni.[1: 1E 9.6].

ἐνισχύω 1) אזר pi.[2]; 2) אמץ *a.* pi.[2], **b.* hit.[1: 2C 13.7*L*]; 3) גבר qal[1]; 4) חזק *a.* qal[8], *b.* pi. [5], *c.* hi.[4], *d.* hit.[4]; 5) כָּבֵד qal[4]; 7) נהל hit.[1]; 8) נצח pi.[1]; 9) נצר qal[1]; 10) *a.* עוז hi.[1], *b.* מָעוֹז [1]; 11) פְּרָזוֹן [1]; 12) שׁדד pi.[1: Ho 10.11, *ś* > *š*, or 13*b*)]; 13) **a.* שׂרר qal[1: Ho 12.3 voc., or *b.*], **b.* pi.[1: Ho 10.11], *c.* שׂרה qal[2]; 14) Ar. תקף pa.[1]. Del. 6); Hg 2.23.

ἐννακόσιοι *1) תְּשַׁע מֵאוֹת [7+].

ἐννέα *1) תִּשְׁעָה, תֵּשַׁע [13+].

ἐννεακαιδέκατος 1) *a.* תְּשַׁע עֶשְׂרֵה [2], *b.* תִּשְׁעָה עָשָׂר [2].

ἐννεύω 1) קרץ [2].

ἐννοέω 1) *a.* בִּין qal[1], *b.* hitpol.[1]; 3) שִׂים qal[1]; 4) שׂכל hi.[1]; *5) חשׁב pi.[1: 2K 20.15*L*].

ἔννοια 1) *a.* בִּינָה [2], *b.* תְּבוּנָה [1]; 2) דַּעַת [1]; 3) דֶּרֶךְ [1]; 4) מְזִמָּה [4]; 5) שֵׂכֶל [1].

ἐννόμως *1) תּוֹרָה [1: Pr 31.25].

ἐννοσεύω 1) קנן *a.* pi.[3: + Je 22.23 voc.]. Del. 1*b*).

ἐνοικειόω (fr) [Es 8.1 o'].

ἐνοικέω 3) גור qal[3]; 4) ישׁב qal[27]; 6) מִשְׁכָּן [1]; (fr) [Is 27.5, 32.19]. Del. 1-2, 5); Is 22.21b, 34.1, 49.19, 66.10, Je 29.2, 33.9.

ἐνοικίζω *1) שׁכן hi.[1: Si 11.34].

ἔνοικος 1) ישׁב qal[3].

ἐνοπλίζω 1) חלץ *a.* qal[6], *b.* ni.[1].

ἔνοπλος 1) מְלֻבָּשׁ בְּגָדִים [1].

ἐνόρκιος 1) שְׁבֻעָה [1].

ἔνορκος 1) בַּעַל שְׁבֻעָה [1].

ἐνοχλέω 1) *a.* Ar. הֲוָה נָזִק pe.[1], **b.* נזק ha.[2: 1E 2.19, 24]; 2) חלה *a.* qal[4], **b.* + προσποιεῖσθαι hit.[2: 2K 13.5, 6*L*]. Del. De 29.18 v.l.

ἔνοχος 2) *a.* דָּם [8], *b.* דָּם בְּרֹאשׁ [2]. *c.* αἵματι ἐ. דָּם [1]; 3) θανάτῳ ἔ. εἶναι מות ho.[1]; 4) *a.* רָשָׁע [1], *b.* רשׁע hi.[1]. Del. 1).

ἐνσείω 1) רטשׁ pi.[1].

ἐνσιτέομαι 1) כרה qal[1].

ἐνσκολιεύομαι *2) √עקשׁ [1: Jb 40.24 MT בְּמוֹקְשִׁים]. Del. 1).

ἔνταλμα 2) מִצְוָה [2]. Del. 1).

ἐντάσσω 2) רשׁם *a.* qal[1], *b.* Ar. pe.[2]; 3) שׂוּם qal[1]. Del. 1).

ἐνταῦθα 1) אֵלֶּי [1]; 2) הֲלֹם [4]; 3) *a.* הֵנָּה [2], **b.* עַד הֵנָּה [1: 4K 8.7*L*]; 4) *a.* בָּזֶה [7], *c.* מִזֶּה 1]; 5) פֹּה [5]. Del. 4*b*); Ge 38.22.

ἐνταφιάζω 1) חנט qal[2].

ἐνταφιαστής 1) רפא qal[2].

ἐντείνω 1) דרך *a.* qal[12], *b.* hi.[2: + Ps 44.4]; 2) משׁך qal[1]; 3) נטה qal[1]; 4) נשׁק qal[1]; 5) עור *a.* ni.[1], *b.* עֶרְיָה [1]; 6) רמה *a.* qal[2: + Ho 7.16]. Del. 6*b*); 1C 5.18, 2C 18.33 v.l.

ἐντέλλομαι 1) אמר qal[2]; 3) *a.* דבר pi.[2], *b.* דָּבָר [1]; 6) פקד *a.* qal[5], *c.* pi.[1], **d.* Ar. pe.[2: To 6.16, 14.3]; 7) *a.* צוה pi.[155+], *b.* pu.[7]; *8) שִׂים דָּבָר בְּפִי qal[1: 1E 8.45]; *9) קרא qal[1: 3K 20 (MT 21).12*L*]; (-) [+ Pr 6.3]. Del. 2, 4-5, 6*b*); Ge 43.16, Ex 7.13, 34.32b, Ne 13.13, La 2.4 v.l.

ἔντερον 1) רַחַם [1]; 2) קֶרֶב [1]; *3) מֵעִים [1: 2K 20.10, 2C 21.15, 19 all *L*].

ἐντεῦθεν 1) הֵנָּה [2]; 2) מֵאֵת זֶה [1]; 3) מִזֶּה [13+]; 4) כֹּה [2]; 5) מִפֹּה [1]; *7) Ar. *a.* תְּנָא [1: To 7.11], *b.* מִן תְּנָא [1: To 9.2 v.l.]. Del. 6).

ἐντήκω 1) מקק ni.[1]. Del. Ez 4.17 v.l.

ἐντίθημι 1) בִּין hi.[1]; 2) Ar. שׂוּם itpe.[1].

ἔντιμος 2) הוֹד [7: + Ne 5.5]; 3) יקר *a.* qal[3], *b.* ἔ. εἶναι hi.[1], *c.* יָקָר [1], *d.* יְקַר [1]; 4) כָּבֵד ni.[5: + Nu 22.15, De 28.58]; 5) כַּבִּיר [1]; 6) שַׂר [1]; *8) οὐκ ἔ. קלה ni.[1: 1K 18.23*L*]. Del. 1, 7).

ἐντιμόω 1) יקר qal[2].

ἐντίμως 1) כָּבֵד pi.[1].

ἐντολή 2) דָּבָר [3]; 3) *a.* חֹק [2], *b.* חֻקָּה [4]; 4) מִצְוָה [57+: + Ex 12.17, Ps 118.151]; 5) מִשְׁפָּט [2]; 6) פִּקּוּדִים [18]; 7) קוֹל [1]; 9) *a.* תּוֹרָה [3], *b.* דִּבְרֵי תּוֹרָה [1]; 10) Ar. טְעֵם [1]; 12) צוה pi.[1]; *13) אֱמֶר [1: To 4.5]. Del. 1, 8, 11); De 6.24, 2C 34.22, Ps 118.57 v.l.

ἐντομίς 1) *a.* שֶׂרֶט [1], *b.* שָׂרֶטֶת [1]; 2) גדד hitpo.[1].

ἐντός *1) -בְּ [1]; *2) קֶרֶב [4]; *3) צִיר [1].

ἐντρέπομαι 1) חפר qal[7]; 2) כלם ni.[33]; 3) כנה pi.[1]; 4) כנע ni.[12: + Si 4.25]; 5) ענה ni.[1]; 6) פחד qal[2]; 8) רכך qal[1]; *9) בּוֹשׁ qal[2: 1E 8.51, Si 4.22]; *10) ירא qal[1: Is 16.12]; *11) נשׂא qal[1: 1K 25.35*L*]. Del. 7).

ἔντριτος 1) שׁלשׁ pu.[1].

ἔντρομος 1) רעד hi.[1]; 2) ἔ. γίνομαι רעשׁ qal[1].

ἐντροπή 1) כְּלִמָּה [7].

ἐντρυφάω 2) ענג hit.[2]; 3) קלס hit.[1]; 4) שַׁעֲשֻׁעִים [1]; 5) בוּעַ hit.[1]. Del. 1) Ne 9.25 v.l.

ἐντρύφημα 1) תַּעֲנוּג [1].

ἐντυγχάνω 1) Ar. קְרֵב pe.[1].

ἐνυπνιάζομαι 1) חזה qal[1]; 2) *a.* חלם qal[10+], *b.* hi.[1], *c.* חֲלוֹם [2].

ἐνυπνιαστής 1) בַּעַל חֲלוֹמוֹת [1].

ἐνύπνιον 1) *a.* חלם qal[1], *b.* חֲלוֹם [28+: + Si 31.1], *c.* Ar. חֵלֶם [29]; 3) ἰδεῖν ἐ. חלם qal[1]; 4) ὁρᾶν ἐ. חזה qal[1]. Del. 2); Is 29.7, Da LXX 2.1b.

ἔνυστρον 1) פֶּרֶשׁ [2]; 2) קֵבָה [1].

ἐνώπιος *a*) לְעֵינֵי [7]; *b*) לִפְנֵי [20+: + 1K 2.21 4Q51 for MT עִם]; *c*) בְּעֵינֵי [11]; *d*) עַל־פְּנֵי [1]; *e*) οὗ ἐνώπιον לַחַי [1]; *f*) לְנֹכַח [1]; *g*) מִפְּנֵי [1]; *h*) אֶל [2]; *i*) נֹכַח [1]; *j*) עַד [1]; *k*) פְּנֵי [2]; *l*) אֶל־פְּנֵי [1]; *m*) לְ [1]; *n*) נֶגֶד [1]; *o*) אֶת־פְּנֵי [3]; *p*) נֶגֶד פְּנֵי; *q*) פָּנִים [2]; *r*) הֲלוֹם [1]; *s*) Ar. קֳדָם [To 6.8].

ἐνωτίζομαι 1) אזן hi.[29: + Si 30.27?]; 3) קשׁב hi.[3]; 4) שׁמע *qal[1: Is 44.8]. Del. 2); Jb 33.31 v.l.

ἐνώτιον 1) נֶזֶם [8+]; 2) נֶזֶם אַף [1].

ἕξ שֵׁשׁ, שִׁשָּׁה, שֵׁשֶׁת.

ἐξαγγέλλω 1) ידע ni.[1]; 2) ספר *b*. pi.[9: +Ps 55.8]. Del. 2*a*).

ἐξαγοράζω 1) Ar. זבן pe.[1].

ἐξαγορεύω 1) ידה *a*. hi.[1], *b*. hit.[9]; 2) w. neg. דמם [1].

ἐξαγριαίνω 1) מרר hitpalp.[1].

ἐξάγω 1) Ar. אבד af.[1]; 4) יָצָא *a*. qal[3], *b*. hi.[82+: + 2K 10.16, Ez 14.22], *c*. ho.[1]; 6) לקח qal[2]; 7) נזל hi.[1]; 8) עבר hi.[2]; 9) עלה hi.[8]; 10) פלט pi.[1]; 11) Ar. קטל pa.[1]; 12) רוץ hi.[1]; 13) שׁלח pi.[1]; 15) תאר qal[1]; 16) תעה hi.[1]. Del. 2-3, 5, 14); 3K 21.39, Jl 1.5, Da TH 11.32 v.l.[> ἐξαιρέω].

ἐξάδελφος *1) Ar. בַּר אַח [1: To 1.22].

ἐξαίρετος 1) אֶחָד [1]; 2) לקח qal[1].

ἐξαιρέω 1) בחר qal[2]; 2) גאל qal[2]; 3) חלץ pi.[8]; 4) יצא hi.[1]; 5) ישׁע hi.[1]; 7) מלט *a*. ni.[2], *b*. pi.[5]; 8) נצל *a*. hi.[17+], *b*. Ar. af.[1]; 9) נצר qal[3]; 10) עבת pi.[1]; 11) עזר qal[1]; 12) פלט pi.[4]; 13) פצה qal[1]; 14) רדה qal[2]; 15) Ar. שֵׁיזִב [12]; *16) Ar. נפק af.[1: To 6.5]. Del. 6); Jb 5.5, Si 5.7, 10.15, Ez 7.19.

ἐξαίρω 1) אבד pi.[1]; 2) אסף qal[1]; 3) בער pi.[12]; 5) Ar. גדד pe.[1]; 6) גדע ni.[1]; 7) גרע qal[1]; 8) גרשׁ *a*. pi.[1], **b*. pu.[1: Pr 20.13]; 9) הרס qal[1]; 12) יצא *a*. qal[1], *b*. hi.[1]; 13) ירשׁ *b*. hi.[17]; 14) כחד hi.[1]; 15) כרת *a*. qal[1], *b*. ni.[7], *c*. hi.[10], *d*. ho.[1]; 16) מוט ni.[1]; 17) מנע qal[1]; 18) מַסַּע [1]; 19) נטל **a*. qal[1: Na 1.2, *r* > *l*, so Schleusner, s.v.], *b*. Ar. peil[1]; 21) נסח ni.[1]; 22) נסע *a*. qal[33+], *b*. hi.[2], **c*. ni.[1: Zc 10.2, voc.]; 23) נשׂא *a*. qal[9], *b*. ni.[7], *c*. Ar. pe.[1]; 24) נשׁל qal[1]; 25) נתשׁ qal[4]; 27) סור *a*. qal[8], *b*. hi.[12: + Am 6.8, MT *hsgrty*]; 28) סלה pi.[1]; 29) סלף pi.[1]; 30) סְעָרָה [3]; 31) ספה qal[1]; 32) עבר hi.[2: + Ez 20.39, MT *ʿbdw*]; 34) רגע hi.[1]; 35) רום *a*. hi.[3], *b*. ho.[1]; 36) שׁחת hi.[2]; 37) שׁמד *a*. ni.[1], *b*. hi.[13: + Am 2.9*b*]; 39) סחה pi.[1]; 40) שׁבת hi.[2]; *42) הדף qal[1: Si 47.5]; *43) Ar. עקר hitpe.[1: Da LXX 7.8 Pap. 967]; (fr) [Am 1.8, MT *twmk*]. Del. 4, 10-1, 13*a*, 20, 26, 33, 38, 41); Jl 1.16, Zc 4.1, Je 28.36, Ez 10.19, 20.38.

ἐξαίσιος 1) *a*. פלא ni.[2], *b*. מִפְלָאָה [1]; 2) פִּתְאֹם [2]; (fr) [Jb 34.24]. Del. 3-5).

ἐξαίφνης 1) וְהִנֵּה [1]; 2) פִּתְאֹם [5]; 3) פֶּתַע [1]; 4) רֶגַע [1]. Del. 5).

ἑξάκις 1) *a*. שֵׁשׁ פְּעָמִים [1], *b*. שֵׁשׁ [1]. Del. Jo 6.13 v.l.

ἑξακισχίλιοι שֵׁשֶׁת אֲלָפִים.

ἐξακολουθέω 1) הלך qal[3]; 2) פנה qal[1]; 3) פתה ni.[1].

ἐξακονάω 1) חדד ho.[1]. Del. 2) לטשׁ pu. Ps 51.2 v.l.

ἑξακόσιοι שֵׁשׁ מֵאוֹת

ἑξακοσιοστός שֵׁשׁ מֵאוֹת [2].

ἐξακριβάζω 1) חקר qal[1]; 2) Ar. יצב pa.[1]; 3) מנה qal[1].

ἐξάλειπτρον 1) מֶרְקָחָה [1].

ἐξαλείφω 1) גרע ni.[1]; 3) טוּחַ *a*. qal[2], *b*. ni.[2]; 4) מחה *a*. qal[10: + Jd 15.16*bis*], *b*. ni.[10: + Si 44.13], *c*. hi.[2]; 5) שׁחת *a*. pi.[4], *b*. hi.[2], *c*. מַשְׁחִית [1]; 6) כרת ni.[1]. Del. 2*a*, *b*).

ἐξάλειψις 1) מַשְׁחִית [2: + Ez 5.16]. Del. Jb 15.23 v.l.

ἐξαλλάσσω 1) חֲלִיפָה [1].

ἐξάλλομαι 1) הום hi.[1]; 2) פצח qal[1]; 3) קלל qal[1]; 4) רקד pi.[1]; *5) נתר pi.[1: Na 3.17 MT *mnzrym*; Schleusner, ad loc.]; *6) דלג pi.[1: 2K 22.30*L*].

ἔξαλλος 2) פלא ni.[1]; 3) שׁנה qal[1]; *4) בַּר [1: 2K 6.14*L*]. Del. 1).

ἐξαμαρτάνω 1) חטא *a*. qal[2], *b*. hi.[28]; 2) רשׁע hi.[1].

ἑξάμηνος 1) שִׁשָּׁה חֳדָשִׁים [2].

ἐξαναλίσκω 1) אכל qal[1]; 2) גוע qal[1]; 3) הדף qal[1]; 4) המם qal[1]; 5) ירשׁ pi.[1]; 6) כלה *a*. pi.[13], *b*. pu.[1]; 7) כרת hi.[1]; 8) רוק hi.[1]; 9) שׁמד hi.[1]; 10) תמם *a*. qal[1], *b*. ni.[1].

ἐξανάστασις *1) יְקוּם [1: Ge 7.4].

ἐξανατέλλω 1) זרח qal[1]; 2) צמח hi.[4].

ἐξανθέω 4) נצץ hi.[1]; 5) פרח *a*. qal[9], *b*. hi.[1], *c*. פֶּרַח [1]; 6) צוץ hi.[4]; *7) זרח qal[1: Ho 7.9 MT *zrqh*]; *8) גָּרַע נֵץ qal[1: Si 51.15. Del. 1-3); Is 18.5.

ἐξανίστημι 1) חיה pi.[1]; 2) יקץ qal[1]; 4) עמד qal[1]; 6) קום *a*. qal[9+], *b*. hi.[2: + Ez 25.15], *c*. pol.[1]; 7) קוץ hi.[2]; 8) שִׁית qal[1]; 9) שׁכם hi.[1]; 10) זוּחַ qal[1]; (-) [Da LXX 5.6]. Del. 3, 5); Ru 3.8, Ho 6.2 v.l.

ἐξαντλέω 1) דלה qal[1]; 2) חשׂף qal[1].

ἐξαπατάω 1) תלל hi.[1].

ἐξάπινα 1) כִּבְלַע [2: + Le 21.4 MT בעל]; 2) *a*. פִּתְאֹם [5], *b*. בְּפִתְאֹם [1], *c*. בְּפֶתַע פִּתְאֹם [1]; 3) בְּפֶתַע [1]; 4) כְּרֶגַע [1]; 5) בְּשַׁלְוָה [2].

ἐξαπίνης 1) פִּתְאֹם [1]; 2) *a*. פֶּתַע [1]. Del. 2*b*); Nu 35.22, Is 47.11 v.l. (> ἐξάπινα).

ἐξαπορέομαι 1) פּוּן qal[1].

ἐξαποστέλλω 1) אבד hi.[1]; 2) גרשׁ pi.[1]; 3) הלך *a*. qal[1], *b*. hi.[1]; 4) יצא *a*. qal[2], *b*. hi.[3]; 6) סור hi.[1]; 7) שׁוב hi.[1]; 8) שׁלח *a*. qal[18+: + Mi 1.14, Ps 151.4], *b*. pi.[83+: + To 10.7*bis*], *c*. pu.[4], *d*. hi.[2], *e*. מִשְׁלֹחַ [2]. Del. 5, 8*f*); Ge 24.40, 26.27, Es 8.5.

ἐξάπτω 1) בער hi.[1]; 2) דלק qal[1]; 3) עלה hi.[2]; 4) קשׁר qal[1]; 5) שַׁלְהֶבֶת [1]; *7) יצת hi.[1: Si 35.16]. Del. 6); Ez 24.11.

ἐξαριθμέω 1) מנה *a*. qal[2], *b*. ni.[1]; 2) מסר ni.[1: Ben-Ḥayyim 1965.213]; 3) ספר *a*. qal[9], *b*. ni.[1], *c*. pi.[1], *d*. מִסְפָּר [1].

ἐξαρκέω 1) w. neg. קצר qal[1].

ἔξαρσις 1) מַסַּע [1]; 2) נתשׁ [1].

ἐξαρτάω 1) חבר pu.[1].

ἐξάρχω 1) ענה *a*. qal[6], *b*. pi.[2].

ἐξασθενέω 1) כשׁל hi.[1].

ἐξαστράπτω 1) בָּרָק [1]; 2) לקח hit.[1]; 3) קלל [2].

ἐξατιμόω 1) כלם ni.[1].

ἐξεγείρω 2) חול pol.[1]; 4) טול hi.[1]; 6) יקץ qal[4]; 7) נטל

a*. hi.[1: Jn 1.4 MT *hēṭil*], *b*. Ar. peil[1]; 8) נער qal[1]; 9) *a*. ἐξεγείρομαι סער qal[1], *b*. ἐ. κλύδωνα סער qal[1]; 11) עור *a*. qal[18], *b*. ni.[5], *c*. pol.[5], *d*. hi.[18: + Jd 5.16A, 2K 19.18. 3K 16.3; Hb 3.13 MT *'rwt*], *e*. hit.[2],f*. ho.[1: Ez 21.16]; 12) קום *a*. qal[4: + 1E 8.73], *b*. hi.[3]; 13) קִיץ hi.[9]; 14) רדה qal[1]; 15) שׂגב qal[1]; *18) חיה pi.[1: Da TH 7.4]; *19) מִפְקָד [1: Si 35.11]. Del. 1, 3, 5, 10, 16-7); Jb 14.12, Am 2.9, Zc 9.13, Ez 38.14.

ἐξέδρα 1) חָצֵר [1]; 2) *a*. טור [1], *b*. טִירָה [1]; 3) לִשְׁכָּה [18]; 4) צֵלָע [1].

ἐξεικονίζω Del. 1).

I **ἔξειμι** *4) Ar. אֲרִיךְ [1: 2E 4.14]. Del. 1-3); Le 13.57, Nu 21.13 v.l.

II **ἔξειμι** 1) יצא qal[1].

ἐξεκλησιάζω 1) קבץ qal[1]; 2) קהל *a*. ni.[7], *b*. hi.[8], *c*. קָהָל [1]; 3) קרא qal[1]. Del. Nu 1.18 v.l.

ἐξελαύνω 1) נגשׂ qal[2].

ἐξελέγχω Del. 1) יכח hi. Mi 4.3, Is 2.4, Pr 24.29 v.l.

ἐξέλευσις Del. 1).

ἐξέλκω 1) ירשׁ hi.[1]; 2) מִיץ qal[1]; 3) משׁך qal[1]; 4) נתק ho.[1]; 5) שׁאף qal[1].

ἐξεμέω 2) קוֹא *a*. qal[1], *b*. hi.[3]. Del. 1).

ἐξεργάζομαι 1) פעל qal[2].

ἐξερεύγομαι 1) נבע hi.[2]; 2) פוּק hi.[2]; 3) רחשׁ qal[1]. Del. 4).

ἐξερευνάω 1) חפשׂ *a*. qal[4: + Ps 63.6 word div.], *b*. ni.[1], *c*. pi.[4: Jl 1.7 metath.]; 3) חקר qal[3: + Jd 5.14]; 5) נצר qal[5]; 7) שׁאל qal[1]. Del. 1*d*, 2, 4, 6).

ἐξερεύνησις 1) חֵפֶשׂ [1].

ἐξερημόω 1) חָרֵב *a*. qal[4], *b*. hi.[8: + Ho 13.5, voc., Je 25.9], *c*. חָרְבָּה [1]; 3) שׁאה hi.[1]; 4) שָׁמֵם *a*. qal[2], *b*. pi.[2]. Del. 2).

ἐξέρπω 1) שׁרץ qal[1].

ἐξέρχομαι 1) אסף ni.[1]; 3) בּוֹא qal[11]; 4) הלך qal[2]; 5) יצא *a*. qal[179+: + Nu 24.24, 1K 1.23 (4QSam[a]), 28.1, 2C 23.14a], *b*. hi.[6], *c*. ho.[1], *d*. מוֹצָא [1], *e*. יָצִיא [1]; 9) נסע *a*. qal[1], *b*. ni.[1]; 10) Ar. נפק pe.[8]; 13) עלה qal[5: - Ge 19.30]; 15) רוץ qal[2]; 16) תמם qal[1]; *17) Aramaising אזל qal[1: Nu 24.7]; *18) ברח qal[1: 2K 15.14*L*]; (fr) [Mi 2.13*b*, infl. by ib. 2.13*a*]. Del. 2, 6-8, 11-2, 14); Ge 19.30, 1K 18.7, 3K 13.12, 2C 20.25, 23.14b, Jb 33.28, 37.21, Jl 1.9 (> ἐξαίρω), Zc 1.21 (> εἰσ~), Is 7.19, Je 9.4, La 1.6.

ἐξετάζω 1) בחן qal[2]; 2) דרשׁ qal[3: + Si 3.21]; 3) חקר qal[3]. Del. De 13.14 v.l.

ἐξετασμός 1) חֵקֶר [1]; 2) שַׁלְוָה (?)[1].

ἐξεύρεσις 1) חֵקֶר [1].

ἐξέχω 2) אצל ni.[1]; 3) יצא qal[5]; 4) שְׁלַבִּים [3]. Del. 1).

ἐξηγέομαι 2) ירה hi.[2: + Pr 28.13]; 3) ספר pi.[5]. Del. 1).

ἐξήγησις 1) מִסְפָּר [1].

ἐξηγητής 1) חָזוֹן [1]; 2) חַרְטֻמִּים [2].

ἐξηγορία 1) תּוֹרָה [1]; 2) תְּרוּעָה [1].

ἐξήκοντα שִׁשִּׁים.

ἐξηκονταετής 1) בֶּן שִׁשִּׁים שָׁנָה [2].

ἐξηκοστός 1) שִׁשִּׁים [1].

ἐξηλιάζω 1) יקע *a*. hi.[2], *b*. ho.[1].

ἐξηχέω 1) הָמוֹן [1]; 2) קוֹל [1]; *3) המה hi.[1: 2K 22.15*L*].

ἐξικνέομαι *1) חקר qal[1: Jd 5.15B MT חִקְקֵי, cf. 16].

ἐξίλασις 1) כִּפֻּרִים [1]. Del. Hb 3.17 v.l.

ἐξιλάσκομαι 1) אָשֵׁם qal[1]; 2) חטא pi.[5]; 3) חלה pi.[3]; 4) ידע ni.[1]; 5) כפר *a*. pi.[69+], *b*. pu.[1], *c*. hit.[1], *d*. nit.[1]; 6) פלל pi.[1]; 7) סלח qal[1]; 8) נשׂא qal[1]; *9) עתר ni.[2K 21.14*L*].

ἐξίλασμα 1) כֹּפֶר [2].

ἐξιλασμός 1) חטא pi.[1], *b*. חַטָּאת [1]; 2) *a*. כִּפֻּרִים [3], *b*. כַּפֹּרֶת [1], **c*. כַּפָּרָה [1: Ez 7.25]; 4) *a*. סלח qal[1], *b*. סְלִיחָה [1]; *5) אָשָׁם [1: 1E 9.20]. Del. 3); Nu 5.8.

ἐξιππάζομαι 1) פּוּשׁ qal[1].

ἐξίπτομαι Del. 1).

ἕξις 2) גָּבְהַּ [1]; 3) גְּוִיָּה [1]; 4) Ar. נִדְנֶה [1]; 6) זִיו [1]; 7) עֶצֶם [1]; *8) בְּרִיָּה MH [1: Da LXX 1.15]. Del. 1, 5); Da TH 10.8.

ἐξισόω 1) עֻמָּה [1].

ἐξίστημι 1) הלל po.[1]; 2) המם qal[5]; 5) חרד *a*. qal[5+: + Ex 18.9, Is 60.5], *b*. hi.[4: + Ho 5.8, Ez 21.14], *c*. חָרֵד adj.[1]; 6) חתת ni.[2]; 7) יצא qal[1]; 8) יָרֵא qal[1]; 9) לבשׁ qal[1]; 11) מהר ni.[1]; 12) מוג ni.[1]; 13) מסס ni.[1]; 14) נדד qal[4]; 15) נוּעַ qal[1]; 17) עִלְפֶּה [2]; 19) פּוּג qal[1]; 20) פחד qal[3: + Je 43.24]; 21) פעם *a*. ni.[1], *b*. hit.[1]; 22) רדה hi.[1]; 23) רדם ni.[1]; 26) *a*. שׂער qal[3], **b*. סער ni.[1: 4K 6.11*L*]; 27) שׁגה qal[1]; 28) שָׁמֵם *a*. qal[6], *b*. ni.[1]; 29) תמה *a*. qal[4], **b*. hi.[1: Si 43.18]; *31) טרף ni.[1: Jd 5.4A]. Del. 3-4, 10, 16, 18, 24-5, 30); Jd 9.44.

ἐξιχνεύω 1) חקר qal[2]. Del. 2) Si 18.4 v.l.

ἐξιχνιάζω 1) דרשׁ qal[1]; 2) זרה pi.[1]; 3) חקר *a*. qal[6], *b*. pi.[1], *c*. חֵקֶר [1].

ἐξιχνιασμός 1) חֵקֶר [1].

ἐξοδεύω 1) שׁדד qal[1].

ἐξοδία 1) גְּדוּד [1]; 2) יצא qal[5]. Del. Ez 26.18, 1E 4.23 v.l.

ἐξοδιάζω 1) יצא qal[1], **b*. hi.[1: 4K 12.12*L*].

ἐξόδιος 1) עֲצֶרֶת [5].

ἔξοδος 3) חוּץ [14]; 4) יצא *a*. qal[4+: + Ps 120.8, Pr 25.13], *b*. hi.[1], *c*. מוֹצָא [15: + Pr 8.35*bis*], *d*. מוֹצָאָה [1], *e*. תּוֹצָאוֹת [2]; 5) צוֹאָה [1]; 7) ὕδατος ἔ. מָקוֹר [1]; 8) יָבָל [1]. Del. 1-2, 6); Ps 73.5, Ez 16.25.

ἐξοικοδομέω 1) בנה qal[1].

ἔξοικος 1) ἔ. γίνομαι אבד qal[1].

ἐξοκέλλω 1) נדח hi.[1].

ἐξολέθρευμα 1) חֵרֶם [1].

ἐξολέθρευσις 1) חָרְמָה [1]; 2) כרת hi.[1]; 3) מַשְׁחֵת [1].

ἐξολεθρεύω 1) אבד *a*. pi.[1], *b*. hi.[2]; 2) בער pi.[1]; 3) גדע qal[1]; 4) הדף qal[1]; 6) חרם *a*. hi.[24], *b*. θανάτῳ ~εύεσθαι חרם ho.[1]; 7) ירשׁ hi.[20]; 8) כחד hi.[1]; 9) כלה *a*. pi.[1]; 10) כרת *a*. qal[4], *b*. ni.[21+], *c*. hi.[15+]; 12) נכה hi.[2]; 14) עכר qal[1]; 15) צמת hi.[4]; 16) רזה qal[1]; 17) שׁדד qal[3]; 18) שׁחת *a*. ni.[1], *b*. pi.[1], *c*. hi.[14], *d*. מַשְׁחִית [2]; 19) שׁמד *a*. ni.[5+], *b*. hi.[15+]; 21) παραλογίζεσθαι ἐξολεθρεῦσαι דמה pi.[1]; *22) שׁמם qal[1: Ez 6.6]; (-) [+ De 33.19, Jo 10.32, Jd 2.3A]. Del. 5, 9*b*, 11, 13, 20); Nu 4.18, Ps 81.8, Mi 5.12, Ez 35.15.

ἐξόλλυμι 1) כרת ni.[1]; 2) עכר qal[2]; 3) ספה ni.[1].

ἐξομβρέω 1) נבע hi.[1].

ἐξομολογέομαι 2) הלל pi.[4]; 3) *a.* Ar. ידה af./ho.[4: + To 13.6, 14.2], *b.* hi.[1+: + To 13.3, Ps 73.19], *c.* hit.[4]; 4) שׁבע ni.[1]; 5) ספר pi.[1]. Del. 1).

ἐξομολόγησις 1) הוֹד [4]; 2) ידה *a.* hi.[2: + Si 47.8], *b.* תּוֹדָה [8], **c.* הוֹדָיָה [1: 1C 16.27*L*, MT חֶדְוָה]; 3) תְּהִלָּה [1]; 4) תְּרוּעָה [2]; 5) תְּפִלָּה [1].

ἐξόπισθεν 1) *a.* אָחוֹר [1], *b.* מֵאַחַר [1], *c.* מֵאַחֲרֵי [2], *d.* מִן אַחֲרֵי [1].

ἐξοπλίζω 1) חלץ ni.[2].

ἐξορκίζω 1) אלה qal[1]; 2) שׁבע hi.[1]. Del. 3K 22.16 v.l.

ἐξορμάω 1) צפר qal[1].

ἐξορύσσω 1) נקר *a.* qal[1], *b.* pi.[1], **c.* ni.[1: Pr 29.22].

ἐξουδ/θενέω 1) בּוּז qal[2]; 3) בזה qal[5: + Ez 21.10]; 5) מאס qal[3]; 6) עַל־נְקַלָּה [1]; 8) חרף qal[1]; (fr) [1: Am 6.1 MT *š'nnym*, cf. Zc 1.15]. Del. 2, 4, 7); 1K 8.7b, Ps 43.5, 63.8, Si 34.22, 31, Ct 8.1, 7.

ἐξουδένημα 1) בזה qal[1]; 2) Ar. שׁפל pe.[1].

ἐξουδ/θενόω 1) בּוּז qal[3]; 2) בּוּס qal[2]; 3) בזה *a.* qal[9], *b.* ni.[6]; 4) בַּעַר [1]; 5) לעג *a.* qal[1], **b.* hi.[1: Si 34.22]; 6) מאס *a.* qal[9]. *b.* ni.[2: + 1K 15.9 MT *nms*]; 8) סלה qal[1]; 9) חרף qal[1]; *10) קלל qal[1: 1K 2.30*L*]. Del. 7); 1K 10.19, 4K 19.21, Ps 43.5.

ἐξουδένωμα Del. 1-2): Da TH 4.14.

ἐξουδένωσις 1) בּוּז *a.* subst.[5], *b.* qal[1].

ἐξουσία 1) οἱ ἐπ' ~ῶν דְּתָבְרַיָּא [4?]; 2) מֶמְשָׁלָה [8]; 3) *a.* שַׁלִּיט [2], *b.* שָׁלְטָן [16: + To 1.21], *c.* שִׁלְטוֹן [1]; 4) οἱ ἐπ' ~ῶν תִּפְתָּיֵא [4]; 5) δίδοσθαι ~αν Ar. שְׁלֵט pe.[1]; 6) ~αν ἔχειν *a.* Ar. שְׁלֵט pe.[1], *b.* שַׁלִּיט [3: + 1E 8.22]; 7) משׁל hi.[1]; 8) διδόναι ~αν משׁל hi.[1]; (fr) [Pr 17.14].

ἐξουσιάζω 1) משׁל qal[4]; 2) שׁלט *a.* qal[3], *b.* hi.[2], *c.* שַׁלִּיט [4], *d.* שִׁלְטוֹן [2]; 3) קום po.[1]; *בעל qal[1: 1C 4.22*L*].

ἐξοχή 1) שֵׁן [1].

ἐξυβρίζω 1) גאה qal[1]; 2) פחז qal[1]; 3) נבע hi.[1].

ἐξυπνίζω 1) יקץ qal[3]; 2) עור ni.[1].

ἐξυπνόω Del. 1); Ps 120.4 v.l.

ἔξω, ἐξώτερος, ἐξώτατος 1) Ar. בַּר [1]; 2) *a.* חוּץ [3], *b.* בַּחוּץ [11], *c.* כַּחוּץ [1], *d.* לַחוּץ [1], *e.* חִיצוֹן [21: + Ez 40.17, 34], *f.* מִחוּץ ל [17+: + Le 17.4], *g.* אֶל־מִחוּץ לְ [19+], *h.* חִיצוֹן לְ [1], *i.* חוּצָה לְ [1], *j.* הַחוּצָה [10], *k.* חוּצָה [4], *l.* הַחוּץ [3], *m.* ἕως ἔ. הַחוּצָה [1], *n.* לַחוּצָה [1], *o.* ἐξωτέρω חוּץ [1], *p.* מִחוּץ [2: Am 4.5 MT *mḥmṣ*], *q.* ὁ ἐξώτερος לַחוּץ [1]; 3) פְּרָזוֹת [1]; 4) מִבַּלְעֲדֵי [1]; 5) חָצֵר [2: - Ex 26.4]; 6) קִיצוֹן [1: Ex 26.4]; (fr) [Jb 39.3].

ἔξωθεν 2) *a.* חוּץ [1], *b.* אֶל־הַחוּץ [1], *c.*בַּחוּץ [2], *d.* לַחוּץ [1], *e.* מִחוּץ, מֵהַחוּץ, מִן הַחוּץ [11], *f.* מִחוּץ ל [8], *g.* חוּצָה [1], *h.* בְּחוּצוֹת [7], *i.* ὁ ἔ. מִחוּץ [1], *j.* τὸ ἔ. חִיצוֹן [1]; 3) בַּעַד [3]; 4) ἔ. οὗ מִחוּץ [1]. Del. 1); Jb 1.10, Ez 40.43.

ἐξωθέω 1) דּוּחַ hi.[1]; 2) דחה pu.[2]; 3) כאה ni.[1]; 5) נדא hi.[1]; 6) נדד ho.[1]; 7) נדח *a.* qal[1], *b.* ni.[5: + Mi 2.9, MT *tqḥw*], *c.* hi.[13]; 8) נדף ni.[1]; 9) נסח qal[1]; 10) רחק hi.[1]; 11) תעה hi.[1]; *12) גזר ni.[1: 2C 26.21*L*]. Del. 4).

ἔξωσμα 1) מַדּוּחִים [1].

ἑορτάζω 1) *a.* חגג qal[14: + Ps 75.10], *b.* חָגַג חַג qal[1], *c.* הִתְקַדֵּשׁ חַג hit.[1].

ἑορτή 1) חַג [32+: + 3K 12.33a], *b.* Ar. חַג [1: To 2.1]; 3) *a.* מוֹעֵד [12+: + 2C 8.13a, Je 38.8]; (fr) [Ez 23.34]. Del. 3*b*); De 33.10b.

ἐπαγγελία 2) סִפְרָה [1]; 3) פָּרָשָׁה [1]; *4) נְדָבָה [1: 1E 1.7]; *5) אֲגֻדָּה [1: Am 9.6 voc.]. Del. 1).

ἐπαγγέλλω 1) אמר qal[1]; *2) בטח hi.[1: Si 20.23].

ἐπάγω 1) אָנַף qal[1]; 2) בּוֹא *a.* qal[1], *b.* hi.[13+: Ho 13.15, Am 5.9, *w > y*]; 3) גמל qal[1]; 4) חטם qal[1]; 5) *חלף hi.[1]; 7) מָשַׁךְ qal[1]; 8) נהג *a.* qal[1], *b.* pi.[2]; 9) נחה hi.[1]; 10) נטה *a.* qal[1], *b.* hi.[1]; 12) נשׂא *a.* qal[3], *b.* hi.[2]; 13) עבר hi.[3]; 14) עלה *b.* hi.[3: + Ex 33.5]; 16) פעל qal[1]; 17) פצר hi.[1]; 18) פקד *a.* qal[6], *b.* יָצָא לִפְקֹד qal[1], *c.* פְּקֻדָּה [1]; 20) קרא qal[1]; 21) שִׂים, שׂוּם qal[4: + 1K 5.6]; 23) שׁוּב *a.* qal[2], *b.* hi.[4]; 24) שִׁית qal[1]; 25) שׁלח pi.[1]; 27) שׁפך qal[1]; 28) ἐ. ὑετόν מטר *hi.[1]; *29) אנה pi.[1: Ps 87.8]; (fr) [Zp 3.17 ἐπάξει ἐπί σε εὐφροσύνην = MT /yāśiś ʿālayiḵ bśimḥā/; Si 48.2]; (-) [Ez 30.24]. Del. 6, 11, 14*a*, 15, 19, 22, 26, 29); Zc 3.9 v.l.(> ἄγω), Ec 3.18.

ἐπαγωγή 2) עצר qal[1]; 3) שֹׁד [1]; 4) מַכָּה [1]; 5) עֶבְרָה [1]; 6) נֶגַע [1]. Del. 1); Is 10.4, 14.17 v.l., see Walters 129f.

ἐπᾴδω 1) בַּעַל לָשׁוֹן [1]; 2) חבר qal[1]; 3) *a.* לחשׁ pi.[1], *b.* לַחַשׁ [1].

ἐπαινετός 1) הלל pu.[1].

ἐπαινέω 1) הלל *a.* pi.[3], *b.* po.[1], *c.* hit.[5], **d.* pu.[1: Ps 43.9 voc.], 2) שׁבח *a.* pi.[6], **b.* hit.[1: Ec 8.10]; 3) ישׁר ni.[1].

ἔπαινος 1) הָדָר [1]; 2) חֶמְדָּה [1]; 3) תְּהִלָּה [5: + Si 44.8 H נחלתם].

ἐπαίρω 2) גבה qal[1]; 3) גִּבּוֹר [2]; 4) גִּיל לֵב qal[1]; 6) טול hi.[1]; 7) *a.* נסע hi.[1], *b.* מַסָּע [1]; 8) מֹעַל [1]; 10) נוּעַ qal[1]; 11) נוף hi.[5: + Si 46.2]; 12) נטה *a.* qal[1], *b.* hi.[1]; 14) נשׂא *a.* qal[25: + Si 50.20], *b.* ni.[3: Hb 3.11 voc.], *c.* pi.[2], *d.* hit.[4], *e.* Ar. itpe.[1], *f.* מַשָּׂא [2: + Ps 72.18], *g.* נָשִׂיא [1], **h.* hi.[3: 4K 18.29, 19.10, Ob 3 *š > ś*]; 18) עלה *a.* ni.[1], **b.* hit.[1: Ps 36.35]; 20) רום *a.* ni.[2], *b.* hi.[6], **c.* qal[1: Je 29.6]; 21) שׁען ni.[1]; *22) נטל qal[1: Zp 1.11]. Del. 1, 5, 9, 13, 15-7, 19); 2K 18.28, 3K 8.46.

ἐπαισχύνω 1) בּוֹשׁ qal[1]; 2) חפר qal[1]; 3) נשׂא qal[1].

ἐπαιτέω 1) שׁאל pi.[1]; *2) חָצַף [1: Si 40.28 MS M].

ἐπαίτησις 1) מַתָּן [1]; 2) שְׁאֵלָה [1].

ἐπακολουθέω 1) *a.* אַחַר [4], *b.* הָלַךְ אַחַר qal[2], *c.* מִלֵּא אַחַר pi.[2]; 2) הלך qal[1]; 3) פָּנָה אֶל qal[3]; 5) מָלֵא qal[1]. Del. 4).

ἐπακούω 1) אזן hi.[1]; 3) δεήσεως ἐ. עור hi.[1]; 4) ענה *a.* qal[8+: + Is 19.22], *b.* ni.[1]; 6) עתר ni.[8]; 7) קשׁב hi.[3]; 9) שׁמע *a.* qal[6+], *b.* ni.[2]; (fr) [Pr 21.13a]. Del. 2, 4*c*, 5, 8); Ge 27.13, 30.17, De 26.14*bis*, 1K 30.24, Jb 38.34, Pr 29.12, Ct 5.6, Is 50.2,10, Je 18.19, Mi 3.7.

ἐπακρόασις 1) קשׁב hi.[1].

ἔπαλξις 1) *a.* אֻשְׁיָה [1], *b.* אָשְׁיָה [1]; 2) טִירָה [1]; 3) שֶׁמֶשׁ [1]; *4) מִסְגֶּרֶת [1: 3K 2.35f]; (fr) [Is 21.11].

ἐπάν 1) בְּכָל־עֵת אֲשֶׁר [1].

ἐπανάγω *2) עָלָה hi.[1: Zc 4.12 MT *m'lyhwm*]. Del. 1).

ἐπανακαινίζω 1) חדשׁ pi.[1].

ἐπαναπαύω 1) נוּחַ *a.* qal[4] *b.* hi.[1]; 2) שׁען ni.[5].

ἐπανάστασις Del. 1); 3K 6.18 v.l.

ἐπαναστρέφω 1) שׁוּב qal[8].

ἐπανατρυγάω 1) עלל po.[2].

ἐπανέρχομαι 2) הלך qal[1]; 3) שׁוּב qal[3]. Del. 1); Ge 33.18 v.l.

ἐπανήκω 1) בּוֹא qal[1]; 2) שׁוּב qal[3].

ἐπανθέω 1) חלף qal[1].

ἐπανίστημι 2) הפך ni.[1]; 3) עוּר *a.* hi.[2], *b.* hit.[1]; 4) עמד *b.* hi.[1]; 5) צוּר qal[1]; 6) קוּם *a.* qal[4+], *b.* hit.[3]; *7) פחז qal[1: Jd 9.4*L*]; (fr) [Jb 30.5]. Del. 1, 4*a*); Jb 22.15, 29.8.

ἐπανόρθωσις *1) טוֹבָה [1: 1E 8.52].

ἐπάνω 1) אֶל [1]; 2) אֶת [1]; 3) בְּ' [1]; 4) מִ' [1]; 5) *a.* מַעְלָה [9+], *b.* לְמַעְלָה [5], *c.* מִלְמַעְלָה [2]; 6) *a.* עַל [12: + Ez 25.9], *b.* עַל־פְּנֵי [6], *c.* מֵעַל [10: + Si 45.12 *m'yl*], *d.* מֵעַל לְ [8: + 2K 5.20], *e.* מִמַּעַל ל [8], *f.* עֵלָּא מִן [1]; 7) עַל בָּמֳתֵי [1]; 8) עַל רֹאשׁ־ [2]; 9) עֶלְיוֹן [3]; (fr) [Is 10.9]. Del. Hg 2.15 (> ὑπεράνω), 19.

ἐπάνωθεν 1) *a.* מִמַּעַל [3], *b.* לְמַעְלָה [3: + Jd 8.13], *c.* מִלְמַעְלָה [6], *d.* מֵעַל [17], *e.* עַל [1], *f.* מֵעַל לְ [1], *g.* מִמַּעַל לְ־ [1]; (-) [Ez 40.43].

ἐπαξονέω 1) ילד hit.[1].

ἐπαοιδή 1) חֶבֶר [3]. Del. 2) Ex 8.7 v.l.

ἐπαοιδός 2) חבר qal[2]; 3) חַרְטֹם [13]; 4) יִדְּעֹנִי [4]; *5) Ar. אָשַׁף [2]. Del. 1).

ἐπαποστέλλω 1) שׁלח *a.* pi.[7], *b.* hi.[1]. Del. De 32.24 v.l.

ἔπαρμα 1) Ar. אשׁ [1].

ἔπαρσις 2) *a.* מַשָּׂא [2: + Ez 24.25*a*], *b.* מַשְׂאֵת [1], **c.* נשׂא qal[2: 4K 19.25, La 3.47], **d.* hit.[1: 1C 29.11*L*]; 5) תִּפְאֶרֶת [1]; (fr) [Da LXX 5.8]. Del. 1, 3, 4).

ἐπαρυστήρ 1) מֶלְקָחַיִם [1].

ἐπαρυστρίς 1) מוּצָקָה [1]; 2) מַחְתָּה [2]; 3) מֶלְקָחַיִם [1]; *4) צַנּוֹר [1: Zc 4.12, doublet with μυξωτήρ].

ἔπαρχος 1) also Ar. פֶּחָה [7+].

ἔπαυλις 1) גְּדֵרָה [4: + Jo 15.36]; 2) חַוָּה [3]; 4) חָצֵר [20: + Ex 14.2, 9, Nu 22.39, Is 35.7]; 5) טִירָה [3]; 6) נָוֶה [3]. Del. 3, 7); Ps 143.14.

ἐπαύριον 1) *a.* מָחָר [1], *b.* מָחֳרָת [12+].

ἐπαφίημι 1) נוּחַ hi.[1]; 3) עזב qal[2: + Jb 10.1]; 4) שׁלח pi.[1]. Del. 2); Ez 22.20.

ἐπεγείρω 1) ירד hi.[1]; 3) עוּר *a.* hi.[4], *b.* pol.[1]; 4) קוּם *a.* qal[4: + Na 1.8 MT *mqwmh*; Si 46.1 *nqmy* > *bqmy*], *b.* hi.[4]; (fr) [Je 29.7]. Del. 2); Jb 10.17.

ἐπείγω 1) Ar. חצף af.[1]. Del. Jb 36.27 v.l.

ἐπεῖδον 2) נבט hi.[1]; 3) צפה *a.* qal[1], *b.* pi.[1]; 4) *a.* ראה qal[10], *b.* רָאִי [1]; 5) שׁעה qal[1]. Del. 1); Jb 38.12.

I. ἔπειμι 2) עלה qal[2]; 3) עמד qal[1]. Del. 1); Ex 9.3, Si 42.19 v.l.

II. ἔπειμι 2) תְּשׁוּבָה [1]; 3) ὁ ἐπιὼν χρόνος אַחֲרִית [1]. Del. 1).

ἐπεισφέρω 1) בּוֹא hi.[1].

ἐπέκεινα 1) *a.* הָלְאָה [9], *b.* מֵהָלְאָה ל- [3]; 2) מֵעֵבֶר ל [1]; 3) מַעְלָה [1]; 4) עַד (in וָעֶד)[1].

ἐπελπίζω 1) בטח *a.* qal[1], *b.* hi.[1]; 2) יחל pi.[6].

ἐπενδύτης 1) מְעִיל [2]. Del. Le 8.7 v.l.

ἐπερείδω 1) תמך qal[1].

ἐπέρχομαι 1) τὰ ἐπερχόμενα *a.* אָחוֹר [1], *b.* אַחֲרֹנִים [1]; 2) אתה qal[3]; 3) בּוֹא *a.* qal[8+: + Jb 31.21]; 5) גּוּז qal[1]; 6) גִּיחַ hi.[1]; 7) הלך qal[1]; 8) חלף qal[1]; 12) נפל qal[1]; 13) נתך qal[2]; 14) עבר *a.* qal[8+: + Nu 8.7]; 15) עלה qal[2]; 16) ערה ni.[1]; 19) קוּם qal[1]; 22) שׁוּב qal[2]; 23) שִׁית qal[1]; 24) שׁכן qal[1]; 25) נשׂג hi.[1]; (fr) [Jb 19.29, 23.17]. Del. 3*b*, 4, 9-11,14*b*, 17-8, 20-1); Ge 50.5; Am 5.17 v.l.(> δι~), 1K 7.13, Je 37.23.

ἐπερωτάω 1) בקשׁ pi.[1]; 2) דרשׁ qal[14]; 3) ענה qal[2]; 4) שׁאל *a.* qal[9+], *b.* pi.[1], *c.* Ar. pe.[5]; (fr) [Pr 17.28]. Del. 5); 4K 19.10.

ἐπερώτημα 1) Ar. שְׁאֵלָא [1]. Del. Si 36.3 v.l.

ἐπερώτησις 1) דָּבָר [1].

ἐπέτειος 1) שָׁנָה [1]. Del. De 15.18 v.l.

ἐπευκτός 1) ברך pu.[1].

ἐπεύχομαι 1) ברך pi.[2].

ἐπέχω 3) חדל qal[4]; 5) יחל ni.[2: + Ge 8.10]; 6) לאה ni.[1]; 7) מנע ni.[1]; 8) עצר *a.* qal[1], **b.* ni.[2: 2K 24.21, 25*L*]; 9) קוה pi.[1]. Del. 1-2, 4); Is 41.23.

ἐπήκοος 1) קֶשֶׁב [2]; *2) √ענה [3: 1K 23.24, 25*L*].

ἐπήλυτος 1) שָׂרִיד [1].

ἐπιβαίνω 1) דרך qal[7+]; 3) הלך qal[1]; 4) הפך ni.[1]; 5) חנה qal[1]; 6) יצב hit.[1]; 7) עלה qal[6]; 8) עמד qal[1]; 9) צעד qal[1]; 10) רכב qal[8+: + Ps 75.6]. Del. 2); Jb 17.6, Je 27.24.

ἐπιβάλλω 1) אַרְבָּה [1]; 2) בּוֹא qal[1]; 3) הדה qal[1]; 4) נדח qal[1]; 5) נוּף hi.[6]; 6) נטה qal[2]; 7) נטשׁ qal[1]; 8) נפל hi.[2]; 9) נשׂא qal[1]; 10) נתן qal[3]; 12) עלה *a.* qal[2], *b.* hi.[1]; 13) פרשׂ qal[5]; *13α) פשׁט qal[1: Jd 9.33*L*]; 14) קדם pi.[1]; 15) שׂים,שׁוּם qal[6]; 16) שׁוּב hi.[2]; 17) שִׁית *a.* qal[4], *b.* ho.[2]; 18) *a.* שׁלח qal[3], *b.* מִשְׁלָח [5], *c.* מִשְׁלוֹחַ [1]; 19) שׁלך hi.[1]; 20) ἐ. φόρον ἐπί ענשׁ qal[1]; 21) ἐ. κενά חבל qal[1]; *23) Ar. רמה pe.[1: 1E 8.22]. Del. 11, 22).

ἐπίβασις 1) *a.* מֶרְכָּב [1], *b.* רְכוּב [1].

ἐπιβάτης 1) מַלָּח [1]; 2) *a.* רכב qal[5: + 4K 7.14], *b.* רַכָּב [1]. Del. 2*c*); Es 8.14, Je 28.21 v.l.

ἐπιβιβάζω 1) דרך *a.* qal[1], *b.* hi.[1]; 3) רכב *a.* hi.[8: + Ho 10.11 MT *'rkyb*]. Del. 2).

ἐπιβλέπω 1) אוֹר *qal[1]; 4) נבט hi.[11+: + 1K 2.29 4Q51, Ho 11.4 MT *'t*; Ez 20.46, 21.2]; 8) פנה *a.* qal[8+: + 1K 14.13, Ez 20.46, 21.2; Na 2.9 MT *mpnh*; Zc 10.4, Ma 3.1, voc.]; 9) צפה *a.* qal[2], *b.* pi.[2: + Ez 17.5 MT צַפְצָפָה]; 11) ראה qal[2]; 12) שׁגח hi.[1]; 14) שׁוּט pol.[1]; 15) שׁקף hi.[2]; 16) גלה ni.[1]. Del. 2-3, 5-7, 8*b*,*c*, 10, 13); Ho 3.1 (> ἀπο~), Zc 1.16 v.l.(> ἐπιστρέφω).

ἐπίβλημα 1) מִטְפַּחַת [1].

ἐπιβόλαιον 1) מִסְפָּחוֹת [2]; 2) שְׂמִיכָה [1].

ἐπιβολή *1) Ar. רמה pe.[1: 1E 8.22, cf. ed. Hanhart].

ἐπιβουλεύω *2) קשׁר qal[1: 4K 21.24*L*]. Del. 1).

ἐπιβουλή *1) יעץ qal[1: 1E 5.73]; *2) קֶשֶׁר [1: 4K 17.4*L*]. Del. 1E 8.22 v.l.

ἐπίβουλος 1) זוּעַ pilp.[1]; 3) שָׂטָן [3]; *4) צדה qal[1: 2K 2.16 *r* > *d*, or צר MT]. Del. 2); Es 7.6 v.l.

ἐπιβρέχω 1) מטר hi.[1]

ἐπιβρίθω Del. 1).

ἐπιγαμβρεύω 1) חתן hit.[8]. Del. 2).

ἐπιγαμία 1) ~αν ποιεῖν חתן hit.[1]. Del. 3K 3.1 v.l.

ἐπιγελάω 1) שׂחק qal[1].

ἐπιγεμίζω 1) עמס qal[1].

ἐπιγινώσκω 1) בִּין *a*. hi.[1], *b*. hitpol.[1]; 2) ידע *a*. qal[14+: + Zc 6.10, 14, voc.; 2K 19.8 4Q51], *b*. ni.[2: Hg 2.19 MT *hzr'*; Si 12.8 *pace* Zgl], *c*. hi.[1], *d*. Ar. ידע pe.[3: + To 1.19, 5.12]; 3) נכר *a*. ni.[1], *b*. hi.[12+: + Si 44.23]; 4) ראה qal[2]; 5) שׂכל hi.[1]; 6) ἐπιγινώσκεσθαι w. neg. דעך ni.[1]; 7) נשׂג hi.[1]. Del. Ho 7.9.

ἐπιγνωμοσύνη 1) לֶקַח [1].

ἐπιγνώμων 1) *a*. ידע qal [1], *b*. יָדַע דַּעַת qal[1]; 2) יעץ ni.[1]; 3) תּור hi.[1].

ἐπίγνωσις 1) דַּעַת [5].

ἐπίγνωστος 3) נכר ni.[1: Jb 18.19 *d* > *r*]. Del. 1-2).

ἐπιγονή 1) טַף [1]; 2) יחשׂ hit.[1]; 3) *יֵצֶר [1].

ἐπιγράφω 1) כתב qal[5]. Del. De 9.10 v.l.

ἐπιδεής 1) עָנִי [1]; 2) צָרִיךְ [1].

ἐπιδείκνυμι 3) נגד hi.[1]; *4) ראה qal[1: Is 37.26]. Del. 1-2); Es 2.3, To 4.20 v.l.

ἐπιδέκατος 1) *a*. מַעֲשֵׂר [14+], *b*. עֲשִׂירִי [1].

ἐπιδέξιος 1) Ar. אָסְפַּרְנָא [1]; 2) יָמִין [1].

ἐπιδέχομαι 1) קבל pi.[2]; 2) נשׂא qal[1]; *3) עמד qal[1: 1E 9.14].

I **ἐπιδέω** 1) אֶבְיוֹן [3]; 2) *a*. חָסֵר qal[1], *b*. מַחְסוֹר [1]; 3) שׁחד pi.[1]; *4) אֵין אוֹנִים [1: Si 41.2].

II **ἐπιδέω** 1) אסר qal[1]; 2) קשׁר qal[1].

ἐπιδιαιρέω 1) חצה qal[1].

ἐπιδίδωμι 1) בּוֹא *a*. qal[1]; 3) נתן qal[3: + 1K 14.13]; 4) שׂים qal[1]; *5) יהב qal[1: Am 4.1 MT *hby'h*]. Del. 1*b*, 2).

ἐπιδιπλόω 1) כפל qal[1].

ἐπιδιώκω 1) רדף qal[1].

ἐπιδόξως (fr) [1E 9.45].

ἐπιδύ(ν)ω 1) בּוֹא qal[3].

ἐπιείκεια 1) שְׁלֵוָא [1].

ἐπιεικεύομαι 1) הָיְתָה תְּחִנָּה qal[1].

ἐπιεικής 1) סַלָּח [1].

ἐπιεικῶς 1) יאל hi.[2].

ἐπιζάω 1) חיה qal[1].

ἐπιζήμιος 1) ענשׁ qal[1].

ἐπιζητέω 1) בקשׁ pi.[6]; 2) דרשׁ qal[9]; 3) פקד qal[1].

ἐπίθεμα 1) בֶּטֶן [1]; 2) כֹּתֶרֶת [8]; 3) תְּנוּפָה [10].

ἐπίθεσις 1) עֲגָבָה [1]; 2) קֶשֶׁר [1].

ἐπιθυμέω 1) אוה *a*. pi.[5], *b*. hit.[14], *c*. אַוָּה [1], *d*. תַּאֲוָה [2]; 3) בחר qal[1]; 4) חמד *a*. qal[6], *b*. pi.[1], *c*. hi.[1]; 5) חָפֵץ qal[2]; 6) חשׁק qal[1]; 7) כסף ni.[1]; 9) שׁאל qal[1]; 10) תאב *a*. qal[1], *b*. תַּאֲבָה [1]; 11) גרס qal[1: Ge 49.14]; (fr) [Is 58.11]. Del. 2, 8).

ἐπιθύμημα 2) *a*. חֶמֶד [2: + Is 27.2], *b*. חֲמֻדוֹת [2], *c*. מַחְמָד [8], *d*. מַחֲמַדִּים [2], *e*. חֶמְדָּה [1], **f*. חמד qal ptc.pass.[1: Nu 16.15 *r* > *d*], **g*. ni.[1: Ps 18.10, Barthélemy 1972: 11f.]. Del.1, 3-4); Is 32.14, Je 3.17, 7.24, Ez 23.30.

ἐπιθυμητής 1) אוה hit.[1]; 2) εἶναι ἐ. חמד qal[1].

ἐπιθυμητός 1) *a*. חמד ni.[1], *b*. חֶמֶד [1], *c*. חֶמְדָּה [8], *d*. חֲמֻדוֹת [3], *e*. מַחְמָד [1], *f*. מַחֲמַדִּים [1]; (fr) [Is 32.14]. Del. Jb 36.28, Ps 18.10.

ἐπιθυμία 1) *a*. אוה hit.[1], *b*. אַוָּה [4], *c*. מַאֲוַי [1], *d*. תַּאֲוָה [21], **e*. pi.[1: Si 6.27]; 3) *a*. חמד qal[5: + Pr 6.25, Si 14.14], *b*. חֶמְדָּה [2], *c*. חֲמֻדוֹת [6], *d*. מַחְמָד [2]; 4) חֵשֶׁק [1]; 5) כסף ni.[1]; 8) רָצוֹן [1]; *9) שׂמח qal[1: Si 3.29]. Del. 2, 6-7).

ἐπιθύω 1) זבח *a*. qal[2], **b*. Ar. דבח pe.[1: 1E 6.24]; 2) קטר hi.[4].

ἐπικάθημαι 1) רכב qal[1]; *2) ישׁב qal[1: 1K 4.4*L*].

ἐπικαθίζω 1) ישׁב qal[2]; 2) רכב *a*. qal[2], *b*. hi. [3]; 3) שׁכן hi.[1].

ἐπικαλέω 3) נקב ni.[1]; 5) קרא *a*. qal[19+: + Am 4.12 MT *lqr't*; Ps 74.1], *b*. ni.[28: + Mi 6.9], *c*. pu.[1]; 7) שׂוּם *a*. qal[3], *b*. שִׂים דִּבְרָה hi.[1]; 8) שׁכן *a*. qal[3], *b*. pi.[5]; 9) Ar. שֻׁם [1]; (fr) [1E 6.33]. Del. 1-2, 4, 6); Ps 19.7, 24.14.

ἐπικάλυμμα 1) מִכְסֶה [1]; 2) מָסָךְ [1]; *3) פָּרֹכֶת [1: Ex 39.21]; (fr) Jb 19.29.

ἐπικαλύπτω 1) חפה qal[3]; 2) כסה *a*. qal[2], *b*. pi.[6+: + Ge 7.19, 20]; 3) לוט hi.[1]; 4) סכר ni.[1]; 5) סרח qal[1]; 6) פרשׂ qal[2]; 7) צוף qal[1]. Del. 2*c*).

ἐπικαταλαμβάνω 1) קרה qal[1].

ἐπικαταράομαι 1) ארר *a*. qal[1], *b*. pi.[6]; 2) זעם qal[1]; 3) קבב qal[1]; *4) חרף pi.[1: Ps 151.6 11QPs[a]].

ἐπικατάρατος 1) *a*. ארר qal (pass. ptc.) [25+], **b*. Ar. אֲרִיר [2: To 13.12*bis*]; 3) ἐ. εἶναι קלל pu.[1]; *4) קבב qal[1: Pr 24.39]. Del. 2).

ἐπίκειμαι 1) חכר hi.[1]; 2) חמס qal[1]; 3) נתן qal[1].

ἐπικινέω *1) חרד qal[1: 1E 8.69].

ἐπίκλητος 1) מוֹעָדָה [1]; 2) קרא *a*. qal[2: Am 1.5 MT *qyrh*], *b*. קָרִיא [1], *c*. מִקְרָא [1].

ἐπικλίνω 1) נטה hi.[2].

ἐπικλύζω 1) צוף hi.[1]; 2) שׁטף qal[1]; *2) דוּחַ hi.[1: 2C 4.6*L*].

ἐπικοιμάομαι 1) לִין qal[1]; 2) שׁכב qal[1]; *3) רפה יְדֵי pi.[1: 1E 5.69].

ἐπικοπή 1) נגף ni.[1].

ἐπικοσμέω 1) תקן qal[1].

ἐπικραταιόω 1) תקף qal[1].

ἐπικρατέω 2) גבר qal[2]; 3) חזק qal[2]; 4) טפח pi.[1: Je 5.31]; 5) רדה qal[1]; 6) Ar. שַׁלִּיט [1]. Del. 1); Am 6.5, La 2.22.

ἐπικρεμάννυμι 1) תלה qal[1]; (-) [Is 22.24].

ἐπικροτέω 2) מָחָא כַף qal[1]; 3) פרט qal[1]; 4) תָּקַע כַּף qal[1]; 5) נוף hi.[1: Si 12.18]; *6) טפח qal or pi.[1: La 2.22]. Del. 1); Je 5.31, Ez 29.7 v.l.

ἐπικρούω 1) ספק qal[1].

ἐπικυλίω 1) שׂים qal[1].

ἐπιλαμβάνομαι 1) אחז qal[11]; 2) חזק hi.[21]; 4) קמט qal[1]; 5) קרא qal[1]; 6) *נשׂק qal or hi.[1]; 7) תפשׂ qal[6: + Jb 30.18]; *8) עזר qal[1: Si 4.11 H תעיד]. Del. 3); Je 38.4.

ἐπιλάμπω *1) צַח [1: Is 4.2 MT צֶמַח] or Aramaising, צמח qal.

ἐπιλανθάνω 1) נוּחַ [1]; 2) נשׁה *a*. qal[1], *b*. ni.[3: + Si 13.10], *c*. נְשִׁיָּה [1]; 3) שׁכח *a*. qal[20+: + Pr 4.4], *b*. ni.[12], *c*. pi.[2],

d. hi.[1], *e.* שָׁכֵחַ [1]; 5) מחה ni.[1: Si 3.14]. Del. 4); Je 8.17 v.l.

ἐπιλέγω 1) בחר qal[3]; 2) בער pi.[3]; 3) קבץ qal[1].

ἐπίλεκτος 1) אָצִיל [1]; 3) *a.* חֶמֶד [3], *b.* מַחְמָד [1]; 4) מִבְחָר [3]; 5) פַּרְתְּמִים [1]; 6) צַמֶּרֶת [2]. Del. 2).

ἐπιλημπτεύομαι 2) שגע *a.* hit.[1]. Del. 1) Je 30.3 v.l.

ἐπίλη(μ)πτος 1) שגע *a.* pu.[2], *b.* hit.[1].

ἐπιλησμονή *1) שכח pi.[1: Si 11.27].

ἐπίλοιπος 1) *a.* יתר ni.[4], *b.* יֶתֶר [4]; 2) שאר *a.* ni.[1], *b.* שְׁאֵרִית [3], *c.* also Ar. שְׁאָר [3]; (fr) [Is 38.12].

ἐπιμαρτύρομαι 1) עוד hi.[8].

ἐπιμέλεια *2) Ar. אָסְפַּרְנָא [1: 1E 6.10]; (fr) [Pr 18,4, 28.25]. Del. 1); Ps 106.30 v.l.

ἐπιμελέομαι, ~μέλομαι 1) שִׂים עֵינַיִם qal[1]; *2) ראה qal[1: Pr 27.25]; (-) [1E 6.26].

ἐπιμελῶς 1) אָסְפַּרְנָא [8]; 2) רַק [1]; 3) שחר pi.[1]; *4) אַדְרַזְדָּא [1: 1E 8.21]; *5) יטב hi.[1: 4K 11.18*L*]; (fr) [Ge 6.5].

ἐπιμένω 1) מהה hitpalp.[1].

ἐπιμίγνυμι 1) ערב *a.* qal[1], *b.* hit.[2: + 1E 8.67]; *2) חתן hit.[1: 1E 8.84].

ἐπίμικτος 1) אֲסַפְסֻף [1]; 2) *a.* עֵרֶב [2], *b.* עֶרֶב [1].

ἐπιμύλιον 1) רֶכֶב [2].

ἐπινεύω 1) נכר ni.[1].

ἐπινοέω 2) נבט hi.[1]. Del. 1); Jb 9.7 v.l.

ἐπινυστάζω 1) תְּנוּמָה [1].

ἐπιξενόομαι *2) גור qal[1: Pr 21.7]. Del. 1).

ἐπίορκος 1) שבע ni.[1].

ἐπιπαραγίνομαι 1) בוא qal[1].

ἐπίπεμπτος 1) חֲמִישִׁי [8]. Del. Le 6.5 v.l.

ἐπιπέμπω 1) שלח pi.[1].

ἐπιπίπτω 3) מלל qal[1]; 4) נפל *a.* qal[10+: + Ps 57.8], *b.* hi.[3]; (fr) [Da LXX 4.2]. Del. 1, 2, 5); Ez 24.6.

ἐπιποθέω 1) גרס qal[1]; 3) חמל qal[2]; 4) יאב qal[1]; 5) כסף ni.[1]; 6) ערג qal[2]; 7) רחף pi.[1]; 8) תאב qal[1]; *9) חמד qal[1: Si 25.21]. Del. 2).

ἐπίποκος 1) צֶמֶר [1: 4K 3.4*L*].

ἐπιπολάζω 1) צוף hi.[1].

ἐπίπονος *3) צָבָא [1: Si 7.15]. Del. 1, 2); Je 51.33 v.l.

ἐπιπορεύομαι 2) עבר qal[1]. Del. 1).

ἐπιρραντίζω 1) נזה qal[1].

ἐπιρρέω 1) יצק ho.[1].

ἐπιρρίπτω 1) נפל hi.[2]; 2) שלך *a.* hi.[11], *b.* ho.[1].

ἐπίσαγμα 1) מֶרְכָּב [1].

ἐπισάσσω 1) אסר qal[1]; 2) חבש qal[11]; 3) עמס hi.[1]. Del. Ge 24.32, 3K 13.27 v.l.

ἐπισείω 1) סות hi.[4].

ἐπισημαίνω 1) טפל qal[1].

ἐπίσημος Del. 1).

ἐπισιτίζω *1) צוד hit.[1: Jo 9.4 *r* > *d*].

ἐπισιτισμός 1) צֵידָה, צֵדָה [3+].

ἐπισκάζω 1) צלע qal[1].

ἐπισκεπάζω 1) סכך qal[2].

ἐπισκέπτω 1) בקר *a.* pi.[5: + Nu 16.5 voc., Si 7.35?], *b.* Ar. pa.[8], *c.* itpa.[6], *d.* Ar. בַּקָּרָה [1]; 2) דרש *a.* qal[2], *b.* ni.[1]; 5) פקד *a.* qal[52+], *b.* ni.[10: + Ne 12.42], *c.* hit.[4], *d.* hoth.[1]; 8) בחן qal[1]; 9) בקש pi.[1]; 10) ראה qal[1]. Del. 3-4, 6-7); Nu 1.18, 47, 14.34, Jb 2.11.

ἐπισκευάζω 1) בדק qal[1]; 2) חדש pi.[1]; 3) חזק pi.[2]; *6) יטב hi.[1: Ex 30.7, cf. MH]. Del. 4-5); 2E 9.8.

ἐπίσκεψις 1) *a.* פקד qal [42+], *b.* פְּקֻדָּה [2+], *c.* מִפְקָד [1]. Del. Nu 26.22 v.l.

ἐπισκιάζω 1) סכך *a.* qal[2: + Pr 18.11], *b.* hi.[1]; (?)[Ex 40.29, MT שָׁכַן]. Del. 2).

ἐπισκοπέω 1) דרש qal[1]; 2) ידע qal[1]; 3) נצח pi.[1]; 4) פקד ni.[2].

ἐπισκοπή 1) בִּקֹּרֶת [1]; 5) *a.* פקד qal[13+], *b.* ἐ. εἶναι ni.[3], *d.* פְּקֻדָּה [5]; 8) ~ὴν ποιεῖν הֵאִיר עֵינַיִם hi.[1: Pr 29.13]; 9) ~ὴν ποιεῖν פקד qal[2: + Is 23.16]; 10) מִצְפֶּה [1]; *11) Ar. עַיִן [1: 1E 6.5]; *12) צפה qal[1: Ez 7.22]; (fr) [Jb 24.13]. Del. 2-4, 5*c*, 6-7, 10); Nu 1.21, De 28.25, Jb 5.24, 4K 12.11, Je 11.23.

ἐπίσκοπος 3) *a.* פקד qal[3: + 4K 12.12B], *b.* ho.[2], *c.* פָּקִיד [4], *d.* פְּקֻדָּה [3: + Is 60.17]. Del. 1-2).

ἐπίσπαστρον 1) מָסָךְ [1].

ἐπισπάω 1) משך qal[1]; 2) שאב qal[1]; 3) תפש qal[1]; *4) סחב qal[1: 2K 17.13*L*]. Del. Is 41.20.

ἐπισπεύδω 1) בהל *a.* hi.[1], **b.* pi.[1: 1E 1.25]; 2) מהר pi.[1].

ἐπισπουδάζω 1) אוץ hi.[1]; 2) בהל pu.[2: + Pr 13.11]; *3) נצח pi.[2: 1C 23.4, 2C 34.12]. Del. 3).

ἐπίσταμαι 1) בִּין qal[2]; 2) ידע *a.* qal[13+], *b.* דַּעַת [1], **c.* Ar. pe.[3: 1E 8.23*bis*, To 6.13]; 4) שׂכל hi.[2: + Ne 8.13, Walters 128]. Del. 3); Ne 2.5, Jb 11.9, 33.31.

ἐπιστατέω (fr) [1: 1E 7.2].

ἐπιστάτης 1) נָגִיד [1]; 2) נגשׂ qal[1]; 3) נצח pi.[1]; 4) פָּקִיד [3]; 5) רדה qal[1]; 6) שַׂר [1].

ἐπιστήμη 1) *a.* בִּינָה [7], *b.* תְּבוּנָה [5]; 2) *a.* דֵּעַ [3], *b.* דַּעַת [5], *c.* דֵּעָה [1], *d.* מַדָּע [1], *e.* ἐν ~ῃ εἶναι יָדַע בִּינָה qal[1]; 3) חָכְמָה [6: + Si 36.11]; 4) שׂכל *a.* hi.[1], *b.* שֶׂכֶל, שֵׂכֶל [6: + Si 26.13], *c.* שִׂכְלוּת [1]; (fr) [Jb 12.16, Ez 28.3]. Del. 1*c*).

ἐπιστήμων 1) בִּין *a.* ni.[3], **b.* hi.[1: 1E 8.43]; 2) ידע qal[2]; 3) *a.* שׂכל hi.[2], *b.* Ar. שָׂכְלְתָנוּ [1], **c.* שֶׂכֶל [1: 1E 8.46]; 4) חָכָם [1].

ἐπιστήριγμα 1) מִשְׁעָן [1].

ἐπιστηρίζω 2) כון ni.[1]; 4) נצב ni.[1]; 5) סמך *a.* qal[1], *b.* ni.[3]; 6) רפק hit.[1]; 7) שען ni.[1]; *8) עצה qal[1: Ps 31.8]; *9) נוח hi. הֵנִיחַ [1: Ps 37.2]. Del. 1, 3).

ἐπιστοιβάζω 1) ערך qal[3]; 2) נתן qal[1].

ἐπιστολή 1) *a.* Ar. אִגְּרָא [5], *b.* אִגֶּרֶת [10]; 3) כְּתָב [3]; 4) סֵפֶר [1]; 5) שִׂטְנָה [1]; *6) Ar. נִשְׁתְּוָן [1: 1E 2.26]. Del. 2).

ἐπιστρατεύω 1) צבא qal[4].

ἐπιστρέφω 1) אסף qal[1]; 2) בוא qal[1]; 4) הלך qal[1]; 5) הפך *a.* qal[6], *b.* ni.[3], *c.* ho.[1]; 7) כנע ni.[1]; 10) נפל qal[2]; 12) סבב *a.* qal[18: + 1K 14.21, Ez 42.18, 19], *b.* ni.[6], *c.* hi.[9]; 14) סור qal[1]; 15) עזב qal[1]; 16) פנה *a.* qal[20: + 2K 2.23, Wellhausen ad loc., 3K 12.2, 2E 10.16], *b.* hi.[4], **c.* Ar. itpe.[1: To 13.6^{2}]; 17) שִׂים qal[1]; 18) שוב *a.* qal[37+: 2E 10.16, Je 9.5], *b.* pol.[1], *c.* hi.[3+: + 1K

14.26, 2K 3.27], *d.* ho.[1], *e.* תְּשׁוּבָה [4], *f.* שׁוֹבָב [1], *g.* תּוּב Ar. pe.[6: + To 6.13], **h.* af.[1: To 14.5], **i.* uph.[1: To 2.1]; 19) שׁלח *a.* qal[1], *b.* pi.[1]; 20) שׁמע qal[2]; 21) שׁפך qal[1]; *22) נשׂג hi.[1: 1K 14.26*L*]; *23) שׁקר pi.(toning down) [1: 1K 15.29*L*]; (-) [Da LXX 9.27]. Del. 3, 6, 8-9, 11, 12*d*, 13); Ge 37.30, Ex 10.8, Nu 13.26, 1K 16.7, 3K 18.37, Ne 13.2, Es 9.14, Ps 77.57, Jn 2.5, Zp 2.7, Zc 13.7, Ma 3.10, Je 2.27, 37.21, 38.13.

ἐπιστροφή 2) *a.* שׁוּב qal[4: + Ez 42.11], *b.* מְשׁוּבָה [1]; 3) תְּשׁוּקָה [1]; (fr) [Ez 47.11]. Del. 1).

ἐπισυνάγω 1) אסף *a.* qal[2], *b.* ni.[6], *c.* pi.[1]; 3) יעד ni.[1]; 4) כנס pi.[1]; 5) Ar. כנשׁ pe.[1]; 6) לוה ni.[1]; 7) מָלֵא qal[1]; 9) צֹהַר [1]; 10) קבץ *a.* qal[1], *b.* ni.[3], *c.* pi.[2]; 11) קהל ni.[1]; 12) שׁוּב hi.[1]; 13) בּוֹא qal[1: 1E 5.49]; (-) [Ez 40.12]. Del. 2, 8); 1E 9.17, Ps 30.13.

ἐπισυνίστημι 1) יעד ni.[2]; 2) *גדד qal[2: Je 20.10 voc.]; 3) נצה hi.[1]; 4)? סִלּוֹן [1]; 5) פקד hi.[1]; 6) קהל hi.[1]; *7) עמד hi.[1: Le 19.16]; 8) חרה qal[1].

ἐπισύστασις 1) נצה hi.[1]; 2) עֵדָה [1]; (-) [1E 5.70].

ἐπισυστρέφω 1) קהל ni.[1].

ἐπισφραγίζω 1) עַל הֶחָתוּם [1].

ἐπιταγή 1) פִּתְגָם [1]; *2) מִצְוָה [1: 1E 1.16].

ἐπιτάσσω 1) *a.* אמר qal[3: + To 3.6], *b.* Ar. pe.[3]; 2) יסד pi.[1]; 3) נתן qal[1]; 4) *a.* צוה pi.[2], *b.* pu.[1]; 5) קום hi.[1]; 6) רשׁם Ar. pe.[1], *b.* peil[1]; *8) שִׂים טְעֵם Ar. pe.[3: 1E 2.22, 24, 6.27]; *9) כתב qal[1: 1E 5.50]; *10) עמס hi.[1: 3K 12.11*L*]; *11) פקד qal[1: 1K 25.15*L*]. Del. 7).

ἐπιτείνω 1) משׁך qal[1]. Del. Da LXX 7.6.

ἐπιτελέω 1) בצע pi.[1]; 4) כלה *a.* qal[1], *b.* pi.[1]; 5) עשׂה qal[2: + 1E 8.21]; 6) פעל qal[1]; 7) קטר ho.[1]; *8) נסך Ar. pa.[1: Da LXX 2.46 pap. 967]; *9) כלל Ar. shaf.[1: 1E 6.4]; *10) עבד Ar. *a.* pe.[1: 1E 8.16], *b.* itpe.[1: 1E 8.21]; (fr) [1E 5.73, 6.4b]. Del. 2-3).

ἐπιτήδευμα 1) גִּלּוּלִים [8]; 2) מוֹעֵצָה [1]; 3) מַעֲשֶׂה [2]; 4) *a.* עֲלִילָה [10]; *c.* מַעֲלָל [9+: Mi 2.9MT *m'l 'llyh* > *m'l m'llyh*]; 5) צַעַד [1]; 6) שְׁרִירוּת [1]; 7) תּוֹעֵבָה [1]. Del. 4*b*); Ez 6.9b.

ἐπιτηδεύω 2) καλὸν ἐπιτηδεύειν יטב hi.[1]; *3) √עלל [1: Ma 2.11]. Del. 1).

ἐπιτίθημι 2) גּוּר qal[1]; 3) הות pol.[1]; 4) זוד *a.* qal[1], *b.* hi.[1]; 5) זמם qal[1]; 6) ירה pi.[1]; 7) יצק qal[2]; 8) יָקוֹשׁ qal[1]; 10) נוּחַ hi.[3]; 11) נוּף hi.[5]; 13) נפל hit.[1]; 14) נשׂא qal[1]; 15) נתן *a.* qal[64+]; 16) סבב hi.[1]; 17) סמך qal[22+]; 18) עגב qal[5]; 19) עלה **a.* qal[1: 1K 6.7*L*], *b.* hi.[4]; 20) עמס *a.* qal[1], **b.* hi.[1: 2C 10.11*L*]; 21) ערך qal[1]; 22) עשׂה qal[2]; 23) פקד hi.[1]; 24) פשׁט qal[7]; 25) קטר hi.[14]; 26) קשׁר *a.* qal[4], *b.* hit.[2], *c.* קֶשֶׁר [2]; 27) רום hi.[1]; 28) רכב hi.[1]; 29) שִׂים qal[39+]; 30) Ar. שׂוּם pe.[3: + Da LXX 6.18 Pap. 967]; 31) שׁוה pi.[1]; 32) שׁוּת qal[3]; *35) גּוּד qal[1]; (fr) [Nu 4.13]; (-) [Es 5.2]. Del. 1, 9, 12, 15*b*, 3-4); Ge 28.11, Ex 26.35*bis*, 40.22, 2C 4.6, Es 9.14.

ἐπιτιμάω 1) גער qal[8]; 2) נוף hi.[1]; *3) עצב qal[1: 2K 25 (MT 3K 1).6*L*]. Del. Ps 106.29 v.l.

ἐπιτίμησις 1) גְּעָרָה [7].

ἐπιτίμιον 1) עוֹנֶשׁ [1]. Del. 2).

ἐπίτιμος 1) חַיָּב [1].

ἐπιτρέπω 1) אמר qal[1]; 2) עזב qal[1]. Del. 3).

ἐπιτρέχω 1) רוּץ qal[1]. Del. 3K 19.20.

ἐπιτυγχάνω 2) צלח hi.[1]; *3) דרך hi.[1: Pr 12.27 MT חרך]. Del. 1).

ἐπιφαίνω 1) אור hi.[7]; 2) *a.* גלה ni.[2: + Ez 39.28]; 3) זרח qal[1]; 4) *ראה ni.[1]; 5) מצא ni.[1]. Del. 2*b*, 6).

ἐπιφάνεια *2) ראה *a.* hi.[1: Am 5.22 MT *mry'ykm*], *b.* ni.[1: 2K 7.23]. Del. 1).

ἐπιφανής 2) ראה *a.* ho.[1], **b.* ni.[7]. Del. 1 > 2*b*), 3); Zp 2.11 v.l.

ἐπιφαύσκω. 2) הלל pi.[3: + Jb 25.5]. Del. 1).

ἐπιφέρω 1) הלך qal[1]; 2) נוּף hi.[1]; 4) רחף pi.[1]; 5) שׁוּב hi.[1]; 6) שׁלח qal[9]. Del. 3).

ἐπιφημίζω 1) ברך hit.[1].

ἐπιφυλλίζω 1) עלל (< עָלֶה φύλλον) pol.[3].

ἐπιφυλλίς 1) עֲלִלוֹת [4: + Zp 3.7 MT /ʿălilōtām/]; 2) ~ίδα ποιεῖν עלל pol.[2: + La 2.20].

ἐπιφωνέω *1) ענה qal[1: 1E 9.47].

ἐπιχαίρω 1) אָמַר הֶאָח qal[1]; 2) גִּיל qal[1]; 3) רוּעַ hi.[1]; 4) *a.* שׂמח qal[8: + Ez 25.15], *b.* שָׂמֵחַ [2]; 6) הלל hit.[1]. Del. 5).

ἐπιχαρής 1) ἐ. γίνομαι שׂמח qal[1]; *2) חֵן [1: Na 3.4].

ἐπίχαρμα 1) שִׁמְצָה [1]; 2) שִׂמְחָה [1].

ἐπιχειρέω 1) גמל qal[1]; 2) חשׁב qal[1]; *3) חזק hit.[1: 1E 1.26]; (fr) [2E 7.23].

ἐπίχειρον 1) זְרוֹעַ [3: + Je 29.11, Zgl 1958:28].

ἐπιχέω 1) זקק qal[1]; 2) יצק *a.* qal[9+], *c.* hi.[1], *d.* ho.[1]; 3) נתן *a.* qal[2]; 4) רִיק hi.[1]; 5) שִׂים qal[1]. Del. 2*b*, 3*b*).

ἐπιχορηγέω 1) כּוּל pilp.[1].

ἐπίχυσις 1) יצק ho.[1].

ἐπιχώρησις 1) רִשְׁיוֹן [1].

ἐπιψοφέω 1) רקע qal[1].

ἐπόζω 1) באשׁ *a.* qal[3], *b.* hi.[1].

ἐποίκιον 1) כָּפָר [1].

ἐπονείδιστος 1) חרף qal[1]; 2) ἐ. γίνεσθαι חסד pi.[1]; 4) ἐ. εἶναι חָפֵר hi.[1]; (fr) [Pr 18.1]. Del. 3).

ἐπονομάζω 1) זכר hi.[1]; 2) נקב qal[1]; 3) *a.* קרא qal[25+], *b.* קרא שֵׁם qal[1]; 4) שׂוּם qal[1]; 5) ἐ. τὸ ὄνομα קרא qal[1]. Del. Ge 19.22, De 2.20 v.l.

ἐποργίζομαι 1) שׂער hit.[1].

ἔπος 1) מָשָׁל [1]. Del. Zc 7.3 v.l.

ἐπουράνιος 1) שַׁדַּי [1]. Del. 2); Da TH 4.23 v.l.

ἔποψ 1) דּוּכִיפַת [1]; 2) חֲסִידָה [1]; *3) רָחָם [1: De 14.16].

ἑπτά שֶׁבַע, שִׁבְעָה, שְׁבַע, שִׁבְעַת.

ἑπταετής 1) שֶׁבַע שָׁנִים [1].

ἑπτακαιδέκατος 1) *a.* שְׁבַע עֶשְׂרֵה [2], *b.* שִׁבְעָה עָשָׂר [2].

ἑπτάκι(ς) 1) *a.* שֶׁבַע [3], *b.* שִׁבְעָתַיִם [1], *c.* שֶׁבַע פְּעָמִים [12+].

ἑπτακισχίλιος שִׁבְעַת אֲלָפִים.

ἑπτακόσιοι שְׁבַע מֵאוֹת.

ἑπτάμηνος 1) שִׁבְעָה חֳדָשִׁים [2].

ἑπταπλάσιος 1) שִׁבְעָתַיִם [3]. Del. Ps 78.12, Si 7.3 v.l.

ἑπταπλασίων 1) שִׁבְעָתַיִם [1].

ἑπταπλασίως 1) *a.* Ar. חַד־שִׁבְעָה [2], *b.* שִׁבְעָתַיִם [2]; (-) [Da LXX 3.22].

ἐπωθέω *1) נדח hi.[1: 2K 15.14*L*].

ἐπωμίς 1) *a.* אֵפוֹד [23], *b.* אֲפֻדָּה [1]; 2) כָּתֵף [4: + Ez 41.3]; 3) מְעִיל [1].

ἐπωρύομαι 1) בחל qal[1]. Del. Jn 1.11, 13 v.l. (> πορεύομαι).

ἔραμαι 1) אהב qal[2].

ἐραστής 1) אהב pi.ptc.[14]; 2) עגב qal[1]. Del. Je 9.14, 16.12 v.l.

ἐργάζομαι 1) ארג qal[1]; 3) גמל qal[1]; 6) מְלָאכָה [2]; 7) סַחַר [1]; 8) עבד *a.* qal[18+: + Si 30.13, Is 23.10], *b.* ni.[3], *c.* pu.[1], *d.* עֲבֹדָה [1], **e.* hi.[1: Si 30.34]; 9) עשׂה *a.* qal[6], *b.* מַעֲשֶׂה [1]; 10) עָשׂוֹת [1]; 11) פעל *a.* qal[5+: + Ps 58.5], *b.* פֹּעַל [1]; 12) שׁדד pi.[1]; 14) ἐ. τὰ ἔργα עבד qal[1]. Del. 2, 4-5, 13); 2K 11.20, Jb 33.31, Is 19.10.

ἐργαλεῖον 1) כְּלִי [2]; 2) עֲבֹדָה [2: + Ex 39.10].

ἐργασία 1) מְלָאכָה [3+]; 2) מַעֲשֶׂה [2]; 3) *a.* עֶבֶד [1], *b.* עֲבֹדָה [11], **c.* עבד hi.[1: Si 30.36]; 5) *a.* פֹּעַל [3], *b.* פְּעֻלָּה [1]. Del. 4); 2C 20.36.

ἐργάσιμος 1) מְלָאכָה [1]; 2) מַעֲשֶׂה [1].

ἐργάτης 1) פעל qal[1].

ἐργοδιωκτέω 1) רדה qal[1].

ἐργοδιώκτης 1) נגשׂ qal ptc.act.[4]; 2) נצח pi.[3: + 1E 5.58].

ἔργον 1) אֹרַח [1]; 2) גְּמוּל [1]; 3) דָּבָר [1]; 4) דֶּרֶךְ [2]; 6) יְגִיעַ [2]; 7) כְּלִי [1]; 10) מְלָאכָה [55+: + Ex 31.5, Pr 20.6, Da LXX 11.17, Si 3.17, 30.33; Na 2.14 MT *ml'kkh*]; 11) מַס [1]; 13) מִשְׁלַח יָד [1]; 15) סִבְלָה [3]; 16) *a.* עבד qal[4: + Ge 3.17, 8.21, Je 14.4], *b.* עֲבֹדָה [31+], *c.* Ar. עֲבִידָא [7], *d.* מַעְבָּד [2], *e.* עֲבֻדָּה [3: + Pr 22.8, Je 31.30]; 17) *a.* עֲלִילָה [1], *b.* מַעֲלָל [5], *c.* עֲלִילִיָּה [1]; 18) עֵצָה [1]; 19) *a.* עָשָׂה qal[3], *b.* מַעֲשֶׂה [60+: + 3K 7.18*bis*, Jl 2.11 ditt., Si 30.31, 36.15]; 20) *a.* פעל qal[2], *b.* פֹּעַל [25], *c.* פְּעֻלָּה [8], *d.* מִפְעָל [3], *e.* מִפְעָלָה [2]; 21) פְּקֻדָּה [1]; 23) תּוֹעֵבָה [1]; 24) ἔργα πόρνης תַּזְנוּת [1]; 25) ποιεῖν τὰ ἔ. לַעֲבֹדָה [2]; 26) לַעֲבֹד עֲבֹדָה [1]; 27) ἐργάζεσθαι τὸ ἔ. לַעֲבֹד [1]; 28) עֵסֶק [1]; *29) אָשַׁרְנָא [1: 1E 6.10]; (fr) [Jb 24.14]. Del. 5, 8-9, 12, 14, 22); Le 22.11, Nu 4.27^{2}, Jo 4.24, 1K 20.19, Je 51.9.

ἐρεθίζω 1) גרה hit.[2]; 2) מרה qal[1]; 4) רדף pi.[1]. Del. 3); Nu 14.8 v.l.

ἐρεθισμός 1) חַרְחוּר [1]; 2) מְרִי [1]; 3) תַּחֲרָה [1].

ἐρεθιστής 1) מרה qal[1].

ἐρείδω 1) אמץ pi.[1]; 3) שׁמר qal[1]; 4) תמך qal[5]; 5) תפשׂ pi.[1]; *6) אחד pe. Aramaising [1: Ge 49.6 MT תֵּחַד]. Del. 2).

ἐρεικτός 1) גֶּרֶשׂ [1].

ἔρεισμα 1) מַחְסֶה [1].

ἐρεοῦς 1) צֶמֶר [5]. Del. 2E 2.69 v.l.

I ἐρεύγομαι 2) שׁאג qal[3]. Del. 3); Ez 22.25 v.l.

II ἐρεύγομαι 1) נבע hi.[1]; 2) שֶׁרֶץ [1].

ἐρευνάω 1) בקשׁ pi.[1]; 2) חפשׂ *a.* qal[1], *b.* pi.[5: + Jl 1.7, metath.]; 3) חקר qal[1]; 5) משׁשׁ pi.[1]; 7) שׁאל qal[1: + Je 27.16]. Del. 4, 6); De 13.14 v.l.

ἐρημία 1) *a.* חָרֵב qal[1], *b.* חָרְבָּה [1]; 2) שְׁמָמָה [1].

ἐρημικός 1) מִדְבָּר [1]; 2) רֹתֶם [1].

ἐρημίτης 1) פֶּרֶא [1].

ἔρημος 2) *a.* חָרֵב [6], *b.* חָרָבָה [2], *c.* חָרְבָּה [25], *d.* חֹרֶב [3]; 3) יְשִׁימוֹן [3]; 4) כחד ni.[1]; 5) מִדְבָּר [111+: + Ge 24.62]; 7) מְשַׁמָּה [1]; 8) נֶגֶב [7+]; 9) עֲרָבָה [5]; 10) *a.* צִיָּה [2], **b.* Ar. צְוֵה [1: To 14.4]; 11) *a.* שָׁמֵם qal[2], *b.* adj.[3], *c.* שַׁמָּה [4], *d.* שְׁמָמָה [13: + Ez 36.2], *e.* שִׁמְמָה [1], *f.* אֶרֶץ נְשַׁמָּה [1]; 12) תֹּהוּ [1]; 13) אֶרֶץ מִדְבָּר [1]. Del. 1, 6); Jo 11.3, Am 5.25.

ἐρημόω 1) בלק qal[1]; 2) חָרֵב *a.* qal[6], *b.* ni.[3], *c.* pu.[2], *d.* hi.[8], *e.* ho.[2]; *f.* adj.[2], *g.* חָרְבָּה [5], *h.* Ar. ho.[2]; 3) חרם hi.[1]; 4) ישׁם qal[1]; 5) בַּמִּדְבָּר [1]; 6) שׁאה qal[1]; 8) שׁלך ho.[2]; 9) שׁמד hi.[1]; 10) שָׁמֵם *a.* qal[3: + Is 1.7], *b.* ni.[8], *c.* hi.[2], *d.* ho.[1], *f.* מְשַׁמָּה [4: + Ez 35.7, Da LXX 11.24]; (fr) [Is 23.13, 34.10^{2}]. Del. 7, 10*e*); Am 7.9, Ma 1.4 v.l.

ἐρήμωσις 1) חָרְבָּה [6]; 2) שָׁמֵם *a.* qal[7], *b.* po.[2], *c.* ho.[2], *d.* שַׁמָּה [4].

ἐρίζω 1) גרה hit.[1]; 2) מרה qal[2]; 3) מֹרַת רוּחַ [1]; *4) חרב ni.[2: 4K 3.23*bis L*]. Del. Ge 49.6, Pr 29.23f., 31.19 v.l.

ἔριθος 1) ארג qal ptc.[1].

ἔριον 1) Ar. עֲמַר [2]; 2) צֶמֶר [9]. Del. Le 13.47, 48 v.l.

ἔρις 2) רִיב [1]. Del. 1) Ps 133.20 v.l.

ἔριφος 1) גְּדִי [4+]; 2) כַּר [1]; 3) עֵז [4]; 4) עַתּוּד [1]; 5) שָׂעִיר [4].

ἑρμηνεία 1) מְלִיצָה [1].

ἑρμηνευτής 1) לוּץ hi.[1].

ἑρμηνεύω 1) תרגם pi.[1].

ἑρπετόν 3) *a.* רמשׂ qal[5: + Ge 1.28], *b.* רֶמֶשׂ [12: + Is 16.1]; 4) שֶׁרֶץ [12]; 5) רִמָּה [1]. Del. 1-2).

ἕρπω 1) רמשׂ qal[6]; 2) שׁרץ qal[4]. Del. Ge 7.8, 8.1 v.l.

ἐρύθημα 1) חָמֵץ [1].

ἐρυθροδανόω 1) אדם pu.[5].

ἐρυθρός 1) אָדֹם [1]; 2) סוּף [13+].

ἐρυσίβη 1) חָסִיל [4]; 2) צְלָצַל [1]; (fr) [Ho 5.7].

ἔρχομαι 1) אזל Ar. pe.[1]; 2) אחז qal[1]; 4) אתה *a.* qal[3], *b.* hi.[1], *c.* Ar. pe.[10: + To 7.1]; 5) בּוֹא *a.* qal[146+: + Ho 10.9 MT *b'wty*, 1C 2.24, 2E 8.18b, Ne 2.19, Je 10.22], *b.* hi.[6], *c.* מָבוֹא [1]; 6) דֶּרֶךְ [1]; 7) היה qal[1]; 8) הלך qal[9+: + Ct 2.10]; 9) הִנֵּה [1]; 14) יפע hi.[1]; 15) יצא qal[12]; 16) ירד qal[2]; 21) מִנֶּגֶד [1]; 23) נפל qal[2]; 26) עבר qal[5]; 28) עלה qal[1: + 1E 1.25]; 29) Ar. עלל pe.[2]; 31) פגע qal[1]; 32) קבץ ni.[1]; 33) קרב qal[2]; 34) שׁוב qal[3: + 1K 20.24]; 35) ἔρχεται ἀδικία עוה hi.[1]; *36) ארח qal[1: Jb 31.32]; (fr) [Jb 18.11, 28.8, Pr 21.6, Is 21.2, 23.10]. Del. 3, 10-3, 17-20, 22, 24-5, 27, 30); Ex 3.13, 12.12, 17.6, 18.5, Nu 24.23, De 16.7, 17.3, 33.7, Jd 20.11, 1K 14.5*bis*, 27.1, 2K 11.27, 2C 10.3^{2}, Jb 5.21^{2}, 28.8, Pr 21.6, Am 5.17, 6.3, 7.1, Zc 12.9, Is 32.15, Je 2.10, 22.8, 32.29, 45.18.

ἐρωδιός 1) חֲסִידָה [2]; 2) כּוֹס [1].

ἔρως 1) אֹהַב (pl.)[1]; 2) רַחַם [1].

ἐρωτάω 2) חקר qal[1]; 3) שׁאל *a.* qal[12+], *b.* pi.[1], *c.* Ar. pe.[5: + To 6.6, 7.3]. Del. 1).

ἐσθίω, ἔσθω 1) אכל *a.* qal[257+: + Ex 12.15^{2}], *b.* ni.[12+], *c.* hi.[6], *d.* Ar. pe.[9: To 2.1+], *e.* אָכְלָה [3], *f.* מַאֲכָל [1]; 2)

ברה qal[2]; 3) ינק qal[2]; 6) סעד qal[1]; *8) לחם qal[1: Pr 9.5]; (fr) [Ne 5.3]; (-) [+ Le 19.8[2]]. Del. 4-5, 7); Ex 18.12, Le 7.14, De 32.42, Ru 2.16, Ps 13.4, Ho 13.8, Is 46.1, 55.1, Ez 36.8.

ἔσοπτρον *1) רְאִי [1: Si 12.11].

ἑσπέρα 1) Ar. מֶעָלֵי שִׁמְשָׁא [1]; 2) *a.* ערב qal[1], *b.* עֶרֶב [34+: + 1K 23.24, Is 21.13], *c.* Ar. עֲרַב [1: 2E 4.20], *e.* (τὸ) πρὸς ~αν בֵּין הָעַרְבַּיִם [6], *f.* τὸ πρὸς ~αν לִפְנוֹת־עֶרֶב [1], *g.* τὸ ~ας בָּעֶרֶב [4], *h.* τὸ ~ας לָעֶרֶב [3], *i.* τὸ ~ας הָעֶרֶב [1], *j.* τὸ ~ας עֶרֶב [1]. Del. 2*d*, 3).

ἑσπερινός 1) עֶרֶב [8].

Ἕσπερος 2) עַיִשׁ [1]; *4) עָשׁ [1: Jb 9.9]. Del. 1, 3); Jo 5.9 v.l.

ἑστιατορία 1) אֲרֻחָה [2]; 2) Ar. לְחֶם [1]; (fr) [1: Da LXX 5.23].

ἐσχάρα 1) אָח [3]; 2) גַּג [1]; 3) כִּידוֹד [1]; 4) כַּרְכֹּב [1]; 6) מִכְבָּר [1]; 7) מַרְחֶשֶׁת [2]; 8) פֶּחָם [1]; 9) רֶשֶׁת [2]. Del. 5).

ἐσχαρίτης 1) אֶשְׁפָּר [1].

ἐσχατογήρως 1) שָׂב וְיָשִׁישׁ [1]; (fr) [Si 42.8].

ἐσχατίζω 1) בּוֹשׁ qal[1].

ἔσχατος 1) *a.* אַחַר [6], *b.* אָחוֹר [4: + Je 9.2], *c.* אַחֲרוֹן [9+: + Da LXX 11.20], *d.* אַחֲרִית [5+: + Jb 8.13], *e.* לָאַחֲרֹנָה [1], *f.* בְּאַחֲרִית [1], *h.* ἐπ' ~ων אַחֲרִית [1], *i.* τὰ ἐπ' ~οις אָחוֹר [1], *j.* ἐπ' ~ων ἡμερῶν Ar. אַחֲרֵי דְנָה [1], **k.* Ar. אַחֲרֵי [2: Da LXX TH 2.28]; 2) אסף pi.[1]; 3) אֶפֶס [2]; 6) יַרְכָּה [8]; 7) מֶרְחָק [1]; 9) *a.* ἐπ' ~ῳ, ἐπ' ~ων קֵץ [1], *b.* קָצֶה [8]; 11) תַּכְלִית [1]; *12) *a.* סוֹף [3: + 3K 9.26, Jn 2.6, Si 51.14]; (†) [+ Si 13.7]. Del. 1*g*, 4-5, 8, 9*c*, 10); Le 27.18, De 8.16.

ἔσω 1) *a.* בַּבַּיִת [1], *b.* בַּיְתָה [2], *c.* ἐσώτερον מִבֵּית לְ׳ [4]; 2) *a.* ἔσω ἐν לִפְנֵי [1], *b.* פְּנִימָה [4], *c.* לִפְנִימָה [1]; 3) ἐσώτερον בְּיַרְכְּתֵי [1]; 4) τὸ ἔ. קַרְקַע [1]; (fr) [Jb 1.10]. Del. 5); 3K 6.22.

ἔσωθεν 1) *a.* בַּבַּיִת [1], *b.* בַּיְתָה [1], *c.* מִבַּיִת [9], *d.* מִבַּיְתָה [2], *e.* מִבֵּית לְ [2], *f.* אֶל־מִבֵּית לְ [1], *g.* בֵּית לְ [1]; 2) *a.* לִפְנֵי [3], *b.* פְּנִימָה [1], *c.* לִפְנִימָה [1], *d.* מִפְּנִימָה [1], *e.* פְּנִימִי [3], *f.* לִפְנִימָה לְ [1]. Del. Ez 46.2 v.l.

ἐσώτερος 2) עֶלְיוֹן [1]; 3) *a.* מִלִּפְנִים [1], *b.* פְּנִימָה [2], *c.* לִפְנֵי [1], *d.* פְּנִימִי [24: + Jb 28.18]. Del. 1); Ez 40.17, 34, 42.1.

ἐτάζω 1) בחן qal[4]; 2) בקשׁ pu.[1]; 3) דרשׁ qal[3]; 4) חקר qal[3]; 5) נגע pi.[1]; 6) פקד qal[1]; (fr) [Jb 33.27].

ἑταιρίζομαι 1) זנה qal or 2) זור qal[1].

ἑταῖρος 1) חָבֵר [3: + Jd 4.17]; 2) *a.* רֵעַ [8: + 2K 16.17*bis*], *b.* רֵעֶה [2], *c.* מֵרֵעַ 32: + Jd 14.20], *d.* רֵיעַ [1]; 3) *b.* ἑ. εἶναι רעה hit.[1]; *4) אהב qal[1: Si 37.5]; 5) אַחֶרֶת [1]; 6) אִשָּׁה [1]. Del. 3*a*); Jb 31.10, Si 11.6, 42.3.

ἔτασις 1) עֵד [1]; 2) ~ιν ποιεῖσθαι קוּם qal[1]; 3) (fr.) [Jb 12.6].

ἐτασμός 1) נֶגַע [1].

ἑτερόζυγος 1) כִּלְאַיִם [1].

ἑτεροκλινῶς *1) בְּלֵב וָלֵב [1: 1C 12.34].

ἕτερος 1) אָח [2]; 3) אָחוֹת [7]; 4) *a.* אַחֵר [48+: + Ge 42.13, Si 30.28], *b.* Ar. אָחֳרִי [4], *c.* Ar. אָחֳרָן [8: + To 3.15, 6.14], *d.* אַחֲרוֹן [6], *e.* אָחוֹר [1]; 5) *a.* אִישׁ [4], *b.* אִשָּׁה [8]; 6) זֶה [6]; 7) זָר [1]; 8) חָדָשׁ [1]; 9) כֹּל [1]; 10) נֵכָר [2]; 11) עוֹד [3: + Is 47.10b]; 12) *a.* רֵעַ [5: + Ne 2.1], *b.* רְעוּת [1]; 13) שֵׁנִי [2]; (fr) [Jb 30.24, Is 30.10, 44.25, 47.10a]. Del. 2) > 4*a*); Jd 14.11, Pr 27.17, Ct 8.13, Si 41.20, Ho 3.3.

ἔτι 3) אַךְ [5]; 4) אַף [4]; 5) גַּם [3]; 8) עַד [6: + Ex 15.18]; 11) עוֹד [103+: + Ge 44.28, 49.27, Nu 21.30, 1K 2.21 4QSam[a], 3K 22.16, 4K 9.22, 1C 12.30, 2E 4.21, Hg 2.20[2], To 10.8, Jb 20.4, Ps 59 *tit*, 73.9[2], Ez 29.16]; 12) רַק [1]; *14) אַחַר [1: 1C 17,21]; (fr) [Le 18.18, Jd 19.9, 2K 18.18, 1E 2.23, Es 1.19, Jb 31.2, 34.36, Da LXX 6.21]; (-) [- Ho 13.2 v.l., Jl 2.27 v.l.]. Del. 1-2, 6-7, 9-10, 13); 1K 17.8, 4K 17.40, Ho 2.17, 13.2, Am 8.2, Mi 4.3, Na 2.13, Zc 1.17*a*, 14.21, Is 16.9, Je 11.19, 22.11, 39.27, 33, Ez 21.13.

ἑτοιμάζω 4) יכח hi.[2]; 5) כּוּן *a.* ni.[7], *b.* pol.[11], *c.* hi.[8+: + Zp 3.7 MT *'kn*], *d.* ho.[4]; 9) ערך qal[8]; 10) עשׂה qal[3]; 11) עתד hit.[1]; 14) פנה pi.[2]; 15) פקד ni.[2]; 18) תכן *a.* ni.[1], *b.* pu.[1]; *20) צוד hit.[1: Jo 9.4]; *21) טוב pa. Aramaising [2]; (fr) [Da LXX 4.23]. Del. 1-3, 6-8, 12-3, 16-7, 19); 2C 35.16, Jb 33.27, Ps 118.73, Na 3.8a, Is 28.24, Ez 21.19.

ἑτοιμασία 1) כּוּן *a.* hi.[3], *b.* כֵּן [3], *c.* מָכוֹן [2], *d.* מְכוֹנָה [2], *e.* תְּכוּנָה [1].

ἕτοιμος 1) כּוּן *a.* ni.[16: + Si 48.10], *b.* hi.[1], *c.* מָכוֹן [5]; 2) כסף qal[1]; 4) ערך qal[1]; 5) *a.* עָתוּד [1], *b.* עָתִיד [3]; 6) עִתִּי [1]; (fr) [1K 13.21]. Del. 3, 7).

ἑτοίμως 1) Ar. אָסְפַּרְנָא [3]; 2) Ar. עֲתִיד [2].

ἔτος 1) יוֹם [1]; 2) עִדָּן [2]; 3) *a.* שָׁנָה [197+: + 1K 2.9 4Q51, Ps 89.5, Pr 13.23], *b.* Ar. שְׁנָה [23: + To 14.2]; 4) ἔτος ἐξ ἔτους בְּמִסְפַּר שָׁנִים [1]; 5) δεύτερον ἔ. שְׁנָתַיִם [2]; (-) [+ 3K 5.18]; (fr) [Pr 13.23]. Del. 3K 16.15, Ne 7.71, Ma 3.9, Da LXX 9.2a.

εὖ 1) εὖ γίνεσθαι *a.* יטב qal[7]; 2) εὖ εἶναι *a.* יטב qal[3], *b.* טוֹב adj.[5]; 3) εὖ ποιεῖν *a.* יטב hi.[14: + Jb 24.21], *b.* טוב qal[2], **e.* יקר hi.[1: Si 12.5]; 4) εὖ χρᾶσθαι יטב hi.[1]; 5) εὖ συνιστάναι בִּין hi.[1]; (fr) [Is 53.11]. Del. 1*b*, *c*, 3*c*, *d*); Pr 3.27[2], Ez 46.7.

εὐαγγελία 1) בְּשׂוֹרָה [5: + 2K 18.25].

εὐαγγελίζω 1) בשׂר *a.* pi.[2+: + Jl 2.32 MT *śrydym*], *b.* hit.[1].

εὐαγγέλιον 1) בְּשׂוֹרָה [3]; *2) בשׂר hit.[1: 2K 18.31*L*].

***εὐαγγελισμός** 1) בְּשֹׂרָה [3: 2K 18.20, 25, 4K 7.9 all *L*].

εὐάλωτος 1) תפשׂ pi.[1].

εὐαρεστέω 1) הלך hit.[11]; 2) שׁרת pi.[1]; 3) w. neg. רָע [1].

εὐάρμοστος 1) מֵטִיב נַגֵּן [1].

εὖγε 1) אָח [3: + Ez 21.15*bis*]; 2) הֶאָח [8].

εὐγένεια 1) מַתָּנָה [1].

εὐγενής 1) גָּדוֹל [1].

εὔγνωστος ידע qal[1].

εὐδία 1) חֹם [1]; *2) חֹרֶב [1: Si 3.15 MS C].

εὐδοκέω 1) אבה qal[4]; 2) חמד qal[1]; 3) חָפֵץ qal[6]; *3α) יאל hi.[1: Jd 17.11*L*]; 4) ישׁר qal[1]; 5) נתן qal[1]; 6) פַּחְדָּה [1]; 7) צלח *b.* hi.[2]; 8) קדד qal[2]; 9) רצה *a.* qal[4+], *b.* hi.[1]; 10) בחר qal[2: + Ps 151.5 11QPs[a]]; 11) w. neg. אָנֵף hit.[1]. Del. 7*a*); Is 54.17 v.l.

εὐδοκία 1) *a.* רָצוֹן [14: + Si 35.14, 36.13, 22, 42.15], *b.* תִּרְצָה [1]; *2) Ar. רְעוּ [1: Ps 140.5 voc.]; *3) בְּרָכָה [1: 4K 18.31*L*].

εὐδοκιμέω 1) בחר ni.[1]; 2) גבר hi.[1].

εὐειδής 1) טוֹב מַרְאֶה [1].

εὐεκτέω 1) הֵיטִיב גֵּהָה hi.[1].

εὔελπις 1) תִּקְוָה [1].

εὐεξία *2) שֵׁר [1: Si 30.15]. Del. 1).

εὐεργεσία 1) עֲלִילָה [1]; *2) חֶסֶד [1: Si 51.8].

εὐεργετέω 1) גמל qal[2]; 2) גמר qal[1].

εὔζωνος 1) חלץ qal[1]; 2) חמשׁ qal[1]; *4) גְּדוּד [1: Si 36.31], cf. Barthélemy 1963:81f. Del. 3).

εὐήκοος 1) שׁמע qal[1].

εὔηχος 1) שִׂיחַ [1]; 2) שֶׁמַע [1].

εὐθαλέω 1) רַעֲנָן [1].

εὐθαλής 1) שַׁפִּיר [1].

εὔθετος 1) מצא qal[1].

εὐθέως 1) פִּתְאֹם [1].

εὐθηνέω 2) פרה qal[1]; 3) רַעֲנָן [1]; 4) שַׁאֲנָן [1]; 6) *a.* שׁלה qal[2], *b.* Ar. שׁלה pe.[1], *c.* שָׁלֵיו [3]; 7) שָׁלוֹם [1]; 8) שׁתל qal[1]; (fr) [Ho 10.1]. Del. 1, 5); Ez 17.6.

εὐθηνία 1) שָׂבָע [5]; 2) *a.* שׁלה qal[1], *b.* שָׁלֵו [1], *c.* שַׁלְוָה [4].

εὐθής 1) טוֹב [1]; 2) *a.* ישׁר qal[2], *b.* יָשָׁר [35]; 3) כּוּן ni.[1]; 4) כָּשֵׁר [1].

εὐθύνω 1) ישׁר qal[3]; 2) נטה hi.[2]; 3) כּוּן ni.[1]; *4) ברר hi.[1: Si 38.10].

εὐθύς 1) בַּר [1]; 2) ישׁר *a.* qal[4], *b.* pi.[1], *c.* יָשָׁר [1+], *d.* יֹשֶׁר [2], *e.* מִישׁוֹר [6], *f.* מֵישָׁרִים [2]; 3) כּוּן ni.[1]; 4) נֶגֶד [1]; 5) *a.* נָכֹחַ [1], *b.* נֵכַח [1]; 6) שְׁפִי [2]; 7) תכן ni.[3]; 8) εὐθὺ ποιεῖν ישׁר pi.[1]; 9) εὐ. ὁδός מֵישָׁרִים [1]; *10) אשׁר pi.[1: Si 4.18]; 11) הִנֵּה [3]; 12) פִּתְאֹם [1]; *13) Ar. קְשֹׁט [1: To 7.1].

εὐθύτης 1) זָכוּ [1]; 2) *a.* יָשָׁר [2], *b.* יֹשֶׁר [4: + Ps 44.6 voc.], *c.* יִשְׁרָה [1], *d.* מִישׁוֹר [4: + Si 51.15], *e.* מֵישָׁרִים [8]; 3) תָּמִים [2]. Del. 4).

εὐϊλατεύω 1) סלח qal[2].

εὐΐλατος 1) נשׂא qal[1]; *2) עתר ni.[1: 1E 8.53].

εὐκαιρία 1) עֵת [3].

εὔκαιρος 1) עֵת [1].

εὐκαταφρόνητος 1) בזה *a.* qal[1], *b.* ni.[1].

εὐκλεής 1) עֹז [1].

εὐκληματέω 1) בקק qal[1].

εὔκολος 1) נָכֹחַ [1].

εὐκοσμία 1) כָּבוֹד [1]; 2) מוּסָר [1: Si 35.2].

εὐλάβεια 1) דְּאָגָה.

εὐλαβέομαι 1) גּוּר qal[3]; 2) דאג qal[1]; 3) Ar. דחל pa.[1]; 5) חִיל qal[1]; 6) חסה qal[6: + Hb 2.20, Zp 1.7, Zc 2.13, MT *has*]; 7) חָסִיד [1]; 8) חשׁב qal[1]; 9) יָגֹר qal[1]; 10) ירא qal[2]; 11) לֹא נוּד qal[1]; 12) עלז qal[1]; 13) ערץ qal[1]; 14) פחד qal[3]; 15) שׁמר ni.[1]. Del. 4).

εὐλαβής 1) חָסִיד [1]; 2) εὐλαβῆ ποιεῖν נזר hi.[1]. Del. Si 11.17 v.l.

εὔλαλος 1) אִישׁ שְׂפָתַיִם [1]; 2) γλῶσσα εὐ. שִׂפְתֵי חֵן [1].

εὐλογέω 1) ברך *a.* qal[15+], *b.* ni.[1], *c.* pi.[104+: + 1K 2.9 4Q51, Ps 36.22, To 12.22, 13.13], *d.* pu.[10], *e.* hit.[3], *f.* Ar. pa.[7: + To 13.6, 18], *g.* בְּרָכָה [5]; 2) הדר pa.[1]; 3) הלל pi.[2]; 4) ידה hi.[2]; 5) ירא qal[1]; 7) כבד pi.[2]; 8) נגן pi.[1]; 9) רנן hi.[1]; 10) רצה qal[3]; 11) Ar. שׁבח pa.[1]. Del. 6); Ge 12.2², 26.4, De 30.9, 1E 5.61.

εὐλογητός 1) ברך *a.* qal (pass.ptc.)[11+], *b.* Ar. pe. ptc. pass.[2], *c.* בְּרָכָה [1].

εὐλογία 1) בְּכֹרָה ? [3]; 2) *a.* ברך qal[1], *d.* בְּרָכָה [34+: + De 33.13, Si 40.17, 44.22, 47.6]; 3) פְּרִי [1]; 4) תַּאֲוָה [1]; *5) Ar. טָבָה [1: To 7.17]. Del. 2*b*, *c*); De 30.19b, Si 11.22.

εὐμεγέθης בָּחוּר [1].

εὐμετάβολος 1) הפך ni.[1].

εὐμήκης 1) רוּם qal[1]; *2) מִדָּה [1: 1C 11.23*L*].

εὔμορφος 1) חֵן [1].

εὐνοέω 1) Ar. דבק pe.[1].

εὐνοῦχος 1) סָרִיס [3+: + Si 30.20]. Del. Ne 1.11.

εὐοδία 1) פתה pu.[1]; 2) *a.* צָלֵחַ qal[2: + 1E 1.11, see *Index 1E* sub voc.], *b.* מַצְלַחַת [1]; *3) דֶּרֶךְ יְשָׁרָה [1: 1E 8.50]; (fr) [1E 8.6].

εὔοδος 1) חלץ ni.[1]; 2) *a.* εὔοδα εἶναι צָלֵחַ qal[1], **b.* εὔοδα γίνεσθαι Ar. צלח ha.[1: 1E 7.3].

εὐοδόω 1) נחה *a.* qal[1], *b.* hi.[1]; 3) צלח *a.* qal[3], *b.* hi.[7+: + 2C 35.13], *c.* Ar. af.[2: + 1E 6.9]; 4) קרה hi.[1]; 5) רצה *b.* *ni.[1: 1C 13.2 MT *nprṣh*]; 6) שׂכל hi.[1]; *7) למד pi.[1: Si 15.10]. Del. 2, 5*a*); Is 46.11, Je 14.10 v.l.

εὐόδως 1) יטב hi.[1].

εὐπαθέω 1) רַעֲנָן [1]; 2) שַׁלְאֲנָן [1].

εὐπάρυφος 1) מִכְלוֹל [1].

εὐπορέω 2) נשׂג hi.[2]. Del. 1); Le 25.28.

εὐπρέπεια 1) גֵּאוּת [1]; 2) הָדָר [4]; 3) מִכְלָל [1]; 5) נָוֶה [2]; 6) נָעִים [1]; (fr) [Ps 25.8]. Del. 4).

εὐπρεπής 1) הוֹד [1]; 2) נָוֶה [1]; 3) *a.* נֹעַם [1], *b.* נָעִים [2].

εὐπρεπῶς *1) עַל עָמְדִ־ [1: 1E 1.10].

εὐπροσήγορος 1) שָׁאַל שָׁלוֹם qal[1].

εὐπρόσωπος 1) יְפֵה־מַרְאֶה [1].

εὕρεμα 1) שָׁלָל [3]; *4) נשׂג hi.[1: Si 32.12]. Del. 2-3).

εὕρεσις *2) נשׂג hi.[1: Si 13.26]. Del. 1).

εὑρετής 1) מצא qal[1].

εὑρίσκω 2) בּוֹא *a.* qal[1], *b.* ho.[1]; 4) בקשׁ pi.[2]; 5) דרך hi.[1]; 8) מצא *a.* qal[91+: + Jb 34.11, Si 16.14; Ho 6.3 MT *mwṣ'w*; Am 2.16 MT *'myṣ*; Zc 12.5 MT *'mṣh*], *b.* ni.[32+: Ho 12.8*b*, voc], *c.* hi.[1]; 9) נשׂא qal[3]; 10) נשׂג hi.[11+]; 13) ראה qal[1], *b.* ni.[1]; 14) Ar. שׁכח *a.* af./haf. [13: + To 2.2, 7.1], *b.* itpe.[9]; 16) חשׁב ni.[2]; 17) נתן ni.[1]; *18) Ar. אִיתַי [1: 1E 6.22]; *19) w. neg. אֵין כֹּחַ [1: 1E 9.11]; *20) w. neg., אַיִן [2: 1K 9.4², 14.17*L*]; (fr) [1E 8.4]. Del. 1, 3, 6-7, 11-2, 15); 4K 23.18, Da LXX 8.26.

εὖρος 1) אֹרֶךְ [3]; 2) Ar. פְּתָי [1]; 3) *a.* רָחָב [1], *b.* רַחַב [1], *c.* רֹחַב [13+].

εὐρύς 1) בַּיִת [1].

εὐρυχωρία 1) רְחוֹבוֹת [1].

εὐρύχωρος 1) גֹּרֶן [1]; 2) *a.* רחב ni.[1], *b.* רְחַב יָדַיִם [3], *c.* מֶרְחָב [2], **d.* רְחוֹב [4: 1E 5.46, 9.6, 38, 41].

εὔρωστος 1) טוֹב [1].

εὐρωτιάω 1) נִקֻּדִים [1].

εὐσέβεια 1) *a.* יִרְאָה [2], *b.* יִרְאַת יהוה [1]; 2) חֶסֶד [1].

εὐσεβής 2) נָדִיב [1]; 3) צַדִּיק [9]; 4) טוֹב [2: + Si 36.14]; 5) פחד pi.[1]. Del. 1); Jb 32.3, Ec 3.16, Mi 7.2.

εὔσημος 1) כֶּסֶה [1].

εὔσκιος 1) רַעֲנָן [1].
εὐσταθέω 1) שָׁלֵו [1].
εὐστόχως 1) לְתֻמּוֹ [2].
εὐστροφία 1) עֶבְרָה [1].
εὐτάκτως 1) כֻּלּוֹ[1].
εὐτονία. (fr) [Ec 7.8]. Del. 1).
εὐτόνως (fr) [Jo 6.7].
εὐφραίνω 3) *a.* גִּיל qal[5], *b.* גִּיל subst. [1]; 5) חדה *a. qal[1: Ps 85.11], *b.* pi.[1]; 6) חלל *b.* pi.[3: + Ps 86.7]; 7) טוֹב לֵב [1]; 10) לוץ hitpol.[1]; 12) נשׂא qal[1]; 13) רנן *a.* qal[7: + Is 28.26], *b.* pi.[4], *c.* pu.[1], *d.* hi.[2: + De 32.43[1]]; 17) *a.* שׂישׂ, שׂוּשׂ qal[9], *b.* מָשׂוֹשׂ [1]; 18) שׂחק *a.* qal[1], *b.* pi.[2]; 19) שׂמח *a.* qal[15+: + Ez 23.41, Si 51.15], *b.* pi.[25: + Da LXX 9.24], *c.* hi.[1], *d.* שָׂמֵחַ [14], *e.* שִׂמְחָה [7], *f.* ποιεῖν εὐ. שׂמח pi.[1], *g. עָשָׂה שִׂמְחָה qal[2: 1E 9.54*bis*]; *20) שָׂשׂוֹן [1: Je 7.34]; 22) שׁעע *a.* pilp.[1], *b.* שַׁעֲשֻׁעִים [1]; 23) עלץ hi.[1]; 24) אשׁר pi.[1]; 25) קרה ni.[1]; 26) בּוּעַ qal[1]; 27) דָּשֵׁן pi.[1]; (fr) [Jd 5.11]. Del. 1-2, 4, 6*a*, 8-9, 11, 14-6, 21); De 14.21, 26.12, Ps 72.21.
εὐφροσύνη 3) גִּיל [1]; 4) חֶדְוָה [2: + To 8.17]; 5) *a.* יוֹם טוֹב [1], *b.* טוּב לֵב [1], *c.* טוֹבָה [1]; 7) נֶבֶל [1]; 12) רנן *a.* pi.[1], *b.* רִנָּה [7], *c.* רְנָנָה [2]; 13) *a.* שׂישׂ, שׂוּשׂ qal[2], *b.* מָשׂוֹשׂ [8]; 14) שְׂחוֹק [1]; 15) שׂמח *a.* qal[2], *b.* pi.[1], *c.* ἐν ~ῃ εἶναι שָׂמֵחַ [1], *d.* שִׂמְחָה [6+]; 16) שָׂשׂוֹן [10]; 18) ἐμπλήθεσθαι ~ης גִּיל qal[1]; 19) רָצוֹן [1]; 20) תַּעֲנוּג [1]. Del. 1-2, 6, 8-11, 17); 2E 3.13[2], Ec 2.3, Si 13.8, Zp 3.17[2], Je 38.13.
εὐφυής *1) מָהִיר [1: 1E 8.3].
εὐχάριστος 1) חֵן [1].
εὐχερής 1) קלל ni.[1].
εὐχή, 1) Ar. בָּעוּ [1]; 2) נדר *a.* qal[2], *b.* נֶדֶר [33+: + 1K 2.9 4Q51, Ps 60.5]; 3) *a.* נזר hi.[1], *b.* נֵזֶר [10+]; 4) תְּפִלָּה [3]; 5) *a.* נְדָבָה [3], *b.* נדב hit.[1]; (fr) [Jb 11.17, Pr 19.13, Je 11.15]. Del. Le 22.29, De 23.18, 3K 2.23, Jn 2.8 v.l.
εὔχομαι *0) אלה qal[1: Jd 17.2*L*]; 1) אסר qal[1]; 2) Ar. בעה pe.[4]; 4) נדר *a.* qal[17+: + 1K 2.9 4Q51, Am 6.3 MT *hmndym*], *b.* נֶדֶר [1]; 5) *a.* נזר hi.[1], *b.* נָזִיר [5]; 6) נשׂא pi.[1]; 7) עתר *a.* qal[3], *b.* hi.[6]; 9) פלל *a:* hit.[9], *b.* qal[1]; 10) תְּפִלָּה [1]; 11) Ar. חנן itpa.[1]; *12) נדב hit.[3: 1E5.44, 53, 8.13]; *13) קרא qal[1: 1E 8.50]. Del. 3, 8).
εὔχρηστος 1) חֵפֶץ [1].
εὐώδης 1) בֶּשֶׂם, בֹּשֶׂם [2].
εὐωδία 1) נִיחֹחַ [37+]; 2) רֵיחַ נִיחֹחַ [1]; (-) [+ Le 3.11]. Del. Le 17.4, 1E 1.12.
εὐωδιάζω 1) נוב pol.[1].
εὐώνυμος 1) צָפוֹן [1]; 2) *a.* שְׂמֹאל [6+], *b.* שְׂמָאלִי [1], *c.* שׂמאל hi.[1].
ἐφάλλομαι 1) צָלֵחַ qal[3]. Del. 2); Si 36.31 v.l.
ἐφαμαρτάνω 1) חטא hi.[1].
ἐφάπτομαι 1) נגע qal[2: + Jd 20.34*L*]; 2) נגשׁ hi.[1].
ἐφέλκω 1) ארך hi.[2].
ἐφέτειος *1) שָׁנָה [1: De 15.18MT מִשְׁנֶה].
ἔφηλος 1) דַּק [1].
ἐφημερία 1) מַחֲלֹקֶת [10]; 2) מְלָאכָה [1]; 3) *a.* מִשְׁמָר [2], *b.* מִשְׁמֶרֶת [6]; *4) עֲבוֹדָה [1: 1E 1.15]; (fr) [1C 9.33].
ἐφθός 1) *a.* בשׁל pu.[1], *b.* בָּשֵׁל [1].
ἐφίστημι 1) חזק hi.[1]; 2) יצב hit.[1]; 4) לחם ni.[1]; 5) מנע qal[1]; 6) נצב *a.* ni.[4+], *b.* hi.[4: + 2K 8.3]; 8) נתן qal[6]; 9) סמך qal[1]; 10) עוּף *b.* hi.[1]; 11) עמד *a.* qal[5+], *b.* hi.[1]; 12) פקד *a.* qal[3], *b.* hi.[2]; 13) קוּם hi.[3]; 15) שִׂים qal[5]; 17) שׁוּב hi.[1]; 18) שִׁית qal[3]; 20) שׁפת qal[2]. Del. 3, 7, 10*a*, 14, 16, 19); Le 19.16, 26.16, Nu 26.9, Jb 26.11, Je 20.10, Ez 31.15[a].
ἐφοδεύω 1) חפר qal[1].
ἐφοδιάζω 1) ענק hi.[1]; 2) צוד hit.[1].
ἐφόδιον 1) ענק hi.[1].
ἐφοράω 1) חזה qal[1]; 2) נבט hi.[1]; 3) עַיִן [1]; 4) צפה pi.[1]; 5) ראה qal[8]; 6) w. neg. רחק qal[1].
εφουδ 1) אֵפוֹד [13].
(ἐ)χθές 1) אֶמֶשׁ [2]; 2) *a.* אֶתְמוֹל [5], *b.* מֵאֶתְמוֹל [1], *c.* כְּאֶתְמוֹל [1]; 3) *a.* תְּמוֹל [10+], *b.* כִּתְמֹל [1].
ἔχθρα 1) *a.* איב qal[2], *b.* אֵיבָה [4]; 3) אֹרֵב [1]; 4) שִׂנְאָה [5: + Ez 35.11]; (fr) [Pr 25.10]. Del. 2).
ἐχθραίνω 1) איב qal[2]; 2) צוּר qal[2]; 3) צרר qal[2].
ἐχθρεύω 1) איב qal[1]; 2) צרר qal[1].
ἐχθρία 1) שִׂטְנָה [1].
ἐχθρός 1) איב qal[62+: + Ez 35.5b, 39.27]; 2) אֵיבָה [1]; 4) ארב qal[2]; 6) זָר [1]; 8) Ar. עָר [2]; 9) צמת hi.[1]; 10) צַר [5+]; 11) צרר qal[9]; 12) קוּם hitpo.[1]; 13) רֵעַ [1]; 14) שׂנא *a.* qal[15], *b.* pi.[2]; 15) שׁוּר *a.* שׁוּר subst.[1], *b.* pol.[5]; (fr) [Ne 4.10]. Del. 3, 5, 7); Jb 34.26, Ps 105.41, Zc 9.10, Je 28.35, 37.16a.
ἐχῖνος 1) קִפֹּד [3]; 2) קִפּוֹז [1]; 3) תַּן [1].
ἔχις 1) פֶּתֶן [1].
ἔχω 1) אָהֵב qal[1]; 2) אחז qal[4]; 3) אַחַר [4]; 4) Ar. אִיתַי [2]; 5) הָיָה לְאֵל qal[1]; 6) אָצֵל [19]; 7) אֵת [2]; 8) בַּעַל [6]; 9) דבק qal[1]; 10) היה qal[7]; 11) הִנֵּה [3]; 12) חבר qal[3: + Jd 20.11 A]; 13) חזק hi.[2]; 15) יאל hi.[1]; 16) *a.* אֶל יַד [1], *b.* בִּידֵי [1], *d.* לְיַד [3: + 1K 4.18], *e.* עַל יַד [5], *f.* ἕως ἐχόμενον עַל יְדֵי [1], *g.* הָיָה .. יָדַיִם [1]; 17) יֵשׁ [5]; 18) כּוּן ni.[1]; 21) לקח qal[3]; 22) *a.* מוּל [3: +1K 14.5*bis*], *b.* מִמּוּל [1]; 23) מָחֳרָת [1]; 25) כְּמַעַר [1]; 26) מצא *a.* qal[1], *b.* ni.[1]; 27) נֶגֶד [2]; 28) נשׂא qal[3]; 29) נתן qal[1]; 30) עַל [5]; 31) עִם [3]; 33) לְעֻמַּת [6]; 34) עצר qal[3]; 35) צפן qal[1]; 36) רַב [1]; 37) רבץ qal[1]; 38) שִׂים qal[1]; 39) שׁגל *a.* qal[1], *b.* ni.[1]; 59) שׁכב *a.* qal[1], *b.* ni.[1]; *60) -בְּ [1: 1E 5.59]; *61) יֵשׁ בְּ־ [2: 1E 9.12, 18]; *62) בְּאֵין [2]; *63) לבשׁ qal[1: Es 4.2]; (-) [36]; idiom [1E 2.20, 9.51]; (fr) [1E 8.82, Pr 27.27, Ct 2.14]. Del. 14, 16*c*, 19-20, 24, 32, 40-58); Le 25.27, Ne 5.17, 9.33, Jb 20.18, Pr 1.9, Da TH 4.6.
ἕψεμα 2) נָזִיד [6: + Ge 25.30]. Del. 1).
ἕψω 1) בשׁל *a.* qal[1], *b.* pi.[20: + 1E 1.12], *c.* pu.[3]; 2) זוד hi.[1]. Del. 3) 1K 9.24 v.l. (→ ὑψόω: Barthélemy 1980: 7).
ἑωθινός 1) בֹּקֶר [1]; 2) *a.* שַׁחַר [1], *b.* עֲלוֹת שַׁחַר [2: + Am 7.1, MT *'lwt hlqš*]; 3) אוֹר [1]. Del. 1K 11.11.
ἕωλος 1) פִּגּוּל [1].
ἑωσφόρος 1) בֹּקֶר [1]; 2) הֵילֵל [1]; 3) נֶשֶׁף [1]; 4) *a.* שַׁחַר [3], *b.* מִשְׁחָר [1].

Z

ζάω 2) חיה *a.* qal[79+: + Ho 14.8, voc.; To 3.6, Jb 8.17, Ec 7.15, Ez 16.22, 47.9[3]], *b.* pi.[16], *c.* hi.[2], *d.* ζῆν ποιεῖν חיה pi.[8], *e.* Ar. pe.[8], *f. Ar. חַי [1: To 14.2]; 3) חַי (add חַיִּים as subst.) [66+: + 1K 1.28, To 13.1, 4, Ps 21.29, Si 30.29, 42.23]; 4) חַיָּה subst.[1]; 6) מִחְיָה [1]; 9) μακρὸν χρόνον ζῆν הֶאֱרִיךְ יָמִים hi.[1]; *10) נשׁם qal[1: Jb 18.20]; (fr) [Pr 9.11]. Del. 1, 5, 7 > 2*a*, 8); Ge 5.4, Ps 118.170, 176, Pr 25.25, Is 45.19.

ζέα 1) כֻּסֶּמֶת [1].

ζεύγνυμι 1) אסר qal[7]; 2) צמד pu.[1].

ζεῦγος 1) עֶרֶךְ [1]; 2) צֶמֶד [9]; 3) שְׁתַּיִם [1].

ζεῦγος 1) עֶרֶךְ [1]; 2) צֶמֶד [9]; 3) שְׁתַּיִם [1].

ζέω 2) רתח *a.* pi.[2: + Ez 24.5[2]]; (fr) [Jb 32.19]. Del. 1, 2*b*); Ex 16.20.

ζῆλος 1) קִנְאָה [33].

ζηλοτυπία 1) קִנְאָה pl.[4].

ζηλόω 1) אשׁר pi.[1]; 2) בחר qal[1]; 4) קנא *a.* pi.[14+: + De 32.19 MT ינאץ, Is 11.11], *b.* קַנּוֹא [1], *c.* קִנְאָה [1]. Del. 3); 4K 10.18.

ζήλωσις 1) קִנְאָה [2].

ζηλωτής 1) *a.* קַנָּא [5], *b.* קַנּוֹא [1]. Del. 1E 8.72 v.l.

ζηλωτός 1) קַנָּא [1].

ζημία 1) *a.* עֹנֶשׁ [1], *b.* Ar. עֲנָשׁ [2], *c.* ענשׁ ni.[1].

ζημιόω 1) נָשָׂא עֹנֶשׁ qal[1]; 2) ענשׁ *a.* qal[4], *b.* ni.[2].

ζητέω 1) אהב qal[1]; 3) בעה qal[2]; 4) Ar. בעה *a+c.* pe.[7], *b.* pa.[1]; 5) בַּקָּרָה [1]; 6) בקשׁ *a+c.* pi.[141+: + Si 6.27], *b.* pu.[2]; 7) בַּקָּשָׁה [1]; 8) דרשׁ *a.* qal[1+], *b.* ni.[1]; 9) בִּין hitpol.[1]; 10) חלה pi.[1]; 11) חפר qal[1]; 12) מצא qal[1]; 13) נצר qal[1]; 15) Ar. צבה pe.[1]; 16) *a.* שׁאל qal[2], *b.* Ar. שְׁאֵל pe.[1]; 17) שׁחר pi.[2]; 18) פקד qal[1]; (fr) [Pr 2.3]. Del. 2, 14, 19); Pr 8.17[1], 29.10, Ho 5.15, Zc 6.7, Je 43.24, Ez 3.18, 13.22.

ζιβύνη 1) חֲנִית [1]; 2) כִּידוֹן [1]. Del. Mi 4.3 v.l.

ζυγός 1) *a.* מֹאזְנַיִם [4+], *b.* מֹאזְנַיִן [1]; 2) מַטֶּה [1]; 4) מְשׂוּרָה [1]; 6) *a.* עֲבֹת [2], *b.* ζυγοῦ ἱμᾶς עֲבֹת [1]; 7) עֹל [4+: + Ez 34.27, Da TH 8.25]; 8) קָנֶה [1]; 9) שֵׁבֶט [1]; 10) שְׁכֶם [1]. Del. 5, 11); Is 11.13, 19.10.

ζυγόω 1) עֹב [1].

ζύμη 1) חָמֵץ [5]; 2) שְׂאֹר [5].

ζυμίτης 1) חָמֵץ [1].

ζυμόω 1) חָמֵץ *a.* qal[3], *b.* חָמֵץ subst.[2].

ζυμωτός 1) *a.* חָמֵץ [2], *b.* מַחְמֶצֶת [2].

ζωγραφέω 1) חקה pu.[1]; 2) חקק qal[2].

ζωγρέω 1) חיה *a.* pi.[2], *b.* hi.[5]; 2) חַי שָׁבָה qal[1].

ζωγρίας 1) שָׂרִיד [2].

ζωή 2) חַוָּה [1]; 3) *a.* חיה qal[8], *b.* חַיָּה [9], *c.* מִחְיָה [1], *d.* ὑπόστασις ζωῆς מִחְיָה [1], *e.* τὰ πρὸς ζωήν מִחְיָה [1], *f.* ζωὴν ἰδεῖν or εἰδέναι חיה qal[1], *g.* διδόναι ζωήν חיה hi.[1]; 4) also Ar. חַי (subst.pl.) [35+: + To 3.10, Ez 37.5]; 7) יוֹם (pl.) [1]; 8) לֶחֶם [3]; 11) דּוֹר [1]; 12) נְשָׁמָה [1]; 13) נֶפֶשׁ [1]; *14) חֶלֶד [1: Jb 11.17]; (fr) [Jb 10.21, Pr 16.17*bis*]; (?) [1: Ho 10.12, MT *ḥsd*]. Del. 1, 5-6, 9-10); Jb 7.15, 16.14, Ps 36.7, Is 28.4.

ζωμός 1) מרק qal[4: + Ez 24.10]. Del. 2-3).

ζώνη 1) אַבְנֵט [8]; 2) אֵזוֹר [2]; 3) אָזֵן (?)[1]; 4) *a.* חֲגוֹר [1], *b.* חֲגוֹרָה [3]; 5) מֵזַח [1]; 6) קֶסֶת (?)[3].

ζώννυμι 1) *a.* אזר qal[2], *b.* אֵזוֹר [1]; 2) אסר qal[1]; 3) חבשׁ qal[1]; 4) *a.* חגר qal[9], *c.* חֲגוֹר [1]; 5) שִׂים qal[1]. Del. 4*b*); 2K 20.8, Ps 108.19 v.l.

ζωογονέω 1) חיה *a.* pi.[8], *b.* hi.[1], *c.* חַיָּה [2].

ζῷον 1) *a.* חַיָּה [15], *c.* חַי [4: + Hb 3.2]; 2) בָּשָׂר [1]; (fr) [Jb 38.14]. Del. 1*b*).

ζωοποιέω 1) חיה *a.* pi.[4], *b.* hi.[1].

ζωοποίησις 1) מִחְיָה [2].

ζωόω 1) חיה pi.[2].

ζωπυρέω 1) חיה hi.[4].

ζῶσις 1) חגר qal[1].

H

ἤ *a.* מִן; *b.* אִם; *c.* also Ar. אוֹ; *d.*-ו; *e.* ἀλλ᾽ ἤ כִּי אִם; *f.* וְאִם; *g.* בֵּין .. ל; *h.* וְאִם לֹא; *i.* μᾶλλον ἤ מִן; *j.* ἀλλ᾽ ἤ כִּי; *k.* ἀλλ᾽ ἤ ὅτι אֶפֶס כִּי. x∫

ἦ 1) ἦ μήν אַךְ [1]; 2) ἦ μήν *a.* אִם [1], *b.* אִם לֹא [2]; 4) ἦ μήν כִּי [3]; 5) ἦ μήν μή אִם לֹא [2]; 6) ἦ μήν οὐκ אִם [1]; 7) ἦ אִם [2]. Del. 3); Jb 25.5 v.l.

ἡγεμονία 1) אַלּוּף [1]; 2) דֶּגֶל [2]; 3) מֶמְשֶׁלֶת [2].

ἡγεμονικός 1) נָדִיב [1].

ἡγεμών 2) אַלּוּף [44+]; 3) פֶּחָה [4]; 5) שַׂר [11]; 6) Ar. אֲפַרְסְכָי [2]. Del. 1, 4); Ez 17.13.

ἡγέομαι 1) אֲדֹנִים [1]; 2) Ar. אֲדַרְגָּזְרִין [3]; 4) אַיִל [2]; 6) אַלּוּף [1]; 8) בַּעַל [1]; 9) בַּעֲלָה [1]; 10) גְּבִירָה [1]; 12) הָלַךְ לִפְנֵי qal[1]; 13) הפך ni.[1]; 14) חקק po.[1]; 15) חשׁב qal[5]; 16) ירה hi.[1]; 17) לִפְנֵי [2]; 18) ἡ. ἄξιον w. neg. מאס qal[1]; 19) מֶלֶךְ [3]; 20) משׁל qal[9: + Si 30.27]; 21) נָגִיד [28]; 22) נָזִיר [1]; 24) נְצִיב [3]; 25) נָשִׂיא [7: + Mi 2.9 MT *nšy* > *nśy'y*]; 26) סרך qal[1]; 27) מֵעַל כִּסֵּא [2]; 29) פֶּחָה [4]; 30) קָצִין [2]; 31) רֹאשׁ [24: + Ps 103.17]; 33) שִׂים qal[1]; 34) שַׂר [19: + Ez 20.46]; 35) סֶגֶן [1]; 36) גָּדוֹל [1]; (fr) [Es 5.11, Pr 5.19]. Del. 3, 5, 7, 11, 23, 28, 32); Es 10.3, Mi 5.2.

ἥγημα 1)?רִקְמָה MT > √קדם? [1].

ἥγησις 1) ספר qal ptc.[1].

ἡδέως 1) ἡ. γίνεσθαι טוֹב לֵב [1]; 2) ἡ. ἅπτεσθαι נָעֵם qal[1]; 3) ערב qal[1]. Del. Si 22.11 v.l.

ἤδη 1) הִנֵּה [1]; 2) also Ar. כְּבָר [11: + To 3.15, 6.9, 10.8]; 3) עַתָּה [4]; (idiom.) [Zc 7.3]. Del. 2K 14.17.

ἡδονή 1) טַעַם [1]; (fr) [Pr 17.1].

ἡδύνω 1) נָאוֶה [1]; 2) *a.* נָעֵם qal[2], *b.* נָעִים [1]; 3) ערב *a.* qal[5: + Jb 24.5 voc.], *b.* hi.[1].

ἡδύς 1) ὀσμὴ ἡδεῖα בֹּשֶׂם [1]; 2) ἡδύ μοι הֶאָח [1]; 4) נָעִים 1]; 5) ἡ. γίνεσθαι *a.* עָרֵב qal[1], *b.* adj.[1]; 6) נוֹעַם [1]; (fr) [Pr 14.23]. Del. 3); Pr 5.19.

ἥδυσμα 1) בֶּשֶׂם, בֹּשֶׂם [6]; 2) סַם [1]; 3) רקח qal[1].

ἡδυσμός 1) סַם [1].

ἡδύφωνος 1) יְפֵה קוֹל [1].

ᾠδῶ 1) אוֹר [1].

ἥκω 1) אתה qal[4: + 2C 35.21 voc.], *b. Ar. pe.[1: To 9.2]; 2) בּוֹא *a.* qal[41+: + Is 3.14, 4.5], *b.* ho.[4]; 3) הלך qal[1]; 4) חול qal[2]; 6) יצא qal[1]; 7) נהר qal[2]; 8) עבר qal[1]; 9) עלה qal[1]; 10) עמד qal[1]; 11) קום qal[1]; 12) שׁוּב qal[1]; (fr) [Es 4.15, Is 10.29]; (-) [+ Is 32.19, 59.19[2]]. Del. 5, 13-4); Jb 36.18, Pr 10.30.

ἤλεκτρον 1) חַשְׁמַל [3].

ἡλικία 1) גִּיל [1]; 2) קוֹמָה [2: + Si 26.17].

ἥλιος 1) Ἡλίου πόλις אוֹן [2: + Ez 30.17]; 2) אוֹר [1]; 3) ~ου δυσμαί אָחוֹר [1]; 4) ~ου ἀνατολή מִזְרָח [3]; 5) חַמָּה [4]; 6) חֶרֶס [2]; 7) ~ου ἀνατολαί קֶדֶם [3]; 8) שָׁמַיִם [1]; 9) שֶׁמֶשׁ [34+: + Jo 8.29, Si 26.16, 36.7]; 10) Ar. שִׁמְשָׁא [1]; (fr) [Is 11.11]. Del. Ec 1.13, 3.1, Is 19.18.

ἧλος 2) *a.* מַסְמְרִים [1], *b.* מִסְמְרִים [1], *c.* מַסְמְרוֹת [3: + 3K 7.50, 4K 12.13], *d.* מִסְמְרוֹת [1]; 3) מַשְׂמְרוֹת [1]; 4) שׁוֹטֵט [1]. Del. 1).

ἡμέρα 1) אוֹר הַבֹּקֶר [1]; 5) בֹּקֶר [2]; 6) דֶּרֶךְ [5]; 8) חֹם [3]; 9) יוֹם [689+: + De 16.15, 32.35[1], Jo 6.24, 1K 2.35, 9.13, 1C 26.17, To 4.5*bis*, 9.4, 10.7[3], Ps 72.10, Ho 2.18, 21, 3.4, Mi 7.12, La 5.4, Da TH 8.27, Si 36.7, 9, 32]; 10) יְמִימָה [1]; 14) עֵת [10]; 15) ἡ ἡ. αὕτη עַתָּה [1]; 17) ἡ ἡ. μεγάλη קְרָא מִקְרָא [1]; 19) δὶς ἑπτὰ ~ας שְׁבֻעִים [1]; 20) τρίτη ἡ. *a.* שִׁלְשֹׁם [8], *b.* תְּמוֹל [1]; 21) τὸ καθ᾽ ~αν יוֹם [1]; 22) אֶתְמוֹל [1]; 23) καθ᾽ ἑκάστην ~αν *a.* תְּמוֹל שִׁלְשֹׁם [1], *b.* יוֹם בְּיוֹם [2], *c.* יוֹם וָיוֹם [2], *d.* אִישׁ יוֹמוֹ [1], *e.* כָּל הַיּוֹם [1]; 24) καθ᾽ ~αν *a.* יוֹם בְּיוֹמוֹ [1], *b.* תָּמִיד [1], *c.* יוֹם יוֹם [2], *d. also Ar. יוֹם בְּיוֹם [2: 1E 5.51, 6.30]; 25) ἡ σήμερον ἡ. יוֹם [2]; 26) *a.* ~ας יוֹמָם [38], *b.* ~αν [4], *c.* ~α יוֹמָם [1], *d.* ~ας בְּיוֹמָם [1]; 27) ~αν καθ᾽ ~αν יוֹם יוֹם [1]; 28) דּוֹר [1]; *29) שָׁנָה [1: Da LXX 9.2 pap. 967]; (idiom.) [Ex 9.24]; (fr) [Es 9.2, Zc 14.5, Da LXX 2.45]; (-) [+ Ex 16.29a, 1K 21.13]. Del. 2-4, 7, 11-3, 16, 18, 20, 26*e*); Le 15.3, 2K 19.34b, 1C 13.14, 2E 4.15, Je 6.4b, Da TH 9.2.

ἡμίεφθος 1) מִכְמָר [1].

ἡμίονος 1) אָתוֹן [2]; 2) *a.* פֶּרֶד [16: + Ps 31.9], *b.* פִּרְדָּה [3]; 3) νέμειν τὰς ἡ. רעה qal[1]. Del. Ne 2.8.

ἡμίσευμα 1) *a.* מֶחֱצָה [2], *b.* מַחֲצִית [2].

ἡμισεύω 1) חצה qal[1].

ἥμισυς 1) *a.* חֲצִי [31+: + 1C 4.31], *b.* מַחֲצִית [8+]; 2) Ar. פְּלַג [2]; (-) [+ Jo 22.30, 31]. Del. Ne 4.21[a].

ἡνία 1) פְּלָדָה (?)[1].

ἡνίκα (*a*) -בְּ [19]; (*b*) -כְּ [9]; (*c*) כַּאֲשֶׁר [10]; (*d*) כְּמוֹ [1]; (*e*) כִּי [8]; (*f*) בְּעֵת [2]; (*g*) לְעֵת [1]; (*h*) עֵקֶב [1]; (*i*) לְפִי [1]; (*j*) -בְּ + inf. [1]; (*k*) -כְּ + inf, [1]; (-) [2].

ἡνίοχος 1) רַכָּב [2].

ἧπαρ 2) *a.* כָּבֵד [14: + Ge 49.6 MT voc., 1K 19.13, 16], *b.* Ar. כְּבַד [2: To 6.5, 7]. Del. 1).

ἡπατοσκοπέομαι 1) ראה בַּכָּבֵד qal[1].

ἠρεμάζω 1) שׁמם po.[2].

ἥρως 1) Ἡρώων πόλις גֹּשֶׁן [1].

ἥσσων 1) Ar. אֲרַע [1]; 2) דַּל [1]; (fr) [Jb 13.10, Is 23.8].

ἡσυχάζω 1) דּוּמָם [1]; 2) זחל qal[1]; 3) חדל qal[1]; 4) חרשׁ hi.[1]; 5) חשׁה hi.[1]; 6) ישׁב qal[1]; 7) רבץ qal[1]; 8) שַׁאֲנָן [1]; 9) שׁבת qal[1]; 10) שׁכן qal[1]; 11) שׁקט *a.* qal[17], *b.* hi.[3: + Ez 32.14]; 12) ἡσυχάζων שֹׁקֵט וּבֹטֵחַ [1]; 14) שׁתק qal[1]; (fr) [Pr 15.15]. Del. 13 > 11*b*).

ἡσυχῇ 1) *a.* לְאַט [1], *b.* בַּלָּאט [1].

ἡσυχία 1) אִישׁוֹן [1]; 2) ~αν ἄγειν חרשׁ hi.[1]; 3) שָׁלֵו [1]; 4) *a.* ~αν παρέχειν שׁקט hi.[1], *b.* שֶׁקֶט [1]; 5) ~αν ἔχειν תמם qal[1]; 6) בֶּטַח [1].

ἡσύχιος 1) נְכֵה רוּחַ [1].

ἥσυχος *1) מָךְ [1: Si 25.20].

ἡττάω 1) בגד qal[1]; 2) דקר ni.[1]; 3) חתת *a.* qal[3], *b.* ni.[3]; 4) מסס ni.[1]; 5) רשׁע hi.[1].

ἥττημα 1) מַס [1].

ἠχέω 1) הוּם ni.[3]; 2) המה qal[8]; 4) חֲצֹצְרָה [1]; 5) צלל qal[3]; 6) שׁאה ni.[1]; 7) רנן pi.[1]; 8) רוּעַ hi.[1]; *9) שִׂיחַ [1: Jb 30.4]. Del. 3).

ἦχος 1) אֹחַ [1], 2) הָמוֹן [5]; 3) שָׁאוֹן [1]; 4) *a.* תקע qal[1], *b.* תֵּקַע [1]; 5) פֶּקַע [1]; 6) קוֹל [1]; 7) הָמוֹן [1]; *8) המה qal[1: Ps 9.6].; (fr) [Ps 76.17]. Del. Jb 4.13 v.l.

ἠχώ, (fr) [Jb 4.13]. Del. 1) הָמוֹן; Ps 9.6, 41.4, 76.17 v.l.

Θ

θάλασσα 2) יָם [117+: + Jo 19.22, 46, 3K 10.29, Ps 88.12, Je 22.20, 52.20[2], Ez 26.12, 42.18, Da LXX 11.18]; 5) תֵּימָן [1]; 7) תַּרְשִׁישׁ [2]; (fr) [Jb 41.21]; (-) [+ Jd 9.37, Zp 2.7]. Del. 1, 3-4, 6, on which last see Walters 190-2); Ge 28.14[1], Jo 18.18, Jb 38.22, Am 8.12*a*, Mi 7.12, Zc 9.10*a*.

θάλλω 1) גאה qal[1]; 2) יטב hi.[1]; 3) פרח qal[2: + Si 14.18]; (fr) [Pr 26.20]. Del. 4-5).

θάλπω 1) חמם pi.[1]; 2) סכן qal[2]; 3) רבץ qal[1].

θαμβέω 1) בעת *a.* ni.[1], *b.* pi.[1]; 2) חפז *a.* qal[2: + Jd 9.4]; 4) רגז qal[1]; 5) רדם ni.[1]. Del. 2*b*, 3).

θάμβος 1) אָיֹם [2]; 2) חַתְחַת [1]; 3) פַּחַד [1]; 4) פַּלָּצוּת [1]; 5) תַּרְדֵּמָה [1].

θανατηφόρος 1) מות qal[1]; (fr) [Jb 33.23].

θάνατος 2) דֶּבֶר [37: + Is 9.8]; 4) מות *a.* qal[30+], *c.* hi.[4], *d.* מָוֶת [15+: + Hb 3.13 MT *mbyt*, Zc 5.3*bis* MT *kmwh*, Ps 33.21, Pr 18.6, Is 53.8], *e.* מָמוֹת [2], **f.* Ar. מוֹת [1: 1E 8.24]; 6) שְׁאוֹל [3]; 7) שַׁחַת [5]; *10) σκιὰ ~ου צַלְמָוֶת [2: + Ps 87.6]; 11) גוע qal[1]; *12) אָסוֹן [1: Si 38.18]; (fr) [1K 1.11]; (-) [+ Je 14.15, Da LXX 2.9]. Del. 1, 3, 4*b*, 5, 8-9); Nu 12.12, 35.21[2], 2K 1.21, Jb 3.22, Ec 8.8[2].

θανατόω 1) דֶּבֶר [1]; 2) הרג *a.* qal[5], *b.* pu.[1]; 3) חלל po.[1]; 4) מות *a.* qal[6], *b.* pol.[6], *c.* hi.[2+], *d.* ho.[19+], *e.* מָוֶת [1], *f.* תְּמוּתָה [2], *g.* מְתוֹת [1]; 5) נכה hi.[1]; 6) פגע qal[1]; 7) צמת *a.* qal[1], *b.* hi.[1]; 8) צִפְעֹנִי [1]; 9) שָׂרָף [1]. Del. Ex 9.15, 21.17, Nu 35.21[2] v.l.

θανάτωσις 1) מָוֶת [1].

θάπτω 1) חנט qal[1]; 2) קבר *a.* qal[25+], *b.* ni.[3+: + Ge 15.15], *c.* pi.[6], *d.* pu.[1], **e.* Ar. pe.[2: To 1.19, 6.15]; *3) אסף ni.[1: Si 44.14]. Del. Ge 35.8, 2C 28.20.

θαρσέω 2) בטח qal[1]; 3) יָרֵא w. neg.[9: + To 11.11]; *4) Ar. דְּחַל w. neg. [2: To 8.21 𝔊[II]*bis*]. Del. 1).

θάρσος 1) אֹמֶץ [1]; 3) θ. περιτιθέναι אמץ pi.[1]. Del. 2).

θαῦμα 1) חִזָּיוֹן [1]; 2) שַׂעַר [1]; 3) שָׁמֵם *a.* θ. ἔχει qal[1], *b.* θ. ἔχειν ho.[1].

θαυμάζω 1) הדר qal[1]; 3) ימר hit.[1]; 5) נזה hi.[1]; 7) *a.* נשׂא qal[8], *b.* מַשָּׂא [1]; 8) שׂגח hi.[1]; 9) שָׁמֵם *a.* qal[1], *b.* ho.[1], *c.* hitpo.[2], *d.* Ar. itpo.[1]; 10) שׁעה hit.[1]; 11) Ar. תוה pe.[2]; 12) תמה *a.* qal[4: + Si 11.21], *b.* hit.[1]; 13) θ. πρόσωπον כנה pi.[1]; 14) קדשׁ *b.* hi.[1]. Del. 2, 4, 6, 14*a*); Si 11.13, 33.4.

θαυμάσιος 2) מוֹרָא [1]; 3) פלא *a.* ni.[36], *b.* hi.[1], *c.* פֶּלֶא [7]; 5) מוֹפֵת [1]; 6) גְּבוּרָה [1]; *7) תֵּמַהּ [3: Hb 1.5 voc., Si 43.25, 48.14]. Del. 1); Nu 14.11 v.l.

θαυμαστός 1) אַדִּיר [4: + Ps 41.4]; 2) אמן ni.[1]; 3) ירא ni.[7]; 5) נְשׂוּא פָנִים [1]; 6) פלא *a.* ni.[9], *b.* hi.[1], *c.* פֶּלֶא [5], *d.* פִּלְאִי [1]; *8) תָּמוּהַּ [2: To 12.22 metath., Am 3.9 MT *mhwmh*]; *9) תֵּמַהּ [1: Si 16.11]; (fr) [Pr 6.30]. Del. 4, 7).

θαυμαστόω 1) אַדִּיר [1]; 2) פלא *a.* ni.[1], *b.* hi.[2], *d.* פָּלִיא [1]; 3) פלה *a.* ni.[1], *b.* hi.[2]; 4) יָרֵא ni.[1]. Del. 2*c*).

θαυμαστῶς 1) אַדִּיר [1]; 2) יָרֵא ni.[2]; 3) פלא ni.[1]

θέα 1) שְׂכִיָּה [1]; *2) ראה qal[1: Is 27.11 MT *m'yrwt* > *mr'wt*].

θεάομαι ראה qal[1].

θεῖον 1) גָּפְרִית [7]. Del. Is 30.33[1] v.l.

θεῖος 1) אֵל [1]; 2) *a.* אֱלוֹהַּ [1], *b.* אֱלֹהִים [2].

θέλημα 1) חָפֵץ *a.* qal[1], *b.* adj.[1], *c.* חֵפֶץ [19]; 2) עֲלִילָה [1]; 3) Ar. צבא pe.[1]; 4) רָצוֹן [15]; 6) שְׁרִירוּת [1]; 7) תַּרְמִית [1]; 8) צֹרֶךְ [1]; *9) Ar. רְעוּ [1: 1E 8.16]. Del. 5); Pr 8.29.

θέλησις 1) אֲרֶשֶׁת [1]; 2) חָפֵץ [1]; 3) צְבִי [2]; 4) רָצוֹן [2].

θελητής 1) אוֹב [2]; 2) חָפֵץ qal[1].

θελητός 1) חֵפֶץ [2].

θέλω 1) אבה qal[7+]; 2) אוה pi.[1]; 3) אמן hi.[1]; 4) אמר qal[1]; 6) דמה pi.[1]; 8) חָפֵץ *a.* qal[3+: + Ma 3.1], *b.* adj.[7], *c.* חֵפֶץ [1]; 9) יסד pi.[1]; 10) Ar. צבא pe.[2]; 12) רצה *a.* qal[1], *b.* רָצוֹן [1]; 13) w. neg. *a.* חדל qal[1], *b.* מָאֵן pi.[7+], *c.* adj.[1], *d.* מאס qal[1]; *14) בקשׁ pi.[1: 1C21.3*L*]; *15) נטה qal *s* καρδία [1: 1K 14.7*L*]; (fr) [Es 5.3, Is 9.5, 28.4]. Del. 5, 7, 11); 2K 23.19, Ps 69.1, Je 39.33, Da LXX 1.13.

θέμα 1) אַרְגָּז [3]; 2) מַעֲרֶכֶת [3]; 3) תְּנוּפָה [1]; *4) שִׂימָה [1: To 4.9].

θεμέλιον 1) אַרְמוֹן [8+]; 2) Ar. אשׁ [3]; 3) יסד *a.* qal[1], *b.* pi.[1], *c.* ho.[1], *d.* יְסוֹד [8: + Na 1.10, MT *syrym* > *yswdm*], *e.* יְסוּדָה [1], *f.* מוּסָד [13: + 4K 16.18], *g.* מַסַּד [1], *h.* מוסד [1]; 4) יַרְכָּה [1]; 5) מָקוֹם [3]; 6) עֲרֵמָה [1]; 7) תַּחְתִּי [1]; 8) εἰς τὰ θ. ἐμβάλλειν יסד pi.[1]; *9) שֹׁרֶשׁ [1: Si 3.9].

θεμελιόω 1) בנה *ni.[1]; 3) יסד *a.* qal[15], *b.* ni.[1], *c.* pi.[7: + 3K 6.1], *d.* pu.[6], *e.* יְסֹד [1], *f.* מוּסָד [1]; 4) כון pol.[4]; 5) נסך ni.[1]; *6) Ar. כלל shaf.[1: 1E 6.10]. Del. 2).

θεμελίωσις 1) יסד *a.* qal[2: + 2C 24.27*L*], *b.* ho.[1].

θεός 1) אָבִיר [3]; 2) אֲדֹנָי [8]; 3) אֵל [50+: + 1K 2.3b, Ps 7.6, Pr 24.26, 69, 70, Si 47.18, Ho 11.7]; 3 +4*b*) [2]; 3 +12) [6: all in Ge]; 4) *a.* אֱלוֹהַּ [4+], *b.* אֱלֹהִים [837+: + Ex 18.15, 19.3, 24.11, 13, 24.10, 11, De 32.8, 1K 3.13, To 4.5, 13.4[1], 18, Zc 12.8], *c.* Ar. אֱלָהּ [108+: + To 4.21[1], 14.2[1], 4[1],]; 5) אֱלִיל [1]; 6) יָהּ [1]; 7) יהוה [117+]; 7+2) [2]; 7+3) [1]; 7 +4*b*) [11+]; 8) Ar. עִלָּי [1]; 9) עָצָב [1]; 10) צוּר [19]; 11) קֹדֶשׁ [1]; 12) שַׁדַּי [4]; 13) *a.* τὸ εἶδος τοῦ θεοῦ פְּנוּאֵל [1], *b.* εἶδος θεοῦ פְּנִיאֵל [1]; 14) κύριος ὁ θεός, ὁ κ.θ., κ.θ. *a.* אֲדֹנָי [1], *b.* Ar. אֱלָהּ [4], *c.* אֱלֹהִים [12+], *d.* יהוה [99+], *e.* Ar. מָרֵא [1], *f.* יֱהֹוִה [27]; 20) ὁ θ. τοῦ οὐρανοῦ שַׁדַּי [1]; (-) [+ De 27.7a, Jo 10.13, Pr 21.8, Ez 4.13]; (fr) [Ps 17.7, 23.6, Pr 16.4, 24.24, Ec 5.5a, Je 3.19, Da LXX 5.23]. Del. 15-9, 21); Ex 16.34, De 7.15, 16.14, 1K 9.6a, 2K 2.5, 1E 8.15, 25, 50, 59, 72, 79, 92, Is 3.11, 30.33, Je 43.13, Si 50.17.

θεοσέβεια 1) יִרְאַת אֲדֹנָי [1]; 2) יִרְאַת אֱלֹהִים [1].

θεοσεβής 1) יְרֵא אֱלֹהִים [4].

θεράπαινα 1) אָמָה [4]; 2) נַעֲרָה [1]; 3) שִׁפְחָה [2]; *4) מְתֵי אֹהֶל [1: Jb 31.31].

θεραπεία 1) מְרוּקִים [1]; 2) עֶבֶד [1]; 3) עֲצָרָה [2]. Del. 4); 1K 15.23.

θεραπεύω 1) בקשׁ pi.[1]; 2) חלה pi.[1]; 3) ישׁב qal [2]; 4) עֶבֶד [1]; 5) עשׂה qal[1]; 6) Ar. שׁמשׁ pa.[1]; 7) רפא qal[1]; *8) כלל Ar. shaf.[1: 1E 2.18, cf. Schleusner 3.60].

θεράπων 1) בֶּן אָדוֹן [1]; 2) נַעֲרָה [1]; 3) עֶבֶד [32+]; 4) שׁרת pi.[1]; *5) חלה pi.[1: Pr 18.14]. Del. 4K 25.30, Jb 1.8.

θερίζω 1) חרשׁ *a.* qal[1], *b.* מַחֲרֵשָׁה [1]; 3) קטף ni.[1]; 4) קצר *a.* qal[3+]. Del. 2, 4*b*, *c*); Jb 5.5.

θερινός 1) מְקֵרָה [1]; 2) *a.* Ar. קַיִט [1], *b.* קַיִץ [1].

θερισμός 1) חָרִישׁ [1]; 2) פֵּאָה [2]; 3) קַיִץ [1]; 4) קָצִיר [10+].

θεριστήριον *1) מַחֲרֶשֶׁת [1: 1K 13.20*L*].

θέριστρον 1) מַחֲרֶשֶׁת [1]; 2) צָנִיף [3]; 3) רְדִיד [2].

θερμαίνω 1) *a.* חמם qal[8], *b.* hit.[1], *c.* חֹם [1], **d.* hi.[1: Si 38.17, *h* > *ḥ*]; 2) חרר qal[1].

θερμασία 1) חמם qal[1].

θέρμαστρις 1) יָע [2].

θέρμη 1) *a.* חמם qal[1], *b.* חַמָּה [1]; 2) θέρμη γίνεται חמם qal[1].

θερμός 1) *a.* חָם [2]; *b.* חֹם [2: + Je 38.2 MT חן].

θέρος 1) קַיִץ [6]; 2) קָצִיר [2].

θέσις 1) נִיר (?)[1]; *2) נתן qal[1: 1E 1.3].

θεσμός 1) תּוֹרָה [2]. Del. Si 28.19 v.l.

θεωρέω 1) זמם qal[1]; 2) *a.* חזה qal[1], *b+c.* Ar. pe.[24: + Si 42.22]; 3) מָאוֹר [1]; 4) ראה qal[10: + Da LXX1.13 pap. 967].

θεωρητός חָזוּת [2].

θήκη 1) בַּיִת [1]; 2) מַצֶּבֶת [1]; (fr) [Is 3.26].

θηλάζω 1) ינק *a.* qal[4+], *b.* hi.[6+]. Del. 2); La 2.20.

θηλυκός 1) נְקֵבָה [2].

θηλυμανής 2) יזן pu. [1]. Del. 1).

θῆλυς 1) אַרְיֵה [1]; 2) אִשָּׁה [2], 3) בַּת [2]; 4) נְקֵבָה [18]; 5) θήλεια ὄνος אָתוֹן [4]; (fr) [Pr 24.66].

θημωνιά 1) חֹמֶר [2]; 2) עֲרֵמָה [1: Zp 2.9]; 3) θ. ἅλωνος גָּדִישׁ [1].

θήρ 1) חַיָּה [1]. Del. 1K 20.20 v.l.

θήρα 1) *a.* טרף qal[1], *b.* טֶרֶף [7], *c.* טְרֵפָה [1]; 2) *a.* צַיִד [12: + Ho 9.13 *r > d* and *w > y*], *b.* צֵידָה [2: + Pr 11.8 *r > d*]; 3) רֶשֶׁת [1]; (fr) [Ho 5.2]. Del. 1K 24.3.

θήρευμα 1) *a.* צַיִד [2: + Je 37.17 MT צִיוֹן], *b.* מָצוֹד [1].

θηρευτής 2) צַיָּד [1]; 3) אחז qal[1]; *4) יָקוֹשׁ [1: Ps 90.3 voc.]. Del. 1).

θηρεύω 1) אחז *a.* qal[1], *b.* ni.[1]; 2) ארב qal[1]; 3) גדד qal[1]; 4) טרף ni.[1]; 5) יָקֹשׁ qal[1]; 6) צוד qal[11: + Jb 18.7 *r > d*]; 7) תפשׂ ni.[1].

θηριάλωτος 1) טְרֵפָה [7]; 2) θ. γίνεσθαι טָרֹף נִטְרַף ni.[1]; (fr) [Le 5.2].

θηριόβρωτος 1) טרף pu.[1].

θηρίον 1) בְּהֵמָה [10]; 2) *a.* חַי [1], *b.* חַיָּה [30+], *c.* Ar. חֵיוָא [32]; 3) צִיִּי [1]; *4) טֶרֶף [2: Ge 37.33b, Is 5.29]; (fr) [Jb 41.16, Zp 2.14*b*, Ez 17.23, Da LXX 7.19b]. Del. Je 10.2.

θησαυρίζω 1) אצר qal[2]; 2) צבר qal[3: + Pr 16.27]; 3) צפן qal[3]. Del. Mi 6.10 v.l., see Zgl.

θησαύρισμα 1) אוֹצָר [1].

θησαυρός 1) *a.* אוֹצָר [4+: + Jd 18.7], *b.* בֵּית אוֹצָר [1]; 3) גְּנָזִים [1]; 5) חֹסֶן [1]; 6) לִשְׁכָּה [1]; 7) מַטְמוֹן [4]; 9) *a.* סוּמָה [1], *b.* סִימָה [2]; 10) הוֹן [1]; *11) בּוֹר [1: Am 8.5]; (fr) [Ez 28.13]. Del. 2, 4, 8); Ne 10.38, Jl 3.5.

θησαυροφύλαξ 1) פֶּחָה [1].

θίασος 1) בֵּית מַרְזֵחַ [1].

θῖβις 1) תֵּבָה [2].

θιγγάνω 1) נגע qal[1], **b.* hi.[1: Ex 12.22].

θίς 1) גִּבְעָה [3].

θλαδίας 1) מעך qal pass.ptc.[1]; 2) פְּצוּעַ דַּכָּא [1].

θλάσμα 1) רָסִיס [1].

θλάω 1) Ar. דקק af.[1]; 2) מחץ qal[1]; 3) רצץ *a.* qal[5: + Jb 20.10], *b.* ni.[1], *c.* pi.[3:+ Si 30.12], *d.* po.[1]; 4) בקע pi.[1].

θλίβω 1) איב qal[1]; 3) ינה hi.[5]; 4) לחץ qal[13: + Jb 36.15]; 6) משך pu.[1]; 7) עשק qal[1]; 8) צוק hi.[6]; 9) רעץ qal[1]; 10) צרר *a.* qal[7: + Jb 20.22 voc.], *b.* hi.[1+: + La 1.3 voc.], *c.* צַר [1+], *d.* צָרָה [1]; 11) שבר qal[1];12) אִכְפָּה [1]; 13) כשל *b.* hi.[1]; *14) מְדֻכְדָּךְ נֶפֶשׁ [1: Si 4.4]; *15) קמע hi.[1: Si 34.31 MS F]. Del. 2, 5, 10*e*, 13*a*); 1C 28.20.

θλιμμός 1) לַחַץ [2].

θλῖψις 1) אֵיד [1]; 2) דְּאָגָה [1]; 3) לַחַץ [6]; 4) מְגוּרָה [1]; 5) מוּעָקָה [1]; 6) *a.* מָצוֹק [3], *b.* מְצוּקָה [3], *c.* צוּקָה [1], **d.* √צוק [1: Is 26.16]; 7) עֳנִי [1]; 8) עֹצֶר [1]; 9) עָקָה [1]; 10) עֹשֶׁק [1]; 11) *a.* צַר [17: + Is 10.26, 28.10*bis*,13*bis*], *b.* צָרָה [13+: + Ho 7.12 MT עדתם; Mi 2.12, Na 2.2 voc.], *c.* מֵצַר [1], *d.* צרר hi.[1]; 12) רָעָה [3]; 13) שׁוֹאָה [1];(fr) [Is 57.13]. Del. 2C 32.11.

θνησιμαῖος 1) נְבֵלָה [31].

θνήσκω 1) הרג qal[1]; 2) חָלָל [2]; 3) *a.* מות qal[16+], *b.* מָוֶת [1].

θνητός 1) אָדָם [2]; 2) חַי [1]; 3) מות qal[1].

θολερός 1) חֵמָה [1].

θορυβέω 1) בעת ni.[1]; 2) מהה hitpal.[1]; 3) רעל ho.[1].

θόρυβος 1) אֲבוֹי [1]; 2) הָמוֹן [2]; 3) מְהוּמָה [1]; 4) פַּחַד [1]; 5) רעד hi.[1]; 6) תְּרוּעָה [1]; (?) [Mi 7.12]. Del. Ez 32.23.

θράσος *1) אַלִּימוּת [1: Ez 19.7].

θρασυκάρδιος 1) סוג לֵב qal[1]; 2) רְחַב־לֵב [1].

θρασύς 1) המה qal[1]; 2) זֵד [1]; 3) עַז [1]; 4) רָשָׁע [1]; (fr) [Pr 18.6].

θραῦσις 1) *a.* נֶגֶף [1], *b.* מַגֵּפָה [8]; 2) פֶּרֶץ [1].

θραῦσμα 1) נֶתֶק [14]; (fr) [Le 13.34c].

θραυσμός 1) מסס ni.[1].

θραύω 1) חפז qal[1]; 2) מוג qal[1]; 3) מחץ qal[1]; 4) מסס ni.[1]; 5) נגף *a.* qal[1], *b.* ni.[1], *c.* נֶגֶף [1]; 6) נשׁת qal[1]; 7) עצב ni.[1]; 8) ערץ qal[1]; 9) פרץ qal[1]; 10) רעץ qal[1]; 11) רצץ qal[3].

θρεπτός 1) אמן qal[1].

θρηνέω 1) אבל hit.[1]; 2) אלה qal[1]; 3) בכה pi.[1]; 4) *a.* ילל hi.[6], *b.* יְלָלָה [1];5) נהה qal[2]; 6) נוד qal[1]; 7) קִין *a.* pol.[8], **b.* אָמַר בְּקִינוֹת qal[1: 1E 1.32[b]]; 8) תנה pi.[1].

θρήνημα 1) קִין pol.[1].

θρῆνος 1) מָשָׁל [1]; 2) נְהִי [5]; 3) קִינָה [2+].

θρίξ 1) פָּתִיל [1]; 2) *a.* שֵׂעָר [16+: + Pr 23.7], *b.* שַׂעֲרָה [6], *c.* Ar. שְׂעַר [4].

θροέω 1) המה qal[1].

θρονίζομαι 1) יָשַׁב עַל כִּסֵּא qal[1].

θρόνος 1) Ar. הֵיכַל [2]; 2) חוג [1]; 3) כִּסֵּא ,כִּסֵּה [6+: + Pr 12.23]; 4) Ar. כָּרְסֵא [5]; 5) מַלְכוּ [1]; 8) ὁ τόπος τοῦ θρ. Ar. מַלְכוּ [1]; (fr) [Jb 12.18]. Del. 6-7); 3K 10.19c, 4K 21.4, Ps 88.45, Ez 19.14.

θρυλέω. (fr) [Jb 31.30].

θρύλημα 1) מִלָּה [1]; 2) מָשָׁל [1].

θυγάτηρ 1) אִשָּׁה [2]; 2) בַּת [201+:+ Ge 24.43, Ez 16.28, 30a]; 3) θ. ἀδελφοῦ דּוֹדָה [1]; *4) Ar. בְּרָה [3: To 6.11, 13, 10.7]; (-) [Ez 5.14]. Del. Ge 46.7[3], 1E 9.25, Jb 42.15[2], Je 38.21.

θυεία 1) מְדֹכָה [1].

θύελλα 1) עֲרָפֶל [3].

***θυΐσκη** 1) כַּף [19+];2) מַחְתָּה [1]; *3) מַחֲלָף [1]. Del. 1C 28.17.

θυλάκιον *1) חָרִיט [1: 4K 5.23*L*].

θύλακος 1) חָרִיט [1].

θῦμα 1) *a.* זבח qal[1], *b.* זֶבַח [2+: + Je 17.26]; 2) *a.* טֶבַח [2], *b.* טִבְחָה [1]. Del. Ex 34.15, De 18.3, Pr 27.9.

θυμιάζω and θυμιάω 1) זבח *b.* pi.[1]; 2) קטר *a.* pi.[37: + Je 1.16], *b.* pu.[1], *c.* hi.[25], *d.* קְטֹרֶת [1]. Del. 1*a*); Ex 23.18, 3K 1.25, 4K 17.35, 36, Is 65.3.

θυμίαμα 2) בֶּשֶׂם [1]; 3) זֶבַח [2]; 4) מִקְטַר קְטֹרֶת [1]; 5) נְכֹאת [1]; 6) סַם [3]; 7) קטר *a.* pi.[1], *b.* ho.[1], *c.* קְטֹרָה [1], *d.* קְטֹרֶת [37+], *e.* קטר hi.[1]; 8) קָנֶה [1]. Del. 1); Ex 23.18, 29.18, 34.25*bis*, 4K 10.24, Je 17.26.

θυμιατήριον 1) מִקְטֶרֶת [2].

θυμός 1) אַף [28+: + 1K 24.3, Si 30.24, 40.5]; 2) Ar. בנס pe.[1]; 3) זַעַם [1]; 4) זַעַף [1]; 5) *a.* חֵמָא [3], *b.* Ar. חֱמָא [2], *c.* חֵמָה [10+: + Jb 13.13, Zc 10.4 MT *mlḥmh*; Ez 36.5]; 6) חָרוֹן [2+]; 7) חֲרוֹן אַף [2]; 8) חֳרִי [1]; 9) חֳרִי־אַף [1]; 11) *a.* כעס qal[1], *b.* כַּעַס [8]; 14) נַחַם [1]; 16) נְשָׁמָה [1]; 17) עֶבְרָה [9: + Is 28.21b]; 21) קֶצֶף [5]; 23) רגז *a.* qal[1], *b.* hit.[2], *c.*

רֹגֶז [2], *d*. θ. ὀργῆς רֹגֶז [2:+ Jb 37.2], *e*. Ar. רגז pe.[1]; 24) רוּחַ [6]; 26) θυμός ἐστιν קצף qal[1]; 27) θ. πλάγιος *a*. קְרִי [2], *b*. חֲמַת־קְרִי [1]; 28) θ. ὀργῆς תְּנוּאָה [1]; 29) θ. ὀργῆς *b*. עֶבְרָה [2]; (fr) [Jb 31.11, Is 27.8, 31.4, Si 45.18; Am 6.12 MT *r'š* (‖ *l'nh*)]. Del. 10, 12-3, 15, 18-20, 22, 25, 29*a*, 30, 31); 2C 29.8, Ps 105.23, Je 21.14, La 2.2, 3.47, Ez 5.16.

θυμόω 1) אנף hit.[4]; 2) דְּאָגָה [1]; 3) זעם qal[1]; 4) *a*. זעף qal[1], *b*. זַעַף [1]; 5) *a*. חֵמָה [2], *b. עָלְתָה חֵמָה qal[1: 1E 1.52]; 6) חרה qal[9+: Ho 11.7, *d* > *r*]; 7) חָרָה אַף qal[5+]; 8) כעס *a*. qal[2], *b*. hi.[1]; 9) מאס qal[1]; 10) מרר hitpal.[1]; 11) נחם ni.[1]; 12) קצף qal[1]; 13) קָצְרָה רוּחַ qal[1]; 14) רגז *a*. hi.[1], *b*. hit.[1], *c*. Ar. pe.[1];(fr) [Ez 21.9].

θυμώδης 1) אַף [2]; 2) חֵמָה [2]; 3) בַּעַל אַף [1]; (fr) [Pr 11.25, 24.72].

θύρα 1) *a*. דַּל [1], *b*. דֶּלֶת [7+]; 3) סַף [3]; 4) *a*. פֶּתַח [62+: + Ps 73.6]; 5) שַׁעַר [4]; 6) Ar. תְּרַע [2: + To 7.1]; (-) [Ez 41.4]. Del. 2, 4*b*); Le 3.9, 17.4, 7, 2K 1.21, Ne 3.4, Je 18.20.

θυρεός 1) מָגֵן [12]; 3) צִנָּה [12]; *4) עֲגִילָה [1: Ps 45.9]. Del. 2).

θυρεοφόρος 1) נֹשֵׂא צִנָּה [1].

θυρίς 1) אֲרֻבָּה [1]; 2) חַלּוֹן [3+: + To 3.11]; 3) Ar. כַּו [2]; 4) פֶּתַח [1].

θύρωμα 1) דֶּלֶת [9]; 2) מֶחֱזָה [1]; 3) פֹּת [1]; 4) פֶּתַח [9]; 5) שַׁעַר [1].

θυρωρός 1) פְּקֻדָּה [1]; 2) שׁוֹעֵר [6]; *3) Ar. תָּרָע [1: 1E 8.22].

θυσία 1) אִשֶּׁה [10]; 2) זֶבַח *a*. qal[2], *b*. זֶבַח [69+:+ Ps 49.23]; 4) מִנְחָה, also Ar [107+: + 2K 14.17, Zc 9.1]; 4+2*b*)[1]; 5) נִיחֹחַ [1]; 6) *a*. עֹלָה [11], *b. Ar. עֲלָוָה [1: 1E 6.29]; 7) תָּמִיד [9: + Da LXX 8.11]; 8) θ. σωτηρίου שֶׁלֶם [5]; 9) תְּרוּמָה [1]; *10) קֹדֶשׁ [2: 1E 1.6, 12];(fr) [1E 1.17, Is 65.4]. Del. Am 5.21.

θυσιάζω 1) אִשֶּׁה [1]; 2) דבח *a*. Ar. pe.[1], *b*. זבח qal[20], *c*. pi.[7], *d*. זֶבַח [1]; (-) [Ne 4.3]. Del. 3); Ex 40.27.

θυσίασμα 1) אִשֶּׁה [1]; 2) *a*. Ar. דְּבַח [1], *b*. זֶבַח [7]; 3) מִנְחָה [2]. Del. Is 43.24.

θυσιαστήριον 1) בָּמָה [1]; 2) Ar. מַדְבַּח [1]; 3) מִזְבֵּחַ [198+: + Ho 4.19, voc., 8.12 MT *zbḥy*]; 4) מַצֵּבָה [1]; (?)[Jl 1.9 MT *yhwh*, but see ib. 1.13]. Del. 5); De 27.7, Am 9.1b (> ἱλαστήριον), Da TH 9.27.

θύω 1) זבח *a*. qal[43+], *b*. pi.[13]; 2) טבח *a*. qal[2], *b. Ar. pe.[1: To 7.9]; 3) קטר *a*. pi.[2], *b*. hi.[1]; 4) *a*. שׁחט qal[4], *b*. שְׁחִיטָה [1]; (-) [1K 24.8]. Del. Ex 30.7, Jd 6.18, 2C 26.18*bis*, 34.25, Je 1.16.

θώραξ 2) סִרְיוֹן [1]; 4) *a*. שִׁרְיָה [1], *b*. שִׁרְיוֹן [6: + Jb 41.4], *c*. שִׁרְיָן [3]; (fr) [Ez 38.4]. Del. 1, 3).

I

ἴαμα 1) אֲרֻכָה [2]; 3) *a*. מַרְפֵּא [3], *b*. רְפוּאָה [1]. Del. 2) Jb 23.5 v.l.

ἰάομαι 1) חבשׁ qal[2]; 2) חיה *a*. pi.[1], *b. Ar. pe.[1: To 6.9]; 3) רפא *a*. qal[9+: + Jb 12.21], *b*. ni.[4+], *c*. pi.[2], *d*. מַרְפֵּא [1], *e. hit.[1: Pr 18.9]; (fr) [Is 7.4]. Del. 2C 6.30.

ἴασις 1) אֲרֻכָה [1]; 2) כֵּהָה [1]; 3) מְתֹם [1]; 4) *a*. מַרְפֵּא [8], *b*. רִפְאוּת [2], *c*. רְפוּאָה [1], *d*. רפא qal[2: Zc 10.2 MT *r'h*], *e. pi.[1: Si 3.28]; (fr) [Jb 18.14].

ἴασπις 1) יַהֲלֹם [2]; 2) יָשְׁפֵה [1]; 3) כַּדְכֹּד [1].

ἰατής 1) רפא qal ptc.[1].

ἰατρεία 1) מַרְפֵּא [1]; *2) תְּעָלָה [1: Je 31.2 MT *thlt*].

ἰατρεῖον 1) רפא pi.[1].

ἰατρεύω 1) רפא *a*. qal[2], *b*. pi.[1], *c*. hit.[3], *d*. רְפוּאָה [1]; (fr) [2C 22.9].

ἰατρός 1) *a*. מַרְפֵּא [1], *b*. רפא qal[4: + Ps 87.10, Is 26.14]; (fr) [Jb 13.4]. Del. Es 2.5.

ἶβις 1) יַנְשׁוֹף, יַנְשׁוּף [2]; 2) תִּנְשֶׁמֶת [1].

ἰγνύα 1) סְעִפָּה [1].

ἰδέα 1) דְּמוּת [1]; 2) מַרְאֶה [3].

ἰδιοποιέω 1) גנב pi.[1].

ἴδιος 1) τὰ ἴ. also Ar. בַּיִת [3]; 2) חָנִיךְ [1]; 3) לְ- [1]; 4) מְכוּרָה [1]; 5) pers. suf.[14]; 6) w. neg. נָכְרִי [1]; *7) לְבַד [1: Pr 5.18]; *8) מַחְמָד [1: Si 11.34]; (-) [Pr 9.12]; (fr) [Jb 24.12, Pr 5.19, 20.25, 22.7, 27.15]. Del. Es 8.13.

ἰδού 1) ναὶ ἰ. אֲבָל [1]; 2) Ar. אֲלוּ [9]; 3) אָנָּא [1]; 4) Ar. אֲרוּ [8]; 5) *a*. הֵא [1], *b*. Ar. הָא [3: + To 6.10]; 6) הֲלוֹא [9]; 7) *a*. הֵן [18+], *b*. הִנֵּה [198+: + Ex 18.6, Jd 16.13, 1K 27.8, 2K 4.6, 4K 4.40, 1E 8.90, Je 5.5], *c*. הִנֵּה־נָא [6]; 8) זֶה [5]; 9) חזה qal[1]; 11) עַתָּה [1]; 12) ראה qal[11+: + Is 41.28]; 13) רַק [3];*14) הֲרֵי [1: Jb 3.3]; (-) [+ Ge 13.9, Ez 7.12]; (fr) [3K 21.40]. Del. 10); 2C 8.9, 20.17, 1E 8.19, Is 38.17^{2}, Je 23.29, Ez 10.8.

Ἰδουμαῖος 1) אֱדוֹם [1]; 2) אֲדוֹמִי [1].

ἱδρώς 1) זֵעָה [1].

ἱέραξ 1) נֵץ [3]. Del. De 14.17, Jo 19.46 v.l.

ἱερατεία 1) אֵפוֹד [1]; 2) *a*. כהן pi.[2], *b*. כְּהֻנָּה [13].

ἱεράτευμα 1) כֹּהֵן [1]. Del. Ex 23.22 v.l.

ἱερατεύω 1) כהן *a*. qal[2], *b*. pi.[20], *c*. כְּהֻנָּה [2]; *2) שׁרת pi.[1: 1E 8.46].

ἱερατικός *1) כֹּהֵן [1: 1E 5.44].

ἱερεία 1) עֲצָרָה [1].

ἱερεύς 1) *a*. כֹּהֵן [211+], *b*. Ar. כָּהֵן [7]; *2) כֹּמֶר [2: 4K 23.5*L*, Zp 1.4]. Del. Le 14.16, Jo 21.20, 1C 18.17, 1E 5.40, 7.2, 9.39, Ne 6.14, 8.4.

ἱερόδουλος *1) *a*. נָתִין [6: 1E 1.3, 5.29, 35, 8.5, 48*bis*], *b*. נְתִין [1: 1E 8.22].

ἱερός 1) also Ar. *a*. בַּיִת [13], *b. בֵּית אֱלֹהִים [5: 1E 1.2+], *c. Ar. בֵּית אֱלָהָא [3: 1E 2.25, 6.17, 8.22]; 4) מִקְדָּשׁ [2: + Ez 27.6]; *6) קֹדֶשׁ [1: 1E 1.5]; (fr) [1E 1.41+; see *Index 1E*]. Del. 2-3, 5); 1E 8.18, 2E 6.3, Ne 7.72, Ez 45.19.

ἱεροψάλτης *1) שִׁיר po. ptc. [5: 1E 1.14, 5.27, 45, 8.5, 9.24]; *2) Ar. זַמָּר [1: 1E 8.22].

ἱερωσύνη 1) כהן qal[1]; 2) כְּהֻנָּה [1]; (fr) [1E 5.38].

ἱκανός 1) אִישׁ דְּבָרִים [1]; 2) *a.* דַּי [13: + Je 31.30], **b.* בְּדֵי [2: Na 2.12, Hb 2.13]; 3) הוֹן [1]; 5) כַּמֶּה [1]; 6) מַדַּי [1]; 7) w. neg. מְעַט [1]; 8) w. neg. קלל ni.[1]; 9) שַׁדַּי [5]; *10) יָכֹל qal[1: Jl 2.11 *y* > *w* + voc.]; *11) רַב [1: 2K 24.16*L*]. Del. 4); Ez 1.24 v.l.

ἱκανόω 1) דַּי [1]; 2) קָטֹן [1]; 3) *a.* רַב [10: + 3K 21.11], **b.* רבב qal[1: Ct 7.9].

ἱκανῶς Del. 1).

ἱκετεία 1) קוֹל [1]; 2) צְעָקָה [1]; 3) אֲנָקָה [1].

ἱκετεύω 1) חול hitpol.[1]; (fr) [Jb 19.17]. Del. Zp 3.10.

ἱκετηρία (fr) [Jb 40.27].

ἱκέτης 1) קְדֹרַנִּית [1]; *2) שׁאל qal[1: Si 4.4]. Del. Si 36.22.

ἰκμάς 1) יוּבַל [4]. Del. 2).

ἴκτερος 1) יֵרָקוֹן [1]; 2) קַדַּחַת [1].

ἰκτίν 1) אַיָּה [2].

ἱλαρός 1) רָצוֹן [1]; 2) אוֹר [1]. Del. Jb 33.26.

ἱλαρότης 1) רָצוֹן [1].

ἱλαρόω 1) אור hi.[2]; *2) דשׁן pi.[1: Si 43.22].

ἱλαρύνω 1) צהל hi.[1]; 3) הלל hi.[1]. Del. 2); Si 7.24 v.l.

ἱλάσκομαι 1) כפר pi.[3]; 2) נחם ni.[1]; 3) סלח qal[7].

ἱλασμός 1) אַשְׁמָה [1]; 2) חַטָּאת [1]; 3) כִּפֻּרִים [2]; 4) סְלִיחָה [2].

ἱλαστήριον 1) כַּפֹּרֶת [21: + Am 9.1 metath.]; 2) עֲזָרָה [6: + Ez 45.19, Schleusner 3.103]; *3) מִזְבֵּחַ [1: 2C 6.22*L*].

ἵλεως 1) חָלִילָה [5]; 2) ἵ. γίνομαι נחם ni.[1]; 3) ἵ. γίνομαι נשׂא qal[11]; 4) ἵ. γίνομαι סלח qal[2]; 5) רחם pi.[1]; 6) שָׁלוֹם [1]; 7) ἵ. γίνομαι *a.* כפר pi.[1], **b.* עתר ni.[1: 2K 24.25*L*]; 8) ἵ. εἶναι סלח qal[15].

ἰλύς 1) יָוֵן [2].

ἱμάς 1) שְׂרוֹךְ [1]; 2) עֲבֹת [1]; 3) ἱ. ζυγοῦ עֲבֹת [1]; *4) חֹטֶר [1: Si 30.35].

ἱμάτιον 1) בֶּגֶד [59+: + Is 14.20]; 2) חֲלִיצָה [1]; 3) יְרִיעָה [1]; 4) כְּתֹנֶת [1]; 5) *a.* לְבוּשׁ [3], *b.* מַלְבּוּשׁ [1]; 6) מַד [2]; 7) מְעִיל [2]; 9) צֶמֶר [2]; 10) שַׂלְמָה [11]; 11) שִׂמְלָה [12+]. Del. 8); Le 12.4, De 24.13, 4K 25.14, Is 58.8, Je 37.17.

ἱματιοφύλαξ 1) שֹׁמֵר בְּגָדִים [1].

ἱματισμός 1) בֶּגֶד [10]; 2) כְּסוּת [1]; 4) *a.* לְבוּשׁ [2], *b.* מַלְבּוּשׁ [2]; 6) שַׂלְמָה [3]; 7) שִׂמְלָה [3]. Del. 3, 5).

ἴν 1) הִין [20].

ἴνδαλμα 1) צִיִּי [1].

ἰξευτής 1) מוֹקֵשׁ [1].

ἰόομαι 1) חָלָא hi.[1].

Ἰορδάνης יַרְדֵּן.

I **ἰός** 2) חֶלְאָה [5]. Del. La 3.13.

II **ἰός** 3) חֵמָה [1]. Del. 1, 4).

ἰουδαΐζω 1) יהד hit. [1].

Ἰουδαϊστί 1) יְהוּדִית [5].

ἱππάζομαι 1) רכב qal[3].

ἱππάρχης 1) בַּעַל פָּרָשִׁים [1].

ἱππασία 1) מֶרְכָּבָה [1].

ἱππεύς 1) סוּס [1]; 2) פָּרָשׁ [7+: + Na 2.4 MT *brwšym*]; 4) *a.* רכב qal[1], *b.* רֹכֵב סוּס [1], *c.* רֹכֵב רֶכֶשׁ [1]. Del. 3); 3K 10.28, 2C 1.16

ἱππεύω 1) רכב qal[2]; 2) רֶכֶשׁ [1].

ἱππόδρομος 1) אֶפְרָת [1]. Del. Ge 35.19 v.l.

ἵππος 1) *a.* סוּס [39+: + Je 29.3, Zgl 1958: 27; Am 6.7 MT *srwḥym*], *b.* סוּסָה [1]; 2) פָּרָשׁ [11]; 3) רֶכֶב [6]; *4) רֶכֶשׁ [3: Ge 14.11, 16, 21]; 5) רְכוּשׁ [2]; *6) Ar. אֶדְרָע [1: 1E 2.30]; (fr) [2E 4.23]. Del. Je 8.16[2].

ἶρις 1) קֶדָה [1].

ἰσηγορέομαι 1) חפשׂ qal[1].

ἴσος 1) אֶחָד [7]; 2) בַּד [2]; 3) כְּ' [9]; 4) כְּאָחִיו [1]; 6) מָשָׁל [1]; 7) מַתְכֹּנֶת [7]; 8) *a.* ἐξ ἴσου תּוֹאֲם [2: + Ex 26.24[2]]; *10) עֵרֶךְ [1: Jb 41.3]; *11) כְּמוֹ [1: Si 34.27]. Del. 5, 8*b*, 9); Jb 40.4.

ἰσότης *1) √שׁוה [2: Jb 36.29 and Zc 4.7 MT *tš'wt*].

ἰσόψυχος 1) -כְּעֶרֶךְ [1].

ἰσόω 1) ערך qal[3]; *2) שׁוה *a.* qal[1: Is 40.25], *b.* hi.[1: La 2.13].

Ἰσραηλῖτις 1) יִשְׂרְאֵלִית [2].

ἱστάνω, ἱστάω. See under ἵστημι.

ἵστημι 2) בדל hi.[1]; 3) בנה qal[1]; 4) גבל qal[1]; 5) דמם qal[2]; 8) יסד pi.[2]; 10) יצב hit.[6+]; 11) יצג hi.[4]; 12) יצק *a.* qal[1], *b.* hi.[1]; 14) ישׁב qal[1]; 15) כּוּן *a.* ni.[2], *b.* hi.[3:+ Si 37.13, - 47.13]; 16) כרת *a.* qal[1], *b.* ni.[1]; 18) נטה qal[4]; 19) נטע qal[2]; 20) נצב *a.* ni.[10+], *b.* hi.[6+]; 23) *a.* ἑστὼς ἐνώπιον עֶבֶד [1], *b.* Ar. עֲבַד [1]; 26) עמד *a.* qal[58+: + Jo 3.16[3], 3K 22.36, Je 41.18, Ez 13.5, Da LXX 11.17], *b.* hi.[12+], *c.* ho.[2+], *d.* מַעֲמָד [1]; 28) קום *a.* qal[6+], *b.* pi.[1], *c.* hi.[23+], *d.* ho.[1+], *e.* מְלֹא קוֹמָה [1], *f.* קָמָה [2], *g.* Ar. pe.[10], *h.* pa.[2], *i.* af.[27], *j.* ho.[2]; 30) רום hi.[1]; 31) שׂוּם, שִׂים qal[8]; 32) שׁכן qal[2]; 33) שׁקל *a.* qal[13], *b.* ni.[4]; 34) תלה, תלא qal[2]; 35) Ar. תקל peil[2]; 36) תקע qal[2]; 37) ὁ τόπος οὗ ἔστη הֲדֹם [1]; (fr) [Jb 37.20, Is 51.14, Ez 42.16, Da LXX 6.9, 12, 14, 19]; (-) [+ 2C 29.3]; (†) [+ Zc 2.3]. Del. 1, 6-7, 9, 13, 17, 21-2, 24-5, 27, 29, 38); 1K 15.11, Jb 20.20, Ob 1.14, Na 3.9, Zc 11.12[1], Is 22.22[2], 29.9, 44.12, 63.5, Je 18.21, 42.5, Ez 47.11.

ἱστίον 1) נֵס [1]; 2) קֶלַע [12].

ἱστορέω *1) כתב qal[1: 1E 1.31]; *2) דָּבָר [1: 1E 1.40].

ἱστός 1) קוּר [2]; 2) תֹּרֶן [3]; *3) אֶרֶג [1: Is 38.12].

ἰσχίον 1) שֵׁת [1].

ἰσχνόφωνος 1) כְּבַד־פֶּה [1]; 2) עֲרַל־שְׂפָתַיִם [1].

ἰσχυρός 1) אַבִּיר [2]; 2) אַדִּיר [3]; 4) אֵיתָן [1]; 5) אֵל [20]; 6) אַמִּיץ [2]; 7) בצר qal[1]; 9) בָּרִיא [2: + Ez 34.20]; 10) *a.* גִּבּוֹר [21], *b.* Ar. גִּבַּר [2]; 11) גְּדוּד [1]; 12) גָּדוֹל [3]; 13) *a.* חָזָק [13], *b.* חָזֵק qal[1], *d.* חֶזְקָה [1], **e.* pi.[1: Pr 8.29]; 14) *a.* חָסוֹן [1], *b.* חָסֹן [1]; 15) כָּבֵד [2]; 16) מִשְׂגָּב [1]; 17) *a.* עַז [6: + Pr 27.27], *b.* עֹז [3], *c.* עִזּוּז [2: + Ge 14.5], *d.* מָעוֹז [1]; 19) עָצוּם [13+:+ Da LXX 11.23]; 20) עָרִיץ [1]; 22) Ar. תַּקִּיף [10]; 23) ~ὸν ποιεῖν אמץ pi.[1]; 25) πόλις ~ά מִבְצָר [1]; 26) ὀχύρωμα ~όν מָעוֹז [1]; *27) חַיִל [1: 1C 26.8*L*]; (fr) [Is 27.3, Da 8.9, LXX 11.37]. Del. 3, 8, 13*c*, 18, 21, 24); De 2.10, Pr 14.29, Zp 1.16, Je 1.18.

ἰσχυρόω 1) חזק pi.[1].

ἰσχυρῶς 1) בְּחָזְקָה [1]; 2) בְּעוֹז [1]; 4) προσέχειν ἰ. חזק qal[1]. Del. 3).

ἰσχύς 1) אָבִיר [1]; 2)אַדִּיר [1]; 3) בָּמָה [2]; 4) גָּאוֹן [1]; 5) *a.* גבר hit.[1], *b.* also Ar. גְּבוּרָה [15: + To 13.6, Is 47.5]; 6) גֹּדֶל

[2]; 8) א[1]; 9) הוֹד [1]; 10) הוֹן [1]; 11) הָמוֹן [8]; 12) *a.* חָזָק [1], *b.* חֵזֶק [1], *c.* חֹזֶק [1], **d.* qal[1: 1E 8.91]; 13) חַיִל [5+]; 14) *a.* חָסוֹן [1], *b.* חֹסֶן [4], *c.* חֵסֶן [2]; 15) יְבוּל [1]; 16) כֹּחַ [21+: + Ho 6.9 voc.]; 17) מְאֹד [1]; 18) מַעֲצָמָה [1]; 19) מִשְׁעָן [2]; 20) מָתְנַיִם [1]; 21) *a.* עֹז [2], *b.* עֹז [5+: + 2K 6.5 4Q51, 2C3.17, Am 5.9, Ez 7.24], *c.* מָעוֹז [8]; 22) *a.* עָצְמָה [3], **b.* עֹצֶם [1: Na 3.9 voc.]; 23) *a.* עָתוּד [1]; *23α) שַׂר [1: Jd 5.29*L*]; 25) תִּגְרָה [1]; 26) תּוּשִׁיָּה [1]; 27) *a.* תְּקֵף [2], *b.* Ar. תְּקֹף [2], *c.* Ar. תַּקִּיף [1], *d.* Ar. תְּקֵף pe.[1]; 28) ἰσχὺν δίδοσθαι חזק qal[1]; 29) ἰσχύς ἐστι אמץ pi.[1]; 30) δυνατὸς ἰσχύϊ *a.* גבר qal[1], *b.* חַיִל [2]; *31) אֵל [2: Ct 2.7, 3.5]; *32) כֶּסֶל [1: Jb 31.24]; *33) יָד [2: 1E 8.25, Si 3.13]; (fr) [Jb 4.2, 6.25, Ho 8.7, Is 29.2, 33.11, Je 15.10, Da LXX 11.34]. Del. 5c, 7, 23b, 24); Hb 3.16, Si 3.12, 6.21.

ἰσχύω 1) אָבִיר [1]; 2) אזר hit.[2]; 3) *a.* לְאֵל [1], *b.* יֶשׁ־לְאֵל [2]; 4) אָמֵץ qal[3]; 5) *a.* גבר hit.[1], *b.* גִּבּוֹר [5], *c.* גִּבּוֹר חַיִל [1], *d.* גְּבוּרָה [1]; 6) חזק *a.* qal[17], *b.* pi.[3], *c.* hit.[1], *d.* חָזָק [1]; 7) חַיִל [3]; 8) *a.* יָכֹל qal[1], *b.* Ar. יְכֵל pe.[1]; 9) כבר hi.[1]; 10) כֹּחַ [6]; 12) נגע hi.[1]; 13) *a.* נצח pi.[2: + Is 25.8]; 14) נשׂג hi.[1]; 15) *a.* עזז qal[1], *b.* עֹז [1]; 16) *a.* עצם qal[3], *b.* עָצוּם [2]; 17) עָצַר כֹּחַ qal[2]; 18) עָרִיץ [2]; 19) פרץ qal[1]; 21) רום qal[1]; 22) Ar. תְּקֵף pe.[3]; 24) *a.* מַשְׁעֵן [1], *b.* מַשְׁעֵנָה [1]; *25) עזר qal[1: 2C 25.8];* 26) מצא qal[1: Is 22.3]; (fr) [De 16.10, Pr 18.19, Is 23.8, 11]. Del. 11, 13*b*, 20, 23); 1C 21.4, Je 5.22.

ἴσως 1) אוּלַי [4]; 2) אַךְ [2]; 3) הֵן [1].

ἰταμία 1) זָדוֹן [1]. Del. 2) שׁוֹבָב Je 30.4 v.l.

ἰταμός 1) אַכְזָרִי [2].

ἰτέα 1) עֲרָבָה [3].

ἰχθυηρός 1) דָּג [2].

ἰχθῦς 1) *a.* דָּג [4+: + To 11.11], *b.* דָּגָה [6+], *c.* דָּאג [1]; *2) Ar. נוּן [1: To 6.7].

ἰχνευτής 1) חקר qal[1].

ἰχνεύω 1) חקר qal[1].

ἴχνος 1) דֶּרֶךְ [1]; 2) חֵקֶר [2]; 3) כַּף [3+]; 4) עָקֵב [1]; 5) עֶרְוָה [2]; 6) פַּעַם [1]; 7) פַּרְסָה [1]; 8) צַעַד [1]; 9) קַרְסֹל [1]; (fr) [Jb 9.26].

ἰχώρ (fr) [Jb7.5].

K

κάδιον 1) כְּלִי [2].

κάδος 1) בַּת [1]; 2) דְּלִי [1].

καθά *a)* כְּ [10]; *b)* כַּאֲשֶׁר [51]; *c)* אֲשֶׁר [6]; *d)* לַאֲשֶׁר [4]; *e)* אֵת כָּל אֲשֶׁר [2]. x∫

καθαγιάζω 1) נֵזֶר [1]; 2) קדשׁ *a.* hi.[1], *b.* קֹדֶשׁ [1].

καθαίρεσις 1) הרס pi.[1].

καθαιρέω 1) דכא pi.[1]; 2) הרס *a.* qal[13: + 4K 3.25²], *b.* ni.[3], *c.* pi.[2]; 3) ירד *a.* qal[2], *b.* hi.[10: + Ge 27.40], *c.* ho.[1]; 4) כרת hi.[1]; 5) Ar. נסח itpe.[1]; 6) נצה qal[1]; 7) נתץ *a.* qal[17], *b.* pi.[1], *c.* pu.[1], *d.* ho.[1]; 8) נתשׁ qal[2]; 9) סור hi.[1]; 10) פרץ *a.* qal[9], *b.* pu.[1]; 12) הפך qal[1]; *13) Ar. סתר pe.[1: 1E 6.16]. Del. 11); Ez 26.16².

καθαίρω 1) דושׁ ho.[1]; *2) טָהוֹר [1: 1K 20.26*L*]. Del. Je 28.39.

καθάπερ *a)* כַּאֲשֶׁר [29]; *b)* -כְּ [7]; *c)* אֲשֶׁר [1]; *d)* עַל פִּי אֲשֶׁר [1].x∫

καθαρειότης 1) בֹּר [4]; 2) טֹהַר [2].

καθαρειόω 1) זכך qal[1].

καθαρίζω 2) בער pi.[1]; 3) זקק pu.[1]; 4) חטא pi.[3]; 5) טָהֵר *a.* qal[10], *b.* pi.[13], *c.* hit.[11], *d.* טָהוֹר [2], *e.* טָהֳרָה [5]; 6) כפר pi.[2]; 7) לבן hi.[1]; 9) נקה *a.* ni.[2], *b.* pi.[5], *c.* נִקָּיוֹן [1]; 10) סלח qal[2]; 11) צדק ni.[2]; 12) צרף qal[1]; 13) קדשׁ pi.[1]; *14) דכא pi.[1: Is 53.10]; (fr) [Pr 25.4, Is 57.14]. Del. 1, 8); Ps 38.8.

καθαριότης. See under καθαρειότης.

καθαρισμός 1) אָשָׁם [1]; 2) *a.* טֹהַר [1], *b.* טָהֳרָה [5]; 3) כִּפֻּרִים [2]; 4) נקה pi.[1]; 5) ποιεῖν ~όν עבר hi.[1]. Del. Jb 1.5.

καθαρός 1) *a.* בַּר [2], *b.* בֹּר [2], *c.* ברר qal[1]; 2) *a.* זַךְ [6], *b.* זכך qal[2]; 3) זרה qal[1]; 4) *b.* טוֹב [2]; 5) טָהוֹר [63+]; 6) יָשָׁר [1]; 7) מִכְלָה [1]; 8) מרק qal[1]; 9) Ar. נְקֵא [2]; 10) נָקִי [3]; 11) סגר qal[1]; 12) קָדוֹשׁ [1]; 13) שׁחט qal[2]; 14) תָּם [2]; 15) κ. εἶναι טָהֵר *a.* qal[12], *b.* pi.[1], *c.* hit.[1]; 16) κ. εἶναι *a.* נקה ni.[1], *b.* צדק qal[1], *c.* קדשׁ qal[1]; 17) ~ὸν τιθέναι כון hi.[1]; 18) κ. γίνεσθαι *a.* זכה hit.[1], *b.* כפר pi.[1]; *19) צרף qal[1: Pr 25.4]; *20) Ar. דְּכֵי [1: To 3.14]; (fr) [Jb 11.15, 22.25, Pr 12.27, Is 14.20*bis*]. Del. 4*a*); Jb 21.16, Da TH 2.32.

κάθαρσις 1) טֹהַר [2]; 2) נקה ni.[1]; *3) קצה qal[1: Ez 15.4].

καθέδρα 1) *a.* מוֹשָׁב [9], *b.* ישׁב qal[5], *c.* שֶׁבֶת [3: + 4K 16.18 voc.].

καθέζομαι 1) ישׁב qal[4]; 2) שׁכן qal[1].

καθεῖς. See *Lexicon* under κατά **8 f**.

κάθεμα 1) רָבִיד [1]; 2) רַעַל [1].

καθεύδω 1) ישׁב qal[1]; 2) יָשֵׁן qal[4]; 3) *a.* שׁכב qal[4+], **b.* מִשְׁכָּב [1: Da LXX 4.7]. Del. De 11.19 v.l.

καθήκω 1) *a.* εἰς τοὺς καθήκοντας לְפִי אֹכֶל [2], *b.* τὸ καθῆκον כְּפִי אֹכֶל [1]; 3) דֶּרֶךְ [1]; 5) מִשְׁפָּט [4:+ 1E 1.12]. Del. 2, 4, 6).

καθηλόω 1) סמר qal[1].

κάθημαι 3) ישׁב *a.* qal[27+: + 1K 12.2, 2K 23.10, Zc 8.4, 9.12], *b.* Ar. יתב pe.[3: + To 7.1]; 5) רכב qal[1]; 6) שׁכב qal[1]. Del. 1-2, 4); Ex 24.18, Le 12.4, 5, 3K 20.11, 4K 3.25, Is 9.2, 9, Je 40.4.

κάθιδρος 1) שׁטף qal[1].

καθιζάνω *2) נוּחַ hi.[1: Pr 18.16 MT יַנְחֶנּוּ]. Del. 1).

καθίζω 3) היה qal[1]; 4) ישׁב *a.* qal[26+: + Nu 11.4, De 1.45, Jo 5.2, Jd 19.7, 1K 5.11, 22.5, 2K 19.37, Jb 6.29, Pr 22.10, Is 30.8, Da TH 11.10], *b.* hi.[21], *c.* Ar. יְתִב pe.[4]; 5) נוּחַ qal[1]; 6) נפל qal[1]; *10) סבב qal[1: Si 35.1]; (fr) [Ne 6.7]. Del. 1-2, 7-9); Ex 16.29, Le 12.4, 15.9, 2K 11.1, 22.11, Jb 12.18, Je 29.18 2.

καθίημι 1) נוּחַ hi.[1]; 4) שׁלך hi.[1]. Del. 2-3); Je 39.14, 1C 21.27.

κάθισις 1) ישׁב qal[2].

καθίστημι 1) אסף qal[1]; 2) בּוֹא *a*. qal[1], *b*. hi.[1]; 3) חזק qal[1]; 4) יצב hit.[5]; 5) כּוּן *a*. ni.[1], *b*. hi.[2]; 6) מנה *a*. pi.[1], *b*. pu.[1], *c*. Ar. pa.[7]; 7) משׁח qal[1]; 8) משׁל hi.[1]; 9) מִשְׁקָע [1]; 10) נוּחַ hi.[1]; 11) נסך qal[1]; 12) נצב ni.[9]; 13) נתן qal[6+]; 14) עמד *a*. qal[2], *b*. hi.[4]; 15) פקד *a*. qal[3+], *b*. ni.[1], *c*. hi.[3+], *d*. ho.[3], *e*. פְּקֻדָּה [1], *f*. פָּקִיד [2]; 16) צוה pi.[1]; 18) קוּם *a*. qal[4], *b*. hi.[6], *c*. Ar. af.[1]; 19) שִׂים, שׂוּם qal[10+]; 20) שׁוּב *a*. qal[1], *b*. hi.[3]; 21) שִׁית qal[3]; 22) Ar. שְׁלֵט af.[4: + To 1.22]; 23) κ. εἰς βασιλέα מלך hi.[1]; 24) κ. βασιλέα מלך hi.[1]; *25) ישׁב qal[1: 4K 25.24*L*]; (fr) [De 32.25, Da LXX 3.30, 6.28]. Del. 17); 2C 25.23.

καθό *a*) אֵת אֲשֶׁר [1: Le 9.5]. Del. Le 9.15, 1E 1.50, Si 16.20 v.l.

καθοδηγέω 1) הלך hi.[1]; 2) נחה hi.[1]; 3) שׁשׂא pi.[1].

κάθοδος 1) פַּעַם [3]; *2) Ar. הֲלִכָה [1: 1E 2.20].

καθόλου 1) τὸ καθόλου μή לְבִלְתִּי [3]. Del. Ex 22.11 v.l.

καθομολογέω 1) יעד qal[2].

καθοπλίζω 1) תפשׂ qal[1].

καθοράω 1) ראה qal[2: + Jb 10.4].

καθόρμιον 1) חֶלְיָה [1].

καθότι *a*) אֲשֶׁר [5]; *b*) כַּאֲשֶׁר [20]; *c*) כָּל־אֲשֶׁר [1]; *d*) כְּכֹל אֲשֶׁר [3]; *e*) וְכָל־אֲשֶׁר [1]; *f*) מֵאֲשֶׁר [1]; *g*) וַאֲשֶׁר [1]; *h*) כְּ [1]; *i*) - כְּכָל [1: De 18.6 MT בכל)]; *j*) כְּמוֹ [1]; *k*) לְפִי [2]; *l*) מִסַּת [1]; *m*) אֵת כָּל אֲשֶׁר [1]; *n*) כִּי [1]; *o*) fr [1]; *p*) בַּאֲשֶׁר [1]. x∫

καθυβρίζω 2) לוּץ hi.[1]; *3) זִיד qal [1: Je 28.2, MT *zrwh*]. Del. 1).

καθυμνέω 1) הלל pi.[1].

καθυπνόω 1) תְּנוּמָה [1].

καθυστερέω 1) אחר pi.[1]; 2) w. neg., חזק pi.[1]; 3) שׁבת hi.[1]; 4) בצר ni.[1].

καθυφαίνω 1) מָלֵא pi.[1].

καθώς *a*) -כְּ [22: + Jl 2.23, Zc 12.7 MT *b*-]; *b*) כַּאֲשֶׁר [9]; *c*) אֲשֶׁר [1]; *d*) לְפִי [1]; *e*) -) [1]. x∫

καινίζω 1) חדשׁ pi.[2: + Zp 3.17, MT *yḥryš*].

καινός 1) אַחֵר [1]] 2) *a*. חָדָשׁ [3+: + 1K 23.15*bis*, 16, 18, 19, Jb 29.20], **b*. Ar. חֲדַת [1: 1E 6.25]. Del. De 32.47, Jb 6.6, 7.3, 6, 16, 20.18, 33.21.

καινότης *1) חָדָשׁ [1: Ez 47.12 voc.].

καίριος 1) בְּעִתּוֹ [1].

καιρός 2) Ar. זְמַן [12: + To 14.4, Si 32.26[1]]; 3) יוֹם [4:+ Si 11.19]; 4) מוֹעֵד [15+]; 6) Ar. עִדָּן [15]; 7) עֶצֶם [1]; 8) עֵת [34+: + Ps 4.8, 30.16, Si 4.23, 30.32, Je 11.14[2], Ez 22.4, 30]; 9) פַּעַם [7+]; 10) צֵל [1]; 11) קֵץ [8]; 12) רֶגֶל [1]; 13) שָׁנָה [1]; 14) תּוֹר [1]; 16) תְּקוּפָה [1]; 17) ἐν τῷ νῦν κ. *a*. עַתָּה הַפַּעַם [1], *b*. הַפַּעַם [1], *c*. בַּפַּעַם הַזֹּאת [1]; 18) ~οὶ ὡρῶν מוֹעֵד [1]; 19) ὧραι ~ῶν מוֹעֵד [1]; (fr) [Pr 5.3, 18.1]; (-) [+ Ge 18.10]. Del. 1, 5, 15); Ge 21.22, 26.1, Nu 16.14, Jb 28.3, Pr 5.14, Is 50.4, 54.9, Je 6.19.

καίω 1) אכל qal[5]; 2) בער *a*. qal[6+], *b*. pi.[5], *c*. hi.[1]; 3) דלק *a*. qal[1]; 4) יצת *a*. qal[1], *b*. hi.[3], **c*. ni.[1: Je 26.19]; 5) יקד *a*. qal[3], *b*. ho.[5], *c*. יְקוֹד [1], *d*. Ar. pe.[10]; 6) לֶהָבָה [1]; 7) נפח qal[1]; 8) נשׂק hi.[2]; 9) עלה hi.[2]; 10) ערך qal[3]; 11) קדח qal[1]; 12) שׂרף *a*. qal[10], *b*. ni.[2]; 13) Ar. אזא pe.[1]; (fr) [Is 10.18]. Del. 3b); Le 13.56, Ho 7.7, Da LXX 7.9.

κακία 1) אִוֶּלֶת [3]; 2) אָוֶן [1]; 3) *b*. דֶּרֶךְ רָעָה [1]; 4) חַטָּאת [1]; 5) כָּזָב [1]; 7) עָוֹן [3]; 8) ענה pi.[1]; 11) רעע *a*. hi.[1], *b*. רַע [6:+ Jb 17.5, Je 2.19, Ez 22.12], *c*. רֹעַ [3], *d*. רָעָה [21+: + 1K 20.33, Ez 16.37]; *12) Ar. חֲבָל [1: 1E 2.29]. Del. 3*a*, 6, 9-10); Jd 16.18, Ne 9.9, Jb 4.6, 27.5.

κακολογέω 1) קלל *a*. pi.[4], *b*. hi.[1].

κακοπάθεια 1) תְּלָאָה [1].

κακοπαθέω 1) עמל qal[1].

κακοποιέω 1) Ar. נזק af.[2]; 2) עוה hi.[1]; 3) *a*. רעע hi.[14], *b*. עָשָׂה רַע qal[1], *c*. רָעָה [2], *d*. רוּעַ ni.[1]; *4) Ar. חבל pa.[1: 1E 6.33].

κακοποίησις 1) Ar. נזק af. [1].

κακοποιός 1) γυνὴ κ. בּוֹשׁ hi.[1]; 2) רעע hi.[1].

κακός 1) אִוֶּלֶת [5]; 2) אָוֶן [3]; 3) אֱלִיל [1]; 4) זִמָּה [1]; 5) לוּץ qal[3]; 9) מְרֵרָה [1]; 10) עָמָל [1]; 11) *a*. צַר [1], *b*. צָרָה [3]; 13) *a*. רעע hi.[2], *b*. רַע [16+: + Mi 4.9, Pr 19.6], *c*. רָעָה [17+: Pr 19.27, 25.19[1], Is 28.9]; 14) רֶשַׁע [2]; 15) שׁוֹר [1]; 16) עַוְלָה [1]; 17) ὁδὸς κ. רַע [1]; 18) κ. ὁδοιπόρος הלך pi.[1]; 19) κ. ἀποβαίνειν לוּץ qal[1]; (fr) [Jb 1.5, 4.12, 5.5, Pr 1.18*bis*, 2.16, 3.31, 6.11[2], 15.23, 16.5, 28[2], 18.6, 28.20]. Del. 6-8, 12, 20); Le 25.36, Jo 23.15, Pr 13.12.

κακουργία 1) *שׁוֹא [1].

κακοῦργος 1) פֹּעֵל אָוֶן qal[1]; 2) רַע [1].

κακουχέω 1) ענה *a*. pi.[1: 3K 11.37*L*], *b*. hit.[2].

κακοφροσύνη 1) גֹּבַהּ רוּחַ [1].

κακόφρων 1) *b*. גְּדָל־חֵמָה [1]; 2) סָר טַעַם [1]. Del. 1*a*).

κακόω 1) דכא pu.[1]; 2) ינה hi.[1]; 3) כשׁל *hi.[1]; 5) ענה *b*. ni.[1], *c*. pi.[12+], *d*. hit.[1], **e*. pu.[1: Zc 10.2, voc.]; 6) פוּג ni.[1]; 7) רעע *a*. qal[1], *b*. hi.[9+: + Ec 7.23, Si 49.7], *c*. רַע [1], *d*. רָעָה [1], **e*. ni.[1: Ho 9.7, *d* > ʿ]; 8) רשׁע hi.[1]; 9) שׁחח qal[1]; 11) באשׁ *qal[1: Si 3.26]; (fr) [Jb 24.24, 31.30]. Del. 4, 5*a*, 10); Ex 23.9, Ec 10.15 v.l.

κακῶς 1) κ. λέγω *a*. קלל pi.[3], *b*. ארר qal[1]; 3) κ. ἔχειν חלה qal[1]. Del. 2).

κάκωσις 1) אֵיד [1]; 2) *a*. ענה pu.[1], *b*. עֳנִי [3]; 3) רָעָה [6]. Del. 4).

καλαβώτης 1) לְטָאָה [1]; 2) שְׂמָמִית [1].

κάλαθος 1) *a*. דּוּד [3: + Je 24.1]. Del. 1*b*).

καλαμάομαι 1) נֹקֶף [1]; 2) *a*. עלל po.[4], *b*. עֹלֵלוֹת [1]; 3) פאר pi.[1].

καλάμη 1) עֹלֵלוֹת [1]; 2) עָמִיר [3: + Is 27.4, Zgl 1934: 89]; 3) קַשׁ [9]; 4) שִׁבֹּלֶת [1]; 6) κ. στιππύου נְעֹרֶת [1]; (-) [Mi 7.1]. Del. 5) שַׁיִת.

καλάμημα *1) עֹלֵלוֹת [1: Je 29.10].

καλάμινος 1) קָנֶה [3].

καλαμίσκος 1) קָנֶה [12].

κάλαμος 2) עֵט [1]; 3) קָנֶה [20]; *4) מֵמַד [1: Ez 42.20]. Del. 1).

καλέω 1) אמר *a*. ni.[8: + Ho 11.12 MT *n'mn*], *b*. Ar. pe.[1]; 2) בּוֹא *a*. qal[1], *b*. hi.[2]; 3) דבר pi.[3]; 5) זכר hi.[1]; 6) זעק *a*. hi.[1], *b*. Ar. pe.[1]; 8) Ar. עלל af.[1]; 9) קרא *a*. qal[132+:+ 1K 9.9, Da LXX 2.2], *b*. ni.[7+], *c* pu.[4], *d*. Ar. pe.[2:+ To 5.8], *e*. itpe.[1], *f*. מִקְרָא [1]; 10) רוּם hi.[1]; 11)

שֵׁם [1]; (fr) [Da LXX 5.10]. Del. 4, 7); Ge 19.22, 3K 2.28, 4K 8.12, Jb 42.11, Ps 103.5, Is 63.19, Je 26.19.

καλλιόω 1) טוב qal[1]; 2) יפה qal[1].

κάλλιστος: see under καλός.

καλλονή 1) גָּאוֹן [1]; 2) תִּפְאֶרֶת [1]; 3) *b.* טוֹבָה [1], *c. טוב [1: Si 34.23]. Del. 3*a*).

κάλλος 1) הָדָר [2: + Ps 29.7]; 2) *a.* חמד qal[1], *b.* חֶמְדָּה [1]; 3) *a.* יָפֶה [3: Si 26.16], *b.* יְפִי ,יֳפִי [15], *c.* ὡραῖος κάλλει יפה pealal[1]; 4) יִפְעָה [2]; 5) מִבְחָר [1]; 6) נֹעַם [1]; 7) שֶׁפֶר [1]; 8) תִּפְאֶרֶת [1]; 9) תֹּאַר [5]; *10) הוד [1: Si 26.17]. Del. Ma 2.15.

κάλλυνθρον 1) כַּף [1].

καλλωπίζω 2) *a.* יפה pi.[1], *b.* יְפֵה־פִיָּה [1]; 3) עלף hit.[1]. Del. 1).

κάλος 1) מֵיתָר [2].

καλός 1) חֲמֻדוֹת [1]; 2) *a.* adj. טוֹב [54+: + Ma 2.17], *b.* טוב qal[2], *c.* טוֹב מַרְאֶה [2], *d.* יטב hi.[1], *e.* טוּב [1]; 3) *a.* יָפֶה [7+: + Ps 151.5; - Ma 2.17], *b.* יֳפִי [2], *c.* יְפַת מַרְאֶה [1]; 5) כָּבוֹד [1]; 6) נָאוֶה [2]; 7) *a.* נָעִים [4], *b.* נֹעַם [3], *c.* נָעֵם [1]; 8) κ. εἶναι δοκεῖν נָעֵם qal[1]; 9) βουλὴ κ. מְזִמָּה [1]; 10) ὄνομα κ. שֵׁם [1]; 11) κ. εἶναι יטב hi.[1]; 12) ~ὸν ποιεῖν, κάλλιον ποιεῖν יטב hi.[3]; 13) ~ὸν ἐπιτηδεύειν יטב hi.[1]; 14) κ. γίνεσθαι יפה qal[2]; 15) κ. τῷ εἴδει יְפֵה [1]; *17) חֶמֶד [1: Ge 49.14, MT *ḥmd*]; *18) Ar. שַׁפִּיר [1: To 6.12]; *19) κ. καὶ ἀγαθός Ar. קְשִׁיט [1: To 7.7]; 20) נָאֶה [1]; (fr) [Is 27.2]. Del. 1*b*, 4, 16); De 6.18 v.l., Jb 33.31, Ec 4.17, 9.12, Ma 2.15, Is 65.2.

κάλυμμα 1) *a.* כָּסוּי [2], *b.* מִכְסֶה [3+: + Ex 35.11]; 2) מַסְוֶה [3]; 3) מָסָךְ [3]. Del. 4) 1C 17.5.

καλυπτήρ 1) יָע [1]; 3) τὸν ~ῆρα ἐπιτίθημι דָּשֵׁן pi.[2: + Nu 4.14]: Frankel 97, 185; Gooding 60f. Del. 2).

καλύπτω 1) כסה *a.* ni.[1], *b.* pi. [36+: Ez 44.20*bis*], *c,* pu.[3]; 2) סתם qal[1]; 3) צפה *a.* pi.[2: + Pr 26.23]; 4) חפה qal or חָפָה [1]; 5) מלא pi.[1]. Del. 3*b*); Is 20.4.

καλῴδιον 1) עֲבֹת [4].

καλῶς 1) *a.* יטב hi.[4], *b.* טוֹב [4: - Jb 13.9], *c.* טוב hi.[1]; 2) κ. ποιεῖν *a.* טוֹב hi.[2], *b.* יטב hi.[3]; 3) κ. εἶναι *a.* יטב qal[1], *b.* טוֹב [2]; *4) שַׁפִּיר Aramaising [1: Mi 1.11]; *5) κ. ἔχειν Ar. אֲרִיךְ [1: 1E 2.20]; *6) Ar. לִשְׁלָם [1: To 7.1]. Del. Es 6.10.

καμάρα 1) דֹּק [1].

καμηλοπάρδαλις 1) זֶמֶר [1].

κάμηλος 1) בֵּכֶר [2]; 2) גָּמָל [29+].

καμιναία 1) כִּבְשָׁן [2].

κάμινος 1) Ar. אַתּוּן [16]; 2) דוד [1]; 3) כִּבְשָׁן [3]; 4) כּוּר [1+]; 5) קֻבָּה [1].

καμμύω 1) עצם *a.* qal[1], *b.* pi.[1]; 2) שׁעע hi.[1]; (fr) [Jb 17.2].

κάμνω 1) קוט ni.[1]; (fr) [Jb 17.2].

κάμπη 1) גָּזָם [3].

καμπή 1) פִּנָּה [2].

κάμπτω 1) ברך *a. qal[1: 2C 6.13*L*], *b.* Ar. pe.[1]; 2) כפף qal[2: + Si 30.12]; 3) כרע *a.* qal[7], *b.* hi.[1]; 4) שׁחח qal[1]; 5) κάμπτειν τὸ γόνυ קדד qal[1].

καμπύλος 1) לוז ni.[1].

κάνθαρος 1) כָּפִיס [1].

κανοῦν 1) סַל [15].

καπνίζω 2) *a.* עָשָׁן [1], *b.* עָשֵׁן qal[3], *c.* עָשֵׁן adj.[2]; *3) Ar. תְּנַן af.[1: To 6.8]. Del. 1).

καπνός 1) עָשָׁן [4+]. Del. Is 65.17.

κάππαρις 1) אֲבִיּוֹנָה [1].

καρδία 4) *a.* also Ar. לֵב [56+: + To 6.17, 13.6, Ps 36.14, Pr 17.10, 21.12, Ec 8.17, Ez 13.3, Si 51.15], *b.* לֵבָב [58:+ Je 4.4], *c.* Ar. לְבַב [10: + To 6.6], *d.* τὰ ἀπὸ ~ας לֵב [2]; 6) נֶפֶשׁ [2]; 8) קֶרֶב [7: + Si 4.3]; (fr) [Jb 31.29, Pr 10.22, 14.30, 15.22, 17.21, 18.4, 24.6, Is 65.16]. Del. 1-3, 5, 7, 9); Nu 22.38, De 12.20, 2C 30.8, Ps 20.2, 39.8, 75.9, 130.2, Pr 26.25, Hb 2.16, 3.16, Is 59.21, Je 9.8, La 2.11, Ez 13.2, 17.22, Si 51.21.

καρδιόω 1) לבב pi.[2].

καρόω 1) עלז qal[1].

καρπάσινος 1) כַּרְפַּס [1].

καρπίζω 1) אָכַל מִתְּבוּאָה qal[1]; 2) פְּרִי [1].

κάρπιμος 1) פְּרִי [1].

καρπόβρωτος 1) מַאֲכָל [1].

I. **καρπός** 1) אֵב [4]; 3) זִמְרָה [1]; 4) יְבוּל [6]; 5) יְגִיעַ [1]; 7) *a.* פְּרִי [34+: + Ho 10.12 MT *py*; 14.3 MT *prym*; Je 27.27, Ez 19.10]; 9) תְּבוּאָה [8:+ Jb 22.21]; 10) תְּנוּבָה [1]; 11) גַּרְגַּר [1]. Del. 2, 6, 7*b*, 8); Ps 4.7, Pr 15.4, Na 3.12, Da LXX 4.11[1].

II. **καρπός** 1) יָד [1]; 2) כַּף [2].

καρποφορέω 1) פרח qal[1].

καρποφόρος 1) זֶרַע [1]; 2) פְּרִי [2].

καρπόω 1) אִשֶּׁה [1]; 2) בער pi.[1].

κάρπωμα 1) *b.* אִשֶּׁה [37: + Nu 18.9]; 2) עֹלָה ,עוֹלָה [12+]. Del. 1*a*).

κάρπωσις 1) אִשֶּׁה [1]; 2) עֹלָה [4].

καρπωτός 1) פַּס [2].

κάρταλλος 1) דוד [1]; 2) טֶנֶא [2]; 3) סַלְסִלּוֹת [1].

καρτερέω 1) חזק hi.[1]; 3) כול hitpalp.[1]. Del. 2).

καρύα 1) אֱגוֹז [1].

καρύϊνος 1) לוּז [1]; 2) שָׁקֵד [1].

καρυΐσκος 1) ἐκτυποῦσθαι καρυΐσκους שׁקד pu.[2].

κάρυον 1) שָׁקֵד [2].

καρυωτός 1) שׁקד pu.[1].

κάρφος 1) טָרָף [1].

κασία 1) פַּנַּג [1]; 2) קְצִיעָה [2].

κασσιτέρινος 1) בְּדִיל [1].

κασσίτερος 1) בְּדִיל [5: + Si 47.18 Heb *brzl*].

καταβαίνω 1) בוא qal[1]; 8) ירד *a.* qal[68+: + De 31.15, 3K 6.32, Je 28.14], *b.* ho.[2]; 10) לוּעַ qal[1]; 11) נגע hi.[1]; 12) נדד qal[1]; 13) נזל qal[1]; 14) *b.* נחת Ar. pe.[3: + To 6.3], *c. qal[2: Jb 17.16, 36.16]; 20) שׁקע *a.* qal[1], *b.* ni.[1: Am 8.8 MT Q]; 21) ὑετὸς καταβαίνει גשׁם qal[1]; (-) [Ez 31.18]. Del. 2-7, 9, 14*a*, 15-9); Ge 43.3, Jd 15.8, 1K 26.2, Je 51.28, Ez 24.8.

καταβάλλω 1) הרס qal[3]; 3) נטשׁ qal[2]; 4) נפל *a.* qal[1], *b.* hi.[19]; 5) נתץ qal[1]; 6) פרץ qal[2]; 7) שׁטם qal[1]; 8) שׁחת *a.* pi.[1], *b.* hi.[1]; 9) שָׁפֵל hi.[1]; 10) שׁבר qal[1]; 11) נָבֵל qal[1]; (fr) [Pr 18.8]. Del. 2); Hg 2.23, Ez 33.4.

καταβαρύνω 1) כָּבֵד qal[2], *b.* hi.[1]. Del. Si 8.15.

κατάβασις 2) *a.* ירד qal[2], *b.* מוֹרָד [3]. Del. 1).

καταβιάζομαι 1) פצר qal[1]; 2) חזק qal[1].

καταβιβάζω 1) ירד *a.* qal[1], *b.* hi.[1+], *c.* ho.[1].

καταβιβρώσκω 1) *a.* אכל pu.[2]. Del 1*b*); Ez 39.4 v.l.

καταβιόω 1) אָכַל לֶחֶם qal[1].

καταβλέπω 1) שׁקף hi.[1].

καταβοάω 1) צעק qal[3]; 2) קרא [1]. Del. De 15.9.

καταβόησις 1) אֲנָחָה [1].

καταβόσκω 1) בער *a.* pi.[1], *b.* hi.[1].

κατάβρωμα 1) *a.* אכל qal[3], *b.* אָכְלָה [5], *c.* מַאֲכָל [1: - Je 7.33 v.l.]; 2) לֶחֶם [1]. Del. Je 7.33.

κατάβρωσις 1) אכל qal[1].

κατάγαιος 1) תַּחְתִּי [1].

καταγγέλλω Del. Pr 17.5.

καταγελάω 1) הָיָה לָבוּז *a.* qal[1], *b.* בוז [1]; 2) חָפֵר qal[1]; 3) לעג qal[3], hi.[1]; 4) עליץ qal[1]; 5) שׂחק *a.* qal[7], *b.* hi.[1].

καταγέλως 1) קֶלֶס [1].

καταγηράσκω 1) שֵׂיבָה [1].

καταγίνομαι 1) ישׁב qal[1], *b.* מוֹשָׁב [1]; 2) שׁכן qal[1].

καταγινώσκω 1) חקר qal[1]; 2) רשׁע hi.[1]; *3) חסד pi.[1: Si 14.2].

κατάγνυμι 1) גדע ni.[1]; 2) דושׁ qal[1]; 3) מחץ qal[1]; *7) חתת qal or hi.[1: 2K 22.35]; (-) [Zc 1.21]. Del. 4-6); Zc 9.4, 10, 12.4, La 3.66.

κατάγνωσις 1) חֶרְפָּה [1].

καταγράφω 1) כתב *a.* qal[7], *b.* כָּתַב שִׂטְנָה qal[1: 1E 2.16]. Del. 2); Ex 32.15 v.l.

κατάγω 1) בוֹא hi.[1]; 3) ירד *a.* qal[7], *b.* hi.[14+: + To 13.2, La 1.13], *c.* ho.[2: + Ps 30.17]; 4) ישׁר pu.[1]; 5) נגע hi.[1]; 10) שׁחת hi.[1]; 11) שׁפת qal[1]; 12) זוב hi.[1]; *13) הלך hi.[1: Ho 2.14, see Zgl]; *14) דושׁ qal[1: Hb 3.12]. Del. 2, 6-9); Ge 42.20, Jl 2.17, Zc 9.4, 10, 12.4, Je 19.8, Ez 44.14.

καταδαμάζω 1) חרשׁ qal[1].

καταδείκνυμι 1) ברא qal[3]; 2) יצר qal[1]; *4) אָב [1: Ge 4.21). Del. 3).

καταδέομαι 1) חלה *pi.[1]; 2) חנן hit.[1]. Del. Ez 30.21.

καταδεσμεύω *1) קשׁר qal[1: Si 7.8].

κατάδεσμος 1) חבשׁ pu.[1].

καταδέχομαι 1) בִּין qal[1]; 2) נָדִיב [1].

καταδέω 1) חבשׁ qal[4: + 3K 21.38, Ez 30.21]; 3) עמס qal[1: Is 46.1]; 4) צָמִיד [1]. Del. 2).

καταδιαιρέω 1) גזר qal[1]; 2) חלק pi.[1]; 3) פלג pi.[1]; 4) פסג pi.[1].

καταδικάζω 1) חוב pi.[1]; 2) עות pi.[2]; 3) *a.* רשׁע hi.[3], *b.* רָשָׁע [1].

καταδιώκω 1) דבק hi.[1]; 2) דלק qal[1]; 3) דפק qal[1]; 6) רדף *a.* qal[12+], *b.* pi.[2]; 7) רוץ qal[2: + Mi 2.11 MT *nmrṣ*]; *9) נשׂג hi.[1: 1C 21.12*L*]; (fr) [La 3.11]. Del. 4-5, 8); Ge 14.15.

καταδολεσχέω *2) שִׂיחַ qal[1: La 3.20 *š* > *ś*]. Del. 1).

καταδουλόω 1) עבד *a.* qal[2], *b.* hi.[5: + Ge 47.21 and Je 15.14 *d* for *r*; Jd 9.28*L*]; 2) Ar. רמא pe.[1].

καταδυναστεία 1) גְּרֻשָׁה [1]; 2) סִבְלָה [1]; 3) *a.* עֲשׁוּקִים [1], *b.* עֹשֶׁק [2].

καταδυναστεύω 1) בקע qal[1]; 2) חזק hi.[1]; 3) ינה hi.[8]; 4) כבשׁ *a.* qal[1], *b.* ni.[1], *c.* pi.[1]; 5) כתר hi.[1]; 7) עבד hi.[1]; 8) עמר hit.[1]; 9) עָרִיץ [1]; 10) עשׁק qal[7: + Mi 2.2]; 11) רצץ qal[1]; 13) משׁל qal[1]; *14) יָכֹל qal[1: 1K 17.9*L*]; (fr) [Hb 1.4 MT *htr*, hi.]. Del. 6, 12).

κατάδυσις 1) מִפְלֶצֶת [1].

καταδύω 1) ירד qal[1]; 2) כבשׁ qal[1]; 3) סתר ni.[1]; 4) שׁקע qal[1]; *5) טבע hi.[1: Je 45.22].

καταθαρσέω 1) סמך ni.[1].

καταθλάω 1) רמס qal[1]; 2) רֶצַח [1].

καταθύμιος 1) הַוָּה [1]; 2) חמד qal pass.ptc.[1].

καταιγίς 1) בָּרָד [1]; 2) הֶבֶל [1]; 3) זַ/זִלְעָפָה [3]; 4) סוּפָה [7]; 5) *a.* סַעַר [2], *b.* סְעָרָה [5], *c.* מִסְעָר [1]; 6) רַעַם [1]; 7) שׂער ni.[1]; 8) שִׁבֹּלֶת [2];*10) עַלְעוֹל [1: Si 43.17 MS Y]. Del. 9).

καταισχύνω 1) בּוֹשׁ *a.* qal[7+: + 2K 10.6, Is 28.16, Je 27.38, Ez 24.13], *b.* hi.[2+: + 2K 16.21*L*], *c.* בֹּשֶׁת [2]; 2) חָפֵר *a.* qal[2], *b.* hi.[1]; 3) טחן qal[2]; 4) כלם *a.* ni.[3], *b.* hi.[3]. Del. Pr 20.4, Jl 1.11.

κατακαίω 1) אכל *b.* pu.[1], *c.* מַאֲכֹלֶת [1]; 3) בער *a.* qal[4], *b.* pi.[2: + Is 64.2]; 4) Ar. חרך itpa.[1]; 5) יצת *a.* qal[2], *b.* hi.[1]; 6) כוה ni.[2]; 7) להט pi.[1]; 8) צרב ni.[1]; 9) שׂרף *a.* qal[26+:+ Ps 73.8], *b.* ni.[7+], *c.* שְׂרֵפָה [3], *d.* מִשְׂרָפוֹת [1]. Del. 1*a*, 2, 3*c*, 10); Jd 2.2, 4K 23.5, 11^1, Jb 1.16^2, 15.34, Da TH 11.18.

κατακάλυμμα 1) *a.* כָּסוּי [1], *b.* מִכְסֶה [5], *c.* מְכַסֶּה [1]; 2) מָסָךְ [4]; 3) פָּרֹכֶת [1]; 4) צַמָּה [1]. Del. Ex 35.11 v.l.

κατακαλύπτω 1) חפה qal[1]; 2) חפשׂ hit.[1]; 3) כסה *a.* ni.[1], *b.* pi.[10+]; 5) סתם qal[1]. Del. 4); Ex 26.34, Is 33.12.

κατακάμπτω 1) כפף qal[1]; 2) שׁחח qal[1].

κατάκαρπος 1) הוד [1]; 2) רַעֲנָן [1].

κατακάρπως 1) פְּרָזוֹת [1]; perhaps פְּרִי was identified.

κατακάρπωσις 1) דֶּשֶׁן [2].

κατάκαυμα 1) *a.* כְּוִיָּה [2], *b.* מִכְוָה [5]; 2) מְשַׁמָּה [1]; 3) שְׂרֵפָה [1]. Del. Ho 7.4.

κατακαυχάομαι *2) הלל hit.[2: + Je 27.38 voc.]; 3) עלז qal[1]. Del. 1).

κατάκειμαι 1) שׁכב qal[2]. Del. 2).

κατακενόω 1) יצק qal[1]; 2) ריק hi.[1].

κατακεντέω 1) ברא pi.[1]; 2) דקר pu. [1].

κατακλάω *2) תשׁשׁ ho.[1: Ez 19.12 voc.]. Del. 1).

κατακλείω 1) כלא qal[1].

κατακληροδοτέω Del. 1); De 1.38, 21.16 v.l.

κατακληρονομέω 1) אחז ni.[1]; 3) ירשׁ *a.* qal[23+], *b.* hi.[4: + 1E 8.85, Ob 17b voc.]; 5) נחל *a.* qal[6], *b.* pi.[4], *c.* hi.[13: + 2K 7.1 word division and voc., Si 36.16], *d.* hit.[4], *e.* נַחֲלָה [1]; 6) נתן qal[1]. Del. 2, 3*c*, 4); Nu 35.8, De 12.2, 26.1^1, Jo 18.2, Ps 104.44.

κατακληρόω 1) לכד *a.* qal[1], *b.* ni.[4].

κατακλίνω 1) כרע qal[3]; 2) נפל qal[1]; 3) סבב *hi.[1: 2K 16.11; cf. RH]; *4) שׁכב qal[1: 2K 13.5*L*].

κατάκλιτος 1) רָדִיד [1].

κατακλύζω 1) שׁטף *a.* qal[9], *b.* ni.[1], *c.* שֶׁטֶף [1].

κατακλυσμός 1) מַבּוּל [13]; 2) שֶׁטֶף [3]; 3) נָהָר [1].

κατακολουθέω 1) הלך qal[1]; 2) רעה qal[1]; *3) Ar. לָקֳבֵל [1: 1E 7.1].

κατακονδυλίζω *2) בּוּס qal[1: Am 5.11]. Del. 1).

κατακοντίζω (fr) [Jb 30.14].

κατάκοπος 1) יָגִיעַ [1]; 2) ~ον ποιεῖν לאה hi.[1]; *3) עָמֵל [1: Jd 5.26].

κατακόπτω 1) גדע pi.[1]; 2) Ar. דקק af.[1]; 3) כרת qal[2: + Jd 20.43]; 4) כתת *a*. pi.[3], *b*. hi.[1], *c*. ho.[1]; 6) נכה hi.[6]; 7) נפץ pu.[1]; 8) קצץ pi.[1]; 9) תִּיז hi.[1]; *10) כתשׁ pu.[1: Zp 1.11 voc.]; (fr) [Am 1.5]. Del. 5).

κατακοσμέω 1) חשק pi.[1]; 2) עדה qal[1].

κατακρατέω 2) חזק *a*. pi.[1], *b*. hi.[4], *c*. חֶזְקָה [1], **d*. qal[1: 2K 24.4*L*]; 3) לכד qal[1]; 4) רוּעַ hi.[1]; 5) תפשׂ qal[1]; *6) גבר qal[1: 2K 11.23*L*]; (fr) [Mi 1.9]. Del. 1).

κατακρημνίζω 1) שׁלך hi.[1].

κατακρίνω 1) גזר ni.[1].

κατακροτέω 1) רוּעַ hi.[1: Je 27.15].

κατακρούω 1) תקע qal[2: + Jd 4.21*L*].

κατακρύπτω 1) חבא *a*. ni.[2], *c*. hit.[1]; 4) טמן *a*. qal[5], *b*. hi.[1]; 5) סתר *a*. ni.[1], *b*. hi.[2]; 6) צפן *b*. hi.[1]. Del. 1*b*, 2-3, 6*a*); 3K 18.4, Am 9.2, Ez 4.12.

κατακτάομαι 1) כבשׁ qal[1].

κατακυλίω 1) גלל *a*. pilp.[1], **b*. ni.[1: 1K 14.8]; 2) כרע qal[1].

κατακύπτω 1) שׁקף hi.[1].

κατακυριεύω 1) בעל qal[1]; 2) ירשׁ qal[1]; 3) כבשׁ *a*. qal[1], *b*. ni.[2]; 4) משׁל *a*. qal[1], *b*. hi.[1]; 6) רדה qal[3]; 7) שׁלט hi.[1]; *8) עצם qal[1: Ps 9.31]. Del. 5); Ge 9.7, Jo 24.33.

καταλαλέω 2) דבר *a*. ni.[3], *b*. pi.[7: + 1K 2.23*L* 4Q51]; 3) כלם hi.[1]; 4) לשׁן po.[1]; (fr) [Pr 20.13]. Del. 1, 5); Ps 43.16.

καταλαμβάνω 1) אחז qal[1]; 2) בּוֹא qal[1]; 3) בעה ni.[1]; 4) דבק *a*. qal[2], *b*. hi.[2]; 5) חזק hi.[1]; 6) לכד qal[20]; 7) לקח qal[1]; 8) מצא *a*. qal[6], *b*. ni.[1]; 9) נגשׁ ni.[1]; 10) נשׂא qal[1]; 11) נשׂג hi.[27]; 13) עצר qal[1]; 14) קדם pi.[2]; 15) Ar. שׁכח af.[1]; 17) תפשׂ qal[2]; 18) κ. τὴν οὐραγίαν זנב pi.[1]; 19) דרך hi.[2: + Jb 34.24]; 20) נגע hi.[1]; *21) ידע qal[1: Jb 34.24]; (fr) [Pr 2.16]. Del. 12, 16); 4K 10.11; 2C 9.20 (see Chadwick 172f.), 32.21, Si 48.15, Zc 14.16, Is 16.9; Je 3.8 (Christian gloss < John 8.3?).

καταλεαίνω 1) Ar. דקק af.[1].

καταλέγω 1) ענה qal[1].

κατάλειμμα 1) יֶתֶר [1]; 4) שָׂרִיד [2]; 5) *a*. שְׁאָר [2], *b*. שְׁאֵרִית [7]. Del. 2-3, 6); Je 29.10, 32.38.

καταλείπω 1) אַחַר [1]; 3) זנח hi.[1]; 4) יצג hi.[1]; 5) יתר *a*. ni.[14+], *b*. hi.[4+], *c*. יֶתֶר [2]; 9) נוּחַ hi.[9]; 10) נקה ni.[1]; 11) עזב *a*. qal[13+], *b*. ni.[4]; 12) פְּלֵיטָה [4: + Is 4.2]; 13) פקד *qal[1]; 14) שׂוּם qal[1]; 15) שָׂרִיד [1]; 17) שׁאר *a*. ni.[14+], *b*. hi.[6+], *c*. שְׁאָר [8], *d*. שְׁאֵרִית [4]; 18) שׁכח *a*. qal[1], *b*. ni.[1], *c*. Ar. itpe.[1]; 19) נטשׁ qal[1: To 1.20; - Si 47.22]; 20) עבר hit.[1]; *21) Ar. שׁבק pe.[1: To 1.20]; (fr) [Is 13.12, 17.6b, 21.10]. Del. 2, 6-8, 16); Ex 10.15, 12.46, 22.4, Ob 6 v.l.

κατάλειψις 1) פְּלֵיטָה [1]. Del. Si 23.26 v.l.

καταλέω 2) טחן [2]. Del. 1) v.l.

κατάλημψις 1) תפשׂ qal[1].

καταλιθοβολέω 1) סקל qal[1]; 2) רגם qal[1].

κατάλιθος 1) אֶבֶן [2].

καταλιμπάνω 1) נוּחַ hi.[1]; 2) עזב qal[2].

καταλλάσσω Del. Je 31.39 v.l.

καταλοάω *1) Ar. דקק ha.[1: Da LXX 2.34 967].

καταλογίζω 1) משׁל ni.[1].

κατάλοιπος 1) *b*. אַחֲרִית [3]; 2) דַּלָּה [1]; 3) *a*. יתר ni.[6], *b*. יֶתֶר [6+], **d*. מוֹתָר [1: Nu 3.26]; 4) שָׂרִיד [1]; 5) שׁאר *a*. ni.[3], *b*. שְׁאָר [13], *c*. שְׁאֵרִית [13+], *d*. שֵׁרִית [1]; (-) [Mi 3.1, 9]. Del. 1*a*, 3*c*); Is 9.1, Je 32.37.

καταλοχία 1) יחשׂ hit.[1].

καταλοχισμός 1) יחשׂ hit.[6].

κατάλυμα 1) אֹהֶל [1]; 2) *a*. לוּן qal[1], *b*. מָלוֹן [1]; 3) לִשְׁכָּה [1]; 4) מִשְׁכָּן [1]; 5) נָוֶה [3: + Je 32.23]; 6) סֹךְ [1]; (fr) [Ez 23.21].

κατάλυσις 1) נָוֶה [1]. Del. 2).

καταλύω 2) דּוֹד [1]; 3) חנה qal[2]; 5) ישׁב *a*. qal[1]; 6) לוּן *a*. qal[6+], *b*. מָלוֹן [2]; 7) נתץ qal[1]; 8) Ar. סתר pe.[1]; 9) עבר qal[1]; 10) פטר qal[1]; 11) רבץ qal[1]; 12) שׁבת *a*. qal[1], *b*. hi.[7: + Ez 26.17]; 13) שׁכב qal[1]; 14) שׁכן qal[7]; 15) רגע hi.[1]; *16) שׁרא Ar. pe.[1: Da LXX 2.22 pap. 967]; *17) גּוּר hitpol.[1: Je 5.7], *18) קרם qal[1: Si 43.20]. Del. 1, 4, 5*b*); Je 45.22.

καταμανθάνω 1) יבב pi.[1]; 2) ראה qal[2]; 3) שׁאה hit.[1]; 4) שׁוּר qal[1]; 5) בִּין **a*. hi.[1: 1E 8.41], *b*. hitpol.[1]; 6) נבט hi.[1].

καταμαρτυρέω 1) Ar. אֲכַל קַרְצֵי pe.[1]; 2) עוּד hi.[2]; 3) ענה qal[2].

καταμένω 1) *דּוּר qal[1: Ge 6.3, cf. Rösel 149, n. 23]; 3) ישׁב qal[3: + Jd 11.17*L*]. Del. 1 [דּוּן], 2); 4K 12.20.

καταμερίζω 1) נחל *a*. pi.[1], *b*. hi.[1], *c*. hit.[2].

καταμετρέω 2) חלק pu.[1]; 5) נפל hi.[1]; *7) תוה hi.[3: Nu 34.7, 8, 10]; *8) מדד ni.[2: Mi 2.4, Ez 48.14 *r* > *d*]. Del. 1, 3-4, 6); Nu 34.29 v.l.

καταμίγνυμι *2) גבל pu. (Aramaism, cf. Syr. *gval* 'to knead') [1: Ex 28.14]. Del. 1).

καταμωκάομαι 1) לעג hi.[1]; 2) עלל hit.[1]; *4) התל pi.[1: Si 13.7]. Del. 3).

καταναλίσκω 1) אכל *a*. qal[8], *b*. ni.[2]; 2) כשׁל qal[1]; 3) נשׁל qal[1]; 4) סוּף qal[1]. Del. Is 66.16 v.l.

κατανέμομαι 1) רעה qal[1].

κατανίσταμαι. 1) נשׂא hit.[1].

κατανοέω 1) בִּין *a*. hi.[1], *b*. hitpol.[3]; 2) Ar. חזה pe.[1]; 3) נבט hi.[8]; 4) צפה qal[1]; 5) ראה qal[7: + Si 30.26]; 6) שׂוּם עַל לֵב qal[1]; 7) שׂכל hi.[1]. Del. 8); Ex 33.10.

κατανόησις 1) נבט hi.[1].

καταντάω 1) חוּל qal[1].

κατάντημα 1) תְּקוּפָה [1].

κατάνυξις 1) תַּרְדֵּמָה [1]; 2) תַּרְעֵלָה [1].

κατανύσσω 1) אלם ni.[1]; 2) דמם *a*. qal[4], *b*. דּוּמָם [1], **c*. ni.[1: Is 6.5]; 3) כאה ni.[1]; 4) כנע ni.[1]; 5) עצב hit.[1]; 6) רדם ni.[1]; 7) אנח *a*. hit.[1], *b*. אֲנָחָה [1]; *8) אבה qal [1: Si 14.1; Ben-Ḥayyim 216].

καταξαίνω 1) דּוּשׁ qal[1].

καταξηραίνω 1) יבשׁ hi.(?)[1: Ho 13.15 MT *yšsh*].

κατάξηρος 1) יָבֵשׁ [1].

καταπαίζω 1) קלס hit.[1]; 2) תלל hi.[1].

καταπανουργεύομαι 1) ערם hi.[1].

καταπάσσω 1) זרק qal[1]; 2) פלשׁ hit.[2].

καταπατέω 1) בוס *a*. qal[1], *b*. *pol.[1], *c*. מְבוּסָה [2]; 2) דּוּשׁ *a*. qal[1], *b*. ni.[1]; 4) דקק ho.[1]; 5) דרך *a*. qal[4], *b*. hi.[2: + Jd 20.43 O^{+}]; 6) הלם qal[1]; 7) עמס *a*. qal[1], *b*. מַעֲמָסָה [1]; 8) עסס qal[1]; 9) צרר qal[1]; 10) רמס *a*. qal[7], *b*. ni.[1], *c*. מִרְמָס [1]; 11) רפס/שׂ *a*. qal[3: + Ez 32.13], *b*. Ar. רפס pe.[2]; 12) רצץ qal[2]; 13) שׁאף qal[3]; 14) שׁוּף qal[1]; 15) שׁסה qal[2]; 16) שׁסס qal[1]; *17) צמת hi.[1: 2K 22.41*L*]; (fr) [Is 16.9]. Del. 3); Jo 19.47.

καταπάτημα 2) לַעַג [1]; 3) מְבוּסָה [1]; 4) מִרְמָס [5]; 5) εἶναι εἰς κ. בוס qal[1]. Del. 1) La 2.8 v.l.

καταπάτησις 1) דּוּשׁ qal[1].

κατάπαυμα *1) שׁבת qal[2: Si 36.18 *šbtyk*; Ho 7.4 Zgl].

κατάπαυσις 2) *a*. נוּחַ qal[1], *b*. נוֹחַ [1], *c*. מָנוֹחַ [1], *d*. מְנוּחָה [6]; 3) שׁבת qal[2]. Del. 1) Le 25.28 v.l.

καταπαύω 1) אסף qal[1]; 4) כלה *a*. pi.[4], **b*. qal[1: Ho 11.6 voc.]; 5) לִין qal[1]; 7) נוּחַ *a*. qal[10], *b*. hi.[13: + 2C 32.22]; 8) רגע qal[1]; 9) רפה pi.[1]; 11) שׁבת *a*. qal[5+], *b*. hi.[10: + 4K 23.5, 11]; 12) שׁוּב *a*. qal[1], *b*. hi.[1], *c*. תְּשׁוּבָה [1]; 13) שְׁכָבָה [1]; 14) שָׁכֵן qal[3]; 15) שׁקט qal[1]; 16) נפשׁ ni.[1]; *17) מָנוֹחַ [1: 1C 6.16*L*]. Del. 2-3, 6, 10); De 32.26, Jd 20.43^2, 2E 9.13, Ps 73.8, Ho 1.4, La 3.11.

καταπελματόω 1) טלא pu.[1].

καταπενθέω 1) אבל hit.[1].

καταπέτασμα 1) מָסָךְ [8]; 2) פָּרֹכֶת [27].

καταπέτομαι 1) נדד qal[1].

καταπήγνυμι 1) עמק hi.[2]; 2) תקע qal[1]. Del. Jb 39.17.

καταπηδάω 1) ירד qal[1]; 2) נפל qal[1].

κατάπικρος 1) מַר [1].

καταπίνω 1) בלע *a*. qal[10+: + Nu 21.28 MT בעלי; Is 16.8], *b*. ni.[2], *c*. pi.[8], *d*. pu.[2], *e*. hit.[1], *f*. בֶּלַע [1], **g* Ar. בלע pe.[1: To 6.3]; 4) שׁער qal[1]; 5) שׁמט ni.[1]; (fr) [Pr 23.7]. Del. 2-3); Ex 15.4, La 3.49.

καταπίπτω 1) נפל qal[1]; 2) עצב ni.[1]. Del. Jb 15.23, Is 49.19.

καταπιστεύω 1) אמן hi.[1].

καταπλάσσω 2) מרח qal[2: + Is 38.21]. Del. 1).

κατάπληξις 1) אֵימָה [1].

καταπλήσσω 1) בעת pi.[2]; *3) מסס ni.[1: Jo 5.1]. Del. 2) Jb 37.11 v.l.

καταπολεμέω 1) לחם ni.[1].

καταπονέω *1) נגר ni.[1: La 3.49].

καταποντίζω 1) בלע pi.[7]; 2) טבע pu.[1]; 3) שׁטף qal[3].

καταποντισμός 1) בֶּלַע [1].

καταπραΰνω 1) שׁבח pi.[1]; 2) שׁקט *a*. qal[1], *b*. hi.[1].

καταπρονομεύω 1) שׁבה qal[1]; 2) שׁסס qal[1].

καταπτήσσω 1) מוּג ni.[1]; 2) פחד pi.[1]; *3) חתת ni.[1: Pr 29.9].

κατάπτωμα 1) פֶּרֶץ [1].

κατάπτωσις. Del. Si 32.15 v.l.

κατάρα 1) אָלָה [2]; 2) בֶּהָלָה [1]; 3) מְאֵרָה [2]; 4) קבב qal[1]; 5) קְלָלָה [13+]; 6) שְׁמָמָה [1].

καταράκτη 5) קָאַת [1]; 6) שָׁלָךְ [1]. See also under καταρράκτης.

καταράομαι 1) ארר *a*. qal[8+: + Ne 10.29], *b*. pi.[1], *c*. ho.[1]; 3) זעם qal[2]; 4) נקב qal[2]; 5) קבב qal[4]; 6) קלל *a*. pi.[7+: + Ps 36.22], *b*. pu.[1], *c*. קְלָלָה [2]. Del. 2); Nu 22.6, 23.8a.

κατάρασις 1) ארר qal[1]; 2) קבב qal[1]; 3) קְלָלָה [1].

καταράσσω 1) ארב qal[1]; 2) הלם qal[1]; 3) טוּל ho.[1]; 4) כפף qal[2]; 5) מגר pi.[1]; 6) שׁלך hi.[1].

καταργέω 1) Ar. בטל pa.[4].

καταργυρόω 1) חשׁק pu.[1].

καταριθμέω 1) יחשׂ hit.[1]; 2) מָלֵא qal[1]; 3) מִסְפָּר [1].

καταρράκτης 1) אֲרֻבָּה [5]; 2) מַהְפֶּכֶת [3: + Je 36.26]; 4) צִנּוֹר [1]; 5) קָאַת [1]; 6) שָׁלָךְ qal[1]. Del. 3). See also under καταράκτης.

καταρρεμβεύω 1) נוּעַ hi.[1].

καταρρέω 1) *דּוּב hi.[1: 1K 2.33]; 2) ירד *qal[1]; 3) נָבֵל [1].

καταρρήγνυμι 1) בקע *b*. pu.[1]; *2) קרע hit.[1: Pr 27.9]. Del. 1*a*); Jb 32.19.

καταρρίπτω 1) שׁלך hi.[1].

καταρτίζω 1) חוּל pol.[1]; 2) יסד pi.[1]; 3) כּוּן *a*. ni.[1], *b*. pol.[2: + Ps 79.16]; 4) Ar. כלל *a*. shaf.[5], *b*. ishtaf.[2]; 7) שׁוה pi.[1]; 8) *שׁית qal[1]; 9) תמך qal[1]; (fr) [Ps 39.6]. Del. 3*c*, 5-6); Ex 15.17, Ps 67.28, 73.16.

κατάρχω 1) משׁל *a*. qal[5: + 3K 9.19; Na 1.12, word div.], *b*. מֶמְשָׁלָה [1: 1K 10.24*L*]; 2) רדה qal[1]; 3) שׂרר hit.[1]; *4) עצר qal[1: 1K 9.17*L*].

κατασβέννυμι 1) שׁקט hi.[1]; (fr) [Pr 28.2].

κατασιωπάω 1) הסה hi.[1]; 2) חשׁה hi.[1]; 3) נשׁה hi.[1]; (fr) [Jb 37.20].

κατασκάπτω 1) אבד pi.[1]; 2) גדע ni.[1]; 3) הרס *a*. qal[8], *b*. ni.[5], *c*. הֲרִיסָה [1]; 4) יצת ni.[1]; 5) נתץ *a*. qal[4], *b*. pi.[3: + Jd 2.2], *c*. pu.[1]; 6) ערף qal[1]; 7) ערר *a*. pilp.[1], *b*. hitpal.[1]; 9) שׁחת pi.[1]. Del. 8); 2C 32.5.

κατασκεδάννυμι 1) זרק qal[1].

κατασκέπτομαι 1) רגל pi.[7]; 2) תּוּר *a*. qal[13+: + Nu 14.7], *b*. hi.[1], *c*. יָתוּר [1]. Del. 2*d*); De 12.3.

κατασκευάζω 1) ברא qal[2]; 3) יצר qal[2]; 4) כּוּן hitpo.[1]; 5) עשׂה qal[2]. Del. 2, 6); Pr 6.14, Je 26.9.

κατασκεύασμα *3) מְלָאכָה [1: Si 35.6]. Del. 1*a*, *b*, 2).

κατασκευή 1) בנה qal[1]; 2) כְּלִי [1]; 3) מְלָאכָה [1]; 4) מַעֲשֶׂה [1]; 5) עֲבֹדָה [1]; 6) שֵׁם [1]. Del. Nu 32.16.

κατασκηνόω 1) Ar. טלל af.[1]; 2) ישׁב *a*. qal[3: + Ez 25.4]; 3) סכך hi.[1]; 4) רבץ hi.[1]; 5) שׁכן *a*. qal[13+], *b*. pi.[4], *d*. hi.[2], *e*. Ar. pe.[1], *f*. pa.[1], *g*. Ar. מִשְׁכַּן [1]; 6) חנה qal[1]; (fr) [1E 2.5]. Del. 2*b*, 5*c*).

κατασκήνωσις 1) בנה qal[1]; 2) מִשְׁכָּן [1].

κατάσκιος 2) עֲבֹת [1]; 3) פָּארָן (?) [1]; 4) רַעֲנָן [1]; *5) צלל ho.[1: Hb 3.3, voc.]. Del. 1).

κατασκοπεύω 1) חפר qal[2]; 3) מַלְאָךְ [1]; 4) רגל pi.[7]; (fr) [Ex 2.4]. Del. 2).

κατασκοπέω 2) רגל pi.[2]. Del. 1); Ez 21.22.

κατάσκοπος 1) רגל pi.ptc.[9].

κατασμικρύνω 1) קָטֹן qal[1].

κατασοφίζομαι 1) חכם hit.[1].

κατασπαταλάω 1) סרח qal[1]; 2) פנק pi.[1].

κατασπάω 1) אבד pi.[1]; 3) הרס qal[1]; 4) ירד qal[1]; 5) כרת hi.[1]; 6) נגר hi.[1]; 7) נסח qal[1]; 8) נתץ *a*. qal[5], *b*.

pi.[4]; 9) סור hi.[1]; 10) פרץ qal[4]; 11) רצץ qal[1]; *12) פשח pi.[1: La 3.11]; *13) שמט qal[1: 4K 9.33*L*]. Del. 2); 2C 32.18 (see Walters 144).

κατασπείρω 1) זרה pu.[1]; 2) זרע qal[2].

κατασπεύδω 1) אוץ qal[2: + Ex 5.10 metath.]; 2) בהל *a.* pi.[2: + 2C 32.18], *b.* hi.[1], *c.* Ar. pa.[3]; 3) w. neg. בעת ni.[1]; 6) מהר pi.[2]; 8) שלח qal[1]. Del. 4-5, 7); 1K 21.8.

κατασπουδάζομαι 1) בהל ni.[1].

καταστενάζω 1) אנח ni.[5: + Je 22.23]. Del. 2).

καταστέφω Del. Je 20.16 v.l.

καταστηρίζω (fr) [Jb 20.7].

καταστολή 1) מַעֲטֶה [1].

καταστραγγίζω 1) מצה ni.[1].

καταστρατοπεδεύω 1) חנה qal[1].

καταστρέφω 1) הפך *a.* qal[7+], *b.* ni.[1], *c.* מַהְפֵּכָה [6], *d.* תַּהְפֻּכָה [1]; 2) הרס *a.* qal[3]; 4) Ar. מגר pa.[1]; 5) משך qal[1]; 6) נאר pi.[1]; 7) נתץ *a.* qal[1], *b.* pi.[1]; 8) סלף pi.[1]; 9) עתק qal[1]; 10) רשש pu.[1]; 11) שחת pi.[1]; 12) נכה hi.[1]; 13) הדף qal[1]. Del. 2*b*, 3); Am 9.11, Hg 2.22c.

καταστροφή 1) אֵיד [2]; 2) הֲפֵכָה [1]; 3) Ar. סוֹף [1]; 4) סופה [1: derived from סוֹף "end"]; 5) שדד qal[1]; 6) תְּבוּסָה [1]; (fr) [Jb 8.19].

καταστρώννυμι, ~στρωννύω 1) שחט qal[1]; 2) שטח qal[1].

κατασύρω 1) חשׂף qal[1]; 2) שׁטף qal[2].

κατασφάζω 1) בתק pi.[1]; 2) הרג qal[1].

κατασφραγίζω 1) חתם qal[2].

κατάσχεσις 1) אֲחֻזָּה [29+: Zc 11.14 MT *'ḥwh*, or poss. = *ḥawwā*]; 2) מִגְרָשׁ [1]; 3) מוֹרָשָׁה [4]; 5) נַחֲלָה [5]. Del. 4); Nu 15.2 v.l. (> κατοίκησις), Ez 35.12.

κατασχίζω *1) בקע qal[1: Is 63.12].

κατατάσσω 2) נתן qal[2: + Ez 44.14 Zgl]; *3) שִׂים qal[2: + Je 19.8 Zgl]. Del. 1).

***καταταχύνω** 1) תעב ni.[1: 1C 21.6*L*].

κατατείνω 1) רדה qal[3].

κατατέμνω 1) גדד hitpo.[2: + Ho 7.14 *r > d*]; 2) גדע qal[1]; 4) שׂרט qal[1]. Del. 3).

κατατέρπω 1) עלז qal[1].

κατατήκω 1) דקק hi.[1]. Del. 2); Jo 5.1 v.l.

κατατίθημι 1) יצק qal[1]; 3) שׁוּב hi.[1]. Del. 2, 4); Zc 11.13, Je 39.14 v.l.

κατατίλλω 1) מרט qal[1].

κατατοξεύω 1) ירה *a.* qal[2], *b.* ni.[1], *c.* hi.[1]; 2) מחץ qal[1].

κατατρέχω 1) מָלֵא hit.[1]; 2) רדף qal[2]; 3) רוץ qal[1].

κατατρίβω 1) Ar. בלא pa.[1]; 2) בלה qal[2]; 3) כלה qal[1]. Del. De 8.4b v.l.

κατατρυφάω 1) ענג hit.[2].

κατατυγχάνω 1) מצא qal[1].

καταφαίνω (-) [Ge 48.17]. Del. 1).

καταφερής 1) מוֹרָד [1].

καταφέρω 1) בּוֹא hi.[1]; 2) יצא hi.[1]; 3) ירד hi.[5]; 4) נגר *a.* ni.[1], *b.* ho.[1]; 5) Ar. נחת ho.[1]; 6) פכה pi[1]. Del. 7-9).

καταφεύγω 1) אסף ni.[1]; 2) חבא ni.[1]; 3) כסה pi.[1]; 4) לוה ni.[2]; 5) נוּס qal[7]; 6) נפל qal[1]; 7) רוּץ qal[1]; (-) [Is 17.3]. Del. Je 9.5.

καταφθάνω 1) דבק hi.[1].

καταφθείρω 1) בקק qal[1]; 2) חבל *a.* pi.[2], *b.* pu.[1]; 3) מקק ni.[1]; 4) נבל qal[1]; 5) שׁחת *a.* ni. [1], *b.* pi. [2], *c.* hi. [10]; (-) [Da LXX 4.11]. Del. 6); 2K 14.14, Is 36.10, 49.19.

καταφθορά 2) שׁחת *a.* hi.[1], *b.* שַׁחַת [1]. Del. 1); Ps 139.11, Zp 3.6 v.l.

καταφιλέω 1) נשׁק *a.* qal[10: - Ge 33.4], *b.* pi.[3], **c.* נשׁק Ar. pe.[1: To 7.6]; *3) חוה hisht.[1: 3K 2.19]. Del. 2); Jb 1.16, Ps 17.8 v.l.

καταφλέγω 2) לֶהָבָה [1]; 3) להט pi.[1]. Del. 1).

καταφλογίζω 1) אכל qal[1].

κατάφοβος *1) κ. γίνεσθαι יָרֵא qal[1: Pr 29.16].

καταφρονέω 1) בגד qal[3]; 2) בוז *a.* qal[2], *b.* subst.[1]; 3) בזה qal[1]; 5) תעע pil.[1]; *6) זלל hi.[1: Je 2.36]. Del. 4).

καταφρονητής 1) בגד *a.* qal[3: + Hb 1.5 MT *bgwym*]. Del. 1*b*).

καταφυγή 1) מַחֲסֶה, מַחְסֶה [1]; 2) מָעוֹז [2]; 4) מְצוּדָה [6]; 5) מִקְלָט [2]; 6) מִשְׂגָּב [3]; 7) נוּס *a.* qal[2: + Ex 17.15], *b.* מָנוֹס [3]; 9) סֵתֶר [1]. Del. 3, 8).

καταφυτεύω 1) נטע qal[6+]; 3) שׁרשׁ hi.[1]; 4) שׁתל qal[2]. Del. 2); Jo 24.13, Am 9.14[2], Je 36.5.

καταχαίρω 1) לעג qal[1].

καταχαλάω 1) ירד hi.[1].

καταχαλκόω 1) צפה pi.[1].

καταχέω 1) יצק qal[1]; 2) נטה qal[1]; 3) עטה hi.[1].

καταχρίω 1) חמר qal[1]; *2) טוּחַ qal[1: 1C 29.4*L*].

καταχρυσόω 1) חפה pi.[2]; 2) צפה pi.[13+].

κατάχυσις 1) מוּצָק [1].

καταχώννυμι 1) כבשׁ qal[1].

καταχωρίζω 1) כתב ni.[1]; 2) עלה qal[1].

καταψύχω 1) שׁען ni.[1].

κατεῖδον 1) ראה [1]; 2) שׁקף hi.[1].

κατειλέω 1) סגר qal[1].

κατεῖπον 1) הוֹצִיא דִּבָּה hi.[1].

κατεμβλέπω 1) נבט hi.[1].

κατέναντι *a*) מִמּוּל [1]; *b*) נֶגֶד [4]; *c*) עַל פְּנֵי [2]; *d*) לִפְנֵי [3]; *e*) קִדְמַת [2]; *f*) אֶת־פְּנֵי [1]; *g*) עַל [1]; *h*)?[1: Am 3.12]. x∫

κατεντευκτής 1) מִפְגָּע [1].

κατενώπιον *a*) אֵת פְּנֵי [1]; *b*) לִפְנֵי [1]; *c*) בִּפְנֵי [2] *d*) בְּעֵינֵי [1]; *e*) Ar. כָּל־קֳבֵל [1]. Del. Ps 43.15 v.l.

κατεπείγω 1) נשׁה qal[1].

κατεργάζομαι 1) חֲרֹשֶׁת [1]; 4) עבד *a.* qal[1], *b.* ni.[1]; 5) עשׂה qal[1], *b.* ni.[1]; 6) פעל qal[2]; 7) צוּק hi.[1]; 8) רדה qal[1]; *9) כרת qal[1: 3K 6.36]; (fr) [Nu 6.3]. Del. 2-3).

κατεργασία 1) מְלָאכָה [1].

κάτεργον 1) עֲבֹדָה [2].

κατέρχομαι *1) Ar. תּוּב pe.[1: To 2.1].

κατεσθίω, ~έσθω 1) אכל *a.* qal[61+: + Jb 20.26, Ez 23.25, 36.8], *b.* ni.[1], *d.* pu.[1], *e.* Ar. pe.[4]; 2) בלע qal[1]; 4) חסל qal[1]; 5) כלה pi.[1]; 7) שׁכל pi.[1]; *8) נבל qal[1: Si 43.21]. Del. 1*c*, 3, 6); 2K 11.25, 3K 20.24*bis*, Jb 1.16, Ps 52.4, Ec 6.2, Je 12.9, 21.14.

κατευθύνω 1) אשׁר pi.[1]; 2) ישׁר *a.* qal[1], *b.* pi.[4: + Je 15.11], *c.* hi.[1], *d.* יָשָׁר [2], *e.* מִישׁוֹר [1], *f.* מֵישָׁרִים [1]; 3) כּוּל pilp.[1]; 4) כּוּן *a.* ni.[6], *b.* pol.[4], *c.* pu.[1], *d.* hi.[9], *e.*

hitpo.[1]; 6) פרץ qal[1]; 7) צָלֵחַ *a.* qal[8], *b.* hi.[4:+ Je 21.12], *c.* Ar. af.[2]; 8) תכן *a.* qal[1], *b.* ni.[3]; 9) תמם *a.* *hi.[1]; 10) נתן qal[1]; *11) נהל pu.[1: Si 49.2]; *12) בּוֹא qal[1: 4K 4.27*L*]; *13) נָכֹחַ [1: 2K 15.3*L*]. Del. 5).

κατευοδόω 2) צָלֵחַ *a.* qal[1], *b.* hi.[3]; (-) [Pr 17.23, Da TH 8.11]. Del. 1) Da TH 8.12 v.l.

κατέχω 1) אחז *a.* qal[11], *b.* ni.[1]; 2) אחר pi.[1]; 3) אסף qal[1]; 4) אסר *a.* qal[1], *b.* ni.[1]; 5) חזק *a.* pi.[1], *b.* hi.[7]; 6) חלק qal[1]; 7) Ar. חסן af.[4]; 8) ירשׁ qal[3]; 9) יָשַׁב עַל qal[1]; 10) לכד qal[1]; 11) נחל qal[2]; 13) עגן ni.[1]; 14) עצר qal[2]; 15) *נשׂג hi.[1]; 16) תפשׂ qal[1]; 17) תקף qal[1]. Del. 12); 4K 3.10.

κατηγορέω 1) עָלָה [1]; *2) רגל pi.[1: 2K 19.28*L*].

κατήγορος 1) רִיב qal[1].

κατισχύω 2) אוץ hi.[1]; 3) אזר pi.[1]; 4) אמץ *a.* qal[1], *b.* pi.[4]; 5) גבר *a.* qal[2], *b.* pi.[2], *c.* hi.[1]; 6) גדל *a.* qal[1], *b.* hi.[1]; 7) חזק *a.* qal[5+], *b.* pi.[19], *c.* hi.[13], *d.* hit.[9], *e.* חֶזְקָה [1], *f.* חָזָק [1]; 9) כָּבֵד qal[1]; 10) *a.* עזז qal[2], *b.* עֱזוּז [1], *c.* מָעוֹז [1]; 11) עזר *a.* qal[4], *b.* ni.[1], *c.* hi.[1]; 12) עצם qal[2]; 13) *a.* עצר qal[2], *b.* עָצַר כֹּחַ qal[2]; 14) צוה pi.[2]; *17) √שׁרר [1: Ho 14.9, MT אשורנו]; *18) נצח pi.[1: Je 15.18]; *19) בּוֹא qal (?)[1: 1E 5.50]; (fr) [4K 24.2]. Del. 1, 8, 15-6); Is 63.12, Da LXX 12.3.

κατοδυνάω 1) אנק ni.[1]; 2) מרר pi.[1].

κατοικεσία 1) מוֹשָׁב [2: + La 1.7). Del. Ez 6.14 v.l.

κατοικέω 2) אֱנוֹשׁ [3]; 4) אָשִׁישׁ [1]; 5) *a.* בעל qal[2], *b.* בַּעַל [1]; 6) גּוּר *a.* qal[5], *b.* hitpol.[1]; 7) דּוּר qal[4]; 8) היה qal[1]; 9) *a.* ירשׁ qal[2], *b.* מוֹרָשׁ [1]; 11) ישׁב *a.* qal[153+: Ho 9.3*b*, 11.5, Jn 4.11, Ez 45.5, 1C 10.11, 2C 10.2, 19.8, Da LXX 3.1], *b.* ni.[6: + Ez 35.9], *d.* ho.[3], **f.* Ar. יתב pe.[1: To 14.4]; 12) מְלֹא [1]; 13) נפל qal[1]; 14) שׁכן *a.* qal[13: + Ho 10.5]; (-) [De 23.16², Es 9.19]. Del. 1, 3, 10, 11*c*, *e*, 14*b*, *c*); Ge 19.30, 36.8, 47.6, 11, Ex 2.15, 12.13, Le 23.43, Jo 8.20, 1K 12.8, 4K 17.6, 1C 12.31, 29.15, 2C 6.1, 2, 1E 8.92, Ps 64.4, 106.36, Is 23.6, 26.21, 54.3, 66.10, Je 13.13², 27.40², 29.18*bis*, 42.7, 50.2, 51.1, 8, 28, Da LXX 4,18², 9.7.

κατοίκησις 1) *a.* מוֹשָׁב [6], *b.* ישׁב qal[2], **c.* יִשּׁוּב [1: 1E 1.21].

κατοικητήριον 1) זְבֻל [1]; 2) *a.* ישׁב qal[3], *b.* מוֹשָׁב [3]; 3) Ar. מְדָר [1]; 4) *a.* מָעוֹן [3], *b.* מְעוֹנָה [3].

κατοικία 1) ישׁב *a.* qal[2], *b.* מוֹשָׁב [12+: Ho 11.7, 14.5, Je 3.6, 8]; 2) *a.* Ar. מְדוֹר [3], *b.* Ar. מְדָר [1], *c.* דּוּר qal[1]; 3) מְכוֹנָה [1]; *4) מָעוֹן [1: Ps 86.7]; *5) עִיר [2: 1E 9.12, 37]. Del. Nu 31.10.

κατοικίζω 2) ישׁב *a.* qal[6+], *b.* ni.[1], *c.* hi.[5+: + Ps 28.10, Je 12.15, Ez 29.14], *d.* Ar. יתב af.[1]; 4) שׁכב hi.[1]; 5) שׁכן *a.* pi.[2], *b.* hi.[1]. Del. 1, 3); Jo 6.24, 4K 17.24², 1C 9.1, 10.7, Je 6.8, 39.37, 47.7, Ez 26.19, 39.6.

κατοικοδομέω 1) מוֹשָׁב [1].

κάτοικος 1) אֱנוֹשׁ [1]; 2) ישׁב qal[1]. Del. 1C 5.16, 1E 9.12.

κατοινόομαι *1) יַיִן [1: Hb 2.5].

κατόπισθεν 1) *a.* אַחַר [3], *b.* אַחֲרֵי [11], *c.* מֵאַחֲרֵי [2], *d.* מֵאַחֲרֵי לְ [1], *e.* אֶל־אַחֲרֵי [1], *f.* עַל אַחֲרֵי [1]; 2) תַּחַת [1].

κάτοπτρον 1) מַרְאָה [1].

κατορθόω 1) אשׁר qal[1]; 2) בנה qal[1]; 3) זכה pi.[1]; 4) *a.* ישׁר pi.[1], *b.* יָשָׁר [3], *c.* מִישׁוֹר [1], *d.* מֵישָׁרִים [1]; 5) כּוּן *a.* ni.[9+], *b.* hi.[4+: + 1E 5.50]; 7) תכן ni.[3]; *8) נצב hi.[1: 1K 13.21*L*]. Del. 6); Ez 18.25.

κατόρθωσις 1) *a.* יָכִין [1], *b.* מָכוֹן [1].

κατορύσσω 1) חתר qal[1]; 3) קבר *a.* qal[6], *b.* ni.[1]. Del. 2); Je 13.7.

κατορχέομαι *1) רקד qal[1: Zc 12.10 MT *dqrw*].

κατοχεύω 1) רבע hi.[1].

κατόχιμος *2) אֲחֻזָּה [1: Le 25.46]. Del. 1).

κάτοχος (fr) [Jn 2.7]. Del. 1).

κάτω, also κατώτερος, κατώτατος 1) *a.* מַטָּה [4], *b.* לְמַטָּה [6]; 2) *a.* מִתַּחַת [6], *b.* תַּחְתִּי [10], *c.* תַּחְתּוֹן [4], **d.* תַּחַת [1: To 13.2]. Del. Jb 37.12, 3K 9.17, Ez 31.16.

κατώδυνος 1) *a.* מַר [3: + Jd 18.25], *b.* מרר qal[2].

κάτωθεν 1) מִלְּמַטָּה [3]; 2) *a.* תַּחַת [2], *b.* מִתַּחַת [1], *c.* תַּחְתּוֹן [1].

καυλός 1) יָרֵךְ [3].

καῦμα 1) חֹם [4]; 2) חֹרֶב [6]; 4) קַיִץ [2]; (-) [Pr 25.13]; (fr) [Jb 24.24]. Del. 3).

καῦσις 1) בער pi.[4]; 2) *a.* Ar. יְקֵדָא [1], *b.* מוֹקְדָה [1]. Del. 3).

καύσων 2) קָדִים [7]; 3) שָׁרָב [2]. Del. 1); Ge 31.40.

καυχάομαι 2) הלל hit.[9]; 3) עלז qal[2]; 4) עליץ [1]; 5) פאר hit.[4]; 6) רבה hi.[1]; 7) רנן hi.[1]; 8) שׁבח hit.[1]. Del. 1).

καύχημα 1) גַּאֲוָה [1]; 4) תְּהִלָּה [8: + De 26.19, Pr 11.7]; 6) תִּפְאֶרֶת [12+: + 1C 16.27 < || Ps 95.6]; 7) הוֹד [1]. Del. 2-3, 5).

καύχησις 1) תִּפְאֶרֶת [10: + Je 12.13].

καψάκης 1) צַפַּחַת [4].

κέγχρος 1) דֹּחַן [1]. Del. 2) Is 28.25 v.l.

κέδρινος 1) אֶרֶז [6+]; 2) בְּרוֹשׁ [1].

κέδρος 1) אֶרֶז [5+: + Ps 36.35]; 2) בְּרוֹשׁ [1]; 3) עֵץ אֶרֶז [1]; 5) תְּאַשּׁוּר [1]. Del. 4).

κεῖμαι 2) בְּקִרְבְּכֶם [1]; 3) יעד ho.[1]; 4) מְדוּרָה [1]; 5) Ar. נחת af.[1]; 6) ἐπ᾽ αὐτῶν κείμενος סֶבֶל [1]; 7) שִׂים, שׂוּם qal[1]. Del. 1); 2K 8.10.

κειρία 1) מַרְבַדִּים [1].

κείρω 1) גזז qal[14]; 2) גלח pi.[3]; 3) קצב qal[1]; 4) קצץ qal[1]. Del. 5-6); Pr 17.19, Je 52.31*bis*.

κεκρυμμένως 1) בְּמִסְתָּרִים [1].

κέλευσμα (fr) [Pr 24.62].

κελεύω (fr) [1E 9.53].

κενολογέω 1) צפף pilp.[1].

κενός 1) אָוֶן [1]; 4) אֶפֶס [1]; 5) הֶבֶל [3]; 6) כזב *a.* pi.[1], *b.* כָּזָב [1], *c.* אַכְזָב [1]; 9) *a.* ריק [8], *b.* רֵיק ,רֵק [7], *c.* רֵיקָם [13]; 10) שָׁוְא [6]; 11) שׁקק qal[1]; 12) שֶׁקֶר [1]; 13) εἰς ~όν תֹּהוּ [1]; 14) ~νὰ ἐπιβάλλειν הבל qal[1]; 15) ~ὸν ποιεῖν חָסֵר hi.[1]; 16) διὰ ~ῆς חִנָּם [4]; 17) διὰ ~ῆς רֵיקָם [1]; 18) διὰ ~ῆς שָׁוְא [1]; 19) εἰς ~ὸν ἐλπίζειν שׁקק qal[1]; (fr) [Jb 20.18, 34.20]. Del. 2, 3 > 6*c*, 7-8); Jd 5.8, 2K 6.3, Jb 15.3, 29.20, Is 43.19.

κενοτάφιον 1) תְּרָפִים [2].

κενόω 1) אמל pul.[2].

κεντέω Del. 1).

κέντρον 1) מֶתֶג [1]; (fr) [Ho 5.12]. Del. 2).

κενῶς 1) לְרִיק [1].

κεπφόω *2) פְּתִי [1: Pr 7.22 MT פִּתְאֹם]. Del. 1).

κεραμεύς 1) יצר qal ptc.act.[12: + Si 36.13]; (fr) [Is 45.9].

κεραμικός 1) Ar. פֶּחָר [1].

κεράμιον 1) בַּת [1]; 2) גָּבִיעַ [1]. Del. Da TH 2.41 v.l.

κέραμος 1) יֹצֵר [1].

κεράννυμι 1) מסך qal [4]. Del. De 28.66, Je 30.10.

κέρας 2) מִקְצוֹעַ [1]; 3) קֶרֶן [26+]; 4) κέρατα ἐκφέρειν קרן hi.[1]; *5) נֶבֶל [1: Je 31.12]. Del. 1).

κέρασμα 1) *a.* מֶסֶךְ [1], *b.* מִמְסָךְ [1].

κεράστης 1) צִפְעֹנִי [1].

κερατίζω 2) נגח *a.* qal[4: + Ez 32.2], *b.* pi.[6]; 3) נגף qal[1]; 4) צהל qal[1]. Del. 1).

κεράτινος 1) σάλπιγξ ~η שׁוֹפָר [1]; 2) שׁוֹפָר [21].

κερατιστής 1) נַגָּח [2].

κεραυνός 1) בָּרָק [1].

κεραυνόω 1) נֶפֶץ [1].

κέρκος 1) זָנָב [5: + Pr 26.17]; (fr) [Ex 4.4*b*].

κέρκωψ 1) נִרְגָּן [1].

κεφάλαιον 1) *a.* רֹאשׁ [5], *b.* Ar. רֵאשׁ [1]. Del. 1*c*) Da LXX 11.41 v.l.

κεφαλαιόω 1) כלל pi.[1].

κεφαλή 1) גֻּלְגֹּלֶת [8]; 2) נֶפֶשׁ [1]; 3) קָדְקֹד [1]; 5) *a.* רֹאשׁ [89+], *b.* Ar. רֵאשׁ [16]; 6) πρὸς ~ῆς מְרַאֲשׁוֹת [9]; (fr) [Is 3.24, 8.8, Je 7.29]. Del. 4); Ex 26.24, 37.6, Am 5.11, La 2.17.

κεφαλίς 1) אֶדֶן [4]; 2) וָו [4]; 4) מְגִלָּה [6]; 6) רֹאשׁ [3]. Del. 3, 5 > 1).

κηλιδόω 1) כתם ni.[1].

κημός 1) חָח [2: + Ez 19.9 transp.]; 3) רֶסֶן [1]. Del. 2).

κῆπος 1) *a.* גַּן [1+:+ Ne 3.16, 26, Ct 4.12], *b.* גִּנָּה [3], *c.* גַּנָּה [2+].

κηρίον 1) יַעַר [1]; 2) נֹפֶת [4]; 3) צוּף [2]; (fr) [Ez 20.6, 15].

κηρός 1) דּוֹנַג [4]; (fr) [Ps 57.8, Is 64.1].

κήρυγμα 1) קוֹל [2]; 2) *a.* קְרִיאָה [1], **b.* √קרא [1: Pr 9.3].

κῆρυξ 1) כָּרוֹז [2].

κηρύσσω 1) זעק hi.[1]; 2) Ar. כרז af.[1]; 3) נָתַן קוֹל qal[1]; 4) הֶעֱבִיר קוֹל hi.[3]; 5) קרא *a.* qal[10+], *b.* Ar. pe.[1]; 6) רוּעַ hi.[4].

κῆτος 1) *a.* דָּג [3], *b.* דָּגָה [1]; 2) לִוְיָתָן [1]; 3) רַהַב [3: + Si 43.25]; 4) תַּנִּין [1].

κίβδηλος 1) שַׁעַטְנֵז [2].

κιβωτός 1) אָרוֹן [38+]; 3) תֵּבָה [26+]; *4) אוֹצָר [1: 1E 1.54]. Del. 2); Jo 22.19.

κίδαρις 1) מִגְבָּעָה [3]; 2) מִצְנֶפֶת [5]; 3) פְּאֵר [1]; 4) צָנִיף [2].

κιθάρα 1) כִּנּוֹר [1+]; 2) נֶבֶל [1]; 3) נְגִינָה [1]; 4) עוּגָב [1]; 5) Ar. קִיתָרֹס [6].

κιθαρίζω 1) נגן pi.[1].

κινδυνεύω 2) חשב pi.[1]; 4) סכן ni.[1]. Del. 1, 3).

κίνδυνος 1) מֵצַר [1].

κινέω 1) חוּשׁ qal[1]; 2) מוט ni.[1]; 3) מוּשׁ, מִישׁ qal[5]; 4) נדף ni.[1]; 5) נוּד *a.* qal[2], *b.* hi.[1]; 6) נוּס qal[1]; 7) נוּעַ *a.* qal[4], *b.* hi.[10]; 8) נסע qal[3]; 9) סוּר qal[1]; 10) פּוּק hi.[1]; 11) פעם ni.[1]; 12) רמשׂ qal[6]; 13) שׁרץ qal[1].

κίνησις 1) *a.* נִיד [1], *b.* מָנוֹד [1].

κιννάμωμον 1) קְנֵה הַטּוֹב [1]; 2) קִנָּמוֹן [3].

κινύρα 2) כִּנּוֹר [17]; *3) נֶבֶל [1: Si 39.15]. Del. 1).

κιρνάω 1) מסך qal[1].

κισσάω 1) יחם pi.[1].

κιχράω 1) לוה hi.[1]; 2) שׁאל hi.[1].

κίων 1) עַמּוּד [3]; *2) קֶרֶשׁ [2: 3K 15.15].

κλάδος 1) דָּלִית [4]; 2) יֹנֶקֶת [1]; 3) כַּף [1]; 4) סְעִיף [1]; 6) *a.* עָנָף [2], *b.* Ar. עֲנַף [4]; 7) פֹּארָה [3]; 8) *a.* שׂוֹךְ [1], *b.* שׂוֹכָה [1]; 9) שִׁבֹּלֶת [1]; *11) יְנִיקָה [1: Si 40.15]. Del. 5, 10); Le 23.40[2], Nu 3.37, 4.32.

κλαίω 1) *a.* בכה qal[31+: + 3K 18.45, Ps 94.6, Jl 1.18], *b.* בֶּכֶה [1], *c.* בְּכִי [4], **d.* Ar. pe.[2: To 6.1, 7.6]; 4) ספד qal[3: + Je 41.5[1,2]]; 5) קרא qal[3]; 6) κλ. δάκρυσι נטף hi.[1]. Del 2-3); 1K 4.19, 2K 1.24[1], Je 41.5[3], Ez 27.31.

κλάσμα 1) פֶּלַח [3]; 2) *a.* פַּת [3], *b.* פְּתוֹת [1].

κλαυθμός 2) *a.* בכה qal[5: + Mi 7.4], *b.* בְּכִי [4+], **c.* קוֹל בְּכִי [1: 1E 5.65]; *5) Ar. עֲצִיב [1: Dan LXX 6.20]; (fr) [Ge 46.29]. Del. 1, 3, 4 > 5).

κλαυθμών 1) בָּכָא [3: + 2K 5.23f.]; 2) בֹּכִים [2].

κλάω 2) פרס qal[1]; 4) רצץ hi.[1]. Del. 1, 3); Je 27.23, La 4.4.

κλεῖθρον 1) בְּרִיחַ [2: + Jb 26.13]; 2) מַנְעוּל [4].

κλείς 1) מַפְתֵּחַ [2]; 2) שְׁכְמָה [1]. Del. Is 22.22.

κλείω 1) גוּף hi.[1]; 2) נעל qal[2]; 3) סגר *a.* qal[13], *b.* ni.[3], *c.* pu.[2], *d.* hi.[1]; 4) סתם qal[1]; *5) מַפְתֵּחַ [1: Si 42.6].

κλέμμα 1) *a.* גנב qal[2], *b.* גְּנֵבָה [2].

κλέος 1) שֵׁמַע [1].

κλέπτης 1) *a.* גנב qal[1], *b.* גַּנָּב [6+].

κλέπτω 1) גנב *a.* qal[13+]; *b.* ni.[9],*c.* pi.[1], *d.* pu.[2], *e.* גַּנָּב [3]; (fr) [Jb 17.2].

κληδονίζομαι 1) ענן po.[3].

κληδονισμός 1) ענן po.[1]. Del. De 18.14 v.l.

κληδών 1) ענן po.[1].

κλῆμα 1) דָּלִית [4]; 2) זְמוֹרָה [3: - Ez 8.17]; *2α) II יֶתֶר [2: Jd 16.7,8*L*]; 3) נְטִישׁוֹת [1]; 4) עָנָף [1]; 5) קָצִיר [1]; 6) שָׂרִיג [1]. Del. Ez 8.17

κληματίς 1) נְטִישׁוֹת [1]; 2) שְׁדֵמָה [1].

κληροδοσία 1) נַחֲלָה [2]; *2) חֵלֶק [3: Da LXX 11.21, 32, 34].

κληροδοτέω 1) ירשׁ hi.[1]; 2) נפל hi.[1].

κληρονομέω 1) אחז ni.[2]; 2) בזז qal[1]; 3) חלק pi.[1]; 4) ידע qal[1]; 5) ירשׁ *a.* qal[59+], *b.* hi.[11], *c.* יְרֵשָׁה [1]; 6) לכד qal[1]; 7) נחל *a.* qal[9+: + Ps 5 tit.], *b.* hi.[3], *c.* hit.[1], *d.* נַחֲלָה [6], *e.* חָלַק נַחֲלָה qal[1], *f.* נָתַן נַחֲלָה qal[1]; 8) מצא qal[1]; *9) Ar. יְרֵת pe.[1: To 3.15]. Del. 1C 28.6, 2E 9.12, Is 62.4.

κληρονομία 1) אֲחֻזָּה [2]; 2) גְּבוּל [1: 1C 21.12*L*]; 3) גּוֹרָל [2]; 4) חֵלֶק [1]; 5) *a.* ירשׁ qal[1], *b.* יְרֻשָּׁה [2], *c.* יְרֵשָׁה [8: Zc 4.7], *d.* מוֹרָשָׁה [6: Mi 1.14, 15]; 6) *a.* נַחֲלָה [39+], *b.* נַחֲלַת [1]; *אֶרֶץ [1: 3K 33.36*L*]. Del. 2, 5*e*); De 9.26, Jo 12.7, 24.4, Jl 3.6.

κληρονόμος 1) ירשׁ qal ptc.[4]. Del. Je 13.25.

κλῆρος 1) גּוֹרָל [18+]; 2) חֶבֶל [1]; 3) *a.* חֵלֶק [1], *b.* מַחֲלֹקֶת [1]; 4) *a.* ירשׁ qal[6], *b.* יְרֻשָּׁה [4], *c.* מוֹרָשָׁה [1]; 5) מִשְׁפָּחָה

[1]; 6) *a*. נַחֲלָה [32+], **b*. נחל qal[1: Je 12.13]; 7) פּוּר [2]; 8) קָרְבָּן [1]. Del. De 15.7, 17.14, 26.2, Jo 12.6, Jd 21.22, Ps 30.15.

κληρόω 1) לכד ni.[1]; 2) נַחֲלָה [1]. Del. 3); Es 4.11.

κληρωτί 1) בְּגוֹרָל, בַּגּוֹרָל [4]. Del. Nu 33.54 v.l.

κλῆσις 1) קרא qal[1].

κλητός 1) קרא *a*. qal pass.ptc.[4], *b*. מִקְרָא [12].

κλίβανος 1) תַּנּוּר [12].

κλίμα 1) פִּנָּה [1].

κλιμακτήρ 1) *a*. מַעֲלָה [5], *b*. מַעֲלֶה [1].

κλῖμαξ 1) מַעֲלָה [2]; 2) סֻלָּם [1].

κλίνη 1) מִטָּה [4+]; 2) מִשְׁכָּב [1]; 3) עֶרֶשׂ [2+]. Del. 2K 4.11.

κλίνω 2) ירד qal[1]; 3) כרע qal[3]; 4) מוט *a*. qal[2], *b*. ni.[1]; 5) מוּשׁ qal[1]; 7) נטה *a*. qal[12: + 1K 14.32], *b*. hi.[24]; 8) נטשׁ qal[1]; 11) פנה qal[1]; 12) צעה *a*. qal[1], *b*. pi.[1]; 13) רפה qal[1]; 14) שׁכב hi.[1]; *15) נגר hi.[1: Ps 74.9]. Del. 1, 6, 9-10); 3K 20.27, 4K 8.1.

κλίτος 1) *a*. יָרֵךְ [2], *b*. יַרְכָה [1]; 2) כָּתֵף [4]; 3) מוּל [1]; 4) מִקְצוֹעַ [3]; 5) פֵּאָה [13]; 6) פַּעַם [1]; 7) צַד [3]; 8) צֵלָע [9]; 9) *a*. קָצֶה [2], *b*. קָצָה [6]; 10) רְחוֹב [1].

κλοιός 1) מוֹטָה [5]; 3) עֹל [2+: Hb 2.6 MT *'lyw*]; 4) עֲנָק [2]; 5) רָבִיד [1]; 6) חַבְלָה ? [1]; *7) שׂכל pi.[1: Da TH 8.25]; *(8) שֶׁלֶט (1: 1C 18.7*L*); (fr) [1C 18.7]. Del. 2); Jb 40.21, Is 43.14, Ez 34.27.

κλοπή 1) גנב *a*. qal[2], *b*. pu.[1], *c*. גַּנָּב [1]; *2) יָד [1: Si 41.19].

κλοποφορέω 1) גנב qal[1].

κλύδων 1) *a*. ἐξεγείρω κλύδωνα סער qal[1], *b*. סַעַר [2]; (fr) [Pr 23.24].

κλυδωνίζω 1) גרשׁ qal[1].

κλώθω 1) פָּתִיל [1]; 2) שׁזר ho.[17]; 3) שָׁנִי [7]. Del. Le 14.6.

κλών 1) בַּד [1]. Del. 2).

κλῶσμα 1) פָּתִיל [3].

κλωστός 1) שָׁנִי [1].

κνήμη 1) *a*. שׁוֹק [5], *b*. Ar. שָׁק [1].

κνημίς 1) מִצְחָה [1].

κνήφη 1) חֶרֶס [1].

κνίδη 1) חוֹחַ [1].

κνίζω 1) בלס qal[1].

κοιλάς 1) גַּיְא [1]; 2) עֵמֶק [12+: + Jd 5.14]; 3) שְׁקַעֲרוּרָה [1].

κοίλασμα 1) מוֹקֵשׁ [1].

κοιλία 1) בֶּטֶן [15+]; 3) גָּחוֹן [2]; 4) *a*. כְּרֵשׂ [1], **b*. כֶּרֶשׂ [1: Si 36.23]; 5) *a*. מֵעִים [4+: + 1C 17.11, To 4.4, La 2.11], *b*. Ar. מְעִין [1]; 6) קֶרֶב [13]; 7) רֶחֶם [4]. Del. 2, 8); Ge 38.27, Pr 26.22.

κοῖλος 1) יַרְכָה [1]; 2) נבב qal[1]; 3) *b*. עָמֹק [2]; (-) [Jo 9.5]. Del. 3*a*); Jl 3.14.

κοιλοσταθμέω 1) ספן qal[1]; 2) צפה pi.[1].

κοιλόσταθμος 1) ספן qal[1].

κοίλωμα 1) בֶּתֶר [1]; (-) [3K 7.15]. Del. Ct 8.14 v.l.

κοιμάομαι 1) בוּת Ar. pe.[1]; 2) היה qal[1]; 6) ישׁן qal[2: + Pr 4.16]; 7) לִין qal[10+]; 10) רבץ qal[1]; 11) רדם ni.[1]; 12) שׁכב *a*. qal[52+: + 1K 9.25, 4K 4.20, 1C 17.11, Jb 8.17], *b*. hi.[1], *c*. ho.[3: + Ez 32.19²], *d*. מִשְׁכָּב [1]; *13) מות qal[1: Si 48.11]; *14) גוע qal[1: Je 51.33]; (fr) [Jb 22.11, Ez 34.14]. Del. 3-5, 8-9); Ge 24.11, Je 30.12, 32.19.

κοίμησις 1) נוּחַ qal[1]; (fr) [Si 48.13].

κοιμίζω 1) ברך hi.[1]; 2) ישׁן pi.[1]; 3) לִין hi.[1]; 4) שׁכב *b*. hi.[6], *c*. ho.[1]. Del. 4*a*); 1K 2.22, Na 3.18.

κοινός 1) אֶחָד [1]; 2) חָבֵר [2]; 3) יַחְדָּו [1].

κοινωνέω 3) חבר *a*. pu.[2], *b*. hit.[3], *c*. חֶבְרָה [1], *d*. qal[2: + Pr 1.11], **e*. pi. [1: [1: 2C 20.36*L*]. Del. 1-2).

κοινωνία 1) תְּשׂוּמֶת יָד [1].

κοινωνός 1) *a*. חָבֵר [5: + 4K 17.11], *b*. חֲבֶרֶת [1], *c*. חבר qal[1]; 2) *שׁוּתָּף [1: Si 42.3]; 3) *רֵעַ [1: 4K 17.11 voc.].

κοινῶς *1) Ar. כַּחֲדָא [1: To 6.6].

κοιτάζομαι 1) לוּן qal[1]; 2) רבץ *a*. qal[2], *b*. hi.[2]; 3) שׁכב qal[3].

κοιτασία 1) שְׁכֹבֶת [1].

κοίτη 1) דֹּבֶר [1]; 2) יָצוּעַ [3: + Si 41.22]; 3) מְאוּרָה [1]; 4) *a*. מָעוֹן [1], *b*. מְעוֹנָה [2]; 5) *a*. רבץ qal[1], *b*. רֵבֶץ [1]; 6) *a*. שׁכב qal[1], *b*. שְׁכָבָה [7+], *c*. שְׁכֹבֶת [3], *d*. מִשְׁכָּב [16+], *e*. Ar. מִשְׁכַּב [8]; 7) תַּחַת [1]; *8) מִטָּה [1: 2K 4.7*L*].

κοιτών 1) *a*. חֶדֶר [5], **b*. חֲדַר מִשְׁכָּב [1: 2K 4.7*L*]; 2) מְקֵרָה [1]; 3) מִשְׁכָּב [3]; 1+3) [1].

κόκκινος 1) כַּרְמִיל [3]; 2) שָׁנִי [10+]; 3) *a*. תּוֹלָע [1], *b*. תּוֹלֵעָה [24].

κόκκος 1) *a*. תּוֹלָע [1], *b*. תּוֹלַעַת [1]; 2) שָׁנִי [1].

κολαβρίζω 1) דכא hit.[1].

κολάζω *1) Ar. עֲבַד דִּין itpe.[1].

κολάπτω 1) גָּזִית [1]; 2) חרת qal[2]; 3) כְּרֻתוֹת [1]. Del. Je 10.4 v.l.

κόλασις 1) מִכְשׁוֹל [4]; 2) λαμβάνειν τὴν κ. עלם ni.[1]; (-) [Is 18.20].

κολεός 1) נָדָן [1]; 2) תַּעַר [5].

κόλλα 1) מְחוּגָה [1].

κολλάω 1) דבק *a*. qal[21: + De 6.13, 29.20, on which latter cf. 1QS 2.15], *b*. pu.[1], *c*. hi.[1], *d*. ho.[1]; 2) נגע hi.[1]; 3) נגשׁ qal[1]; *6) צרר hi.[1: Ps 24.21]. Del. 4-5); Ru 2.21, 3K 7.12.

κολλυρίζω 1) לבב pi.[2].

κολλύριον 1) נִקֻּדִים [2].

κολλυρίς 1) חַלָּה [1]; 2) לְבִיבָה [3]; 3) נִקֻּד [1].

κολλυρίτης *1) אֲשִׁישָׁה [1: 1C 16.3*L*].

κολοβόκερκος 1) קלט qal pass.ptc.[1].

κολοβόριν 1) חרם qal, pass.ptc.[1].

κολοβόω 1) קצץ pi.[1].

κολόκυνθα 1) קִיקָיוֹן [5].

κόλπος 1) חֵק [11+: Ho 8.4]; 2) חֹפֶן [1]; 3) חֹצֶן [2]; 4) צַלַּחַת [2]. Del. La 4.5.

κόλπωμα 1) חֵיק [1].

κολυμβήθρα 1) בְּרֵכָה [10].

κόμη 2) פֵּאָה [2: + Ez 24.23]; 4) פֶּרַע [3: + Jb 16.12]. Del. 1, 3).

κομίζω 1) Ar. יבל af.[1]; 2) לקח qal[2]; 3) נשׂא qal[5: + Ps 39.15]; *4) בּוֹא hi.[2: 1E 9.39, 40]; *5) נצל hi.[1: 1K 30.18*L*]. Del. 1E 2.14, Jb 22.8.

κόνδυ 1) גָּבִיעַ [4]; 2) כּוֹס [2].

κονδυλισμός 1) גִּדּוּף [1].

κονία 1) מוּצָק [1]; 2) שִׂיד [2]; 3) κ. λεπτή אֶבֶן־גִּיר [1]; *4) גִּיר [1: Jb 28.4 voc.].

κονίαμα 1) גִּיר [2].

κονιάω 1) שׂיד qal[2]; (fr) [Pr 21.9].

κονιορτός 1) *a.* אָבָק [3+], *b.* אֲבָקָה [1]; 2) חֹמֶר [1]; 3) מֹץ [2: + Is 3.24]; 5) Ar. עוּר 1]; 6) עָפָר [2]; 7) שִׁפְעָה [2]. Del. 4).

κοντός *1) עֵץ [1: 1K 17.7 *ḥ* > ']; 2) צִנָּה [1].

κόνυζα 1) סִרְפַּד [1].

κοπάζω 1) חדל *a.* qal[6: + Ho 8.10, Ps 48.10]; 2) כלה *qal[2: + Ez 43.10]; 4) עצר ni.[2]; 5) קלל qal[2]; 6) שׁכך qal[2]; 7) שׁקט qal[1]; 8) שׁקע qal[1]; 9) שׁתק qal[2]; 10) שׁבת hi.[2]. Del. 3); 1K 17.19, 2K 23.7, 10.

κοπανίζω 1) Ar. דקק af.[1].

κοπετός 1) בְּכִי + 3) נְהִי [1]; 2) מִסְפֵּד [9+].

κοπή 2) *a.* נכה hi.[1], *b.* מַכָּה [1]. Del. 1); De 28.25.

κοπιάω 1) אוץ qal[1]; 3) חלה qal[1]; 4) חשׁל ni.[1]; 6) *a.* יגע qal[18:+ 1K 6.12, 2K 23.7, Is 30.5], *b.* יָגֵעַ [1], *c.* יְגַע [2], *d.* *יְגִיעַ [2]; 7) כשׁל *a.* qal[2], *b.* ni.[2]; 8) לאה ni.[3: + 1K 17.39]; 10) עָיֵף [2: + 1K 14.31]; 11) *a.* עמל qal[5: + Si 51.27], *b.* עָמֵל [2]; 14) יָעֵף [1]; 15) עבד qal[1]. Del. 2, 5, 9, 11*c*, 12-3); Ps 48.8, Ho 8.10 v.l.

κόπος 1) אָוֶן [8: + Ma 2.13]; 3) εἶναι ἐν ~οις *יָגִיעַ [1]; 4) טֹרַח [1]; 5) יָגוֹן [1]; 6) יְגִיעַ [3]; 7) עָמָל [14]; *9) לאה qal[1: Jb 4.2]. Del. 2, 8); Jb 3.10, 19.27, Ps 9.35, 54.11.

κοπόω יגע pi.[1].

κοπρία 1) אֵפֶר [1]; 2) אַשְׁפּוֹת [7]; 3) דֹּמֶן [1]; 4) סוּחָה [1].

κόπριον 1) דֹּמֶן [1]. Del. Si 27.4 > κοπρία.

κόπρος 1) גָּלָל [1]; 3) דֹּמֶן [1]; 5) חֲרֵי [2]; 6) פֶּרֶשׁ [5]; 7) *a.* צֵאָה [2: + Is 36.12]. Del. 2, 4, 7*b*).

κοπρών *1) מַחֲרָאָה [1: 4K 10.27].

κόπτω 2) גדד *a.* hitpo.[3: + Je 31.37]; 3) גדע *a.* pi.[3], *b.* pu.[1]; 4) חטב qal[2]; 5) חצב qal[1]; 6) כרת *a.* qal[19: + Jd 20.43], *b.* hi.[1]; 7) *a.* כתת ho.[1], *b.* כָּתִית [4]; 8) נגף qal[1]; 9) נכה hi.[14: Hg 1.8]; 10) ספד *a.* qal[24], *b.* ni.[1], *c.* מִסְפֵּד [1]; 13) פלשׁ hit.[1]; 14) קבר qal[1]; 15) קוט ni.[2]; 16) κ. τὴν οὐραγίαν זנב qal[1]; *17) פצץ po.[1: Je 28.29]. Del. 1, 2*b*, 11-2); 2C 34.7, Je 51.8.

κόπωσις 1) יְגִיעָה [1].

κόραξ 1) עֹרֵב [4+: Zp 2.14 MT *ḥrb*].

κοράσιον 1) יַלְדָּה [2]; 2) *b.* נַעֲרָה [14: + 1K 20.30 4Q52]; *4) Ar. עֲלֵימָה [1: To 6.13]. Del. 2*a*, 3).

κορέννυμι 1) דָּשֵׁן qal[1].

κόρη 1) אִישׁוֹן [5]; 2) בָּבָה [1].

κόριον 1) גַּד [2]. Del. 2).

I κόρος 1) חֹמֶר [3]; 2).

κορύνη Del. 1) חֲדָשָׁה.

κορυφή 2) קָדְקֹד [5]; 3) רֹאשׁ [22+: + De 33.15[2], Ez 8.3]. Del. 1, 4); De 33.15.

κορώνη *1) עֹרֵב [1: Je 3.2 MT עֲרָבִי].

κοσμέω 3) עדה *a.* qal[4: + Mi 6.9], *b.* hi.[1]; 4) ערך qal[1]; 5) צפה pi.[1]; 6) תקן *b.* pi.[2: + Si 42.21]; 8) אחז ni.[1]; 9) סדר qal[1]. Del. 1-2, 6*a*, 7); Si 25.1, Ec 1.15, Ez 16.58.

κόσμιον 1) תקן pi.[1].

κόσμος 1) כְּלִי [1]; 2) מַעֲדַנִּים [1]; 3) מַעֲשֶׂה [1]; 4) עֲדִי [9: + Si 6.30]; 5) עֵדֶן [1]; 6) צָבָא [5]; 7) תְּכוּנָה [1]; 8) תִּפְאֶרֶת [1]; 9) נִיב [1]; 10) זִיר [1]; (-) [Is 3.18].

κόσυμβος 1) שְׁבִיסִים (?)[1]; 2) שׁבץ pi.[1].

κοσυμβωτός 1) *b.* תַּשְׁבֵּץ [1]. Del. 1*a*); Ex 28.35 v.l.

κοτύλη 1) בַּת [3]; 2) לֹג [5].

κουρά 1) גֵּז [3: + Ne 3.15]. Del. 2) Jo 5.11 v.l.

κουρεύς 2) גַּלָּב [1]. Del. 1) אִישׁ.

κουφίζω 1) *a.* חָשַׂךְ לְמַטָּה מִן qal[1], *b.* חשׂך ni.[1]; 2) קלל hi.[6].

κοῦφος 1) קלל *a.* qal[2], *b.* ni.[3], *c.* קַל [7], *d.* κ. εἶναι קלל ni.[1]; *2) נָכֹחַ [1: Si 11.21].

κούφως 1) קַל [1].

κόφινος 1) דּוּד [1]; 2) סַל [1].

κόχλαξ 1) צֶמֶד [1].

κράζω 1) זעק *a.* qal[21], *b.* ni.[1], *c.* hi.[1]; 2) נהק qal[1]; 3) *a.* צעק qal[4+], *b.* צְעָקָה [1]; 4) קרא *a.* qal[1+], *b.* ni.[1]; 5) רוּעַ *a.* hi.[2: + Ex 32.17], *b.* hitpo.[1]; 6) שְׁאָגָה [1]; 7) שׁוע pi.[13]; *8) צוח qal[1: Jd 1.14]; (fr) [Jb 34.20]; (-) [Jd 18.24]. Del. 5*c*).

κραιπαλάω 1) רנן hitpo.[1]; 2) *a.* שׁכר qal[1], *b.* שִׁכּוֹר [1].

κρᾶμα 1) מֶזֶג [1].

κρανίον 1) גֻּלְגֹּלֶת [2].

κράσπεδον 1) כָּנָף [2]; 2) צִיצִת [2].

κραταιός 1) אַדִּיר [1]; 2) אַמִּיץ [1]; 3) גִּבּוֹר [4]; 4) *a.* חזק qal[1], *b.* חָזָק [14+], *c.* חֹזֶק [3]; 5) יָרֵא ni.[1]; 6) מָגֵן [1]; 7) *a.* עַז [2], *b.* עֹז [3], *c.* עִזּוּז [1]; 8) עצם qal[1], *b.* עָצוּם [1], *c.* עֹצֶם [1]; 9) עָרִיץ [2]; 10) also Ar. תְּקִף [2]; (fr) [1E 8.47, 2E 6.4]. Del. 1E 2.17, Ps 140.6, Am 2.16.

κραταιότης 1) גַּאֲוָה [1].

κραταιόω 1) אמץ *a.* qal[2], *b.* pi.[1], *c.* hi.[2], *d.* hit.[1], *e.* מַאֲמַצִּים [1]; 2) גבר qal[5]; 3) *a+e* חזק qal[13], *b.* pi.[11], *c.* hi.[1], *d.* hit.[7: + 2C 35.22]; 6) משׁל qal[1]; 7) *a.* עזז qal[3], *b.* עֹז [1], *c.* מָעוֹז [1]; 8) עצם *a.* qal[3], *b.* hi.[1]; *8α) קָשֶׁה [1: Jd 4.24*L*]; 10) שׂגב *a.* [1], *b.* hi.[1]; 11) Ar. תקן ho.[1]; 12) Ar. תְּקַף pe.[1]. Del. 4-5, 9); Jo 18.1

κραταίωμα 2) סֶלַע [1]; 3) *a.* עֹז [1], *b.* מָעוֹז [1]. Del. 1, 4); 1K 2.32, Je 31.1.

κραταιῶς 1) בְּחָזְקָה [1], **b.* בְּחֹזֶק [1: 1K 2.16 4Q51]. Del. 2); Jb 36.22 v.l.

κραταίωσις 1) מָעוֹז [2]; 3) תַּעֲצֻמוֹת [1]. Del. 2); Ps 30.3 v.l.

κρατέω 1) אָהֵב qal[1]; 2) אחז *a.* qal[12], *b.* pi.[1]; 4) אמץ *a.* pi.[1], *b.* אַמִּיץ [1]; 6) חזק *a.* qal[4], *b.* pi.[3], *c.* hi.[47], *d.* hit.[3], *e.* חֶזְקָה [1]; 7) כבשׁ ni.[1]; 8) כתר hi.[1]; 9) לכד qal[3]; 10) מלך qal[1]; 11) משׁל qal[4]; 13) ענק qal[1]; 14) עצר qal[2]; *14α) פְּרָזוֹן [1: Jd 5.7*L*]; 16) שׁפט qal[1]; 17) תפשׂ qal[1]; 18) Ar. תקן ho.[1]; 19) תמך qal[1]; *20) Ar. גבר pe.[To 6.4]; *21) Ar. אחד pe.[1: Da TH 5.12]. Del. 3, 4*c*, 5, 12, 15); 3K 21.23, 4K 11.12, Jb 36.19.

κρατήρ 1) אַגָּן [2]; 2) גָּבִיעַ [3]; (-) [+ Pr 9.3]. Del. Ex 25.34 v.l.

κράτιστος. See under κρείσσων.

κράτος 1) אֵיתָן [1]; 2) אַמִּיץ [1]; 3) גֵּאוּת [1]; 4) *a.* חזק hi.[1], *b.* חָזְקָה [1], **c.* pi.[1: Is 22.21]; 5) *a.* חסן [1], *b.* חֵסֶן [1]; 6) עֹז [6]; 7) *b.* עֹצֶם [2: + Jb 21.23]; 8) רֶשֶׁף [1]; 9) Ar. תְּקֹף [1]. Del. 7*a*); Jb 9.19

κραυγάζω 1) רוּעַ hi.[1].

κραυγή 1) בְּכִי [1]; 2) הָגִיג [1]; 3) *a.* זַעַק [1], *b.* זְעָקָה [12: + Jb 16.18]; 5) צְוָחָה [3]; 6) צְעָקָה [7+]; 7) קוֹל [1: 1E 5.63]; 8) רגע qal[1]; 10) שָׁאוֹן [1]; 11) *b.* שַׁוְעָה [6: + Jn 2.3 voc.]; 12) תְּרוּעָה [9: + Am 2.2]; (fr) [Is 65.19]. Del. 4, 9, 11*a*); Is 29.6, Ez 27.30.

κρέαγρα 1) יָע [2: + 2C 4.11]; 2) *a.* מִזְלָג [5], *b.* מַזְלֵג [2]. Del. 3) סִיר.

κρεανομέω 1) נתח pi.[1].

κρέας 1) בָּשָׂר [52+: + Je 37.16]. (-) [+ Le 22.30].

κρείσσων 2) *a.* טוֹב [2+], *b.* מֵיטָב [1]; 3) נָעִים [1]; 4) κράτιστος εἶναι שׁפר qal[1]; 5) κρείττων εἶναι נָעֵם [1]; (fr) [Pr 24.5]; (-) [Pr 13.12]. Del. 1).

κρεμάζω 3) תלא qal[1]; 4) תלה *a.* qal[5+: + Ez 17.23], *b.* ni.[2], *c.* pi.[2]; *5) Ar. זְקִיף [1: 1E 6.32]. Del. 1-2).

κρεμαστός 1) מְצָד [1].

κρημνός 1) סֶלַע [2].

κρήνη 1) בְּרֵכָה [6].

κρηπίς 1) אוּלָם [1]; *3) גָּדָה [3]. Del. 2).

κριθή 1) שְׂעֹרָה [7+: + Ge 26.12].

κρίθινος 1) שְׂעֹרָה [5: + Jd 5.8 voc.].

κρίκος 2) אֶדֶן [1]; 3) וָו [3]; 4) קֶרֶס [4]. Del. 1).

κρίμα 3) דִּין [3]; 4) *a.* חֹק [5: + Si 42.15]; 5) Ar. פְּשַׁר [1]; 6) צְדָקָה [2]; 7) *a.* שֶׁפֶט [7], *b.* מִשְׁפָּט [45+: + Le 26.46, Ez 37.24, Si 41.16; - Is 9.7], *c.* שׁפט po.[1]; 8) חֵלֶק [1]; *9) עֵצָה [1: 1E 9.4]. Del. 1-2, 4*b*); De 6.24, 12.1, Ps 118.170, Pr 8.8, Je 7.5, Ez 33.2.

κρίνον 1) חֲבַצֶּלֶת [1]; 2) פֶּרַח [4]; 3) *a.* שׁוּשַׁן [1], *b.* שׁוֹשָׁן [3], *c.* שׁוֹשַׁנָּה [1+]. Del. Ex 25.34.

κρίνω 1) אשׁם hi.[1]; 2) בחן qal[1]; 3) דִּין *a.* qal[4+], *b.* ni.[1], *c.* Ar. pe.[3: + 2E 4.9, 7.25], *d.* subst.[3], *f.* κρ. εἰκῆ גֵּרָה הַחֲוִי פְּשַׁר מָדוֹן pi.[1]; 4) דרשׁ qal[1]; 5) כּוּן hi.[1]; 7) Ar. haf.[2]; 8) רִיב *a.* qal[4+], *b.* subst.[1]; 10) שׁפט *a.* qal[20+], *b.* ni.[8], *c.* מִשְׁפָּט [5], *d.* בַּעַל מִשְׁפָּט [1]; 11) Ar. שׂוּם טְעֵם pe.[2]; 12) חתך ni.[1]; 13) δίκαιον κρ. צדק hi.[1]; 14) צוה pi.[1]; *15) Ar. טָב [1: 1E 6.21]; *16) Ar. רְעוּ [1: 1E 6.22]; *17) עֵצָה [1: 1E 8.94]; (fr) [Jb 23.13, Pr 24.35]. Del. 3*e*, 6, 8c, 9); Jb 17.10, 39.32.

κριός 1) אַדִּיר [4: + Je 32.34^2]; 2) אַיִל [114+: + Ge 30.40 MT אל, La 1.6, Ez 46.7]; 3) Ar. דְּכַר [3+: + To 7.9]; 4) כַּר [1]; 5) עַתּוּד [2]; 7) שֶׂה [2]. Del. 6); 2C 15.11.

κρίσις 1) דָּבָר [3]; 2) *a.* דִּין subst.[12], *b.* מָדוֹן [1], *c.* מִדְיָן [1], *d.* מְדָן [1], *e.* דִּין qal[2]; 4) נָקָם [3]; 5) Ar. פְּשַׁר [4]; 6) צֶדֶק [2]; 7) *a.* רִיב qal[5: + Pr 28.2, Is 63.1], *b.* רִיב subst.[27: Is 49.25]; 8) שׁפט *a.* qal[1], *b.* ni.[1], *c.* שֶׁפֶט [1], *d.* מִשְׁפָּט [37+: + De 11.1, Si 30.38], *e.* שְׁפוּט [1]; 9) ~ιν ποιεῖν נקם ni.[1]; (fr) [Pr 19.28]. Del. 3, 7*c*); 2C 9.8, Jb 6.29, Je 26.28, 39.7.

κριτήριον 1) *a.* Ar. דִּין [3], **b.* מִדְיָן [1: Jd 5.10]; 2) מִשְׁפָּט [1].

κριτής 1) *a.* also Ar. דַּיָּן [6: + Jb 13.8, Hb 1.3]; *2) רִיב qal ptc.[1: Is 63.7]; 4) שׁטר qal ptc.[3: + De 29.10]; 5) שׁפט *a.* qal ptc.[13+: + De 1.15, 1C 28.1, Si 32.15], *b.* מִשְׁפָּט [1], **c.* Ar. שְׁפַט pe. ptc.[1: 1E 8.23]; 7) משׁל qal[2]; (-) [+ Jd 2.18^3]. Del. 1*b*, 3, 6); Ez 25.16.

κρόκη 2) עֵרֶב [9: + Le 13.55]. Del. 1).

κροκόδιλος 1) κ. χερσαῖος צָב [1].

κρόκος 1) כַּרְכֹּם [1]; 2) מֹר [1].

κρόμμυον 1) בָּצָל [1].

κροσσός 1) עֲבֹת [1]; 2) שַׁרְשָׁה [1]; 3) שַׁרְשְׁרָה [1].

κροσσωτός 1) מִשְׁבְּצוֹת [1]; 2) שַׁרְשְׁרָה [2].

κρόταφος 2) רַקָּה [3]. Del. 1).

κροτέω 1) מחא *a.* qal[1], *b.* pi.[1]; 2) נכה hi.[4]; 3) ספק qal[2]; 4) שׂפק qal[1]; 5) תקע qal[2]. Del. Ez 29.7.

κρούω 1) דפק *a.* qal[1], *b.* hit.[1].

κρυβῇ. 3) בַּסֵּתֶר [2]. Del. 1-2).

κρυπτός 1) אטם qal[3]; 3) כסה pi.[1]; 4) מַשְׂכִּית [1]; 5) סתר *a.* ni.[1], *b.* מִסְתָּר [1], **c.* סֵתֶר [1: 2K 12.12*L*]; 6) רָז [1]; (fr) [Is 22.9]. Del. 2); 4K 21.7.

κρύπτω 1) חבא *a.* ni.[10: + 4K 6.9], *b.* pu.[1], *c.* hi.[6: + Ho 6.9], *d.* ho.[1], *e.* hit.[4], *f.* מַחֲבֵא [2: + 1K 23.23*L* = 4Q52], *g.* חבה ni.[3], **h.* Ar. חבה itpe.[1: To 1.19]; 2) חשׁך hi.[1]; 3) טמן *a.* qal[16], *b.* ni.[1], *c.* hi.[1]; 4) כחד *a.* ni.[2], *b.* pi.[11], *c.* hi.[1]; 5) כסה *a.* qal[1], *b.* pi.[6], *c.* hit.[1], *d.* pu.[1]; 6) לָאט [1]; 7) מנע qal[1]; 9) סתר *a.* ni.[18], *b.* pu.[3], *c.* hi.[7: - Is 49.2], *d.* hit.[3], *e.* סֵתֶר [1]; 10) בָּעֲלָטָה [3]; 11) עלם hi.[3]; 12) פלא ni.[1]; 13) צפן *a.* qal[11], *b.* ni.[1], *c.* hi.[2], *e.* מַצְפּוּן [1]; *15) גנב לֵב qal[1: Ge 31.20]; *16) עדר ni.[1: Si 42.20]; (fr) [Jb 38.2, 42.3^2, Pr 17.9]. Del. 8, 13*d*, 14); Jo 7.22, 1K 24.9, 4K 6.5, Pr 25.4, Je 43.19.

κρύσταλλος 1) אֶקְדָּח [1]; 2) בְּדֹלַח [1]; 3) קִיטוֹר [1]; 4) קֶרַח [4].

κρυφαῖος 1) מִסְתָּר [2]; *2) כסה qal[1: Ex 17.16, word div. and voc.].

κρυφαίως 1) בַּסֵּתֶר [2].

κρυφῇ 1) חבא ni.[1]; 2) ἐν κ. *a.* בַּלָּאט [1], *b.* בַּלָּט [1]; 3) *a.* סתר hi.[1], *b.* בַּסֵּתֶר [2], *c.* ἐν κ. בַּסֵּתֶר [3]; 4) ἐν κ. בְּתָרְמָה [1]. Del. Ru 4.1, 1K 19.2.

κρύφιος 2) סתם qal[1]; 3) *a.* סתר ni.[1], *b.* סֵתֶר [2]; 4) פְּלֹנִי אַלְמֹנִי [1]; 5) *a.* תַּעֲלֻמָה [2: + Ps 9 tit. voc.], **b.* עלם qal[1: Ps 45 tit.]; 6) סוֹד [1]. Del. 1); 3K 22.25.

κτάομαι 1) *a.* בעל qal[1], *b.* בַּעַל [2]; 2) היה qal[1]; 3) ילד qal[1]; 4) יְרֻשָּׁה [1]; 5) לקח qal[1]; 7) נחל qal[2]; 8) עשׂה qal[2]; 9) קנה *a.* qal[25+: + Pr 3.31, Si 20.23, Ez 7.13, 8.3], *b.* ni.[1], *d.* קִנְיָן [1], *e.* מִקְנָה [1]; 10) רכשׁ qal[2]. Del. 6, 9*c*); Si 24.6.

κτείνω 2) *a.* הֶרֶג [1], **b.* הרג qal[1: Pr 25.5]. Del. 1); Si 16.12.

κτῆμα 1) הוֹן [1]; 2) *a.* כֶּרֶם [4: + Jl 1.11, voc.]; 3) נַחֲלָה [2]; 4) שָׂדֶה [1]; 5) קִנְיָן [1]. Del. 2*b* > *a*).

κτῆνος 1) בְּהֵמָה [94+: + 2C 20.25, Ez 35.7]; 2) בְּעִיר [5]; 3) בָּקָר [2]; 4) חַיָּה [4]; 5) *a.* צֹאן [14], *b.* צֹנֶא [1]; 6) *a.* קִנְיָן [1], *b.* מִקְנֶה [36+]; 7) רְכוּשׁ [3]; (fr) [Ez 27.20]; (-) [+ Pr 24.65]. Del. Ge 13.5, Ex 9.4^3 v.l.

κτηνοτρόφος 1) *a.* מִקְנֶה [2], *b.* ἀνὴρ κτ. אִישׁ מִקְנֶה [2].

κτηνώδης 1) בְּהֵמָה [1].

κτῆσις 1) אֲחֻזָּה [9]; 2) הוֹן [3]; 3) ירשׁ qal[1]; 4) *a.* קנה qal[1], *b.* מִקְנָה [6], *c.* מִקְנֶה [11], *d.* קִנְיָן [3: + Ps 103.24]; 5) רְכוּשׁ [1]. Del. Je 39.8.

κτίζω 1) ברא *a.* qal[14], *b.* ni.[8: + Si 39.21]; 2) יסד ni.[1]; 3) יצר *a.* qal[2], *b.* ni.[2: + Si 36.10]; 4) כּוּן *a.* pol.[1], *b.* pu.[1]; 5) עמד qal[1]; 6) *a.* קנה qal[3]; 7) שׁכן qal[1]; 8) חלק *a.* qal[5], *b.* ni.[1]; 9) יצא hi.[1]. Del. 6*b*); Je 39.15.

κτίσις Del. 1-2); Ps 73.18, 103.24, 104.21, Pr 1.13, 10.15.

κτίστης *1) יצר qal [2K 22.32 MT *ṣwr*].

κύαθος 1) מְנַקִּית [4: + Nu 4.7].

κύαμος 1) פּוֹל [2].

κυβερνάω 1) תַּחְבֻּלוֹת [1].

κυβέρνησις 1) תַּחְבֻּלוֹת [3].

κυβερνήτης 1) חֹבֵל [4: + Pr 23.34 voc.].

κύβος 1) גָּלִיל [1]; 2) רֶגֶב [1].

κυδοιμός 1) חֲזִיז קֹלוֹת [1].

κῦδος Del. 1) סֵבֶל+

κύησις 1) הֵרָיוֹן [1].

κύθρα See under χύτρα.

κυθρόπους 1) כִּיר [1].

κυκλεύω. See under κυκλόω, and cf. Walters 119.

κυκλόθεν 2) *a.* סָבִיב [5+], *b.* מְסָבִיב [2+], *c.* סבב qal[1], *d.* סָבִיב סָבִיב [9], *e.* ὁ. κ. מִסָּבִיב [1], **f.* מֵסַב [1: 4K 23.5*L*]; (fr) [Is 30.32]. Del. 1); Ex 28.29 v.l.

κύκλος 1) ארח [1]; 2) מַעְגָּל [1]; 3) נקף hi.[1]; 4) *a.* סָבִיב [56+: + Je 52.21], *b.* מִסָּבִיב [11], *c.* מֵסַב [1], *d.* סָבִיב סָבִיב [18], *e.* סבב qal[1]; (fr) [Jo 6.19, Is 19.7, Da LXX 5.6, 7.7, 12]; (-) [+ Is 9.18]. Del. 5); 1K 15.21, 17.3

κυκλόω 1) *a.* חנה qal[1], *b.* חָנָה סָבִיב qal[1]; 2) נקף hi.[3]; 3) סבב *a.* qal[7+: + Jb 26.6], *b.* ni.[3], *c.* po.[9], *d.* hi.[1], *e.* סָבִיב [5], **f.* pi. [1:2K 14.20*L*]; 4) *סחר qal[1]; (fr) [Jb 1.17, Is 37.33]. Del. 5-6); 4K 3.25, Ez 31.15.

κύκλωμα 1) חֵיק [1]; 2) *a.* סָבִיב [2], *b.* מֵסַב [2]. Del. 2*c*, 3-4); Jb 13.27, 33.11.

κύκλωσις *2) חוג qal[1: Si 43.12]. Del. 1).

κύκνος 1) יַנְשׁוּף [1]; 2) רָחָם [1].

κυλίκιον 1) כְּלִי [1].

κυλίω 1) גלל *a.* qal[4: + Pr 26.27²], *b.* ni.[1]; 2) הפך hit.[1]; 3) נסס hitpo.[1]; 4) עוק hi.[2]; 7) שׁמט qal[2]; 8) יצר qal[1]; (fr) [Jo 10.27]. Del. 5-6); Ec 10.8.

κῦμα 2) גַּל [2+]; 4) תְּהוֹם [1]; (fr) [Jb 11.16]. Del. 1, 3); Ps 45.3, Is 18.4.

κυμαίνω 1) געשׁ hit.[1]; 2) המה qal[2].

κυμάτιον 1) זֵר [4].

κυμβαλίζω 1) מְצִלְתַּיִם [1].

κύμβαλον 2) *מְצִלְתַּיִם [14]; 3) *צֶלְצְלִים [2]; 4) שָׁלִשׁ [1]. Del. 1 > 2).

κύμινον 1) כַּמֹּן [3].

κυνηγέω 1) צַיִד [1].

κυνήγιον *1) מַאֲכָל [1: Si 13.19].

κυνηγός 1) צַיִד [2].

κυνικός *1) כֶּלֶב [1: 1K 25.3].

κυνόμυια 1) עָרֹב [9].

κυοφορέω 1) מָלֵא [1].

κυπαρίσσινος 1) *b.* אֶרֶז [1]; 2) שֶׁמֶן [2]. Del. 1*a* > *b*); Ez 27.5 v.l.

κυπάρισσος 1) אֶרֶז [4]; 2) בְּרוֹשׁ [5]; 3) בְּרוֹת [1]; 4) עֵץ שֶׁמֶן [1].

κυπρίζω 1) סְמָדַר [2].

κυπρισμός 1) סְמָדַר [1].

κύπρος 1) כֹּפֶר [2].

κύπτω 1) גהר qal[1]; 2) סגד qal[1]; 3) קדד qal[6+]; 4) שׁחה qal[1]; 5) שׁחח *a.* qal[1], *b.* ni.[1]; *6) כרע qal [2C 29.29*L*]. Del. 2K 17.19.

κυρία 1) בַּעֲלָה [1]; 2) גְּבֶרֶת [7].

κυριεία 1) *a.* משׁל qal[1], *b.* מִמְשָׁל [3], *c.* מֹשֶׁל [1]; 2) Ar. שָׁלְטָן [2].

κυριεύω 2) ירשׁ *a.* qal[1], *b.* hi.[1]; 3) לכד qal[1]; 4) משׁל qal[3+: + Is 42.19]; 6) נגשׂ qal[1]; 7) רדה qal[3: + Je 2.31]; 9) Ar. שְׁלֵט *a.* pe.[4], *b.* af.[1], *c.* שַׁלִּיט [3]; (fr) [Nu 21.18]. Del. 1, 5, 8).

κύριος 1) אָדוֹן [81+: + To 13.4]; 2) אֲדֹנָי [45+]; 3) אֲדֹנָי יהוה [1]; 4) *a.* אֵל [37], *b.* Ar. אֱלָהּ [60]; 5) אֱלוֹהַּ [22]; 6) אֱלֹהִים [16+]; 7) בַּעַל [16]; 8) בעל qal[1]; 9) גְּבִיר [2]; 10) יָהּ [19]; 11) *a* + *b* יהוה [1920+: + Da LXX 9.2 pap. 967], *c.* יהוה צְבָאוֹת [60], *d.* אֱלֹהֵי צְבָאוֹת [1]; 12) Ar. מָרֵא [5]; 13) צוּר [1]; 14) שַׁדַּי [9]; 15) Ar. שַׁלִּיט [2]; 16) κ. εἶναι משׁל qal[1]; 17) ~ον καθιστάναι Ar. af. שׁלט [1]; 18) *a.* יהוה κ. ὁ θεός, ὁ κ. θ., κ.θ. [76+], *b.* אֱלֹהִים [20+], *c.* Ar. אֱלָהּ [1], *d.* אָדוֹן [1]; 19) τὸ στόμα ~ου יהוה [2]; 20) ἄγγελος ~ου יהוה [2]; 21) τὸ πρόσωπον ~ου יהוה [1]; 22) ὁ λόγος κυρίου יהוה []; 23) κ. παντοκράτωρ שַׁדַּי [1]; 24) τὸ ὄνομα ~ου יהוה [1]; 25) הַקָּדוֹשׁ [1]; 26) עֶלְיוֹן [3]; (-) [+ 4K 22.9a, Ps 7.6b, Pr 8.26, Is 2.1]; (fr) [Da LXX 4.20]. No textual variant is recorded for this entry.

κυρίως *1) אֲדֹנִים [1: 3K 22.17*L*].

κυρόω 1) קוּם qal[2].

κυρτός 1) גִּבֵּן [1]; *3) חִגֵּר [1: 3K 21.11 voc.]. Del. 2).

κύτος Del. 1-2).

κύφω 1) שַׁח [1].

κυψέλη (?)[1: Hg 2.16 MT *'rmh*].

κύω 1) הרה *a.* qal[1], *b.* po.[1].

κύων 1) כֶּלֶב [3+]. Del. 2).

κῴδιον *1) שֶׁלַח [1: Ne 3.15].

κώδων 1) פַּעֲמוֹן [6: + Si 45.9]. Del. 2).

κώθων 1) מִשְׁתֶּה [1].

κωθωνίζομαι 1) יָשַׁב לִשְׁתּוֹת qal[1].

κωλέα 1) שׁוֹק [1].

κῶλον 1) פֶּגֶר [7].

κώλυμα 1) סַד [1].

κωλύω 1) כלא *a.* qal[5], *b.* ni.[1], **c.* Ar. כלה pe.[1: To 6.13]; 3) מנע qal[2]; 4) עצר qal[1]; *6) Ar. בטל pa.[2: 1E 2.30, 6.6]; (fr) [Mi 2.4, MT *ymyš*]. Del. 2, 5); Am 2.13, Ez 31.35¹ v.l.(> κυλίω).

κωμάρχης 1) פָּקִיד [1].

κώμη 1) בַּת [2+]; 2) חַוָּה [2]; 3) חָצֵר [14]; 4) טִירָה [1]; 5) *a.* כָּפָר [1], *b.*כְּפִיר. [2], *c.* כֹּפֶר [1]; 6) עִיר [6]; 7) קִרְיָה [1].

κώπη 1) מָשׁוֹט [1].

κωπηλάτης 1) מַלָּח [2]; 2) *a.* שׁוט qal[2], *b.* תֹּפֵשׂ מָשׁוֹט qal ptc.[1].

κωφεύω 1) חרשׁ *a.* hi.[10], *b.* hit.[1].

κωφός 1) אִלֵּם [1]; 2) חֵרֵשׁ [10: + Is 44.11 voc.].

κωφόω 1) אלם ni.[2].

Λ

λαβή 1) נִצָּב [1].

λαβίς 1) מַלְקָחַיִם [4].

λάβρος 1) סחף qal[1]; 2) ὑετὸς λ. שֶׁטֶף [1].

λάγανον 1) חַלָּה [1]; 2) רָקִיק [6]; 3) λ. ἀπὸ τηγάνου אֲשִׁישָׁה [1].

λαγχάνω Del. 1); 1K 14.47 v.l.

λαγών 1) כֶּסֶל [1]; *2) חֹמֶשׁ [1: 2K 20.10*L*].

λάθρᾳ 1) בַּלָּט [1]; 2) *a.* בַּמִּסְתָּר [1], *b.* בַּסֵּתֶר [3].

λαθραίως 1) בַּלָּט [1].

λάθριος 1) בַּסֵּתֶר [1].

λαῖλαψ 1) סוּפָה [1]; 2) *a.* סַעַר [1], *b.* סְעָרָה [2]. Del. Jb 27.20.

λακάνη 1) סֵפֶל [2].

λάκκος 1) *a.* בּוֹר + *b.* באר [14+], *d.* בֵּית בּוֹר [1], *e.* בְּאֵר [1]; 2) גֵּב [12]; 3) מַכְתֵּשׁ [1]; 4) *אָשׁוּחַ [1]. Del. 1*c*); Ez 31.16, 32.23.

Λακωνικός 1) διαφανὴ ~ά גִּלְיֹנִים [1].

λαλέω 1) אמר *a.* qal[9+], *b.* hit.[1], *c.* אֵמֶר [1]; 2) דבר *a.* qal[16+], *b.* ni.[1], *c.* pi.[261+: + 1K 14.26, Jb 16.7, Ps 57.3], *d.* pu.[2: + Ho 12.4], *e.* hit.[1], *f.* דָּבָר [21], *g.* דָּבָר הָיָה qal[3]; 4) מלל *a.* pi.[4], *b.* Ar. pa.[11: + To 6.12, 14.4a, 5], *c.* מִלָּה [4]; 5) נבא hit.[1]; 6) נגד hi.[1]; 8) פגע qal[1]; 9) צוה pi.[1]; 10) קרא qal[5]; *12) שִׂיחַ qal[1: Jb 9.27]; *13) חִוָּה דֵעָה pi.[1: Jb 32.18]; *14) עָבַר פֶּה qal[1: Ps 16.3]; (fr) [Jb 13.15, 19.7^{1}, Ps 21.7, Pr 7.8, Is 29.24, 32.4, 58.9]; (-) [+ Jb 6.4, 19.4]. Del. 3, 7, 11); Ex 4.16, 19.7, 23.13, 33.19, 34.10, Nu 15.1, Ps 144.6, Ec 3.4, Jn 4.2, Ma 3.16, Is 15.4, 16.9, 22.3, 44.7, Je 7.14, 28.41, 43.3, 4.

λάλημα 1) שֵׁם [1]; 2) שְׁנִינָה [1]; *3) שָׂפָה [1: Ez 36.3].

λαλητός (fr) [Jb 38.14].

λαλιά 1) אֹמֶר [1]; 2) *a.* דָּבָר [4: + Ct 4.3], *b.* דִּבְרָה [1]; 3) מִשְׁמַע אָזְנַיִם [1]; 4) דִּבָּה [1]; 5) שִׂיחַ [3]; 6) בטא/ה qal[1]; (fr) [Jb 7.6, 29.23]. Del. 2*c*)

λαμβάνω 1) אחז qal[5]; 2) ארשׂ pi.[1]; 3) בּוֹא hi.[1]; 5) חזק hi.[2]; 7) יצא hi.[2]; 8) ירשׁ qal[1]; 10) לכד *a.* qal[10: + Jo 15.16], *b.* ni.[2]; 11) לקח *a.* qal[261+: + 2C 28.21], *b.* ni.[6], *c.* pu.[6], *d.* ho.[3], *e.* מִקָּח [1], *f.* מַלְקוֹחַ [1]; 12) מְכוּרָה [1]; 15) נכה hi.[1]; 16) נפל hi.[1]; 17) נשׂא *a.* qal[58+: + Am 2.11, Zp 3.18, Je 23.39], *b.* ni.[3], *c.* pi.[1], *d.* hi.[1], *e.* מַשְׂאֵת [1], *f.* Ar. pe.[1]; 18) נשׂג hi.[1]; 19) סוּר qal[1]; 20) עדה qal[1]; 22) פּוּק hi.[1]; 23) צוּר qal[1]; 24) קבל pa.[2]; 27) קרע qal[2]; 28) שׂוּם qal[1]; 29) שׁבה qal[1]; 30) תפשׂ *a.* qal[1], *b.* ni[2: + Ez 21.23]; 31) ἐν γαστρὶ λ. הרה qal[9]; 32) πεῖραν λ. נסה pi.[1]; 33) αἰσχύνη λαμβάνει בּוֹשׁ qal[1]; 34) ὀδύνη λαμβάνει חיל qal[1]; 35) φόβος λαμβάνει חָרֵד qal[1]; 36) τρόμος λαμβάνει זלל ni.[1]; *37) נסח Ar. hitpe.[1: 1E 6.32]; *38) Ar. נסב pe.[2: To 6.13, 16]; *39) אסף qal[1: 2K 11.27*L*]; (fr) [Ge 30.41, Nu 3.6, De 2.6, 1K 25.21, 2K 3.14, 4K 12.4^{1}, 1E 9.12, Jb 31.37, 38.14, Pr 11.21, Is 10.9*bis*, 10b, 28.4, 30.28]; (-) [+ 3K 11.1, Ez 5.2]. Del. 4, 6, 9, 13-4, 21, 25-6); Ge 31.10, Nu 16.47, Jo 10.42, Jd 7.5*bis*, 1K 14.42, 21.9^{1}, 25.21, 2K 20.22, 3K 7.48, 11.1, 4K 10.15, 12.4^{2}, 14.13, 1C 2.18, 21.18, 1E 8.84, 2E 10.2, 10, 14, 18, Ne 11.1, Es 3.7, Hg 2.1, Is 7.14, 20.1, 40.24, Je 39.33, 45.3.

λαμπαδεῖον 1) גֻּלָּה [2]; 2) מְנוֹרָה [1]; *3) פֶּרַח [1: 3K 7.35 (MT 49)*L*].

λαμπάς 1) לַפִּיד [4+]; 2) Ar. נֶבְרַשְׁתָּא [1].

λαμπήνη 1) מַד [1]; 2) מַעְגָּל [2]; 3) צָב [1].

λαμπηνικός 1) צָב [1].

λαμπρός 1) טוֹב [1]; *2) שׁנה qal[1: Si 33.13], see Thomas 1960.

λαμπρότης 1) הָדָר [1]; 2) זֹהַר [1]; 3) נֹגַהּ זֶרַח [1]; 4) נֹעַם [1].

λαμπτήρ 1) *a.* נִיר [1], *b.* נֵר [3: + Pr 16.28].

λάμπω 2) *a.* נגה qal[1], *b.* נֹגַהּ [1]; 3) צחח qal[1]. Del. 1); Da 12.3 TH, Is 4.2.

λανθάνω 1) כחד ni.[1]; 3) עדר ni.[2]; 4) עלם ni.[6]; *5) צפן ni.[1: Jb 24.1]; (fr) [Jb 34.21]. Del. 2 > 4).

λαξευτήριον 1) כֵּילַפּוֹת [1].

***λαξευτής** *1) גדר qal ptc. act. [1: qal ptc. 4K 12.13*L*].

λαξευτός 1) פִּסְגָּה [1].

λαξεύω 1) גָּזִית [1]; 2) פִּסְגָּה [3]; 3) פסל qal[4]; 4) λ. λίθους גָּזִית בָּנָה qal[1].

λαός 1) אָדָם [1]; 2) אֻמָּה [2]; 3) אִישׁ [1]; 4) בַּיִת [1]; 5) בֵּן [1]; 6) גּוֹי [14]; 7) הָמוֹן [4K 25.11^{2}*L*]; 9) לְאֹם [13: + Ps 55tit]; 10) מַחֲנֶה [1]; 12) מִשְׁפָּחָה [1]; 13) עֶבֶד [1]; 14) *a.* עַם [469+: + 1K 14.45^{2}, 2K 1.2, 1C 12.18, 19.6, 2C 1.14, Ps 58.12, Ho 11.12 voc., Mi 6.15, Je 15.1, Ez 7.23, Si 30.27, 44.4, 47.4], *b.* בְּנֵי עַם [2], *c.* οἱ ἐκ τοῦ ~οῦ בְּנֵי עַם [1]; 16) קָהָל [2]; 17) λ. ἀλλότριος זָר [1]; 18) עֵדָה [2: + 1K 8.5*L*]; (fr) [Jb 31.30, Is 6.8, 34.1, 35.2, 45.13, Si 50.17]; (-) [+ Ru 1.14, 1K 10.1, 12.5, Je 35.10]. Del. 8, 11, 15); Ex 14.3, Nu 16.48, 25.4^{2}, De 32.44^{1}, 2K 14.15^{2}, 19.40a, 3K 8.34, 1C 17.13, 2C 9.8, Ne 6.1, Jb 31.34, Ps 47.9, 66.2, 118.114, 135.22, Si 49.12, 50.5, Mi 2.12, Jn 2.5, 3.6, Na 3.4, Is 48.20, Je 23.7, 28.11, 37.18, 38.38, 43.6^{2}, 45.1, Ez 24.9, 36.30, Da LXX 11.32.

λάπτω 1) לקק qal[2], pi.[2].

λάρος 1) שַׁחַף [2].

λάρυγξ 1) גָּרוֹן [4]; 2) חֵךְ [10]; 3) מַלְקוֹחַ [1].

λατομέω 1) חצב *a.* qal[5], *b.* pu.[1], **c.* מַחְצֵב [1: 4K 12.13*L*]; 2) כרה *a.* qal[1], **b.* ni.[1: Si 50.3]; (fr) [Jb 28.2]. Del. Nu 21.18, De 6.11^{2}.

λατομητός 1) מַחְצֵב [2].

λατόμος 1) חצב qal[8].

λατρεία 1) עֲבֹדָה [5].

λατρευτός 1) עֲבֹדָה [12]; 2) ἔργον λ. מְלָאכָה [1]. Del. Nu 29.7 v.l.

λατρεύω 2) *a+b.* עבד qal[43+: + Le 18.21]; 3) *a+b.* Ar. פלח pe.[13]; 4) שׁרת pi.[2]; (fr) [De 11.28, Da LXX 6.26]. Del. 1).

λάφυρον 1) שָׁלָל [1].

λαχανεία 1) יָרָק [1].

λάχανον 1) *a.* יֶרֶק [2], *b.* יָרָק [2].

λέαινα 1) Ar. אַרְיֵה [1]; 2) שַׁחַל [1].

λεαίνω 2) שחק qal[2]. *3) דקק hi.[1]. Del. 1).

λέβης 1) דּוּד [3]; 2) כִּיּוֹר [1: 3K 7.26*L*]; 3) סִיר [5+: + 3K 7.40]; 4) סַף [1]; (-) [1K 2.15].

λέγω 1) אמר *a*. qal[395+: + Hb 3.9], *b*. ni.[1], *c*. Ar. pe.[5+], *d*. אֹמֶר [1]; 2) בטה qal[1]; 3) *a*. דָּבָר [5], *b*. דבר qal[5], *c*. pi.[5]; 4) מִצְוָה [1]; 6) נְאֻם [67+: - Is 30.1]; 7) ספר pi.[1]; 9) τάδε λέγει נְאֻם [14: - Je 28.52, Ez 33.11]; *10) Ar. ידע haf.[1: 1E 8.22]; *11) Ar. מלל pa.[1: To 13.8]; (fr) [Jb 37.19, 41.1]. Del. 1*e*, 5, 8); Ge 19.39, 41.51, 44.4, Ex 3.14, 14.5, 18.4, 32.22, Le 6.4, 16.2, Nu 26.1^{1}, 1K 1.10, 1C 16.19, Jb 24.25, Is 49.15, Je 2.15, 27.17, 38.31, Si 35.9, 51.24.

λεῖμμα 1) שְׁאֵרִית [1]; *2) יֶתֶר [1: 2K 21.2].

λειοπετρία 1) צְחִיחַ סֶלַע [4].

λεῖος 1) *a*. חָלָק [2: + Pr 26.23], *b*. חָלוּק [1]; 2) ὁδὸς λ. בִּקְעָה [1].

λείπω 1) לוז hi.[1]; 2) פרד ni.[1]; 3) λ. ἀλλήλους פרד hit.[1]; *4) נוּחַ hi. II [1: Pr 11.3].

λειτουργέω 1) כהן pi.[1]; 2) *a*. עבד qal[14: + 2K 19.18], *b*. עֲבֹדָה [1]; 3) *a*. צבא qal[1], *b*. subst.[6]; 4) שׁרת pi.[22+]; 5) שׁמשׁ Ar. pa.[1]; 6) יצב hit.[1]. Del. Nu 8.24, 4K 6.15, Si 7.30, 50.19..

λειτούργημα 1) עֲבֹדָה [2].

λειτουργήσιμος 1) עֲבֹדָה [1].

λειτουργία 1) מְלָאכָה [1]; 2) עֲבֹדָה [19+: + 2K 19.18, 2C 31.4]; 3) פֻּלְחָן [1]; 4) פְּעֻלָּה [1]; 5) צָבָא [2]; *6) שׁרת pi.[1: Si 50.19].

λειτουργικός 1) עֲבֹדָה [2]; 2) שָׁרֵת [4: + Ex 31.9, 39.13].

λειτουργός 1) Ar. פלח pe.[1]; 2) שׁרת pi.[10]; 3) ליץ hi.[1].

λειχήν 1) יַלֶּפֶת [1]; 2) λειχῆνας ἔχων יַלֶּפֶת [1].

λείχω 1) לחך pi.[1]; 2) לקק qal[2].

λεκάνη. See under λακάνη.

λέξις 1) כְּתָב + 2) לָשׁוֹן [3]; 3) מִלָּה [1].

λεπίζω 1) פצל pi.[2].

λεπίς 1) פַּח [1]; 2) קַשְׂקֶשֶׂת [5].

λέπισμα 1) פְּצָלוֹת [1].

λέπρα 1) *a*. צָרַעַת [28+], *b*. נֶגַע־צָרַעַת [1], **c*. הָיָה מְצֹרָע ἐπιβάλλειν λέπραν [1: 4K 15.5*L*].

λεπράω 1) צרע *a*. qal[1], *b*. pu.[2].

λεπρός 1) צרע *a*. qal[4], *b*. pu.[1+]. Del. Le 22.4.

λεπρόω 1) צרע pu.[3].

λεπτός 1) *a*. דַּק [11: + Je 28.34], *b*. דקק qal[2], *c*. hi.[2], *d*. λ. γίνεσθαι Ar. pe.[1]; 2) כתת qal[1]; 3) נפץ pu.[1]; 4) רַק [4: + Ge 41.27^{2}]; 6) ~ὸν ποιεῖν זרה qal[1]. Del. 5).

λεπτύνω 1) דקק *a*. qal[1], *b*. hi.[5: + Ps 28.6 MT *yrqyd*, Je 31.12 *r* > *d*], *c*. Ar. pe.[1], *d*. af.[7]; 2) שׁבר pi.[1]; 3) שׁחק qal[1]. Del. Mi 4.13 v.l.

λέπυρον 1) פֶּלַח [2].

λέσχη 1) שִׂיחַ [1].

Λευίτης 1) לֵוִי.

λευκαθίζω 1) לָבָן [2: + Le 13.38].

λευκαίνω 1) *a*. לבן hi.[3], *b*. לָבָן [1]; (-) [Is 1.18b].

λευκανθίζω. See under λευκαθίζω. See Walters, 87.

λεύκη 1) לִבְנֶה [1]; (fr) [Is 41.19].

λευκός 2) Ar. חִוָּר [1]; 3) לָבָן [23]; 4) Ar. נְקֵא [1]; 6) עָקֹד [2]; 7) צַח [1]; (-) [Ex 16.14]. Del. 1, 5); Ge 30.32, 35 v.l.

λευκότης *1) לָבָן [1: Si 43.18MS *lbnh*].

λεύκωμα *1) Ar. חֲרָרָה [1: To 6.9].

λέων 1) *a*. אֲרִי [6+: + Ez 19.6^{2}], *b*. אַרְיֵה [11+]; 2) כְּפִיר [3+]; 3) *a*. לָבִיא [1+], *b*. *לְבָאָה [1]; 4) שַׁחַל [1]; 5) σκύμνος λέοντος *a*. כְּפִיר [1], *b*. לַיִשׁ [2]; (fr) [Jb 6.7].

λήθη 1) מַעַל [2]; 2) שׁכח qal[1]; 3) ποιέομαι ~ην *נשׁה qal[1].

λῆμμα 1) *a*. מַשָּׂא [12: + Hb 1.7, MT שאתו > משאו מאתו ?], *b*. שְׂאֵת [2], *c*. מַשְׂאֵת [2: + 2C 24.6*L*]. Del. 2); 2K 14.7, 4K 19.4.

λῆμψις (fr) [Pr 15.27]. Del. 1).

ληνός 1) *a*. גַּת [7]; 2) דֶּמַע [1]; 3) יֶקֶב [9]; 5) רַהַט [2]; (fr) [1: Jl 1.17 MT *mmgrwt*]. Del. 1*b* > 1*a*, 4).

ληστήριον 1) גְּדוּד [1].

ληστής 1) גְּדוּד [3]; 2) פָּרִיץ [1]; 3) שׁדד qal[1]; (fr) [Ez 22.9]. Del. Je 12.9.

λίαν 1) מְאֹד [9]; 2) מָה־, מֶה [2]; 3) σφόδρα λ. עַד־מְאֹד [1]; *4) Ar. שַׂגִּיא [1: To 6.18]; *5) Ar. לַחֲדָא [1: To 6.12]; (fr) [Jb 29.5]. Del. 3K 3.4.

I λίβανος 1) לְבֹנָה, לְבוֹנָה [9+: + Ct 4.11]. Del. Le 2.4. 5.11^{1} v.l.

II Λίβανος 1) לְבָנוֹן.

λιβανωτός 1) לְבוֹנָה [1].

λιγύριον 1) לֶשֶׁם [2].

λιθάζω. 1) סקל pi.[3: + 4K 2.23 doublet].

λίθινος 1) אֶבֶן [13]; 2) שֵׁשׁ [1]. Del. De 10.12, Si 27.2.

λιθοβολέω 1) סקל *a*. qal[5+], *b*. ni.[4], *c*. pu.[1]; 2) רגם qal[8+]. Del. Si 22.1.

λίθος 1) *a*. also Ar. אֶבֶן [80+: + 1K 6.18, To 13.17], *b*. אֹבֶן [1]; 2) כֶּתֶם [1]; 3) מַצֵּבָה [1]; 5) פְּנִינִים [1]; 6) צְרוֹר [1]; 8) λ. πολυτελής כֶּתֶם [1]; 9) λ. τίμιος פָּז [3]; 10) ~οι πολυτελεῖς *b*. פְּנִינִים [3]; 11) λαξεύειν ~ους גָּזִית בָּנָה qal[1]; *12) συναγωγὴ ~ων גַּל [1: Jb 8.17]; *13) צֹר [1: Jb 41.6]; (fr) [Ex 19.13, 21.28, Le 24.16, Jb 38.38, Ct 5.14]; (-) [De 27.2]. Del. 4, 7, 10*a*); Je 52.4.

λιθόστρωτον 1) *a*. רִצְפָּה [2], *b*. רצף qal[1].

λιθουργέω 1) חֲרֹשֶׁת [1].

λιθουργικός 1) λ. τέχνη חָרָשׁ אֶבֶן qal[1]; 2) τὰ λ. חֲרֹשֶׁת אֶבֶן [1].

λικμάω 1) זרה *a*. qal[4], *b*. ni.[1], *c*. pi.[4], *d*. מִזְרֶה [1]; 2) נוּעַ *a*. ni.[1]; 3) סוּף Ar. af.[1]; 4) סחה pi.[1]; 5) שׂער pi.[1]. Del. 2*b*); Am 9.9^{a}.

λικμήτωρ 1) זרה pi.[1].

λικμίζω *1) נוּעַ hi.[1: Am 9.9].

λικμός 1) כְּבָרָה [1].

λιμαγχονέω 1) רָעֵב hi.[1].

λιμήν 1) מָחוֹז [1]; *2) יָם [1: 1E 5.53]. Del. Ps 106.35.

λίμνη 1) אֲגַם [2]; 2) בְּרֵכָה [1].

λιμοκτονέω 1) רָעֵב hi.[1].

λιμός 1) כָּפָן [1]; 2) *a*. רָעָב [27+: + Si 39.29, 40.9], *b*. רָעֵב [1], *c*. רְעָבוֹן [1]. Del. Je 17.18.

λιμώσσω Del. 1).

λινοκαλάμη 1) פִּשְׁתֵּי עֵץ [1].

λίνον 1) בַּד [1]; 2) *a*. פֵּשֶׁת [3], *b*. פִּשְׁתָּה [4].

λινοῦς 1) בַּד [9]; 2) פֵּשֶׁת [6].

λιπαίνω 1) דָּשֵׁן pi.[1]; 3) שָׁמֵן *a*. qal[2: + Hb 1.16], *b*. hi.[2: + Pr 5.3]. Del. 3*c*).

λιπαρός 1) שָׁמֵן [3].

λίπασμα 1) מַשְׁמַנִּים [2].

λίσσομαι (fr) [Jb 17.2].

λιτανεύω 1) חלה pi.[1].

λιτός 1) רֵיק [1].

λίψ 1) דָּרוֹם [1]; 2) *a.* מַעֲרָב [3: + 2C 32.10, 33.14]; 3) נֶגֶב [1+2]; 4) תֵּימָן [6+: + Jo 15.10]. Del. 2*b*); Jo 15.11

λοβός 1) בָּדָל [1]; 2) יוֹתֶרֶת [10]; 3) תְּנוּךְ [8]; (-) [Le 7.20].

λογεῖον. See under λόγιον.

λογίζομαι 1) היה qal [1]; 2) חשׁב *a.* qal[5+: + Ps 118.119], *b.* ni.[9+: + Si 40.19], *c.* pi.[3+], *d.* חשׁב Ar. pe.[1]; 3) מנה ni.[2]; 4) קרא ni.[1]; 5) שׁוּב pol.[1]; (fr) [Ec 10.3, Is 40.15²]. Del. To 14.4, Na 1.11.

λόγιον, λογεῖον 1) *a.* אֵמֶר [2+], *b.* אִמְרָה [1+]; 2) דָּבָר [5]; 3) חֹשֶׁן [19: + Ex 29.5b]; 4) מַשָּׂאָה [1]. Del. Ps 118.124, 149, Is 30.11.

λογισμός 1) *a.* מַחֲשָׁבָה [1+], *b.* חֶשְׁבּוֹן [4: + Si 27.6, 42.3], *c.* חִשָּׁבוֹן [1], *d.* חשׁב qal[1]; 2) מנה qal[1]. Del. Is 32.7.

λογιστής 1) חשׁב qal[1].

λόγος 1) *a.* אֵמֶר [18], *b.* אִמְרָה [7], *c.* אמר qal[1], *f.* אֹמֶר [2]; 2) *a.* דָּבָר [105+: + 2C 34.24, Ne 6.19, Ps 90.3, Ho 1.2, 13.1, Am 5.10, Hb 3.5, Je 20.8¹, Si 36.3, 24, 47.22], *b.* דַּבְּרָה [1], *c.* דִּבְרָה [1], *d.* דבר qal[4], *e.* pi.[13]; 3) טַעַם [1]; 4) also Ar. מִלָּה [27: + To 6.18]; 5) מִצְוָה [1]; 6) נְבוּאָה [1]; 8) פֶּה [3]; 10) קוֹל [1]; 11) שָׂפָה [1]; 15) *a.* ~ον ἔχειν דאג qal[2], **b.* Ar. דְּחֵל pe.[2: To 5.21*bis*]; 16) σκοτεινὸς λ. מְלִיצָה [1]; 17) φοβερὸς λ. דְּאָגָה [1]; 18) שִׂיחַ [3: + Jb 7.13]; 19) שִׂיחָה [3: + Je 18.22, 32.20]; 20) בִּיטָה [1]; 21) חֶשְׁבּוֹן [1]; (fr) [2C 34.24*L*, Jb 11.12, 14.3, Pr 1.3, 24, 17.14, 24.68, 76, 25.12, 27, 26.18², Is 32.2, Je 32.30]; (-) [+ Jb 26.14¹, Mi 7.3, Is 30.12²]. Del. 1*d*, *e*, 7, 9, 12-4); Nu 5.21, 2K 7.21, 1E 1.57, Ne 5.13³, Es 1.20, 7.3, Jb 16.5, Ps 118.142, Pr 1.29, 12.5, 26.24, Ec 10.1, Si 4.29, 20.13, 42.3, Is 1.10², 9.8, Ez 1.24, Da TH 4.14².

λόγχη 2) לַהֶבֶת חֲנִית [1]; 4) רַב [1]; 5) רֹמַח [6: + Ez 26.8]; (fr) [Jb 41.17]. Del. 1, 3).

λοιδορέω 1) גער qal[1]; 2) רִיב qal[7: + Ge 49.23 voc.].

λοιδόρησις 1) מְרִיבָה [1].

λοιδορία 1) דִּבָּה [1]; 2) *a.* רִיב [2], *b.* מְרִיבָה [1]. Del. Si 23.8.

λοίδορος 1) *a.* מָדוֹן [3], *b.* Q מִדְיָן [3].

λοιμεύομαι *1) לוּץ qal [1: Pr 19.19].

λοιμός 1) בְּלִיַּעַל [5]; 2) לִיץ *a.* qal[5], *b.* pol.[1]; 3) עלז qal[1]; 4) עָרִיץ [5]; 5) פָּרִיץ [3: + Am 4.2, voc.]; 6) רָע [1]; 7) רֵק [1]; 8) רָשָׁע [1]. Del. 3K 8.37, Ez 36.29.

λοιπός 1) יתר *a.* qal[1], *b.* ni.[3+], *c.* יֶתֶר [44]; 2) כֹּל [2]; 3) פֵּאָה [1]; 4) *a.* also Ar. שְׁאָר [11], *b.* שׁאר ni.[1], *c.* שְׁאֵרִית [2]; *5) טַף [2: Je 48.16, 50.6]; 6) אַחֲרוֹן [1: Is 9.1]; *7) Ar. חַבְרָה [1: Da TH 7.20]. Del. Je 50.5, 52.16, Da TH 11.14, 12.4.

λουτήρ 1) יָם [1]; 2) כִּיּוֹר, כִּיֹּר [6+].

λουτρόν 1) רַחְצָה [2].

λούω 1) רחץ *a.* qal[26+], *b.* pu.[1]; 2) שׂחה qal[1]; *3) קדשׁ hit.[1: 2K 11.4*L*]. Del. Le 11.40¹.

λοφιά 1) לָשׁוֹן [3].

λοχεύομαι 1) עוּל qal[2].

λύκος 1) דֹּב [1]; 2) זְאֵב [3+].

λυμαίνομαι 1) בקק pol.[1]; 2) Ar. חבל *a.* pa.[1], **b.* pi.[1: Pr 27.13]; 3) כרסם pi.[1]; 4) סלף pi.[2]; 5) רצץ pi.[1]; 6) שׁחת *a.* pi.[3], *b.* hi.[3], *c.* ho.[1]; 7) תעב pi.[1].

λυπέω 1) אָבֵל [1]; 2) אֲגַם נֶפֶשׁ [1]; 3) Ar. בְּאֵשׁ pe.[2]; 4) דַּוָּי [1]; 5) חרה qal[5]; 6) כְּאֵב [1]; 7) לאה hi.[1]; 8) עצב ni.[4]; 9) קצף *a.* qal[6], *b.* hit.[1]; 10) רגז qal[2]; 11) רוד hi.[1]; 12) *a.* רעע hi.[2], *b.* רַע [1]; (fr) [Jb 31.39, Is 15.2]. Del. Es 1.12².

λύπη 1) דְּוַי [1]; 2) יָגוֹן [3]; 3) *a.* עֶצֶב [2], *b.* עִצָּבוֹן [3], *c.* עַצֶּבֶת [3], *d.* מַעֲצֵבָה [1]; 4) רָעָה [2]; 5) תּוּגָה [1]; 6) προσμίγνυται λ. כָּאַב [1]; 7) ὁ ἐν ~ῃ אוֹבֵד [1]; 10) קִפָּאוֹן [2: + Si 12.9]; 10) רַע [1]; *11) דָּוֹן [6: + Si 38.17]; (fr) [Pr 25.20]. Del. 8, 9 > 11) דִּין; Ge 44.31.

λυπηρός 1) מָרָה [1]; 2) נָכֵא [1]; 3) עֶצֶב [1]; 4) רָע [1]; 5) λυπηρὸν εἶναι חרה qal[1].

λύσις 1) פֵּשֶׁר [1].

λύτρον 1) *a.* גְּאֻלָּה [4]; 2) כֹּפֶר [3]; 3) מְחִיר [1]; 4) *a.* פִּדְיוֹן [1], *b.* פדה qal[1], *c.* ho.[1], *d.* פְּדוּי [3], *e.* פְּדְיוֹם [1]. Del. 1*b*); Le 27.31.

λυτρόομαι 1) גאל *a.* qal[15+], *b.* ni.[7+]; 2) ערף (?) qal[1]; 3) פדה *a.* qal[16+], *b.* ni.[2]; 4) פַּלֵּט [1]; 5) פצה qal[1]; 6) *a.* פרק qal[3], *b.* Ar. pe.[2]; 8) שׂגב pi.[1]; 9) Ar. שֵׁיזִב [1]; 10) ישׁע hi.[2: + Si 49.10]; (fr) [Zp 3.15]. Del. 7); Ex 15.16, Zp 3.1.

λυτρών 1) מַחֲרָאָה K[1]; 2) מוֹצָאָה Q [1].

λύτρωσις 1) *a.* גְּאֻלָּה [6: + Jd 1.15*ter*], *b.* גְּאוּלִים [1]; 2) *a.* פדה qal[1], *b.* פִּדְיוֹן [1], *c.* פְּדוּת [2].

λυτρωτής 1) גאל qal act.ptc.[2].

λυτρωτός 1) גְּאֻלָּה [1].

λυχνία 1) מְנוֹרָה [24+: + Si 26.17].

λύχνος 1) *a.* נִיר [1], *b.* נֵר [19+], *c.* נֵיר [1].

λύω 1) נשׂא qal[1]; 2) נשׁל qal[2]; 3) נתר hi.[2]; 4) Ar. סתר pe.[1]; 5) פתח *a.* qal[3], *b.* ni.[1], *c.* pi.[4]; 6) רצה ni.[1]; 7) Ar. שׁרא *a.* pe.[2], *b.* pa.[1]; *8) נתץ pi.[1: 1E 1.55]; *9) שׁוּב hi.[1: 1E 9.13]; (fr) [Jb 39.2].

λῶμα 1) פָּתִיל [1]; 2) שׁוּל [6].

M

μά 1) חַי [1: 2K 11.11*L*].

μαγειρεῖον 1) *a.* מְבַשְּׁלוֹת [1]. Del. 1*b*) v.l.

μαγειρεύω 1) טבח qal[1].

μαγείρισσα 1) טַבָּחָה [1].

μάγειρος 1) בשׁל pi.[1]; 2) טַבָּח [3: + La 2.20].

μαγίς 1) צְלִיל (K: צלול)[1].

μάγος 1) Ar. אָשַׁף [10].

μαδαρόω 1) מרט qal[1].

μαδάω 1) מרט *a.* qal[1], *b.* ni.[2].

Μαδιανίτης 1) מִדְיָנִי [2].

Μαδιανῖτις 1) מִדְיָנִית [3].

μάθημα 1) אַלּוּף [1].

μαῖα 1) ילד pi.ptc.[9].

μαιμάω, μαιμάσσω 1) גִּיחַ qal[1]; 2) המה qal[1].

μαίνομαι 1) הלל hitpo.[1]; 2) שׁגע pu.[1].

μαιόομαι 2) חול pol.[1]; 3) ילד pi.[1]. Del. 1) v.l.

μακαρίζω 1) אשׁר *a.* pi.[16: + Nu 24.17 MT אשׁרנו; Jb 29.1; Ps 40.2, Si 45.7], *c.* אֶשֶׁר [1]. Del. 1*b*).

μακάριος 1) *a.* אֶשֶׁר [1], *b.* אֶשֶׁר [1+: + Is 31.9]; *2) Ar. טוּב [1: To 13.14[2]].

μακαριστός 1) אֶשֶׁר [3].

μακράν 1) ארך qal[1]; 2) סור qal[1]; 3) *a.* רחק qal[1], *b.* hi.[4], *c.* רָחוֹק [18: + Is 57.9; - De 30.11], *d.* מֵרָחוֹק [2], *e.* לְמֵרָחוֹק [1], *f.* מֶרְחָק [1], *g.* Ar. רַחִיק [1]; 4) ὁ μ. *a.* רָחוֹק [2], *b.* מֵרָחוֹק [1], *c.* מִמֶּרְחָק [1]; 5) οἱ μ. בַּמֶּרְחַקִּים [1]; 6) μ. ἀπέχειν *a.* רחק qal[3], *b.* hi.[1], *c.* רָחוֹק [3]; 7) μ. ἀπωθεῖν רחק hi.[1]; 8) *a.* ἀφεστάναι μ., ἀποστῆναι μ. רחק qal[2], *b.* hi.[1], *c.* hit.[1]; 9) μ. γίνεσθαι *b.* רחק hi.[1]; 10) μ. εἶναι *a.* אָרֹךְ [1], *b.* רחק qal[1], *c.* רָחוֹק [5]; 11) μ. οἰκῶν רָחוֹק [1]; 12) μ. ποιεῖν *a.* נצל hi.[1], *b.* רחק hi.[2]; (fr) [De 14.24]; (-) [Is 27.9]. Del. 9*a*).

μακρόβιος 1) הֶאֱרִיךְ יָמִים hi.[1].

μακροημερεύω 1) הֶאֱרִיךְ יָמִים hi.[5]. Del. 2) v.l.

μακροήμερος 1) μ. γίνομαι הֶאֱרִיךְ יָמִים hi.[1].

μακρόθεν 1) *a.* רחק hi.[1], *b.* מֵרָחוֹק [14], *c.* רָחוֹק [6], *d.* בְּרָחוֹק [1], *e.* מֶרְחָק [5], *f.* מִמֶּרְחָק [2], *g.* ἀπὸ μ. לְמֵרָחוֹק [2], *h.* ἀπὸ μ. עַד מֵרָחוֹק [1], *i.* ὁ μ. מֵרָחוֹק [1], *j.* ὁ μ. מִמֶּרְחָק [1], **k.* עַד לְמֵרָחוֹק [1: 1E 5.65]. Del. Ge 21.16[2].

μακροθυμέω 1) *a.* הֶאֱרִיךְ אַף hi.[1]; 2) אפק hit.[1]. Del. 1*a*); Ec 8.12.

μακροθυμία 1) *a.* אֹרֶךְ אַפַּיִם [1], *b.* אֶרֶךְ אַפַּיִם [1], **e.* אֹרֶךְ רוּחַ [1: Si 5.11]; (fr) [Is 57.15]. Del. 1*c*, *d*).

μακρόθυμος 1) אַרְכָּא/ה [1]; 2) אֶרֶךְ אַפַּיִם [12]; 3) אֶרֶךְ רוּחַ [1]; 4) קַר רוּחַ [1].

μακρός, μακρότερον 1) *a.* אָרֹךְ [1], *c.* ארך qal[1], *d.* אָרֵךְ [1]; 2) *a.* רָחוֹק [2: + Mi 4.3], *b.* מֵרָחוֹק [1], *c.* רחק hi.[1], *d.* μ. ἀπέχειν רחק qal[1]; 4) ἐκ ~ῶν לְמֵרָחוֹק [1]; 5) μ. χρόνον ζῆν הֶאֱרִיךְ יָמִים hi.[1]; *7) μακρότερον ἀπέχειν רחק qal[1: De 12.21]; (fr) [De 19.6]. Del. 1*b*, 3, 6); Nu 9.13, Jb 12.12.

μακρότης 1) *a.* אֹרֶךְ [6], *b.* אַרְכָּה [1]; 2) ἀπὸ ~ητος מַאֲרִיךְ [1].

μακροχρονίζω Del. 1); De 17.20 v.l.

μακροχρόνιος 1) μ. γίνομαι הֶאֱרִיךְ יָמִים [2]; 2) μ. εἶναι הֶאֱרִיךְ יָמִים [1]. Del. De 4.40 v.l.

μάκρυμμα 1) תּוֹעֵבָה [2].

μακρύνω 1) ארך hi.[2]; 2) כלא qal[1]; 3) סור qal[1]; 4) רחק *a.* qal[6], *b.* pi.[1], *c.* hi.[7: + Ps 21.19], *d.* רָחוֹק [2]; 5) μακρύνων ἑαυτόν רָחֵק [1]; *6) משׁך qal[1: Ps 119.5].

μάλα 1) אֲבָל [4].

μάλαγμα 1) חִתּוּל [1]; 2) רכך pu.[1].

μαλακία 1) אָסוֹן [2]; 2) *a.* חֳלִי [6], *b.* מַחֲלָה [1], *c.* מַחֲלֻיִים [1]; 3) מַכְאֹב [2]; 4) תַּחֲלוּא [1].

μαλακίζομαι 1) אָסוֹן [1]; 2) דכא pu.[1]; 3) חלא qal[1]; 4) חלה *a.* qal[3], *b.* ni.[1], *c.* hit.[1], *d.* חֳלִי [1]; (fr) [Jb 24.23].

μαλακός 1) רַךְ [2]; 2) כְּמִתְלַהֲמִים [1].

μαλακύνω 1) רכך hi.[1].

μαλακῶς 1) רַכּוֹת [1].

μάλιστα: see under μᾶλλον.

μᾶλλον 1) prep. -מִ [4]; 2) μ. ἤ prep. -מִ [14]; 3) τόσῳ μ. כְּדֵי כֵן [2]; (-) [Jb 20.2, 30.26, Pr 5.4, 18.2]. Del. Jn 4.3.

μάν 1) מָן [5: + Ex 16.32 MT *mmnw* > *mmn*].

μάνδρα 1) גְּדֵרָה [1]; 2) חוֹחַ [1]; 3) מִנְהָרָה [1]; 4) מְעוֹנָה [3]; 5) נָוֶה [1]; 6) סְבַךְ [1]; 7) סֹךְ [1]; 8) עֵדֶר [1].

μανδραγόρας 1) דּוּדַי [5]; 2) μῆλα ~ου דּוּדָאִים [1].

μανδύας 1) *a.* מַד [3], *b.* מָדוּ [2].

μανθάνω 1) אָלַף [1]; 3) ידע qal[2]; 4) למד *a.* qal[8+], *b.* pi.[2], *c.* תַּלְמִיד [1], *d.* לִמּוּד [1]; 5) לקח qal[2]; 6) שׁמע qal[1]; *7) בִּין hi.[1: Is 28.20]; (fr) [Jb 34.36, Is 47.12]. Del. 2); 1K 1.9.

μανία *2) שׂטה qal[3: + Ps 39.4]. Del. 1) > 2).

μανιάκης 1) *הַמְיָנֵךְ [6].

μαννα 1) מָן [5+]. Del. 2); Ex 16.35.

μαντεία 1) חזה qal[1]; 2) *a.* קֶסֶם [6], *b.* קסם qal[4: + Ez 21.23; at Mi 3.6 poss. *a.* קֶסֶם, voc.], *c.* מִקְסָם [1]; *3) בַּדִּים [1: Is 16.6].

μαντεῖος 1) קֶסֶם [3].

μαντεύομαι 1) קסם *a.* qal[12]. Del. 1*b*, *c*) > 1*a*).

μάντις 1) קסם qal ptc.act.[5].

μαραίνω 1) יָבֵשׁ pi.[1]; *2) קפץ ni.[1: Jb 24.24].

μαρμάρινος 1) שֵׁשׁ [1].

μαρσίππιον 1) כִּיס [3].

μάρσιππος 1) אַמְתַּחַת [15]; 2) כִּיס [2]; 3) שַׂק [1]. Del. Ge 43.21[3], Is 46.6, Si 18.33.

μαρτυρέω 1) עוד *b.* hi.[1], *c.* עֵד [4]; 2) ענה qal[1]. Del. 1*a*); Ge 31.47, 43.3, Ex 21.36, De 31.19.

μαρτυρία 1) מוֹעֵד [1]; 2) *a.* עֵד [3: + Pr 12.19], *b.* עֵדוּת [3]; 3) Ar. שָׂהֲדוּתָא [1].

μαρτύριον 1) מוֹעֵד [131+]; 2) *a.* עֵד [8+: Pr 29.14, Ho 2.12; Am 1.11, Mi 7.18, Zp 3.8], *b.* עֵדָה [4+], *c.* עֵדוּת [29+], *d.* תְּעוּדָה [1]. Del. Ex 40.3[2], Le 17.4, De 9.15.

μάρτυς 1) עֵד [18+: + Nu 23.18, Pr 12.19]; 2) Ar. שָׂהֲדוּתָא [1].

μαρυκάομαι 1) עלה hi.[2: + Le 11.26].

μασάομαι 1) לֶחֶם [1]. Del. Si 19.9.

μαστιγόω 1) כתשׁ qal[1]; 2) נגע *a.* qal[3], *b*, pu.[1]; 3) נכה *a.* hi [7], *b.* ho.[2]; 4) שׁטם qal[1]; 5) יכח hi.[Pr 3.12]; (fr) [Jb 15.11].

μαστίζω 1) נכה hi.[1].

μάστιξ 1) מַכְאוֹב [1]; 2) נֶגַע [3]; 3) *a.* נֵכֶה [1], *b.* מַכָּה [3: + Si 8.16]; 5) שֵׁבֶט [1]; 6) שׁוֹט [6: + Pr 19.29]; *8) Ar. מַכְתַּשׁ [1: To 13.14]. Del. 4, 7).

μαστός 1) דּוֹד [5]; 2) *a.* שַׁד [4+: + Je 18.14, Ez 16.4], *b.* שֹׁד [2]. Del. La 2.20.

μάταιος 1) אָוֶן [5]; 3) אֱלִיל [1]; 4) הֶבֶל [2+: + 3K 16.2]; 6) חִנָּם [1]; 7) *a.* כָּזָב [8], *b.* אַכְזִיב [1: Mi 1.14]; 8) רֵק ,רֵיק [2]; 9) שָׂעִיר [2]; 10) שָׁוְא [8+: + Jb 20.18, Ho 5.1, 12.1, Is 22.1, 28.29, Ez 21.23]; 11) תֹּהוּ [4]; *12) הַוָּה [1: Ps 5.9]; *13) רַהַב [1: Is 30.7]; (fr) [Is 2.20, 30.15, 33.11, Ez 8.10]. Del 2, 5); Is 30.28[2].

ματαιότης 1) *a+b*. הֶבֶל, הֲבֵל [39: + Ec 9.2]; 2) הַוָּה [2]; 3) רִיק [1]; 4) שָׁוְא [1]; *5) רַהַב [1: Ps 39.4].

ματαιόω 1) בער ni.[1]; 2) הבל *a*. qal[2], *b*. hi.[1]; 3) סכל *a*. ni.[2], *b*. hi.[1], **c*. pi.[(2K 15.31*L*]. Del. Jb 26.5 v.l.

ματαίως 1) הֶבֶל [1]; 2) רִיק [2: + 3K 20.25 doublet]; 3) שָׁוְא [1]; *5) חִנָּם [1: Ps Ps 3.8]. Del. 4) v.l.

μάτην 1) אָוֶן [1]; 2) הֶבֶל [2]; 3) חִנָּם [4: + Is 30.5]; 4) *a*. שָׁוְא [2], *b*. לַשָּׁוְא [2: + Ps 62.9]; 5) שֶׁקֶר [1]; 6) εἰς μ. שָׁוְא [3]; *7) תֹּהוּ [1: Is 29.13]; (fr) [Is 27.3].

μάχαιρα 1) בַּרְזֶל [1]; 3) חֶרֶב [22+: + Je 27.21, 32.24, Ez 26.15]; 4) מַאֲכֶלֶת [2]; (fr) [Is 3.25[2]]: Muraoka 1970:499f. Del. 2); Jo 10.28, 30

μάχη 1) מָדוֹן [2]; 2) מִלְחָמָה [1]; 3) *a*. מַצָּה [2: + Si 8.16], *b*. מַצּוּת [1]; 4) צָבָא [1]; 5) *a*. רִיב subst.[7]; *b*. מְרִיבָה [1], *c*. רִיב qal[3: + Jd 20.38]; (fr) [Pr 24.67, 25.10].

μαχητής 1) אִישׁ מִלְחָמָה [1]; 2) גִּבּוֹר [8+]; 3) רִיב subst.[1].

μάχιμος 1) אִישׁ מִלְחָמָה [2]; 2) חלץ qal[3]; 3) *a*. מָדוֹן [1]; 4) נצה ni.[1]. Del. 3*b*); Pr 21.9 v.l.

μάχομαι 1) חרב ni.[1]; 2) *חרר ni.[1: Ct 1.6]; 3) לחם ni.[2]; 4) נכה hi.[1]; 5) נצה ni.[4]; 6) רִיב qal[10]; (fr) [Is 28.20].

μεγαλαυχέω 1) גבה qal[1]; 2) ערץ qal[1]; (fr) [1: Si 48.18].

μεγαλεῖος 1) *a*. גֹּדֶל [1], *b*. גָּדוֹל [3]; 3) גְּבוּרָה [2]. Del. 2).

μεγαλειότης 1) רִבּוֹ [1]; 2) תִּפְאֶרֶת [1]; *3) יָד [1: 1E 1.4, cf. διὰ χειρός v.l. and 3K 10.13 Trg and Vulg. *ultro*].

μεγαλοπρέπεια 1) גַּאֲוָה [1]; 2) הָדָר [5]; 3) הוֹד [1]; 4) תִּפְאֶרֶת [2]. Del. Ps 103.1 v.l.

μεγαλοπρεπής 1) גַּאֲוָה [1].

μεγαλοπτέρυγος 1) גְּדֹל כְּנָפַיִם [2].

μεγαλορρημονέω 1) גדל hi.[4]; 2) הִגְדִּיל פֶּה hi.[1].

μεγαλορρημοσύνη 1) עָתָק [1].

μεγαλορρήμων 1) מְדַבֵּר גְּדֹלוֹת [1].

μεγαλόσαρκος 1) גְּדֵל בָּשָׂר [1].

μεγαλόφρων 1) רוּם עֵינַיִם [1].

μεγαλύνω 1) גבר hi.[1]; 2) גדל *a*. qal[4+: + Ps 19.7], *b*. pi.[1+: + Si 49.11], *c*. hi.[7+: + Mi 1.10, Je 38.14], *d*. hit.[3], *e*. גָּדֵל [1], *f*. גָּדוֹל [6], *g*. מִגְדּוֹל [1]; 3) פלא pi.[1]; 4) רבב qal[1]; 5) רבה *a*. qal[1], *b*. Ar. pe.[4], *c*. pa.[2]; 6) שׂרר qal[1]; 7) אמץ pi.[1]; 8) כבד ni.[1]; (fr) [Jd 5.13]. Del. Si 50.18.

μεγάλωμα 1) תִּפְאָרָה [1].

μεγάλως 1) גָּדוֹל [2]; 2) פלא hi.[1]; 3) רֹב [1]; (fr) [Jb 15.11, 17.7, 30.30]. Del. Jb 24.12.

μεγαλωστί. *1) גָּדוֹל [1: 1E 5.65].

μεγαλωσύνη 1) אַדֶּרֶת [1]; 2) גְּבוּרָה [1]; 3) *a*. גֹּדֶל [5: + Pr 18.10], *b*. גְּדֻלָּה [7: + Si 44.2 MS M], *c*. גדל hi.[1]; 4) Ar. רִבּוּ [7: + To 13.6, 7]; 5) תִּפְאֶרֶת [1]. Del. 3*d*).

μέγας 1) *a*. אַדִּיר [7], *b*. אַדֶּרֶת [1]; 2) *a*. גָּדוֹל [124+: + To 12.22, Si 3.18], *b*. גָּדֵל [1], *c*. גֹּדֶל [1], *d*. גְּדֻלָּה [1], *e*. גדל qal[6], *f*. hi.[1]; 3) הָמוֹן [1]; 4) ירא ni.[3]; 5) כָּבֵד *a*. qal[1], *b*. adj.[3]; 6) מְאֹד [1]; 8) עָצוּם [2:+ Da 6.20]; 9) *a*. פלא ni.[1], *b*. פֶּלֶא [1]; 11) רֹאשׁ [1]; 12) *a*. also Ar. רַב [5+: + To 6.2, 13.15; - De 26.5[2]], *b*. רַבְרַב [16], *c*. רֹב [1: Ps 50.1, - Si 43.32]; 13) *a*. רבה qal[1], *b*. מַרְבֶּה [1], *c* Ar. רבה pe.[2], **d*. הַרְבֵּה [2: 1E 8.88, Si 5.15]; 14) רָם [1]; 15) Ar. שַׂגִּיא [2]; 16) *a*. μ. γίνεσθαι גבה qal[1], *b*. גדל qal[4]; 17) μ. εἶναι שׂגא hi.[2]; 18) τὸ μ. κῆτος לִוְיָתָן [1]; 19) μ. πλῆθος רַב [1]; 21) μείζων *a*. גְּבִירָה [2], *b*. גָּדוֹל [10], *c*. גָּדֵל [2], *d*. רבה qal[2: - 1K 14.30], *e*. רַב [4]; 22) μείζων εἶναι *a*. רבה qal[1], *b*. גדל qal[1]; 23) μέγιστος רֹב [2]; 24) μέγα מָלֵא pi.[1]; 25) גְּבוּרָה [2]; *27) רום hi.[1: 1E 5.61]; *28) גָּבֹהַּ קוֹמָה [1: Ps 151.5 11QPs[a]]; *29) גְּבִירָה [1: 3K 11.19*L*]; (fr) [Jb 9.22, 31.28, Si 46.5, Pr 18.11, 20.10, 24.5, 29.6, Is 1.13, 9.14, 22.5, 18, 24, 26.4, 33.4, 19, 49.6]; (-) [Jo 7.1, Ec 10.1]. Del. 7, 10, 20, 26); Ex 33.13, De 4.11, 9.26[2, 3].

μέγεθος 1) גֹּבַהּ [1]; 2) *גֹּדֶל [1: Ex 15,16 voc.]; 3) קוֹמָה [11].

μεγιστάν 1) אַדִּיר [3]; 2) גָּדוֹל [3:+ Ez 30.13]; 3) Ar. הַדָּבַר [1]; 4) Ar. רַבְרְבָן [8]; 5) שַׂר [10: + Si 30.27]; 6) שִׁלְטוֹן [1]; 7) נָדִיב [2]; *8) גִּבּוֹר [1: 1E 8.26]; *9) סֶגֶן [1: 1E 8.67]. Del. Es 8.14.

μέθη, 2) *a*. שֵׁכָר [3], שכר *b*. qal[1], *c*. שִׁכָּרוֹן [2]; 3) μεθύσκειν ~η שכר hi.[1].

μεθίστημι 1) מוט qal[1]; 2) מושׁ qal[1]; 3) מסה hi.[1]; 4) סור *a*. qal[4], *b*. hi.[9: + 4K 23.33]; 5) Ar. עדה af.[4]; 6) פנה qal[1]; *7) יגה hi.[1: 2K 20.13*L*]; *8) סות hi.[1: 3K 20(21).25*L*].

μεθοδεύω 1) רגל pi.[1].

μεθύσκω 2) רוה *a*. qal[2], *b*. pi.[5: + Si 35.13], *c*. hi.[3], *d*. רְוָיָה [1]; 3) *שׁקה hi.[1]; 4) שׁכר *a*. qal[7: + Is 7.20], *b*. pi.[3], *c*. hi.[3], *d*. hit.[1]; 5) שׁתה qal[1]; 6) μ. μέθῃ שׁכר hi.[1]. Del. 1, 2*e* and 4*e* > μεθύω); Is 36.12.

μέθυσμα 1) *a*. שֵׁכָר [4], *b*. שִׁכָּרוֹן [1]; 2) תִּירוֹשׁ [1].

μέθυσος 1) סָבָא [1]; 2) שִׁכּוֹר [2: + Si 19.1].

μεθύω 1) הלם qal[1]; 2) *a*. רָוֶה [1], *b*. רוה pi.[1]; 3) *שׁקה hi.[1: Ps 64.9]; 4) *a*. שׁכר qal[1], *b*. שִׁכּוֹר [9].

μεῖγμα 1) מִרְקַחַת [1].

μέλαθρον 1) *a*. יָצוּעַ [1], *b*. יָצִיעַ [1]; 2) כֹּתֶרֶת [2: + 3K 7.20[2]]; 4) שְׁקֻפִים [1].

μελαθρόω 1) שֶׁקֶף [1].

μελάνθιον 1) קֶצַח [3].

μελανόω 1) *b*. שְׁחַרְחֹר [1]. Del. 1*a*); Jb 30.30.

μέλας 2) שָׁחֹר [5]. Del. 1) Pr 23.29.

μελετάω 3) הגה *a*. qal[22: + Ps 76.6, 89.9], *b*. po.[1]; 4) שִׂיחַ *a*. qal[1], *b*. pol.[1]; 5) שׁעה qal[1]; 6) שׁעע *a*. pilp.[1], *b*. hit.[2]; *7) שׁנה MH qal[1: Pr 19.27]. Del. 1-2, 3*c*); Ps 36.30[2].

μελέτη 1) *a*. הֶגֶה [1], *b*. הִגָּיוֹן [3: + Jb 33.15], *c*. הָגוּת [1]; 2) הָגִיג [1]; 4) לַהַג [1]; 5) שִׂיחָה [2]; 6) שַׁעֲשֻׁעִים [5]. Del. 3).

μέλι 1) דְּבַשׁ [20+]; 2) נֹפֶת [1].

μελίζω 1) נתח pi.[6]; 2) פרשׂ qal[1].

μέλισσα 1) דְּבוֹרָה [5]. Del. Si 5.7 v.l.

μελισσών 1) דְּבַשׁ [2].

μέλλω 1) *fut. verb* [4]; 2) אַחֲרוֹן [1]; 3) עָתִיד [1]; (fr) [Is 15.7, 48.6]; (-) [+ Da LXX 2.29 pap. 967]. Del. 4); Is 9.6 v.l.

μέλος 1) הֶגֶה [1]; 2) נֵתַח [9]; 3) שִׁיר [1]; 4) קוֹל [1]; 5) מִזְמוֹר [1]; *6) רִנָּה [1: Si 50.18]; (fr) [Jb 9.28]. Del. Jb 31.12 v.l.

μέλω 1) חֵפֶץ [1]. Del. Is 59.5.

μέμφομαι 1) סלף pi.[1]; *2) קבב qal[1: Si 41.7].

μέμψις 1) תְּנוּאָה [1]; 2) תְּשׁוּאוֹת [1]; (fr) [1: Jb 33.23]. Del. Jb 15.15 v.l.

μέντοι Del. Le 7.2 v.l.

μέντοιγε *1) אַךְ [1: Ps 38.6].

μένω 1) אחר pi.[1]; 2) ארך hi.[1]; 3) היה qal[1]; 4) חכה pi.[5: + To 10.8]; 5) יחל hi.[1]; 7) ישׁב qal[4]; 8) כון ni.[1]; 9) כתר pi.[1]; 10) לִין qal[1]; 11) Ar. עדה w. neg., pe.[1]; 12) עמד qal[15]; 13) w. neg. פרר hi.[1]; 14) קוה pi.[3]; 15) *a.* קום qal[11], *b.* קַיָּם [3]; 17) נגע hi.[1]; *18) Ar. סחר pe.[1: To 6.7]; *19) Ar. חלק pe.[1: To 6.18]; (fr) [1K 20.11, Jb 21.11, Is 14.20]. Del. 6, 16); 3K 8.16, 2C 29.19, Ez 48.8, Si 40.17.

μεριδαρχία *1) *a.* פְּלֻגָּה [1: 1E 1.5], *b.* מִפְלַגָּה [1: 1E 1.10]; *2) יחשׂ hit.[1: 1E 8.28].

μερίζω 2) חלק *a.* qal[8], *b.* ni.[4], *c.* pi.[4], *d.* חֵלֶק [3], *e.* חֶלְקָה [1], *f.* מַחְלְקוֹת [1]; 3) חצה *b.* ni.[1]; 5) נחל *a.* qal[1], *b.* hi.[2], *c.* נַחֲלָה [1]; 6) נתן qal[1]; *7) פלג ni.[1: 1C 1.19*L*]. Del. 1, 3*a*, 4); Jo 10.27, Jb 40.25.

μέριμνα 1) Ar. יהב pe.[1]; (fr) [Jb 11.18, Pr 17.12].

μεριμνάω 1) דאג qal[1]; 2) כעס qal[1]; 3) עֶצֶב [1]; 5) רגז qal[1]; 6) שׁעה qal[2: + Ex 5.9¹]. Del. 4).

μερίς 1) *a.* חֵלֶק [18+: + Si 14.14], *b.* חֶלְקָה [24], *c.* הֶלְקָה [1], *d.* מַחֲלֹקֶת [2], *e.* חלק pi.[1], *f.* Ar. חֲלָק [2]; 2) *a.* מָנָה [13: + Na 3.8 MT *mn'* foll. by *'mwn*], *b.* מְנָת [7]; 3) מַשְׂאֵת [3]; 5) נַחֲלָה [5]; 6) נֵתַח [1]; 7) פְּלַגָּה [1]; 8) קָצֶה [1]; (fr) [Jb 30.19]. Del. 4); Ge 23.9.

μερισμός 1) *a.* מַחֲלֹקֶת [1], *b.* Ar. מַחְלְקָה [1].

μεριτεύομαι 1) חצה qal[1].

μέρος 1) בזא qal[1]; 3) חֵלֶק [1]; 4) יָד [6]; 5) יַרְכָּה [1]; 6) מול [3: + 1K 17.30*L*, 2C 4.10*L*]; 7) מִן [14]; 8) מִקְצוֹעַ [1]; 9) נַחֲלָה [1]; 10) עֵבֶר [3: + 3K 3.1, 4.24]; 11) פֵּאָה [6]; 12) פֶּלֶךְ [1]; 13) פַּעַם [2]; 14) צַד [7]; 15) צֵלָע [3]; 16) *a.* קָצֶה [31], *b.* קְצָת [8], *c.* קֵץ [3], *d.* קָצָה [7]; 17) רֶבַע [5]; 18) רוּחַ [2]; 19) שְׁטַר, שֵׁטֶר [1]; 20) שָׂפָה [1]; 21) τὸ πέμπτον μ. חֲמִישִׁי [1]; 22) τρίτον μ. Ar. *a.* תְּלָת [2], *b.* תַּלְתִּי [1]; 23) שְׁכֶם [1: Si 37.18, cf. Ge 48.22 TrgOnk]; (fr) [1K 30.14, 2E 4.20, Jb 31.12, Pr 29.11, Ez 40.47]; (-) [Jo 2.18]. Del. 4K 19.23, Je 30.10.

μέσακλον 1) מָנוֹר [1].

μεσημβρία 1) אוֹר [1]; 2) נֶגֶב [2]; 3) צָהֳרַיִם [5+: + Jd 5.10]; 4) כְּחֹם הַיּוֹם [1]; 5) עֵת צָהֳרַיִם [1].

μεσημβρινός 1) צֹהַר [3]; *2) מַחֲצִית יוֹם [1: 1E 9.41].

μεσίτης 1) בַּיִן [1].

μεσονύκτιος 1) *a.* חֲצוֹת־הַלַּיְלָה [1], *b.* חֲצִי הַלַּיְלָה [3]; 2) נֶשֶׁף [1].

μεσοπόρφυρος 1) מַעֲטָפָה [1]; 2) χιτὼν μ. פְּתִיגִיל [1].

Μεσοποταμία 1) אֲרָם [1]; 2) אֲרַם נַהֲרַיִם [2: + De 23.4]; 3) נַהֲרַיִם [2]; 4) פַּדַּן [9]; 5) פַּדַּן אֲרָם [5]; 6) אֲרָם [1].

μέσος 1) *a.* בַּיִן [4+: - Ez 10.7a, Da TH 8.5], **b.* בֵּין [passim], *c.* -לְ [1: 2K 19.36²*L*], *d.* εἰς μέσον בֵּין [1], בְּתוֹךְ [3: 1K 9.14, 18, 11.11*L*]; 2) *b.* Ar. גַּו [4; + Ps 22.4 MT בגיא; - Da LXX 3.91 v.l.]; 3) *a.* חֲצִי [1], *b.* חֲצוֹת [1]; 5) קֶרֶב [6]; 6) *a.* תּוֹךְ, תָּוֶךְ [29+: + Ez 22.22*bis*], *b.* בְּתוֹךְ, בְּתָוֶךְ [8: + Ez 43.9], *c.* תִּיכוֹן [8]; *7) בַּיִת [1: Jb 8.17, Aramaism?]; *8) נֶגֶד ἐν μέσῳ [1: 1C 9.38*L*]; *9) עִם ἐν μέσῳ [1K 10.11*L*]; (-) [+ Ez 5.2]; (fr) [Is 57.2, Ez 43.7]; (fr) [Is 57.2, Ez 43.7]; (-) [Ez 5.2]. Del. 2*a*, 3*c*, 4); Jo 3.8, 4K 7.5, 19.23, 1E 9.41, Ne 8.3, Es 1.1, Zc 5.8, Is 51.23, Da LXX 3.24, TH 8.5.

μεσόω 1) *a.* חֲצִי [1]; 2) תִּיכוֹן [1]; 3) תְּקוּפָה [1]. Del. 1*b*) Ne 8.3 v.l.

μεστός 1) מָלֵא [2].

μεταβάλλω 1) הפך *a.* qal[8], *b.* ni.[6]; 3) חלף hi.[1: Hb 1.11]; 4) פשׂה qal[1]; 5) שׁוּב qal[1]; *6) סבב qal[1: Is 13.8]; (fr) [Is 29.22]. Del. 2).

μεταβολή 1) סחר qal[1]; 2) תְּנוּפָה [1]. Del. Si 37.11.

μεταβολία 1) תָּגָר [1].

μεταβόλος 1) *a.* סחר qal[2: + Is 23.31 *š* > *s*], *b.* סַחַר [1].

μεταγενής *1) אַחַר [1: 1E 8.1].

μετάγω 1) סור hi.[1]; 2) שׁבה *a.* qal[1], *b.* ni.[2]; 3) סבב qal[1]; *4) בּוֹא hi.[2: 1E 1.43, 2.9]; *5) עלה hi.[1: 1E 5.66].

μεταδίδωμι 1) שׁבר hi.[1]; *(fr) [1: Jb 31.17].

μεταίρω 1) גלה hi.[1]; 2) נסע hi.[1]; 3) סוג hi.[1]; 4) סור hi.[1].

μετακαλέω 1) קרא qal[2]; *2) שׁוּב hi.[1: 1E 1.48].

μετακινέω 1) מוט qal[1]; 2) *נוד qal[1: 2E 9.11]; 3) נוס hi.[1]; 4) נוּעַ *b.* hi.[1]; 5) סוג hi.[1]. Del. 4*a*).

μετακίνησις *2) נוד qal[1: 2E 9.11 MT נִדָּה]. Del. 1) Zc 13.1 v.l.

μεταλλάσσω 1) מות *a.* qal[1], **b.* + τὸν βίον [1: 1E 1.29]; (fr) [Es 2.20].

μεταλλεύω 1) חצב qal[1].

μεταμέλεια 1) נִחוּמִים [1].

μεταμέλομαι 1) אשׁם qal[1]; 3) נחם ni.[8: + Pr 5.11 *h* > *ḥ*]; 4) קצף hit.[1]; *5) שׁוּב qal[1: Si 30.28]; (fr) [Pr 25.8]. Del. 2).

μετάμελος 1) קֶצֶף [1]; *2) נחם ni.[1: Pr 11.3 voc.].

μεταναστεύω 1) מוט ni.[1]; 2) נוד qal[1]; 3) נסח qal[1].

μετανίστημι 1) נוּעַ qal[1].

μετανοέω 1) נחם ni.[8]; 2) שׁוּב *b.* qal[2]; *3) בקר pi.[1: Pr 20.25]. Del.; 2*a*); Is 46.9 v.l.

μεταξύ Del. Ge 31.50 v.l.

μεταπέμπομαι 1) לקח qal[1]; 2) נחה hi.[1].

μεταπίπτω 1) פשׂה qal[3].

μετασκευάζω. (fr) [1: Am 5.8].

μεταστρέφω 1) הפך *a.* qal[11: - Si 39.24], *b.* ni.[6]; 2) סבב *a.* ni.[1], *b.* hi.[3: + 1E 7.15].

μεταστροφή 1) *a.* סִבָּה [1], *b.* נְסִבָּה [1].

μετατίθημι 1) לקח *a.* qal[1], *b.* ni. [1: - Si 49.14]; 2) מוט qal[1]; 3) סוג hi.[3]; 4) סות hi.[1]; 5) *פלה hi.[2]; 6) שׁוּב qal[1]; 7) הפך ni.[1].

μεταφέρω 1) סבב hi.[1]. Del. 1E 2.10 v.l.

μετάφρενον 1) אֶבְרָה [3]; 2) גֵּו [1].

μετέρχομαι 1) סבב *a.* qal[1], *b.* hi.[2].

μετέχω 1) אֵת [1]; *2) הָיְתָה יָד qal[1: 1E 8.67]; *3) חבר qal[1: Pr 1.18 MT *'rb*]; (†) [+ Si 51.28].

μετεωρίζω 1) גבה hi.[1]; 2) נשׂא ni.[1]; 3) רום *a.* qal[3], *b.* ni.[2], **c.* [1: 4K 6.7*L*].

μετεωρισμός 1) מִשְׁבָּר [4].

μετέωρος 1) אָמִיר [1]; 2) גָּבֹהַּ [1]; 4) משׁך pu.[1]; 6) נשׂא ni.[2]; 7) עִלִּי [1]; 8) רום *a.* qal[1], *b.* רָאמוֹת [1], *c.* מָרוֹם [1]; 9) *תלה qal[1: Ez 3.15]; 10) εἰς τὸ μ. מִלְמַעְלָה [1]; *11) בָּמָה [2: 4K 12.4, 15.4*L*]. Del. 3, 5); Je 39.17, Ez 3.14.

μετοικεσία 1) *a.* יוֹם גָּלוּת [1], *b.* גּוֹלָה [4], *c.* גָּלוּת [3]; *3) שׁבה qal[1: 3K 8.47*L*]. Del. 2); Je 50.5; La 1.7.

μετοικέω 1) גלה qal[1].

μετοικία 2) גלה *a.* hi.[1], **b.* גֹּלָה [1: Je 9.11]; 3) מָגוֹר [1]; 4) שׁבה qal[1]. Del. 1).

μετοικίζω 1) גלה *a.* qal[2], *b.* hi.[7]; 2) גרשׁ pi.[1]; *3) שׁבה ni.[3K 8.47*L*].

μέτοικος 1) מָגוֹר [1].

μετοχή *2) חֶבְרָה or חֲבֶרָה [1: Ps 121.3 voc.]. Del. 1).

μέτοχος 1) *a.* חָבֵר [4: + 1K 20.30], *b.* *חָבוּר [1: Ho 4.17]; 3) αἱμάτων μ. דָּמִים [1]. Del. 1*c*, 2) Ps 121.3 v.l.

μετρέω 1) מדד qal[4]; 2) Ar. מנה pe.[1].

μετρητής 1) בַּת [2: + 1E 8.20]; 2) סְאָה [1]; 3) פּוּרָה [1].

μετριάζω 1) w. neg., חלה qal[1].

μέτρον 1) אֵיפָה [10+: + Mi 6.10]; 2) אַמָּה [1]; 3) בַּת [2]; 5) *a.* מִדָּה [3+], *b.* מֶמַד [1]; 6) מְשׂוּרָה [3]; 7) סְאָה [2]; 8) *a.* קַו [3]; 9) שָׁלִישׁ [1]; 10) τρία μέτρα אֵיפָה [2]; 11) מַתְכֹּנֶת [1]. Del. 4, 5*c*, 8*b*); Ez 42.20, 48.1.

μέτωπον 1) מֵצַח [7].

μέχρι(ς) *a)* עַד also Ar.[12]; *b)* וְעַד Ar.[1]; *c)* עַד־עֵת [1]; *d)* עֹד [1]; †)[3]; (-) [1]. Del. Jb 2.7, 4.20, 32.11, Ps 103.23 v.l.

μή *a)* אַל [30]; *b)* לֹא [21]; *c)* מִן [5]; *d)* -הֲ [12]; *e)* מִבְּלִי [1]; *f)* פֶּן [1]; *g)* ἐὰν μή בִּלְתִּי [2]; *h)* ἐὰν μή אִם לֹא [1]; *i)* ἐὰν μή אוּלָם [1]; *j)* ἐὰν μή אִם לֹא [2]; *k)* μή εἰμι אַיִן [2]; *l)* בַּל [1:Ho 14.3 ב < כ]; *m)* ὅπως μή פֶּן [2]; *n)* ὅπως μή לָמָּה [1]; *o)* וְלֹא [1]; *p)* μὴ βούλομαι מאן pi.[2]; *q)* רַע בְּעֵינֵי [1]; *r)* εἰ μή אוּלַי [1]; *s)* εἰ μή לוּלֵא ,לוּלֵי [1]; *t)* אַל נָא יִחַר [1]; *u)* אַיִן [1]; *v)* אִם; (-) [3]. Del. the foll. passages (v.l.): Am 9.10, Zp 1.12, 3.13, Ma 1.9(?), 3.8. x∫

μηδαμῶς 1) אֲהָהּ [2]; 2) *a.* אַל [1], *b.* אַל נָא [1]; 3) אָנָּה [1]; 4) *a.* חָלִילָה [6], *b.* חָלִילָה מִן [2].

μηδέ *a)* אַל [8]; *b)* לֹא [3]; *c)* אַיִן [1]; *d)* מִן [1]; *e)*(-) [2]. x∫

μηδείς 2) *a.* אַיִן [2: + Ps 55.7], *b.* אַיִן w. ptc.[2]; 3) אִישׁ w. neg. [11]; 4) אַל [2]; 5) דָּבָר [2]; 6) כֹּל w. neg.[3]; 7) לֹא [1]; 8) מְאוּמָה [3]; 9) מְעַט [1]; 10) τὰ μηδὲν ὄντα תֹּהוּ [1]; 11) μηδὲν πιστόν תַּהְפֻּכוֹת [1]; (fr) [1E 8.7, Je 51.7]. Del. 1); Ex 34.3[2], Jn 3.7 v.l.

μηκέτι 1) *a.* אַל [1], *b.* עוֹד .. אַל [1]; 2) לֹא [1]; 3) מִ׳ [1]. Del. To 3.10, 6.7.

μῆκος 1) *a.* אֹרֶךְ [20+], *b.* אֲרוּכָה [1]; (fr) [Je 52.22]; (-) [+ Ez 42.4]. Del. 2C 3.8[2].

μηκύνω 1) גדל pi.[1]; 2) משׁך ni.[2].

μῆλον 1) רַקָּה [2]; 2) תַּפּוּחַ [6]; 3) ~α μανδραγόρου דּוּדָאִים [1].

μηλωτή 1) אַדֶּרֶת [5].

I μήν 1) חֹדֶשׁ [82+: + 1K 11.1 4Q51]; 2) *a.* יֶרַח [4+], *b.* Ar. יְרַח [2]; (-) [Ez 40.1[2]]. Del. Es 8.9[2], 9.17[2].

μηνιαῖος 1) בֶּן־חֹדֶשׁ [10].

μηνίαμα 1) תַּחֲרָה [1].

μῆνις 1) אֵיבָה [1]; 2) עֶבְרָה [1].

μηνίσκος 1) שַׂהֲרֹנִים [3].

μηνίω 1) נטר qal[3]. Del. Si 10.6, 28.7 v.l. (> μηνιάω).

μήποτε *a)* פֶּן [16]; *b)* אוּלַי [4]; *c)* לְמָה Aramaising [2]; *d)* מִן [1]; (-) [1].

μηρίον 1) כֶּסֶל [6].

μηρός 1) בֶּרֶךְ [3]; 2) *a.* יָרֵךְ [14+], *b.* יַרְכָה [4], *c.* Ar. יַרְכָה [1]; 4) בֵּין רַגְלַיִם [2]. Del. 3); Jb 15.27.

μηρυκισμός 1) גֵּרָה [11].

μηρύομαι Del. 1) > (fr).

μήτε Del. Ge 31.52, 2E 7.23 v.l.

μήτηρ 1) also Ar. אֵם [67+: + To 6.14, 10.8]; 3) אִשָּׁה [2]; 4) ילד qal act. ptc. fem. [1]; (fr) [2C 2.14]. Del. 2); Ex 21.15[1], Pr 13.1, Am 1.11, Je 20.18, Si 3.8, 16.

μήτρα 1) קֵבָה [1]; 2) רַחַם [14+]; 3) שֶׁגֶר [1]; 4) τὰ περὶ τὴν ~ρα רַחַם [2: + 1K 1.6].

μητρόπολις 1) אָב [2]; 2) אֵם [1]; 4) עִיר מַמְלָכָה [1]; 5) עִיר פְּרָזוֹת [1]; 6) קִרְיָה [1]. Del. 3); Ne 1.1.

μηχανεύω 1) מַחֲשֶׁבֶת [1].

μηχανή 1) חִשָּׁבוֹן [1].

μιαίνω 1) זנה hi.[1]; 2) חטא hi.[1]; 3) חלל *a.* ni.[1], *b.* pi.[6]; 4) חָנֵף *a.* qal[2], *b.* hi.[2]; 5) טָמֵא *a.* qal[11+], *b.* ni.[10+], *c.* pi.[24+], *d.* pu.[1], *e.* hit.[10+], *f.* hoth.[1], *g.* טֻמְאָה [2], *h.* טָמֵא [3]. Del. Is 30.22.

μίανσις 1) טָמֵא pi.[1].

μιαρός: see under μιερός.

μίασμα 1) *עָצָב [1: Ez 33.31]; 2) פִּגּוּל [1]; 3) שִׁקּוּץ [1].

μίγνυμι 1) מלח pu.[1]; 2) ערב hit.[4: + Pr 14.16]; 3) שִׁית qal[1].

μικρολόγος 1) לֵב קָטֹן [1].

μικρός 1) *a.* זְעֵיר [7], *b.* מִזְעָר [2]; 2) מִיכָל [1]; 3) מְעַט [11+: + Jo 22.19]; 4) *a.* מִצְעָר [3], *b.* צָעִיר [1: La 4.18]; 5) קָטָן [8+: + Ps 151.1; - Ge 42.32]; 6) קלל ni.[1]; 7) שִׁפְלַת קוֹמָה [1]; 9) ~οῦ כִּמְעַט [1]; 10) μικρότερος *a.* צָעִיר [1], *b.* קָטָן [1: - 1K 9.21]; 12) μικρότατος קָטֹן [1]; 13) μ. δάκτυλος קֹטֶן [1]; 14) μ. μερίς מְעַט [1]; 16) ποιεῖν ~όν קָטֹן hi.[1]; 17) κατὰ ~ὸν ~όν מְעַט מְעַט [3]; 18) ~ὸν ὅσον ὅσον כִּמְעַט רֶגַע [1]; 19) אֱלִיל [1]; (fr) [Is 9.14, 30.14, 33.4, 54.8]; (-) [+ Ez 46,22]. Del. 4*c*, 8, 11, 15); Zc 13.7.

μικρότης 1) קֹטֶן [1].

μικρύνω. See under σμικρύνω.

μίλτος 1) שָׁשַׁר [1].

μιμνήσκομαι 1) זכר *a.* qal[43+], *b.* ni.[8], *c.* hi.[11]; 2) נשׂא qal[2]; 3) w. neg. סלח qal[1]; 4) עור hit.[1]; 5) פקד qal[1]; 6) w. neg. שׁכח pi.[1]; 7) נכר hi.[1]; (fr) [Is 66.9]. Del. Jb 24.20, Si 16.17, Is 66.9, Ez 21.23, 33.13, 16.

μίσγω 1) מהל qal[1]; 2) נגע qal[1].

μισέω 1) זעם qal[1]; 2) מאס *a.* qal[2], *b.* ni.[1]; 3) צרר qal[1]; 4) קוּם qal[1]; 5) שׂנא *a.* qal[38+: + 2K 18.28, Pr 17.9, Ma 2.13], *b.* ni.[2: + Ec 8.1], *c.* pi.[13: De 32.43], *d.* שִׂנְאָה [3], *e.* שָׂנִיא [1], *f.* Ar. שְׂנֵא pe.[3: + To 13.12], *g.* pu.[1]; 6) שׁאף qal[1]; 7) *קוץ qal[1: Si 7.15]; 8) געל ni.[1].

μισητός 1) זעם qal[1]; 2) ~ὸν ποιεῖν עכר qal[1]; 3) *שׂנא qal ptc.pass.[2: + Pr 26.11, Si 10.7]; 4) מאס ni.[2]. Del. 5).

μίσθιος 1) שָׂכִיר [4]. Del. 2); Le 19.13 v.l.

μισθός 2) אֶתְנָן [1]; 3) מְחִיר [1]; 4) עִזָּבוֹן [2]; 5) *a.* פֹּעַל [2], *b.* פְּעֻלָּה [2]; 6) *a.* שָׂכָר [13+: + De 24.14, Ez 27.15], *b.* מַשְׂכֹּרֶת [4], *d.* שֶׂכֶר [1]; 7) τοὺς ~οὺς συνάγειν שׂכר hit.[1]; 8) גּוֹרָל [1]; *9) Ar. אֲגַר [1: To 12.1b]; (fr) [Pr 11.21, 17.8]. Del. 1, 6*c*); Jb 7.1, Ec 9.6.

μισθόω 1) כרה qal[1]; 2) סכר qal[1]; 3) *a*+*b*. שׂכר qal[13]. Del. 3*c*); Is 7.20.

μίσθωμα 1) אֶתְנָה [1]; 2) אֶתְנַן [9: + Ez 16.32]; 3) נֵדֶה [1]; 4) נָדָן [1]; (fr) [Pr 19.23].

μισθωτής. > μισθωτός.

μισθωτός 1) שָׂכִיר [16: + Le 25.53, Is 28.1, 3].

μῖσος 1) שִׂנְאָה [11: + Je 24.9]. Del. 2).

μίτρα 1) מִצְנֶפֶת [8]; 2) פְּאֵר [1]; (fr) [Ez 26.16].

μνᾶ 1) דַּרְכְּמוֹן [2: + 1E 5.45[1]]; 2) מָנֶה [6: + 1E 5.45[2]].

μνεία 1) *a*. זכר qal[2], *b*. זֵכֶר [2]; 2) μνεῖαν ποιεῖσθαι זכר qal[1]; 3) ἐστὶ μ. זכר ni.[1]; 4) μ. γίνεται זכר ni.[3]; (fr) [Is 32.10]. Del. Ho. 9.7.

μνῆμα 1) *a*. קֶבֶר [8+], *b*. קְבוּרָה [2].

μνημεῖον 1) *a*. קֶבֶר [11], *b*. קְבוּרָה [2]; (fr) [Is 26.19]. Del. Jo 24.30, Je 33.23.

μνήμη 1) *a*. זֵכֶר, זֶכֶר [2], *b*. זִכָּרוֹן [3]; (fr) [Pr 1.12].

μνημονεύω 1) *a*. זכר qal[9: + Ps 6.5]. Del. 1*b*); Si 37.6 v.l.

μνημόσυνος 1) *a*.זֵכֶר [5+], *b*. זִכָּרוֹן [14+], *c*. אַזְכָּרָה [6+], *d*. זכר ni.[1], *e*. hi.[1]; 2) διδόναι εἰς ~ον זכר hi.[1]; (fr) [Es 10.2, Is 23.18]. Del. 3) > 1*a*); Si 49.10.

μνησικακέω 1) אשׁם qal[1]; 2) גמל qal[1]; 3) חשׁב qal[1]; 4) שׂטם qal[1]; (fr) [Pr 21.24].

μνηστεύομαι 1) ארשׂ *a*. pi.[4], *b*. pu.[4]; *2) Ar. קום pa./af.[1: To 6.13].

μογιλάλος 1) אִלֵּם [1].

μόγις. See under μόλις.

μοιχαλίς 1) נאף *a*. qal[3], *b*. pi.[3].

μοιχάομαι 1) נאף *a*. qal[3], *b*. pi.[6]. Del. 1*c*); Ez 23.43 v.l.

μοιχεία 1) *a*. נַאֲפוּפִים [1], *b*. נאף qal[1], *c*. נִאֻפִים [1].

μοιχεύω 1) נאף *a*. qal[7], *b*. pi.[3], *c*. נִאֻפִים [1].

μοιχός 1) נאף *a*. qal[2], *b*. pi.[2].

μόλιβος 2) עֹפֶרֶת [11: Nu 31.22, Ez 22.20 transp.]. Del. 1).

μόλις *1) בְּחֹזֶק [1: Si 35.7].

μόλυνσις 1) תּוֹעֵבָה [1].

μολύνω 1) בוס pol.[1]; 2) גאל ni.[1]; 4) חָנֵף qal[1]; 5) טבל qal[1]; 6) טנף qal[1]; 7) פִּגּוּל [1]; 8) שׁגל ni.[1: Zc 14.2K]; 9) שׁכב ni.[1: Zc 14.2Q]; *10) נִדָּה [1: 1E 8.80]; *11) Ar. געל pa.[1: To 3.15]; (fr) [Ez 7.17, 21.7]. Del. 3).

μολυσμός 1) חֲנֻפָּה [1]; *2) נִדָּה [1: 1E 8.80].

μονάζω 1) בדד qal[1].

μόνιμος 1) עַד [1]; 2) תִּקְוָה [1].

μονιός 1) זִיז [1].

μονογενής 1) *a*. יָחִיד [3], *b*. רַק יָחִיד [1], **c*. Ar. יְחִיד [1: To 3.15]. Del. To 6.10 v.l.

μονόζωνος 1) גְּדוּד [11].

μονόκερως 1) רְאֵם, רְאֵים, רֵים [7: + Ps 77.69 MT *rmym*].

μονομαχέω 1) לחם ni.[1].

μόνον 1) אַךְ [4]; 2) לְבַד w. suf.[9]; 3) רַק [3]. Del. Ge 34.15 v.l.

μόνορχις 1) מְרוֹחַ אָשֶׁךְ [1].

μόνος 1) אַךְ [2]; 2) בְּגַף w. suf.[3]; 3) *a*. לְבַד w. suf. [19+: + Si 30.26, Da LXX 11.27], *b*. לְבָדָד [1], *c*. בָּדָד [4]; 4) κατὰ μόνας *a*. w. suf.[2: + Jd 17.3], *b*. לְבַד [1], *c*. יַחַד [2], *d*. בָּדָד [2], *e*. לְבָדָד [1]; 5) רַק [3]; 6) μονώτατος לְבַד w. suf. [9]; *7) יַחַד [1: 1E 5.71]; (-) [+ Is 3.26, 10.8]. Del. Le 16.11, Nu 3.9, De 6.13, 10.20, 3K 11.29, 18.37, Jb 12.2, Ps 76.14.

μονότροπος 1) יָחִיד [1].

μορφή 1) Ar. זִיו [5]; 2) Ar. צְלֵם [1]; 3) תֹּאַר [1]; 4) תַּבְנִית [1]; 5) תְּמוּנָה [1].

μοσχάριον 1) *a*. בֶּן־בָּקָר [2], **b*. בָּקָר [1: 2K 17.29*L*]; 2) עֵגֶל [6]; 3) פַּר, פָּר [4].

μόσχος 1) *a*. בָּקָר [7+], *b*. בֶּן־בָּקָר [2]; 2) *a*. עֵגֶל [12+: + 3K 10.19], *b*. עֶגְלָה [1]; 3) פַּר, פָּר [85+: + Ez 39.18[1]]; 4) *a*. שׁוֹר [27+], *b*. Ar. תּוֹר [2]; 5) μ. ἐκ βοῶν שׁוֹר [1]; 6) μ. βοῶν בָּקָר [1]; (-) [+ Le 4.21[2]]. Del. Le 25.43, Ez 27.21, 45.19.

μοτόω 1) חבשׁ qal[1].

μουσικός 1) Ar. זְמָר [8]; 2) *a*. שִׁיר [6], *b*. שִׁירָה [1]; 3) מִזְמוֹר [3].

μοχθέω 1) יגע qal[1]; 2) עמל *a*. qal[9], *b*. עָמֵל [5]; 3) תְּלָאָה [1].

μόχθος 1) אָוֶן [1]; 3) יְגִיעַ [3]; 4) עָמָל [23]; 5) פְּעֻלָּה [1]; 6) פֶּרֶךְ [4]; 7) תְּלָאָה [4: + La 3.65 meta.]; *8) חָמָס [1: Je 28.35]. Del. 2); Je 3.24b, 20.18.

μοχλός 1) בְּרִיחַ [16+]. Del. 2C 4.3.

μυαλόω 1) מֵחַ [1].

μυγαλῆ 1) אֲנָקָה [1].

μυελός 1) חֵלֶב [1]; 2) מֹחַ [1].

μυῖα 1) זְבוּב [6].

μυκτήρ 1) אַף [7]; 2) נְחִירַיִם [1].

μυκτηρίζω 1) אַף [1]; 2) *a*. בוז qal[2], *b*. pass. הָיָה לָבוּז qal[1], *c*. בזה qal[1]; 3) התל pi.[1]; 4) לעב hi.[1]; 5) לעג *a*. qal[5], **b*. hi.[1: 2C 30.10*L*]; 6) נאץ qal[2]. Del. 1E 1.51, Ps 43.13.

μυκτηρισμός 1) *a*. בּוּזָה [1], *b*. בִּזָּה [1]; 2) לַעַג [5: + Ps 34.16]. Del. 3).

μύλη 1) מַלְתָּעוֹת [1]; 2) מְתַלְּעוֹת [3].

μύλος 1) רֵחֶה [4]; 2) κλάσμα ~ου פֶּלַח רֶכֶב [2]; *3) טְחוֹן [1: La 5.13].

μυλών פְּקֻדָּה [1].

μυξωτήρ 1) צַנְתְּרֶת or צִנּוֹר [1].

μυρεψικός 2) *a*. רֹקַח [1], *b*. מִרְקַחַת [1], *c*. מֶרְקָח [1], *d*. רֶקַח [1]. Del. 1) Ct 3.6 v.l.

μυρεψός 1) רכל qal[1]; 2) *a*. רקח qal ptc.[5], *b*. רַקָּח [1], *c*. מִרְקַחַת [1].

μυριάς 1) *a*. רְבָבָה [7+], *b*. רִבּוֹא [7], *c*. רִבּוֹ [3]; 2) ἑξήκοντα μυριάδες שֵׁשׁ־מֵאוֹת אֶלֶף [1]. Del. 2C 9.25.

μυριοπλάσιος 1) רִבּוֹא [1].

μυρμηκιάω 1) יַבֶּלֶת [1].

μυρμηκολέων 1) לַיִשׁ [1].

μύρμηξ 1) נְמָלָה [2].

μύρον 1) בֹּשֶׂם [1]; 2) *a*. רֹקַח [1], *b*. מִרְקַחַת [1], *c*. רקח pu.[1]; 3) *a*. שֶׁמֶן [6: Je 25.10], *b*. שֶׁמֶן הַטּוֹב [2]; (fr) [Is 25.7]. Del. Ct 2.5, 4.10.

μυρσίνη 1) הֲדַס [3].

μυρσιών *1) הֲדַס [1: Jd 1.35A, *r* > *d*].

μῦς 1) עַכְבָּר [6].

μυσερός 1) תֶּבֶל [1].

μύσταξ 1) שָׂפָם [1].

μυστήριον 1) רָז [17]; 2) סוֹד [1].
Μωαβίτης 1) מוֹאָב [3]; 2) מוֹאָבִי [3].
μωκάομαι 1) תַּעְתֻּעִים [1]. Del. Si 31.21 v.l.
μώλωψ 1) חַבּוּרָה ,חֲבוּרָה [6].
μωμάομαι 1) מוּם [1].
μωμητός 1) מוּם [1].
μῶμος 1) מוּם [20: + Si 30.31]. Del. De 19.21 v.l.
μωραίνω 1) בער ni.[2]; 2) סכל *a* .ni.[1]. Del. 2*b*) v.l.
μωρεύω 1) סכל pi.[1].
μωρία 1) אִוֶּלֶת [1].
μωρός 1) אֱוִיל [1]; 2) *a.* נָבָל [6], *b.* נְבָלָה [1]; 3) סָכָל [1]; 4) שׂכל hi.[1]; 5) כְּסִיל [2]; 6) פתה qal[1]; (fr) [Jb 16.8].

N

νάβλα 1) נֵבֶל [14].
ναζιραῖος 1) נָזִיר [4].
#ναθιναῖος *1) נָתִין [1: 1C 9.2*L*].
ναί 1) אֲבָל [2]; 2) v. δή וְאַף [1]; 3) הִנֵּה [1]. Del. 4) v.l.
ναίω (†) > (-).
νᾶμα 1) עָסִיס [1].
ναός 1) אוּלָם [5]; 2) *a.* בַּיִת [2], **b.* בַּיִת לְהֵכָל [1: 3K 7.36*L*]; 3) דְּבִיר [2]; 4) *a.*הֵיכָל [9+: + Je 28.11], *b.* Ar. הֵיכַל [10]; *5) אַרְמוֹן [1: Je 37.18].
νάπη 1) אָפִיק [1]; 3) גַּיְא [4]; 5) נַחַל [1]; (fr) [Je 14.6]. Del. 2, 4, 6); Ez 36.4.
νάρδος 1) נֵרְדְּ [3].
ναρκάω 1) יקע qal[1]; *2) אֵיתָן [1: Jb 33.19 MT תנתן]; (-) [Ge 32.32*bis*].
ναῦλος 1) שָׂכָר [1].
ναῦς 1) *a.* אֳנִי [6], *b.* אֳנִיָּה [11]; 2) טְחוֹרִים [1]; 3) עֹפֶל [1].
ναυτικός 1) אֳנִיָּה [1]; 2) מַלָּח [1].
νεανίας 1) *a.* בָּחוּר [4: + 2K 10.9]; 2) יֶלֶד [1]; 3) *a.*נַעַר [10]; *4) עֶלֶם [2: 1K 17.56, 20.22*L*]. Del. 1*b*, 3*b*).
νεανικός Del. Je 30.15 v.l.
νεᾶνις 1) *a.* נַעַר [7 almost all as K and with *b.* as Q], *b.* נַעֲרָה [8+]; 2) עַלְמָה [4]; *3) יַלְדָּה [1: Da TH 11.6]; *4) בְּתוּלָה [1: Si 20.4]. Del. Jd 5.8, 19.3.
νεανίσκος 1) אִישׁ [3]; 2) *a.* בָּחוּר [6+: + 2K 10.9]; 3) יֶלֶד [8]; 4) נַעַר [8+]; 5) *a.* עֶלֶם [2], **b.* Ar. עֲלַיִם [1: To 7.2]. Del. 2*b*); Zc 2.4.
νεβρός 1) עֹפֶר [4].
νεῖκος 1) דושׁ qal[1]; 2) *a.* מָדוֹן [2], *b.* מְדָן [1]; *3) מַצָּה [2: Ez 3.8, 9]. Del. Zp 3.5.
νεκρός 1) הרג qal[2: + Ez 32.18]; 2) חָלָל [4]; 3) *a.* מות qal [12+: + Is 5.13], *b.* מֵת [1]; 4) נְבֵלָה [4]; 5) פֶּגֶר [3]; 6) גוע qal[3]; (fr) [Is 14.19].
νέμω 3) רבץ qal[2: + Ez 19.2 v.l.]; 4) רעה qal[5+: + Ez 19.7]; (fr) [Ge 41.3, Da LXX 4.12]. Del. 1-2); Ge 41.19, Si 49.13.
νεομηνία: see under νουμηνία.
νέος 1) אָבִיב [7]; 2) בִּכּוּרִים [1]; 3) חָדָשׁ [5]; 4) נַעַר [8]; 5) οἶνος v. עָסִיס [1]; 6) παῖς v. נַעַר [1]; 7) νεώτερος *a.* יֶלֶד [1], *b.* נַעַר [21], *c.* צָעִיר [8+: + Ge 49.22, Ps 151.1], *d.* קָטֹן ,קָטָן [17+], *e.* צָעוֹר [1]; (fr) [Zc 9.9]; (-) (+ Pr 7.10]. Del. Si 42.8.
νεοσσός, νεοττός. See under νοσσός.
νεότης 1) בְּחוּרוֹת [2]; 2) יַלְדוּת [2]; 3) *a.* נֹעַר [2], *b.* נְעוּרִים [7+], *c.* *נַעֲרוּת [2]; 4) עוֹד [2]; 5) *a.* עֲלוּמִים [1], *b.* עַלְמָה [1]; 6) צְעִירָה [1].
νεόφυτος 1) *a.* נֶטַע [3: + Ps 143.12]; 2) שָׁתִיל [1]. Del. 1*b*).
νεόω 1) ניר qal[1].
νεῦμα 1) שׂקר pi.[1].
νευρά 1) יֶתֶר [3].
νευροκοπέω 1) עקר pi.[3]; 2) ערף qal[2].
νεῦρον 1) גִּיד [7]; 2) ערק qal[1].
νεύω (fr) [Pr 4.25].
νεφέλη 1) אֵד [1]; 2) מַאֲפֵל [1]; 3) נָשִׂיא [3]; 4) עָב [23]; 6) *a.* עָנָן [53+: + Zc 2.13], *b.* Ar. עֲנָן [2]; 7) שַׁחַק [8]; (-) [+ Nu 14.10]. Del. 5) > 4); Jb 22.14, 35.4, Ps 103.3, Ez 30.3.
νέφος 1) נָשִׂיא [1]; 2) עָב [8]; 3) עָנָן [5]; 4) שַׁחַק [6]; 5) νέφη χρυσαυγοῦντα זָהָב [1]; (fr) [Jb 40.1, Ps 25.23]. Del. Is 14.14.
νεφρός 1) כִּלְיָה [17+].
νέωμα 1) נִיר [1].
νή 1) νὴ τὴν ὑγίειαν חֵי [2].
νήθω 1) *a.* טוה qal[2], *b.* מַטְוֶה [1]; 2) שׁזר ho.[2].
νήπιος 1) טַף [2]; 2) παιδίον v. ינק qal[1]; 3) *a.* נֹעַר [1], *b.* נַעַר [3]; 4) עוֹלֵל / עוֹלָל [2+: + Jb 31.10]; 5) פְּתִי [6: + Ps 63.7]; 6) קָטֹן [1]; (fr) [Jb 24.12]. Del. Je 50.6, La 2.20.
νηπιότης 1) נְעוּרִים [4].
νῆσος 1) אִי [2+: + Je 27.38]; (fr) [Is 49.22].
νηστεία 1) צוֹם [9+]; *2) תַּעֲנִית [1: 1E 8.70].
νηστεύω 1) צום qal[2+]. Del. 2).
νήστης 1) Ar. טְוָת [1].
νήχομαι (fr) [Jb 11.12].
νικάω 1) זכה [1]; 3) נצח pi.[1]; (fr) [Pr 6.25]. Del. 2).
νίκη 1) נֵצַח [1].
νῖκος 1) נֵצַח [2+].
νίπτω 1) מטר hi.[1]; 2) רחץ qal[11+]; 3) שׁטף *a.* qal[1], *b.* ni.[1]. Del. Ge 24.32.
νίτρον 1) נֶתֶק [1].
νιφετός 1) רְבִיבִים [1].
νοέω 1) בִּין *a.* qal[7], *b.* hi.[3], *c.* hitpo.[3]; 4) שׂכל hi.[6: + Je 20.11[1]]; 5) שׁחת hi.[1]; 7) ἀδύνατος νοῆσαι פלא ni.[1]; 8) ידע qal[1]; 9) בקר pi.[1]; *10) חשׁב *a.* qal[1: Is 32.6 1QIs[a]], *b.* pi.[1: 2K 20.15]; (fr) [Jb 33.3]. Del. 2-3, 6); Jb 15.9, Pr 29.7, Da TH 12.10, Is 20.4.
νοήμων 1) בִּין *a.* ni.1], *b.* hi.[1]; 2) שׂכל *a.* hi.[5], *b.* שֵׂכֶל [1: Pr 17.12].
νοητῶς 1) בִּין qal[1].
νομάς 1) מַרְבֵּק [1]; 2) צֹאן [1]; 3) *a.* רְעִי [2], *b.* רעה qal[1].
νομή 1) מַרְבֵּץ [2]; 2) *a.* מִרְעֶה [12], *b.* מַרְעִית [7]; 3) *b.* נָוֶה [7], *c.* נָאָה ,נָוָה [3]; (fr) [Jb 20.17]. Del. 3*a*); Jb 20.27.

νόμιμος 1) דָּת [1]; 2) *a.* חֹק [16+], *b.* חֻקָּה [21+: Mi 6.15]; 3) תּוֹרָה [7]; (fr) [1E 1.48]. Del. Le 6.22.

νόμισμα 2) דָּת [1]. Del. 1) Ne 7.71, 72 v.l.

νομοθέσμως 1) תּוֹרָה [1].

νομοθετέω 1) ירה hi.[8].

νομοθέτης 1) ירה hi.[1].

νόμος 1) דָּבָר [3]; 2) also Ar. דָּת [21]; 3) *a.* חֹק [21], *b.* חֻקָּה [8+]; 4) מִצְוָה [6]; 5) מִשְׁפָּט [2]; 6) also Ar. פִּתְגָם/גָּם [1]; 7) תּוֹרָה [65+: + Ps 129.5, Am 4.5, Is 42.4]; (fr) [Le 15.3, Jb 34.27, Is 33.6]; (-) [+ De 32.24 < 32.46; Pr 3.16, 9.10]. Del. De 32.45, 2C 34.18, 35.12, Ps 58.11, 129.5, Pr 1.8, Je 13.25, 23.27, 33.4, 34.18, Da TH 6.5.

νομός 1) מַמְלָכָה [2]. Del. 2) Je 10.25 v.l.

νοσερός 1) תַּחֲלוּא [1].

νόσος 1) *a.* חֳלִי [2], *b.* מַחֲלָה [1], *c.* מַחֲלֶה [1], *d.* חוֹלִי [1]; 2) מַדְוֶה [1]; 3) מַכָּה [1]; 4) תַּחֲלוּא [2]; (fr) [Jb 24.23].

νοσσεύω 1) דור Ar. pe.[1]; 2) קנן pi.[3]; 3) שׁכן Ar. pe.[1].

νοσσιά 1) חֹר [1]; 2) קֵן [7+: + Nu 24.22].

νοσσίον 1) אֶפְרֹחַ [1].

νοσσοποιέω (fr) [Is 13.22].

νοσσός 1) אֶפְרֹחַ [3]; 2) בֵּן [7]; 3) גּוֹזָל [1]; 4) יֶלֶד [1]; 5) קֵן [1]; (fr) [Is 60.8].

νοσφίζω 1) לקח qal[1].

νότος 1) דָּרוֹם [13: + Ez 42.19]; 3) נֶגֶב [6+]; 4) *a.* קָדִים [10] (see Morenz 1964:255f.), **b.* קֶדֶם [2: Ex 27.13, Nu 34.15]; 5) תֵּימָן [7: + Si 43.16]. Del. Nu 2.3, 3.29, 10.6, De 3.27, Jo 15.1, 2, 3, 4, 7, 8, 10, 18.13, 16, 2C 33.14, Jb 37.17, Zc 6.7.

νουθετέω 1) *a.* בִּין hitpo.[3: + Jb 23.14], *b.* בִּינָה [1]; 2) יסר pi.[1]; 3) כהה pi.[1]; (fr) [Jb 36.12].

νουθέτημα 1) מוּסָר [1].

νουθέτησις 1) תְּבוּנָה [1].

νουμηνία 1) חֹדֶשׁ [2+: + Ez 23.34]; 2) אֶחָד לַחֹדֶשׁ [2+]; 3) רֹאשׁ חֹדֶשׁ [2]; 4) νουμηνία τοῦ μηνός אֶחָד לַחֹדֶשׁ [1]; *5) יוֹם אֶחָד [4: 1E 5.52, 9.16, 17, 40]. Del. Nu 28.31.

νοῦς 2) לֵב, לֵבָב [6]; 3) רוּחַ [1]; 4) v. ἐπιγνώμων דַּעַת [1]; (fr) [Jb 33.16, 36.19, Pr 24.71]; (-) [Jb 7.20, 1E 2.8]. Del. 1); Jb 12.11, 33.16, 34.3.

νυκτερινός 1) לַיִל [6].

νυκτερίς 1) עֲטַלֵּף [3].

νυκτικόραξ 1) כּוֹס [2]; 2) קֹרֵא [1]; 3) שָׁלָךְ [1].

νύκτωρ 1) לַיְלָה [1].

νυμφαγωγός 1) מֵרֵעַ [2].

νύμφευσις 1) חֲתֻנָּה [1].

νύμφη 1) בְּתוּלָה [2]; 2) כַּלָּה [10+: + 2K 17.3]; *3) Ar. אִנְתָּה [1: To 6.13]. Del. De 27.23, Ru 3.1.

νυμφίος 1) חָתָן [11].

νῦν 1) אַךְ [1]; 2) אֵפוֹא [3]; 3) *a.* הִנֵּה [6], *b.* הִנֵּה־נָא [1], *c.* וְהִנֵּה [1]; 4) הֵנָּה [5: + Ge 18.12 MT *'dnh*]; 5) *a.* יוֹם הַזֶּה [1], *b.* הַיָּמִים הָהֵם [1]; 6) Ar. *a.* כְּעַן [7: - 2E 4.21, 5.16], **b.* כְּעֶנֶת [2: 1E 2.18, 28]; 7) v. οὖν לָהֵן [1]; 8) נָא [2]; 9) *a.* עַתָּה [71: + Ge 13.14, Jo 3.8, 1K 28.2, 2K 7.20, To 10.8, Ho 11.12, Ez 16.57, 27.34, Da LXX 8.26], *b.* וְעַתָּה [3: + 2C 28.11; - Ne 5.5], *c.* כִּי עַתָּה [3: - Nu 22.33]; 10) הַפַּעַם [2]; 11) καὶ νῦν *a.* אַף [1], *b.* אַף כִּי [1], *c.* עַתָּה [15: - 4K 18.20], *d.* וְגַם עַתָּה [1], *e.* Ar. כְּעַן [1]; 12) νῦν δε, νυνὶ δέ *a.* אַף [1], *b.* כִּי [1], *c.* עַתָּה [3], *d.* אַךְ עַתָּה [1], *e.* כִּי עַתָּה [2], *f.* וְ [3], *g.* אַךְ [1]; 13) νῦν οὖν *a.* הֲלוֹא [1], *b.* כְּעַן [5], *c.* עַתָּה [9: - 4K 18.25], *d.* וְעַתָּה [21: - 2C 32.15], *e.* כִּי עַתָּה [1], *f.* וְ [1]; 14) νῦν ἔτι τοῦτο הַפַּעַם [1]; 15) τὸ νῦν *a.* הֵנָּה [2: - Ps 70.17], *b.* הַפַּעַם [1], *c.* Ar. כְּעַן [1], *d.* עַתָּה [17]; 16) ἀπὸ τοῦ νῦν הַפַּעַם [1]; 17) ἕως τοῦ νῦν עֲדֶנָּה [1]; 18) ἐν τῷ νῦν καιρῷ *a.* הַפַּעַם [1], *b.* בַּפַּעַם הַזֹּאת [1], *c.* עַתָּה הַפַּעַם [1]; *19) τὰ νῦν דְּבָרִים אַחֲרֹנִים [1: 1E 1.31]; (fr) [Is 18.7]; (-) [+ Ge 31.29, 2C 29.9, Is 18.2[1], 51.3]. Del. De 9.14, Jo 5.15, Ru 3.12, 1C 28.10, 2C 16.9, 2E 6.7, Ho 13.2, Is 29.23 v.l.

νυνί 9*a*) עַתָּה [3].

νύξ 1) *a.* *לַיְלָה [70+: + Jb 18.15], *b.* Ar. לֵילְיָא [9: + To 6.12, 15]; 2) נֶשֶׁף [1]; (fr) [Ps 129.6]; (-) [+ Da LXX 7.15, TH 4.10]. Del. De 16.3, 1K 14.34, 4K 8.21, Ne 2.13, Jb 3.4, Ps 12.2, Is 29.7, Ho 4.6.

νύσταγμα 1) תְּנוּמָה [1].

νυσταγμός 1) תְּנוּמָה [1]; *2) נום qal[1: Je 23.31].

νυστάζω 1) דלף qal[1]; 2) נום qal[6: + Je 23.31]; 3) רדם ni.[1]; 4) שֵׁנָה [2].

νωθροκάρδιος 1) נַעֲוֵה־לֵב [1].

νωθρός 1) *רָפֶה [1]; 2) רֹאשׁ [1]; *3) חָשׁוּךְ [1: Pr 22.29].

νῶτος 1) גַּב [6]; 2) גֵּו [1]; 3) כָּתֵף [4+]; 4) מַפְרֶקֶת [1]; 5) מָתְנַיִם [2]; 6) עֹרֶף [8]; 7) שְׁכֶם [3]. Del. Jo 19.34, 1K 13.5, Jb 37.17.

νωτοφόρος 1) סַבָּל [2]. Del. 2C 2.1 v.l.

Ξ

ξανθίζω 1) צָהֹב [2]; 2) שָׁחֹר [1].

ξανθός 1) צָהֹב [1].

ξένιος 1) מִגְדָּנָה [1: 2E 1.6]; 2) מִנְחָה [2].

ξενισμός 1) אֲרֻחָה [1].

ξένος 1) ארח qal[1]; 2) גֵּר [2]; 3) נָכְרִי [5]; 4) קרא qal ptc. pass.[1].

ξεστός 1) גָּזִית [1].

ξηραίνω 1) חָרֵב *a.* qal[2], **b.* pu.[1: Jd 16.7, 8*L*]; 2) יָבֵשׁ *a.* qal[9+: + Is 37.27, 44.11, 50.2], *b.* pi.[2], *c.* hi.[5+]; 3) נשׁת qal[1]; 4) שׁאף qal[1]; (fr) [Is 51.12]. Del. 5); Am 2.9, Jl 1.16, Zc 10.2, Da LXX 7.8.

ξηρασία 1) חֹרֶב [3]; 2) *a.* יָבֵשׁ [1], *b.* יַבָּשָׁה [1], *c.* יָבֵשׁ qal[1]; (-) [Ez 40.43].

ξηρός 1) חָרָבָה [6]; 2) *a.* יַבָּשָׁה [9+], *b.* also Ar. *יַבֶּשֶׁת [3], *c.* יָבֵשׁ [7]; 3) צִיָּה [1]; 4) צמק qal[1]; 5) ξ. γίνεσθαι יָבֵשׁ qal[1]; 6) תֵּבֵל [2]; (fr) [Is 9.18, 37.27].

ξίφος 1) חֶרֶב [9: + Jb 3.14 voc.].

ξυλάριον 1) עֵץ [1].

ξύλινος 1) *a.* עֵץ [7+], *b.* Ar. אָע [4]; 2) τὸ ~ον χειροποίητον חַמָּן [1]. Del. 3K 6.31.

ξυλοκόπος 1) חֹטֵב עֵץ [4].

ξύλον 1) נַהֲלֹל [1]; 2) סַד [1]; 3) *a.* עֵץ [88+: + 1C 16.32, 2C

3.10, 7.13], *b*. Ar. אָע [4]; 5) ξ. προσκόμματος תְּקָלָה [1]; *6) אֶרֶז [1: 3K 5.9 (20)^{1}*L*]; (fr) [3K 5.6, 6.15^{1}, Jb 30.4, Pr 25.20, Is 7.4, 14.8, 30.33^{1}, 34.13, Je 38.12]. Del. 4); Es 9.13, 25.

ξυλοφορία 1) קָרְבַּן עֵצִים [1].

ξυλοφόρος 1) עֵץ [1].

ξυλόω 1) חפה pi.[1]; 2) ספן qal[1]; 4) שְׂחִיף עֵץ [1]. Del. 3); Ez 41.26 v.l.

ξυράω 1) גלח *a*. pi.[10+], *b*. pu.[3], *c*. hit.[2]; 2) גרע qal[2]; 3) קרח *a*. qal[2], *b*. ni.[1], *c*. קָרְחָה [1].

ξύρησις 1) קָרְחָה [1].

ξυρόν 1) מוֹרָה [1]; 2) תַּעַר [2+].

ξυστός 1) גָּזִית [1]; *2) Ar. גְּלָל [2: 1E 6.8, 24]. Del. Si 22.17, Am 5.11.

ξύω 1) גרד hit.[1].

O

ὀβελίσκος 1) חֲדוּדִים [1].

ὀβολός 1) אֲגוֹרָה [1]; 2) גֵּרָה [5].

ὀγδοήκοντα שְׁמוֹנִים.

ὄγδοος 1) *a*. שְׁמִינִי [1+], *b*. שְׁמֹנַת [1], *c*. שְׁמֹנֶה [4], *d*. שְׁמֹנָה [1]. Del. 1C 26.4, 2C 23.1.

ὅδε, ἥδε, τόδε 1) אֵלֶּה [1]; 2) Ar. הָא [1]; 3) הִנֵּה [11+]; 4) *a*. כֹּה [44+], *b*. כָּכָה [1]; 5) τάδε *a*. Ar. כִּדְנָה [1]; 6) κατὰ τάδε כֹּה [1]; 7) τάδε εἶπεν נאם qal[1]; 8) τάδε λέγει נאם qal[17: + Pr 24.24]; *9) Ar. כְּנֵמָה [1: 1E 6.22]; *10) כֵּן [1: 2E 4.9]. Del. 5*b* > 8); Ex 14.10, Hg 1.6, Je 31.33, 32.30, Ez 13.6, 24.20.

ὁδεύω 1) הלך qal[1].

ὁδηγέω 1) דרך hi.[5: + Ps 89.16]; 2) הלך *b*. hi.[4: + 2K 7.23, 1C 17.21]; 4) ירה hi.[2]; 5) נהג qal[2]; 6) נחה *a*. qal[13: + Nu 24.8 MT מוֹצִיאוֹ, Sam. נחהו, De 1.33, Jo 24.3, Is 63.14], *b*. hi.[16]. Del. 2*a*, 3); Ne 9.12^{2}.

ὁδηγός (fr) [2E 8.1].

ὁδοιπόρος 1) *a*. אֹרֵחַ [2], *b*. אֹרְחָה [1]; 2) *a*. הלך pi.[1], **b*. הֵלֶךְ [1: 2K 12.4*L*].

ὁδοποιέω 1) סלל qal[2]; 2) פלס pi.[1]; 3) *a*. פנה pi.[1], *b*. פִּנָּה דֶּרֶךְ pi.[1].

ὁδός 1) *a*. אֹרַח [39: + Pr 28.23, Je 12.4], **c*. Ar. אֳרַח [1: To 5.22]; 3) *a*. דֶּרֶךְ [130+: + 2E 8.27, Jb 24.11, 28.13, Pr 9.15, Am 5.17, Is 35.8^{3}, Si 36.11]; 4) *a*. הָלִיךְ [1]; 5) חוּץ [14: + Ez 9.7]; 9) מוֹרָד [1]; 10) מְסִלָּה [12: + Pr 3.26]; 11) מַסְלוּל [1]; 12) מַעְגָּל [1]; 16) רְחוֹב [1]; 18) ὁ. πονηρά רָעָה [1]; 19) צַעַד [1]; *20) פַּעַם [1: Jb 33.29]; (fr) [3K 18.6^{1}, 4K 11.6, 2E 8.27, Jb 28.4, 29.4, Ps 36.18, Pr 2.16, 4.10, 11.20, 20.11, 21.21, Ho 2.6^{2}, Mi 4.5, Is 10.32, 40.4, Je 2.25]; (-) [+ 1K 29.10, Pr 4.27, 6.12, 22.19, Is 33.15, 41.27, 55.11, Ez 18.11]. Del. 1*b*, 2, 3*b*, 4*b*, 6-8, 13-5, 17); 1K 14.5*bis*, 27.7, 2K 22.43, Jb 13.9, Ps 73.5, 118.151, Pr 8.20^{2}, 25.19, 26.6, Mi 6.16, Jn 3.4, Hb 3.19, Zc 9.7, Is 11.16, Je 14.16, 18, 42.4, Ez 27.3, Si 14.22, 49.3.

ὀδούς 1) שֵׁן [17+: + 1K 13.21, 14.5*bis*, Ct 7.9]; 2) ὀ. ἐλεφάντινοι *a*. שֵׁן [1], *b*. שֶׁנְהַבִּים [2]. Del. 2E 8.17.

ὀδυνάω 1) דָּוֶה [1]; 2) חִיל qal[1]; 3) מרר hi.[1]; (fr) [Is 21.10, 40.29, 53.4].

ὀδύνη 1) אֵבֶל [1]; 2) אָוֶן [3]; 3) בַּלָּהָה [4: + Jb 20.23]; 4) *b*. דְּוַי [1]; 5) *a*. הַוָּה [1]; 6) חֵבֶל [1]; 8) יָגוֹן [8]; 9) לַעֲנָה [1]; 10) מַדְוֶה [1]; 11) מָזוֹר [2]; 12) מַחַץ [1]; 13) *a*. מַכְאוֹב [1], *b*. כָּאֵב hi.[1]; 14) *a*. מַר [5: + 1K 15.23], *b*. מֶמֶר [1], *c*. מרר hi.[1], *d*. מְרִירוּת [1]; 16) נֶגַע [1]; 17) נְדֻדִים [1]; 19) עָמָל [3]; 20) עֳנִי [1]; 21) *a*. עֶצֶב [1], *b*. עֹצֶב [1]; 22) פַּלָּצוּת [1]; 23) רַעַשׁ [1]; 24) שַׂרְעַפִּים [1]; 25) תּוּגָה [1]; 26) μνεῖαν ποιεῖσθαι ἐν ~ῃ רגז qal[1]; 27) ὀ. λαμβάνει חִיל qal[1]; 28) ἐν ~ῃ מַר נֶפֶשׁ [1]; 29) מַפָּח [1]; (fr) [Jb 3.7, 30.14, 22, Mi 1.11, Is 19.10]. Del. 4*a*, 5*b*, 7, 15, 18); Jb 19.20, 37.9, Hb 1.13, La 5.17.

ὀδυνηρός 1) דָּוֶה [1]; 2) חלה ni.[1]; 3) מרץ ni.[2]. Del. Jb 3.7.

ὀδυρμός 1) תַּמְרוּרִים [1].

ὀδύρομαι 2) נוד hitpo.[1]. Del. 1) v.l.

ὄζω 1) באשׁ qal[1].

ὅθεν *a*) אֲשֶׁר [8]; *b*) מֵאֲשֶׁר [2]; †)[1]; (fr) [4]; (-) [5]. Del. Ps 120.1 v.l.

ὀθόνιον 1) סָדִין [1]; 2) פִּשְׁתָּה* [2].

οἰακίζω (fr) [Jb 37.10].

οἶδα 1) בִּין *a*. qal[2], *b*. hitpo.[1]; 3) חזה *a*. qal[1], *b*. Ar. pe.[1]; 4) ידע *a*. qal[62+: + Ex 33.13, Le 23.43, 4K 10.10 (Walters 200), Jb 38.12], *b*. ni.[1], *c*. εἰδέναι τὸ ὄνομα pu.[1], *d*. hi.[1], *e*. דַּעַת [4], *f*. ידע Ar. pe.[5], *g*. דֵּעַ [1], *h*. εἰδέναι γνωστόν דַּעַת [1]; 5) נכר pi.[1]; 6) w. neg. סתר hit.[1]; 7) ראה qal[9]; 8) שׁער qal[1], cf. Arb. *ša'ara*; 9) שׁמע qal[1]; 11) חָכָם [1]; 12) מְתֵי סוֹד [1]; (fr) [Jb 23.2, 17, 24.11, Pr 23.2, Ec 7.30^{1}, Da TH 2.9]. Del. 2, 10); Ge 39.3, Nu 11.15, 35.23, De 8.16^{1}, 4K 6.32, Jb 27.12, 28.25, Hg 2.3, Is 5.19, 26.10, 14, Ez 12.3, Si 48.11.

οἰκεῖος 1) אַלּוּף [1]; 2) אִישׁ [1]; 3) בַּיִת [2]; 4) דּוֹד [5]; 5) *a*. שְׁאֵר [6], *b*. שַׁאֲרָה [1]; (fr) [Is 31.9]. Del. 1C 4.21; Jb 37.10.

οἰκειότης 1) שְׁאֵר [1].

οἰκέτης 1) עֶבֶד [24+: + Si 30.33, 35, 39*bis*]; 2) *a*. עבד qal[1], *b*. עֲבוּדָּה* [1: Si 4.30]. Del. Ge 9.26, Pr 24.58.

οἰκέτις 1) אָמָה [1]; 2) שִׁפְחָה [2].

οἰκέω 2) גור *a*. qal[4], **b*. hitpo. [1: 3K 17.20*L*]; 3) דור qal[1]; 4) ישׁב *a*. qal[18+: + 2K 19.32, Is 21.12; - Je 31.28^{2}], *b*. ni.[1], *c*. ho.[1], *d*. Ar. יְתִב pe.[3]; 5) נתן qal pass.ptc.[1]; 6) שׁכן qal[2]; 7) ἡ οἰκουμένη *a*. אֶרֶץ [20], *b*. חֶלֶד [1], *c*. ישׁב qal[1], *d*. תֵּבֵל [17: Pr 8.26]; (fr) [Ge 24.13, Is 62.4]; (-) [+ Is 14.26]. Del. 1, 4*e*); Es 9.19, Ho 10.14, Is 32.18, 37.26, Je 5.7, 42.4, 9, Ez 38.11.

οἴκημα 1) גַּב [1].

οἴκησις 1) *a*. בִּירָנִית [2], **b*. בִּירָה [1: 1C 29.1*L*].

οἰκητός 1) מוֹשָׁב [1].

οἰκήτωρ 2) שׁכן qal[1]. Del. 1) 1C 4.41 v.l.

οἰκία 1) אֹהֶל [4]; 2) בַּיִת [109+: + Pr 14.9^{2}, Je 5.6]; 3) חָצֵר [1]; 4) טַף [1]; 5) מָבוֹא [1]; 6) מוֹשָׁב [1]; (fr) [Jd 15.6, Is 3.22]; (-) [Pr 14.9^{1}]. Del. Ge 43.17, Le 14.36^{2}, 3K 13.15, Ne 4.14, Jb 24.12, Is 58.7, Je 36.5, 40.4, 42.2, 43.12, 44.4.

οἰκίζω 1) ישב *a. qal[1: Jb 22.8], b. ni.[1].

οἰκογενής 3) יָלִיד [1]; 4) a. בֶּן־בַּיִת [2], b. יְלִיד בַּיִת [6: + Ge 17.12]; (fr) [Ge 15.2]. Del. 1-2).

οἰκοδομέω 1) בנה a. qal[48+: + Is 49.17], b. ni.[4+], c. Ar. pe.[23], d. itpe.[15: + To 13.16*bis*]; 2) כון hitpo.[1]; 3) עשׂה qal[3: + Si 48.17]; *5) יסד a. pi.[1: 1E 5.56], b. pu.[1: 1E 5.52]; *6) יצב hi.[1: Ho 10.1]. Del. 4); 3K 9.11, 2E 4.13, 6.14^{2}.

οἰκοδομή 1) בִּירָה [1]; 2) a. בנה qal[2: + Ez 16.61], b. מִבְנֶה [1], *c. Ar. pe.[1: 1E 6.21]; *3) Ar. עֲבִידָה [1: 1E 2.25]; *4) יסד qal[1: 1E 5.60]; (fr) [1E 5.70a].

οἰκοδόμος 1) בנה qal[5]; 2) גדר qal[1]; 3) חָרָשׁ [1]; (fr) [2: 1E 6.4, Ez 40.3]. Del. 1C 29.6.

οἰκονομέω 1) כול pilp.[1].

οἰκονομία 1) מֶמְשָׁלָה [1]; 2) מַצָּב [1].

οἰκονόμος 1) עַל־הַבַּיִת [6]; 2) רַב בַּיִת [1]; 3) פֶּחָה [1]; *4) אֲחַשְׁדַּרְפְּנֵי [1: 1E 8.67].

οἰκόπεδον 1) חָרְבָּה [2]; 2) הֲרִיסָה [1].

οἶκος 1) אֹהֶל [14+: + Pr 7.17]; 2) אַרְמוֹן [2]; 4) בִּירָה [1]; 5) בַּיִת [277+: + 2K 3.8, 4K 23.8, 13, 2C 3.4, 4.10, 17, 23.1, To 7.1, Jb 24.12, Je 28.33, Ez 12.23, 27.6]; 6) בִּיתָן [1]; 7) בֵּן [12]; 8) a. הֵיכָל [15], b. Ar. הֵיכַל [11: + 2E 7.15]; 9) זְבוּל [2]; 10) לִשְׁכָּה [4]; 12) מָעוֹן [1]; 13) מָקוֹם [1]; 14) a. מִשְׁכָּן [1], b. שׁכן qal[1]; 15) נאה qal[1]; 20) תַּחַת [1]; 21) οἶ. πατριᾶς (πατριῶν) מִשְׁפָּחָה [2]; *22) בָּמָה [1: 4K 23.13*L*]; *23) קֶבֶר [1: 2K 17.23^{4}*L*]; *24) קֹדֶשׁ [1]; (fr) [Nu 36.1, Pr 17.16, 23.5, Is 24.12, 32.14]; (-) [+ 2K 13.17]. Del. 3, 11, 16-9); Ge 19.3, Ex 16.29^{2}, Le 16.11^{1}, De 11.20, 23.1, Jo 24.15, 1K 2.11, 3.3, 2K 11.9a, 17.23^{3}, 19.11^{2}, 33, 3K 6.3^{3}, 16, 17, 15.18^{2}, 20, 20.29, 21.31, 43, 4K 10.26^{2}, 21.7^{2}, 2C 3.8^{2}, 36.18^{2}, 1E 6.9^{2}, Ne 3.29^{2}, 8.16^{2}, Mi 1.5^{3}, Hb 2.9^{2}, Is 5.5, 8.18, 13.10, 14.2, 30.29, 62.7, Je 5.20^{2}, 17.22, 22.30, 27.16, 44.15, Ez 8.6, 15, 12.3, 41.17, Si 50.18.

οἰκουμένη. See under οἰκέω.

οἰκτείρω: see under οἰκτιρέω.

οἰκτιρέω, οἰκτίρω 1) חנן qal[10]; 4) רחם pi.[14: + Jd 5.30]; (fr) [Ps 59.1, Pr 12.10, 21.26]. Del. 2-3); Ps 134.14.

οἰκτίρημα 1) חֶסֶד [1].

οἰκτιρμός 1) a. Ar. חנן pe.[1], b. תַּחֲנוּן [2]; 2) a. רַחַם [4+], b. Ar. רַחֲמִין [1].

οἰκτίρμων 1) a. חנן qal[1], b. חַנּוּן [1]; 2) a. רַחוּם [13: + Jd 5.30], b. רַחֲמָנִי [1]. Del. Ps 111.5.

οἰκτίρω. See under οἰκτιρέω.

οἶκτος 1) נְהִי [2].

οἰκτρός 1) תַּמְרוּרִים [1].

οἶμαι: shorter form of οἴομαι, q.v.

οἴμμοι 1) אֲהָהּ [5: + Mi 7.1*b*]; 2) a. אוֹיָה־לִי [1], b. אוֹי־נָא [1], c. אוֹי [1], d. אוֹי־נָא לִי [1]; 3) אַלְלַי לִי [2]; 4) הוֹי [1]. Del. La 1.21 v.l.

οἰνοπότης 1) סֹבֵא יַיִן [1].

οἶνος 1) a. חֶמֶר [2: + Ob 16], b. Ar. חֲמַר [4]; 2) יַיִן [42+: + Ez 27.18^{2}]; 4) סֹבֶא [1]; 5) שֵׁכָר [3]; 6) שֶׁמֶר [1]; 7) תִּירוֹשׁ [21+]; 8) οἶ. νέος עָסִיס [1]; 9) ἐν ~ῳ שִׁכּוֹר [1]; (fr) [1: Ho 3.2, ignorance]. Del. 3); De 15.14, 28.31, Es 5.6, 7.2, 8, Ez 16.49.

οἰνοφλυγέω 1) סבא qal[1].

οἰνοχοέω 1) מַשְׁקֶה [1]; 2) Ar. שׁתה pe.[1].

οἰνοχόη 1) שִׁדָּה [1].

οἰνοχόος 1) מַשְׁקֶה [3]; 3) שִׁדָּה [1]. Del. 2) v.l.

οἴομαι 1) הִנֵּה [4].

οἷος 1) אֲשֶׁר [7]; 3) οἷος ἐγώ a. אֲשֶׁר כָּמֹנִי [1], b. כָּמֹנִי [1]; *c. οἷος ἀνήρ, ὅς כמו אֲשֶׁר [1: Ne 6.11^{2}]; 4) כְּ' [1]; (fr) [Jb 33.27]. Del. 2).

οἰφί 1) אֵיפָה ,אֵפָה [4+]; 2) סְאָה [1].

οἴχομαι 1) בּוֹא qal[1]; 2) הלך qal[15]; 3) חלשׁ qal[1]; 4) סרח qal[1]; 5) עבר qal[2: + Jb 30.15]; 6) שׁדד b. ho.[1]; (fr) [Ho 10.14]. Del. 6*a*); Je 52.7 v.l.

οἰωνίζομαι 1) נחשׁ pi. [9].

οἰώνισμα 1) b. אֱלִיל [1]; 2) ענן po.[1]; 3) קֶסֶם [1]. Del. 1*a*).

οἰωνισμός 1) a. נחשׁ pi.[2], b. נַחַשׁ [1].

οἰωνός 1) נַחַשׁ [1].

ὀκλάζω 1) כרע qal[3: + 1K 4.19].

ὀκνέω 1) מנע ni.[1]; 2) עצל ni.[1]; *3) מאן pi.[1: Si 7.35].

ὀκνηρία 1) עַצְלָה [1].

ὀκνηρός 1) a. עָצֵל [9], b. עַצְלוּת [1], *c. עַצְלָה [1: Pr 18.8]; *2) פּוֹעֵל שָׁוְא [1: Si 37.11].

ὀκτακισχίλιοι *שְׁמֹנַת אֲלָפִים [4].

ὀκτακόσιοι *שְׁמֹנֶה מֵאוֹת [2+].

ὀκτάπηχυς 1) שְׁמֹנֶה אַמּוֹת [1].

ὀκτώ שְׁמֹנֶה ,שְׁמֹנָה.

ὀκτωκαιδέκατος 1) שְׁמֹנֶה עֶשְׂרֵה ,שְׁמֹנָה עָשָׂר.

ὄλβος (fr) [Si 30.15].

ὀλεθρεύω 1) ירשׁ hi.[1]; 2) כרת a. qal[2], b. pu.[1], c. hi.[1]; 3) עכר qal[1]; 4) שׁדד qal[2]; 5) שׁחת hi.[3]. Del. 6-7); Ex 22.20, De 20.20, Hg 2.23.

ὀλέθριος 1) חֵרֶם [1].

ὄλεθρος 1) אֵיד [1]; 2) כחד hi.[1]; 3) a. מְשַׁמָּה [1], b. שְׁמָמָה [1], 4) פַּחַד [2]; 5) קִימוֹשׁ ,קִמּוֹשׁ [1]; 6) a. שֹׁד [2], b. שׁדד qal[2]; 7) חרם hi.[1]; 8) חָרֵב hi.[1]; *9) שָׁאוֹן [2: Je 28.55, 32.17]; (fr) [Ho 9.6].

ὀλέκω 1) חבל pu.[1]; 2) צוק hi.[1]; (fr) [Jb 10.16].

ὀλιγόβιος 1) קְצַר יָמִים [1].

ὀλιγοποιέω 1) מעט hi.[1].

ὀλίγος 1) אֶחָד pl.[1]; 3) מִזְעָר [1]; 4) a. מְעַט [7+: + To 4.8*bis*, Si 20.12], *b. כִּמְעַט [1: Si 51.16; 5) מִצְעָר [2]; 6) מַת [3]; 7) ὁ τὸ ὀ. הַמַּמְעִיט [1]; 8) ὀ. γίνεσθαι צער qal[1]; 9) ὀ. εἶναι מעט qal[1]; 10) ~ον ποιεῖν מעט hi.[1]; 11) παρ' ὀλίγον כְּאַיִן [1]; 12) קָטֹן [1]; 13) מְעֹט [1]; (fr) [2C 14.11]. Del. 2); Ex 16.18, 4K 14.26, Jb 10.20^{2}, Ec 6.11.

ὀλιγοστός 1) אֶפֶס [1]; 2) מִזְעָר [2]; 3) מְעַט [4]; 4) מַת [3]; 5) צָעִיר [1]; 6) קָטֹן [3]; 7) ὀ. εἶναι מעט qal[1]; 8) ὀλιγοστὸν ποιεῖν מעט hi.[3].

ὀλιγότης 1) קצר pi.[1].

ὀλιγοψυχέω 1) יָעֵף qal[1]; 2) עָיֵף [1]; 3) עטף hit.[1]; 4) עלף hit.[1]; 5) קָצְרָה נֶפֶשׁ qal[3]; 6) קָצָה רוּחַ qal[1]; 7) קצר hit.[1].

ὀλιγοψυχία 1) קֹצֶר־רוּחַ [1]; (fr) [Ps 54.8].

ὀλιγόψυχος 1) מהר ni.[1]; 2) עֲצוּבַת רוּחַ [1]; 3) קְצַר רוּחַ [2: add Is 25.5]; 4) ὀ. ἀνήρ רוּחַ נְכֵאָה [1]; 5) דַּכָּא וּשְׁפַל רוּחַ [1].

ὀλιγόω 1) אמל pul.[3]; 2) מעט *a.* qal[2], *b.* pi.[1], *c.* hi.[1]; 3) פסס or *אפס qal[1]; 4) קצר qal[2]; *5) צער pi.[1: Hb 3.12].

ὀλιγωρέω 1) מאס qal[1].

ὀλισθάνω 1) שׁחח qal[1]; 2) נטה qal[1]; 3) תעה qal[1]; *4) נפל qal[1: Si 25.8].

ὀλίσθημα 1) דְּחִי [2]; 2) *b.* חֲלַקְלַקּוֹת [2]; *3) בֹּץ [1: Je 45.22]. Del. 2*a*); Da TH 11.21, 32, 34.

ὀλίσθρημα 1) *a.* חֲלַקּוֹת [1], *b.* חֲלַקְלַקּוֹת [2].

ὁλκή 1) *a.* מִשְׁקָל [14+], *שׁקל qal[1: Si 8.2].

ὄλλυμι 1) אבד *a.* qal[4], *b.* pi.[1]; 2) בעת pi.[1]; 3) כרת ni.[2: + Pr 15.6 MT נערכת]; 5) שׁדד *a.* qal[2: + Je 38.2^{1} MT שׂרידי], *b.* pu.[5]; (fr) [Jb 34.17, Pr 13.2, 25.19, Je 38.2^{2}]. Del. 4); Jb 8.13, 20.10, Pr 10.28 v.l., Je 10.20 doublet.

ὄλμος *1) מַכְתֵּשׁ [1: Jd 15.19*L*].

ὁλοκαρπόω 1) כָּלִיל קָטַר ni.[1].

ὁλοκάρπωμα 1) עֹלָה [2]. Del. Le 5.10, Nu 15.3.

ὁλοκάρπωσις 1) עֹלָה [10]. Del. Le 4.34, 1K 6.14 v.l.

ὁλόκαυτος 1) כָּלִיל [1].

ὁλοκαύτωμα 1) אִשֶּׁה [9]; 2) זֶבַח [1]; 3) כָּלִיל [1]; 4) מִנְחָה [1]; 5) עֹלָה [95+: + 2C 9.4, 24.14, Ez 40.40]. Del. Le 16.24, 17.4, Nu 6.14, 7.87, 28.30^{2}.

ὁλοκαύτωσις 1) *a.* עֹלָה [24+], *b.* Ar. עֲלָה [1]. Del. Nu 15.8 v.l.

ὁλόκληρος 1) נצב ni.[1]; 2) שָׁלֵם [2]; 3) תָּמִים [2]. Del. 1C 24.7, 25.9.

ὀλολυγμός 1) יְלָלָה [2].

ὀλολύζω 1) ילל hi.[4+: + Is 10.10]; 2) צְוָחָה [1].

ὁλοπόρφυρος 1) אַרְגָּמָן [1]; 2) תְּכֵלֶת [1].

ὅλος 1) *a.* also Ar. כֹּל [44+: + To 13.6], *b.* כָּלִיל [3]; 2) תָּמִים [1]; 3) δι᾽ ὅλου תָּמִיד [2]. Del. Ex 25.39, 3K 11.13^{2}, 2C 1.5, Is 24.10, 45.9.

ὁλοσχερής Del. Ez 22.30 v.l.

ὁλοσχερῶς (fr) [Ez 22.30].

ὄλυνθος 1) פַּגָּה [1].

ὄλυρα 1) כֻּסֶּמֶת [2].

***ὀλυρίτης** *1) רִצְפָּה [1: 3K 19.6].

ὁμαλίζω 1) ישׁר *a.* pi.[1], *b.* hi.[1]; 2) שׁוה pi.[1]; *3) הלם qal[1: Jd 5.22*L*].

ὁμαλισμός *1) √*yšr* [1: Mi 7.12].

ὄμβρημα 1) נזל qal[1].

ὄμβρος 1) שָׂעִיר [1].

ὁμείρομαι 1) חכה pi.[1].

ὅμηρος 1) צִיר [1].

ὁμιλέω 1) דבר pi.[1]; 2) הלך qal[1]; 3) רוה pi.[1]; *5) רעה hit.[1: Si 11.20]. Del. 4).

ὁμιλία 1) לֶקַח [1]; 2) עֹנָה [1]. Del. Pr 23.29.

ὁμίχλη 1) חֹשֶׁךְ [1]; 2) כְּפוֹר [1]; 3) עֵיפָה [1]; 4) עֲרָפֶל [2]; 5) עָנָן [1]; (fr) [Jb 24.20].

ὄμμα 1) עַיִן [4].

ὀμνύω 2) שׁבע *a.* ni.[70+: + To 10.7, Ez 6.9], *b.* hi.[2]; 3) תפשׂ qal[1]; (fr) [Jd 15.13]. Del. 1); Is 19.17, 45.24, Ez 20.6.

ὁμοθυμαδόν 1) *a.* יַחַד [10], *b.* יַחְדָּו ,יַחְדָּיו [7]; *2) *a.* כְּאֶחָד [1:1E 5.58], *b.* כְּאִישׁ אֶחָד [2: 1E 5.47, 9.38]; (fr) [Jb 38.33].

ὅμοιος 1) *a.* דְּמוּת [1], *b.* דמה qal[2: + Is 62.7], *c.* Ar. pe.[3: + To 7.2]; 2) כְּ' [4]; 3) כְּמוֹ [4+: + Pr 27.19^{2}]; 4) כֵּן [2]; 5) כְּנֶגֶד [1]; 6) מֹשֶׁל [1]; 7) καὶ τὰ ὅ. αὐτῷ לְמִינוֹ ,לְמִינָהּ ,לְמִינֵהוּ [13+]; 9) ὅ. γίνεσθαι *a.* שׁוה qal[1], **b.* דמה qal[1: Is 23.2]; 10) ὅ. εἶναι *a.* דמה qal[1], *c.* hit.[1], *d.* כֵּן [1]; 11) מִין [2]. Del. 8 > 7, 10*b*); Jb 34.29.

ὁμοιότης 1) מִין [1].

ὁμοιόω 1) אות ni.[3]; 2) דמה *a.* qal[12: + Ps 82.1], *b.* ni.[2], *c.* pi.[2: + Ho 4.5, voc.]; 3) משׁל ni.[2]; 4) ערך qal[2].

ὁμοίωμα 1) *a.* דְּמוּת [15+], *b.* Ar. דמה pe.[1]; 4) צֶלֶם [2]; 5) תֹּאַר [2: + Ct 1.11]; 6) תַּבְנִית [9+]; 7) תְּמוּנָה [7+]; (fr) [Is 40.19]. Del. 2-3); Ez 1.4, 10.22.

ὁμοίως 1) כְּ' [2]; *2) אַף [1: Ps 67.6]; *3) אֶחָד [1: Ez 45.11]; (fr) [Es 1.18, Pr 19.29]. Del. 2C 35.19.

ὁμοίωσις 1) *a.* דְּמוּת [6], *b.* Ar. דמה pe.[1]; 2) תַּבְנִית [1: Ez 28.12]. Del. 3); Ez 8.10 v.l.

ὁμολογέω 1) ידה hi.[2: + 1E 5.58]; 2) נדר qal[1]; (fr) [Si 4.26]. Del. 3); Ez 16.8.

ὁμολογία 1) נְדָבָה [3]; 2) נֶדֶר [3]; *3) תּוֹדָה [1: 1E 9.8]. Del. De 12.6 v.l.

ὁμολόγως 1) נְדָבָה [1].

ὁμομήτριος 1) בֶּן־אִמּוֹ [1]. Del. Ge 43.16 v.l.

ὁμονοέω 1) Ar דבק pe.[1].

ὁμόνοια 1) רֶגֶשׁ [1]; 2) ἐν ~ᾳ לֵב [1].

ὁμοπάτριος 1) מוֹלֶדֶת אָבִיךָ [1].

ὁμορέω 1) קָרוֹב [1]; 2) שָׁכֵן [2].

ὅμορος 1) אֲשֶׁר עַל־יַד [1]; 2) מִגְרָשׁ [1].

ὁμοῦ 1) יַחַד [1]. Del. 2) 2E 2.64 v.l.

ὀμφακίζω (fr) [Is 18.5].

ὀμφαλός 1) טַבּוּר [2]; 2) *a.* שֹׁר [1], *b.* שָׁרִיר [1].

ὄμφαξ 1) בֹּסֶר [4]; 2) ὄ. πρὸ ὥρας גֶּפֶן בִּסְרוֹ [2]; 3) חֹמֶץ [1]. Del. Ez 18.4 v.l.

ὄναγρος 1) עָרוֹד [1]; 2) פֶּרֶא [1]. Del. Je 14.6 v.l.

ὀνειδίζω 2) חרף *a.* qal[2], *b.* pi.[2+: + Ps 34.7, To 3.10, Is 54.4], **c.* pu.[2: Pr 20.4, Je 15.9]; 4) כלם hi.[2]; 6) נאץ qal[1]; *7) גדף pi.[1: Is 37.6]; *8) חסד pi.[1: Pr 25.10]; (fr) [Is 27.8]. Del. 1, 3, 5); Si 43.17.

ὀνείδισμα 1) דִּבָּה [1].

ὀνειδισμός 2) גִּדּוּף [1]; 3) חֶרְפָּה [4+: + To 3.6b, Je 25.9, Da LXX 9.2]; 4) כְּלִמָּה [2]; 6) *a.* חֶסֶד [1], **b.* Ar. חֲסַד [1: To 3.10]. Del. 1, 5); Ne 4.4b, Ez 22.4

ὄνειδος 1) חֶסֶד [1]; 2) חֶרְפָּה [3+]; 3) כְּלִמָּה [3]; 4) לַעַג [1]; 5) חָמָס [4]; 6) διδόναι εἰς ὄ. חרף pi.[1: Ps 56.3]; (fr) [Pr 19.6, Is 59.18]. Del. Ps 118.39.

ὄνησις *1) הנה ni.[1: Zc 8.10 MT *nhyh*].

ὀνοκένταυρος 1) אִי [2]; 2) לִילִית [1]; (fr) [Is 34.11].

ὄνομα 1) זֵכֶר [1]; 3) *a.* שֵׁם [283+: + Ge 36.10, Nu 4.27, 33.54, De 17.12, Jb 30.8, Ps 39.4, 71.14, Pr 27.16, Zp 1.4, Is 33.21, Je 23.27*bis*, 26.17, Ez 43.7a, 48.35^{2}], *b.* Ar. שֻׁם [18: + To 3.11, 15*bis*, 13.11^{2}]; 4) *a.* שֵׁמַע [6], *b.* שֹׁמַע [2]; 5) ὄ. καλόν שֵׁם [1]; (fr) [Ge 21.23, 1C 12.23, Is 48.2a, 11]. Del. 2); Ge 26.33^{2}, 35.18^{2}, Ex 16.4, Nu 14.21, De 21.5^{2}, 2C 6.16, Ps 58.11, 62.5, 118.165, 129.4, Pr 9.18, Is 42.4, 24, 54.9, Je 23.13.

ὀνομάζω 1) זכר *a.* qal[3], *b.* hi.[4]; 2) נקב *a.* qal[3], *b.* ni.[2]; 3) *a.* קרא qal[1], *b.* ni.[1]; (fr) [Es 9.4]. Del. 1E 8.49.

ὀνομαστός 1) קרא qal[1]; 2) *a.* שֵׁם [11: + Ge 6.4, De 26.19, Ez 39.11, 13], *b.* לְשֵׁם [3], *c.* שֵׁם גָּדוֹל [1]; 3) ὁ ὄ. הַשֵּׁם [1].

ὀνοματογραφία *1) *a.* שֵׁם [1: 1E 8.48], *b.* שֻׁם Ar. [1: 1E 6.11].

ὄνος 1) אָתוֹן [15+]; 2) חֲמוֹר [27+: + Si 30.33]; 3) *b.* עַיִר [2: + Je 31.6]; 4) פֶּרֶא [1]; 5) ὄ. ἄγριος פֶּרֶא [4]; 6) ὄ. ἐρημίτης עַיִר פֶּרֶא [1]; 7) ὄ. θήλεια אָתוֹן [3]. Del. 3*a*); Nu 31.28, Ps 79.13.

ὄντως 1) אַךְ [1]; 2) אָכֵן [1]; 3) אָמְנָם [1]; *4) אֲבָל [1: 2K 14.5*L*].

ὄνυξ 1) Ar. טְפַר [3]; 2) שֹׁהַם [1]; 3) שְׁחֵלֶת [1]; 4) שֶׁסַע [1]; *5) נוֹצָה [2: Ez 17.3, 7].

ὀνυχίζω 1) שסע qal[4].

ὀνύχιον 1) יָשְׁפֵה [3].

ὀνυχιστήρ 1) *a.* שֶׁסַע [3], *b.* שסע qal[1].

ὀξέως 1) חוש qal[1]; 2) מהר pi.[1]; 3) קַל [1].

ὄξος 1) חֹמֶץ [5].

ὀξυγράφος 1) מָהִיר [1].

ὀξύθυμος 1) קְצַר־אַפַּיִם [1]. Del. Pr 26.20 v.l.

ὀξύνω 1) חדד *a.* qal[1], *b.* ho.[2], **c.* hit.[1: Ez 21.16], **d.* hi.[1: Zc 1.21, *r* > *d*].

ὀξύς 1) *a.* חַד [3], *b.* חדד qal[1], *c.* חַדּוּד [1: Jb 41.21]; 3) מָהִיר [1]; 4) קַל [1]; 5) *שטף qal[1: Pr 27.4]; 6) שנן qal[1]; (fr) [Jb 16.11].

ὀξύτης 1) φωνὴ ~ητος נַחֲרָה [1].

ὀπή 1) אֲרֻבָּה [1]; 2) חָגוּ [1]; 3) חֹר [1]; 4) נִקְרָה [1]; 5) סְעִיף [1].

ὀπήτιον 1) מַרְצֵעַ [2].

ὄπισθεν 1) *a.* אַחֲרֵי [2: - 4K 10.29], *b.* מֵאַחֲרֵי, מֵאַחַר [1: - Is 59.13]; 3) τὸ ὄ., τὰ ὄ. אָחוֹר [3]; 4) τὰ ὄ. *a.* אַחֲרֵי [5], **b.* εἰς τὰ ὄ. אַחֲרַנִּית [1: 1K 4.18*L*]; 5) ἐκ τῶν ὄ. אָחוֹר [1]. Del. 2); Ru 2.3, 2K 7.8, 4K 11.15, Jl 2.3[1].

ὀπίσθιος 1) אָחוֹר [3]; 2) יַרְכָה [2]; 3) שׁוּל [1]; (fr) [Ex 36.27]. Del. Je 13.26.

ὀπισθίως 1) אֲחֹרַנִּית [1].

ὀπισθότονος 1) קֶטֶב [1].

ὀπισθοφανής 1) אֲחֹרַנִּית [1].

ὀπισθοφανῶς 1) אֲחֹרַנִּית [1].

ὀπίσω 1) *a.* אַחֲרֵי, אַחַר [49+: - Jo 8.14, 1K 24.9[3]], *b.* מֵאַחֲרֵי [3], *c.* עַל אַחֲרֵי [1], *e.* אָחוֹר [5], *f.* אַחֲרוֹן [1], *g.* אֲחֹרַנִּית [1]; 4) Ar. בָּאתַר [2]; 8) ὁ. αὐτοῦ אַחֲרֵי כֵן [1]; 9) ὁ/τὸ/τὰ ὁ., *a.* אָחוֹר [3], *b.* אַחֲרֵי [10], *c.* מֵאַחֲרֵי [1], *d.* יַרְכְּתֵי [1], *e.* סוֹף [1], *f.* שׁוּל [2: Je 13.22, 26]; 10) εἰς τὸ ὁ., εἰς τὰ ὁ. *a.* אָחוֹר [14], *b.* אַחֲרֵי [5], *c.* מֵאַחֲרֵי [2], *d.* אֲחֹרַנִּית [2]; 11) ἐκ τῶν ὁ. אַחֲרֵי [2]; 12) ἐπὶ τὰ ὄ. אַחֲרֵי [1]; (fr) [Ge 8.8, 1K 17.52, 3K 1.8, Da LXX 8.22]. Del. 1*d*, 2-3, 5-7); Nu 16.3, Ps 6.10, Jl 2.3b, Je 31.2, Ez 2.10.

ὁπλή 1) *a.* פַּרְסָה [17], *b.* ἐκφέρω ὁπλάς פרס hi.[1].

ὁπλίτης 1) חָלוּץ [1]; *2) נֹשֵׁק מָגֵן [1: 2C 17.17*L*].

ὁπλοθήκη 1) מָגֵן [1].

ὁπλομάχος 1) מִלְחָמָה [1]; 2) כְּלִי זַעַם [1].

ὅπλον 1) חֲנִית [4]; 2) כְּלִי [2]; 3) מָגֵן [11: + 2C 21.3]; 4) נֶשֶׁק [3]; 5) סִרְיוֹן [1]; 6) צִנָּה [5]; 7) שֶׁלַח [2]; 8) שֶׁלֶט [1]; (fr) [Pr 14.7, Je 28.12, 50.10].

ὁπλοφόρος Del. 1).

ὁποῖος Del. Ct 5.10 v.l.

ὀπτάζομαι 1) ראה ni.[1].

ὀπτάνομαι 1) ראה ni.[1].

ὀπτασία 1) ראה *a.* ni.[1], *b.* מַרְאֶה [2], *c.* מַרְאָה [4]; *2) יפע hi.[1: Si 43.2].

ὀπτάω 1) בשל qal[3]; 2) צלה qal[4]; 3) שׂרף qal[1].

ὀπτός 1) צָלִי [2].

ὀπώρα 1) קַיִץ [3].

ὀπωροφυλάκιον 1) מְלוּנָה [2]; 2) עִי [3]. Del. Je 33.18 v.l.

ὅπως *a*) אוּלַי [3]; *b*) אַךְ [1]; *c*) אֲשֶׁר [4]; *d*) בַּל [2: + Ho 14.3]; *e*) בַּעֲבוּר [3]; *f*) לְבַעֲבוּר [1]; *g*) בַּעֲבוּר אֲשֶׁר [1]; *h*) -ו following an impv.[5]; following a cohortative [1]; *i*) ל [4]; *j*) לָמָּה [1]; *k*) לְמַעַן [31]; *l*) לְמַעַן אֲשֶׁר [2]; *m*) פֶּן [2]; *n*) Ar. דִּי [1]; *o*) שֶׁ’ [1]. x∫

ὅραμα 1) *a.* חָזוֹן [9], *b.* חָזוּת [1], *c.* חִזָּיוֹן [1], *d.* מַחֲזֶה [1], *e.* Ar. חֱזוּ [9]; 2) *a.* חֲלוֹם [1], *b.* Ar. חֵלֶם [7: + Da LXX 2.9]; 4) *a.* מַרְאָה [2], *b.* מַרְאֶה [10: + De 4.34, 26.8, Je 39.21]; 5) מַשָּׂא [4]; 6) נבט hi.[1]. Del. 3); Is 15.1, Da TH 2.23.

ὅρασις 1) זִיו [1]; 2) *a.* חָזוֹן [6+], *b.* מַחֲזֶה [3], *c.* חִזָּיוֹן [1], *d.* חָזוּת [3], *e.* חזה qal[2], *f.* Ar. חֱזוּ [6]; 3) מִצְפָּה [1]; 4) *a.* מַרְאֶה [4+: + Ez 43.10], *b.* ראה qal[4: + Is 66.24], *c.*מַרְאֶה עֵינֵי [2], *d.* מַרְאָה [9], *e.* רְאִי [1], *f.* רֳאִי [1]; 5) מַשָּׂא [3]; 6) עַיִן [3: - Ez 8.2]; 7) Ar. רֵו [2]; 10) *תֹּאַר [1: 1C 17.17]; (fr) [Ge 40.5]. Del. 8-9); Ez 10.22, Da TH 9.24.

ὁρατής 2) ὁ. εἶναι עֵינָיו עַל [1]; 3) ὁ. εἶναι שׁוּר qal[1]. Del. 1) 2K 23.21 v.l.

ὁρατικός 1) חזה qal[1].

ὁρατός 1) *a.* מַרְאֶה [2: + 2C 11.23], *b.* ראה qal[2].

ὁράω 1) אַךְ [2]; 3) גלה ni.[1]; 4) הִנֵּה [3]; 5) חזה *a.* qal[20], *b*+*c.* Ar. pe.[7]; 7) פנה qal[1]; 8) ראה *a.* qal[129+: + Mi 5.4, 7.15, Zp 3.15, To 10.7, Ec 12.5, Je 29.22], *b.* ni.[44+: + To 12.22], *c.* hi.[1], *d.* hit.[4], *e.* רְאוּת [1], *f.* רְאִית [1]; 9) שׁוּר qal[2]; 11) נבט hi.[1]; *12) עַיִן [2: Nu 24.3, 15]; *13) בּוֹא qal[1: 3K 3.16*L*]; *14) ידע qal[1: 4K 10.10*L*]; *15) מצא qal[1: 3K 11.27 (MT: 29)*L*]; (fr) [De 33.16, Jo 9.7, 3K 3.16, Jb 6.7, 10.21, 13.1, Ps 16.15[2], Da LXX 2.27, 4.19]. Del. 2, 6, 10); De 7.19, Jb 6.20, 27.12, Pr 26.19, Am 8.2, Zc 12.10, Is 29.18, Je 38.33, Ez 12.2, 20.43.

ὄργανον 1) *a.* כְּלִי [12: + 2K 6.5, 14], *b.* כְּלִי עֹז [1]; 2) כִּנּוֹר [1]; 3) נֶבֶל [2]; 4) עֻגָב [2: + Ps 151.2 4QPs[a]]; 5) *b.* כְּלִי שִׁיר [1: 1C 6.32; = 1C 15.16]. Del. 5*a*).

ὀργή 1) אַף [19+: - Nu 25.4]; 2) זַעַם [18: + Ps 7.11, Na 1.6*a*; - Zp 3.8, Je 37.24, 51.6, La 1.12]; 3) זַעַף [2]; 4) *a.* חֵמָה [28: + Ps 43.2; - Ez 22.201, Mi 5.15], *b.* Ar. חֱמָא [2]; 5) *a.* חָרוֹן [8+: - La 4.11], *c.* חֳרִי [4: + Nu 12.9], **d.* חֲרוֹן אַף [1: 1E 9.13]; 6) כַּעַס [5]; 7) כַּעַשׂ [4]; 8) נְאָצָה [1]; 9) סוּפָה [1]; 10) סַעַר [1]; 11) סְעָרָה [1]; 12) עֶבְרָה [11]; 13) *a.* קצף qal[1], *b.* קֶצֶף [16: + Da LXX 11.18], *c.* Ar. קְצַף [3: + 1E 8.21]; 14) רֹגֶז [8: + Ps 29.5, 34.20, 54.21]; 15) ἐστὶν ἡ ὀ. קצף qal[1]; 16) θυμὸς ~ῆς *a.* רֹגֶז [1], *c.* עֶבְרָה [2]; 19) ὀ. θυμοῦ *b.* חֵמָה [1]; 20) עֶבְרוֹן [1]; 21) עִזּוּת [1]; *23) רוּחַ [2: Pr 16.32, Is 59.19]; (fr) [Is 10.5, 26.21, Da LXX 8.6, 9.26]. Del. 5*b*, 16*b*, 17-8, 19*a*, 22); Nu 11.11, 2K 6.7, Es 7.7, Jb 6.7, 27.13, Ps 73.4, Si 44.17, Mi 5.15, Is 10.4, Je 10.25, Ez 5.15, 22.30 v.l.

ὀργίζομαι 1) אנף *a.* qal[6], *b.* hit.[1]; 3) זעם qal[1]; 4) בְּזַעַף [1]; 5) *a.* חרה qal[11+], *b.* חָרָה אַף qal[4]; 6) כעס qal[2]; 7) מרר hitpal.[1]; 8) עָשֵׁן qal[2]; 9) קצף qal[6+: + Zc 1.2; - Es 1.12]; 10) רגז *a.* qal[4], *c.* hit.[1]; 11) רִיב qal[1]; 12) חֵמָה בָעֶרָה [1]; (fr) [Is 28.28, 57.6]. Del. 2, 10*b*); De 11.17, Jb 12.6, Pr 16.30, Is 5.25.

ὀργίλος 1) אַף [1]; 2) חֵמָה [2]; 3) כַּעַס [1].

ὀρεινός 1) ἡ ὀ. הַר [3+]; 2) ὁ ἐν τῇ ὀ. הָהָר [1]; (fr) [Zc 7.7 MT *hngh*; cf. the frequent collocation of *har* and *šfēlā*, e.g. De 11.11].

ὄρθιος *1) זָקוּף [1: 1K 28.14 MT זָקֵן].

ὀρθός 1) בִּין ni.[1]; 2) *a.* יֹשֶׁר [1], *b.* מֵישָׁרִים [1], *c.* יָשָׁר [2+]; 3) לְנֹכַח [1]; 4) ὀρθὸν ποιεῖν פלס pi.[1]; 5) רוֹמָה [1]; 6) ἀνὴρ ὀ. יָשָׁר [1]; 7) στάχυς ὀ. קָמָה [1]; 8) כּוּן ni.[1]; (fr) [3K 21.11]; (-) [Pr 24.73].

ὀρθοτομέω 1) ישר pi.[2].

ὀρθόω 1) זקף qal[1]; 2) כּוּן ni.[1]; 3) נצב ni.[1]; 4) עמד qal[1]. Del. Si 27.14 v.l.

ὀρθρίζω 1) שׁחר pi.[6]; 2) שׁכם hi.[39]; 3) Ar. בִּשְׁפַרְפָּרָא קום pe.[1]; *4) בקשׁ pi.[1: Si 4.12].

ὀρθρινός 1) שׁכם hi.[3].

ὄρθριος *1) שַׁחַר [1: Jb 29.7]. Del. 1K 28.14 v.l.

ὄρθρος 1) אַשְׁמֻרָה [1]; 2) בֹּקֶר [3]; 3) שַׁחַר [9]; 4) *a.* הַבֹּקֶר [1], *b.* אַשְׁמֻרוֹת [1]; 5) ~ου *a.* בַּעֲלוֹת הַשַּׁחַר [1], *b.* בַּבֹּקֶר [1], *c.* שַׁחַר [2], *d.* בַּשַּׁחַר [1], *e.* שׁכם hi.[7]; 6) κατ᾽ ~ον שַׁחַר [1]; 7) ὁ. ἐστι קִיץ hi.[1]; *8) אוֹר [1: 1E 9.41].

ὀρθῶς 1) *a.* יטב hi.[4], *b.* טוֹב [2]; 2) בְּיָשְׁרוֹ [1]; 3) כֵּן [1].

ὁρίζω 1) אסר qal[9]; 2) *b.* גבל qal[4: + Nu 34.6, Jo 13.27, 15.1]; 3) פרד hi.[1]; 4) קרץ qal[1]; 5) Ar. רשׁם pe.[1]. Del. 2*a*); Ez 47.20.

ὅριον 1) אֶרֶץ [1]; 2) בַּת [1]; 3) *a.* גְּבוּל [62+: Jo 22.11, 1K 10.2, 3K 9.13, Ps 77.14, Zc 9.2, Ez 11.10, 11], *b.* גְּבוּלָה [10]; 4) גּוֹרָל [5]; 5) גְּלִילָה [1]; 6) חֹק [1]; 7) יָד [1]; 10) קֵץ [1]; 11) שָׂדֶה [1]; (fr) [1C 13.5, Is 57.9]. Del. 3*c*, 8-9); Jo 11.16, 15.1^{3}, 15.11^{3}, Hg 2.23, Ma 1.3, Is 14.25, 54.10, Ez 40.12, 47.17^{3,4}.

ὁρισμός 1) אֱסָר, אִסָּר [16+]; 3) Ar דָּת (?)[1]; 4) Ar כְּתָב [1]; *5) מוֹעֵד [1: Si 33.10]. Del. 2); Da TH 6.13.

ὁρκίζω 1) שׁבע hi.[7+]; *2) צוה pi.[1: Ge 50.16]. Del. Ct 3.5^{1}.

ὁρκισμός 1) אָלָה [2]; 2) שֶׁבַע [1]. Del. Ge 21.32, Si 33(36).10.

ὅρκος 1) אָלָה [1]; 2) *a.* שֶׁבַע [12+], *b.* שְׁבוּעָה [10+], *c.* שׁבע hi.[1]; *3) Ar. מוֹמָה [1: To 9.3]. Del. 2*d*) Ne 6.18 v.l.

ὁρκωμοσία 1) אָלָה [2]; *2) בְּרִית [1: 1E 8.90].

ὁρμάω 1) חושׁ hi.[1]; 2) פנה qal[1]; 3) פשׁט qal[1]; 4) שׂוּם אֶת־פָּנָיו qal[1]; 5) שׁוּב qal[1]; 6) *a.* עִיט qal[1: 1K 14.32*L*], *b.* ὁ. τοῦ θέσθαι [1]; *7) בּוֹא qal[1: Hb 1.8]; *8) זמם qal[1: Je 4.28]; (fr) [Is 5.29].

ὁρμή 1) חֵמָה [2]; 2) מַשָּׂא [2]; 3) פֶּלֶג [1]; 5) שׁוֹאָה [1]; 6) שְׁעָטָה [1]. Del. 4); Zc 7.12.

ὅρμημα 1) דאה qal[1]; 2) עֶבְרָה [3]; 3) פֶּלֶג [1].

ὁρμίσκος 1) חֲלִי [1]; 2) חֲרוּזִים [1]; 3) מַשְׂכִּית [1]; 4) נְטִיפוֹת [1]; 5) פָּתִיל [2].

ὅρμος 1) חוֹמָה [1]; 2) חוֹף [1].

ὄρνεον 1) עוֹף [5+]; 2) עַיִט [1]; 3) *a.* צִפּוֹר [6+], *b.* Ar. צִפַּר [3]; 4) קָאַת [1]; *5) רֶשֶׁף [1: De 32.24, cf. Si 43.17]; (fr) [Is 35.7]. Del. Ge 7.14, Ez 17.23 v.l.

ὀρνίθιον 1) צִפּוֹר [13].

ὀρνιθοσκοπέομαι 1) ענן pol.[1].

ὄρνις 1) ὄ. ἐκλεκταί בַּרְבֻּרִים [2].

ὄρος 1) גִּבְעָה [2]; 2) *b.* הַר [200+: + Le 19.26, Nu 33.32, 33, 34.7^{1}, 8^{1}, Am 4.3, Mi 2.9, Zc 1.8, 10, 11, Ma 1.3, Is 9.11, 14.13^{2}, 45.2]; 3) Ar. טוּר [5: + To 1.21]; 4) מָרוֹם [1]; 5) צוּר [3]; 6) שְׁפִי [1]; *8) שָׂדֶה [1: Ob 19*b*]; (fr) [Jb 5.6, Is 14.13^{2}, 28.1, 4, 31.4^{1}]. Del. 2*a*, 7); De 4.12, 33.13, Jo 18.14^{1}, 1K 10.2, 2K 13.34^{2}, Mi 6.2, 7.12, Na 3.10, Si 50.12, Ps 64.12, Is 15.8, La 4.19^{2}, Ez 11.10, 11, 34.14^{2}, Da LXX 8.11^{2}.

ὅρος 1) זְמָן [1]; 2) מוֹעֵד [1]. Del. Is 37.32.

ὀρόφωμα 1) כָּתֵף [1]; 2) קִיר [1].

ὀρτυγομήτρα 1) שְׂלָו, שְׂלָיו [4].

ὄρυξ 1) תְּאוֹ [1].

ὀρύσσω 2) חפר qal[10+]; 3) חצב qal[3]; 4) חתר qal[2]; 5) כרה *a.* qal[8: + Ps 21.16], *b.* ni.[1]; 6) נקר pu.[1]; 7) פתח pi.[1]; (fr) [Pr 22.29]. Del. 1); Pr 16.27^{2}, Ez 12.7, 12.

ὀρφαν(ε)ία 1) שְׁכוֹל [1].

ὀρφανός 1) יָתוֹם [12+]; (fr) [Jb 24.19].

ὀρχέομαι 2) פזז pi.[1]; 3) רקד *a.* qal[1], *b.* pi.[2]. Del. 1, 4).

ὅσιος 1) זַךְ [1]; 2) *a.* חֶסֶד [1], *b.* חָסִיד [26: + Ps 88.20]; 3) טָהוֹר [1]; 4) יָשָׁר [1: - Si 39.24]; 6) שָׁלוֹם [1]; 7) *a.* תֹּם [1], *b.* תָּמִים [3], *c.* תָּם [1]. Del. 5, 8); Ps 67.35, Pr 2.21a.

ὁσιότης 1) יֹשֶׁר [1]; 2) *a.* תֹּם [1], *b.* תָּמִים [3: + Jd 9.16 + 19*L*].

ὁσιόω 1) חסד hit.[2].

ὀσμή 1) בְּאשׁ [1]; 2) בֹּשֶׂם [1]; 3) רֵיחַ [58: + Je 25.10].

ὅσος 2) *a.* אֲשֶׁר [204+: - Nu 16.33, Ec 2.12, 8.9], *b.* כֹּל אֲשֶׁר [27+: - Ex 35.10, De 20.14], *c.* כֹּל [6+: + Ge 36.6^{2}], **d.* Ar. כָּל אֱנָשׁ [1: 1E 6.31]; 3) πάντες ὅ., πάντα ὅ. *a.* אֲשֶׁר [4], *b.* כֹּל [2], *c.* καθ᾽ ὅσον בְּכֹל [1]; 6) דַּי [1]; 7) *a.* דַּי [2], *b.* מִן דַּי [1]; 8) הַ' [8: + Ex 3.16; - Zc 14,16]; 9) כִּ' [4]; 9 + 2*a*)[1]; 10) מָה [2]; 12) τὰ ὅ. אֲשֶׁר [2]; 13) καθ᾽ ὅσον ἐστίν כִּ' [1]; 14) μικρὸν ὅσον ὅσον כִּמְעַט רֶגַע [1]; (fr) [Jb 36.25, Ec 8.17^{2}]; (-) [+ 1K 15.13, 17.18]. Del. 1, 4-5, 11, 15-6); Ex 9.25, 10.2^{2}, 29.38, 35.10, Le 22.18, Nu 16.33, 17.5, 11, 18.15, 22.17, 30.7, 33.4, 55, De 5.21, 12.8, 20.14, 1E 4.46, Es 1.17, Is 13.15.

ὅσπερ (fr) [Jb 6.17]. Del. 1); Le 25.27, Jo 23.4, 2K 6.8 v.l.

ὄσπριον 1) *a.* זֵרֹעִים [1], *b.* זֵרְעֹנִים [1].

ὀστέον. See under ὀστοῦν.

ὅστις 1) אֲשֶׁר [49+]; 2) Ar. דִּי [16]; 3) -הַ [4]; 5) כָּל הַ [1]; 6) מַה־, מָה, מֶה [8]; 8) -שֶׁ [1]; 10) ἕως ὅτου עַד [1]; *11) ὅστις ἄν/ἐάν כִּי [4: Ex 22.9, Le 12.2, 15.19, Nu 5.6]; (fr) [4K 21.8, Pr 27.13]. Del. 4, 7, 9); Jb 38.18, Is 48.4.

ὀστισοῦν 1) מְאוּמָה [1]. Del. 2) De 24.10 v.l.

ὀστοῦν 1) גֶּרֶם [4]; 2) *a.* עֶצֶם [15+: + Si 49.15], *b.* עֹצֶם [1]. Del. 3); Mi 3.3^{1}.

ὀστράκινος 1) Ar. חֲסַף [7]; 2) חֶרֶשׂ [9]; (fr) [Is 30.14].

ὄστρακον 1) Ar. חֲסַף [10]; 2) חֶרֶשׂ [1].

ὀστρακώδης 1) חֶרֶס [1].

ὀσφραίνομαι 1) רִיחַ hi.[11].

ὀσφρασία 1) רֵיחַ [1].

ὀσφῦς 1) אַלְיָה [4]; 2) חָלָץ [6: + Is 15.4]; 3) Ar. חֲרַץ [1]; 4) מָתְנַיִם [7+: + Ez 24.17].

ὅταν *a*) אִם [3]; *b*) אֲשֶׁר [5]; *c*) -בְּ + inf.[23]; *d*) -כְּ + inf.[4]; *e*) כַּאֲשֶׁר [5]; *f*) כִּי [18]; *g*) הָיָה כִּי [2]; *h*) לְעֵת [1]; (fr) [1]; (-) [5]. Del. Le 25.2, De 31.21 v.l. x∫

ὅτε *a*) -בּ [20]; *b*) -כְּ [1]; *c*) -וְ [1]; *d*) -כּ [1]; *e*) אֲשֶׁר [1]; *f*) Ar. כְּדִי [To 6.10]; †)[1]. x∫.

οὐ *1) בַּל.

οὐαί 1) אוֹי [3+: + Na 3.17]; 2) אִי [3]; 3) *a*. הוֹ [2], *b*. הוֹי [7+: + Zp 3.18, metath., Je 28.2], *c*. הִי [1], *d*. הוֹהּ [2]. Del. Jb 31.3, Je 22.18², 26.19, 41.5, Ez 16.23, 21.27, 24.9.

οὐδαμοῦ 1) אַיִן [2]; 2) אָנֶה וָאָנָה [1]; *3) מִן [1: Jb 21.9]. Del. Jb 19.29.

οὐδείς 1) *a*. אֶחָד w. neg.[5], *b*. עַד־אֶחָד w. neg. [1]; 2) אַיִן [17]; 2 + 3*a*) [7]; 2 + 1*a*) [1]; 2 + 8) [2]; 3) *a*. אִישׁ [1], *b*. אִישׁ w. neg. [20: + Mi 2.11, Zc 1.21]; 4) אַל [2: + Ho 7.16]; 6) דָּבָר w. neg. [7]; 7) הֶבֶל [1]; 8) כֹּל w. neg. [12]; 8 + 3*b*) [1]; 8 + 6) [1]; 9) *a*. לֹא [11], *b*. Ar. לָא [1], *c*. לָה [1], *d*. Ar. לָא אֱנָשׁ [1], *e*. Ar. אָחֳרָן לָא [1]; 9*a* + 1*a*) [2]; 9*a* + 3*a*) [3]; 10) מְאוּמָה w. neg. [20; + Jb 42.2]; 10 + 2) [1]; 11) w. neg. מָה [1]; 13) מִי [1]; 14) תֹּהוּ [3]; 15) οὐδὲν μή, οὐδὲν οὐ μή כֹּל בָּשָׂר [1]; 16) אֶפֶס; 16 + 14) [1]; 17) תֹּהוּ וָבֹהוּ [1]; 18) בְּלִי [1]; 19) אֱנוֹשׁ [1]; 20) קַל [1]; 21) רִיק [1]; *22) Ar. מנדעם [1: To 1.20]; (-) [+ Ge 39.23, Jb 4.12, 13.10, Pr 27.14, Hb 2.5, Is 11.9, Je 49.17, 51.14]; (fr) [Es 9.15, Jb 21.34, 31.37, Pr 21.10, Is 14.23]. Del. 5, 12, 16); De 28.55, Es 9.16a, 17, Jb 4.7, Si 15.20² (> 3*a*), Is 47.6, Je 2.6, 27.32, 30.4.

οὐδέποτε 1) לֹא [1]; 2) מִיָּמָיו [1].

οὐδέπω 1) טֶרֶם [1].

οὐκέτι 1) also οὐ. μή, אַיִן [8: + Ps 38.14]; 2) אֶפֶס [1], 3) יסף hi.[1]; 4) *a*. also οὐ. μή and οὐ. οὐ μή, לוֹא ,לֹא [14: + Je 15.6], *b*. Ar. לָא [1]; 5) -מִ [1]; 6) *a*. עוֹד, *b*. לֹא עוֹד [9+: = Jb 20.9]; 7) οὐ. εἶναι *a*. כתת ho.[1], *b*. שׁבת ni.[1]; *8) אַיֵּה [1: Jb 14.10]; 9) οὐ. μή בַּל [1]; 10) *a*. לֹא הוֹסִיף [1], **b*. הוֹסִיף בְּלִי [1: Is 32.10]; 1+ 6*a*) [1]; 3 + 4 + 6*a*) [1]; 4 + 3 + 6*b*) [1]; 4 + 6*a*) also οὐ. μή [26]. Del. Ex 9.33, 2K 7.10², Jb 6.17, Ho 2.16, Am 7.13, Is 17.2, 40.28, 60.18, 65.20, Ez 12.24, 26.13, 29.16, 30.13, 34.10, 22, 28, 37.22.

οὐλή 1) צָרֶבֶת [1]; 2) שְׂאֵת [6].

οὔπω *1) בִּלְתִּי [1: Ge 18.12 voc.]; *2) לֹא [4: Ge 15.16, 29.7, 1E 5.52, Is 7.17]; *3) עֲדֶן [1: Ec 4.3].

οὐρά 1) זָנָב [6]; (fr) [Jb 40.31]. Del. Is 36.12.

οὐραγέω 1) אסף pi.[1]; 2) אחר hit.[1].

οὐραγία 1) καταλαμβάνειν τὴν οὐ. זנב pi.[1]; 2) κόπτω ~αν זנב pi.[1].

οὐράνιος 1) *b*. Ar. שְׁמַיִן [2: + 1E 6.14]. Del. 1*a*) De 28.12 v.l.

οὐρανός 1) *a*. אֵל [1], *b*. אֱלוֹהַּ [1]; 2) מָרוֹם [2]; 3) שַׁחַק [1]; 4) *a*. שָׁמַיִם [123+: + De 32.43 4QDt], *b*. Ar. שְׁמַיִן [51]; 5) ἡ ὑπ' (ὑπὸ τὸν) ~όν (~ῶν), τὰ ὑπ' ~όν *a*. אֶרֶץ [8], *b*. חוּצוֹת [1], *c*. תֵּבֵל [1], *d*. תְּהוֹם [1]; 6) רָקִיעַ [1]; (fr) [Jb 9.13, 18.19]; (-) [+ Jb 1.7, 7.9, Da LXX 4.29]. Del. Ex 19.3, 2C 6.23², Ne 1.9², Jb 1.6, Ho 2.21², Is 5.30, Ez 32.7², 34.5, 37.9, Da TH 3.17, TH 9.3, 4.

οὐρέω 1) שׁתן hi.[6],

οὖρον 1) Q מֵימֵי רַגְלַיִם [2]; 2) K שַׁיִן [2].

οὖς 1) *a*. אֹזֶן [29+: + Ec 12.9]; 2) εἰς τὰ ὦτα נֶגֶד [1]; 3) ἐν τοῖς ὠσίν אֶל [1]. Del. 1*b*); De 15.17, Jb 39.14, Is 55.3.

οὐσία 1) Ar. בַּיִת [2: To 14.13, Da LXX 3.96].

οὕτως 1) אָז [3]; 2) אַךְ [1]; 3) *a*. הָאֵלֶּה [1], *b*. כָּאֵלֶּה [1], *c*. עַל אֵלֶּה [1], *d*. כַּדְּבָרִים הָאֵלֶּה [1]; 4) כַּאֲשֶׁר [1]; 5) Ar. *a*. כִּדְנָה [3], *b*. כָּל קֳבֵל דְּנָה [1]; 6) -וּ ,וְ- [6: - De 5.29]; 7) *a*. זֶה [6], *b*. זֶה אֲשֶׁר [1], *c*. כָּזֶה [2], *d*. כָּזֹה [2], *e*. זֹאת [4], *g* כָּזֹאת [13: + Le 16.3], *h*. מִזֹּאת [1]; 8) -כְּ [7]; 9) *a*. כֹּה [17+: + Nu 32.8], *b*. בְּכֹה [2]; 10) כִּי [4]; 11) *a*. כָּכָה [9+], *b*. כָּךְ [2: + Si 13.17]; 12) כְּמוֹ ,כָּמוֹ [3]; 13) *a*. כֵּן [106+: + Ge 4.15, 30.15, Ex 2.14, Jo 8.7, 11.8, 1K 3.14, 15.32, 2K 16.18, 20.21, 3K 4.15, 22.19¹, 4K 1.3, 6, 16, 19.32, 21.12, 22.20, 2C 18.18, 1E 1.11, 9.10, Jb 20.2, Is 10.16, 16.7, Je 2.33, Si 20.4], *b*. לָכֵן [7], *c*. עַל כֵּן [1]; 14) Ar. כְּנֵמָא [2]; 17) οὐχ οὐ. *a*. אָכֵן [1]; 18) οὐ. οὖν Ar. בֵּאדַיִן [2]; 19) אַף [1]; (fr) [Jb 6.18, Is 14.24², 57.20. 58.5, Je 39.24]; (-) [+ 3K 17.22, Jb 19.2, 23.13, 27.2]. Del. 7*f*, 15-6, 17*b*, *c* [> 13*a*]); Nu 9.14, 26.42, 2K 16.18, 20.21, 3K 4.15, 1C 19.3, 1E 8.55, Es 4.16, Jb 28.26, Pr 23.28, Hb 2.5, Is 54.6, Je 4.3, 13.25, 45.21.

ὀφείλημα 1) מַשָּׁאָה [1]; 2) ὀ. ἐστι נשׁה hi.[1].

ὀφείλω 1) אַחֲלַי [2]; 2) חוב [1]; 3) לוּ [2]; 4) *a*. נשׁא qal[1], *b*. נשׁה qal[3: + Je 15.10*bis*, Zgl 1958: 43], *c*. hi.[1]; 5) מִי יִתֵּן [1]; 7) εἰ γὰρ ὄφελον מִי יִתֵּן [1]; (fr) [Pr 14.9]. Del. 6).

ὄφελος 1) יעל hi.[1].

ὀφθαλμός 1) מַרְאֶה [1]; 2) also Ar. עַיִן [108+: + 1K 2.29, To 3.12, 7.7, Pr 15.15; Zp 3.7, Ez 7.13 *w* >*y*]; 3) עַפְעַפַּיִם [1]; 4) פָּנִים [1]; 5) κόρη ~οῦ, αἱ κόραι τῶν ~ῶν אִישׁוֹן [2]. Del. Ge 32.1, 33.8, De 1.30, Is 28.22, La 3.63, Si 11.26.

ὀφιόδηκτος 1) נשׁך qal[1].

ὀφιομάχης 1) חַרְגֹּל [1].

ὄφις 1) אֶפְעֶה [1]; 2) נָחָשׁ [17+]; 3) שָׂרָף [2].

ὀφρῦς 1) גַּב עַיִן [1].

ὀχλαγωγέω 1) נטף hi.[1].

ὄχλος 1) הָמוֹן [9]; 2) חַיִל [7]; 3) טַף [1]; 4) עַם [5: + Ne 6.13]; 5) קָהָל [6]; 6) רַבִּים [1]; 7) ὁ λοιπὸς ὄ. הַמְאַסֵּף [1]; 8) קְהִלָּה [1]; *9) שִׁפְעָה [2: 4K 9.17*bisL*]; (fr) [Je 39.24, Da LXX 11.43]. Del. Ne 4.10.

ὀχυρός 1) בצר *a*. qal[14], *b*. מִבְצָר [15]; 2) גִּבֹּר [1]; 3) מִסְכְּנוֹת [4]; 4) *a*. מָצוֹר [2], *b*. מְצוּרָה [2]; 5) עֹז [4]; 6) *a*. שׂגב ni.[2]; *7) צור ni.[1: Is 37.26¹ 1QIs^a^]. Del. 6*b*); Is 27.3, 33.16, Je 4.5.

ὀχυρόω 1) בצר pi.[1]; 2) חזק pi.[2]; 3) סגר pu.[1]. Del. Je 1.18 v.l.

ὀχύρωμα 1) בּוֹר [2]; 2) *a*. בַּיִת [1], *b*. בֵּית־סֹהַר [2]; 3) *a*. בצר pi.[1], *b*. בִּצָּרוֹן [1], *c*. מִבְצָר [15: + Da TH 11.43], *d*. בָּצְרָה [1]; 4) הֵיכָל [1]; 7) מְצָד [2], *b*. מָצוֹד [2: + Pr 12.12], *c*. מְצוּדָה [2: + Je 31.7, Da TH 11.43]; 8) מָצוֹר [1]; 9) *a*. עֹז [1], *b*. מָעוֹז [2]; 10) צְרִיחַ [3]. Del. 5-6).

ὀψάριον *1) Ar. נְפִתָּן [1: To 2.2𝔊^II^].

ὀψέ 1) נֶשֶׁף [1]; 2) *a*. עֶרֶב [1], *b*. בֵּין הָעַרְבַּיִם [1].

ὀψίζω 1) ערב hi.[1]. Del. 1K 17.16 v.l.

ὄψιμος 1) אָפִיל [1]; 2) מַלְקוֹשׁ [6].

ὄψις 2) מֵצַח [1]; 3) מַרְאֶה [13+]; 4) עַיִן [7]; 5) פֵּאָה [2]; 6) Ar. צְלֵם [1]; 7) שְׂאֵת [1]; 8) תֹּאַר [1]. Del. 1); Jl 2.4, Da TH 2.31.

ὄψον *1) Ar. נְפִתָּן [1: To 2.2𝔊^I^].

ὄψος 1) דָּג [1].

Π

παγετός 1) קֶרַח [3: + Si 3.15C]; 2) כְּפוֹר [1].

παγιδεύω 1) יקשׁ pu.[1]; 2) נקשׁ hit.[1].

παγίς 1) חַח [1]; 2) *a.* יקשׁ ni.[1], *b.* מוֹקֵשׁ [8: + Pr 21.6], *c.* יָקוּשׁ [2]; 3) כְּלוּב [1]; 4) מְצוּדָה [2]; 5) *a.* also Ar. פַּח [25: + To 14.10]; 6) רֶשֶׁת [8]; 7) שׁוֹאָה [2]; 8) ἐμπίπτει εἰς παγίδας מוֹקֵשׁ [1]; (fr) [Pr 11.9]. Del. 5*b*, 9).

πάγος 1) כְּפוֹר [1]; 2) קָרָה [1]; 3) קֶרַח [1]; *4) קִפָּאוֹן [1: Zc 14.6, voc.]. Del. Si 43.22 v.l.

παθεινός 1) אָבֵל [1].

πάθος 1) אֵבֶל [1]; (fr) [Pr 25.20].

παιγνία 1) שׂחק qal[1]; 2) תִּפְלֶצֶת [1].

παίγνιον 1) מִשְׂחָק [1].

παιδάριον 1) יֶלֶד [5+]; 2) *a.* נַעַר [6+: + Ge 44.22; 1K 2.16 4Q51], *c.* אִישׁ נַעַר [1]; 3) עֶבֶד [2]; *4) *a.* עֶלֶם [1: poss. 1K 20.38 4Q52], *b.* Ar. עֲ(וֹ)לֵיִם [3: To 6.3, 4, 7]. Del. 2*b*); Da TH 1.13b.

παιδεία 1) בִּינָה [1]; 4) טַעַם [1]; 5) *a.* מוּסָר [3+:+ Si 41.14], **b.* √יסר [3: Am 3.7, Hb 1.12. Ez 13.9]; 7) שֵׁבֶט [1]; 8) Ar. *a.* שְׁרֹשׁוּ [1], *b.* שְׁרֹשִׁי [1]; 9) תּוֹכַחַת [1]; 10) לִמּוּד [3]; 11) מַרְדּוּת [2: + Si 30.33]; 12) תְּבוּנָה [1]; 13) מִדְרָשׁ [1]; 14) לֶקַח [3: + Si 51.16]; 15) יִסּוּר [1: + Si 4.17]; *16) ענה pi.[2: 2E 7.26, Ps 17.35]; (fr) [Pr 25.1]. Del. 2-3, 6); Pr 1.29, 8.33, 24.31.

παιδευτής 2) חכם ni.[1]; *3) יסר pi.(ptc.)[1: Ho 5.2]. Del. 1).

παιδεύω 1) בִּין po.[1]; 2) הלם qal[1]; 3) יכח hi.[1]; 4) יסר *a.* qal[7: + Ho 10.10*bis*], *b.* ni.[6: + Pr 22.3], *c.* pi.[9+: + Ho 7.12, Ps 104.22], *e.* nit.[1], *f.* מוּסָר [2], **g.* pu.[1: Ho 7.15]; 5) ירד hi.[1]; 6) ירה hi.[1]; 12) זָהִיר [1]; 13) חכם *b.* hit.[1], **c.* pi.[1: Si 34.19]; *15) MH רדה [1: 2K 22.48]; (fr) [Es 2.7, Ez 28.3]. Del. 4*d*, 7-11, 13*a*, 14); 1K 26.10, Ps 89.12.

παιδίον 1) בְּכוֹר [1]; 2) בֵּן [16+: + To 4.5, 10.9]; 3) טַף [7]; 4) *a.* יוֹנֵק [1], **b.* יְנִיקָה [1: Is 66.12]; 5) *a.* יֶלֶד [22+], *b.* ילד qal[2]; 6) *a.* נַעַר [12+], *b.* נַעֲרָה [1]; 7) עֶבֶד [1]; 8) עוּל [1]; 10) π. νήπιον יוֹנֵק [1]; *11) Ar. בַּר [4: To 2.2, 5.20, 21*bis*]; *12) Ar. עֲלֵים [1: To 6.3]; (fr) [Is 34.15, 46.3]. Del. 9); Ge 22.5, 33.6, 44.22, 30, 31, 1K 17.33, 21.4, 5.

παιδίσκη 1) אָמָה [21+]; 2) יַלְדָּה [1]; 3) נַעֲרָה [1]; 4) שִׁפְחָה [28+].

παίζω 1) עכס pi.[1]; 2) צחק pi.[3]; 3) שׂחק pi.[14].

παῖς 3) בֵּן (Ar. בַּר) [2]; 4) חַיִל [1]; 5) *a.* יֶלֶד [2]; 8) *a.* נַעַר [25], *b.* נַעֲרָה [10], *c.* נְעוּרִים [1], *d.* נֹעַר [1]; 9) *a.* עֶבֶד [107+: + Ge 26.18, 47.21, Jo 7.7, 2K 15.17, Je 47.9], *b.* Ar. עֲבֵד [9]; *11) טַף [1: 2K 15.22*L*]; (fr) [Ge 39.14]. Del. 1-2, 5*b*, 6-7, 10); Ge 34.4, 39.14, Nu 32.5, 1K 25.8, 2K 3.34, 1C 20.3, 22.17, 2C 2.13, Jb 42.8, Si 6.29, Is 42.23.

παίω 2) דכא pi.[1]; 3) מחץ qal[1]; 4) נגף qal[1]; 5) נכה hi.[2+]. Del. 1).

παλάθη 1) דְּבֵלָה [5]; *2) קַיִץ [1: 2K 16.1*L*]; *3) כַּרְמֶל [1: 4K 4.42].

πάλαι 1) לְמֵרָחוֹק [1]; 2) מֵאָז [2].

παλαιός 1) *a.* בָּלֶה [3], *b.* בְּלוֹיִם [2]; 2) יָשִׁישׁ [1]; 3) יָשָׁן [6: + 1K 7.12]; 5) עַתִּיק [6]; 6) ~ὰ ~ῶν ישׁן ni.ptc.[1]. Del. 4); Ps 38.5, Is 48.5.

παλαιόω 1) בלה *a.* qal[12: + Ps 17.45, 48.14, Ez 47.12, Da LXX 11.33], *b.* pi.[1], *c.* בָּלֶה [1], *d.* Ar. בלא pa.[1]; 2) ישׁן *a.* ni.[1], *b.* hit.[1], *c.* יָשָׁן [1]; 4) עתק *a.* qal[3], *b.* hi.[2]. Del. 3); De 8.4, Jb 14.12.

παλαιστής 1) *a.* טֶפַח [3], *b.* טפח [4].

παλαίω 1) אבק ni.[2]; 2) גִּיחַ hi.[1].

παλαίωμα 1) שַׁחַק [3].

παλαίωσις 1) בלה qal[1: Na 1.15 MT *bly'l*].

πάλιν 1) יסף hi. c. inf. [1]; 2) עוֹד [4]; 3) *a.* שׁוּב qal[8: + Je 43.15], *b.* שׁוּב וְ qal[8]; 4) ἀπάγειν π. שׁוּב hi.[1]; 5) ἀπέρχεσθαι π. שׁוּב qal[1]; 6) βαδίζειν π. שׁוּב qal[1]; 7) ἐξαποστελλειν π. שׁוּב hi.[1]; 8) ἐπέρχεσθαι π. שׁוּב qal[1]; 9) π. ἀποκατασθῆναι שׁוּב qal[2]; 10) π. ἀποστρέφειν שׁוּב hi.[1]; 11) π. μεταβάλλειν שׁוּב qal[1]; 12) π. πορεύεσθαι שׁוּב qal[1]; 13) π. προσέρχεσθαι שׁוּב qal[1]; *14) חֲלִיפָא [1: Jb 14.14]. Del. Ge 24.20, Jb 14.7, Da LXX 8.27.

παλλακή 1) פִּלֶגֶשׁ ,פִּילֶגֶשׁ [4+]; 2) שֵׁגָל also Ar.[4].

παλλακίς 1) פִּלֶגֶשׁ [1]; (fr) Jb 19.17. Del. 2K 20.3 v.l.

παλλακός *1) פִּלֶגֶשׁ [1: Ez 23.20, see Bewer *JBL* 1938: 422].

παμβότανον 1) עֵשֶׂב [1].

πανδημεί 1) כָּלִיל [1].

πανηγυρίζω 1) גִּיל qal[1].

πανήγυρις 1) מוֹעֵד [3]; 2) עֲצָרָה [1].

πάνθηρ 1) שַׁחַל [2].

πανοικία 1) בַּיִת [3]; 2) טַף [1].

πανοπλία 1) חֲלִיצָה [1]; (fr.) [Jb 39.20].

πανούργευμα 1) מַעֲרוּמִים [1].

πανουργεύομαι 1) ערם hi.[1].

πανουργία 1) עָרְמָה [4: + Nu 24.22].

πανοῦργος 1) חָכָם [2]; 2) *a.* עָרוּם [9: + Pr 14.24], *b.* πανουργότερος ערם hi.[1]; 3) πανουργότερος γίνεσθαι *a.* חכם qal[1], *b.* ערם hi.[1]; 4) *πανοῦργος εἶναι ערם hi.[1]; 5) בִּין hi.[1]; 6) ידע qal[1].

πανταχῇ 1) בַּחוּצוֹת [1]; *2) בְּכָל־אֲשֶׁר [1: 2K 26(MT 3K 2).3 *L*].

πανταχοῦ 1) כֻּלָּם [1].

πάντῃ (fr) [Si 50.22]. Del. 1).

παντοδαπός 1) π. δένδρα צֶאֱלִים [1].

πάντοθεν 1) *a.* כֻּלֹּה [1], **b.* כֹּל [1: Je 20.9]; 2) סָבִיב [1].

παντοκράτωρ 3) *a.* צְבָאוֹת [99+: + Zc 11.4], *b.* צָבָא [1]; 4) שַׁדַּי [16]. Del. 1-2); Hg 1.6, Zc 1.3[2, 3], 16[1], 8.3a, 10.5, 11.6, Ma 2.16a, Je 37.3 v.l.

πάντως Del. 4K 5.11.

πάπυρος 1) בִּצָּה [1]; 2) גֹּמֶא [1]; 3) סוּף [1].

παραβαίνω 1) מַעַל [1]; 2) מרה *a.* qal[1], *b.* hi.[2]; 3) סור *a.* qal[11], *b.* hi.[1]; 4) עבר qal[12]; 5) פור hi.[7]; 6) פשׁע qal[1]; 7) שׂטה qal[4], **b.* Ar. pe.[1: To 4.5]; 8) פחז qal[1]; *9) לָא עֲבֵד Ar. pe.[1: 1E 8.24]; *10) Ar. שׁנה ha.[1: 1E 6.31]; (fr) [1E 1.48, 8.82]; (-) [Jb 14.17]. Del. 1E 1.49, Jb 11.6.

παραβάλλω 1) נטה hi.[5]; 2) שׁלל qal[2]; *3) בלל qal[1: Jd 19.21 Ra].

παράβασις 1) סֵטִים [1]. Del. 4K 2.24 v.l.

παραβιάζομαι 1) זוד hi.[1]; 2) חתר qal[1]; *2α) עצר qal[2: Jd 13.15,16*L*]; 3) פָּצַר בְּ qal[5: + 1K 28.23 met.]; (fr) [1: Am 6.10]. Del. 4).

παραβιβάζω 1) עבר hi.[3].

παραβλέπω 1) שׁזף qal[3]; 2) עבר hit.[1].

παραβολή 1) *a.* מָשָׁל [28], *b.* משׁל qal[2]; 2) ~ὴν εἶπεῖν משׁל qal[2]; 3) חִידָה [1].

παραγγέλλω 1) *a.* אמר qal[1]; 2) זעק hi.[1]; 3) יעץ ni.[1]; 4) עבר hi.[2]; 5) צעק *a.* hi.[1], *b. qal[1: 4K 3.21*L*]; 6) שׁמע *a.* pi.[2], *b.* hi.[3]. Del. 1*b*) Da 3.4 LXX.

παράγγελμα 1) מִשְׁמַעַת [1].

παραγίνομαι 1) בּוֹא *a.* qal[22+], *b.* hi.[1]; 2) היה qal[2]; 3) הלך qal[2]; 4) נגע hi.[1]; 5) שׁוּב qal[2]; *6) אזל Ar. pe.[1: 1E 6.8]; *7) אתה Ar. pe.[1: 1E 6.20]. Del. Jo 10.9.

παράγω 2) עבר *a.* qal[3], *b.* hi.[6]; 3) ערב hit.[1]; *4) בּוֹא [1: 1E 5.53]. Del. 1); 2E 1.9, Is 5.27.

παράδειγμα 1) רֳאִי [1]; 2) תַּבְנִית [6]; *3) דֹּמֶן (as if. < דמה) [3: Je 8.2, 9.22, 16.4].

παραδειγματίζω 1) חמס ni.[1]; 2) יקע hi.[1]; 3) רַאֲוָה [1]; *4) Ar. דמה pe.[1: Da 2.5 LXX].

παραδείκνυμι 1) ידע hi.[1]; 2) ראה hi.[1].

παράδεισος 1) *a.* גַּן [23: + Si 40.17], *b.* גַּנָּה [1]; 2) עֵדֶן [1]; 3) פַּרְדֵּס [3]. Del. Is 51.3^2.

παραδέχομαι 1) נשׂא qal[1]; 2) רצה qal[1].

παραδίδωμι 1) *a.* אנה pi.[1], *b.* תַּאֲנָה [1]; 3) חלק pu.[1]; 6) Ar. יהב *a.* pe.[5], *b.* itpe.[1], *c. Heb. qal[1: 2K 11.15*L*]; 7) ירד qal[1]; 8) כלא qal[1]; 9) לשׁן hi.[1]; 10) מגן pi.[2: + Is 64.7]; 11) מנה qal[1]; 12) מצא hi.[1]; 14) נוּחַ hi. (הִנִּיחַ) [1]; 15) נכה hi.[1]; 16) נתן *a.* qal[26+: + 1E 1.53], *b.* ni.[21]; 17) סגר hi.[9: + Ps 62.10]; 18) סכר pi.[1]; 19) ערה hi.[1]; 20) פגע *a.* qal[1], *b.* hi.[2]; 21) קרה hi.[1]; 22) רמה pi.[1]; 23) *a.* w. neg., שָׁלֵם hi.[2: + Is 38.13a], *b.* שְׁלֵם Ar. af.[1]; 25) תקע qal[1]; 26) מכר ni.[1]; *27) שׁקל *a.* qal[1: 1E 8.58], *b.* ni.[1: 1E 8.61]; *28) פקד hi., תַּפְקִיד יָד or מִפְקַד יָד [1: Si 42.7]; (fr) [1E 2.12, 9.39, Jb 2.6, 24.14, Pr 11.8, 27.24, Is 23.7, 25.7, 33.1, 6]. Del. 2, 4-5, 13, 24); Je 22.26, 45.16, 18, 23, 46.17.

παραδοξάζω 1) *a.* פלא hi.[2: + Si 10.13], *b.* פלה hi.[3].

παράδοξος 1) פֶּלֶא [1].

παράδοσις 2) נתן qal[1: + Jd 11.30A (Ra. ~δώσει)]; (-) [Je 41.2]. Del. 1); 2E 7.26.

παραδρομή 1) רַהַט II [1].

παραζηλόω 1) חרה hit.[3]; 2) קנא *a.* pi.[2], *b.* ni.[2].

παραζώνη 1) חֲגוֹרָה [1].

παραζώννυμι *1) חגר qal[1: 4K 3.21*L*].

παραθαλάσσιος 1) חוֹף הַיָּם [1]; 2) עַל שְׂפַת הַיָּם [1]; *3) יָם [1: Ez 25.9 word div.]. Del. Ez 25.16.

παράθεμα 1) מִכְבָּר [3].

παραθερμαίνω 1) חמם qal[1].

παράθεσις 1) אוֹצָר [1]; 2) כֵּרָה [1]; 3) מַאֲכָל [1].

παραθήκη 1) פִּקָּדוֹן [2].

παραθλίβω 1) לחץ qal[1].

παραιρέω 1) אָצַל hi.[1].

παραιτέομαι 1) בקשׁ pi.[1]; 2) חנן hit.[1]; 3) שׁאל ni.[3].

παρακάθημαι 1) ישׁב qal[1]. Del. Jb 2.13 v.l.

παρακαθίζω 1) ישׁב qal[1].

παρακαλέω 1) אָמֵץ pi.[2: + Is 35.4]; 3) חזק pi.[1]; 6) נהג pi.[1]; 7) נהל pi.[2]; 8) נוּף *a.* hi.[1], *b.* pol.[1]; 9) נחה hi.[1]; 10) נחם *a.* ni.[2+: + Si 32.21, Ps 125.1], *b.* pi.[3+: + 1K 22.4, Is 38.16, 57.5, Ez 24.17, 22], *c.* pu.[1], *d.* hit.[4], *e.* נֶחָמָה [1]; 11) סוּת hi.[1]; 12) קרא qal[2]; 13) רחם pi.[1]; 14) שׁבת hi.[1]; 15) שׁעע pilp.[1]; 16) פוּג qal[1]; 17) אשׁר pi.[1]; (fr) [Is 33.7, 41.27]. Del. 2, 4-5); Jb 2.11, Je 3.19, 38.15.

παρακαλύπτω 1) עלם hi.[1]; 2) פחד qal[1]; *3) לאט qal[1: 2K 19.5*L*].

παρακαταθήκη 1) מְלָאכָה [2].

παρακατατίθημι 1) פקד hi.[2].

παράκειμαι *1) יצג ho.[1: Si 30.18]; *2) שִׂים qal[1: Si 34.16].

παρακελεύω אמר qal[1].

παράκλησις 1) *a.* נִחוּמִים [1], *b.* נֹחַם [1], *c.* תַּנְחוּמוֹת [1], *d.* תַּנְחוּמִים [3], *e.* נחם pi.[2]; 2) תַּחֲנוּן [1]; (-) [Is 28.29, 30.7].

παρακλητικός 1) נִחוּמִים [1].

παρακλήτωρ 1) נחם pi.ptc.[1].

παρακμάζω (fr) [Si 42.9].

παράκοιτος 1) Ar. לְחֵנָה [3].

παρακούω 1) חרשׁ hi.[3]; 2) עבר qal[1]; 3) עשׂה qal, w. neg. [1]; 4) שׁמע qal, w. neg. [1].

παρακρούομαι 1) תלל hi.[1].

παρακύπτω 1) שׁגח hi.[1]; 2) שׁקף *a.* ni.[3], *b.* hi.[2], *c.* שְׁקֻפִים [1].

παραλαλέω 1) גדף pi.[1].

παραλαμβάνω 1) *a.* ירשׁ qal[4: + Je 39.7]; 2) לקח qal[9+]; 3) נהג qal[2]; 4) קבל *a. pi.[1: 1E 8.59], *b.* Ar. pa.[4]; *5) Ar. דבר pe.[1: To 9.2]; (-) [Da LXX 6.28]. Del. 1*b*); Je 39.8.

παραλείπω (fr) [1E 8.7].

παράλιος 1) חוֹל [1]; 2) *a.* חוֹף [1], *b.* לְחוֹף [1]; 3) *a.* חוֹף יָם [2], *b.* לְחוֹף יַמִּים [1]; 4) *a.* יָם [1], *b.* מִיָּם [1], *c.* דֶּרֶךְ יָם [1].

παραλλαγή 1) שִׁגָּעוֹן [1].

παράλλαξις 1) סוּר ho.[1]. Del. Es 3.13 v.l.

παραλλάσσω 1) מַחֲלָף [1]; 2) עבר qal[1]; 3) עדר pi.[1]; 4) Ar. שׁנא af.[1].

παραλογίζομαι 1) חלף hi.[1]; 2) רמה pi.[7: + 2K 21.5]; 3) תלל hi.[1].

παράλυσις (fr) [Ez 21.10].

παραλύω 1) אָזְלַת יָד qal[1]; 2) בהל ni.[1]; 3) הדף qal[1]; 4) חלל pi.[1]; 5) חתת qal[1: Je 27.2]; 6) *a.* כשׁל qal[1], *b.* כִּשָּׁלוֹן [1]; 7) לאה *a.* qal[1], *b. ni.[1: Je 27.36]; 10) עקר pi.[1]; 11) פרס qal[1]; 12) פתח qal[1]; 13) רפה qal[3]; (fr) [Je 27.15]. Del. 8-9).

παραμένω 1) ישׁב qal[1]; 2) עמד qal[4: + Si 11.17]; 3) מצא ni.[1].

παραμίγνυμι *1) ערב pa.[1: Da LXX 2.43].

παρανακλίνω 1) נתן qal[1].

παραναλίσκω 1) אבד qal[1].

παρανομέω 1) הלל qal[2]; 2) לוּץ hi.[1]; 3) עול pi.[1]; *5) בְּלִיַּעַל [1: Jb 34.18]; (fr) [Ps 25.4]. Del. 4).

παρανομία 1) מְזִמָּה [1]; 2) עָוֹן [2]; (fr) [Pr 10.26]. Del. 3); Pr 26.7.

παράνομος 1) אִישׁ אָוֶן [2]; 2) בגד qal[6]; 3) *Aramaising, בִּישׁ [1]; 4) *a.* בְּלִיַּעַל [10], *b.* בֶּן־בְּלִיַּעַל [1], 5) הלל qal[1]; 6) *a.* זֵד [3: + Pr 22.14], **b.* זָדוֹן [1: Pr 21.24]; 8) חָמָס [2]; 9) חָנֵף [2]; 10) כְּסִיל [1]; 11) לוז ni.[1]; 12) מְזִמָּה [1]; 13) סֵעֵף [1]; 14) עַוָּל [1]; 15) *a.* פשׁע qal[3: + Ps 35.1, Pr 19.11]; 16) רָע [1]; 17) רָשָׁע [1]; *18) אֱוִיל [1: Pr 14.9]; (fr) [Pr 11.30]. Del. 7, 15*b*).

παρανόμως 1) בְּזִמָּה [1]; (fr) [Jb 34.20].

παραπικραίνω 1) כעס hi.[4]; 3) מרה *a.* qal[10: + Ez 2.3*bis*], *b.* hi.[10], *c.* מְרִי [9]; 4) סרר qal[2]; *5) Ar. רגז ha.[1: 1E 6.14]; *6) מרר *a.* hi.[1: Ho 10.5]. Del. 2); De 32.16 v.l.

παραπικρασμός 1) מְרִיבָה [1]; *2) מְרִי [1: 1K 15.23*L*].

παραπίπτω 1) אשׁם qal[1]; 2) מעל qal[4]; 3) נפל hi.[1].

παραπλαγιάζω *1) עטר qal[1: 1K 23.26*L*].

παράπληκτος 1) שׁגע pu.[1].

παραπληξία 1) שִׁגָּעוֹן [1].

παραπορεύομαι 1) הלך qal[3]; 2) עבר qal [30+]; *4) בּוֹא qal [1: 2C 13.9*L*]. Del. 3); Ps 88.41, Zp 3.1, Je 18.16, La 4.18.

παράπτωμα 1) Ar. חֲבוּלָה [1]; 2) מַעַל [4]; 3) עָוֶל [3]; 4) פֶּשַׁע [4: + Jb 35.15]; 5) שְׁגִיאָה [2: + Ps 21.1]; 6) Ar. *a.* שָׁלוּ [1], *b.* שָׁלֵוָא [1].

παράπτωσις 1) Ar. *שָׁלוּ [1: Je 22.21 voc.].

παραρρέω 1) יָבָל [1]; 2) לוז qal[1].

παραρριπτέω. Variant of παραρρίπτω.

παραρρίπτω 1) ספח qal[1].

παράρρυμα 1) אֹהֶל [1].

παρασιωπάω 1) חרשׁ *a.* qal[8], *b.* hi.[9]; 2) חשׁה qal[1]; (fr) [Pr 12.2].

παρασκευάζω 1) ברר pi.[1]; 2) גרה pi.[1]; 4) ערך qal[1]; 5) עתד pi.[1]; 6) פלס pi.[1]; 7) קדשׁ pi.[1]; 8) הֵסֵךְ אֶת־רַגְלָיו hi.[1]; (fr) [Pr 23.2, 29.5, Je 12.5, 26.9]. Del. 3).

παρασκευή 1) עֲבֹדָה [1]. Del. Ex 35.24.

***παράστασις** *1) מַעֲמָד [1: 3K 10.5].

παραστήκω 1) עמד qal[1]. Del. Nu 7.3, 3K 10.8.

παρασυμβάλλω 1) משׁל ni.[2].

παρασφαλίζω 1) חזק hi.[1].

παράταξις 1) אֲגַף [2: + Ez 24.16]; 2) מַחֲנֶה [1]; 3) *a.* מִלְחָמָה [17], *b.* לחם ni.[1]; 4) *a.* מַעֲרָכָה [17], *b.* ערך qal[2: + 1C 12.33*L*]; 5) צָבָא [10]; 6) קְרָב [1]; 7) חַיִל [1]; (fr) [Is 22.6]. Del. Je 6.23.

παρατάσσω 1) אָסַר מִלְחָמָה qal[1]; 2) גּוּר qal[1]; 3) זמם qal[3: + Ma 1.4; Zc 8.15 doublet, or = MT *šb* > *ḥšb*]; 5) חנה qal[1]; 6) לחם ni.[6+]; 7) נגשׁ qal[1]; 9) ערך qal[1+: + 1C 12.38]; 10) צָבָא *a.* qal[1], *b.* subst. [5]; 11) לִקְרַאת [1]. Del. 4, 8).

παρατείνω 1) בִּתְרוֹן (?)[1]; 2) יַרְכָה [1]; 3) משׁך qal[1]; 4) שׁקף ni.[1]; 5) τὰ παρατείνοντα מֶשֶׁךְ [1].

παρατηρέω 1) זמם qal[1]; 2) שׁמר qal[1].

παρατίθημι 1) יצג hi.[1]; 3) II כרה qal[1]; 4) *a.* נתן qal[1], *b.* נָתַן לִפְנֵי qal[1]; 5) לִפְנֵי [1]; 6) פקד *a.* qal[1], *b.* hi.[1], *c.* ho.[1]; 7) שׂוּם, שִׂים *a.* qal[6+: + Ge 24.33], *c.* שׂוּם לִפְנֵי qal[1]; *8) יצג hi.[1: Si 15.16]; *9) Ar. קְרֵב *a.* af.[1: To 2.2], *b.* pa.[1: To 2.2]. Del. 2, 7*b*).

παρατρέχω 1) רוץ qal[14].

παραυτίκα 1) עַל עֵקֶב [1: Ps 69.4].

παραφέρω 1) הלל hitpo.[1]; 2) עבר hi.[1]; *3) בּוֹא hi.[1: Jd 6.5].

παραφρονέω 1) סרר qal[1].

παραφρόνησις 1) שִׁגָּעוֹן [1].

παραφυάς 1) יוֹנֶקֶת [2]; 2) סְעַפָּה [2]; 3) עָנָף [1]; 4) פֹּארָה [1]. Del. Ez 17.22 v.l.

παραχρῆμα 1) פִּתְאֹם [3]; 2) לְפֶתַע [1]; *3) עַל עֵקֶב [1: Ps 39.15; Schleusner s. v.]; 1+ 2) [1]; (-) [Jb 39.30].

πάρδαλις 1) *a.* נָמֵר [6], *b.* Ar. נְמַר [2].

παρεῖδον 1) מעל qal[3]; 2) נטה qal[1]; 5) נטשׁ qal[2]; 6) נשׂא qal[1]; *8) עבר hit.[1: Si 7.10]. Del. 3-4, 7); Ps 137.8.

I **πάρειμι** (< εἰμί) 1) אתה *a.* qal[1], **b.* Ar. pe.[1: 1E 6.3]; 2) בּוֹא qal[9]; 3) הִנֵּה [3]; 4) חוּשׁ qal[1]; 5) Ar. מטה pe.[1]; 6) נגע hi.[1]; 7) Ar. קרב af.[1].

II **πάρειμι** (< εἶμι) 1) *b.* עָבַר דֶּרֶךְ qal[1]. Del. 1*a*).

παρεκτείνω *2) נגע hi.[1: Pr 23.4 voc.]. Del. 1).

παρέλκω 1) מנע qal[1]; 2) דאב hi.[1]. Del. 3); Si 4.2.

παρεμβάλλω 1) *a.* חנה qal[78+: + 2K 17.12], *b.* מַחֲנֶה [1], *c.* תַּחֲנָה [1]; 2) לִין qal[2]; 3) נפל qal[1]; 4) עטר qal[1]; 5) דבר pi.[1]. Del. Jd 19.21.

παρεμβολη 1) הָמוֹן [1]; 2) *a.* מַחֲנֶה [100+: + 1K 14.16], *b.* מַחֲנַיִם [4], *c.* חנה qal[4]; 3) מָלוֹן [1]; 4) מַסַּע [1]; 5) מַעֲרָכָה [1]; 6) מִשְׁמֶרֶת [1]; 8) צָבָא [1]; (fr) [Nu 16.46]. Del. 7).

παρενοχλέω 1) אלץ pi.[1]; 2) חָרֵד hi.[1]; 3) לאה hi.[1]; 4) מרץ hi.[1]; 5) צוק hi.[1]; 6) רגז hi.[1].

πάρεξ 1) אַךְ [1]; 2) בִּלְתִּי [1]; 3) זוּלָה [5]; 4) *a.* לְבַד מִן [2], *b.* לְבַד עַל [1], *c.* מִלְּבַד [1]; 5) מִבַּלְעֲדֵי [2]; *6) חוּץ מִן [1: Ec 2.25]. Del. Is 45.22.

παρεξίστημι 1) שׁגע pu.[1].

παρεπίδημος 1) תּוֹשָׁב [2].

παρέρχομαι 2) הלך qal[2]; 3) חדל qal[1]; 4) *a.* חלף qal[6: + Si 11.19, 42.20], *b.* חֲלִיפוֹת [1]; 5) חמק qal[1]; 6) יצא qal[1]; 7) כלה qal[2]; 8) מִישׁ qal[1]; 9) סבב *b.* qal[2: 2K 18.30*L*]; 10) סוּר qal[2]; 11) עבר *a.* qal[41+: + Ex 33.19, Nu 20.19[1], 2K 14.13*L*, 23.4, Pr 27.13], *b.* hi.[2]; 12) עדה *a.* qal[1], *b.* Ar. pe.[3]; 14) עלם ni.[1]; 16) פסח qal[1]; 17) Ar. שׁנא itpa.[1]; (fr) [Ex 23.5, Jb 14.16, Is 28.17]; (-) [+ 4K 3.10, 13]. Del. 1, 9*a*, 13, 15, 18); Ge 33.3, Jo 16.6, 18.14, 2C 25.7, Jb 30.15, Is 24.5.

παρέχω 1) ἀγῶνα π. לאה hi.[2]; 3) עמד hi.[1]; 4) ἡσυχίαν π. שׁקט hi.[1]. Del. 2); 4K 12.4.

παρθενία 1) נְעוּרִים [2]; 2) בְּתוּלִים [1].

παρθένια 1) בְּתוּלִים [7].

παρθενικός 1) בְּתוּלָה [1]; 2) נְעוּרִים [1].

παρθένος 1) *a.* בְּתוּלָה [12+], *b.* בְּתוּלִים [1]; 2) *a.* נַעַר K[5], *b.* נַעֲרָה mostly Q[6]; 3) עַלְמָה [2].

παρίημι 1) בהל ni.[1]; 2) חדל qal[1]; 3) לאה ni.[1]; 4) עזב qal[1]; 5) פרשׂ pi.[1]; 6) רפה *a.* qal[1], *b.* hi.[1], *c.* רִפְיוֹן [1]; 7) παρειμένος *a.* רָזֶה [1], *b.* שָׁפָל [1]; 8) παριέναι γῆν חָדֵל qal[1]; 9) רְשִׁישׁ [1].

πάρινος 1) שֵׁשׁ [1]; 2) π. λίθος שֵׁשׁ [1].

πάριος 1) שַׁיִשׁ [1].

παρίστημι 1) בשׁל qal[1]; 2) הִתְהַלֵּךְ בְּרַגְלֵי hit.[1]; 3) יצב hit.[11]; 4) יצג hi.[1]; 5) נצב *a.* ni.[6]; 6) עמד *a.* qal[24], *b.* hi.[3], *c.* עָמַד לִפְנֵי qal[4]; 7) ערך qal[2]; 8) צבא qal[1]; 9)

Ar. קוּם קֳדָם pe.[2]; 11) שׁקל qal[1: 2K 18.12]; 12) שׁרת pi.[6: + 2K 11.8*L* 4Q]; 13) παρεστηκώς אָבִיב [1]; 14) קום qal[1]; *15) שׁית qal[2: Ho 9.13, Je 15.11]; *16) קרב qal[1: 2K 26.7*L*]; (fr) [Jb 37.20, Is 5.29, Da TH 6.6, LXX 7.13]. Del. 5*b*, 10); 2C 18.18, Es 3.9, 4.7, Ps 77.13, Je 39.12.

παροδεύω 1) עבר qal[1].

πάροδος 1) דֶּרֶךְ [1]; 2) הֵלֶךְ [1]; 3) עבר *a.* qal[2], **b.* מַעֲבָר [1: 4K 25.24].

παροικεσία *2) מָגוֹר [2: Zc 9.12 MT *mgyd*, Ez 20.39]. Del. 1).

παροικέω 1) גור *a.* qal[13+], *b.* מָגוֹר [8], *c.* בּוֹא לָגוּר qal[1]; 2) *a.* ישׁב qal[5], *b.* תּוֹשָׁב [1]; 3) שׁכן qal[2]. Del. Ex 12.40, Jo 24.2, Je 27.34, 51.28^{1}.

παροίκησις 1) מָגוֹר [2]. Del. 2); Ex 12.40.

παροικία 1) גּוֹלָה [2: + 1E 5.7]; 2) *a.* מָגוֹר [3], *b.* מְגוּרָה [1], *c.* גור qal[2: + Hb 3.16]; 3) מְכוֹנָה [1].

πάροικος 1) גּוֹי [1]; 2) *a.* גֵּר [6+: + 1C 5.10], *b.* גור qal[1]; 3) שָׁכֵן [1]; 4) תּוֹשָׁב [10+]. Del. 2K 19.28, Je 30.5.

παροιμία 1) מָשָׁל [5: + Pr 26.7]; 2) חִידָה [1]. Del. Pr 25.1.

παροινέω 1) מַצּוּת [1].

παροιστράω 1) סָרַב [1]; 2) סרר qal[2].

παροξύνω 1) אנף qal[1]; 2) גדף pi.[2]; 3) חדד hi.[1]; 4) *a.* חרה qal[2], *b.* tiph.[1]; 5) חרף pi.[2]; 6) יגע hi.[2]; 7) כעס *b.* hi.[3]; 8) מָרָה פֶּה qal[1]; 9) נאץ *a.* qal[3], *b.* pi.[11+]; 10) עבר hit.[1]; 11) ענה pi.[1]; 12) עצב pi.[1]; 13) קנא hi.[1]; 14) קצף *a.* qal[3], *b.* hi.[3]; 15) רגז *a.* qal[1], *b.* hi.[3]; 16) שׁנן qal[1]; 17) תוה hi.[1]; *18) רהב qal[1: Pr 6.3]; *19) גרה hit.[1: Da LXX 11.11]. Del. 7*a*); De 32.21.

παροξυσμός 1) קֶצֶף [2].

παροράω 2) עלם *a.* ni.[2], *b.* hit.[1: Is 57.11, cf. vs. 8]; (fr) [Jb 11.11]. Del. 1).

παροργίζω 1) גדף pi.[1]; 2) כעס *a.* pi.[1], *b.* hi.[34]; 3) נאץ pi.[1]; 4) עצב hi.[1]; 5) קנא pi.[1]; 6) קצף hi.[2: + Mi 2.7]; 7) קצר qal[1]; 8) רגז *a.* hi.[1], *b.* Ar. af.[1]; 10) תַּמְרוּרִים [1]; (fr) [Da LXX 11.36]; (?) [1: Ho 12.14 MT *tmrwrym*]. Del. 9); 2K 12.14, Ps 9.34.

παρόργισμα 1) כַּעַס [1].

παροργισμός 1) כַּעַס [2]; 2) נְאָצָה [2]. Del. 3); Je 21.5.

παρουσία Del. Ne 2.6.

παρρησία 1) μετὰ ~ας קוֹמְמִיּוּת [1]; *2) ~αν ἔχειν ענג hit.[1: Jb 27.10, cf. 22.26]; (fr) [Pr 1.20, 10.10, 13.5].

παρρησιάζομαι 1) יפע hi.[1]; 2) ענג hit.[1]; *3) נדב hit.[1: Si 6.11]; (fr) [Ps 11.5].

πᾶς 1) also Ar. כֹּל [1559+: + Ge 24.19, Nu 4.16, 14.14, De 32.43^{1}, 1K 2.16, 18.28, 21.5, Si 7.13, 30.26, 29, 31, 38, 36.15, Jb 19.27, Pr 14.7, 16.30, Am 6.2; 8.6, Je 3.3, La 2.22, To 4.5+]; 2) *a+b.* כָּל אִישׁ [14]; 3) כָּלִיל [2: + Is 16.3]; 4) תָּמִיד [1: Pr 28.14]; 5) πάντες *a.* כָּל־אִישׁ [5], *b.* כָּל־הָאֲנָשִׁים [1], *c.* יַחַד [1]; 6) π. τόπος כֹּל [2]; 7) ὁ τὰ π. ποιήσας שַׁדַּי [1]; 8) διὰ παντός *a.* כָּל הַיּוֹם [1: Is 52.5], *b.* כָּלִיל [1], *c.* לָנֶצַח [1], *d.* עַד [1], *e.* עוֹלָם [1], *f.* עֵקֶב [2], *g.* תָּמִיד [29+]; 9) θυσία διὰ παντός תָּמִיד [2]; 10) σὺν παντί כלה qal[1]; 11) σὺν παντὶ τῷ λαῷ כָּלִיל [1]; *12) כְּאֶחָד [1: 1E 5.56]; (-) [+ Nu 31.12, 2C 36.8, Jb 8.20, 10.13, 11.10, 13.9, 27.17, 29.8, Pr 26.19, Ez 32.5]; (fr) [Ex 33.12, 17, Jo 9.2, Pr 11.23, Am 6.8*b*, Mi 1.2, Je 27.44]. Del. Ge 3.2, 10, 7.4^{2}, 11.32, 23.13, 17^{2}, 24.36, 30.13, 41.55^{2}, Ex 8.7, 18, 11.3, Nu 21.8, Jo 9.6, 2K 19.40, 4K 7.13^{1}, Ec 3.19, Mi 7.6, Jn 3.7, Na 1.4, Zp 1.2, Ma 3.15, Is 40.26$^{2, 3}$, Je 7.10^{2}, 16.18, Ez 32.27.

πάσσαλος 1) יָתֵד [19].

πάσσω 1) זרק qal[2]; 2) עפר pi.[1]; 3) פזר pi.[1]; 4) נוף hi.[1]; *5) נפץ qal[1: To 11.11 v.l.]; *6) פרח pi.[1: Si 43.17 MS M]; (-) [Es 1.6].

παστός 1) חֻפָּה [2].

παστοφόριον 1) לִשְׁכָּה [11: + 1C 26.16 metath.]; (fr) [Is 22.15]. Del. 1C 26.18.

πάσχα 1) פֶּסַח [21+]; (-) [1E 1.6b, 2E 6.21].

πάσχω 1) חלה ni.[1]; *2) חמל qal[2: Zc 11.5, Ez 16.5]; (fr) [Es 9.26]. Del. Jb 41.8.

πατάσσω 2) Ar. דקק af.[1]; 3) לחם ni.[1]; 4) לכד qal[2]; 5) מות hi.[2]; 6) Ar. מחא pe.[4]; 7) מחץ qal[2]; 8) נגף qal[15]; 9) נכה *a.* hi.[79+], *b.* מַכָּה [1]; 10) צרר hi.[1]; 11) שׁתר qal[1: 1K 5.9^{2}]; *12) עכר qal[1: 1C 2.7*L*]; (fr) [2C 6.36, Da LXX 2.35^{1}]. Del. 1); Nu 35.21^{3}, Jd 1.4, 1K 23.2^{3}, 2K 8.10^{1}, 4K 10.27; Jb 1.15, 5.18, Ps 46.3, Is 25.13, Ez 11.7, 22.13, Am 3.15 (see Zgl ad loc.).

πάταχρον 1) אֱלֹהִים [2: Is 8.21, 37.38].

πατέω 1) בוס qal[1]; 2) דושׁ ni.[1]; 3) דרך *a.* qal[7], *b.* hi.[1]; 4) הָלַךְ בְּ qal[1]; 5) רדה qal[1]; 6) רמס qal[1]; 7) מְשַׁלֵּחַ רֶגֶל [1]; 8) πατῆσαι ποιεῖν דרך hi.[1]; *9) שׁאף qal[1 Am 2.7].

πάτημα 1) מִרְמָס [1]; *2) שְׁדֵפָה [1: 4K 19.26*L*].

πατήρ 1) *a.* אָב [360+: + Ge 27.5, 1C 4.11^{1}, 29.20, To 10.7, 11.11c, Ps 151.1, Is 17.11], *b.* Ar. אַב [20: + To 6.12+], **c.* בֵּית אָבוֹת [1: 1E 1.11]; 2) רִאשׁוֹן [1]; 3) θυγάτηρ τοῦ ἀδελφοῦ τοῦ π. דּוֹדָה [1]; 4) ὁ ἀδελφὸς τοῦ π., ἀδελφὸς πατρός דּוֹד [7]; (-) [+ De 27.3^{1}, Jd 15.6^{1}]. Del. Ge 29.6*bis*, 37.2, 44.2^{2}, 46.8, 49.28^{2}, Nu 18.1, 30.8, Jo 18.3, Ru 1.8, 1K 13.23, 20.3^{2}, 4K 13.13^{2}, 1C 16.28, Is 33.22, Je 18.23, 39.32.

πατητός 1) דרך qal[1].

πατράδελφος 1) דּוֹד [4].

πατριά 1) *a.* אָב [55+], *b.* בֵּית אָבוֹת [3]; 2) מִשְׁפָּחָה [3+]; 3) οἶκος ~ῶν מִשְׁפָּחָה [2]. Del. Le 25.10, Nu 4.4, 36.1^{1}, Jo 22.32, 1C 7.4, 7, 11 20, 24.31^{2}.

πατριάρχης 1) אָב [1]; 2) רֹאשׁ אָבוֹת [2]; 3) שַׂר [1]; 4) שַׂר מֵאוֹת [1].

πατρικός 1) *a.* אָב [4+],-**b.* בֵּית אָבוֹת [1: 1E 1.5]; 2) בֵּית אָב [1].

πάτριος Del. Is 8.21.

πατρίς 1) *a.* מוֹלֶדֶת [5], *b.* אֶרֶץ מוֹלֶדֶת [1]. Del. 2); Le 25.10, 1C 5.7, Es 4.8.

πατρῷος 1) אָב [1]. Del. 2E 7.5.

παῦσις *1) דמם qal[1: Je 31.2 MT *mdmn*].

παύω 1) דמם ni.[2: + Je 31.2]; 2) חדל qal[8+]; 3) כלה *a.* qal[3], *b.* pi.[7+]; 4) מושׁ qal[1]; 5) נחם ni.[5]; 7) נצר qal[1]; 8) עצר *a.* qal[1], *b.* ni.[2]; 9) **a.* עבר qal[2: Is 24.11, Si 23.16]; 10) רַב מִן [1]; 11) רפה hi.[1]; 13) שׁבת *a.* qal[6: + Is 58.12], *b.* hi.[3]; 14) *a.* שׁוב qal[1], *b.* שׁוּב מִן qal[2]; 15) תמם qal[2]; *16) נגע hi.[1: Jb 6.7]; (fr) [Jb 6.26,

18.2, 37.19, Pr 24.24, Is 26.10, 57.10, Je 51.10]. Del. 6, 9, 12); Ex 31.17, Jb 3.17, Je 31.11.

πάχνη 1) חֲנָמַל [1]; 2) כְּפוֹר [2]; 3) קִיטוֹר [1].

πάχος 1) *a.* עָב [1], *b.* מַעֲבֶה [1], *c.* עֳבִי [2], *d.* עֳבִי [3]; 2) עֶצֶם [1].

παχύνω 1) דשׁן hoth.[1]; 2) סבל hit.[1]; 3) עבה *a.* qal[1], *b.* pi.[1: + 2K 22.12]; 4) שׁמן *a.* qal[1], *b.* hi.[1].

παχύς 1) בָּרִיא [1]; 2) סבל pu.[1]; 3) שָׁמֵן [1]; 4) παχύτερος עבה qal[2].

πεδάω 1) *a.* אסר qal[3], *b.* אָסִיר [5]; 2) כפת Ar. *a.* peil[1], *b.* pa.[4].

πέδη 1) זֵק [1]; 2) כֶּבֶל [1]; 3) נְחֹשֶׁת [4]; 4) π. χαλκέα (χαλκῆ) נְחֹשֶׁת [2].

πεδινός 1) בִּקְעָה [1]; 2) ἡ ~ή *a.* מִישׁוֹר [4], *b.* שְׁפֵלָה [1]; 3) שׁפה ni.[1]; 4) ἡ ~ή הַשְּׁפֵלָה [10]. Del. 5-6); Jo 11.16b, Je 17.26[1].

πεδίον 1) אָפִיק [3: + Ez 32.4]; 3) *a.* בִּקְעָה [4+: + Ez 26.10], *b.* Ar. בִּקְעָא [2]; 4) מִדְבָּר [2]; 5) מִישׁוֹר [1]; 7) נָאָה [1]; 8) שְׁדֵמָה [2]; 12) שְׁפֵלָה [3]; (fr) [Jb 39.21[2]; (-) [+ Pr 27.25]. Del. 2, 6); 3K 18.5, Hb 3.5, Is 21.15, 40.4 v.l.(> πεδίλος). — 8) עֵמֶק [5: + Jb 39.10]; 9) שָׂדֶה [43+]; 10) שָׂדַי [3]; 11) שְׁדֵמָה

πεζός 1) *a.* רַגְלִי [2+: + Jd 5.15], *b.* בְּרֶגֶל [3: 2K 15.17, 3K 21.10; 2K 15.18*L*]; 2) אִישׁ רַגְלִי [1]; *3) חַיִל [1: 1E 8.51].

πειθαρχέω 1) Ar. שׁמע itpe.[1]; *2) חָרֵד [1: 1E 8.90].

πείθω 1) אמן hi.[1]; 2) בטח *a.* qal[4+: - Is 37.10], *b.* מִבְטָח [2], *c.* בִּטְחָה [2: + Jb 12.6], *d.* בֶּטַח [1]; 3) *a.* חסה qal[9], *b.* מַחְסֶה [1], *c.* חָסוּת [1]; 5) קבל pi.[1]; 6) קוה pi.[1]; 7) Ar. רחץ itpe.[1]; 8) שׁסע pi.[1]; 9) שׁען ni.[5]; 10) שׁקט *a.* qal[1]; 11) πεποιθώς *a.* בֶּטַח [5], *b.* לָבֶטַח [3+], *c.* מִבְטָח [2]; 12) πεποιθέναι ποιεῖν *a.* בטח hi.[2]; 13) πεποιθὼς γίνεσθαι בטח qal[1]; 14) πεποιθὼς εἶναι בטח *a.* qal[6: + Is 36.4], *f.* קוה pi.[1], *g.* שׁעה qal[4], *h.* שׁען ni.[2: + Is 32.11], *i.* שׁקט qal[1], *j.* תלה qal[1], *k.* חסה qal[1], *l.* מִבְטָח [2: Is 20.5, 6]; *15) נוּחַ qal[1: Is 30.32]; *16) סוּת hi.[1: 2C 18.2*L*]; (fr) [2C 32.15, Jb 6.13, 31.21, Is 8.14, 58.14]; (-) [+ Is 32.19]. Del. 4, 10*b*, 11*d*, 12*b*, 14*b-e*); To 3.17 𝔊[I], Ps 96.7, Is 17.8[2], Je 27.38, 36.8.

πεινάω 1) יָעֵף *a.* qal[3], *b.* adj.[1]; 3) עָיֵף [5]; 4) רָעֵב *a.* qal[11], *b.* adj.[15]; *5) דאב qal[2: Je 38.12, 25]; *6) דָּוֶה [1: Si 4.2]; (fr) [Is 46.2]. Del. 2); Is 32.6[2].

πεῖρα 1) מַסָּה [1]; 2) πεῖραν λαμβάνειν נסה pi.[1].

πειράζω 1) נסה pi.[10+]; 2) נִסָּיוֹן [1]; *3) בחר qal[1: Si 4.17]; (fr) [Da LXX 12.10]. Del. De 8.2, Pr 26.18.

πειρασμός 1) מַסָּה [7]; 3) *a.* נִיסּוּי [2], *b.** נִסָּיוֹן [1: Si 6.7]. Del. 2); Ec 3.10, 4.8, 5.2, 13, 8.16.

πειρατεύω 1) גוד qal[3].

πειρατήριον 1) גְּדוּד [3]; 2) צָבָא [2]. Del. Jb 16.10.

πειρατής 1) גְּדוּד [2]; 2) צַר [1].

πειράω: see under πειράζω.

πέλας 1) ὁ π. זָר [1].

πέλειος 1) חַכְלִלוּת [1].

πελεκάν 1) חֲסִידָה [1]; 2) קָאַת [2].

πελεκάω 1) פסל qal[1].

πελεκητός Del. 3K 10.11, 12*bis* v.l.

πέλεκυς 1) גַּרְזֶן [1]; 2) כְּלִי [1]; 3) כַּשִּׁיל [1]. Del. 4); Je 23.29.

πελιόομαι 1) כמר ni.[1].

πελταστής 1) נֹשֵׂא מָגֵן [2: + 2C 17.17]. Del. 2).

πέλτη 1) מָגֵן [5: + Ez 38.4]. Del. 2).

πέλυξ 1) כְּלִי מַפָּץ [1]; 2) פַּטִּישׁ [1]; *3) גַּרְזֶן [1: 3K 6.12(7)*L*].

πέμμα 1) אֵיפָה [11]; 2) אֲשִׁישָׁה [1].

πέμπτος 1) *a.* חֲמִישִׁי [8+], *b.* חָמֵשׁ [10]; 3) τὸ. π. μέρος חֲמִישִׁית [1]. Del. 2); Je 43.9.

πέμπω 1) כתב ni.[1]; 2) שׁלח *a.* qal[2], *b.* pi.[1]; *c.* Ar. pe.[3]. Del. 1K 28.24.

πένης 1) אֶבְיוֹן [6+]; 2) דַּךְ [1]; 3) דַּל [8: - Am 4.1]; 4) חֵלְכָה [2]; 5) מִסְכֵּן [4]; 6) *a.* עָנָו [5], *b.* עָנִי [14], *c.* Ar. עֲנָה [1]; 7) רָשׁ, רָאשׁ [8]; (fr) [Pr 14.21]; (-) [+ Ps 40.1]. Del. Am 8.6.

πενθερά 1) חָמוֹת [1+]; 2) חֹתֶנֶת [1].

πενθερός 1) חָם [4]; 2) חֹתֵן [1].

πενθέω 1) *a.* אבל qal[7+], *b.* hi.[1], *c.* hit.[2+], *d.* אָבֵל [6: + Je 38.21], *e.* אֵבֶל [1]; 2) אמל pul.[5]; 3) בכה qal[2]; 5) נוד qal[1]; *7) ילל hi.[1: Ps 77.63]; (-) [1E 8.22]. Del. 4, 6); Ez 31.15[2].

πενθικός 1) אֵבֶל [1]; 2) ἐν πενθικοῖς לֹא שָׁת עֶדְיוֹ עָלָיו qal[1].

πένθος 1) *a.* אֵבֶל [8+: + Ec 5.16; - Es 9.22], *b.* אָבֵל [1]; 2) אָוֶן [1]; 3) *a.* בְּכוּת [1], *b.* בְּכִי [1], *c.* בְּכִית [1]; 4) יָגוֹן [1]; 5) מִסְפֵּד [1]; 6) תּוּגָה [1]; (fr) [Pr 10.6, Is 16.3, 17.14]. Del. Jb 30.31.

πενία 1) עֳנִי [1]; 2) *a.* רֵאשׁ [2], *b.* רָאשׁ [1], *c.* רֵישׁ [3], *d.* רִישׁ [2].

πενιχρός 1) דַּל [2]; 2) עָנִי [1].

πένομαι 1) דַּל [2]; 2) ירשׁ ni.[1]; 3) מוּךְ qal[2]; 4) עָנִי [1].

πενταετής 1) בֶּן־חָמֵשׁ שָׁנִים [2].

πεντάκις 1) חָמֵשׁ פְּעָמִים [1]. Del. 3K 22.16.

πεντακισχίλιοι Del. Nu 31.32, 36 v.l.

πεντακόσιοι *1) חֲמֵשׁ מֵאוֹת.

πεντάπηχυς 1) חָמֵשׁ בָּאַמָּה [1].

πενταπλασίως 1) חָמֵשׁ יָדוֹת [1].

πενταπλοῦς 1) חֲמִשִּׁי [1].

πέντε חָמֵשׁ. Del. Ho 3.2 (> πεντεκαίδεκα).

πεντεκαίδεκα חֲמֵשׁ עֶשְׂרֵה, חֲמִשָּׁה עָשָׂר.

πεντεκαιδέκατος *1) חֲמֵשׁ עֶשְׂרֵה, חֲמִשָּׁה עָשָׂר [7].

πεντήκοντα חֲמִשִּׁים.

πεντηκονταετής 1) בֶּן־חֲמִשִּׁים שָׁנָה [7].

πεντηκόνταρχος 1) שַׂר חֲמִשִּׁים [10].

πεντηκοστός 1) חֲמִשִּׁים [4].

πέπειρος 1) בשׁל hi.[1].

πεποίθησις 1) בִּטָּחוֹן [1].

πεποιθότως 1) לָבֶטַח [1].

πέπων 1) אֲבַטִּחַ [1].

περαίνω 1) יעל hi.[1]; 2) נוה qal[1].

πέραν 1) *a.* עֵבֶר [9], *b.* עֵבֶר ל [3], *c.* Ar. עֲבַר [9], *e.* בְּעֵבֶר [11], *g.* מֵעֵבֶר לְ־ [6: + 1K 30.10; - Nu 35.14]; 2) ὁ, ἡ, τὸ π. *a.* עֵבֶר [5+: + Jd 11.29, 1K 13.23, 3K 10.15, Je 22.20, 48.10, 52.8], *b.* Ar. עֲבַר [2], *c.* עֲבָרִים [4], *e.* עֵבֶר לְ־ [6: - 2C 20.2]. Del. 1*d*, *f*, 2*d*); 2E 4.20.

πέρας 1) אֶפֶס [6]; 2) *a.* חֵקֶר [1], *b.* מֶחְקָר [1]; 3) סוֹף [3]; 6) *a.* קֵץ [17], *b.* קָצֶה [3], *c.* קְצָת [1], *d.* קֵצֶה [3], *e.* קָצוּ [2]; 7) תַּכְלִית [1]; *8) עֵבֶר [2: Ps 7.6, Zp 3.10]; *9) ἄγειν ἐπὶ π. כלה pi.[1: 1E 9.17]; (fr) [Ez 30.3]. Del. 4-5); 2K 16.13, Ps 68.34, Je 22.20.

περασμός 1) קֵץ [3].

περάτης 1) עִבְרִי [1].

πέρδιξ 1) קֹרֵא [1]; 2) עוֹף [1].

περιάγω 1) הלך hi.[1]; 2) סבב *a*. hi.[1], *b*. ho.[1]; 3) עבר hi.[2].

περιαιρέω 1) גלל qal[1]; 2) נצל *a*. hi.[1], *b*. hit.[1]; 4) סור *a*. qal[3], *b*. hi.[18+], *c*. ho.[2]; 5) עבר hi.[4]; 6) פרק *a*. pi.[1], *b*. hit.[2]; 7) פרר hi.[6]; 8) רום hi.[2]; 9) שׁכך hi.[1]. Del. 3); 2K 14.20.

περιαργυρόω 1) מְחֻשָּׁק כֶּסֶף [3: + Ex 27.11, 37.18]; 2) נֶחְפָּה בַכֶּסֶף [1]; 3) צִפּוּי כֶּסֶף [3].

περιβάλλω 1) חבק *b*. pi.[2]; 2) כסה *a*. pi.[5+], *b*. pu.[2], *c*. hit.[8]; 3) לבשׁ *a*. qal[11], *b*. hi.[1]; 5) עטה qal[6]; 6) עטף qal[2]; 7) פרשׂ qal[4]; 8) שׁפך qal[1]; (fr) [Pr 28.4]. Del. 1*a*, 4); Ge 38.19, Ps 47.12, Ec 4.5.

περιβιόω Del. 1) v.l. at Ex 22.18.

περίβλεπτος 1) π. γίνεσθαι ידע ni.[1].

περιβλέπω 1) נבט hi.[1]; 2) עשׂה qal[1]; 3) פנה qal[2]; 4) שׁור qal[1].

περίβλημα 1) בֶּגֶד [1].

περιβόλαιον 1) בֶּגֶד [1]; 2) *a*. כְּסוּת [5: + Ps 103.6], *b*. מְכַסֶּה [1]; 3) *a*. לְבוּשׁ [1], *b*. מַלְבּוּשׁ [1], *c*. תִּלְבֹּשֶׁת [1]. Del. 4); Ez 13.21.

περιβολή 1) לְבוּשׁ [1]; 2) סוּת [1]; 3) עֲזָרָה [1]; 4) מַעֲטֶה [1].

περίβολος 1) גְּבוּל [1]; 2) חוֹמָה [2]; *3) Ar. דּוּר [1: Da LXX 3.1].

περιγίνομαι Del. †) at 1C 28.19 > (-).

περιδειπνέω 1) ברה hi.[1].

περιδέξιον 1) עָגִיל [1].

περιδέω 1) אסר qal[1].

I **περίειμι** 1) ὁ περιών שָׂרִיד [1].

περιεργία *1) עשׁק hit.[1: Si 41.22].

περιέρχομαι 1) סבב *a*. qal[2: + Ez 3.15], *b*. ni.[3], *c*. pi.[1], *d*. po.[1], *e*. hi.[1]; 2) עבר qal[2]; 3) שׁוט qal[1].

περιέχω 1) אזר qal[1]; 2) אפף qal[5: + Si 51.7]; 4) כתר pi.[1]; 5) *צור *a*. qal[1: Ps 31.7], *b*. ni.[1: Ez 6.12]; 6) נקף hi.[4]; 7) צפה pi.[7]; *9) כול hi.[1: 1E 8.7 MT הכין). Del. 3, 5 [נָצַר], 8); 2C 5.9.

περίζωμα 1) אֵזוֹר [7]; 2) *a*. חֲגוֹר [1], *b*. חֲגוֹרָה [1]; 3) מִטְפַּחַת [1].

περιζώννυμι, ~ζωννύω 1) אזר *a*. qal[4], *b*. ni.[1], *c*. pi.[3], *d*. hit.[1]; 3) *a*. חגר qal[29+], *b*. חֲגוֹר [1], *c*. מַחֲגֹרֶת [1]; 4) כרבל pu.[1]. Del. 2); Jb 12.18, Ez 9.11, 27.31.

περίθεμα 2) עֲנָק [1]; 3) צִפּוּי [2]. Del. 1) Ex 38.24 v.l.

περιΐστημι 1) נצב ni.[1]; 2) סבב qal[1].

περικαθαίρω 1) מול qal[1]; 2) עבר hi.[1].

περικαθαρίζω 1) כפר pu.[1]; 2) מול qal[1]; 3) ערל qal[1]. Del. De 20.12.

περικάθαρμα 1) כֹּפֶר [1].

περικάθημαι 1) צור qal[3]; *2) שׁמר qal[1: 2K 11.16*L*].

περικαθίζω 1) חנה qal[4]; 2) לחם ni.[2]; 3) צור qal [6]; 4) קשׁר qal[1].

περικαλύπτω 2) כסה pi.[1]; 3) סכך qal[1]; 4) שׁבץ pu.[1]. Del. 1); Nu 32.38, 1K 28.8 v.l.

περίκειμαι *1) חגר qal[1: 2K 20.8*L*].

περικείρω 1) קצץ qal[2].

περικεφάλαιος 1) כּוֹבַע [7: + Ez 38.4]; 2) קוֹבַע [1]. Del. Ez 23.24.

περικνημίς 1) Ar. כַּרְבְּלָא [1].

περικοσμέω 1) חטב pu.[1].

περικυκλόω 1) נקף hi.[1]; 2) סבב *a*. qal[9: + 4K 3.25 *L*], *b*. ni.[4], *c*. ho.[2], *d*. סָבִיב [1], **e*. hi.[1C 13.13*L*]; (fr) [Pr 20.28]. Del. 3) Jb 30.4 v.l.

περικύκλῳ *1) סָבִיב [19: + 1C 9.27*L*]; *2) מְסָבִּיב [2]; *3) מֵסַב [1].

περιλαμβάνω 1) חבק *a*. qal[3], *b*. pi.[5]; 2) לפת qal[1]; 3) נקף hi.[1]; (fr) [Is 31.9]. Del. La 4.5 v.l.

περιλείπω Del. 1); 2C 34.21, Hg 2.4 v.l.

περίλημψις 1) חבק pi.[1].

περίλοιπος 1) *מוֹתָר [1: Ps 20.13]; 2) שְׁאֵרִית [1].

περίλυπος 1) π. γίνεσθαι *a*. חרה ל qal[1], *b*. קצף Ar. pe.[1]; 2) π. εἶναι שׁחח hitpo.[1]; 3)* שָׁמֵם po. [2: 1E 8.68, 69].

περιμένω 1) קוה pi.[1].

περίμετρον 1) חוּט [1].

περιοδεύω 1) הלך hit.[5]; 2) שׁוט qal[1].

περίοδος 1) פַּעַם [1].

περιοικοδομέω 1) בנה qal[1]; 2) גדר qal[1]; (fr) [Ez 39.11].

περίοικος 1) בַּת [4: + Jd 11.26*Lbis*]; 2) כִּכָּר [3]; 3) סָבִיב [1]; 4) שָׁכֵן [1].

περιονυχίζω 1) עָשָׂה צִפֹּרֶן qal[1].

περιουσιασμός 1) סְגֻלָּה [2].

περιούσιος 1) סְגֻלָּה [3]; 2) λαὸς π. סְגֻלָּה [1]. Del. Ex 23.22 v.l.

περιοχή 1) מִבְצָר [1]; 2) *a*. מְצָד [2], *b*. מְצוּדָה [10]; 3) **a*. צור qal[2: Ps 140.3, Ob 1], *b*. מָצוֹר [10].

περιπατέω 1) דרך qal[1]; 2) הלך *a*. qal[3], *b*. pi.[8: + Si 13.13], *c*. hit.[12], *d*. Ar. af.[2], *e*. pa.[2].

περίπατος 1) דֶּרֶךְ [2]; 2) חָצֵר [1]; 3) לִשְׁכָּה [1]; 4) מַהֲלָךְ [[1]; (fr) [Pr 23.31].

περιπίπτω 1) נפל qal[1]; 2) קרא *a*. qal[1], *b*. ni.[1].

περιπλέκω 1) חזק qal[1]; 2) II עוד pi.[1]; 3) צמד hi.[1]; *4) סבך qal[1: Na 1.10]; (fr) [1: Ez 17.7].

περιπνίγω *1) בלע pi.[1: 2K 22.5*L*].

περιποιέω 1) חיה *a*. qal[2], *b*. pi.[6], *c*. hi.[2]; 2) חמל qal[3]; 3) חשׂך qal[1]; 4) יתר hi.[1]; 5) פסח qal[1]; 7) רכשׁ qal[2]; 9) ἃ περιεποιήσατο יִתְרָה [1]; 10) ὃ περιπεποίημαι סְגֻלָּה [1]; *11) כון hi.[1: Jb 27.17]; *12) עשׂה qal[1: Pr 6.32]; *13) יצר qal[1: Is 43.21]; (fr) [Pr 7.4]. Del. 6, 8); Ex 32.14, Ez 26.8.

περιποίησις 1) מִחְיָה [1]; 2) סְגֻלָּה [1].

περιπόλιον 1) מִגְרָשׁ [39: 1C 6.40*L*+]. Del. 1C 6.71*bis* v.l.

περιπορεύομαι 1) סבב ni.[1].

περιπόρφυρος 1) מַחֲלָצוֹת [1].

περίπτερος 1) רֶשֶׁף [2]; (fr) [Am 3.15].

περίπτωμα 1) מִקְרֶה [1]; 2) קרא ni.[1].

περιρραίνω 1) נזה hi.[6].

περιρραντίζω 1) זרק pu.[2]; *2) חטא pi.[1: 2C 29.24*L*]. Del. Ez 43.20 v.l.

περισιαλόομαι 1) מִשְׁבְּצוֹת [1].

περισκελής 1) מִכְנָס [6].

περισπασμός 1) עִנְיָן [8: + Ec 5.2].

περισπάω 1) ענה *a*. qal[2], *b*. hi.[1]; 2) שׁמט qal[1]; 3) נקשׁ qal[1].

περισπόριον 1) בַּת [1]; 2) מִגְרָשׁ [48].

περισσεία 1) *a*. יִתְרוֹן [10], *c*. יוֹתֵר [1]. Del. 1*b*, 2); Ec 2.11, 3.19.

περισσεύω 1) יתר ni.[1], *b*. יוֹתֵר [1], *c*. qal[2], **d*. hi.[1: Si 30.38]; 2) מַרְבִּית [1].

περισσός 1) *a*. יֶתֶר [5], *c*. יוֹתֵר [5], *d*. יתר ni.[6], *e*. מוֹתָר [2: + Nu 4.26], *f*. Ar. יַתִּיר [3]; 2) περισσότερος Ar. יַתִּיר [1]; 3) ἐκ περισσοῦ Ar. יַתִּירָה [1]. Del. 1*b*).

περισσῶς 1) *a*. יֶתֶר [1], *b*. Ar. יַתִּירָה [2]; 2) עַל־יֶתֶר [1].

περίστασις Del. 1).

περιστέλλω 1) אסף qal[2]; 2) *קבר ni.[1].

περιστερά 1) גּוֹזָל [1]; 2) *a*. יוֹנָה [17], *b*. בֶּן יוֹנָה [1]. Del. Ez 7.16.

περιστήθιον 1) חֹשֶׁן [1].

περιστολή 1) עֲדִי [1].

περιστόμιον 1) פֶּה [5]; 2) פִּימָה [1]; *3) חסם qal[1: Ez 39.11].

περιστρέφω 1) סבב qal[3].

περιστροφή Del. 1).

περίστυλος 1) אַתִּיק [1]; 2) רִצְפָּה [4]; 3) תִּיכוֹן [1].

περισύρω 1) מַחְשֹׂף [1].

περιτειχίζω 1) מִבְצָר [1].

περιτείχισμα *1) חֵל [1: 2K 20.15*L*].

περίτειχος 1) דָּיֵק [1]; 2) חֵל [1]. Del. 3) v.l.

περιτέμνω 1) יהד hit.[1]; 2) כרת qal[1]; 3) מול *a+c*. qal[9], *b+d*. ni.[18]. Del. 4); Je 4.4[2].

περιτίθημι 3) חבשׁ qal[2]; 6) כלל *b*. pi.[2: + Ez 27.3]; 7) לבשׁ hi.[1]; 8) נשׂא qal[2: + Es 5.11]; 9) נתן qal[5]; 10) עבר hi.[2]; 11) עדה qal[1: Ho 2.13]; 12) צנף qal[1]; 13) קשׁר *a*. qal[1], *b*. pi.[1]; 14) שׂוּם, שִׂים qal[7]; 15) שׁוב hi.[1]; 16) θάρσος π. אָמֵץ pi.[1]; 17) τιμὴν ἑαυτῷ π. כָּבֵד hit.[1]; 18) φραγμὸν π. עזק pi.[1]; 19) עטר qal[1]; *20) יעט qal[1: Is 61.10]; *21) אזר pi.[1: 2K 22.33 MT *m'zy* > *m'zrny*, cf. ‖ Ps MT 18.33]; (fr) [Jb 13.26, 40.20, Ez 27.7]. Del. 1-2, 4-6*a*).

περιτομή 1) *a*. מול ni.[1], *b*. מוּלָה [2: + Je 11.16 voc.].

περιτρέχω 1) שׁוט pol.[2].

περιφέρεια 1) הוֹלֵלוֹת [2].

περιφερής 1) סָבִיב [1].

περιφέρω 1) הלל po.[1]; (fr) [Pr 10.24].

περιφορά 1) *a*. הלל po.[1], *b*. הוֹלֵלוֹת [2].

περιφράσσω 1) שׂוּךְ qal[1].

περιχαλκόω 1) צפה pi.[1].

περιχαρακόω 1) חנה qal[1]; 2) סלל pilp.[1].

περιχαρής 1) π. γίνεσθαι שׂישׂ qal + 2) שָׂמֵחַ אֶל־גִּיל [1]; (fr) [Jb 29.22].

περιχέω 1) אפף qal[1]; 2) זרק qal[1].

περιχρυσόω 1) אֲפֻדַּת זָהָב [1]; 2) צפה pi.[1]; 3) רקע pi.[1].

περίχωρος 1) חֶבֶל [3]; 2) *a*. כִּכָּר [6], *b*. כִּכַּר בִּקְעָה [1]; 3) מִגְרָשׁ [1]; 4) מִסְכְּנוֹת עָרִים [1]; 5) פֶּלֶךְ [6]; *6) מְדִינָה [1: Es 9.12]. Del. Ge 19.25 v.l.

περκάζω *1) בשׁל qal[1: Si 51.15]; (fr) [Am 9.13].

πέσσω 1) אפה *a*. qal[11], *b*. ni.[2], *c*. מַאֲפֶה [1]. Del. Is 44.16 v.l.

πέταλον 1) נֵזֶר [1]; 2) פַּח [1]; 3) צִיץ [6].

πέταμαι. See πέτομαι.

πετάννυμι 1) רוף polal[1].

πετεινός 1) כָּנָף [3]; 2) עוֹף [36+: + Da LXX 7.6 967]; 3) עַיִט [4: + Si 43.14]; 4) *a*. צִפּוֹר [3], *b*. Ar. צִפַּר [2]; 5) רֶשֶׁף [1]. Del. Ge 9.2.

πέτευρον 1) עֹמֶק [1: Pr 9.18].

πέτομαι, πέταμαι 1) דאה qal[1]; 2) *a*. נוד qal[1], *b*. נדד ho.[1]; 3) עוף *a*. qal[11], *b*. pol.[6: + Ez 32.10], *c*. ho.[1]; 4) πετόμενος ζητῶν טושׂ qal[1]; (fr) [Pr 24.54].

πέτρα 1) כֵּף [1]; 2) סֶלַע [8+]; 3) *a*. צוּר [8+: Jb 22.24[1], Hb 2.1, Ez 3.9]; 4) στερεὰ π. *a*. חַלָּמִישׁ [1], *b*. צוּר [3: + Is 5.28]; (fr) [Jb 14.8, Ps 103.12]. Del. 3*b*, 4*c*); Jb 40.13, Je 31.28[2].

πέτρινος 1) צוּר [2].

πετροβόλος 1) אֶלְגָּבִישׁ [2]; 2) אַבְנֵי־קֶלַע [1]; *3) חֵץ [1: 2K 22.15*L*]. Del. 1K 14.14 v.l., see Driver ad loc.

πεύκη 1) עֵץ בְּרוֹשׁ [1: 3K 5.13*L*]; 2) תִּדְהָר [1]. Del. 1) 3K 5.24 v.l.

πεύκινος 1) אַלְגּוּמִּים [3]; 2) בְּרוֹשׁ [4]; 3) שֶׁמֶן [1].

πέψις 1) אפה qal[1].

πηγή 1) אֵד [1]; 2) אָפִיק [2]; 3) מַבּוּעַ [3]; 4) מוֹצָא מַיִם [1]; 5) *a*. עַיִן [14+: + De 33.28, Jo 19.29], *b*. מַעְיָן [5+: + Pr 4.21, 5.16, Ez 25.9]; 6) מָקוֹר [13]; 7) נֵבֶךְ [1]; (fr) [De 33.13].

πῆγμα 1) נֵד [1].

πήγνυμι 1) טבע ho.[1]; 2) יצק qal[1]; 3) Ar. מחא itpe.[1]; 4) נטה *a*. qal[9: + Nu 24.6], *b*. hi.[3]; 5) נטע qal[1]; 6) נצב ni.[1]; 7) צפד qal[1]; 8) קפא *a*. qal[1], *b*. hi.[2]; 9) שׁכן hi.[1]; 10) תקע qal[4]; 11) חול pol.[1]; 12) בּוֹא hi.[1]; *13) לכד qal[1: Jb 38.30]; (fr) [Jb 6.16]. Del. Ps 31.4.

πηδάω 1) דלג pi.[1]; 2) נתר pi.[1].

πηλίκος 1) כַּמָּה [2].

πήλινος 1) חֹמֶר [2]; *3) Ar. טִין [1: Da LXX 2.41, 43]. Del. 2).

πηλός 1) חֹמֶר [2+]; 2) טִיט [4+]; 3) עָפָר [1]; (fr) [Is 14.23]; (-) [+ Is 45.9]. Del. Jb 33.6[2].

πῆξις 1) *מַטֶּה [1: Si 41.19].

πῆχυς 1) also Ar. אַמָּה [54+]; 2) יָד [1]; 4) קָנֶה [1]. Del. 3); Pr 31.19[2].

πιάζω: see under πιέζω.

πιαίνω 1) דָּשֵׁן pi.[3: + Si 26.13]; 2) חלץ hi.[1]; (fr) [3: Ps 64.13, Ez 17.8, 10]. Del. 3-4).

πιέζω 1) אחז qal[1]; 2) דרך qal[1]; 3) לכד ni.[1].

πίθηκος 1) קוֹף [1]. Del. 3K 10.22 v.l.

πίθος (fr) [Pr 23.27]

πικραίνω 2) מרר *a*. qal[2], *b*. hi.[4]; 3) קצף qal[2]; 4) רגז qal[2]. Del. 1) Je 39.32 v.l.

πικρασμός Del. 1-2); Ps 94.8, Ez 27.31 v.l.

πικρία 1) זַעַם [1]; 2) לַעֲנָה [3]; 3) מאר hi.[1]; 4) *b*. מָרָה [3], *c*. מַר [6], *d*. מַמְּרוֹרִים [1], *e*. מְרֹרִים [1], *f*. מְרֹרָה [2: + Ps 9.28?]; 7) ὁ ἐν ~ᾳ עָמֵל [1]; 8) כְּאֵב [2]; *9) יִסּוּר [1: Je 2.21]; (fr) [Is 28.21*bis*, 28, 37.29]. Del. 4*a*, 5-6); De 29.18[1], Ru 1.20 v.l.

πικρίς 1) מְרֹרִים [2].

πικρός 1) *a.* מַר [4+: + 4K 14.26, Je 20.8, Si 30.17?], *b.* מָרָא [1]; 2) רֹאשׁ [1]; 3) π. γίνεσθαι מרר qal[1]. Del. 1*c*); Es 4.1, Ez 16.47.

πικρῶς 1) *a.* מַר [2: + Je 27.21], *b.* מרר pi.[1]; *2) Ar. חצף af.[1: Da LXX 2.15]. Del. Ez 27.30 v.l.

πίμπλημι 1) מָלֵא *a.* qal[7+], *b.* ni.[3+: + Ps 16.14]; *c.* pi.[9+: + Si 36.19], *d.* מְלֹא [1], *e.* Ar. itpe.[1]; 2) רעף qal[1]; 3) שׂבע *a.* qal[22: + Pr 15.4, Si 37.24, 42.25], *b.* ni.[1], **c.* hi.[1: Ez 32.4]. Del. De 13.17, Ps 30.12, Pr 18.20^{2}, Si 34.5, Ec 1.8, 6.3, 9.5, 11.3, Mi 6.12, Hb 2.14, Is 13.21, 27.6, Je 26.10, 27.19, 30.6.

πίνω 2) שׁקה hi.[1]; 3) *a.* שׁתה qal[66+: + 4K 18.31^{1}, Pr 26.6], *b.* ni.[4: + Is 19.5], *c.* מִשְׁתֶּה [5], *d.* Ar. pe.[9: + To 12.19]; (fr) [2C 31.10, Is 55.1]. Del. 1); Jb 8.12^{2}, Ec 2.25, 3.12, Is 7.22, 9.1, 28.12, 51.17^{2}, Je 32.16, La 5.4.

πιότης 1) דֶּשֶׁן [7]; *2) חֵלֶב [1: Ez 25.4 voc.]; 4) יִצְהָר [1]; 5) שָׁמֵן [2]. Del. 3); Es 3.13, Ps 103.28, Pr 15.4.

πιπράσκω 1) מכר *a.* qal[5: + 1K 23.7], *b.* ni.[15], *c.* hit.[4]; (fr) [Is 48.10]. Del. 2)+

πίπτω 1) ברך *a.* qal[1], **b.* Ar. pe.[1: Da LXX 6.10]; 3) ירד qal[2]; 4) כרע qal[4]; 5) כשׁל qal[2]; 6) מוט *a.* qal[1], *b.* ni.[2], *c.* hi.[1]; 8) מעך pu.[1]; 9) נָבֵל qal[2]; 10) נגף ni.[4]; 11) נכה ho.[1]; 12) נפל *a.* qal[41+: + 1K 2.33 4Q51 for MT מוּת, Jb 12.5, La 2.21, Ez 13.10, 14^{1}, 15, 22.28, 28.23; - Is 21.9^{1}], *b.* hi.[6], *d.* מַפֵּלָה [2], *e.* מַפֶּלֶת [1], *f.* Ar. pe.[15: + To 14.10]; 13) פֶּגֶר [1]; 14) פֶּרֶץ [2: + Da LXX 11.14]; 15) צָלַח qal[1]; 16) קדד qal[1]; 17) רבץ qal[1]; 18) רדם ni.[2]; 20) שָׁפֵל qal[1]; 22) τὰ πεπτωκότα אֶרֶץ הֲרִיסוּת [1]; 23) שׁבת qal[1]; 24) ערר hitpalp.[1]; 25) τείχη πεπτωκότα חָרְבָּה [1]; *26) גוע qal[1: Jb 14.10]; *27) דמם ni.[1: Je 30.26^{2}]; (fr) [Jb 15.24, 16.10, 24.23, 33.18, Is 10.34^{1}, 21.15, 24.23, 27.3]. Del. 2, 7, 12*c*, 19, 21); De 2.16, Jo 11.7, Jd 14.19, Ne 6.16, 1C 10.4, Ps 15.6, 57.8, 77.28, Pr 23.5, Ho 10.8^{2}, Is 26.18^{1}, Je 11.22, 18.4, 31.32, 34.8, Ez 23.21, 26.6, 38.9.

πίσσα 1) זֶפֶת [2].

πιστεύω 1) אמן *a.* ni.[2], *b.* hi.[15+: + To 5.2, 10.8], *c.* Ar. af.[1]; 2) שׁמע qal[1]; 3) בטח qal[1]; 4) נצר qal[1]; (fr) [Pr 24.24]. Del. 2C 24.5, Jn 3.5.

πίστις 1) *a.* אֵמוּן [1], *b.* אֱמוּנָה [2+: + Si 15.15], *c.* אֲמָנָה [2], *d.* אֱמֶת [6], *e.* πίστιν ἔχειν אמן ni.[1]; (fr) [Pr 15.28].

πιστός 1) אמן *a.* ni.[30: + 2K 23.1*bis*], *b.* אֱמוּנָה [4], *c.* אֵמוּן [4], *d.* אֱמֶת [1], *e.* Ar. אמן af.[4: + To 5.8]; 3) צַדִּיק [1]; 4) μηδὲν π. תַּהְפֻּכָה [1]; (fr) [Pr 11.21, 17.7]. Del. 2); Si 1.23.

πιστόω 1) אמן *a.* ni.[8], **b.* hi.[1: 3K 1.36]; 3) עמד hi.[1]; 4) קום hi.[1]. Del. 2); 1C 17.24.

πίτυς 2) בְּרוֹשׁ [2]. Del. 1); Is 44.14 v.l.

πίων 1) בָּשָׁן [2]; 2) דָּשֵׁן [2]; 4) רַעֲנָן [1]; 5) *a.* שָׁמֵן [5: + Mi 6.7, voc.], *b.* מִשְׁמָן [3], *c.* שֶׁמֶן [1]. Del. 3); Ge 46.29 v.l.

πλαγιάζω 1) נטה hi.[1]; 2) תפשׂ qal[1: Ez 14.5; slightly fr].

πλάγιος 1) יָרֵךְ [3]; 2) עִמָּה [1]; 3) צַד [6]; 4) *a.* קְרִי [3], *b.* בְּקְרִי [2]; 5) תָּוֶךְ [1]; 6) θυμὸς π. קְרִי [2]. Del. 2K 2.16.

πλανάω 1) אשׁר pu.[1]; 2) בּוּךְ ni.[1]; 3) כשׁל ni.[1]; 4) מעל qal[1]; 5) נדח ni.[5]; 7) *a.* סור qal[1], *b.* סָרָה [1]; 8) פזר qal[1]; 9) פנה qal[1]; 10) *a.* פשׁע qal[1], *b.* פֶּשַׁע [1]; 11) פתה *a.* qal[1], *b.* pi.[4]; 12) שׁגה *a.* qal[7: + Is 17.11, Si 34.5], *b.* hi.[3: + Jb 12.23]; 13) שׁלה hi.[1]; 14) שׁלח pu.[1]; 15) תלל *a.* hi.[1], *b.* ho.[1]; 16) תעה *a.* qal[28: + Is 41.10, Si 36.30], *b.* ni.[1], *c.* hi.[14]; 17) טעה hi.[1]; 18) תקל hi.[1]; (fr) [Ho 8.6, Is 22.5*bis*, 30.20*bis*, 21, 64.5, Ez 44.13]; (-) [+ Is 46.5]. Del. 6, 11*c*); 2E 9.11, Jb 2.9, Ec 7.27, Is 41.29, 44.8, 20, Ez 8.17.

πλάνη 1) מִרְמָה [1]; 2) פֶּשַׁע [1]; 4) שִׂכְלוּת [1]. Del. 3); Je 23.17.

πλάνησις 1) מְבוּכָה [1]; 2) מַהֲתַלּוֹת [1]; 3) עִוְעִים [1]; 4) תעה *a.* qal[1], *b.* hi.[1], *c.* תּוֹעָה [2: + Ez 44.13]; (fr) [Is 30.28, Je 4.11].

πλανήτης 1) נדד qal ptc.[1].

πλάνος 1) מְשׁוּגָה [1].

πλάξ 1) לוּחַ [30].

πλάσμα 1) דֶּרֶךְ [1]; 2) יֵצֶר [3]. Del. Is 45.9 v.l.

πλάσσω 1) בדא qal[1]; 2) חול pol.[2]; 3) יצר *a.* qal[6+: + Pr 24.12], *b.* pu.[1]; 4) כּוּן pol.[1]; 6) עצב pi.[1]; 7) עשׂה qal[1: - Jb 10.8, Ps 118.73 v.l.]; 8) צור qal[2: + Hb 1.12]; (fr) [Jb 38.14, Is 29.16, 53.11]; (-) [Is 41.29]. Del. 5); De 32.6, Es 1.7.

πλάστης *1) יצר qal[2: 2K 22.3, 23.3*L*].

πλάτανος 1) עַרְמוֹן [1].

πλατεῖα 1) חוּץ [5]; 2) רְחוֹב [6+]; 3) תָּוֶךְ [1]; (fr) [Pr 9.14]; (-) [+ Pr 7.6]. Del. Is 15.3^{2}.

πλάτος 1) כַּף [4]; 2) לוּחַ [2]; 4) Ar. פְּתַי [2]; 5) *a.* רֹחַב [7+], *b.* רְחוֹב [1], *c.* מֶרְחָב [1]. Del. 3); Je 52.21.

πλατύνω 1) ארך qal[1]; 2) כשׂה qal[1]; 3) פרץ qal[1]; 4) פתה *a.* qal[2: + Je 2.24], *b.* pi.[1], *c.* hi.[1]; 5) רחב *a.* qal[1], *b.* hi.[10], *c.* רָחָב [1].

πλατύς 1) *a.* רָחָב [6], *b.* רְחַב־יָדַיִם [5].

πλατυσμός 1) *a.*מֶרְחָב [3], *b.* רחב hi.[1], *c.* רָחָב [1]; 2) בֶּטַח [1].

Πλειάς 1) כִּימָה [1].

πλειστάκις 1) פְּעָמִים רַבּוֹת [1].

πλεῖστος. See under πολύς.

πλείων. See under πολύς.

πλέκω 1) עֲבֹת [1]; 2) צְפִירָה [1].

πλεονάζω 1) ארך hi.[1]; 2) כָּבֵד hi.[1]; 3) עדף *a.* qal[6+], *b.* hi.[1]; 4) רבה *a.* qal[2: + 1E 8.72], *b.* hi.[6: + Ez 23.32], *c.* רַב [1]; (fr) [Ps 49.19, Pr 15.5]; (-) [Nu 3.51].

πλεονάκις 1) *a.* רַבַּת [2], *b.* רַבּוֹת [1], *c.* פְּעָמִים רַבּוֹת [1].

πλεόνασμα 1) יֶתֶר [1].

πλεονασμός 1) *a.* מַרְבִּית [1], *b.* תַּרְבִּית [5].

πλεοναστός 1) ~ὸν ποιεῖν רבה hi.[1].

πλεονεκτέω 1) בצע qal[3: + Jd 4.11 MT בְּצַעֲנִּים or read בַּבְּצָעִנִים].

πλεονέκτης (fr) [Si 14.9].

πλεονεξία 1) בֶּצַע [5]; (fr) [Is 28.8].

πλευρά 1) אָפִיק [1]; 2) חָלָץ [2]; 3) יָצוּעַ [1]; 4) יָצִיעַ [1]; 5) Ar. עֲלַע [1]; 6) עֶצֶם [1]; 7) צַד [1]; 8) צֵלָע [15: + 3K 7.20, Si 42.5]; 9) מָתְנַיִם [1].

πλευρόν 1) יָרֵךְ [1]; 2) Ar. עֲלַע [1]; 3) צַד [7: + Da LXX 10.16]; 4) צֵלָע [3]; 5) Ar. שְׂ/שְׁטַר [1]. Del. 2K 13.34, Da TH 7.5.

πλέω 1) בּוֹא qal[1]; 2) ירד qal[1]; (fr) [Is 42.10].

πληγή 1) *a.* כְּאֵב [1], *b.* מַכְאֹב [1]; 2) מַטֶּה [1]; 3) *a.* מַכָּה [43: + Mi 1.11, doublet for MT *mkm*], *b.* נכה hi.[1], *c.* ho.[1]; 4) נֶגַע [3: + Ex 33.5]; 5) *a.* נֶגֶף [2], *b.* מַגֵּפָה [9], *c.* נגף qal[1]; 6) שֵׁבֶט [3]; (fr) [Is 53.10]. Del. Jd 15.19.

πλῆθος 1) בֶּצַע [1]; 2) גֹּבַהּ [1]; 3) הָמוֹן [34]; 4) כָּבֵד [1]; 5) כַּבִּיר [1]; 6) מְלֹא [1]; 8) עָם [10]; 9) *a.* עָצוּם [2], *b.* עצם qal[1]; 10) קָהָל [6]; 11) *a.* רֹב [22+: + Ex 23.2, Na 2.14; Zc 9.10], *b.* רַב [13], *d.* מַרְבִּית [1], *e.* תַּרְבִּית [1], *f.* רבה qal[1], *g.* pi.[1], *h.* hi.[5]; 13) שִׁפְעָה [1]; 14) צָבָא [1]; 15) עֵדָה [4]; 16) מְתִים [1]; *17) חַיִל [1: Si 16.3]; (fr) [1E 8.21, Ps 63.2, 76.17, 146.4, Ez 28.10, 39.4]. Del. 7, 11*c*, 12); Ex 19.22, Is 60.5.

πληθύνω 1) ארך hi.[1]; 2) דגה qal[1]; 3) יתר hi.[1]; 4) מָלֵא *b.* ni.[1]; 5) נוב qal[1]; 7) עצם qal[5]; 8) פרץ qal[2]; 9) רבב *a.* qal[11: + Jl 3.13], *b.* pu.[1]; 10) רבה *a.* qal[32+: + Ex 1.7, Ez 16.7[1]], *b.* pi.[3], *c.* hi.[34+: + Ps 24.17], *d.* רַב adj.[8]; 13) *a.* שׂגה qal[1], *b.* Ar. שׂגא pe.[3]; 15) גדל qal[1]; 16) פרה qal[1]; *17) יָקָר [1: Ps 35.7, Aramaising]; (fr) [Ps 64.10, 13]. Del. 4*a*, 6, 10*e*, 11-2, 14); Ps 122.3, 4, Ez 28.16, Da LXX 3.(36).

πλημμέλεια 1) *a.* אָשָׁם [19+: + 2K 14.13, 2E 10.19, Si 7.31], *c.* אַשְׁמָה [8]; 2) מַעַל [6]; 3) רֶשַׁע [1]; 4) τὸ τῆς ~είας אָשָׁם [3]; 5) περὶ (τῆς) ~είας אָשָׁם [2]; 7) עָוֶל [1: Si 38.10]. Del. 1*b, d*, 6); Le 5.19, Si 10.7.

πλημμελέω 1) *a.* אָשֵׁם, אָשַׁם qal[8+], *b.* אַשְׁמָה [1]; 2) מעל *a.* qal[5], **b.* מַעַל [1: Jo 22.22]; 3) שׁגג qal[1]; 5) περὶ ὧν (περὶ οὗ) ἐπλημμέλησε אָשָׁם [2]; 6) εἰς ὃ ἐπλημμέλησε אָשָׁם [2]. Del. 4); Si 10.7, Is 28.7.

πλημμέλημα 1) *a.* אָשָׁם [2]; 2) עָוֶל [1]. Del. 1*b*); 2E 10.19.

πλημμελής *1) מַעַל [1: Si 10.7].

πλημμέλησις 1) *b.* אָשַׁם qal[1], **c.* אַשְׁמָה [1: Ezr 10.19]. Del. 1*a*).

πλήμμυρα 1) π. γίνεται עָשַׁק נָהָר qal[1].

πλήν 1) אֲבָל [1]; 2) אוּלָם [1]; 3) אַךְ [13+]; 4) אָכֵן [2: + To 6.11]; 5) אֶפֶס [5]; 6) *a.* בִּלְעֲדֵי־רַק [1], *b.* מִבַּלְעֲדֵי [7], *c.* זוּלַת (11 ;[2] וְ- (10 ;[2] בְּרַם .Ar (8 ;[5] בֵּלֶת (7 ;[1] בִּלְעֲדֵי מִלְּבַד [13]; 12) כִּי אִם [3]; 13) *a.* לְבַד [2], *b.* לְבַד מִן [8], *c.* [12+]; 14) Ar. לָהֵן [1]; 15) מִן [1]; 16) עַל פְּנֵים [2]; 17) עִמַּד- [1]; 18) עֵקֶב [1]; 19) רַק [17+: + 4K 17.21]; 20) ἄλλος π. כְּ- [1]; 21) πλὴν καί אַף כִּי [1]; 22) π. ὅτι *a.* אוּלָם [1], *b.* אַף [1], *c.* רַק [1]; 23) ἀλλὰ πλήν רַק [1]; (fr) [Ez 16.49]. Del. 9); 1K 1.13, 2.2[1], 21.4, Is 10.24.

πλήρης 1) כָּבֵד [1]; 2) *a.* מָלֵא adj.[29+: + 2K 23.7, 1E 1.23, Ez 26.2, Si 42.16], *b.* מְלֹא [8], *c.* מָלֵא qal[16], *e.* pi.[1]; 3) עבר qal[2]; 4) *a.* שָׂבֵעַ [6], *b.* שׂבע qal[2]; 5) שָׁלֵם [7]; 6) π. γίνεσθαι שׂבע qal[1]; 7) π. εἶναι *a.* מָלֵא qal[1], *b.* שׂבע qal[1]; 8) π. ἡμερῶν שְׂבַע [1]; *9) פרה qal[1: Is 63.3]. Del. 2*d*).

πληροφορέω 1) מָלֵא qal[1].

πληρόω 1) כלה *a.* qal[1], *b.* pi.[1]; 2) מָלֵא *a.* qal[11+], *b.* ni.[7], *c.* pi.[30: + Si 30.25], *d.* pu.[1], *e.* מָלֵא adj.[2], *f.* מְלֹא [1], *g.* Ar. pe.[1]; 3) נשׂא ni.[1]; 4) שׂבע *hi.[1]; 5) Ar. שְׁלֵם pe.[1]; 6) שָׁרַץ בְּ' qal[1]; 7) תמם *a.* qal[1], *b.* hi.[2]; 8) ὅταν πληρωθῇ מִקֵּץ [1]; (-) [Is 13.3]. Del. 6) שָׁרַץ בְּ' at Gn 9.7, infl. by 9.1 (מָלֵא); 2C 16.14, Ps 79.9, Hg 2.7, Ez 9.7.

πλήρωμα 1) אָפִיק [1]; 2) *a.* מְלוֹא [13], *b.* מִלֵּאת [1].

πλήρωσις 1) *a.* מְלֹא [2], *b.* מִלֻּאִים [2], *c.* מָלֵא adj.[1], *d.* מָלֵא qal[2]; *2) שָׁבֻעָה [1: Je 5.24].

πλησίον 1) אָח [4]; 3) אָצֵל [1]; 4) בִּקְצֵה [1]; 5) עַל יַד [1]; 6) *a.* מוֹל [1], *b.* מוּל [1], *c.* אֶל מוּל [3], *d.* מִמּוּל [2]; 7) מִצַּד [1]; 8) עָמִית [11+]; 9) קָרוֹב אֶל בַּיִת [1]; 10) *a+e* רֵעַ [52+: + 1K 28.16, Ps 14.4], *b.* רֵעָה [1], *c.* רְעוּת [3], *d.* רַעְיָה [9]; *11) חָבֵר [1: Jd 4.11A]; *12) אִישׁ [1: Ez 18.8]; (fr) [Ma 4.5, Is 5.8]. Del. 2); Ex 22.12, Nu 33.38, De 10.18, Ct 5.1b, Is 38.34 v.l.

πλησμονή 1) דָּשֵׁן [1]; 3) רְבִיבִים [1]; 4) *a.* שָׂבָע [2], *b.* שֹׂבַע [4], *c.* שׂבע qal[4], *d.* שָׂבֵעַ [1], *e.* שָׂבְעָה [5: + Pr 26.16, Is 65.15], *f.* שִׂבְעָה [1]; 5) ἐν ~ῇ ὤν שָׂבֵעַ [1]; (fr) [Is 1.14]. Del. 2).

πλήσσω 1) כרת hi.[1]; 2) נגף ni.[1]; 3) נכה *a.* ni.[2: + 2K 1.12 4Q51], *b.* pu.[2], *c.* hi.[4], *d.* ho.[6+], *e.* נָכֶה [2]; 4) נפל qal[1]; 5) נשׁך qal[1]; 6) פלח pi.[1]; 7) πληγεὶς ὑπό בְּיַד [1]; *8) שׁדד qal[1: Je 30.6]. Del. 1K 11.11, 2K 11.20, 2E 6.11.

πλινθεία 1) *a.* לְבֵנָה [4), *b.* לבן qal[1].

πλινθεῖον 1) מַלְבֵּן [1].

πλινθεύω 1) לבן qal[1].

πλίνθος 1) *a.* לְבֵנָה [10: + Mi 7.11, Na 3.14, Is 24.23]. Del. 1*b*).

πλινθουργία 1) *b.* לָבַן לְבֵנִים qal[1]. Del. 1*a*); Ex 5.8 v.l.

πλοῖον 1) *a.* אֳנִי [1], *b.* אֳנִיָּה [5+: + Is 23.10, Si 36.2]; 2) סְפִינָה [1]; 3) צִי [1]. Del. Ma 3.2 v.l.

πλοκή 1) מִקְלַעַת [1]; 2) עֲבֹת [1]. Del. Ez 7.10 v.l.

πλοκίον 1) דַּלָּה [1].

πλούσιος 3) *a*+7 עָשִׁיר [29], *b.* עשׁר hi.[1]; 4) שַׁאֲנָן [3: + Is 5.14]; 5) εἶναι πλούσιος כָּבֵד [1]; 6) חַיִל [1]; 8) הוֹן [1]; *9) גָּדוֹל [1: Es 1.20]; (fr) [Ps 9.29, 33.10, Is 32.13]; (-) [+ Pr 19.22]. Del. 1-2).

πλουτέω 1) הוֹן [1]; 2) עשׁר *a.* qal[1], *b.* hi.[8: + Pr 31.28 ' > '], *c.* עָשִׁיר [2], *d.* hit.[2]; 3) פרץ qal[1]. Del. Ez 27.33.

πλουτίζω 1) עשׁר *a.* qal[1], *b.* hi.[9], *c.* hit.[1].

πλοῦτος 1) אוֹצָר [1]; 2) גְּדֻלָּה [1]; 3) הוֹן [6]; 4) הָמוֹן [8: + Ps 36.3]; 5) חַיִל [14]; 6) כָּבוֹד [2]; 7) *a.* עֹשֶׁר [21+: Mi 6.12, Is 60.16], *b.* עשׁר hi.[1], *c.* עָשִׁיר [2]; 9) שֶׁפַע [1]; *10) שַׁאֲנָן [1: Is 32.18]; (fr) [Is 29.2]; (-) [+ Es 10.2]. Del. 8); Jb 27.18, Pr 31.14, Ez 26.12.

πλύνω 1) דוח hi.[1]; 2) כבס *a.* pi.[37+], *b.* pu.[2], *c.* hotp.[2]; 3) רחץ qal[6].

πνεῦμα 1) *a.* נְשָׁמָה [4], *b.* Ar. נִשְׁמָא [1]; 2) קָדִים [1]; 3) also Ar. רוּחַ [55+: + To 6.8, Si 30.15, Is 11.2, 38.12]; 4) ἕλκειν π. שׁאף qal[1]; 5) סְעָרָה [1]; 6) נֶפֶשׁ [1]; (-) [+ 3K 20.4]; (fr) [Jb 7.15]. Del. 2C 15.23[1].

πνευματοφορέω 1) שָׁאֲפָה רוּחַ qal[1].

πνευματόφορος 1) פחז qal[1]; 2) רוּחַ [1].

πνεύμων 1) דֶּבֶק [2].

πνέω 1) נשׁב *a.* qal[1], *b.* hi.[1]; 2) נשׁף qal[1].

πνιγμός 1) מְצוּקָה [1].

πνίγω 1) בעת pi.[1].

πνοή 1) נֶפֶשׁ [1]; 2) *a.* נְשָׁמָה [13: + Si 30.29], *b.* נִשְׁמַת־רוּחַ [1], *c.* Ar. נִשְׁמָא [1]; 3) רוּחַ [4].

πόα 1) בֹּרִית [2]; 2) דֶּשֶׁא [1].

ποδήρης 1) אֵפוֹד [1]; 2) בַּד [3]; 3) חֹשֶׁן [2]; 4) מַחֲלָצוֹת [1]; 5) מְעִיל [2].

ποδιστήρ 1) סִיר [1].

ποθεινός Del. Jb 29.25 v.l.

πόθεν *a)* מֵאַיִן [5: + Je 15.18 MT *m'nh*]; *b)* אֵי־מִזֶּה [1]; **c)* Ar. מנאן [1: To 7.3].x∫

ποθέω 1) שׁחר pi.[1].

ποιέω 2) אפה *a.* qal[1], *b.* ni.[1]; 4) בנה qal[3]; 5) ברא *a.* qal[15], *b.* ni.[1]; 6) היה qal[1]; 11) יטב hi.[1]; 21) נטה qal[2]; 22) נסך *a.* qal[1]; 23) נצב hi.[1]; 25) נתן qal[9]; 26) סבב hi.[1]; 27) עבד *a.* qal[6], *b.* hi.[1], *c.* עֲבֹדָה [3: + 1C 26.8, Je 7.29], *d+f.* Ar. pe.[22: + To 3.5b], *e.* itpe.[1], **g.* Ar. עֲובָד [1: To 14.10a]; 29) עלה hi.[3]; 31) עמל qal[1]; 33) עשׂה *a.* qal + *f.* + 64) εἶναι πεποιηκώς [796+: + Ge 24.49, Le 17.8, To 4.6a, 10.7, Ps 151.2, Pr 1.7, Si 36.13, Ec 8.11a, Is 41.29, Je 29.8, Ez 23.44; - Pr 3.27^{2}], *b.* ni.[25+: + Ex 12.16^{2}], *c.* pu.[3], *e.* מַעֲשֶׂה [2]; 34) *a.* פעל qal[5], *b.* פֹּעַל [1]; 35) פשׂע qal[1]; 39) שׂוּם, שִׂים qal[17+]; 42) שָׁלֵם *a.* hi.[1], *b.* pi.[1]; 44) שׁמר qal[3]; 45) שׁפך qal[1]; 46) ἃ ποιεῖ מַעֲשֶׂה [1]; 62) δεῖ ποιεῖν עָשָׂה *b.* ni.[1]; 98) ὁ τὰ πάντα ποιήσας שַׁדַּי [1]; *122) חוה hisht.[1: 3K 11.33^{1}]; *123) יצג hi.[1: Si 6.4]; (fr) [4K 13.12b, 18.7, 2C 4.4, 16.14, 1E 8.77, Es 8.3, Jb 13.9, 14.3^{1}, 22.4, 29.4, 30.24, 34.13^{1}, 35.3, 37.15, 41.17, Pr 2.16, Si 12.1, 5, Am 8.5b, Is 9.1^{2}, 10.6, 22.16, 26.10, 49.20, Da LXX 2.9]; (-) [+ Jb 11.10, Pr 7.10, 8.23, 24, 13.23, 16.5, 24.71, 29.13, Is 9.1^{1}, 27.4, 29.15^{2}, 38.19, Je 31.33, Da LXX 4.14, 6.12]. Del. 1, 3, 7-10, 12-20, 22*b*, 24, 28, 30, 32, 33*d*, 36-8, 40-1, 43); Ge 24.49, Ex 12.16^{2}, 30.33, Le 17.4, 20.22^{1}, Nu 15.8^{2}, De 4.36, 9.16^{2}, 1K 14.48b, 2K 5.25, 8.7, 24.22, 4K 10.10a, 21.8, 2C 7.7^{3}, 11^{1}, 18.23, 33.6b, Ne 10.32, Ps 73.17^{2}, Pr 19.7, 26.6, Ec 5.17, 8.17^{2}, Am 9.14, Na 1.11, Is 8.1, 46.11^{1}, Ez 18.31^{1}, 33.16a, Da LXX 2.46. NB: most of the items from 47) up to 121) consisting of ποιέω combined with an adj. or a verbal noun or another verb have been excluded; they may be found listed under the respective main constituent.

ποίημα 1) מַעֲשֶׂה [29]; 2) פֹּעַל [1].

ποίησις 1) חֵשֶׁב [1]; 2) *a.* מַעֲשֶׂה [5], *b.* עשׂה qal[1], *c.* ni.[1]; *3) חיה pi.[1: Si 16.26].

ποικιλία 1) *a.* חשׁב qal[2: + Si 38.27], *b.* מַחֲשָׁבָה [1]; 2) מַעֲשֶׂה [1]; 3) רִקְמָה [2]; 4) מִין [1].

ποικίλλω 1) רִקְמָה [1].

ποίκιλμα 1) חֲבַרְבֻּרוֹת [1]; 2) רִקְמָה [1].

ποικίλος 1) בָּרֹד [2]; 3) נָקֹד [6: + Ge 30.40]; 4) פַּס [3]; 5) רִקְמָה [6]; (-) [+ Zc 1.8]. Del. 2, 6).

ποικιλτής 1) חשׁב qal[3]; 2) רקם qal[4].

ποικιλτικός (fr) [Jb 38.36]. Del. 1).

ποικιλτός 1) *a.* רקם qal (?)[2], *b.* רִקְמָה [1].

ποιμαίνω 1) נהג pi.[1]; 2) רעה *a.* qal[14+: + Ps 2.9, 151.1, Pr 22.11, Ho 13.5, Je 3.15^{2}, 6.18], *b.* hi.[1].

ποιμενικός 1) רֹעֶה [2].

ποιμήν 1) רֹעֶה [28+: + Ge 38.12, 20, Jb 24.2, Zc 13.7^{3}, Je 3.1]. Del. Je 3.15^{2}.

ποίμνη 1) עֵדֶר [2]. Del. Zc 13.7A v.l.

ποίμνιον 1) חֲשִׂיף [1]; 2) מִכְלָה [2]; 3) מַרְעִית [1]; 4) עֵדֶר [13+]; 5) עַשְׁתְּרֹת [4]; 6) צֹאן [1+]; 7) שֶׂה [1]; *8) מַעֲשֶׂה [1: 1K 25.2]; *9) רעה qal[1: Zp 2.6]; (fr) [Ez 13.5]. Del. Is 35.7.

ποίμνιος. *1) נָוֶה [1: Is 27.10a].

ποῖος 1) *a.* אֵי זֶה [18: + Si 30.40], *b.* אֵי לְ- [1]; 2) *a.* מָה [3], *b.* מִי [2]; 3) מַן־הוּא [1]; (-) [Is 45.9]. Del. Es 7.5 v.l.

πόκος 1) *a.* גֵּז [1], *b.* גִּזָּה [7]; 2) צֶמֶר [1].

πολεμέω 1) לחם *a.* qal[4], *b.* ni.[8+], *c.* מִלְחָמָה [16], *d.* לָחֶם [1]; 2) צרר qal[2]; (fr) [2C 15.6, Jb 11.19, Is 36.10]. Del. 2C 35.21, Is 19.2b, Je 51.11.

πολεμικός 1) מִלְחָמָה [2].

πολέμιος 1) איב qal[1]; 2) ארב qal[1]; 3) מִלְחָמָה [2: + Is 27.4].

πολεμιστής 1) גִּבּוֹר [4]; 2) חלץ qal[1]; 3) *a.* מִלְחָמָה [6+: ἀνὴρ π. = *'iš milḥāmā*], *b.* תָּפַשׂ מִלְחָמָה qal[1]; 4) צָבָא *a.* subst.[2], *b.* qal[1]. Del. Zc 13.7 v.l.(> πολίτης), Je 45.4.

πόλεμος 1) חַיִל [1]; 2) חֶרֶב [8]; 3) מַחֲנֶה [3]; 4) *a.* מִלְחָמָה [40+: + 1K 28.1], *b.* לחם ni.[2], **c.* ~ον ἐγείρειν לחם ni.[1: 1E 1.23]; 5) נֶשֶׁק [1]; 6) צָבָא [6]; 7) also Ar. קְרָב [7]; 8) שֶׁלַח [1]; 9) συνάπτειν ~ον (εἰς ~ον) גרה hit.[2]; *10) אֶשְׁתַּדּוּר [1: 1E 2.23]; *11) עָר [1: Si 37.5]; (fr) [Jb 22.10, Is 46.2]. Del. De 23.9, 1C 18.8, Na 3.14.

πολιορκέω 1) לחם ni. + prep.[6]; 2) לחץ qal[1]; 4) עצר qal[1]; 5) צוק qal[1]; 6) צור *a.* qal[8: + Jb 17.7], **b.* ni.[1: Is 1.8 voc.]; *7) סכר qal[1: 1E 5.69]; (fr) [Is 27.3]. Del. 3); Si 50.4.

πολιόρκησις *1) מָצוֹר [1: Si 50.4].

πολιορκία 1) *a.* צוּקָה [1], *b.* מָצוֹק [1]; *2) ~ας συνίστασθαι אֶשְׁתַּדּוּר עֲבַד Ar. pe.[1: 1E 2.19].

πολιός 1) שֵׂיבָה [9: + Is 47.2 MT שֹׁבֶל].

πολιόω *1) שׂיב qal[1: 1K 12.2*L*].

πόλις 1) אַרְמוֹן [1]; 2) בִּירָה [1]; 4) עִיר [214+: + Jo 7.3, 8.18, 28, 1K 22.5, Jb 6.10, 20, Mi 1.11. 6.9, 7.12, Is 22.8, Je 31.32, 34, 51.6, Ez 16.7*bis*, 25.9^{3}, 45.5]; 5) *a.* also Ar. קִרְיָה [12+: + Ge 14.5, To 13.9], *b.* קְרִיּוֹת [2], *c.* קֶרֶת [1]; 6) שַׁעַר [26+]; 7) Ἡλίου πόλις אוֹן, אֹן [4: + Ez 30.17^{1}]; 8) Ἡρώων πόλις גֹּשֶׁן [2]; 9) מָכוֹן [1]; *10) מִבְצָר [1: Da LXX 11.24^{2}]; *11) Ar. מְדִינָה [1: 1E 2.19]; (fr) [Is 10.6, Ez 25.5]]. Del. 3); Ge 18.26^{2}, Nu 32.36^{2}, De 12.5, 14, 20.11, 21.19^{2}, Jo 24.12, 2K 10.8, 3K 2.6, 9, 3.1^{5}, 21.14, 4K 10.8, 1C 16.42, 26.27, Es 4.6^{2}, Jb 2.11; Am 4.6^{2}, 8^{1}, Jl 3.17, Na 2.6, Is 33.20^{2}, Je 11.9, 24.8, 38.24^{1}, 51.9, 52.7^{2}, Ez 30.17^{2}, 38.11.

πολίτης 1) בֶּן־עַמִּי [1]; 2) עָמִית [1]; 3) רֵעַ [5]. Del. Nu 4.18 v.l.

πολλαχῶς 1) רבה hi.[1].

πολλοστός 1) רַב [1]; 2) תָּמִיד [1].

πολυανδρεῖον 1) גַּיְא [5]; 2) *a.* הָמוֹן [2], *b.* הֲמוֹנָה [1].

πολυέλεος 1) גְּדָל־חֶסֶד [1]; 2) רַב־חֶסֶד [7]. Del. Si 2.11.

πολυημερεύω 1) רָבָה יָמִים qal[1].

πολυήμερος 1) π. γίνεσθαι הֶאֱרִיךְ יָמִים hi.[2: - De 22.7]; 2) π. εἶναι הֶאֱרִיךְ יָמִים hi.[1]; *3) אַרְכָה Ar.[1: Dn 4.24 LXX]. Del. De 6.24.

πολυλογία 1) רֹב דְּבָרִים [1].

πολυοδία 1) רֹב דֶּרֶךְ [1].

πολυοχλία 1) הָמוֹן [2].

πολύπειρος 1) וָתִיק [1].

πολυπλασιάζω 1) רבה qal[2: see De 8.11 in 8QMez]. Del. De 4.1 v.l.

πολυπληθέω 1) *a.* רַב [1], *b.* רבה hi.[1], *c.* רֹב [1].

πολυπληθύνω 1) רבה hi.[1].

πολύπλοκος 1) פתל ni.[1].

πολυρ(ρ)ήμων 1) כַּבִּיר אֲמָרִים [1].

πολύς 1) אֹרֶךְ [1]; 2) גָּדוֹל [11]; 3) הָמוֹן [3]; 4) כָּבֵד *a.* adj.[5], *b.* qal[1]; 5) כַּבִּיר [1]; 6) πλείων γίνεσθαι רבה qal[1]; 7) מְאֹד [1]; 8) עָצוּם [5: - De 7.1b]; 9) *a.* רַב [58+: + To 3.6a, Si 42.6, Je 3.3], *b.* רֹב, לָרֹב [29: + Si 20.5], *c.* רבב qal[2], *d.* רבה qal[6: + Ez 29.15], *e.* hi. הַרְבֵּה [45: + Si 30.37], *f.* רִבּוֹא [1], *g.* Ar. רַבְרַב [1]; 11) רָחָב [1]; 12) *a.* Ar. שַׂגִּיא [13], **b.* שׂגא Aramaising, hi.[2: Pr 5.20, 14.17]; 13) πολὺς γίνεσθαι *a.* רבב qal[2], *b.* רבה qal[1]; 14) πολὺς εἶναι *a.* רבב qal[1], *b.* רבה qal[2], *c.* hi.[1]; 15) ὁ τὸ π. *a.* הַמַּרְבֶּה [2], *b.* הָרַב [1]; 16) ἐπὶ πολύ *a.* אֹרֶךְ [1], *b.* רבה hi.[3: + Je 2.12, - Ec 7.17], *c.* רַב [1], *d.* Ar. שַׂגִּיא [2: + To 2.2]; 17) πολὺν ποιεῖν *a.* פרץ qal[1], *b.* רבה hi.[2]; 18) διὰ χρόνου π. *a.* מֶרְחָק [1], *b.* מֵרָחוֹק [1]; 19) εἰς χρόνον π. לְנֵצַח נְצָחִים [1]; 20) comp. *a.* בֶּצַע [1], *b.* רַב [11+], *c.* רֹב [2: + Ps89.10], *d.* רבה hi. הַרְבֵּה [1], *e.* יסף hi.[1]; 21) πλείων εἶναι רבב qal[1]; 22) πλεῖονα ποιεῖν יסף ni.[1]; 23) ἐπὶ πλεῖον *a.* רבה hi.[2], *b.* רַבָּה [2], **c.* προβαίνειν ἐπὶ πλεῖον Ar. שׂגא pe.[1: 1E 2.24]; 24) πλεῖστον, τὸ πλεῖστον *a.* רבה hi.[2], *b.* רֹב [1], *c.* מַרְבִּית [2]; 25) πλῆθος π. *a.* רֹב [2], *c.* הָמוֹן [1], *d.* רַב [1]; *26) π. χρόνος יָשִׁישׁ [1: Jb 12.12[1]]; *27) הֶמְיָה [1: Is 14.11]; (fr) [De 33.6, Jb 11.3, 37.19, Pr 6.8, 26.20, Is 13.20, Si 43.27]; (-) [+ Jb 20.19, 24.24, Pr 7.20, 8.6, 13.23, 17.1, 23.34, Is 16.2, 27.10]. Del. 10, 25*b*); Nu 32.1, 1C 4.40, 2C 13.8b, Ps 77.31, Pr 8.6. Hb 2.14, Zp 3.12, Is 17.4, Je 23.14, Da TH 11.24.

πολυτελής 1) יָקָר [2]; 2) כֶּתֶם [1]; 3) פּוּךְ [1]; 4) λίθος π. כֶּתֶם [1]; 5) λίθοι π. *a.* פְּנִיִּים [1], *b.* פְּנִינִים [3]; 6) חֵפֶץ [1]; (fr) [Is 28.16].

πολυτόκος 1) אָלַף hi.[1].

πολύτροπος Del. 1), v.l. at Jb 5.13.

πολυχρονίζω 1) ארך hi.[1].

πολυχρόνιος 1) רַב [1]; 2) γίνεσθαι π. אָרְכוּ הַיָּמִים [1].

πολυωρέω 1) יתר hi.[1]; 2) רחב hi.[1].

πόμα 1) מִשְׁתֶּה [1]; 2) שִׁקּוּי [1].

πονέω 1) אָגַם qal[1]; 3) חלה *a.* qal[7: + 1C 10.3, Je 28.29], *b.* *hi.[2: 2C 18.33, 35.23]; 5) נכה ho.[1]; 6) סבל qal[1]; 7) עמל qal[2: + 1K 23.21]; 8) יָגַע qal[1]; 9) כאב qal[1]; *10) רעע qal [1: 2K 11.16*L*]. Del. 2, 4); Ex 31.6, 1K 14.15. On an etymological link between "hitting" and "toil," cf. κόπτω and κόπος.

πονηρεύομαι 1) זמם qal[1]; 2) מאס ni.[1]; 3) נכל hit.[1]; 4) רעע *a.* qal[1], *b.* hi.[22: + Ec 7.23 doublet; Je 2.33 voc. + word div.], *c.* רַע [1]; 5) תעה hi.[1].

πονηρία 1) אָוֶן [1]; 2) יֵצֶר [1]; 3) עָמָל [1]; 4) *a.* רַע [7: + Si 46.7], *b.* רֹעַ [9: + Si 25.17], *c.* רָעָה [31], *d.* רעע hi.[1]; 5) תּוֹעֵבָה [1]; 6) פַּחַז [1]. Del. Hg 2.15, Je 10.23, 13.27.

πονηρός 2) באשׁ **a.* hi.[1: Ge 34.30], *b.* Ar. בְּאִישׁ [2: + To 3.8]; 3) דַּל [1]; 4) *a.* רַע [68+: + 1K 16.23, 2C 21.15, Jb 37.16, Ho 3.1, 12.1, Is 56.11, Si 14.6, 34.13[2], 39.34, 51.8], *b.* רֹעַ [5: + Mi 2.9 MT *m'l 'llyh > mr' m'llyh*], *c.* רָעָה [11], *e.* hi.[4]; 5) רָשָׁע [3: + Jb 34.17]; 7) ἄνθρωπος π. רעע hi.[1]; 8) π. γίνεσθαι רעע qal[2]; 9) π. εἶναι רעע qal[2]; 10) ὁδὸς ~ά רָעָה [1]; 11) π. πρᾶγμα רַע [1]; 12) ῥήματα π. דִּבָּה [1]; 13) ~ὰ συντελεῖν רעע hi.[1]; 14) π. φαίνεσθαι רעע qal[4]; 15) ῥῆμα π. רָעָה [1]; 16) βουλὴ π. רָעָה [2]; 18) צָרָה [1]; *19) זֵד [1: Is 25.4]; *20) חרה qal[2: Ne 4.1, 7]; (fr) [2E 4.12, Mi 2.9, Is 28.19]; (-) [+ Jb 12.5, Pr 7.5, Is 30.4]. Del. 1, 4*d*, 6, 17): 1K 8.6A, 1C 21.3B, Ps 140.4, Ob 1.13, Ez 8.9, 11.21, 33.11[1].

πόνος 1) אָוֶן [7]; 2) אֵיד [1]; 3) חֳלִי [3]; 4) יָגוֹן [1]; 5) יְגִיעַ [8]; 6) *a.* כְּאֵב [2], *b.* מַכְאֹב [3: + Je 51.33]; 7) מַחֲלָה [2]; 8) סִבְלָה [1]; 9) עָמָל [14]; 10) עֶצֶב [1]; 12) תַּחֲלוּא [1]; 13) ἐν τῷ ~ῳ כאב qal ptc.[1]; 14) ἐν ~οις עָמֵל [1]; 15) εἶναι ἐν ~ῳ נגע qal[1]; 16) π. ὠδίνων חֵבֶל [1]; *17) לאה qal[1: Jb 4.5]; (fr) [Pr 3.9, Is 49.4, 65.23]. Del. 11); Jb 15.35, 20.14, Ps 54.10.

ποντοπορέω 1) לֶב־יָם [1].

πόντος 1) תְּהוֹם [1].

πορεία 1) *a.* הֲלִיכָה [4], *b.* מַהֲלָךְ [3], *c.* הלך qal[3: + Is 3.16]; 2) מוֹצָא [1]; 3) צַעַד [1]; *4) פסח qal[1: Pr 26.7 voc.]; *5) עבר qal[2: Na 1.8, Hb 3.10 voc.]; (fr) [Je 18.15].

πορεῖον *1) בְּעִיר [1: Ge 45.17]. Del. Es 8.14 v.l.

πορεύομαι 1) Ar. אזל *a.* pe.[3: + 2E 5.15, To 6.5, 10.8]; 2) בּוֹא *a.* qal[9], *b.* hi.[1]; 3) הלך *a.* qal[225+: + Jo 19.49, 51, Jd 19.2, 1K 12.14, 14.26, 1C 12.18, To 5.2, Pr 24.42], *b.* pi.[14], *c.* hi.[2], *d.* hit.[3]. *e.* Ar. הוּךְ, הלך pe.[2: + To 5.21], *f.* af.[1]; 4) יצא qal[4: + 2K 18.22]; 5) ירד qal[2]; 6) מָלֵא pi.[2]; 7) נגשׁ qal[1]; 8) סחר qal[1]; 9) עבר qal[8]; 10) עלה qal[5]; 11) צַעַד [1]; 13) πάλιν π. שׁוּב qal[1]; 15) εἶναι πεπορευμένος הלך qal[1]; 16) רכב qal[1]; 17) לוז ni.[1]; *18) חלף qal[1: Jb 29.20]; *19) זוּב qal[1: La 4.19]; (fr) [Jd 20.37, 4K 1.6, Jb 24.13, Pr 28.18[2], Is 44.3]; (-) [+ Jo 19.8]. Del. 1*b*, 12, 14); Ge 37.18, Ex 17.8, Nu 20.19, De 1.33[1], 2.27, 13.6, 20.3, Jo 10.9, 15.4, 1K 20.5, 23.3[2],26.2, 5, 2K 21.15, 4K 5.12[2], 12,17, 2C 1.16, 33.14, Ps 84.13, 88.14, Am 5.3*bis*, Jn 1.8, Je 10.2, 11.10, 16.12[1], 19.8, 42.2, La 2.21.

πόρευσις 1) הלך **a.* pi.[1: Ge 33.14]: see Ben-Ḥayyim 1974:47-9]. Del. 1, 2); Zc 8.21 v.l.

πορνεία 1) *a.* זְנוּנִים [9], *b.* זְנוּת [2+: + Si 42.8], *c.* זנה qal[4], *d.* תַּזְנוּת [17]; 2) פַּחַז [1]; (fr) [Is 57.9]. Del. Pr 26.7, Is 47.10*bis*.

πορνεῖον 1) גַּב [2]; 2) רָמָה [1].

πορνεύω 1) זנה *a.* qal[4+], *b.* pu.[1], *c.* hi.[2]; 2) קָדֵשׁ [1]; *3) יצא qal[1: Jd 2.15].

πόρνη 1) זנה qal[10+]; 2) קָדֵשׁ f.[4]; 3) ἐκ πόρνης מַמְזֵר [1]; 4) γυνὴ πόρνη זָרָה [1].

πορνικός 1) זנה qal[1]; 2) οἴκημα ~όν גַּב [1].

πορνοκόπος (fr) [Pr 23.21].

πόρος Del. 1); 3Ki 10.28 v.l.

πόρρω 1) רחק *a.* qal[1], *b.* מִמֶּרְחָק [1], *c.* מֵרָחוֹק [1], *d.* רָחוֹק [4]; 2) π. ἀπέχειν רחק pi.[1]; 3) π. γίνεσθαι רחק qal[1]; 4) π. ποιεῖν רחק hi.[2]; 5) ἕως π. עַד לְמֵרָחוֹק [1]; (fr) [Is 65.5].

πόρρωθεν 1) *a.* רָחוֹק [2], *b.* מֵרָחוֹק [4], *c.* לְמֵרָחוֹק [1], *d.* מִמֶּרְחָק [2], *e.* מֶרְחָק [3]; 2) ὁ π. רָחוֹק [1]; 3) γῆ π. רָחוֹק [1].

πορφύρα 1) *a.* אַרְגָּמָן [22], *b.* also Ar. אַרְגְּוָן [7]. Del. Ez 27.24.

πορφυρίς 1) אַרְגָּמָן [1].

πορφυρίων 1) תִּנְשֶׁמֶת [2].

πορφυροῦς 1) אַרְגָּמָן [4].

ποσάκις 1) כַּמָּה [1]; 2) עַד כַּמֶּה פְעָמִים [2].

ποσαπλῶς *1) כַּמָּה [1: voc., Ps 62.2].

ποσαχῶς *1) אֵיכָכָה [1: Si 10.31].

πόσις 1) מִשְׁתֶּה [1].

πόσος 1) כַּמָּה [5: + Ez 27.33]; (fr) [1E 8.78, Jb 38.18].

ποταμός 1) יְאֹר [34+]; 2) *a.* נָהָר [26+: + Si 4.26], *b.* Ar. נְהַר [14]; 3) נַחַל [11]; 4) פֶּלֶג [1]; (fr) [Is 32.2]. Del. 5).

πότε 1) מָתַי [2].x∫

πότερον 1) ־ה [10].

πότημα 1) מִשְׁתֶּה [1].

ποτήριον 1) *a.* כּוֹס [6+: + La 2.13]; 2) כְּלִי [1]; 3) קֻבַּעַת [1]. Del. 1*b*).

ποτίζω 1) גמא hi.[1]; 2) נסך qal[1]; 3) שׁקה hi.[29+].

ποτιστήριον 1) שֹׁקֶת [2].

ποτόν 1) מַיִם [1]; 2) מַשְׁקֶה [1]; 3) מִשְׁתֶּה [2].

πότος 1) מַיִם [1]; 2) מַשְׁקֶה [1]; 3) *a.* מִשְׁתֶּה [2+], *b.* שְׁתִיָּה [1], *c.* Ar. מִשְׁתֵּי [1]; *4) מִמְסָךְ [1: Pr 28.30]. Del. Es 1.5.

ποῦ. *a*) אֵי [2]; *b*) אַיֵּה [17: Ho 13.10, 14, metath.; Ob 5, voc.]; *c*) אֵיפֹה [1]; *d*) אָנָה [6]. x∫

πούς 1) אֲשׁוּר [1]; 2) כְּרָעַיִם [6]; 3) עָקֵב [1]; 4) פַּעַם [4]; 5) פַּרְסָה [1]; 6) *a.* also Ar. רֶגֶל [51+: + To 6.2, Pr 29.6], *b.* כַּף רֶגֶל [8], *c.* מַרְגְּלוֹת [1]; 7) (τὰ) πρὸς ποδῶν מַרְגְּלוֹת [3]; (fr) [Jb 18.13, Is 3.12]; (-) [+ Ps 139.5, Is 3.16[1]]. Del. Jb 39.21, Pr 24.75, Is 57.6.

πρᾶγμα 1) דָּבָר [15+: + Ps 90.6]; 2) חֵפֶץ [4]; 3) מִלָּה [2]; 4) מַעֲלָל [1]; 5) מַעֲשֶׂה [2]; 6) Ar. עֲבִידָא [1]; 7) Ar. צְבוּ [1]; (-) [Es 7.5, Da LXX 1.20, 2.48]. Del. Ge 24.50, De 23.9.

πραγματεία 1) דָּבָר [1]; 2) חֵשֶׁק [2]; 3) מְלָאכָה [1]. Del. Ps 70.15 v.l.

πραγματεύομαι 1) חשׁק qal[1]; 2) עָשָׂה מְלָאכָה qal[1].

πραγματικός *1) Ar. פלח pe.[1: 1E 8.22].

πράκτωρ *1) נגשׂ qal ptc.act.[1: Is 3.12 *š* > *ś*].

πρᾶξις 1) דֶּרֶךְ [3]; 2) פֹּעַל [3]; 3) עֵשֶׂק ,עֵסֶק [2]; (fr) [1E 1.23, 31]. Del. 4K 12.5, 1C 12.24.

πρασιά *1) גִּנָּה [1: Jb 8.16].

πράσινος 1) שֹׁהַם [1].

πρᾶσις 1) *a.* מִמְכָּר [9], *b.* מִמְכֶּרֶת [1], *c.* מכר qal[2], *d.* מֶכֶר [3: + 4K 12.5, 7]; 2) מִקְנָה [1]; 3) שֶׁבֶר [2]; (fr) [Ez 27.17].

πράσον 1) חָצִיר [1].

πράσσω 1) הלך qal[2]; 2) נגשׂ qal[1]; 3) עשׂה qal[5]; 4) פעל qal[4]; (fr) [1E 1.31a, Jb 27.6, 34.21, 36.21, Pr 13.10, 25.28, Is 57.10]; (-) [Jb 24.20]. Del. 1E 1.31b.

πράττω: see under πράσσω.

πραΰθυμος 1) שְׁפַל־רוּחַ [1]; (fr) [Pr 14.30].

πραΰνω 1) כּוּל pilp.[1]; 2) שׁקט hi.[1].

πραΰς 1) *a*+*b*. עָנָ(י)ו [8], *c.* עָנִי [4]; *2) נָחֵת [1: Jl 3.11, voc.]; (fr) [Jb 36.15].

πραΰτης 1) *a.* עֲנָוָה [5], *b.* ענה pu.[1]; (fr) [Ps 89.10]. Del. Es 3.13 v.l.

πρέπω 1) דוּמִיָּה [1]; 2) *a.* נאה pi.[1], *b.* נָאוֶה [1].

πρεσβεῖον 1) בְּכֹרָה [1]; 2) שֵׂיבָה [1].

πρεσβευτής 1) לוּץ hi.[1].

πρέσβυς 1) מַלְאָךְ [3]; 2) צִיר [4: + Is 21.2, 63.9]; *3) חַשְׁמַן [1: Ps 67.31]; 4) סֹפֵר [1: Is 39.1].

πρεσβύτερος 1) *a.* בְּכוֹר [2], *b.* בְּכִירָה [5]; 2) גָּדוֹל [8: + Je 39.8]; 3) זָקֵן [36+]; 4) *a.* יָשִׁישׁ [2], *b.* יָשֵׁשׁ [1]; 5) רִאשׁוֹן [1]; 6) *שָׂב [9]; *9) שַׂר [2: 1C 13.1*L*, 2C 32.3]. Del. 7-8); Ex 34.32, De 32.25, Jb 15.10, Pr 31.23, Si 4.7.

πρεσβύτης 1) זָקֵן [3+]; 2) יָשִׁישׁ [1]; 3) לוּץ hi.[1]; 4) *שָׂב [1]; 5) καθεστηκὼς π. אִישׁ שֵׂיבָה [1]. Del. Ge 43.27, Ex 10.9, De 28.50, Zc 8.4.

πρήθω 1) צבה *a.* qal[1], *b.* hi.[1], *c.* צָבֶה [1].

πρίαμαι 1) לקח qal[1]; 2) שׁבר qal[5].

πρί(ζ)ω *1) דושׁ qal[1: Am 1.1]; *2) חשׁל Ar. pe.[1: Dn LXX 2.40 967].

πριστηροειδής 1) בַּעַל פִּיפִיּוֹת [1].

πρίων 1) חָרוּץ [1]; 2) מְגֵרָה [2]; 3) מַשּׂוֹר [1].

πρό *a*) לִפְנֵי; *b*) בְּעוֹד; *c*) לִפְנֵי πρὸ προσώπου; *d*) בְּטֶרֶם לֹא; *e*) בְּטֶרֶם; *f*) מִטֶּרֶם; *g*) טֶרֶם; *h*) בֵּין עֵינֵי; *i*) בְּעֵינֵי; *j*) לְנֶגֶד עֵינֵי; *k*) מִן; *l*) קֶדֶם; *m*) בְּלֹא.

προάγω 1) נגשׁ qal[1].

προαίρεσις 1) נדב hit.[1]; 2) *a.* רְעוּת [6], *b.* רַעְיוֹן [3]; 3) *a.* תַּרְמוּת [1], *b.* תַּרְמִית [2].

προαιρέω 1) בחר qal[2]; 2) חשׁק qal[3]; 4) w. neg. מָאֵן pi.[1]; (fr) [Is 7.15]. Del. 3) Pr 17.27 v.l.

προανατάσσω 1) עלה *hi.[1].

προανατέλλω 1) טֶרֶף צֶמַח [1].

προαπαγγέλλω 1) זהר hi.[1].

προάστιον 1) מִגְרָשׁ [2].

προβαίνω 1) בּוֹא qal[7]; 2) הלך qal[2]; 3) ירד qal[1].

προβάλλω 1) חוד qal[3]; 2) ירה qal[1]; 4) שׁלח qal[1]; *5) זרק qal [1: Je 26.4]. Del. 3).

προβατικός 1) צֹאן [3].

***προβάτιον** *1) צֹאן [1: 1K 17.28*L*].

πρόβατον 1) *a.* כֶּבֶשׂ [4], *b.* כִּבְשָׂה [1], *c.* כֶּשֶׂב [7]; 2) *a.* צֹאן [122+: + Ps 151.4, Je 10.20], *b.* צֹנֶה [1], **c.* Ar. עָן [1: To 7.9]; 3) רָחֵל [2]; 4) שֶׂה [23+]. Del. Ge 29.6b[2], 43.32, 1K 15.12 v.l.

προβιβάζω 1) ירה hi.[1]; 2) שׁנן pi.[1].

προβλέπω 1) ראה qal[1].

πρόβλημα 1) חִידָה [10]; (fr) [Hb 2.6].

πρόγονος Del. Si 9.6 v.l.

προδίδωμι 1) נתן qal[1]. Del. Is 40.14, Ez 16.34 v.l.

πρόδρομος 1) בִּכּוּרִים [1]; 2) π. σύκου בִּכּוּרָה [1].

προεῖδον 1) סכן hi.[1]; 2) ראה qal[1].

προεῖπον *1) τὰ προειρημένα פִּתְגָם [1: 1E 6.31].

προεκφέρω 1) נתן qal[1].

προέρχομαι 1) עבר qal[2]; 2) נצח pi.[1]; (fr) [Pr 8.24].

προετοιμάζω (fr) [Is 28.24].

προέχω *1) τὸ προέχον סֶרֶן [1: 3K 7.17*L*].

προηγέομαι 1) לִפְנֵי [1]; 2) *a.* בְּרֹאשׁ [1], **b.* רֹאשׁ [1:1E 8.28]; *4) שַׂר [2: 1E 8.67, 9.12]. Del. 3); Si 41.17.

πρόθεσις 1) *a.* עֵרֶךְ [2], *b.* מַעֲרֶכֶת [6]; 2) פָּנִים [1]; (fr) [1K 21.6]. Del. Ex 39.18b v.l.

προθυμέομαι 1) נדב hit.[8].

προθυμία 1) נדב qal[1].

πρόθυμος 1) חוּשׁ qal[1]; 2) נָדִיב [2]. Del. Pr 16.19 v.l.

προθύμως 1) יְשַׁר לֵבָב [1].

πρόθυρον 1) מְזוּזָה [1]; 2) מִפְתָּן [2]; 3) סַף [4]; 4) פֶּתַח [15].

προΐημι 1) נבע hi.[1]; 2) נתן qal[2]; 3) רפה hi.[2].

πρόϊμος 1) בַּכּוּרָה [1]; 2) *a.* *מוֹרֶה [1], *b.* יוֹרֶה [3]; 3) בְּרֵאשִׁית [1]; 4) כַּשַּׁחַר [1].

προΐστημι *1) שׁרת pi.[1: 1K 13.17*L*]; *2) עמד qal[1: Is 43.24]; (fr) [Pr 26.17, Am 6.10]; (-) [+ Pr 23.5].

προκαθηγέομαι *1) Ar. בְּרֵאשׁ [1: 1E 6.11].

προκάθημαι *1) שַׂר [2: 1E 1.30, 9.4]; *2) רֹאשׁ [1: 1E 5.6]; (fr) [1E 9.45]. Del. 1E 6.12.

προκαταλαμβάνω 1) אחז qal[1]; 2) בקע qal[1]; 3) לכד *a.* qal[15], *b.* ni.[1]; 4) קדם pi.[1]. Del. 2K 5.7, 3K 4.34, 9.16.

πρόκειμαι 1) *a.* פָּנִים [2], *b.* נֶגֶד פָּנִים [1]; (-) [+ Es 1.8].

προκοπή 1) *עֲלִיָּה [1: Si 51.17].

προλέγω 1) נגד hi.[1].

προλήνιον 1) יֶקֶב [1].

πρόλοβος 1) מֻרְאָה [1].

προμαχών 1) דָּיֵק [1]; 2) שׁוּר [1]; *3) Ar. עֵי [1: To 13.16]; (fr) [Je 40.4].

προνοέω 1) בִּין qal[2]; *3) Ar. זְהִיר הֲוָה pe.[1: 1E 2.24]; (fr) [Pr 3.4]. Del. 2); Nu 23.9, Jb 24.15.

προνομεύω 1) בזז *a.* qal[6+: + Is 8.3], *b.* ni.[1]; 3) קור pilp.[1]; 4) שׁבה qal[2]; 5) שׁלל qal[7]; 6) *a.* שׁסה (שׁשׂה) qal[3], *b.* po.[1], *c.* שׁסס qal[1], *d.* ni.[1]; 7) נסח ni.[1]; (-) [+ Ez 30.24]. Del. 2); De 3.12, Jd 2.14^{2}, Pr 11.3.

προνομή 1) *a.* בַּז [13], *b.* בזז qal[2], *c.* ni.[1], *d.* בִּזָּה [4: + 1E 8.74]; 2) מְשִׁסָּה [1]; 3) *a.* שְׁבִי [1], *b.* שִׁבְיָה [1]; 4) שָׁלָל [12]; *5) מַס [1: 3K 10.23 (MT 9.15)*L*]; (-) [+ Ez 30.24]. Del. Ez 25.5.

προοίμιον 1) מָשָׁל [3: + Jb 25.2 voc.].

προοράω 1) שׁוה pi.[1]. Del. 1E 5.63.

πρόπαππος 1) אֲבִי אָב [1].

προπέμπω *1) שׁלח pi.[1: 2K 19.32*L*].

προπέτεια *1) שַׁל (?) [1: 2K 6.7].

προπετής 1) אֱוִיל [1]; 2) פשׂק qal[1].

προπίπτω 1) כרע qal[2].

προπορεύομαι 1) אוץ qal[1]; 2) הלך *a.* qal[6+: + Jo 6.12], *b.* pi.[1], *c.* hit.[1], *d.* הָלַךְ לִפְנֵי qal[4]; 3) נסע qal[1]; 4) *a.* עבר qal[5], *b.* עָבַר לִפְנֵי qal[2]; 5) קדם pi.[1]; 6) קרב qal[1]; 7) τὰ προπορευόμενα לִפְנֵי [1]. Del. Ge 2.14, Ex 33.1, Jo 9.1, Is 52.12.

πρόπυλον 1) מִפְתָּן [1]; 2) סַף [1].

προσάββατον Del. 1) v.l.

προσαγορεύω 1) דרשׁ qal[1]. Del. 2); 2E 10.1 v.l.

προσάγω 1) אסף qal[1]; 2) בּוֹא *a.* hi.[6+], *b.* ho. [1]; *2α) גִּיחַ hi.[1: Jd 20.33*L*]; 3) לקח qal[1]; 4) נגע *a.* qal[1], *b.* hi.[1]; 6) נגשׁ *a.* qal[10], *b.* ni.[3: + 1K 13.6], *c.* hi.[9+], *d.* ho.[2]; 8) סוּר qal[1]; 10) עבר qal[1]; 11) קרב *a.* qal[15], *b.* hi. [65+: + Pr 24.15], *c.* Ar. קְרֵב af.[1]; 12) שׁוּב hi.[1]; *13) נשׂא hi.[1: 2K 17.13*L*]; (fr) [1K 22.17, Si 14.11]. Del. 5, 7, 9); Le 16.21, 1E 1.18, Ps 71.10.

προσαναβαίνω 1) עלה qal[7].

προσανάβασις 1) מַעֲלֶה [2]. Del. Jo 15.7 v.l.

προσανατρέπω 1) הדף qal[1].

προσανοικοδομέω 1) נטע ni.[1]; *2) נצב hit.[1: Si 3.14 v.l.].

προσαποθνήσκω 1) מוּת ho.[1].

προσαπωθέω 1) *דחה ni.[1].

προσβάλλω 1) Ar. גִּיחַ af.[1]. Del. 2); Je 26.4 v.l.

πρόσβασις Del. 1).

προσβλητός 1) רקע pu.[1].

προσγελάω 1) שׂחק qal[2].

προσγίνομαι 1) גור qal[3: + Le 20.2].

προσδεκτός 1) רָצוֹן [2].

προσδέομαι 1) חָסֵר [1]; 2) *a.* צרך qal[1], *b.* צָרִיךְ [1]; 3) חנן hit.[1]; 5) מִסְכֵּן [1]; *6) רֵישׁ [1: Si 18.32]. Del. 4); Si 4.5.

προσδέχομαι 1) בּוֹא hi.[1]; 2) יחל pi.[1]; 3) לקח qal[3]; 4) נשׂא qal[2]; 5) Ar. סבר pe.[1]; 6) קבל pi.[4]; 7) + 8) רצה/א *a.* qal[13]; 9) שׂבר pi.[2: + Ps 103.11]; *10) קוה pi.[1: Is 28.10]; *11) מהה hitpalp. [1: 2K 15.28*L*]; (fr) [Ps 54.8, Ez 32.10]; (-) [+ Jb 33.20, Is 55.12]. Del. 8*b*); Le 22.23, Jb 29.23^{2}, Zp 3.10.

II **προσδέω** Del. 1); Si 18.32 v.l.

προσδίδωμι 1) נתן qal[3].

προσδοκάω 1) קוה pi.[1]; 2) שׂבר pi.[3: + Ps 68.21 *š* > *ś*]; *3) ערג qal[1: De 32.2].

προσδοκέω. See under ~δοκάω.

προσδοκία 1) יִקְהָה [1]; 2) שֵׂבֶר [2: + Is 66.9 שׁ > שׂ].

προσεγγίζω 1) נגע qal[1]; 2) נגשׁ *a.* qal[4], *b.* ni.[2], *c.* hi.[5]; 3) קרב *a.* qal[4], *b.* hi.[1]. Del. Le 15.8, 21.21 v.l.

προσεῖδον Del. Jb 19.14 v.l.

προσεῖπον 1) אמר qal[2].

προσεκκαίω *1) נפח qal[1: Nu 21.30].

προσεμπίπρημι 1) אכל ni.[1].

προσεπιτιμάω *1) גַּע גַּע נָשָׂא qal[1: Si 13.22].

προσέρχομαι 1) אנה pu.[1]; 2) בּוֹא qal[3]; 3) גור qal[5]; 4) הלך qal[2]; 5) יעד ni.[1]; 7) נגשׁ *a.* qal[5+], *b.* ni.[6]; 9) פגע qal[1]; 10) קָרֵב *a.* qal[30+: + Ps 63.6], *b.* ni.[1], *c.* קָרוֹב [1], *d.* Ar. קְרֵב pe.[7]; 11) Ar. רגשׁ af.[1]; 12) πάλιν πρ. שׁוּב qal[1]. Del. 6, 8, 13); Ge 33.14, De 32.44 v.l.

προσέτι 1) *a.* אַף [1], *b.* אַף כִּי [1].

προσευχή 2) *a.* תְּחִנָּה [3], *b.* תַּחֲנוּן [1]; 3) תְּפִלָּה [2+: + To 13.1 תהלה, Is 60.7]; 4) *שַׁוְעָה [1: Si 32.21]; *5) Ar. צלה pa. [1: Hb 3.16, Aramaising]; (fr) [Is 38.9]. Del. 1); Ps 60.5, 63.1, 65.19, 87.14, 129.2.

προσεύχομαι 2) עתר *a.* qa[1], *b.* hi.[1]; 3) פלל *a.* pi.[1], *b.* hit.[4+: + 2E 10.1^{2}], *c.* תְּפִלָּה [1]; 4) Ar. צלא pa.[3: + 1E 6.30]. Del. 1).

προσεχόντως 1) בְּחָכְמָה [1].

προσέχω 1) אבה qal[2]; 2) אזן hi.[9]; 3) בִּין qal[2]; 4) דבק qal[1]; 5) זהר ni.[1]; 6) חדל qal[2]; 7) *a.* חוּשׁ qal[3], *b.* חִישׁ qal[1]; 8) חזק hi.[1]; 11) נזר ni.[1]; 12) נטה *a.* qal[1], *b.* hi.[5]; 13) פנה qal[1]; 14) קִיץ hi.[2]; 15) קרב qal[1]; 16) קשׁב *a.* hi.[5+], *b.* קָשָׁב [2], *c.* קַשֻּׁב [1]; 17) שִׂים, שׂוּם *a.* qal[3], *b.* שׂוּם לֵב qal[1]; 18) שִׁית qal[1]; 19) שׁמר *a.* qal[2], *b.* ni.[15+]; 20) שׁעה qal[1]; 21) τὸ προσέχον סֶרֶן [1]; 22) πρ. ἰσχυρῶς חזק qal[1]; 23) נצר qal[1]; 24) גּוּר qal[1]; 25) הָיָה זָהִיר qal[1]; *26) שׁמע qal[1: 1E 1.28]; *27) נבט hi.[1: 1K 16.7*L*]; (fr) [2E 7.23, Jb 10.3, 29.21]. Del. 1, 9-10); Jb 33.31, Ps 141.1, Pr 1.25, Is 58.3.

προσήκω *2) מִשְׁפָּט [1: 1E 5.50]. Del. 1); Is 32.4.

προσηλυτεύω 1) גּוּר qal[1].

προσήλυτος 1) *a.* גֵּר [2+: + Is 54.15], *b.* גּוּר qal [2]; (-) [+ De 10.18[1]].

πρόσθεμα 1) יסף hi.[1]; 2) מוּסָב [1].

πρόσθεσις *1) יסף qal[1: Ez 47.13].

προσθλίβω 1) לחץ ni.[1].

προσκαθίστημι 1) לקח qal[1].

προσκαίω 1) חמם qal[1].

προσκαλέω 2) קרא *a.* qal[9: + Ex 3.18], *b.* ni.[1]; *4) חנן qal[1: Jb 19.17]; *5) קרב qal[1: Si 13.9[1]]; (fr) [Es 8.1]. Del. 1, 3); Jb 17.14.

προσκαρτερέω 1) חזק hit.[1].

προσκαταλείπω 1) יתר hi.[1].

πρόσκειμαι 1) גּוּר qal[11+]; 2) *a.* דבק qal[1], *b.* דָּבֵק [1]; 3) חָבֵר [2]; 4) לוה *a.* ni.[2], *b.* לִיָה [1]; 6) עזר qal[1]; 7) שׁען ni.[1]; *8) מָלֵא אַחַר pi.[1: De 1.36]. Del. 5); Ex 10.10, Ez 37.16[2].

προσκεφάλαιον 1) כֶּסֶת [2].

προσκολλάω 1) בקשׁ pi.[1]; 2) דבק *a.* qal[8], *b.* pu.[1], *c.* hi.[3], *d.* Ar. pe.[1]; 3) קִרְבָה [1].

πρόσκομμα 1) מוֹקֵשׁ [4: + Je 3.3]; 2) נֶגֶף [1]; 3) π. τιθέναι קוֹשׁ [1]; 4) ξύλον ~ατος תְּקָלָה [1]; 5) יקשׁ ni.[1]; 6) סלל hit.[1].

προσκόπτω 1) כשׁל ni.[4]; 2) נגף *a.* qal[2], *b.* ni.[1], *c.* hit.[1]; 3) רהב qal[1]; 4) תקל ni.[2].

προσκρούω 1) גִּיחַ qal[1]; 2) *נקשׁ qal[1: Si 13.2].

προσκυνέω 1) זוּעַ qal[1]; 2) כרע qal[3]; 3) נשׁק qal[1]; 4) סגד *a.* qal[3], *b.* Ar. pe.[23]; 5) עבד qal[1]; *7) חוה hisht.[50+: + De 32.43 4Q Dt]. Del. 6 > 7); De 6.13, 10.20, Zp 1.5b.

προσκύνησις 1) נפל qal[1].

προσλαλέω 1) דבר pi.[1].

προσλαμβάνω 1) אסף qal[1]; 2) לקח qal[1]; 3) משׁה hi.[1]; 5) קרב pi.[1]; *6) יאל hi.[1: 1K 12.22*L*]. Del. 4).

προσλογίζομαι 1) חשׁב *a.* ni.[2], *b.* pi.[1], *c.* hi.[1].

προσμένω 1) יחל pi.[1]. Del. חול hi.

προσνοέω 1) שׁוּר qal[3]; 2) Ar. שׂכל itpa.[1]; (fr) [Is 63.5].

πρόσοδος (fr) [Pr 28.16].

προσόζω 1) באשׁ hi.[1].

προσοίγω *1) סגר qal[1: Ge 19.6].

προσοχή 1) ענה hit.[1].

προσοχθίζω 1) געל *a.* qal[4], *b.* ni.[1]; 2) מאס qal[2]; 3) קוֹא *a.* qal[1], *b.* hi.[3]; 4) קוט *a.* qal[1], *b.* ni.[1]; 5) קוּץ qal[5]; 6) שׁקץ pi.[2]. Del. 7); 1C 21.6.

προσόχθισμα 1) שׁקץ *a.* pi.[1], *b.* שִׁקּוּץ [3]; (fr) [3K 11.33]. Del. 2); Ez 5.11, 37.23.

πρόσοψις 1) Ar. זִיו [2]; 2) Ar. חֱזוּ [1]; 3) Ar. רֵו [1].

προσπαίζω 1) רקד pi.[1]; 2) רגל hi.[1].

προσπίπτω 1) יצא qal[1]; 2) כרע qal[1]; 3) נגע hi.[1]; 4) נפל qal[3]; *5) ὁ (γράφων) τὰ προσπίπτοντα Ar. בְּעֵל טְעֵם [2: 1E 2.16, 21]; *6) נקד qal[1: 1E 9.47]; (fr) [Pr 25.20].

προσποιέω *2) π. ἐνοχλεῖσθαι חלה hit.[2: 2K 13.5*L*, 6*L*]; (fr) [1K 21.13, Jb 19.14]. Del. 1).

προσπορεύομαι 1) בּוֹא qal[1]; 2) גּוּר qal[1]; 3) הלך *a.* qal[1]; 4) נגשׁ qal[4]; 5) *a.* קרב qal + *b.* קָרֵב [5]; 6) חבר qal[1]. Del. 3*b*); Nu 3.38, 15.26, Jo 10.24, 1K 17.7.

προσραίνω 1) נזה hi.[2].

προσσιελίζω 1) רקק qal[1].

προσταγή 1) Ar. מִלָּה [1].

πρόσταγμα 1) דָּבָר [23]; 2) דָּת [3]; 3) *a.* חֹק [8+: + Le 26.46], *b.* חֻקָּה [6+: + Ez 37.24]; 4) Ar. מִלָּה [2]; 5) מִצְוָה [12]; 6) מִשְׁמֶרֶת [3]; 7) מִשְׁפָּט [6]; 8) פֶּה [8+]; 9) תּוֹרָה [4: Si 39.18]; *10) מַאֲמָר [1: Es 2.20]; *11) רִשְׁיוֹן [1: 1E 5.53]; *12) Ar. טְעֵם [1: 1E 7.4]; (fr) [Es 9.4, Jb 4.9, Pr 14.27]; (-) [+ Jb 26.13, Da LXX 5.7]. Del. 2C 8.10, 35.19, Es 2.4, Pr 25.2, Is 56.4, Da LXX 6.12.

προσταράσσω 1) כאב hi.[1].

προστάς 1) מִסְדְּרוֹן [1].

προστάσσω 1) אמר *a.* qal[1], *b* Ar. pe.[2]; 2) דבר pi.[1]; 3) יָצָא דָבָר qal[1]; 4) מנה pi.[4]; 5) *a.* צוה pi.[12+], *b.* מִצְוָה [1]; 6) Ar. שׂוּם טְעֵם pe.[7]; 7) καθὼς προσέταξεν בְּמִפְקַד [1]; 8) τὰ προσταχθέντα מַאֲמָר [1]; 9) פרץ qal[1: 2C 31.5]; *10) Ar. שׁלח pe.[1: 1E 7.1]; *11) רשׁה ho.[1: Si 3.22]; (-) [+ 1E 1.49, 6.26, Es 2.23, Da LXX 2.14]; (fr) [Es 3.14]. Del. 1C 12.18, Je 34.4.

προστάτης 1) *a.* פְּקֻדָּה [1], *b.* פָּקִיד [1]; 2) שַׂר [3]; *3) נָשִׂיא [1: 1E 2.12]. Del. Si 45.24 v.l.

προστίθημι 1) אסף *a.* qal[1], *b.* ni.[11+: + Si 42.21]; 2) דבק qal[2]; 3) חָבֵר [1]; 4) יסף *a.* qal[15+: + De 23.15, Ps 68.26, Is 30.1], *b.* ni.[5+: + Nu 32.14, 1K 12.25, 26.10, 27.1, Am 3.15, Jl 2.2], *c.* hi.[46+], *d.* Ar. ho.[1], **e.* ha.[1: To 14.2]; 5) לוה ni.[4]; 6) נפל qal[2]; 7) נתן qal[2]; 9) ספח ni.[1]; 11) רבה hi.[1]; 13) שׁוּב qal[2]; 14) שִׁית qal[1]; 15) שׁנה qal[1]; (fr) [Ex 23.2, Nu 16.39, Jb 13.9, Is 50.5]; (-) [+ Jo 14.8, 9, Jd 2.3, Zc 14.17]. Del. 8, 10, 12); Ex 40.23, Le 24.8, Ps 85.14, Ez 23.5.

προστρέχω 1) רוּץ qal[4].

πρόσφατος 1) זוּר [1]; 2) חָדָשׁ [3]; 3) לַח [1].

προσφάτως 1) חָדָשׁ [1]; *2) בְּקָרוֹב [1: Ez 11.3].

προσφέρω 1) בּוֹא hi.[18+]; 3) נגשׁ hi.[5]; 4) נשׂא qal[1]; 5) עלה hi.[6]; 6) עשׂה qal[1]; 7) קטר hi.[2]; 8) *a.* קרב hi.[78+], *b.* Ar. pa.[2], *c.* af.[5]; 9) רום hi.[1]; 10) שׁוּב hi.[1]; 11) מצא hi.[3]; *12) τὰ προσφερόμενα נְדָבָה [1: Ex 36.3]. Del. 2); Ex 34.26, Le 1.2, Nu 7.3, De 17.1, Pr 19.24, Ma 1.13.

προσφιλής 1) אָהֵב hi.[1]; (-) [Si 20.13].

προσφορά 1) מִנְחָה [1]; 3) *a.* עלה *hi.[1], **b.* עֹלָה [1: 1E 5.51]; 4) אִשֶּׁה [1]; *5) עֵרֶךְ [1: Si 38.11].

προσφύω 1) Ar. סְלֵק pe.[1].

προσφωνέω *1) Ar. ידע ha.[1: 1E 2.18]; *2) נִשְׁתְּוָן הֲתִיב ha.[1: 1E 6.6]; *3) רְעוּ שְׁלַח Ar. pe. [1: 1E 6.21].

προσχαίρω 1) שַׁעֲשֻׁעִים [1].

προσχέω 1) זרק qal[22]; 2) שׁפך qal[1].

πρόσχωμα 1) סֹלְלָה [3].

προσχωρέω 1) נפל qal [3]; *2) דבק qal[1: 2K 20.2*L*].

πρόσωπον 1) Ar. אֲנַף [3: + To 3.12]; 2) אַף [8]; 3) מַרְאֶה [1]; 4) עֵינַיִם [1]; 6) פָּנִים [68+: + Ps 17.8, 54.21, Si 20.22, 26.17, 34.6, 41.21, Is 57.14, Je 30.10]; 7) ἀπὸ (τοῦ) ~ου *a.* מִפְּנֵי [43+], *b.* מֵעַל פְּנֵי [7+], *c.* מִלִּפְנֵי [6+: - Ge 41.46, De 9.4a, Jn 1.3], *d.* פְּנֵי [1], *e.* מֵאֵת פְּנֵי [2], *f.* לִפְנֵי [16], *h.* מֵעִם פְּנֵי [1], *i.* מִנֶּגֶד [2], *j.* Ar. מִן קֳדָם [4: + Da TH 5.19, 6.26², 7.8]; 8) εἰς (τὸ) ~ον *a.* פָּנִים [2], *b.* אֶל פְּנֵי [2], *c.* לִפְנֵי [6], *d.* עַל פְּנֵי [4], *e.* בִּפְנֵי [4]; 9) ἐκ (τοῦ) ~ου *a.* מִלִּפְנֵי [8], *b.* מֵעִם פְּנֵי [1], *c.* מֵאֵת פְּנֵי [1], *d.* מִפְּנֵי [13], *e.* לִפְנֵי [1], *f.* מֵעַל פְּנֵי [2], *g.* Ar. מִן קֳדָם [3]; 10) ἐκ τοῦ κατὰ ~ου מִפְּנֵי [1]; 11) ἐν ~ῳ לִפְנֵי [3]; 12) ἐπὶ ~ου עַל פְּנֵי [24: - Am 9.6, Zc 5.3]; 13) ἐπὶ ~ῳ עַל פְּנֵי [1]; 14) ἐπὶ (τὸ) ~ον *a.* אַפַּיִם [7], *b.* עַל פְּנֵי [21+: - Ge 8.9, Nu 19.16, Ho 10.7], *c.* אֶל פְּנֵי [2], *d.* לִפְנֵי [1], *e.* לְאַפַּיִם [2], *f.* עַל אַפַּיִם [2], *g.* פָּנִים [1], *h.* Ar. עַל אֲנַף [2]; 15) κατὰ (τὸ) ~ον *a.* מִפְּאַת פְּנֵי [1], *b.* עַל פְּנֵי [7+], *c.* לִפְנֵי [6+: + Jd 20.2], *d.* אֶת פְּנֵי [1], *e.* אֶל מוּל פְּנֵי [6+], *f.* מִמּוּל פְּנֵי [1], *g.* אֶל פְּנֵי [12], *h.* בִּפְנֵי [4], *i.* עַל שְׂפָה [1], *j.* פָּנִים [4], *k.* לְעֵינַיִם [2], *l.* Ar. מִן קֳדָם [1], *m.* נֶגֶד [1], *n.* עַל אַפַּיִם [1], *p.* אֶל עֵבֶר פְּנֵי [1]; 17) κατὰ π. ἔσω פְּנִימָה [1]; 18) (τὸ) πρὸ ~ου *a.* לִפְנֵי [39+], *b.* עַל פְּנֵי [2], *c.* מִפְּנֵי [6+: - Ex 34.1, De 2.211, 24], *d.* מִלִּפְנֵי [3], *f.* פָּנִים [1]; (fr) [Jb 19.8, 32.22, Is 30.28, 34.15, Je 10.2, Ez 2.6¹, Da LXX 6.10, 10.12]; (-) [+ 3K 20.27, Pr 29.5, Je 47.9]. Del. 5, 7*g*, 15*o*, 16, 18*e*); 1K 16.7, 21.13, Ps 45.5, 82.16²,Am 9.4², Zc 14.5S³, Is 52.12, Je 32.27², Ez 1.23 v.l.

προτείχισμα 2) חוֹמָה [2]; 3) חֵל [5: + Ez 42.20, 48.15]; 4) מַדְרֵגָה [1]; (fr) [Ez 40.5]. Del. 1).

προτέρημα 1) תִּפְאֶרֶת [1].

πρότερος, incl. πρότερον (adv.) 1) *a.* לְפָנִים [9+], *b.* עַל־פָּנִים [1]; 2) Ar. מִן קֳדָם [1]; 3) *a.* רִאשׁוֹן [8+], *b.* בָּרִאשֹׁנָה [1], *c.* מֵרֵאשִׁית [1]; 4) τὸ πρ. *a.* בַּתְּחִלָּה [1], *b.* לָרִאשֹׁנָה [2], *c.* רִאשׁוֹן [1], *d.* לְפָנִים [6], *e.* רִאשֹׁנָה [1], *f.* בָּרִאשֹׁנָה [5: + Nu 21.26], *g.* קֶדֶם [1], *h.* ~ον קֶדֶם [1]; *5) קַדְמוֹן [1: Si 41.3]; 6) ἐν τῷ ~ῳ לְמַבָּרִאשׁוֹנָה [1: 1C 15.13]. Del. Ex 33.2 De 19.14.

προτίθημι 3) נתן qal[1]; 4) ערך qal[3]; 5) שׂום qal[2]; 6) שׁית qal[1]. Del. 1-2); 2C 28.13, Es 9.27, Ec 1.16, 18.

προτομή 1) רֹאשׁ [1].

προτρέχω 2) רוץ qal[1]; *3) עַתּוּד [1: Je 27.8]. Del. 1) Jb 41.13.

προφασίζομαι 1) אמר qal[1]; 2) אנה hit.[1]; 3) עלל hitpo.[1].

πρόφασις 1) *a.* עִלָּה [4: + Ho 10.4], *b.* עֲלִילָה [1]; *2) תֹּאֲנָה [1: Pr 18.1].

προφασιστικός 1) עֲלִילָה [2].

προφέρω 1) מצא *hi.[1].

προφητεία 1) חָזוֹן [2]; 2) נְבוּאָה [4: + 2E 5.1].

προφητεύω 1) אמר qal[1]; 2) נבא *a.* ni.[10+: + Je 23.26², Si 48.13], *b.* hit.[3+], *c.* Ar. itpa.[2: + 1E 6.1], **d.* נְבוּאָה [1: 1E 7.3].

προφήτης 1) *a.* חֹזֶה [4], *b.* חָזוֹן [1]; 2) *a.* נָבִיא [47+: + Ne 6.14], *b.* Ar. נְבִיא [6], *c.* נְבוּאָה [2], **d.* נבא ni.[1: 1C 25.2*L*]; 3) רֹאֶה [4]. Del. 1K 21.7, Am 7.15, La 4.16.

προφῆτις 1) נְבִיאָה [5].

προφθάνω 1) קדם pi.[16: + 1K 20.25]; 2) רוץ hi.[1].

προφυλακή 1) דָּיֵק [1]; 2) סכך qal ptc.act. [1]; 4) *a.* שֹׁמֵר [2], *b.* מִשְׁמָר [4]. Del. 3); Ez 23.24.

προφύλαξ 1) *a.* מִשְׁמָר [1], *b.* מִשְׁמֶרֶת [1].

προφυλάσσω 1) שׁמר hit.[1].

προχειρίζω 1) לקח qal[1]; 2) שׁלח qal[1].

πρόχειρος (fr) [Pr 11.3].

προχώρημα *1) צֵאָה [1: Ez 32.6 MT צפה].

πρώην 1) בָּרִאשֹׁנָה [1].

πρωΐ 1) *a.* בֹּקֶר [16+: + 1K 11.5; - Ex 12.10, 16.23, 24, 18.14, Nu 14.40 v.l.], *b.* בַּבֹּקֶר [37+], *c.* לַבֹּקֶר [9: + 4K 16.15, 2C 35.12], *d.* לִפְנוֹת הַבֹּקֶר [1]; 2) Ar. בְּנָגְהָא [2]; 3) שַׁחַר [2]; 4) ἕως (τὸ) π. *a.* עַד עֲלוֹת הַשַּׁחַר [1], *b.*(הַ)בֹּקֶר־עַד [12+], *c.* לִבְקָרִים [1], *d.* עַד אוֹר הַבֹּקֶר [1]; 5) τὸ πρὸς πρ. πρ. לִפְנוֹת בֹּקֶר [1]; 6) נֶשֶׁף [1]; (-) [+ Da LXX 4.30]. Del. Ex 18.14, Ec 10.16, 11.6

πρωΐθεν 1) בֹּקֶר [7]. Del. Ex 18.14 v.l.

πρωϊνός 1) בֹּקֶר [10], *a.* ὥρα -ή [1: Jd 19.26*L*]; 2) τὸ. ~όν *a.* בַּבֹּקֶר [1], **b.* לַבֹּקֶר [1: 1E 1.10]. Del. Da TH 8.26.

πρώϊος 1) *a.* בֹּקֶר [10], *b.* לַבֹּקֶר [2]. Del. 1*c*); 4K 10.9, Ps 129.7, La 3.22, 23 v.l.

πρῳρεύς 1) *a.* חֹבֵל [1], *b.* רַב חֹבֵל [1].

πρωτεύω 1) ποιεῖν πρ. *a.* גדל pi. + *b.* נשׂא pi.[1].

πρωτοβαθρέω 1) שִׂים אֶת־כִּסְאוֹ מֵעַל qal[1].

πρωτοβολέω: 1) בכר pi.[1].

πρωτογένημα 1) בִּכּוּרִים [10]; 1) + 2) רֵאשִׁית [1].

πρωτογενής 1) בְּכֹר [1].

πρωτόγονος 1) בְּכוֹרָה [1]; 2) בְּכוֹר [1].

πρωτολογία 1) κατήγορος ἐν ~ᾳ רִאשׁוֹן בְּרִיב [1].

πρῶτος, incl. πρῶτον 1) *a.* אֶחָד [15], *b.* Ar. חַד [5]; 2) *a.* קֶדֶם [1], *b.* קַדְמֹנִי [3], *c.* Ar. קַדְמָי [4], *d.* קֶדֶם [1], **e.* Ar. לְקַדְמִין ,קֳדָם [2: To 7.1, 14.5]; 3) *a*+*e*+*f*. רִאשׁוֹן ,רִישׁוֹן, רִאשׁוֹן [36+: + Si 34.17, Da LXX 10.21], *b.* בָּרִאשֹׁנָה [3], *c.* רֹאשׁ [11], *d.* רֵאשִׁית [3]; 4) בַּתְּחִלָּה [1]; 5) ὁ μὴν ὁ π., ὁ π. μὴν רִאשׁוֹן [6]; 6) ἐν ~οις *a.* רִאשֹׁנָה [1], *b.* לְפָנִים [1: Si 4.17]; 8) ἐκ ~ου לְפָנִים [1]; *9) אַרְכִּי (= ἀρχι~) [1: 1C 27.33]; (fr) [Pr 26.18]; (-) [+ Ez 40.1]. Del. 7); Es 5.11, Da TH 7.20.

πρωτοστάτης *1) עַתּוּד [1: Jb 15.24 *y* > *w*].

πρωτοτοκεύω 1) בכר pi.[1].

πρωτοτοκέω 1) בכר hi.[1]; 2) עוּל qal[2].

πρωτοτόκια n.pl. 1) בְּכֹרָה [7].

πρωτότοκος 1) *a.* בְּכוֹר [64+: + 2K 13.21 4QSam[a], 1C 8.38, 9.44], *b.* בְּכֹרָה [4], *c.* בְּכִירָה [1], *d.* בִּכּוּרִים [1]; 2) פֶּטֶר [2]; 3) רֹאשׁ [1]; 4) ὁ υἱὸς ὁ π. רִאשׁוֹן [1]. Del. 1C 11.11, Ps 77.51².

πταῖσμα 1) מַגֵּפָה [1].

πταίω 1) יקשׁ ni.[1]; 2) נגף *a.* qal[1], *b.* ni.[10]; 3) כשׁל *ni.[1]; *4) חתת qal[1: 4K 19.26*L*]. Del. 4K 19.26.

πταρμός 1) עֲטִישָׁה [1].

πτέρνα 1) *a.* עָקֵב [8], *b.* עקב qal[1].

πτερνίζω 1) עקב qal[7: Ma 3.8f. metath.]. Del. 2) > 1).

πτερνισμός 1) *a.* *עקב qal[1: Ps 40.10, MT *'āqēv*], *b.* עָקְבָה [1].

πτερόν 1) Ar. גַּף [6]; 2) נֹצָה [1]. Del. Ps 103.12 v.l.

πτεροφυέω 1) עָלָה אֵבֶר qal[1].

πτερύγιον 1) כָּנָף [11]; 2) סְנַפִּיר [4]; 3) קָצָה [1].

πτέρυξ 1) אֵבֶר [1]; 2) כָּנָף [11+]; *3) קַשְׂקֶשֶׂת [1: Ez 29.4].

πτερύσσομαι 1) נשק hi.[2].

πτερωτός 1) *a.* כָּנָף [4], *b.* בַּעַל כָּנָף [1].

πτήσσω 1) חתת qal[1]; 2) ערץ qal[1]. Del. Jb 38.30 v.l. (> πήγνυμι).

πτίλος 1) תְּבַלֻּל [1].

πτοέω 1) חרד qal[2]; 2) חתת *a.* qal[3], *b.* ni.[9], *c.* pi.[1], *d.* hi.[3], *e.* מְחִתָּה [1], *f.* חַת [1]; 3) יָרֵא qal + 2*b* [1]; 4) מסס ni.[1]; 5) נדד qal[1]; 6) ערץ qal[1]; 7) פחד qal[1]; 8) רגז qal[2]; *9) דחל pe. Aramaising [2: Ez 2.5, 7]; (fr) [Is 31.4]. Del. Je 17.13, 18^{1}, Ez 34.28.

πτόησις 1) פַּחַד [1].

πτύελος 1) רֹק [2].

πτύξις 1) כֶּפֶל [1].

πτυχή 1) צֶלַע [2: + 3K 6.34^{2}]. Del. 2).

πτύω 1) ירק qal[1].

πτῶμα 1) אֵיד [1]; 2) גְּוִיָּה [1]; 3) *a.* כִּשָּׁלוֹן [1], *b.* מִכְשׁוֹל [1]; 4) מַפֶּלֶת [2: + Jb 37.16]; 5) פֶּגֶר [2: + Jb 33.17]; 6) פִּיד [1]; 7) פֶּרֶץ [2]; 8) שֶׁבֶר [1]; 9) שֹׁד [1]; *10) חָלָל [1: Si 34.6]; (-) [+ Jb 15.23].

πτῶσις 1) *a.* נֶגֶף [1], *b.* נגף ni.[1], *c.* מַגֵּפָה [5]; 2) *a.* מַפָּלָה [1], *b.* נפל qal[1], *c.* נֵפֶל [1], *d.* מַפֶּלֶת [7]; 3) פֶּגֶר [1]; 4) תַּרְעֵלָה [2: + Is 51.17]; 5) מוֹט [1]; 6) מִכְשׁוֹל [1]; (fr) [Ez 32.10^{1}]. Del. Jb 15.23

πτωχεία 1) מִסְכֵּנוּת [1]; 2) עֳנִי [12: + Ps 30.10]; 3) דלל qal[2]; 4) רֵישׁ [1]; *5) אֹנֶשׁ [1: Si 11.12]. Del. Jb 26.6.

πτωχεύω 1) דלל *a.* qal[1], *b.* ni.[1]; 2) ירשׁ *a.* qal[1], *b.* ni.[1]; 3) רושׁ qal[1]; *4) Ar. מִסְכֵּן [1: To 4.21].

πτωχίζω 1) ירשׁ hi.[1].

πτωχός 1) אֶבְיוֹן [12: - Am 4.1]; 2) *a.* דַּל [5+], *b.* דַּלָּה [2]; 3) חֵלְכָה [1]; 4) *a.* עָנִי [4+], *b.* עָנָו [4: + To 4.7]; 6) קָטָן [1]; 7) רושׁ qal ptc.[10]; *8) מִסְכֵּן [1: Si 30.14]; (fr) [Pr 22.9^{1}, Is 25.3]. Del. 5); De 24.19, Ps 101.17 v.l.

πύγαργος 1) דִּישֹׁן [1].

πυγμή 1) אֶגְרוֹף [2].

πυθμήν 1) דֶּרֶךְ [2]; 2) קָנֶה [1]; 3) שָׂרִיג [2].

πυκάζω 1) עֲבֹת [1]; 2) *a.* רען pil.[1], *b.* רַעֲנָן [1].

πυκνός 1) חֹרֶשׁ [1].

πύλη 1) דֶּלֶת [9]; 2) סַף [2]; 3) פֶּתַח [7]; 4) שַׁעַר [34+: + 2K 18.26, 4K 7.10, 1C 9.18^{2}, 22^{1}, 24, 26, 26.1, 12, 2C 23.4, Si 42.11]; *5) אִבּוּל MH [3: Da LXX 8.2, 3, 6]. Del. Ex 37.14, 4K 23.8^{3}, 2E 2.42, Es 4.2b, Mi 5.1, Is 51.6, 52.7^{2} v.l.

πυλών 1) סַף [2]; 2) פֶּתַח [11]; 3) שַׁעַר [11].

***πυλωρέω** *1) שַׁעַר [1: 1C 16.42*L*].

πυλωρός 1) שׁוֹעֵר [29: + Ne 12.25^{2}, 30, Jb 38.17]; 2) Ar. תָּרָע [1]. Del. Ne 12.25a.

πυνθάνομαι 1) דרשׁ qal[3]; 2) Ar. שְׁאֵל pe.[1: 1E 6.10]; (fr) [Da LXX 2.15]. Del. Da TH 2.15.

πυξίον 1) לוּחַ [3]; 2) עֶשֶׁת [1]; *3) צַלַּחַת [1: 4K 21.13*L*].

πύξος 1) שִׁטָּה [1].

πῦρ 2) *a.* אֵשׁ [20+: + Nu 21.30, De 5.23^{1}, Ps 57.8, Si 8.10, 23.16, 45.19, Am 4.10, Mi 6.10, Je 6.23, 27.42, 43.23], *b.* אִשֶּׁה [1], *c.* Ar. אֶשָּׁא [1: 1E 6.23]; 3) בְּעֵרָה [1]; 5) לֶהָבָה [1]; 6) נוּר [27]; 7) רֶשֶׁף [1]; 8) שְׂרֵפָה [1]; (-) [+ Jb 41.11]. Del. 1, 4, 9); Ps 82.13, Si 51.4, Ho 7.7*bis*, Da LXX 7.9^{2}.

πυρά 1) שַׁלְהֶבֶת [1].

πυργόβαρις 1) אַרְמוֹן [1].

πύργος 1) מִגְדָּל [9+: + Ne 3.19]; 2) מְצוּדָה [1]; *4) אַרְמוֹן [1: 1E 1.52]; (fr) [Is 10.9]. Del. 3); Jd 20.38, 40.

πυρεῖον 1) מַחְתָּה [16: + 2C 4.21; Si 50.9 < מנחה].

πυρετός 1) קַדַּחַת [1].

πυρίκαυστος 1) *a.* שְׂרוּף אֵשׁ [1], *b.* שְׂרֵפָה מַאֲכֹלֶת אֵשׁ [1], *c.* שְׂרֻפַת אֵשׁ [1]. Del. Is 1.22 v.l.

πύρινος 1) אֵשׁ [3].

πυρός 1) דָּגָן [1]; 2) *a.* חִטָּה [7+], *b.* Ar. חִנְטִין [4].

πυρόω 1) אדם qal[1]; 2) בחר ni.[1]; 3) צרף *a.* qal[15], *b.* ni.[1]; (fr) [Jb 22.25]. Del. 4); Ec 12.11.

πυρράκης 1) אַדְמוֹנִי [3].

πυρρίζω 1) אֲדַמְדָּם [5].

πυρρόομαι 1) אדם qal[1: La 4.7].

πυρρός 1) אָדֹם [7].

***πυρσός** 1) מַשְׂאֵת [2: Jd 20.38, 40].

πυρφόρος 1) כִּידוֹן [1: Jb 41.21].

πυρώδης 1) אוּר [1].

πύρωσις 1) כּוּר [1]; *3) √שׂרף [1: Am 4.9, cf. Le 10.6 שְׂרֵפָה ἐμπυρισμός]. Del. 2).

πυρωτής 1) צרף qal[1].

πώγων 1) זָקָן [5+].

πωλέω 1) מכר *a.* qal[4+: + Ez 7.13], *b.* ni.[1]; 2) שׁבר *a.* qal[1], *b.* hi.[1].

πῶλος 1) בֵּן [1]; 2) יַעֲלָה [1]; 3) עַיִר [5].

πώποτε 1) מִיָּמִים [1].

πωρόω 1) כהה qal[1]. Del. Pr 10.20 v.l.

πως *a)* אוּלַי. Del. Jn 1.6, Si 28.26 v.l. x∫

πῶς *a)* אֵיךְ [6]; *b)* אֵיכָה [5]; *c)* אֲשֶׁר [1]; *d)* מָה [1]; *e)* בַּמֶּה [1]; *f)* מִי יִתֵּן [1].x∫

Ρ

ῥαβδίζω 1) חבט qal[2].

ῥάβδος 1) חֹטֶר [1]; 2) מַטֶּה [42+: + Ge 47.31, Na 1.13, voc.]; 3) מַקֵּל [15: + Ge 30.38^{3}]; 4) מִשְׁעֶנֶת [8]; 6) שֵׁבֶט [29: + Ez 37.16*ter*, 17, 19, 20]; 7) שַׁרְבִיט [3]; *8) שׁוֹט [1: Si 30(33).33]; (fr) [Ez 21.21]. Del. 5) > 6).

ῥαγάς 1) נַהֲלֹל [1].

ῥάγμα 1) בְּקִיעַ [1].

ῥάδαμνος 1) יוֹנֶקֶת [2]; 2) כִּפָּה [1]; (fr) [Jb 40.17].

ῥαθυμέω 1) ראה hit.[1].

ῥαίνω 1) זרק qal[1]; 2) נזה hi.[11]; 3) נזל qal[1].

ῥάκος 1) בֶּגֶד [1]; 2) סְחָבָה [1].
ῥακώδης 1) קְרָעִים [1].
ῥάμμα 1) חוּט [1].
ῥάμνος 1) אָטָד [4]. Del. Jb 40.17 v.l.
ῥαντίζω 1) חטא pi.[1]; 2) נזה qal[2].
ῥαντισμός 1) נִדָּה [5]. Del. Zc 13.1 v.l.
ῥαντός 1) נָקֹד [4: + Ge 30.35[1]]; 3) σποδοειδὴς ~ός *a.* בָּרֹד [2], *b.* טָלוּא [1]. Del. 2).
ῥάπισμα 1) מרט qal[1].
ῥαπτός 1) טלא qal[1].
ῥάπτω 1) תפר qal[3].
ῥάσσω 1) נטשׁ qal[2]; 2) נפל hi.[1]; 3) רטשׁ pu.[1]; 4) שׁלך ho.[2].
ῥαφιδευτής 1) רקם qal[1].
ῥαφιδευτός 1) רקם qal[1].
ῥάχις 1) גֶּרֶם [1]. Del. 1K 5.5 v.l.
ῥέγχω 1) רדם ni.[2].
ῥεμβεύω 1) סבב qal[1].
ῥέω 1) הלך qal[2]; 2) זוב qal[31]; 3) מקק ni.[1]; 5) נזל qal[4]; 6) רעף qal[1]; (fr) [Jb 38.30]. Del. 4).
ῥῆγμα 2) קְרָעִים [3]. Del. 1); 3K 11.31b, Am 6.12.
ῥήγνυμι, ῥήσσω 1) בקע *a.* qal[3], *b.* ni.[10: + Hb 3.9, voc.], *c.* pi.[4], *d.* ho.[1], *e.* hit.[1]; 2) הרס ni.[1]; 3) נתק ni.[2]; 4) פצח qal[3]; 5) קרע *a.* qal[5: - Jb 1.20, Ps 140.7], *b.* ni.[3]; 6) ῥ. φωνήν געה qal[1]; (fr) [Jb 15.13, 31.37, Hb 3.10]. Del. 1E 8.71, Jb 1.20, Ps 140.7.
ῥῆμα 1) *a.* אֵמֶר [21+], *b.* אֹמֶר [3]; *c.* אִמְרָה [3], *d.* אֶמְרָה [1], *e.* also Ar. מֵאמַר [2]; 2) *a.* דָּבָר [138+: + Is 58.9], *b.* דבר pi.[2: + 4K 24.13]; 3) מִלָּה [33+: + Da 2.23 TH]; 4) מִצְוָה [2]; 5) מַשָּׂא [3]; 6) פֶּה [14]; 7) פִּתְגָם [5: + 2E 4.17]; 8) ~ατα πονηρά דִּבָּה [1]; 9) **a.* מוֹצָא פֶּה [1: Si 39.17]; 10) מַעֲנֶה [2]; *11) *a.* שִׂיחַ [1: Jb 10.1], *b.* שִׂיחָה [2: Jb 15.4, Je 18.20]; *12) לָשׁוֹן [1: Jb 15.5[2]]; (-) [+ Nu 23.26, Jb 2.9, 15.5[1]]; (fr) [Jb 6.6, 11.3, Is 29.11]. Del. Ge 38.10, Ex 4.28, 8.26, De 4.1, 17.10, 4K 9.25, 1C 18.4, 2E 5.7, Jb 6.25[2], 27.3, Is 22.1, 23.1, Je 23.33, Da LXX 1.17, 2.9, TH 10.9 v.l.
ῥῆσις 1) אֵמֶר [4]; 2)דָּבָר [2]; 3) פִּתְגָם [1]; (fr) [1: Pr 27.27]. Del. Pr 7.24 v.l.
ῥητίνη 1) צֳרִי [6].
ῥητός 1) דָּבָר [2].
ῥῖγος 1) דַּלֶּקֶת [1].
ῥίζα 1) אֵב [1]; 2) גֶּזַע [2]; 3) כֵּן [2]; 4) מְכוּרָה [1]; 5) שֹׁרֶשׁ [5+]; 6) ~αν βάλλειν שׁרשׁ hi.[1]; 7) ἐκ ~ῶν ἀπολλύναι שׁרשׁ pi.[1]; *8) פְּלֵיטָה [4: 1E 8.75, 84, 85, 86]; (fr) [Jb 8.12].
ῥιζόω 1) שׁרשׁ *a.* poel[1], *b.* polal[1]; *3) נֶטַע [1: Si 3.28]. Del. 2).
ῥίζωμα 1) *a.* שֹׁרֶשׁ [2: + Ps 51.7 voc.]. Del. 1*b*).
ῥιπίζω 1) Ar. נשׁא pe.[1].
ῥιπιστός 1) רוח pu.[1].
***ῥῖπος** *1) מָסָךְ [1: 2K 17.19*L*].
ῥιπτέω = ῥίπτω, quod v. Only in pres.
ῥίπτω 1) זרק qal[1]; 2) ירה qal[1]; 3) ירט qal[1]; 6) נפל *a.* qal[1], *b.* hi.[3]; 8) רמה *a.* qal[2], **aa.* ni.[1: Je 27.30 voc.], Ar. *b.* pe.[2], *c.* itpe.[1]; 9) שׁלח pi.[1]; 10) שׁלך *a.* hi.[17+], *b.* ho.[9]; *11) Ar. טרה pe.[1: Jd 15.15]; *12) שׁמט qal[1: 4K 9.33*L*]; (fr) [Is 22.18, 33.12. Del. 4, 5, 7); Jb 16.16, 20.23.
ῥίς אַף [7].
ῥόα 1) רִמּוֹן [5+: + Ez 19.10].
ῥοιζέω 2) נזל qal[1]. Del. 1) v.l. at 4K 13.17.
ῥοΐσκος 1) פַּעֲמוֹן [2]; 2) רִמּוֹן [7: + Si 45.9].
ῥομφαία 1) חֲנִית [3]; 2) חֶרֶב [32+: + 4K 3.23, Ps 9.6, Hg 1.11, Ez 29.10 voc.]; 3) מַאֲכֶלֶת [1]; 4) כִּידוֹן [1]. Del. Je 14.18.
ῥόπαλον *2) מֵפִּיץ [1: Pr 25.18]. Del. 1).
ῥοπή 1) פֶּלֶס [1]; 2) שַׁחַק [1].
ῥο/ωποπώλης 1) רכל qal[3].
ῥοῦς *1) ῥ. ποταμοῦ שִׁבֹּלֶת [1: Si 4.26].
ῥοών 1) *רִמּוֹן [1].
ῥυθμίζω 1) תאר pi.[1].
ῥυθμός 1) חַמּוּק [1]; 2) מַעֲשֶׂה [1]; 3) תַּבְנִית [1].
ῥύμη 1) רְחֹב [1]. Del. Pr 31.23.
ῥύομαι 1) גאל qal[12]; 2) חלץ *a.* ni.[2], *b.* pi.[4]; 3) ישׁע hi.[7]; 4) מלט *a.* ni.[2], *b.* pi.[7]; 5) נצל *a.* ni.[4], *b.* hi.[5+], *c.* Ar. af.[2]; 6) נצר qal[2]; 7) פדה qal[5]; 8) פלט pi.[10]; 9) פצה qal[1]; 10) Ar. שֵׁיזִב [1]; (fr) [Jb 33.17, Ps 17.29, Pr 22.23, Is 1.17]. Del. Jb 5.20b, Is 25.5, 38.6, Ez 33.9.
ῥυπαρός 1) צוֹא [2].
ῥύπος 1) טָמֵא [1]; 2) צֹאָה [1]; 3) שַׁחַת [1]; (fr) [1: Jb 11.15].
ῥύσις 1) *a.* זוב qal[1], *b.* זוֹב [12]; 2) מָקוֹר [1]; 3) קֶרֶה [1]; 4) תְּעָלָה [1].
ῥύστης 1) פלט pi.[4].
ῥώξ 2) פֶּרֶט [1]; (fr) [Is 17.6, 65.8]. Del. 1, 3).

Σ

σαβαωθ 1) צְבָאוֹת [50]. Del. Za 13.2, Je 26.10 v.l.
σαββατίζω 1) שׁבת qal[7: + 1Es 1.58].
σάββατον 1) *a.* שַׁבָּת [39+: + Am 6.3, voc.], *b.* שַׁבָּתוֹן [2]. Del. Ex 31.15[2] v.l.
σαγήνη 1) חֵרֶם [5]; 2) *a.* מִכְמֶרֶת [1], *b.* מִכְמֹרֶת [1]. Del. Hb 1.16b.
σάγμα 1) כַּר [1].
σαθρός 1) רִקָּבוֹן [1].
σαθρόω 1) רעץ qal[1].
σάκκος 1) שַׂק [11+].
σαλεύω 1) געשׁ *a.* qal[1], *b.* hit.[1]; 2) זוּעַ qal[3: + Si 43.16]; 3) זלל ni.[1]; 4) חיל, חול *a.* qal[3], **b.* hitpol.[1: Je 28.7 *h* > *ḥ*]; 5) חפז ni.[1]; 7) מוג *a.* qal[2], *b.* hit.[1], *c.* ni.[1]; 9) מוט *a.* qal[3], *b.* ni.[18: Hb 3.6 MT *ymdd*]; 10) מסס ni.[1]; 11) מעד qal[1]; 12) נוד *a.* hi.[2], *b.* Ar. pe.[1]; 13) נוט hi.[1]; 14) נוּעַ *a.* qal[7], *b.* ni.[1], *c.* hi.[2: + 4K 17.20 meta.]; 15) נטה qal[1]; 16) סור qal[1]; 18) פלץ hit.[1]; 20) רגז qal[1]; 21) רחף qal[1]; 22) רַעַל [1]; 23) רעם qal[2]; *24) גור qal

'fear' [1: Ps 32.8]; *25) נוף hi.[1: Si 43.16]; *26) רגשׁ qal[1: Si 16.18]. Del. 6, 8, 17, 19): Ps 25.1, Hb 2.16, Is 33.20.

σάλος 1) זַעַף [1]; 2) מוֹט [3]; 3) נִידָה [1]; 4) נשׂא qal[1]; 5) סְעָרָה [1]; 6) פַּחַד [1].

σάλπιγξ 1) חֲצוֹצְרָה [5+]; 2) יוֹבֵל [3]; 3) also Ar. קֶרֶן [9]; 4) שׁוֹפָר [12+]; 5) תָּקוֹעַ [1]; 6) תְּרוּעָה [3]; (fr) [Ne 8.15].

σαλπίζω 1) חֲצֹצֵר [6]; 2) רוּעַ hi.[3: - Nu 10.9]; 3) תקע *a.* qal[11+], *b.* ni.[1]. Del. Nu 10.9 v.l.

σαμβύκη 1) Ar. *a.* סַבְּכָא [2], *b.* שַׂבְּכָא [6].

σανδάλιον 1) נַעַל [2].

σανιδωτός 1) לוּחַ [1].

σανίς 1) דֶּלֶת [1]; 2) לוּחַ [2].

σαπρία 1) בְּאֹשׁ [1]; 2) רִמָּה [4]. Del. Is 28.21 v.l.(> πικρία).

σαπρίζω 1) באשׁ hi.[1].

σάπφιρος 1) also Ar. סַפִּיר [12: + To 13.16]; (fr) [Ez 9.2].

σαράβαρα 1) Ar. סַרְבָּלִין [3].

σάρδιον 1) אֹדֶם [3]; 2) שֹׁהַם [2]; (fr) [Pr 25.11, 12].

***σαρκικός** *1) בָּשָׂר [1: 1C 32.8*L*].

σάρκινος 1) בָּשָׂר [3].

σάρξ 1) *a.* בָּשָׂר [59+: + Ho 9.12, MT *bśwry*], *b.* Ar. בְּשַׂר [5]; 2) לְחוּם [1]; 3) שְׁאֵר [6: + Mi 3.3*b*, MT *k'šr*]; 4) חַי [1]; *5) אָדָם [1: Si 30.38]. Del. Ge 41.4^2, Le 25.49^2, Ez 44.7^2 v.l.

σατραπεία 1) מְדִינָה [1]; 2) סֶרֶן [4].

σατράπης 1) Ar. אֲחַשְׁדַּרְפְּנִין [8]; 2) סְגַן [1]; 3) סֶרֶן [16]; 4) פֶּחָה [4]; 5) רזן qal ptc.act.[1]; 6) שַׂר [2]. Del. Es 8.9^2 v.l.

σαύρα 1) חֹמֶט [1].

σαφῶς 1) באר pi.[2]; 2) כון ni.[1].

σβέννυμι 1) דעך qal[7]; 2) כבה *a.* qal[11], *b.* pi.[10]; 3) נכא ni.[1]; (fr) [Jb 16.16, 34.26, 40.7, Pr 10.7]. Del. Is 42.4 v.l.

σέβομαι 1) יָרֵא *a.* qal[2], *b.* adj.[2], *c.* יִרְאָה [1]; 2) עֶבֶד [1].

σειρά 1) חֶבֶל [1]; 2) מַחְלְפוֹת [2].

σειρήν 1) *a.* יַעֲנָה [2], *b.* בַּת יַעֲנָה [1]; 2) תַּן [3].

σειρομάστης. See under σιρομάστης.

σεισμός 1) סְעָרָה [1]; 2) רַעַשׁ [11]; *3) צְעָדָה [1: 1C 14.15*L*].

σείω 1) נוד hitpo.[1]; 2) נוּעַ qal[1]; 3) צען qal[1]; 4) רגז *a.* qal[2: + Is 17.4], *b.* hi.[1]; 5) רעשׁ *a.* qal[13], *b.* ni.[1], *c.* hi.[4]; 7) סער qal[2: + Am 1.14]; (-) [Hb 2.16]; (fr) [Is 10.14, 28.7]. Del. 6): Je 29.21.

σελήνη 1) יָרֵחַ [6+]; 2) לְבָנָה [3]. Del. Ps 73.16.

σελίς 1) דֶּלֶת [1].

σεμίδαλις 1) סֹלֶת [43]; 1+2) קֶמַח [1].

σεμνός 1) נָגִיד [1]; 2) נֹעַם [1].

σευτλίον (fr) [Is 51.20].

σημαία. See under σημέα.

σημαίνω 1) זהר hi.[1]; 2) ידע *a.* hi.[1], *b.* Ar. af.[4]; 3) מלל qal[1]; 4) נגד hi.[1]; 5) רוּעַ hi.[4]; 6) תקע qal[4]; *7) שׁרק qal[1: Zc 10.8]; *8) פקד qal[1: 1E 2.4]; *9) נקב ni.[1: 1E 8.49]; (fr) [Jb 39.24].

σημασία 1) יוֹבֵל [1]; 2) *a.* סַפַּחַת [2], *b.* מִסְפַּחַת [3]; 3) *a.* תְּרוּעָה [9], **b.* רוּעַ hi.[1: Nu 10.7]; 4) ἀφέσεως σ. יוֹבֵל [4].

σημέα 1) אוֹת [1]; 2) נֵס [1].

σημεῖον 1) *a.* אוֹת [38+: + Si 42.19], *b.* Ar. אָת [3]; 2) מוֹעֵד [1]; 3) מוֹפֵת [4]; 4) מַשְׂאֵת [1]; 5) נֵס [9]; 6) צִיּוּן [1]; 7) תָּו [2]; 8) תִּקְוָה [1]. Del. Jl 2.30.

σημειόω 1) נשׂא qal (> נֵס)[1].

σημείωσις 1) נֵס [1].

σήμερον 1) *a.* הַיּוֹם [74+], *b.* כַּיּוֹם [5], *c.* הַיּוֹם הַזֶּה [6: -1K 25.32], *d.* בַּיּוֹם [1]; 2) ἡ σ. ἡμέρα, ἡ ἡμέρα ἡ σ. *a.* הַיּוֹם [4], *b.* הַיּוֹם הַזֶּה [15]; 3) ὡς σ. *a.* כַּיּוֹם [2], *b.* כַּיּוֹם הַזֶּה [2], *c.* כְּהַיּוֹם [1]; 4) τὸ τῆς σ. הַיּוֹם [1]; 5) ἐν τῇ σ. *a.* הַיּוֹם [2], *b.* הַיּוֹם הַזֶּה [2]; 6) ἐν τῇ σ. ἡμέρᾳ הַיּוֹם [2: - Jo 22.29]; 7) καθὼς ἔχεις σ. כַּיּוֹם הַזֶּה [1]; 8) ὥσπερ καὶ σ. כְּהַיּוֹם הַזֶּה [1]; 9) καθὰ καὶ σ. בַּיּוֹם הַזֶּה [1]; 10) ἐν ταῖς σ. ἡμέραις הַיּוֹם [1]; 11) ἡ σ. *a.* הַיּוֹם [2], *b.* הַיּוֹם הַזֶּה [1]. Del. De 4.2^1, 7.9 v.l.

σήπω 1) כלה qal[1]; 2) מקק ni.[1]; 3) רקב qal[1]; *4) קסס 'to be sour' [1: Ez 17.9]; (fr) [3: Jb 16.8, 19.20, 40.7].

σής 1) סָס [2: + Si 42.13]; 2) עָשׁ [3: + Jb 32.22 MT עֹשֵׂנִי]; 3) רָקָב [1]. Del. Jb 27.20 v.l.

σητόβρωτος 1) אָכַל עָשׁ qal[1].

σῆψις 1) רִמָּה [1].

σθένος 1) גְּבוּרָה [1]; *2) √שׁגא [1: Jb 4.10 MT שְׁאָגָה].

σιαγόνιον 1) לְחִי [1].

σιαγών 1) לְחִי [18: + Jb 16.10]; 2) פֶּה [1].

σίαλον 1) רִיר; (fr) [Is 40.15].

σιγάω 1) דמה qal[1]; 2) הַס [1]; 3) חרשׁ *a.* qal[1], *b.* hi.[3]; 4) חשׁה *a.* qal[2], *b.* hi.[1]; 5) סכת ni.[1]; (fr) [Is 32.5].

σιδήριον 1) בַּרְזֶל [4]. Del. Jb 19.24 v.l.

σίδηρος 1) בַּרְזֶל [6+]; 2) גַּרְזֶן [1]; 3) חֶרֶב [3]; 4) מוֹרָה [3]; 5) Ar. פַּרְזֶל [16]; 6) τέκτων σιδήρου חָרָשׁ [1]; 7) נְחֹשֶׁת [1].

σιδηροῦς 1) בַּרְזֶל [7+]; 2) Ar. פַּרְזֶל [17].

σίελον ⇒ **σίαλον**.

σίκερα 1) שֵׁכָר [15].

σίκλος 1) שֶׁקֶל [40: + 1K 13.21]. Del. Nu 7.86.

σικυήρατον 1) מִקְשָׁה [1].

σίκυος 1) קִשּׁוּאָה [1]. Del. Nu 13.24 v.l.

σινδών 1) סָדִין [3].

σιρομάστης 1) חֲנִית [1]; 2) רֹמַח [4].

σισόη 1) ποιέω ~ην נקף hi.[1].

σιτέομαι 1) לחם qal[1: Pr 4.17].

σιτευτός 1) אבס qal[1]; 3) שׁוֹר [1]; 4) שֵׁנִי [1]. Del. 2) (> [fr]).

σιτίον 1) לֶחֶם [1].

σιτοδεία 1) רָעָב [1].

σιτοδοσία (fr) [Ge 42.19, 33].

σιτομετρέω 1) כּוּל pilp.[1].

σιτοποιός 1) אפה qal[1]. Del. Ge 40.20 v.l.

σῖτος 1) אֹכֶל [3]; 2) בָּר [8]; 3) דָּגָן [23+]; 4) חִטָּה [3]; 5) לֶחֶם [9]; 6) עָבוּר [2]; 7) עֲרִיסָה [1]; 8) שֶׁבֶר [5]; 9) σ. ὥριμος גָּדִישׁ [1]; (fr) [Jb 6.5].

σιωπάω 1) אלם ni.[1]; 3) דמם qal[6]; 4) *a.* הַס [1], *b.* הסה pi.[1]; 5) חדל qal[2]; 6) חרשׁ hi.[9]; 7) חשׁה *a.* qal[5: + Jb 18.3], *b.* hi.[6]; 8) סכת hi.[1]. Del. 2): Je 45.27, La 3.49, Si 20.7 v.l.

σιωπή 1) הַס [1]; 2) חרשׁ hi.[1].

σιώπησις 1) צַמָּה [3].

σκάλλω 1) חפשׂ pi.[1].

σκαμβός 1) עִקֵּשׁ [1].

σκανδαλίζω 2) יקשׁ ni.[2]. Del. 1) Da LXX 11.41 v.l.

σκάνδαλον 1) דֳּפִי [1]; 3) מוֹקֵשׁ [8]; 4) מִכְשׁוֹל [4: + Ps 48.13 *s* > *š*]; *5) סִיר [1: Ho 4.17, voc.].

σκάπτω 1) עדר ni.[1].

σκέλος 1) יָרֵךְ [1]; 2) כֶּרַע [2]; 3) קַרְסֹל [1]; 4) *a.* רֶגֶל [3], *b.* מַרְגְּלוֹת [1]; 5) *a.* שׁוֹק [1], *b.* Ar. שָׁק [1].

σκεπάζω 3) חסה *a.* qal[2], *b.* חָסָה בְּצֵל qal[1]; 4) *a.* חֻפָּה [1], **b.* חפה ni.[1: 1K 23.26]; 5) כסה pi.[2]; 6) סכך *a.* qal[1], *b.* hi.[1]; 7) סתר *a.* ni.[2], *b.* hi.[4], *c.* hit.[1]; 9) פסח qal[2]; 10) צפן qal[2]; 11) שׂכך qal[1]; *12) צלל ho.[1: 2K 20.6]; (fr) [Nu 9.20, De 32.11, Ps 90.14]. Del. 1-2, 8): De 33.27, Is 49.2 v.l.

σκέπαρνον/ς 1) חָרִיץ [1]; 2) מַעֲצָד [1]; *3) מַגְזֵרָה [1: 2K 12.31*L*].

σκέπασις (fr) [De 33.27].

σκεπαστής 1) סִתְרָה [1].

σκεπεινός 1) צְחִיחִי [1].

σκέπη 1) אֹהֶל [2]; 2) אֶרֶב [1]; 4) חָגוּ [1]; 5) מַחְסֶה [3]; 6) מָסָךְ [1]; 7) סֵתֶר [3]; 8) *a.* צֵל [14], *b.* צלל hi.[2: + Es 4.14]; 9) מָכוֹן [1]; *10) מָגֵן [1: Jd 9.15A]; *11) מָעוֹז [1: Is 30.3]; (fr) [Is 28.2, Si 14.26]. Del. 3); Is 51.16.

σκέπτομαι 1) חזה qal[1]; 2) ראה qal[1]; *3) ברר qal[1: Zc 11.13 MT *'dr* > *'br*, or *'brr* (pi.)].

σκέπω. See under σκεπάζω, σκέπη.

σκευάζω 1) מלח pu.[1].

σκεῦος 1) כְּלִי [86+: + Si 43.2, Je 28.34]; 2) Ar. מָאן [13]; *3) אֵת [2: 1K 13.20, 21]. Del. Nu 4.25, 4K 12.11, Ne 7.71 v.l.

σκευοφύλαξ *1) שׁוֹמֵר כֵּלִים [1: 1K 17.22*L*].

σκηνή 1) אֹהֶל [170+]; 2) חָצֵר [5]; 3) מִשְׁכָּן [76+]; 3+1) [5]; 4) *a.* סֹךְ [2], *b.* סֻכָּה [251: + Am 5.26 voc.]; *5) יְרִיעָה [2: 2K 7.2, Hb 3.7]; (fr) [Jb 8.14]. Del. 4*c*): Ge 13.4, Ex 39.9a, 40.6², Le 17.4a, Nu 4.5, 16.9², 3K 18.5, 4K 10.14.

σκηνοπηγία 1) סֻכָּה [6].

σκηνόω 1) אהל qal[1]; 2) שׁכן qal[4].

σκήνωμα 1) אֹהֶל [5+: + 1K 7.23]; 3) מִשְׁכָּן [18: + 3K 9.19]; 5) שֹׁךְ [1]; *6) מָעוֹן [1: 1E 1.48]. Del. 2, 4): Nu 16.27, Ps 107.7 v.l.

σκῆπτρον 2) מַטֶּה [5: + 2E 9.13, Ez 30.18 voc.]; 3) שֵׁבֶט [19]. Del. 1); 1K 14.27a.

σκιά 1) צֵל [3+: + Am 5.8]; 2) צַלְמָוֶת [2: + Ps 87.6]; 3) σ. θανάτου צַלְמָוֶת [11: - Jb 16.17].

σκιάζω 1) חפף qal[1]; 2) Ar. טלל af.[1]; 3) סכך qal[3]; 4) פרשׂ qal[1]; 5) שׁכן qal[2]; *6) צלל hi.[2: Jn 4.6, voc., 2K 20.6].

σκιρτάω 1) פּוּשׁ qal[3: + Jl 1.17 MT *'bšw*]; 2) רצץ hitpo.[1]; 3) רקד qal[2].

***σκληρία** *1) סִכְלוּת [1: Ec 7.25].

σκληροκαρδία 1) עָרְלַת לֵבָב [1: - Je 4.4 v.l.]; 2) זְדוֹן לֵב [1].

σκληροκάρδιος 1) עִקֶּשׁ־לֵב [1]; 2) קְשֵׁה־לֵב [1].

σκληρός 1) אַמִּיץ [1]; 2) עַז [1]; 3) פָּרִיץ [1]; 4) *a.* קָשֶׁה [50: + Is 8.12*bis*], *b.* קשׁה qal[1], *c.* ni.[1], *d.* hi.[1]; 5) רָשָׁע [1]; 6) ~ὸν φαίνεσθαι *a.* חָרָה בְּעֵינֵי qal[1], *b.* רעע hi.[1]; 7) ~ὸν εἶναι *a.* קשׁה qal[2], *b.* רעע hi.[1]; 8) σ. γίνεσθαι קשׁה hi.[1]; 9) כָּבֵד [2]; *10) צַר [2: Zp 1.14 MT *ṣrh*, Is 5.3]; *11) תַּקִּיף [1: 1E 2.27]; *12) יַתִּיר [2: Ge 49.3*bis* voc.]; *13) חרה qal [1: 1K 20.7*L*]; (fr) [Pr 27.26]. Del. Je 12.14, Da LXX 11.32 v.l.

σκληρότης 1) חָרוּץ [1]; 3) *a.* קְשִׁי [1], **b.* √קשׁה [1: 2K 22.6 MT *mqšy*]. Del. 2).

σκληροτράχηλος 1) *a.* קְשֵׁה־עֹרֶף [5], *b.* מַקְשֶׁה עֹרֶף [3]. Del. Pr 29.19 v.l.

σκληρύνω 1) חזק *a.* qal[3], *b.* pi.[8]; 2) כָּבֵד hi.[1]; 3) קשׁה *a.* qal[2], *b.* hi.[17], *c.* קָשֶׁה [1]; 4) קשׁח hi.[1]; (-) [Ps 89.6].

σκληρῶς 1) חרה qal[1]; 2) *a.* קשׁה hi.[1], *b.* קָשֶׁה [1].

σκνίψ 1) *a.* כִּנָּה [4], *b.* כִּנָּם [2]. Del. [-] Ex 8.18 v.l.

σκολιάζω 1) הפך ni.[1]; 2) לוז ni.[1].

σκολιός 1) הֲפַכְפַּךְ [1]; 2) סרר qal[1]; 3) עָקֹב [1]; 4) עֲקַלָּתוֹן [1]; 5) *a.* עִקֵּשׁ [4: + Ho 9.8], *b.* עִקְּשׁוּת [1], *c.* מַעֲקַשִּׁים [1]; 6) פתל ni.[1]; 7) תָּהֳלָה [1]; 8) תַּהְפּוּכָה [2]; 9) σ. ἀποβαίνειν עקשׁ hi.[1]; 10) ~αῖς ὁδοῖς πορεύεσθαι נֶעְקַשׁ דְּרָכַיִם ni.[1].

σκολιῶς 1) רָכִיל [1].

σκόλοψ 1) סִיר [1]; 2) סִלּוֹן [1]; 3) שֵׂךְ [1]; *4) סְנֶה [1: Si 43.19, or 3)].

σκόπελος *1) צִי [1: 4K 23.17 MT צִיּוּן].

σκοπεύω 1) נבט hi.[1]; 2) נצב ni.[1]; 4) צפה *a.* qal[2], *b.* pi.[2]. Del. 3).

σκοπή 1) מִצְפֶּה [1].

σκοπιά 1) מַשְׂכִּית [1]; 2) *a.* צפה qal[1], *b.* pi.[1], *c.* מִצְפֶּה [5: + Ho 5.1, voc.], *d.* מִצְפָּה [2]; (fr) [Is 41.9].

σκοπός 1) מַטָּרָה [2]; 2) מַשְׂכִּית [1]; 3) צפה *a.* qal[17], *b.* pi.[1]; (†)[2: Ho 9.10, Na 3.12, prob. error for καρπός, but see Zgl ed., 48, 95, and cf. Schleusner, s.v. σκοπός and Dogniez 2001:257-59].

σκόρδον 1) שׁוּם [1].

σκορπίζω 2) זרה pi.[3: + Jb 39.15 MT *tzwrh*, Hb 3.10 MT *zrm*]; 4) פּוּץ hi.[3]; 5) פזר pi.[1]; 6) פרד ni.[1]. Del. 1, 3, 4*b*): Si 48.16, Zc 11.16, Ez 5.12 v.l. (> δια~).

σκορπίος 1) עַקְרָב [7].

σκοτάζω 1) חשׁך *a.* qal[4: Mi 6.14, metath.], *b.* hi.[1]; 2) קדר hi.[1]; *3) עָב [1: 2K 23.4*L*].

σκοτεινός 1) *a.* כְּאֲפֵלָה [1], **b.* אֹפֶל [1: 4K 5.24], 2) *a.* חֹשֶׁךְ [4], *b.* חֲשֵׁכָה [2], *c.* מַחְשָׁךְ [3]; 3) נֶשֶׁף [1]; 4) Ar. סתר pa.[1]; 5) σ. λόγος מְלִיצָה [1]. Del. Jb 24.11, La 3.6².

σκοτία 1) אֹפֶל [1]; *3) חֲשֵׁכָה [1: Mi 3.6, voc.]. Del. 2)

σκοτίζω 1) *a.* חשׁך qal[3], *b.* hi.[1], *c.* מַחְשָׁךְ [1].

σκοτομήνη 1) אֹפֶל [1].

σκότος 1) *a.* אֹפֶל [4], *b.* אֲפֵלָה [3]; 2) *a.* חֹשֶׁךְ [15+: + Jb 18.6 voc., Si 14.16 שׁבחו], *c,d.* חֲשֵׁכָה ,חֲשֵׁיכָה [4: + 2K 22.12²], *e.* מַחְשָׁךְ [2], *f.* חָשׁוֹךְ [1]; 3) נֶשֶׁף [4]; 4) עֵיפָה [1]; 5) עָנָן [3]; 6) עֲרָפֶל [1]; 7) צַלְמָוֶת [1]; 8) קַדְרוּת [1]; 9) σ. δεινόν שָׁבָץ [1]; *10) פַּלָּצוּת [1: Ps 54.5]. Del. 2*b*): Jb 23.17b, Je 28.34.

σκοτόω 1) *a.* חשׁך qal[1]; 2) קדר *a.* qal[2], *b.* hi.[1]; 3) שׁחר qal[1]; *4) עוּף qal[1: Jd 4.21 voc.]. Del. 1*b*) Ps 73.20, Ec 10.15 v.l.

σκυθρωπάζω 1) קדר qal[4]; 2) רוּחַ נְכֵאָה [1]; 3) שָׁמֵם qal[2].

σκυθρωπός 1) זעף qal[1]; 2) רַע [1: - Ne 2.1 v.l.].

σκυλεύω 1) בזז qal[10]; 2) נצל pi.[3]; 3) נשׂא qal[1]; 4) פשׁט pi.[1]; 5) שׁלל qal[5: + Is 8.3 voc.]; (-) [Ez 30.24].

σκῦλον 1) *a.* בַּז [3], *b.* בִּזָּה [4]; 2) מַלְקוֹחַ [4+]; 3) שָׁלָל [7+]; (fr) [1K 30.20a]; (-) [Ez 30.24]. Del. 1K 23.3.

σκύμνος 1) בֵּן [1]; 2) *a.* גּוּר [7], *b.* גּוֹר [2]; 3) כְּפִיר [7]; 4) *a.* לָבִיא [5], *b.* לְבִיָּא [1], **c.* לְבִי [1: Ps 56.4]; 5) σ. λέοντος *a.* כְּפִיר [1], *b.* לַיִשׁ [2].

σκυτάλη 1) בַּד [2]; 2) פֶּלֶךְ [1].

σκώληξ 1) רִמָּה [3]; 2) *a.* תּוֹלָע [1], *b.* תּוֹלֵעָה [3], *c.* תּוֹלַעַת [4].

σκῶλον 1) *a.* כשׁל hi.[1], *b.* מִכְשׁוֹל [1]; 2) מוֹקֵשׁ [3].

σμαραγδίτης 1) בַּהַט [1].

σμάραγδος 2) *a.* בָּרֶקֶת [2: Ex 28.17, 36.17], *b.* בָּרְקַת [2: + Ez 38.13]; 4) שֹׁהַם [3]. Del. 1, 3): Es 1.6.

σμῆγμα 1) תַּמְרוּק [3].

σμικρύνω 1) אמל pul.[1]; 2) מעט *a.* qal[1], *b.* hi.[1], *c.* מְעַט [1]; 3) קָטֹן qal[1]; 4) קָצַר hi.[1].

σμῖλαξ *1) סְבָךְ [2: Na 1.10, Je 26.14].

σμύρνα 1) מוֹר, מֹר [9].

σμύρνινος 1) מֹר [1].

σορός 1) אָרוֹן [1]; *2) גָּדִישׁ [1: Jb 21.32].

σοφία 1) *a.* בִּינָה [2], *b.* תְּבוּנָה [5]; 2) דַּעַת [2]; 3) also Ar. חָכְמָה [6+: - 3K 4.29, Jb 38.36]; 5) מַחֲשֶׁבֶת [1]; 6) שֵׂכֶל [1]; *7) ἔχων ~αν חֲכַם לֵב [1: Ex 36.2]; 9) *a.* חָכָם [1], **b.* pi.[1: Si 6.37]. Del. 4, 8): Ex 28.3, 3K 10.7, Pr 4.5*bis*, 8.33, Is 10.13, 50.4, Si 8.8 v.l.

σοφίζω 1) בִּין qal[1], *b.* hitpol.[1]; 2) חכם *a.* qal[7], *b.* pi.[2], *c.* hi.[1], *d.* hit.[5], *e.* חָכָם [1]. Del. Si 47.14.

σοφιστής 1) *a.* חָכָם[1], *b.* Ar. חַכִּים [5]; 2) חַרְטֹם [1]. Del. Dn LXX 4.34 v.l.

σοφός 1) בִּין ni.[2]; 2) *a.* חָכָם [14+: + Ps 57.5, Pr 24.59²; - 3K 3.12], *b.* Ar. חַכִּים [17], *c.* חָכְמָה [1], *d.* חכם qal[1]; 3) חַרְטֹם [1]; 5) σ. εἶναι חכם qal[4]; 6) σοφώτερος εἶναι *a.* הוֹסִיף לֶקַח hi.[1], *b.* חכם qal[1]; 7) γίγνεσθαι σοφώτερος חכם qal[1]; 8) σ. γίγνεσθαι חכם qal[5]; 9) σ. εἶναι יסר ni.[1]; 10) שׂכל hi.[1]; *11) דַּעַת [1: Pr 14.7]; (fr) [Pr 13.10, 17.24, Ez 28.3b, Da LXX 5.12¹]. Del. 4): Jb 21.22, Pr 13.17, 24.41, 31.27, Je 16.16, Dn LXX 2.12.

σοφόω *1) פקח qal[1: Ps 145.8].

σοφῶς 1) *a.* בְּחָכְמָה [1], *b.* חָכָם [1]. Del. Is 31.2 v.l.

σπάδων 1) סָרִיס [2].

σπανίζω 1) אזל qal[1].

σπάνιος 1) ~ον εἰσάγειν יקר hi.[1].

σπαράσσω 1) געשׁ hit.[1]; 2) המה qal[1]; 3) שׁלך hi.[1].

σπάργανον 1) חתל ho.[1].

σπαργανόω 1) *a.* חתל pu.[1], *b.* חֲתֻלָּה [1].

σπαρτίον 1) חוּט [6]; 2) פָּתִיל [1]; 3) קַו [2].

σπαταλάω 1) שׁקט hi.[1].

σπάω 2) נתק pi.[1]; 3) שׁוּר pol.[1]; 4) פתח qal[2]; 5) שׁלף qal[19]; (fr) [Ez 21.29²]. Del. 1).

σπείρω 1) זרה qal[2]; 2) זרע *a.* qal[19+], *b.* ni.[5], *c.* pu.[1], *d.* hi.[1], *e.* זֶרַע [3], *f.* מִזְרָע [1]; 3) זרק qal[1]; 4) נדח ni.[1]; 5) פּוּץ *b.* hi.[1]; 6) פזר pi.[1]; 7) שׂוּם qal[1]; (fr) [Is 37.30¹]. Del. 5*a*): Zp 3.10 v.l.

σπένδω 1) נסך *a.* qal[2], *b.* pi.[1], *c.* hi.[10], *d.* ho.[2], *e.* Ar. pa.[1], *f.* נֶסֶךְ [1]. Del. 3K 21.33, 4K 16.13 v.l.

σπέρμα 1) *a.* זֶרַע [106+: + 1K 2.31*bis*, Is 17.5, 10, 33.2, 48.14, Ez 31.17, Da TH 11.6, 31, Si 41.6], *b.* זֵרוּעַ [1], *c.* זרע qal[2], *d.* זֵרֹעִים [1], *e.* זֵרְעֹנִים [1], *f.* Ar. זְרַע [2: + To 13.16]; 2) נִין [4: + Nu 21.30 MT *nyr*, Si 47.23]; 3) ὁ οἰκεῖος τοῦ ~ατος בָּשָׂר [1]; 4) אַחֲרִית [2]; 5) בֵּן [1]; 6) נֶכֶד [1]; *7) שָׂרִיד [2: De 3.3, Is 1.9]; *8) שֹׁרֶשׁ [2: Is 14.29, 30]; (fr) [Nu 23.10¹, Is 15.9, 31.9]; (-) [+ Nu 23.10³, 59.21]. Del. De 30.6b, Jb 5.24.

σπερματίζω 1) גִּבְעֹל [1]; 2) זרע hi.[1].

σπεύδω 1) אמץ hit.[1]; 2) בהל *a.* ni.[4], *b.* pi.[3], *c.* pu.[1], *d.* Ar. itpe.[1]; 3) דחף *a.* qal[2], *b.* ni.[1]; 4) חוּשׁ *a.* qal[1], *b.* hi.[1]; 5) חפז qal[1]; 6) מהר *a.* pi.[27: + 3K 18.7, 21.33, Mi 4.1 MT *nhrw*, Is 16.5], **c.* מְהֵרָה [1: 2K 17.16*L*]; 7) רוּץ qal[1]; *8) דהר qal[1: Jd 5.22B]. Del. 6*b*): 4K 9.16, Ps 39.13, 69.1.

σπήλαιον 1) *a.* מְעָרָה [14+: + Hb 2.15 MT *m'wryhm*, Ge 49.30b, 50.13b, Is 33.16, Je 27.26]; 2) נצר qal[1]; 3) סְעִיף [1]; 4) διπλοῦν σ. מַכְפֵּלָה [1]; (-) [Is 7.19]. Del. 1*b*).

σπιθαμή 1) גֹּמֶד [1]; 2) זֶרֶת [7].

σπινθήρ 1) *a.* נִיצוֹץ [4: + Ez 1.7 voc. and Si 42.22]; *2) גַּחֶלֶת [1: 2K 14.7*L*]. Del. 1*b*).

σπλάγχνα 1) בֶּטֶן [1]; 2) רַחַם [1]; 3) כֶּסֶל [1]; *4) לֵב [1: Si 36.5]; *5) מֵעִים [1: Je 28.13].

σποδιά 1) אֵפֶר [1]; 2) דֶּשֶׁן [2]; 3) עָפָר [1].

σποδοειδής 1) σ. ῥαντός *a.* בָּרֹד [2], *b.* טָלוּא [1].

σποδός 1) אֵפֶר [4+: - Nu 19.10, 2K 13.19² v.l.]; 2) דֶּשֶׁן [1]. Del. Ne 9.1.

σπονδεῖον 1) *קַשְׂוָה [4]; *2) אֲגַרְטָל [2: 1E 2.12*bis*]ÅG*3) מִזְרָק [1: 1C 28.17*L*].

σπονδή 1) *a.* נֶסֶךְ, נֵסֶךְ [43+], *b.* נָסִיךְ [1], *c.* נסך Ar. pe.[1], *d.* pa.[1]; *2) Ar. נִיחוֹחַ [2: Da LXX 2.46, 1E 6.30].

σπορά 1) זרע qal[1].

σπόριμος 1) *a.* זרע qal[2], *b.* זֵרוּעַ [2: + Da LXX 1.12]; 2) שָׂדֶה [1: Si 40.22].

σπόρος 1) *a.* זֶרַע [6], *b.* זרע qal[1], **c.* זָרִיעַ [1: Am 9.13, voc.]; 2) חָרִישׁ [1]; 3) יְבוּל [1]; 4) שָׂדֶה [1]; (-) [Is 32.10].

σπουδάζω 2) בהל *a.* ni.[5], *b.* pi.[1], *c.* hi.[1]; *4) חוּשׁ qal[1: Jb 31.5 voc.]. Del. 1, 3): Ge 19.15 v.l.

σπουδαῖος (fr) [Ez 41.25].

σπουδή 1) *a.* Ar. בְּהִילוּ [2], *b.* בֶּהָלָה [4: + Ez 7.11, Da LXX 10.7], בהל *c.* ni.[1], *d.* Ar. itpe.[4]; 2) בְּעָתָה [1]; 3) חִפָּזוֹן [2]; 4) מהר pi.[1]; 5) נחץ qal[1]; 6) רֶגַע [1]; *7) דַּהֲרָה [1: Jd 5.22B]; *8) Ar. אָסְפַּרְנָא [1: 1Es 6.9]. Del. TH 9.27.

σταγών 1) דֶּלֶף [1]; 2) מַר [1]; 3) *a.* נָטָף [2: + Mi 2.11]; 4) רְבִיבִים [2]. Del. 3*b*).

στάζω 1) דלף qal[2]; 2) זַרְזִיף [1]; 3) מצה qal[1]; 4) נטף qal[5]; 5) נתך *a.* qal[3], *b.* ni.[3].

στάθμιον 1) אֶבֶן [9]; 2) *a.* מִשְׁקָל [2], *b.* שֶׁקֶל [3], *c.* מִשְׁקֹלֶת [1]; 3) פֶּלֶס [1]. Del. 2*d*): Ez 4.10 v.l.

σταθμός 1) מְזוּזָה [7]; 2) מָלוֹן [1]; 3) מַסַּע [3]; 4) סַף [4]; 5) פֶּלֶס [1]; 6) *a.* שֶׁקֶל [1], *b.* מִשְׁקָל [26], *c.* מִשְׁקֹלֶת, מִשְׁקֶלֶת [2: + 4K 21.13*L*], *d.* מִשְׁקוֹל [1]; *7) אֶבֶן [1: 2K 14.26*L*]; *8) מִפְתָּן [1: 1K 5.5*L*]. Del. Dt 15.17 v.l.

σταῖς 1) בָּצֵק [4].

στακτή 1) אֲהָלוֹת [1]; 2) לֹט [2]; 3) מֹר [1]; 4) נָטָף [1]; 5) נֹפֶךְ [1]; *6) נֵשֶׁק [2: 3K 10.25 ‖ 2C 9.24].

σταλάσσω 1) נטף hi.[1].

στάμνος 1) בַּקְבֻּק [2]; 2) צִנְצֶנֶת [1].

στάσιμος *1) תּוֹכֶן [1: Si 26.17].

στάσις 1) הֲדֹם [1]; 2) מָנוֹחַ [1]; 3) מָעוֹז [1]; 4) מֻצָּב [2: + Ne 9.6]; 5) מַתְכֹּנֶת [1]; 6) *a.* עַמּוּד [1], *b.* מַעֲמָד [4], *c.* עֹמֶד [8], *d.* עמד qal[1]; 7) Ar. קְיָם [3]; 8) רִיב [1]; *9) קוֹמָה [1: 1K 28.20*L*]. Del. Ez 1.28.

σταυρόω 1) תלה qal[1].

σταφίς 1) עֵנָב יָבֵשׁ [1]; 2) עֵנָב [1]; 3) צִמּוּק [4].

σταφυλή 1) עֵנָב [14+: + Ez 36.8 *p* > *b*]. Del. Ct 5.1.

στάχυς 1) מְלִילָה [1]; 2) קָמָה [1]; 3) שִׁבֹּלֶת [10+].

στέαρ 1) חֵלֶב [57+: + Jb 21.24, Is 55.1 voc., Ez 44.7]; 2) פֶּדֶר [3]; *3) בָּצֵק [2: 2K 13.9*L*, Ho 7.4]. Del. 2K 13.8.

στεατόω 1) מְרִיא [1].

στεγάζω 2) קרה pi.[5]. Del. 1) Ne 3.3^{2} v.l.

στέγη 1) מִכְסֶה [1]; 2) צֵל [1]; *3) Ar. אִגַּר [1: 1E 6.4].

στέγω 1) כסה pi.[1].

στεῖρα 1) עֲקֶרֶת, עֲקָרָה [5+]; 2) ~ν ποιεῖν עצר qal[1].

στειρόω 1) עצר ni.[1].

στέλεχος 1) גֶּזַע [1]; 2) עֲבֹת [1]; 3) עָלֶה [1]; 4) פֹּארָה [2]; 5) תִּימָרָה [1]; 6) στ. φοινίκων תָּמָר [2]; *7) אֵילָה [1: Ge 49.21 voc.]; (fr) [Jb 29.18].

στέλλομαι 1) חתת ni.[1].

στέμφυλον 1) חַרְצָן [1].

στεναγμός 1) אֲנָחָה [9]; 2) *a.* אֲנָקָה [1], **b.* אנק ni.[1: Ez 24.17]; 3) *הִגָּיוֹן [1]; 4) נְאָקָה [2].

στενάζω 1) אבל qal[1]; 2) אנה qal[1]; 3) אנח ni.[7: + Is 21.2, 30.15], *b.* hit.[1]; 4) אנק qal[1]; 5) המה qal[1]; 6) זעק qal[1]; 7) נוד qal[1]; 8) עגם qal[1]; 9) שׁוע pi.[1]; *10) שָׁמֵם ni.[1: Je 38.19]; *11) נוּעַ qal[1: Si 36.30]. Del. Jb 18.20, 23.2, Ec 10.18, Ez 26.16, 28.19 v.l.

στενός 1) לַחַץ [1]; 3) צַר [8]; 4) ἀπορία σ. צָרָה [1]; *5) מֵצַר [4: 1K 23.14, 19, 24.1, 23]. Del. 2).

***στενότης** *1) צַר [2C 15.4*L*].

στενοχωρέω 1) אוץ qal[1]; 2) אלץ pi.[1]; 3) צרר qal[1]; 4) קצר qal[3].

στενοχωρία 1) מָצוֹר [1]; 2) צוּקָה [2]; 3) ὁ ἐν ~ίᾳ ὤν אֲשֶׁר מוּצָק לָהּ [1]; 4) צֹרֶךְ [1].

στένω 1) אנח qal[1]; 2) נוּעַ qal[2]; 3) קדר qal[1]; (fr) (Jb 10.2, Pr 28.28].

στενῶς 1) צַר [1].

στερεός 1) אַדִּיר [1]; 2) אַכְזָרִי [1]; 3) אנשׁ qal ptc. pass.[1]; 4) חָזָק [2]; 5) חַלָּמִישׁ [1]; 6) מִקְשָׁה [4]; 7) ~σ πέτρα *a.* צוּר [3: + Is 5.28 voc.], *c.* חַלָּמִישׁ [1]. Del. 7*b*); Le 14.42, Je 20.13 v.l.

στερεόω 1) אמץ *a.* qal[1], *b.* pi.[1], **c.* אַמִּיץ [1: 2K 15.12*L*]; 2) חזק *a.* qal[1], *b.* pi.[2], *c.* hi.[1], **d.* pu.[Si 50.1 voc.]; 3) טפח pi.[1]; 4) כון ni.[1]; 5) מִבְצָר [1]; 6) נטה qal[1]; 7) נצב ni.[1]; 9) עצם qal[1]; 10) עשׂה ni.[1]; 11) רקע *a.* qal[3], *b.* hi.[1]; 12) תכן pi.[1]; *13) יצר qal[1: Am 4.13]; *14) סֶלַע [1: 2K 22.2*L*]. Del. 8): Si 45.8 v.l.

στερέω 1) זור qal[1]; 2) מנע qal[6].

στερέωμα 1) סֶלַע [2]; 2) רָקִיעַ [9+: + Si 43.1]; 3) שַׁחַק [1]; *4) קום pi.[1: Es 9.29]; *5) גָּדֵר [1: 1E 8.78]; (fr) [1: Ez 13.5].

στερέωσις Del. 1) Jb 37.18 v.l.

στερίσκω 1) חסר pi.[1].

στεφάνη 1) זֵר [3]; 2) מִסְגֶּרֶת [2]; 3) מַעֲקֶה [1]. Del. 4) Zc 6.11 v.l.

στέφανος 1) אַבְנֵט [1]; 2) כָּלִיל [2]; 3) לִוְיָה [2]; 4) עֲטָרָה [2+: + Ps 64.11 voc.]; 5) צִיץ [1].

στεφανόω 1) עטר *a.* qal[1], *b.* pi.[3]; *2) פאר pi.[1: Si 45.8].

στηθοδεσμίς 1) קִשֻּׁרִים [1].

στῆθος 1) גָּחוֹן [1]; 2) Ar. חֲדִי [2]; 3) לֵב [3]; (fr) [Pr 6.10, 24.48].

στηθύνιον 1) חָזֶה [12].

στήκω 2) כון ni.[1]. Del. 1, 3); Ex 14.13, 3K 8.11 v.l.

στήλη 1) בָּמָה [4]; 2) *a.* מַצֵּבָה [19+], *b.* מַצֶּבֶת [3], *c.* נְצִיב [1]; *3) סֶמֶל [1: Ez 8.3]; *4) מִזְבֵּחַ [1: 2C 33.3*L*]; *5) קָדֵשׁ [1: 3K 15.12*L*]. Del. Ex 29.29, 2K 18.18^{3}, Si 45.10 v.l.

στηλογραφία 1) מִכְתָּם [6].

στηλόω 1) יצב hit.[3]; 2) נצב *a.* ni.[4], *b.* hi.[5: + 2K 1.19 voc.], *c.* נְצִיב [1]. Del. 3): Is 22.23.

στήμων 1) שְׁתִי [8].

στήριγμα 1) אֵמוּן [2: + 4K 25.11]; 2) יֶתֶר [1]; 3) מַטֶּה [5]; 4) מִשְׁעָן [1].

στηρίζω 1) *a.* אֱמוּנָה [1], *b.* אֹמְנָה [1]; 3) נפל hi.[1]; 4) נצב *a.* hi.[1], *b.* ho.[1]; 5) נתן qal[1: - Ez 15.7]; 6) סמך *a.* qal[5], *b.* ni.[2], *c.* pi.[1]; 7) סעד qal[3]; 8) ספח hit.[1]; 9) שִׂים qal[9]; 10) תמך qal[1]; 11) תקע qal[1]; 12) חזק *a.* hi.[1], *b.* hit.[1]; 13) יצב hit.[1]; 14) יסד pi.[1]; 15) שׁען ni.[1]; 16) עמד hi.[1]; *17) כון hi.[1: Si 6.37 *b* > *k*]; *18) עצם pi.[1: Pr 16.30]; *19) שׁוה pi.[1: 2K 22.34*L*]; (fr) [Le 13.55]. Del. 2): Jb 20.7, Ez 15.7, Da LXX 7.28 v.l.

στιβαρός 1) כָּבֵד [1].

στιβαρῶς (fr) [1: Hb 2.6 MT *ʿbṭyṭ*].

στίβι 1) פּוּךְ [1].

στιβίζομαι: see under στιμίζομαι.

στίγμα 1) נְקֻדָּה [1]; *2) רִקְמָה [1: Jd 5.30*L*].

στιγμή 1) פֶּתַע [1].

στικτός 1) קַעֲקַע [1].

στιλβόω 1) לטשׁ qal[1].

στίλβω 1) לַהַב [1]; 2) צהב ho.[2: + 1E 8.56]; 3) קָלָל [1]; *4) ברק qal[1: Ez 21.29 voc.]. Del. 3K 7.47 v.l.

στίλβωσις 1) בָּרָק [2]. Del. Ps 7.12.

στιμίζομαι 1) כחל qal[1]; 2) שׂוּם בַּפּוּךְ qal[1].

στιππύϊνος 1) פֵּשֶׁת [2].

στιππύον 1) נְעֹרֶת [1]; 2) פֵּשֶׁת [1]; 3) καλάμη ~ύου נְעֹרֶת [1].

στίχος 1) טוּר [10+].

στοά 1) אַתִּיק [1]; 2) מְזוּזָה [1]; 3) רִצְפָּה [1].

στοιβάζω 1) ערך qal[3]; 2) רפד pi.[1]. Del. Le 1.7 v.l.

στοιβή 1) גָּדִישׁ [1]; 3) עֲרֵמָה [1]; (fr) [Is 55.13]. Del. 2).

στοιχέω 1) כשׁר qal[1].

στολή 1) אַדֶּרֶת [1]; 2) אֵפוֹד [2]; 3) בֶּגֶד [34+: + 2C 34.22]; 4) חֲלִיפָה [3]; 5) חֲלִיצָה [1]; 6) כְּתֹנֶת [2]; 7) לְבוּשׁ [6]; 8) מְעִיל [2]; 9) עֵרֶךְ [1]; 10) שַׂלְמָה [1]; 11) שִׂמְלָה [5]; 12) αἱ σ. τῶν δοξῶν עֲדִי [1]; *13) בַּד [3: Ez 10.2, 6, 7]; *14) עטה qal[1: Is 22.17]; (fr) [Is 9.5]. Del. 4K 10.26.

στολίζω 1) לבשׁ *a.* pu.[2: + 1E 5.57], *b.* hi.[3], *c.* Ar. pe.[2]; *2) חזק pi.[1: 1E 1.2].

στολισμός 1) בֶּגֶד [1]; 2) מַלְבּוּשׁ [1].

στολιστής 1) לבשׁ hi.[1: 4K 10.22 *w* > *y*].

στόμα 1) פֶּה [63+: + Jd 14.9^{1}A, 1K 1.23 (cf. 4QSam^{a}), 2K 14.13, Ne 2.13, Si 8.11]; 2) Ar. פֻּם [10: + To 13.6]; 3) שָׂפָה

[2]; 5) חֵךְ [1]; (fr) [Jb 29.13, Ps 31.2, Pr 23.33]. Del. 4, 6): Jb 6.4, 7.11^{2}, 21.5, 27.4, Pr 15.14^{1}, Is 26.21, 29.13, Da LXX 10.5.

στοχάζομαι *1) תכן pi.[1: De 19.3]. Del. 1).

στοχαστής 1) קסם qal ptc.[1].

στραγγαλάω *1) Ar. חנק itpe.[1: To 2.3].

στραγγαλιά 1) אֲגֻדָּה [1]; 2) עֲקַלְקַל [1].

στραγγαλίς 1) נְטִיפָה [1].

στραγγαλώδης 1) עִקֵּשׁ [1].

στραγγεύω *1) מהה hitpalp.[1: Jd 19.8].

στραγγίζω 1) מצה *qal[1]. Del. מצה ni. [voc.].

στρατεύω 1) יצא qal[1]; 2) מהה hitpalp.[2]; 3) צבא qal[1].

στρατηγία 1) צָבָא [1].

στρατηγός 1) Ar. אֲחַשְׁדַּרְפְּנִים [1]; 2) מֶלֶךְ [2]; 3) *a.* סָגָן [10], *b.* Ar. סְגַן [6]; 4) סֶרֶן [2: + Ez 32.30]; 5) שַׂר [7].

στρατιά 1) חַיִל [3]; 2) מֶמְשָׁלָה [1]; 3) מַסַּע [1]; 4) צָבָא [21]; *5) קְרָב [1: 3K 21.39].

στρατιώτης Del. 2K 23.8.

στρατοκῆρυξ *1) רִנֵּן בְּמַחֲנֶה [1: 3K 22.36].

στρατοπεδεία 1) מָלוֹן [1].

στρατοπεδεύω 1) חנה qal[3]; 2) נסע qal[3]; 3) שׁכן qal[1].

στρατόπεδον 1) חַיִל [1]; *2) אֲנָשִׁים, pl. of אִישׁ [1: Je 48.12].

στρεβλός 1) עִקֵּשׁ [2]; 2) רְמִיָּה [1]; 3) עָקוֹב [1].

στρεβλόω 1) פתל hit.[1].

στρέμμα 1) פָּתִיל [1]. Del. 2) 4K 15.30 v.l.

στρεπτός 1) גְּדִלִים [1]; 2) גֻּלָּה [3]; 3) στρ. κυμάτιον זֵר [3]; 4) στρ. στεφάνη זֵר [2].

στρέφω 1) גָּלִיל [1]; 3) הפך *a.* qal[8], *b.* ni.[14], *c.* hit.[2]; 4) סבב *a.* qal[3], *b.* hi.[1]; 5) פנה *a.* qal[2], *b.* hi.[1]; 7) שׁוּב *b.* hi.[1]; *8) חזר qal[1: Si 36.5]; *9) חול hitpo.[1: Je 37.23]; (fr) [Jb 41.16]. Del. 2 > 9, 6, 7*a*): De 3.1, Ps 113.5, Zp 3.20, Je 41.15 v.l.

στρῆνος 1) שַׁאֲנָן [1].

στροβέω 1) בעת pi.[4].

στρογγύλος 1) עָגֹל [3]. Del. 3K 7.31 v.l

στρουθίον 1) יָעֵן [1]; 2) עָגוּר [1]; 3) צִפּוֹר [7].

στρουθός 1) *a.* בַּת יַעֲנָה [3], *b.* יַעֲנָה [1]; 2) דְּרוֹר [1]; 3) תַּן [2].

στροφεύς 1) גָּלִיל [1]; 2) מְחַבְּרוֹת [1].

στρόφιγξ 1) צִיר [1].

στρόφος 1) הפך qal[1].

στροφωτός 1) סבב ho.[1].

στρῶμα 1) מִשְׁכָּב [1]; *2) מַכְבֵּר [1: 4K 8.15*L*].

στρωμνή 1) יָצוּעַ [4]; 2) מִפְרָשׂ [1]; 3) עֶרֶשׂ [2]; 4) תַּחַת [1].

στρώννυμι 2) יצע ho.[2]; 3) *רבד qal[1: *k* > *r*]; 5) מִשְׁכָּבָה [1]; 7) רפד pi.[1]; *8) נטה hi.[1: 2K 21.10*L*]. Del. 1, 4, 6): Jb 26.12, Ez 27.30, 28.7 v.l.

στυγνάζω 1) שָׁמֵם *a.* qal[3: + Ez 26.16], *b.* hi.[1].

στυγνός 2) שׁוֹבָב [1]. Del. 1) Da 2.12 LXX v.l.

στῦλος 2) כֹּתֶרֶת [1]; 3) מַצֵּבָה [1]; 4) *b.* עַמּוּד [42: + Ex 19.9 MT עָב, 2C 34.31]; 5) קֶרֶשׁ [25+: + Ex 26.33 *s* > *š*]. Del. 1, 4*a*): Jb 38.6.

στυράκινος 1) לִבְנֶה [1].

συγγένεια 1) *a.* דּוֹדָה [1], **b.* דּוֹד [1: Is 38.12 *r* > *d*]; 2) טַף [1]; 3) מוֹלֶדֶת [1]; 4) also Ar. מִשְׁפָּחָה [21: + To 1.22]; 5) נִין [1]; 6) תּוֹלֵדוֹת [3]. Del. Nu 4.44 v.l.

συγγενής 1) *a.* דּוֹד [1: 2K 3.39 MT *rk*], *b.* דּוֹדָה [2]; 2) מִשְׁפָּחָה [1]; 3) רֵעַ [1]; *4) זֶרַע [1: Ez 22.6 voc.]; *5) Ar. מִן בֵּית אֲבוּ־ [To 6.11]; *6) שְׁאֵר [1: Si 41.21]. Del. Le 20.20^{2}.

συγγίνομαι 1) הָיָה עִם qal[1]; 2) ידע qal[1].

συγγνώμη *1) ~ην ἔχειν עזב qal [1: Si 3.13].

συγγραφή 1) סֵפֶר [1]; (fr) [Is 58.6].

συγκάθημαι 1) ישׁב qal[1].

συγκαθίζω 1) ישׁב qal[5: + Ge 15.11 voc.]; 2) רבץ qal[1].

συγκαίω 1) אכל qal[1]; 2) דלק hi.[1]; 3) חמר pealal[1]; 4) חֲרִישִׁי [1]; 6) עתם ni.[1]; *7) יקד ni.[1: Jb 30.17]; (fr) [Ps 120.6]. Del. 5): 3K 7.49 v.l.

συγκαλέω 1) קרא *a.* qal[2+]. Del. 1*b*): Is 62.12, La 2.3 v.l.

συγκάλυμμα 1) כָּנָף [2].

συγκαλύπτω 2) חפשׂ hit.[4]; 3) כסה pi.[10: + 3K 20.4]; 5) סרח qal[1]. Del. 1, 4): 4K 4.35, Ps 68.10, Pr 26.26 v.l.

συγκάμπτω 1) גהר qal[1]; 2) כרע qal[1]; 3) מעד hi.[1]; *4) ברך hi.[1: Ps 68.11].

συγκαταβαίνω 1) ירד qal[1].

συγκατακληρονομέομαι1) אחז ni.[1].

συγκαταμίγνυμι 1) בּוֹא qal[1].

συγκατατίθημι 1) כרת qal[1]; 2) שִׁית יָד qal[1].

σύγκειμαι 1) קשׁר qal[1]; 2) פעל ni.[1].

συγκεράννυμι 1) Ar. ערב itpa.[1].

συγκερατίζομαι 1) נגח hit.[2].

συγκλασμός 1) קְצָפָה [1].

συγκλάω 1) גדע *a.* qal[1], *b.* ni.[1], *c.* pi.[3]; 2) קצץ pi.[1]; (fr) [1: Ez 29.7]. Del. Ps 75.3 v.l.

σύγκλεισμα 1) מִסְגֶּרֶת [4].

συγκλεισμός 1) *a.* סָגוֹר [1], *b.* מִסְגֶּרֶת [1]; 2) מָצוֹר [4]; *3) עֹצֶר [1: 2K 5.24].

συγκλειστής *1) מַסְגֵּר [1: 4K 24.16*L*].

συγκλειστός 1) *a.* סגר qal[1], *b.* מִסְגֶּרֶת [2].

συγκλείω 2) סגר *a.* qal[11], *b.* ni.[1], *c.* pu.[1], *d.* hi.[7], *e.* מַסְגֵּר [2], **f.* pi.[2: 1K 17.46, 2K 18.28*L*]; 3) סכך hi.[1]; 4) עצר qal[3]; 6) צור qal[3]; 7) צרר qal[1]. Del. 1, 5): 1E 9.16, Mi 3.3, Ez 33.22 v.l.(> συνθλάω).

σύγκλητος 1) קָרִיא [1].

συγκλύζω 1) שׁטף qal[2].

συγκοιμάομαι *1) שׁכב qal[1: 1K 2.22*L*].

σύγκοιτος 1) שֹׁכֶבֶת חֵק [1]; *2) סכן qal [1: 2K 25 (MT 3K 1).4*L*].

συγκομίζω 1) עלה qal[1].

συγκόπτω 1) כתת *a.* qal[3], *b.* pi.[1]; 2) נכה hi.[1]; 3) נפץ pi.[1]; 4) קצה pi.[1]; 5) קצץ pi.[4]; 6) שׁחק qal[1]; *7) שׁבר pi.[1: 4K 25.13*L*].

σύγκρασις 1) סִיג [1].

σύγκριμα 1) גְּזֵרָה [2]; 2) Ar. פְּשַׁר [8]; 3) מִשְׁפָּט [1].

συγκρίνω 1) פרשׁ pu.[1]; 2) *a.* פתר qal[7], *b.* Ar. פשׁר pe.[1], *c.* pa.[1].

σύγκρισις 1) מִשְׁפָּט [10]; 2) *a.* פִּתְרוֹן [2], *b.* Ar. פְּשַׁר [31]; 3) שֶׁבֶר [1].

συγκροτέω 1) Ar. נקשׁ pe.[1]; 2) ספק qal[1].

συγκτίζω *1) יצר ni.[1: Si 11.16].

συγκύπτω 2) נַחַת [1]. Del. 1).

συγκυρέω 1) בַּת [1]; 3) יָד [1]; 4) מִגְרָשׁ [1]. Del. 2) De 3.4 v.l.

συγχαίρω 1) צחק qal[1].

συγχέω 1) בלל qal[2]; 2) הלל hitpo.[1]; 3) המם qal[1]; 4) חרה qal[1]; 5) נכה hi.[1]; 7) סַר [1]; 9) רגז qal[3]; (?) [Am 3.15]. Del. 6, 8): 3K 20.4, 4K 14.26, Jb 30.17 v.l.

σύγχυσις 1) בָּבֶל [1]; 2) מְהוּמָה [2].

συζεύγνυμι 1) חבר qal[1]. Del. Ez 1.23.

συζώννυμι *1) חגר qal[1: Le 8.8].

συκάμινον 1) שִׁקְמָה [2: + 1C 27.28].

συκάμινος 1) שִׁקְמָה [5].

συκῆ 1) תְּאֵנָה [26: + Ne 2.13].

σῦκον 1) תְּאֵנָה [11]; 2) πρόδρομος ~ου בִּכּוּרָה [1]. Del. Je 24.3[1].

συκοφαντέω 1) גלל hitpo.[1]; 2) *a.* עשק qal[7: + Jb 35.9]; 3) שׁקר pi.[1]. Del. 2*b*).

συκοφάντης 1) *a.* עשק qal[1], *b.* מַעֲשַׁקּוֹת [1].

συκοφαντία 1) ענשׁ qal[1]; 2) *a.* עֲשׁוּקִים [1], *b.* עֹשֶׁק [3].

συκών 1) תְּאֵנָה [2].

συλλαλέω 1) דבר pi.[2]; 2) שִׂיחַ qal[1]; (fr) [Je 18.20].

συλλαμβάνω 1) הרה *a.* qal[19+: + Ct 8.2], *b.* הָרֶה [1]; 2) חול pol.[1]; 3) לכד *a.* qal[12], *b.* ni.[9]; 4) לקח qal[4]; 5) *יקשׁ ni.[1: Ps 9.16]; 6) קמט pu.[1]; 7) תפשׂ *a.* qal[19+], *b.* ni.[8]; *9) עבר MH pi.[1: Jb 39.13]; (†) [+ Ge 30.8]. Del. 5, 8): Ge 25.21, Is 36.1.

συλλέγω 1) אסף qal[1]; 2) לקח qal[3]; 3) לקט *a.* qal[9+], *b.* pi.[16], *c.* hit.[1]; 4) δράγματα σ. עמר pi.[1]; 5) קטף qal[1]; 6) קשׁשׁ po.[4].

σύλλημψις 1) *a.* הֵרֶה [1], *b.* הֵרָיוֹן [1]; 2) *a.* לכד qal[1], *b.* מַלְכֹּדֶת [1]; 3) תפשׂ qal[1].

συλλογή 1) יַלְקוּט [1].

συλλογίζομαι 1) בִּין hitpol.[1]; 2) חשׁב *a.* pi.[3], *b.* hit.[1].

συλλογισμός 1) רֹאשׁ in the idiom נָשָׂא רֹאשׁ [1].

συλλοχισμός 1) יחשׂ hit.[1].

συλλυπέομαι 1) נוּד qal[2].

συλλύω *1) נצל hi.[1: 2K 14.6*L*].

συμβαίνω 1) בּוֹא [2]; 2) היה qal[1]; 3) מצא qal[1]; 4) עשׂה *a.* qal[1], *b.* ni.[2]; 5) קרא *a.* qal[4]; 6) קרה qal[4]; 7) ποιεῖν συμβῆναι קרא hi.[1]; *8) Ar. עבד itpe.[1: To 14.4]; *9) מַעֲשֶׂה [1: To 12.20]; (fr) [1E 1.25]. Del. 5*b*).

συμβάλλω 1) גרה hit.[1]; 2) זול qal[1]; 3) סות hi.[1]. Del. Ge 30.8 v.l.

συμβαστάζω 1) סלה pu.[2].

συμβιβάζω 1) בִּין hi.[1]; 2) ידע hi.[3]; 3) ירה hi.[5]; 4) שׂכל hi.[1].

σύμβλημα 1) דֶּבֶק [1].

σύμβλησις 1) טַבַּעַת [1].

συμβοηθός 1) עזר qal[1].

συμβολή 2) *a.* חֹבֶרֶת [2], *b.* מַחְבֶּרֶת [3]; 4) קָצָה [1]; (fr) [Pr 23.20, Is 23.8]. Del. 1, 3): Ex 26.24 v.l.

συμβολοκοπέω 1) זלל [2].

σύμβολον *1) עֵץ [1: Ho 4.12].

συμβόσκω 1) גּוּר qal[1].

συμβουλευτής *1) יָעֵט Ar.[1: 1E 8.11].

συμβουλεύω 1) יעץ qal[12], *b.* ni.[5: + Is 33.19], *c.* Ar. יעט itpa.[1]; 2) סות hi.[1]; 3) שׁקל qal[1].

συμβουλία 1) עֵצָה [4: + Ps 118.24].

σύμβουλος 1) *a.* יעץ qal[13], *b.* אִישׁ עֵצָה [1], *c.* Ar. יָעֵט [2]. Del. Is 9.6 v.l.

συμβραβεύω *1) עזר qal[1: 1E 9.14].

συμμαχέω 1) עזר qal[2].

συμμείγνυμι. See under συμμίγνυμι.

σύμμεικτος.1) *a.* ערב qal[1], *b.* עֶרֶב [3], *c.* מַעֲרָב [8: + Ez 27.16].

σύμμετρος 1) מִדָּה [1].

συμμιγής 1) Ar. ערב itpa.[2].

συμμίγνυμι 2) חבר hit.[1]; 3) ערב qal[1]; 4) קרב qal[1]; (fr) [Pr 20.1]. Del. 1, 5): Ho 7.8 v.l.

σύμμικτος: see under σύμμεικτος.

σύμμιξις 1) תַּעֲרוּבָה [2].

συμμολύνω גאל hit.[1].

συμπαθής Del. 1) Jb 29.25 v.l.

συμπαραγίνομαι 1) לוה ni.[1].

συμπαραλαμβάνω 1) ספה ni.[1]; 2) קרא qal + 3) שׁלח qal[1].

συμπαραμένω *1) ארך hi.[1: Ps 71.5 MT יִירָאוּךָ].

συμπάρειμι (fr) [Pr 8.27].

συμπαρίστημι 1) יצב hit.[1].

σύμπας 1) כֹּל [5+: + Na 1.5 MT *tbl* > *hkl*]; 2) *a.* ἡ σύμπασα אֶרֶץ [1], *b.* תֵּבֵל [1: Ez 27.13 voc.]; *3) שָׁלֵם [1: Jb 25.2 MT שָׁלוֹם]. Del. 1K 2.22, 3K 9.9, 15.18, 29, 21.15, Es 4.7, Hb 2.14, Ec 1.14, 2.18, 3.11*bis*, 4.1, 2, 4, 15, 7.16, 8.9, 17*bis*, 9.11, 10.19, 11.5, 12.14 v.l.

συμπατέω 1) דּוּשׁ qal[1]; 2) רמס *a.* qal[6], *b.* מִרְמָס [1]; 3) Ar. רפס pe.[1].

συμπεραίνω 1) קצה qal[1].

συμπεριλαμβάνω 1) צרר qal[1].

συμπίνω 1) שָׁתָה עִם qal[1].

συμπίπτω 1) הרס ni.[1]; 2) ירד qal[1]; 3) נגשׂ ni.[1]; 4) נטשׁ ni.[2]; 5) נפל qal[4: - Ez 30.4[1]]; 7) פשׁט qal[2]; *8) היה qal[1: 1K 1.18]; *9) הָיָה לְחָרְבָּה qal[1: Is 64.11]. Del. 6); Jb 4.14.

συμπλέκω 1) גַּבְלוּת [2]; 3) חבר pu.[1]; 4) חבשׁ qal[1]; 5) לבט ni.[1: on the meaning of the Heb., see Ben-Yehuda 1908-59: s.v. לבט, n. 3]; 6) עלה qal[1]; 8) שׂרג *a.* pu.[1], *b.* hit.[1]; 9) שׁקק hitpalp.[1]; (fr) [Ps 57.2]. Del. 2, 7).

συμπλήρωσις 1) מָלֵא pi.[3].

συμποδίζω 1) דקר qal[1]; 2) Ar. כפת *a.* pe.[1], *b.* pa.[1]; 3) כרע *a.* qal[1], *b.* hi.[2]; 4) עקד qal[1]; 5) תרגל pi.[1]; *6) לכד hit.[1: Pr 20.11; Schleusner 5.167]; (fr) [1: Zc 13.3; cp. 12.10 κατορχέομαι = MT דקר as in Zc 13.3].

συμποιέω *1) Ar. עבד pe.[1: 1E 6.27].

συμπολεμέω 1) לחם ni.[2]. Del. De 32.23 v.l.

συμπορεύομαι 1) בּוֹא *a.* qal[1], *b.* hi.[1], *c.* מָבוֹא [1]; 2) *a.* הלך qal[8+], **b.* Ar. הוּךְ pe.[1: 1E 8.10]; 3) פעם qal[1]; 4) רעה qal[1]. Del. Ex 33.15, Nu 14.14 v.l.

συμπορπάω 1) סבב ho.[1].

συμποσία Del. Si 35.5 v.l.

συμπόσιον 1) מִשְׁתֵּה יַיִן [1]; 2) מִשְׁתֶּה [3].

συμπροπέμπω 1) שׁלח pi.[2].

συμπρόσειμι 1) חבר qal[1]; 2) לוה qal[1].

συμπροσπλέκω 1) גרה hit.[1].

σύμπτωμα 1) מִקְרֶה [2]; 2) קֶטֶב [1]; *3) עַצֶּבֶת [1: Pr 27.9 MT מֵעֲצַת].

συμφέρω 1) *a.* טוב [1], *b.* טוֹבָה [1]; 2) נָאוֶה [1]; 3) שוה qal[1]; 4) גלל hit.[1]; *5) כָּשֵׁר [1: Pr 31.19]; *6) יעל hi.[1: Si 30.19].

συμφλέγω 1) להט pi.[1].

συμφοράζω 1) חִיל qal[1].

συμφράσσω *1) חִיל qal[1: Is 27.12].

συμφρύγω 1) *b.* חרר ni.[1]. Del. 1*a*) Jb 30.30, Ez 24.10, 11 v.l.

συμφύρω 3) גלל hitpo.[1]; (fr) [Ho 4.14]. Del. 1-2); Ez 22.6 v.l.

σύμφυτος 1) *a.* בָּצוּר [1]; 2) מוג hitpo.[1]. Del. 1*b*): Es 7.7, 8 v.l.

συμφωνέω 1) אות ni.[1]; 2) חבר qal[1]; *4) אחה ni.[1: Is 7.2, see Seeligmann 1948:50, and TJ אתחבר). Del. 3).

συμφωνία 1) *a.* + *b.* Ar. סוּמְפֹּנְיָה/א [5]. Del. 1*c*).

σύμφωνος 1) לְעֻמַּת [1].

συμφώνως Del. 1) Ec 7.15 v.l.

συμψάω 1) אסף ni.[1]; 2) סחב qal[2].

σύναγμα 1) אֲסֵפָה [1].

συνάγω 1) אסף *a.* qal[19+: + De 32.23, 2C 2.2, 17, Ne 12.25, Mi 7.1, Zc 14.14, Is 24.22], *b.* ni.[7+: + 2K 3.34], *c.* pi.[5], *d.* pu.[3], *e.* hit.[2: + De 33.21], *f.* אֹסֶף [1]; 2) אצר *a.* qal[1], *b.* ni.[1]; 4) בּוֹא hi.[1]; 6) דגר qal[1]; 7) חוּשׁ hi.[1]; 8) חטב qal[1]; 9) חשׁך qal[1]; 10) יסד ni.[2]; 12) יעד ni.[4]; 14) יצב hit.[1]; 15) כמס qal[1]; 16) כנס *a.* qal[7: + Ps 15.4]; *b.* hit.[1], *c.* Ar. כנשׁ pe.[1], *d.* itpe.[4], **e.* כנס pi.[1: Ez 22.20]; 17) לקט *a.* qal[2], *b.* pi.[4: + Ez 16.31], *c.* pu.[1]; 20) נהר qal[1]; 22) נוּס hi.[1]; 25) נתן qal[1]; 26) ספה *a.* qal[2], *b.* ni.[1]; 28) עוּז hi.[1]; 30) עמד hi.[1]; 32) צבר qal[5]; 33) צעק *a.* ni.[1], **b.* hi.[1: 1K 10.17*L*; 34) קבץ *a.* qal[20], *b.* ni.[25: + 2E 8.20], *c.* pi.[30], *d.* pu.[1], *e.* hit.[4]; 35) קהל *a.* ni.[4], *b.* hi.[4]; 36) קוה *a.* ni.[5: + Mi 5.7 voc., Hb 2.16 MT *wqyqlwn* > *wyqw qlwn* (= *wayyiqāw qālōn*), Je 8.15], *c.* מִקְוֶה [2: + 3K 7.23]; 40) קָצִיר [1]; 41) קרב *a.* ni.[1], *b.* hi.[1]; 42) קשׁר qal[1]; 43) קשׁשׁ *a.* po.[2], *b.* hitpo.[1]; 46) שׁער hit.[1]; 47) שׁוּב po.[3]; 49) + μισθούς, שׂכר hit.[2]; 50) חסן ni.[1]; *51) סָפִיחַ [1: 4K 19.29*L*]; (fr) [Hg 1.6^{2}, Zc 2.6, Ez 13.5, Da LXX 11.34]. Del. 1*g*, 3, 5, 11, 13, 18-9, 21, 23-4, 26*c*, 27, 29, 31, 36*b*, 37-9, 44-5, 48): Ge 41.35^{3}, 49.2, Ex 8.5, De 23.25, 2K 10.16, 3K 18.20, 4K 5.11, 19.25, 1C 15.3, 2C 2.16, 2E 10.7, Jb 20.13, Jl 2.1, Zc 9.3, Is 52.12, 15, Je 23.7, 8, Ez 34.12, 39.2^{2}, Da LXX 12.12, Si 14.4^{1}.

συναγωγή 0) *אֲגֻדָּה [1: 2K 2.25*L*]; 1) אסף *a.* qal[2: + Da LXX 8.25], *b.* אָסִיף [1], *c.* אֲסֵפָה [1], **d.* אֹסֶף [1: Zp 3.8 voc.]; 4) גַּל [1]; 5) הָמוֹן [3]; 6) חַיִל [1]; 7) מָחוֹל [2]; 9) מִקְוֶה [2: + Ge 1.9 MT *mqwm*]; 11) מִשְׁכָּן [1]; 12) סוֹד [1]; 13) עֵדָה [111+: + Le 22.18, Jo 20.4, 3K 12.21, Ps 61.8, Is 22.6; Ob 13 MT *r'tw*]; 14) עַם [2]; 15) עַם הַקָּהָל [1]; 16) קבץ ni.[1]; 17) *a.* קָהָל [20+], *b.* קְהִלָּה [1]; 18) קְהַל עֵדָה [1]; 19) תִּקְוָה [1]; 20) מַעֲמָד [1]; 21) קבל pi.[1]. Del. 2-3, 8, 10); Nu 5.2, 2E 10.14 v.l.

συνᾴδω 1) אמר qal[1].

συναθροίζω 0) *אסף qal [1: 1K 14.52*L*]; 1) הון hi.[1]; 2) יעד ni.[1]]; 3) מָגוֹר [1]; 4) נוּעַ qal[1]; 5) קבץ *a.* qal[11], *b.* ni.[3], *c.* hit.[3]; 6) קהל *a.* ni.[1], *b.* hi.[1]; 7) עוּשׁ qal[1]; *8) צעק ni.[1: Jd 12.1*L*]. Del. Nu 20.2 v.l.

συναλγέω 1) עכר ni.[1].

συνάλλαγμα *1) אֲגֻדָּה [1: Is 58.6].

συναλοάω 1) Ar. דקק af.[1].

συναναβαίνω 1) עלה qal[11]. Del. Jo 14.8 v.l.

συναναμειξις 1) חבר hit.[1].

συναναμίγνυμι 1) בלל hitpo.[1]; *2) טָמֵא hit.[1: Ez 20.18].

συναναπαύω 1) רבץ qal[1].

συναναστρέφω 1) פתל ni.[1].

συναναφέρω 1) עלה hi.[3].

συναναφύρω 1) היה qal[1].

συναντάω 1) *a.* בּוֹא qal[1], *b.* בּוֹא ל [1]; 2) לְמוּל, לְמוּאל [1]; 3) מצא qal[1]; 4) נגע qal[1]; 5) נשׂג hi.[2]; 6) פגע qal[11]; 7) פגשׁ *a.* qal[5], *b.* ni.[2], *c.* pi.[1]; 8) קבץ ni.[1]; 9) קדם pi.[4]; 10) קרא *a.* qal[10: + Jb 39.22, Pr 20.30], *b.* ni.[2]; 11) קרה *a.* qal[3], *b.* ni.[1]; 12) συναντήσας σοι לִקְרַאת בּוֹאֶךָ [1]; *13) לִפְנֵי [1: Ge 46.28].

συναντή 1) קרא qal[3].

συνάντημα 1) מַגֵּפָה [1]; 2) מִקְרֶה [7]; 3) נֶגַע [1].

συνάντησις 1) אֲגֻדָּה [1]; 2) פָּנִים [1]; 3) קרא qal in the phrase לִקְרַאת [28+].

συναντιλαμβάνομαι 1) כּוּן ni.[1]; 2) נשׂא qal[2]. Del. Ge 30.8 v.l.

συναπάγω 1) לקח qal[1].

συναπόλλυμι 1) אסף qal[1]; 2) ספה *a.* qal[2], *b.* ni.[2]; 3) Ar. קטל itpa.[1].

συναποστέλλω 1) שׁלח qal[2].

συνάπτω 1) אסר qal[1]; 2) אפד qal[1]; 3) בּוֹא hi.[1]; 4) גרה hit.[3]; 5) דבק hi.[3]; 6) חבר *a.* qal[1], *b.* pi.[3]; 7) נגע *a.* qal[5], *b.* hi.[2]; 8) נקף hi.[1]; 9) *נשׁק qal[1: Ne 3.19]; 10) ערך qal[5]; 11) פגע qal[6]; 12) קרב pi.[1]; 13) קשׁר qal[1]; 14) σ. πόλεμον, σ. εἰς πόλεμον גרה hit.[2].

συναριθμέω 1) כסס qal[1].

συναρπάζω 1) לקח qal[1].

συναυλίζομαι 1) בּוֹא qal[1].

σύναψις 1) קֶשֶׁר [1].

συνδειπνέω 1) אכל qal[1]; 2) לָחַם לֶחֶם qal[1]; *3) בָּרָה לֶחֶם qal[1: 2K 12.17*L*].

σύνδειπνος 1) בַּעַל לֶחֶם [1].

σύνδεσμος 2) חַרְצֻבּוֹת [1]; 3) מוֹטָה [1]; 4) סגר qal[1]; 5) Ar. קְטַר [2]; 6) קֶשֶׁר [5: + 3K 14.24 MT קדשׁ]. Del. 1); 3K 6.10.

συνδέω 1) דבק hi.[1]; 2) פנה hi.[1]; 3) קשׁר ni.[1]; 4) קשׁשׁ qal[1]; 5) שׁבץ *a.* pu.[1], *b.* מִשְׁבְּצוֹת [1]; 6) תקע ni.[1]; *7) אסר qal[1: Ex 14.25 MT *wysr*].

σύνδουλος 1) Ar. כְּנָת [8].

συνδυάζω 1) לחם qal[1].

συνεγγίζω 1) נגע hi.[1].

σύνεγγυς 1) מוּל [1]; *2) סְבִיבָה [1: Si 14.24].

συνεγείρω 1) עוּר pol.[1]. Del. 2).

συνεδρεύω 1) קוּם pol.[1]; 2) סוד hit.[1].

συνεδριάζω 1) סוֹד [1].

συνέδριον 1) דִּין [1]; 2) מַת [1]; 3) סוֹד [3]; 4) קָהָל [1].

συνείδησις 1) מַדָּע [1]. Del Si 42.18 v.l.

σύνειμι 1) רֵעַ [1]. Del. Ps 57.10, Jb 36.29 v.l.

συνεῖπον 1) Ar. זמן *b.* itpa.[1]. Del. 1*a*).

συνεισέρχομαι 1) בּוֹא עִם qal[2]; (fr) [1: Ex 21.3].

συνεκπολεμέω 1) לחם ni.[2]. Del. Jo 10.14 v.l.

συνεκπορεύομαι 1) יצא qal [2: + Jd 13.25]. Del. 2).

συνεκτρέφω 1) גדל qal[1].

***συνελαύνω** *1) הָיָה עַל [1: 2K 11.23*L*].

συνέλευσις 1) צָרִיחַ [3].

συνέλκω 1) משׁך qal[1].

συνεξέρχομαι 1) יצא qal[1].

συνεξορμάω *1) Ar. הוּךְ pe.[1: 1E 8.11].

συνεπακολουθέω 1) מָלֵא pi.[2].

συνεπισκέπτω 1) פקד *a.* qal[1], *b.* hothpa.[3].

συνεπίσταμαι 1) חזה qal[1].

συνεπισχύω 1) עזר qal[1].

συνεπιτίθημι 2) עזר qal[1]; 3) שִׁית qal[2]; 4) שׁלח qal, perh. *yād* as obj. understood [1]; (fr) [De 32.27; Zc 1.15a, cf. also Am 6.1]. Del. 1).

συνεργέω *1) Ar. עבד pe.[1: 1E 7.2].

συνέρχομαι 1) אסף ni.[1]; 2) בּוֹא qal[1]; 3) הלך qal[2]; 5) יעד ni.[1]; 6) פגשׁ ni.[1]; 7) קבץ hit.[1]; (-) [Jb 6.29, Pr 23.35]. Del. 4): Pr 5.20, Zc 8.21².

συνεσθίω 1) אכל qal[3: + Ps 100.5 voc.]; 2) ברה qal[1].

σύνεσις 1) בִּין *a.* ni.[1], *b.* hi.[3: + Jb 6.30], *c.* בִּינָה [23: - 2C 2.12], *d.* תְּבוּנָה [19]; 3) *a.* דַּעַת [9], *b.* מַדָּע [4], *c.* Ar. מַנְדַּע [1]; 4) חָכְמָה [5: - Is 10.13]; 5) טַעַם [1]; 6) שׂכל *a.* hi.[3], *b.* שֵׂכֶל, שֶׂכֶל [9], *c.* Ar. שָׂכְלְתָנוּ [3], *d.* מַשְׂכִּיל [13]; 7) διδόναι ~ιν בִּין hi.[1]; 8) מוּסָר [1]; (?) [1: Ho 2.15 MT *tqwh*]; (fr) [Jb 12.16]. Del. 2): Is 3.20 v.l.

συνεταιρίς 1) *a.* רֵעָה [2]. Del. 1*b*).

συνέταιρος 1) Ar. חֲבַר [1]; 2) מֵרֵעַ [2]; *3) Ar. כְּנָת [4: 1E 6.3, 7, 27, 7.1].

συνετίζω 1) בִּין hi.[14]; 2) יעץ qal[1]; 3) שׂכל hi.[1]. Del. Je 9.12 v.l.

συνετός 1) בִּין *a.* qal[2], *b.* ni.ptc.[9: + Si 36.24; - 1K 16.18²], *c.* hi.[8: + 2C 35.3]; 2) חָכָם [9]; 3) חֲכַם־לֵב [1]; 4) ידע qal[2]; 6) עָרוּם [1]; 7) שׂכל *a.* hi.[7], *b.* שֵׂכֶל [2]; 8) σ. καρδίας (-ᾳ) אִישׁ לֵבָב [2]. Del. 5, 9).

συνετῶς 2) מַשְׂכִּיל [1]; 3) σ. ποιεῖν בִּין hi.[1]. Del. 1) Je 9.12 v.l.

συνευφραίνομαι 1) שׂמח qal[1].

συνεχής *1) מָצוֹר [1: 4K 19.24*L*].

συνέχω 1) אחז qal[2: + Si 14.4]; 2) אמר qal[1]; 3) אלם ni.[1]; 4) בֵּין [1]; *4α) בעת pi.[1: 1K 16.14*L*]; 5) חבק pi.[1]; 6) חבר qal[3]; 7) δύνασθαι σ. כּוּל hi.[1]; 8) כלא ni.[1]; 9) לכד *a.* ni.[1], *b.* hit.[1]; 10) מנע qal[2: + Jb 20.13]; *10α) סַר [1: 3K 21.43*L*]; 11) עבר qal[1]; 12) עצר *a.* qal[7], *b.* ni.[5], *c.* מַעְצֹר [1]; 13) צוּר qal[1]; 14) צרר qal[1]; 15) קפץ qal[2]; 16) συνεχόμενος ἐκ בִּפְתִיל [1]; 17) חזק hi.[1]; (fr) [Jb 3.24]. Del. Ex 26.3 v.l.

συνῆλιξ 1) כְּגִיל [1].

συνθέλω 1) אבה qal[1].

σύνθεσις 1) בֹּשֶׂם [1]; 2) מַתְכֹּנֶת [2]; 3) סַם [8]; 4) קְטֹרֶת [2]. Del. Ex 30.35.

σύνθετος 1) סַם [1].

συνθήκη 1) בְּרִית [1]; 2) חֹזֶה [1]; 3) *a.* יָשָׁר [1], *b.* מֵישָׁרִים [2]; 4) מַסֵּכָה [1].

σύνθημα *1) שִׁבֹּלֶת [1: Jd 12.6A].

συνθλάω 2) מחץ qal[4]; *2α) מחק qal[1: Jd 5.26*L*]; 4) נתץ qal[1]; 5) פצח pi.[1]; 6) רצץ *b.* pi.[1], *c.* hi.[1]. Del. 1, 3, 6*a*): Jb 30.17, Ps 74.10, 100.16, Is 42.3.

συνθλίβω 1) רצץ qal[1]; 2) יחד qal[1: Si 34.14].

συνίημι 1) בִּין *a.* qal[36: + Ps 48.12], *b.* hi.[23], *c.* hitpo.[8], **d.* בִּינָה [1: Jb 20.2]; 3) *a.* ידע qal[1], **b.* מַדָּע [1: Is 59.15]; 5) ראה qal[2]; 6) שׂכל *a.* qal[1], *b.* hi.[33]; *8) עמד qal[1: 2C 20.17]; (fr) [Jb 36.4]. Del. 2, 4, 7): Jo 1.8a, Pr 29.7, Je 29.20.

συνίστημι 1) אסר qal[1]; 2) חתם hi.[1]; 3) יקשׁ qal[1]; 4) כּוּן *a.* pol.[1], **b.* hi.[1: Jb 28.23]; 5) מִקְוֶה [1]; 6) Ar. עבד pe.[1]; 7) עמד qal[2: + Ps 38.1]; 8) פקד qal[1]; 9) צוה pi.[2]; 10) קהל ni.[2]; 11) שׁלח pi.[1]; *12) בּוֹא qal[1: 1E 1.27]. Del. Le 15.3².

συνίστωρ 1) שָׂהֵד [1].

συννεφέω 1) ענן pi.[1].

συννεφής 1) ערף II qal[1].

σύννους *1) Ar. בנס pe.[1: Da LXX 2.12]; *2) שׁמם pol.[1: 1E 8.68].

σύννυμφος 1) יְבֶמֶת [2].

συνοδεύω Del. 1) Zc 8.21 v.l.

συνοδία 1) *a.* יחשׂ hit.[2], *b.* יַחַשׂ [1].

σύνοδος 1) עֲצֶרֶת [1]; *2) גֶּרֶשׁ [1: De 33.14). Del. 1E 1.8 v.l.

σύνοιδα 1) ידע qal[1]; (fr) [1: Jb 27.6].

συνοικέω 1) בּוֹא אֶל qal[1]; 2) בעל qal[5: + Si 25.8, 42.10]; 3) הָיָה ל qal[1]; 4) יבם pi.[1]; *6) נשׂא qal[1: 1E 8.67]. Del. 5): Pr 19.14.

συνοικίζω 1) בעל *a.* qal[2]; 2) ישׁב *a.* qal[1], **b.* hi.[2: 1E 8.89, 9.7]; *3) נשׂא qal[2: 1E 8.81, 9.36]. Del. 1*b*) Is 62.4 v.l.

συνοικοδομέω *1) בנה qal[1: 1E 5.65].

συνούλωσις 1) אֲרֻכָה [1].

συνοχή 1) מָצוֹר [2]; 2) שׁוֹאָה [1]; *3) צָר [1: Jd 2.3 *d* > *r*]. Del. Jb 38.28 v.l.

συνταγή 1) זמן pu.[1]; 2) מוֹעֵד [1].

σύνταγμα 2) סוֹד [1]. Del. 1) Ec 12.11 v.l.

σύνταξις 1) אֲרֻחָה [1]; 2) חֹק [1]; 3) מִשְׁפָּט [3]; 4) עֲבֹדָה [1]; 5) פקד qal[1]; 6) *a.* תֹּכֶן [1], *b.* מַתְכֹּנֶת [1]; *7) Ar. נִפְקָה [1: 1E 6.29].

συνταράσσω 1) בהל **a.* pi.[1: Ps 20.10 MT יבלעם], *b.* Ar. pa.[4]; 3) המה qal[3]; 4) המם qal[3]; 6) כמר ni.[1]; 7) סעף pi.[1]; 8) פצם pi.[1]; 9) רגז qal[1]; 10) Ar. שׁבשׁ itpa.[1]. Del. 2, 5) Is 27.12 v.l.

συντάσσω 1) אמר qal[1]; 2) *a.* דבר pi.[6], *b.* דָּבָר [1]; 3) חבר hit.[1]; 4) טרף hi.[1]; 5) יעד ni.[1]; 6) יצר qal[1]; 7) פקד pu.[1]; 8) צוה *a.* pi.[75+], *b.* pu.[2]; *9) ὁ συντασσόμενος Ar. כְּנָת [3: 1E 2.15, 21, 25]; *10) Ar. שִׂים טְעֵם pe.[1: 1E 6.4].

συντέλεια 1) אַחֲרִית [1]; 2) אָסִיף [1]; 3) בֶּצַע [1]; 4) חרץ ni.[4]; 5) כלה *a.* pi.[6], *b.* כָּלָה subst.[9: + Jb 30.2, Am 8.8, 9.5, Hb 1.9, 15, 3.19, Ez 21.28], *c.* תִּכְלָה [1], *d.* תַּכְלִית [1],

**e*. qal[1: 1E 2.1]; 6) *b*. כָּלִיל [4]; 7) מִסְפָּר [1]; 8) *סוֹף [2: Am 1.14, Na 1.3 MT סוּפָה; + Si 11.27]; 9) קֵץ [18]; 11) תמם qal[2]; 12) תְּקוּפָה [2]; 13) εἰς ~αν לָנֶצַח [1]; *15) λαμβάνειν ~αν Ar. שׁלם pe.[1: 1E 6.19]. Del. 6*a*, 10, 14.

συντελέω 1) אסף qal[1]; 3) בצע *a*. qal[3], *b*. pi.[2], *c*. בֶּצַע [1]; 4) גמר qal[2]; 5) גרע qal[1]; 6) חתם qal[1]; 7) כלה *a*. qal[27: + 1K 20.34, Ho 13.2, Na 2.1, Ma 3.9, Ez 23.32], *b*. pi.[21+: + Ge 49.5 *y* > *w*, De 31.1, 2C 30.22, Je 13.19, 15.16, Ez 7.15], *c*. pu.[3: + Jb 19.27, Ez 11.15], *d*. כָּלָה subst.[3], *e*. כִּלָּיוֹן [1]; 8) *a*. כֹּל [1], *b*. כָּלִיל [1], **c*. ishtaf.[1: 1E 2.18], **d*. shaf.[1: 1E 7.4]; 9) כרת qal[2]; 10) מות qal[1]; 11) מָלֵא *a*. qal[1], *b*. pi.[1]; 12) נקף hi.[1]; 13) סוף qal[1]; 14) עשׂה *a*. qal[6], *b*. ni.[2]; 15) שָׁלֵם *a*. qal [2: + To 10.7], *b*. pi.[1]; 16) תמם *a*. qal[7: + To 14.1], *c*. hit.[1]; 17) συντέλειαν συντελεῖν בצע pi.[1]; 18) πονηρὰ συντελεῖν רעע hi.[1]; 19) שׁבת qal[1]; *20) כון ni.[1: 1E 1.17]; *21) Ar. עבד itpe.[2: 1E 2.23, 6.9]; *22) Ar. יצא shaf.[1: 1E 7.4]; *23) Ar. אתה ittaf.[1: To 14.4]; (-) [Jb 19.26]. Del. 2, 16*b*).

συντέμνω 1) חרץ *a*. qal[1], *b*. ni.[3]; 2) חתך ni.[1]; 3) כלה qal[1].

συντήκω *1) דַּל [1: 2K 13.4*L*].

συντηρέω 2) קָיָם [1]; 3) שׁמר *a*. qal[6: + Si 41.14], *b*. ni.[1]. Del. 1) Da TH 7.28.

συντίθημι 1) Ar. זמן *b*. itpa.[1]; 2) קשׁר qal[1]; 3) שׁלם hi.[1]. Del. 1*a*).

συντίμησις 1) עֵרֶךְ [6: + 4K 12.5a].

συντόμως 1) בְּלֹא מִשְׁפָּט [1]; *2) חטף qal[1: Pr 23.28].

συντρέφω 1) כְּגִיל [1]; *2) גדל qal[1: 2K 12.3*L*].

συντρέχω 1) *(עִם) רוץ qal[2: Jd 7.21*L*, Ps 49.18].

συντριβή 1) מְחִתָּה [5]; 2) *a*. שׁבר ni.[1], *b*. שֶׁבֶר [12], *c*. שִׁבָּרוֹן [1], *d*. מִשְׁבָּר [1]; 3) שֹׁד [1]. Del. Pr 6.16.

συντρίβω 1) גדע *a*. qal[2], *b*. ni.[1]; 2) דכא ni.[1]; 3) הרס qal[2]; 4) זוּרֶה [1]; 5) חִיל qal[1]; 6) חתת *a*. qal[1], *b*. ni.[1]; 7) טרף qal[1]; *7α) כרע hi.[1: 2K 22.40*L*]; 8) כשׁל *a*. qal[1], *b*. ni.[1]; 10) נגף ni.[2]; 11) נכה *a*. hi.[2], **b*. ho.[1: Zp 3.18MT *mmk* > *mkym*]; 12) נפץ pi.[1]; 13) פצע qal[1]; 14) צלע qal[2]; 16) רטשׁ pi.[1]; 17) רמס qal[1]; 19) שׁבר *a*. qal[11+: + Pr 26.10, Je 23.9²], *b*. ni.[6+: + Je 13.17], *c*. pi.[10+], *d*. שֶׁבֶר [1]; 20) שׁבת **b*. ni.[1: Si 33.12]; 21) שׁטף *a*. qal[1], *b*. ni.[1], *c*. שֶׁטֶף [1]; 22) שׁמד ni.[1]; 24) שׁסע pi.[2]; 25) Ar. תבר pe.[2]; 27) מחץ qal[1]; (fr) [Is 46.1]. Del. 9, 15, 18, 20*a*, 23, 26): De 9.21, Ps 73.14, Si 27.2 v.l.

σύντριμμα 1) עַצֶּבֶת [1]; 2) פֶּצַע [3]; 3) *a*. שֶׁבֶר [4+: + Is 60.18], *b*. שִׁבָּרוֹן [1], **c*. מִשְׁבָּר [1: Je 3.22]; 4) שֹׁד [1]; *5) צְרוֹר [1: cf. Delitzsch ad Am 9.9]. Del. Nu 32.14, 2K 15.12 v.l.

συντριμμός 1) *a*. שֶׁבֶר [3: Mi 2.8, MT *šwby*], *b*. מִשְׁבָּר [1]; 2) שֹׁד [1].

σύντριψις 1) מַכָּה [1].

συντροχάζω 1) *רוּץ qal[1: Ec 12.6].

συνυφαίνω 1) מָלֵא pi.[1]; 2) עשׂה qal[1].

συνυφή 1) חֵשֶׁב [1].

συνωμότης 1) בַּעַל בְּרִית [1].

συνωρίς 1) צֶמֶד פָּרָשִׁים [1].

Συρία 1) אֲרָם.

σύριγμα 1) *b*. שְׁרִיקָה [1]. Del. 1*a*).

συριγμός 1) *a*. שְׁרֵקָה [5], *b*. שְׁרִיקָה [1].

σύριγξ 1) Ar. מַשְׁרוֹקִיתָא [8].

συρίζω 1) שׁרק qal[11].

συρισμός 1) *a*. שְׁרֵקָה [1], *b*. שְׁרִיקָה [1].

Συριστί 1) אֲרָמִית [4].

Σύρος 1) אֲרָם [17]; 2) אֲרַמִּי [14].

συρράπτω 1) תפר pi.[1].

σύρω 1) זחל qal[2]; 2) סחב qal[1]; 3) שׁטף qal[2].

σῦς 1) חֲזִיר [1].

συσκήνιος 1) אֲשֶׁר בְּאֹהֶל [1].

σύσκηνος 1) גָּר בַּיִת [1]. Del. 2) Ex 16.16 v.l.

συσκιάζω 1) *a*. סכך qal[1], *b*. מָסָךְ [1]; (-) [Ho 4.13, see Muraoka 1973:23f.]. Del. 2).

σύσκιος 1) רַעֲנָן [2]; *2) עָבֹת [1: Ez 6.13, Muraoka 1973a:23f.].

συσκοτάζω 1) חשׁך *a*. qal[1], *b*. hi.[3]; 2) קדר *a*. qal[3], *b*. hi.[2], *c*. hit.[1]. Del. Mi 6.14 v.l.(> σκοτάζω).

συσσεισμός 1) *a*. סַעַר [1], *b*. סְעָרָה [2]; 2) צְעָדָה [1]; 3) רַעַשׁ [3]; 4) שְׂעָרָה [1]. Del. Zc 14.5 v.l.(> σεισμός).

συσσείω 1) חול hi.[2]; 2) פחד hi.[1]; 3) רעשׁ *a*. qal[1], *b*. hi.[2].

σύσσημον 1) מַשְׂאֵת [2]; 2) נֵס [3].

σύστασις 1) קָהָל [1]. Del. 1E 5.73 v.l.

συστέλλω 1) כנע ni.[2]; 3) קפד qal[1]. Del. 2).

σύστημα 1) אֲגַם [1]; 2) מִקְוֶה [1]; 3) *a*. נְצִיב [1], *b*. מַצָּב [1]; 4) תְּעָלָה [1].

σύστρεμμα 1) גְּדוּד [2]; 2) קֶשֶׁר [3]; 3) תַּרְבּוּת [1]; *4) יחשׂ hit.[1: 2E 8.3]; *5) נְצִיב [1: 1C 11.16*L*].

συστρέφω 1) הלך hit.[1]; 2) חול hitpol.[1]; 3) כמר ni.[1]; 4) לקט hit.[1]; 5) צרר *a*. qal[1], **b*. pi.[1: Ez 13.20 *d* > *r*]; 6) קבץ *a*. qal[1], **b*. pi.[1: Mi 1.7 MT *yšwbw*]; 7) קשׁר *a*. qal[11], *b*. hit.[1]. Del. Je 31.38.

συστροφή 1) סוֹד [1]; 2) עֵדָה [1]; 3) **a*. צְרוֹר [3: 2K 17.13*L*, Ho 4.19, 13.12 voc.], **b*. מְצוּרָה [1: Ez 13.21], **c*. צרר ni.[1: Je 4.16]; 4) קֶשֶׁר [1]; 5) ~ἣν ποιεῖσθαι קשׁר qal[1]; 6) סוּפָה [1]. Del. 3) צרר qal.

συσφίγγω 1) אפד qal[1]; 2) קפץ qal[1]; 3) רכס qal[1]; 4) שׁנס pi.[1].

σφαγή 1) *a*. הרג qal[1], *b*. הֲרֵגָה [4]; 2) חֶרֶב [1]; 3) טבח qal[2], *b*. טֶבַח [8], *c*. טִבְחָה [1]; 4) כִּיד [1]; 5) קֶטֶל [1].

σφάγιον 1) זֶבַח [1]; 2) טֶבַח [3: + Ez 21.15 MT אבחת]; 3) נְדָבָה [1].

σφάζω 1) הרג qal[1]; 2) זבח qal[2]; 3) *a*. טבח qal[6], *b*. מַטְבֵּחַ [1]; 4) שׁחט *a*. qal[40+: + Ez 21.10²], *b*. ni.[3]; 5) שׁסף pi.[1]. Del. Le 17.3*b*, Nu 11.32 v.l.

σφαιρωτήρ 1) כַּפְתּוֹר [7]; 2) שְׂרוֹךְ [1].

σφακελίζω 1) *a*. כלה pi.[1], *b*. כָּלֶה [1].

σφαλερός 1) נוּעַ qal[1].

σφάλλω 1) מוט qal[2]; 2) נטשׁ ni.[1]; 3) שׂכל pi.[1]; 4) שׁלך hi.[1].

σφάλμα 1) מוֹקֵשׁ [1].

σφενδονάω 1) קלע pi.[2].

σφενδόνη 1) מַרְגֵּמָה [1]; 2) קֶלַע [5: - 1K 17.50 v.l.].

σφενδονήτης 1) *a*. קלע qal[1], *b*. קַלָּע [1].

σφηκιά 1) צִרְעָה [3].

σφηνόω 1) אחז qal (Aramaising)[1]; 2) נעל qal[2].

σφιγγία 1) ענה hit.[1].

σφίγγω 1) צור qal[1]; 2) תמך qal[1].

σφόδρα 1) הֵיטֵב (cf. Radaq ad Jn 4.4 and Syr. *ṭāv*)[7]; 2) *a*. מְאֹד [66+: + 1E 8.91; - Ge 7.19[2]], *b*. מְאֹד מְאֹד [2], *c*. בִּמְאֹד מְאֹד [3], *d*. עַד מְאֹד [6], *e*. עַד לִמְאֹד [1]; 3) מָלֵא ni.[2]; 4) Ar. שַׂגִּיא [4]; 5) ἕως σφόδρα *b*. עַד לְמַעְלָה [1]; 6) σ. σ. בִּמְאֹד מְאֹד [3: - Ge 17.6]; 7) σ. λίαν עַד מְאֹד [1]. Del. 5*a*): Ge 29.17, Ex 1.12, De 28.56 v.l.

σφοδρός 1) אַדִּיר [1]; 2) חָזָק מְאֹד [1]; 3) עַז [1].

σφοδρῶς 1) מְאֹד [2].

σφόνδυλος 1) עֹרֶף [1].

σφραγίζω 1) חתם *a*. qal[20: + 4K 22.4, Da LXX 9.24], *b*. ni[1], *c*. pi.[1], *d*. Ar. pe.[3: + To 7.13; - Da TH 9.24a[2]]; 2) סתם qal[1]. Del. 3).

σφραγίς 1) חוֹתָם [7+]; 2) חָח [1].

σφῦρα 1) הַלְמוּת [1]; 2) *a*. מַקָּבָה [2]; 3) פַּטִּישׁ [2]; *4) תּוֹתָח [1: Jb 41.21]. Del. 2*b*).

σφυροκοπέω 1) הלם qal[1].

σφυροκόπος 1) לטשׁ qal ptc.[1].

σχάζω 1) עלה qal[1].

σχεδία 1) דֹּבְרוֹת [1]; 2) רַפְסֹדוֹת [1]; (-) [1E 5.53].

σχῆμα 1) פַּת [1].

σχίδαξ 1) עֵץ [4].

σχίζα 1) חֵץ [6]; 2) חֵצִי [3]. Del. 1K 20.38[2] v.l.

σχίζω 1) בקע *a*. qal[2], *b*. ni.[2], *c*. pi.[2]; 2) קרע qal[2].

σχισμή 1) מְעָרָה [1]; 2) סָעִיף [1]; 3) קֶצֶב [1].

σχιστός 1) שָׂרִיק [1].

σχοινίον 1) חֶבֶל [4: + Am 2.8, voc.]; 2) נִקְפָּה [1]; *4) מֶלַח [1: Je 45.11]; (-) [Mi 2.4]. Del. 3): Jb 40.12.

σχοίνισμα 1) *a*. חֶבֶל [5+: + Zc 11.7, 14 voc.]; 2) מֵיתָר [1]. Del. 1*b*).

σχοινισμός 1) חֶבֶל [1].

σχοῖνος 1) עֵט [1]; 2) *b*. שְׁבִיל [1]; *3) רֹבַע [1: Ps 138.3 voc.]; *4) שִׁטָּה [2: Mi 6.5 voc., Jl 3.18]. Del. 2*a*).

σχολάζω 1) רפה *a*. ni.[2], *b*. hi.[1].

σχολαστής 1) רפה ni.[1].

σχολή 1) κατὰ ~ήν לְאִטִּי [1]; *2) רֵיק [1: Pr 28.19].

σῴζω 1) ברח qal[1]; 2) חיה *a*. qal[3], *b*. pi.[1], *c*. hi.[1]; 3) חסה qal[1]; 5) ישׁע *a*. ni.[14: + 1K 14.47], *b*. hi.[14+: + Mi 6.9 MT *twšyh*, Hb 3.13 voc., Zc 9.9], *c*. יֵשַׁע [1], *d*. יְשׁוּעָה [1], *e*. מוֹשָׁעוֹת [1], *f*. יֵשׁ מוֹשִׁיעַ [1]; 6) מלט *a*. ni. [35: + Ps 32.17, Da LXX 12.1], *b*. pi.[11], *c*. hi.[2]; 7) נצל *a*. ni.[8: + Ez 14.14], *c*. hi.[16]; 8) עזר qal[5]; 9) פדה *a*. qal[2], *b*. ni.[1]; 10) פלט *a*. pi.[2: + Ps 54.8], *b*. פָּלִיט [2], *c*. פְּלֵיטָה [5], *e*. פָּלִיט [3]; 12) שׂגב pu.[1]; 13) שָׂרִיד [6]; 15) Ar. שֵׁיזִב [3: + To 6.18]; 16) שׁלם pu.[1]; 17) גאל qal[1]; (fr) [Jb 27.8, Ps 30.7, Pr 15.24, 19.7, Is 10.22, 51.14]; (-) [Pr 10.25]. Del. 4, 7*b*, 10*d*, 11, 14): 1K 23.2, 19.18, 2C 33.7, Zc 8.7 v.l., Is 12.2, Je 41.11, La 2.13, Ez 17.15.

σῶμα 1) בָּשָׂר [17+: + Pr 3.8, 25.20]; 2) *a*. גֵּו [6: + Jb 13.12], *b*. גֵּו [2], *c*. גְּוִיָּה [14: + Da TH 10.6, Si 37.22]; 3) גּוּפָה [2]; 4) גֶּשֶׁם [7]; 5) חַיִל [1]; 6) טַף [1]; 7) נְבֵלָה [9]; 8) נֶפֶשׁ [1]; 10) פֶּגֶר [3]; 11) שְׁאֵר [5]; 12) οἱ περὶ τὸ σ. מְשָׁרְתִים [1]; 13) עֶצֶם [1]; (fr) [Jb 3.17, 6.4]. Del. 9): Le 15.3[3, 4], Jb 7.15, 18.15, 19.26, Ps 39.6.

σωματοποιέω 1) רפא pi.[1].

σωρεύω 1) חתה qal[1].

σωρός 2) גַּל [2]; 3) עֲרֵמָה [5]. Del. 1): Jb 21.32 v.l.

σωτήρ 1) *a*. ישׁע hi.[7], *b*. יְשׁוּעָה [4], *c*. יֵשַׁע [12]. Del. 1C 16.35, Pr 29.25, Is 25.9 v.l.

σωτηρία 1) *a*. יֵשַׁע [14], *b*. יְשׁוּעָה [39], *c*. ישׁע hi.[5]; 2) פְּלֵיטָה [7]; 3) שָׁלֵו [1]; 4) *a*. שָׁלוֹם [3]; 5) תְּשׁוּעָה [27: + Jb 30.22, Pr 2.7]; *7) מָנוֹס [1: Jb 11.20]. Del. 4*b*, 6): Nu 6.14, Ne 9.27, Si 4.23, Is 12.1, 63.1 v.l.

σωτήριον 1) *a*: יֵשַׁע ,יֶשַׁע [8], *b*. יְשׁוּעָה [36], *c*. ישׁע hi.[1]; 2) *a*. שָׁלוֹם [1], *b*. שֶׁלֶם [50+: - Le 9.22]; 3) תְּשׁוּעָה [6]; 4) (ἡ) θυσία (τοῦ) σωτηρίου שֶׁלֶם [5]; 5) τὸ τοῦ σ. שֶׁלֶם [4]; (fr) [1E 8.65]. Del. Le 17.4, 1C 16.23, Ps 11.5, 41.11, Jn 2.10.

T

τάγμα 1) דֶּגֶל [12]; 2) חַיָּה [1]; 3) רַגְלִי [2]. Del. Es 3.13 v.l.

τακτικός 1) Ar. גְּבַר [1]; 2) Ar. סָרַךְ [3].

τακτός *1) מוֹעֵד רֶגֶל [1: Jb 12.5]. Del. 1).

ταλαιπωρέω 1) עוה ni.[1]; 2) שׁדד *a*. qal[3], *b*. ni.[1], *c*. pu.[10], *d*. po.[1].

ταλαιπωρία 1) מַהֲמֹרוֹת [1]; 2) מַחְשָׁךְ [1]; *3) אנשׁ qal ptc. pass.[1: Ps 68.20]; 4) שָׁאוֹן [1]; 6) *a*. שֹׁד [19: + Ps 31.4, Jl 1.15[2], Is 59.7, 60.18, Je 4.20, 28.35], *b*. שׁדד qal[4]; 7) *b*. מְשׁוֹאָה [1]; *8) הֹוָה [1: Is 47.11]. Del. 3, 5, 7*a*): Zp 1.15 v.l.(> ἀωρία), Is 16.4.

ταλαίπωρος 1) שׁדד qal[2]; 2) ποιεῖν ~ον שׁדד qal[1].

τάλαντον 2) *a*. כִּכָּר [8+], *b*. Ar. כַּכַּר [2: + 1E 8.19]. Del. 1): Zc 5.7*b* v.l.(> μέτρον).

τάλας *1) אוֹי [1: Is 6.5].

ταμίας 1) אֲשֶׁר עַל־הַבַּיִת [1].

ταμιεῖον 1) אָסָם [2: + Is 42.22]; 2) חֶדֶר [3+]; 3) מָזוּ [1]; 4) תֹּךְ [1].

ταμιεύω 1) שׁבח pi.[1].

τανύω 1) נטה qal[2].

τάξις 1) דִּבְרָה [1]; 2) זְבוּל [1]; 3) מוּצָק [1]; 4) מַחֲנֶה [1]; 5) מְסִלָּה [1]; 6) מָקוֹם [1]; 8) קֵץ [2]; *10) סֵדֶר [1: Pr 31.24]. *11) מַעֲמָד [1: 1E 1.14]; *12) תָּא [1: 2C 12.11*L*]. Del. 7, 9): Jb 24.5 v.l.

ταπεινός 1) אֶבְיוֹן [2]; 2) דַּךְ [1]; 3) דַּכָּא [1]; 4) דַּל [9]; 5) τ. εἶναι מוּךְ *a*. qal[1], *b*. מָךְ [1]; 6) עָמֹק [3];7) *a*. עָנִי [10], *b*. עָנָו [7]; 8) עַרְעָר [1]; 9) צנע qal[1]; 10) רושׁ qal[2: + Is 58.4]; 11) *a*. שָׁפָל [9], *b*. שִׁפְלָה [1], *c*. שׁפל qal[1], *d*. hi.[1], *e*. שֵׁפֶל [1]; 12) תַּחְתִּי [1]. Del. Hb 1.6, Is 61.1 v.l.

ταπεινότης 1) עֲנָוָה [1].

ταπεινοφρονέω 1) שׁוה pi.[1].

ταπεινόφρων 1) שְׁפַל־רוּחַ [1].

ταπεινόω 1) *a.* אנה qal[1], *b.* אֲנִיָּה [1], *c.* תַּאֲנִיָּה [1]; 2) בלה pi.[1]; 3) דַּךְ [1]; 4) דכא *a.* pi.[5], *b.* hit.[1]; 5) דכה *a.* qal[1], *b.* ni.[2], *c.* pi.[2]; 6) דלל qal[2]; 7) זלל qal[1]; 8) יגה *a.* pi.[1], *b.* hi.[5]; *8α) ירד hi.[1: 2K 22.48*L*]; 9) כאה ni.[1]; 10) כנע *a.* ni.[10], *b.* hi.[5]; 11) כרע qal[1]; 12) *a.* מוּךְ qal[1], *b.* מכך qal[2: + Ps 87.15], *c.* ni.[1]; 13) נפל qal[1]; 14) ענה *a.* qal[7: + Is 3.9], *b.* ni.[2], *c.* pi.[17+: + Ru 1.21, Ps 54.19, Ho 14.9 voc.], *d.* pu.[2], *e.* hi.[2], *f.* hit.[4], *g.* עֲנָוָה [1], *h.* עָנִי [1]; 15) עצב qal[1]; 16) רושׁ hitpo.[1]; 17) שׁוּחַ qal[1]; 18) שׁחח *a.* qal[2], *b.* ni.[2], *c.* hi.[2]; 20) שׁפל *a.* qal[5], *b.* hi.[21: + Is 3.17, Is 36.12], *c.* Ar. af.[5]; 21) מעט pi.[1]; 22) כאף hi.[1]; *23) רדד qal[2: Jd 5.13A; 2K 22.48 4Q 51]; (fr) [Jb 22.12, Is 25.11[1], Je 38.37, Si 13.8]. Del. 19).

ταπείνωσις 1) דַּכָּא [1]; 2) *a.* עֳנִי [18: + 2K 16.12], *b.* תַּעֲנִית [1], *c.* עָנָו [1], *d.* עָנִי [1], *e.* עֲנָוָה [1: Ps 21.21]; 3) עֹצֶר [1]; 4) שֵׁפֶל [1]; 5) עֱנָוָה [2: + Ps 21.21].

ταράσσω 1) בהל *a.* ni.[11], *b.* pi.[4], *c.* Ar. pa.[3], *d.* itpa.[2]; 2) בּוּךְ ni.[1]; 3) בלע pi.[1]; 4) בעת ni.[1]; 5) בקק ni.[1]; 6) געשׁ *a.* qal[1], *b.* hit.[2]; 7) דלח qal[2]; 8) הום hi.[1]; 9) המה qal[4], *b.* הָמוֹן [1]; 10) *a.* זעף qal[1], *b.* זָעֵף [1]; 11) חגג qal[1]; 12) חִיל ,חוּל *a.* qal[2], *b.* hitpol.[1]; 13) חלל qal[1]; 14) חמר *a.* qal[2: + Hb 3.15], *b.* poalal [2]; 15) חָרֵד [2]; 16) כמר ni.[1]; 17) כרע hi.[1]; 19) לפת ni.[1]; 20) מהה hitpalp.[2]; 21) מהר pi.[1]; 22) מוג ni.[2]; 23) מור hi.[1]; 24) נדד hitpo.[1]; 25) נפל hi.[1]; 26) סחר pilp.[1]; 27) סַר [1]; 28) עוה pi.[1]; 29) עות pi.[3]; 30) ערץ hi.[1]; 31) עָשֵׁשׁ qal[3]; 32) פעם *a.* ni.[2], *b.* hit.[1]; 33) פרד hitpo.[1]; 34) צהל qal[1]; 36) קלל *a.* pilp.[1], *b.* hitpalp.[1]; 37) רגז qal[8]; 38) רגע qal[1]; 39) רעע hit.[1]; 40) רעשׁ qal[1]; 41) רפשׂ qal[1]; 42) שׁחה hi.[1]; 43) שׁחח hitpo.[1]; 44) שׁלל hitpo.[1]; 45) שָׁמֵם hitpo.[1]; 46) τὸ τεταραγμένον ὕδωρ מִרְפָּשׂ [1]; *47) עקב qal[1: Ho 6.9]; *48) עלז qal[1: Ps 67.4]; *49) נוף hi.[1: Is 30.28]. Del. 14*c*, 18, 35): 2K 22.8[3], Ps 87.16, Ez 26.18, Da TH 4.2 v.l.

ταραχή 1) בַּלָּהָה [1]; 2) בְּעָתָה [1]; 3) זַעֲוָה [1]; 4) *a.* חול qal[1], *b.* חַלְחָלָה [2]; 5) חִפָּזוֹן [1]; 6) חרר pilp.[1]; 7) כרע hi.[1]; 8) מִדְיָן [1]; 9) מְדָן [1]; 10) מְהוּמָה [1]; 11) עַוָּתָה [1]; 12) רֹכֶס [1]; 13) רֹעָה [1]; 14) דְּאָגָה [1]]; *15) בְּהָלָה [1: Da 11.7 LXX]; *16) רַעַשׁ [1: Ho 5.12 MT *ʿš*, but see Ps 6.8, 30.10f.].

τάραχος 2) מְהוּמָה [1]; 3) עבר qal[1]. Del. 1): Jb 24.17, Is 22.5 v.l.

ταραχώδης 1) הַוָּה [1].

ταρσός 1) כַּף [1].

τάσσω 2) דגל *a.* ni.[2: + Ct 2.4], *b.* qal[1]; 4) יעד *a.* qal[1], *b.* ni.[1], *c.* מוֹעֵד [1]; 5) נשׂא qal[1]; 6) נתן qal[2]; 7) עמד hi.[1]; *7α) τεταγμένος פָּקִיד [1: Jd 9.28*L*]; 9) צוה *a.* pi.[3], **b.* τὰ τεταγμένα מִצְוָה [1: 1E 1.14]; 10) רשׁם Ar. pe.[2]; 11) שִׂים qal[11+: + Zp 1.14, *š* > *ś*, La 3.21]; 13) שִׁית qal[4]; *14) שְׁלֵט Ar. af.[1: To 1.21]; 15) סדר qal[1]; (fr) [Ex 8.9]. Del. 1, 3, 8, 12): Es 1.6, Ho 2.14 (> κατάγω, q.v.), Hg 2.19 v.l. (ὑπο~); Je 19.8, Ez 44.14.

τάττω: see under τάσσω.

ταῦρος 1) אַבִּיר [6: + Ps 21.12, Is 5.17]; 2) אֶלֶף [1]; 3) מְרִיא [1]; 4) פַּר [3: + 1E 8.63]; 5) *a.* שׁוֹר [15], *b.* Ar. תּוֹר [3: 1E 6.28, 7.7, 8.14]. Del. 6).

ταφή 1) חֲנוּטִים [1]; 2) *a.* קבר qal[1]; *b.* קְבוּרָה [5], *c.* קֶבֶר [5]; (fr) [Is 57.2].

τάφος 1) *a.* קֶבֶר [2+], *b.* קְבוּרָה [5], *c.* קבר qal[1]; *2) מָקוֹם [1: 2C 33.19*L*]; (fr) [Jb 6.10]. Del. Je 7.32 v.l.

τάφρος 1) פֶּתַח [1].

ταχέως 1) *a.* מהר pi.[4], *b.* מְהֵרָה [4], *c.* בִּמְהֵרָה [1]; 2) רגע hi.[1].

ταχινός 1) מהר *a.* ni.[1], *b.* pi.[2]. Del. 2); Hb 1.6[1].

τάχος 2) מהר *a.* pi.[3], *b.* מְהֵרָה [1]; 3) τὸ τ. *a.* מְהֵרָה [3], *b.* מהר pi.[5]; 4) ἐν τάχει *a.* מהר pi.[2: + 1K 23.22], *b.* מְהֵרָה [3: + Ez 29.5], *c.* כִּמְעַט [1]; 5) δια τάχους רֶגַע [1], **b.* בְּפֶתַע [1: Si 11.21]; *6) עוף pol.[1: Da LXX 9.21]. Del. 1): De 9.3, 28.24, 63 v.l.

ταχύνω 1) מהר *a.* qal[1], *b.* pi.[4+], *c.* מְהֵרָה [2].

ταχύς 1) אוץ qal[1]; 2) מהר *a.* pi.[5], *b.* מְהֵרָה [6], *c.* מָהִיר [1], *d.* בִּמְהֵרָה [1]; 3) קָרוֹב [1]; 4) רגע hi.[3: + Is 51.5]; *5) קַל [2: Na 1.14, Is 9.1]. Del. De 9.16, Ps 147.4, Ec 4.12 v.l.

τείνω 1) אחז qal[1]; 2) דרך qal[5]; 3) משׁך qal[1]; 4) רבד qal[1]; *5) נטה qal[1: Ez 30.22].

τειχήρης 1) *a.* בצר qal[3], *b.* מִבְצָר [3]; 2) חוֹמָה [1]; 3) *a.* מָצוֹר [1], *b.* מְצוּרָה [2]. Del. 2C 11.11 v.l.

τειχίζω 1) *a.* בצר qal[3], *b.* מִבְצָר [1]; 2) חוֹמָה [1]; 3) מְצָד [1]; 4) מְצוּרָה [1]; *5) שׁוּר [1: 1K 27.8].

τειχιστής 1) גדר qal[2].

τεῖχος 1) חוֹמָה [16+: + Jb 6.10, Pr 1.21, Is 24.23, 27.3]; 2) חָרוּץ [1]; 3) מְצוּרָה [1]; 4) קִיר [4]; 5) *a.* שׁוּר [2],**b.* Ar. [7: + To 1.17]; *7) נֵד [1: Ex 15.8]; *8) בֶּצֶר [1: Am 1.12, voc.]; *9) גָּדָה [1: Is 8.7]; 10) τείχη πεπτωκότα חָרְבָּה [1]; *11) דָּיֵק [1: 4K 25.1*L*]. Del. 6): 3K 7.23, Na 2.9, Je 28.53, 37.18, Ez 40.13 v.l.

τέκνον 1) אַחֲרִית [5: + Si 16.3]; 2) בַּיִת [1]; 3) בֵּן [62+: + Ho 9.13a MT *bnwh* > *bnyw*; Je 19.2, Si 30.30]; 4) Ar. בַּר [4: + To 3.15]; 6) טַף [4]; 7) יֶלֶד [10], **b.* ילד ni.[1: 1E 8.90]; 8) עוֹלָל [1]; 9) פְּרִי־בֶטֶן [1]; 10) צֶאֱצָאִים [5: + Si 44.12]; 12) נִין [1]; 13) נַעַר [1]; *14) נֶטַע [1: Si 3.9]; (fr) [Ge 49.3, 1K 6.7a]; (-) [Is 60.4]. Del. 5, 11): De 29.11, Jo 22.27[1], 28, 1E 8.84*bis*, Ps 65.5, Is 65.23 v.l.

τεκνοποιέω 1) בנה ni.[2]; 2) ילד *a.* qal[3: + Je 12.2 MT יֵלְכוּ], *b.* hi.[1].

τεκταίνω 1) *a.* חרשׁ qal[9: + Pr 11.27 MT שׁחר, Ez 21.31 voc.]; 3) ילד hi.[1]. Del. 1*b*, 2).

τεκτονικός 1) חֲרֹשֶׁת **a.* τεκτονική [1: 4K 3.25*L*], *b.* ἔργα ~ά [1].

τέκτων 1) *a.* חָרָשׁ [3+], *b.* חרשׁ qal[4]; 2) ἀνὴρ τ. חָרָשׁ [1]; 3) עשׂה qal[1].

τελαμών 1) אֵפֶר [2].

τέλειος 1) *a.* שֶׁלֶם [1], *b.* שָׁלֵם [6: Je 13.19]; 2) תַּכְלִית [1]; 3) *a.* תָּמִים [5], *b.* תֹּם [1], *c.* תָּם [2]. Del. 1*c*); 1K 17.40.

τελειότης 1) *a.* תָּמִים [2]. Del. 1*b*) Pr 11.3, Je 2.2 v.l.

τελειόω 1) כלה qal[1]; 2) כלל qal[1]; 3) מָלֵא pi.[7]; 4) מְלֵא

אֶת־יָדוֹ pi.[1]; 5) עשׂה ni.[1]; 6) שָׁלֵם [3]; 7) תמם *a.* qal[2], *b.* hit.[1]; *8) רפה hi.[1: Ne 6.3]. Del. 2C 8.16.

τελείωσις 1) מִלֻּאִים [10]; 2) ἡ θυσία τῆς ~εως מִלֻּאִים [1]; 3) ἡ τ. τοῦ σωτηρίου שֶׁלֶם [1]; *4) כָּלִיל [1: Je 2.2 MT *klwlwt*].

τελεσφόρος 1) קָדֵשׁ [1].

τελετή 1) *a.* קָדֵשׁ [1], *b.* מִקְדָּשׁ [1].

τελευταῖος 1) אַחֲרִית [4].

τελευτάω 1) גוע qal[2]; 2) מות *a.* qal[35+], *b.* ho.[5]; *4) אסף ni.[1: Si 8.7]; (fr) [Jb 27.15]. Del. 3);-Ge 50.5, De 25.5, Jb 4.21, Ez 6.12[1] v.l.

τελευτή 1) אַחֲרִית [1]; 2) *a.* מָוֶת [8: + Si 30.32], *b.* מות qal[3]. Del. 3) De 34.6 v.l.

τελέω 1) Ar. גמר pe.[1]; 2) Ar. יצא shaf.[1]; 3) כלה *a.* qal[1], *b.* pi.[6: + 1E 8.68]; 5) סוף qal[1]; 6) צמד ni.[3]; 7) קָדֵשׁ [1]; 8) *a.* שׁלם qal[1], *b.* Ar. שְׁלֵם pe.[1]; (fr) [Si 7.25]. Del. 4): 1E 6.4, Is 55.11, Da TH 11.16 v.l.

τελίσκω 1) קָדֵשׁ [1].

τέλος 1) *a.* מֶכֶס [5], *b.* מִכְסָה [1]; 2) מַס [1]; 3) also Ar. סוֹף [6]; 4) *a.* קֵץ [7], *b.* קָצֶה [4], *c.* also Ar. קְצָת [3]; 5) διὰ τέλους תָּמִיד [1]; 6) εἰς (τὸ) τέλος *a.* כָּלָה [2], *b.* כַּלֵּה [1], *c.* לְכָלָה [1], *d.* נֵצַח [3], *e.* לַמְנַצֵּחַ [50], *f.* לָנֶצַח [18], *g.* לָעַד [1: - Ps 9.18], *h.* עַד תֻּמָּם [1]; 7) εἰς τέλος ἡμέρας μιᾶς כְּיוֹם תָּמִים [2]; 8) ἕως εἰς (τὸ) τέλος *a.* עַד לְכַלֵּה [1], *b.* תמם qal[2], *c.* עַד־תֻּמָּם [2: - Jo 8.24]; *9) ἕως τέλους עַד מְאֹד [1: Ps 37.6]; *10) אַחֲרִית [1: Si 12.11]; (†) [+ Am 9.8, idiom.]; (fr) [Jb 6.9, Is 19.15]; (-) [Jb 20.28]. Del. Ps 47 tit., Hb 3.13 v.l.

τέμενος 2) הֵיכָל [1]; 3) חַמָּן [2]. Del. 1) 4K 21.6 v.l.

τέμνω 1) גזר *a.* qal[1], *b.* Ar. itpe.[4]; 2) *a.* זמר *a.* qal[2], *b.* ni.[1]; 3) רקע pi.[1].

τέρας 1) מוֹפֵת [16+: + De 11.3]; 2) *a.* פֶּלֶא [2: + Is 28.29], *c.* פלא ni.[1]; 3) שַׁמָּה [1]; 4) Ar. תְּמַהּ [3]; 5) אוֹת [1]. Del. 2*b*).

τερατοσκόπος 1) יִדְּעֹנִי [1]; 2) מוֹפֵת [1].

τερέβινθος. See under τερέμινθος.

τερέμινθος 1) *a.* אַיִל [1], *b.* אַלָּה [1], *c.* אֵלָה [5: + Jo 17.9]; 2) בָּטְנָה [1].

τέρετρον 1) מַקֶּבֶת [1].

τέρμα 1) חקר ni.[1]. Del. 2) קֶצֶב 3K 7.37 v.l.

τερπνός 1) נָעִים [2].

τερπνότης 1) *a.* נָעִים [1], *b.* נֹעַם [1].

τέρπω 2) רנן *a.* qal[1], *b.* hi.[1], *c.* רְנָנָה [1]; 3) שׂישׂ qal[3]; 4) שָׂמֵחַ pi.[1]; *5) יטב hi.[1: Si 26.13]. Del. 1): Zp 3.14 v.l.

τέρψις 1) רִנָּה [2].

τεσσαράκοντα *1) אַרְבָּעִים.

τεσσαρακοστός 1) אַרְבָּעִים [5].

τέσσαρες *1) אַרְבַּע

τεσσαρεσκαιδέκατος 1) אַרְבָּעָה עָשָׂר, אַרְבַּע־עֶשְׂרֵה [8+: + 1E 7.10, Es 9.17[1]]. Del. 4K 25.1, Es 9.1 v.l.

τέταρτος 1) אַרְבַּע [1+]; 2) *a.* רְבִיעִי [16+: + Jd 14.15], *b.* רֶבַע [3: + Jo 15.7], *c.* רִבֵּעַ [1], *d.* רֹבַע [1], **e.* Ar. רְבִיעָי [11: Da LXX, TH 2.40, 3.25, 7.7, 19, 23; Da LXX 7.23[2]]; 3) τ. γενεά רִבֵּעַ [3].

τετράγωνος 1) רבע *a.* qal[7], *b.* pu.[2], *c.* רְבִיעִי [1]. Del. Ez 43.17 v.l.

τετραίνω 1) נקב qal[3]. Del. 2): Is 35.6, 36.6 v.l.

τετρακισμύριοι *1) אַרְבָּעִים אֶלֶף [1: Jo 4.13].

τετρακισχίλιοι *1) אַרְבַּעַת אֲלָפִים. Del. Nu 26.18 v.l.

τετρακόσιοι *1) אַרְבַּע מֵאוֹת

τετρακοσιοστός 1) אַרְבַּע מֵאוֹת [1].

τετράμηνος 1) אַרְבָּעָה חֳדָשִׁים [2].

τετράπεδος See under τετράποδος.

***τετραπλασίων** *1) אַרְבַּעְתָּיִם [1: 2K 12.6*L*].

τετραπλῶς *1) רְבִיעִית [1: 3K 6.33].

τετραπόδος 1) מַחְצֵב [1]; 2) דָּיֵק [1].

τετράπους 1) בְּהֵמָה [12+]; 2) חַיָּה [3].

τετράς 1) אַרְבָּעָה [6]; 2) רְבִיעִי [1].

τετράστιχος 1) אַרְבָּעָה טוּרִים [2].

τεχνάζω Del. 1).

τέχνη 1) חָכְמָה [1]; 2) מַעֲשֶׂה [1]; 3) עֲבוֹדָה [1]; *4) חָרָשׁ [1: Ex 28.11].

τεχνίτης-1) אָמָּן [1]; 2) חצב qal[1]; 3) חָרָשׁ [6]; 4) ארג qal-ptc. act.[1]; *5) גדר qal ptc. act. [1: 4K 22.6*L*]. Del. 4K 12.12.

***τηγανιστός** *1) חֲבִתִּים [1: 1C 9.31*L*]; *2) מַחֲבַת [1: 1C 23.29*L*].

τήγανον 1) *a.* חֲבִתִּים [1], *b.* מַחֲבַת [5]; 2) מַשְׂרֵת [1]; 3) λάγανον ἀπὸ τηγάνου אֲשִׁישָׁה [1].

τήκω 1) בקע hit.[1]; 2) דְּאָבוֹן [1]; 3) זרב pu.[1]; 4) כלה *a.* qal[2]; 5) מוג *a.* ni.[2], *b.* hit.[1]; 6) מָזֶה [1]; 7) מסה hi.[1]; 8) *a.* מסס ni.[9: + Jb 7.5], *b.* תֶּמֶס [1], **c.* ho.[1: Is 64.1[2]]; 9) מקק *a.* ni.[5], *b.* hi.[1]; 10) נזל qal[1]; 11) נתך ni.[3: + Je 6.29]; 12) שׁחת qal[1]; 13) תמם hi.[1]. Del. 4*b*): Jb 31.16, 38.30, Hb 3.6 v.l.

τηλαύγημα 1) בַּהֶרֶת [1].

τηλαυγής 1) *a.* בָּהִיר [1], *b.* בַּהֶרֶת [4]; 2) בַּר [1].

τηλαύγησις 1) נֹגַהּ [1].

τηρέω 1) נטר *a.* qal[2], **b.* Ar. pe.[1: Da LXX 7.28 967]; 2) נצר qal[6]; 3) צפן qal[1]; 4) קום hi.[1]; 5) שׁכח Ar. af.[1]; 6) שׁמע qal[1]; 7) שׁמר qal[10]; *8) שׁוּף qal[2: Ge 3.15*bis*].

τήρησις 1) שׁמר qal[1].

τιάρα 1) Ar. כַּרְבְּלָא [2]; 2) *טְבוּל [1].

τίθημι 1) אסף qal[1]; 2) בוא hi.[1]; 3) יצג hi.[2]; 4) יצק hi.[1]; 5) ישׂם qal[2]; 6) ישׁב hi.[1]; 7) כון hi.[1]; 8) כרת *a.* qal[6], *b.* ni.[1]; 9) מור hi.[1]; 10) נגע hi.[1]; 11) נוח *a.* hi. הֵנִיחַ [23: + 3K 10.26, 4K 18.11], *b.* ho. הוּנַּח [1]; 13) *b.* Ar. נחת af.[3: + 1E 6.25]; 14) נפל hi.[1]; 15) נשׂא qal[2]; 16) נתן qal[26+: + Ps 17.34, - 17.32]; 18) עלה hi.[3]; 19) עשׂה qal[3]; 20) פקד hi.[1]; 22) קום *a.* qal[1], *b.* hi.[1]; 23) רום hi.[1]; 24) *a.* Ar. רמה peil[2]; 25) שׂים *a.* qal[57+: + Ho 13.1 MT ויאשם Hb 3.4, Is 22.18 *š* > *ś*, 1K 9.24, Ne 5.10, Ps 38.1, Ez 14.8], *b.* Ar. pe.[14], **c.* Ar. hit.[1: 1E 6.8]; 26) שׁוה pi.[2]; 27) שׁית qal[30: + Pr 2.18]; 29) שׁתת qal[6]; 30) תקע qal[1]; 37) Ar. סבל poal[1]; *38) Ar. שׁלם af.[1: 1E 8.17]; (fr) Jb 31.25, 38.10, 14, Is 50.4]; (-) [Jb 34.19]. Del. 12, 13*a*, 17, 21, 28): Ge 28.18, 33.2, Ex 23.18, 29.6, 40.21, Le 10.1, 17.5, 1K 12.2, 2K 23.7, 4K 24.17, 1C 14.3, 2C 3.16*bis*, 2E 5.17, Ne 7.71, Es 4.4, Jb 33.3, 37.12, Ec 7.22, Zc 9.12, Je 10.4, 31.6, Ez 30.24, Da LXX 6.17. For the combinations of τίθημι with a nominal or adjectival complement [from 31) to 36)], see under the latter.

τιθηνέω 1) אמן qal[1].

τιθηνός 1) אמן qal ptc.act.[6].

τίκτω 1) הרה qal[1]; 2) ילד *a.* qal[99+], *b.* ni.[15], **c.* qal pass. (≠ pu.) [11], *d.* hi.[4], *e.* ho.[1], *f.* יִלּוֹד [2], *g.* לֵדָה [2]; 3) מלט hi.[1]; (fr) [Ex 1.16]. Del. Nu 26.60 v.l.

τίλλω 1) מרט *a.* qal[1], *b.* pu.[1], *c.* Ar. pe.[1].

τιμάω 1) הדר qal[1]; 2) יקר *a.* qal[2], **b.* hi.[2: Pr 25.2, 27]; 3) כָּבֵד *a.* pi.[11], *b.* pu.[1]; 4) נשׂא pi.[1]; 5) *a.* ערך hi.[4], *b.* עֵרֶךְ [1]; 6) שׁקל qal[1]; *7)הִטָּה חֶסֶד hi.[1: 1E 8.26].

τιμή 1) הָדָר [3]; 2) הוֹד [1]; 3) הוֹן [1]; 4) *a.* also Ar. יְקָר [14: + Ps 48.8], *b.* יָקָר [1]; 5) כָּבוֹד [9]; 6) כֶּסֶף [2]; 7) מְחִיר [1]; 8) מֶכֶר [1]; 9) עֹז [3]; 10) עֵרֶךְ [19]; 11) שְׂאֵת [1]; 12) τιμὴν ἑαυτῷ περιτιθέναι כָּבֵד hit.[1]; *13) MH שְׁוִי [1: Jb 34.19]; *14) בְּעַד [1: Pr 6.26]. Del. 4*c*): Ec 7.9.

τίμημα 1) עֵרֶךְ [1].

τίμιος 1) חֵפֶץ [2]; 2) *a.* יָקָר [27: + Pr 20.6], *b.* Ar. יַקִּיר [2: + Ho 11.7 Aramaising, MT *yqr'hw*], *c.* יְקָר [1]; 4) λίθος τ. פָּז [3]; (fr) [Pr 31.10]. Del. 3): Is 60.6 v.l.

τιμογραφέω 1) ערך hi.[1].

τιμωρέω 1) שׁכל pi.[2]; *2) שׁרשׁ pi. Aramaising [1: Jd 5.14].

τιμωρία 1) מַהֲלֻמוֹת [1]; 2) פִּיד [1]; *4) שְׁרֹשִׁי [1: 1E 8.24]. Del. 3) תַּמְרוּרִים; cf. Brock 1973.102; Schleusner 5.314.

τίναγμα *1) זוז hi.[1: Jb 28.26 MT חֲזִיז].

τίνω 1) שׁוב hi.[1]; 2) שָׁלֵם pi.[1]; 3) ζημίαν τ. ענשׁ ni.[1]; *4) נקם qal[1: Pr 24.22].

τίς 1) אֵיךְ [2]; 2) אָנָה [1]; 3) אַף [1]; 4) אֲשֶׁר [14]; 5) הִנֵּה w. suf.[5]; 6) זֶה [1]; 7) מַדּוּעַ [3]; 8) *a.* מָה, מֶה [129+: + 1E 1.26, Ps 151.3], *b.* מַה־זֶּה [1], *c.* לָמָּה, לָמָה [7: - Ex 5.22], *d.* מִי [71+: + Ho 13.9 MT *ky by*, Mi 1.12 MT *ky*, Hg 2.17, Is 18.2, 23.2, 44.25, Je 15.10, Ez 24.13], *e.* Ar. מָן, מַן־ [9: + 1E 6.4*bis*, 11]; 9) διὰ τί *a.* אֲשֶׁר [1], *b.* מַדּוּעַ [32], *c.* מֶה, לָמָּה [4], *e.* לָמָּה, לָמָה [12], *f.* לָמָּה־זֶּה [2]; 10) εἰς τί מַה־לָמָּה [8: - Hb 1.13]; 11) ἕως τίνος *a.* כַּמָּה [1], *b.* מָתַי [1], *c.* עַד־אָנָה [8], *d.* עַד־מָתַי [9]; 12) ἵνα τί *a.* מַדּוּעַ [3], *b.* מַה־ [7], *c.* לָמֶה [2], *d.* לָמָּה [26+: + Ge 31.26[2], Nu 31.15], *e.* לָמָּה זֶּה [8]; 13) ἵνα τί τοῦτο *a.* מַדּוּעַ [1], *b.* לָמָּה [2]; 14) κατὰ τί *a.* בַּמָּה [1], *b.* לָמָּה [1]; 15) μέχρι τίνος *a.* עַד אָן [1], *b.* עַד אָנָה [1]; 16) τί ὅτι *a.* אֵיךְ [1], *b.* מַדּוּעַ [26], *e.* לָמֶה [1], *f.* לָמָּה [3], *g.* לָמָּה זֶה [1]; 17) τί τοῦτο *a.* מָה [3: + Ge 3.13]; 20) ὡς τί מַדּוּעַ [1]; *22) τί Ar. למא [1: To 4.2]; (fr) [Ps 72.25[2], 82.1, Ec 3.19, Je 44.20]. Del. 9*d*, 16*c*, *d*, 17*b*, 18-9, 21): 1K 2.16, Ne 6.6, Jb 15.2, Pr 24.24, Hb 2.18[2], Zc 8.20, Je 28.5 v.l.

τις 1) אַחַד [2]; 2) אִישׁ [37+]; 3) אֲשֶׁר [2]; 4) -בְּ [1]; 5) כָּל־ דָּבָר [1]; 6) מְאוּמָה [4]; 7) מִי [4: + 1E 2.5, Ez 27.33; - Ex 32.24]; 10) τι αὐτοῦ קָצֵהוּ [1]; 11) ἐάν τις, εἴ τις *a.* אֲשֶׁר [9: + Ge 19.12[2]; *b.* מַה־ [3], *c.* Ar. מָה דִי [1], *d.* מִי [4], *d.* [4]; *e.* אִישׁ אִישׁ [1], *f.* -מַה־שֶׁ [1]; 12) μή τι מָה־ [1]; 14) יֶשׁ מ [2]; (fr) [Is 5.8, 8.8]. Del. 8-9, 13): Ge 37.34, Ex 21.35[1], De 21.3, 24.10, 2K 16.23, 2E 7.23, Je 13.13, 23.40, 43.32.

τιτάν *1) רְפָאִים [2: 2K 5.18, 22].

τιτρώσκω 1) דכא pi.[1]; 2) חלה *a.* qal[2], *b.* ho.[1]; 3) חלל *a.* qal[2], **b.* pi.[1: Ez 28.7]; 5) מַדְקְרוֹת [1]; 6) נכה hi.[1]; 8) שׁחט qal[1]; *9) מחץ qal[1: Jb 26.12]; (fr) [Jb 16.7]. Del. 4, 7).

τμητός 1) גָּזִית [1].

τοιγαροῦν **a*) עַל־כֵּן [1: Jb 22.10]. Del. Jb 7.11 v.l.

τοίνυν **a*) לָכֵן [1: Is 5.13]; **b*) עַתָּה [1: 1C 28.10]. Del. Je 7.14 v.l.

τοιόσδε 1) כֵּן [1].

τοιοῦτος 1) -כְּ [2]; 2) *a.* אֵלֶּה [2: + Ez 3.6], *b.* כָּאֵלֶּה [2]; 3) *a.* הוּא [3], *b.* כְּ־ הַהוּא [1]; 4) *a.* זֶה [1], *b.* זֹאת [3], *c.* כָּזֶה [1], *d.* כָּזֹאת [6: + 1E 8.87], *e.* אֲשֶׁר כָּזֶה [3]; 5) *a.* Ar. כִּדְנָה [2], **b.* Ar. דְּנָה [1: 1E 2.18]; 6) *a.* כָּהֵם [1], *b.* כָּהֵנָּה [2: + Jb 8.18]; 7) כָּמֹהוּ [6]; 8) כֵּן [3]; 9) Ar. כְּנֵמָא [1]; (fr) [Ez 31.8]; (-) [Pr 31.10]. Del. Le 10.19, Jb 3.8, Pr 20.1.

τοῖχος 1) גָּדֵר [1]; 2) חוֹמָה [1]; 3) חַיִץ [1]; 4) *a.* כֹּתֶל [1], *b.* Ar. כְּתַל [4: + 1E 6.9]; 5) קִיר [8+]. Del. Nu 22.25[2], 3K 6.16, 2C 3.15, Is 29.5, Ez 8.8, 41.15.

τοκετός 1) ילד qal[3].

τόκος 1) לֵדָה [1]; 3) נֶשֶׁךְ [13: + 4K 4.7]; 4) תֹּךְ [4: + Je 9.6[1]]. Del. 2).

τολμάω 2) מָלֵא לֵב qal[1]; (fr) [1: Jb 15.12]. Del. 1).

τολμηρός 1) אַכְזָרִי [1]; 2) עַז [1].

τολύπη 1) פְּקוּעָה [1].

τομή 1) זָמִיר [1]; (-) [Jb 15.32].

τομίς 1) מְתַלְּעוֹת [1].

τόμος 1) גִּלָּיוֹן [1]; *2) Ar. מְגִלָּה [1: 1E 6.22].

τόξευμα 1) חֵץ [7]; 2) קֶשֶׁת [4].

τοξεύω 1) ידה qal[1]; 2) ירה *a.* qal[1], *b.* hi.[6].

τοξικόν 1) אֶשְׁנָב [1].

τόξον 1) אַשְׁפָּה [1]; 3) קֶשֶׁת [8+: + Ps 57.7, 59.4, 63.3]. Del. 2): 1C 10.3[2], Jb 36.30, Zc 9.10[1].

τοξότης 1) ירה *a.* qal[1], *b.* hi.[1]; 2) *a.* רֹבֵה קַשָּׁת (= רֹבֵה קֶשֶׁת ?)[1], *b.* בַּקֶּשֶׁת [1], *c.* דֹּרֵךְ קֶשֶׁת [1], *d.* נֹשֵׁק קֶשֶׁת [1], *e.* תֹּפֵשׂ קֶשֶׁת [1]; *3) רמה qal ptc. act.[1: 1C 22.5].

τοπάζιον 1) פָּז [1]; 2) פִּטְדָה [4].

τοπάρχης 1) Ar. אֲחַשְׁדַּרְפְּנִים [1]; 2) Ar. סְגַן [2: + 2C 34.6]; 3) Ar. פֶּחָה [7]; 4) פָּקִיד [1].

τόπος 1) Ar. אֲתַר [7]; 2) בַּיִת [6]; 3) יָד [2]; 4) כֵּן [3]; 6) מָכוֹן [5]; 7) מָעוֹן [3: + Ps 83.6]; 8) מָקוֹם [142+: + Pr 28.12, 28, Je 10.20*bis*, Da LXX 11.43[1]]; 9) נָאָה [1]; 10) נָוֶה [4]; 11) נַחֲלָה [1]; 12) *b.* סֹךְ [1]; 13) עֹמֶד [2]; 14) ἐπὶ (τοῦ) τ. תַּחַת [2], *b.* ἐπὶ τὸν (τοῦ) τ. תַּחַת [1], **c.* תַּחַת [1: Si 49.10]; 15) ὁ τ. τοῦ θρόνου Ar. מַלְכוּ [1]; 16) τ. ὅθεν γίνεται מוֹצָא [1]; (fr) [1E 1.16, 9.13, Jb 34.22]; (-) [+ Ge 31.13; 50.11, Ex 15.23 suf., 4K 4.10, Ne 4.3, Ps 41.4, Pr 4.15, Is 10.26]. Del. 5, 12*a*, 17-8): Ge 31.13, Ex 17.15, 1K 26.25[1], 3K 8.43, 4K 20.13, 22.20, 1E 8.46b, 2E 10.13, Je 7.14[1], 13.24, 27.16, 44, 43.7, Da LXX 5.1.

τορευτός 2) מִקְשָׁה [3]. Del. 1, 3): 3K 10.22, Ct 5.14, 7.3, all to be brought under τορνευτός.

***τορνευτός** *1) גָּלִיל [1: Ct 5.14]; *2) סַהַר [1: Ct 7.3]; (-) [3K 10.22].

τόσος 1) ~ῳ μᾶλλον כְּדֵי כֵּן [2].

τοσοῦτος 1) כֵּן [2: + Si 3.18]; 2) כְּדֵי כֵּן [2]. Del. Si 11.11 v.l.

τότε 1) *a.* Ar. אֱדַיִן [32], *b.* בֵּאדַיִן [38]; 2) *a.* אָז [19+: + Ec 8.12], *b.* מֵאָז [2]; 3) אַחַר [2]; 5) בָּזֶה [1]; 6) בָּעֵת הַהִיא [1]; 7) -וְ [7]; 8) Ar. כָּל קֳבֵל דְּנָה [4]; 9) *a.* כֵּן [1], *b.* בְּכֵן [2]; 10) לְמַעַן [1]; (fr) [De 28.13, 29]; (-) [Is 8.16]. Del. 4,

11): Jb 15.21, Ps 77.34, 91.14, Is 41.7, Ez 39.11, Da LXX 6.18^2.

τραγέλαφος 1) אַקּוֹ [1]; 2) יָעֵל [1].

τράγος 1) עַתּוּד [16+]; 2) צָפִיר [9: + 1E 8.66]; 3) תַּיִשׁ [3].

τρανός 1) τρανὸς εἶναι רנן qal[1].

τράπεζα 1) לֶחֶם [1]; 2) פַּת־בַּג [5]; 3) שְׁאֵר [1]; 4) שֻׁלְחָן [20+: + 1K 20.27 4Q52]; *5) Ar. פָּתוּר [1: To 2.2]. Del. 1).

τραῦμα 1) חֳלִי [1]; 2) חָלָל [2]; 4) פֶּצַע [6]. Del. 3); Le 13.31*bis*, Nu 19.18.

τραυματίας 1) *a*. חָלָל [11+: + Ez 32.26^2; - Ez 32.29], *b*. חֲלַל חֶרֶב [1]. Del. 1*c*).

τραυματίζω 2) חלל *a*. pi.[2], *b*. po.[1], *c*. חָלָל [6: + 2K 1.25], **d*. ni.[1: 1K 31.3]; 3) פצע qal[1]; *4) חלה ho.[2: 3K 22.34, 2C 18.33*L*]. Del. 1) Ez 32.30 v.l.

τραχηλιάω 1) גבר hit.[1].

τράχηλος 1) גַּרְגְּרוֹת [4]; 2) גָּרוֹן [2]; 3) עֹרֶף [11: + Si 30.12]; 4) *a*. צַוָּאר [11+], *b*. Ar. צַוַּ(א)ר [4: + To 7.7], *c*. צַוְּרוֹנִים [1]; (fr) [Is 9.4. 58.5]. Del. Ge 50.1, Le 16.4 v.l.

τραχύς 1) אֵיתָן (?)[1]; 2) רֶכֶס [1]; 3) עָקוֹב [1]; (fr) [Je 2.25]. Del. 4); Pr 29.20, Si 4.29.

τρεῖς **a*) שְׁלוֹשָׁה, שָׁלוֹשׁ.

τρέμω 1) Ar. זוּעַ pe.[2]; 2) חָרֵד [2]; 3) נוד qal[2]; 4) רעד hi.[1]; 5) רעשׁ qal[1]; 6) ποιεῖν τρ. רעד qal[1]; *7) מְעַדַּנִּית [1; Lagarde apud S.R. Driver ad 1K 15.32]. Del. 2E 10.3.

τρέπω 1) חלשׁ qal[1]; 3) נכה hi.[1]; 4) הפך ni.[2]. Del. 2): 2C 30.11 v.l.

τρέφω 1) אכל hi.[1]; 2) גדל pi.[2]; 3) Ar. זון itpe.[1]; 4) חול pol.[1]; 5) חיה *a*. pi.[1], *b*. hi.[3: - Ge 50.20 v.l.]; 6) כול pilp.[1]; 8) רעה qal[1]. Del. 7): Ge 15.15, 50.20, Is 33.18, 58.6, Je 26.21 v.l.

τρέχω 2) רוץ *a*. qal[10: + Ps 61.4, Jb 41.13], *b*. hi.[1]. Del. 1, 2*c*) Ez 1.14.

τριάκοντα *1) שְׁלֹשִׁים.

τριακονταετής 1) בֶּן שְׁלֹשִׁים שָׁנָה [1].

τριακόσιοι 1) שְׁלֹשׁ מֵאוֹת.

τριακοστός שְׁלֹשִׁים [14].

τρίβολος 1) דַּרְדַּר [2]; 2) חָרִיץ [1]; 3) צֵן [1]; *4) בַּרְקָן [2: Jd 8.7, 16*L*].

τρίβος 1) אֹרַח [15]; 2) דֶּרֶךְ [4]; 3) מְסִלָּה [9]; 4) מַעְגָּל [3]; 5) נָתִיב, נְתִיבָה [21]; 6) שְׁבִיל [1]; 7) אָשׁוּר [1: Ps 43.18]; *8) קַרְסֹל [1: 2K 22.37*L*]; (fr) [Ps 138.23b, Pr 15.21, Is 49.9]. Del. Si 6.36.

τρίβω 1) דוך qal[1]; 2) לוּשׁ qal[1]; 3) סלל qal[1].

τριέτης 1) שְׁלִישִׁי [1]; 2) בֶּן שָׁלוֹשׁ שָׁנִים [1].

τριετίζω 1) *a*. שָׁלֵשׁ pu.[4: + 1K 1.24, cf. 4QSam[a]]. Del. 1*b*).

τριημερία 1) שְׁלֹשֶׁת יָמִים [1].

τριμερίζω 1) שׁלשׁ pi.[1].

τρίμηνος 1) *a*. שְׁלֹשׁ חֳדָשִׁים [1], *b*. שְׁלֹשָׁה חֳדָשִׁים [4].

τριόδους 1) שְׁלֹשׁ שִׁנַּיִם [1].

τριπλασίως *1) שָׁלֹשׁ [1: Si 43.4].

τριπλοῦς 1) שׁלשׁ pu.[1].

τρίς 1) Ar. זִמְנִין תְּלָתָה [2]; 2) שָׁלֹשׁ פְּעָמִים [5], *b*. שָׁלֹשׁ [1]. Del. Ez 41.6 v.l.

τρισκαίδεκα שְׁלֹשׁ עֶשְׂרֵה, שְׁלֹשָׁה עָשָׂר.

τρισκαιδέκατος 1) *a*. שְׁלֹשׁ־עֶשְׂרֵה, שְׁלֹשָׁה־עָשָׂר [3], *b*. שְׁלֹשָׁה עָשָׂר [6]. Del. 2C 29.17, Es 9.15 v.l.

τρισμύριοι (-) [Es 1.7].

τρισσεύω 1) שׁלשׁ *a*. pi.[5: + 1K 20.20; 2K 18.2 MT שׁלח; 3K 18.34*Lbis*]. Del. 1*b*); 3K 18.34 v.l.

τρισσός 1) שָׁלִישׁ [3]. Del. 3K 10.22 v.l.

τρισσόω 1) שׁלשׁ pi.[2].

τρισσῶς 1) *a*. שְׁלִישִׁית [1], *b*. שָׁלֹשׁ פְּעָמִים [2], *c*. שָׁלִשִׁים [1], *d*. לִשְׁלָשְׁתָּם [1], **e*. שׁלשׁ pi.[1: Ez 16.30].

τριστάτης 1) שָׁלִישׁ [9].

τρισχίλιοι שְׁלֹשֶׁת אֲלָפִים.

τριταῖος 1) *a*. שְׁלֹשָׁה [1], *b*. שְׁלֹשֶׁת יָמִים [1].

τρίτος 1) *a*. שְׁלִישִׁי [31+: + 2K 23.8], *b*. שָׁלֹשׁ, שְׁלֹשָׁה [17], *c*. Ar. תְּלִיתָי [2], *d*. Ar. תְּלָת [1], *e*. תְּלָת [4], *f*. תַּלְתִּי [2]; 2) τρ. ἡμέραν, τρίτην, (τῆς) τρ. ἡμέρας, (τῆς) τρ. שִׁלְשׁוֹם [21]; 3) τρ. (γενεά) שִׁלֵּשִׁים [4]; 4) ἕως τρ. γενεᾶς שִׁלֵּשִׁים [1]; 5) *a*. שָׁלֹשׁ פְּעָמִים [2], *b*. שָׁלֹשׁ רְגָלִים [3]. Del. Nu 20.1, 2C 29.17, Da TH 7.1 v.l.

τρίχαπτος 1) מֶשִׁי [2].

τρίχινος 1) שֵׂעָר [1]; (fr) [1: Ex 26.7 MT *ʿzym*].

τρίχωμα *1) פֵּאָה [1: Ez 24.17]; 2) *a*. שַׂעַר [1], *b*. Ar. שְׂעַר [1], *c*. שֵׂעָר [1: 1E 8.68].

τριώροφος 1) שְׁלִישִׁי [1].

τρομέω Del. 1): Es 5.9 v.l.

τρόμος 2) מוֹרָא [1: - De 11.25]; 3) מְחִתָּה [1]; 4) עִיר [1]; 5) פַּחַד [3: + Ex 15.16]; 6) רֶטֶט [1]; 7) *a*. רַעַד [2], *b*. רְעָדָה [6: + Is 64.1, 3]; 8) רַעַשׁ [1]; (fr) [Jb 38.34]. Del. 1).

τροπή 1) אֵיד [1]; 2) חֲלוּשָׁה [1]; 3) מַכָּה [1]; 4) פֶּרֶץ [1].

τρόπος 1) דָּבָר [1: - Nu 18.7]; 2) טַעַם [2]; 4) *a*. אֲשֶׁר [13], *b*. כַּאֲשֶׁר [76+], *c*. זֶה הַדָּבָר אֲשֶׁר [1], *d*. כְּכֹל אֲשֶׁר [2], *e*. כְּ- [17], *f*. כְּמוֹ, כָּמוֹ [3], *g*. לְעֻמַּת [2], *h*. Ar. כָּל קֳבֵל דִּי [3]; (fr) [Jb 4.19]. Del. 3): Ex 40.27, Zc 14.5 v.l.

τροπόω 1) חָלָל [1]; 2) Ar. יְכֵל [1]; 3) כנע hi.[3]; 4) כשׁל hi.[2]; 5) נגף *a*. qal[2], *b*. ni.[7: + Jd 20.32*L*]; 6) עלה qal[2].

***τρόπωσις** (-) [3K 22.35*L*].

τροφεύω 1) ינק hi.[1].

τροφή 1) אֹכֶל [3]; 2) דָּגָן [1]; 3) טֶרֶף [1]; 4) לֶחֶם [6]; 5) מָזוֹן [3]; *6) מִחְיָה [2: 1E 8.76, 77]]. Del. Ge 49.20, La 4.5 v.l.

τροφός 1) ינק hi.[4].

τροφοφορέω 1) נשׂא [2].

τροχιά 1) מַעְגָּל [5]. Del. Ez 27.19 v.l.

τροχίας *1) קָנֶה [1: Ez 27.19].

τροχίσκος 1) עָגִיל [1].

τροχός 1) אוֹפַן [32]; 2) גַּלְגַּל [12: + Si 36.5]; 3) מוֹרַג [2]; (fr) [Is 29.5]. Del. Da LXX 7.9.

τρύβλιον 1) כַּף [1]; 2) קְעָרָה [20]; 3) טֶנֶא [1].

τρυγάω 1) ארה qal[2]; 2) בצר qal[4: + Si 30.25]; 3) דרך qal[1]; 4) חלל pi.[1]; 6) קצר *a*. qal[3], *b*. קָצִיר [1]. Del. 5): 4K 18.21 v.l..

τρυγητής 1) *a*. בצר qal[2], *b*. בָּצִיר [1].

τρύγητος 1) בָּצִיר [3]; 2) *a*. קָצִיר [1: Mi 7.1 MT *bṣyr* > *bqṣyr*], *b*. קצר qal[1].

τρυγητός 1) בָּצִיר [3: + 1K 13.21]; 2) *a*. קָצִיר [4].

τρυγίας 1) שֶׁמֶר [1].

τρυγών 1) תֹּר, תּוֹר [14]; *2) דְּרוֹר [1: Ps 83.3].

τρυμαλιά 1) חָגוּ [1]; 2) מִנְהָרָה [1]; 3) נְקִיק [2]; 4) סָעִיף [2].

τρυπάω 1) נקב qal[2]; 3) רצע qal[1]; *4) נָתַן מַרְצֵעַ qal[1: De 15.17]. Del. 2).

***τρυφαλίς** *1) חָרִיץ [1: 1K 17.18*L*].

τρυφάω 1) עדן hit.[1]; 2) ענג hit.[1]; 3) בעבע hitpa.[1].

τρυφερός 1) עָדִין [1]; 2) *a.* עָנֹג [3], *b.* עֹנֶג [1], *c.* תַּעֲנוּג [1]; (-) [Je 27.2]. Del. Je 26.28.

τρυφερότης 1) ענג hit.[1]. Del. 2) v.l. at De 28.56.

τρυφή 1) *a.* עֵדֶן [12], *b.* מַעֲדַנִּים [6]; 2) תַּעֲנוּג [9: + Si 14.16, 41.1]; 3) תִּפְאֶרֶת [1]. Del. 5).

τρύφημα 1) תַּעֲנוּג [1].

τρώγλη 1) דֶּלֶת [1]; 2) *a.* חֹר [3], *b.* חֻר [1]; 3) מְחִלָּה [1]; 4) נְקִיק [1]; 5) נְקָרָה [1].

τυγχάνω 1) מצא qal[1]; *2) Ar. סדר pe.[1: To 6.2]; (-) [+ Jb 7.2, Pr 24.58].

τυλόω 1) בָּצֵק [1].

τυμπανίζω *2) תפף qal[1: 1K 21.14 MT ויתו]. Del. 1).

τυμπανίστρια 1) תפף qal ptc.[1].

τύμπανον 1) תֹּף [13: - Is 30.32 v.l.].

τύπος 1) צֶלֶם [1]; 2) תַּבְנִית [1].

τύπτω 1) חלק hi.[1]; 2) כרת hi.[1]; 3) נגף qal[1]; 4) נכה hi.[7+]; *5) רעע qal[1: 1K 1.8 voc.]; *6) Ar. מחה pe.[1: Da TH 5.19 voc.]; (-) [Pr 10.13].

τυραννέω 1) משׁל qal[1].

τυραννίς 1) שָׂרָה [1]; 2) שֵׁבֶט [1].

τύραννος 1) Ar. אֲחַשְׁדַּרְפְּנִים [1]; 2) Ar. גְּדָבְרִין [3]; 3) Ar. הַדָּבְרִין [1]; 4) נָדִיב [1]; 5) רֹזֵן [1].

Τύριος 1) צֹר [2]; 2) צֹרִי [6: + Jo 19.35].

τυρός 1) גְּבִינָה [1].

τυρόω 1) גִּבֵּן [2]; 2) טפשׁ qal[1]; 3) קפא hi.[1]. Del. La 4.7.

τυφλός 1) *a.* עִוֵּר [8+], *b.* עַוֶּרֶת [1]; *2) סַנְוֵרִים [1: Is 61.1: MT אסורים].

τυφλόω 1) עִוֵּר [1].

τύχη 1) גַּד [1]; 2) מְנִי [1].

Υ

ὕαινα 1) צָבוּעַ [2].

ὑακίνθινος 1) תַּחַשׁ [13]; 2) תְּכֵלֶת [9].

ὑάκινθος 1) תַּחַשׁ [1]; 2) תְּכֵלֶת [26+].

ὕαλος 1) זְכוּכִית [1].

ὑβρίζω 1) *a.* גֵּאֶה [1], *b.* גַּאֲוָה [1]; 2) עלז qal[1]; 3) קלל hi.[1].

ὕβρις 1) *a.* גֵּאֶה [1], *b.* גַּאֲוָה [8], *c.* גָּאוֹן [9], *d.* גֵּאוּת [2]; 2) גֵּוָה [1]; 3) זָדוֹן [5: + Pr 14.10, Mi 6.10 MT *rzwn*]; 4) לָצוֹן [1]; 5) עַלִּיז [1]; (fr) [Jb 22.12]; (-) [+ Pr 19.10]. Del. 1*e*, 6): Pr 16.19, Is 2.17.

ὑβριστής 1) *a.* גֵּא [1], *b.* גֵּאֶה [4]; 2) רום qal[1]; 3) **a.* זֵד [2: Pr 27.13, Je 28.2 *r* > *d*], *b.* זָדוֹן [1]; 4) לוץ qal[1].

ὑβριστικός 1) המה qal[1].

ὑβρίστρια 1) זָדוֹן [1].

ὑγιάζω 1) חיה *a.* qal[2], *b.* *pu. or ho.[2: + Le 13.24 voc.]; 2) רפא ni.[4]; (fr) [Jb 24.23].

ὑγιαίνω 1) *a.* שׁלם pu.[1], *b.* שָׁלוֹם [10], **c.* לְשָׁלוֹם [1: Jd 18.6*L*], **d.* Ar. שְׁלָם [5: To 5.20*bis*, 7.1, 4, 5]; *2) Ar. חַי [1: To 6.9]. Del. Jb 24.23.

ὑγίεια 1) νὴ τὴν ὑγίειαν חֵי [2]; 2) נֶפֶשׁ [1]; 3) תְּרוּפָה [1]; 4) חַי [2]; *6) שֹׁר [1: Si 30.16]. Del. 5).

ὑγιής 1) חַי [5: + Le 13.10 voc.]; 2) בְּשָׁלוֹם [1]; 3) ὑ. εἶναι חַי [1].

ὑγραίνω 1) רטב qal[1].

ὑγρασία 1) מַיִם [2]; *2) צִאָה [1: Je 31.18 MT צמא].

ὑγρός 1) לַח [2]; 2) רָטֹב [1].

ὑδραγωγός 1) מוֹצָאֵי מַיִם [1]; 2) תְּעָלָה [3].

ὑδρεύομαι 1) *a.* שׁאב qal[11], *b.* מַשְׁאָב [1].

ὑδρία 1) כַּד [18].

ὑδρίσκη 1) צְלֹחִית [1].

ὑδροποτέω 1) מַיִם שָׁתָה qal[1].

ὑδροφόρος 1) שֹׁאֵב מַיִם [3]. Del. Jo 9.23 v.l.

ὕδωρ 1) מַיִם [229+: + Ex 14.27[1] MT *ym*; 3K 18.44, 1E 9.2, Jb 11.15, Ho 11.10, Am 8.12, Mi 7.12, Na 3.8*b*, Zc 9.10, voc.; Na 1.12, word div.; Is 24.14, 30.22, Je 2.24, Ez 30.16, 47.8[2]]; 2) נזל qal[1]; 3) ὕδατος ἔξοδος מָקוֹר [1]; 4) מִקְוֶה [2]; 5) ἀποδοχεῖον (-α) ὑδάτων מִקְוֶה [1]; (†) [+ Ho 6.8]; (-) [+ Ex 14.27[2], 3K 13.23, Pr 5.16[1], Is 19.6, 37.25[2]]; (fr) [Jb 8.11, 41.25, Ho 6.8]. Del. Ge 24.20, Nu 33.9[2], 3K 18.36, Ps 64.7, Je 29.19, Ez 32.19, 47.5[2].

ὕειος 1) חֲזִיר [3]. Del. Ps 16.14 v.l.

ὑετίζω 1) גשׁם hi.[1]; 2) מטר hi.[1].

ὑετός 1) גֶּשֶׁם [6+]; 2) מָטָר [10+: + Si 32.26]; 3) מַיִם [1]; 4) שׁוֹאָה [1]; 5) ἐπάγειν ὑετόν מטר hi.[1]; 6) ὑ. λάβρος שֶׁטֶף [1]; 7) ὑ. γίνεται גשׁם pu.[1]; 8) חֲזִיז [1].

υἱός 1) אִישׁ [14]; 2) בַּיִת [12]; 3) בֵּן [1252+: + Nu 13.12, 26.57, De 32.43[3], 1K 2.22 4Q51, 10.26 4Q51, 2K 23.27, 23.36[2], 1C 4.3, 2E 10.38*bis*, Ne 3.2[2], 14[2], 9.4*ter*, 10.13, 14, To 13.3, Pr 11.19, Si 30.28, Je 26.25, La 3.13, Ez 27.4, 32]; 4) Ar. בַּר [7: + To 2.2, 3.9, 15, 7.3, 14.3]; 5) זֶרַע [1]; 6) *a.* יֶלֶד [4: + Pr 23.24], *b.* יָלִיד [1]; 7) מִשְׁפָּחָה [1]; 3 +7)[1]; (-) [2C 11.18[2], Pr 15.20]; (fr) [Pr 17.21[1]]; (†) [- Jo 14.13*bis*, Ne 3.14[2], 13.17]. The items 8 to 14 consisting of בְּנֵי followed by nomen gentilicium are left out of statistics. Del. Ex 34.30, Nu 18.31, De 14.26, 4K 11.2[1], 1C 9.2, 11.38[1], 1E 1.1, 3, Ne 3.6[1], 5.3, 7.7, 13.17[2], Jb 1.18[2], Ps 88.19, Ez 47.22c v.l.

ὑλακτέω 1) נבח qal[1].

ὕλη 2) סְכָה [1]; 3) שָׁמִיר [1]; *4) שַׁדַּי [1: Jb 19.29]. Del. 1) Ps 68.2 v.l.

ὑλώδης *1) שָׁדַי [1: Jb 29.5].

ὑμνέω 1) הלל pi.[6: + 1E 5.60, 62]; 2) זמר pi.[3: + Si 51.11]; 3) ידה hi.[4: + 2C 23.13, Ne 12.24]; 5) רנן qal[2], *b.* hi.[1]; 6) שׁיר qal[3]. Del. 4); Ps 136.3.

ὕμνησις 1) זִמְרָה [1]; 2) תְּהִלָּה [1]. Del. Si 47.8 v.l.

ὕμνος 1) הלל pi.[3: + 1E 5.61]; 2) נְגִינָה [3]; 3) שִׁיר [1]; 4) תְּהִלָּה [5]; 3+4) [1]; 5) תְּפִלָּה [1]; 6) שֶׁבַח [1].

ὑμνῳδέω 1) בַּשִּׁיר [1].

ὑπαγορεύω *1) Ar. אמר pe.[1: 1E 6.29].

ὑπάγω 1) הלך hi.[1]. Del. Je 43.19 v.l.

ὕπαιθρος 1) גָּג [1].

ὑπακοή 1) *ענה qal[1].

ὑπακούω 3) ענה *a.* qal[11: + Pr 29.19], *c.* יֵשׁ עוֹנֶה [1]; 4) קשׁב hi.[3: + Ge 41.40]; 5) Ar. שִׂים טְעֵם pe.[1]; 7) שׁמע *a.* qal[15+], *b.* ni.[3: + Si 42.23], *c.* מִשְׁמַעַת [1], *d.* Ar. itpe.[1]; 8) w. neg. מאן pi.[1]; (fr) [De 20.12]; (-) [+ Pr 22.21]. Del. 1, 2, 3*b*, 6): 1C 29.23, 2C 11.4, 24.19, Pr 21.13, Ma 2.2, Is 50.10, 65.24, Je 11.10

ὕπανδρος *2) בְּעֻלָה [1: Si 9.9]; *3) γυνὴ ὕ. אֵשֶׁת רֵעַ [2: Pr 6.24, 29]. Del. 1): Nu 5.20, 29 > ὑπ' ἀνδρός.

ὑπαντάω 1+2) קרא/קרה qal[2: + Si 12.17]; 3) קדם pi.[1]; 4) קרב qal[1].

ὑπάντησις 2) קרא qal[1]. Del. 1); 1C 14.8, Pr 7.15.

ὕπαρξις 1) הוֹן [3]; 2) יֵשׁ [1]; 3) מִקְנֶה [2]; 4) רְכוּשׁ [5]; *5) נְכָסִים [1: 2C 1.12*L*].

ὑπάρχω 1) היה qal[9: + To 4.8𝔊[I]*bis*]; 2) יֵשׁ [5: + Mi 5.4 MT *yšbw*, Ps 54.19]; 3) לין qal[1]; 4) τὸ ὑπάρχον, (τὰ) ὑπάρχοντα *a.* אוֹן [2], *b.* אֲשֶׁר יִהְיֶה [1], *c.* אֲשֶׁר יֵשׁ לְ־ [1], *d.* אֲשֶׁר לְ־ [3], *e.* הוֹן [2], *f.* חַיִל [1], *g.* מָה [1], *h.* מִקְנֶה [7: + Ge 24.59 metath.], *i.* נְכָסִים [2], *j.* Ar. נִכְסִין [1], *k.* קִנְיָן [1], *l.* רְכוּשׁ [6], *m.* רְכֻלָּה [1], **n.* also Ar. בַּיִת [5: Ge 45.18, Es 8.1, 7, 1E 6.31, Da LXX 2.5]; *5) w. neg. אַיִן [8: Mi 7.1, 2, Jl 1.18, Hb 3.17, Hg 2.3, Zc 8.10, Ez 26.21, 28.19]; 6) מְכוֹנָה [1]; *7) חַיִּים [1: Ps 145.2]; *8) w. neg., בְּלִי [1: Zp 3.6]; *9) Ar. הוה pe.[1: To 1.20]; *10) Ar. אִיתַי [1: To 6.12𝔊[II]]; *11) שָׁלָל [1: Es 3.13]; (fr) [2C 20.33]. Del. Jb 29.12.

ὕπατος 1) Ar. אֲדַרְגָּזְרִין [1]; 2) Ar. אֲחַשְׁדַּרְפְּנִין [1]; 3) Ar. הַדָּבְרִין [1]; 4) Ar. סְגַן [1]. Del. Da 3.3, 27 LXX.

ὑπείκω *1) כלם ni.[1: Je 38.19].

ὑπεναντίος 1) איב qal[10]; 2) צַר [11: + Si 47.7]; 3) קום qal[2]; 4) שָׂנֵא qal[3]; (-) [La 2.4[1]].

ὑπεξαιρέω 1) חשׂך qal[1].

ὑπέρ + gen.: *a*) בְּעַד [1]; *b*) מֵעַל [1]; *c*) עַל [14]; *f*) ל [1]; (-) [1]. + acc. *d*) מִן [10]; *e*) עַל [2]; (fr) [1]; (?) [1: Jl 1.8]. Del. Ge 49.12, 26, De 10.1 v.l. x∫

ὑπεράγω 1) גבר qal[1]; *2) עֶלְיוֹן [1: Si 30.31].

ὑπεραίρω 1) נשׂא ni.[1]; 2) עבר qal[1]; 3) עָלָה עַל qal[1]; 4) פָּלָא מִ־ ni.[1]; (fr) [Ps 71.16].

ὑπεράνω 1) מִן [2]; 2) *a.* עַל [2], *b.* מִלְמַעְלָה [3], *c.* מֵעַל [1], *d.* מֵעַל לְ־ [3], *e.* מַעְלָה [1], *f.* לְמַעְלָה [3], *g.* מִמַּעַל ל [1]; 3) *a.* עֶלְיוֹן [1], *b.* עֶלְיוֹן עַל [1]; *4) Ar. עַל גַּב [1: Da TH 7.6]. Del. Ge 7.20, Ez 1.25, Da TH 3.60 v.l.

ὑπεράνωθεν 1) *a.* מִמַּעַל [1], *b.* מֵעַל ל [1].

ὑπέραρσις *1) גבה qal[1: Ez 47.11 MT גבאיו].

ὑπερασπίζω 1) גנן *a.* qal[6: + Zc 9.15, 12.8, Is 31.5[1]], *c.* מגן pi.[1], *d.* מָגֵן [4]; 2) שׂגב pi.[1]. Del. 1*b*).

ὑπερασπισμός 1) *a.* מָגֵן [1], *b.* מְגִנָּה [1].

ὑπερασπιστής 1) מָגֵן [12]; 2) מָעוֹז [6: + Ps 70.3 מעון]; 3) פלט pi.[1].

ὑπερβαίνω 1) דלג pi.[2]; 2) יסף hi.[1]; 3) *נשׂג hi.[1]; 4) עבר qal[5]; (fr) [1: Si 20.7].

ὑπερβάλλω Del. Jb 15.11 v.l.

ὑπερδυναμόω 1) גבר qal[1].

ὑπερεῖδον 2) מאס qal[2]; 4) עבר hit.[3]; 5) עזב qal[1]; 6) עלם *a.* hi.[4: + Le 26.40, Nu 5.12, 31.16], *b.* hit.[5]; 7) ראה qal[2]; 8) נטשׁ qal[1]; *9) סכל hi.[1: Nu 22.30 MT סכן hi.]; *10) Ar. חזה pe.[1: 1E 2.18]; (?)[1: Zc 1.12 MT *z'mth*]. Del. 1, 3): Ps 26.9.

ὑπερείδω 1) *נצב hi.[1]; 2) שׁען ni.[1]. Del. Si 23.11 v.l.

ὑπερεκχέω 1) פוץ qal[1]; 2) שׁוק hi.[2].

ὑπερέχω 1) אַדִּיר [1]; 2) אָמֵץ qal[1]; 3) ארך hi.[2]; 4) *a.*גָּדַל מִן qal[1], *b.* גָּדוֹל [1]; 5) עדף qal[2]; 6) Ar. שְׂנָא מִן pe.[1].

ὑπερηφανέω 1) זוד qal[1].

ὑπερηφανεύομαι 1) גַּאֲוָה [1]; 2) גֵּוָה [1]; 3) זוד *a.* hi.[1], *b.* Ar. af.[1]; 4) גאה qal[1].

ὑπερηφανία 1) בֶּצַע [1]; 2) *a.* גַּאֲוָה [6], *b.* גָּאוֹן [8], *a* + *b* [2], *c.* גֵּאוּת [1], *d.* גֵּוָה [1]; 3) זָדוֹן [5]; 4) רום qal[1]; 5) שָׁאוֹן [1]; *7) עֹז [1: Le 26.19]; *8) מַשָּׂא [1: Ps 73.3]; (fr) [Si 15.8, 51.10]. Del. 6).

ὑπερήφανος 1) *a.* גֵּאֶה [5: + Zp 3.6, MT *gwym*; - Ps 122.4], *b.* גַּאֲיוֹן [1], *c.* גַּאֲוָה [1]; 2) גְּבַהּ [1]; 3) זֵד [5]; 4) לוץ qal.[6]; 5) עָרִיץ [1]; 6) רַהַב [1]; 7) רום qal[3]. Del. 8): Si 51.10 v.l.

ὑπέρθυρον 1) אַמּוֹת סִפִּים [1].

ὑπερισχύω 1) גבר qal[1]; 2) חזק qal[2], *b.* חָזָק [1]; 3) Ar. חצף af.[1] 4) עצם qal[1].

ὑπέρκειμαι 1) עָלָה עַל [1]; (fr) [1: Ez 16.47].

ὑπερκρατέω 1) חזק qal[1].

ὑπερμεγέθης 1) מִדָּה [1].

ὑπερμήκης 1) מִדּוֹת [1].

ὑπέρογκος 1) גָּדוֹל [1]; 2) *a.* פֶּלֶא [1], *b.* פלא ni.[3]; 3) קָשֶׁה [1].

ὑπερόρασις *1) סכל hi.[1: Nu 22.30 MT סכן hi.].

ὑπεροράω 1) עזב qal[1]; 2) עלם *a.* ni.[1], *b.* hi.[1], *c.* hit.[1]; *4) סכל hi.[1: Le 26.37]; *5) הָיָה לְנִדָּה qal[1: Ez 7.19]. Del. De 22.4 v.l.

ὑπεροχή 1) קוֹמָה [1]. Del. 2): 1K 2.3 v.l.

ὑπέροψις 1) עלם hi.[1].

ὑπερτίθημι 1) פור hi.[1].

ὑπερυψόω 1) עלה ni.[1]; 2) עָרִיץ [1]; 3) *b.* Ar. רום pol.[1]. Del. 3*a*) Da 11.12 TH v.l.

ὑπερφερής 1) Ar. יַתִּיר [1].

ὑπερφέρω 1) Ar. יַתִּיר [1]; 2) Ar. רַב [1]; 3) Ar. שׁנא pe.[1]; *4) עַל [1: Da 1.20 LXX]; *5) גדל qal[1: 1E 8.72].

ὑπέρφοβος 1) Ar. דְּחִיל יַתִּיר [1].

ὑπερχαρής 1) שָׂמֵחַ [1].

ὑπερχέω *3) צוף qal[1: La 3.54]. Del. 1. 2): Jl 2.24, 3.13 v.l. (> ὑπερεκχέω).

ὑπερωμία 1) שְׁכֶם [2].

ὑπερῷος 1) *a.* עֲלִיָּה [4+], *b.* עֶלְיוֹן [2], *c.* עִלִּית [3: + To 3.10].

ὑπεύθυνος 1) ὑ. γίνεσθαι שׁוב qal[1].

ὑπέχω 1) נשׂא qal[1]; 2) סבל qal[1].

ὑπήκοος 1) לָמַס [1]; 2) עבד qal[1]; 3) שׁמע qal[1]; *4) רַךְ (?)[1: Pr 4.3]; *5) יסר pu.[1: Pr 13.1].

ὑπηρεσία 1) עֲבֹדָה [1].

***ὑπηρετέω** *1) נָתַן יָד תַּחַת [1: 1C 29.24*L*].

ὑπηρέτης 1) כֵּילַי [1]; 2) עֶבֶד [1].

ὕπνος 1) *a.* חָזוֹן [2], *b.* Ar. חֱזוּ [2]; 2) *a.* חֲלוֹם [9+], *b.* חלם qal[1]; 3) ישׁן qal[2]; 4) *a.* שֵׁנָא [1], *b.* שֵׁינָה, שֵׁנָה [18], *c.* שְׁנַת [1], *d.* Ar. שְׁנָה [1]; 5) נוּמָה [3: + Si 42.9]. Del. 1K 20.41.

ὑπνόω 1) ישׁן *a.* qal[12], *b.* יָשֵׁן [3]; 2) לִין qal[2]; 3) נום qal[1]; 4) שׁאן pal.[1]; 5) שֵׁנָה [1]; *6) רדם ni.[1: Je 14.9].

ὑπνώδης 1) נוּמָה [1].

ὑποβάλλω 1) Ar. ענה pe.[1]; *2) Ar. יהב pe.[1: 1E 2.17].

ὑποβλέπομαι 1) עין qal[1]; *2) חמה Aramaising, qal[1: Si 37.10]. Del 1*b*).

ὑπόγαιος *1) תַּחַת הָאָרֶץ [1: Je 45.11].

ὑπογράφω *2) ὑπογεγραμμένος Ar. דְּנָה [1: 1E 2.15]; *3) τὰ ὑπογεγραμμένα Ar. כְּעֶת [1: 1E 2.21]. Del. 1): Si 50.1 v.l.

ὑπόδειγμα 1) אוֹת [1].

ὑποδείκνυμι 1) בִּין hi.[1]; 2) Ar. חוה *a.* pa.[1], **b.* haf.[1: To 1.19]; 3) ידע Ar. *haf.[3: + 1E 2.20]; 4) ירה hi.[1]; 5) נגד hi.[10]; 6) ספר pi.[3: + To 10.7, 13.4]; 7) ראה *a.* qal[1], **b.* ho.[1: Si 3.23]; 8) שׂכל hi.[1]. Del. 7): 3K 10.22. Es 2.9, Je 38.19.

ὑποδέω 1) נעל *a.* qal[1], *b.* hi.[1].

ὑπόδημα 1) *a.* מִנְעָל [1], *b.* נַעַל [8+: + 1K 12.3]; *2) סַרְבָּל [1: Da LXX 3.21]. Del. De 8.4, Ne 9.21.

***ὑποδιδάσκω** *1) בִּין hi.[1: Ne 8.7].

ὑποδύτης 1) מְעִיל [8].

ὑποδύω *2) חסה qal[1: Jd 9.15*L*]. Del. 1) Ez 16.10 v.l.

ὑποζύγιον 1) אָתוֹן [1]; 2) חֲמוֹר [15+].

ὑπόθεμα 1) מַחְתָּה [1].

ὑποκαίω/κάω 1) נפח qal[1]; *2) דור qal[1: Ez 24.5]; *3) מְדוּרָה [1: Am 4.2 MT *dwgh*, cf. Ez 24.5].

ὑποκαλύπτω *1) סרח qal[2: Ex 26.12*bis*].

ὑποκάτω 1) לְמַטָּה [1]; 2) *a.* תַּחַת [16+: + Si 36.6], *c.* מִתַּחַת [5], *d.* מִתַּחַת ל [8], *e.* אֶל־תַּחַת [4], *f.* תַּחְתּוֹן [2], *g.* Ar. תְּחוֹת [4], *h.* אֶל תַּחַת ל [1]; 3) τὰ ὑ. תַּחַת [1]. Del. 2*b*): 4K 8.22, 2C 4.3, Ez 6.13^2, 47.1.

ὑποκάτωθεν 1) *a.* תַּחַת [5], *b.* תַּחַת ל- [1], *c.* מִתַּחַת [13], *d.* מִתַּחַת ל [4], *e.* תַּחְתּוֹן [4], *f.* Ar. מִן תְּחוֹת [1]. Del. Jb 26.8, La 3.66, Ez 1.23 v.l.

ὑποκάω: see under ὑποκαίω.

ὑπόκειμαι 1) יֵשׁ [1]; *2) זֶה [1: 1E 8.8].

ὑποκρίνομαι 2) להה hitpalp.[1]. Del. 1) Jb 39.32 v.l.

ὑποκριτής 1) חָנֵף [2].

ὑπολαμβάνω 3) דלה pi.[1]; 4) דמה pi.[2], **b.* Ar. pa.[1: To 6.18]; 5) חשׁב pi.[1]; 7) ענה *a.* qal[22+], *b.* Ar. pe.[2]; 8) ἃ ὑπέλαβον רַעְיוֹן [1]; *9) נשׂא qal [1: Je 44.9 *š* > *ś*]; *10) רמה qal (see 1QGenAp 22.8) [1: Ps 16.12 MT *dmynw* > *rmwny*]. Del. 1, 2, 6): 4K 20.17, Ps 47.6 v.l.

ὑπόλειμμα 1) שָׂרִיד [1]; 2) *a.* שׁאר ni.[1], *b.* שְׁאָר [1], *c.* שְׁאֵרִית [4].

ὑπολείπω 1) אצל qal[1]; 2) גרם qal[1]; 3) יצג ho.[1]; 4) יתר *a.* ni.[20], *b.* hi.[7: + Je 5.10], *c.* יֶתֶר [4]; 5) עדף qal[1]; 6) עזב qal[4]; 9) שׁאר *a.* ni.[24], *b.* hi.[13]; 10) Ar. שׁבק itpe.[1]; *11) נצל hi.[1: Ez 14.20]. Del. 7, 8) Ge 45.7, Jo 10.8, 23.12^1, 1K 30.21.

ὑπολήνιον 1) יֶקֶב [4].

ὑπόληψις *1) עֶשְׁתּוֹן [1: Si 3.24].

ὑπόλοιπος 2) שְׁאָר [1]. Del. 1*a*, *b*): 4K 4.7, Je 34.19 v.l.

ὑπόλυσις 1) פִּיק [1].

ὑπολύω 1) חלץ qal[3]; 2) שׁלף qal[2].

ὑπομένω 2) חכה pi.[7]; 3) טמן qal ptc. pass.[1]; 4) יחל *a.* pi.[2: + Zc 6.14MT *ḥlm* > *myḥlm*], *b.* hi.[8: + Jd 3.25, Jb 7.3, La 3.26]; 5) ישׁב qal[1]; 6) כול pilp.[1]; 7) מהה hitpalp.[1]; 8) קוה *a.* qal[5: - Is 49.23], *b.* pi.[21], *c.* תִּקְוָה [1]; 9) קום qal[1]; *10) כתר pi.[1: Ps 141.7 voc.]; *11) סבל qal [1: To 4.4 v.l.]; *12) חסה qal[1: Si 51.8]. Del. 1): Is 25.9, 49.23, 64.5 v.l.

ὑπομιμνήσκω 1) זכר hi.[1]; *2) סֵפֶר [1: 2K 20.25*L*].

ὑπόμνημα 1) *a.* Ar. דִּכְרוֹן [1], **b.* Ar. דָּכְרָן [1: 1E 2.19]; 2) ἐπὶ τῶν ὑ. זכר hi.[1].

ὑπομνηματίζω *1) Ar. כְּתַב דִּכְרוֹנָא pe.[1: 1E 6.22].

ὑπομνηματισμός 1) Ar. דָּכְרָן [1]. Del. 1E 2.22.

ὑπομνηματογράφος 1) זכר hi.[4].

ὑπόμνησις Del. 1) Ps 70.6 v.l.

ὑπομονή 1) *a.* מִקְוֶה [4], *b.* תִּקְוָה [6: + Si 16.13], *c.* קוה pi.[1]. Del. Si 38.27 v.l.

ὑπονοέω 1) Ar. סבר pe.[1].

ὑπόνοια 1) Ar. רַעְיוֹן [2]; 2) דִּמְיוֹן [1].

ὑπονύσσω 1) נגשׂ qal[1].

ὑποπίπτω 1) רַךְ [1]; 2) Ar. נפל pe.[1: 1E 8.17].

ὑποπόδιον 1) הֲדֹם [4].

ὑποπτεύω 1) יָגֹר qal[1]; 2) פחד qal[1].

ὑποπυρρίζω 1) אֲדַמְדָּם [1].

ὑπορράπτω *1) בדק ni.[1: Si 50.1].

ὑποσκελίζω 1) דחה *a.* qal[1], *b.* ni.[1]; 2) כרע hi.[1]; 3) לבט ni.[1]; 4) מעד qal[1]; 5) נָתַן מוֹקֵשׁ qal[1]; (fr) [1: Pr 26.18].

ὑποσκέλισμα 1) כשׁל ni.[1].

ὑπόστασις 1) חֶלֶד [2]; 2) יְקוּם [2: + Jb 22.20]; 3) כְּנָעָה [1]; 4) מָעֳמָד [1]; 5) מַשָּׂא [1]; 6) נצב *a.* hi.[1], *b.* ho.[1], *c.* מַצָּב [2], *d.* מַצֵּבָה [1]; 9) תּוֹחֶלֶת [1]; 10) תְּכוּנָה [1]; 11) תִּקְוָה [2]; 12) ὑ. ζωῆς מִחְיָה [1]; *13) יְסוֹד [1: Je 23.22]; *14) תְּקוּמָה [1: Ps 138.13]. Del. 7-8).

ὑποστέλλω 1) גור qal[1]; 2) כלא qal[1]; 3) עפל pu.[1]; 4) פָּנִים נָשָׂא qal[2: + Ex 23.21]; *5) גנב qal[2: 2K 19.4*Lbis*].

ὑπόστεμα.⇒ ὑπόστημα.

ὑπόστημα 1) *a.* מַצָּב [1], *b.* נְצִיב [2: 1K 13.3, 4*L*]; *3) יְסוֹד [1: Je 23.18 MT סוֹד]. Del. 2): 1C 11.16 v.l.

ὑποστήριγμα 1) מִסְעָד [1]; 2) מָעוֹז [1]; 4) פְּקָעִים [2]; (fr) [Je 5.10]. Del. 3).

ὑποστηρίζω 1) סמך qal[2].

ὑποστρέφω 1) Ar. אזל pe.[1]; 2) דחף ni.[1]; 4) שׁוב *a.* qal[13], *b.* hi.[1]; (fr) [Pr 23.5]. Del. 3); Ge 14.17, 50.14, Ex 32.31, Jo 7.12 v.l.

ὑποστρώννυμι 1) *a.* יצע hi.[2: + Si 4.27]; 2) פלשׁ hit.[1]. Del. 1*b*, 3): Es 4.3, Si 4.27 v.l.

ὑποτάσσω 1) דבר hi.[2]; 4) כבשׁ ni.[1]; 5) משׁל hi.[1]; 6) נָתַן יָד תַּחַת qal[1]; 7) Ar. פלח pe.[1]; 8) רדד qal[3: + Ps 61.1, 5]; 9) שִׂים *a.* qal[1], *b.* Ar. pe.[1]; 10) שִׁית qal[1]. Del. 2-3).

ὑποτίθημι 1) נטה *a.* qal[1], *b.* hi.[1]; 2) נתן qal[1]; 3) פגע hi.[1]; 4) שִׂים, שׂוּם qal[4]; 5) בּוֹא hi.[1].

ὑποτίτθιος 1) עוֹלֵל [1].

ὑπουργός 1) שׁרת pi.ptc.[1].

ὑπόφαυσις (†) [Ez 41.16].

ὑποφέρω 1) יָכֹל qal[2]; 2) כּוּל *a.* hi.[2: + Jb 15.35], **b.* pilp. [1: 2C 2.5*L*]; 5) נשׂא qal[5: + Pr 14.17]; 6) קבל pi.[1]; (fr) [Pr 6.33]. Del. 3, 4).

ὑποχείριος 1) בְּיַד־ [6: + Jo 10.12]; 3) עָצֵב [1]. Del. 2).

ὑποχόνδριος (†) [1K 21.3].

ὑπόχρεως 1) אֲשֶׁר־לוֹ נוֹשֶׁה [1]; 2) נשׁה qal[1].

ὑποχυτήρ 1) סִיר [1].

ὑποχωρέω 1) רָחוֹק [1].

ὑπτιάζω 1) פרשׂ qal[1].

ὑπώπιον 1) חַבּוּרָה [1].

ὗς 1) חֲזִיר [2]. Del. Ps 79.13 v.l.

ὕσσωπος 1) אֵזוֹב [10].

ὑστερέω 1) גרע ni.[2: + Si 13.4]; 2) *a.* חדל qal[1], *b.* חָדֵל [1]; 3) *a.* חָסֵר qal[5], *b.* adj.[1], *c.* Ar. חַסִּיר [1]; 4) מהה hitpalp.[1]; 6) אחר **a.* pi.[1: 2S 20.5*L*], *b.* hit.[1]. Del. 5): De 15.8, Ps 83.12, Si 10.27 v.l.

ὑστέρημα 1) *a.* חֶסְרוֹן [1], *b.* מַחְסוֹר [4]; 2) εἶναι ὑ. Ar. חֲשַׁח [1].

ὑστεροβουλία *1) Aramaising מְלַךְ [1: Pr 31.3 MT מְלָכִין].

ὕστερον 1) *b.* אַחֲרֵי [3], *d.* אַחֲרִיתָהּ [1]. Del. 1*a, c*): Je 47.1 v.l.; Je 27.17 (> ὕστερος).

ὕστερος 1) אַחֲרוֹן [2: + Je 27.17].

ὑφαίνω 1) ארג qal[7]; 2) עלה hi.[1[; 3) ἐκ δύο ὑφασμένος כִּלְאַיִם [1].

ὑφαιρέω 1) אצל qal[1]; 2) גנב qal[2].

ὑφάντης 1) ארג qal[1]; 2) חשׁב qal[1]. Del. 3) Ex 26.31, 37.3, 5 v.l.

ὑφαντός 1) ארג qal[2]; 2) חשׁב qal[6: - Ex 37.21]; 3) רקם qal[1].

ὕφασμα 1) אֶרֶג [1]; 2) חֵשֶׁב [2]; 3) מְלָאכָה [1].

ὑφίστημι 1) יחל pi.[1]; 2) עמד qal[13]; 3) קום qal[2]; 4) כּוּל hitpol. or hitpal.[1]; *5) חסה qal[1: Jd 9.15]; *6) נוּחַ hi.[1: Zc 9.8 MT *ḥnyty* > *hnḥty*]; (fr) [Pr 13.8]; (-) [Pr 21.29]. Del. Ps 64.7.

ὑψηλοκάρδιος 1) גְּבַהּ לֵב [1].

ὑψηλός 1) בָּמָה [1+]; 2) *a.* גֵּאֶה [1], *b.* גֵּאוּת [1]; 3) *a.* גָּבֹהַּ [34], *b.* גבה qal[1], *c.* hi.[3], *d.* גֹּבַהּ [2], *e.* גַּבְהוּת [1]; 4) גָּדֵל [1]; 5) מוֹרֶה *a.* חָזָק [4]; *5α) חַמָּן [2: 2C 34.4, 7]; 6) מִדָּה [1]; 7) *a.* מוֹרֶה [2], *b.* מֹרִיָּה [1]; 8) נטה qal[20]; 9) נשׂא ni.[2]; 10) עֹז [1]; 11) עֶלְיוֹן [4]; 12) רום *a.* qal[16: + Pr 10.21; - Is 2.14], *b.* מָרוֹם [13], *c.* רום subst.[2]; 13) ὑψηλὸν ἔχειν רום qal[1]; 14) ὑψηλὸν ποιεῖν גבה hi.[1]; 15) ὑψηλότερος גָּבֹהַּ [1: - Da TH 8.3c]; 16) ὑψηλότατος בָּמָה [1]; *17) בָּצוּר [2: Ne 9.25, Is 2.15^2]; (fr) [Pr 18.19, Is 28.4]. Del. 5); De 29.3, Es 7.9, Am 4.13, Je 16.16, 21.5, 38.15 v.l.

ὕψιστος 1) מִמַּעַל [1]; 2) *a.* מָרוֹם [11], *b.* רום qal[1]; 3) *a.* עֶלְיוֹן [6+], *b.* Ar. עִלַּי [13: + Da 4.21 LXX]; 4) ייי (יהוה) [2: - Si 43.2]; 5) אֵל [8]; *6) *a.* שָׁמַיִם [1: 1E 2.3], *b.* Ar. שְׁמַיָּא [3: 1E 6.30, 8.19, 21]; (fr) [Da LXX 2.18, 19]; (-) [+ 1E 9.46]. Del. Ps 45.6, 65.4.

ὕψος 1) בָּמָה [6]; 2) גָּאוֹן [1]; 3) *a.* גֹּבַהּ [13: + Ez 43.13], *b.* גבה hi.[1], *c.* גָּבֹהַּ [1]; 4) גֹּדֶל [2]; 5) מַעֲלָה [8: + Am 5.7]; 6) *a.* מָרוֹם [27], *b.* רום subst.[12: + Is 38.10], *c.* רוּם [1], *d.* רום hi.[1]; 7) קוֹמָה [8+]; 8) תּוֹעָפוֹת [1]; *9) תֵּל [1: Je 37.18]; *10) מִבְצָר [1: Is 25.12]; (fr) [Is 35.2]. Del. 3K 6.3, Ne 9.5.

ὑψόω 2) גָּאוֹן [1]; 3) גבה *a.* qal[14], *b.* hi.[7: Nu 32.35, Is 19.13], *c.* גָּבֹהַּ [2]; 4) גבר qal[2]; 5) גדל *a.* qal[6], *b.* pi.[3], *c.* hi.[4], *d.* hit.[4], *e.* גָּדוֹל [1]; 6) מרא hi.[1]; 8) נשׂא *a.* qal[3], *b.* ni.[6: + Ps 87.15 voc.], *c.* pi.[1], *d.* hit.[1]; 9) עלז qal[1]; 10) פאר pi.[1]; 11) פרה hi.[1]; 12) רבה hi.[1]; 13) רום *a.* qal[7+: + Ps 36.20, 63.7; Mi 6.12 MT *rmyh*, Je 38.37], *b.* pol.[27: + Hb 2.19, *d > r*], *c.* hi.[34: + Ps 26.6, Ob 3, *w > y* + voc.; - Ps 65.7], *d.* hitpo.[1], *e.* Ar. pe.[1], *f.* af.[1], *g.* itpol.[1], *h.* רוֹמָם [2], *i.* מָרוֹם [2], *j.* רום subst.[1], *k.* רָמֹם [1]; 15) שׂגא, שׂגה qal[1]; 16) שׂגב ni.[4]; *17) עלה hi.[1: 1C 17.17]. Del. 1, 7, 14): Ge 41.52, Ps 144.7, Is 14.26. Ez 31.5^2.

ὕψωμα *1) רום subst.[1: Jb 24.24 voc.].

ὕψωσις 1) רוֹמָם [1].

ὕω 1) מטר hi.[2].

Φ

φαίνω 1) *a.* אור hi.[6: + Ez 32.8 voc.]; 2) בחן ni.[1]; 3) בְּעֵינֵי [2]; 5) היה qal[1]; 6) זהר hi.[1]; 7) זרח qal[1]; 8) נפל Ar. pe.[1]; 9) קרה ni.[2]; 10) ראה ni.[4]; (fr) [Pr 24.40]; (-) [+ 1E 2.21]. The items 11-3 consisting of φαίνω and an adjective may be looked up under the latter. Del. 1*b*, 4): Ge 35.7, Ne 4.1.

φαιός 1) חוּם [3]. Del. 2): Ge 30.32, 35a.

φακός 1) עֲדָשָׁה [4]; 2) פַּךְ [3]; 3) צַפַּחַת [3]; *4) שְׂעוֹרָה [1: 1C 11.13*lL*].

φαλακρός 1) קרח ho.[1]; 2) קֵרֵחַ [3].

φαλάκρωμα 1) *b.* קָרְחָה [7], *c.* קָרַחַת [3]. Del. 1*a, d*): Ez 27.31, 29.18 v.l.

φανερός 1) גלה ni.[1]; 2) φ. γίνεσθαι בחן ni.[1]; 3) φ. εἶναι *a.* ידע hi.[1], *b.* Ar. יְדִיעַ לֶהֱוֵה pe.[1]; 4) נָכֹחַ [1]; 5) ראה ni.[1]; *6) זַךְ [1: Pr 16.4].

φανερόω 1) גלה pi.[1].

φαντασία 1) חָזִיז [1]. In Hb 2.18, 19, 3.10 one can postulate a hi. form of ראה.

φαντασιοσκοπέω *3) יָרֵא hit.[1: Si 4.30]. Del. 1, 2).

φάντασμα Del. Jb 20.8, Is 28.7 v.l.

φάραγξ 1) אָפִיק [6: - Ez 6.3]; 2) גַּיְא ,גֵּיא ,גַּי [24: + 2C 32.6, Ez 39.11; Mi 6.2 < Ez 6.3; - Ez 36.4]; 3) מַדְרֵגָה [2]; 4) נַחַל [15+]; 5) עֵמֶק [7]; 6) מַעְבָּרָה [1].

φαρέτρα 1) אַשְׁפָּה [3]; 2) יֶתֶר [2]; *2α) שֶׁלֶט [1: 4K 11.10*L*]; 3) תְּלִי [1].

φαρμακεία 1) כֶּשֶׁף [2]; 2) *a.* לְהָטִים [1], *b.* לָט [3].

φαρμακεύω 2) כשׁף pi.[1]; *4) חבר qal [1: Ps 57.5]. Del. 1, 3): 2C 33.6 v.l.

φάρμακον 1) כֶּשֶׁף [3]; 2) תְּרוּפָה [1]; *3) חֶבֶר [Ps 57.5]; *4) שָׂם, Ar. סַם [2: Si 38.4 mg, To 6.7]; *5) צֳרִי [1: Si 6.16 txt צרור]. Del. De 18.10 v.l.

φάρμακος 2) *a.* חַרְטֻמִּים [2], *b.* חַרְטֹם [1]; 3) *a.* כשׁף pi.ptc.[6],

b. Ar. כַּשָּׁף [1]; (-) [+ Da 5.8 LXX]. Del. 1): Ps 57.5 (> φάρμακον).

φάρυγξ 1) *b*. גָּרוֹן [2]; 3) חֵךְ [6]. Del. 1*a*, 2) Je 2.25 K.

φάσις Del. 2E 4.17 v.l.

φάσκω 1) אמר qal[1].

φάσμα 1) חִזָּיוֹן [2]; *2) √ראה [2: Nu 16.30 MT *ry'h*, Is 28.7]. Del. Jb 33.15 v.l.

φάτνη 1) אֵבוּס [3]; 2) אֻרְוָה [1]; 3) בְּלִיל [1]; 4) רֶפֶת [2: + Jl 1.17, word div.].

φατνόω 1) ספן qal[2: + Ez 41.15 MT ספים].

φάτνωμα 1) רָחִיט, רָהִיט [1].

φαυλίζω 1) בזה *a*. qal[5], *b*. בִּזָּה [1], **c*. בוז qal[1: Is 37.22]; 2) מאס qal[2]; 3) סלף pi.[2]; *4) לעג ni.[1: Is 33.19].

φαύλισμα 1) עַלִּיז [1].

φαυλισμός 2) *a*. לַעַג [2: + Is 28.11]. Del. 1, 2*b*).

φαυλίστρια 1) עַלִּיז [1].

φαῦλος 1) אֱוִיל [1]; 2) עַוְלָה [1]; 3) εἶναι φ. לוּע qal[1]; 4) ~ον ποιεῖν סלף pi.[1]; *5) שׁוט qal[1: Jb 9.23]; (-) [+ Pr 16.21].

φαῦσις 1) מָאוֹר [2].

φέγγος 1) אוֹר [2]; 2) לֶהָבָה [1]; 3) נֹגַהּ [13]; 4) נְהָרָה [1]; 5) εἶναι φ. יפע hi.[1]; 6) φ. πρωϊνόν בֹּקֶר [1].

φείδομαι 1) חוס *a*. qal[19: + Ec 2.25], *b*. מַחְסֶה [2]; 2) חמל *a*. qal[24: + 1E 1.48, 50], *b*. חֶמְלָה [2]; 3) חשׂך qal[18]; 4) לאט qal[1]; 5) εἶναι φειδόμενος חמל qal[1]; 6) ὑπὲρ ὧν φείδονται מַחְמָל [1]; *7) חבב qal[1: De 33.3]; (-) [+ Jb 42.3]; (fr) [Pr 21.14]. Del. 1K 15.3.

φερνή 1) *a*. מֹהַר [2], *b*. מהר qal[1].

φερνίζω 1) מהר qal[1].

φέρω 1) אתה *a*. hi.[1], *b*. Ar. af.[8]; 2) -בּ [1]; 3) בּוֹא *a*. qal[3], *b*. hi.[47+: + Jo 18.9, 1K 31.12, 4K 10.6, 1C 16.29, Je 6.20], *c*. ho.[1]; 4) יבל *a*. hi.[3], **b*. ho.[1: Jb 17.1]; 5) יהב qal[10]; 7) יצא hi.[1]; 8) ירד hi.[1]; 9) כול pilp.[1]; 11) לקח qal[2]; 12) נגשׁ hi.[1]; 13) נדב qal[1]; 14) נדף ni.[1]; 15) נוף hi.[2]; *15α) נסע hi.[1: 3K 6.2 (MT 5.31) *L*]; 16) נפק Ar. af.[1]; 17) נשׂא qal[10+: - Is 17.13[1]]; 19) סְעָרָה [1]; 20) עבר qal[2]; 21) עלה hi.[5]; 22) עשׂה qal[1]; 23) פנה qal[1]; 24) שׁוב hi.[1]; 25) שׁטף qal[2]; 26) שׁלח qal[1]; 27) ἃ ἔφερεν הַבָּא בְּיָדוֹ [1]; 28) חָרָה בְּעֵינֵי qal[1]; 29) עטה qal[1]; *30) עוף qal[1: Da LXX 9.21]; *31) נזל qal[1: Je 18.14]; (-) [+ Jb 13.25]; (fr) [Jb 22.12, 40.26, Is 32.2*bis*]. Del. 6, 10, 18); Ge 43.24[2], Le 4.5, 14.20, 16.15, 17.4[1], Nu 5.15, 1K 20.38, 2C 1.6*bis*, 24.11, Ne 10.39, Jb 15.35, Pr 6.8, 27.7, Je 40.11.

φεύγω 1) ברח *a*. qal[27], *b*. בָּרִחַ, בָּרִיחַ [2]; 2) נדד qal[4]; 3) נדח *a*. ni.[1], *b*. ho.[1]; 4) נוּס *a*. qal[27+: + 1C 21.12, Is 31.9, Je 4.6, 21, 26.15], *b*. hi.[1: Jd 6.11*L*], *c*. מְנוּסָה [1]; 5) נסס *a*. qal[2: + Is 10.18[1]], *b*. hit.[1]; 6) נפל qal[3]; 7) *a*. ערק qal[1], **b*. Ar. pe.[1: To 1.21]; 8) שָׂרִיד [1]; (fr) [Am 6.5]. Del. 4*b*, *d*).

φήμη 1) שְׁמוּעָה [1].

φημί, φάναι 1) אמר qal[3]; 2) נאם qal[5+]; 3) φάναι ψευδῆ με λέγειν כזב hi.[1]; *4) Ar. כְּעֶת [1: 2E 4.17]. Del. Zc 2.5, Je 2.3, 9.3, 6, 23.12, 25.12, 27.20, 30.2, 31.12, 35, 38, 3623, 37.3, 17, 21, 38.20, 27, 28 v.l.

φθάνω 1) אָמֵץ hit.[1]; 2) *a*. דבק hi.[1], **b*. Ar. pe.[1: To 5.19]; *3α) מהר pi.[1: 2K 15.14*L*]; 4) Ar. מטא, מטה pe.[8]; 5) נגע *a*. qal[3], *b*. hi.[9: + 2K 20.13]; *6) קדם pi.[1: Si 30.25]. Del. 3).

φθάρμα 1) מָשְׁחָת [1].

φθαρτός (fr) [Is 54.17]. Del. 1): v.l. at Le 22.25.

φθέγγομαι 1) דבר pi.[2]; 2) נבע hi.[3: + Je 9.18]; 3) ענה qal[3]; 4) שִׂיחַ qal[1]; 5) שׁאג qal[1]; 6) תפף po.[1]; *8) פִּתְגָם [1: Si 5.11]. Del. 7): La 1.12 v.l.

φθέγμα (fr) [Jb 6.26].

φθειρίζω (fr) [Je 50.12*bis*].

φθείρω 1) בקק ni.[1]; 2) חבל *a*. pi.[1], *b*. Ar. itpa.[2]; 3) נָבֵל qal[1]; 4) נוּס qal[1]; 5) שׁחת *a*. ni.[2: + Ex 10.15 MT תחשך], *b*. pi.[1], *c*. hi.[8]; *6) מלא ni.[1: Jb 15.32, cf. Prijs 31f.]. Del. Zp 3.7 v.l.

φθίνω *1) הלך qal[1: Jb 31.26].

φθόγγος 1) קַו (קוֹל ?)[1].

φθονερός *1) מעט hi.[1: Si 14.10 תעיט].

φθορά 1) בקק ni.[1]; 2) *a*. חֶבֶל [1], *b*. Ar. חֲבָל [1]; 3) נָבֵל qal[1]; 4) *a*. שַׁחַת [2], *b*. מַשְׁחִית [1].

φιάλη 1) *a*. כּוֹס [1]; 2) מִזְרָק [19+: + 4K 25.14, 1C 28.17]; 3) עֲרוּגָה [2]; *5) כְּפוֹר 1: 1E 2.12]. Del. 1*b*, 4).

φιλαμαρτήμων 1) אֹהֵב פֶּשַׁע [1].

φιλάνθρωπος(-) [1E 8.10].

φιλεχθρέω 1) *b*. רִיב qal[1]. Del. 1*a*).

φιλέω 1) אָהֵב *a*. qal[6]; 2) נשׁק *a*. qal[8], *b*. pi.[1]; 3) רֵעַ [2: + Je 22.22 voc.]; *4) Ar. רחם pe.[To 6.14]. Del. 1*b*): To 10.13 v.l.

φίλημα 1) נְשִׁיקָה [2].

φιλία 1) *a*. אַהַב [1], *b*. אַהֲבָה [5]; 2) דּוֹד [1]; 3) רֵעַ [1]. Del. Pr 5.19[2].

φιλιάζω 1) אָהֵב qal[2]; 2) חבר hit.[1]; 3) רעה pi.[1]; *4) רחם qal, Aramaising [1: Jd 5.30].

φιλογέωργος 1) אֹהֵב אֲדָמָה [1].

φιλογύναιος 1) אָהֵב נָשִׁים qal[1].

***φιλόλογος** *1) אַשָּׁף [1: Da LXX 1.20].

φιλόνεικος 1) חֲזַק מֵצַח [1].

φίλος 1) אָהֵב *a*. qal[26: + Si 36.6], *b*. pi.[1]; 2) אַלּוּף [2]; 3) *a*. Ar. חַבַר [3], *b*. חָבֵר, חָבִיר [2]; 4) ידע pu.[1]; 5) *a*. מֵרֵעַ [4], *b*. רֵעַ [12+: + Si 20.23, 30.28], *c*. רֵיעַ [2]; 6) שָׁלוֹם [1]; 7) φ. γίνεσθαι שׁלם hi.[1]; *8) Aramaising רחם qal[1: Jd 5.30A]; *9) שַׂר [5: 1E 8.26, Es 1.3, 2.18, 3.1, 6.9]; *10) Ar. הַדָּבָר [2: Da LXX 3.24, 27]; *11) Ar. יָעֵט [1: 1Es 8.13]; (fr) [Pr 22.24].

φιλόσοφος Del. 1): Da 1.20 LXX v.l.

φιμός 1) חַח [2: + Jb 30.28].

φιμόω 1) חסם qal[1].

φλεγμαίνω 1) חלה ni.[1]; 2) טָרִי [1].

φλέγω 1) אכל qal[1]; 2) Ar. דלק pe.[1]; 3) להט *a*. qal[1], *b*. pi.[1]; *4) צָרָב [1: Je 20.9]; *5) MH שׂרב qal[1: Pr 29.1 metath.]. Del. Je 23.29 v.l.

φλέψ 2) מָקוֹר [1]. Del. 1) Jd 3.22.

φλιά 1) מְזוּזָה [9]; 2) מַשְׁקוֹף [2].

φλογίζω 1) Ar. חרך itpa.[1]; 2) להט *a*. qal[1], *b*. pi.[1]; 3) לקח hit.[1].

φλόγινος 1) לַהַט [1].

φλόξ 1) אֵשׁ [- Ex 3.2]; 2) זִיקוֹת [2]; 3) לַבָּה [1]; 4) *a.* לַהַב [9], *b.* לֶהָבָה [12], *c.* לַהֶבֶת [1], 4*a* + 1) [1]; 5) קִיטוֹר [1]; 6) *a.* שָׁבִיב [2: Si 8.10, 45.19], *b.* Ar. שְׁבִיב [2]; 6+1) [1]; 7) שַׁלְהֶבֶתְיָה [1]; (fr) [Ho 7.4 MT *'yr* fr.(?)]. Del. Jb 41.11.

φλυκτίς 1) אֲבַעְבֻּעֹת [2].

φοβέομαι 1) גור qal[2]; 2) דאג qal[1]; 3) Ar. דְּחַל pe.[4: + To 6.14a, 17, 14.2]; 4) חיל qal[2]; 5) נוע qal[1]; 6) חָרֵד qal[2]; 7) חתת ni.[4: - 2C 20.17]; 8) יָגֹר qal[1]; 9) *a.* יָרֵא qal[75+: + Jd 14.11, 3K 19.3, Jb 37.24, Ps 55.3, Is 60.5], *b.* יָרֵא [8+: + Mi 6.9, voc.; - Jn 1.9 v.l. (> σέβομαι)], *c.* יִרְאָה [2], *d.* הָיָה יָרֵא [1], **e.* pi.[1: 2C 32.18]; 10) ערץ hi.[1]; 11) פחד *a.* qal[16], *b.* pi.[1]; 12) Ar. פלח pe.[1]; 14) רעשׁ qal[2]; 16) εἶναι φοβούμενος יָרֵא [1]; *17) נָפַל פַּחַד qal[1: Es 9.2]; *18) קוץ qal[1: Is 7.16]; *19) Ar. יצף pe.[1: To 5.21]; *20) כבד pi.[1: Si 7.31]; (fr) [Is 33.7]; (-) [Da LXX 4.16]. Del. 13, 15): Ex 15.14, Jd 6.34, Jb 3.25, Jn 1.9, Ma 1.6, Is 66.14, Je 17.8², Ez 18.14² v.l.

φοβερίζω 1) Ar. דחל pa.[1]; 2) יָרֵא pi.[3]; *3) חרד hi.[1: 2E 10.3].

φοβερισμός 1) בִּעוּתִים [1].

φοβερός 1) אָיֹם [1]; 2) דחל Ar. pe. ptc. pass.[5]; 3) *a.* יָרֵא ni.[4+], *b.* מוֹרָא [1]; *4) φ. λόγος דְּאָגָה [1: Pr 12.25].

φοβερῶς 1) נוֹרָאוֹת [1].

φόβητρον 1) חָגָּא [1].

φόβος 1) *a.* אֵימָה [11], *b.* Ar. אֵימְתָנִי [1]; 2) *a.* חָרֵד [1], *b.* חֲרָדָה [3]; 3) *a.* חַת [1], *b.* חִתָּה [1], *c.* חִתִּית [6]; 4) *a.* יִרְאָה [4+: + 2C 26.5, Is 33.7, Je 37.6, Si 50.29], *b.* מוֹרָא [6]; 5) מַעֲרִיץ [1]; 6) פַּחַד [3+: - Ex 15.16, De 11.25]; 7) רַעְמָה [1]; 8) φ. ἐπιπίπτει Ar. דחל pa.[1]; 9) φ. λαμβάνει חָרֵד [1]; *10) גור qal[1: Jb 41.16]; (fr) [Jb 3.24, Is 10.27, 26.18, Ez 38.21]. Del. Jb 7.11, Ps 43.16.

φοιβάω 1) גדד hitpo.[1].

Φοινίκη *1) צִידוֹן [1: Is 23.2].

φοινικοῦς 1) שָׁנִי [1].

φοινικών 1) תָּמָר [2: + Ez 47.18].

φοῖνιξ 1) *a.* תָּמָר [12], *b.* תֹּמֶר [1], *c.* תִּמֹּרָה [18]; *2) נַחַל [2: Jb 29.18, Si 50.12]; *3) צִידֹנִי [1: De 3.9].

φονεύς *1) הרג qal[1: 4K 9.31*L*].

φονευτής 1) הרג qal[1]; 2) רצח *a.* qal[12], *b.* ni.[1], *c.* pi.[2].

φονεύω 1) הרג *a.* qal[8]; 2) חרם hi.[1]; 3) נכה hi.[5]; 4) רצח *a.* qal[17+: + 3K 21.40], *b.* ni.[1], *c.* pi.[3]. Del. 1*b*): Is 21.15, La 2.20, Ez 11.7.

φονοκτονέω 1) חָנֵף *a.* qal[1], *b.* hi.[2].

φόνος 1) דָּם [5: + Jb 21.22 *r* > *d*]; 2) חֶרֶב [3]; 3) פֶּגֶר [2]; 4) פֶּה [4]; 5) רצח *a.* qal[1], **b.* רֶצַח [1: Je 22.17 MT מְרוּצָה]. Del. Is 59.7 v.l.

φορβεά 1) חֶבֶל [1].

φορεῖον 1) אַפִּרְיוֹן [1]. Del. 2) Ge 45.17 v.l.

φορεύς 1) בַּד [3].

φορέω 1) יסף hi.[1]; 2) עטה qal[2]; (-) [+ Pr 16.27].

φορολογέω *1) Ar. יְהַב מִדָּה hitpe.[1: 1E 2.23]; *2) ערך qal[1: 4K 23.35*L*].

φορολόγητος 1) מַס [1].

φορολογία *1) Ar. מִנְדָּה, מִדָּה [3: 1E 2.18, 6.28, 8.22].

φορολόγος 1) נגשׂ qal[4: + 2E 4.23]; 2) Ar. נִשְׁתְּוָן [3: 2E 4.7, 18, 5.5].

φόρος 1) Ar. בְּלוֹ; 2) Ar. הֲלָךְ; 3) Ar. מִנְדָּה, מִדָּה [3]; 1+2+3) [2]; 4) מַס [14]; 5) *a.* ἐπιβάλλειν φόρον ענשׁ qal[1], **b.* עֹנֶשׁ [2: 3K 10.15 ' > ʿ; 4K 23.33*L*].

φορτίζω 1) שׁחד qal[1].

φορτίον 1) מַשָּׂא [5: + Si 30.33]; 2) *a.* שׂוֹךְ [1], *b.* שׂוֹכָה [1].

φραγμός 1) *a.* גָּדֵר [9], *b.* גְּדֵרָה [2]; 3) מְשׂוּכָה [2: + Jb 38.31 *š* > *ś*]; 4) פֶּרֶץ [4]; 5) ~ὸν περιτιθέναι עזק pi.[1]. Del. 2); Mi 5.1.

φράζω 1) בִּין hi.[1]; 2) Ar. חוא pa.[1]; 3) ירה hi.[1].

***φράξις** *1) גָּזִית [1: La 3.9].

φράσσω 1) אטם qal[1]; 2) סוג qal[1]; 3) סכך hi.[1]; 4) סתם qal[1]; 5) רפשׂ ni.[1]; 6) שׂוּךְ qal[1]; *7) גְּדוּד [1: 2K 22.30*L*]. Del. Zc 14.5 v.l.(> ἐμφράσσω).

φρέαρ 1) בְּאֵר [42: + Je 48.9 MT בְּיַד]; 2) בּוֹר [1: Nu 21.18 MT *mdbr*, Je 48.9²]; 3) גֵּב [1].

φρήν 1) לֵב [7]; 2) Ar. מַנְדַּע [2]; 3) ἐνδεὴς φρενῶν כְּסִיל [1].

φρίκη 1) פַּחַד [1].

φρικτός 1) *a.* שַׁעֲרוּר [2], *b.* שַׁעֲרוּרִי [1].

φρικώδης 1) *b.* שַׁעֲרוּרִי [1]. Del. 1*a*).

φρίττω 1) Ar. כרא itpe.[1]; 2) סמר pi.[1]; 3) שׂער qal[1].

φρονέω 1) בִּין qal[1]; 2) חכם qal[2]; 3) שׂכל hi.1]; *4) ידע qal[1: Is 44.28].

φρόνησις 1) *a.* בִּינָה [6], *b.* תְּבוּנָה [10: - 3K 4.29]; 2) *a.* דַּעַת [1], *b.* מַדָּע [1], *c.* Ar. מַנְדַּע [2]; 3) חָכְמָה [8: + Jd 5.29*L*]; 4) לֵב [2]; 5) עָרְמָה [1]; 6) רוּחַ [1]; 7) *a.* שֶׂכֶל [1], *b.* שׂכל hi.[1]. Del. Da LXX 1.17.

φρόνιμος 1) *a.* בִּין ni.[6: - 3K 3.12], *b.* hi.[2], *c.* תְּבוּנָה [4]; 2) *a.* חָכְמָה [2], *b.* חָכָם [5], *c.* חֲכַם לֵב [1]; 3) מְזִמָּה [1]; 4) עָרוּם [1]; (fr) [Pr 18.14]. Del. Jb 34.34 v.l.

φροντίζω 1) דאג qal[3]; 2) חשׁב qal[1]; 3) יָרֵא qal[1]; 4) פחד qal[3].

φροντίς *1) חול hitpol.[1: Jb 15.20]; (fr) [Jb 11.18]. Del. Jb 40.4 v.l.

φρουρά 1) נְצִיב [3].

φρύαγμα 1) גָּאוֹן [5: + Ho 4.18 MT *mgnyh*].

φρυάσσω 1) רגשׁ qal[1].

φρύγανον 1) חָרוּל [1]; 3) קַשׁ [5: + Ho 10.7]. Del. 2).

φρύγιον 1) מוֹקֵד [1].

φρύγω 1) *a.* קלה qal[1], *b.* קָלִי [1].

φυγαδεία *2) Ar. אֶשְׁתַּדּוּר [2: 2E 4.15,19]. Del. 1) Ez 17.21 v.l.

φυγαδεῖον 1) מִקְלָט [1]. Del. 2E 4.15, 19 v.l.

φυγαδευτήριον 1) *a.* מִקְלָט [13], *b.* עִיר מִקְלָט [1]; 2) נוס qal[1].

φυγαδεύω 1) נדד qal[1].

φυγάδιον See under φυγαδεῖον.

φυγάς 1) נדח ni.[1]; 2) עֹרֶף [1]; 3) נוס qal[1].

φυγή 1) ברח qal[1]; 2) *a.* נוס qal[2], *b.* מָנוֹס [4], *c.* מְנוּסָה [1]; *3) פלט *a.* qal[1: Na 3.9 MT *pwṭ*]. Del. Je 27.24.

φυή 1) אֲרוּכָה [1]; 2) Ar. עִקַּר [3].

φύλαγμα 1) מִשְׁמֶרֶת [5]; *2) שֶׁמֶר [1: Zp 1.12, voc.].

φυλακή 1) *a.* אָסִיר [2], *b.* אסר qal[2]; 2) *a.* אַשְׁמֹרֶת, אַשְׁמוּרָה [6], *b.* מִשְׁמָר [8+], *c.* מִשְׁמֶרֶת [25+], *d.* שָׁמְרָה [1], *e.* שִׁמְרָה [2:

+ Ez 23.24], *f.* שׁמר qal[3: + Jd 7.19*L*]; 3) *a.* כֶּלֶא [9], *b.* כְּלוּא [1], *c.* כְּלִיא [1], **d.* בֵּית כֶּלֶא [1: 3K 22.27*L*]; 4) מַהְפֶּכֶת [1]; 5) מַטָּרָה [12]; 6) מַסְגֵּר [1]; 7) מְצוּדָה [1]; 8) נצר qal[1]; *9) זְמִירָה [1: Jb 35.10]; *10) מַחְסוֹם [1: Ps 38.1]. Del. 1C 9.19, Je 17.21.

φυλάκισσα 1) נטר qal[1].

φύλαξ 1) צוּר [4]; 2) שׁמר qal[15: + Jd 1.24*L*].

φύλαρχος *2) *a.* רֹאשׁ שֵׁבֶט [1: De 31.28], *b.* Ar. שְׁבַט [1: 1E 7.8]; *3) שַׂר [3: 1E 8.54. 58, 92]. Del. 1).

φυλάσσω 1) זהר *a.* ni.[6], *b.* hi.[1], *c.* Ar. pe.[1]; 2) חיה pi.[1]; 3) *a.* הָיָה כָלוּא [1], **b.* כְּלוּא [1: Je 52.31]; 4) נטר qal[1]; 5) נצר qal[11: + Pr 21.28, Is 60.21]; 6) עצר qal[1]; 7) עשׂה qal[2]; 8) *a.* פִּקָּדוֹן [1], **b.* διδόναι φυλάσσειν פקד hi.[1: Je 43.20]; 9) צפה qal[2: + Jb 14.13]; 10) שׁמע qal[2]; 11) שׁמר *a.* qal[118+: + 1K 29.11, 1C 26.10, 1E 8.59, Is 27.4, Ez 34.16; Hb 3.16 MT *šm'ty*; - Zc 3.7 v.l., > δια~], *b.* ni.[21], *c.* pi.[1], *d.* hit.[2], *e.* מִשְׁמֶרֶת [2], *f.* הָיָה שֹׁמֵר qal[1]; *12) יָרֵא hit.[1: Si 12.11]; *13) פחד qal[1: Si 4.20]; (-) [+ 4K 17.15]. Del. De 16.20, 4K 19.24, Ps 30.6, 40.2, Pr 6.24, Zc 3.8b, Is 55.11, Je 3.5, Ez 20.13.

φυλή 1) אֻמָּה [10]; 2) בַּיִת [1]; 3) גּוֹי [1]; 4) לְאֹם [1]; 5) מוֹלֶדֶת [1]; 6) מַטֶּה [92+: + Am 3.12, voc.]; 7) מִשְׁפָּחָה [30+: in Zc 12.14, read φυλή, not φ. φ.]; 8) *a.* שֵׁבֶט [31+: + Si 45.11; Nu 25.5, 1C 17.6, Mi 5.1, MT *špṭ* > *šbṭy*], *b.* Ar. שְׁבַט [1]; *9) פֶּחָה [5: + Hg 1.1, 12, 14, 2.2, 21]; *9α) פִּנָּה [1: 1K 14.38*L*]; *10) *a.* מַחֲלֹקֶת [2: 1E 1.4, 10], *b.* Ar. מַחְלְקָה [1: 1E 7.9]; (fr) [1E 9.5]; (-) [+ Es 2.5; - Zc 9.12A v.l.]. Del. Nu 2.9, Jo 13.31, 1K 10.19, 29.3, 1C 12.29, 26.1, Mi 7.14, Zc 12.12[2].

φύλλον 1) עָלֶה [16]; 2) עֳפִי [3]. Del. Si 6.3, Hg 2.20 v.l.

φύραμα 1) מִשְׁאֶרֶת [2]; 2) עֲרִיסָה [1].

φύρασις 1) לוּשׁ qal[1].

φυράω 1) בלל qal[7]; 2) לוּשׁ qal[3]; 3) רבך ho.[1]. Del. Nu 15.4 v.l.

φυρμός (†) [Ez 7.22].

φύρω 1) בּוּס *a.* ho.[1], *b.* hitpo.[2]; 2) גלל *a.* hitpo.[1], *b.* hitpalp.[1]; 3) לבשׁ qal[1].

φυσάω 1) נפח qal[2]. Del. Si 43.14 v.l.

φυσητήρ 1) מַפֻּחַ [1]; *2) אוֹב [1: Jb 32.19].

φυτεία 1) *a.* נטע qal[1], *b.* מַטָּע [2].

φύτευμα 1) *a.* נֶטַע [1], *b.* מַטָּע [2].

φυτεύω 1) *a.* נטע qal[7+], *b.* ni.[1], *c.* נֶטַע [1]; 3) עשׂה qal[1]; 4) שׁתל qal[4]; (fr) [Pr 27.18]. Del. 2): Si 49.7, Am 9.14[1], Is 17.11[2] v.l.

φυτόν 1) *a.* מַטָּע [2], *b.* נֶטַע [1]; 2) נֵצֶר [1]; 3) סְבַךְ [1]; 4) רֹתֶם [1]; *5) זֶרַע [1: Ez 17.5]; 6) כֶּרֶם [1: Jb 24.18]; *7) שׂוֹבֶךְ [1: 2K 18.9*L*]; (-) [Da LXX, TH 11.20].

φύω 1) נטע qal[1]; 2) עלה qal[2]; 3) פרה qal[1]; 4) צמח qal[2]; *5) גדל pi.[1: Ct 5.13 voc.].

φωνέω *0) געה hit.[1: 2K 22.8*L*]; 1) הגה qal[1]; 3) צפף pilp.[1]; 4) קרא *a.* qal[1], *b.* Ar. pe.[3]; 5) שׁיר pol.[1]; 6) תקע ni.[1]; 7) ἐκ τῆς κοιλίας φωνεῖν הגה hi.[1]; *8) ענה *a.* qal[3: 1E 5.58, 8.89, 9.10], *b.* Ar. pe.[1: Da LXX 2.20]; *9) *a.* אוֹב [1: Is 29.4], *b.* ἀπὸ / ἐκ τῆς γῆς φωνεῖν אוֹב [2: Is 8.19[1], 19.3]; *10) שׁמע hi.[1: C 15.16]. Del. 2); Is 24.14.

φωνή 1) אִמְרָה [1]; 2) דָּבָר [2]; 5) לָשׁוֹן [2]; 6) מִצְוָה [2]; 7) נְהָמָה [1]; 8) פֶּה [11]; 9) צְעָקָה [2]; 10) *a.* קוֹל [119+: + Je 2.23, 26.12, Ez 35.12], *b.* Ar. קָל [15]; 11) שָׂפָה [1]; 13) תְּרוּעָה [5: + 1E 5.62, 64]; 14) ῥηγνύναι φωνήν געה qal[1]; *15) גְּעָרָה [2: Is 30.17*bis*]; *16) φωνὴ ὀξύτητος נַחֲרָה [1: Je 8.16[1]]; (fr) [Jb 38.7, Is 18.3, 24.8, 28.28, Ez 33.32]. Del. 3-4, 12): De 4.11, 28.13, 3K 8.30, Ps 9.12, Je 5.15, 11.3, Ez 27.28, Da TH 10.9b v.l.

φῶς 1) *a.* אוֹר [16+: + Jb 22.11, Is 26.9; 53.11 1QIs[a], Je 10.13, 28.16, Si 36.7], *b.* מָאוֹר [5], *c.* אוֹרָה [1], *d.* אוּר [1]; 2) Ar. נְבְרַשְׁתָּא [1]; 3) נֹגַהּ [4]; 4) *a.* Ar. נְהוֹר [1], *b.* נְהִיר [1]; 5) *a.* נִיר [1], *b.* נֵר [2]. Del. Ps 77.14, Jb 3.9, Si 50.29, Zp 3.5, Is 49.8, 51.5 v.l.

φωστήρ 1) זֹהַר [1]; 2) מָאוֹר [4]; (fr) [1E 8.76].

φωτίζω 1) אוֹר *a.* qal[3], *b.* ni.[2], *c.* hi.[12], *d.* מָאוֹר [1], *e.* אוֹר [1]; 2) ירה hi.[4]; 3) נגה hi.[1]; 4) נהר qal[1]; 5) נִיר qal[1]; 6) ראה *a.* hi.[1], *b.* ni.[1]; 7) φωτίζων, φωτίζοντες אוֹרִים [2]; 9) זהר hi.[1]; 10) שׂרק hi.[1]; *11) Ar. גלא pe.[1: Da 2.28 LXX]; (fr) [Is 60.1]. Del. 8): Ne 8.3, Jb 3.9 v.l.

φωτισμός 1) *a.* אוֹר [5], *b.* מָאוֹר [1].

X

χαίνω 1) פצה qal[2]. Del. 1E 4.19 v.l.

χαιρετίζω *1) Ar. שְׁאֵל שְׁלָם pe.[1: To 7.1].

χαίρω 1) אָהֵב qal[1]; 2) גִּיל qal[8]; 3) יָטַב בְּעֵינֵי qal[1]; 4) *a.* עלז qal[1], *b.* עָלִיז [1]; 5) רנן qal[1]; 6) שִׂישׂ qal[5: + Pr 6.16]; 7) שׂמח *a.* qal[6: + 4K 20.13, To 13.13], *b.* שָׂמֵחַ [3], *c.* שִׂמְחָה [1]; 8) *a.* שָׁלוֹם [2], **b.* Ar. שְׁלָם [2: 1E 6.7, 8.9]; *9) חדה qal[2: Pr 24.19, Je 38.13[2]]; *10) Ar. חֲדִי pe.[1: To 13.13].

χάλαζα 1) אֶלְגָּבִישׁ [1]; 2) *a.* בָּרָד [18+], *b.* ברד qal[1].

χαλαστόν 1) שַׁרְשְׁרָה [2].

χαλάω 1) ארך hi.[1]; 2) זחח ni.[1]; 3) שׁלח pi.[1].

χαλβάνη 1) חֶלְבְּנָה [1].

χαλεπός 1) יָרֵא ni.[1]; 2) פֶּלֶא [1].

χαλινός 1) מֶתֶג [3]; 2) רֶסֶן [1]; *3) מְצִלָּה [2: Hb 3.14, Zc 14.20].

χάλιξ 1) אֶבֶן [1]; 2) רֶגֶב [1].

χαλκεῖον. See under χαλκίον.

χάλκειος 1) *a.* נָחוּשׁ [1], *b.* נְחוּשָׁה [2]; 2) *a.* πέδη χ. נְחֹשֶׁת [1], *b.* χ. δεσμός נְחֹשֶׁת [1: 1E 1.38].

χαλκεύς 1) *a.* חֹרֵשׁ [1], *b.* חָרָשׁ [3: + Jb 32.19 *d* > *r*]; 2) צרף qal[2].

χαλκεύω 1) לטשׁ qal[1].

χαλκίον 1) סִיר [3: + 1E 1.11]; 2) קַלַּחַת [1].

χαλκός 1) *a.* נְחוּשָׁה [2], *b.* נְחֹשֶׁת [12+], *c.* Ar. נְחָשׁ [6]. Del. 2): 1K 2.14, Is 36.16, Je 1.18, Ez 27.12, Si 50.3 v.l.

χαλκοῦς 1) *b.* נְחוּשָׁה [6], *c.* נְחֹשֶׁת [27+], *d.* Ar. נְחָשׁ [8]; 2)

πέδη χ. נְחֹשֶׁת [2]. Del. 1*a*): Ex 37.8, 9, Jb 6.12, 40.13, 41.6, 19, Is 54.16 v.l.

χαμαί 1) אַרְצָה [4].

χαμαιλέων 1) כֹּחַ [1]; *2) קָאַת [1: Zp 2.14].

χαμαιπετής *1) נפל qal[1: 1E 8.88].

Χαναναῖος כְּנַעֲנִי, כְּנַעַן.

Χανανίς 1) כְּנַעֲנִי [3].

Χαναννῖτις 1) כְּנַעַן [1]; 2) כְּנַעֲנִי [1].

χάος 1) גֵּיא, גַּי [2].

χαρά 1) גִּיל [1]; 2) מָחוֹל [1]; 3) רִנָּה [1]; 4) שְׂחוֹק [1]; 5) שִׂמְחָה [8: + 1E 5.61; - Je 25.10]; 6) *a.* שָׂשׂוֹן [4: - Es 8.17], *b.* מָשׂוֹשׂ [1]; 7) ἐν χαρᾷ εἶναι רנן qal[1]; *9) טוב [1: Si 30.16]; (fr) [Es 9.17, 18, Is 55.12]. Del. 8).

χαραδριός 1) אֲנָפָה [2].

χαρακοβολία 1) שָׁפַךְ סֹלְלָה qal inf.[1].

χαρακόω 2) צוּר qal[1]. Del. 1).

χαρακτήρ 1) צָרֶבֶת [1].

χαράκωσις 1) מָצוֹר [1].

χάραξ 1) כַּר [1]; 2) מֻצָּב [1]; 4) מָצוֹר [3: + Is 31.9 MT *mgwr*]; 5) סֹלְלָה [4]. Del. 3).

χαράσσω Del. 1) 3K 15.27 v.l.

χαρίζομαι 1) נתן qal[1]; (fr) [Si 12.3]. Del. 2): Ct 1.4 v.l.

χάρις 1) גְּדוּלָּה [1]; 2) חֵן [29+: + Si 7.33]; 3) חֶסֶד [4: + 1E 8.77]; 4) *a.* טוּב [3], *b.* טוֹבָה [2]; 5) רַחַם [1: - Si 3.18]; 6) רָצוֹן [3]; 7) χάριν *a.* -בְּ [1], *b.* בִּגְלַל [1], *c.* לְמַעַן [1], *d.* בַּעֲבוּר [2], *e.* עַל [1]; 8) τὰ πρὸς χάριν *a.* חָלָק [1], *b.* חלק hi.[1: Pr 7.5]. Del. Pr 8.17, Ct 8.10, Si 6.18.

χαρμονή 1) רְנָנָה [2]; 2) שִׂמְחָה [1: - Je 31.33, 40.11 v.l.]; 3) שָׂשׂוֹן [1]; *4) שׂחק qal[1: Jb 40.15 voc.].

χαρμοσύνη 1) שִׂמְחָה [3]; 2) תּוֹדָה [1].

χαροποιός 1) חַכְלִילִי [1].

χάρτης 1) מְגִלָּה [1]. Del. Is 8.1, Je 43.2, 6 v.l.

χαρτίον 1) מְגִלָּה [13].

χάσμα 1) פַּחַת [1].

χαυών 1) כַּוָּן [2].

χεῖλος 3) לְחִי [1]; 5) שָׂפָה [22+: + Jd 5.15, Je 3.21, 7.29]; 6) גַּפָּה [1]; (fr) [Pr 6.2, 12.14]. Del. 1-2, 4): Jb 9.3, Pr 31.31, Si 49.13.

χειμάζω 1) חול pol.[1].

χειμάρρους 1) אָפִיק [1]; 2) גַּיְא [1]; 3) נַחַל [22+: + Mi 6.7]. Del. Jo 13.32, Ez 47.4.

χειμερινός 1) גֶּשֶׁם [2]; 2) חֹרֶף [1]; 3) סַגְרִיר [1].

χειμών 1) גֶּשֶׁם [4: + 1E 9.6]; 2) סְתָיו, סְתָו [1]. Del. Si 21.8 v.l.

χείρ 1) חֹפֶן [2: - Ez 10.2, 7², 12.7]; 2) *a.* יָד [371+: + 2C 31.15; 35.14, Ho 11.6 transp., Zc 1.21 voc.; To 11.11, 13.2, Jb 23.2¹, Ps 151.2, Pr 31.31, Je 29.9, Da LXX 10.16, Si 30.30], *b.* Ar. יַד [29]; 4) כַּף [34+: + Jb 33.7, Ps 57.10, 73.3, Je 2.34, Ez 21.12, 29.7², Si 38.10]; 5) שֹׁעַל [1]; 6) תָּו [1]; 7) ἡ χ. ἡ δεξιά, ἡ δεξιὰ χ. יָמִין [2]; (fr) [Pr 10.11, 26.9²]. Del. 3): Nu 14.17, De 23.14, Ne 12.8², Pr 31.19a, Zc 11.8, Je 3.8, Si 39.31, Ez 10.2, 12.7 v.l.

χειραγωγέω1) הֶחֱזִיק בְּיַד־ hi.[1].

χείριστος, η, ον. Sup. of κακός, πονηρός, q.v.

χειρόγραφον *1) Ar. כְּתָב [1: To 9.2].

χειρόομαι 1) קטל qal[1]; 2) שָׁלַח יָד qal[1].

χειροπέδη 1) *a.* אֲזִקִּים [2], *b.* זֵק [3]; 2) כֶּבֶל [1].

χειροποίητος 1) אֱלִיל [5: - Is 31.7²].

χειροτονία 1) שָׁלַח אֶצְבַּע qal[1].

χείρων *1) רַע [1: 2K 19.8*L*].

χελιδών 1) *b.* סִיס [2]. Del. 1*a*, *c*).

χελώνη 1) גַּל [1].

χερουβ 1) כְּרוּב [15+].

χερσαῖος 1) κροκόδιλος χ. צָב [1].

χέρσος 1) תֶּלֶם [2]; *2) שָׁמִיר [4: Is 5.6, 7.23, 24, 25].

χερσόω (fr) [Na 1.10].

χέω 1) יצק *a.* qal[3], *b.* מוּצָק [1]; 2) נתך ni.[1]; 3) פרץ qal[1]; 4) פרשׂ qal[1]; 5) רחץ qal[1]; 6) שׁפך qal[3]; *7) זקק pi.[1: Ma 3.3].

χηλή 1) פַּרְסָה [2].

χήρα 1) *a.* אַלְמָנָה [17+: + 2K 20.3]; 2) גַּלְמוּדָה [1]; (fr) [Je 5.28]. Del. 1*b*): Ps 131.15.

χηρεία 1) *a.* אַלְמֹן [1], *b.* אַלְמָנוּת [1].

χήρευσις 1) אַלְמָנוּת [2].

χηρεύω 1) אַלְמָן [1]; 2) שָׁמֵם qal[1].

χθές. See under ἐχθές.

χθιζός 1) תְּמֹל [1].

χῖδρον 1) גֶּרֶשׂ [2].

χιλιαρχία 1) אֶלֶף [1].

χιλίαρχος 1) *a.* אַלּוּף [4: + Jo 22.14], *b.* רֹאשׁ אֲלָפִים [2], *c.* שַׂר אֶלֶף [7+].

χιλιάς 1) אֶלֶף [76+]. Del. 1K 10.19.

χίλιοι *1) אֶלֶף [14+].

χιλιοπλασίως 1) אֶלֶף פְּעָמִים [1].

χίμαιρα 1) שְׂעִירָה [2].

χίμαρος 1) עַתּוּד [2]; 2) *a.* צָפִיר [3: + Ne 5.18], *b.* Ar. צְפִיר עִזִּין [1: 1E 7.8]; 3) שֶׂה [1]; 4) שָׂעִיר [47]. Del. Mi 6.7.

χιονόομαι 1) שׁלג hi.[1].

χιτών 1) בֶּגֶד [3]; 2) כְּתֹנֶת [19+]; 3) מַד [1]; 4) מְעִיל [1]; *5) χ. μεσοπόρφυρος פְּתִיגִיל [1: Is 3.24].

χιών 1) *a.* שֶׁלֶג [2+], *b.* Ar. תְּלַג [2]; *2) בָּרָד [1: Si 43.13].

χλαῖνα 1) מַרְבַדִּים [1].

χλεύασμα 2) שְׂחוֹק [1]. Del. 1) Je 20.8 v.l.

χλευασμός 1) קֶלֶס [2]. Del. 2) Jb 12.4, Ps 43.13 v.l.

χλιδών 1) *a.* אֶצְעָדָה [2], *b.* צְעָדָה [1]; *2) שֶׁלֶט [1: 2K 8.7].

χλόη 1) *a.* דֶּשֶׁא [4], *b.* Ar. דֶּתְאָ [1]; 2) חָצִיר [2]; 4) *a.* עֵשֶׂב [1], *b.* Ar. עֲשַׂב [3]; 5) צֶמַח [2]. Del. 3) Jb 24.24 v.l.

χλωρίζω 1) יְרַקְרַק [2].

χλωρός 1) חָצִיר [2: + Is 27.11]; 2) *a.* יֶרֶק [3], *b.* יָרָק [1], *c.* יָרוֹק [1]; 3) לָבָן [1]; 4) לַח [3]; 5) עֵשֶׂב [1]; 6) שִׂיחַ [1]; 7) τὸ ἄχι τὸ ~όν עָרָה [1]. Del. Is 37.27 v.l.

χλωρότης 1) יְרַקְרַק [1].

χνοῦς 2) מֹץ [7: + Is 5.24]. Del. 1, 3): 2K 22.43, 2C 1.9, Ps 17.42, 77.27, Is 48.19.

χοεύς. See uner II χοῦς.

χοῖνιξ 1) בַּת [3].

χοιρογρύλλιος 1) אַרְנֶבֶת [1]; 2) שָׁפָן [3].

χολέρα 1) זָרָא [2]; 2) צַעַר [1]; 3) תַּשְׁנִיק [1].

χολή 1) לַעֲנָה [2]; 2) *a.* מְרֵרָה [1], *b.* מְרֹרָה [2: + To 11.11], *c.* Ar. מְרָרָה [1: To 6.9]; 3) רוֹשׁ, רֹאשׁ [6].

χόλος 1) קֶצֶף [1]. Del. Pr 16.28.

χονδρίτης 1) חֹרִי [1].

χορδή 1) מֵן [2: + Na 3.8 MT *mn'*].

χορεύω 1) *a.* חול qal[1], *b.* pol.[3: + 1K 18.6, 3K 1.40], *c.* מְחֹלָה [2].

χορηγέω 1) זון Ar. itpe.[1]; 2) כּול pilp.[4]; 3) ספק qal[1]; 4) סמך qal[1].

χορηγία *1) Ar. אֻשַּׁרְנָא [2: 2E 5.3, 9].

χόριον 1) שִׁלְיָה [1].

χορός 1) הִלּוּלִים [1]; 2) חֶבֶל [2]; 3) *a.* מָחוֹל [2], *b.* מְחוֹלָה [7: + 3K 1.40]. Del. 3K 21.14, 15, 17, 19, Is 5.12 v.l.

χορτάζω 1) שׂבע *a.* qal[7], *b.* hi.[6].

χόρτασμα 1) מִסְפּוֹא [5]; 2) עֵשֶׂב [1]; 3) כלה pi.[1].

χόρτος 1) דֶּשֶׁא [2]; 2) חָצִיר [13: + Si 40.16]; 3) *a.* עֵשֶׂב [9], *b.* Ar. עֲשַׂב [7]; 4) קַשׁ [2]; *5) שָׁמִיר [2: Is 10.17, 32.13]; *6) עָמִיר [1: Je 9.22]. Del. Ps 104.35.

I. **χοῦς** 1) מְעִי [1]; 3) עָפָר [9+]. Del. 2): Jb 31.24, Ps 34.5, Ho 13.3, Is 17.13, 41.15 v.l.

II. **χοῦς** 1) הִין [1]; 2) בַּת [1]. Del. 3K 7.26.

χόω *1) Ar. טמם pa.[1: To 8.18].

χράω 1) אָדוֹן [1]; 2) בַּעַל [1]; 3) עשׂה qal[12]; 4) צָלֵחַ qal[2]; 5) שׁאל *a.* qal[1: + 4K 6.5], *b.* hi.[2: + 1K 2.20 4Q51 for MT qal]; 6) εὖ χράομαι יטב hi.[1]; *7) ἄλλως χρᾶσθαι עבר qal[1: Es 1.19]; *8) עבד qal[1: Is 28.21]; (fr) [Es 2.9, Jb 16.10, 18.4, 23.6, 30.14, 34.20, Pr 10.26, Da LXX 1.14]; (idiom.) [Jb 10.17, 19.11, Pr 5.5, Da LXX 7.7]. Del. 2K 1.21, 3K 19.15, 16, Jb 15.8.

χρεία 1) Ar. חַשְׁחוּת [2: + 1E 8.17b], 2) *a.* צֹרֶךְ [12: + Si 13.6], *c.* צָרִיךְ [1], *d.* צְרוּךְ [2]; 3) ~αν ἔχειν Ar. חֲשַׁח [1]; 4) עֵסֶק [1]; 5) ἔχειν χρείαν **a.* עַל + suf. [1: Ps 15.2], **b.* Ar. צְרִיךְ [1: To 5.12]; *6) *a.* חָפֵץ qal[2: Pr 18.2, Is 13.17], *b.* חֵפֶץ [3: Je 22.28, 31.38, Si 11.23]; *7) Ar. פָּלְחָן [1: 1E 8.17a].

χρεμετίζω 1) צהל *a.* qal[2: +Si 35.6], *b.* pi.[1].

χρεμετισμός 1) מִצְהָלָה [3: + Je 8.6 MT *mlḥmh*]; *2) מַרְזֵחַ [1: Am 6.7].

χρέος 1) מַשֶּׁה [2: + De 15.3, cf. Ehrlich ad loc.]; 2) שְׁאֵלָה [1].

χρεοφειλέτης *1) רָשׁ [1: Pr 29.13]; (fr) [Jb 31.37].

χρή, χρῆναι (-) [Pr 25.27].

χρήζω *1) צַר לְ- [1: Jd 11.7]. Del. 1K 17.18 v.l.

χρῆμα 2) כֶּסֶף [1]; 3) מְחִיר [1]; 4) נְכָסִים [4]; 5) רְכוּשׁ [3]; 6) *b.* חַיִל [3]; 7) טוֹבָה [1]; 8) הוֹן [1]; 9) חָרוּץ [1]; *10) שֶׁל + suf.[1: Si 37.6]; (fr) [Jb 6.20]. Del. 1, 6*a*): Ne 11.24, Pr 28.16 v.l.

χρηματίζω 1) דבר pi.[6]; 2) שׁאג qal[3: + 3K 18.27 MT שִׂיג?]; (fr) [Jb 40.3].

χρηματισμός 1) מַשָּׂא [1].

χρησιμεύω 1) כָּשֵׁר qal[1].

χρήσιμος 1) בֶּצַע [1]; 2) χρ. εἶναι צָלֵחַ [1]; *3) טוֹב [2: Zc 6.10, 14, voc.]; *4) כָּשֵׁר [1: To 3.10]; *5) אמן qal ptc. pass. [1: Si 7.22]; (-) [Pr 17.17].

χρῆσις 1) שׁאל qal[1].

χρησμολογέω 1) דרשׁ qal[1].

χρηστοήθεια 1) טוּב בָּשָׂר [1].

χρηστός 1) *a.* טוֹב [23: + 1E 8.8.56], *b.* Ar. טָב [2]; 2) יָקָר [2]; 3) יָשָׁר [1]. Del. 1K 24.11, 2K 1.14.

χρηστότης 1) *a.* טוּב [4], *b.* טוֹב [7: + 1E 5.58], *c.* טוֹבָה [3], *d.* טוב hi.[1]. Del. Ps 52.3 v.l.

χρῖσις 1) מִשְׁחָה [14]; *(†) [1: Ps 151.4 Heb קודשׁ]. Del. Ex 40.9 v.l.

χρῖσμα 1) *a.* מִשְׁחָה [6: + Ex 35.14], *b.* מָשְׁחָה [1], *c.* מָשִׁיחַ [2]. Del. Ex 38.25 v.l.

χριστός 1) *a.* מָשִׁיחַ [5+: + Am 4.13 MT *mh śḥw*], *b.* מִשְׁחָה [2], *c.* משׁח qal[1]; *2) נָגִיד [2: Da LXX 9.26, TH 9.25]. Del. 2K 23.3, Ez 16.4A.

χρίω 2) משׁח *a.* qal; [19+: + 2C 36.1, Ps 151.4, Is 25.7, Ez 43.3; Ho 8.10 MT *mśʾ*], *b.* ni.[5], *c.* מָשִׁיחַ [2]; 3) סוּךְ qal[2: + Ex 30.32]. Del. 1).

χρονίζω 1) אחר *a.* qal[1], *b.* pi.[10], **c.* hi.[1: 2K 20.5]; 2) בּוֹשׁ pol.[1]; 4) ישׁן ni.[1]; 5) משׁך ni.[1]; 6) עבר hit.[1]; 7) מהה hitpalp.[1]; (fr) [Pr 31.21, Is 51.14]. Del. 3): Pr 9.18.

χρόνος 1) *b.* זְמָן [3: + Ne 10.34, 13.31], *c.* Ar. זְמַן [5: + 1E 6.3]; 2) יוֹם [5+]; 3) עֵת [5: + 1E 9.12]; 4) פַּעַם [2]; 5) קֵץ [2]; 6) רֶגַע [1]; 7) תּוֹר [1]; 8) εἰς τὸν αἰῶνα ~ον *a.* עַד־עוֹלָם [3], *b.* לְעוֹלָם [2], *c.* לָנֶצַח [2], *d.* הָלְאָה [1], **e.* τὸν ἅπαντα ~ον עַד עוֹלָם [1: 1E 8.82]; 9) ὁ ἐπιὼν χρ. אַחֲרִית [1]; 10) πολὺς χ. יָשִׁישׁ [1]; 11) ὅσον ~ον עַד־מָתַי [1]; 12) διὰ ~ου πολλοῦ *a.* מֵמֶּרְחָק [1], *b.* מֵרָחוֹק [1]; 13) εἰς ~ον πολύν לְנֶצַח נְצָחִים [1]; *14) χρ. τακτός מוֹעֵד רֶגֶל [1: Jb 12.5]; *15) חֹק [2: Jb 14.5, 13]; *16) עֲלוּמִים "days of youth = one's time par excellence" [1: Ps 88.45]; *17) Ar. אַרְכָה [1: Da LXX 7.12[1]];*18) Ar. עִדָּן [3: To 2.11, 14.4, 5]; *19) חֶלֶד [1: Jb 10.20]; (fr) [Is 51.8, Da LXX 5.26]. Del. 1*a*).

χρυσαυγέω 1) זָהָב [1].

χρύσεος. See under χρυσοῦς.

χρυσίον 1) *a.* זָהָב [73+], *b.* Ar. דְּהַב [9: + To 13.16]; 2) חָרוּץ [7]; 3) כֶּתֶם [5: + Da LXX 967 10.5]; 4) פַּז [3]; 5) מָמוֹן [1]; (fr) [Jb 27.16, Si 41.12]. Del. 2K 1.24., 3K 10.2, Pr 27.21, Ct 3.10, Da TH 11.38, 43.

χρυσόλιθος 1) תַּרְשִׁישׁ [3].

χρυσός 1) *a.* זָהָב [10], *b.* Ar. דְּהַב [3]; 2) חָרוּץ [1]. Del. Nu 7.62, 3K 10.17, 2C 3.6, Ne 7.71, Jb 42.11, Is 3.23, Ez 27.22 v.l.

χρυσοῦς 1) *a.* זָהָב [64+], *b.* Ar. דְּהַב [29: + 1E 6.17, 25]; 2) פַּז [2]. Del. Ex 25.24, 38.10, Jb 28.6, Pr 11.22, Ez 16.13, Da TH 3.15, 18 v.l.

χρυσοχόος 1) *a.* צֹרֵף [4], *b.* צֹרֵף בַּזָּהָב [1].

χρυσόω 1) חפה pi.[2]; 2) צפה *a.* pi.[5], *b.* pu.[1]. Del. 2C 3.8 v.l.

χρύσωμα *1) כְּפוֹר זָהָב [1: 1E 8.56].

χρῶμα Del. 1) Ex 34.29, 30 v.l.

χρώς 1) בָּשָׂר [14]; 2) עוֹר [3].

χυδαῖος *2) χυδαῖος γίνομαι שׁרץ qal[1]. Del. 1).

χύμα 1) רֹחַב [1].

χυτός 1) יצק ho.[1]; 2) מְטִיל [1].

χύτρα 1) *a.* פָּארוּר [2], *b.* פָּרוּר [4]; 2) קַלַּחַת [1].

χυτρόγ/καυλος 1) כִּיּוֹר [4].

χυτρόπους See under κυθρόπους.

χωλαίνω 1) פסח *a.* qal[1], *b.* ni.[1]; *2) MH חגר qal[1: Ps 17.45]; *3) לאה ni.[1: 1K 17.39].

χωλός 1) פִּסֵּחַ [12].

χῶμα 1) אֲדָמָה [1]; 2) גַּל [1]; 3) סֹלְלָה [1]; 4) עָפָר [9]; 5) עֲרֵמָה [1]; 6) תֵּל [1]. Del. Ex 8.14 v.l.

χωματιζω 1) עָמַד עַל תֵּל [1].

χώνευμα 1) מַסֵּכָה [3].

χώνευσις 1) יצק *a*. qal[1], *b*. מוּצָקָה [1].
χωνευτήριον 1) כּוּר [1]; 2) צרף pi.[1].
χωνευτής 1) צרף qal[1].
χωνευτός 1) יצק **a*. qal ptc. pass. [1: 2C 4.3*L*], *b*. ho.[2]; 2) *a*. מַסֵּכָה [7+], *b*. נֶסֶךְ [3]. Del. De 9.12 v.l.
χωνεύω 1) יצק qal[7]; 2) נֶסֶךְ [2]; 3) נתך *a*. ni.[1], *b*. hi.[4], *c*. ho.[1], *d*. הִתּוּךְ [1]; 4) צוּר [1]; 5) צרף *a*. qal[1], *b*. pi.[1].
χώρα 1) אֲדָמָה [8: + Am 3.9*bis*, 10, 11, 6.8 MT *'rmnwt*]; 2) אוּר [4]; 3) אֵיתָן [1]; 4) אֶרֶץ [8+: + Mi 5.4]; *4α) גְּבוּל [1: 1K 5.6*L*]; 5) also Ar. מְדִינָה [46]; 6) מָקוֹם [3]; 7) שָׂדֶה [1]; 8) κατὰ χώραν תַּחַת [2]; *9) תֵּבֵל [1: Si 43.3]; (fr) [1E 5.46]. Del Es 9.12, Ez 28.25, 38.13, Da LXX 12.1.
χωρέω 1) חזק hi.[1]; 3) כּוּל hi.[2]; 4) נשׂא qal[1]; 5) χωρῶν כְּבִית [1]. Del. 2) Ge 13.6².
χωρίζω 1) בָּדָד [1]; 2) בדל *a*. ni.[7], *b*. hi.[2]; 3) מוּשׁ qal[1]; 4) פרד ni.[2]; *5) II גאל pu.[1: 1E 5.39]. Del. Ne 9.1.
χωρίον 1) כֶּרֶם [2].
χωρίς *a*) מִלְּבַד [7]; *b*) רַק [2]; *c*. לְבַד מִן [4]; (-) [1E 4.17].
χωρισμός 1) נִדָּה [2]. Del. Zc 13.1 v.l.
χωροβατέω 2) כתב qal[2]; 3) עבר qal[1]. Del. 1).

Ψ

ψαλίς 1) בַּיִת (?)[1]; 2) חֲשֻׁקִים [3].
ψάλλω 1) זמר pi.[42]; 2) נגן *a*. qal[1], *b*. pi.[12: + Ps 68.12]. Del. 2*c*).
ψαλμός 1) *a*. זָמִיר [2], *b*. מִזְמוֹר [39: - Ps 4*tit*., 47*tit*.], *c*. זִמְרָה [3], *d*. זמר pi.[1]; 2) נֵבֶל [1]; 3) *a*. נגן pi.[1], *b*. נְגִינָה [4], **c*. מַנְגִּינָה [1: La 3.63]; 4) עוּגָב [2]; 5) שִׁגָּיוֹן [1]; 6) שִׁיר [1]; 7) תְּהִלָּה [1]; *8) זִכָּרוֹן [1: Zc 6.14]. Del. Ps 31 *tit*.
ψαλτήριον 1) כִּנּוֹר [6: + Ps 151.2 11QPs[a]]; 2) נֵבֶל, נֶבֶל [8]; 3) נְגִינָה [1]; 4) פְּסַנְתֵּרִין, פְּסַנְטֵרִין [8]; 5) תֹּף [1]; *6) עוּגָב [1: Ez 33.32]. Del. Ps *tit* v.l.
ψάλτης *1) שִׁיר pol.[1: 1E 5.41].
ψαλτός 1) זָמִיר [1].
ψαλτῳδέω 1) שִׁיר pol.[1].
ψαλτῳδός 1) *a*. שִׁיר pol.[8: + 1E 5.41], *b*. שִׁיר subst. [3: + Si 50.18].
ψαρός 1) אָמֹץ [2]; 2) שָׂרֹק [1].
ψεκάς 1) זֶרֶם [1]; 2) רְסִיסִים [1].
ψέλιον 1) צָמִיד [6]; 2) קִשֻּׁרִים [1]; *3) חוֹחַ [1: Jb 40.21].
ψελλίζω 1) עִלֵּג [1].
ψευδής 1) *a*. אַכְזָב [1], *b*. כָּזָב [16: + Si 31.1], *c*. Ar. כְּדַב [2]; 2) כַּחַשׁ [3]; 3) שָׁוְא [11]; 4) שֶׁקֶר [7+: + Pr 17.4, Je 6.6]; 5) ψ. γίνεσθαι *a*. כזב ni.[1], *b*. כחשׁ pi.[1]; 6) ὁ φάμενος (λέγων) ψευδῆ με λέγειν כזב hi.[1]; *7) חִנָּם [1: Pr 24.43, see Prijs 31]; *8) עִקֵּשׁ דְּבָרִים [1: Pr 28.6]; *9) חָמָס [1: Am 6.3]; (fr) [Pr 8.7]. Del. Pr 19.22, Je 34.16.
ψευδολογέω 1) דִּבֵּר כָּזָב pi.[1].
ψεύδομαι 1) בדא qal[1]; 2) כזב pi.[6]; 3) כחד pi.[2]; 4) כחשׁ *a*. ni.[1], *b*. pi.[6+: + Si 7.13], *c*. hit.[1].
ψευδομαρτυρέω 1) ענה qal[2].
ψευδοπροφήτης 1) נָבִיא [10].
ψεῦδος 1) *b*. כָּזָב [4]; 2) *a*. כַּחַשׁ [4], *b*. כחשׁ pi. [1]; 3) מִרְמָה [2]; 4) שֶׁקֶר [15: + Is 30.12]. Del. 1*a*): Je 15.18.
ψεύστης 1) *a*. כזב qal [1], *b*. כָּזָב or כַּזָּב [2].
ψηλαφάω 1) גשׁשׁ pi.[2]; 2) ימשׁ hi.[1]; 3) מוּשׁ *a*. qal[7: + Zc 9.13, metath.], *b*. hi.[1]; 4) משׁשׁ pi.[4]. Del. Jb 20.10 v.l.
ψηλαφητός 1) משׁשׁ hi.[1].
ψήφισμα 1) פּוּר [2].
ψῆφος 1) חָצָץ [1]; 2) חֶשְׁבּוֹן [1]; 3) צֹר [1].
ψιθυρίζω 1) לחשׁ *a*. hit.[2]. Del. 1*b*) Si 12.16, 18 v.l.
ψιθυρισμός 1) לַחַשׁ [1].
ψιλή 1) אַדֶּרֶת [1].
ψιλόω *1) Aramaising, שׁלח "to strip off" qal[1: Ez 44.20].
ψόα 1) חֹמֶשׁ [3]; 2) עָצֶה [1]; 3) כֶּסֶל [1].
ψόγος 1) דִּבָּה [3]. Del. Mi 1.13 v.l.
ψοφέω 1) רקע qal[1]. Del. Ez 25.6 v.l.
ψύα. Spelled also ψόα, q.v.
ψυγμός 1) *a*. שׁטח qal[1]. *b*. מִשְׁטָח [2], *c*. מִשְׁטוֹחַ [1]. See also Caird 1969:40.
ψυκτήρ 1) אֲגַרְטָל [2].
ψύλλος 1) פַּרְעֹשׁ [1].
ψυχή 1) אִישׁ [1]; 2) *a*. חַיָּה [3], *b*. חַיִּים [1: - Jb 33.30²], *c*. חַי [1]; 3) לֵבָב ,לֵב [34]; 4) נֶפֶשׁ [211+: + 1K 26.20, To 13.6, 7, Is 21.4]; 5) רוּחַ [4: + Si 7.17, cf. Aboth 4.4]; *6) מֵת [1: Ez 44.25]; *7) קֶרֶב [1: Si 37.6]; (fr) [Jb 21.8, 24.7, 27.4, Pr 13.25², 27.23, Is 1.16]. Del. Ge 46.27³, Jb 7.15², 24.7, Ps 37.7, 56.6¹,70.9, Pr 22.20, 23¹, Hg 2.14¹, Is 13.2 v.l.
ψῦχος 1) *a*. קֹר [1], *b*. קָרָה [3: + Zc 14.6 MT *yqrwt* > *wqrwt*].
ψυχρός 1) קַר [1]; 2) צִנָּה [1].
ψύχω 1) קרר *a*. qal[1], *b*. hi.[2]; 2) שׁטח qal[3].
ψωμίζω 1) אכל *a*. qal[1], *b*. hi.[12: + De 32.13 voc.], *c*. Ar. pe.[1]; 2) ברה hi.[1]; 3) Ar. טעם pa.[3]. Del. Pr 25.21.
ψωμός 1) לֶחֶם [1]; 2) עֹמֶר [1]; 3) פַּת [9: + Pr 9.13].
ψώρα 1) שַׁחֶפֶת [1]; 2) ψ. ἀγρία גָּרָב [2].
ψωραγριάω 1) גָּרָב [1].

Ω

ὤ, ὦ 2) אוֹי [3]; 3) אָנָּה [4]; 4) הָהּ [1]; 5) הוֹי [12: + Je 6.6]; 6) ὦ δή אָנָּה [1]. Del. 1): 4K 3.21, 8.13, Jn 4.2², Je 4.10.
ὦα 1) פֶּה [1]; 2) שָׂפָה [2].
ὧδε 1) בָּזֶה [3]; 2) הֲלֹם [4]; 3) הֵנָּה [28: + 1K 20.22¹˒ ³]; 4) *a*. כֹּה [9: + Zc 7.3, word div.], b. Ar. כָּה [1]; 5) פֹּה [7+].
ᾠδή 1) הִגָּיוֹן [2]; 2) מִזְמוֹר [3]; 3) מַשָּׂא [2]; 4) נְגִינוֹת [1]; 5) שִׁגְיוֹנוֹת [1]; 6) *a*. שִׁיר [40: + 2K 6.5; - Ps 47*tit*.], *b*. שִׁירָה [9];

*7) תְּהִלָּה [1: To 13.18]. Del. 1C 16.8, 2E 6.25, Jb 36.30, Ps 100.2, Jn 2.3 v.l.

ᾠδίν 1) חֵבֶל [10]; 2) *a.* חִיל [6], *b.* חול pol.[1], *c.* חַלְחָלָה [1]; 3) ילד qal[1]; 4) מַשְׁבֵּר [2]; 5) צִיר [2]; 6) ᾠδῖνας ἔχω חול qal[1]; 7) ὁ πόνος τῶν ᾠ. חֵבֶל [1]; (fr) [Ho 9.11, MT *bṭn*].

ᾠδίνω 1) הרה qal[1]; 2) חבל pi.[3]; 3) חִיל *a.* qal[11], *b.* pol.[1], *c.* ho.[1]; 4) צרר hi.[1].

ᾠδός 1) שִׁיר *a.* qal[4: + 4K 11.14; 2C 23.13], *b.* pol.[1]. Del. 2E 10.24, Ne 11.23.

ὠθέω 1) דחה qal[2]; 2) הדף qal[2]; 3) תקף qal[1]; *4) כבשׁ hi.[1: Je 41.11]; *5) סוּר hi.[1: Is 30.22].

ὠμία 1) כָּתֵף [12: + 3K 7.2]; *2) שְׁכֶם [2: 1K 9.2, 10.23].

ὦμος 1) כָּתֵף [7+]; 3) שְׁכֶם [5+]; *4) זְרֹעַ [1: Ma 2.3 voc.]; *5) צַוָּאר [2: Is 60.4, 66.12]. Del. 2): Jo 9.4.

ὠμός 1) נָא [1].

ὠμοτοκέω 1) געל hi.[1].

ᾠόν 1) בֵּיצָה [6].

ὥρα 1) מֶגֶד [3]; 2) מוֹעֵד [1]; 3) נוה *qal[1]; 4) Ar. עִדָּן [1]; 5) *a.* עֵת [33: + LXX 11.45, 12.1], **b.* εἰς ὥρας כָּעֵת חַיָּה [3: Ge 18.10, 14, 1K 25.6]; 6) Ar. שָׁעָה [8]; *7) יוֹם [1: Jb 15.32]; (-) [Jb 24.6]. Del. Es 8.1, 9.2, Da LXX10.14.

ὡραιόομαι 1) יפה qal[2]; 2) נאה pi'l.[1]; 3) נעם qal[1].

ὡραῖος 1) *a.* הָדָר [1], *b.* הדר qal ptc. pass.[1]; 2) חמד *a.* ni.[2], *b.* חֶמְדָּה [1], *c.* מַחְמָד [1]; 3) טוֹב [3]; 4) יָפֶה [3]; 5) *a.* נָאָה [4], *b.* נָאוֶה [3]; 6) **a.* נעם qal[1: 2K 1.26*L*], *b.* נָעִים [2]; 7) Ar. שַׁפִּיר [1]; 8) ὡ. κάλλει יפה pealal[1]; *9) בִּכּוּרִים [1: Jb 18.13]. Del. Is 28.1.

ὡραιότης 1) הָדָר [2]; 2) הוֹד [1]; 3) זִיו [1]; 4) יֳפִי [1]; 5) נָוֶה [1]; 6) תִּפְאֶרֶת [1].

ὡραϊσμός 1) יפה hit.[1]. Del. Ez 7.11 v.l.

ὥριμος 1) עֵת [1]; 2) σῖτος ὥ. גָּדִישׁ [1].

ὤρυμα 1) שְׁאָגָה [1].

ὠρύομαι 1) שׁאג *a.* qal[9], *b.* שְׁאָגָה [1].

ὥς *1) זֹאת [2]; *2) -כְּ [1]; (-) [Jb 9.11]. Del. Is 58.5.

ὡσαύτως 1) יַחְדָּו [2]; 2) -כּ [2]; 3) כְּזֹאת [1]; 4) כָּמוֹהוּ ,כָּמֹהוּ [2]; 5) כֵּן [6]; *6) שׁוה nit.[1: Pr 27.15]; (-) [+ Ez 42.5].

ὠτίον 1) אֹזֶן [13: + Ps 39.7]. Del. De 15.17 v.l.

ὠτότμητος 1) שׂרע qal pass.ptc.[2].

ὠφέλεια 1) בֶּצַע [2]; 2) *a.* יעל hi.[3], **b.* תְּעָלָה [2: Je 26.11, 37.13].

ὠφελέω 1) יעל hi.[1]; 3) עזר qal[1]; (fr) [Pr 25.13b]. Del. 2, 4): Ps 88.22, Je 15.10*bis*.

ὠφέλημα 1) יעל hi.[1].

ὤχρα 1) יֵרָקוֹן [1].

PART II

HEBREW/ARAMAIC ≈ GREEK INDEX

INTRODUCTION*

As this index is about to go to press, I look back over the past thirty-odd years with some amount of nostalgic sentiments.[1] The oldest of the translations of the Jewish Bible, the Septuagint, has been, along with Hebrew and Aramaic linguistics, constantly at the center of my scholarly interest over those years. As a text critic I have been keenly aware of the value of the Septuagint. In order, however, for me to make responsible and meaningful use of the Septuagint, it has been necessary to know what Hebrew or Aramaic word was being translated and how the ancient translator(s) understood and interpreted the text.

For scholars with such interests, Hatch and Redpath's *Concordance to the Septuagint*, published in 1897–1906, is an indispensable tool. Particularly helpful is the numbered list at the head of each Greek entry giving the Hebrew and Aramaic words and phrases (hyponyms) that the Greek lexeme in question translates. Hatch and Redpath further enhanced the value of their concordance by appending the "Hebrew Index to the Entire Concordance" (vol. 3, pp. 217–72), meticulously prepared when computers had not been heard of. Hatch and Redpath's reverse index includes all the Hebrew and Aramaic words, including proper nouns, that appear in those numbered lists in the body of the concordance. Each Hebrew and Aramaic word in the index is followed by the page numbers and column letters where it is to be found.

Generations of users of the concordance justly bemoaned the fact that actual Greek hyponyms had not been given. For instance, the Septuagint rendering of the verb אָמַר qal is represented in fifty different places in HR's concordance and appendix 2, but the user of the reverse index is given only a list of page numbers and column letters:

> אָמַר qal 37 *c*, 74 *a*, 109 *c*, 113 *c*,
>   120 *a*, 133 *a*, 222 *a*, 267 *a*, 299 *b*,
>   306 *b*, 313 *a*, 329 *c*, 339 *b*, 365 *a*,
>   384 *a*, 460 *c*, 477 *a*, 503 *c*, 505 *c*,
>   520 *b*, 534 *c*, 537 *b*, 538 *b*, 553 *b*,
>   628 *b*, 757 *b*, 841 *c*, 863 *c*, 881 *c*,
>   991 *b*, 1056 *b*, 1060 *a*, 1061 *a*,
>   1139 *a*, 1213 *b*, 1220 *c*, 1231 *b, c,*
>   1310 *b*, 1318 *b*, 1423 *c*, 1425 *b*,
>   *69 b, 72 b, 173 a, 183 b, c, 200 a* (2),
>   *207 c, 211 b.*

One dearly wishes to be able to examine those fifty Greek terms at once instead of leafing through the fifteen hundred pages of the concordance proper to find out what those fifty Greek words are. While I was busy writing my doctoral dissertation in Jerusalem, my wife, Keiko, undertook the laborious task of converting over thirty thousand mere page/column references into actual Greek words and phrases. A neatly handwritten list of 508 A4-size pages was completed in Manchester on 31 May 1971. A couple of publishers whom I tried to interest in the work turned it down. In the meantime there appeared in the early 1970s *An Expanded Hebrew Index for the Hatch-Redpath Concordance to the Septuagint*, compiled by Elmar Camilo Dos Santos (Jerusalem: Dugith). The publication of this work seemed to have sounded the death knell for the publication of my manuscript, apparently now to remain available only for my own private use—until last summer when I received email from David Aiken of Baker Book House, who had heard of the manuscript through Albert Pietersma and wanted to know whether I would consent to having it published in conjunction with a proposed

---

* The following text is, apart from a slight updating and modification, virtually the same as for *Index* of 1998 mentioned above, p. 7, 3rd paragraph.

[1] For a more detailed discussion of matters briefly presented here and other related issues, the reader is referred to T. Muraoka, "A new index to Hatch and Redpath," *Ephemerides Theologicae Lovanienses* 73 (1997) 257-76.

reprint of Hatch and Redpath. Since Camilo Dos Santos's handwritten work was no longer available, and in any event was compiled with little critical interaction with HR's Hebrew-Greek equivalents, I was naturally delighted at the prospect that my dear manuscript stood a real chance of being typeset and thus made available to hundreds of other scholars. I lost no time in dusting it off and getting it ready for publication.

General Policy

There are a number of ways in which my work on this project has gone beyond my wife's manual labour.

First, this index represents a partial and critical revision of Hatch and Redpath. It is more than a mere conversion of their page/column references into Greek words, for I have focused on identifying the Hebrew or Aramaic lexemes or phrases that a given Greek lexeme is translating. (Which Hebrew or Aramaic words is, for instance, the Greek noun ἀγάπη translating?) My revision is necessarily partial and incomplete, for a complete revision would have required study of every single verse of the Septuagint, comparing it with the extant Hebrew or Aramaic original texts and their variant readings. Instead, I first examined every list of Semitic hyponyms in the body of HR's concordance (a) to identify those hyponyms that appear *prima facie* implausible or problematic and (b) to study the Hebrew, Aramaic, and Greek passages where they occur. Second, I studied those Septuagint passages that Hatch and Redpath marked with an obelus (†), signifying that "the identification of the Greek and Hebrew is doubtful or at least that a student should examine the passage for himself." The reason I call my revision critical is that Hatch and Redpath attempted to identify each Septuagint word with a word or a phrase in the Masoretic Text of the Jewish Bible (though they do not state which edition of the Bible was used). They were naturally aware of the problematic nature of this policy, for there are countless cases in which the Septuagint can be shown to be translating a word or phrase at variance with what one finds in the Masoretic Text. They had their reasons for not departing from this rigid policy, but I believe that such a position is untenable. By contrast, my policy has been to identify the Hebrew or Aramaic lexemes and word forms that I believe the translator(s) had in mind in translating the way they did. This, of course, involves an element of subjective judgment. There is, however, no science without subjective judgment and creativity. I have not, of course, allowed my imagination to run wild: I have aimed at staying as close as possible to the Semitic text, whether in the form of its *textus receptus* or variant readings in manuscripts. Nonetheless, I have retained in my index all of the hyponyms identified by Hatch and Redpath, marking some, though, as implausible.

Second, a certain amount of textual criticism has been applied to the Septuagint text. Hatch and Redpath's textual basis for the Septuagint was the three major uncials—Alexandrinus (A), Vaticanus (B), and Sinaiticus (S)—as well as the Sixtine edition of 1587 (R). They accorded equal value to each of these four. As a consequence, in cases of textual differences one could have a variety of Greek words translating the same Hebrew or Aramaic word. Further, textual studies of the Septuagint have not stood still during the past hundred years; since the days of Hatch and Redpath there have appeared three major editions of the Septuagint, including the ongoing Göttingen Septuagint project, aiming to produce the earliest recoverable (i.e., critical) edition of the Septuagint. A revised index cannot turn a blind eye to all this. I have therefore based my identification of Semitic hyponyms on the form of the Septuagint that may be said to be the earliest. In practical terms, this meant following the Göttingen edition, where available, though not blindly. I have also made use of Rahlfs's *Handausgabe*, the Cambridge Larger Septuagint, and numerous other *Einzeluntersuchungen*. I must admit, however, that, inasmuch as the individual volumes of the Göttingen Septuagint became available at different points in the course of my project, the extent of my use of it is not even. In a few cases I have also drawn upon sources that have not been incorporated into this critical edition—𝔓967 for Daniel and Ezekiel, for instance.

Third, for a reason not stated, Hatch and Redpath did not give Hebrew and Aramaic equivalents for Greek words occurring in the apocryphal books. Redpath himself remedied this defect for Sirach (see appendix 2), and I did the same for I Esdras (most of which is a translation of parts of the books of Chronicles, Ezra, and Nehemiah) in my *Greek-Hebrew/Aramaic Index to I Esdras* (Septuagint and Cognate Studies 16; Chico, Calif.: Scholars Press, 1984). All relevant information in my I Esdras index has been incorporated into the present work.

Fourth, since the publication of the original concordance, the textual criticism of the Jewish Bible has not stood still, either. On the contrary, the discoveries in the Judaean Desert have revolutionized this branch of biblical studies, and a revised index has to take these new data into account. In addition to fragments of the canonical books of the Jewish Bible, further fragments of the book of Ben Sira have come to light, notably the Masada fragments. Hatch and Redpath's appendix 2, dealing with the then-known Cairo Geniza Hebrew fragments, has been revised in the light of these more recent textual findings.

Fifth, I have, for the most part, retained the mode of referencing used by Hatch and Redpath, even when the chapter and verse numbers they give for certain books do not agree with those in Rahlfs and the Göttingen edition. I have adopted the latter only when proposing new Hebrew or Aramaic equivalents (and then not consistently, for the reasons given under the second point above). As can be seen in the list of Abbreviations, I have slightly modified HR's abbreviations for the name of biblical books (e.g., 1K instead of I Sa.).

Last, despite my personal interest in questions of grammar, I do not regard this index as an appropriate forum for exercising strictures in this regard and making my own understanding of Hebrew and Aramaic grammar apply. I have retained Hatch and Redpath's mode of vocalizing all Hebrew and Aramaic verbs as qal and peal respectively, even when some of them are not attested in those conjugations. Similarly, Aramaic grammarians may question my vocalization of some Aramaic nouns in the putative absolute state form. It should also be noted that I attach no great importance to the distinction between hafel and afel in Biblical Aramaic.

Explanation of Symbols

Economy of space and ease of reference necessitated that certain symbols and abbreviations be used in order to avoid undue length in the index. What follows is a listing of these typographic conventions:

≈	the symbol ≈ between a Hebrew or Aramaic word and a Greek word indicates that the two are equivalent; דָּבָר ≈ λόγος, for example, indicates that λόγος is used in the Septuagint to translate the Masoretic Text's דָּבָר.
Ar.	all keywords are Hebrew unless "Ar." is indicated following the keyword; the words "also Ar." are mentioned to indicate the coalescing of two identically spelled lexemes.
Aramaising	a Scripture reference marked "Aramaising" indicates that the Greek lexeme in question can be identified with a Hebrew word that the Septuagint translator(s) misread as Aramaic or interpreted it under the influence of Aramaic; in the following entry, for example, טוב II Ar. pa. #ἑτοιμάζειν 563c (Mi 7.3 Aramaising; Na 3.8 Aramaising) the term "Aramaising" signifies that the translator(s) may have misread Hebrew טוב in Mi 7.3 and Na 3.8 as if it were a form of Aramaic טוב pael ("to prepare").
183c	italic page numbers and column letters refer to HR's appendix 2 on the apocryphal book of Ben Sira (Ecclesiasticus); in the following entry, for example, אָמַר qal λόγος 881c, *183c* the italic reference *183c* signifies that the equivalence אָמַר qal ≈ λόγος is found not only in the main concordance on page 881c but also, with reference to Sirach, in the third column of page *183* in appendix 2.
*	a Greek lexeme marked with * is a new equivalent not mentioned by HR; in the following entry, for example, הָתַל pi. *καταμωκᾶσθαι *181b* (Si 13.7)

the symbol * signifies that I propose equating the Greek verb καταμωκᾶσθαι used at Si 13.7 with the Hebrew verb הָתַל pi.; when no page number is given for a Greek equivalent, it means that the term was not concorded by HR.

The asterik is also prefixed to a Hebrew or Aramaic lexeme or a variation of it not listed in HR: e.g., *הֲמַרְכַּל Ar. and *הָמָה hi.

^ a Greek lexeme marked with ^ can be equated with a Hebrew or Aramaic term in the apocryphal book of I Esdras (for which HR did not give Semitic-Greek equivalents); fuller information and references where the equivalence applies may be found in my *Greek-Hebrew/Aramaic Index to I Esdras*; in the following entry, for example,

בָּשַׁל pi.

^ἕψειν 592a

the symbol ^ signifies that the Greek verb ἕψειν is listed on HR 592a with בָּשַׁל pi. as one of its hyponyms and that this equivalence applies to I Esdras as well; by turning to my index of I Esdras, the reader will find that this Hebrew-Greek equivalence is found in I Es 1.11 [= 2C 35.13].

§ a Greek lexeme marked with § is a transliteration of the underlying Hebrew or Aramaic lexeme rather than a translation of it; in the following entry, for example,

פַּלְמֹנִי

§φελλανει, φελμουνι, φελμωνι 1426b

the symbol § signifies that φελλανει, φελμουνι, and φελμωνι are transliterations of the keyword פַּלְמֹנִי; Greek accents and breathing marks have been dispensed with in such cases.

\+ a Scripture reference preceded by a plus sign (+) ought to be added to the list of passages where the equivalence applies; in the following entry, for example,

טוב

ἀγαθός 2a, *165a* (+ Si 42.25)

the symbol + signifies that one should add Si 42.25 to HR's list of passages where טוב is rendered by ἀγαθός.

– a Scripture reference preceded by a minus sign (–) ought to be deleted from the list of passages where the equivalence is supposed to apply; in the following entry, for example,

הָפַךְ ni.

μετατιθέναι *184b* (– Si 49.14)

the symbol – signifies that one should delete Si 49.14 from HR's list of passages where הָפַךְ ni. is rendered by μετατιθέναι.

[ ] a Greek lexeme enclosed within [ ] indicates that the Greek term is a textual variant in Sirach in Codex 248 and its congeners; in the following entry, for example,

שְׁבִיל

[ἀτραπός] *168c*

the symbol [ ] signifies that HR's appendix 3 lists ἀτραπός as a textual variant in Sirach in Codex 248.

? a Greek lexeme preceded by a question mark signifies that HR's Greek term is regarded by me as doubtful; the question mark indicates less distrust in HR's data than does my use of the double square brackets, explained next; in the following entry, for example,

אָכַף qal

?φορεῖν 1437c (Pr 16.27[26])

the symbol ? signifies that HR's Greek term φορεῖν is doubtful in Pr 16.27[26]; this symbol (always at the beginning of a line) should not be confused with a question mark in parentheses (?), which is carried over from HR and means something different.

⟦ ⟧ a Greek lexeme within ⟦ ⟧ signifies that the enclosed data provided by HR are implausible; double square brackets indicate greater distrust in HR's data than does my use of the question mark, explained above; in the following entry, for example,

כַּר
⟦τόπος 1364b (Is 30.23)⟧

the symbols ⟦ ⟧ signify that HR 1364b lists τόπος as a translation of כַּר, but that I regard that equivalence as implausible at Is 30.23.

⟦ ⟧ → a Greek lexeme within ⟦ ⟧ and followed by an arrow (→) signifies that the enclosed data provided by HR are not only regarded as implausible but that I am correcting the equivalence in one of four ways:

(1) if I am correcting only the Greek half of the equivalence, the arrow will point at a new Greek term, which will always be listed under the same Hebrew or Aramaic keyword; in the following entry, for example,

כָּרַע qal
⟦κλαίειν 766a⟧ → ὀκλάζειν

the Greek word following ⟦ ⟧ → indicates that κλαίειν, identified on HR 766a as translating כָּרַע qal, is not the correct reading of the passage in question (1K 4.19) but should be replaced by a form of ὀκλάζειν.

(2) If I am correcting only the Hebrew or Aramaic half of the equivalence, the arrow will point at a new Hebrew or Aramaic term; the reader should look for the Greek term under the new Hebrew or Aramaic term; in the following entry, for example,

כֹּרֵם
⟦κτῆμα 793c⟧ → כֶּרֶם

the Hebrew word following ⟦ ⟧ → signifies that the correct hyponym of κτῆμα is not כֹּרֵם but כֶּרֶם (obtainable by pointing the Hebrew word differently from the reading in the Masoretic Text); the reader will find κτῆμα listed under the keyword כֶּרֶם.

(3) If I am correcting both halves of HR's equivalence, the arrow will point at a new Hebrew-Greek or Aramaic-Greek combination; the reader should turn to the new Hebrew or Aramaic term to find the new Greek term; in the following entry, for example,

תְּבוּאָה
⟦κουρά 781a⟧ → אֶרֶץ ≈ χώρα

the words following ⟦ ⟧ → signify that I regard as implausible both the Hebrew and Greek terms in HR's equivalence (תְּבוּאָה ≈ κουρά); the correct equivalents (אֶרֶץ ≈ χώρα) follow the arrow.

(4) If the Hebrew or Aramaic term cannot be ascertained but the Greek term needs to be corrected, then the arrow will point at a placeholder XXX and the new Greek term; in the following entry, for example,

שְׂאֵת
⟦δῖνη 336a⟧ → XXX ≈ δεινός

what follows ⟦ ⟧ → indicates that I regard as implausible HR's equivalence שְׂאֵת ≈ δῖνη and that the correct Greek term is δεινός; the correct Hebrew term, however, cannot be identified and so is marked with XXX.

* * * * * * * * * * * * *

This seems to be the right moment to pay tribute to the enormous service rendered by Hatch and Redpath and their team of anonymous co-workers to the cause of biblical, Septuagintal, and a host of related disciplines. It is a great privilege to be able to offer—a century after the concordance was first published—something that might enhance its usefulness.

It remains only to thank my wife again for a labour of love twice performed—initially in preparing the manuscript described above and more recently in helping to proofread the galleys. I must also mention David Aiken of Baker Book House, who carefully and efficiently oversaw the process of keying and proofreading the manuscript, made many a suggestion for better and more user-friendly presentation of the data, and drew my attention to not a small number of slips.

December 1997
Leiden, The Netherlands

א

אָב
ἀρχιπατριώτης (רָאשֵׁי אָבוֹת) 166a
γονεῖς (אָב וָאֵם) 274c
⟦δύναμις (בֵּית אָבוֹת) 350a⟧
*καταδεικνύναι 730b (Ge 4.21)
⟦κατοικεῖν 751c⟧
μητρόπολις 952c
ὁμοπάτριος 993c
^πατήρ (בֵּית אָבוֹת) 1105a (1E 1.11), *188a*
^πατριά (בֵּית אָבוֹת, אָב) 1111a, *188b*
πατριάρχης (רֹאשׁ אָבוֹת, אָב) 1111c
^πατρικός (בֵּית אָבוֹת, בֵּית אָבִיהָ) 1111c (1E 1.5), *188b*
πατρῷος 1112a
πρόπαππος (אֲבִי אָב) 1208b
אַב Ar.
^πατήρ 1105a
אֵב
γέν(ν)ημα 238c
καρπός ("fruit") 723c
ῥίζα 1251c
אָבַד qal
*ἀποδιδράσκειν 127b (Si 30[33].40)
ἀποθνήσκειν 128a
*ἀπολείπειν 136b (Jb 11.20)
ἀπολλύειν, ἀπολλύναι 136c (+2C 22.1 0; Pr 11.23), *168a* (Si 20.22; 41.6)
ἀπώλεια, ἀπωλία 151c
ἐκλείπειν 435c
ἐκτρίβειν 444a
ἔξοικος γίνεσθαι 497c
ὁ ἐν λύπῃ 889c
ὀλλύναι 987b
παραναλίσκειν 1062b
⟦προσδεῖν ("to be needy") *190a*⟧
אָבַד pi.
αἴρειν 34c
*ἀποβάλλειν 125c (De 26.5)
ἀπολλύειν, ἀπολλύναι 136c, *168a*
ἀπωθεῖν 151a
ἀπώλεια, ἀπωλία 151c
ἀφανίζειν 181b
ἐξαίρειν 485a
ἐξολεθρεύειν, ἐξολοθρεύειν 497c
κατασκάπτειν 743c
κατασπᾶν 745a
ὀλλύναι 987b
אָבַד hi.
ἀπολλύειν, ἀπολλύναι 136c, *168a*
ἐξαποστέλλειν 488a
ἐξολεθρεύειν, ἐξολοθρεύειν 497c
אֲבַד Ar. pe.
ἀπολλύειν, ἀπολλύναι 136c
אֲבַד Ar. af.
ἀποκτείνειν, ἀποκτέννειν 135a
ἀπολλύειν, ἀπολλύναι 136c
ἐκδιδόσθαι εἰς ἀπώλειαν 151c, 422a
ἐξάγειν 483a
אֲבַד Ar. hof.
ἀπολλύειν, ἀπολλύναι 136c
אֲבֵדָה
ἀπώλεια, ἀπωλία 151c
אֲבַדֹּה
ἀπώλεια, ἀπωλία 151c
אֲבַדּוֹן
ἀπώλεια, ἀπωλία 151c
אָבְדָן, אַבְדָן
ἀπώλεια, ἀπωλία 151c
אָבָה I
ἀκούειν + neg. (א׳ + neg.) 45a
ἀπειθεῖν (א׳ + neg.) 119c
βούλεσθαι 226b
διαλύειν 305a
(ἐ)θέλειν 628b
εὐδοκεῖν 569a
προσέχειν 1215b
συνθέλειν 1316a
אָבָה II qal
*κατανύσσειν *181c* (Si 14.1)
אֲבוֹי
θόρυβος 654a
אִבּוּל
*πύλη 1240b (Da LXX 8.2, 3, 6)
אֵבוּס
⟦ἀποθήκη 128a⟧ → מַאֲבוּס
⟦παθμή(?), πάθνη(?) 1045a⟧ → φάτνη, πάθνη
φάτνη, πάθνη 1425b
אֲבַטִּיחִים
πέπων 1119b
אָבִיב
νέος 942a
παρεστηκώς 1070c
אֶבְיוֹן
ἀδύνατος 28a
ἀθυμεῖν, ἀθυμοῦν 30a
ἀνὴρ ἐν ἀνάγκαις 76a, 88a
ἀπελπίζειν, ἀφελπίζειν 120b
ἀσθενής 172b
⟦δεῖσθαι 288a⟧ → ἐπιδεῖν
ἐνδεής 469b
ἐπιδεῖν ("to lack") 519a
πένης 1117a
πτωχός 1239b, *190c*
ταπεινός 1334b
אֲבִיּוֹנָה
κάππαρις 719a
אָבִיר
δυνάστης 355b
θεός 630a
ἰσχύειν 692c
ἰσχύς 694b
אַבִּיר
⟦ἄγγελος 7b⟧
⟦ἀδύνατος 28a⟧
⟦ἆπις 122c⟧ → חֹף
δυνατός 355c
ἰσχυρός 693b
ταῦρος 1337c
אָבַל qal
πενθεῖν 1117b, *188b*
στενάζειν 1288b
אָבַל hi.
πενθεῖν 1117b
אָבַל hit.
θρηνεῖν 654c
καταπενθεῖν 741b
^πενθεῖν 1117b, *188b*
אָבֵל adj.
λυπεῖν 889b
παθεινός 1045a
πενθεῖν 1117b
πένθος 1118a
⟦ποθεινός 1153c⟧ → παθεινός
⟦συμπαθής 1304c⟧ → παθεινός
אֵבֶל
κλαυθμός 767a
ὀδύνη 967a
πάθος 1045b
πενθεῖν 1117b
πενθικός 1118a
πένθος 1118a, *188b*
אֲבָל
καὶ μάλα 894b
ναί 939a
ναὶ ἰδού 673c

*ὄντως 1000c (2K 14.5*L*)
πλήν 1145c
אֶבֶן, also Ar.
ᾅδης (אַבְנֵי־בוֹר) 24a
ἀπολιθοῦν (דָּמָה כָּאֶ׳) 136c
δισσὸν στάθμιον (אֶ׳ וָאֶ׳) 337b
κατάλιθος 737c
⟦κατισχύειν 751b⟧
κονία λεπτή (אַבְנֵי־גִיר) 777c
^λίθινος 876b
^λίθος 876c, *183b*
λιθουργικὸς τέχνη (חָרַשׁ אֶ׳) 878b
τὰ λιθουργικά (חֲרֹשֶׁת אֶ׳) 878b
πάριος (אַבְנֵי שֵׁשׁ) 1070b
πετροβόλος (אַבְנֵי־קֶלַע) 1130a
στάθμιον 1286b
⟦στάθμιον μέγα καὶ μικρός (אֶ׳ וָאֶ׳) 926c⟧
*σταθμός 1286b (2K 14.26*L*)
χάλιξ 1453a
אֹבֶן
λίθος 876c
אַבְנֵט
ζώνη 601a
στέφανος 1289c
אָבַס qal
σιτευτός 1267b
אֲבַעְבֻּעֹת
φλυκτίς 1433b
אָבַק ni.
παλαίειν 1051b
אָבָק
κονιορτός 777c
אֲבָקָה
κονιορτός 777c
אָבַר hi.
ἱστάναι, ἱστᾶν 689a
אֵבֶר
ἔκτασις 442a
πτεροφυεῖν (עָלָה אֵ׳) 1238a
πτέρυξ 1238a
אֶבְרָה
μετάφρενον 917b
אֲגֻדָּה
δέσμη 292a
⟦ἐπαγγελία 503b (-Am 9.6)⟧ → אַגָּדָה
στραγγαλιά 1295a
*συναγωγή 1309b (2K 2.25*L*)
*συνάλλαγμα 1310c (Is 58.6)
συνάντησις 1311c
אַגָּדָה
*ἐπαγγελία 503b (Am 9.6)
אֱגוֹז
καρύα 725a
אֲגוֹרָה
ὀβολός 960a
אֵגֶל
βῶλος 232c
אֲגַם
*βάθος 189a (Pr 18.3)
ἕλος 453b
λίμνη 878c
σύστεμα, σύστημα 1323c
אָגֵם
λυπεῖν (אֲ׳ נֶפֶשׁ) 889b
πονεῖν 1186a
אַגְמוֹן
⟦ἄνθραξ 96a⟧
⟦κρίκος 786a⟧
אַגָּן
κρατήρ 784a
*τορνευτός (Ct 7.2[3])
אֲגַף
ἀντιλαμβάνεσθαι 110c
παράταξις 1064b
πρόσωπον 1223c
ἐπὶ (τὸ) πρόσωπον (עַל אֲ׳) 1224a
אָגַר qal
*ἀθροίζειν 30a (Je 18.21)
*διασῴζειν 312b (Pr 10.5)
⟦εὐφραίνειν 581a⟧
πολὺν ποιεῖν 1154b
*אֲגַר Ar.
*μισθός 930a (To 12.1)
אִגַּר Ar.
^*στέγη 1288a (1E 6.4)
אִגְּרָא Ar.
^ἐπιστολή 530c
אֶגְרוֹף
πυγμή 1240a
אֲגַרְטָל
^*σπονδεῖον 1285a (1E 2.13)
ψυκτήρ 1486a
אִגֶּרֶת
ἐπιστολή 530c
אֵד
νεφέλη 943b
πηγή 1130b
אָדַב hi.
⟦καταρρεῖν 743b⟧ → דוב hi.
אָדוֹן
ἀνήρ 88a
ἄρχων 166b
δεσπότης 292c
ἡγεῖσθαι (אֲדוֹנִים) 602c
θεράπων (בֶּן אָ׳) 648b
*κριτής *182b* (Si 41.18)
^κύριος 800b, *182c*
κύριος ὁ θεός, (ὁ) κύριος θεός 800b
*κυρίως (3K 22.17*L*)
χρᾶν, χρᾶσθαι 1473c
אֱדַיִן Ar.
οὕτω(ς) οὖν (בֵּא׳) 1035c
^τότε (בֵּא׳,אֱ׳) 1367c
אַדִּיר
§αδωρηεμ, αδωρην (אַדִּירֵיהֶם) 28b
δυνάστης 355b
δυνατός 355c
θαυμαστός 627b
θαυμαστοῦν 627c
θαυμαστῶς 627c
ἰσχυρός 693b
ἰσχύς 694b
κραταιός 782a
κριός 788c
μέγας 902c, *184a*
μεγιστᾶν 907a
στερεός 1289a
σφοδρός 1327a
ὑπερέχειν 1409b
אָדַם qal
πυρροῦν 1245c
אָדַם pu.
ἐρυθ(ρ)οδανοῦν 548b
אָדָם
ἀνήρ 88a, *167a*
ἀνθρώπινος 96b
ἄνθρωπος (בֶּן־אָ׳) 96b, *167a*
υἱὸς ἀνθρώπου 96b
βροτός 231a
γηγενής (אָ׳, בֶּן אָ׳) 255c
ἕκαστος 418a, *173b*
θνητός 654a
λαός 853b
*σάρξ *191a* (Si 30.38 [33.30])
אָדֹם
ἐρυθρός 548b
⟦ἕψεμα, ἕψημα 592a⟧ → נָזִיד
πυρρός 1246a
אֹדֶם
ἄνθραξ *167a*
σάρδιον 1259b
אֲדַמְדָּם
πυρ(ρ)ίζειν 1246a
ὑποπυρρίζειν 1416c
אֲדָמָה
γαῖα 233b
⟦γεωργός (אֹהֵב אֲ׳) 240b⟧
ἄνθρωπος γεωργὸς γῆς (אִישׁ אֲ׳) 240b, 240c
γῆ 240c, *170a*
φιλογέωργος (אֹהֵב אֲ׳) 1431a
⟦χθών 1468c⟧
χῶμα 1480c

χῶρα 1481a
אַדְמוֹנִי
πυρράκης 1246a
אֶדֶן
βάσις 214b
κεφαλίς 763a
κρίκος 786a
⟦στῦλος 1297c⟧ → κρίκος
אֲדֹנָי
*ἅγιος *165b* (Si 43.10)
§αδωναι 28a
§αδωναιε 28b
δεσπότης 292c
θεός 630a
θεοσέβεια, θεοσεβία (יִרְאַת אֲ׳) 648a
κύριος (אֲ׳ יֱהֹוִה ,אֲ׳) 800b, *182c* (Si 42.15, 16, 17; 48.5)
κύριος ὁ θεός, (ὁ) κύριος θεός 630a
אָדַר ni.
δοξάζειν 343b
ὡραῖος *196a*
אָדַר hi.
δοξάζειν *172a*
אֶדֶר
δορά 344a
אֲדַר Ar.
ἅλων, ἅλως 60a
אֲדַרְגָּזְרִין Ar.
ἡγεῖσθαι 602c
ὕπατος 1407b
אַדְרַזְדָּא Ar.
^*ἐπιμελῶς 525c (1E 8.21)
אֲדַרְכוֹן
δραχμή 349a
אֶדְרָע Ar.
^*ἵππος 687b (1E 2.30)
אַדֶּרֶת
δέρρις 291c
δορά 344a
μεγαλωσύνη 902c
μέγας 902c
μηλωτή 922a
στολή 1291c
ψιλός 1485c
אָהֵב qal
ἀγαπᾶν 5b, *165a*
⟦γεωργός (אָ׳ אֲדָמָה) 240b⟧
διώκειν *171c*
⟦ἐνοικεῖν 476a⟧ → ἀγαπᾶν
ἐρᾶσθαι, ἔρασθαι 540b
*ἑταῖρος *177c* (Si 37.5)
ἔχειν + gen. 586c
⟦ζητεῖν 597a⟧ → φιλεῖν
⟦κρατεῖν 783a⟧ → אָחַז qal
φιλαμαρτήμων (א׳ פֶּשַׁע) 1430b
φιλεῖν 1430b
φιλιάζειν 1431a, *195a*
φιλογέωργος (א׳ אֲדָמָה) 1431a
εἶναι φιλογύναιος / φιλογύνης (א׳ נָשִׁים) 1431a
φίλος 1431b, *195a* (+Si 36[33].6)
χαίρειν 1452a
אָהֵב ni.
ἀγαπᾶν 5b, *165a*
אָהֵב pi.
ἀγαπητός 7a
ἐραστής 540b
φιλεῖν 1430b
φίλος 1431b
אָהֵב hi.
προσφιλῆ ποιεῖν *189b*, *190b*
אַהַב
ἀγαπᾶν 5b
φιλία 1430c
אֹהַב
ἔρως 553b
אַהֲבָה
ἀγαπᾶν 5b, *165a*
ἀγάπη 6c
ἀγάπησις 7a, *165a*
⟦εὐφροσύνη 582c⟧ → ἀγαπᾶν
φιλία 430c
אֲהָהּ
ἆ, ἀά 1a
δεῖσθαι 288a
μηδαμῶς 920b
οἴμ(μ)οι 983b
ὦ, ὤ 1491a
אָהַל I hi.
⟦ἐπιφαύσκειν 538a⟧ → הָלַל hi.
אָהַל II qal
ἀποσκηνοῦν 140c
⟦ἐνσκηνοῦν(?) 476c⟧
σκηνοῦν 1273a
אָהַל II pi.
⟦διέρχεσθαι 328c⟧
⟦εἰσέρχεσθαι 410b⟧
אֹהֶל
αὐλαία 177a
δέρρις 291c
δίαιτα 303a
*θεράπαινα (מְתֵי א׳) 648a (Jb 31.31)
κατάλυμα 738c
⟦οἰκήτωρ 969b⟧ → οἶκος
οἰκία 969b
οἶκος 973a
παράρυμα 1063c
⟦σκέπειν 1269a (Ex. 26.7)⟧ → σκέπη
σκέπη 1269a
σκηνή 1271a, *191b*
σκήνωμα 1273b
συσκήνιος (אֲשֶׁר בָּא׳) 1323a
σύσκηνος (אֲשֶׁר בָּא׳) 1323a
אֲהָלוֹת
ἀλόη 59b
§αλωθ 60a
στακτή 1286c
*אוֹ also Ar.
*ἤ 602a (To 6.8)
אוֹב
*ἀπο/ἐκ τῆς γῆς φωνεῖν 240c (Is 8.19; 19.3)
ἐγγαστρίμυθος (שֹׁאֵל ,בַּעֲלַת־אוֹב ,אוֹב אוֹב) 362b
θελητής 629b
⟦τέμενος 1345a⟧ → θελητής
*φυσητήρ 1446c (Jb 32.19)
אוּד
δαλός 284c
אוֹדוֹת
⟦ἀπὸ (τοῦ) προσώπου (עַל אוֹדוֹת) 1223c (Jd 6.7B)⟧
אָוָה pi.
αἱρετίζειν 36a
(ἐ)θέλειν 628b
ἐπιθυμεῖν 520b
*ἐπιθυμία *176c* (Si 6.37)
אָוָה hit.
ἐπιθυμεῖν 520b, *176c*
ἐπιθυμία 521a
⟦καταμετρεῖν 739b⟧ → תָּוָה hi.
אַוָּה
ἐπιθυμεῖν 520b
ἐπιθυμία 521a
אוּזַל
§ασα(η)λ 171c
אוֹי
οἴμ(μ)οι (אוֹי ,אוֹי־נָא ,אוֹי־נָא לִי) 983b
οὐαί 1027c
*τάλας 1334a (Is 6.5)
ὦ, ὤ 1491a
אוֹיָה
οἴμ(μ)οι (אוֹ׳ לִי) 983b
אֱוִיל
ἀνόητος 105a
ἀπαίδευτος 115c, *167c*
ἀσεβής 170b
ἄστεγος 173b
ἄφρων 186c
⟦ἡγεῖσθαι 602c⟧ → אַיִל III
μωρός 938c

*παράνομος 1062b (Pr 14.9)
προπετής 1208b
φαῦλος 1425c
אֱוִילִי
ἄπειρος 120b
אול
⟦ἰσχυρός 693b⟧ → אֵל
אוּלַי
ἴσως 695c
אוּלָם I, אֻלָם
§αιλαμ, αιλαμμειν 31a
§ελαμ 447c
κρηπίς 786a
ναός 939a
§ουλαμ 1030a
אוּלָם II conj.
ἀλλά (וְאוּלָם) *166a*
πλήν, πλὴν ὅτι 1145c
אִוֶּלֶת
ἀβουλία 1b
ἀνόητος 105a
ἄνοια 105a
⟦ἀρά 152b⟧ → אָלָה III subst.
ἀσχημοσύνη *168c*
ἀφροσύνη 186b, *169c*
ἄφρων 186c, *169c* (Si 20.22)
⟦διατριβή 314a⟧
κακία 708a
κακός 709b
μωρία *185c*
אוֹמֶר
λόγος *183c*
אָוֶן
ἀδικία 25b
ἄδικος 26c
ἀνομία 106b
ἄνομος 107c
ἀσεβής 170b
ἄτοπος 176b
ἄφρων (אִישׁ אָ׳, אָ׳) 186c
βλάσφημος (מְבָרֵךְ־אָ׳) 221a
⟦γογγυσμός 274b⟧
κακία 708a
κακός 709b
κακοῦργος (פֹּעֵל־אָ׳) 711c
κενός, καινός ("empty") 759a
κόπος 778c
μάταιος 898c
μάτην 899c
⟦μηδείς, μηθείς 920c⟧ → אַיִן
μόχθος 935c
ὀδύνη 967a
παράνομος (אִישׁ־אָ׳) 1062b
πένθος 1118a
πονηρία 1186b
πόνος 1188b
⟦οὐχ ὑπάρχων 1406b⟧ → אַיִן
און I
ἀναψυχή 86a
δόξα 341a
δύναμις 350a
ἐπιδεῖν *176c*
⟦ἡλίου πόλις 606b, 1174a⟧
⟦κόπος 778c⟧ → אָוֶן
τὸ ὑπάρχον, (τὰ) ὑπάρχοντα 1406a
און II
see און, אֹן
אוֹפִר, אוֹפִיר
διάχρυσος 316a
אוֹפַן
ἄξων 113c, *166b* (Si 36[33].5)
τροχός 1376c
אוֹפִר
see אוֹפִר, אוֹפִיר
אוץ qal
κατασπεύδειν 745b
κοπιᾶν 778b
προπορεύεσθαι 1208c
στενοχωρεῖν 1288c
ταχύς 1339a
אוץ hi.
ἐπισπουδάζειν 529b
κατισχύειν 751b
⟦μισεῖν *185b*⟧ → קוץ qal
⟦σπουδάζειν 1285c⟧ → ἐπισπουδάζειν
אוֹצָר
ἀποδοχεῖον *168a*
^ἀποθήκη 128a
^*γαζοφυλάκιον 233a (1E 5.45)
εἰδωλεῖον, εἰδώλιον (בֵּית אוֹצַר אֱלֹהִים) 376a
θησαύρισμα 651c
θησαυρός (בֵּית אוֹ׳, אוֹ׳) 651c, *179b*
^*κιβωτός 763c (1E 1.54)
παράθεσις 1059c
πλοῦτος 1150c
אור I qal
ἀναβλέπειν 73b
διαφαύσκειν 314b
*διαφώσκειν 315c (Jd 19.26; 2K 17.22*L*)
διαφωτίζειν 315c
*ἐπιβλέπειν 516c (Da lxx 9.17)
φωτίζειν 1451b
אור I ni.
διαφαύσκειν 314b
διαφώσκειν 315c
φωτίζειν 1451b
אור I hi.
^*ἀνακαλύπτειν 78a (1E 8.76)
ἀνάπτειν 81c
⟦διδόναι 317b⟧
⟦διέρχεσθαι 328c⟧
ἐκλάμπειν 435a
⟦ἐπιβλέπειν 516c⟧
ἐπισκοπὴν ποιεῖν (אור עֵינַיִם hi.) 528c
ἐπιφαίνειν 537c
§θαειρ (תאיר) *205a*
ἱλαροῦν *180a*
ἱλαρύνειν *180b*
φαίνειν 1423a
φωτίζειν 1451b
אוֹר II subst.
⟦διαφαύσκειν 314b⟧ → אור I ni.
⟦διαφώσκειν 315c⟧ → אור I ni.
*ἡ ὥρα τοῦ διαφωτίζειν τὸν ἥλιον 315c (Ne 8.3)
ἑωθινός *178a*
ἠδῴ 605a
ἥλιος 606b
ἡμέρα (אוֹר הַבֹּקֶר) 607b
⟦θάλλειν *179a*⟧
⟦ἰδεῖν 669b (1K 14.29)⟧
ἱλαρός *180a*
μεσημβρία 912c
^*ὄρθρος, ὀρθός 1011b (1E 9.41)
πρωΐ (עַד אוֹר הַבֹּקֶר) 1234b
φέγγος 1426a
φῶς 1450b, *195c* (+Si 36[33].7)
⟦φωτίζειν 1451b⟧ → ἡ ὥρα τοῦ διαφωτίζειν τὸν ἥλιον
φωτισμός 1451c
אוּר I
⟦ἀλήθεια 53a⟧ → תֹּם
δῆλος 295b, *171a* (Si 45.10)
^δήλωσις 295c
πῦρ 1242b
πυρώδης *191c*
φῶς 1450b
φωτίζων, φωτίζοντες (אוּרִים) 1451b
אוּר II
*πῦρ 1242b
אוֹרָה
⟦§αριωθ (אוֹרֹת) 158a⟧
φῶς 1450b
אוֹת I
⟦θαυμάσιος 627a⟧ → σημεῖον
σημεῖον 1263b, *191a* (+Si 42.18)
τέρας *193b*
ὑπόδειγμα *194c*
אות II ni.
ὁμοιοῦν 993a
συμφωνεῖν 1306c

אָז
ἀρχή 163c
εἶτα (כִּי־אָז) 415c
⟦ἔτι (מֵאָז) 561a⟧
⟦ἡμέρα 607b⟧
⟦ἱκανῶς 684a⟧
οὕτω(ς) 1035c
πάλαι (מֵאָז) 1051a
⟦παλαιός (מֵאָז) 1051b⟧ → πάλαι
τότε (אָז, מֵאָז) 1367c, *193c*
אֲזָא Ar. pe.
ἐκκαίειν 432b
καίειν 705a
אַזְדָּא Ar.
*ἀλήθεια 53a (Da LXX 2.5)
ἀφιστᾶν, ἀφιστάναι, ἀφιστάνειν 184b
אֵזוֹב
⟦ὑσσωπίον 1418b⟧ → ὕσσωπος
ὕσσωπος 1418b
אֵזוֹר
εἱλεῖν 377c
ζώνη 601a
ζωννύειν, ζωννύναι 601a
περίζωμα 1123a
אַזְכָּרָה
ἀνάμνησις 80a
μνημόσυνον 931c, *185b*
אָזַל qal
ἐκλείπειν 435c
*ἐξέρχεσθαι 491c (Nu 24.7)
παραλύειν (אָזְלַת יָד) 1062a
σπανίζειν 1281c
אֲזַל Ar. pe.
^*ἀναζευγνύειν 76c (1E 2.25)
ἀπέρχεσθαι 121a
*βαδίζειν 188a (To 2.2)
εἰσέρχεσθαι 410b
ἔρχεσθαι 548b
^*παραγίνεσθαι 1056c (1E 6.8)
πορεύεσθαι 1189a
ὑποστρέφειν 1417b
אֲזַל Ar. pa.
⟦πορεύεσθαι 1189a⟧ → אֲזַל pe.
אָזַן pi.
⟦οὖς 1034c⟧ → אֹזֶן
אָזַן hi.
ἀκούειν 45a
ἀκρόασις *166a*
εἰσακούειν 408b, *173b*
ἐνωτίζεσθαι 482b, *175c* (Si 30[33].27)
ἐπακούειν 505c
προσέρχεσθαι *190b*
προσέχειν 1215b, *190b*
⟦ὑπακούειν 1405c⟧ → ἀκούειν
אָזֵן
ζώνη 601a
אֹזֶן
ἀκούειν 45a
εἰσακούειν 408b
λαλιά (מִשְׁמַע אָזְנַיִם) 846c
⟦νοῦς 950c⟧
οὖς 1034c, *187b* (+Si 51.16)
ὠτίον 1496c, *196c*
אֲזִקִּים
χειροπέδη 1467a
אָזַר qal
ζωννύειν, ζωννύναι 601a
περιέχειν 1123a
περιζωννύναι 1123b, *188b*
אָזַר ni.
περιζωννύναι 1123b
אָזַר pi.
ἐνισχύειν 475a
κατισχύειν 751b
περιζωννύναι 1123b
*περιτιθέναι 1127c (2K 22.33*L*)
אָזַר hit.
ἰσχύειν 692c
περιζωννύναι 1123b
אֶזְרוֹעַ
βραχίων 230a
אֶזְרָח
αὐτόχθων 179c
ἐγχώριος 367c
אָח I
ἀδελφιδός 20a
ἀδελφιδοῦς 20a
^ἀδελφός 20a, *165b*
ἐγγύς 363c
ἕτερος 560a
ἴσος (כְּאָחִיו) 688c
πλησίον 1148b
אָח II interj.
εὖγε 568c
אָח I
ἐσχάρα 557c
אָח II Ar.
ἀδελφός 20a
אַח
⟦ἦχος 620c⟧
אָחַד hit.
⟦διαπορεύεσθαι 308b⟧
אֲחַד Ar. pe.
*ἐξαίρετος 486b (Ge 48.22 Aramaizing)
*ἐρείδειν 544c (Ge 49.6 Aramaizing)
*κρατεῖν 783a (Da TH 5.2)
אֶחָד
*ἅμα 60b
ἄλλος 56b
*ἅμα 60b
ἅπαξ 118a
⟦δεύτερος 293b⟧ → אַחֵר
εἷς *173b* (-Si 16.3; 42.21)
εἰσάπαξ (פַּעַם אַחַת, פַּעַם אֶ׳) 410a
ἑνδέκατος (אַחַת עֶשְׂרֵה) 469c
⟦ἐξαίρετος 486b⟧ → אֲחַד pe.
⟦ἕτερος 560a, *177c*⟧ → אַחֵר
⟦ἔτι 561a⟧ → אַחֵר
ἡ μέν *184b*
ἴσος 688c
κοινός 775a
^νουμηνία, νεομηνία (אֶ׳ לַחֹדֶשׁ, יוֹם אֶ׳) 950b (1E 5.53; 9.17, 40)
νουμηνία τοῦ μηνός (אֶ׳ לַחֹדֶשׁ) 950b
ὀλίγος (אֶ׳ pl.) 986b
^*ὁμοθυμαδόν (כְּאִישׁ אֶ׳, כְּאֶ׳) 992b
*ὁμοίως 993b (Ez 45.11)
ὁμοῦ (כְּאֶ׳) 994a
οὐδείς, οὐθείς (אֶ׳ + neg., עַד־אֶ׳) 1028b
^*πᾶς (כְּאֶ׳) 1073a (1E 1.58)
^πρῶτος 1235c
τις (אַחַד) 1354a
*אָחָה ni.
*συμφωνεῖν 1306c (Is 7.2)
*אֲחָה Ar.
*ἀδελφή 19b (To 5.21; 6.18)
אָחוּ
ἄχι 187c
βούτομον 229c
אַחְוָה
ἀναγγέλλειν 74a
אַחֲוָה
⟦διαθήκη 300c⟧ → אֲחֻזָּה ≈ κατάσχεσις
אָחוֹר
⟦τὰ ἔμπροσθεν 459b⟧ → τὰ ὄπισθε(ν)
ἐξόπισθεν 500a
τὰ ἐπερχόμενα 509c
ἔσχατος 558a, *177b*
τὰ ἐπ᾽ ἐσχάτοις 558a
⟦ἕτερος *177c*⟧
ἡλίου δυσμαί 357b
⟦κενός, καινός ("empty") 759a⟧
ἐκ τῶν ὄπισθε(ν) 1001b
τὸ/τὰ ὄπισθε(ν) 1001b
ὀπίσθιος 1001c
ὀπίσω 1001c
εἰς τὸ/τὰ ὀπίσω 1001c

ὁ/τὸ/τὰ ὀπίσω 1001c
אָחַז qal
ἀντέχειν 109c
ἅπτεσθαι 150b
ἐπιλαμβάνειν 523c
ἔρχεσθαι + subj. παγίς (= פַּח) 548b
ἔχειν 586c
θηρεύειν 650b
θηρευτής *179b*
καταλαμβάνειν 735a
κατέχειν 750c
κρατεῖν 783a
λαμβάνειν 847a
πιέζειν, πιάζειν 1132c
προκαταλαμβάνειν 1207a
συνέχειν 1315b
σφηνοῦν 1325a
τάσσειν 1337a
τείνειν 1339c
⟦ὑπολαμβάνειν 1414c⟧ → ἐπιλαμβάνειν
אָחַז ni.
ἐγκτᾶσθαι 367a
θηρεύειν 650b
κατακληρονομεῖν 733b
κατέχειν 750c
κληρονομεῖν 768a
συγκατακληρονομεῖν 1299b
אָחַז pi.
κρατεῖν 783a
אָחַז ho.
ἐνδεῖν 469c
אֲחֻזָּה
⟦ἔγκτησις 367a⟧ → κτῆσις
ἔγκτητος 367a
⟦κατάπαυσις 741a⟧ → κατάσχεσις
κατάσχεσις 746b
*κατόχιμος εἶναι 756c (Le 25.46; +Zc 11.14)
κληρονομία 769a
κτῆσις 795a
אֲחִידָה Ar.
⟦κρατεῖν 783a⟧ → אֲחַד pe.
אַחְלַי
ὀφ(ε)ίλειν 1039a
אַחְלָמָה
ἀμέθυστος 65b
אָחַר qal
χρονίζειν 1476a
אָחַר pi.
ἀναμένειν *166c*
βραδύνειν 229c
ἐγχρονίζειν 367c
καθυστερεῖν 704c
κατέχειν 750c
μένειν 910a
*ὑστερεῖν 1418b (2S 20.5*L*)
χρονεῖν 1476a
χρονίζειν 1476a, *196c*
אָחַר hi.
*χρονίζειν 1476a (I1K 20.5)
אָחַר hit.
οὐραγεῖν *187a*
ὑστερεῖν *194c*
אַחֵר
ἄλλοθεν (מִמָּקוֹם אַ׳) 56b
^ἄλλος 56b, *166a*
ἀλλότριος 57a
δεύτερος 293b
⟦ἔντιμος 479a⟧ → חוֹר, חֹר
ἑταίρα (אַחֶרֶת) 559b
ἕτερος *177c* (+Si 30[33].28; 49.5)
*ἔτι 561a (1C 17.21)
καινός, κενός ("new") 705b
^*μεταγενής 915c (1E 8.1)
אַחַר also Ar.
ἀκολουθεῖν 44c
⟦ἀπιέναι 122c⟧
εἶτα (וְאַ׳ דִּבֵּר) 415c
ἐν *174b*
ἐξακολουθεῖν (הָלַךְ אַ׳) 486c, *175c*
ἐξόπισθε(ν) (מֵאַ׳) 500a
ἐπακολουθεῖν (אַ׳, הָלַךְ אַ׳ qal, מִלֵּא אַ׳ pi.) 505b
⟦ἐπιπορεύεσθαι 527a⟧
ἔσχατος 558a
ἔχειν 586c
κατά *181a*
καταλείπειν 736a
κατόπισθε(ν) 756a
⟦λατρεύειν 863a⟧
μετά + gen. *184b*
" + acc. *184b*
*μεταγενής 915c (1E 8.1)
ὄπισθε(ν) (מֵאַ׳,אַ׳) 1001b
ὀπίσω (אַ׳, עַד אַ׳) 1001c, *186b*
τότε 1367c, *193c*
⟦ὕστερον 1418c⟧
אַחֲרוֹן
αἰών 39b
⟦δεύτερος 293b⟧
δυσμή 357b
ἐπέρχεσθαι (אַחֲרֹנִים) 509c
^ἔσχατος (אַ׳, לָאַחֲרֹנָה) 558a, *177b*
ἕτερος 560a
⟦καιρός 706a⟧
⟦κατάλοιπος 738a⟧
*λοιπός 888a (Is 9.1 [8.23])
μέλλειν 909b
^*τὰ νῦν (דְּבָרִים אַחֲרֹנִים) 951c (1E 1.33)
ὀπίσω 1001c
ὕστερον (הָאַ׳) 1418c
ὕστερος, ὕστατος 1418c
אָחֳרִי Ar.
ἄλλος 56b
ἕτερος 560a
אַחֲרֵי, also Ar.
ἀπό (מֵאַ׳) *167c*
εἰς *173a*
⟦ἔμπροσθε(ν) (מֵאַ׳) 459b⟧ → τὰ ὄπισθε(ν)
ἐξόπισθε(ν) (מֵאַ׳, מִן אַ׳) 500a
ἐπ᾽ ἐσχάτων τῶν ἡμερῶν (אַ׳ דְּנָה) 558a
κατόπισθε(ν) (אַ׳, מֵאַ׳, מֵאַ׳ לְ־, אֶל־אַ׳, עַל־אַ׳) 756a
μετά + acc. (אַ׳, מֵאַ׳) *184b*
ὄπισθε(ν) (אַ׳, מֵאַ׳) 1001b
τὰ ὄπισθε(ν) 1001b
ὀπίσω (אַ׳, מֵאַ׳, עַל אַ׳) 1001c, *186b*
εἰς τὸ/τὰ ὀπίσω (אַ׳, מֵאַ׳) 1001c
ἐκ τῶν ὀπίσω 1001c
ἐπὶ τὰ ὀπίσω 1001c
ὀπίσω αὐτοῦ (אַ׳־כֵן) 1001c
ὁ/τὸ/τὰ ὀπίσω (אַ׳, מֵאַ׳) 1001c
ὕστερον 1418c
אַחֲרֵי Ar.
ἔσχατος 558a (Da 2.28)
אַחֲרִית
ἔγγονος 363b
ἐγκατάλειμμα 365a
ἔκγονος 421c
ὁ ἐπιὼν χρόνος 520a, 1476b
ἔσχατος (בְּאַ׳, אַ׳) 558a, *177b*
ἐπ᾽ ἐσχάτων 558a
ἐπ᾽ ἐσχάτων ἡμερῶν 558a
κατάλοιπος 738a
σπέρμα 1282b
συντέλεια 1318c
τέκνον 1340c, *193a* (+Si 16.3)
τελευταῖος 1343b
τελευτή 1344a
*τέλος *193b* (Si 12.11)
ὕστερον 1418c
אָחֳרָן Ar.
^ἄλλος 56b
ἕτερος 560a
οὐδείς, οὐθείς (אָ׳ + neg.) 1028b
אֲחֹרַנִּית
ὀπισθίως 1001c
ὀπισθοφανής 1001c
ὀπισθοφανῶς 1001c
ὀπίσω 1001c

εἰς τὸ/τὰ ὀπίσω 1001c; εἰς τὰ ὄπισθεν (1K 4.18*L*)
אֲחַשְׁדַּרְפְּנִים
διοικητής 336b
^*οἰκονόμος 973a (1E 8.64)
στρατηγός 1295b
τοπάρχης 1364b
τύραννος 1378c
אֲחַשְׁדַּרְפְּנִין Ar.
σατράπης 1260c
ὕπατος 1407b
אִט
ἄγαλμα 5b
⟦κλίνειν 771a⟧
κατὰ σχολήν (לְאִטִּי) 1328b
אָטָד
ῥάμνος 1248a
אָטַם qal
βαρύνειν (subj. οὖς) 191a
δικτυωτός 335c
ἐνεὸν (ἑαυτὸν) ποιεῖν (אָ׳ שְׂפָתַיִם) 472c, 1154a
κρυπτός 792c
φράσσειν 1438b
אָטַם hi.
βύειν 232a
אָטַר qal
συνέχειν 1315b
אִטֵּר
ἀμφοτεροδέξιος (אִ׳ יַד־יְמִינוֹ) 68a
אִי
ποῖος (אֵי לְ־, אֵי זֶה) 1170a, *189b* (Si 30[33].40)
אִי I
ὀνοκένταυρος 995b
אִי II
⟦ἔθνος 368b⟧
⟦θάλασσα 621a⟧ → יָם
νῆσος 944c, *185b*
אִי III
οὐαί 1027c
אָיַב qal
ἀντίκεισθαι 110c
*ἀπειθεῖν 119c (Je 13.25)
διώκειν 338b
ἐκθλίβειν 432a
^*ἐναντιοῦν 468c (1E 8.51)
ἔχθρα 589b
ἐχθραίνειν 589b
ἐχθρεύειν 589c
^ἐχθρός 589c, *178c*
θλίβειν 652b
πολέμιος 1171b
ὑπεναντίος 1407b
אֵיבָה
^*ἔχθρα 589b (1E 5.49)
ἐχθραίνειν 589b
ἐχθρός 589c
μῆνις 923b
אֵיד
ἀπολλύειν, ἀπολλύναι 136c
ἀπώλεια, ἀπωλία 151c
ἀτυχεῖν (בְּיוֹם אֵיד) 176c
δύσκολος 357b
⟦ἡμέρα 607b⟧
θλῖψις 652c
κάκωσις 712a
καταστροφή 746a
ὄλεθρος 986a
⟦πονηρός 1186c (Ob 13)⟧ → πόνος
πόνος 1188b
πτῶμα 1239a
τροπή 1375a
אַיָּה
γύψ 283b
ἰκτίν, ἰκτῖνος 684b
אַיֵּה
*οὐκέτι 1030a (Jb 14.10)
אֵיךְ
τίς 1355c
τί ὅτι 1355c
אֵיכָה *
*ὡς 1494b (To 12.22)
אֵיכָכָה
*ποσαχῶς *189c* (Si 10.31)
*ὡς 1494b (To 12.22)
אַיָּל
ἔλαφος 448c
אַיִל I
§αιλ 31a
§αιλαμ, αιλαμμειν 31a
§αιλαμμωθ 31b
§αιλαμμων 31b
§αιλεου 31b
§αιλευ 31b
ἀμνός 66b
§ελεου (אֵילָיו, אֵילָו) 452b
§ελευ (אֵלָיו, אֵילָו) 452b
^κριός 788c
אַיִל II
τερέβινθος, τερέμινθος, τέρμινθος 1345b
אַיִל III
ἄρχων 166b
⟦γενεά 236a⟧
ἡγεῖσθαι 602c
⟦ἡγεμών 603c⟧ → ἡγεῖσθαι
⟦ἰσχυρός 693b⟧ → אֵל
אֱיָל
ἀβοήθητος (אֱ׳ + neg.) 1b
אַיָּלָה
ἔλαφος 448c
אֱיָלוּת
*ἀντίληψις 111b
βοήθεια, βοηθία 222c
אֵלָם, אֵילָם
§αιλαμ, αιλαμμειν 31a
§αιλαμμωθ 31b
§αιλαμμων 31b
§ελαμμωθ (אֵילַמָּיו, אֵילַמּוֹ) 448a
§ελαμμων (אֵילַמָּיו, אֵילַמּוֹ) 448a
אִילָן Ar.
δένδρον 289c
אָיֹם
θάμβος 623b
φοβερός 1435c
אֵמָה, אֵימָה
ἀπειλή 120a
δειλία 286c
κατάπληξις 742a
τρόμος 1374c
φόβος 1435c, *195c*
אֵימְתָנִי Ar.
ἔκθαμβος 431c
φόβος 1435c
אַיִן
ἀβασίλευτος (מֶלֶךְ אַיִן) 1a
ἀβοήθητος (אֵין אֱיָל) 1b
ἀδυνατεῖν (אֵין עִם) 27c (2C 14.11)
§α(ι)ννακειμ (אֵין נָקִי) 105a
ἀκάρδιος (אֵין לֵב, לֶב־אָ׳) 43c
ἀμοιρεῖν (בְּאֵין) *166b*
ἀναρίθμητος (אֵין־קֵץ, אֵין מִסְפָּר) 81c, *166c*
ἀνεξέλεγκτος (אֵין חֵקֶר) 87b
ἀνεξιχνίαστος (אֵין חֵקֶר) 87b
ἀνίατος (אֵין מַרְפֵּא) 102b
ἀπαίδευτος (אֵין מוּסָר) 115c
ἀπέρα(ν)τος (אֵין חֵקֶר) 120c
ἀσθενεῖν (אֵין כֹּחַ) 172a
ἀτείχιστος (אֵין חוֹמָה) 175b
ἀφαιρεῖν 180a
ἀφανίζειν 181b
ἄχρηστος (אֵין חֵפֶץ) 187c
εἰ δὲ μή (וְאִם־אַ׳) *172b*
εἰ μή (אִם אַ׳) *172b*
§ενακιμ (אֵין נָקִי) 467c
^*οὐχ εὑρίσκειν (אַיִן; אֵין כֹּחַ) (1K 9.4*L*, 14.17*L*; 1E 9.11)
*ἔχειν + neg. (מֵאֵין, בְּאֵין) *178c* (Si 3.25; 20.6)
μή *184c*
μὴ οὐκ (אִם אַיִן) *184c*
μηδείς, μηθείς (אַ׳,אֵ׳ + ptc.) 920c
παρ᾽ ὀλίγον (כְּאַ׳) 986b
οὐδαμοῦ (אַיִן) 1028a
οὐδείς, οὐθείς 1028b, *187a*
οὐκ ἐτεκνοποίει (אֵין לָהּ וָלָד) 1342a

οὐκέτι 1030a
οὐκέτι μή 1030b
⟦οὐκέτι οὐ μή 1030c⟧
⟦τίς (מֵאְ׳) *193c*⟧ → מָה et al.
*οὐχ ὑπάρχων 1406b

אֵיפָה
ζυγός *178b*
μέτρα δισσά (אֵ׳ וְאֵ׳) 337b
μέτρον, μέτρος 918b
§οιφ(ε)ι 985a
πέμμα 1116b
⟦τάλαντον 1333c⟧ → μέτρον, μέτρος

אִישׁ
see also אֱנוֹשׁ
ἄγροικος (אִישׁ שָׂדֶה) 17a
⟦ἀδελφός 20a⟧
⟦ἁδρός 27c⟧
^ἀνήρ 88a, *167a*
ἀνὴρ κτηνοτρόφος (אִישׁ מִקְנֶה) 795a
^ἄνθρωπος 96b, *167a*
ἄνθρωπος γεωργὸς γῆς (אִישׁ אֲדָמָה) 240b, 240c
υἱὸς τοῦ ἀνθρώπου 96b
ἀντίκεισθαι (אִישׁ מִלְחָמוֹת) 110c
ἄρσην, ἄρρην 160c
ἄρχων + εἶναι (אִישׁ שַׂר) 166b
^ἕκαστος (אִישׁ, אִישׁ אִישׁ, אִישׁ .. רֵעַ, כָּל־אִישׁ) 418a, *173b*
ἀνὴρ ἕκαστος 418a
εἷς ἕκαστος 418a
εἷς... ἕκαστος (אִישׁ אֶחָד אִישׁ אֶחָד) 418a
ἑκάτερος 420a
ἕτερος 560a
εὔλαλος (אִישׁ שְׂפָתַיִם) 572a
⟦ἡγεῖσθαι 602c⟧
καθ᾽ ἑκάστην ἡμέραν (אִישׁ יוֹמוֹ) 607b
ἱκανός (אִישׁ דְּבָרִים) 683c
κεῖσθαι (אִישׁ מִלְחָמוֹת) 758b
⟦κουρεύς 781a⟧ → ἀνήρ
μηδείς, μηθείς (אִישׁ + neg.) 920c
*οἰκεῖος 968c (Nu 25.5)
οὐδείς, οὐθείς (אִישׁ + neg.) 1028b
παιδάριον (אִישׁ־נַעַר) 1045c
⟦παῖς 1049a⟧
πᾶς (כָּל־אִישׁ) 1073a
πάντες (כָּל־אֲנָשִׁים, כָּל־אִישׁ) 1073a
πεζός (אִישׁ רַגְלִי) 1114b
πενθικός (אִישׁ עֶדְיוֹ עָלָיו) 1118a
*πλησίον 1148b (Ez 18.8)
καθεστηκὼς πρεσβύτερος (אִישׁ שֵׂיבָה) 1201c
καθεστηκὼς πρεσβύτης (אִישׁ שֵׂיבָה) 1202c
*στρατόπεδον (אֲנָשִׁים) 1296a (Je 48 [41].12)
σύμβουλος (אִישׁ עֵצָה) 1304a
συνετὸς καρδίας/καρδίᾳ (אִישׁ לֵבָב) 1315a
τις 1354a
ἐάν/εἴ τις (אִישׁ אִישׁ) 1354a
υἱός 1384c
ὕπανδρος (תַּחַת אִישׁ) 1406b
ψυχή 1486a

אִישׁוֹן
ἡσυχία 620b
κόρη 779c, *182b*
κόρη ὀφθαλμοῦ, αἱ κόραι τῶν ὀφθαλμῶν 1039b

אִיתַי Ar.
γίνεσθαι 256b
*εἶναι 378a (To 6.11)
^*εὑρίσκειν 576c (1E 6.21)
ἔχειν 586c
*ὑπάρχειν 1406b (To 6.11)

אֵיתָן
ἄβατος 1a
*ἀρχαῖος 162c (Is 23.17)
δυνάστης 355b
§ηθαμ 605a
ἰσχυρός 693b
κράτος 784a
*ναρκᾶν 939c (Jb 33.19)
τραχύς 1371a
χώρα 1481a

אַךְ
ἀλλά *166a*
ἀλλ᾽ ἤ *166a*
ἔτι 561a
ἦ μήν 602c
ἴσως 695c
*μέντοιγε 910c (Ps 38.6)
μόνον 933a
μόνος 933b
νῦν, νυνί 951c
νῦν/νυνὶ δέ (אַךְ, אַךְ־עַתָּה) 951c
ὄντως 1000c
ὁρᾶν 1005a
οὕτω(ς) 1035c
πάρεξ, παρέξ 1068c
πλήν 1145c, *189a*
⟦τότε 1367c (De 28.29)⟧

אַכְזָב
κενός 759a
ψευδής 1484b
⟦ψεῦδος 1485a⟧ → ψευδής

אַכְזִיב
μάταιος 898c

אַכְזָר
ἀνελεημόνως 86c
ἀνελεήμων 86c
ἀνίατος 102b
*δείδειν 286a (Jb 41.2)

אַכְזָרִי
ἀνελεήμων 86c, *167a*
ἀνίατος 102b
ἰταμός 696a
στερεός 1289a
τολμηρός *193c*

אַכְזְרִיּוּת
ἀνελεήμων 86c

אֲכִילָה
βρῶσις 231c

אָכַל qal
ἀναλίσκειν 79b
ἀνάλωσις 79c
ἀριστᾶν (אָ׳ לֶחֶם) 157b
βιβρώσκειν 219c
βρῶσις 231c
^*γεύειν 240a (1E 9.2)
ἐξαναλίσκειν 487b
⟦ἐξέχειν 495b⟧
^ἔσθειν, ἐσθίειν 554a, *177b*
⟦ἐχθρός 589c⟧
καίειν 705a
⟦κάπτειν 719a⟧
καρπίζεσθαι (אָ׳ מִתְּבוּאָה) 723c
καταβιοῦν (אָ׳ לֶחֶם) 729a
κατάβρωμα 729b
κατάβρωσις 729b
⟦κατακαίειν 732b⟧ → καίειν and κατέσθειν, κατεσθίειν
καταναλίσκειν 739b, *181b*
⟦καταφλέγειν 748a⟧ → καταφλογίζειν and κατέσθειν, κατεσθίειν
καταφλογίζειν 748a
κατέσθειν, κατεσθίειν *181c*
⟦ " 749b (Jb 20.26)⟧
σητόβρωτος (אָ׳ עָשׁ) 1265b
συγκαίειν 1299a
συνδειπνεῖν 1312c
συνεσθίειν 1314a
φλέγειν 1432c
ψωμίζειν 1490c

אָכַל ni.
βιβρώσκειν 219c
βρῶσις 231c
ἐμπιπράναι, ἐμπρήθειν 457c
ἔσθειν, ἐσθίειν 554a
καταναλίσκειν 739b
κατέσθειν, κατεσθίειν 749b
⟦ποιεῖν 1154a (Ex. 12.16)⟧ → עָשָׂה ni.
προσεμπιπράναι 1213b

אָכַל pu.
βιβρώσκειν 219c

καταβιβρώσκειν 729a
κατακαίειν 732b
κατέσθειν, κατεσθίειν 749b
אָכַל hi.
διδόναι φαγεῖν 317b
ἔσθειν, ἐσθίειν 554a
τρέφειν 1371b
ψωμίζειν 1490c, *196c*
אֲכַל Ar. pe.
*ἀριστᾶν 157b (To 2.1)
*δειπνεῖν (אֲכַל וְאֶשְׁתִּי) 288a (To 7.9)
ἔσθειν, ἐσθίειν 554a
καταμαρτυρεῖν (אֲ׳ קַרְצֵי) 739a
κατέσθειν, κατεσθίειν 749b
ψωμίζειν 1490c
אֹכֶל
⟦ἀρκεῖν (לְפִי א׳) 158a⟧
βορά 224c
βρῶμα 231b, *169c*
βρῶσις 231c
εἰς τοὺς καθήκοντας (לְפִי א׳) 700a
τὸν καθῆκον (כְּפִי א׳) 700a
σῖτος 1267a
τροφή 1376b
אָכְלָה
ἀνάλωσις 79c
βρῶμα 231b
βρῶσις 231c
ἔμπυρος 460a
ἔσθειν, ἐσθίειν 554a
⟦καταβιβρώσκειν 729a⟧
κατάβρωμα 729b
אָכֵן
*ἀλλά 54c (Jb 32.8)
ὄντως 1000c
⟦εἰ οὕτω(ς) 1035c⟧ → כֵּן I ≈ οὕτω(ς) and אִם ≈ εἰ
⟦οὐχ οὕτω(ς) 1035c⟧ → ἀλλα
πλήν 1145c
אָכַף qal
ἐκβιάζειν 421b
ἐκθλίβειν *173c*
?φορεῖν 1437c (Pr 16.27[26])
אַכְפָּה
θλίβειν *179c*
אִכָּר
ἀροτήρ 159b
γεωργός 240b
אַל, also Ar.
δεῖσθαι (אַל־נָא) 288a
μή *184c*
μηδαμῶς (אַל־נָא ,אַל) 920b
μηδέ (וְאַל) *184c*
μηδείς, μηθείς 920c, *185a*
μηκέτι (אַל, אַל .. עוֹד) 921b
οὐ μή *186c*
οὐδείς, οὐθείς 1028b
אֵל
⟦ἄγγελος 7b⟧
ἅγιος *165b*
ἄρχων 166b
αὐτάρκης (יֶשׁ־לְאֵל יָד) *169a*
⟦γίγας (אֵל גִּבּוֹר) 256b⟧
δύναμις 350a
δυνάστης *172c*
εἴδωλον 376a
⟦ἐπίσκοπος 529a⟧
ἡ χεὶρ ἔχει (הָיָה לְאֵל־יַד) 586c
θεῖος 628a
θεός 630a, *179b* (+Si 47.18)
ἰσχύειν (לְאֵל יָד + neg., יֶשׁ־לְאֵל יַד) 692c
ἰσχυρός 693b
*ἰσχύς 694b (Ct 2.7; 3.5)
κύριος 800b, *182c* (+Si 30[33].25)
οὐρανός 1031b
ὕψιστος *194c*
אֶל
⟦[ἀπαντᾶν] (קָרַב אֶל) *167c*⟧ → קָרַב, קֵרֵב qal ≈ ὑπαντᾶν
εἰς ἀπάντησιν (אֶל־פְּנֵי) 117b
διανοεῖσθαι (עָצַב אֶל לֵב ,אֶל לֵב hit.) 306b
⟦ἐγκαλεῖν (קָרָה אֶל) 365a⟧ → קָרָא I qal
εἰς *173a* (-Si 9.9)
⟦ἐκδικεῖν (פָּקַד אֶל) 422b⟧ → פָּקַד qal
⟦ἐκκαλεῖν (קָרָא אֶל) 432c⟧ → קָרָא I qal
ἐκτός (אֶל־מִן) 443c
ἐν *174b*
ἐξ ἐναντίας κατά (אֶל מוּל ,אֶל מוּל פְּנֵי) 468b
ἔνδον (אֶל תּוֹךְ) 470b
ἔξω, ἐξωτέρω (אֶל מִחוּץ לְ־) 501c
ἔξωθεν (אֶל־הַחוּץ) 502b
ἐπακολουθεῖν (פָּנָה אֶל) 505b
ἐπάνω 507b
ἐπί + gen. *176b* (-Si 5.6, 7)
" + dat. *176b* (-Si 5.6, 7)
" + acc. *176b* (-Si 5.6, 7)
ἔσωθεν (אֶל מִבֵּית לְ־) 559a
ἔχειν (אֶל יַד־) 586c
ἕως *178c*
⟦κατά + gen. *181a*⟧
κατόπισθε(ν) (אֶל־אַחֲרֵי) 756a
ὄπισθε(ν) (אֶל מִבֵּית לְ־) 1001b
⟦ὀπίσω 1001c⟧
ἐν τοῖς ὠσίν 1034c
περί + gen. *188b*
⟦περιχαρής (שָׂמֵחַ אֱלֵי גִּיל) 1128b⟧ → שָׂמֵחַ II and גִּיל II subst.
πλησίον (אֶל־מוּל) 1148b
⟦ " (קָרוֹב אֶל־בַּיִת) 1148b⟧ → קָרוֹב
⟦ " (אֶל) 1148b⟧
πρός + acc. *190a*
⟦προσάγειν (קָרֵב אֶל) *190a*⟧ → קָרֵב ,קָרַב qal
⟦πρόστομα(?) (אֶל־פְּנֵי) 1222b⟧ → פֶּה ≈ στόμα
⟦εἰς (τὸ) πρόσωπον (אֶל־פָּנִים) 1223c⟧ → פָּנִים
⟦ἐπὶ (τὸ) πρόσωπον (אֶל פָּנִים) 1224a⟧ → פָּנִים
⟦κατὰ (τὸ) πρόσωπον (אֶל ,אֶל פָּנִים אֶל עֵבֶר פָּנִים ,מוּל פָּנִים) 1224a⟧ → פָּנִים
⟦συνοικεῖν (בּוֹא אֶל) 1317c⟧ → בּוֹא qal
⟦ὑποκάτω (אֶל־תַּחַת ,לְ־ אֶל תַּחַת) 1413c⟧ → תַּחַת
אֶלְגָּבִישׁ
πετροβόλος 1130a
χάλαζα 1452b
אַלְגּוּמִּים
πεύκινος 1130a
אָלָה I qal
ἀρά 152b
ἀρᾶσθαι 152c
ἐξορκίζειν 500a
*εὔχεσθαι 583c (Jd 17.2*L*)
אָלָה I hi.
ἀρᾶσθαι 152c
אָלָה II qal
⟦θρηνεῖν 654c⟧
אָלָה III subst.
⟦ἄβατος 1a (Je 49[42].18)⟧ → שַׁמָּה
ἀρά 152b
ἀρᾶσθαι 152c
κατάρα 742b
ὁρκισμός 1013b
ὅρκος 1013c
ὁρκωμοσία 1013c
אֵלָה
τερέβινθος, τερέμινθος, τέρμινθος 1345b
אֵלָה
⟦δένδρον συσκιάζον 289c, 1323a⟧
δρῦς 349c
§ηλα 606a
*στέλεχος 1288a (Ge 49.21)
τερέβινθος, τερέμινθος, τέρμινθος 1345b

אֱלָה Ar.
⟦ἄγγελος 7b⟧
εἴδωλον 376a
^θεός 630a
^κύριος 800b
κύριος ὁ θεός, (ὁ) κύριος θεός 630a, 800b
אֵלֶּה
ἄλλος 56b
ὅδε 960b
οὕτω(ς) (א׳, הָאֵ׳, כָּאֵ׳, עַל־אֵ׳, כַּדְּבָרִים הָאֵ׳) 1035c
τοιοῦτος (א׳, כָּאֵ׳, כְּאֵ׳) 1362b, *193c*
אֱלֹהִים
ἄγγελος (בֶּן אֱ׳) 7b
εἰδωλεῖον, εἰδώλιον (בֵּית אֱ׳, בֵּית אוֹצַר אֱ׳) 376a (1E 2.10)
θεῖος 628a
^θεός *179b*
⟦κρίσις παρὰ τοῦ θεοῦ 630a⟧
⟦τὸ κριτήριον τοῦ θεοῦ (הָאֱ׳) 630a⟧
⟦οἶκος θεοῦ 630b⟧
⟦τὸ ὄρος τοῦ θεοῦ (הָאֱ׳) 630a⟧
⟦ὁ τόπος οὗ εἱστήκει (ἐκεῖ) ὁ θεός 630a⟧
⟦ὁ τόπος τοῦ θεοῦ (הָאֱ׳) 630b⟧
θεοσέβεια, θεοσεβία (יִרְאַת אֱ׳) 648a
θεοσεβής (יְרֵא אֱ׳) 648a
^κύριος (אֱ׳, אֱלֹהֵי צְבָאוֹת) 800b, *182c* (+Si 45.23)
κύριος ὁ θεός, (ὁ) κύριος θεός 630a, 800b
παντοκράτωρ (אֱלֹהַי) 1053c
⟦πάτραρχος 1111a⟧ → πάταχρον
אֱלוּ Ar.
ἰδού 673c
אֱלוֹהַּ
⟦ἄγγελος 7b⟧
⟦ἅγιος 12a, *165b*⟧
βδέλυγμα 215b
γλυπτός 271a
δεσπότης 292c
εἴδωλον 376a
θεῖος 628a
θεός 630a, *179b* (+Si 41.19)
κύριος 800b, *182c* (-Si 45.23)
οὐρανός 1031b
אֱלוּל
οἰώνισμα 985b
אֵלוֹן
βάλανος 189c
δρῦς 349c
אַלּוֹן
βάλανος 189c
⟦δένδρον βαλάνου 289c⟧
δρῦς 349c
ἐλάτινος 448a
אַלּוּף
ἄκακος 43b
ἀρχηγός 165a
βοῦς 229a, *169c*
διδασκαλία 316c
ἡγεῖσθαι 602c
ἡγεμονία 603c
ἡγεμών 603c
μάθημα 892a
μαθητής 892a
οἰκεῖος 968c
φίλος 1431b
χιλίαρχος 1469a
אָלַח ni.
ἀκάθαρτος 42c
ἀχρειοῦν 187c
אַלְיָה
ὀσφύς 1023c
אֱלִיל I adj.
μάταιος 898c
μικρός *185a*
אֱלִיל II subst., also Ar.
βδέλυγμα 215b
δαιμόνιον 283b
εἴδωλον 376a (+ To 14.6), *172b*
θεός 630a
κακός 709b
οἰώνισμα 985a
χειροποίητος 1467a
אַלִּימוּת
*θράσος 654b (Ez 19.7)
אִלֵּךְ Ar.
ἐκεῖνος pl. (אִ׳ pl.) 428a
אַלְלַי
οἴμ(μ)οι (אַ׳ לִי) 983b
אָלַם ni.
ἄλαλος 52b
ἄλαλος γίνεσθαι 256c
ἀποκωφοῦν 136a
ἄφωνος 187b
κατανύσσεσθαι 739c
κωφοῦν 840c
σιωπᾶν 1267c
⟦συγκλείειν 1299c⟧ → συνέχειν
συνέχειν 1315b
אָלַם pi.
δεσμεύειν 292a
אִלֵּם
ἄλαλος 52b
δύσκωφος 357b
ἐν(ν)εός 472c
κωφός 840c
μογ(γ)ίλαλος 932b
אֵלָם
see אֵילָם, אֵלָם
אֻלָם
see אוּלָם I, אֻלָם
אַלְמֻגִּים
*ἀπελέκητος 120b (3K 10.12)
πελεκητά 1116b
אֲלֻמָּה
δράγμα 348b
אַלְמָן
χηρεύειν 1468b
אַלְמֹן
χηρ(ε)ία 1468b
אַלְמָנָה
⟦ἀγύναιος 18b⟧ → γύναιον
γύναιον 278b
χήρα 1468a, *195c*
אַלְמָנוּת
⟦χήρα 1468a⟧ → אַלְמָנָה
χηρ(ε)ία 1468b
χήρευσις 1468b
אַלְמֹנִי
§αλμωνι 59a
§ελ(ι)μωνι 453b
κρύφιος (פְּלֹנִי אַ׳) 793a
אִלֵּן Ar.
ἐκεῖνος pl. (אִ׳ pl.) 428a
אָלַף I qal
μανθάνειν 895b
אָלַף I pi.
διδάσκειν 316c
⟦διορίζειν 336b⟧ → פָּלָה hi.
⟦ἔνοχος 476c⟧
אָלַף II hi.
πολυτόκος 1185c
אֶלֶף I
ἀρχηγός (רֹאשׁ אֲלָפִים) 165a
δισχίλιος (אַלְפַּיִם) 337c
ἑξήκοντα μυριάδες (שֵׁשׁ מֵאוֹת אֶ׳) 937a
ταῦρος 1337c
χιλιαρχία 1469a
χιλίαρχος (שַׂר אֶ׳, רֹאשׁ אֲלָפִים) 1469a
^χιλιάς 1469a, *196a*
χίλιοι 1470c, *196a*
χιλιοπλασίως (אֶ׳ פְּעָמִים) 1470a
χίλιος 1470a
אֶלֶף II
βοῦς 229a
ταῦρος 1337c
אֲלַף Ar.
*χιλίας 1469a (Da 7.10)

אָלַץ pi.
παρενοχλεῖν 1068c
στενοχωρεῖν 1288c
אַלְקוּם
*δημηγορεῖν 296a (Pr 24.66 [30. 31])
אֵם also Ar.
ἀρχαῖος 162c
*ἀρχή 163c (Ec. 5.10)
γονεῖς (אֵם, אָב וָאֵם) 274c
μήτηρ 924a, *185a*
⟦μητριά(?) 925c⟧ → μήτηρ
μητρόπολις 925c
ὁμομήτριος (בֶּן־אִמּוֹ) 993c
אִם
ἀλλά (כִּי אִם) *166a*
ἄν *166b*
κἄν (וְאִם, וְגַם אִם) *166b*
ἔα (אִם־אָמְנָם) 360a
ἐάν *172a*
εἰ *172b*
εἰ δὲ μή (וְאִם + neg.) *172b*
εἰ μή (אִם + neg.) *172b*
ἦ 602c
ἦ μήν (אִם, אִם + neg.) 602c
ἦ μὴν μή (אִם + neg.) 602c
ἦ μὴν οὐκ 602c
μὴ οὐκ (אִם + neg.) *184c*
⟦ὅσος 1019a⟧
⟦ὅστις (רַק אִם) 1022b⟧
אָמָה
ἅβρα 1b
δούλη 346a
θεράπαινα 648a
οἰκέτις 969b
^παιδίσκη 1048b
אַמָּה, also Ar.
δεκάπηχυς (עֶשֶׂר אַמּוֹת) 289a
δίπηχυς (אַמָּתַיִם) 337a
μέτρον, μέτρος 918b
ὀκτάπηχυς (שְׁמֹנֶה אַמּוֹת) 985c
πεντάπηχυς (חָמֵשׁ בָּא׳) 1118c
^πῆχυς 1131b
τὸ ὑπέρθυρον (אַמּוֹת הַסִּפִּים) 1410a
אֵמָה
see אֵמָה, אֵימָה
אֻמָּה, also Ar.
ἔθνος 368b, *172b*
λαός 853b
φυλή 1444b
אָמוֹן
ἁρμόζειν 159a
אֵמוּן
ἀλήθεια 53a
πίστις 1138b
στήριγμα, στήρισμα 1290c
אֱמוּנָה
ἀλήθεια 53a
ἀληθινός 54a
ἀξιόπιστος 113a
πίστις 1138b, *188c* (+Si 15.15)
πιστός 1138c, *188c*
στηρίζειν 1290c
אַמִּיץ
ἰσχυρός 693b, *180c*
κραταιός 782a
κρατεῖν 783a
κράτος 784a
σκληρός 1274b
*στερεοῦν 1289a (2K 15.12*L*)
אָמִיר
μετέωρος 917c
אָמַל pulal
ἀσθενεῖν 172a
ἐκλείπειν 435c
κενοῦν 759b
ὀλιγοῦν 987a
πενθεῖν 1117b
(σ)μικρύνειν 927c
אֻמְלָל
ἀσθενής 172b
אָמַן qal
θρεπτός 654c
τιθηνεῖν 1351c
τιθηνός 1351c
*χρήσιμος (אָ׳ pass. ptc.) *196b* (Si 7.22)
אָמַן ni.
⟦αἱρεῖν 34c⟧
ἀκριβής *166a*
ἀξιόπιστος 113a
διαμένειν *171b*
ἔμμονος *174b*
ἐμπιστεύειν 458b, *174b* (-Si 7.26; 36.21)
⟦θαυμαστός 627b⟧
πιστεύειν 1137c
πίστιν ἔχειν 586c, 1138b
πιστός 1138c, *188c*
πιστοῦν 1139a
אָמַן hi.
(ἐ)θέλειν 628b
ἐμπιστεύειν 458b, *174b* (+Si 7.26; 36.21)
καταπιστεύειν 741c
πείθειν 1114b
πιστεύειν 1137c (+ To 5.2), *188c*
*πιστοῦν 1139a
אֲמַן haf. Ar.
πιστεύειν 1137c
πιστός 1138c
אָמָּן
τεχνίτης 1347c
אָמֵן
ἀληθινός 54a
ἀληθῶς 54b
§αμην 65c
γένοιτο 256b (Nu 5.22; Is 25.1; Je 15.11)
אֲמָנָה
πίστις 1138b
אֹמְנָה
στηρίζειν 1290c
אָמְנָה
ἀληθῶς 54b
אָמְנָם
ἀλήθεια 53a
ἀληθῶς 54b
ἔα (אִם־אָ׳) 360a
⟦εἶτα (אָ׳ כִּי) 415c⟧
אֻמְנָם
ἀληθῶς 54b
ὄντως 1000c
אָמֵץ qal
ἀνδρίζεσθαι 86b
ἰσχύειν 692c
κατισχύειν 751b
κραταιοῦν 782b
στερεοῦν 1289a, *192a*
ὑπερέχειν 1409b
אָמֵץ pi.
ἀνδρίζεσθαι 86b
ἀποστέργειν 145a
⟦ἀποστρέφειν 145b⟧
*ἀσφαλίζειν 174b (2C 24.13)
ἐνισχύειν 475a
ἐρείδειν 544c
θάρσος περιτιθέναι 626c, 1127c
ἰσχυρὸν ποιεῖν 693b, 1154a
ἰσχύς ἐστι 694b
κατισχύειν 751b
κραταιοῦν 782b
κρατεῖν 783a
μεγαλύνειν *184a*
παρακαλεῖν 1060a
στερεοῦν *192a*
אָמֵץ hi.
κραταιοῦν 782b
אָמֵץ hit.
ἀνθιστάναι 95c
*ἐνισχύειν 475a (2C 13.7*L*)
κραταιοῦν 782b
σπεύδειν 1284a
φθάν(ν)ειν 1429b

אָמֹץ
ψαρός 1484a
אֹמֶץ
θάρσος 626c
אָמַר qal
αἰτεῖν (אָ׳ הָבוּ) 37c
ἀναγγέλλειν 74a
ἀντειπεῖν, ἀντερεῖν 109c
ἀπαγγέλλειν 113c
*ἀπαγορεύειν 115c (3K 11.3*L*)
ἀπειπεῖν, ἀπερεῖν 120a
ἀποκρίνειν 133a
⟦βοᾶν 222a⟧
⟦γινώσκειν 267a⟧
διαγγέλλειν 299b
διανοεῖσθαι 306b
διατάσσειν 313a
διηγεῖσθαι 329c
δοκεῖν 339b
ἐγκαλεῖν 365a
(ἐ)θέλειν 628b
^εἰπεῖν, ἐρεῖν 384a, *173a*
ἐμφανίζειν 460a
ἐντέλλεσθαι, ἐντελλέσθειν(?) 477a
ἐπαγγέλλειν 503c
⟦ἐπακούειν 505c⟧
⟦ἐπιθυμεῖν 520b⟧
ἐπιτάσσειν 534c
ἐπιτρέπειν 537b
ἐπιχαίρειν (אָ׳ הֶאָח) 538b
⟦ἐρωτᾶν 553b⟧
⟦εὑρίσκειν 576c⟧ → εἰπεῖν, ἐρεῖν
⟦καυχᾶσθαι 757b⟧
λαλεῖν 841c
^λέγειν 863c, *183b*
λόγος 881c, *183c*
⟦ὀμνύειν, ὀμνύναι 991b⟧
παραγγέλλειν 1056b
⟦παρακαλεῖν 1060a⟧ → אָמֵץ pi.
παρακαλεύειν 1061a
⟦πιστοῦν 1139a⟧ → אָמַן hi.
προσειπεῖν 1213b
προστάσσειν, προστάττειν 1220c
προφασίζεσθαι 1231b
προφητεύειν 1231c
συνᾴδειν 1310b
συντάσσειν 1318b
φάναι 1423c
φάσκειν 1425b
אָמַר ni.
ἀπαγγέλλειν 113c
εἰπεῖν, ἐρεῖν 384a, *173a*
εὑρίσκειν 576c
καλεῖν 712c
λέγειν 863c
אָמַר hi.
αἱρεῖν 36a
אָמַר hit.
λαλεῖν 841c
אֲמַר Ar. pe.
ἀναγγέλλειν 74a
βλασφημεῖν (אֲ׳ שָׁלוּ, אֱ׳ שָׁלָה) 221a
^εἰπεῖν, ἐρεῖν 384a
^ἐπιτάσσειν 534c
καλεῖν 712c
^λέγειν 863c
παραγγέλλειν 1056b
προστάσσειν, προστάττειν 1220c
^*ὑπαγορεύειν 1405c (1E 6.30)
אִמַּר Ar.
^*ἀρήν (= HR's ἀρνός) 159b (1E 6.29; 7.7; 8.14)
אֵמֶר
*ἐντολή 479b (To 4.5)
⟦θαρρεῖν, θαρσεῖν 626c⟧
⟦κρίμα 786b⟧ → ῥῆμα
λαλεῖν 841c
λέγειν 863c
λόγιον 880c
λόγος 881c, *183c*
λόγοις τοῖς πρὸς χάριν ἐμβάλλεσθαι (אֲמָרִים הֶחֱלִיק) 455a
πολυρρήμων (כַּבִּיר אֲמָרִים) 1181b
ῥῆμα 1249a
ῥῆσις 1251c
⟦χεῖλος 1456b⟧
אֹמֶר
εἰπεῖν, ἐρεῖν 384a
λαλιά 846c
λέγειν 863c
ῥῆμα 1249a
אִמְרָה
⟦κρίμα 786b⟧ → λόγιον
λόγιον 880c
λόγος 881c
ῥῆμα 1249a
φωνή 1447b
אֶמְרָה
ῥῆμα 1249a
אֶמֶשׁ
(ἐ)χθές 1468c
אֱמֶת
ἀλήθεια 53a, *166a*
ἀληθεύειν 53c
ἀληθής 53c
ἀληθινός 54a, *166a*
ἀληθῶς 54b
δίκαιος 330c
δικαιοσύνη 332c
⟦ἐλεημοσύνη 450b⟧
⟦εὐθύτης *177c*⟧
πίστις 1138b
πιστός 1138c
אַמְתַּחַת
μάρσιππος 896b
אָן
⟦δεξιός 290a⟧
ἔνθα καὶ ἔνθα (אָנֶה וָאָנֶה) 473b
*ἔνθεν καὶ ἔνθεν (אָנֶה וָאָנֶה) 473b (2K 5.25*L*)
ἕως τίνος (עַד־אָנָה) 1355c
οὐδαμοῦ (אָנֶה וָאָנֶה) 1028a
τίς (אָנָה) 1355c (Ne 2.16)
μέχρι τίνος (עַד אָנָה עַד־אָן) 1355c
אוֹן, אֹן
ἡλίου πόλις 606b, 1174a
אָנָּא
δέομαι 288a
ἰδού 673c
אָנָה I qal
στενάζειν 1288b
ταπεινοῦν 1334c
אָנָה II pi.
*ἐπάγειν 503c (Ps 87[88].8)
παραδιδόναι 1058a
אָנָה II pu.
ἀρέσκειν 155c
προσέρχεσθαι 1213c
אָנָה II hit.
προφασίζεσθαι 1231b
אֲנָה Ar.
ἐγώ 367c
אָנָּה
μηδαμῶς 920b
ὦ, ὤ 1491a
ὢ δή 1491a
אִנּוּן Ar.
ἐκεῖνος 428a
אֱנוֹשׁ
⟦ἄγγελος 7b⟧
*ἀνδρίζεσθαι 86b (Je 2.25; 18.12)
ἀνήρ 88a, *167a*
ἀνθρώπινος 96b
ἄνθρωπος 96b, *167a*
⟦ἄρχων 166b⟧
βροτός 231a
δύναμις 350a
⟦εἰρηνεύειν (אֱנוֹשׁ שָׁלוֹם) *173a*⟧
κατοικεῖν 751c
κάτοικος 756a
λαός 853b
νεανίσκος 940b
⟦οἰκεῖν 968a⟧
⟦οἰκεῖος 968c⟧

οὐδείς, οὐθείς *187a*
⟦παῖς 1049a⟧
πάντες (כָּל־הָאֲנָשִׁים) 1073a
οἱ περί (אַנְשֵׁי) *188b*
אָנַח ni.
ἀναστενάζειν 82a
καταστενάζειν 745c
στενάζειν 1288b
στένειν 1288b
אָנַח hit.
ἀναστενάζειν *166c*
κατανύσσεσθαι *181c*
στενάζειν *192a*
אֲנָחָה
καταβόησις *181b*
κατανύσσεσθαι *181c*
στεναγμός 1288a
אֲנִי
ἐγώ 367c
ἐγώ εἰμι 367c
אֳנִי
ναῦς 940a
πλοῖον 1150a
אֳנִיָּה
ναῦς 940a
ναυτικός 940a
πλοῖον 1150a, *189a* (Si 36[33].2)
אֲנִיָּה
ταπεινοῦν 1334c
אֲנָךְ
ἀδαμάντινος 19a
ἄδαμας 19a
אָנֹכִי
ἐγώ εἰμι 367c
אָנַן hitpo.
γογγύζειν 274a, *170c*
אָנַס qal
βιάζεσθαι *169b*
אֲנַס Ar. pe.
ἀδυνατεῖν 27c
אֹנֶס
βία *169b* (Si 20.4)
אָנֵף qal
ἐπάγειν (supply ὀργήν) 503c
⟦ἐπαίρειν 505a⟧ → ἐπάγειν
^ὀργίζειν 1010a
παροξύνειν 1072a
אָנֵף hit.
εὐδοκεῖν + neg. *177c*
θυμοῦν 662b
ὀργίζειν 1010a
אֲנָפָה
χαραδριός 1454c
אָנַק qal
στενάζειν 1288b
אָנַק ni.
κατοδυνᾶν 751c
*στεναγμός 1288a (Ez 24.17)
אֲנָקָה
ἱκετ(ε)ία *180a*
μυγάλη 936b
στεναγμός 1288a
אָנַשׁ qal
βίαιος 218a
⟦κατακρατεῖν 734b⟧
στερεός (א׳ pass. ptc.) 1289a
*ταλαιπωρία 1333a (Ps 68[69].20)
אָנַשׁ ni.
ἀρρωστεῖν 160b
אֱנָשׁ Ar.
ἀνήρ 88a
ἀνθρώπινος 96b
ἄνθρωπος (א׳, בַּר א׳) 96b (Da LXX 2.38)
οὐδείς, οὐθείς (א׳ + neg.) 1028b
אֹנֶשׁ
*πτωχεῖα *190c* (Si 11.12)
אִנְתְּה Ar.
*γυνή 278b (Da 6.24)
*νύμφη 951a (To 6.13)
אָסוּךְ
ἀλείφειν 52c
אָסוֹן
[ἀπώλεια, ἀπωλία] *168b*
ἀρρώστημα *168b*
⟦ἐξεικονίζειν 490c⟧
*θάνατος *179a* (Si 38.18)
μαλακία 894b
μαλακίζεσθαι 894b
אֵסוּר
δεσμός 292a
אֱסוּר Ar.
^*ἀπαγωγή 115c (1E 8.24)
δεσμός 292a
⟦παράδοσις 1059b⟧ → δεσμός
אָסִיף
συναγωγή 1309b
συντέλεια 1318c
אָסִיר
ἀπάγειν 115b
*ἀπαγωγή 115c (Is 14.17)
*δέσμιος 292a (Zc 9.12; La. 3.34)
^δεσμός 292a
δεσμωτήριον 292b
δεσμώτης 292b
πεδᾶν 1113a
φυλακή 1440c
אַסִּיר
*ἀπαγωγή 115c (Is 10.4)
δεῖν ("to bind") 287b
⟦δέσμιος 292a⟧ → אָסִיר
⟦ἐπαγωγή 504b⟧ → ἀπαγωγή
אָסָם
ταμ(ι)εῖον, ταμίον 1334a
אָסַף qal
αἴρειν 34c
ἀνταναιρεῖν 108c
ἀπολλύειν, ἀπολλύναι 136c
ἀποσυνάγειν 148b
ἀφαιρεῖν 180a
ἀφιστᾶν, ἀφιστάναι, ἀφιστάνειν 184b
δύ(ν)ειν 350a
εἰσάγειν 407c
⟦εἰσφέρειν 415a⟧ → συνάγειν
ἔκλειψις 437a
ἐμβάλλειν 455a
ἐξαίρειν 485a
ἐπιστρέφειν 531a
^ἐπισυνάγειν 534a
καθιστάναι 702c
καταπαύειν 740c
κατέχειν 750c
*λαμβάνειν 847a (1 2K 11.27*L*)
περιστέλλειν 1126c, *188c*
προσάγειν 1211a
προσλαμβάνειν 1218b
προστιθέναι 1221a
συλλέγειν 1302b
^συνάγειν 1307b, *192c*
συναγωγή 1309b
*συναθροίζειν 1310b (1K 14.52*L*)
συναπολλύναι 1312a
συντελεῖν 1319b
τιθέναι 1348c (Ge 42.17)
אָסַף ni.
^ἄγειν 9a
ἀπέρχεσθαι 121a
ἀποθνήσκειν *168a*
ἀποκαθιστᾶν, ἀποκαθιστάναι 131b
εἰσέρχεσθαι 410b
ἐκλείπειν 435c
ἐξέρχεσθαι 491c
^ἐπισυνάγειν 534a, *177a*
*θάπτειν *179a* (Si 44.14)
⟦καθαρίζειν, καθερίζειν 698a⟧
καταφεύγειν 747b
⟦κόπτειν 779a⟧ → סָפַד qal
προστιθέναι 1221a, *190b* (Si 42.21)
συμψᾶν 1307a
^συνάγειν 1307b
συνέρχεσθαι 1314a
^*τελευτᾶν *193b* (Si 8.7)
אָסַף pi.
ἐπισυνάγειν 534a

ἔσχατος 558a
οὐραγεῖν 1031b
συνάγειν 1307b
אָסַף pu.
συνάγειν 1307b
אָסַף hit.
συνάγειν 1307b
אָסֹף
§ασαφειν (אֲסֻפִּים) 169c
§εσεφειν, εσεφιμ (אֲסֻפִּים) 554a
⟦συνάγειν 1307b (Ne 12.25)⟧ → אָסַף qal
אֹסֶף
συνάγειν 1307b
אֲסֵפָה
συναγωγή 1309b
אֲסֻפָּה
σύναγμα 1309b
⟦σύνθεμα 1316a⟧ → σύναγμα
⟦σύνταγμα 1318a⟧ → σύναγμα
אֲסַפְסֻף
ἐπίμικτος 525c
אָסְפַּרְנָא Ar.
ἐπιδέξιος 519b
^*ἐπιμέλεια 525b (1E 6.10)
^ἐπιμελῶς, ἐπιμελέστερον 525c
ἑτοίμως 565a
^*σπουδή 1285c (1E 6.10)
אָסַר qal
ἀπάγειν 115b
^δεῖν ("to bind") 287b
δεσμεύειν 292a
δέσμιος 292a
δεσμός 292a
δεσμωτήριον 292b
δεσμώτης 292b
ἐπιδεῖν ("to bind") 519a
ἐπισάσσειν 527b
εὔχεσθαι 583c
ζευγνύειν, ζευγνύναι 593c
ζωννύειν, ζωννύναι 601a
κατέχειν 750a
ὁρίζειν 1011c
⟦παιδεύειν 1047a⟧ → יָסַר qal
παρατάσσειν (אָ׳ מִלְחָמָה) 1064c
πεδᾶν 1113a
⟦περιδεῖν 1122c⟧
περιζωννύναι 1123b
συνάπτειν 1312b
*συνδεῖν 1312c (Ex. 14.25)
συνιστάναι, συνιστᾶν 1317a
φυλακή (אָ׳ pass. ptc.) 1440c
אָסַר ni.
ἀπάγειν 115b
δεῖν ("to bind") 287b
κατέχειν 750c
אָסַר pu.
δεῖν ("to bind") 287b
אֱסָר Ar.
δεσμός 292a
δόγμα 339b
אִסָּר
ὁρισμός 1013b
אָע Ar.
^ξύλινος 957c
^ξύλον 958a
אַף I, also Ar.
see also אַף כִּי
ἅμα *166b*
§αφφω (אַף־הוּא) 187b
ἔα 360a
ἔτι 561a
ναὶ δή (וְאַף) 939a
καὶ νῦν 951c
κἄν (וְאַף כִּי) *166b*
νῦν/νυνὶ δέ 951c
*ὁμοίως 993b (Ps 67[68].6)
οὕτω(ς) *187b*
πλὴν ὅτι 1145c
προσέτι 1214a
?τίς 1355c (Ge 3.1; +2C 6.18)
אַף II subst., also Ar.
see also אַפַּיִם
ἐκδίκησις 423a
ἐνώτιον (נֶזֶם אַף) 482c
⟦ἔχθρα 589b⟧ → שִׂנְאָה
θυμός (חֳרִי־אַף, חֲרוֹן אַף) 660c, *179c* (+Si 40.5)
θυμοῦν (חָרָה אַף) 662b
θυμώδης (בַּעַל אַף) 662c, *179c*
μακροθυμεῖν (הֶאֱרִיךְ אַף) 893b
μυκτήρ 936b
μυκτηρίζειν 936c
ὀργή (אַף, חֲרוֹן אַף) 1008b (1E 9.13), *186c*
⟦ἡ ὀργὴ τοῦ θυμοῦ, ὀργὴ θυμοῦ 660c, 1008b⟧ → ὀργή
ὀργίζειν (חָרָה אַף) 1010a
⟦ " (אַף) 1010a⟧ → ὀργή
ὀργίλος 1010b
πρόσωπον 1223c, *190b*
ῥίς 1252c
אָפַד
συνάπτειν 1312b
συσφίγγειν 1324a
אֵפֹד
see אֵפֹד, אֵפוֹד
אֲפֻדָּה
ἐπωμίς 540b
περιχρυσοῦν (אֲפֻדַּת זָהָב) 1128b
אַפֶּדֶן
⟦§ενφανδανω 482a⟧
⟦§εφαδανω (אַפַּדְנוֹ) 585b⟧
⟦§φανδανω (אַפַּדְנוֹ) 1424a⟧
אָפָה qal
ἀρχισιτοποιός (שַׂר אֹפִים, אָ׳) 166a
πέσσειν 1128c
πέψις 1130a
ποιεῖν 1154a
σιτοποιός 1267b
אָפָה ni.
πέσσειν 1128c
ποιεῖν 1154a
אֵפוֹא
⟦ἀληθῶς 54b⟧
§αφφω 187b
νῦν, νυνί 951c
אֵפֹד, אֵפוֹד
ἐπωμίς 540b
§εφουδ, εφωδ 586b
ἱερατ(ε)ία 678c
ποδήρης 1153c
στολή 1291c
אָפִיל
ὄψιμος 1044b
אַפַּיִם
see also אַף II subst.
μακροθυμία (אֶרֶךְ אַ׳, אֹרֶךְ אַ׳) 893c
μακρόθυμος (אֶרֶךְ אַ׳) 893c, *184a*
ὀξύθυμος (קְצַר אַ׳) 1001a
ἐπὶ (τὸ) πρόσωπον (עַל אַ׳, לְאַ׳) 1223c, 1224a
κατὰ (τὸ) πρόσωπον (עַל אַ׳) 1224a
אָפִיק
ἄφεσις 182b
νάπη 939c
πεδίον 1113b
πηγή 1130b
πλευρά 1142a
πλήρωμα 1148b
φάραγξ 1424b
χειμάρρο(υ)ς 1457a
אֲפִיק
⟦κῦμα (אֲ׳ נְחָלִים) 799a⟧
אֹפִיר
see אוֹפִר, אוֹפִיר
אַף כִּי
καὶ νῦν 951c
κἄν (וְאַף כִּי) *166b*
πλὴν καί 1145c
προσέτι 1214a
אֹפֶל
γνόφος 272c

אֹפֶל
γνόφος 272c
*σκοτεινός 1276a (4K 5.24)
σκοτία 1276b
σκοτομήνη 1276b
σκότος 1276b
⟦σκοτωμένη(?) 1277a⟧ → σκοτομήνη

אֲפֵלָה
ἀωρία 188c
γνόφος 272c
γνοφώδης 273a
σκοτ(ε)ινός (כָּאֲ׳) 1276a
σκότος 1276b

אֹפֶן
⟦ἁρμόζειν 159a⟧

אָפֵס qal
αἴρειν 34c
ἀποκόπτειν 133a
ἐκλείπειν 435c

אֶפֶס
ἄκρος 51b, *166a*
ἀπώλεια, ἀπωλία 151c
§αφεσις 182b
⟦βία 218a⟧
διεκβολή 328b
ἐκλείπειν 435c
ἔκλειψις 437a
ἔσχατος 558a
κενός, καινός ("empty") 759a
⟦ὀλίγος 986b⟧
ὀλιγοστός 986c
οὐδείς, οὐθείς 1028b
οὐκέτι 1030a
πέρας 1120a
πλήν 1145c

אֶפְעֶה
ἀσπίς ("snake") 173b
βασιλίσκος 214a
ὄφις 1042b

אָפַף qal
περιέχειν 1123a, *188b* (Si 51.7)
περιχεῖν 1128b

אָפַק hit.
ἀνέχειν 87c
ἐγκρατεύεσθαι 366c
μακροθυμεῖν *183c*

אֵפֶר
κοπρία 778c
σποδιά 1284c
σποδός 1285a, *192a*

אֲפֵר
τελαμών, ταλαμών 1342b

אֶפְרֹחַ
ν(ε)οσσός 949c
νοσσίον 949c

אַפִּרְיוֹן
φορεῖον, φόριον 1437c

אֲפַרְסְכָי Ar.
^*ἡγεμῶν 603c (1E 6.7, 27)

אֶפְרָתָה, אֶפְרָת
ἱππόδρομος 687b

אֶצְבַּע, also Ar.
δάκτυλος 284b
χειροτονία (שְׁלַח אֶ׳) 1467a

אָצִיל
ἐπίλεκτος 525a

אַצִּיל
*ἀγκάλη 15b (3K 3.20)
ἀγκών 15c, *165b*
διάστημα 311c

אָצַל qal
ἀφαιρεῖν 180a
ὑπολείπειν 1415a

אָצַל ni.
*ἀπέχειν 122a (Je 7.10)
⟦διασῴζειν *171b*⟧
ἐλαττοῦν, ἐλασσοῦν *174a*
ἐξέχειν 495b
*συνάγειν *192c* (Si 13.16)

אָצַל pu.
⟦συνάγειν *192c*⟧ → אָצַל ni.

אָצַל hi.
παραιρεῖν 1060a

אֵצֶל
⟦ἀγκάλη 15b⟧ → אַצִּיל
ἐγγύς 363c
ἔχειν 586c
παρά + dat. *187b*
" + acc. *187b*
πλησίον 1148b

אֶצְעָדָה
χλιδών 1471b

אָצַר qal
θησαυρίζειν 651b
συνάγειν 1307b

אָצַר ni.
συνάγειν 1307b

אָצַר hi.
⟦ἐντέλλεσθαι, ἐντελλέσθειν(?) 477a⟧

אֶקְדָּח
κρύσταλλος 792c

אַקּוֹ
τραγέλαφος 1369a

אֹר
see also אוֹר II subst.
ποταμός (אֹר, יְאוֹר, יְאֹר) 1196a

אֲרִיאֵל, אֲרִאֵל
§αριηλ 156b

אָרַב qal
⟦δικάζειν 330b⟧ → רִיב I qal
δόλιος (אֱרָב־דָּם) 340b
ἐγκάθετος 364b
ἐγκάθετος γίνεσθαι 256c
ἐνέδρα 472a
ἐνεδρεύειν 472a, *175b*
ἔνεδρον 472b, *175b*
ἐχθρός 589c
θηρεύειν 650b
καταράσσειν 743a
⟦κοινωνεῖν 775a⟧
πολέμιος 1171b

אָרַב pi.
ἐνεδρεύειν 472a
ἔνεδρον 472b

אָרַב hi.
⟦ἐνεδρεύειν 472a⟧ → אָרַב qal

אֶרֶב
ἐνεδρεύειν 472a
σκέπη 1269a

אֹרֶב
ἔχθρα 589b

אַרְבֶּה
ἀκρίς 50c, *166a*
ἀττέλεβος 176c
βροῦχος 231a

אָרְבָּה
ἐπιβάλλειν 516a

אֲרֻבָּה
θυρίς 663c
⟦καπνοδόχη 718c⟧
καταρ(ρ)άκτης 743a
ὀπή 1001b

אַרְבַּע, also Ar.
τεσσαρακοστός (אַרְבָּעִים) 1346a
τέσσαρες *193b*
τεσσαρεσκαιδέκατος, τεσσαρισκαιδέκατος (אַ׳ עֶשְׂרֵה) 1346b
τέταρτος 1346b
τετρακοσιοστός (אַ׳ אַמּוֹת) 1347b

אַרְבָּעָה, also Ar.
^τεσσαρεσκαιδέκατος, τεσσαρισκαιδέκατος (אַ׳ עָשָׂר) 1346b
τέταρτος 1346b
τετράμηνος (אַ׳ חֳדָשִׁים) 1347b
τετράς 1347b
τετράστιχος (אַ׳ טוּרִים) 1347c

אָרַג qal
*διάζεσθαι 300b (Jd 16.13*L*)
ἐργάζεσθαι, ἐργάζειν 540c
ἔριθος 547b
τεχνίτης *193b*
ὑφαίνειν 1419a
ὑφάντης 1419a

ὑφαντός 1419a
אֶרֶג
⟦δρομεύς 349a⟧
*ἱστός 692c (Is 38.12)
ὕφασμα 1419a
אַרְגְּוָן Ar.
πορφύρα 1195b
אַרְגָּז
§αργος 153a
§εργαβ 540c
θέμα 629b
אַרְגָּמָן
ὁλοπόρφυρος 989b
πορφύρα 1195b, *189c*
πορφύρεος, πορφυροῦς 1195c
πορφυρίς 1195c
אָרָה qal
τρυγᾶν 1377a
אֲרוּ Ar.
ἰδού 673c
אֻרְוָה
φάτνη, πάθνη 1425b
אָרוּז
⟦κυπαρίσσινος (אֶרֶז) 799b⟧
אֲרוּכָה
μῆκος 921b
φυή 1440c
אָרוֹן
⟦ἅγιος 12a⟧
γλωσσάκομον, γλωσσάκομος 272b
^κιβωτός 763c
σορός 1278c
אֶרֶז
^κέδρινος 758a
κέδρος (עֵץ א׳, אֶ׳) 758a, *182a*
κυπαρίσσινος 799b
κυπάρισσος 799c
*ξύλον 958a (3K 5.20 (9)[1]*L*)
אָרַח qal
*ἔρχεσθαι 548b (Jb 31.32)
⟦ἔσχατος 558a⟧ → אָחוֹר
ξένος 957a
ὁδοιπόρος 962b
⟦ὁδός 962b (Jb 34.8)⟧ → אֹרַח
אֹרֵחַ
ὁδοιπόρος *186a*
אֹרַח
*βάσις 214b (Jd 5.6A)
τὰ γυναικεῖα 278b
ἐνιαυτός 474b
ἔργον 541c
⟦ἔρχεσθαι 548b⟧ → אָרַח qal
⟦ἔσχατος 558a⟧ → אַחֲרִית
κύκλος 797a
ὁδός 962b, *186a*
τρίβος 1372b
אֳרַח Ar.
ὁδός 962b
τρίβος 1372b
אֹרְחָה
ὁδοιπόρος 962b
אֲרֻחָה
ἑστιατορ(ε)ία 557c
ξενισμός 956c
σύνταξις 1318a
אֲרִי
λέων 874c, *183b*
אֲרִיאֵל
§αριηλ 156b
אַרְיֵה, also Ar.
λέαινα 863c
λέων 874c, *183b*
אֻרְיָה
θῆλυς 650a
אֲרִיךְ Ar.
*ἐξεῖναι 490c (I1E 4.14)
^*καλῶς ἔχειν 717b (1E 2.20)
*אֲרִיר Ar.
*ἐπικατάρατος 522c (To 13.12)
אָרַךְ qal
μακράν 892c
⟦μακροθυμεῖν 893b⟧
πλατύνειν 1141b
γίνεσθαι πολυχρόνιος (אָרְכוּ הַיָּמִים) 1185c
אָרַךְ hi.
ἀνέχειν 87c
⟦δεικνύειν, δεικνύναι 286a⟧ → רָאָה I hi.
ἐφέλκειν, ἐφελκύειν 585b
μακρόβιος (אָ׳ יָמִים hi.) 893a
μακροημερεύειν (אָ׳ יָמִים hi.) 893c
μακροήμερος γίνεσθαι (אָ׳ יָמִים hi.) 893b
μακροήμερος / μακροχρόνιος/ πολυήμερος γίνεσθαι (אָ׳ יָמִים hi.) 256c
μακροθυμεῖν (אָ׳ אַף hi.) 893b
μακρὸν χρόνον ζῆν (אָ׳ יָמִים hi.) 594c
ἀπὸ μακρότητος (מַאֲרִיךְ) 894a
μακροχρονίζειν (אָ׳ יָמִים hi.) 894a
μακροχρόνιος γίνεσθαι/εἶναι (אָ׳ יָמִים hi.) 894a
μακρύνειν 894a
μένειν 910a
⟦περιέχειν 1123a⟧ → ὑπερέχειν
πλεονάζειν 1141c
πληθύ(ν)ειν 1144b
πολυήμερος γίνεσθαι/εἶναι (אָ׳ יָמִים hi.) 1181a
πολυχρονίζειν 1185c
*συμπαραμένειν 1304c (Ps 71[72].5)
ὑπερέχειν 1409b
⟦ὑψοῦν 1422a⟧
χαλᾶν 1452c
אֲרַךְ Ar.
⟦ἐξεῖναι 490c⟧ → אֲרִיךְ
אָרֵךְ
μακρός 893c
אָרֹךְ
μακρὰν εἶναι 892c
μακρός 893c
ἐπὶ πολύ 1181b
אֶרֶךְ
μακροθυμία (אֶ׳ אַפַּיִם) 893c
⟦ " (אֶ׳ רוּחַ) *184a*⟧
μακρόθυμος (אֶ׳ רוּחַ, א׳ אַפַּיִם) 893c, *184a*
אֹרֶךְ
⟦βάσις 214b⟧ → אֶדֶן
εὖρος 579c
μακροθυμία (א׳ אַפַּיִם) 893c, *184a*
⟦ " (א׳ רוּחַ) *184a*⟧
⟦μακρός 893c⟧ → πολύς, πλείων, πλεῖστος
μακρότης 894a
μῆκος 921b
πολύς, πλείων, πλεῖστος 1181b
אַרְכָּא
see אַרְכָּא, אַרְכָה
אַרְכֻּבָּה Ar.
γόνυ 274c
אַרְכָה Ar.
*πολυήμερος 1181a (Da LXX 4.24)
*χρόνος 1476b (Da LXX 7.12)
אַרְכָּא, אַרְכָה Ar.
μακρόθυμος 893c
μακρότης 894a
אֲרֻכָה
see also אֲרוּכָה
ἴαμα 668a
συνούλωσις 1318a
אַרְכִּי
⟦ἀρχιεταῖρος 165c⟧
*πρῶτος 1235c (1C 27.33)
אֲרָם
ἀλλόφυλος 57c
אַרְמוֹן
ἄμφοδον 68a
ἄντρον 112a
βᾶρις 190c
βασίλειον 194b

θεμέλιον 629b
*ναός 939a (Je 37[30].18)
οἶκος 973a
πόλις 1174a
πυργόβαρις 1244c
Λ*πύργος 1244c (1E 1.55)

אֹרֶן
[[πίτυς 1139a]]

אַרְנֶבֶת
δασύπους 285b
χοιρογρύλλιος (and variants) 1472a

אֲרַע Ar.
Λγῆ 240c
Λ*ἐγχώριος (דִּי אֲ) 367c (1E 6.24)
ἐλάττων, ἐλάσσων, ἐλάχιστος 448b
ἥσσων 620a

אֲרְעִי Ar.
ἔδαφος 367c

אֶרֶץ
ἄγριος 16c
ἀγρός 17a
ἄνθρωπος 96b
γαῖα 233b
Λγῆ 240c, 170a
ἐγχώριος 367c
ἔδαφος 367c
ἔθνος 368b
[[ἔξωθεν (מֵאַ) 502b]]
ἔρημος (אַ מִדְבָּר, אַ נְשַׁמָּה) 545a
[[κατοικεῖν 751c]]
[[ὁδός 962b]]
Λἡ οἰκουμένη 968a
[[οἶκος 973a (Je 27[50].16)]] → γῆ
ὅριον 1012a
ἡ ὑπ' οὐρανόν / οὐρανῶν, ἡ ὑπὸ τὸν οὐρανόν, τὰ ὑπ' οὐρανόν 1031b
*κληρονομία 769a (3K 22.36L)
πάντη (בָּאֲ) 187b
[[παροικεσία (אַ מְגוּרִים) 1071c]] → מְגוּר II
πατρίς (אַ מוֹלֶדֶת) 1112a
[[πεδίον 1113b]] → γῆ
τὰ πεπτωκότα (אַ הֲרִיסוּת) 1135c
ἡ σύμπασα 1305a
*ὑπόγαιος (תַּחַת הָאָ) 1412c (Je 45 [38].11)
χαμαί (אַרְצָה) 1454a
χώρα 1481a

אֲרַק Ar.
γῆ 240c

אָרַר qal
ἀρᾶσθαι 152c

[[διασκεδάζειν 309c]]
ἐπικαταρᾶσθαι 522c
ἐπικατάρατος 522c
κακῶς ἐρεῖν 384a, 712a
καταρᾶσθαι 742c
κατάρασις 743a

אָרַר pi.
ἐπικαταρᾶσθαι 522c
καταρᾶσθαι 742c

אָרַר ho.
καταρᾶσθαι 742c

אָרַשׂ pi.
λαμβάνειν 847a
μνηστεύεσθαι 932a

אָרַשׂ pu.
ἀμνήστευτος (אַ pu. + neg.) 66b
μνηστεύεσθαι 932a

אֲרֶשֶׁת
δέησις 285c
θέλησις 629b

אֵשׁ
ἐμπυρισμός 460b
[[κάρπωμα 724c]] → אִשֶּׁה
Λπῦρ 1242b, 190c (+Si 8.10; 23.16; 45.19)
πυρίκαυστος (שְׂרֵפָה מַאֲכֹלֶת, שְׂרוּף אֵשׁ, שְׂרֵפַת אֵשׁ, אֵשׁ שׂ) 1245b
πύρινος 1245b, 191b
[[πυρισμός 1245b]]
[[φλόξ (שָׁבִיב) 1433a, 195b]]

אֵשׁ Ar.
ἔπαρμα 508b
Λθεμέλιον 629b

אֶשָּׁא Ar.
Λ*πῦρ 1242b (1E 6.24)

אִשָּׁה
(τὰ) γυναικεῖα (כְּנָשִׁים, בֵּית־נָ) 278b
γυναικῶν (בֵּית־נָ) 278b
Λγυνή 278b, 170c
ἕκαστος 418a
ἑκάτερος 420a
ἑταίρα 559b
ἕτερος 560a
[[ἡγεῖσθαι 602c]] → נָשִׂיא
θῆλυς 650a
θυγάτηρ 656b
κοράσιον 779c
μήτηρ (אִ) 924a
[[" (בֶּן־אִ) 924a]]
φιλογύναιος / φιλογύνης εἶναι (אָהֵב נָשִׁים) 1431a

אִשֶּׁה
[[θυμίαμα 660b]] → θυσίασμα
θυσία 664a, 179c

θυσιάζειν 666a
θυσίασμα 666a
καρποῦν 724c
κάρπωμα 724c
κάρπωσις 725a
ὁλοκαύτωμα 987c
προσφορά 190b
πῦρ 1242b

אֲשׁוּחַ
*λάκκος 183a (Si 50.3)

אֲשׁוּיָה
see also אֲשִׁיָה
ἔπαλξις 506b

אַשּׁוּר
διάβημα 299a
[[ἔνταλμα 476c]]

אָשֻׁר, אַשּׁוּר
see also אֲשֶׁר
πούς 1198b

אֲשִׁיָה
*ἔπαλξις 506b

אֲשִׁיחַ
[[λάκκος 183a]] → אֲשׁוּחַ

אָשִׁישׁ
κατοικεῖν 751c

אֲשִׁישָׁה
*ἀμόρα (Ct 2.5)
ἀμορίτης 66c
*κολλυρίτης (1: 1C 16.3L)
λάγανον ἀπὸ τηγάνου 840b, 1347c
πέμμα 1116b

אֶשֶׁךְ
μόνορχις (מְרוֹחַ אַ) 933b

אֶשְׁכֹּל
βότρυς 226a

אֶשְׁכָּר
δῶρον 359a
[[μισθός 930a]] → שָׂכָר

אֶשֶׁל
ἄρουρα 159c

אָשֵׁם, אָשַׁם I qal
ἀγνοεῖν 16a
ἁμαρτάνειν 60c
[[ἀνιέναι (= ἀνίημι) 102b]] → נָשָׂא qal
[[ἀφανίζειν 181b]] → שָׁמֵם I qal
ἐξιλάσκειν 495c
[[ἐξολεθρεύειν, ἐξολοθρεύειν 497c]] → שָׁמֵם I qal
μεταμελεῖν 916b
μνησικακεῖν 932a
παραπίπτειν 1063b
[[πλημμέλεια, πλημμελία 1145b]] → πλημμέλησις
πλημμελεῖν 1145b, 189a

πλημμέλησις 1145c
אָשֵׁם, אָשַׁם I ni.
⟦ἀφανίζειν 181b⟧ → שָׁמֵם I qal
אָשֵׁם, אָשַׁם I hi.
κρίνειν 787b
אָשֵׁם II
ἁμαρτάνειν 60c
ἁμαρτία 62a
⟦πλημμέλεια, πλημμελία 1145b⟧ → אָשָׁם
אָשָׁם
ἄγνοια 16a
ἀδικία 25b
ἁμαρτία 62a
?βάσανος 191c
^*ἐξιλασμός 496b (1E 9.20)
καθαρισμός 698c
πλημμέλεια, πλημμελία 1145b, *189a* (Si 7.31)
περὶ (τῆς) πλημμελείας 1145b
τὸ τῆς πλημμελείας 1145b
εἰς ὃ ἐπλημμέλησε 1145b
ἐπλημμέλησε 1145b
περὶ ὧν/οὗ ἐπλημμέλησε 1145b
πλημμέλημα 1145c
⟦πλημμέλησις 1145c⟧ → אָשֵׁם, אָשַׁם I qal
אַשְׁמָה
^ἄγνοια 16a
ἁμαρτάνειν 60c
^ἁμαρτία 62a
^*ἀνομία 106b
ἐλέγχειν 449b
⟦ἡμέρα 607b⟧
ἱλασμός 684c
πλημμέλεια, πλημμελία 1145b
πλημμελεῖν 1145c
⟦πλημμέλημα 1145c (I1E 10.19)⟧ → πλημμέλησις
*πλημμέλησις 1145c
אַשְׁמֻרָה, אַשְׁמוּרָה
ὄρθρος, ὀρθός 1011b
πρὸς ὄρθρον (אַשְׁמֻרוֹת) 1011b
φυλακή 1440c
אַשְׁמֹרֶת
φυλακή 1440c, *195c*
אֶשְׁנָב
δικτυωτός 335c
τοξικόν 1363c
אַשָּׁף, also Ar.
ἐπαοιδός 508a
μάγος 891b
⟦φιλόσοφος 1432b⟧
אַשְׁפָּה
⟦ἐπιθυμία 521a⟧
τόξον 1363c
φαρέτρα 1425a
אֶשְׁפָּר
ἀρτοκοπι(α)κός 161b
ἐσχαρίτης 558a
אַשְׁפֹּת
κοπρία 778c
אָשַׁר qal
κατορθοῦν 756b
אָשַׁר pi.
*εὐθύς (adj.) *177c* (Si 4.18)
εὐφραίνειν *178b*
ζηλοῦν, ζηλεῖν(?) 594b
κατευθύνειν 750b
μακαρίζειν 892a, *183a* (+Si 45.7)
⟦[παρακαλεῖν] *187c*⟧ → μακαρίζειν
אָשַׁר pu.
ἀσφαλής 174b (Pr 3.18 [from Ar. root שׁרר?])
⟦μακαρίζειν 892a⟧ → אָשַׁר pi.
πλανᾶν 1139b
אֲשֶׁר
⟦ἄκλητος (יִקָּרֵא + neg. +א׳) 44b⟧ → קָרָא I ni.
ἐπάν (בְּכָל־עֵת אֲ׳) 506b
ἕως (עַד אֲ׳) *178c*
ἵνα *180b*
καθάπερ (כַּאֲ׳) *180a*
καθώς (כַּאֲ׳) *180b*
οἷος 984c
οἷος ἐγώ (אֲ׳ כָּמֹנִי) 984c
ὅμορος (אֲ׳ עַל־יַד) 993c
ὅσος (כֹּל אֲ׳, אֲ׳) 1019a, *186c*
πάντες ὅσοι, πάντα ὅσα 1019a
τὰ ὅσα 1019a
ὅστις 1022b, *186c*
ὅτε *186c*
ὅτι *186c*
οὗ (בַּאֲ׳) *187a*
οὕτω(ς) (זֶה אֲ׳, כַּאֲ׳) 1035c
⟦ὁ ἐν (τῇ) στενοχωρίᾳ (ὤν) (אֲ׳ מוּצָק לָהּ) 1288c⟧ → מוּצָק
⟦συσκήνιος (אֲ׳ בְּאֹהֶל) 1323a⟧ → אֹהֶל
⟦σύσκηνος (אֲ׳ בְּאֹהֶל) 1323a⟧ → אֹהֶל
⟦ταμίας (אֲ׳ עַל־בַּיִת) 1334a⟧ → בַּיִת
τις 1354a
ἐάν/εἴ τις 1354a
τίς 1355c, *193c*
διὰ τί 1355c
τοιοῦτος (אֲ׳־בָּזֶה) 1362b
ὃν τρόπον (אֲ׳, כַּאֲ׳, הַדָּבָר אֲ׳, בְּכֹל אֲ׳) 1375a
⟦ὑπόχρεως (אֲ׳ לוֹ נָשָׁא) 1418b⟧ → נָשָׁא qal
ὡς (כַּאֲ׳) *196a*
ὥσπερ (כַּאֲ׳) *196c*
אֶשֶׁר
μακαρίζειν 892a
μακάριος 892b, *183a*
μακαριστός 892c
אֹשֶׁר
μακάριος 892b
אֲשֻׁר
*τρίβος 1372b (Ps 43[44].18)
אַשֻּׁר
see אַשּׁוּר, אַשֻּׁר
אֲשֵׁרָה
ἄλσος 59c
δένδρον 289c
*εἴδωλον 376a (2C 17.6*L*)
אָשַׁרְנָה Ar.
^*ἔργον 541c (1E 6.11)
*χορηγία 1472c (1E 5.3, 9)
אֶשְׁתַּדּוּר Ar.
^*πόλεμος 1172a (1E 2.27)
^*πολιορκίαν συνίστασθαι (עָבַד אֲ׳) 1174a (1E 2.23)
*φυγαδεία 1440b (I1E 4.15, 19)
אָת Ar.
σημεῖον 1263b
אֵת I object marker
ἐκεῖνος (אֵת [אֹתוֹ], אֵת [אוֹתָהּ]) 428a
⟦ἐκτός 443c⟧
ἐπάνω 507b
אֵת II ("with")
ἐντεῦθεν (מֵאֵת זֶה) 479a
ἔχειν 586c (Jd 4.11)
μετά + gen. *184b*
μετέχειν 917b
⟦ὀπίσω (מֵאֵת) 1001c⟧
παρά + gen. (מֵאֵת) *187b*
κατὰ (τὸ) πρόσωπον (אֶת־פָּנִים) 1224a
σύν + gen. (= אֶת־) 1307a
" + acc. (= אֵת, אֶת־ [see σύμπας at, e.g., Ec. 1.14]) 1307a
אֵת III
ἄροτρον 159c
*σκεῦος 1269b (1K 13.20, 21)
אָתָא qal
see also אָתָה qal
⟦συνάγειν 1307b⟧ → אָסַף hit.
אָתָה qal
*δεῦρο 293a (Ct 4.8)
δεῦτε 293a
ἐπέρχεσθαι 509c
ἔρχεσθαι 548b

ἥκειν 605a
^παρεῖναι 1065c
אָתָה hi.
ἔρχεσθαι 548b
φέρειν 1426c
אֲתָה Ar. pe.
δεῦτε 293a
^ἔρχεσθαι 548b
*ἥκειν 605a (To 9.2)
^*παραγίνεσθαι 1056c (1E 6.20)
^*παρεῖναι 1065c (1E 6.3)
אֲתָה Ar. af., haf.
ἄγειν 9a
φέρειν 1426c
*אִתָּה ittaf. Ar.
*συντελεῖν 1319b (To 14.4)
אַתָּה
σὺ εἶ (subj. of verb) 1298b
אָתוֹן
ἡμίονος 618c
ὄνος 1000a
θήλεια ὄνος 650a, 1000a
ὑποζύγιον 1413b
אַתּוּן Ar.
κάμινος 718a
אַתּוּק
ἀπόλοιπος 138c
אַתִּיק
ἀπόλοιπος 138c
περίστυλον 1127a
στοά 1291c
אִתְּמוֹל, אֶתְמוֹל, אֶתְמוֹל
ἔμπροσθε(ν) 459b
(ἐ)χθές (אֶתְמוֹל, מֵאִתְּמוֹל, כְּאֶתְמוֹל) 1468c, *195c*
ἡμέρα pl. 607b
אֶתְנָה
μίσθωμα 930c
אֶתְנַן
ἀρχαῖος 162c
*δῶρον 359a (Ho 8.9)
μισθός 930a
μίσθωμα 930c
אֲתַר Ar.
^τόπος 1364b

ב

בְּ, also Ar.
διά + gen. *171a*
" + acc. *171a*
εἰς *173a*
⟦εἶτα (בָּהֶם) 415c⟧
ἐκ *173b*
ἐν *174b*
ἕνεκα, ἕνεκεν *175b*
ἐπί + gen. *176b*
" + dat. *176b*
" + acc. *176b*
^*ἔχειν 586c (1E 5.57)
ἕως *178c*
κατά + gen. *181a*
" + acc. *181a*
ὅπου *186b*
⟦ὅσα 1019a (Es 1.17)⟧ → ὡς
οὗ *187a*
περί + gen. *188b*
πρός + acc. *190a*
ὑπό + acc. *194b*
ὡς 1494b (Es 1.17), *196b*
בְּאָה
εἰσπορεύεσθαι 414a
בְּאִישׁ Ar.
^πονηρός 1186c
בָּאַר pi.
διασαφεῖν 309c
σαφῶς 1261a
בְּאֵר
λάκκος 841a
φρέαρ 1438b
בֹּאר
λάκκος 841a
בָּאַשׁ qal
ἐπόζειν 539a
*κακοῦν *180c* (Si 3.26)
ὄζειν 967c
בָּאַשׁ ni.
⟦αἰσχύνειν 36c⟧ → בּוֹשׁ I qal
⟦βαρύνειν *169a*⟧
⟦κακοῦν *180c*⟧ → בָּאַשׁ qal
בָּאַשׁ hi.
⟦αἰσχύνειν 36c⟧ → בּוֹשׁ I qal
βδελύσσειν, βδελύττειν 216a
ἐπόζειν 539a
*πονηρός 1186c (Ge 34.30)
προσόζειν 1218c
σαπρίζειν 1259b
בָּאַשׁ hit.
⟦αἰσχύνειν 36c⟧ → בּוֹשׁ hitpo.
בְּאֵשׁ Ar. pe.
λυπεῖν 889b
בְּאשׁ
ὀσμή 1018c
σαπρία 1259a
בָּאְשָׁה
βάτος ("bramble") 215a
בְּאֻשִׁים
ἄκανθα 43c
בָּאתַר Ar.
*μετά 915a (To 3.9)
ὀπίσω 1001c
בָּבָה
κόρη 779c
בָּבֶל
σύγχυσις 1301a
בַּג
⟦διαρπαγή 308c⟧ → בַּז
בָּגַד qal
⟦ἀθεῖν 29b⟧
ἀθετεῖν 29b
⟦ἀθετίζειν 29c⟧
ἀνομεῖν 106b
ἄνομος *167b*
⟦ἀσεβής *168c*⟧ → ἄνομος
⟦ἀσυνετεῖν 174a⟧ → ἀσυνθετεῖν
ἀσυνθετεῖν 174b
ἀσύνθετος 174b
§γεθθαιμ, γεθεμ (בְּגַדְתֶּם) 235b
ἐγκαταλείπειν 365a
⟦ἐργάζεσθαι, ἐργάζειν 540c⟧
ἡττᾶν 620b
καταφρονεῖν 748a
καταφρονητής 748a
παράνομος 1062b
בֶּגֶד I
⟦ἀθέτημα 29c⟧ → בֶּגֶד II
⟦ἀθέτησις 29c⟧ → בֶּגֶד II ≈ ἀθέτημα
ἀμφίασις 67c
ἔνδυμα 471c
ἔνοπλος (מְלֻבָּשׁ בְּגָדִים) 476b
^ἱμάτιον 685a, *180b*
ἱματιοφύλαξ (שֹׁמֵר בְּגָדִים) 686a
ἱματισμός 686a
περιβόλαιον 1122b
περίβλημα 1122b
ῥάκος 1247c
στολή 1291c, *192b*
στολισμός 1292b
χιτών 1471a
בֶּגֶד II
ἀθέτημα 29c (Je 12.1)
בֹּגְדוֹת
καταφρονητής 748a
בָּגוֹד
ἀθεσία 29b

ἀσύνθετος 174b
בִּגְלַל
χάριν 1455a
בַּד I
ἀναφορεύς 85c
διωστήρ 339a
⟦ἔξαλλος 487a⟧ → בַּר III, בָּר
σκυτάλη 1278a
φορεύς 1437c
בַּד II
§βαδ 188a
§βαδδ(ε)ιν (בַּדִּים) 188a
§βαδδι (בַּדִּים) 188a
βύσσινος 232b
ἐκλεκτός 437a
λίνον 879b
λινοῦς 879b
ποδήρης 1153c
*στολή 1291c (Ez 10.2, 6, 7)
ἡ στολὴ ἡ ἁγία 12a (3K 8.7)
בַּד III
ἐγγαστρίμυθος 362b
*μαντεία (בַּדִּים) 896a (Is 16.6)
בַּד IV
ἴσος 688c
בַּד V
ἀπῶρυξ 152a
κλών 772b
בָּדָא
πλάσσειν 1140b
ψεύδεσθαι 1484b
בָּדַד
διαχωρίζειν *171b*
μονάζειν 932c
בָּדָד
μόνος (לְבָ׳, בָּ׳) 933b
κατὰ μόνας (לְבָ׳, בָּ׳) 933b
χωρίζειν 1482b
בְּדִיל
⟦ἄνομος 107c⟧
κασσιτέρινος 725b
κασσίτερος 725b, *181a* (Si 47.18)
⟦μόλιβ(δ)ος, μόλυβ(δ)ος 932b⟧ → עֹפֶרֶת
*בְּדִיל דִּי Ar.
*ὅτι 1024b (To 6.13)
בָּדַל ni.
^*ἀλλοτριοῦν 57c
ἀποσχίζειν 148c
διαστέλλειν 311b
⟦διαχωρίζειν 316a⟧ → χωρίζειν
^χωρίζειν 1482b
בָּדַל hi.
ἀφορίζειν 185c
διαιρεῖν 302c
διαστέλλειν 311b
διαχωρίζειν 316a, *171b* (+Si 36 [33].11)
διϊστάνειν, διϊστάναι 330b
διορίζειν 336b
ἱστάναι, ἱστᾶν 689a
^χωρίζειν 1482b
בָּדָל
λοβός 880a
בְּדֹלַח
ἄνθραξ 96a
κρύσταλλος 792c
בָּדַק qal
ἐπισκευάζειν 528b
בָּדַק ni.
*δοκιμάζειν *171c* (Si 34[31].10)
*ὑπορράπτειν *194c* (Si 50.1)
בֶּדֶק
⟦§βεδεκ 217a⟧
בְּדַר Ar. pa.
διασκορπίζειν 310b
בֹּהוּ
ἀκατασκεύατος 44a
οὐδείς, οὐθείς (תֹּהוּ וָבֹ׳) 1028b
בַּהַט
σμαραγδίτης 1278b
σμάραγδος 1278b
בְּהִילוּ Ar.
^σπουδή 1285c
בָּהִיר
τηλαυγής 1348b
בָּהַל ni.
⟦ἐξέρχεσθαι 491c⟧
κατασπουδάζειν 745b
παραλύειν 1062a
παριέναι ("to allow") 1070b
σπεύδειν 1284a
σπουδάζειν 1285c
σπουδή 1285c
ταράσσειν 1336a
בָּהַל pi.
^*εἴργειν 401b (1E 5.72)
⟦ἐμποδίζειν 458c⟧ → בָּלָה pi.
^*ἐπισπεύδειν 529b (1E 1.27)
⟦κατασπᾶν 745a⟧ → κατασπεύδειν
κατασπεύδειν 745b
σπεύδειν 1284a
σπουδάζειν 1285c
*συνταράσσειν 1318a (Ps 20[21].9)
ταράσσειν 1336a
בָּהַל pu.
ἐπισπουδάζειν 529b
σπεύδειν 1284a
בָּהַל hi.
ἐπισπεύδειν 529b
κατασπεύδειν 745b
σπουδάζειν 1285c
בְּהַל Ar. pa.
ἐκστάσει περιέχεσθαι 441b
κατασπεύδειν 745b
συνταράσσειν 1318a
ταράσσειν 1336a
בְּהַל Ar. hitpe.
σπεύδειν 1284a
σπουδή 1285c
בְּהַל Ar. itpa.
ταράσσειν 1336a
בֶּהָלָה
ἀπορία 140a
κατάρα 742b
σπουδή 1285c
*ταραχή 1336c (Da LXX 11.7)
בְּהֵמָה
θηρίον 650c
^κτῆνος 794a, *182c*
κτηνώδης 795a
τετράπους 1347b
בֹּהֶן
ἄκρος 51b
בֹּהַק
ἀλφός 60a
בַּהֶרֶת
αὐγάζειν 176c
αὔγασμα 176c
τηλαύγημα 1348b
τηλαύγης 1348b
בּוֹא qal
ἄγειν 9a
αἴρειν 34c
ἀναβαίνειν, ἀναβέννειν 70a
ἀναστρέφειν 82b
⟦ἀνατέλλειν 83a⟧
ἀναφέρειν 84c
*ἀνέρχεσθαι 87b (1C 21.4*L*)
ἀνήκειν 87c
⟦ἀνιστᾶν, ἀνιστάναι 102c⟧ → ἔρχεσθαι
⟦ἀνοίγειν (בּוֹא פֶּתַח) 105b⟧ → פָּתַח qal
⟦ἀνταποδιδόναι 108c⟧
^*ἀπαντᾶν 117a (1E 9.4)
ἀπέρχεσθαι 121a
ἀπέχειν 122a
ἀποστρέφειν 145b (+Nu 23.17)
ἀριθμεῖν 156b
*ἀρχὴ σαββάτου (בָּאֵי שַׁבָּת) 163c (2C 23.8)
ἀφικνεῖσθαι 184a

βαδίζειν 188a
γίνεσθαι 256b, *170b*
δεῦρο 293a
δεῦτε 293a
διαβαίνειν, διαβέννειν 298a
διαπορεύεσθαι 308b
διάστεμα, διάστημα 311c
διέρχεσθαι 328c
δύ(ν)ειν 350a
δυσμή 357b
[[(ἐ)θέλειν 628b]] → ἔρχεσθαι
εἰσάγειν 407c
εἰσδύειν 410b
^εἰσέρχεσθαι 410b
εἰσιέναι 413c
*εἰσόδ(ε)ιος 413c (Da Th 11.13)
[εἰσόδιον 413c]
εἴσοδος 413c
εἰσπηδᾶν 414a
εἰσπορεύεσθαι 414a
εἰσφέρειν 415a
[ἐκεῖ (וַיָּבֹא) 423c]
ἐκκλ(ε)ίνειν 433c
[[ἐκπορεύεσθαι 439c]]
ἐμβαίνειν 455a
[ἐμβάλλειν 455a]
ἐμπαραγίνεσθαι 456c
[ἐξέλευσις 491a]
ἐξέρχεσθαι 491c
[ἔξοδος 497b]
ἐπάγειν 503c
ἐπανέρχεσθαι 506c
ἐπανήκειν 506c
ἐπεισφέρειν 509b
ἐπέρχεσθαι 509c
ἐπιβάλλειν 516a
ἐπιδιδόναι 519b
ἐπιδύνειν 519c
ἐπιπαραγίνεσθαι 526a
ἐπιστρέφειν 531a
^*ἐπισυνάγειν 534a (1E 5.50)
[ἐπιτιθέναι 535c]
^ἔρχεσθαι 548b
εὑρίσκειν 576c
[[εὐφραίνειν 581a]]
ἥκειν 605a
[καθίζειν 701c] → יָשַׁב qal
καθιστάναι 702c
καλεῖν 712c
καταβαίνειν 727a
καταλαμβάνειν 735a
^κατισχύειν 751b
[κρατεῖν 783a]
§λαβω, λοβω (לְבוֹא) 840b
οἴχεσθαι 985a

ὁρᾶν (including ὄπτεσθαι) 1005a
*ὁρμᾶν 1014a (Hb 1.8)
^παραγίνεσθαι 1056c, *187b*
[[παραδιδόναι 1058a]]
*παραπορεύεσθαι 1063b (2C
   13.9L)
παρεῖναι 1065c
[[παρέρχεσθαι 1068c]] → πορεύε-
   σθαι
παροικεῖν (בּוֹא לָגוּר) 1071b
πλεῖν 1141c
πορεύεσθαι 1189a
προβαίνειν 1204a
προσέρχεσθαι 1213c
[προσκαλεῖν 1216c]
προσπορεύεσθαι 1219b
συγκαταμιγνύναι 1299b
^συμβαίνειν 1302c
συμπορεύεσθαι 1305c
συναντᾶν (בּוֹא ל') 1311a
συναντήσας σοι (לִקְרַאת בּוֹאֲךָ)
   1311a
συναυλίζεσθαι 1312c
συνεισέρχεσθαι (בּוֹא עִם) 1313b
συνέρχεσθαι 1314a
^*συνιστάναι 1317a (1E 1.29)
συνοικεῖν (בּוֹא אֶל) 1317c
[ὑπολαμβάνειν 1414c]
φέρειν 1426c
ἃ ἔφερεν (הַבָּא בְיָדוֹ) 1426c
בּוֹא hi.
[ἀγαπᾶν 5b] → אָהֵב qal
^ἄγειν 9a
αἴρειν 34c
ἀναβαίνειν, ἀναβέννειν 70a
^ἀνάγειν 75b
ἀναφέρειν 84c
[ἀνταποδιδόναι 108c]
ἀντιτιθέναι 112a
ἀπάγειν 115b
ἀπερείδεσθαι 120c
^*ἀποστέλλειν 141b
^ἀποφέρειν 149c
διάγειν 299c
[διδόναι 317b]
διέρχεσθαι 328c
δύ(ν)ειν 350a
εἰσάγειν 407c (Ex. 34.26), *173b* (Si
   48.17)
εἰσέρχεσθαι 410b
ποιεῖν εἰσελθεῖν 1154a
ποιεῖν εἰσέρχεσθαι 410b
εἴσοδος 413c
εἰσσπᾶν 415a
^εἰσφέρειν 415a

[[ἐκπορεύεσθαι 439c]]
[[ἐξάγειν 483a]]
ἔξοδος 497b
ἐπάγειν 503c
[[ἐπιδεικνύειν, ἐπιδεικνύναι 518c]]
   → רָאָה I hi.
[[ἐπιδιδόναι 519b]] → יָהַב qal
ἔρχεσθαι 548b
καθιστάναι 702c
καλεῖν 712c
κατάγειν 729b
καταφέρειν 747b
^*κομίζειν 777b (1E 9.39, 40)
λαμβάνειν 847a
^*μετάγειν 915c (1E 1.45; 2.10)
^*παράγειν 1056b (1E 5.55)
παραγίνεσθαι 1056c
*παραφέρειν 1065b (Jd 6.5A)
πηγνύναι *188c*
πήσσειν *188c*
πορεύεσθαι 1189a
προσάγειν 1211a
προσδέχεσθαι 1212c
προσφέρειν 1222c
συμπορεύεσθαι 1305c
συνάγειν 1307b
συνάπτειν 1312b
τιθέναι 1348c (Ex. 34.26)
ὑποτιθέναι *194c*
φέρειν 1426c
φοράζειν(?) 1437c
בּוֹא ho.
ἄγειν 9a
ἀποστέλλειν 141b
ἀποφέρειν 149c
βάπτειν 190b
εἰσάγειν 407c
εἰσέρχεσθαι 410b
εἰσοδιάζειν 413c
εἰσφέρειν 415a
εὑρίσκειν 576c
ἥκειν 605a
προσάγειν 1211a
φέρειν 1426c
בּוֹז I qal
ἀτιμάζειν *168c*
[[ἀτιμᾶν] *168c*]
ἐξουδενεῖν, ἐξουθενεῖν 500b
ἐξουδενοῦν, ἐξουθενοῦν 500b,
   176a
ἐξουδένωσις, ἐξουθένωσις 500c
καταγελᾶν *181b*
καταφρονεῖν 748a
μυκτηρίζειν (הָיָה לָבוּז) 936c
*φαυλίζειν 1425c (Is 37.22)

בּוּז II
ἀτιμάζειν 175c
ἀτιμία 175c
ἐξουδένωσις, ἐξουθένωσις 500c
καταγελᾶν (הָיָה לְבוּז) 729c
καταφρονεῖν 748a
μυκτηρίζειν 936c
*ὀνειδίζειν (הָיָה בוּז) *186b*

בּוּזָה
μυκτηρισμός 936c

בּוּךְ ni.
πλανᾶν 1139b
ταράσσειν 1336a

בּוּס qal
ἐμπαίδειν 456b
ἐξουδενεῖν, ἐξουθενεῖν 500b
ἐξουδενοῦν, ἐξουθενοῦν 500b
καταπατεῖν 740b
εἶναι εἰς καταπάτημα 740b
πατεῖν 1105a

בּוּס polel
καταπατεῖν 740b
μολύνειν 932c

בּוּס ho.
φύρεσθαι 1446b

בּוּס hitpo.
φύρεσθαι 1446b
*κατακονδυλίζειν 734a (Am 5.11)

בּוּעַ qal
εὐφραίνειν *178b*

בּוּעַ hitpal..
⟦ἐντρυφᾶν *175c*⟧ → τρυφᾶν
τρυφᾶν *194b*

*בּוּעַ Ar.pe.
*ἀγαλλιᾶσθαι 4c (To 13.13)

בּוּץ
βύσσινος 232b
στολαὶ βύσσιναι 232b
βύσσος 232b

בּוּקָה
ἐκτιναγμός 443b

בּוֹקֵר
αἰπόλος 34c

בּוּר
⟦ἰδεῖν 669b⟧

בּוֹר
ἀγγεῖον 7b
ᾅδης (יוֹרֵד־בּוֹר, אַבְנֵי־בוֹר) 24a
βόθρος 224a
⟦γῆ 240c⟧
*θησαυρός 651c (Am 8.5)
λάκκος (בֵּית בּוֹר, בּוֹר) 841a
ὀχύρωμα 1043c
φρέαρ 1438b

בּוֹשׁ I qal
^αἰσχύνειν 36c (+1K 13.4; 27.12; IIK 16.21; Pr 13.5), *165b*
αἰσχύνη 37a
αἰσχύνη λαμβάνει 847a
⟦αἰσχύνην ὀφ(ε)ίλειν 1039a⟧ → αἰσχύνη
αἰσχυντηρός *165b*
⟦ἀναξηραίνειν 80b⟧ → יָבֵשׁ I hi.
^*ἐντρέπειν 480c (1E 8.51), *175b* (Si 4.22)
ἐπαισχύνεσθαι 505b
καταισχύνειν 731c, *181b*

בּוֹשׁ I polel
αἰσχύνειν 36c
ἐσχατίζειν 558a
χρονίζειν 1476a

בּוֹשׁ I hi.
αἰσχύνειν 36c
ἀτιμάζειν *168c*
ἀτιμία 175c
ἄφρων 186c
γυνὴ κακοποιός 278b, 709b
καταισχύνειν 731c (+ 2K 16.21*L*), *181b*
⟦παράνομος 1062b⟧ → בִּישׁ

בּוֹשׁ I hitpo.
αἰσχύνειν 36c (+1C 19.6)

בּוֹשׁ II subst.
*ἀτιμία 175c (Jb 40.13)

בּוֹשָׁה
αἰσχύνη 37a

בּוֹשִׁי
αἰσχυντηρός *165c*

בַּז
διαρπαγή 308c
διαρπάζειν 308c
προνομή 1208a
σκῦλον 1277b

בָּזָא
μέρος 911c

בָּזָה qal
ἀπαναίνεσθαι *167c*
ἀτιμάζειν 175c, *168c*
ἀτιμοῦν 176a
*ἐγκαταλείπειν *172a* (Si 3.16 [A])
⟦ἐξατιμάζειν 490a⟧ → ἀτιμάζειν
ἐξουδενεῖν, ἐξουθενεῖν *176a*
ἐξουδένημα, ἐξουθένημα 500b
ἐξουδενοῦν, ἐξουθενοῦν 500b
εὐκαταφρόνητος 571c
καταφρονεῖν 748a
μυκτηρίζειν 936c
φαυλίζειν 1425c

בָּזָה ni.
⟦ἀλισγεῖν 54c⟧ → ἐξουδενοῦν, ἐξουθενοῦν
ἀτιμάζειν 175c
ἄτιμος 176a
ἀτιμοῦν 176a (+1K 15.9)
ἐξουδενοῦν, ἐξουθενοῦν 500b
εὐκαταφρόνητος 571c

בָּזֹה
φαυλίζειν 1425c

בִּזָּה
διαρπαγή 308c
διαρπάζειν (בַּבִּ׳) 308c
μυκτηρισμός 936c
⟦ὀνειδισμός 994c⟧ → μυκτηρισμός
^προνομή 1208a
σκῦλον 1277b

בָּזַז qal
διαρπάζειν 308c
κληρονομεῖν 768a
ποιεῖν + προνομήν (= בַּז) 1154a (Is 33.23)
προνομεύειν 1207c
προνομή 1208a
σκυλεύειν 1277b

בָּזַז ni.
διαρπάζειν 308c
προνομεύειν 1207c
προνομή 1208a

בָּזַז pu.
?διασκορπίζειν 310b

בִּזָּיוֹן
ἀτιμάζειν 175c

בָּזָק
§βεζεκ 217a

בָּזַר qal
διασκορπίζειν 310b
διδόναι 317b

בָּזַר pi.
διασκορπίζειν 310b

בָּחוֹן
δοκιμαστός 340a

בָּחוּר
δυνατός 355c
ἐκλεκτός 437a
εὐμεγέθης 575a
νεανίας 940a
⟦νεανικός 940b⟧ → νεανίσκος
^νεανίσκος 940b

בְּחוּרוֹת
νεότης 942c

בְּחוּרִים
ἐκλεκτός 437a

בָּחִיר
ἐκλεκτός 437a, *173c*
בָּהַל I qal
⟦ἐπωρύεσθαι 540b⟧ → הָלַךְ qal ≈ πορεύεσθαι
בָּהַל II pu.
⟦ἐπισπουδάζειν 529b⟧ → בָּהַל pu.
בָּחַן qal
ἀνθιστάναι 95c
διακρίνειν 304a
δοκιμάζειν 339c, *171c*
ἐκλεκτός 437a
ἐξετάζειν 495a
ἐπισκέπ(τ)ειν 527c
⟦ἐπιστρέφειν 531a⟧ → ἐπισκέπ(τ)ειν
ἐτάζειν 559b
κρίνειν 787b
בָּחַן ni.
φαίνειν 1423a
φανερός 1424a
φανερὸς γίνεσθαι 256c
בָּחַן pu.
δικαιοῦν 334b
בֹּחַן
ἐκλεκτός 437a
בָּחַר qal
αἱρεῖν 36a
αἱρετίζειν 36a
διακρίνειν 304a
⟦ἐκδέχεσθαι 422a⟧ → ἐκλέγειν
ἐκλέγειν 435a, *173c*
ἐκλεκτός 437a
ἐξαιρεῖν 484b
ἐπιθυμεῖν 520b
^ἐπιλέγειν 524c
εὐδοκεῖν *177c*
ζηλοῦν, ζηλεῖν(?) 594b
⟦μέτοχος 918a⟧ → חָבֵר
⟦νεανίας 940a⟧ → בָּחוּר
⟦νεανίσκος 940b⟧ → בָּחוּר
*πειράζειν *188b* (Si 4.17)
בָּחַר ni.
αἱρετός 36b
ἀρεστός 156a
δοκιμάζειν 339c
ἐκλεκτός 437a
εὐδοκεῖν *177c*
πυροῦν 1245c
בָּחַר pu.
⟦κοινωνεῖν 775c⟧
בָּטָא, בָּטָה qal
λαλιά *183a*
λέγειν 863c

בָּטַח qal
ἀσφάλεια, ἀσφαλία 174b
*ἄφοβος γίνεσθαι *169c* (Si 5.5)
ἐλπίζειν 453c
⟦ἐλπίς 454a⟧ → מִבְטָח
ἔχειν τὴν ἐλπίδα 454a, 586c
ἐμπιστεύειν *174b*
ἐπελπίζειν 509c
ἐπέχειν *176b*
ἡσυχάζων (שֹׁקֵט וּבֹטֵחַ) 620a
θαρρεῖν, θαρσεῖν 626c
καταπείθειν 741a
πείθειν 1114b, *188b*
πεποιθὼς γίνεσθαι 1114b
πεποιθὼς εἶναι 1114b
πιστεύειν *188c*
בָּטַח hi.
ἐλπίς 454a, *174b*
διδόναι ἐλπίδα *171b*
*ἐπαγγέλλειν *176a* (Si 20.23)
ἐπελπίζειν 509c
πεποιθέναι ποιεῖν 1114b, 1154a
בֶּטַח
ἀναψυχή 86a
ἀσφάλεια 174b
ἀσφαλῶς 174c
εἰρήνη 401b
ἐλπίζειν 453c
ἐλπίς 454a
ἡσυχία 620b
πείθειν 1114b
πεποιθώς (לָבֶ׳,בֶּ׳) 1114b
⟦πεποιθὼς εἶναι 1114b⟧ → πεποιθώς
πεποιθότως (לָבֶ׳) 1119b
πλατυσμός *189a*
בִּטְחָה
πείθειν 1114b
בִּטָּחוֹן
ἐλπίς 454a
⟦πεποιθὼς εἶναι 1114b⟧ → בָּטַח qal
πεποίθησις 1119b
בַּטֻּחוֹת
ἄδηλος 23c
בָּטֵל
ἀργεῖν, ἀργᾶν 153a
בְּטֵל Ar. pe.
^ἀργεῖν, ἀργᾶν 153a
בַּטֵּל Ar. pa.
^*ἀποκωλύειν 136a
καταργεῖν 743a
^*κωλύειν 839b (1E 2.30; 6.6)
בֶּטֶן
γαστήρ 234b
ἐπίθεμα 520a

καρδία 719a
κοιλία 773a
σπλάγχνα 1284c
τέκνον (פְּרִי־בֶ׳) 1340c
בָּטְנָה
τερέβινθος, τερέμινθος, τέρμινθος 1345b
בִּי
δεῖσθαι 288a
בִּיטָה
λόγος *183c*
בִּין qal
αἰσθάνεσθαι 36b
γινώσκειν 267a
διανοεῖσθαι 306b, *171b*
εἶδειν, εἰδέναι 374b
⟦εἰπεῖν, ἐρεῖν 384a⟧
ἐννοεῖν 475c
⟦ἐπέχειν 511a⟧
ἐπίστασθαι 529b
καταδέχεσθαι 730b
⟦μελετᾶν 908b⟧
νοεῖν 946a
νοητῶς 946b
προνοεῖν 1207c
προσέχειν 1215b
⟦προσήκειν 1215c⟧ → προσέχειν
σοφίζειν 1280a
συνετός 1315a, *192c*
συνίειν, συνιέναι 1316b
φρονεῖν 1439a
בִּין ni.
ἀγαθός 2a
ἐπιστήμων 530b
νοήμων 946a
ὀρθ(ρ)ός 1010c
παιδεύειν *187a*
σοφός 1280b
σύνεσις 1314a
συνετός 1315a, *192c* (+Si 7.25; 36.24)
φρόνιμος 1439b
בִּין polel
παιδεύειν 1047a
בִּין hi.
ἀναγγέλλειν 74a
γινώσκειν 267a
γνῶσις *170c*
διανοεῖσθαι 306b
^διδάσκειν 316c
⟦δυνατός 355c⟧
⟦ἐκδέχεσθαι τῇ καρδίᾳ 422a, 719a⟧ → κατανοεῖν
*ἐμβλέπειν 455c (Si 42.12)
^*ἐμφυσιοῦν 461a (1E 9.48, 55)

ἐντιθέναι 479a
ἐπιγινώσκειν 517c
^*ἐπιστήμων 530b (1E 8.44)
εὖ συνιστάναι 568b
^*καταμανθάνειν 739a (Jb 35.4[5])
κατανοεῖν 739c
*μανθάνειν 895b (Is 28.20)
νοεῖν 946a
νοήμων 946a
πανοῦργος 1053a
συμβιβάζειν 1303b
σύμβουλος *192b*
σύνεσις 1314a
διδόναι σύνεσιν 317b, 1314a
συνετίζειν 1315a
συνετός 1315a, *192c*
συνετῶς ποιεῖν 1154b, 1315b
συνίειν, συνιέναι 1316b
ὑποδεικνύειν, ὑποδεικνύναι 1413a
φράζειν 1438b
φρόνιμος 1439b, *195b*

בִּין hitpo.
γινώσκειν 267a
διανοεῖσθαι *171b*
εἰδεῖν, εἰδέναι 374b
εἰπεῖν, ἐρεῖν 384a
ἐνθυμεῖσθαι *175b*
ἐννοεῖν *175b*
ἐπιγινώσκειν 517c
*ἐπινοεῖν *177a* (Si 51.19)
ζητεῖν 597a
καταμανθάνειν *181b*
κατανοεῖν 739c
νοεῖν 946a, *185b*
νουθετεῖν 950b
*ὅρασις *186b* (Si 41.20)
⟦παρορᾶν 1072b⟧
σοφίζειν *192a*
συλλογίζειν 1302c
συνίειν, συνιέναι 1316b

בֵּין, בַּיִן, also Ar.
*ἀμεσσαῖος (1K 17.23*L*)
δειλινός (בֵּין הָעַרְבַּיִם) 287a
ἐν (מִבֵּין) *174b* (Si 50.6; -51.4)
(τὸ) πρὸς ἑσπέραν (בֵּין הָעַרְבַּיִם) 557a
μεσίτης 912c
μέσος 913a
ἀνὰ μέσον *166b*
εἰς μέσον 913a
ἐν μέσῳ *174b*
μηρός (בֵּין רַגְלַיִם) 923c
ὀψέ (בֵּין הָעַרְבַּיִם) 1044a
συνέχειν 1315b

בִּינָה, also Ar.
διανοεῖσθαι 306b
διάνοια 306c
διάνοια ἀγαθή 306c
ἔννοια 475c
ἐπιστήμη 530a, *177a*
ἐπιστήμη εἶναι (יָדַע בִּ׳) 530a
νουθετεῖν 950b
παιδ(ε)ία 1046c
σοφία 1278c
σύνεσις 1314a, *192c*
*συνίειν, συνιέναι 1316b (Jb 20.2)
φρόνησις 1439a

בֵּיצָה
ᾠόν 1493b

בִּיר
⟦λάκκος 841a⟧

בִּירָה, also Ar.
^βᾶρις 190c
§βειρα 217a
⟦μητρόπολις 925c⟧
*οἴκησις 969b (1C 29.1*L*)
οἰκοδομή 972c
⟦οἶκος 973a⟧
πόλις 1174a

בִּירָנִית
*βᾶρις 190c (2C 17.12, 27.4*L*)
οἴκησις 969b

בִּישׁ
*παράνομος 1062b (Pr 10.5 Aramaizing)

בַּיָּשׁ
*αἰσχυντηρός *165c* (Si 26.15)

בַּיִת, also Ar.
⟦ἀδικία (בֵּית־הַמֶּרִי) 25b⟧ → מְרִי
ἀνήρ 88a
⟦ἀρχιδεσμοφύλαξ (שַׂר בֵּית סֹהַר) 165b⟧ → שַׂר
⟦§βαιθακαθ, βαιθακαδ (בֵּית־עֵקֶד) 189b⟧
βασιλ(ε)ία (בֵּית מֶלֶךְ) 192a
βασίλειον (בֵּית מַלְכוּת, בֵּית מֶלֶךְ) 194b
βασιλικός (בֵּית מֶלֶךְ) 214a
⟦§βηθ 217c⟧
βιβλιοθήκη (בֵּית סִפְרַיָּא) 218b
βίος (בַּ׳, הוֹן בַּ׳) 220a, *169b* (Si 34[31].4)
⟦γραμματεύς (עַל־בַּ׳) 275b⟧
γυναικεῖος (בֵּית נָשִׁים) 278b
γυναικών (בֵּית נָשִׁים) 278b
δεσμωτήριον (בֵּית סֹהַר) 292b
δίαιτα 303a
⟦δύναμις (בֵּית אָבוֹת) 350a⟧
⟦δυνάστης 355b⟧
^εἰδωλεῖον, εἰδώλιον (בֵּית אוֹצַר, בֵּית אֱלֹהִים, אֱלֹהִים) 376a
ἐκτός (אֶל־מִבַּ׳) 443c
ἔνδεσμος 470a
ἐνδογενής (מוֹלֶדֶת בַּ׳) 470b
ἔνδοθεν (לְמִבֵּית) 470b
*εἰς τὸ ἔνδον (בַּיְתָה) 470b (3K 7.13*L* [MT 25])
⟦ἐνοικεῖν 476a⟧
ἔσω (מִבַּיִת לְ׳, בַּיְתָה, בַּבַּ׳) 558c
ἔσωθεν (מִבַּ׳, מִבַּיְתָה, מִבַּ׳, בַּיְתָה, בַּבַּ׳, בֵּית לְ־, אֶל מִבֵּית לְ־, לְ׳) 559a
εὐρύς 579c
θήκη 649c
θησαυρός (בֵּית אוֹצַר) 651c
θίασος (בֵּית מַרְזֵחַ) 652a
^τὰ ἴδια (בֵּיתוֹ) 673b
^ἱερός (בֵּית אֱלָהָא, בֵּית אֱלֹהִים) 683a
λάκκος (בֵּית בּוֹר) 841a
λαός 853b
μετά + gen. (בְּבֵית) *184b*
*μέσος 913a (Jb 8.17)
ἐν μέσῳ (בֵּית) *174b*
^ναός 939a
οἰκεῖος 968c
οἰκία 969b, *186a*
οἰκογενής (יְלִיד בַּ׳, בֶּן־בַּ׳) 970c
⟦ " (בַּ׳) 970c⟧
οἰκονόμος (רַב בַּ׳, עַל־בַּ׳) 973a
^οἶκος 973a, *186a*
⟦ὄπισθε(ν) (אֶל מִבֵּית לְ־) 1001b⟧
*οὐσία 1035b (DA LXX 3.96; To 14.13)
ὀχύρωμα (בֵּית סֹהַר, בַּ׳) 1043c
⟦πανοικί 1052c⟧ → πανοικ(ε)ία
πανοικ(ε)ία 1052c
πατρία (בֵּית אָבוֹת) 1111a
πατρικός (בֵּית אָבִיהָ) *188b*
πλησίον (קָרוֹב אֶל בַּ׳) 1148b
*συγγενής (Ar. מִן בֵּית אֲבוּ־) 1298c (To 6.11)
συναγωγή 1309b
⟦σύνδεσμος 1312c⟧ → ἔνδεσμος
συνοικεῖν (בְּבֵית) *192c*
σύσκηνος (גָּר בַּ׳) 1323a
ταμίας (אֲשֶׁר עַל־בַּ׳) 1334a
τέκνον 1340c
τόπος 1364b
υἱός 1384c
*τὰ ὑπάρχοντα 1406b (Ge 45.18; 1E 6.32; Es 8.7)
φυλή 1444b
χωρῶν (כְּבֵית) 1482b
?ψαλίς 1483a

בֵּית Ar. pe.
αὐλίζειν 178b
κοιμᾶν 773c
בִּיתָן
οἶκος 973a
בָּכָא
ἄπιος 122c
⟦κλαυθμών 767a⟧ → בָּכָה qal
בָּכָה qal
ἀποκλαίειν 132b
⟦δακρύειν 284a⟧ → κλαίειν
ἐλεεῖν 449c
⟦ἐπιπίπτειν 526b⟧ → κλαίειν
^κλαίειν 766a, *182a*
^κλαυθμός 767a
*κλαυθμών 767a (I1K 5.23, 24)
πενθεῖν 1117b
*בְּכָה Ar. pe.
*κλαίειν 766a (To 6.1+)
בָּכָה pi.
ἀποκλαίειν 132b
θρηνεῖν 654c
בֶּכֶה
κλαίειν 766a
בְּכֹר, בְּכוֹר
παιδίον 1047c
πρεσβύτερος, πρεσβυτέρα 1201c
πρωτογενής 1235b
πρωτόγονος *190c*
πρωτότοκος 1237a, *190c*
בִּכּוּרָה, בִּכֻּרָה
πρόδρομος σύκου 1206a, 1301b
πρώϊμος, πρόϊμος 1235a
πρωτόγονος 1235c
בְּכוֹרָה
see בְּכוֹרָה, בְּכֹרָה
בִּכּוּרִים
ἀρχή 163c
§βακχουρια, βακχουροι(?) 189c
καρπός ("fruit") 723c
νέος 942a
⟦πρόδομος 1206a⟧ → πρόδρομος
πρόδρομος 1206a
πρωτογέν(ν)ημα 1235b
πρωτότοκος 1237a
*ὡραῖος 1493c (Jb 18.13)
בָּכוּת
πένθος 1118a
בְּכִי
κλαίειν 766a
^κλαυθμός (קוֹל בְּ׳) 767a (1E 5.65), *182a*
κοπετός 778a
κραυ(γ)ή 784b
πένθος 1118a
בֹּכִים
κλαυθμών 767a
בְּכִירָה
πρεσβύτερος, πρεσβυτέρα 1201c
πρωτότοκος 1237a
בְּכִית
πένθος 1118a
בָּכַר pi.
πρωτοβολεῖν 1235b
πρωτοτοκεύειν 1237a
בָּכַר pu.
⟦γίνεσθαι 256b⟧
בָּכַר hi.
πρωτοτοκεῖν 1237a
בֵּכֶר
κάμηλος 717c
בְּכֹר
see בְּכֹר, בְּכוֹר
בְּכוֹרָה, בְּכֹרָה
⟦εὐλογία 574b⟧ → בְּרָכָה
πρεσβεῖον 1201b
πρωτοτοκεῖον, πρωτοτόκιον 1237a
πρωτότοκος 1237a
בַּל
⟦ἀκαίρως (בַּל עֵת) *166a*⟧ → עֵת
*οὐ 1026c
οὐκέτι μή 1030b
⟦ὅστις + neg. οὐ 1022b⟧
בָּל Ar.
ἀγωνίζεσθαι (שׂוּם בָּל) 18c
בְּלָא Ar. pa.
κατατρίβειν 747a
παλαιοῦν 1051b
בָּלַג hi.
ἀναψύειν 86a
בָּלָה qal
*γῆρας 255c (Ps 91[92].11)
κατατρίβειν 747a
παλαιοῦν 1051b, *187a*
*παλαίωσις 1051c (Na 1.15 [2.1])
בָּלָה pi.
παλαιοῦν 1051b
⟦συντελεῖν 1319b⟧ → כָּלָה I pi.
ταπεινοῦν 1334c
בָּלֶה
παλαιός 1051b
παλαιοῦν 1051b
בָּלַהּ pi.
ἐμποδίζειν 458c
בַּלָּהָה
ἀπώλεια, ἀπωλία 151c
ὀδύνη 967a
ταραχή 1336c
⟦τάραχος 1337a⟧ → ταραχή
בְּלוֹ Ar.
φόρος 1438a
בְּלוֹיִם
παλαιός 1051b
בְּלִי
⟦ἀγνωσία (בְּ׳־דַעַת) 16b⟧ → דַּעַת
⟦ἀδίκως (בְּ׳־לְבוּשׁ) 27b⟧
⟦ἀκουσίως (בִּבְ׳־דַעַת) 50a⟧ → דַּעַת
ἀνταναίρειν 108c
⟦ἄνυδρος (בְּ׳־מַיִם) 112a⟧ → מַיִם
⟦ἄτιμος (בְּ׳־שֵׁם) 176a⟧ → שֵׁם
γυμνός (בְּ׳ לְבוּשׁ) 278a
⟦ζητεῖν 597a⟧
οὐδὲν (οὐ) μή 1028b
οὐκέτι μή (הוֹסִיף בְּ׳) 1030b (Is 32.10)
*οὐχ ὑπάρχων 1406b (Zp 3.6)
בְּלִיל
ἀναποιεῖν 81b
⟦ἄχυρον, ἄχυρος(?) 188a⟧ → מוֹץ
βρῶμα 231b
φάντη, πάθνη 1425b
בְּלִימָה
οὐδείς, οὐθείς 1028b
בְּלִיַּעַל
ἁμαρτωλός *166b*
ἀνόμημα 106b
ἀνομία 106b
ἀποστασία 141a
ἀσεβής (בֶּן־בְּ׳) 170b
ἄφρων 186c
ἐναντίος 468b
λοιμός (adj.) 887c
*παρανομεῖν 1062b (Jb 34.18)
παράνομος (בֶּן־בְּ׳, בְּ׳) 1062b
בָּלַל qal
ἀναποιεῖν 81b
ἀναφυρᾶν 85c
*παραβάλλειν 1055c (Jd 19.21)
συγχεῖν 1301a
φυρᾶν 1446b
בָּלַל hi.
⟦ἐκρεῖν 441a⟧ → נָבֵל qal
בָּלַל hitpo.
⟦συμμιγνύναι 1304b⟧ → συναναμιγνύναι, συναναμίσγειν
συναναμιγνύναι, συναναμίσγειν 1311a
בָּלַם qal
ἄγχειν 18b
בָּלַס qal
κνίζειν 772c
בָּלַע qal
γεύειν 240a
καταπίνειν 741c

κατέσθειν, κατεσθίειν 749b
⟦συνάγειν 1307b (Jb 20.15)⟧
בָּלַע ni.
καταπίνειν 741c
בָּלַע pi.
ἀπολλύειν, ἀπολλύναι 136c
διασκεδάζειν, διασκεδαννύειν, διασκεδαννύναι 309c
ἐξάπινα, ἐξαπίνης (כְּבַלַּע) 488a
καταπάτημα 740b
καταπίνειν 741c
καταποντίζειν 742a
⟦παίειν 1048c⟧
*περιπνίγειν (2K 22.5*L*)
⟦συνταράσσειν 1318a⟧ → בָּהַל pi.
ταράσσειν 1336a
בָּלַע pu.
καταπίνειν 741c
בָּלַע hit.
καταπίνειν 741c
בְּלַע* Ar. pe.
*καταπίνειν 741c (To 6.3)
בֶּלַע
καταπίνειν 741c
καταποντισμός 742a
בִּלְעֲדֵי, בַּלְעֲדֵי
ἔξω, ἐξωτέρω (מִבַּ׳) 501c
πάρεξ, παρέξ (מִבַּ׳) 1068c
πλήν (בִּלְעָדֵי רַק ,מִבַּ׳ ,בִּ׳) 1145c
בָּלַק qal
ἐρημοῦν 546c
בֶּלֶת
πλήν 1145c
בִּלְתִּי
ἀνίατος 102b
ἀνωφελής (בִּ׳ הוֹעִיל) 113a
τὸ καθόλου μή 704a
⟦οὐδ᾽ οὕτω(ς) (מִבִּ׳) 1035c⟧
*οὔπω 1031a (Ge 18.12 voc.)
πάρεξ, παρέξ 1068c
בָּמָה
§αβ(β)αμα (הַבָּ׳ ,בָּ׳) 1a
ἀγαθός 2a
ἄλσος 59c
§βαμα 190b
§βαμωθ 190b
βουνός 228b
βωμός 232c
εἴδωλον 376a
ἐπάνω (עַל בָּמֳתֵי) 507b
⟦ἔρημος 545a⟧ → שְׁמָמָה
θυσιαστήριον 666b
ἰσχύς 694b, *180c*
*μετέωρος 917c (4K 12.4, 15.4*L*)
*οἶκος 973a (4K 23.13*L*)

στήλη 1290b
ὑψηλός 1419b
ὑψηλότατος 1419b
ὕψος 1421b, *195b*
בֵּן
⟦ἄγγελος (בֵּן ,בֶּן אֱלֹהִים) 7b⟧
ἀλλόφυλος (בְּנֵי־קֶדֶם, בֶּן־נֵכָר) 57c
ὁ πρωῒ ἀνατέλλων (בֶּן־שַׁחַר) 83a
ἀνεψιός (בֶּן דּוֹד) 87c
ἀνήρ 88a
ἄνθρωπος (בֵּן ,בֶּן־אָדָם) 96b
ἄξιος 113a
ἀρνίον 159b
ἄρσην, ἄρρην 160c
ἀσεβής (בֶּן־בְּלִיַּעַל) 170b
ἀσθενής (בֶּן־עָנִי) 172b
§βανε 190b
§βανη 190b
§βε(ν) 217c
γηγενής (בֶּן אָדָם) 255c
δυνατός (בְּנֵי חַיִל) 355c
ἔγγονος 363b
ἀλλογενὴ ἔθνος (בֶּן־נֵכָר) 368b
εἰκοσαετής (בֶּן עֶשְׂרִים שָׁנָה) 377a
ἑκατονταετής (בֶּן מֵאָה שָׁנָה) 420b
ἔκγονος (בֵּן ,בְּנֵי בָנִים) 421c, *173b*
ἐνεῖναι 472b
ἐνιαύσιος (בֶּן־שָׁנָה) 474a
ἑξηκονταετής (בֶּן שִׁשִּׁים שָׁנָה) 495c
θεράπων (בֶּן אָדוֹן) 648a
⟦ἰός 687a⟧ → υἱός
⟦κοιλία (בֵּן pl.) 773a⟧
λαός 853b
μηνιαῖος (בֶּן־חֹדֶשׁ) 923b
⟦μήτηρ (בֶּן־אִשָּׁה) 924a⟧
μοσχάριον (בֶּן־בָּקָר) 934b
μόσχος (בֶּן בָּקָר) 934c
ν(ε)οσσός 949c
οἰκογενής (בֵּן ,בֶּן־בַּיִת) 970c
οἶκος (בָּנִים) 973a
ὁμομήτριος (בֶּן־אִמּוֹ) 993c
παιδίον 1047c (+ To 4.5)
^παῖς 1049a
παράνομος (בֶּן־בְּלִיַּעַל) 1062b
πενταετής (בֶּן חָמֵשׁ שָׁנִים) 1118b
πεντηκονταετής (בֶּן חֲמִשִּׁים שָׁנָה) 1119a
περιστερά (בֶּן יוֹנָה) 1126c
πολίτης (בֶּן־עַמִּי) 1180c
πῶλος 1246b
σκύμνος 1278a
σπέρμα 1282b
⟦συναγωγή 1309b⟧ → עֵדָה I
^τέκνον 1340c

⟦ " *193a* (+Si 30[33].30; -16.3)⟧ → אַחֲרִית
τριακονταετής (בֶּן שְׁלֹשִׁים שָׁנָה) 1372a
τριετής (בֶּן שָׁלוֹשׁ שָׁנִים) 1373a
^υἱός 1384c, *194a* (+Si 30[33].28)
בָּנָה qal
⟦ἀλοιφή 59b⟧
ἀνοικοδομεῖν 106a
⟦διδόναι 317b⟧
διοικοδομεῖν 336b
ἐξοικοδομεῖν 497c
⟦θεμελιοῦν 629c⟧ → יָסַד pi.
ἱστάναι, ἱστᾶν 689a
κατασκευή 774b
κατορθοῦν 756b
λαξούειν λίθους (qal גָּזִית בָּ׳) 853b, 876c
^οἰκοδομεῖν 970c, *186a*
οἰκοδομή 972c
οἰκοδόμος 973a
περιοικοδομεῖν 1124c
ποιεῖν 1154a
^*συνοικοδομεῖν 1317c (1E 5.68)
בָּנָה ni.
ἀνοικοδομεῖν 106a
θεμελιοῦν *179b*
οἰκοδομεῖν 970c
τεκνοποιεῖν 1342a
בְּנָה Ar. pe.
ἀνοικοδομεῖν 106a
^οἰκοδομεῖν 970c
^*οἰκοδομή 972c (1E 6.21)
בְּנָה Ar. itpe.
ἀνοικοδομεῖν 106a
^οἰκοδομεῖν 970c
בֹּנֶה
^*οἰκοδόμος 973a
בֵּנַיִם
⟦ἀμεσσαῖος(?) 65c⟧ → μεσαῖος
⟦δυνατός 355c⟧
*μεσαῖος (1K 17.23)
בִּנְיָן, also Ar.
αἰθρίζειν 30c
διάστεμα, διάστημα 311c
διορίζειν 336b
⟦προτείχισμα 1230b⟧
בְּנַס Ar. pe.
θυμός 660c
⟦στυγνός γίνεσθαι 1297c⟧ → σύννους
*σύννους 1317b (Da LXX 2.12 [Ϸ967])
בֹּסֶר
ὄμφαξ 994a

ὄμφαξ πρὸ ὥρας (גֶּפֶן בִּסְרוֹ) 994a
בְּעָא Ar. pe.
see also בְּעָה pe.
αἰτεῖν 37c
ἀξιοῦν 113b
εὔχεσθαι 583c
ζητεῖν 597a
בַּעַד
ἐκτός (מִבַּ׳ לְ־, בְּ׳) 443c
ἔξωθεν 502b
⟦ἔχειν (בְּ׳ יַד) 586c⟧ → יָד
κάτοχος 756c
*τιμή 1353a (Pr 6.26)
בָּעָה qal
ζητεῖν 597a
⟦κατακαίειν 732b⟧ → בָּעַר I pi.
בָּעָה ni.
ἁλίσκειν 54c (Is 30.13)
καταλαμβάνειν 735a
בְּעָה Ar. pe.
see also בְּעָא pe.
ἀξιοῦν 113b
εὔχεσθαι 583c
ζητεῖν 597a
בְּעָה Ar. pa.
ζητεῖν 597a
בָּעוּ Ar.
αἴτημα 38a
ἀξίωμα 113b
δεῖσθαι 288a
εὐχή 584b
בִּעוּתִים
φοβερισμός 1435b
בָּעַט
ἀπολακτίζειν 136a
⟦ἐπιβλέπειν 516c⟧ → נָבַט hi.
בְּעִיר
κτῆνος 794a
πορεῖον 1189a (Ge 45.17)
⟦φορεῖον, φόριον 1437c⟧
בָּעַל qal
⟦ἀμελεῖν 65b⟧
ἔχειν ἄνδρα 586c, 88a
*ἐξουσιάζειν 501b (1C 4.22L)
⟦ἐπιτηδεύειν εἰς (בָּעַל בַּת qal) 535b⟧
κατακυριεύειν 735a
κατοικεῖν 751c
κτᾶσθαι 793b
κύριος 800b
συνοικεῖν 1317c, *192c* (Si 25.8; 42.10)
συνοικίζειν 1317c
*ὕπανδρος γυνή (בְּעֻלָה) *194a* (Si 9.9)

בָּעַל ni.
συνοικίζειν 1317c
*τυγχάνειν ἀνδρός 88a (Pr 30.23)
בַּעַל
αἰσχύνη 37a
ἀνήρ 88a, *167a*
ἄνθρωπος 96b
ἄπληστος (בַּ׳ נֶפֶשׁ) 122c
ἄρχων 166b
δασύς (בַּ׳ שֵׂעָר) 285b
δίγλωσσος (בַּ׳ שְׁתַּיִם) *171b*
εἴδωλον 376a
⟦ἐνδεής 469b⟧
ἔνορκος (בַּ׳ שְׁבוּעָה) 476b
ἐνυπνιαστής (בַּ׳ חֲלֹמוֹת) 481b
ἐπᾴδιον, ἐπαείδιον (בַּ׳ לָשׁוֹן) 504c
ἔχειν 586c
ἡγεῖσθαι 602c
θυμώδης (בַּ׳ אַף) *179c*
ἱππάρχης, ἱππάρχος (בַּ׳ פָּרָשִׁים) 687a
κατοικεῖν 751c
κρίνειν (בַּ׳ מִשְׁפָּט) 787b
κτᾶσθαι 793b, *182c*
κύριος 800b
⟦ὅρκος (בַּ׳ שְׁבוּעָה) 1013c⟧ → ἔνορκος
πτερωτός (בַּ׳ כָּנָף) 1238b
σύμβουλος (בַּ׳ סוֹד) *192b*
σύνδειπνος (בַּ׳ לֶחֶם) *192c*
συνωμότης (בַּ׳ בְּרִית) 1322c
χρᾶν, χρᾶσθαι 1473c
בְּעֵל Ar.
§βααλ (בְּ׳־טְעֵם) 188a
§βααλταμ (בְּ׳־טְעֵם) 188a
§βαδαταμεν (בְּ׳־טְעֵם) 188a
§βαλγαμ (בְּ׳־טְעֵם) 189c
§βαλταμ (בְּ׳־טְעֵם) 190b
^*ὁ (supply γράφων) τὰ προσπίπτοντα (בְּ׳־טְעֵם) 1219a (1E 2.17, 25)
בַּעֲלָה
ἐγγαστρίμυθος (בַּעֲלַת־אוֹב) 362b
ἡγεῖσθαι 602c
κυρία 799c
⟦ὕπανδρος γυνή *170c*, *194a*⟧ → בָּעַל qal
בָּעַר I qal
ἀνακαίειν 78a
ἀνάπτειν 81c
διαφλέγειν 315b
ἐκκαίειν 432b, *173c* (Si 23.16)
*ἐμπυρίζειν *174b*
καίειν 705a, *180b*
κατακαίειν 732b

κατέσθειν, κατεσθίειν 749b
ὀργίζειν (חֵמָה בָעֲרָה) 1010a
בָּעַר I pi.
ἀνάπτειν 81c
ἀφανίζειν 181b
διαρπαγή 308c
*διαρπάζειν *171b* (Si 6.2)
ἐκκαθαίρειν 432a
ἐκκαθαρίζειν 432a
ἐμπυρίζειν 460a
⟦ " *174b*⟧
ἐξαίρειν 485a
ἐξολεθρεύειν, ἐξολοθρεύειν 497c
ἐπιλέγειν 524c
καθαρίζειν, καθερίζειν 698a
καίειν 705a
⟦καρποῦν 724c⟧
καταβόσκειν 729a
κατακαίειν 732b
καῦσις 757a
בָּעַר I pu.
διαρπάζειν *171b*
בָּעַר I hi.
ἀνακαίειν 78a
ἐκκαίειν 432b
ἐμπυρίζειν 460a
ἐξάπτειν 489c
⟦ἐξεγείρειν 490b⟧ → עוּר I hi.
καίειν 705a
καταβόσκειν 729a
⟦κατακαίειν 732b⟧
בָּעַר II qal
ἄφρων 186c
βάρβαρος 190c
בָּעַר II ni.
ἀφρονεύεσθαι 186b
ματαιοῦν 899b
μωραίνειν 938b
בַּעַר
⟦ἄνους 108b⟧ → ἄφρων
ἄφρων 186c
ἐξουδενοῦν, ἐξουθενοῦν 500b
בְּעֵרָה
πῦρ 1242b
בָּעַת ni.
θαμβεῖν 623b
θορυβεῖν 654a
κατασπεύδειν 745b
ταράσσειν 1336a
בָּעַת pi.
ἐκταράσσειν 442a
θαμβεῖν 623b
καταπλήσσειν 742a
⟦καταρᾶσθαι 742c⟧
ὀλλύναι 987b

πνίγειν 1153b
στροβεῖν 1297a
*συνέχειν 1315b (1K 16.14*L*)
בְּעָתָה
σπουδή 1285c
ταραχή 1336c
בֹּץ
*ὀλίσθημα 987b (Je 45[38].22)
בִּצָּה
βούτομον 229c
πάπυρος 1054b
בָּצִיר I subst.
τρυγητής 1377b
τρύγητος 1377b (Le 26.5; Is 24.13)
τρυγητός 1377b (Jd 8.2; 1K 13.21; Is 32.10)
בָּצִיר II adj.
σύμφυτος 1306c
בָּצָל
κρόμ(μ)υον 791b
בָּצַע qal
ἀδικεῖν 24c
διακόπτειν 303c
δόλιος *171c*
δωρολήπτης (בּוֹצֵעַ בֶּצַע) 359a
⟦ἐπέχειν 511a⟧
πλεονεκτεῖν 1142a
συντελεῖν 1319b
בָּצַע pi.
ἀναιρεῖν 77b
ἐκτέμνειν 442c
ἐπιτελεῖν 535a
συντελεῖν 1319b
συντέλειαν συντελεῖν 1319b
בֶּצַע
ἀδικία 25b
ἀνομία 106b
ἄνομος 107c
*βραχύς 230c (Is 57.17)
δωρολήπτης (בּוֹצֵעַ בֶּצַע) 359a
δῶρον 359a
⟦μίασμα 926c⟧ → עָצָב
πλείων, πλέον, πλεῖον 1181b
πλεονεξία 1142a
πλῆθος 1142c
συντέλεια 1318c
συντελεῖν 1319b
?ὑπερηφαν(ε)ία 1409c
χρήσιμος 1474c
ὠφέλεια, ὠφελία 1497a
בָּצֵק I qal
διαρρηγνύειν, διαρρηγνύναι, διαρρήσσειν 309a
τυλοῦσθαι 1378a
בָּצֵק II subst.
σταῖς 1286c
*στέαρ 1287b (Ho 7.4)
בָּצַר I qal
ἰσχυρός 693b
ὀχυρός 1043b
?σύμφυτος 1306c
τειχήρης 1339c
τειχίζειν 1339c
*ὑψηλός (בָּ׳ pass. ptc.) 1419b (Ne 9.25; Is 2.15)
בָּצַר I ni.
ἀδυνατεῖν 27c
ἐκλείπειν 435c
καθυστερεῖν *180b*
בָּצַר I pi.
ὀχυροῦν 1043c
ὀχύρωμα 1043c
בָּצַר II qal
ἀφαιρεῖν 180a
ἐκτρυγᾶν 444b
τρυγᾶν 1377a, *194b* (Si 30[33].25)
τρυγητής 1377b
בֶּצֶר
*τεῖχος 1339c (Am 1.12)
בָּצְרָה
ὀχύρωμα 1043c
בִּצָּרוֹן
ὀχύρωμα 1043c
בַּצֹּרֶת
ἀβροχία *165a*
בַּקְבֻּק
βῖκος 220a
στάμνος 1286c
בְּקִיעַ
⟦κρυπτός 792c⟧
ῥάγμα 1247c
⟦ῥῆγμα 1248c⟧ → ῥάγμα
בָּקַע qal
ἀνασχίζειν 83a
ἀνοίγειν 105b
διαρρηγνύειν, διαρρηγνύναι, διαρρήσσειν 309a
⟦ἐπικρατεῖν 523b⟧
⟦ἐπικροτεῖν 523c⟧
καταδυναστεύειν 731a
*κατασχίζειν 746c (Is 63.12)
προκαταλαμβάνειν 1207a
ῥηγνύναι 1248c
σχίζειν 1327c
בָּקַע ni.
διακόπτειν 303c
διαρρηγνύειν, διαρρηγνύναι, διαρρήσσειν 309a
⟦διασχίζειν 312b⟧ → σχίζειν
ἔκρηγμα 441a
⟦ἔκρημα(?) 441a⟧ → ἔκρηγμα
⟦εὑρίσκειν 576c⟧
⟦καταρρηγνύναι 743b⟧ → ῥηγνύναι
ῥηγνύναι 1248c
σχίζειν 1327c
בָּקַע pi.
ἀναρρηγνύναι 82a
διαρρηγνύειν, διαρρηγνύναι, διαρρήσσειν 309a
διασπᾶν 310c
θλᾶν *179b*
ῥηγνύναι 1248c
σχίζειν 1327c
בָּקַע pu.
διαρρηγνύειν, διαρρηγνύναι, διαρρήσσειν 309a
καταρρηγνύναι 743b
בָּקַע hi.
ἀποστρέφειν 145b
διακόπτειν 303c
בָּקַע ho.
ῥηγνύναι 1248c
בָּקַע hit.
ῥηγνύναι 1248c
τήκειν 1348a
בֶּקַע
δραχμή 349a
בִּקְעָה I
ὁδὸς λεῖος 872b
πεδ(ε)ινός 1113a
⟦πεδία 1113b⟧
^πεδίον 1113b
περίχωρος (כִּכַּר בִּ׳) 1128b
בִּקְעָה II Ar.
πεδίον 1113b
בָּקַק qal
ἐκτινάσσειν 443b
εὐκληματεῖν 571c
καταφθείρειν 747c
בָּקַק ni.
ταράσσειν 1336a
φθείρειν 1429c
φθορά 1430a
בָּקַק polel
λυμαίνειν, λοιμαίνειν 889b
בָּקַר pi.
ἐκζητεῖν 430c
ἐπισκέπ(τ)ειν 527c, *177a* (Si 7.35)
*μετανοεῖν 916b (Pr 20.25)
νοεῖν *185b*
בַּקַּר Ar. pa.
^ἐπισκέπ(τ)ειν 527c
בַּקַּר Ar. itpa..
^ἐπισκέπ(τ)ειν 527c
בָּקָר
*ἅμαξα (כְּלֵי בָ׳) 60c (1C 21.23)
βουκόλιον 226a

βοῦς 229a
δάμαλις 284c
κτῆνος 794a
μοσχάριον (בֶּן בָּ׳, בָּ׳) 934b
^μόσχος (בֶּן בָּ׳, בָּ׳) 934c
μόσχος βοῶν 934c
⟦ταῦρος *193a*⟧

בֹּקֶר
ἄστρον (כּוֹכְבֵי בֹ׳) 173c
ἑωθινός 592a
ἑωσφόρος 593c
ἡμέρα (בֹ׳,אוֹר בֹ׳) 607b
ὄρθρος, ὀρθός 1011b
ὄρθρου (בַּבֹּ׳) 1011b
πρὸς ὄρθρον 1011b
πρωΐ (לִפְנוֹת בֹ׳, לַבֹ׳,בַּבֹ׳,בֹ׳) 1234b, *190c*
ἕως (τὸ) πρωΐ (עַד אוֹר בֹ׳, עַד־בֹ׳) 1234b
τὸ πρὸς πρωΐ πρωΐ (לִפְנוֹת בֹ׳) 1234b
πρωΐθεν 1235a
^πρωϊνός, προϊνός 1235a
^τὸ πρωϊνός (לַבֹ׳,בַּבֹ׳) 1235a (1E 1.11)
*ὥρα πρωινή 1235a (Jd 19.26*L*)
⟦πρωϊόθεν 1235b⟧ → πρωΐθεν
πρώϊος (בַּבֹ׳,בֹ׳) 1235b, *190c*
⟦ " (לַבֹ׳) 1235b⟧ → πρώϊος (בֹ׳)
φόγγος πρωϊνόν 1426a

בַּקָּרָה
ἐπισκέπ(τ)ειν 527c
ζητεῖν 597a

בִּקֹּרֶת
ἐπισκοπή 528c

בָּקַשׁ pi.
⟦ἀθετεῖν 29b⟧
ἀναζητεῖν 77a
ἀξιοῦν 113b
βουλεύειν 227a
^*δεῖσθαι 288a (1E 8.53)
ἐγείρειν 364a
ἐκζητεῖν 430c
^*ἐμποιεῖν 458c (1E 5.38)
ἐπερωτᾶν 510b
⟦ἐπιβλέπειν 516c⟧
^ἐπιζητεῖν 520a, *176c*
ἐπισκέπ(τ)ειν 527c
ἐρευνᾶν 544c
εὑρίσκειν 576c
^ζητεῖν 597a, *178a* (+Si 6.27; 30 [33].26, 34)
*θέλειν 628b (1C 21.3*L*)
θεραπεύειν 648a
*ὀρθρίζειν *186c* (Si 4.12)
παραιτεῖσθαι 1060a
προσκολλᾶν 1217a
⟦συ(ν)ζητεῖν 1301a⟧ → ζητεῖν

בָּקַשׁ pu.
ἀνετάζειν 87b
ἐτάζειν 559b
ζητεῖν 597a

בַּקָּשָׁה
ἀξιοῦν 113b
^ἀξίωμα 113b
ζητεῖν 597a

בַּר I ("son"), also Ar.
*ἀνεψιός (Ar. בַּר דָּד) 87c (To 7.2)
⟦ἄνθρωπος (בַּר אֱנָשׁ) 96b⟧
*ἐξάδελφος (Ar. בַּר אַח) 484b (To 1.22)
⟦παιδ(ε)ία 1046c⟧
*παιδίον 1047c (To 2.2, 5.21+)
τέκνον 1340c
υἱός 1384c

בַּר II ("crop")
γένημα 238c
⟦θησαυρός 651c⟧ → בּוֹר
σῖτος 1267b

בַּר III, בָּר ("pure")
ἄμεμπτος 65b
ἐκλεκτός 437a
*ἔξαλλος 487a (2K 6.14*L*)
εὐθύς (adj.) 571a
καθαρός 698c
τηλαυγής 1348b

בַּר IV ("field") Ar.
ἄγριος 16c
ἀγρός 17a
γῆ 240c
ἔξω, ἐξωτέρω 501c

בֹּר
καθαριότης 698c
καθαρός 698c

בָּרָא I qal
⟦ἄρχειν 163a⟧
⟦δεικνύειν, δεικνύναι 286a⟧ → רָאָה I hi.
⟦διατάσσειν 313a⟧ → שׂוּם I, שִׂים qal
καταδεικνύναι 730b
κατασκευάζειν 744a
κτίζειν 795b, *182c*
*κτίσις *182c* (Si 16.26)
ποιεῖν 1154a, *189b* (+Si 45.19)

בָּרָא I ni.
γεννᾶν 237b
γίνεσθαι 256b
ἐστί, ἔστι (= εἶναι II.3) *172b*
κτίζειν 795b, *182c* (+Si 39.21, 29)
ποιεῖν 1154a

בָּרָא II pi.
ἐκκαθαίρειν 432a
ἐκκαθαρίζειν 432a
⟦ἑτοιμάζειν 563c⟧

בָּרָא III pi.
κατακεντεῖν 733b

בָּרָא IV hi.
⟦ἐνευλογεῖσθαι 473a⟧ → בָּרַךְ pi.

בַּרְבֻּרִים
ἐκλεκτός 437a
ὄρνιθες ἐκλεκταί 1014b

בָּרַד
χάλαζα 1452b

בָּרָד
καταιγίς 731b
χάλαζα 1452b, *195a* (+Si 43.15)
*χιών *196a* (Si 43.13)

בָּרֹד
ποικίλος 1168c
σποδοειδὴς ῥαντός 1248a, 1285a

בָּרָה qal
βρῶσις 231c
⟦ἐκλέγειν 435a⟧ → בָּחַר qal
ἔσθειν, ἐσθίειν 554a
*συνδειπνεῖν 1312c (בָּרָה לֶחֶם 2K 12.7*L*)
συνεσθίειν 1314a

בָּרָה hi.
παραδειπνίζειν 1057c
περιδειπνεῖν, περιδειπνίζειν 1122c
ψωμίζειν 1490c

*בְּרָה Ar.
*θυγάτηρ 656.b (To 6.11)

בְּרוֹמִים
ἐκλεκτός 437a

בְּרוֹשׁ
ἀρκεύθινος 158a
ἄρκευθος 158a
κέδρινος 758a
κέδρος 758a
κυπάρισσος 799c
πεύκη (עֵץ בְּ׳) 1130a (3K 5.13*L*)
πεύκινος 1130a
πίτυς 1139a

בְּרוֹת
κυπάρισσος 799c

בָּרוּת
βρῶμα 231b

בַּרְזֶל
⟦ἐπίλεκτος 525a⟧
⟦κασσίτερος *181a*⟧
μάχαιρα 899c
σιδήριον 1266a
⟦σίδηρον 1266a⟧ → σιδήριον
σίδηρος 1266a, *191b*

σιδηροῦς 1266b
בָּרַח qal
ἀναχωρεῖν 85c
ἀποδιδράσκειν 127b
ἐκχωρεῖν 446c
*ἐξέρχεσθαι 491c (2K 15.14*L*)
σῴζειν 1328b
φεύγειν 1428b
φυγή 1440b
בָּרַח hi.
ἀπωθεῖν 151a
διϊκνεῖσθαι 330b
διώκειν 338b
ἐκβράζειν 421b
ἐκδιώκειν 423b
בָּרִחַ
see בָּרִחַ, בָּרִיחַ
בְּרִי
ἐκλεκτός 437a
⟦ἰσχυρός 693b⟧
בָּרִיא
ἀστεῖος 173b
ἐκλεκτός 437a
⟦ἕξις 496b⟧
ἰσχυρός 693b
παχύς 1112c
בִּרְיָה
βρῶμα 231b
*δεῖπνον 288a (2K 13.7*L*)
בְּרִיָּה
κτίσις *182c*
*ἕξις 496b (DA LXX 1.15)
בָּרִחַ, בָּרִיחַ
*ἀποστάτης 141b (Jb 26.13)
φεύγειν 1428b
בְּרִיחַ
βάλανος 189c
⟦θεμελιοῦν 629c⟧
κλεῖθρον 767b
μοχλός 936a, *185c*
בְּרִית
διαθήκη 300c, *171a*
⟦ἐντολή 479b⟧
^*ὁρκωμοσία 1013c (1E 9.93)
συνθήκη 1316a
בֹּרִית
πόα, ποία 1153b
בָּרַךְ qal
ἐπευκτός 511a
εὐλογεῖν 572a
^εὐλογητός 574a
εὐλογία 574b
⟦κλαίειν 766a⟧ → בָּכָה qal
πίπτειν 1135c

בָּרַךְ ni.
ἐνευλογεῖσθαι 473a
εὐλογεῖν 572a
בָּרַךְ pi.
αἰνεῖν 33a
βλάσφημος (מְבָרֵךְ אָוֶן) 221a
εἰπεῖν/ἐρεῖν ῥῆμα εἰς/πρός 384a
ἐνευλογεῖσθαι 473a, *175b*
⟦ἐννοεῖν κακά (חָטָא וּבֵרַךְ) 475c⟧
ἐπεύχεσθαι 511a
^εὐλογεῖν 572a, *177c*
εὐλογία 574b
בָּרַךְ pu.
⟦διατρέφειν 314a⟧
εὐλογεῖν 572a
⟦εὐλογία 574b⟧ → בְּרָכָה
בָּרַךְ hi.
κοιμίζειν 774c
*συγκάμπτειν 1299b (Ps 68[69].10)
בָּרַךְ hit.
ἐνευλογεῖσθαι 473a
ἐπιφημίζειν 538a
εὐλογεῖν 572a
בְּרַךְ Ar. pe.
εὐλογητός 574a
κάμπτειν 718b
*πίπτειν 1135c (Da LXX 6.10[11])
בְּרַךְ Ar. pa.
εὐλογεῖν 572a
בֶּרֶךְ, also Ar.
^γόνυ 274c, *170c*
μηρός 923c
בְּרָכָה
*ἐγκωμιάζειν 367b (Pr 29.2)
ἐγκώμιον 367b
*εὐδοκία 569b (4K 18.31*L*)
εὐλογεῖν 572a, *177c*
εὐλογητός 574a
εὐλογία 574b, *178a* (+ Si 40.17; 44.22; 47.6)
בְּרֵכָה
κολυμβήθρα 777b
κρήνη 785c
λίμνη 878c
בְּרַם Ar.
πλήν 1145c
בָּרַק qal
ἀστράπτειν 173c
*στίλβειν 1291b (Ez 21.29[33])
בָּרָק
ἀστραπή 173c, *168c*
⟦ἄστρον 173c⟧ → ἀστραπή
ἐξαστράπτειν 490a
κεραυνός 760b
στίλβωσις 1291c

בַּרְקָנִים
§βαρακηνειμ 190c
§βαρκηνιμ 190c
§βαρκομμειν 190c
*τρίβολος 1372b (Jd 8.7, 16*L*)
בָּרֶקֶת
σμάραγδος 1278b, *191c*
בָּרְקַת
*σμάραγδος 1278b (Ez 28.13)
בָּרַר qal
διακρίνειν 304a
ἐκλέγειν 435a
ἐκλεκτός 437a
καθαρός 698c
בָּרַר ni.
ἀφορίζειν 185c
ἐκλεκτός 437a
בָּרַר pi.
ἐκλέγειν 435a
בָּרַר hi.
ἅγιος 12a
*εὐθύνειν *177c* (Si 6.17)
παρασκευάζειν 1064a
בָּרַר hit.
ἁγιάζειν 10c
ἐκλέγειν 435a
בְּשׂרָה, בְּשׂוֹרָה
εὐαγγελία 568b
εὐαγγέλιον 568c
*εὐαγγελισμός (2K 18.20, 25*L*; 4K 7.9)
בֶּשֶׂם
εὐώδης 584c
ἥδυσμα 604c
θυμίαμα 660b
μύρον 937b
בֹּשֶׂם
ἄρωμα 169b
εὐώδης 584c
ἥδυσμα 604c
ὀσμή 1018c
ὀσμὴ ἡδεῖα 604c
σύνθεσις 1316a
בָּשַׂר pi.
ἀναγγέλειν 74a
εὐαγγελίζειν 568b
*εὐαγγέλιον 568c (2K 18.31*L*)
בָּשַׂר hit.
εὐαγγελίζειν 568b
בָּשָׂר
ἄνθρωπος 96b, *167a*
βροτός 231a
⟦δόξα 341b⟧
ζῷον *178c*
κρέας 784c

μεγαλόσαρκος (גְּדֵל בָּשָׂר) 902a
οὐδείς, οὐθείς (כֹּל בָּ׳ + neg.) *187a*
*σαρκικός (1C 32.8*L*)
σάρκινος 1259b
σάρξ 1259b, *191a* (+Si 40.8)
ὁ οἰκεῖος τοῦ σπέρματος 1282b
σῶμα 1330a, *193c*
χρηστοήθεια (טוֹב בָּ׳) *196b*
χρώς 1480a
בְּשַׂר Ar.
σάρξ 1259b
בְּשֹׂרָה
see בְּשׂרָה, בְּשׂוֹרָה
בָּשַׁל qal
ἕψειν 592a
παριστάναι 1070c
*περκάζειν *188c* (Si 51.15)
בָּשַׁל pi.
^ἕψειν 592a
⟦μαγειρεῖον 891a⟧ → μάγειρος
μάγειρος 891b
^ὀπτᾶν 1004a
בָּשַׁל pu.
ἑφθός 585c
ἕψειν 592a
בָּשַׁל hi.
πέπειρος 1119b
בָּשֵׁל
ἑφθός 585c
בָּשָׁן
πίων 1139a
⟦בָּשַׁס polel⟧
⟦κατακονδυλίζειν 734a⟧
בֹּשֶׁת
αἰσχύνειν 36c
^αἰσχύνη (בּ׳ [also spelled בשאת], בּ׳ פָּנִים) 37a, *165c*
καταισχύνειν 731c
בַּת I ("measure"), also Ar.
ἀποθήκη 128a
§βαδος 188c
§βατος ("bath") 215a
κάδος 697a
κεράμιον 759c
κοτύλη 781a
^μετρητής 918a
μέτρον, μέτρος 918b
χοεύς 1472a
χοῖνιξ 1472a
בַּת II ("daughter")
γυνή 278b
ἐνιαύσιος (בַּת־שָׁנָה) 474a
⟦ἐπιτηδεύειν εἰς (בָּעַל בַּת) 535b⟧
θῆλυς 650a
^θυγάτηρ 656b, *179c*
κώμη 839c
ὅριον 1012a
περίοικος 1124c
περισπόρ(ε)ιον 1126a
σειρήν (בַּת יַעֲנָה) 1262a
στρουθός (בַּת־יַעֲנָה) 1297a
συγκυρεῖν 1300c
בְּתוּלָה
ἄφθορος 183b
*νεᾶνις 940b (Si 20.4)
νύμφη 951a
παρθενικός 1070a
⟦παρθένιος 1070a⟧ → παρθενικός
^παρθένος 1070a, *188a*
בְּתוּלִים
διαπαρθενεύειν (עָשָׂה דַּדֵּי בְּ׳ pi.) 307b
παρθέν(ε)ια 1069c, *188a*
παρθένος 1070a
בָּתַק pi.
κατασφάζειν 746b
בָּתַר I qal
διαιρεῖν 302c
προαιρεῖν 1203c
בָּתַר I pi.
διαιρεῖν 302c
בָּתַר II Ar.
see בָּאתַר
בֶּתֶר
κοίλωμα 773c
בִּתְרוֹן
παρατείνειν 1065a

ג

גֵּא
ὑβριστής 1380a
גָּאָה
⟦ἀγρεύειν 16c⟧
δοξάζειν 343b
ἐνδόξως 471a
ἐξυβρίζειν 501b
θάλλειν 623b
ὑπερηφανεύεσθαι *194b*
גֵּאָה
ὕβρις 1380a
גֵּאֶה
ὑβρίζειν 1379c
⟦ὕβρις 1380a⟧ → ὑβριστής
ὑβριστής 1380a
ὑπερήφανος 1410a, *194b*
ὑψηλός 1419b
גַּאֲוָה
καύχημα 757c
κραταιότης 782b
μεγαλοπρέπεια, μεγαλοπρεπία 901c
μεγαλοπρεπής 901c
ὑβρίζειν 1379c
ὕβρις 1380a, *194a*
ὑπερηφαν(ε)ία 1409c, *194b*
ὑπερηφανεύεσθαι 1409b
ὑπερήφανος *194b*
גְּאוּלִים
λύτρωσις 890c
גָּאוֹן
ἀγαλλίαμα 4c
⟦ἀδικία 25b⟧
δόξα 341b
⟦ἐξαίρειν 485a⟧
ἰσχύς 694b
καλλονή 715a
ὕβρις 1380a
ὑπερηφαν(ε)ία 1409c, *194b*
ὕψος 1421b
ὑψοῦν 1422a
φρύαγμα 1440a
גֵּאוּת
δόξα 341b
εὐπρέπεια, εὐπρεπία 576b
κράτος 784a
ὕβρις 1380a
ὑπερηφαν(ε)ία 1409c
ὑψηλός 1419b
גְּאֵיוֹן
ὑπερήφανος 1410a
גָּאַל I qal
*ἀγχιστεία 18b (Ne 13.29)
ἀγχιστεύειν 18b
ἀγχιστεύς 18b
ἀγχιστευτής 18c
*ἀντιλαμβάνεσθαι 110c (Is 49.26)
ἐκλαμβάνειν 435a
ἐκλύειν 438a
⟦ἐλεεῖν 449c⟧
ἐξαιρεῖν 484b
λύτρον 890a
λυτροῦν 890a
λυτρωτής 891a
ῥύεσθαι 1254b
σῴζειν *193c*

גָּאַל I ni.
ἀπολυτροῦν 139a
λυτροῦν 890a
גָּאַל I pu.
ἀγχιστεύειν 18b
גָּאַל II ni.
μολύνειν 932c
גָּאַל II pi.
ἀλισγεῖν 54c
גָּאַל II pu.
ἀλισγεῖν 54c
^*χωρίζειν 1482b (1E 5.39)
גָּאַל II hit.
ἀλισγεῖν 54c
συμμολύνεσθαι 1304c
גֹּאַל
⟦ἀγχιστεία 18b⟧ → גָּאַל I qal
גְּאֻלָּה
ἀγχιστεία 18b
λύτρον 890a
λύτρωσις 890c
λυτρωτός 891a
גַּב, also Ar.
?αὐχήν 179c
*ἐπάνω (עַל גַּבֵּי) 507b (Da LXX 7.6)
νῶτον, νῶτος 956b
οἴκημα πορνικός 969b, 1195a
ὀφρύς (גַּב עַיִן) 1042c
πορνεῖον, πορνίον 1194c
*ὑπεράνω (עַל גַּבֵּי) 1408b (Da Th 7.6)
גֵּב
§γηβειν (גֵּבִים) 255c
גֵּב
ἀκρίς 50c
βόθυνος 224b
⟦φάτνωσις 1425c⟧
φρέαρ 1438b
גֹּב Ar.
λάκκος 841a
גָּבַהּ qal
ἀπέχειν 122a
δοξάζειν 343b
ἐπαίρειν 505a
μεγαλαυχεῖν 901b
μέγας γίνεσθαι 256c, 902c
*ὑπέραρσις 1408c (Ez 47,11)
ὑψηλός 1419b
ὑψοῦν 1422a
גָּבַהּ hi.
μετεωρίζειν 917b
ὑψηλός 1419b
ὑψηλὸν ποιεῖν 1154b, 1419b
ὕψος 1421b
ὑψοῦν 1422a
גָּבֹהַּ
⟦ἕξις 496b⟧
μετέωρος 917c
ὑπερήφανος 1410a
ὑψηλὸς εἰς ὑπεροχήν (גָּ׳ גָּ׳) 1411a
ὑψηλοκάρδιος (גְּבַהּ־לֵב) 1419b
ὑψηλός 1419b
ὑψηλότερος 1419b
ὕψος 1421b
גֹּבַהּ
⟦δόξα *171c*⟧
⟦δύναμις 350a⟧
*ἔνδοξος *175b* (Si 40.3)
εὔδοξος *177c*
κακοφροσύνη (גֹּ׳ רוּחַ) 712a
μέγεθος 907a
πλῆθος 1142c
ὑψηλός 1419b
ὕψος 1421b
ὑψοῦν 1422a
גַּבְהוּת
ὑψηλός 1419b
גַּבְהָן
θρασύς *179c* (Si 4.29)
⟦τραχύς *194a*⟧ → θρασύς
גְּבֻל, גְּבוּל
⟦βάσις 214b⟧
γεῖσος 235b
γῆ 240c
διορίζειν 336b
κληρονομία 769a (+ 1C 21.12*L*)
⟦μερίζειν 910c⟧ → ὁρίζειν
ὁρίζειν 1011c
ὅριον 1012a
περίβολος 1122b
*χώρα 1481a (1K 5.6*L*)
גְּבוּלָה
ὅριον 1012a
גֶּבֶר, גִּבּוֹר
ἀνήρ 88a
γίγας 256b, *170b*
⟦ " (אֵל גִּ׳) 256b⟧
δύναμις 350a
δύνασθαι 353a
δυναστ(ε)ία 354c
δυνάστης 355b
δυναστός 355c
υἱὸς δυναστός 355c
⟦ἐξουσιαστής 501b⟧
ἐπαίρειν 505a
ἰσχύειν (גִּ׳ חַיִל, גִּ׳) 692c
ἰσχυρός 693b
κραταιός 782a, *182b*
μαχητής 901a
^*μεγιστάν 907a (1E 8.26)
ὀχυρός 1043b
πλεμιστής 1171c
גְּבוּרָה, also Ar.
ἀνδραγαθ(ε)ία 86a
δύναμις 350a, *172b*
δυναστ(ε)ία 354c, *172b*
θαυμάσιος *179a*
ἰσχύειν 692c
ἰσχύς 694b, *180c*
μεγαλωσύνη 902c
μεγαλεῖος *184a* (+Si 43.15)
μέγας *184a*
σθένος 1265c
⟦σύνεσις 1314a⟧ → δύναμις
גִּבֵּחַ
ἀναφάλαντος 84c
גַּבַּחַת
ἀναφαλάντωμα 84c
⟦κρόκη 791b⟧ → עֵרֶב II
⟦φαλάντωμα 1423c⟧ → ἀναφαλάν-
τωμα
גְּבִינָה
τυρός 1379b
גָּבִיעַ
κεράμιον 759c
κόνδυ 777c
κρατήρ 784a
גְּבִיר
κύριος 800b
גְּבִירָה
βασίλισσα 214a
δυναστεύειν 355a
ἡγεῖσθαι 602c
μείζων 902c
גָּבִישׁ
§γαβ(ε)ις 233a
גָּבַל qal
ἱστάναι, ἱστᾶν 689a
⟦ὁρίζειν 1011c⟧ → גְּבֻל, גְּבוּל
ὅριον 1012a
גָּבַל hi.
ἀφορίζειν 185c
*גְּבַל pu. (Aramaising)
*καταμιγνύναι 739b (Ex 28.14)
גְּבֻל
see גְּבֻל, גְּבוּל
גַּבְלוּת
συμπλέκειν 1305b
גִּבֵּן
κυρτός 839a
גַּבְנֹן
τυροῦν 1379b
גִּבְעָה
βουνός 228b
θίς 652a

⟦νάπη 939c⟧
ὄρος 1014b
גִּבְעֹל
σπερματίζειν 1283c
גָּבַר, גָּבֵר qal
δυνατός 355c
δυνατὸς ἰσχύϊ 355c, 694b
ἐνισχύειν 475a
ἐπικρατεῖν 523b
εὐδοκιμεῖν *177c*
*κατακρατεῖν 734b (2K 11.23*L*)
κατισχύειν 751b
κραταιοῦν 782b
ὑπεράγειν *194b*
ὑπερδυναμοῦν 1409a
ὑπερισχύειν 1410b
ὑψοῦν 1422a (Ge 7.20, 24)
גָּבַר, גָּבֵר pi.
δυναμοῦν 353a
κατισχύειν 751b
גָּבַר, גָּבֵר hi.
δυναμοῦν 353a
δυναστεύειν 355a
εὐδοκιμεῖν *177c*
κατισχύειν 751b
μεγαλύνειν 902a
גָּבַר, גָּבֵר hit.
ἀνδρίζεσθαι *167a*
ἰσχύειν 692c
ἰσχύς 694b
τραχηλιᾶν 1370b
*גְּבַר Ar. vb. pe.
*κρατεῖν 783a (To 6.4)
גְּבַר Ar.
ἀνήρ 88a
^ἄνθρωπος 96b
τακτικός 1333a
גֶּבֶר
ἀνδρεῖος 86b
ἀνήρ 88a, *167a*
ἄνθρωπος 96b
ἄρσην, ἄρρην 160c
δυνατός 355c
δυνατὸς ἀνήρ 88a, 355c
⟦δυνατοῦν 356c⟧ → δυνατός
⟦κρείσσων, κρείττων, κράτιστος 785a⟧
μηδείς, μηθείς *185a*
גִּבָּר Ar.
ἰσχυρός 693b
גִּבֹּר
see גִּבֹּר, גִּבּוֹר
גְּבֶרֶת
ἄρχειν 163a
⟦ἰσχύς 694b⟧ → גְּבוּרָה
κυρία 799c
גָּג
δῶμα 358b
ἐσχάρα 557c
⟦ἐσχαρίς 558a⟧ → ἐσχάρα
ὕπαιθρος 1405c
גַּד
δαιμόνιον 283b
κόριον 780a
τύχη 1379c
גְּדָבְרִין Ar.
διοικητής 336b
τύραννος 1378c
גָּדַד qal
*ἐπισυνιστάναι 534b (Je 20.10)
θηρεύειν 650b
גָּדַד hitpo.
*ἐκκόπτειν 434c
⟦ἐμφράσσειν 460c⟧ → גָּדַר hit.
ἐντομίδας ποιεῖν 480c, 1154a
⟦καταλύειν 738b⟧ → גּוּר I qal
κατατέμνειν 746c
κόπτειν 779a
φοιβᾶν 1436c
גְּדַד Ar. pe.
ἐκκόπτειν 434c
ἐκτίλλειν 443a
ἐξαίρειν 485a
גָּדָה
*κρηπίς 786a
*τεῖχος 1339c (Is 8.7)
גְּדוּד
§γεδδουρ 235b
⟦γέν(ν)ημα 238c⟧
δύναμις 350a
⟦ἐμφραγμός 460c⟧ → גָּדֵר
ἐξοδία 497b
*εὔζωνος *177c* (Si 36.31)
ἰσχυρός 693b
ληστήριον 876a
ληστής 876a, *183b*
μονόζωνος 933a
πειρατήριον 1116a
πειρατής 1116a
συστρέμμα 1323c
*φράσσειν 1438b (2K 22.30*L*)
גְּדוּדָה
⟦κόπτειν 779a⟧ → גָּדַד hitpo. ≈ ἐκκόπτειν
גָּדֹל, גָּדוֹל
⟦ἅγιος 12a⟧ → μέγας
ἁδρός 27c
δοξάζειν 343b
δυνάστης 355b, *172c*
δυνατός 355c
⟦ἔσχατος 558a⟧
εὐγενής 569a
ἡγεῖσθαι *178c*
ἰσχυρός 693b
κακόφρων (גְּדָל־חֵמָה) 712a
μεγαλεῖος, μεγαλίος 901b, *184a*
μεγαλοπτέρυγος (גְּ׳ כְּנָפַיִם) 901c
μεγαλορ(ρ)ήμων (מְדַבֵּר גְּדֹלוֹת) 901c
μεγαλύνειν 902a
^μεγάλως 902b
^*μεγαλωστί 902c (1E 5.65)
^μέγας 902c, *184a* (+Si 7.25)
⟦μέγεθος 907a⟧ → גֹּדֶל
μεγιστάν 907a
μείζων 902c
ὀνομαστός (שֵׁם גָּ׳) 1000a
*πλούσιος 1150b (Es 1.20)
πολυέλεος (גְּדָל־חֶסֶד) 1181a
πολύς, πλείων, πλεῖστος 1181b
πρεσβύτερος, πρεσβυτέρα 1201c
ὑπερέχειν 1409b
ὑπέρογκος 1410c
ὑψοῦν 1422a
גְּדֻלָּה, גְּדוּלָּה
δυναστ(ε)ία 354c
⟦εὐφροσύνη 582c⟧
μεγαλωσύνη 902c, *184a* (Si 44.2)
μέγας 902c
πλοῦτος 1150c
χάρις 1455a
גִּדּוּף
κονδυλισμός 777c
ὀνειδισμός 994c
⟦φαυλισμός 1425c⟧
גְּדוּפָה
⟦δείλαιος 286c⟧ → δηλαϊστός
δηλαϊστός 295b
גָּדִי
§υἱοὶ γαδ 1384c
גְּדִי
αἰγίδιον 30c
ἀρήν (= HR's ἀρνός) 159b
ἔριφος 547c, *177b*
גִּדְיָה
⟦κρηπίς 786a⟧ → גָּדָה
גְּדִילִים
στρεπτός 1296b
גָּדִיר
φραγμός *195b*
גָּדִישׁ I
ἅλων, ἅλως 60a
θημωνία ἅλωνος 650b
σῖτος ὥριμος 1267b, 1494a
στοιβή, στυβή 1291c

σορός 1278
גָּדִישׁ II
*σορός 1278c (Jb 21.32)
גָּדֵל, גָּדַל I qal
ἁδρύνειν 27c
αὐξάνειν, αὔξειν 178c
δεινὸς εἶναι 288a
ἐκτρέφειν 443c
κατισχύειν 751b
μεγαλύνειν 902a
μέγας 902c
μέγας γίνεσθαι 256c, 902c
μείζων εἶναι 902c
πληθύ(ν)ειν *189a*
ὑπερέχειν (גָּ׳ מִן) 1409b
^*ὑπερφέρειν 1411a
ὑψοῦν 1422a
גָּדֵל, גָּדַל I pi.
αὐξάνειν, αὔξειν 178c
γεννᾶν 237b
δοξάζειν 343b, *172a*
ἐκπαιδεύειν 438c
ἐκτρέφειν 443c
μεγαλύνειν 902a, *184a* (Si 49.11)
μηκύνειν 921c
⟦περιτιθέναι 1127c⟧ → נָשָׂא qal
ποιεῖν πρωτεύειν 1235b
ποιεῖν αὐτὸν πρῶτον 1235c
συνεκτρέφεσθαι 1313c
τρέφειν 1371b
*ὑπερφέρειν 1411a (1E 8.75)
ὑψοῦν 1422a, *195c*
*φύειν 1440c (Ct 5.13)
גָּדֵל, גָּדַל I pu.
ἁδρύνειν 27c
⟦ἱδρύειν 678c⟧ → ἁδρύνειν
גָּדֵל, גָּדַל I hi.
κατισχύειν 751b
μεγαλορ(ρ)ημονεῖν (גָּ׳ hi., גָּ׳ פֶּה hi.) 901c
μεγαλύνειν 902a
μεγαλωσύνη 902c
μέγας 902c
ὑψοῦν 1422a
גָּדֵל, גָּדַל I hit.
μεγαλύνειν 902a
ὑψοῦν 1422a
גָּדֵל II
μεγαλοσάρκος (גְּדַל בָּשָׂר) 902a
μεγαλύνειν 902a
μέγας 902c
μείζων 902c
גֹּדֶל
ἰσχύς 694b
μεγαλεῖος, μεγαλίος 901b
μεγαλωσύνη 902c, *184a*
μέγας 902c
⟦ἡ ἰσχὺς ἡ μεγάλη 902c (De 9.26)⟧
*μέγεθος 907a (Ex. 15.16)
ὑψηλός 1419b
ὕψος 1421b
גָּדֹל
see גָּדוֹל, גָּדֹל
גְּדֻלָּה
see גְּדוּלָּה, גְּדֻלָּה
גָּדַע qal
ἀπορρίπτειν 140b
*ἀφορίζειν 185c (Ma 2.3)
ἐξολεθρεύειν, ἐξολοθρεύειν 497c
κατατέμνειν 746c
συγκλᾶν 1299c
συντρίβειν 1321a, *193a*
גָּדַע ni.
ἀφαιρεῖν 180a
*διαθρύπτειν *171a* (Si 43.15)
ἐκκόπτειν 434c
ἐξαίρειν 485a
καταγνύναι 730a
κατασκάπτειν 743c
⟦κλᾶν 766c⟧ → συγκλᾶν
συγκλᾶν 1299c
συντρίβειν 1321a
גָּדַע pi.
ἐκκόπτειν 434c
κατακόπτειν 734b
κόπτειν 779a
συγκλᾶν 1299c
⟦συνθλᾶν 1316a⟧ → συγκλᾶν
גָּדַע pu.
ἐκκόπτειν 434c
κόπτειν 779a
גָּדַף pi.
βλασφημεῖν 221a
*βλάσφημος *169b* (Si 3.16)
⟦καταλαλεῖν 735a⟧ → παραλαλεῖν
*ὀνειδίζειν 994b
παραλαλεῖν 1061b
παροξύνειν 1072a
παροργίζειν 1072b
גָּדַר qal
ἀναστρέφειν 82b
ἀνοικοδομεῖν 106a
*λαξευτής (qal ptc. 4K 12.13*L*)
οἰκοδόμος 973a
περιοικοδομεῖν 1124c
τειχιστής 1339c
*τεχνίτης 1347c (4K 22.6*L*)
גָּדַר hit.
*ἐμφράσσειν 460c
גָּדֵר
*ἐμφραγμός 460c (Mi 5.1 [4.14])
^*στερέωμα 1289b (1E 8.81)
τοῖχος 1362c
φραγμός 1438b, *195b*
גְּדֵרָה, גֶּדֶרֶת
ἀγέλη 10b
διάστεμα, διάστημα 311c
ἔπαυλις 508c
μάνδρα 895a
φραγμός 1438b
גָּהָה
διαπαύειν 307b
גֵּהָה
*ἀνίατος (מִבְלִתִּי גֵ׳) 102b (Je 8.18)
εὐεκτεῖν ποιεῖν (יָטַב גֵּ׳ hi.) 569c, 1154a
גָּהַר
διακάπτειν 303a
κύπτειν 799c
⟦συγκαλύπτειν 1299a⟧ → συγκάμπτειν
συγκάμπτειν 1299b
גַּו I
⟦ἕξις (גו) 496b⟧
σῶμα 1330a
גַּו II, also Ar.
*ἔγκατον 366b (Jb 41.6[7])
*εἷς Ar. לְגוֹ 403a (To 6.10; 7.1)
μέσος 913a
גֵּו
ἐνδόσθια *175b*
⟦μέσος 913a⟧ → μετάφρενον
μετάφρενον 917b
νῶτον, νῶτος 956b
σῶμα 1330a
גוב I hi.
*ἀποκρίνειν *168a* (Si 36[33].4)
גוב II
§γαβιν (גֻּבִים) 233a
גּוֹב
ἀκρίς 50c
גּוֹבַי
ἀκρίς 50c
גוד qal
πειρατεύειν 1116a
גֵּוָה, also Ar.
ὕβρις 1380a
ὑπερηφαν(ε)ία 1409c
ὑπερηφανεύεσθαι 1409b
גוז qal
ἐκπερᾶν 439a
ἐπέρχεσθαι 509c
גּוֹזָל
ν(ε)οσσός 949c

περιστερά 1126c
גּוֹחַ
⟦κερατίζειν 760b⟧ → נָגַח qal
גּוֹי
ἄνθρωπος 96b
§γη 240c
§γωειμ (גּוֹיִם) 283b
^ἔθνος 368b, *172b*
⟦ἐχθρός 589c⟧ → ἔθνος
λαός 853b, *183a*
πάροικος 1071c
φυλή 1444b
גְּוִיָּה
⟦ἕξις 496b⟧
⟦ὀστοῦν *186c*⟧
πτῶμα 1239a
σῶμα 1330a, *193c* (+Si 37.22)
גּוֹלָה ,גֹּלָה
^αἰχμαλωσία 38b
αἰχμάλωτος 39b
ἀποικεσία 130c
ἀποικία 130c
ἀποικισμός 131a
μετοικεσία 917c
*μετοικία 917c (Je 9.11[10])
^παροικία 1071c
גּוֹלֵל
*τάφος *193a* (Si 30.18)
גּוּמָּץ
βόθρος 224a
גָּוַע qal
ἀποθνῄσκειν 128a, *168a*
ἀπολλύειν, ἀπολλύναι 136c
ἀπολύειν 138c
ἀπώλεια, ἀπωλία 151c
γηράσκειν, γηρᾶν 256a
ἐκλείπειν 435c
ἐξαναλίσκειν 487b
θάνατος *179a*
*κοιμᾶν 773c (Je 51.33 [45.3])
⟦εἶναι ἐν κόποις 778c⟧ → יָגִיעַ
νεκρός *185a*
*πίπτειν 1135c (Jb 14.10)
τελευτᾶν 1343b, *193b*
גּוּף hi.
*κλείειν 767a (Ne 7.3)
גּוּפָה
σῶμα 1330a
גּוּר I qal
⟦γείτων 235b⟧ → גֵּר
διατρίβειν 314a
*ἐγκαθίζειν 364c (Ez 35.5)
ἐνοικεῖν 476a
*ἐπιξενοῦσθαι 526a (Pr 21.7)
καθίζειν 701c
*καταλύειν 738b (Je 5.7)
κατοικεῖν 751c
^οἰκεῖν 968a
παροικεῖν (גּוּר qal, בּוֹא לָגוּר) 1071b, *188a*
παροικεσία (אֶרֶץ מְגוּרִים) 1071c
πάροικος 1071c
προσγεννᾶν 1212c
προσγίνεσθαι 1212c
προσέρχεσθαι 1213c
προσηλυτεύειν 1216a
προσήλυτος 1216a
προσκεῖσθαι 1216c
⟦προσοικεῖν 1218c⟧ → παροικεῖν
προσπορεύεσθαι 1219b
συμβόσκειν 1303c
σύσκηνος (גָּר בַּיִת) 1323a
ὑποστέλλειν 1417a
גּוּר I hitpo.
⟦κατατέμνειν 746c⟧ → גָּדַד hitpo.
κατοικεῖν 751c
*οἰκεῖν 968a (3K 17.20*L*)
גּוּר II qal
ἀπέχειν 122a
εὐλαβεῖσθαι 572a, *177c*
*προσέχειν *190b*
*σαλεύειν 1257c (Ps 32[33].8)
*φοβεῖν 1433b
*φόβος 1435c (Jb 41.16[17])
גּוּר III qal
*ἐπιτιθέναι 535c (Ps 58[59].3)
παρατάσσειν 1064c
גּוּר IV
σκύμνος 1278a
גּוֹר
σκύμνος 1278a
גּוֹרָל
κληρονομία 769a
κλῆρος 770a, *182a*
κληρωτί (בְּגוֹ׳) 770c
ὅριον 1012a
גּוֹרן
see also גָּרוֹן
⟦φάρυγξ 1425b⟧ → גָּרוֹן
גּוּשׁ
βῶλαξ 232c
גֵּז
κουρά 781a
πόκος 1170b
גִּזְבָּר
^*γαζοφύλαξ 233b (1E 2.11)
§γασβαρηνος, γαρβαρηνος 234b
גִּזְבַּר Ar.
γάζα 233a
^*γαζοφύλαξ 233b (1E 8.19)
גִּזָּה
πόκος 1170b
גָּזַז qal
κείρειν 758b
גָּזַז ni.
διαστέλλειν 311b
גָּזִית
ἀπελέκητος 120b
κολάπτειν 776b
λαξεύειν 853b
λαξεύειν λίθους (גָּ׳ בָּנָה) 853b, 876c
ξεστός 957a
ξυστός 959c
τμητός 1362b
*φράξις 1438b (La 3,9)
גָּזַל qal
ἀναρπάζειν 82a
ἀποβιάζεσθαι 125c
ἅρπαγμα 159c
ἁρπάζειν 160a
ἀφαιρεῖν 180a
διαρπάζειν 308c
גָּזַל ni.
ἀφαιρεῖν 180a
גָּזֵל
ἁρπαγή 159c
ἅρπαγμα 159c, *168b*
βία *169b*
גְּזֵלָה
ἁρπαγή 159c
ἅρπαγμα 159c
גָּזָם
κάμπη 718b
גֶּזַע
ῥίζα 1251c
στέλεχος 1288a
גָּזַר qal
αἴρειν 34c
διαίρειν 302c
?ἐκκλ(ε)ίνειν 433c
⟦ἐκλείπειν 435c⟧ → גָּזַר ni.
καταδιαιρεῖν 730b
τέμνειν 1345a
גָּזַר ni.
ἀποσχίζειν 148c
ἀπωθεῖν 151a
διαφωνεῖν 315c
*ἐκλείπειν 435c (Hb 3.17)
κατακρίνειν 734c
גְּזַר Ar. pe.
γαζαρηνός 233a
גְּזַר Ar. itpe.
ἀποσχίζειν 148c
τέμνειν 1345a

גֵּזֶר
  διαίρεσις 302c
  διχοτόμημα 338a
גְּזֵרָה I
  ἄβατος 1a
גְּזֵרָה II Ar.
  σύγκριμα 1300b
גִּזְרָה
  ἀπόλοιπος 138c
  ἀπόσπασμα 141a
  διάστεμα, διάστημα 311c
גָּחָה qal
  ἐκσπᾶν 441b
גָּחוֹן
  κοιλία 773a
  στῆθος 1290a
גַּחֶלֶת
  ἄνθραξ 96a, *167a* (Si 8.10)
  ἄνθραξ πυρός 96a
  ἀνθρακιά *167a*
  *σπινθήρ 1284c (2K 14.7*L*)
גַּי
  §γαι 233b
  §γαιμελα (גֵּי־מֶלַח, גֵּי־הַמֶּלַח) 233b
  §γεμελεδ (גֵּי־מֶלַח, גֵּי־הַמֶּלַח) 236a
  §γη 240c
  νάπη 939c
  φάραγξ 1424b
  χάος 1454b
גֶּיא, גֵּיא, גַּיְא
  αὐλών 178c
  §γαι 233b
  §γε (subst.) 235a
  §γη 240c
  §γησρασειμ (גֵּ׳ חֲרָשִׁים) 256b
  §γωληλα (גֵּי לַיְלָה) 283b
  κοιλάς 772c
  νάπη 939c
  πολυάνδρ(ε)ιον 1181a
  φάραγξ 1424b
  χάος 1454b
  χειμάρρους, χείμαρρος 1457a
גִּיד
  νεῦρον 943a
גִּיחַ qal
  *ἐκχεῖν *174a* (Si 6.11)
  μαιμάσσειν 892a
  ⟦μαιοῦσθαι 892a⟧ → μαιμάσσειν
  προσκορούειν 1217b
גִּיחַ hi.
  ἐπέρχεσθαι 509c
  παλαίειν 1051b
  *προσάγειν 1211a (Jd 20.33*L*)
גִּיחַ Ar. af.
  ἐμπίπτειν 458a
  προσβάλλειν 1212b

גִּיל I qal
  ἀγαλλίαμα εὑρίσκειν 4c
  ἀγαλλιᾶσθαι 4c
  δοξάζειν *172a*
  ἐμπίπλασθαι εὐφροσύνης 457a
  ἐπαίρειν (גִּיל לֵב qal) 505a
  ἐπιχαίρειν 538b
  εὐφραίνειν 581a, *178b*
  ἐμπλήθεσθαι εὐφροσύνης 582c
  πανηγυρίζειν 1052c
  χαίρειν 1452a
גִּיל I hi.
  ἀνυψοῦν *167b*
גִּיל II subst.
  ἀγαλλίαμα 4c, *165a*
  ἀγαλλίασις 5b
  εὐφραίνειν 581a
  εὐφροσύνη 582c, *178b*
  περιχαρής (שָׂמֵחַ אֱלֵי גִיל) 1128b
  χαρά 1454b
גִּיל III subst.
  ἡλικία 606b
  συνήλικος (כְּגִיל) 1315c
  συντρέφεσθαι (כְּגִיל) 1321a
גִּילָה
  ἀγαλλίαμα 4c
גִּיר, גִּר, also Ar.
  *κονία 777c (Jb 28.4)
  κονία λεπτή (אַבְנֵי־גִ׳) 777c
  *κονίαμα 777c
גִּישׁ
  βῶλαξ 232c
גַּל
  ἀφανισμός 182a
  βουνός 228b
  κῦμα 799a
  ⟦μετοικία 917c⟧ → גּוֹלָה, גֹּלָה
  συναγωγή 1309b
  *συναγωγὴ λίθων 876c, 1309b (Jb 8.17)
  σωρός 1331a
  χελώνη 1467b
  χῶμα 1480c
גֵּל
  βόλβιτον 224b
גְּלָא Ar. pe.
  see גְּלָא, גְּלָה pe.
גְּלָא Ar. peil
  see גְּלָא, גְּלָה peil
גְּלָא Ar. af.
  see גְּלָא, גְּלָה af.
גַּלָּב
  κουρεύς 781a
גַּלְגַּל, also Ar.
  §γελγελ 235c
  τροχός 1376c, *194b* (Si 36[33].5)

גֻּלְגֹּלֶת
  κεφαλή 760c
  κρανίον 782a
גֶּלֶד
  βύρσα 232b
גָּלָה qal
  ἄγειν 9a
  αἰχμαλωσία 38b
  αἰχμαλωτεύειν 39a
  αἰχμαλωτίζειν 39b
  αἰχμαλώτισσα(?) 39b
  αἰχμάλωτος 39b
  αἰχμάλωτος γίνεσθαι 256c
  ἀναγινώσκειν 75c
  ἀνακαλύπτειν 78a
  ἀνοίγειν 105b
  ἀπέρχεσθαι 121a
  *ἀποικεσία 130c (4K 19.25)
  ἀποικία 130c
  ἀποικίζειν 131a
  ἀποκαλύπτειν 131c, *168a*
  εἰσακούειν (גָּלָה אֹזֶן qal) 408b
  ⟦ἐκλύειν 438a⟧ → גָּלַל qal ≈ ἕλκειν, ἑλκύειν
  ἐκτιθέναι 443a
  ἐκφαίνειν *174a*
  ⟦ἕλκειν, ἑλκύειν 453a⟧ → גָּלַל qal
  μετοικεῖν 917c
  μετοικεσία (יוֹם גָּלוּת) 917c
  μετοικίζειν 918a
גָּלָה ni.
  ἄγειν 9a
  αἰχμαλωτίζειν 39b
  ἀνακαλύπτειν 78a
  ἀνοίγειν 105b
  ἀπέρχεσθαι 121a
  ἀποκαλύπτειν 131c
  δεικνύειν, δεικνύναι 286a
  ⟦ἐγκαλύπτειν 365a⟧ → ἐκκαλύπτειν
  εἰσέρχεσθαι 410b
  ἐκκαλύπτειν 432c
  ἐπιβλέπ(τ)ειν *176c*
  ἐπιφαίνειν 537c
  ὁρᾶν (including ὄπτεσθαι) 1005a
  φαίνειν 1423a
  φανερός 1424a
גָּלָה pi.
  ἄγειν 9a
  ἀνακαλύπτειν 78a
  ἀνασύρειν 83a
  ἀποκαλύπτειν 131c (+Ps 36[37].5; Ct 4.1), *168a*
  ἀφιστᾶν, ἀφιστάναι, ἀφιστάνειν 184b
  ἐκμάσσειν *173c*

φανεροῦν 1424b
גָּלָה pu.
*γινώσκειν *170b* (Si 16.15)
גָּלָה hi.
ἄγειν 9a
αἰχμαλωτεύειν 39a
^*ἀπάγειν 115b (1E 1.56)
⟦ἀποικεῖν 130c⟧
ἀποικίζειν 131a
*ἀποφέρειν 149c (Jb 15.28)
⟦ἐπιφαίνειν 537c⟧ → גָּלָה ni.
§ι(ε)γλααμ, ιγααμ (הֶגְלָם) 669b
μεταίρειν 916a
μετοικία 917c
^μετοικίζειν 918a
גָּלָה ho.
ἄγειν 9a
αἰχμαλωτεύειν 39a
αἰχμάλωτος 39b
ἀπάγειν 115b
ἀποικία 130c
ἀποικίζειν 131a
⟦κατοικίζειν 755c⟧ → ἀποικίζειν
גָּלָה hit.
γυμνοῦν 278b
גְּלָה, גְּלָא Ar. pe.
⟦ἀνακαλύπτειν 78a⟧ → φωτίζειν
ἀποκαλύπτειν 131c
δηλοῦν 295c
ἐκφαίνειν 444c
*φωτίζειν 1451b (Da LXX 2.28 [Pap. 967])
גְּלָה, גְּלָא Ar. peil
ἀποκαλύπτειν 131c
ἐκφαίνειν 444c
גְּלָה, גְּלָא Ar. af.
^*αἰχμαλωτεύειν 39a (1E 6.16)
ἀποικίζειν 131a
גֻּלָּה
ἀνθέμιον 95b (+Ex. 38.16 [37.19])
*βάσις 214b (2C 4.12, 13*L*)
⟦γωλαθ (גֻּלּוֹת) 283b⟧
λαμπάδιον, λαμπαδεῖον 852c
στρεπτός 1296b
גֹּלָה
see גֹּלָה, גּוֹלָה
גָּלוּ Ar.
^*αἰχμαλωσία 38b
גְּלוֹל
⟦τάφος *193a*⟧ → גּוֹלֵל
גִּלּוּלִים
βδέλυγμα 215b
⟦διανόημα 306c⟧
⟦διάνοια 316c⟧
εἴδωλον 376a
⟦ἐνθύμημα 473c⟧
⟦ἐπιθύμημα 520c⟧
ἐπιτήδευμα 535b
גָּלֻת, גָּלוּת
αἰχμαλωσία 38b
ἀποικεσία 130c
ἀποικία 130c
ἀποικίζειν 131a
μετοικεσία 917c
גָּלַח pi.
κείρειν 758b
ξυρᾶν 959c
גָּלַח pu.
ξυρᾶν 959c
גָּלַח hit.
ξυρᾶν 959c
גִּלָּיוֹן
διαφανῆ λακωνικά 314b, 841c
τόμος 1363c
גָּלִיל
?κύβος 796a
στρέφειν 1296c
στροφεύς 1297b
⟦τορευτός 1367b⟧ → τορνευτός
*τορνευτός (Ct 5.14)
גְּלִילָה
ὅριον 1012a
גָּלַל qal
⟦ἀποκαλύπτειν 131c⟧ → גָּלָה pi.
ἀποκυλίειν 136a (+Ge 29.10)
ἀφαιρεῖν 180a
*ἕλκειν, ἑλκύειν 453a (Jb 20.28)
⟦ἐλπίζειν 453c⟧
κυλίειν 798c
περιαιρεῖν 1121b
גָּלַל ni.
ἑλίσσειν 453a
*κατακυλίειν 734c (1K 14.8)
κυλίειν 798c
גָּלַל pilp.
κατακυλίειν 734c
גָּלַל polal
*ἀποτείνειν 148c (Is 9.4)
גָּלַל hi.
⟦ἀποκυλίειν 136a⟧ → גָּלַל qal
גָּלַל hitpo.
συκοφαντεῖν 1301c
συμφέρειν *192b*
συμφύρειν *192b*
φύρεσθαι 1446b
גָּלַל hitpalp.
φύρεσθαι 1446b
גָּלָל subst.
βόλβιτον 224b
κόπρος 779a
גָּלָל I
διά + gen. (בְּגִ׳) *171a*
" + acc. (בְּגִ׳) *171a*
⟦εἴσοδος 413c⟧
גְּלָל II Ar.
⟦ἐκλεκτός 437a⟧
^*ξυστός 959c (1E 6.9, 25)
גָּלַם
εἱλεῖν 377c
גֹּלֶם
ἀκατέργαστος 44a
גַּלְמוּד
ἄγονος 16b
⟦θάνατος 623b⟧
χήρα (גַּלְמוּדָה) 1468a
גָּלַע hit.
⟦ἔνδεια 469b⟧
*ἐπονείδιστος 539a
⟦συμπλέκειν 1305b⟧
גָּלַשׁ
⟦ἀναβαίνειν 70a⟧ → ἀναφαίνειν
ἀναβέννειν 70a
ἀναφαίνειν 84c
⟦ἀποκαλύπτειν 131c⟧ → גָּלָה pi.
גָּלֻת
see גָּלֻת, גָּלוּת
גַּם
⟦ἀληθῶς 54b⟧
^*ἅμα 60b
κἄν (וְגַם אִם) *166b*
ἔτι 561a
καὶ νῦν (וְגַם עַתָּה) 951c
גֹּמֶא
βίβλινος 218b
ἕλος 453b
πάπυρος 1054b
גֹּמֶד
σπιθαμή 1284b
גָּמָה pi.
ἀφανίζειν 181b
גָּמָה hi.
ποτίζειν 1197c
גְּמוּל
⟦αἴνεσις 33c⟧
ἀνταποδιδόναι 108c
ἀνταπόδομα 109b
ἀνταπόδοσις 109b
ἀπόδοσις 127c
δόμα 341a
ἔργον 541c, *177b*
גְּמוּלָה
ἀνταποδιδόναι 108c
*ἀνταπόδομα 109b (2K 19.37*L*)
ἀνταπόδοσις 109b
גָּמַל qal
ἀγαθὸν ποιεῖν 2a, 1154a
ἀνθεῖν 95b
ἀνταποδιδόναι 108c

ἀπογαλακτίζειν 125c
βλαστᾶν, βλαστάνειν, βλαστεῖν 220c
βουλεύειν 227a
*γεννᾶν *170a* (Si 14.18)
ἐκτρέφειν 443c
ἐνδεικνύναι 469c
ἐνεργεῖν 473a
ἐξανθεῖν 487c
ἐπάγειν 503c
ἐπιχειρεῖν 538c
ἐργάζεσθαι, ἐργάζειν 540c
εὐεργετεῖν 569c
μνησικακεῖν 932a

גָּמַל ni.
ἀπογαλακτίζειν 125c

גָּמָל
^κάμηλος 717c

גָּמַר
ἐκλείπειν 435c
εὐεργετεῖν 569c
συντελεῖν 1319b

גְּמַר Ar. pe.
τελεῖν 1342c

גַּן
ἄμπελος 66c
κῆπος 763a
παράδεισος 1057c

גָּנַב qal
κλέμμα 767b
κλέπτειν 767b
κλέπτης 767c
κλοπή 772b
κλοποφορεῖν 772b
*κρύπτειν (גָּ׳ לֵב qal) 791c (Ge 31.20)
*ὑποστέλλειν 1417a (2K 19.4*L*)
ὑφαιρεῖν 1419a

גָּנַב ni.
κλέπτειν 767b

גָּנַב pi.
ἰδιοποιεῖσθαι 673b
κλέπτειν 767b

גָּנַב pu.
κλέπτειν 767b
κλοπή 772b

גָּנַב hit.
διακλέπτειν 303b

גַּנָּב
κλέπτειν 767b
κλέπτης *182a*
κλοπή 772b

גְּנֵבָה
κλέμμα 767b

גַּנָּה
κῆπος 763a
παράδεισος 1057c
*πρασιά 1200c (Jb 8.16)

גִּנָּה
κῆπος 763a

גְּנַז Ar.
^*γαζοφυλάκιον 233a

גִּנְזַיָּא Ar.
^*βιβλιοφυλάκιον (בֵּית ג׳, בֵּית סִפְרַיָּא דִּי ג׳) 219b

גְּנָזִים
γαζοφυλάκιον 233a
θησαυρός 651c

גִּנְזִין Ar.
§γαζα 233a

גַּנְזַךְ
§ζακχον 593a
§ζακχω 593a

גָּנַן qal
ὑπερασπίζειν 1408c

גָּנַן hi.
⟦ὑπερασπίζειν 1408c⟧ → גָּנַן qal

גָּעָה qal
ῥηγνύναι φωνήν 1248c, 1447b

*גָּעָה hit.
*φωνεῖν 1447b (2K 22.8*L*)

גָּעַל qal
ἀπωθεῖν 151a
ἀφιστᾶν, ἀφιστάναι, ἀφιστάνειν 184b
βδελύσσειν, βδελύττειν 216a
προσοχθίζειν 1218c

גָּעַל ni.
προσοχθίζειν 1218c
μισεῖν *185b*

גָּעַל hi.
ὠμοτοκεῖν 1493b

*גְּעַל Ar. pa.
*μολύνειν 932c (To 3.15)

גָּעַר qal
ἀπειλεῖν 120a
ἀπειλή 120a
ἀποσκορακίζειν 141a
⟦ἀφορίζειν 185c⟧ → גָּדַע qal
⟦διαστέλλειν 311b⟧ → פָּרַע qal
ἐπιτιμᾶν 537a
λοιδορεῖν 887b
⟦συλλοιδορεῖν 1302c⟧ → λοιδορεῖν

גְּעָרָה
ἀπειλή 120a
ἀποσκορακισμός 141a
ἐλεγμός 449a
ἐπιτίμησις 537b
*φωνή 1447b (Is 30.17 *bis*)

גָּעַשׁ qal
σαλεύειν 1257c
ταράσσειν 1336a

גָּעַשׁ hit.
κυμαίνειν 799a
σαλεύειν 1257c
σπαράσσειν 1281c
ταράσσειν 1336a

גָּעַשׁ hitpo.
?ἐξεμεῖν 491a

גַּף I
μόνος (בְּגַף + suf.) 933b

גַּף II Ar.
πτερόν 1237c

גַּפָּה
χεῖλος *195b*

גֶּפֶן
ἄμπελος 66c
ἀμπελών 67a
ὄμφαξ πρὸ ὥρας (גֶּ׳ בִּסְרוֹ) 994a

גָּפְרִית
θεῖον 628a

גֵּר
*γείτων 235b (Jb 19.5)
γειώρας 235b
ξένος 957a
πάροικος 1071c
προσήλυτος 1216a

גּר
see גּר, גִּיר

גָּרָב
ἄγριος 16c
ψώρα ἀγρία 1490c
ψωραγριᾶν 1490c

גַּרְגְּרוֹת
τράχηλος 1370b

גָּרַד hit.
⟦ἀποξεῖν 139b⟧ → ξύειν
ξύειν 957c

גָּרָה pi.
ἐγείρειν 364a
κρίνειν εἰκῇ (גֵּ׳ מָדוֹן) 787b
⟦ὀρύσσειν 1017c⟧ → כָּרָה I qal
παρασκευάζειν 1064a

גָּרָה hit.
ἀνθιστάναι 95c
ἐρεθίζειν 544b
ἐρίζειν 547b
*παροξύνειν 1072a (Da LXX 11.11[10])
προσυμπλέκεσθαι 1222b
συμβάλλειν 1303a
συμπροσπλέκειν 1306a
συνάπτειν 1312b
συνάπτειν (εἰς) πόλεμον 1172a, 1312b

גֵּרָה
μηρυκισμός 923c

ὀβολός 960a
גָּרוֹן
⟦ἰσχύς 694b⟧
λάρυγξ 862c
τράχηλος 1370b
φάρυγξ 1425b, *195a*
גָּרַז ni.
ἀπορρίπτειν 140b
גַּרְזֶן
ἀξίνη 113a
πέλεκυς 1116b
*πέλυξ 1116b (3K 6.12(7)*L*)
σίδηρος 1266a
גָּרֹל
⟦κακόφρων (גְּרָל־חֵמָה) 712a⟧ → גָּדֹל, גָּדוֹל
גָּרַם qal
?ὑπολείπειν 1415a
גָּרַם pi.
ἐκμυελίζειν, ἐκμυελεῖν 438b
גֶּרֶם, also Ar.
§γαρεμ 234b
ὀστέον, ὀστοῦν 1021c
ῥάχις 1248b
גֹּרֶן
ἅλων, ἅλως 60a
εὐρύχωρος 580a
גָּרַס qal
*ἐπιθυμεῖν 520b (Ge 49.14)
ἐπιποθεῖν 526c
גָּרַס hi.
⟦ἐλβάλλειν 420c⟧
גָּרַע qal
ἀπολείπειν 136b
ἀποστερεῖν 145a
ἀπωθεῖν 151a
ἀφαιρεῖν 180a
⟦ἀφικνεῖσθαι 184a⟧ → נָגַע hi.
ἐξαίρειν 485a
ξυρᾶν 959c
συντελεῖν 1319b
גָּרַע ni.
ἀνθυφαιρεῖν 102b
ἀφαιρεῖν 180a
ἐξαλείφειν 486a
ὑστερεῖν 1418b, *194c* (Si 13.4)
גָּרַע pi.
*ἐξανθεῖν (נֵץ ׳גָּ pi.) 487c (Si 51.18)
גָּרַף
ἐκβάλλειν 420c
ἐκσύρειν 441c
גָּרַר qal
ἀνάγειν 75b
ἕλκειν, ἑλκύειν 453a
⟦ἐπιξενοῦσθαι 526a⟧ → גור I qal
גָּרַר hitpo.
⟦στρέφειν 1296c⟧ → חִיל, חול hitpo.
גֶּרֶשׂ
ἐρεικτός 547b
*σύνοδος 1317b (De 33.14)
χῖδρον 1469a
גָּרַשׁ qal
⟦ἀφανίζειν 181b⟧ → גָּרַשׁ pi.
ἐκβάλλειν 420c
ἐξαίρειν *175c* (Si 16.9)
κλυδωνίζεσθαι 772b
גָּרַשׁ ni.
ἀπωθεῖν 151a
גָּרַשׁ pi.
ἀπολύειν 138c
⟦ἀπορρίπτειν 140b⟧ → גָּרַשׁ hit.
*ἀφανίζειν 181b (Ez 36.5)
ἐκβάλλειν 420c
ἐκβολή 421b
ἐκριζοῦν 441a
ἐκρίπτειν, ἐκριπτεῖν 441a
ἐξαίρειν 485a
ἐξαποστέλλειν 488a
μετοικίζειν 918a
גָּרַשׁ pu.
ἐκβάλλειν 420c (+Ps 108[109].10)
*ἐξαίρειν 485a (Pr 20.13)
גָּרַשׁ hit.
*ἀπορρίπτειν 140b (Mi 2.9)
*ἀφορίζειν 185c (I1K 8.1)
גְּרֻשָׁה
καταδυναστεία 731a
גִּרְשֻׁנִּי
§δῆμος τοῦ γεδσων 296a
§υἱοὶ γηρσων, υἱοὶ γεδσθων, υἱοὶ γεδσωνι 1384c
גָּשַׁם pu.
ὑετὸς γίνεσθαι 256c, 1384a
ὑετὸς καταβαίνει 727a
גָּשַׁם hi.
ὑετίζειν 1384a
גֶּשֶׁם
βροχή 231b
ὑετός 1384a
^χειμερινός 1457c
^χειμών 1457c
גְּשֶׁם Ar.
σῶμα 1330a
גָּשַׁשׁ pi.
ψηφαλᾶν 1485b
גַּת
ληνός 875c
גִּתִּית
⟦ληνός 875c⟧ → גת

ד

דָּאֵב qal
ἀσθενεῖν 127a
*πεινᾶν 1115b (Je 38[31].12, 25)
דָּאֵב hi.
παρέλκειν *187c*
דְּאָבוֹן
τήκειν 1348a
דָּאג
ἰχθύς 696a
דָּאַג
⟦δαψιλεύεσθαι 285b⟧
λόγον ἔχειν 586c, 881c
μεριμνᾶν 911a
φοβεῖν 1433b
φροντίζειν 1439c, *195b*
דְּאָגָה
*ἀθυμεῖν 30a (Je 30.12 [49.23])
ἔκθλιψις 432a
ἔνδεια 469b
εὐλάβεια, εὐλαβία 572a
θλῖψις 652c
θυμοῦν 662b
μέριμνα *184b*
ταραχή *193a*
*φοβερός 1435c (Pr 12.25)
φοβερὸς λόγος 881c
דָּאָה I qal
ὅρμημα 1014a
πεταννύναι, πετάζειν 1128c
דָּאָה II subst.
γρύψ 278a
γύψ 283b
דֹּב, דּוֹב, also Ar.
ἄρκ(τ)ος 158a, *168b*
λύκος 889a
דֹּבֶא
ἰσχύς 694b
דִּבָּה
γογγυσμός *170c*

διαβολή *171a*
⟦ἔκσκασις 441b⟧
κατειπεῖν (יָצָא דְּ׳ ho.) 749a
λαλία *183a*
λοιδορία 887c
ὀνείδισμα 994c
ῥήματα πονηρά 1186c, 1249a
ψόγος 1485c
דְּבֹרָה, דְּבוֹרָה
μέλισσα 909a, *184b*
דְּבַח I Ar. pe.
^*ἐπιθύειν 520b (1E 6.24)
θυσιάζειν 666a
דְּבַח II subst. Ar.
θυσίασμα 666a
דִּבְיוֹנִים
⟦κόπρος περιστερῶν 779a⟧ → חֲרָאִים ≈ κόπρος
דְּבִר, דְּבִיר
§δαβ(ε)ιρ 283a
ναός 939a, *185a*
⟦χρηματιστηρί(?) 1474c⟧ → δαβ(ε)ιρ
דְּבֵלָה
παλάθη 1051a
דָּבֵק, דָּבַק qal
ἀκολουθεῖν 44c
ἅπτεσθαι 150b
ἔχειν 586c
καταλαμβάνειν 735a
κολλᾶν 776b
προσέχειν 1215b
προσκεῖσθαι 1216c
προσκολλᾶν 1217a
προστιθέναι 1221a
*προσχωρεῖν 1223c (2K 20.2*L*)
דָּבֵק, דָּבַק pu.
κολλᾶν 776b
προσκολλᾶν 1217a
דָּבֵק, דָּבַק hi.
⟦καταβαίνειν 727a⟧
καταδιώκειν 730b
καταλαμβάνειν 735a
καταφθάνειν 747b
κολλᾶν 776b
προσκολλᾶν 1217a
συνάπτειν 1312b
συνδεῖν 1312c
φθάν(ν)ειν 1429b
דָּבֵק, דָּבַק ho.
κολλᾶν 776b
דְּבַק Ar. pe.
εὐνοεῖν 575a
ὁμονοεῖν 993c
προσκολλᾶν 1217a
*φθάνειν 1249b (To 5.19)
דֶּבֶק
πνεύμων 1153b
σύμβλημα 1303b
דָּבַר qal
⟦γραμματεύς 275b⟧
διηγεῖσθαι 329c
ἡγεῖσθαι 602c
λαλεῖν 841c, *183a*
λέγειν 863c
λόγος 881c
παρεμβάλλειν ῥῆμα *191a*
דָּבַר ni.
καταλαλεῖν 735a
λαλεῖν 841c
דָּבַר pi.
ἀναγγέλειν 74a
ἀντειπεῖν, ἀντερεῖν 109c
*ἀπαγγέλλειν 113c (Jd 20.3*L*)
⟦ἀπολλύειν, ἀπολλύναι 136c⟧ → אָבַד pi.
^διαλέγεσθαι 304b
διηγεῖσθαι 329c
εἰπεῖν, ἐρεῖν 384a
⟦εἶτα (וְאַחַר דִּבֵּר) 415c⟧ → אַחַר
ἐντέλλεσθαι, ἐντελλέσθειν(?) 477a
καλεῖν 712c
καταλαλεῖν 735a
^λαλεῖν 841c, *183a*
λέγειν 863c
λόγος 881c
μεγαλορ(ρ)ήμων (מְדַבֵּר גְּדֹלוֹת) 901c
⟦μελετᾶν 908b⟧ → λαλεῖν
ὁμιλεῖν 991a
παρεμβάλλειν *187c*
προσλαλεῖν 1218b
προστάσσειν, προστάττειν 1220c
ῥῆμα 1249a
συλλαλεῖν 1301c
συντάσσειν 1318b
φθέγγεσθαι 1429c, *195a*
χρηματίζειν 1474c
ψευδολογεῖν (pi. כָּזָב דָּ׳) 1485a
דָּבַר pu.
λαλεῖν 841c
דָּבַר hi.
⟦πατάσσειν 1103b⟧ → ὑποτάσσειν
ὑποτάσσειν 1417b
דָּבַר hit.
λαλεῖν 841c
*דְּבַר Ar. pe.
*ἀπάγειν 115b (To 7.1)
דָּבָר
§αβεδ(δ)ηριν (הַדְּבָרִים) 1a
ἀγγελία 7a
⟦ἄδικος 26c⟧
ἀναγγέλλειν (שׁוּב דָּ׳ hi.) 74a
ἀντιλογία 111b
ἀποκρίνειν (שׁוּב דָּ׳ hi.) *168a*
ἀπόκρισις 134b
βασιλικός (דְּבַר מַלְכוּת) 214a
βιβλιοθήκη (דִּבְרֵי הַיָּמִים) 218b
⟦βιβλίον, βυβλίον 218b⟧
γράμμα 275a
⟦διαθήκη 300c⟧
δίκη 335b
δόλος (דְּבַר מִרְמָה) 340b
⟦ " (דָּ׳) 340b⟧
^εἰπεῖν, ἐρεῖν (דָּ׳, הָיָה דָּ׳) 384a
ἔκθεσις 431c
^ἐντέλλεσθαι, ἐντελλέσθειν (שִׂים דָּ׳ בְּפִי) 477a
ἐντολή (דָּ׳, דִּבְרֵי) 479b
ἐπερώτησις 511a
ἔργον 541c
⟦ " *177b*⟧
ἱκανός (אִישׁ דְּבָרִים) 683c
^*ἱστορεῖν 692b (1E 1.42)
⟦τὸ καθῆκον, τὰ καθήκοντα 700a⟧
⟦κρίμα 786a⟧
κρίσις 789c
λαλεῖν (דָּ׳, הָיָה דָּ׳, דָּ׳ הָיָה) 841c, *183a*
λαλία 846c
λέγειν 863c
λογεῖον, λόγιον 880c
⟦["] *183c*⟧ → λόγος
λόγος 881c, *183c* (-Si 20.13; +36 [33].3; 36.24; 39.17; 47.22)
μηδείς, μηθείς 920c, *185a*
νόμος 947b
⟦ " *185b*⟧
⟦ὁρισμός 1013b⟧
οὐδείς, οὐθείς (דָּ׳ + neg.) 1028b
οὕτω(ς) (כַּדְּבָרִים הָאֵלֶּה) 1035c
πολυλογία (רֹב דְּבָרִים) 1181a
^πρᾶγμα 1199c
πραγματ(ε)ία 1200b
^πρόσταγμα 1219c
προστάσσειν, προστάττειν (יָצָא דָּ׳) 1220c
^ῥῆμα 1249a, *191a*
ῥῆσις 1251c
ῥητός 1251c
⟦τὸ ἐξελθὸν ἐκ τοῦ στόματος 1292b⟧ → פֶּה ≈ στόμα
συντάσσειν 1318b
τις (כָּל־דָּ׳) 1354a
τρόπος 1375a

ὃν τρόπον (זֶה הַדְּ׳ אֲשֶׁר) 1375a
φωνή 1447b
⟦χρῆμα 1474b⟧ → ῥῆμα
דֶּבֶר
θάνατος 623b, *179a*
θανατοῦν 625a
דֹּבֶר
κοίτη 775b
דְּבִר
see דְּבִר, דְּבִיר
דַּבָּרָה
λόγος 881c
דִּבְרָה also Ar.
*ἕνεκεν (עַל־דִּבְרַת דִּי) 472b (Da 2.30)
ἐπικαλεῖν (שִׂים דִּ׳ hi.) 521b
λαλία 846c
λόγος 881c
τάξις 1334b
דֹּבְרוֹת
σχεδία 1327c
דִּבְרִי
see דִּבְרִי, דְּבוֹרָה
דְּבַשׁ
μέλι 908c, *184a*
μελισσών 909b
דָּג
⟦ἁλιεύς 54b⟧
ἰχθυ(η)ρός 696a
ἰχθυϊκός 696a
ἰχθύς 696a
κῆτος 763c
ὄψος 1044c
דָּגָה I subst.
ἰχθύς 696a
κῆτος 763c
דָּגָה II qal
πληθύ(ν)ειν 1144b
*δαψιλεύεσθαι 285b (1K 10.2)
דָּגַל qal
ἐκλοχίζειν 437c
*τάσσειν 1337a (Ct 2.4)
דָּגַל ni.
τάσσειν 1337a
דֶּגֶל
ἡγεμονία 603c
τάγμα 1333a
דָּגָן
ἄρτος 161b
πυρός 1245b
σῖτος 1267b
τροφή 1376b
דָּגַר qal
συνάγειν 1307b

דַּד
διαπαρθενεύειν (עָשָׂה דַּדֵּי בְּתוּלִים pi.) 307b
דְּהַב Ar.
^χρυσίον 1477a
χρυσός 1478c
^χρυσοῦς, χρύσεος 1478c
דָּהַר qal
διώκειν 338b
*σπεύδειν 1284a (Jd 5.22B)
דַּהֲרָה
*σπουδή 1285c (Jd 5.22B)
דּוּב hi.
ἐκτήκειν 443a
καταρρεῖν 743b (1K 2.33)
דּוֹב
see דֹּב, דּוֹב
דַּוָּג
ἁλιεύς 54b
דּוֹד
ἀγαπητός 7a
ἀδελφιδός 20a
ἀδελφός 20a
ἀδελφὸς τοῦ πατρός 20a, 1105a
*ἀνεψιός (בֶּן דּוֹד) 87c
καταλύειν 738b
μαστός, μασθός 898b
οἰκεῖος 968c
πατραδελφός 1111a
*συγγένεια 1298b (Is 38.12)
⟦συγγενής 1298c⟧ → דּוֹדָה
φιλία 1430c
דּוּד
κάλαθος 712a
κάμινος 718a
κάρταλλος 725a
κόφινος 781b
^λέβης 863c
דּוֹדָה
τοῦ ἀδελφοῦ τοῦ πατρὸς θυγάτηρ 20a
θυγάτηρ τοῦ ἀδελφοῦ 656b
θυγάτηρ τοῦ ἀδελφοῦ τοῦ πατρός 1105a
συγγένεια, συγγενία 1298b
συγγενής 1298c
דּוּדַי
⟦κάλαθος 712a⟧ → דּוּד
μανδραγόρας, μανδραγόρος 895b
μῆλα μανδραγορῶν/ μανδραγόρου (דּוּדָאִים) 895b, 921c
דָּוָה qal
ἀποκαθημένη 131b
ἄφεδρος 182b

דָּוֶה
αἱμορροεῖν 33a
ὀδυνᾶν 967a
⟦ὀδύνη 967a⟧
ὀδυνηρός 967b
⟦ὀδύρεσθαι 967b⟧ → ὀδυνᾶν
*πεινᾶν *188b* (Si 4.2)
דּוּחַ hi.
ἀναφέρειν *167a*
ἀποκλύζειν 132c
ἐκκαθαρίζειν 432a
⟦ἔκρυσις 441b⟧
*ἐπικλύζειν 523b (2C 4.6*L*)
ἐξωθεῖν 502b
πλύνειν 1151b
דַּוָּי
ἀπορεῖν 140a
λυπεῖν 889b
ὀδύνη 967a
דּוּךְ qal
τρίβειν 1372b
דּוּכִיפַת
ἔποψ 539b
⟦ὕποψ 1418b⟧ → ἔποψ
דּוּמָה
ᾅδης 24a
דּוּמִיָּה
πρέπειν 1201b
⟦ὑποτάσσειν 1417b⟧ → רָדַד qal
דּוּמָם
ἡσυχάζειν 620a
κατανύσσεσθαι 739c
דּוּן, דּוֹן
⟦καταμένειν 739a⟧ → דּוּר I qal
דָּוֹן
*λύπη *183c* (+Si 38.17)
דּוֹנַג, דּוֹנָג
κηρός 763b
דּוּץ qal
*ἀγαλλιᾶσθαι 4c (To 13.13)
⟦προτρέχειν 1231b⟧ → רוּץ qal
⟦τρέχειν 1371c⟧ → רוּץ qal
דּוּק hi.
*ἀριθμεῖν 156b (Ge 14.14)
דּוּר I qal
*καταμένειν 739a (Ge 6.3)
κατοικεῖν 751c, *181c*
οἰκεῖν 968a
דּוּר II qal
*ὑποκαίειν 1413c (Ez 24.5)
דּוּר III Ar. pe.
κατοικ(ε)ία 755b
κατοικεῖν 751c
νοσσεύειν 949b

דּוֹר, דֹּר
γενεά 236a, *170a*
γένεσις 237a, *170a*
διὰ παντός (לְדוֹרֹתָם) *171a*
ἔκγονος 421c
ζωή *178b*
ἡμέρα *179b*
⟦τέκνον 1340c (Jo. 22.27)⟧ → γενεά

דּוּרָא Ar.
*περίβολος 1122b (Da LXX 3.1)

דּוּשׁ, דּוֹשׁ qal
ἀλοᾶν 59a
*κατάγειν 729b (Hb 3.12)
καταγνύναι 730a
καταξαίνειν 740a
καταπατεῖν 740b
καταπάτησις 740c
νεῖκος 941b
*πρίειν, πρίζειν 1203a (Am 1.3)
συμπατεῖν 1305a

דּוּשׁ, דּוֹשׁ ni.
καταπατεῖν 740b
πατεῖν 1105a

דּוּשׁ, דּוֹשׁ ho.
καθαίρειν 697c

דּוּשׁ, דּוֹשׁ pe. Ar.
ἀναστατοῦν 82a

דָּחָה qal
ἀνατρέπειν 84b
ἐκθλίβειν 432a
ὑποσκελίζειν 1416c
ὠθεῖν 1492c

דָּחָה ni.
ἀπωθεῖν 151a
*προσαπωθεῖν *190a* (Si 13.21)
ὑποσκελίζειν 1416c

דָּחָה pu.
ἐξωθεῖν 502b

דַּחֲוָה Ar.
ἔδεσμα 368a

דְּחִי
ὀλίσθ(ρ)ημα 987b

דָּחַל qal
*πτοεῖν 1238c (Ez 2.5, 7 Aramaizing)

דְּחֵל Ar. pe.
*θαρσεῖν c. neg. 626c (To 8.21𝔊II)
ὑπέρφοβος (דְּחִיל יַתִּיר) 1411b
φοβεῖν 1433b
φοβερός 1435c

דְּחֵל Ar. pa.
εὐλαβεῖσθαι 572a
*λόγον ἔχειν 881c (To 5.21)
φοβερίζειν 1435b
φόβος ἐπιπίπτει 1435c

דֹּחַן
κέγχρος 757c

דָּחַף qal
*ἀναστρέφειν *166c* (Si 36[33].12)
διώκειν 338b
⟦ἐπιτελεῖν 535a⟧
σπεύδειν 1284a

דָּחַף ni.
σπεύδειν 1284a
ὑποστρέφειν 1417b

דָּחַק qal
ἐκθλίβειν 432a

דַּי
αὐτάρκης *169a*
⟦ἑκούσιος 438c⟧ → נָדַב hit.
ἱκανός (בְּדֵי ,דַּי) 683c (Na 2.12[13]; Hb 2.13), *180a*
ἱκανοῦσθαι 684a
ὅσος 1019a
*ὅταν (כְּדֵי) 1924a (To 6.13)

דִּי Ar.
καταχρύσεα (דִּי זְהַב) 748c
^ὅσος (מִן־דִּי ,דִּי) 1019a
ὅστις 1022b
ἐάν/εἴ τις (מָה דִי) 1354a
ὃν τρόπον (כָּל־קֳבֵל דִּי) 1375a

*דִּיג qal
*ἁλιεύειν 54b (Je 16.16)
*ἁλιεύς 54b (Jb 40.31)

דַּיָּג
ἁλιεύς 54b

דַּיָּה
ἔλαφος 448c

דִּין I qal
διακρίνειν 304a
δίκαιος 330c
κρίνειν 787b
κρίσις 789c
συνέδριον 1313a

דִּין I ni.
κρίνειν 787b

דִּין II Ar. pe.
^*δικάζειν 330b (1E 8.23)
κρίνειν 787b

דִּין III subst., also Ar.
*δικαιοῦν 334b (To 6.12); גְּזַר דִּין וְקֻשְׁטָא 334b (To 6.13)
^*κολάζειν (דִּין אִתְעֲבֵד) 776a (1E 8.24)
κρίμα 786b
κρίνειν 787b
κρίσις 789c
κριτήριον 791a
⟦λύπη *183c*⟧

דַּיָּן, also Ar.
^*δικαστής 335b (1E 8.23)
κρίνειν 787b
^κριτής 791a

דָּיֵק
βελόστασις 217b
περίτειχος 1127b
προμαχών 1207c
προφυλακή 1234a
*τεῖχος 1339c (4K 25.1*L*])

דַּיִשׁ
ἀλοητός 59b (+Am 9.13)

דִּישׁוֹן, דִּישֹׁן
πύγαργος 1240a
⟦πύδαργος 1240a⟧ → πύγαργος

דַּךְ
*ἀπορία *168a* (Si 4.2)
πένης 1117a
ταπεινός 1334b
ταπεινοῦν 1334c

דָּךְ, דֵּךְ Ar.
ἐκεῖνος 428a

דָּכָא ni.
συντρίβειν 1321a

דָּכָא pi.
ἀδικεῖν 24c
ἀτιμάζειν 175c
⟦καθαιρεῖν 697b⟧ → דְּכָא pa.
παίειν 1048c
ταπεινοῦν 1334c
τιτρώσκειν 1362a

דָּכָא pu.
κακοῦν 711b
μαλακίζεσθαι 894b

דָּכָא hit.
κολαβρίζεσθαι 776a
⟦σκολαβρίζειν 1275a⟧ → κολαβρίζεσθαι
ταπεινοῦν 1334c

דְּכָא Ar. pa.
*καθαιρεῖν 697b (Jb 19.2 Aramaizing)
*καθαρίζειν 698a (Is 53.10 Aramaizing)

דַּכָּא
ὀλιγόψυχος (דַּכָּא וּשְׁפַל רוּחַ) 987a
ταπεινός 1334b
ταπείνωσις 1335c

דָּכָה qal
ταπεινοῦν 1334c

דָּכָה ni.
ταπεινοῦν 1334c

דָּכָה pi.
ταπεινοῦν 1334c

דָּכָה
θλαδίας (פְּצוּעַ־דַּ׳) 652a

דְּכִי
ἐπίτριψις 537c

*דְּכִי καθαρός 698c (To 3.14)

דָּכַךְ pulp.
*θλίβειν pass. (מִדְכְּדַךְ נֶפֶשׁ) 179c (Si 4.4)

דִּכֵּן Ar.
ἐκεῖνος 428a

דְּכַר Ar.
^κριός 788c (+ To 7.9)

דִּכְרוֹן
ὑπόμνημα 1416b

דִּכְרוֹנָא Ar.
^*ὑπομνηματίζεσθαι (כְּתָב דִּ׳) 1416b (1E 6.23)

דִּכְרָן Ar.
^*ὑπόμνημα 1416b (1E 2.22)
ὑπομνηματισμός 1416b

דַּל I subst.
θύρα 662c

דַּל II adj.
[[ἁδρός 27c]] → גָּדוֹל, גָּדֹל
ἀδύνατος 28a
?ἀσεβής 170b
ἀσθενεῖν 172a
ἀσθενής 172b
ἥσσων, ἥττων 620a
πένεσθαι 1117a
πένης 1117a
πενιχρός 1118b
πονηρός 1186c
πτωχός 1239b, 190c
*συντήκειν (2K 13.4L)
ταπεινός 1334b, 193a

דָּלַג qal
*ἐφάλλεσθαι 585b (Zp 1.9)

דָּלַג pi.
ἅλλεσθαι 55c
ἀφάλλεσθαι 169a
*ἐξάλλεσθαι 487a (2K 22.30L)
[[ἐφάλλεσθαι] 178b]] → ἀφάλλεσθαι
πηδᾶν 1131a
ὑπερβαίνειν 1409a

דָּלָה qal
ἀντλεῖν 112a
ἐξαντλεῖν 488a

דָּלָה pi.
ὑπολαμβάνειν 1414c

דַּלָּה
κατάλοιπος 738a
πλόκιον 1150b
πτωχός 1239b

דָּלַח qal
[[καταπατεῖν 740b]]
ταράσσειν 1336a

דְּלִי
κάδος 697a

דָּלִית
κλάδος 766a
κλῆμα 767c

דָּלַל qal
ἀσθενεῖν 172a
ἐκλείπειν 435c
πτωχεία 190c
πτωχεύειν 1239b
ταπεινοῦν 1334c

דָּלַל ni.
ἔκλειψις 437a
πτωχεύειν 1239b

דָּלַף qal
νυστάζειν 956a
στάζειν 1286a

דֶּלֶף
σταγών 1286a

דָּלַק qal
[[δόλιος 340b]] → חָלָק ≈ λεῖος
ἐκκαίειν 432b
ἐκκλ(ε)ίνειν 433c
[[ἐκπέτεσθαι 439a]] → ἐξάπτειν
ἐμπυρίζειν 460a
ἐξάπτειν 489c
καίειν 705a
καταδιώκειν 730b

דָּלַק hi.
ἀνακαίειν 78a
ἐκκαίειν 432b, 173c
συγκαίειν 1299a

דָּלַק Ar. pe.
*βαδίζειν 188a (Da LXX 7.9 [𝔓967])
[[καίειν 705a]]
φλέγειν 1432c

דַּלֶּקֶת
ῥῖγος 1251c

דֶּלֶת
θύρα 662c
θύρωμα 664a
πύλη 1240b, 190c
σανίς 1259a
σελίς 1262c
τρώγλη 1378a

דָּם
αἷμα 31b, 165c
δόλιος (אֶרֶב־דָּם) 340b
ἔνοχος (דָּם בְּרֹאשׁ) 476c
αἵματι ἔνοχος 476c
αἱμάτων μέτοχος 918a
φόνος 1437c

דָּמָה I qal
ἀπολιθοῦν (דָּ׳ כְּאָבֶן) qal) 136c
ὅμοιος 992b
ὅμοιος εἶναι 992b
*ὅμοιος γίνεσθαι 992b (Is 23.2)
ὁμοιοῦν 993a
γίνεσθαι ὡς (דָּ׳ לְ/לׄ) qal) 170b, 196b

דָּמָה I ni.
[[ἀπορρίπτειν 140b]] → רָמָה I ni.
ὁμοιοῦν 993a

דָּמָה I pi.
διαγινώσκειν 299c
(ἐ)θέλειν 628b
εἰπεῖν, ἐρεῖν 384a
ἐνθυμεῖσθαι 473c
παραλογίζεσθαι ἐξολεθρεῦσαι 497c
ὅμοιος εἶναι 992b
ὁμοιοῦν 993a
ὑπολαμβάνειν 1414c

דָּמָה I hit.
ὅμοιος εἶναι 992b

דָּמָה II qal
ἀφαιρεῖν 180a
διαλείπειν 304b
σιγᾶν 1265c
[[σιωπᾶν 1267c]] → σιγᾶν

דְּמָה Ar. pe.
ὅμοιος 992b (+ To 7.2)
ὁμοίωμα 993a
ὁμοίωσις 993b

*דְּמָה Ar. pa.
*ὑπολαμβάνειν 1414c (To 6.18)
*παραδειγματίζειν 1057c (Da LXX 2.5)

דָּמָה
[[κατασιγᾶν 743c]]

דְּמוּת
(ε)ἰδέα 374b, 669b
εἰκών 377b
ὅμοιος 992b
ὁμοίωμα 993a
ὁμοίωσις 993b

דִּמְיוֹן
ὑπόνοια 194c

דָּמִים ("price")
*καταλλαγή 738a (Is 9.5[4])

דָּמַם qal
[[ἀπορρίπτειν 140b]] → רָמָה I ni.
ἀφιστᾶν, ἀφιστάναι, ἀφιστάνειν 184b
ἐᾶν 361a
ἐξαγορεύειν + neg. 484a
[[ἐπαίρειν 505a]] → רוּם I qal
ἱστάναι, ἱστᾶν 689a

⟦κατάγειν 729b⟧
κατανύσσεσθαι 739c
*παῦσις 1112c (Je 31[48].2)
*πίπτειν 1135c (Je 30[49].26)
σιωπᾶν 1267c
⟦ὑποτάσσειν 1417b⟧ → רָדַד qal
דָּמַם ni.
⟦ἀπορρίπτειν 140b⟧ → רָמָה I ni.
*κατανύσσεσθαι 739c (Is 6.5)
παύειν 1112b
דָּמַם hi.
⟦ἀπορρίπτειν 140b⟧ → רָמָה I ni.
דְּמָמָה
αὔρα 179a
דֹּמֶן
κοπρία 778c
κόπριον 779a
κόπρος 779a
*παράδειγμα 1057b (Je 8.2; 9.22 [21]; 16.4)
דָּמַע qal
δακρύειν 284a, *170a*
דָּמַע hi.
δακρύειν *170a*
דֶּמַע
ληνός 875c
דִּמְעָה
δάκρυ(ον) 284a, *170a*
דֵּן, דְּנָה Ar.
ἔμπροσθε(ν) (מִן קֳדָמַת דְּנָה) 459b
ἐπ' ἐσχάτων τῶν ἡμερῶν (אַחֲרֵי דְנָה) 558a
οὕτω(ς) (כָּל־קֳבֵל דְּנָה, כִּדְנָה) 1035c
τάδε (כִּדְנָה) 960b
^*τοιοῦτος (כִּדְנָה) 1362b (1E 2.20)
τότε (כָּל־קֳבֵל דְּנָה) 1367c
^*ὑπογεγραμμένος 1412c (1E 2.16)
דֵּעַ
εἰδεῖν, εἰδέναι 374b
ἐπιστήμη 530a, *177a*
דֵּעָה
γινώσκειν 267a
γνῶσις 273c
ἐπιστήμη 530a
παιδ(ε)ία *187a*
דָּעַךְ qal
σβέννυναι 1261a
דָּעַךְ ni.
ἐκτίλλειν *174a*
ἐπιγινώσκεσθαι + neg. 517c
דָּעַךְ pu.
⟦ἐκκαίειν 432b⟧ → בָּעַר I qal
דַּעַת
ἀγνωσία (בְּלִי־דַ׳) 16b
αἴσθησις 36b
ἀκουσίως (בִּבְלִי־דַ׳) 50a
⟦ἀνήκοος (בְּלִי דַ׳) 88a⟧
*ἀφροσύνη (חֲסַר דַ׳) *169c* (Si 13.8)
βουλή 227c
βούλημα 228b
γινώσκειν 267a
γνώσις 273c, *170c*
εἰδέναι γνωστόν 274a, 374b
γραμματικός (יָדַע דַ׳) 275c
εἰδεῖν, εἰδέναι 374b
ἐννοία 475c
ἐπιγνώμων (יָדַע דַ׳) 518c
ἐπίγνωσις 518c
ἐπίστασθαι 529b
ἐπιστήμη 530a, *177a*
νοῦς ἐπιγνώμων 950c
⟦παιδ(ε)ία 1046c⟧ → σοφία
σοφία 1278c
*σοφός 1280b (Pr 14.7)
σύνεσις 1314a, *192c*
φρόνησις 1439a
דֹּפִי
σκάνδαλον 1268b
דָּפַק qal
καταδιώκειν 730b
κρούειν 791c
דָּפַק hit.
κρούειν 791c
דַּק
ἔφηλος 585b
λεπτός 874a
דֹּק
καμάρα 717c
דָּקַק qal
λεπτός 874a
λεπτὸς γίνεσθαι 256c
λεπτύνειν 874b
דָּקַק hi.
κατατήκειν 746c
*λε(ι)αίνειν 863c (Ps 17[18].42)
λεπτός 874a
λεπτύνειν 874b
דָּקַק ho.
*βιβρώσκειν 219c (Is 28.28)
καταπατεῖν 740b
דְּקַק Ar. pe.
λεπτὸς γίνεσθαι 256c, 874a
λεπτύνειν 874b
דְּקַק Ar. af.
θλᾶν 652a
κατακόπτειν 734b
καταλεαίνειν 736a
καταλεῖν 736a
*καταλοᾶν (Da LXX 2.34 [967])
κοπανίζειν 778a
λεπτύνειν 874b
πατάσσειν 1103b
συναλο(ι)ᾶν 1311a
דָּקַר qal
ἀποκεντεῖν 132b
*ἀποκτείνειν 135a (1K 31.4*L*)
ἐκκεντεῖν 432c
συμποδίζειν 1305c
דָּקַר ni.
ἡττᾶν 620b
דָּקַר pu.
ἐκκεντεῖν 432c
κατακεντεῖν 733b
דָּר Ar.
γενεά 236a
דֹּר
see דּוֹר, דֹּר
דֵּרָאוֹן
⟦αἰσχύνη 37a⟧
*διασπορά 311a (Da LXX 12.2)
דָּרְבוֹן
βούκεντρον 226a
דָּרְבָן
*βούκεντρον 226a (1K 13.2*L*)
δρέπανον 349a
דַּרְדַּר
τρίβολος 1372b
*דָּרָה Ar.
*αὐλή 177b (To 7.1)
דָּרוֹם
§δαρομ 285b
λίψ 879c
νότος 949c
דְּרוֹר
ἄφεσις 182b
ἐκλεκτός 437a
στρουθός 1297a
*τρυγών 1377b (Ps 83[84].3)
דָּרַךְ qal
⟦ἀνατέλλειν 83a⟧
διατείνειν 313a
διοδεύειν 336a
ἐντείνειν 477a
⟦ἐπανιστάναι, ἐπανιστάνειν 506c⟧ → πατεῖν
ἐπιβαίνειν 515c, *176c*
ἐπιβιβάζειν 516c
καταπατεῖν 740b
*ὁδοιπόρος *186a* (Si 42.3)
ὁδός 962b
πατεῖν 1105a

πατητής, πατητός 1111a
περιπατεῖν 1125a
πιέζειν, πιάζειν 1132c
τείνειν 1339c
τοξότης (דֹּרֵךְ קֶשֶׁת) 1364b
τρυγᾶν 1377a

דָּרַךְ hi.
ἀλοᾶν 59a
διαπορεύεσθαι 308b
ἐμβιβάζειν 455c
ἐντείνειν 477a
ἐπιβαίνειν *176c*
ἐπιβιβάζειν 516c
*ἐπιτυγχάνειν 537c (Pr 12.27)
εὑρίσκειν 576c,
⟦["] *178a*⟧ → καταλαμβάνειν
καταλαμβάνειν *181b*
καταπατεῖν 740b
ὁδηγεῖν 962a
πατεῖν 1105a
πατῆσαι ποιεῖν 1105a, 1154a

דֶּרֶךְ
⟦ἁμάρτημα 62a⟧ → רֶכֶב ≈ ἅρμα
⟦ἁμαρτία 62a⟧
⟦ἀνομία 106b⟧
ἀτραπός *168c*
*βλέπειν εἰς (דַּרְכֵי) 221a (Pr 16.25)
βλέπειν πρός 221a
βλέπειν κατά 221a
⟦γῆ 240c⟧
⟦δικαίωμα 334b⟧
δίοδος 336a
⟦ἐγγίζειν (בַּדֶ׳ בְּעוֹד) 362b⟧
τὰ κατ' ἐθισμόν 368b
ἔννοια 475c
⟦ἔξοδος 497b⟧ → ὁδός
ἔργον 541c
⟦ " *177b*⟧
ἔρχεσθαι 548b
^*εὐοδία (דֶ׳ יְשָׁרָה) 575b
⟦ζωή 599c⟧ → ὁδός
ἡμέρα 607b
ἴχνος 696b
καθήκειν 700a
κακία (דֶ׳ רָעָה) 708a
⟦ " (דֶ׳) 708a⟧
⟦καρδία 719a⟧
καταβαίνειν 727a
⟦κατάβασις 729a⟧
ὁδοποιεῖν (פִּנָּה דֶ׳) 962b
ὁδός 962b, *186a* (+Si 36[33].11)
παράλιος (דֶ׳ הַיָּם) 1061c
παριέναι ("to go past") (עָבַר דֶ׳) 1070b
πάροδος 1071a
περίπατος 1125b
πλάσμα 1140b
πολυοδία (רֹב דֶ׳) 1181a
πρᾶξις 1200c
πυθμήν 1240a
σκολιαῖς ὁδοῖς πορεύεσθαι (נֶעְקַשׁ דְּרָכַיִם) 1275b
τρίβος 1372b

דַּרְכְּמוֹן
§δραχμη 349a
^μνᾶ 931a
⟦νόμισμα 947a⟧

דְּרָע Ar.
βραχίων 230a

דָּרַשׁ qal
^*ἀκούειν 45a (1E 5.66)
ἀναζητεῖν 77a
ἀνετάζειν 87b
ἀντέχειν 109c
δεῖσθαι 288a
⟦ἐκβάλλειν 420c⟧ → גָּרַשׁ pu.
ἐκδικεῖν 422b
ἐκζητεῖν 430c, *173c* (Si 51.14)
ἐλπίζειν 453c
ἐξετάζειν 495a, *175c* (Si 3.21c)
⟦ἐξιχνεύειν *176a*⟧
ἐξιχνιάζειν 497a
ἐπερωτᾶν 510b
ἐπιζητεῖν 520a
ἐπισκέπ(τ)ειν 527c
ἐπισκοπεῖν 528c
^ἐτάζειν 559b
^ζητεῖν 597a, *178a*
κρίνειν 787b
⟦μηρύεσθαι 923c⟧
προσαγορεύειν 1212a
πυνθάνεσθαι 1242b
⟦χρησιμολογεῖν(?) 1474c⟧ → χρησμολογεῖν
χρησμολογεῖν 1475a

דָּרַשׁ ni.
ἀκριβάζειν *166a*
ἀποκρίνειν 133a
ἐκζητεῖν 430c
ἐμφανὴς γίνεσθαι 256c, 460c
ἐπισκέπ(τ)ειν 527c
ζητεῖν 597a
⟦ζήτημα τίθεσθαι 598c, 1348c⟧ → ζητεῖν

דָּרַשׁ pi.
⟦ἐκζητεῖν 430c⟧ → דָּרַשׁ qal

דָּשָׁא qal
βλαστᾶν, βλαστάναι, βλαστεῖν 220c

דָּשָׁא hi.
βλαστᾶν, βλαστάναι, βλαστεῖν 220c

דֶּשֶׁא
ἄγρωστις 18b
βοτάνη 225c
πόα, ποία 1153b
χλόη 1471c
⟦χλωροβοτάνη (יֶרֶק דֶ׳) 1471c⟧ → βοτάνη
χόρτος 1473a

דָּשֵׁן I qal
κορεννύναι 779c

דָּשֵׁן I pi.
εὐφραίνειν *178b*
*ἱλαροῦν *180a* (Si 43.22)
*τὸν καλυπτῆρα ἐπιτιθέναι 717b (Nu 4.13, 14)
λιπαίνειν 879b, *183b*
πιαίνειν 1132c, *188c* (Si 26.13)

דָּשֵׁן I pu.
ἐμπιπλᾶν, ἐμπι(μ)πλάναι, ἐμπλήθειν 457a

דָּשֵׁן I hothp.
παχύνειν 1112c

דָּשֵׁן II adj.
πίων 1139a
πλησμονή 1149c

דֶּשֶׁן
ἀγαθός 2a
κατακάρπωσις 733a
πιότης 1135b
σποδία 1284c
σποδός 1285a

דָּת, also Ar.
γνώμη 273a
γράφειν 276a
δόγμα 339b
δογματίζειν (דָּת, דָּתָא נֶפְקַת) 339b
ἔκθεμα 431c
νόμιμος 946c
νόμισμα 947a
^*νόμος 947b (1E 8.9, 12, 19, 23, 24)
ὁρισμός 1013b
^πρόσταγμα 1219c

דֶּתֶא Ar.
χλόη 1471c

דְּתָבַר Ar.
οἱ ἐπ' ἐξουσιῶν (דְּתָבְרַיָּא) 500c

ה

־הַ (article)
*ὅσος 1019a
־הָ (locative *He*)
ἐπί + acc. *176b*
הָא Ar.
*ἰδεῖν 669b (To 2.2)
ἰδού 673c
ὅδε 960b
הֵא
ἰδού 673c
⟦λαμβάνειν 847a⟧
הֶאָח
ἐπιχαίρειν (אָמַר הֶאָח) 538b
εὖγε 568c
ἡδύ μοι 604c
ὦ *196a*
הַב
αἰτεῖν (אָמַר הָבוּ) 37c
הַבִּירָה
§αβειρ(ρ)α, αβιρα 1b
הָבַל qal
ἐπιβάλλειν κενά 516a
⟦ἐπιποθεῖν 526c⟧
κενὰ ἐπιβάλλειν 759a
ματαιοῦν 899b
הָבַל hi.
ματαιοῦν 899b
הֶבֶל
*ἀνομία *167b* (Si 49.2)
ἀτμός 176b
εἴδωλον 376a
καταιγίς 731b
κενός, καινός ("empty") 759a
μάταιος 898c
ματαιότης 899a
ματαίως 899b
μάτην 899c
οὐδείς, οὐθείς 1028b
הֲבֵל
ματαιότης 899a
הַבָּמָה
§αβ(β)αμα 1a
הָבַר
ἀστρολόγος 173c
הָגַג hi.
⟦ἐκ/ἀπὸ τῆς κοιλίας φωνεῖν 773a⟧
→ הָגָה qal
הָגָה qal
ἀναστρέφειν *166c*
βοᾶν 222a
*ἐκ/ἀπὸ τῆς κοιλίας φωνεῖν 773a
⟦κτείνειν 793c⟧ → הָרַג qal
μελετᾶν *184a*
⟦ " 908b⟧
⟦ὁμιλεῖν *186b*⟧
φωνεῖν 1447b
הָגָה hi.
ἐκ τῆς κοιλίας φωνεῖν 1447b
הֶגֶה
μελετᾶν 908b
μελέτη 908c
μέλος 909b
הָגוּת
μελέτη 908c
הָגִיג
κραυ(γ)ή 784b
μελέτη 908c
הִגָּיוֹן
μελέτη 908c
*στεναγμός 1288a (Ge 3.16)
ᾠδή 1492a
הָגִין
⟦κάλαμος 712b⟧
הָגָר
κυρτός 839a
הַדָּבַר Ar.
δυνάστης 355b
μεγιστᾶν 907a
τύραννος 1378c
ὕπατος 1407b
*φίλος 1431b (1E 8.13)
הֲדַדְרִמּוֹן
⟦ῥοών 1254b⟧ → רִמּוֹן
הָדָה
ἐπιβάλλειν + χεῖρα (= יָד) 516a
הַדָּם Ar.
εἰς ἀπώλειαν εἶναι (הַדָּמִין עֲבַד) 151c
διαμελίζειν (הַדָּמִין עֲבַד) 305c
הֲדֹם
ὁ τόπος οὗ ἔστη 689a
στάσις 1286c
ὑποπόδιον 1416c
הֲדַס
μυρσίνη 937b
הֲדַס
*μυρσινών 937c (Jd 1.35)
הָדַף qal
ἀναστρέφειν *166c*
ἀνατρέπειν 84b
ἀπωθεῖν 151a
ἀφαιρεῖν 180a
διωθεῖν 338b
ἐκδιώκειν 423b
*ἐξαίρειν *175c* (Si 33[36].9; 47.5)
?ἐξαναλίσκειν 487b
ἐξολεθρεύειν, ἐξολοθρεύειν 497c
⟦[καταστρέφειν] *181c*⟧ → ἀναστρέφειν
παραλύειν 1062a
προσανατρέπειν *190a*
ὠθεῖν 1492c
הָדַר qal
δοξάζειν *172a*
⟦ἐλεεῖν 449c⟧
θαυμάζειν 626c
⟦ὄρος 1014b (Is 45.2)⟧ → הַר
τιμᾶν 1353a
ὡραῖος ('הָ pass. ptc.) 1493c
הָדַר ni.
δοξάζειν 343b, *172a*
ὡραῖος *196a*
הָדַר hit.
ἀλαζονεύεσθαι 52a
הֲדַר Ar. pa.
δοξάζειν 343b
εὐλογεῖν 572a
הָדָר
δόξα 341b, *171c*
^*δοξάζειν 343b
ἔνδοξος 470c
ἔπαινος 504c
εὐπρέπεια, εὐπρεπία 576b
κάλλος 715a
λαμπρότης 853a
μεγαλοπρέπεια, μεγαλοπρεπία 901c
τιμή 1353a
ὡραῖος 1493c
ὡραιότης 1494a
הֶדֶר
δόξα 341b
הֲדַר Ar.
δόξα 341b
הֲדָרָה
⟦αἰνεῖν 33a⟧ → יָדָה hi.
αὐλή 177b
δόξα 341b
⟦ἐξομολογεῖν 499a⟧
הָהּ
ὦ, ὤ 1491a
הוֹ
οὐαί 1027c
ὦ *196a*
הוּא, also Ar.
ἄνθρωπος 96b
§αφφω (אַף־הוּא) 187b
ἐκεῖνος (הַהוּא, הוּא, הַהִוא) 428a
ποῖος (מַן־הוּא) 1170a
τοιοῦτος (כְּ .. הַהוּא, הוּא) 1362b
הֲוָא Ar. pe.
see הֲוָה pe.

הוד
⟦ἁγιωσύνη 15b⟧
ἀρεταλογία, ἀρεταλόγιον *168b*
ἀρετή 156a
δόξα 341b, *171c* (+Si 42.25; 45.7; 51.17)
^*δοξάζειν 343b, *172a* (Si 3.20)
ἕξις 496b
ἐξομολόγησις 499c
⟦ " *176a*⟧
εὐπρεπής 576b
⟦ζωή 599c⟧
ἰσχύς 694b
*κάλλος *180c* (Si 26.17)
κατάκαρπος 733a
μεγαλοπρέπεια, μεγαλοπρεπία 901c
τιμή 1353a
ὡραιότης 1494a

הוֹדָאָה
⟦δόξα *171c*⟧
⟦δύναμις *172b*⟧

*הוֹדָיָה
*ἐξομολόγησις 499c (1C 26.17*L*)

הָוָה qal
^γίνεσθαι 256b

הֲוָה Ar. pe.
^γίνεσθαι 256b
*εἶναι 378a
*ὑπάρχειν 1406b (To 1.20)

הַוָּה
ἀδικία 25b
⟦αἰσχύνη 37b⟧
ἀνομία 106b
*ἀπώλεια, ἀπωλία 151c (Pr 11.6)
⟦ἀσέβεια, ἀσεβία 169c⟧ → ἀπώλεια, ἀπωλία
καταθύμιος 731b
*μάταιος 898c (Ps 5.9)
ματαιότης 899a
ὀδύνη 967a
ταραχώδης 1337a

הֹוָה
οὐαί 1027c
*ταλαιπωρία 1333b (Is 47.11)

הוֹי
οἴμ(μ)οι 983b
οὐαί 1027c
ὦ, ὤ 1491a, *196a*

הוּךְ Ar. pe.
*πορεύεσθαι 1189a (To 5.21)
^*συμπορεύεσθαι 1305c (1E 8.10)
^*συνεξορμᾶν 1313c (1E 8.11)

הוֹלֵלוֹת
⟦παραφορά 1065b⟧ → περιφορά
περιφέρεια 1128a
περιφορά 1128a

הום qal
ἀπολλύειν, ἀπολλύναι 136c

הום ni.
ἠχεῖν 620c

הום hi.
ἐξάλλεσθαι 487a
ταράσσειν 1336a

הון hi.
συναθροίζειν 1310b

הוֹן
ἀρκεῖν 158a
βίος (הוֹן בַּיִת) 220a
δόξα 341b
δύναμις 350a
θησαυρός *179b*
ἱκανός 683c
ἰσχύς 694b
κτῆμα 793c
κτῆσις 795a
⟦κτίσις 795c⟧ → κτῆσις
πλούσιος *189a*
πλουτεῖν 1150c
πλοῦτος 1150c
τιμή 1353a
ὕπαρξις 1406b
τὸ ὑπάρχον, (τὰ) ὑπάρχοντα 1406b
χρῆμα *196b*

הוֹר
⟦ὄρος 1014b⟧ → הַר

הות polel
ἐπιτιθέναι 535c

הָזָה qal
ἐνυπνιάζεσθαι 481b

הִי
οὐαί 1027c

הִיא
ἐκεῖνος (הַהִיא) 428a
τότε (בָּעֵת הַהִיא) 1367c

הָיָה qal
ἀνιστᾶν, ἀνιστάναι 102c
ἀποβαίνειν 125b
γεννᾶν 237b
^γίνεσθαι 256b, *170b*
διατελεῖν 313a
διδόναι 317b, *171b*
δοκεῖν (הָ׳ כְּ׳ qal) 339b
δύνασθαι (הָ׳ לְ׳ qal) 353a
ἐγγίζειν (הָ׳ עוֹד qal) 362b
⟦ " (הָ׳ לְ׳ qal 362b)⟧ → ἐκδιδόναι + ἀνδρί
ἐστί, ἔστι (= εἶναι II.3) *172b*
ᾖ (= εἶναι III) *172c*
εἴη (= εἶναι IV) *172c*
ἴσθι (= εἶναι V.1) *172c*
ἔστω (= εἶναι V.3) *172c*
ἔστωσαν (= εἶναι V.4) *172c*
ὤν, οὖσα, ὄντα, ὄντες (= εἶναι VI) *173a*
ἦν (= εἶναι VII.3) *173a*
ἔσῃ (= εἶναι VIII.2) *173a*
ἔσται (= εἶναι VIII.3) *173a*
ἔσονται (= εἶναι VIII.6) *173a*
εἰπεῖν, ἐρεῖν (הָ׳ דָּבָר qal) 384a
ἐκδιδόναι + ἀνδρί (= לְאִישׁ) 422a
⟦ἐκτείνειν 442a⟧
⟦ἐμφύρεσθαι 461a⟧ → συναναφύρεσθαι
ἐνεῖναι 472b
ἐπεῖναι 509b
⟦ἐπιβαίνειν 515c⟧ → ἀποβαίνειν
⟦ἐπικληροῦν 523a⟧ → קָרָא I qal ≈ ἐπικαλεῖν
ἔρχεσθαι 548b
ἔχειν (הָ׳ לְ־ qal) 586c, *178c*
⟦ζῆν 594c⟧ → חַי
⟦ἱστάναι, ἱστᾶν 689a⟧
⟦καθῆσθαι 700b⟧ → ἦν (= εἶναι VII.3)
καθίζειν 701c
⟦καλεῖν 712c⟧
⟦καταλείπειν 736a⟧
κατοικεῖν 751c
κτᾶσθαι 793b
λογίζεσθαι 880a
⟦μένειν 910a (Ez 48.8 [A])⟧
παραγίνεσθαι 1056c
⟦περιτιθέναι 1127c⟧
ποιεῖν 1154a (Ex 26.24; I1K 8.7)
⟦σκεπάζειν 1268c⟧
συγγίνεσθαι (הָ׳ עִם qal) 1298c
συμβαίνειν 1302c
*συμπίπτειν 1305b (1K 1.18)
⟦συμφύρειν 1306c⟧ → συναναφύρεσθαι
συναναφύρεσθαι 1311a
*συνελαύνειν (הָיָה עַל) 1313c (2K 11.23*L*)
συνοικεῖν (הָ׳ לְ־ qal) 1317c
ὑπάρχειν 1406b (+ To 4.8)
φαίνειν 1423a

הָיָה ni.
γίνεσθαι 256b
κοιμᾶν 773c
ἐσόμενα (= εἶναι VIII.8) *173a*
⟦ἐπεῖναι *176b*⟧

הַיָּה
⟦ὀδύνη 967a⟧ → הַוָּה

הֵיכָל
ἅλων, ἅλως 60a
βᾶρις 190c
βασίλειον 194b
⟦θησαυρός 651c⟧ → ναός
*ἱερός *180a* (Si 50.2)
^ναός 939a, *185a* (+Si 36.19)
^οἶκος 973a
ὀχύρωμα 1043c
τέμενος 1345a
הֵיכַל Ar.
θρόνος 655b
^ναός 939a
^οἶκος 973a
הֵילֵל
ἑωσφόρος 593c
הִין
§(ε)ιν 378a
χοῦς ("liquid measure") 1473b
הָכַר hi.
ἐπίκεισθαι 523a
הַכָּרָה
αἰσχύνη 37a
הָלָא ni.
ἀπωθεῖν 151a
הָלְאָה
αἰών 39b
*αἰῶνος χρόνος 39b (Is 18.7)
ἐκεῖ 423c
ἐπέκεινα (מֵה׳ לְ־ ,הָ׳) 509b
εἰς τὸν αἰῶνα χρόνον 1476b
הִלּוּלִים
αἰνετός 34b
§ελλουλιμ 453b
χορός 1472c
הֲלִיךְ, הָלִיךְ
ὁδός 962b
הֲלִיכָה
ἀτραπός 176c
διατριβή 314a
πορ(ε)ία 1189a
הָלַךְ qal
ἄγειν 9a (+Ez 30.18)
⟦αἴρειν 34c⟧ → ἄγειν
αἰχμαλωτίζειν 39b
ἀκολουθεῖν (הָ׳ qal, הָ׳ לְרֶגֶל qal) 44c
ἀναβαίνειν, ἀναβέννειν 70a
ἀναστρέφειν 82b
ἀνέρχεσθαι 87b
ἀνταναιρεῖν 108c
ἀντέχειν 109c
ἀπαίρειν 115c
ἀπαλλάσσειν 116b
ἀπέρχεσθαι 121a
ἀποδιδράσκειν 127b
ἀποίχεσθαι 131a
^*ἀποκαθιστάναι 131b (1E 1.31)
ἀπολύειν 138c
*ἀποστέλλεσθαι 141b (4K 6.22*L*)
ἀποστρέφειν 145b
ἀποτρέχειν 149b
^βαδίζειν 188a
⟦γίνεσθαι 256b⟧
δεῦρο 293a
δεῦτε 293a
διαβαίνω, διαβέννειν 298a
διαπορεύεσθαι 308b
διατρέχειν 314a
*διεξάγειν *171c* (Si 3.17 [C])
διέρχεσθαι 328c
⟦διώκειν 338b⟧
⟦ἐγείρειν 364a⟧ → πορεύεσθαι
⟦(ἐ)θέλειν 628b⟧
⟦εἰρήνη 401b⟧
^εἰσέρχεσθαι 410b
εἰσπορεύεσθαι 414a
ἐκπορεύεσθαι 439c
⟦ἔνθεν καὶ ἔνθεν (וַיֵּלֶךְ וַהֲלֹם) 473b⟧ → הֲלֹם ≈ ἔνθεν
ἐξακολουθεῖν (הָ׳ אַחַר qal) 486c, *175c*
ἐξαποστέλλειν 488a
ἐξέρχεσθαι 491c
ἐπακολουθεῖν (הָ׳ אַחַר qal, הָ׳ qal) 505b
ἐπανέρχεσθαι 506c
ἐπέρχεσθαι 509c
ἐπιβαίνειν 515c
ἐπιστρέφειν 531a
ἐπιφέρειν 538a
ἔρχεσθαι 548b
ἡγεῖσθαι (הָ׳ לִפְנֵי qal) 602c
ἥκειν 605a
ἰέναι 678c
⟦καθῆσθαι 700b⟧ → πορεύεσθαι
⟦καταβαίνειν 727a⟧
⟦καταδιώκειν 730b⟧
κατακολουθεῖν 734b
κοιμᾶν 773c
⟦μολύνειν 932c⟧
ὁδεύειν 961c
⟦ὁδηγεῖν 962a⟧ → הָלַךְ hi.
^*οἴχεσθαι 985a
ὁμιλεῖν 991a
παραγίνεσθαι 1056c
παραπορεύεσθαι 1063b
παρέρχεσθαι 1068c
πατεῖν (הָ׳ בְּ־ qal) 1105a
περιπατεῖν 1125a
⟦ " *188c*⟧
πορ(ε)ία 1189a
^πορεύεσθαι 1189a (+ To 5.2), *189c*
εἶναι πεπορευμένος 1189a
⟦πόρευσις 1194b⟧
πράσσειν, πράττειν 1201a, *190a*
προβαίνειν 1204a
προπορεύεσθαι (הָ׳ qal, הָ׳ לִפְנֵי qal) 1208c
προσέρχεσθαι 1213c
προσπορεύεσθαι (הָ׳ qal) 1219b
⟦ " (הָ׳ לִפְנֵי qal) 1219b⟧ → προπορεύεσθαι
ῥεῖν 1248b
συμπορεύεσθαι 1305c
⟦συμπροπορεύεσθαι 1306a⟧ → συμπορεύεσθαι
συνέρχεσθαι 1314a
⟦συνοδεύειν 1317b⟧ → συνέρχεσθαι
*φθίνειν 1430a (Jb 31.26)
הָלַךְ ni.
ἀνταναιρεῖν 108c
הָלַךְ pi.
*ἀναστρέφειν 82b
διαπορεύεσθαι 308b
διέρχεσθαι 328c
κακὸς ὁδοιπόρος 709b
ὁδοιπόρος 962b
περιπατεῖν 1125a, *188c* (Si 13.13)
πορεύεσθαι 1189a, *189c*
*πόρευσις 1194b (Ge 33.14)
προπορεύεσθαι 1208c
הָלַךְ hi.
ἄγειν 9a
ἀνάγειν 75b
⟦ἀναστρέφειν 82b⟧ → הָלַךְ pi.
^ἀπάγειν 115b
ἀπαίρειν 115c
ἀποφέρειν 149c
?αὐλίζειν 178b
διάγειν 299c
⟦διατηρεῖν 313a⟧
διδόναι 317b
εἰσάγειν 407c
εἰσέρχεσθαι 410b
ἐξαποστέλλειν 488a
καθοδηγεῖν 704a
*κατάγειν 729b (Ho 2.14[16])
ὁδηγεῖν 962a
περιάγειν 1121b
πορεύεσθαι 1189a
⟦τάσσειν 1337a⟧ → κατάγειν
ὑπάγειν 1405c

הָלַךְ hit.
ἀναστρέφειν 82b
διαπορεύεσθαι 308b
διεξάγειν *171c* (Si 3.17 [A])
διέρχεσθαι 328c
διοδεύειν 336a
ἐλίσσειν 453a
ἐμπεριπατεῖν 456c
εὐαρεστεῖν 568c, *177c*
*ἰέναι 678c (1K 25.15)
〚κατακαυχᾶσθαι 733a〛 → הָלַל hitpo.
περιστάναι (הָ בְרַגְלֵי hit.) 1070c
περιοδεύειν 1124c
περιπατεῖν 1125a, *188c*
πορεύεσθαι 1189a
προπορεύεσθαι 1208c
συστρέφειν 1323c
χωροβατεῖν 1482c

הֲלַךְ Ar. pe.
ἀπέρχεσθαι 121a
ἀποφέρειν 149c
πορεύεσθαι 1189a

הֲלַךְ Ar. pa.
διαπορεύεσθαι 308b
περιπατεῖν 1125a

הֲלַךְ Ar. af.
περιπατεῖν 1125a
πορεύεσθαι 1189a

הֵלֶךְ
*ὁδοιπόρος 962b (2K 12.4*L*)
πάροδος 1071a

הֲלָךְ Ar.
^*κάθοδος (הֲלִכָה, הֲ) 704a (1E 2.24)
μέρος 911c
φόρος 1438a

הָלַל qal
ἄνομος 107c
αὐγεῖν 176c
παρανομεῖν 1062b
παράνομος 1062b

הָלַל pi.
αἰνεῖν 33a (+Ps 17[18].3; 112[113].3), *165c*
αἴνεσις 33c
αἰνετός 34b
αἶνος 34b
§αλληλουια (הַלְלוּ־יָהּ) 55c
ἐγκωμιάζειν 367b
ἐξομολογεῖν 499a
ἐπαινεῖν 504c
^εὐλογεῖν 572c
*εὐφραίνειν 581a
〚ἱλαρύνειν *180b*〛

καθυμνεῖν 704b
^ὑμνεῖν 1405a
^ὕμνος 1405b

הָלַל pu.
〚αἰνεῖν 33a〛 → הָלַל pi.
αἰνετός 34b
ἐγκωμιάζειν 367b
ἐπαινε(σ)τός 504c
*ἐπαίνειν 504c (Ps 43[44].8)
〚πενθεῖν 1117b〛 → יָלַל hi.

הָלַל polel
ἐξιστᾶν, ἐξιστάναι 496c
ἐπαινεῖν 504c
περιφέρειν 1128a
περιφορά 1128a

הָלַל hi.
〚διδόναι 317b〛
ἐπιφαύσκειν 538a
〚ἐπιφώσκειν 538b〛 → ἐπιφαύσκειν
*ἱλαρύνειν *180b* (Si 36.27)

הָלַל hit.
ἀγαλλιᾶσθαι 4c
αἰνεῖν 33a
ἐγκαυχᾶσθαι 366b
ἐνδοξάζεσθαι 470c
ἐπαινεῖν 504c
ἐπιχαίρειν *177a*
καυχᾶσθαι 757b

הָלַל hitpo.
〚ἐκμαίνεσθαι 438b〛 → μαίνεσθαι
κατακαυχᾶσθαι 733a
μαίνεσθαι 892a
παραφέρειν 1065b
〚προσποιεῖν 1219b (1K 21.13 [14])〛
συγχεῖν 1301a

הָלַם qal
ἀποκόπτειν 133a
ἀποτέμνειν 148c
ἐλαύνειν 448c
ἐμπαίζειν 456b
ἐμποδίζειν 458c
καταπατεῖν 740b
καταράσσειν 743a
μεθύνειν, μεθύσκειν 907c
*ὁμαλίζειν 90c (Jd 5.22*L*)
παιδεύειν 1047a
σφυροκοπεῖν 1327c

הֲלֹם
〚αἰών 39b〛 → עוֹלָם
ἐκεῖ 423c
ἔνθεν 473b
ἐνταῦθα 476c
ὧδε 1491b

הֲלֹמוּת
ἀποτομή 149b
σφῦρα 1327b

הֵם
νῦν, νυνί (הַיָּמִים הָהֵם) 951c
τοιοῦτος (כָּהֵם) 1362b

הָמָה qal
ἀναπτεροῦν 81c
*ἀπαγγέλλειν 113c (Ps 54.18)
βοᾶν 222a
βομβεῖν 224c
*βρόμος 231a (Jb 6.7)
*ἐξηχεῖν 495c (2K 22.15*L*)
ἐξιστᾶν, ἐξιστάναι *176a*
〚εὐφραίνειν 581a〛
ἠχεῖν 620c
θρασύς 654b
θροεῖν 655b
κυμαίνειν 799a
〚λιμώσσειν 879b〛
μαιμάσσειν 892a
〚μάσσειν 898a〛 → μαιμάσσειν
σπαράσσειν 1281c
στενάζειν 1288b
συνταράσσειν 1318a
ταράσσειν 1336a, *193a*
ὑβριστικός 1380b

*הָמָה hi.
*ἐξηχεῖν 495c (2K 22.15*L*)

הֵמָּה
ἐκεῖνος pl. (הֵ pl.,הָהֵ pl.) 428a

הָמוֹן
ἁρμονία 159a
βοή 222c
δύναμις 350a
ἔθνος 368b
ἐξηχεῖν 495c
ἦχος, ἠχώ 620c, 621b, *179c*
θόρυβος 654a
ἰσχύς 694b
λαός 853b (4K 25.11²*L*)
μέγας 902c
ὄχλος 1043a
παρεμβολή 1067b
πλῆθος 1142c, *189a*
πλοῦτος 1150c
πολυάνδρ(ε)ιον 1181a
〚πολυοχία(?) 1181b〛 → πολυοχλία
πολυοχλία 1181b
πολύς, πλείων, πλεῖστος 1181b, *189b*
πλῆθος πολύς 1181c
συναγωγή 1309b
ταράσσειν 1336a

⟦φωνή 1447b (1K 4.14)⟧ → βοή
הֲמוֹנָה
πολυάνδρ(ε)ιον 1181a
הַמּוּנְכָא Ar. → הַמְיָנֵךְ Ar.
הֶמְיָה
*πολύς, πλείων, πλεῖστος 1181b (Is 14.11)
*הַמְיָנֵךְ Ar.
*μανιάκης 895c
הָמַם qal
ἀφανίζειν 181b
ἐκτρίβειν *174a*
ἐξαναλίσκειν 487b
ἐξιστᾶν, ἐξιστάναι 496c
συγχεῖν 1301a
συνταράσσειν 1318a
הָמַן
ἀφορμή 186b
הַמְנִיכָא, הַמּוּנְכָא, הַמְּנוּכָא Ar. → הַמְיָנֵךְ
*הֲמָרְכָל Ar.
*διοικητής 336b (To 1.22)
*הֲמָרְכָלוּ Ar.
*διοίκησις 336b (To 1.21)
הֵן
ἦ 602c
ἰδού 673c, *180a*
ἴσως 695c
νῦν οὖν (לָהֵן) 951c
הֵנָּה I ("here, hither")
ἔνθα 473b
ἔνθεν 473b
ἐνταῦθα 476c
ἐντεῦθεν 479a
ἔτι (עַד־הֵ׳) 561a
νῦν, νυνί 951c
τὸ νῦν 951c
ὧδε 1491b
הֵנָּה II ("they")
ἐκεῖνος pl. (הָהֵ׳ pl.) 428a
τοιοῦτος (כָּהֵ׳) 1362b
הִנֵּה
⟦γίνεσθαι 256b⟧
ἐκεῖνος 428a
ἐξαίφνης, ἐξέφνης (וְהִ׳) 486b
ἔρχεσθαι 548b
⟦ἔτι 561a⟧
εὐθύς (adv.) 571b
ἔχειν 586c
ἤδη 604b
ἰδεῖν 669b
ἰδού (הִ׳־נָא, הִ׳) 673c
ναί 939a
νῦν, νυνί (וְהִ׳,הִ׳־נָא, הִ׳) 951c
ὅδε 960b
οἴεσθαι 967c
ὁρᾶν 1005a
παρεῖναι 1065c
?πλήν 1145c (Ez 16.49)
τίς 1355c
הֲנָחָה
ἄφεσις 182b
הַס
⟦εὐλαβεῖσθαι 572a⟧
σιγᾶν 1265c
σιωπᾶν 1267c
σιωπή 1268a
הָסָה hi.
κατασιωπᾶν 743c
הֲפוּגָה → פוּגָה
הָפַךְ qal
ἀλλάσσειν 55b
ἀναστρέφειν 82b
⟦ἀπαλλοτριοῦν *167c*⟧
ἀποστρέφειν 145b
ἐκστρέφειν 441c
ἐκτρέπειν 443c
ἐπιστρέφειν 531a
καθαιρεῖν *180a*
καταστρέφειν 745c
μεταβάλλειν 915b
μεταστρέφειν 916c, *184b* (– Si 39. 24)
στρέφειν 1296c
στρόφος *192b*
הָפַךְ ni.
ἀποστρέφειν 145b
*ἔσται (= εἶναι VIII.3) *173a* (Si 6.12)
ἐπανιστάναι, ἐπανιστάνειν 506c
ἐπιβαίνειν 515c
ἐπιστρέφειν 531a
εὐμετάβολος 575a
ἡγεῖσθαι 602c
καταστρέφειν 745c
μεταβάλλειν 915b
μετατιθέναι *184b* (– Si 49.14)
μεταστρέφειν 916c
σκολιάζειν 1275b
στρέφειν 1296c, *192b*
τρέπειν *194a*
הָפַךְ ho.
ἐπιστρέφειν 531a
הָפַךְ hit.
διαστρέφειν 312a
κυλίειν 798c
στρέφειν 1296c
הֶפֶךְ, הֵפֶךְ
διαστρέφειν 312a
ἐκστρέφειν 441c
הֲפֵכָה
καταστροφή 746a
הֲפַכְפַּךְ
σκολιός 1275b
הַצָּלָה
⟦σκέπη 1269a⟧ → צָלַל III hi.
הַר
⟦βουνός 228b⟧
⟦γῆ 240c⟧
ἡ ὀρεινή 1010c
ὁ ἐν τῇ ὀρεινῇ 1010c
ὄρος 1014b, *186c*
הַרְאֵל
§αριηλ 156b
הַרְבֵּה
^*μέγας 902c (1E 8.91)
הָרַג qal
ἀναιρεῖν 77b
ἀναίρεσις 77c
ἀποκεντεῖν 132b (+Zp 1.10)
ἀποκέντησις 132b
^ἀποκτείνειν, ἀποκτέννειν 135a
⟦ " *168a*⟧
ἀπολλύειν, ἀπολλύναι 136c, *168a*
ἀφανίζειν 181b
⟦διαπαρατηρεῖσθαι 307b⟧
⟦διαρπαγή 308c⟧
ἐκκεντεῖν 432c
θανατοῦν 625a
θνήσκειν 653c
κατασφάζειν 746b
*κτείνειν 793c (Pr 25.5)
νεκρός 941b
σφαγή 1324a
σφάζειν 1324b
φονεύειν 1437a, *195b*
*φονεύς 1437b (4K 9.31*L*)
φονευτής 1437b
הָרַג ni.
ἀναιρεῖν 77b
ἀποκτείνειν, ἀποκτέννειν 135a
πίπτειν 1135c
⟦φονεύειν 1437a⟧
הָרַג pu.
ἀφαιρεῖν 77b
θανατοῦν 625a
הֶרֶג
ἀναιρεῖν (הֲ׳ הֲרוּגִים) 77b
ἀπολλύειν, ἀπολλύναι 136c
κτείνειν 793c
הֲרֵגָה
ἀναιρεῖν 77b
σφαγή 1324a
הָרָה I qal
γαστήρ 234b

ἐν γαστρὶ λαμβάνειν 234b, 847a
ἐν γαστρὶ ἔχειν 586c
γεννᾶν 237b
θανατοῦν 625a
⟦κύειν, κυεῖν 796b⟧
συλλαμβάνειν 1301c
συλλαμβάνειν ἐν γαστρί 1301c
τίκτειν 1351c
ὠδίνειν 1492c

הָרָה II adj.
ἐν γαστρὶ ἔχειν 234b
συλλαμβάνειν 1301c
σύλληψις 1302c

הֵרוֹן
⟦στεναγμός 1288a⟧ → הִגָּיוֹן

הֲרֵי
*ἰδού 673c (Jb 3.3)

הָרִיָּה
γαστήρ 234b
ἐν γαστρὶ ἔχειν 586c

הֵרָיוֹן
κύησις 796b
σύλληψις 1302c

הֲרִיסָה
κατασκάπτειν 743c
καταστρέφειν 745c
οἰκόπεδον *186a*

הֲרִיסוּת
τὰ πεπτωκότα (אֶרֶץ הֲ׳) 1135c

הָרַס qal
βιάζεσθαι 218a
⟦ἐγγίζειν 362b⟧
ἐξαίρειν 485a
καθαιρεῖν 697b
καταβάλλειν 728c
κατασκάπτειν 743c
κατασπᾶν 745a
καταστρέφειν 745c
συντρίβειν 1321a

הָרַס ni.
καθαιρεῖν 697b
κατασκάπτειν 743c
ῥηγνύναι 1248c
συμπίπτειν 1305b

הָרַס pi.
καθαιρεῖν 697b
καθαίρεσις 697c

הִשָּׂגָה
⟦αἵρεμα *165c*⟧ → נָשַׂג hi. ≈ εὕρεμα

הִשָּׂגַת
⟦εὕρεμα *178a*⟧ → נָשַׂג hi.

הִתּוּךְ
χωνεύειν 1480c

הָתַל pi.
*καταμωκᾶσθαι *181b* (Si 13.7)
μυκτηρίζειν 936c

ו

וּ, וְ
εἶτα 415c
ἤ *178a*
ἵνα *180b*
μηδέ *184c*
οὕτω(ς) 1035c, *187b* (–Si 36.24)
τε *193a*
εἴ τε *193a*
ὡς *196a*

וָו
ἀγκύλη 15b
κεφαλίς 763a
κρίκος 786a

וָלָד
οὐκ ἐτεκνοποίει (לָהּ וָ׳ + neg.) 1342a

וָתִיק
πολύπειρος *189b*

ז

זְאֵב
λύκος 889a, *183c*

זֹאת
ἐκεῖνος (הַזּ׳,ז׳) 428a
ἐν τῷ νῦν καιρῷ (בַּפַּעַם הַזּ׳) 706a, 951c
οὕτω(ς) (ז׳,כָּז׳,מִז׳) 1035c
⟦ ” (בְּז׳) 1035c⟧ → οὕτω(ς) (כָּז׳)
τοιοῦτος (ז׳,כָּז׳) 1362b
ὡσαύτως (כָּז׳) 1495c

זָבַד qal
δωρεῖσθαι 359a, *172c*

זֶבֶד
δῶρον 359a

זְבוּב
μυῖα 936b

זָבַח qal
⟦ἐκζητεῖν 430c⟧
^ἐπιθύειν 520b
⟦θυάζειν(?) 656b⟧
θύειν 659a
θῦμα 659c
⟦θυμιάζειν, θυμιᾶν 660a⟧
θυσία 664a
θυσιάζειν 666a
⟦προσφέρειν 1222c (De 17.1)⟧ → θύειν
σφάζειν 1324b

זִבַּח pi.
θύειν 659a
⟦θυμιάζειν, θυμιᾶν 660a⟧
θυσιάζειν 666a

זֶבַח
θῦμα 659c
θυμίαμα 660b
θυσία 664a, *179c* (+Si 7.31)
θυσιάζειν 666a
θυσίασμα 666a
ὁλοκαύτωμα 987c
σφάγιον 1324b

זָבַל qal
αἱρετίζειν 36a

זְבֻל
ἅγιος 12a
δόξα 341b
κατοικητήριον 755b
οἶκος 973a
τάξις 1334b

זְבַן Ar. pe.
ἐξαγοράζειν 484a

זָג
γίγαρτον 256b

זֵד
ἁμαρτωλός *166b*
ἄνομος 107c, *167b* (Si 39.24)
*ἀσεβής 170b (Is 25.2, 5; 29.5), *168c*
θρασύς 654b
παράνομος 1062b
*πονηρός 1186c (Is 25.4)

*ὑβριστής 1380a (Pr 27.13)
ὑπερήφανος 1410a
זָדוֹן
ἀδικία *165b*
ἁμαρτωλός *166b*
ἀσέβεια, ἀσεβία 169c
ἀσεβής *168c*
*γαυρίαμα 234c (Jb 4.10)
ἰταμία 696a
*παράνομος 1062b (Pr 21.24)
σκληροκαρδία (זְ׳ לֵב) *191b*
ὕβρις 1380a
ὑβριστής *194a*
⟦ὑβρίστια 1380b⟧ → ὑβρίστρια
ὑβρίστρια 1380b
ὑπερηφαν(ε)ία 1409c, *194b*
זֶה
ἄλλος 56b
αὐτοῦ (adv.) (בָּזֶה) 179c
⟦δεύτερος (מִזֶּה) 293b⟧
διὰ τοῦτο (כִּי זֶה) *171a*
εἷς 406c, *173b* (+Si 36[33].15)
ἐκεῖνος (הַזֶּה) 428a
ἔνθεν (מִזֶּה) 473b
ἐνταῦθα (מִזֶּה, בַּזֶּה, בָּזֶה) 476c
ἐντεῦθεν (מִזֶּה, מֵאֵת זֶה) 479a
⟦ἀπ᾽ ἐντεῦθεν (מִזֶּה) 479a⟧ → ἐντεῦθεν
ἕτερος 560a
ἰδού 673c
τὰ μέν (שֶׁזֶּה) *184b*
νῦν, νυνί (הַיּוֹם הַזֶּה) 951c
οὕτω(ς) (כָּזֶה, זֶה אֲשֶׁר, זֶה) 1035c
ποῖος (אֵה זֶה) 1170a
τίς (מַה־זֶּה, זֶה) 1355c
διὰ τί (לַמָּה־זֶּה) 1355c
ἵνα τί (לַמָּה־זֶּה) 1355c
τί ὅτι (לָמָה־זֶה, מַה־זֶּה) 1355c
τί τοῦτο (מַזֶּה) 1355c
^τοιοῦτος (כָּזֹאת, אֲשֶׁר־כָּזֶה, כָּזֶה, זֶה) 1362b
τότε (בָּזֶה) 1367c
ὃν τρόπον 1375a
^*τὸ ὑποκείμενον 1414b (1E 8.8)
ὧδε (בָּזֶה) 1491b
זֹה
οὕτω(ς) (כָּזֹה) 1035c
זָהָב
καταχρύσεα (דִּי זָ׳) 748c
νέφη χρυσαυγοῦντα 944a
περιχρυσοῦν (אֲפֻדַּת זָ׳) 1128b
χρυσαυγεῖν 1477a
^χρυσίον 1477a, *196c*
χρυσός 1478c, *196c*
⟦χρυσοτορευτός (זָ׳ מִקְשָׁה) 1478c⟧ → χρυσοῦς, χρύσεος
^χρυσοῦς, χρύσεος 1478c, *196c*
χρυσοχόος (צֹרֵף בַּזָּ׳) 1480a
^*χρύσωμα (כְּפוֹר זָ׳) 1480a (1E 8.56)
זָהִיר
παιδεύειν *187a*
προσέχειν (הָיָה זָ׳) *190b*
זְהִיר Ar.
^*προνοεῖν 1207c (1E 2.24)
*φυλάσσειν, φυλάττειν 1441c
זְהִירָה
*ἐκλάμπειν *173c* (Si 43.8)
זָהַר qal
*φωτίζειν *195c* (Si 42.16)
זָהַר ni.
διαστέλλειν 311b
προσέχειν 1215b
φυλάσσειν, φυλάττειν 1441c, *195c*
זָהַר hi.
⟦ἀφιστᾶν, ἀφιστάναι, ἀφιστάνειν 184b⟧
διαμαρτύρεσθαι 305b
διαπειλεῖν 307c
διαστέλλειν 311b
ἐκλάμπειν 435a
⟦λάμπειν 853a⟧ → ἐκλάμπειν
προαπαγγέλλειν 1204a
σημαίνειν 1263a
φαίνειν 1423a
φυλάσσειν, φυλάττειν 1441c
φωτίζειν *195c*
זֹהַר
αὔρα 179a
λαμπρότης 853a
φωστήρ 1451b
זוב qal
γονορρυεῖν 274c
γονορρυής 274c
*πορεύεσθαι 1189a (La 4.9)
ῥεῖν 1248b, *191a*
ῥύσις 1255c
זוב hi.
κατάγειν *181b*
זוֹב
⟦γόνος 274c⟧ → רִיר
ῥύσις 1255c
זוד, זיד qal
ἀνθιστάναι 95c
ἐπιτιθέναι 535c
ἕψειν 592a
זוד, זיד hi.
ἀσεβεῖν 170a
ἐπιτιθέναι 535c
*καθυβρίζειν 704b (Je 28[51].2)
παραβιάζεσθαι 1056a
ὑπερηφανεῖν 1409b
ὑπερηφανεύεσθαι 1409b
זוד Ar. af.
ὑπερηφανεύεσθαι 1409b
זוז hi.
*τίναγμα 1354a (Jb 28.26)
זוּזִים
⟦ἔθνος ἰσχυρόν 368b⟧ → עִזּוּז ≈ ἰσχυρός
זוּחַ
ἐξανιστάναι *175c*
זָוִיָּה → זִיו
זוּל
συμβάλλειν 1303a
זוּלָה
ἐκτός 443c
πάρεξ, παρέξ 1068c
πλήν 1145c, *189a*
זון I ho.
θηλυμανής 650a
זון II Ar. itpe.
τρέφειν 1371b
χορηγεῖν 1472b
זוּעַ I qal
προσκυνεῖν 1217b
σαλεύειν 1257c, *191a* (+Si 43.16)
τρομεῖν 1374c
זוּעַ I pilp.
ἐπίβουλος 517b
זוּעַ II Ar. pe.
*τρέμειν 1371b
זְוָעָה
ἀνάγκη 76a
⟦διασκορπισμός 310c⟧
⟦διασπορά 311a⟧
ἔκστασις 441b
ἐλπὶς πονηρά 454a
זוּר I, זוֹר qal
ἀλλογενής 55c, *166a*
ἄλλος 56b
ἀλλότριος 57a, *166b*
ἀπαλλοτριοῦν 116c
ἀποπιάζειν 139c
⟦ἀσεβής 170b⟧ → זֵד
γυνὴ πόρνη 278b
ἐγγίζειν + neg. 362b
ἐκπιέζειν, ἐκπιάζειν, ἐκπιεζεῖν 439a
ἑταιρίζεσθαι *177c*
⟦παράνομος 1062b⟧ → זֵד
πρόσφατος 1222c
⟦σκορπίζειν 1275c⟧ → זָרָה pi.
στερεῖν 1288c
זוּר I, זוֹר ni.
ἀπαλλοτριοῦν 116c
זוּר I, זוֹר ho.
ἀπαλλοτριοῦν 116c

זור II qal
*συντρίβειν 1321a (Is 59.5)
זוּרֶה
⟦συντρίβειν 1321a⟧ → זור II qal
זָחַח ni.
χαλᾶν 1452c
זָחַל qal
ἡσυχάζειν 620a
σύρειν 1322c
זִיד qal
see זוד, זִיד qal
זִיד hi.
see זוד, זִיד hi.
זֵידוֹן
ἀνυπόστατος 112b
זִיו, also Ar.
ἕξις 496b
*καλλωπίζειν 715b (Ps 143.12)
μορφή 934b
ὅρασις 1007b
ὄψις 1044c
πρόσοψις 1219a
*ὡραιότης 1494a (Ps 49[50].11)
זִיז
?εἴσοδος 413c
μονιός 933a
⟦ὡραιότης 1494a⟧ → זִיו
זִיקוֹת
*ἀστραπή *168c* (Si 43.13)
φλόξ 1433a
זֵיר
κόσμος *182b*
זַיִת
ἐλαία 446c, *174a*
ἐλάϊνος 446c
ἐλα(ιο)λογεῖν (חָבַט זַ׳) 447a
ἐλαιών 447c
זַךְ, זָךְ
ἁγνός 16b
ἀτρύγητος, ἄτρυγος 176c
διαφανής 314b
καθαρός 698c
ὅσιος 1018b
*φανερός 1424a (Pr 16.2)
זָכָה qal
ἄμεμπτος 65b
ἀποκαθαρίζειν 131b
δικαιοῦν 334b
νικᾶν 945b
זָכָה pi.
ἁγνός 16b
δικαιοῦν 334b
ἁγνὸν ἔχειν 586c
κατορθοῦν 756b
זָכָה hit.
καθαρὸς γίνεσθαι 256c, 698c
זְכוּ Ar.
δικαιοσύνη 332c
εὐθύτης 571b
זְכוּכִית
ὕαλος 1379c
זְכוּר
ἀρσενικός 160b
זָכַךְ qal
ἄμεμπτος 65b
καθαριοῦν 698c
καθαρός 698c
זָכַךְ hi.
ἀποκαθαίρειν 131a
זָכַר qal
ἀναμιμνήσκειν 79c
μιμνήσκεσθαι 927c, *185a*
μνεία 931a
μνείαν ποιεῖν 931a, 1154a
μνημονεύειν 931c
ὀνομάζειν 999c
זָכַר ni.
ἀναμιμνήσκειν 79c, *166c*
⟦ἀρσενικός 160b⟧ → זָכָר
μιμνήσκεσθαι 927c
μνεία γίνεσθαι 256c, 931a
ἐστὶ μνεία 931a
μνημόσυνον 931c
μνημόσυνος 932a
זָכַר hi.
⟦ἀγαλλιᾶσθαι 4c⟧ → גָּדַל, גָּדֵל I qal
≈ μεγαλύνειν
⟦ἀγαπᾶν 5b⟧
⟦ἄμνησις(?) 66b⟧ → ἀνάμνησις
ἀναμιμνήσκειν 79c
ἀνάμνησις 80a
ἀναφωνεῖν 85c
⟦εἰδεῖν, εἰδέναι 374b⟧
⟦ἐπικαλεῖν 521b⟧ → גָּדַל, גָּדֵל I qal
≈ μεγαλύνειν
ἐπονομάζειν 539a
καλεῖν 712c
μιμνήσκεσθαι 927c, *185a*
μνημόσυνον *185b*
διδόναι εἰς μνημόσυνον 317b, 931c
ὀνομάζειν 999c
ὑπομιμνήσκειν 1416a
ἐπὶ τῶν ὑπόμνημα 1416b
ὑπομνηματογράφος 1416b
זָכָר
^ἀνήρ 88a
ἄνθρωπος *167a*
ἀρσενικός 160b
ἄρσην, ἄρρην 160c, *168b*
זֶכֶר, זֵכֶר
μνεία 931a
μνήμη 931b
⟦μνημονεύειν 931c⟧ → זָכַר qal
μνημόσυνον 931c, *185b*
ὄνομα 995b
זִכָּרוֹן
⟦ἀγαυρίαμα 7a⟧ → γαυρίαμα
ἀνάμνησις 80a
μνήμη 931b
μνημοσύνη *185b*
μνημόσυνον 931c, *185b*
μνημόσυνος 932a
*ψαλμός 1483b (Zc 6.14)
זַלְזַל
βοτρύδιον μικρόν 226b
זָלַל qal
ἀνάξιος 80b
ἀσωτία 175a
ἀτιμοῦν 176a
συμβολοκοπεῖν 1303b, *192b*
ταπεινοῦν 1334c
זָלַל ni.
τρόμος λαμβάνει 847a
σαλεύειν 1257c
זָלַל hi.
*καταφρονεῖν 748a (Je 2.36)
זִלְעָפָה, זַלְעָפָה
ἀθυμία 30a
καταιγίς 731b, *181b*
זִמָּה
ἀνόμημα 106b
ἀνομία 106b
ἄνομος 107c
ἀνόσιος 108b
ἀπαλλοτρίωσις 116c
ἀσέβεια, ἀσεβία 169c
ἀσεβεῖν 170a
ἀσέβημα 170b
⟦ἀφροσύνη 186b⟧
βδέλυγμα *169b*
βρόμος 231a
⟦§ζεμα 593b⟧
*§ζεμμα 593b
κακός 709b
παρανόμως (בְּזִ׳) 1062c
זְמוֹרָה
κλῆμα 767c
זָמִיר I
τομή 1363c
זָמִיר II
ψαλμός 1483b
ψαλτός 1484a
זְמִירָה
*φυλακή 1440c (Jb 35.10)
זָמַם qal
ἀδικία 25b
βουλεύειν 227a

*διαλογίζεσθαι 304c (Ps 139 [140].9)
διανοεῖσθαι 306b, *171b* (Si 51.18)
ἐγχειρεῖν 367b
⟦ἐγχειρίζειν 367b⟧ → ἐγχειρεῖν
⟦ἐκτείνειν 442a⟧
ἐνθυμεῖσθαι 473c
ἐπιτιθέναι 535c
θεωρεῖν 649b
*ὁρμᾶν 1014a (Je 4.28)
⟦παρατάσσειν 1064c⟧
παρατηρεῖν 1065a
πονηρεύεσθαι 1186a

זְמָם
⟦διαλογίζεσθαι 304c⟧ → זָמַם qal

זָמַן pu.
συνταγή 1318a
⟦χρόνος 1476b⟧ → זְמָן

זְמָן
⟦ἐπιτελεῖν 535a⟧
*καιρός 706a, *180b* (Si 32[35].26)
ὅρος 1017c
χρόνος 1476b

זְמַן I af. or Ar. itpa.
ποιεῖν 1154a
συνειπεῖν 1313b
συντιθέναι 1320c

זְמַן II Ar.
καιρός 706a (+ To 14.4)
τρίς (זִמְנִין תְּלָתָה) 1373a
^χρόνος 1476b

זָמַר I qal
τέμνειν 1345a

זָמַר I ni.
τέμνειν 1345a

זָמַר II pi.
ὑμνεῖν 1405a, *194a* (Si 51.11)
ψάλλειν 1483a
ψαλμός 1483b

זְמָר Ar.
μουσικός 935c

זַמָּר Ar.
ᾄδειν 19a
^*ἱεροψάλτης 683c (1E 8.22)

זֶמֶר
καμηλοπάρδαλις 717c

זִמְרָה I
καρπός ("fruit") 723c

זִמְרָה II
*αἴνεσις 33c
ψαλμός 1483b
*ὕμνησις 1405b

זִמְרָת
⟦αἴνεσις 33c⟧ → זִמְרָה II
⟦ὕμνησις 1405b⟧ → זִמְרָה II

זַן, also Ar.
γένος 239b

זָנַב pi.
καταλαμβάνειν τὴν οὐραγίαν 735a, 1031b
κόπτειν τὴν οὐραγίαν 779a, 1031b

זָנָב
κέρκος 760c
οὐρά 1031a

זָנָה qal
ἐκπορνεύειν 440c
ἐμπόριον εἶναι 459a
ἑταιρίζεσθαι *177c*
πορν(ε)ία 1194c
πορνεύειν 1194c
πόρνη 1195a, *189c*
πορνικός 1195a

זָנָה pu.
πορνεύειν 1194c

זָנָה hi.
ἐκπορνεύειν 440c
πορνεύειν 1194c

זְנוּנִים
πορν(ε)ία 1194c

זְנוּת
πορν(ε)ία 1194c, *189c* (+Si 42.8)

זָנַח qal
ἀποστρέφειν 145b
ἀποτρίβειν 149c
ἀπωθεῖν 151a

זָנַח hi.
ἐκβάλλειν 420c
ἐκλείπειν 435c
καταλείπειν 736a
μιαίνειν 925c

זָנַק pi.
ἐκπηδᾶν 439a

זֵעָה
ἱδρώς 678c

זַעֲוָה
ἀνάγκη 76a
⟦διασκορπισμός 310c⟧
⟦διασπορά 311a⟧
ἔκστασις 441b
ταραχή 1336c

זְעֵיר, also Ar.
μικρός 926c

זָעַם qal
⟦ἀδικία 25b⟧
ἀπειλεῖν 120a
⟦ἐπάγειν ὀργήν 503c, 1008b⟧ → זַעַם ≈ ὀργή
ἐπικαταρᾶσθαι 522c
θυμοῦν 662b
καταρᾶσθαι 742c
μισεῖν 929a
μισητός 930a
ὀργίζειν 1010a
⟦παρατάσσειν 1064c⟧
⟦ὑπεριδεῖν 1410b⟧

זָעַם ni.
ἀναιδής 77b

זַעַם
⟦ἀπαιδευσία 115c⟧
ἀπειλή 120a
ἐμβρίμημα 456a
θυμός 660c
ὁπλομάχος (כְּלֵי זַ׳) 1003c
ὀργή 1008b, *186c*
πικρία 1132c

זָעַף qal
αἰτιᾶσθαι 38b
⟦ἀσθενής 172b⟧
διατρέπειν 314a
θυμοῦν 662b
σκυθρωπός 1277a
ταράσσειν 1336a

זָעֵף
ἐκλύειν 438a
ταράσσειν 1336a

זַעַף
ἀπειλή 120a
θυμός 660c
θυμοῦν 662b
ὀργή 1008b
ὀργίζειν (בְּזַ׳) 1010a
σάλος 1258a

זָעַק qal
ἀναβοᾶν 73c
ἀνακράζειν 78b
βοᾶν 222a
*γελᾶν 235b (Je 20.8)
κράζειν 781b
στενάζειν 1288b

זָעַק ni.
⟦ἀναβαίνειν, ἀναβέννειν 70a⟧ → ἀναβοᾶν
ἀναβοᾶν 73c
βοᾶν 222a
κράζειν 781b

זָעַק hi.
ἀναβοᾶν 73c
βοᾶν 222a
καλεῖν 712c
κηρύσσειν 763c
κράζειν 781b
παραγγέλλειν 1056b

זְעַק Ar. pe.
βοᾶν 222a
καλεῖν 712c

זַעַק
ἀναβοᾶν 73c
κραυ(γ)ή 784b
זְעָקָה
βοᾶν 222a
βοή 222c
κραυ(γ)ή 784b
⟦φωνή 1447b⟧ → κραυ(γ)ή
זֶפֶת
ἀσφαλτόπισσα 174c
πίσσα 1137c, *188c*
זִק
⟦ἀστραπή *168c*⟧ → זִיקוֹת
πέδη 1113a
χειροπέδη 1467a
זָקָן
^πώγων 1246a
⟦φάρυγξ 1425b⟧
זָקֵן I qal
γηράσκειν, γηρᾶν 256a
זָקֵן I hi.
γῆρας ἄγειν *165a*, *170b*
γηράσκειν, γηρᾶν 256a, *170b*
זָקֵן II adj.
⟦ἀνήρ 88a⟧
γερουσία 240a
γέρων 240a, *170a* (Si 35[32].9)
^πρεσβύτερος, πρεσβυτέρα 1201c
πρεσβύτης 1202c
φύλαρχος (זְקַן שֵׁבֶט) 1441c
זֹקֶן
γῆρας 255c
זִקְנָה
γῆρας 255c
γηράσκειν, γηρᾶν 256a
זְקֻנִים
γῆρας 255c
זָקַף qal
ἀνορθοῦν 108b
זְקַף Ar. pe.
^*κρεμάζειν 785c (1E 6.31)
ὀρθοῦν 1011a
זָקַק qal
διηθεῖν 330a
ἐπιχεῖν 538c
זָקַק pi.
⟦ἐκχεῖν, ἐκχέειν 445c⟧ → χεῖν
*χεῖν 1457c (Ma 3.3)
זָקַק pu.
⟦δοκίμιον 340a⟧ → δόκιμος
δόκιμος 340a
καθαρίζειν, καθερίζειν 698a
זָר
*ἑταίρα *177b* (Si 41.20)
ἑταιρίζεσθαι (זור) *177c*
ἕτερος 560a
ἐχθρός 589c
λαὸς ἀλλότριος 853b
ὁ/τὸ πέλας 1116b
γυνὴ πόρνη (זָרָה) 1195a
זֵר
κυμάτιον 799a
στεφάνη 1289c
στρέπτος κυμάτιον 1296b
στρέπτος στεφάνη 1296b
זָרָא
χολέρα 1472a, *196a*
זָרַב pu.
τήκειν 1348a
זָרָה qal
διασκορπίζειν 310b
διασπείρειν 310c
καθαρός 698c
λεπτὸν ποιεῖν 874a, 1154a
λικμᾶν, λιχμᾶν 878b, *183b*
σπείρειν 1282a
זָרָה ni.
διασκορπισμός 310c
λικμᾶν, λιχμᾶν 878b
זָרָה pi.
διασκορπίζειν 310b
διασπείρειν 310c
?ἐναντιοῦν 468c
ἐξιχνιάζειν 497a
⟦καθυβρίζειν 704b⟧ → זוד, זיד hi.
λικμᾶν, λιχμᾶν 878b
λικμήτωρ 878b
σκορπίζειν 1275c
זָרָה pu.
ἐκτείνειν 442a
κατασπείρειν 745b
זְרוֹעַ
ἀντίληψις 111b
βραχίων 230a, *169c*
ἐπίχειρον 538c
*ὦμος 1493a (Ma 2.3)
זֵרוּעַ
σπέρμα 1282b
σπόριμος 1285b
זַרְזִיף
στάζειν 1286a
זַרְזִיר
ἀλέκτωρ 52c
זָרַח qal
ἀνατέλλειν 83a (Si 26.16)
ἐξανατέλλειν 487c
*ἐξανθεῖν 487c (Ho 7.9)
ἐπιφαίνειν 537c
φαίνειν 1423a
*φωτίζειν *195c* (Si 42.16)
זֶרַח
λαμπρότης (נֹגַהּ ז׳) 853a
זָרַם qal
*βιαίως 218b (Je 18.14)
⟦ἐξουδένωμα 500c⟧
זֶרֶם
ψεκάς 1484a
זִרְמָה
αἰδοῖον 30c
זָרַע qal
⟦ἀνατέλλειν 83a⟧ → זָרַח qal
κατασπείρειν 745b
σπείρειν 1282a, *192a* (Si 7.3)
σπέρμα 1282b
σπορά 1285b
σπόριμος 1285b
σπόρος 1285b
זָרַע ni.
ἐκσπερματίζειν 441b
σπείρειν 1282a
זָרַע pu.
σπείρειν 1282a
זָרַע hi.
*ἔγκυος γίνεσθαι 256c, 367a, *170b*, *172b* (Si 42.10)
σπείρειν 1282a
σπερματίζειν 1283c
זֶרַע
^γενεά 236a
γένος 239b
⟦ἔθνος 368b⟧ → עַם, עָם I
καρποφόρος 724c
⟦κυριεύειν 800a⟧
σπείρειν 1282a
^σπέρμα 1282b, *192a* (+Si 41.6; 44.12, 13)
σπόρος 1285b
*συγγενής 1298c (Ez 22.6)
υἱός 1384c, *194a*
*φυτόν 1447a (Ez 17.5)
זְרַע Ar.
γένεσις 237a
σπέρμα 1282b
זֵרֹעִים
⟦ὄσπριον 1021c⟧ → זֵרוּעַ ≈ σπόριμος
σπέρμα 1282b
זֵרְעֹנִים
ὄσπριον 1021c
σπέρμα 1282b
זָרַק qal
⟦δέχεσθαι 294c⟧
διασκορπίζειν 310b
ἐκχεῖν, ἐκχέειν 445c

⟦ἐξανθεῖν 487c⟧ → זָרַח qal
καταπάσσειν 740a
κατασκεδαννύναι 744a
πάσσειν 1102c
περιχεῖν 1128b
*προβάλλειν 1204a
προσχεῖν 1223c
ῥαίνειν, ῥανίζειν 1247c
ῥίπτειν, ῥιπτεῖν 1252b
σπείρειν 1282a
זָרַק pu.
περιραντίζειν, περιρραντίζειν 1126a
זֶרֶת
σπιθαμή 1284b

ח

חֹב ("love")
*ἑκουσίως 438c (Jb 31.33)
*חֹב ("bosom")
*κόλπος 777a (Ho 8.1)
חָבָא ni.
⟦ἐγκατακρύπτειν 365a⟧ → ἐγκρύπτειν
ἐγκρύπτειν 367a
κατακρύπτειν 734c
καταφεύγειν 747b
⟦κρυβῇ 791c⟧ → κρυφῇ
κρύπτειν 791c
κρυφῇ 793a
חָבָא pu.
κρύπτειν 791c
חָבָא hi.
⟦κατακρύπτειν 734c⟧ → κρύπτειν
κρύπτειν 791c
⟦σκεπάζειν 1268c⟧
חָבָא ho.
κρύπτειν 791c
חָבָא hit.
§αχαβιν (מִתְחַבְּאִים) 187b
⟦καταβαίνειν 727a⟧
κατακρύπτειν 734c
⟦κρύβειν 791c⟧
κρύπτειν 791c
⟦§μεθαχαβειν (מִתְחַבְּאִים) 907b⟧
חבא Ar.
*itp. 791c (To 1.19)
חִבָּא
*ἀγάπησις *165a* (Si 11.14)
חָבַב qal
ἀγαπᾶν *165a*
*φείδεσθαι 1426a (De 33.3)
חָבָה qal
ἀποκρύπτειν 134b
חָבָה ni.
κρύπτειν 791c
⟦κρύφιος 793a⟧ → κρύπτειν
חֲבוּלָה Ar.
ἁμαρτία 62a
παράπτωμα 1063c
חַבּוּרָה ,חֲבוּרָה
μώλωψ 938a
ὑπώπιον 1418b
חָבַט qal
ἐλα(ιο)λογεῖν (חָ׳ זַיִת qal) 447a
ῥαβδίζειν 1247a
⟦συνταράσσειν 1318a⟧ → XXX ≈ συμφράσσειν
חָבַט ni.
ἐκτινάσσειν 443b
τινάσσειν 1354a
חָבֵיר
see also חָבֵר
φίλος *195a*
חָבַל I qal
*ἀφανίζειν 181b
⟦[δεῖν] ("to bind") (הָיָה חָבוּל) *170b*⟧ → διδόναι
δεσμεύειν 292a
διαλύειν 305a
διάλυσις 305b
*διδόναι 317b
ἐνεχυράζειν 473a
ἐνεχύρασμα 473a
⟦σχοίνισμα 1328a⟧ → חֶבֶל II
חָבַל I ni.
⟦καταφρονεῖν 748a⟧
חָבַל I pi.
διαφθείρειν 314c
καταφθείρειν 747c
*λυμαίνειν 889b (Pr 27.13)
φθείρειν 1429c
ὠδίνειν 1492c
חָבַל I pu.
καταφθείρειν 747c
ὀλέκειν 986b
חָבַל II qal
δεῖν ("to bind") *170b* (Si 34[31].6)
חֲבַל I Ar. pa.
ἀφανίζειν 181b
διαφθείρειν 314c
ἐκκόπτειν 434c
^*κακοποιεῖν 709a (1E 6.32)
λυμαίνειν, λοιμαίνειν 889b
חֲבַל I Ar. itpa.
διαφθείρειν 314c
φθείρειν 1429c
חֲבָל II subst. Ar.
ἀφανισμός 182a
διαφθορά 315a
חֵבֶל
ὀδύνη 967a
ὁ πόνος τῶν ὠδίων 1188b, 1492b
ὠδίν 1492b
חֶבֶל I
διαφθορά 315a
φθορά 1430a
φορβαία, φορβέα 1437c
χορός 1472c
חֶבֶל II
*δεσμός *170c*
κλῆρος 770a
περίχωρος 1128b
σειρά 1262a
⟦συγκυρεῖν 1300c⟧
σχοινίον 1328a
⟦παλαιὰ σχοινία 1328a⟧ → מֶלַח II ≈ σχοινίον
σχοίνισμα 1328a
σχοινισμός 1328a
חֲבַל Ar.
^*κακία 708a (1E 2.24)
φθορά 1430a
חֲבֹל
ἐνεχύρασμα 473a
ἐνεχυρασμός 473a
ἐνέχυρον 473a
חֹבֵל
κυβερνήτης 796a
πρωρεύς (רַב ח׳, ח׳) 1235b
חַבְלָה
κλοιός *182a*
חֲבֹלָה
ἐνεχυρασμός 473a
חֲבַצֶּלֶת
ἄνθος 96a
κρίνον 788c
חָבַק qal
⟦περιβάλλειν 1121c⟧ → περιλαμβάνειν
περιλαμβάνειν 1124b, *188b*
חָבַק pi.
περιβάλλειν 1121c
περιλαμβάνειν 1124b
περίλημμα, περίληψις 1124b

⟦συνέρχεσθαι 1314a⟧ → συνέχειν
συνέχειν 1315b
חִבֵּק
ἐναγκαλίζεσθαι 467b
חָבַר qal
ἐπᾴδειν, ἐπαείδειν 504c
ἐπαοιδός 508a, *176b*
ἔχειν 586c
κοινωνεῖν *182a*
κοινωνός *182a*
*μετέχειν 917b (Pr 1.18)
μέτοχος 918a
προσπορεύεσθαι *190b*
συζευγνύναι 1301a
συμπροσεῖναι 1306a
συμφωνεῖν 1306c
συνάπτειν 1312b
συνέχειν 1315b
*φαρμακεύειν (ח׳ act. ptc.) 1425a (Ps 57[58].6)
φάρμακος 1425a
⟦φαρμακοῦν 1425a⟧ → φάρμακος
חָבַר pi.
⟦δωρεῖσθαι *172c*⟧
*κοινωνεῖν 775a (2C 20.36*L*)
συνάπτειν 1312b
חָבַר pu.
ἐξαρτᾶν, ἐξαρτίζειν 490a
κοινωνεῖν 775a, *182a*
μετοχή 918a
⟦μέτοχος 918a⟧ → μετοχή
προσκολλᾶν *190b*
συμπλέκειν 1305b
חָבַר hi.
ἐνάλλεσθαι 467c
חָבַר hit.
⟦ἄγειν 9a⟧
ἀποσυμμιγνύναι 148b
κοινωνεῖν 775a, *182a*
συμμιγνύναι 1304b
συνανάμιξις 1311a
συντάσσειν 1318b
φιλιάζειν 1431a
חֲבַר Ar.
συνέταιρος 1315a
φίλος 1431b
חֶבֶר
⟦ἔθνος 368b⟧
חָבֵר
see also חָבֵיר
⟦ἔρχεσθαι 548b⟧
ἑταῖρος 559c
κοινωνός 775a, *182a*
μέτοχος 918a
*πλησίον 1148b (Jd 4.11A)
προσκεῖσθαι 1216c
προστιθέναι 1221a
φίλος *195a*
חֶבֶר
ἐπαοιδή, ἐπῳδή 508a
κοινός 775a
⟦φαρμακεύειν 1425a (Ps 57[58].6)⟧
→ חָבַר qal
*φάρμακον 1425a (Ps 57.5)
חֲבַרְבֻּרוֹת
ποίκιλμα 1168c
חַבְרָה Ar.
ἄλλος 56b
*λοιπός 888a (Da TH 7.20)
חֶ ב ְ רָה
κοινωνεῖν 775a
חֲבֶרֶת
κοινωνός 775a
חֹבֶרֶת
συμβολή 1303b
חָבַשׁ qal
ἀποκαθιστᾶν, ἀποκαθιστάναι 131b
ἀρχηγός 165a
δεῖν ("to bind") 287b
δύ(ν)ειν 350a
⟦ἐμπιπλᾶν, ἐμπι(μ)πλάναι, ἐμπλήθειν 457a⟧
ἐπισάσσειν 527b
ζωννύειν, ζωννύναι 601a
ἰᾶσθαι 668a
καταδεῖν 730b
μοτοῦν, μωτοῦν 935c
περιτιθέναι 1127c
συμπλέκειν 1305b
חָבַשׁ pi.
⟦ἀνακλύπτειν 78a⟧
δεσμεύειν 292a
חָבַשׁ pu.
κατάδεσμος 730b
חֲבִתִּים
τήγαγον 1347c
*τηγανιστός (1C 9.31*L*)
חַג, also Ar.
ἑορτάζειν (חָגַג־חַג qal, קָדַשׁ חַג hit.) 502c
^ἑορτή 503a (To 2.1), *176a* (+ Si 43.7)
חָגָא
φόβητρον, φόβηθρον 1435c
חָגָב
ἀκρίς 50c
חָגַג qal
ἑορτάζειν (ח׳ qal, חַג ח׳ qal) 502c
ταράσσειν 1336a
חָגוּ
ὀπή 1001b
σκέπη 1269a
τρυμαλιά 1377b
חָגוֹר
⟦διαζωννύναι 300b⟧
ζωννύναι, ζωννύειν 601a
חֲגוֹר
ζώνη 601a
ζωννύναι, ζωννύειν 601a
περίζωμα 1123a
περιζωννύναι 1123b
חֲגוֹרָה
ζώνη 601a
παραζώνη 1059c
περίζωμα 1123a
חָגַר qal
ἀναζωννύειν 77a
ἀναλαμβάνειν 78c
ἐνδύ(ν)ειν 471a
ζωννύναι, ζωννύειν 601a
ζῶσις 601c
⟦κυρτός 839a⟧ → חִגֵּר
*παραζωννύναι (4K 3.21*L*)
περιζωννύναι 1123b
*περικεῖσθαι 1124a (2K 20.8*L*)
*συζωννύναι 1301b (Le 8.7)
*χωλαίνειν 1480b (Ps 17[18].46)
חִגֵּר
*κυρτός 839a (II1K 21[20].11)
חַד I
ἀκονᾶν 45a
ὀξύς 1001a
חַד II Ar.
*ἀμφότεροι 68a (כַּחֲדָא) (To 6.2)
*εἷς 406a (To 3.7+)
εἰσάπαξ (כַּחֲדָה) 410a
ἑπταπλασίως (חַד־שִׁבְעָה) 540b
*κοινῶς 775b (כַּחֲדָא) (To 6.6)
*λίαν 876a (לַחֲדָא) (To 6.12)
^πρῶτος 1235c
חָדַד qal
ὀξύνειν 1001a
ὀξύς 1001a
חָדַד hi.
*ὀξύνειν 1001a (Zc 1.21 [2.4])
παροξύνειν 1072a
חָדַד ho.
ἐξακονᾶν 486c
ὀξύνειν 1001a
חָדַד hit.
*ὀξύνειν 1001a (Ez 21.16[21])
חָדָה qal
⟦ἐξιστᾶν, ἐξιστάναι 496c⟧ → חָרֵד I qal

*εὐφραίνειν 581a (Ps 85[86].11)
*χαίρειν 1452a (Pr 17.19; Je 38 [31].13)
חָדָה pi.
εὐφραίνειν 581a
חַדּוּד
*ὀξύς 1001a (Jb 41.22)
חַדּוּדִים
ὀβελίσκος 960a
חֶדְוָה, also Ar.
εὐφροσύνη 582c, *178b* (Si 34[31].31, To 8.17)
⟦καύχημα 757c⟧
*חֲדִי Ar. pe.
*χαίρειν 1452a (To 13.13)
חֲדִי Ar.
στῆθος 1290a
חָדֵל, חָדַל I qal
*ἀναπαύειν 80b (Jb 10.20)
ἀνιέναι (= ἀνίημι) 102b
⟦ἀπείθειν(?) 119c⟧ → ἀπειθεῖν
ἀπειθεῖν 119c
ἀπειπεῖν, ἀπερεῖν 120a
ἀπέχειν 122a
ἀπολείπειν 136b
ἀφιέιν, ἀφιέναι 183b
^ἀφιστᾶν, ἀφιστάναι, ἀφιστάνειν 184b, *169b*
βούλεσθαι + neg. 226b
διαλείπειν 304b
δύνασθαι + neg. 353a
⟦ἐᾶν 361a⟧ → שִׁית qal
(ἐ)θέλειν + neg. 628b
?ἐκκαίειν 432b
ἐκλείπειν 435c
ἐκφεύγειν 445b
ἐνδιδόναι 470b
ἐπέχειν 511a
ἡσυχάζειν 620a
κοπάζειν 778a
⟦κοπιᾶν 778b⟧ → κοπάζειν
παρέρχεσθαι 1068c
παριέναι ("to allow") 1070b
παριέναι γῆν 1070b
παύειν 1112b, *188b*
προσέχειν 1215b
σιωπᾶν 1267c
ὑστερεῖν 1418b
חָדֵל II adj.
ἀπειθεῖν 119c
ὑστερεῖν 1418b
חֵדֶק
ἄκανθα 43c
חָדַר
⟦ἐξιστᾶν, ἐξιστάναι 496c⟧ → חָרֵד I qal

חֶדֶר
ἀποθήκη 128a
κοιτών 775c (also = חֲדַר מִשְׁכָּב 2K 4.7*L*)
ταμ(ι)εῖον, ταμίον 1334a
חָדַשׁ pi.
ἀνακαινίζειν 78a
ἐγκαινίζειν 364c, *172a*
ἐπανακαινίζειν 506b
ἐπισκευάζειν 528b
καινίζειν 705b
חָדַשׁ hit.
ἀνακαινίζειν 78a
αὐξάνειν *169a*
חָדָשׁ
*ἐγκαινίζειν 364c (Is 16.11)
ἕτερος 560a
καινός, κενός ("new") 705b
*καινότης 705c (Ez 47.12)
νέος 942a, *185a*
πρόσφατος 1222c, *190b*
προσφάτως 1222c
חֹדֶשׁ
ἑξάμηνον (שִׁשָּׁה חֳדָשִׁים) 487b
⟦ἑορτή 503a⟧
ἑπτάμηνος (שִׁבְעָה חֳדָשִׁים) 540a
⟦ἡμέρα 607b⟧
^μήν ("month") 922a, *185a*
μηνιαῖος (בֶּן־ח׳) 923b
^νουμηνία, νεομηνία (ח׳, אֶחָד לַח׳, רֹאשׁ ח׳) 950b
νουμηνία τοῦ μηνός (אֶחָד לַח׳) 950b
τετράμηνον (אַרְבָּעָה חֳדָשִׁים) 1347b
τρίμηνον (שְׁלֹשָׁה חֳדָשִׁים, שְׁלֹשׁ חֳדָשִׁים) 1373a
חֲדָשָׁה
κορύνη 780a
חֲדַת Ar.
^*καινός 705b (1E 6.24)
חֲוָא Ar. pa.
φράζειν 1438b
חֲוָא Ar. af.
κρίνειν (הַחֲוִי פְּשַׁר) 787b
חוב pi.
καταδικάζειν 730b
⟦κινδυνεύειν 765a⟧
חוֹב
ὀφ(ε)ίλειν 1039a
חוג I qal
*περιστροφή 1127a, *188c* (Si 50.5)
חוג II subst.
γῦρος 283b
γυροῦν 283b
θρόνος 655b
*κύκλωσις 798c, *182c* (Si 43.12)

חוד qal
διηγεῖσθαι 329c
προβάλλειν 1204a
חָוָה I pi.
ἀναγγέλλειν 74a
ἀπαγγέλλειν *167b*
διδάσκειν 316c
*λαλεῖν (חָוָה דֵעָה pi.) 841c (Jb 32.18[17b])
*ὑποδεικνύειν, ὑποδεικνύναι 1413a (To 1.19)
*חָוָה II hishtaf.
*δουλεύειν 345a (3K 11.31*L*)
*καταφιλεῖν 747c (3K 2.19)
ποιεῖν 1154a
προσκυνεῖν 1217b, *190b*
חֲוָה Ar. pa.
ἀναγγέλλειν 74a
ἀπαγγέλλειν 113c
γνωρίζειν 273a
*δεικνύειν 286a (To 13.6)
δηλοῦν 295c
ὑποδεικνύειν, ὑποδεικνύναι 1413a
חֲוָה Ar. af./haf.
ἀναγγέλλειν 74a
ἀπαγγέλλειν 113c
γνωρίζειν 273a
δηλοῦν 295c
δήλωσις 295c
διασαφεῖν 309c
εἰπεῖν, ἐρεῖν 384a
חַוָּה
ἀβουλία 1b
ἔπαυλις 508c
ζωή 599c
κώμη 839c
חוֹחַ
ἄκαν 43c
ἄκανθα 43c
§ακχουχ (הַחוֹחַ, חוֹחַ) 52a
§αχουχ (הַחוֹחַ) 187c
δεσμός 292a
κνίδη 772c
μάνδρα 895a
§χοζει 1472a
חוט I Ar. af.
ἀνυφοῦν 112b
חוט II noun
περίμετρον 1124c
ῥάμμα 1248a
σπαρτίον 1281c
חִיל, חוּל qal
ἀλγεῖν 52b
ἀνθεῖν 95b
εὐλαβεῖσθαι 572a

ἥκειν 605a
κατανταν 739c
*κοπάζειν 778a
〚κοπιᾶν 778b〛 → κοπάζειν
ὀδυνᾶν 967a
ὀδύνη 967a
ὀδύνη λαμβάνει 847a, 967a
〚πονεῖν 1186a〛
σαλεύειν 1257c
συμφοράζειν 1306b
συντρίβειν 1321a
ταράσσειν 1336a
ταραχή 1336c
〚τραυματίζειν 1370b〛 → חָלַל II ni.
φοβεῖν 1433b
χορεύειν 1472b
ὠδῖνας ἔχειν 586c, 1492b
ὠδίνειν 1492c, *196a*

חִיל, חוּל polel
γεννᾶν 237b
ἐξεγείρειν 490b
καταρτίζειν 743b
μαιοῦσθαι 892a
πηγνύναι 1130c
πλάσσειν 1140b
συλλαμβάνειν 1301c
*ταράσσειν 1336a (Ps 108[109].22)
τρέφειν 1371b
χειμάζειν 1457a
χορεύειν 1472b
ὠδίν 1492b
ὠδίνειν 1492c

חִיל, חוּל hi.
ἀλγεῖν 52b
〚ἐπέχειν 511a〛 → יָחַל ni.
προσμένειν 1218c
συσσείειν 1323b
〚ὑπομένειν 1415c〛 → יָחַל hi.

חִיל, חוּל ho.
ὠδίνειν 1492c

חִיל, חוּל hitpo.
ἱκετεύειν 684a
*σαλεύειν 1257c (Je 28[51].7)
*στρέφειν 1296c (Je 37[30].23)
συστρέφειν 1323c
*φροντίζειν 1439c (Jb 15.20)

חִיל, חוּל hitpalp.
ταράσσειν 1336a

חוּל
ἄμμος 66a
παράλιος 1061c
〚χρῆμα *196b*〛 → חַיִל

חֳלִי
see חֲלִי, חֹלִי

חוּם
〚λευκός 874c〛 → φαιός

〚ποικίλος 1168c〛 → נָקֹד
φαιός 1423b

חוֹמָה
ἀτείχιστος (חוֹ' + neg.) 175b
ὅρμος 1014a
περίβολος 1122b
προτείχισμα 1230b
τειχήρης 1339c
τειχίζειν 1339c
^τεῖχος 1339c
τοῖχος 1362c

חוּס qal
*ἐλεεῖν 449c (Ez 24.14)
φείδεσθαι 1426a

חוֹף
αἰγιαλός 30c
ὅρμος 1014a
παραθαλάσσιος (חוֹף הַיָּם) 1059c
παράλιος (חוֹף, לְחוֹף, חוֹף הַיָּם, לְחוֹף
יַמִּים) 1061c

חוּץ
*αἴθριος (בַּחוּץ) 30c
ἀοίκητος 113c
δίοδος 336a
ἔξοδος 497b
ἔξω, ἐξωτέρω (חוּץ, בַּחוּץ, כַּחוּץ,
אֶל מִחוּץ ל-, מִחוּץ ל-, לַחוּץ,
הַחוּץ, חוּצָה, הַחוּצָה, חוּצָה ל-) 501c
ἕως ἔξω (לַחוּצָה, הַחוּצָה) 501c
ἐξωτέρω (מִחוּץ, חוּץ) 501c
ἔξωθεν (לַחוּץ, בַּחוּץ, אֶל־הַחוּץ, חוּץ,
מִחוּץ ל-, מִן הַחוּץ, מֵהַחוּץ, מֵחוּץ
בַּחוּצֹת, חוּצָה) 502b
ὁ ἔξωθεν (מִחוּץ) 502b
ἔξωθεν οὗ (מִחוּץ) 502b
ὁ ἐξώτερος (לַחוּץ) 502c
〚ἔπαυλις 508c〛 → חָצֵר
ὁδός 962b
τὰ ὑπ' οὐρανόν (חוּצוֹת) 1031b
πανταχῇ (בַּחוּצוֹת) 1053b
*πάρεξ (חוּץ מִן) 1068c (Ec 2.25)
〚παρέξω (מִחוּץ ל-) 1068c〛
πλατεῖα (subst.) 1140c

חֵיק
διαθήκη *171a*
〚κόλπος 777a〛 → חֵק, חֵיק

חוּק
〚κύκλωσις *182c*〛

חָוַר qal
〚μεταβάλλειν 915b〛

חָר, חוּר
ἀέρινος 28c
〚κοσμεῖν 780b〛

חֹר, חֻר
ἔντιμος 479a
ὀπή 1001b

חִוָּר Ar.
λευκός 874c

חֹרִי
βύσσος 232b

חוּשׁ, חִישׁ qal
βοηθεῖν 223b
εἰσακούειν 408b
〚ἑτοιμάζειν 563c〛
ὀξέως 1001a
παρεῖναι 1065c
πρόθυμος 1206c
προσέχειν 1215b
〚σπεύδειν 1284a〛
*σπουδάζειν 1285c (Jb 31.5)
〚συνίειν, συνιέναι 1316b〛 → בִּינָה

חוּשׁ, חִישׁ hi.
ἐγγίζειν 362b
κινεῖν 765b
ὁρμᾶν 1014a
σπεύδειν *192a*
συνάγειν 1307b

חָתַם, חֹתָם
ἀποσφράγισμα 148c
δακτύλιος 284b
σφραγίς 1327b, *193b*

חֲזָא Ar. pe.
see חֲזָה, חֲזָא pe.

חָזָה qal
ἀναγγέλλειν 74a (– Is 30.10b)
*ἀπαγγέλλειν 113c, *167b* (Si 44.3)
ἀνακρούειν 78c
βλέπειν 221a, *169b*
〚γίνεσθαι 256b〛
γινώσκειν 267a
εἰδεῖν, εἰδέναι 374b
ἐνυπνιάζεσθαι 481b
ἐφορᾶν 586b
θεωρεῖν 649b, *179b* (Si 42.22)
ἰδεῖν 669b, *179c*
ἰδού 673c
μαντ(ε)ία 896a
ὁρᾶν 1005a, *186b*
ὅρασις 1007b
ὁρατικός 1008a
σκέπτεσθαι 1269b
συνεπίστασθαι 1313c

חֲזָא, חֲזָה Ar. pe.
βλέπειν 221a
δεῖν ("to be necessary") + inf. (חֲ
pe. + ל- + inf.) 287a
εἰδεῖν, εἰδέναι 374b
θεωρεῖν 649b
ἰδεῖν 669b
κατανοεῖν 739c
ὁρᾶν 1005a
^*ὑπεριδεῖν 1410b (1E 2.18)

חָזֶה
⟦ἧπαρ 619c⟧
στηθύνιον 1290a
חֹזֶה
προφήτης 1232b, *190c*
συνθήκη 1316a
חֱזוּ Ar.
ὅραμα 1004c
ὅρασις 1007b
πρόσοψις 1219a
ὕπνος 1411c
חָזוֹן
ἐξηγητής 495b
ὅραμα 1004c
ὅρασις 1007b, *186b*
προφητ(ε)ία 1231c, *190c*
προφήτης *190c*
ὕπνος 1411c
חָזוּת, also Ar.
⟦κύτος 839a⟧
ὅρασις 1007b
חָזוּת
ἐλπίς 454a (Is 28.28, infl. by Ar. √סכי)
θεωρητός 649c
⟦κέρας 759c⟧
ὅραμα 1004c
חִזָּיוֹן
θαῦμα 626c
⟦μελέτη 908c⟧ → הִגָּיוֹן
ὅραμα 1004c
ὅρασις 1007b
φάντασμα 1424b
φάσμα 1425b
חֲזִיז, חָזִיז
κυδοιμός (חֲ׳ קֹלוֹת) 796a
⟦τίναγμα 1354a⟧ → זוז hi.
φαντασία 1424b
ὑετός *194a*
חֲזִיר
σῦς 1323a
ὕειος, ὕϊος 1384a
ὗς 1418b
חָזַק qal
ἀνδρίζεσθαι 86b
ἀνιστᾶν, ἀνιστάναι 102c
βαρύνειν 191a
ἐνισχύειν 475a, *175b*
ἐπικρατεῖν 523b
⟦ζῆν 594c⟧
^ἰσχύειν 692c
προσέχειν ἰσχυρῶς 694b, 1215b
^*ἰσχύς 694b (1E 8.91)
δίδοσθαι ἰσχύν 317b, 694b
καθιστάναι 702c
καταβιάζεσθαι 729a
κατισχύειν 751b
κραταιός 782a
κραταιοῦν 782b
κρατεῖν 783a
⟦κρεμάζειν, κρεμᾶν, κρεμαννύναι 785c⟧
περιπλέκειν 1125b
σκληρύνειν 1275a
στερεοῦν 1289a
⟦ ” *192a*⟧ → חָזַק pu.
ὑπερισχύειν 1410b
ὑπερκρατεῖν 1410b
חָזַק pi.
ἀντιλαμβάνεσθαι 110c
^*βοηθεῖν (חָ׳ יַד־ pi., חָ׳ בְּיַד־ pi.) 223b (1E 2.8)
⟦διδόναι 317b⟧
δοξάζειν *172a*
ἐνισχύειν 475a, *175b*
ἐπισκευάζειν 528b
ἰσχύειν 692c, *180c* (Si 43.15)
*ἰσχυρός 693b (Pr 8.29)
ἰσχυροῦν 694a
καθυστερεῖν + neg. 704c
κατακρατεῖν 734b
κατέχειν 750c
^κατισχύειν 751b
κραταιοῦν 782b
κρατεῖν 783a
*κράτος 784a (Is 22.21)
ὀχυροῦν 1043c, *187c*
παρακαλεῖν 1060a
σκληρύνειν 1275a
στερεοῦν 1289a
^*στολίζειν 1292b (1E 1.2)
חֻזַּק pu.
*στερεοῦν 1289a, *192a* (Si 50.1)
חָזַק hi.
ἀνταπόδοσις 109c
ἀντιλαμβάνεσθαι 110c
ἀσφαλίζειν 174b
βιάζεσθαι 218a
⟦δέχεσθαι 294c⟧
ἐγκράτειν 366c
*ἐγκρατὴς γίνεσθαι 256b, 367a, *170b*, *172a* (Si 6.27)
?εἰσάγειν 407c
ἐνισχύειν 475a
ἐπιλαμβάνειν 523c
ἐφιστάναι 585c
ἔχειν 586c
καρτερεῖν 725a
καταδυναστεύειν 731a
κατακρατεῖν 734b
καταλαμβάνειν 735a
κατέχειν 750c
κατισχύειν 751b
κραταιοῦν 782b
κρατεῖν 783a
κράτος 784a
λαμβάνειν 847a, *183a*
παρασφαλίζεσθαι 1064a
⟦προέχειν 1206b⟧ → προσέχειν
προσέχειν 1215b
στερεοῦν *192a*
στηρίζειν *192b*
συνέχειν 1315b
ὁ χειραγωγῶν (מַחֲזִיק בְּיַד־) 1467a
χωρεῖν 1482b
חָזַק hit.
ἀνθιστάναι 95c
ἀνταπόδοσις 109c
⟦ἀντιλαμβάνεσθαι *167b*⟧
βοηθεῖν 223b
⟦ἐγκρατὴς γίνεσθαι *170b*, *172a*⟧
ἐνισχύειν 475a
^*ἐπιχειρεῖν 538c (1E 1.26)
^*γίνεσθαι εὐθαρσήν 570a (1E 8.27)
ἰσχύειν 692c
κατενισχύειν 749a
κατισχύειν 751b
κραταιοῦν 782b
κρατεῖν 783a
προσκαρτερεῖν 1216c
στηρίζειν *192b*
חָזָק
βαρύς *169a*
δυνάστης 355b
δυνατός 355c
⟦ἠχεῖν 620c⟧
ἰσχύειν 692c
ἰσχυρός 693b, *180c*
ἰσχύς 694b
κατισχύειν 751b
κραταιός 782a
⟦στερεοκάρδιος (חֲזַק־לֵב) 1289a⟧
στερεός 1289a
σφοδρός (חָ׳ מְאֹד) 1327a
ὑπερισχύειν 1410b
⟦ὑψηλός 1419b⟧
φιλόνεικος (חֲזַק־מֵצַח) 1431a
חָזֵק
ἰσχυρός 693b
⟦κραταιοῦν 782b⟧ → חָזַק qal
חֵזֶק
ἰσχύς 694b
חֹזֶק
δύναμις 350a

ἰσχύς 694b
κραταιός 782a
*μόλις (בְּח׳) 932c, *185b* (Si 35[32].7)
חֶזְקָה
ἰσχυρός 693b
κατακρατεῖν 734b
κατισχύειν 751b
κρατεῖν 783a
חָזְקָה
ἐκτενῶς (בְּחָ׳) 443a
⟦ἰσχυρός 693b⟧ → חָזָק
ἰσχυρῶς (בְּחָ׳) 694b
κραταιῶς (בְּחָ׳) 783a
κράτος 784a
חָזַר qal
*στρέφειν 1296c, *192b* (Si 36[33].5)
חָח
ἄγκιστρον 15b
⟦γαλεάγρα 233c⟧ → סוּגַר ≈ γαλέαγρος
κημός, κιμός 763a
παγίς, πακίς 1044b
σφραγίς 1327b
φιμός 1432c
חֵט
ἁμαρτία *166b*
חָטָא qal
⟦ἀγαπᾶν 5b⟧
ἀδικεῖν 24c
ἁμαρτάνειν 60c, *166b*
ἁμαρτία 62a, *166b*
ἁμαρτωλός 64b, *166b*
⟦ἀνομεῖν 106b⟧ → רָשַׁע qal
ἀσεβεῖν *168c*
ἀσεβής 170b
⟦ἐννοεῖν κακά (חָ׳ וּבֵרַךְ qal) 475c⟧
ἐξαμαρτάνειν 487a
⟦ποιεῖν 1154a (Ez 33.16)⟧ → ἁμαρτάνειν
חָטָא pi.
ἀναφέρειν ἁμαρτίαν 84c
ἀποτιννύειν 149b
ἀφαγνίζειν 180a
ἐξιλάσκειν 495c
ἐξιλασμός 496b
καθαρίζειν, καθερίζειν 698a
*περιρραντίζειν 1126a (2C 29.24*L*)
ῥαντίζειν 1248a
חָטָא hi.
ἁμαρτάνειν 60c
διαμαρτάνειν 305b
ἐκκλ(ε)ίνειν 433c
ἐξαμαρτάνειν 487a, *175c*
ἐφαμαρτάνειν 585b
μιαίνειν 925c
ἁμαρτεῖν ποιεῖν 1154a
חָטָא hit.
ἁγνίζειν 15c
ἀφαγνίζειν 180a
*חֲטָא Ar. pe.
*ἁμαρτάνειν 60c (To 4.5)
חֵטְא
ἁμαρτάνειν 60c
ἁμάρτημα 62a
ἁμαρτία 62a, *166b*
חַטָּא
ἁμαρτάνειν 60c
ἁμαρτωλός 64b
ἄνομος 107c
ἀσεβής 170b
ἀνὴρ ἀσεβής 170b
חֲטָאָה
ἁμαρτία 62a
חַטָּאָה
ἁμαρτία 62a
ἁμαρτωλός 64b
ἀνομία 106b
חַטָּאת
ἅγνισμα 16a
ἁγνισμός 16a
ἀδικία 25b
ἁμαρτάνειν 60c
ἁμάρτημα 62a
ἁμαρτία 62a, *166b*
ἀνόμημα 106b
ἀνομία 106b
ἀσέβεια, ἀσεβία 169c
ἀσέβημα 170b
ἐξιλασμός 496b
ἱλασμός 684c
κακία 708a
⟦καρδία 719a⟧
⟦μάταιος 898c⟧ → הֶבֶל
μετακίνησις 916a
חָטַב qal
ἀμφίταπος 68a
⟦ἐργάζεσθαι, ἐργάζειν 540c⟧
κόπτειν 779a
ξυλοκόπος (חֹטֵב עֵץ) 958a
συνάγειν 1307b
חָטַב pu.
περικοσμεῖν 1124a
חִטָּה
πυρός 1245b, *191c* (Si 39.26)
σῖτος 1267b
חֲטָי Ar.
*ἁμαρτία 62a (1E 7.8)
חֲטָיָא Ar.
⟦ἁμαρτία 62a (1E 7.8)⟧ → חֲטָי
חָטַם qal
ἐπάγειν 503c
חָטַף qal
ἁρπάζειν 160a
*συντόμως 1321a (Pr 23.28)
חֹטֶר
βακτηρία 189c
*ἱμάς 685a, *180b* (Si 30[33].35)
ῥάβδος 1247a
חַי, also Ar.
ἀέν(ν)αος 28b
ἄνθρωπος (אֶרֶץ חַיִּים, חַי) 96b, *167a*
βίος (יְמֵי חַיִּים, חַי) 220a, *169b*
⟦ἐξεγείρειν 490b⟧ → חָיָה pi.
ζῆν 594c (+ To 14.2), *178a* (+Si 30[33].29; 44.14)
ζωγρεῖν (שָׁבָה חַי) 599b
^ζωή (חַיִּים) 599c, *178b*
ζῷον 601b, *178c*
θηρίον 650c
θνητός 654a
*ἰᾶσθαι (To 6.9)
ἰσχύειν *180c*
σάρξ *191a*
ὑγ(ε)ία, ὑγίεια *194a*
*ὑγιαίνειν 1380b (To 6.9)
νὴ τὴν ὑγίειαν (חֵי, חַי) 944b, 1380b
ὑγιής 1380c, *194a*
*ὑπάρχειν 1406b (Ps 145[146].2)
ψυχή (חַיִּים) 1486a, *196b*
חֲיָא Ar. pe.
see חָיָה, חֲיָא pe.
חַיָּב
⟦ἐπιτίμιον *177a*⟧ → ἐπίτιμος
*ἐπίτιμος *177a*
חִידָה
αἴνιγμα 34b
διήγημα 330a
διήγησις 330a
παραβολή *187b*
παροιμία *188a*
πρόβλημα 1205c
חָיָה qal
ἀναζωπυρεῖν, ἀναζωπυρίζειν 77a
ἀναψύχειν 86a
ἀνιστᾶν, ἀνιστάναι 102c
βιοῦν 220b, *169b*
⟦γίνεσθαι 256b⟧ → הָיָה qal
⟦ἐκτρέφειν 443c⟧
ἐπιζῆν 520a
ζῆν 594c
ζωή 599c
ζωὴν ἰδεῖν/εἰδέναι 599c

?καταπαύειν 740c
περιποιεῖν 1125c
σῴζειν 1328b
ὑγιάζειν 1380b
ὑγιὴς εἶναι 1380c

חָיָה pi.
διασῴζειν 312b
διατρέφειν 314a
⟦διδάσκειν 316c⟧ → חָוָה pi.
ἐκτρέφειν 443c
ἐξανιστάναι 487c
*ἐξεγείρειν 490b (Is 38.16)
ζῆν 594c
ζὴν ποιεῖν 594c, 1154a
ζωγρεῖν 599b
⟦ζώειν 599c⟧ → ζῆν
ζωογονεῖν 601b
⟦ζῷον 601b⟧ → חַי
ζωοποιεῖν 601c
ζωοῦν 601c
⟦περιβιοῦν 1122a⟧ → περιποιεῖν
περιποιεῖν 1125c
*ποίησις 1168c, *189b* (Si 16.26)
σῴζειν 1328b
τρέφειν 1371b
ὑγιάζειν 1380b
φυλάσσειν, φυλάττειν 1441c

חָיָה hi.
διατρέφειν 314a
ἐκτρέφειν 443c
ζῆν 594c
ζωγρεῖν 599b
διδόναι ζωήν 599c
ζωογονεῖν 601b
ζωοποιεῖν 601c
ζωπυρεῖν 601c
περιποιεῖν 1125c
σῴζειν 1328b
τρέφειν 1371b

חָיָה, חֲיָא Ar. pe.
ζῆν 594c

חַיָּה
⟦ἑρπετός 548a⟧
ζῆν 594c
ζωή 599c, *178b*
ζωογονεῖν 601b
ζῷον 601b
θήρ 650b
θηρίον 650c, *179b*
κτῆνος 794a
τάγμα 1333a
τετράπους 1347b
ψυχή 1486a

חֵיוָא Ar.
θηρίον 650c

חַיּוּת
⟦ζῆν 594c⟧ → חַי

חֵיךְ
λάρυγξ *183a*
φάρυγξ *195a*

חַיִל, also Ar.
ἀνδρεῖος 86b, *167a*
δύναμις 350a
υἱοὶ δυνάμεων 350a, 353a
δυνάστης (אֱנוֹשׁ ח׳, אִישׁ ח׳) 355b
δυνατός (ח׳, בְּנֵי ח׳) 355c
δυνατὸς ἰσχύϊ 355c, 694b
⟦ἔθνος 368b⟧
⟦ἐξισχύειν *176a*⟧
⟦εὐπορία 576a⟧
ἰσχύειν (ח׳, גִּבּוֹר ח׳) 692c, *180c*
*ἰσχυρός 693b (1C 26.8*L*)
ἰσχύς 694b, *180c* (Si 3.13)
^ὄχλος 1043a
παῖς 1049a
παράταξις 1064b
^*πεζός 1114b (1E 8.51)
*πλῆθος 1142c, *189a* (Si 16.3)
πλούσιος *189a*
πλοῦτος 1150c
*πολεμιστής 1171c (2C 32.21*L*)
πόλεμος 1172a
στρατ(ε)ία 1295c
στρατόπεδον 1296a
συναγωγή 1309b
σῶμα 1330a
τὸ ὑπάρχον, (τὰ) ὑπάρχοντα 1406b
χρῆμα *196b*

חֵיל
ἀρχή 163c
δύναμις 350a

חִיל I subst.
⟦ὀδύνη 967a⟧
ὠδίν 1492b

חִיל II qal
see חוּל, חִיל qal

חִיל II polel
see חוּל, חִיל polel

חִיל II hi.
see חוּל, חִיל hi.

חִיל II ho.
see חוּל, חִיל ho.

חִיל II hitpo.
see חוּל, חִיל hitpo.

חִיל II hitpalp.
see חוּל, חִיל hitpalp.

חִין
ἐλεεῖν 449c

חַיִץ
τοῖχος 1362c

חִיצוֹן
ἔξω, ἐξωτέρω (ח׳, ל- ח׳) 501c
τὸ ἔξωθεν 502b
ἐξώτερος, ἐξώτατος 502c
⟦ἐσώτερος, ἐσώτατος 559a⟧ → ἐξώτερος, ἐξώτατος

חֵק, חֵיק
ἀγκάλη 15b
βάθος 189a
κόλπος 777a, *182b*
κόλπωμα 777b
κύκλωμα 798c
σύγκοιτος (שֹׁכֶבֶת ח׳) 1300a

חִישׁ qal
see חוּשׁ, חִישׁ qal

חִישׁ hi.
see חוּשׁ, חִישׁ hi.

חֵךְ
λάρυγξ 862c
στόμα *192b*
φάρυγξ 1425b, *195a*

חָכָה qal
ἐμμένειν 456a

חָכָה pi.
ἐμμένειν 456a
⟦ἱμείρεσθαι 686a⟧ → ὁμείρεσθαι
μένειν 910a
ὁμείρεσθαι 991a
ὑπομένειν 1415c, *194c* (Si 51.8)

חַכָּה
ἄγκιστρον 15b

חַכִּים Ar.
σοφιστής 1280b
σοφός 1280b

חַכְלִיל
χαροποιός 1456a

חַכְלִלוּת
⟦μέλας 908b⟧ → πέλειος, πελιός
πέλειος, πελιός 1116b
⟦πελιδνός 1116b⟧ → πέλειος, πελιός

חָכַם qal
ἄφρων (ח׳ + neg.) 186c
πανουργότερος γίνεσθαι 256c
σοφὸς γίνεσθαι 256c, 1280b
γίνεσθαι σοφώτερος 256c, 1280b
⟦παιδεύειν *187a*⟧
πανοῦργος 1053a
σοφίζειν 1280a, *192a*
σοφός *192a*
σοφὸς εἶναι 1280b
σοφώτερος εἶναι 1280b
φρονεῖν 1439a

חֲלִיפָה 201

חָכַם ni.
παιδευτής *187a*
חָכַם pi.
*παιδεύειν 1047a, *187a* (Si 37.23)
*σοφία 1278c, *191c* (Si 6.37)
σοφίζειν 1280a
חָכַם hi.
σοφίζειν 1280a
חָכַם hit.
κατασοφίζεσθαι 745a
παιδεύειν *187a*
σοφίζειν 1280a, *192a*
חָכָם
⟦ἀληθής 53c⟧
βουλή *169c*
εἰδεῖν, εἰδέναι 374b
ἐπιστήμων *177a*
πανοῦργος 1053a, *187b*
σοφία *191c*
σοφιστής 1280b
σοφός 1280b, *192a*
σοφῶς 1281b
συνετός (חֲכַם־לֵב ,חָ׳) 1315a
⟦συνετῶς 1315b⟧
φρόνιμος (חֲ׳־לֵב ,חָ׳) 1439b
חָכְמָה, also Ar.
αἴσθησις 36b
*γνῶσις 273c, *170c* (Si 36[33].8)
διανόημα *171b*
ἐπιστήμη 530a, *177a* (Si 36[33].11)
⟦ζωή 599c⟧
προσεχόντως (בְּחָ׳) 1215c
^σοφία 1278c, *191c*
σοφός *192a*
σοφῶς (בְּחָ׳) 1281b
σύνεσις 1314a
τέχνη 1347c
φρόνησις 1439a
φρόνιμος 1439b
חֵל I
ἀρχή 163c
חֵל II
περίτειχος 1127b
*περιτείχισμα (2K 20.15*L*)
προτείχισμα 1230b
חֹל
βέβηλος 216b
חָלָא qal
μαλακίζεσθαι 894b
חָלָא hi.
ἰοῦσθαι *180b*
חֶלְאָה
ἰός 687a
חָלָב
γάλα 233b, *170a*
γαλαθηνός 233c, *170a*
⟦πιότης 1135b⟧ → חֵלֶב ,חֶלֶב
חֵלֶב ,חֶלֶב
ἀπαρχή 118b
⟦γάλα 233b⟧ → חָלָב
⟦θυσία 664a⟧
μυελός 936b
*πιότης 1135b (Ez 25.4)
^στέαρ 1287b, *192a*
חֶלְבְּנָה
χαλβάνη 1452c
חֶלֶד
γῆ 240c
*ζωή 599a (Jb 11.17)
ἡ οἰκουμένη 968a
ὑπόστασις 1417a
*χρόνος 1476b (Jb 10.20)
חֹלֶד
γαλῆ 233c
חָלָה qal
ἀρρωστεῖν 160b
ἀρρωστία (חָ׳ qal, רָעָה חוֹלָה) 160b
ἄρρωστος 160b
ἀσθενεῖν 172a
ἐκλείπειν 435c
ἐνοχλεῖν 476b
κακῶς ἔχειν 586c, 712a
⟦καταδεῖσθαι 730b⟧ → חָלָה pi.
κοπιᾶν 778b
μαλακίζεσθαι 894b
οὐ μετριάζειν 918a
πονεῖν 1186a
τιτρώσκειν 1362a
חָלָה ni.
ἀλγηρός 52c
ἀσθενεῖν 172a
ἐκλείπειν 435c
μαλακίζεσθαι 894b
ὀδυνηρός 967b
πάσχειν 1103a
φλεγμαίνειν 1432c
חָלָה pi.
⟦ἀποστέλλειν 141b⟧
δεῖσθαι (חָ׳ פָּנִים pi.) 288a, *170b* (Si 30[33].28, 30)
ἐκζητεῖν 430c
ἐξιλάσκειν 495c
ζητεῖν 597a
θεραπεύειν 648a
*θεράπων 648b (Pr 18.14)
*καταδεῖσθαι 730b
λιτανεύειν 879c
חָלָה pu.
⟦ἁλίσκειν, ἁλίσκεσθαι 54c⟧
חָלָה hi.
^*ἀσθενεῖν 172a (1E 1.28)
חָלָה ho.
πονεῖν 1186a
τιτρώσκειν 1362a
*τραυματίζειν 1370b (3K 22.34, 2C 18.33*L*)
חָלָה hit.
ἀρρωστεῖν 160b
μαλακίζεσθαι 894b
*προσποιεῖσθαι ἐνοχλεῖσθαι 476b (2K 13.5, 6*L*)
חַלָּה
ἄρτος (חַלַּת לֶחֶם ,חַ׳) 161b
κολλυρίς 776c
λάγανον, λάγανος(?) 840b
חֲלוֹם
ἐνυπνιάζεσθαι 481b
ἐνυπνιαστής (בַּעַל חֲלֹמוֹת) 481b
ἐνύπνιον 481b, *175c* (Si 31[34].1)
ὅραμα 1004c
ὕπνος 1411c
חַלּוֹן
διόρυγμα 336c
θυρίς 663c (+ To 3.11), *179c*
חִלּוּק
λεῖος 872b
חֲלוּשָׁה
τροπή 1375a
חַלְחָלָה
ἔκλυσις 438a
ταραχή 1336c
ὠδίν 1492b
חָלַט hi.
ἀναλέγειν 79a
חֲלִי
ὁρμίσκος 1014a
חוֹלִי ,חֳלִי
⟦ἁμαρτία 62a⟧
ἀρρώστημα *168b*
ἀρρωστία 160b
μαλακία 894b
μαλακίζεσθαι 894b
νόσος 949b, *185c*
πόνος 1188b, *189c*
τραῦμα 1369c
חֶלְיָה
καθόρμιον 704b
חָלִיל I adj.
γίνεσθαι + neg. 256b
ἵλεως 684c
μηδαμῶς (חָלִלָה ,ח׳ מִן) 920b
חָלִיל II subst.
αὐλός 178c, *169a*
חֲלִיפָה ,חֲלִיפָא
ἀλλάσσειν 55b
ἀντάλλαγμα 108c
δισσός 337b

ἐξαλλάσσειν 487a
⟦ἐπάγειν 503c⟧ → חָלַף hi.
*πάλιν 1051c (Jb 14.14)
παρέρχεσθαι (חֲלִיפוֹת) *187c*
στολή 1291c
חֲלִיצָה
ἱμάτιον 685a
πανοπλία 1053a
στολή 1291c
חֵלְכָה
πένης 1117c
πτωχός 1239b
חָלַל I ni.
βεβηλοῦν 216b, *169b* (Si 42.10)
βεβήλωσις 217a
⟦εἰσβεβηλοῦν 410a⟧ → βεβηλοῦν
μιαίνειν 925c
⟦ταράσσειν 1336a⟧ → חוּל, חִיל polel
חָלַל I pi.
βεβηλοῦν 216b
⟦ἐκβεβηλοῦν 421b⟧ → βεβηλοῦν
⟦εὐφραίνειν 581a⟧
μιαίνειν 925c
⟦στρωννύειν, στρωννύναι 1297b⟧ → חָלַל II pi. ≈ τιτρώσκειν
τρυγᾶν 1377a
חָלַל I pu.
βεβηλοῦν 216b
חָלַל I hi.
^ἄρχειν, ἄρχεσθαι 163a
βεβηλοῦν 216b
ἐνάρχεσθαι 469a
⟦ἔρχεσθαι 548b⟧ → ἄρχειν, ἄρχεσθαι
חָלַל I ho.
⟦ἐλπίζειν 453c⟧ → יָחַל hi.
חָלַל II qal
⟦εὐφραίνειν 581a⟧ → הָלַל pi.
⟦κοπιᾶν 778b⟧ → חָדֵל, חָדַל I qal ≈ κοπάζειν
חָלַל II ni.
*τραυματίζειν 1370b (1K 31.3)
חָלַל II pi.
⟦ἀναβαίνειν, ἀναβέννειν 70a⟧
*τιτρώσκειν 1362a (Ez 28.7)
τραυματίζειν 1370b
חָלַל II pu.
⟦τραυματίας 1369c⟧ → חָלָל
חָלַל II polel
θανατοῦν 625a
τραυματίζειν 1370b
*חָלַל III pi.
*αὐλεῖν 177a (3K1.40*L*)
חָלָל
βέβηλος 216b
βεβηλοῦν 216b
θνήσκειν 653c
νεκρός 941b
*πτῶμα 1239a, *190c* (Si 34[31].6)
τιτρώσκειν 1362a
τραῦμα 1369c
τραυματίας (חֲלַל חֶרֶב ,ח׳) 1369c
τραυματίζειν 1370b
τροποῦν 1376a
חָלַם I qal
ἐμπίπτειν εἰς ὁράματα καὶ ἐνύπνια (ח׳ חֲלֹמוֹת qal) 458a
ἐνυπνιάζεσθαι 481b
ἐνύπνιον 481b
ἰδεῖν ἐνύπνιον 481b
ἰδεῖν 669b
*ὁρᾶν + ἐνύπνιον (= חֲלוֹם) 1005a (Ge 41.15; Da LXX 2.3)
ὕπνος 1411c
חָלַם I hi.
ἐνυπνιάζεσθαι 481b
⟦παρακαλεῖν 1060a, *187c*⟧ → נָחַם pi.
חָלַם II qal
*ἀπορρήσσειν 140a (Jb 39.4)
חֵלֶם Ar.
ἐνύπνιον 481b
ὅραμα 1004c
חַלָּמִישׁ
ἀκρότομος 51c
στερεός 1289a
στερεὰ πάτρα 1129c, 1289a
חָלַף qal
ἀλλάσσειν 55b
ἀπέρχεσθαι 121a
ἀφαιρεῖν 180a
διελαύνειν 328b
διέρχεσθαι 328c, *171c*
δηλοῦν 330a
ἐπέρχεσθαι 509c
⟦κατακρύπτειν 734c⟧
⟦καταστρέφειν 745c⟧
⟦κρύπτειν *182b*⟧
μεταβάλλειν 915b
παρέρχεσθαι 1068c, *187c* (Si 11.19; 42.20)
*πορευέσθαι 1189a (Jb 29.20)
τιτρώσκειν 1362a
חָלַף pi.
ἀλλάσσειν 55b
חָלַף hi.
ἀλλάσσειν 55b
ἀνθεῖν 95b
ἀντικαταλάσσειν *167b*
διάδοχος *171a*
⟦ἑλίσσειν 453a⟧ → ἀλλάσσειν
*ἐπάγειν 503c (Jb 10.17)
*ἐπανθεῖν + subj. δένδρον (= עֵץ) 506c (Jb 14.7)
παραλογίζεσθαι 1062a
חֲלַף Ar. pe.
ἀλλάσσειν 55b
ἀλλοιοῦν 56a
חָלַץ qal
*ἀποπίπτειν 139c
δύναμις 350a
δυνατός 355c
ἐκδύ(ν)ειν 423c
ἐκκλ(ε)ίνειν 433c
ἐνοπλίζειν 476b
εὔζωνος 570a
μάχιμος 901b
⟦ὁπλιστής (חָלוּץ) 1003b⟧ → ὁπλίτης
ὁπλίτης (חָלוּץ) 1003b
ὑπολύειν 1415c
חָלַץ ni.
⟦δύ(ν)ειν 350a⟧ → ἐκδύ(ν)ειν
ἐκδύ(ν)ειν 423c
ἐνοπλίζειν 476b
ἐξοπλίζειν 500a
εὔοδος 575c
ῥύεσθαι 1254b
חָלַץ pi.
⟦ἀποπίπτειν 139c⟧ → חָלַץ qal
ἐξαιρεῖν 484b
⟦θλίβειν 652b⟧
ῥύεσθαι 1254b
חָלַץ hi.
πιαίνειν 1132c
חָלָץ
ὀσφύς 1023c
πλευρά 1142a
πολεμιστής 1171c
חָלַק qal
ἀπονέμειν 139a
διαιρεῖν 302c
διαμερίζειν 305c
διανέμειν 306a
διαστέλλειν 311b
⟦ἐπιμερίζειν 525c⟧
⟦κατακληρονομεῖν (ח׳ נַחֲלָה qal) 733b⟧ → κληρονομεῖν
κατέχειν 750c
κληρονομεῖν (ח׳ נַחֲלָה qal) 768a
κτίζειν *182c*
⟦λαμβάνειν 847a (2C 28.21)⟧ → לָקַח qal
μερίζειν 910c, *184b*
⟦συμμερίζεσθαι 1304b⟧ → μερίζειν

חָלַק ni.
⟦ἀποστέλλειν *168b*⟧
διαιρεῖν 302c
*διαστέλλειν 311b, *171b* (Si 15.9)
⟦ἐκπορεύεσθαι 439c⟧
?ἐπιπίπτειν 526b
κτίζειν *182c*
μερίζειν 910c
חָלַק pi.
ἀπομερίζειν 139a
διαδιδόναι 300b
διαιρεῖν 302c
διαμερίζειν 305c
⟦διαμετρεῖν 306a⟧ → διαμερίζειν
διδόναι 317b
διϊστάνειν, διϊστάναι 330b
ἐμβατεύειν 455c
⟦ἔχειν 586c⟧
καταδιαιρεῖν 730b
κληρονομεῖν 768a
μερίζειν 910c
μερίς 911a
חָלַק pu.
διαμερίζειν 305c
καταμετρεῖν 739c
παραδιδόναι 1058a
חָלַק hi.
ἀγοράζειν 16b
γλωσσοχαριτοῦν (חָ׳ לָשׁוֹן hi.) 272b
δολιοῦν 340b
δολοῦν 340c
λόγοις τοῖς πρὸς χάριν ἐμβάλλεσθαι (חָ׳ אֲמָרִים hi.) 455a
⟦παρασκευάζειν 1064a⟧
τύπτειν 1378b
חָלַק hit.
διαιρεῖν 302c
*חֲלַק Ar. pe.
*μερίζειν 910c (To 6.18)
חָלָק
ἄστεγος 173b
λεῖος 872b
⟦λιπαίνειν 879b⟧ → שָׁמֵן I hi.
τὰ πρὸς χάριν 1455a
חֲלָק Ar.
μερίς 911a
⟦νέμειν 941c⟧
חֵלֶק
⟦βρόχος 231b⟧
διαμερίζειν 305c
ἐπιμερίζειν 525c
*κληροδοσία 768a (Da *Lx* 11.21, 32, 34)
κληρονομία 769a
κλῆρος 770a
κρίμα *182b*
μερίζειν 910c, *184b*
μερίς 911a, *184b* (+Si 11.18; 14.14; 26.3)
μέρος 911c
חֶלְקָה I ("smoothness")
γυμνός 278a
διαβολή 299a
δόλιος 340b
δολιότης 340b
חֶלְקָה II ("portion of field")
μερίζειν 910c
μερίς 911a
חֲלֻקָּה
μερίς 911a
חֲלַקּוֹת
ὀλίσθ(ρ)ημα 987b
חֲלַקְלַקּוֹת
ὀλίσθ(ρ)ημα 987b
חָלַשׁ qal
?οἴχεσθαι 985a
τρέπειν 1371b
חַלָּשׁ
ἀδύνατος 28a
חָם I ("husband's father")
πενθερός 1117c
חֹם II ("heat")
θερμός 649b
חֹם
εὐδία *177c*
ἡμέρα 607b
θερμαίνειν 649a
θερμός 649b
καῦμα 757a
μεσημβρία (חֹם הַיּוֹם) 912c
חֵמָא
θυμός 660c
חֲמָא, חֶמָא Ar.
θυμός 660c
ὀργή 1008b
חֶמְאָה
βούτυρον 229c
חָמַד qal
βούλεσθαι 226b
ἐνθυμεῖσθαι 473c
ἐπιθυμεῖν 520b
*ἐπιθύμημα 520c (Nu 16.15)
εἶναι ἐπιθυμητής 520c
ἐπιθυμία 521a, *176c* (Si 14.14)
*ἐπιποθεῖν 526c (Si 25.21)
εὐδοκεῖν 569a
κάλλος 715a
καταθύμιος 731b
⟦νικᾶν 945b⟧
חָמַד ni.
*ἐπιθύμημα 520c (Ps 18[19].10)
ἐπιθυμητός 520c
⟦καλός *181a*⟧
ὡραῖος 1493c
חָמַד pi.
ἐπιθυμεῖν 520b
חָמַד hi.
ἐπιθυμεῖν *176c*
חֶמֶד
ἐπιθύμημα 520c
ἐπιθυμητός 520c
ἐπίλεκτος 525a
*καλός 715b (Ge 49.14)
חֶמְדָּה
ἐκλεκτός 437a
ἔπαινος 504c
ἐπιθύμημα 520c
ἐπιθυμητός 520c
ἐπιθυμία 521a
κάλλος 715a
ὡραῖος 1493c
חֲמֻדוֹת
ἐλεηνός 451a
ἐπιθύμημα 520c
ἐπιθυμητός 520c
ἐπιθυμία 521a
καλός 715b
חָמָה qal
*ὑποβλέπεσθαι 1412c, *194b* (Si 37.10 Aramaizing)
חַמָּה
ἥλιος 606b
θέρμη 649b
חֵמָה I ("anger")
ἄκρατος 50b
ἐνθύμιον 474a
θολερός 654a
θυμός 660c
θυμὸς ὀργή 660c, 1008b
θυμὸς πλάγιος (חֲמַת־קֶרִי) 660c
^θυμοῦν (עָלְתָה חֵ׳) 662b (1E 1.49)
θυμώδης 662c
ἰός 687a
κακόφρων (גְּדָל־חֵ׳) 712a
⟦ " (גְּרָל־חֵ׳) 712a⟧
ὀργή 1008b, *186c*
ὀργὴ θυμοῦ 1008b
ὀργίζειν (בָּעֲרָה חֵ׳) 1010a
ὀργίλος 1010b
ὁρμή 1014a
חֵמָה II ("curd")
βούτυρον 229c
חֲמוּדָה
ἐλεηνός 451c
ἐπιθυμία *176c*
חָמוֹץ
ἀδικεῖν 24c

חַמּוּק
ῥυθμός 1255b
חֲמֹר, חֲמוֹר
⟦ἐξαλείφειν 486c⟧ → מָחָה qal
ὄνος 1000a, *186b* (Si 30[33].33)
^ὑποζύγιον 1413b
חֲמוֹרָה
⟦ἐξαλείφειν 486c⟧ → מָחָה qal
חָמוֹת
πενθερά 1117c
חֹמֶט
σαῦρα 1261a
חָמִיץ
⟦ἀναποιεῖν 81b⟧ → בְּלִיל
חֲמִישִׁי, חֲמִשִׁי
ἐπίπεμπτος 526b
τὸ πέμπτον μέρος 911c, 1116c
^πέμπτος 1116c
πεντεκαιδέκατος (חֲמִשָּׁה עָשָׂר) 1118c
חָמַל qal
αἱρετίζειν 36a
ἐλεεῖν 449c, *174a*
ἐπιποθεῖν 526c
*πάσχειν 1103a (Zc 11.5; Ez 16.5)
περιποιεῖν 1125c
⟦πονεῖν 1186a (1K 23.21)⟧ → עָמַל qal
^φείδεσθαι 1426a, *195a*
חֶמְלָה
φείδεσθαι 1426a
חָמַם qal
διαθερμαίνειν 300c
⟦ἐκκαίειν 432b⟧ → προσκαίειν
θερμαίνειν 649c
θερμασία 649c
θέρμη 649b
θέρμη γίνεται 649b
θερμὸς γίνεσθαι 256c
παραθερμαίνειν 1059c
προσκαίειν 1216b
חָמַם pi.
θάλπειν 623b
חָמַם hi.
*θερμαίνειν 649a, *179b* (Si 38.17)
חָמַם hit.
θερμαίνειν 649c
חַמָּן
βδέλυγμα 215b
εἴδωλον 376a
τὸ ξύλινον χειροποίητον 957c
τέμενος 1345
*ὑψηλός 1419b (2C 34.4, 7)
חָמַס qal
ἀθετεῖν 29b
ἀσεβεῖν 170a
⟦διαπετάζειν, διαπεταννύειν, διαπεταννύναι 307c⟧ → διασπᾶν
*διασπᾶν 310c (La 2.6)
ἐπίκεισθαι 523a
⟦τρυγᾶν 1377a⟧
חָמַס ni.
παραδειγματίζειν 1057c
חָמָס
ἀδικεῖν 24c
ἀδίκημα 25a
ἀδικία 25b, *165b*
ἄδικος 26c
ἀθεσία 29b
ἁμαρτωλός *166b*
ἀνομία 106b
ἄνομος *167b*
*ἀπειθής 119c, *167c* (Si 47.21)
ἀπώλεια, ἀπωλία 151c
ἀσέβεια, ἀσεβία 169c
ἀσεβής 170b, *168c*
*μόχθος 935c (Je 28[51].35)
ὄνειδος 995a
παράνομος 1062b
*ψευδής 1484b (Am 6.3)
חָמֵץ I qal
ἀδικεῖν 24c
ζυμοῦσθαι 599b
חָמֵץ I hit.
ἐκκαίειν 432b
חָמֵץ II subst.
ἐρύθημα 548a
⟦ἐρύθρημα 548a⟧ → ἐρύθημα
ζύμη 599b
ζυμίτης 599b
ζυμοῦσθαι 599b
ζυμωτός 599b
חֹמֶץ
ὄμφαξ 994a
ὄξος 1001a
חָמַק qal
παρέρχεσθαι 1068c
חָמַק hit.
ἀποστρέφειν 145b
חָמַר I qal
ἄκρατος 50b
καταχρίειν 748c
ταράσσειν 1336a
חָמַר I hi.
⟦προσταράσσειν *190b*⟧
חָמַר I pealal
συγκαίειν 1299a
ταράσσειν 1336a
חָמַר II qal
*καταχρίειν 748c (Ex 2.3)
חֵמָר
ἀσφαλτόπισσα 174c
ἄσφαλτος 174c
חֶמֶר
μέθη *184a*
οἶνος 983c
חֲמַר Ar.
^οἶνος 983c
חֹמֶר I ("homer")
ἀρτάβαι ἕξ 161b
ἄχυρον, ἄχυρος 188a
§γομορ 274b
κόρος ("kor") 780a
⟦ταράσσειν 1336a⟧ → חָמַר I qal
חֹמֶר II ("clay")
κονιορτός 777c
πήλινος 1131a
πηλός 1131a
חֹמֶר III ("heap")
θημωνία, θ(ε)ιμωνία 650b
חֲמֹר
see חֲמֹר, חֲמוֹר
חָמַשׁ qal
πέμπτη γενεά (חֲמֻשִׁים) 236a (Ex 13.18)
διασκευάζειν (חֲמֻשִׁים) 310a (Jo 4.12)
εὔζωνος (חֲמֻשִׁים) 570a (Jo 1.14)
חָמַשׁ pi.
ἀποπεμπτοῦν 139b
חֲמִשָּׁה, חָמֵשׁ
πέμπτος 1116c
*πέντα 1118b
πενταετής (בֶּן־חָמֵשׁ שָׁנִים) 1118b
πεντακαιδέκατος (חֲמֵשׁ עֶשְׂרֵה, חֲמִשָּׁה עָשָׂר) 1118c
πεντάκις (חָ׳ פְּעָמִים) 1118b
πεντάπηχυς (חָ׳ בָּאַמָּה) 1118c
πενταπλασίως (חָ׳ יָדוֹת) 1118c
πεντηκονταετής (בֶּן־חֲמִשִּׁים שָׁנָה) 1119a
πεντηκόνταρχος (שַׂר־חֲמִשִּׁים) 1119a
πεντηκοστός (חֲמִשִּׁים) 1119a
חֹמֶשׁ I ("fifth")
ἀποπεμπτοῦν 139b
חֹמֶשׁ II ("abdomen")
*λαγών 840b (2K 20.10*L*)
ψόα, ψοιά 1485c
חֲמִשִׁי
see חֲמִשִׁי, חֲמִישִׁי
חֲמִשִּׁים
⟦πέμπη γενεᾷ 1116c⟧ → חֲמִישִׁי, חֲמִשִׁי ≈ πέμπτος
*חַמְשִׁין Ar.
*πεντήκοντα 1119a (To 14.2)

חֵמֶת
ἀσκός 172c
חֵן
ἀρέσκεια 155b
*δεκτός 289c (Pr 22.11)
ἔλεος, ἔλαιος 451a
*ἐπιχαρής 538c (Na 3.4)
⟦ἐπίχαρις 538c⟧ → ἐπιχαρής
εὔλαλος (שְׂפַת חֵן) *177c*
εὔμορφος *178a*
εὐχάριστος 583c
χάρις 1455a, *195a* (+Si 3.18; 7.33; 26.15)
חָנָה qal
ἐγκάθετος 364b
ἐπιβαίνειν 515c
καταλύειν 738b, *181b*
κατασκηνοῦν *181c*
καταστρατοπεδεύειν 745c
κυκλοῦν (חָ׳ qal, חָ׳ סָבִיב qal) 798b
παρατάσσειν 1064c
^παρεμβάλλειν 1066b
παρεμβολή 1067b
περικαθίζειν 1123c
περιχαρακοῦν 1128b
στρατοπεδεύειν 1296a
חַנּוּן
ἐλεήμων 450c
οἰκτ(ε)ίρμων 983a
חָנַט qal
⟦ἐκφέρειν 444c⟧
ἐνταφιάζειν 477a
θάπτειν 625c
חֲנֻטִים
ταφή 1338a
חִנְטִין Ar.
^πυρός 1245b
חָנִיךְ
ἴδιος 673b
חֲנִינָה
ἔλεος, ἔλαιος 451a
חֲנִית
δόρυ 344b, *172b*
ζιβύνη, σιβύνη 598c
⟦μάχαιρα 899c⟧
ὅπλον 1003c
?ῥομφαία 1253a
σειρομάστης 1262a
חָנַךְ qal
ἐγκαινίζειν, ἐγκενίζειν 364c
חֲנֻכָּה, also Ar.
ἐγκαίνια 364c
ἐγκαίνισις 364c
ἐγκαινισμός 364c
⟦ἐγκαίνωσις 364c⟧

חִנָּם
ἀδίκως 27b
δωρεά 358c (Si 20.23)
διὰ κενῆς 759a
μάταιος 898c
*ματαίως 899b (Ps 3.8)
μάτην 899c
*ψευδής 1484b (Pr 24.28[43])
חֲנָמַל
πάχνη 1112c
חָנַן qal
δεῖσθαι 288a
ἐλεᾶν 449a
ἐλεεῖν 449c, *174a*
ἔλεος ποιεῖν 451a, 1154a
οἰκτείρειν 982c
οἰκτ(ε)ίρμων 983a
*προσκαλεῖν 1216c (Jb 19.17)
חָנַן ni.
⟦καταστενάζειν 745c⟧ → אָנַח ni.
חָנַן pi.
δεῖσθαι 288a
חָנַן polel
ἐλεᾶν 449a
חָנַן ho.
ἐλεᾶν 449a
⟦ἐλεεῖν *174a*⟧
חָנַן hit.
ἀξιοῦν 113b
δεῖσθαι 288a (+ To 3.11)
καταδεῖσθαι 730b
παραιτεῖσθαι 1060a
προσδεῖν ("to be needy") *190a*
חֲנַן Ar. pa.
οἰκτ(ε)ιρμός 983a
חֲנַן Ar. itpe.
δεῖσθαι 288a
εὔχεσθαι 583c
חָנֵף I qal
ἀνομεῖν 106b
μιαίνειν 925c
μολύνειν 932c
φονοκτονεῖν 1437b
חָנֵף I hi.
⟦ἐξάγειν 483a⟧
⟦ἐπάγειν 503c⟧
μιαίνειν 925c
φονοκτονεῖν 1437b
חָנֵף II
*ἀκάθαρτος 42c, *165c* (Si 40.15)
ἁμαρτωλός 64b
ἄνομος 107c
ἀπειθής *167c*
ἀσεβής 170b, *168c*
δόλος 340b

παράνομος 1062b
ὑποκριτής 1414c
חֹנֶף
ἄνομος 107c
חֲנֻפָּה
μολυσμός 932c
חָנַק ni.
ἀπάγχεσθαι 115c
חָנַק pi.
ἀποπνίγειν 139c
*חֲנַק Ar. itpe.
*στραγγαλᾶν 1295a (To 2.3)
חָסַד I pi.
*καταγινώσκειν 730a, *181b* (Si 14.2)
⟦ὅσιος εἶναι 1018b⟧ → ὁσιοῦν
ὁσιοῦν 1018c
חָסַד II pi.
ἐπονείδιστος γίνεσθαι 256c, 539a
*ὀνειδίζειν 994b (Pr 25.10)
חֶסֶד I ("grace")
ἀντιλήπτωρ (מָשַׁךְ חֶ׳) 111a
δίκαιος 330c
δικαιοσύνη 332c
δόξα 341b
ἐλεημοσύνη 450b
ἐλεήμων 450c
ἔλεος, ἔλαιος 451a, *174a*
?ἐλπίς 454a
*εὐεργεσία 569c (+Si 51.8)
εὐσέβεια *178b*
*εὐχαριστία (תַּגְמוּל חֶ׳, גְּמִילוּת חֶ׳) 583c, *178b* (Si 37.11)
⟦ζωή 599c⟧
οἰκτείρημα, οἴκτειρμα(?) 983a
ὀνειδισμός *186b*
ὅσιος 1018b
πολυέλεος (רַב־חֶ׳,גְּדֵל־חֶ׳) 1181a
^*τιμᾶν (נָטָה חֶ׳ hi.) 1353a (1E 8.26)
^χάρις 1455a, *195a*
חֶסֶד II ("disgrace")
ὄνειδος 995a
*חֲסַד Ar.
*ὀνειδισμός 994c (To 3.10)
חָסָה qal
ἀντέχειν 109c
ἐλπίζειν 453c
εὐλαβεῖσθαι 572a
πείθειν 1114b
πεποιθὼς εἶναι 1114b
σκεπάζειν (חָ׳ qal, חָ׳ בְּצֵל־ qal) 1268c
σῴζειν 1328b
σκεπάζειν *191b*
*ὑποδύειν 1413b (Jd 9.15*L*)

*ὑπομένειν 1415c (Si 51.8)
*ὑφιστάναι 1419a (Jd 9.15B)

חָסוֹן
ἰσχυρός 693b
ἰσχύς 694b

חָסוּת
πείθειν 1114b

חָסִיד
ἐλεεῖν 449c
ἐλεήμων 450c
εὐλαβεῖσθαι 572a
εὐλαβής 572a
⟦εὐσεβής 580b⟧ → εὐλαβής
ὅσιος 1018b

חֲסִידָה
§ασιδα 172c
ἔποψ 539b
ἐρωδιός, ἀρωδιός 169b, 553b
πελεκάν 1116b
⟦ὕποψ 1418b (Le 11.19 variant reading)⟧

חָסִיל
βροῦχος 231a
ἐρυσίβη, ἐρισύβη 548b

חֲסִין
δυνατός 355c

חַסִּיר Ar.
ὑστερεῖν 1418b

חָסַל qal
κατέσθειν, κατεσθίειν 749b

חָסַם qal
⟦οἰκοδομεῖν *186a*⟧
*περιστόμιον 1127a (Ez 39.11)
φιμοῦν 1432c

חָסַן ni.
συνάγειν 1307b

חֲסַן Ar. af.
κατέχειν 750c

חֲסֵן adj. Ar.
ἰσχυρός 693b
ἰσχύς 694b
κράτος 784a

חֹסֶן
*δυναστεία 354c (Ez 22.25)
θησαυρός 651c
ἰσχύς 694b
κράτος 784a

חָסַף qal
ἀποκάλυψις 132b, *168a* (Si 42.1)

חֲסַף Ar.
ὀστράκινος 1023b
ὄστρακον 1023b
⟦πήλινος 1131a⟧ → טִין

חַסְפַּס
κόριον 780a

חָסֵר I qal
*ἀμοιρέω 66c (Si 3.25)
ἀπολείπειν *168a*
ἀπορεῖν 140a, *168a* (Si 3.25)
ἐλαττονεῖν 448a
ἐλαττονοῦν, ἐλασσονοῦν 448a
ἐνδεής 469b
ἐνδεὴς γίνεσθαι 256c, 469b
ἐνδεῖσθαι 469c
ἐπιδεῖν ("to lack") 519a
προσδεῖν ("to be needy") 1212c
ὑστερεῖν 1418b, *194c*

חָסֵר I pi.
ἐλαττονοῦν *174a*
στερίσκειν 1289c

חָסֵר I hi.
ἐλαττονεῖν 448a
κενὸν ποιεῖν 759a, 1154a

חָסֵר II adj.
ἀκάρδιος (חֲסַר־לֵב) 43c, *166a*
ἄφρων (חֲסַר־לֵב) 186c
ἐλαττονοῦν *174a*
ἐλαττοῦν, ἐλασσοῦν *174a*
⟦ἐλάττωσις *174a*⟧
ἐνδεής 469b
⟦ἔνδεια (חֲ׳־לֵב) 469b⟧ → חֶסֶר
ὑστερεῖν 1418b, *194c*

חֶסֶר
ἔνδεια 469b

חֹסֶר
ἔκλειψις 437a
*ἐλάττωσις *174a*
ἔνδεια 469b

חֶסְרוֹן
ὑστέρημα 1418c

חַף
ἄμεμπτος 65b

חֹף
*ἆπις 122c

חָפָא pi.
ἀμφιάζειν, ἀμφιέζειν 67c

חָפָה qal
⟦διατρέπειν 314a⟧ → חָפֵר qal
ἐπικαλύπτειν 522b
καλύπτειν *181a*
κατακαλύπτειν 732c

חָפָה ni.
περιαργυροῦν (חָ׳ בַּכֶּסֶף ni.) 1121c
*σκεπάζειν 1268c (1K 23.26)

חָפָה pi.
καταχρυσοῦν 748c
ξυλοῦν 959b
χρυσοῦν 1478c

חֻפָּה
παστός 1102c
σκεπάζειν 1268c

חָפַז qal
⟦αἰσθάνεσθαι 36b⟧
ἔκστασις 441b
θαμβεῖν 623b
θραύειν 654b
σπεύδειν 1284a

חָפַז ni.
δειλιᾶν 287a
θαμβεῖν 623b
σαλεύειν 1257c

חִפָּזוֹן
σπουδή 1285c
ταραχή 1336c

חֹפֶן
δράξ 348c
κόλπος 777a
χείρ 1457c

חָפַף qal
σκιάζειν 1274b

חָפֵץ I qal
ἀγαπᾶν 5b
αἱρεῖν 36a
αἱρετίζειν 36b
⟦ἀξιοῦν *167b*⟧
βούλεσθαι 226b
βουλεύειν 227a
ἔγκεισθαι 366b
(ἐ)θέλειν 628b, *179a*
ἐπιθυμεῖν 520b
εὐδοκεῖν 569a, *177c*
χρείαν ἔχειν 586c, 1474a (Pr 18.2; Is 13.17)
θέλημα 629a
⟦ἱστάναι, ἱστᾶν 689a⟧

חָפֵץ II adj.
βούλεσθαι 226b
(ἐ)θέλειν 628b
θέλημα 629a
θέλησις 629b
θελητής 629b

חֵפֶץ
⟦ἀρέσκεια *168b*⟧
ἄχρηστος (חֵ׳ + neg.) 187c
βούλεσθαι 226b
βουλεύειν 227a
(ἐ)θέλειν 628b
ἐκλεκτός 437a
εὔχρηστος 584c
θέλημα 629a
θελητός 629b
μέλειν 908b
ὅσα βεβούλευμαι 1019a
πολυτελής *189c*
πρᾶγμα 1199c

τίμιος 1353c
*χρεία 1474a (Je 22.28; 31[48].38), *196a* (Si 11.23; 15.12)
חָפַר qal ("to dig")
ἀνασκάπτειν 82a
ἀνορύσσειν 108b
ἐφοδεύειν 586b
ζητεῖν 597a
κατασκοπεύειν 745a
ὀρύσσειν 1017c
חָפֵר qal ("to feel shame")
αἰσχύνειν 36c
*διατρέπειν 314a (Es 7.8)
ἐντρέπειν 480c
ἐπαισχύνεσθαι 505b
καταγελᾶν 729c
καταισχύνειν 731c
⟦ὀνειδίζειν 994b⟧ → חָרַף I pi. or pu.
חָפֵר hi. ("to feel shame")
αἰσχύνειν 36c
ἐπονείδιστος εἶναι 539a
ἔχειν παρρησίαν (חָ׳ hi. + neg.) 586c
καταισχύνειν *181b*
ὀνειδίζειν 994b
חָפַשׂ qal
ἐξερευνᾶν, ἐξεραυνᾶν 491b
ἐρευνᾶν 544c
חָפַשׂ ni.
ἐξερευνᾶν, ἐξεραυνᾶν 491b
חָפַשׂ pi.
⟦εἰσηγορεῖσθαι *173b*⟧ → ἰσηγορεῖσθαι
ἐξερευνᾶν, ἐξεραυνᾶν 491b
ἐρευνᾶν 544c
ἰσηγορεῖσθαι *180b*
σκάλλειν 1268a
חָפַשׂ pu.
⟦ἁλίσκειν, ἁλίσκεσθαι 54c⟧ → תָּפַשׂ ni.
⟦ἐξερευνᾶν, ἐξεραυνᾶν 491b⟧ → חָפֵשׂ qal (Ps 63.7 word div.)
חָפַשׂ hit.
*ἀλλοιόω 56a (1K 28.8*L*, 2C 18.29*L*)
⟦καταδεῖν 730b⟧ → עָמַס qal
κατακαλύπτειν 732c
⟦κραταιοῦν 782c⟧ → חָזַק hit.
⟦περικαλύπτειν 1124a⟧ → συγκαλύπτειν
συγκαλύπτειν 1299a
חֵפֶשׂ
ἐξερεύνησις, ἐξεραύνησις 491b
חָפַשׂ pi.
εἰσηγορεῖσθαι *173b*
חָפַשׁ pu.
ἀπελευθεροῦν 120b
חֹפֶשׁ
⟦ἐκλεκτός 437a⟧
ἐλευθερία *174b*
חֻפְשָׁה
ἐλευθερία 452b
חָפְשׁוּת
§απφουσωθ 151a
§αφφουσιων 187b
חָפְשִׁי
ἄφεσις 182b
δείδειν (חָ׳ + neg.) 286a
ἐλεύθερος 452b
חָפְשִׁית
§απφουσωθ 151a
§αφφουσωθ 187b
חֵץ
βέλος 217a
βολίς 224b (Si 51.6)
⟦γούζαν (חִצִּים) 275a⟧ → σχίζα
κοντός 778a
*πετροβόλος 1130a (2K 22.15*L*)
σχίζα 1327c
τόξευμα 1363c
⟦τόξον 1363c⟧ → קֶשֶׁת
חָצַב, חָצֵב qal
ἀποθερίζειν 128a
διακόπτειν 303c
ἐκλατομεῖν 435a
κόπτειν 779a
λατομεῖν 862c
λατόμος 862c
μεταλλεύειν 916b
ὀρύσσειν 1017c, *186c*
ποιεῖν + μνημεῖον acc. (= קֶבֶר) 1154a (Is 22.16)
⟦τεχνίτης 1347c⟧
⟦ὑπερείδειν 1409b⟧ → נָצַב hi.
חָצַב, חָצֵב ni.
ἐγγλύφειν 363b
חָצַב, חָצֵב pu.
λατομεῖν 862c
חֹצֵב
^*λατόμος 862c
חָצָה qal
διαιρεῖν 302c
ἐπιδιαιρεῖν 519b
ἡμισεύειν 618c
⟦μερίζειν 910c⟧ → μεριτεύεσθαι
μεριτεύεσθαι 911c
חָצָה ni.
διαιρεῖν 302c
διαρρηγνύειν, διαρρηγνύναι, διαρρήσσειν 309a
μερίζειν 910c
חֲצוֹצְרָה
see חֲצוֹצְרָה, חֲצֹצְרָה
חֲצוֹת
μεσονύκτιον (חֲ׳־לַיְלָה) 912c
μέσος 913a
חֲצִי, חֵצִי
βέλος 217a
ἥμισυς 618c
μεσονύκτιον (חֲ׳־לַיְלָה) 912c
μέσος 913a
μεσοῦν 913c
σχίζα 1327c
חָצִיר
⟦αὐλή 177b (Is 34.13)⟧ → חָצֵר
βοτάνη 225c
πράσον 1200c
χλόη 1471c
χλωρός 1471c
χόρτος 1473a, *196a* (Si 40.16)
חֹצֶן
ἀναβολή 73c
κόλπος 777a
*חֲצַף
*ἐπαιτέω 505b (Si 40.28 MS M)
חֲצַף Ar. af.
ἀναιδής 77b
ἐπείγειν 509a
*πικρῶς 1133b (Da *Lx* 2.15)
ὑπερισχύειν 1410b
חָצַץ pi.
⟦ἀνακρούειν 78c⟧ → חצצר pi.
חָצַץ pu.
διαιρεῖν 302c
חָצָץ
ψῆφος 1485c
חצצר pi.
*ἀνακρούειν 78c (Jd 5.11)
σαλπίζειν 1258c
חֲצוֹצְרָה, חֲצֹצְרָה
ἠχεῖν 620c
^σάλπιγξ 1258b, *191a*
חָצֵר
αὐλή 177b
ἐξέδρα 490c
ἐξώτερος, ἐξώτατος 502c
ἔπαυλις 508c
κώμη 839c
οἰκία 969b
περίπατος 1125b
σκηνή 1271a
חֲצֵרֹת, חֲצֵרוֹת
⟦αὐλών 178c⟧ → חָצֵר ≈ αὐλή
חֹק
ἀκριβασμός 50c

*ἀκρίβεια 50c (II1K 11.33)
ἀριθμεῖν 156b
αὐτάρκης 179b
διαθήκη *171a*
⟦διακρίβεια 304a⟧ → ἀκρίβεια
^δικαίωμα 334b
δόσις 344c
ἐντολή 479b
⟦ἔργον 541c⟧
⟦κρίμα 786b, *182b* (+Si 42.15)⟧
νόμιμος 946c
νόμος 947b
ὅριον 1012a
πρόσταγμα 1219c
σύνταξις 1318a
*χρόνος 1476b (Jb 14.5, 13)

חֵק
see חֵיק, חֵק

חָקָה pu.
διαγράφειν 300a
ἐκτύπωσις 444b
ζωγράφειν 599b

חָקָה hit.
ἀφικνεῖσθαι 184a

חֻקָּה
*ἀκρίβασμα 50b (3K 2.3*L*)
⟦διαθήκη *171a*⟧
διαστολή 311c
δικαίωμα 334b
ἐντολή 479b
⟦κρίμα 786b⟧
νόμιμος 946c
νόμος 947b
πρόσταγμα 1219c

חָקַק qal
ἀφορίζειν 185c
γράφειν 276a
διαγράφειν 300a
διατάσσειν 313a
ζωγράφειν 599b
⟦ἰσχυρὸν ποιεῖν 693b, 1154a (Pr 8.29)⟧

חָקַק polel
ἄρχων 166b
βασιλεύς 197a
γραμματεύς *170c*
γράφειν 276a
⟦ἐξερευνᾶν, ἐξεραυνᾶν 491b⟧ → חָקַר qal
ἡγεῖσθαι 602c

חָקַר qal
ἀνακρίνειν 78c
*ἀφικνεῖσθαι *169b* (Si 43.30)
δοκιμάζειν 339c
ἐκζητεῖν 430c, *173c*
ἐλέγχειν 449b
ἐξακριβάζεσθαι 486c
ἐξερευνᾶν, ἐξεραυνᾶν 491b
ἐξετάζειν *175c*
*ἐξικνεῖσθαι 495c (Jd 5.15B)
ἐξιχνεύειν 497a, *176a* (+Si 6.27)
ἐξιχνιάζειν 497a
ἐρευνᾶν 544c
ἐρωτᾶν 553b
ἐτάζειν 559b
⟦[ἐφικνεῖσθαι] *178b*⟧ → ἀφικνεῖσθαι
ζητεῖν 597a, *178a* (+Si 3.21 [C]; –6.27)
ἰχνεύειν 696b
ἰχνευτής *180c*
καταγινώσκειν 730a

חָקַר ni.
εἰκάζειν 376c
?ἐκλείπειν 435c
εἶναι τέρμα 1345c

חָקַר pi.
ἐξιχνιάζειν 497a

חֵקֶר
ἀνεξέλεγκτος (′חֵ + neg.) 87b
ἀνεξιχνίαστος (′חֵ + neg.) 87b
ἀπέρα(ν)τος (′חֵ + neg.) 120c
ἐξετασμός 495a
ἐξεύρεσις 495a
ἐξιχνιάζειν 497a
ἐξιχνιασμός 497a
ἴχνος 696b, *180c*
πέρας 1120a

חֹר I
ν(ε)οσσ(ε)ία 949b
ὀπή 1001b
τρώγλη 1378a

חֹר II, חָר
ἄρχων 166b
ἐλεύθερος 452b
ὁ υἱὸς ὁ ἐλεύθερος 452b

חֹר III
see חוֹר, חֹר

חָר
see חוּר, חָר

חֲרָאִים
κόπρος 779a

חָרֵב I qal
ἀναξηραίνειν 80b
ἐκλείπειν 435c
ἐξερημοῦν 491c
⟦ἐξολεθρεύειν, ἐξολοθρεύειν 497c⟧
ἐρημοῦν 546c, *177b*
ξηραίνειν 957a

חָרֵב I ni.
ἐρημοῦν 546c
⟦ " *177b*⟧

חָרֵב I pu.
διαφθείρειν 314c
ἐρημοῦν 546c
*ξηραίνειν 957a (Jd 16.7, 8*L*)

חָרֵב I hi.
ἐξερημοῦν 491c
ἐρημοῦν 546c
ὄλεθρος *186a*

חָרֵב I ho.
ἐρημοῦν 546c

חָרֵב II adj.
μὴ ἀναποιεῖν 81b
ἐρημία 545a
ἔρημος 545a
ἐρημοῦν 546c

חֲרַב II Ar. hof.
^ἐρημοῦν 546c

*חָרַב III ni.
*ἐρίζειν 547b (4K 3.23*bisL*)
μάχεσθαι 900c

חֶרֶב
⟦ἄγγελος 7b⟧
ἐγχειρίδιον 367b
⟦λόγχη 887b⟧
μάχαιρα 899c
ξίφος 957c
πόλεμος 1172a
^ῥομφαία 1253a, *191c*
σίδηρος 1266a
σφαγή 1324a
τραυματίας (′חֲלַל חֶ) 1369c
φόνος 1437c

חֹרֶב
διψᾶν (= HR's διψῆν) 338a
ἔρημος 545a, *177b*
*εὐδία 569a, *177c* (Si 3.15)
καῦμα 757a, *181c*
⟦καύσων 757b⟧ → καῦμα
ξηρασία 957b

חָרְבָּה
ἐξερημοῦν 491c
ἐρημία 545a
^ἔρημος 545a
ἐρημοῦν 546c
ἐρήμωσις 547a
⟦νάπη 939c⟧
οἰκόπεδον 973a
τείχη πεπτωκότα (′חֳ pl.) *188c*, *193a*
*συμπίπτειν (′הָיָה לְחָ) 1305b (Is 64.11[10])

חָרָבָה
γῆ 240c
ἔρημος 545a
ξηρός 957b

חַרְגֹּל
ὀφιομάχης 1042b
חָרַד I qal
⟦ἐκπέτεσθαι 439a⟧ → ἐξιστᾶν, ἐξιστάναι
ἐξιστᾶν, ἐξιστάναι 496c
*ἐκτάσσειν 442a (4K 4.13*L*)
πτοεῖν 1238c
ταράσσειν 1336a
τρέμειν 1371b
φοβεῖν 1433b
φόβος 1435c
φόβος λαμβάνει 847a, 1435c
חָרַד I hi.
ἀποσοβεῖν 141a
διώκειν 338b
ἐκτρίβειν 444a
ἐκφοβεῖν 445b
ἐξιστᾶν, ἐξιστάναι 496c (+ Is 41.2)
παρενοχλεῖν 1068c
*φοβερίζειν 1435b (I1E 10.3)
חָרֵד II adj.
*ἀγωνιᾶν 18c (1K 4.13*L*)
δειλός 287a
διώκειν 338b
ἐξιστᾶν, ἐξιστάναι 496c
^*ἐπικινεῖν 523a (1E 8.69)
^*πειθαρχεῖν 1114b (1E 8.90)
חֲרָדָה
⟦αἰσχύνειν 36c⟧
ἔκστασις 441b
*ἔκταξις 441c (4K 4.13*L*)
φόβος 1435c
חָרָה qal
ἀθυμεῖν, ἀθυμοῦν 30a
σκληρῶς ἀποκρίνεσθαι 133a
βαρέως φέρειν (חָ׳ בְּעֵינֵי qal) 190c, 1426c
βαρυθυμεῖν 191a
⟦γίνεσθαι 256b⟧
*διαμαχίζεσθαι 305c, *171b* (Si 51.19)
ἐκκαίειν 432b
ἐπισυνιστάναι *177a*
θυμοῦν (חָ׳ qal, חָ׳ אַף qal) 662b
λυπεῖν 889b
λυπηρὸς εἶναι 890a
⟦ὀργή 1008b (Nu 12.9)⟧ → חֳרִי
ὀργίζειν (חָ׳ qal, חָ׳ אַף qal) 1010a
παροξύνειν 1072a
περίλυπος γίνεσθαι (חָ׳ לְ־ qal) 256c, 1124c
πονηρὸν φαίνεσθαι 1186c, 1423a (Ne 4.7[1])
σκληρὸν φαίνεσθαι (חָ׳ בְּעֵינֵי qal) 1274b, 1423a
*σκληρός 1274b (1K 20.7*L*)
σκληρῶς 1275a
συγχεῖν 1301a
πονηρὸν εἶναι 1423a
חָרָה ni.
ἀντίκεισθαι 110c
⟦μάχεσθαι 900c⟧ → חָרַר ni.
חָרָה hi.
δεινῶς χρᾶσθαι 288a
חָרָה tiph.
παροξύνειν 1072a
חָרָה hit.
παραζηροῦν 1059c
חֲרוּזִים
ὁρμίσκος 1014a
חָרוּל
φρύγανα ἄγρια 16c
φρύγανον 1440a
חָרוֹן
θυμός (חָ׳, חָ׳ אַף, חֲ׳) 660c, *179c*
^ὀργή (חֲ׳ אַף) 1008b
חָרוּץ I ("decided")
δίκη 335b
חָרוּץ II ("gold")
χρυσίον 1477a, *196c*
χρυσός 1478c
χρῆμα *196b*
חָרוּץ III ("threshing sledge")
⟦ἀλοᾶν 59a⟧
πρίων 1203a
σκληρότης 1274c
חָרוּץ IV ("moat")
⟦περίτειχος 1127b⟧ → τεῖχος
τεῖχος 1339c
חָרוּץ V ("diligent")
ἀνδρεῖος 86b
⟦ἐκλεκτός 437a⟧
חַרְחוּר
ἐρεθισμός 544b
חֶרֶט
γραφίς 278a
חַרְטֹם, also Ar.
ἐξηγητής 495b
ἐπαοιδός 508a
σοφιστής 1280b
σοφός 1280b
φάρμακος 1425a
חֳרִי
θυμός (חֳ׳, חֳ׳ אַף) 660c
ὀργή 1008b
חֹרִי
χονδρίτης 1472b
חֲרִי
⟦κόπρος (חֲרֵי יוֹנִים) 779a⟧ → חֲרָאִים
חָרִיט
*θυλάκιον 659c (4K 5.23*L*)
θύλακος 659c
חָרִיץ
σκέπαρνον 1269a
⟦στρυ(ν)φαλίς 1297b⟧
τρίβολος 1372b
*τρυφαλίς (1K 17.18*L*)
חָרִישׁ
ἀροτρίασις 159c
θερισμός 649a
σπόρος 1285b
חֲרִישִׁי
συγκαίειν 1299a
חָרַךְ
⟦ἐπιτυγχάνειν 537c⟧ → דָּרַךְ hi.
חֲרַךְ Ar. itpa.
κατακαίειν 732b
φλογίζειν 1432c
חֲרַכִּים
δίκτυον 335c
חָרַם I hi.
ἀνάθεμα, ἀνάθημα 77a
ἀναθεματίζειν 77a
ἀναιρεῖν 77b
ἀνατιθέναι 83b
ἀποκτείνειν, ἀποκτέννειν 135a
ἀπολλύειν, ἀπολλύναι 136c
ἀφανίζειν 181b
ἀφανισμός 182a
*ἀφορίζειν 185c (Is 45.24)
*ἐκτρίβειν 444a (2C 20.23*L*)
⟦ἐνθυμεῖσθαι 473c⟧ → חָמַד qal
⟦ἐξερημοῦν 491c⟧ → חָרֵב I hi.
ἐξολεθρεύειν, ἐξολοθρεύειν 497c
ἐρημοῦν 546c
§ηρειμ 619c
§ιεερειμ (הַחֲרַמְתֶּם) 678c
§ιερ(ε)ιμ (חָ׳ hi., הַחֲרַמְתֶּם) 679a
ὄλεθρος *186a*
φονεύειν 1437a
חָרַם I ho.
ἀναθεματίζειν 77a
ἀνατιθέναι 83b
^*ἀνιεροῦν 102c (1E 9.4)
ἐξολεθρεύειν, ἐξολοθρεύειν 497c
θανάτῳ ὀλεθρεύεσθαι 986a
חָרַם II qal
κολοβόριν 776c
חֵרֶם I, חֶרֶם ("ban")
ἀνάθεμα, ἀνάθημα 77a
ἀναθεματίζειν 77a
ἀπολλύειν, ἀπολλύναι 136c
ἀπώλεια, ἀπωλία 151c, *168b*
ἄρδην 155b
ἀφορίζειν 185c
ἀφόρισμα 186a
⟦ἐκθλιβή 432a⟧

ἐξολέθρευμα, ἐξολόθρευμα 499a
δλέθριος 986a
חֵרֶם II ("net")
ἄγκιστρον 15b
ἀμφίβληστρον 67c
σαγήνη 1257a
חָרְמָה
ἀνάθεμα, ἀνάθημα 77a
ἐξολέθρευσις, ἐξολόθρευσις 499a
חֶרְמֵשׁ
δρέπανον 349a
חֶרֶס
ἥλιος 606b
κνήφη 772c
ὀστρακώδης 1023b
חַרְסוּת
⟦θάρσεις, θαρσίς (חַרְסִית ,חַ׳) 626c⟧
⟦§χαρσ(ε)ιθ (חַרְסִית ,חַ׳) 1456a⟧
חָרַף I qal
⟦ἄτοπος 176b⟧ → חָרַף I pi. ≈ ἄτοπον πράττειν
ἐξουδενεῖν, ἐξουθενεῖν *176a*
ἐξουδενοῦν *176a*
ἐπονείδιστος 539a
⟦ἥκειν 605a⟧
ὀνειδίζειν 994b
חָרַף I pi.
*ἀτιμάζειν 175c (Pr 27.22)
*ἄτοπον πράττειν 176b (Jb 27.6)
καταισχύνειν *181b*
ὀνειδίζειν 994b (+ To 3.10), *186b* (Si 41.22)
διδόναι εἰς ὄνειδον 995a
παροξύνειν 1072a
חָרַף I pu.
*ὀνειδίζειν 994b (Pr 20.4; Je 15.9)
חָרַף II ni.
διαφυλάσσειν, διαφυλάττειν 315c
חֹרֶף
ἔαρ 361b
⟦ἐπιβρίθειν 517c⟧
χειμερινός 1457c
חֶרְפָּה
αἰσχύνη 37a
⟦διασπορά 311a⟧ → דֵּרָאוֹן
κατάγνωσις *181b*
ὀνειδισμός 994c, *186b*
ὄνειδος 995a, *186b* (+Si 41.6)
חָרַץ qal
γλωσσότμητος 272b
γρύζειν 278a
⟦καταβαίνειν 727a⟧
συντέμνειν 1320b
חָרַץ ni.
?συντέλεια 1318c
συντέμνειν 1320b
חֲרַץ Ar.
ὀσφύς 1023c
חַרְצֻבּוֹת
ἀνάνευσις 80a
σύνδεσμος 1312c
חַרְצָן
στέμφυλ(λ)ον 1288a
חָרַק qal
βρύχειν 231b
חָרַר qal
θερμαίνειν 649a
⟦συμφρύγειν 1306c⟧
חָרַר ni.
βραγχ(ν)ιᾶν 229c
ἐκλείπειν 435c
*μάχεσθαι 900c (Ct 1.6)
συμφρύγειν 1306c
⟦συμφρυγίζειν 1306c⟧ → συμφρύγειν
חָרַר pilp.
ταραχή 1336c
*חֲרָרָה Ar.
*λεύκωμα 874c (To 6.9)
חֲרֵרִים
ἅλιμον 54b
חֶרֶשׂ
αὐχμός 180a
§κειραδες (קִיר־חֶ׳) 758b
⟦ὀξύς 1001a⟧ → חַדּוּד
ὀστράκινος 1023b
ὄστρακον 1023b
חָרַשׁ I qal
⟦αἰσχύνειν 36c⟧
⟦ἀλοητός 59b⟧ → דַּיִשׁ
⟦ἁμαρτωλός 64b⟧ → רָשָׁע
ἀροτριᾶν 159b, *168b*
θερίβειν 648c
καταδαμάζειν 730a
⟦κατασκευάζειν 744a⟧ → τεκταίνειν
λιθουργικὸς τέχνη (חָ׳ אֶבֶן qal) 878b
τεκταίνειν 1342b
τέκτων 1342b
חָרַשׁ I ni.
ἀροτριᾶν 159b
חָרַשׁ II qal
ἀποκωφοῦν 136a
παρασιωπᾶν 1063c
σιγᾶν 1265c
חָרַשׁ II hi.
ἀποσιωπᾶν 140c
ἡσυχάζειν 620a
ἡσυχίαν ἄγειν 9a, 620b
κωφεύειν 840c
παρακούειν 1061b
παρασιωπᾶν 1063c
σιγᾶν 1265c, *191b*
σιωπᾶν 1267c, *191b*
σιωπή 1268a, *191b*
חָרַשׁ II hit.
κωφεύειν 840c
חָרָשׁ
§αρασιμ (חֲרָשִׁים) 152c
ἀρχιτεκτονεῖν 166a
ἀρχιτέκτων 166b
§γησρασειμ (גֵּיא חֲרָשִׁים) 256b
οἰκοδόμος 973a
§ρασ(ε)ιμ, ρασσειμ (חֲרָשִׁים) 1248a
⟦τεκταίνειν 1342b⟧ → חָרַשׁ I qal
^τέκτων 1342b
ἀνὴρ τέκτων 1342b
τέκτων σιδήρου 1266a
*τέχνη 1347c (Ex 28.11)
τεχνίτης 1347c
χαλκεύς 1453a
חֵרֵשׁ
κωφός 840c
חֹרֵשׁ
χαλκεύς 1453a
חֹרֶשׁ
*αὐχμώδης 180a (1K 23.14, 15)
δρυμός 349b
πυκνός 1240a
חֲרֹשֶׁת
δρυμός 349b
κατεργάζεσθαι 749b
λιθουργεῖν 878b
τὰ λιθουργικά (חֲ׳ אֶבֶן) 878b
τὰ ἔργα τὰ τεκτονικά 1342b
*τεκτονική 1342b (4K 3.25*L*)
חָרַת qal
κολάπτειν 776b, *182b*
חָשׁוּף
*νωθρός 956b (Pr 22.29)
חָשִׂיף, חֲשִׂיף
ποίμνιον 1169c
חָשַׂךְ qal
ἀπόκεισθαι 132b
ἀφειδῶς (חָ׳ qal + neg.) 182b
^κουφίζειν (חָ׳ לְמַטָּה מִן qal) 781a
περιποιεῖν 1125c
συνάγειν 1307b
ὑπεξαιρεῖσθαι 1407c
ὑπεξερεῖσθαι 1407c
φείδεσθαι 1426a
חָשַׂךְ ni.
ἀλγεῖν (חָ׳ ni. + neg.) 52b
κουφίζειν 781a

חָשַׂף qal
ἀποκαλύπτειν 131c, *168a*
*ἀποκάλυψις (חָסַף) 132b, *168a* (Si 42.1)
*ἀποσύρειν 148c (Is 30.14)
ἐξαντλεῖν 488a
⟦ἐξερευνᾶν, ἐξεραυνᾶν 491b⟧ → חָפַשׂ pi.
⟦ἐρευνᾶν 544c⟧ → חָפַשׂ pi.
κατασύρειν 746b
⟦κατερευνᾶν 749b⟧ → κατασύρειν
חָשַׁב qal
*ἄγειν 9a, *165a* (Si 30[33].39)
ἀρχιτεκτονεῖν 166a
ἀρχιτεκτονία 166b
βουλεύειν 227a, *169c*
διαλογίζεσθαι 304c
διανοεῖσθαι 306b, *171b*
δοκεῖν 339b
⟦ἐπιστρέφειν 531a⟧ → שׁוּב hi.
ἐπιχειρεῖν 538c
εὐλαβεῖσθαι 572a
ἡγεῖσθαι 602c
⟦λαλεῖν 841c⟧
λογίζεσθαι 880a
λογισμός 881a
λογιστής 881c
μνησικακεῖν 932a
⟦ποιεῖν 1154a⟧
ποικιλία 1168c, *189b* (Si 38.27)
ποικιλτής 1169a, *189b*
⟦[συμβουλεύειν] *192b*⟧ → βουλεύειν
ὑφάντης 1419a
ὑφαντός 1419a
φροντίζειν 1439c
חָשַׁב ni.
δοκεῖν 339b
ἐκλογίζεσθαι 437c
εὑρίσκειν *178a*
λογίζεσθαι 880a, *183c* (Si 40.19)
προσλογίζεσθαι 1218b
חָשַׁב pi.
διαλογίζεσθαι 304c
διανοεῖσθαι 306b
ἐκλογίζεσθαι 437c
*ἐννοεῖν 475c (2K 20.15*L*)
κινδυνεύειν 765a
λογίζεσθαι 880a
*νοεῖν 946a (2K 20.15)
προσλογίζεσθαι 1218b
συλλογίζειν 1302c
ὑπολαμβάνειν 1414c
חָשַׁב hi.
προσλογίζεσθαι *190b*
חָשַׁב hit.
συλλογίζεσθαι 1302c
חֲשַׁב Ar. pe.
λογίζεσθαι 880a
חֵשֶׁב
ποίησις 1168c
συνυφή 1322c
ὕφασμα 1419a
חֶשְׁבּוֹן
λογισμός 881a, *183c* (+Si 27.6; 42.3)
λόγος *183c*
ψῆφος 1485c
חִשָּׁבוֹן
διαλογισμός *171a*
⟦ἐνθύμημα *175b*⟧
λογισμός 881a
μηχανή 925c
חָשָׁה qal
*ἀφαίρεσις 181b, *169a* (Si 41.21)
παρασιωπᾶν 1063c
σιγᾶν 1265c
σιωπᾶν 1267c
⟦σπουδάζειν 1285c⟧ → חִישׁ, חוּשׁ qal
חָשָׁה hi.
ἡσυχάζειν 620a
κατασιωπᾶν 743c
σιγᾶν 1265c
σιωπᾶν 1267c
חֲשׁוֹךְ Ar.
σκότος 1276b
חֲשַׁח Ar. pe.
χρείαν ἔχειν 586c, 1474a
εἶναι ὑστέρημα 1418c
חַשְׁחוּ Ar.
^χρεία 1474a
חֲשֵׁיכָה
σκότος 1276b
חָשַׁךְ qal
σκοτάζειν 1276a
⟦σκοτία 1276b⟧ → חֲשֵׁכָה
σκοτίζειν 1276b
⟦σκότος 1276b⟧ → חֹשֶׁךְ
σκοτοῦν 1277a
συσκοτάζειν 1323b
חָשַׁךְ hi.
κρύπτειν 791c
σκοτάζειν 1276a
σκοτίζειν 1276b
συσκοτάζειν 1323b
⟦חָשֹׁךְ
ἀνὴρ νωθρός 956b⟧
חֹשֶׁךְ
γνόφος 272c
ὀμίχλη 991b
σκοτ(ε)ινός 1276a
[σκότος] 1276b, *191c* (+Si 16.16)
חֲשֵׁכָה
σκοτεινός 1276a
*σκοτία 1276b (Mi 3.6)
σκότος 1276b
חָשַׁל ni.
κοπιᾶν 778b
חֲשַׁל Ar. pe.
⟦δαμάζειν 284c⟧
*πρίειν, πρίζειν 1203a (Da *L*x 2.40 [פ967])
חַשְׁמַל
ἤλεκτρον 606a
חַשְׁמַן
*πρέσβυς 1201b (Ps 67[68].32)
חֹשֶׁן
λογεῖον, λόγιον 880a, *183c*
περιστήθιον 1127a
ποδήρης 1153c
חָשַׁק qal
αἱρεῖν 36a
ἐλπίζειν 453c
ἐνθυμεῖσθαι 473c
ἐπιθυμεῖν 520b
πραγματεύεσθαι 1200b
προαιρεῖν 1203c
חָשַׁק pi.
κατακοσμεῖν 734b
חָשַׁק pu.
καταργυροῦν 743a
περιαργυροῦν (מְחֻשָּׁק כֶּסֶף) 1121c
חֵשֶׁק
ἐπιθυμία 521a
πραγματ(ε)ία 1200b
חֲשֻׁקִים
ψαλίς 1483a
חַת
ἀσθενεῖν 172a
πτοεῖν 1238c
φόβος 1435c
חָתָה qal
αἴρειν 34c
ἀποδεῖν 126a
ἐκτίλλειν 443a
σωρεύειν 1331a
חָתָה
§αγαθ 1c
חִתָּה
φόβος 1435c
חִתּוּל
μάλαγμα 894b
חַתְחַת
θάμβος 623b

חִתִּית
⟦ἐκφοβεῖν 445b⟧ → חָתַת pi.
φόβος 1435c
חָתַךְ ni.
κρίνειν 787b
συμτέμνειν 1320b
חָתַל pu.
σπαργανοῦν 1281c
חָתַל ho.
σπάργανον 1281c
חֲתֻלָּה
σπαργανοῦν 1281c
חָתַם qal
⟦ἀποσφράγισμα 148c⟧ → חוֹתָם, חֹתָם
⟦διασφραγίζεσθαι 312b⟧ → σφραγίζειν
ἐπισφραγίζειν (עַל הֶחָתוּם) 534b
κατασφραγίζειν 746b
συντελεῖν 1319b
σφραγίζειν 1327a
חָתַם ni.
σφραγίζειν 1327a
חָתַם pi.
σφραγίζειν 1327a
חָתַם hi.
σφραγίζειν 1327a
חֲתַם Ar. pe.
σφραγίζειν 1327a
חֹתָם
see חוֹתָם, חֹתָם
חֹתֶמֶת
δακτύλιος 284b
חָתַן qal
ἀδελφὴ τῆς γυναικός 19b
γαμβρός 234a
γυνή (חֹתֶנֶת) 278b
πενθερά (חֹתֶנֶת) 1117c
πενθερός (חֹתֵן) 1117c
חָתַן hit.
γαμβρεύειν 234a
ἐπιγαμβρεύειν 517c
ἐπιγαμίαν ποιεῖν 517c, 1154a
^*ἐπιμιγνύναι 525c (1E 8.84)
חָתָן
γαμβρός 234a
νυμφίος 951b
חֲתֻנָּה
νύμφευσις 951a
חָתַף qal
*ἀπαλλάσσειν 116b (Jb 9.12)
חָתַר qal
διορύσσειν 336c
⟦κατακρύπτειν 734c⟧ → κατορύσσειν
κατορύσσειν 756b
ὀρύσσειν 1017c
παραβιάζεσθαι 1056a
חָתַת qal
ἐκλείπειν 435c
ἡττᾶν 620b
*καταγνύναι 730a (2K 22.35)
κατακρύπτειν 734c
⟦καταλλάσσειν 738a⟧ → יָלַל hi. ≈ ἀλαλάζειν
⟦παραδιδόναι 1058a⟧ → παραλύειν
⟦παραλύειν 1062a⟧ → לָאָה ni.
πτήσσειν 1238b
πτοεῖν 1238c
συντρίβειν 1321a
חָתַת ni.
*ἀσθενεῖν 172a (2K 22.35*L*)
⟦ἀσθενῆ ποιεῖν 172b, 1154a⟧ → חָתַת hi.
δειλιᾶν 287a
ἐκλείπειν 435c
ἐξιστᾶν, ἐξιστάναι 496c
ἡττᾶν 620b
*καταπτήσσειν 742b (Pr 29.9)
*πταίειν 1237c (4K 19.26*L*)
πτοεῖν 1238c
στέλλεσθαι 1288a
συντρίβειν 1321a
φοβεῖν 1433b
חָתַת pi.
ἐκφοβεῖν 445b
πτοεῖν 1238c
חָתַת hi.
*ἀσθενῆ ποιεῖν 172b, 1154a
διασκεδάζειν, διασκεδαννύειν, διασκεδαννύναι 309c
πτοεῖν 1238c

ט

טְאֵב Ar. pe.
ἀγαθύνειν 4b
טָב Ar.
ἀγαθός 2a
⟦καθαρός 698c⟧ → χρηστός
^*κρίνειν 787b (1E 6.20)
χρηστός 1475a
*טָבָה Ar.
*εὐλογία 574b (To 7.7)
טְבוּלִים I ("dipped")
⟦παραβαπτά (סְרוּחֵי ט׳) 1056a⟧ → טָבַל qal ≈ βαπτός
טְבוּלִים II ("tiara")
*τιάρα 1348c (Ez 23.15)
טַבּוּר
ὀμφαλός 994a
טָבַח qal
θύειν 659a
μαγειρεύειν 891b
σφαγή 1324a
σφάζειν 1324b
*טְבַח Ar. pe.
*θύειν 659a (To 7.9)
טַבָּח, also Ar.
ἀρχιδεσμοφύλαξ (שַׂר טַבָּחִים) 165b
ἀρχιδεσμώτης (שַׂר טַבָּחִים) 165b
ἀρχιμάγειρος (רַב טַבָּחִים, שַׂר טַבָּחִים, רַב טַבָּחַיָּא) 165c
μάγειρος 891b
טֶבַח
θῦμα 659c
σφαγή 1324a
σφάγιον 1324b
טַבָּחָה
μαγείρισσα 891b
טִבְחָה
θῦμα 659c
σφαγή 1324a
טָבַל qal
βάπτειν 190b
βαπτίζειν 190b
βαπτός 190b
μολύνειν 932c
טָבַל ni.
βάπτειν 190b
*ἐμβάπτειν 455c (1K 14.27*L*)
טָבַע qal
διαδύνειν 300b
ἐμπηγνύναι 456c
טָבַע pi.
⟦καταπίνειν 741c⟧ → καταποντίζειν
καταποντίζειν 742a
טָבַע hi.
*καταδύ(ν)ειν 731a (Je 45[38].22)
טָבַע ho.
ἑδράζειν 368a

⟦καταλύειν 738b⟧ → טָבַע hi. ≈ καταδύ(ν)ειν
πηγνύναι 1130c
טַבַּעַת
δακτύλιος 284b
σύμβλησις 1303b
⟦συμβολή 1303b⟧ → σύμβλησις
טָהוֹר
ἅγιος 12a
^*ἁγνίζειν 15c
ἁγνός 16a
δίκαιος 330c
δόκιμος 340a
καθαρίζειν, καθερίζειν 698a
καθαρός 698c
טָהֵר qal
⟦ἀκάθαρτος 42c⟧
ἄμεμπτος 65b
καθαρίζειν, καθερίζειν 698a
καθαρὸς εἶναι 698c
טָהֵר pi.
ἁγνιασμός 15c
ἁγνίζειν 15c
ἁγνισμός 16a
ἀφαγνίζειν 180a
καθαρίζειν, καθερίζειν 698a, *180a*
καθαρὸς εἶναι 698c
טָהֵר pu.
⟦βρέχειν 230c⟧ → מָטַר ho.
טָהֵר hit.
^ἁγνίζειν 15c
καθαρίζειν, καθερίζειν 698a
καθαρὸς εἶναι 698c
טֹהַר
καθαριότης 698c, *180a*
καθάρισις 698c
καθαρότης 699c
κάθαρσις 699c
טְהָר
καθαρισμός 698c
טָהֳרָה
ἁγνεία 15c
⟦ἀκάθαρτος 42c⟧
καθαρίζειν, καθερίζειν 698a
καθαρισμός 698c, *180a*
טוֹב I qal
ἀγαθύνειν 4b
εὖ εἶναι 568a
ἡδέως γίνεσθαι 256c
καλλιοῦσθαι 715a
καλός 715b
καλῶς 717b
συμφέρειν 1306b
טוֹב I hi.
ἀγαθοῦν 4b
ἀγαθύνειν 4b
εὐάρμοστος (מֵטִב נַגֵּן) 568c
καλῶς 717b
καλῶς ποιεῖν 717b, 1154a
εὖ ποιεῖν 1154a
*τέρπειν 1345c (Si 26.13)
χρηστότης 1475a
טוֹב II adj.
ἀγαθοποιός *165a*
^ἀγαθός 2a, *165a*
ἀγαθῶς 4b
ἀγαθωσύνη, ἀγαθοσύνη 4c
⟦ἅγιος 12a⟧ → ἀγαθός
αἱρετός 36b
⟦ἀληθής 53c⟧ → ἀληθινός
ἀληθινός 54a
ἀρέσκειν (טוֹב בְּעֵינֵי, טוֹב) 155c
ἀρεστός (טוֹב בְּעֵינֵי, טוֹב) 156a, *168b*
ἀστεῖος 173b
βελτίων, βέλτιστος 217b
βούλεσθαι (טוֹב בְּעֵינַיִם) 226b
δικαιοσύνη 332c
δοκεῖν (טוֹב בְּעֵינֵי, טוֹב) 339b
⟦ἐκλεκτός 437a⟧
ἐλεεῖν (טוֹב עַיִן) 449c
ἐναντίος (טוֹב + neg.) 468b
εὖ ποιεῖν 568b, 1154a, *177c*, *189b*
εὐειδής (טוֹב מַרְאֶה) 569c
εὐθής 570b
εὔρωστος *178b*
εὐσεβής 580b, *178b* (+Si 12.4)
εὐφραίνειν (טוֹב לֵב) 581a
εὐφροσύνη (טוֹב לֵב) 582c
ἡδέως γίνεσθαι (טוֹב לֵב) 604a
καθαρός 698c
⟦καλλονή *180c*⟧
καλός (טוֹב מַרְאֶה, טוֹב) 715b, *181a*
καλῶς 717b
κιν(ν)άμωμον (קָנֶה הַטּוֹב) 765c
κρείσσων, κρείττων, κράτιστος 785a, *182b* (+Si 30[33].30; –16.3)
λαμπρός 853a, *183a* (+Si 33.13 [30.25])
μύρον (שֶׁמֶן טוֹב) 937b
ὀρθῶς 1011c
⟦πιότης 1135b⟧ → χρηστότης
*πρέπειν 1201b, *190a* (Si 35[32].3)
συμφέρειν *192b*
⟦χαρά *195a*⟧ → טוּב I
χάρις 1455a, *195a*
*χρήσιμος 1474c (Zc 6.10, 14)
χρηστοήθεια (טוֹב בָּשָׂר) *196b*
^χρηστός 1475a
^χρηστότης 1475a
ὡραῖος 1493c
טוּב I
*ἀγαθοποιός *165a*
ἀγαθός 2a, *165a* (+Si 42.25)
ἀγαθωσύνη, ἀγαθοσύνη 4c
δόξα 341b
εὐφροσύνη (טוּב לֵב) 582c
*καλλονή 715a, *180c* (Si 34[31].23)
καλός 715b
*χαρά 1454b, *195a* (Si 30.16)
χρηστότης 1475a
טוּב II Ar. pa.
*ἑτοιμάζειν 563c (Mi 7.3 Aramaising; Na 3.8 Aramaising)
***טוּב** Ar.
*μακάριος 892b (To 13.14²)
טוֹבָה
ἀγαθός 2a, *165a*
ἀγαθοῦν 4b
ἀγαθωσύνη, ἀγαθοσύνη 4c
^*ἐπανόρθωσις 507a (1E 8.52)
εὐφροσύνη *178b*
καλλονή *180c*
καλός 715b
συμφέρειν 1306b
χάρις *195a*
χρῆμα *196b*
χρηστότης 1475a
טָוָה qal
νήθειν 944b
טוּח qal
ἀλείφειν 52c
⟦ἀπαμαυροῦν 116c⟧ → טָחַח qal
ἐξαλείφειν 486c
טוּח ni.
ἐξαλείφειν 486c
טוֹטָפוֹת
ἀσάλευτος 169c
טול pilp.
ἐκβάλλειν 420c
טול hi.
αἴρειν 34c
ἀπορρίπτειν 140b
βάλλειν 189c
ἐκβάλλειν 420c
ἐκβολὴν ποιεῖσθαι 421b, 1154a
ἐμβάλλειν 455a
ἐξεγείρειν 490b
ἐπαίρειν 505a
⟦παραδιδόναι 1058a⟧ → ἀπορρίπτειν
טול ho.
ἐκρίπτειν, ἐκριπτεῖν 441a
⟦ἐπέρχεσθαι 509c⟧
⟦θαυμάζειν 626c⟧

καταράσσειν 743a
טוּר I
γένος 239b
ἐξέδρα 490c
στίχος 1291b
טוּר II Ar.
ὄρος 1014b
טוּשׂ qal
πετόμενος ζητῶν 1129b
טְוָת Ar.
ἄδειπνος 19b
νήστης, νῆστις 945b
טָחָה pilp.
βολή 224b
טְחוֹן
*μύλος 936c (La 5.13)
טְחוֹרִים
ἕδρα 368a
ναῦς 940a
טָחַח qal
*ἀπαμαυροῦν 116c (Is 44.18)
טָחַן qal
ἀλεῖν 52c
ἀλήθειν 53c
καταισχύνειν 731c
καταλεῖν 736a
⟦κατελαύνειν 749a⟧ → καταλεῖν
טַחֲנָה
ἀλήθειν 53c
טִיב
*ἀγαθοποιός *165a*
טִיחַ
ἀλοιφή 59b
טִיט
βόρβορος 224c
πηλός 1131a
טִין Ar.
*πήλινος 1131a (Da LXX 2.41, 43)
טִירָה
ἀπαρτία 118a
ἐξέδρα 490c
ἔπαλξις 506b
ἔπαυλις 508c
κώμη 839c
טַל, also Ar.
δρόσος 349b, *172b*
⟦ἴαμα 668a⟧
טָלָא qal
διάλευκος 304c
⟦διάραντος 308c⟧
ῥαπτός 1248a
σποδοειδὴς ῥαντός 1248a, 1285a
טָלָא pu.
καταπελματοῦσθαι 741b
טָלֶה
ἀρήν (= HR's ἀρνός) 159b, *168b*
טַלְטֵלָה
ἐκτρίβειν 444a
טְלִי
⟦ἀρήν (= HR's ἀρνός) 159b⟧ → טָלֶה
טְלַל Ar. af.
κατασκηνοῦν 744b
σκιάζειν 1274b
טָמֵא I qal
ἀκαθαρσία 42b
ἀκάθαρτος 42c
ἀκάθαρτος γίνεσθαι 256c
ἐκμιαίνεσθαι 438b
μιαίνειν 925c
טָמֵא I ni.
ἀκάθαρτος 42c
μιαίνειν 925c
טָמֵא I pi.
ἀκαθαρσία 42b
βεβηλοῦν 216b
⟦ἐξαίρειν 485a⟧
^μιαίνειν 925c
μίανσις 926b
טָמֵא I pu.
μιαίνειν 925c
טָמֵא I hit.
μιαίνειν 925c
*συναναμιγνύναι 1311a (Ez 20.18)
טָמֵא I hothp.
μιαίνειν 925c
טָמֵא II adj.
ἀκαθαρσία 42b
ἀκάθαρτος 42c
ἀποκαθημένη 131b
μιαίνειν 925c
ῥύπος 1255b
טָמְאָה
ἀκαθαρσία 42b
טֻמְאָה
ἀκαθαρσία 42b
ἀκάθαρτος 42c
ἁμαρτία 62a
*ἄφεδρος 182b (2K 11.4*L*)
^*βδέλυγμα 215b (1E 7.13)
μιαίνειν 925c
*טמם Ar. pa.
*χοῦν 1473b (To 8.18)
טָמַן qal
ἐγκρύπτειν 367a
⟦ἐκπορεύεσθαι 439c⟧
κατακρύπτειν 734c
⟦κατορύσσειν 756b⟧ → κατακρύπτειν
κρύπτειν 791c, *182b*
ὑπομένειν 1415c
טָמַן ni.
κρύπτειν 791c
טָמַן hi.
*ἀποκρύπτειν 134b, *168a* (Si 41.15)
κατακρύπτειν 734c
κρύπτειν 791c
טֶנֶא
ἀποθήκη 128a
κάρταλλος 725a
τρυβλίον *194b*
טָנַף pi.
μολύνειν 932c
טַס
*κατασκεύασμα 744b, *181c* (Si 35.6 [32.8])
טָעָה hi.
πλανᾶν 1139b
טָעַם qal
γεύειν 240a, *170a* (Si 36.24)
טְעַם Ar. pa.
ψωμίζειν 1490c
טַעַם
ἀγγελία 7b
ἀκουσίως (בְּלֹא טַ׳) *166a*
γεῦμα 240b
ἡδονή 604b
κακόφρων (סָרַת טַ׳) 712a
λόγος 881c
παιδ(ε)ία 1046c
σύνεσις 1314a
τρόπος 1375a
טְעֵם Ar.
^*ἀποσημαίνειν (טְ׳ הָדְ) 140c
§βααλ (בְּעֵל־טְעֵם) 188a
§βααλταμ (בְּעֵל־טְ׳) 188a
§βαδαταμεν (בְּעֵל־טְ׳) 188a
§βαλγαμ (בְּעֵל־טְ׳) 189c
§βαλταμ (בְּעֵל־טְ׳) 190b
γεῦσις 240b
^γνώμη 273a
^*γράφειν (שִׂים טְ׳) 276a (1E 6.17)
δόγμα 339b
^*δογματίζειν (שִׂים טְ׳) 339b (1E 6.34)
ἐντολή 479b
^*ἐπιτάσσειν (שִׂים טְ׳) 534c (1E 2.26, 28; 6.28)
κρίνειν (שׂוּם טְ׳) 787b
^*νόμος 947b
*ὁ (supply γράφων) τὰ προσπίπτοντα (בְּעֵל טְ׳) 1219a (1E 2.17, 25)
^*πρόσταγμα 1219c (1E 7.4)

^*προστάσσειν, προστάττειν (שִׂים טְ׳) 1220c
^*συντάσσειν (שִׂים טְ׳) 1318b (1E 2.30)
ὑπακούειν (שִׂים טְ׳) 1405c
טָעַן I pu.
ἐκκεντεῖν 432c
טָעַן II qal
γεμίζειν 236a
טַף
ἀπαρτία 118a
ἀποσκευή 140c
ἔκγονος 421c
⟦λαός 853b⟧
*λοιπός 888a (Je 50[43].6)
νήπιος 944b
οἰκία 969b
ὄχλος 1043a
παιδίον 1047c
*παῖς 1049a (2K 15.22*L*)
πανοικ(ε)ία 1052c
συγγέν(ε)ια 1298b
σῶμα 1330a
^τέκνον 1340c
טָפַח pi.
⟦ἐπικράτειν 523b⟧
*ἐπικροτεῖν 523c (La 2.22)
στερεοῦν 1289a
טֶפַח
γεῖσος 235b
παλαιστή(ς) 1051c
טֹפַח
παλαιστή(ς) 1051c
טִפֻּחִים
⟦θηλάζοντα μαστούς 650a⟧
טָפַל qal
ἐπισημαίνειν 527b
טִפְסַר
βελόστασις 217b
טְפַר Ar.
ὄνυξ 1000c
טָפַשׁ qal
τυροῦν 1379b
טָרַד qal
ἀδολεσχεῖν *165b*
ἐκβάλλειν 420c
טְרַד Ar. pe.
ἀπάγειν 115b
*ἀποστέλλειν 141b (Da *L*x 4.22)
ἐκδιώκειν 423b
טְרָה Ar. pe.
*ἐκρίπτειν, ἐκριπτεῖν 441a (Jd 15.15B Aramaizing)
*ῥίπτειν 1252b (Jd 15.15B Aramaizing)
טָרַח hi.
⟦καταπλάσσειν 741c⟧ → מָרַח qal
⟦καταπλήσσειν 742a⟧ → מָרַח qal ≈ καταπλάσσειν
טֹרַח
κόπος 778c
⟦πλησμονή 1149c⟧
טָרִי
⟦ἐκρίπτειν, ἐκριπτεῖν 441a⟧ → טְרָה pe.
φλεγμαίνειν 1432c
טֶרֶם
οὐδέπω 1029c
πρίν (טֶ׳, בְּטֶ׳) *190a*
πρὶν ἤ (טֶ׳, בְּטֶ׳) 602a, 1203a, *178a*, *190a* (+Si 51.13)
טָרַף qal
ἅρπαξ 160a
ἁρπάζειν 160a
θήρα 650b
θηριάλωτος γίνεσθαι 256c
θηριόβρωτος (טָרֹף טֹרַף) 650c
θηριόβρωτος γίνεσθαι 256c
συντρίβειν 1321a
טָרַף ni.
*ἐξιστᾶν, ἐξιστάναι 496c (Jd 5.4A)
θηριάλωτος γίνεσθαι 256c, 650c
θηρεύειν 650b
טָרַף pu.
ἁρπάζειν 160a
θηριόβρωτος γίνεσθαι 256c
טָרַף hi.
συντάσσειν 1318b
טָרָף
κάρφος 725b
טֶרֶף
ἅρπαγμα 159c
ἁρπάζειν 160a
βλαστός 220c
βορά 224c
βρῶμα 231b
διαρπαγή 308c
θήρα 650b
*θηρίον 650c (Ge 37.33)
προανατέλλειν (טְ׳ צֶמַח) 1204a
τροφή 1376b
טְרֵפָה
ἁρπαγή 159c
θήρα 150b
θηριάλωτος 150c

י

יי, יְ, יְיָ, יְיְ, ׳יייי (the theophoric name in Sirach manuscripts)
see also יְהוָה, יֱהוִה, יְהוִה
θεός 630a, *179b*
κύριος 800b, *182c* (+Si 26.3; 36[33].11)
κύριος (ὁ) θεός 630a, 800b, *179b*, *182c*
⟦ὕψιστος 1420b, *194c*⟧ → עֶלְיוֹן
יָאַב
ἐπιποθεῖν 256c
יְאוֹר
see יְאֹר
יָאַל I ni.
ἀγνοεῖν 16a
ἄχρηστος *169c*
⟦δύνασθαι + neg. 353a⟧ → לָאָה ni.
?ἐκλείπειν 435c
יָאַל II hi.
ἄγειν 9a
ἄρχειν 163a
ἐπιεικῶς, ἐπιεικέστερον 519c
ἔχειν 586c
*εὐδοκεῖν 569a (Jd 17.11*L*)
⟦καταμένειν 739a⟧
⟦κοπιᾶν 778b⟧ → לָאָה ni.
*προσλαμβάνεσθαι 1218b (1K 12.22*L*)
יְאֹר
διῶρυξ, διώρυγος, διώρυχος 339a
ποταμός 1196a, *189c*
יָאַשׁ ni.
⟦ἀνέχειν 87c⟧
ἀνιέναι (= ἀνίημι) 102b
⟦ἔρχεσθαι 548b⟧ → ἀνιέναι
יָאַשׁ pi.
ἀποτάσσειν 148c
יָבַב pi.
καταμανθάνειν 739a
יְבוּל
γέν(ν)ημα 238c
ἐκφόριον 445c
ἰσχύς 694b
καρπός ("fruit") 723c
σπόρος 1285b

יָבַל hi.
ἀνάγειν 75b
ἀπάγειν 115b
φέρειν 1426c
יָבַל ho.
ἄγειν 9a
ἀναφέρειν 84c
ἀπάγειν 115b
ἀπαλλάσσειν 116b
ἀποφέρειν 149c
*διάγειν 299c (Is 55.12)
ἐμπορεύεσθαι 459a
*φέρειν 1426c (Jb 17.1)
יְבַל Ar. af.
^*ἀπερείδεσθαι 120c
^ἀποφέρειν 149c
κομίζειν 777b
יָבָל
διαπορεύεσθαι (פֶּלֶג יָ׳) 308b
ἔξοδος *176c*
παραρρεῖν 1063c
יַבֶּלֶת
μυρμηκιᾶν 937b
יָבַם pi.
ἀδελφὸς τοῦ ἀνδρός 20a
γαμβρεύειν 234a
ἐπιγαμβρεύειν 517c
συνοικεῖν 1317c
יָבָם
ἀδελφὸς τοῦ ἀνδρός 20a, 88a
יְבָמָה
⟦γυνή 278b⟧
γυνὴ τοῦ ἀδελφοῦ 20a, 278b
σύννυμφος 1317b
יָבֵשׁ I qal
ἀποξηραίνειν 139b
ξηραίνειν 957a
ξηρασία 957b
ξηρὸς γίνεσθαι 256c, 957b
יָבֵשׁ I pi.
μαραίνειν 896a
ξηραίνειν 957a
יָבֵשׁ I hi.
*ἀναξηραίνειν 80b
ἀποξηραίνειν 139b
⟦ἐξαίρειν 485a⟧ → ξηραίνειν
καταξηραίνειν 740a
ξηραίνειν 957a
יָבֵשׁ II adj.
κατάξηρος 740a
ξηρασία 957b
ξηρός 957b, *185b*
σταφίς (עֲנָב יָ׳) 1287a
יַבֶּשָׁה Ar.
*γῆ 240c (Da LXX 2.10; To 6.4)
*ξηρός 957b (Da TH 2.10)
יַבָּשָׁה
ἄνυδρος 112a
γῆ 240c
ξηρασία 957b
ξηρός 957b
יַבֶּשֶׁת
⟦γῆ 240c⟧ → יַבְּשָׁה
⟦ξηρός 957b⟧ → יַבְּשָׁה
יָגַב qal
§γαβιν (יוֹגְבִים) 233a
γεωργός 240b
§γηβειν (יוֹגְבִים) 255c
יָגָה ni.
⟦ἄγειν 9a⟧ → נָהַג qal
יָגָה pi.
ταπεινοῦν 1334c
יָגָה hi.
ἀδικεῖν 24c
ἔγκοπον ποιεῖν 366c, 1154a
*ἐξουδενεῖν 500b, *176a* (Si 34[31].31)
καταδυναστεύειν 731a
ταπεινοῦν 1334c
⟦φθάν(ν)ειν 1429b⟧ → נָגַע hi.
*יָגָה II hi.
*μεθιστάναι 907b (2K 20.13*L*)
יָגוֹן
κόπος 778c
λύπη 889c
⟦μόχθος 935c⟧ → πόνος
ὀδύνη 967a
πένθος 1118a
πόνος 1188b
יָגִיעַ
κατάκοπος 734a
יְגִיעַ
ἔργον 541c
καρπός ("fruit") 723c
κοπιᾶν 778b
κόπος 778c, *182b*
*εἶναι ἐν κόποις 778c (Ps 87[88].15)
μόχθος 935c
πόνος 1188b
יְגִיעָה
κόπωσις 779c
יָגַע qal
ἐκλείπειν 435c
⟦κοιμᾶν 773c⟧ → גָּוַע qal
κοπιᾶν 778b, *182b*
⟦μανθάνειν 895b⟧
μοχθεῖν 935c
παρεκτείνειν 1066b
ποιεῖν ἐπιᾶσαι 1154a
יָגַע pi.
⟦κακοῦν 711b⟧ → κοποῦν
κοποῦν 778c
יָגַע hi.
ἔγκοπον ποιεῖν 366c
παροξύνειν 1072a
יָגָע
κοπιᾶν 778b
יָגֵעַ
ἔγκοπος 366c
κοπιᾶν 778b
πονεῖν *189c*
יְגַר Ar.
βουνός 228b
יָגֹר
δείδειν 286a
διευλαβεῖσθαι 329c
ἔκφοβος εἶναι 445c
εὐλαβεῖσθαι 572a
ὑποπτεύειν 1416c
φοβεῖν 1433b
יָד
⟦ἄγγελλος 7b⟧
ἀγκών 15c
ἀγκωνίσκος 15c
ἀδικεῖν (יָד הָיְתָה) 24c
ἀμέτρητος (רְחַב יָדַיִם) 65c
ἀμφοτεροδέξιος (אִטֵּר יַד־יְמִינוֹ) 68a
⟦ἀνάγκη (יַד עָמֵל) 76a⟧ → עָמָל
*διδόναι ἄνεσιν (שִׂים יָדַיִם) 87b (2C 23.15)
^*ἀντίλη(μ)ψις 111b (1E 8.27)
ἀποκτείνειν, ἀποκτέννειν (שָׁלַח יָד) 135a
ἅπτεσθαι (שָׁלַח יָד) 150b
αὐτάρκης (לְאֵל יַד־) *169a*
βουλή *169c*
βραχίων 230a, *169c* (Si 7.31)
βρόχος 231b
⟦γνωρίζειν (נָשָׂא יָד) 273a⟧
⟦δάκτυλος 284b⟧
δεκαπλασίων (עֶשֶׂר יָדוֹת) 289a
δεκαπλασίως (עֶשֶׂר יָדוֹת) 289a
δεξιός (יַד יָמִין) 290a
διάδοχος (לְיַד) 300b
διακούειν (שִׁית יָד hi.) 304a
⟦διακρίνειν (שִׁית יָד) 304a⟧ → διακούειν
διαρπάζειν (שָׁלַח יָד) 308c
*διδόναι δόξαν (נָתַן יָד) 341b (2C 30.8)
δύναμις 350a
⟦[εἰς] (עַל יְדֵי) *173a*⟧ → לְ
⟦ἐντολή 479b⟧
ἔργον (מִשְׁלַח יָד) 541c

εὐρύχωρος (רְחַב יָדַיִם) 580a
ἔχειν (הָיָה, עַל יַד־, לְיַד, בִּידֵי, אֶל יַד־, יָדַיִם ..) 586c
⟦ " (בְּעַד יַד־) 586c⟧
ἕως ἐχόμενον (עַל יְדֵי) 586c
^*ἰσχύς 694b, *180c* (1E 8.52; Si 3.13)
καρπός ("wrist") 724b
⟦κινύρα 765c⟧
*κλοπή 772b, *182a* (Si 41.19)
κοινωνία (תְּשׂוּמֶת יָד) 775a
^*μεγαλειότης 901b (1E 1.5)
μέρος 911c
^*μετέχειν (הָיְתָה יָד) 917b (1E 8.70)
⟦μέτρον, μέτρος 918b⟧ → μέρος
ὅμορος (אֲשֶׁר עַל־יַד־) 993c
ὅριον 1012a
παραλύειν (אָזְלַת יָד) 1062a
πενταπλασίως (חָמֵשׁ יָדוֹת) 1118c
πῆχυς 1131b
πλατύς (רְחַב יָדַיִם) 1141b
πλησίον, πλησιέστερον (עַל־יַד) 1148b
πληγεὶς ὑπό (בְּיַד) 1149c
συγκατατίθεσθαι (שִׁית יָד) 1299b
συγκυρεῖν 1300c
τελειοῦν (מָלֵא אֶת־יָדוֹ pi.) 1343a
τόπος 1364b (De 23.13; Is 56.5)
ὑποτάσσειν (נָתַן יָד תַּחַת) 1417b
ὑποχείριος (בְּיַד) 1418a
ἃ ἔφερεν (הֵבָא בְיָדוֹ) 1426c
⟦χεῖλος 1456a⟧
^χείρ 1457c, *195b* (Si 30[33].30)
ὁ χειραγωγῶν (מַחֲזִיק בְּיַד־) 1467a
χειροῦσθαι (שָׁלַח יָד) 1467a

יַד Ar.
^χείρ 1457c

יְדָא Ar. af./hof.
ἐξομολεγεῖν 499a

יָדַד qal
βάλλειν 189c
διαίρεσις *171a*

יָדָה qal
τοξεύειν 1363c

יָדָה pi.
ἐπιτιθέναι 535c

יָדָה hi.
αἰνεῖν 33a, *165c* (+2C 20.21)
αἴνεσις 33c
*ἀνθομολογεῖσθαι 96a
ἀνθομολόγησις 96a
ἐξαγορεύειν 484a
⟦ἐξηγεῖσθαι 495b⟧ → יָרָה hi.
ἐξομολογεῖν 499a, *176a*
ἐξομολόγησις 499c, *176a* (Si 47.8)
εὐλογεῖν 572a
^ὁμολογεῖν 993c
ὑμνεῖν 1405a

יָדָה hit.
^*ἀνθομολογεῖσθαι 96a (1E 8.9)
ἐξαγορεύειν 484a
ἐξομολογεῖν 499a
⟦προσαγορεύειν 1212a⟧ → ἐξαγορεύειν

יָדִיד
ἀγαπᾶν 5b
ἀπαγητός 7a

יְדִידוּת
ἀγαπᾶν 5b

יָדַע qal
αἰσθάνεσθαι 36b
αἴσθησις 36b
αἰσθητικός 36c
⟦ἀκούειν 45a⟧
ἀπογινώσκειν (יָ׳ qal + neg.) 126a
γινώσκειν 267a, *170b*
γνωρίζειν 273a
γνῶσις 273c
γνωστῶς 274a
γραμματικός (יָדַע דַּעַת qal) 275c
⟦δεικνύειν, δεικνύναι 286a⟧ → יָדַע hi.
δηλοῦν 295c
διαγινώσκειν 299c
δυνατὸς ἐν *172c*
⟦ἐγείρειν 364a⟧ → עוּר I ni.
εἰδεῖν, εἰδέναι 374b, *172b*
⟦εἰπεῖν, ἐρεῖν 384a⟧ → יָדַע hi.
ἐπιγινώσκειν 517c, *176c*
ἐπιγνώμων (יָ׳ qal, יָ׳ דַּעַת qal) 518c
ἐπισκοπεῖν 528c
ἐπίστασθαι 529b
ἐν ἐπιστήμῃ εἶναι (יָ׳ בִּינָה qal) 530a
ἐπιστήμων 530b, *177a*
εὔγνωστος 569a
ἰδεῖν 669b, *179c*
*καταλαμβάνειν 735a (Jb 34.24)
κληρονομεῖν 768a
μανθάνειν 895b
νοεῖν *185b*
⟦οἰκτείρειν 982c⟧
*ὁρᾶν 1005a (4K 10.10*L*)
πανοῦργος 1053a
⟦προσέχειν 1215b⟧ → γινώσκειν
συγγίνεσθαι 1298c
συνειδέναι 1313b
συνετός 1315a
συνίειν, συνιέναι 1316b
⟦σῴζειν 1328b⟧
*φρονεῖν 1439a (Is 44.28)

יָדַע ni.
γινώσκειν 267a, *170b*
γνωρίζειν 273a
γνωστός 274a
δηλοῦν 295c
διαγινώσκειν 299c
διάδηλος γίνεσθαι 256c, 300a
εἰδεῖν, εἰδέναι 374b
ἐμφανὴς γίνεσθαι 460c
ἐξαγγέλλειν 483a
ἐξιλάσκειν 495c
ἐπιγινώσκειν 517c
περίβλεπτος γίνεσθαι 256c, 1122b

יָדַע pi.
⟦ἐπιδεῖν, ἐφιδεῖν ("to see") 519a⟧ → ἰδεῖν
ἰδεῖν 669b

יָדַע pu.
ἀναγγέλλειν 74a
⟦γνώριμος 273b⟧ → מוֹדַע
⟦γνώστης 274a⟧ → γνωστός
γνωστός 274a
εἰδέναι τὸ ὄνομα 374b
⟦ἰδεῖν 669b⟧ → εἰδέναι τὸ ὄνομα
φίλος 1431b

יָדַע hi.
ἀναγγέλλειν 74a
ἀναδεικνύειν 76c
ἀπαγγέλλειν 113c
ἀποκρίνειν 133a
γινώσκειν 267a (+ To 10.7), *170b*
γνωρίζειν 273a
δεικνύειν, δεικνύναι 286a
δηλοῦν 295c
διαμαρτύρεσθαι 305b
διαστέλλειν 311b
^διδάσκειν 316c
εἰδεῖν, εἰδέναι 374b
*εἰπεῖν, ἐρεῖν 384a (Is 19.12)
ἐμφανίζειν 460c
ἐπιγινώσκειν 517c
παραδεικνύναι 1057c
σημαίνειν 1263a
συμβιβάζειν 1303b
⟦ὑμνεῖν 1405a⟧ → יָדָה hi.
φανερὸς εἶναι 1424a

יָדַע ho.
ἀναγγέλλειν 74a
γινώσκειν 267a

יָדַע hit.
ἀναγνωρίζειν 76b
γινώσκειν 267a

יְדַע Ar. pe.
γινώσκειν 267a
γνῶσις 273c
^γνωστός 274a
εἰδεῖν, εἰδέναι 374b
ἐπιγινώσκειν 517c
^*ἐπίστασθαι 529b (1E 8.23)
φανερὸς εἶναι (יְדִיעַ לֶהֱוֵא) 1424a
יְדַע Ar. af.
ἀναγγέλλειν 74a
ἀπαγγέλλειν 113c
^γνωρίζειν 273a
δηλοῦν 295c
^*διδάσκειν 316c (1E 9.48)
^*λέγειν 863c
^*προσφωνεῖν 1223c (1E 2.21)
σημαίνειν 1263a
^ὑποδεικνύειν, ὑποδεικνύναι 1413a
יִדְּעֹנִי
*ἀποφθέγγεσθαι 150a (1K 28.9*L*)
γνωριστής 273b
γνώστης 274a
ἐγγαστρίμυθος 362b
ἐπαοιδός 508a
τερατοσκόπος 1345b
יָהּ
§αλληλουια (הַלְלוּ־יָהּ) 55c
θεός 630a
κύριος 800b
יָהַב qal
*ἀποδιδόναι 126b (Ge 29.21)
δεῦτε 293a
διδόναι 317b
ἐᾶν 361a
⟦εἰσάγειν 407c⟧ → בּוֹא hi.
*ἐπιδιδόναι 519b (Am 4.1)
*παραδιδόναι 1058a (2K 11.15*L*)
φέρειν 1426c
יְהַב Ar. pe.
ἀποδιδόναι 126b (Da TH 6.2[3])
διδόναι 317b
^*ἐμβάλλειν 455a (1E 6.20)
^παραδιδόναι 1058a
^*ὑποβάλλειν 1412c (1E 2.18)
יְהַב Ar. peil
διδόναι 317b
יְהַב Ar. itpe.
^διδόναι 317b
παραδιδόναι 1058a
^*φορολογεῖν (מִדָּה הִתְיְהֲבַת) 1438a (1E 2.27)
יְהָב
μέριμνα 911a
יָהַד hit.
ἐνιουδαΐζειν 475a
ἰουδαΐζειν 687a
περιτέμνειν 1127b
יְהוּדִית
ἰουδαϊστί 687a
יְהוָה, יֱהוִה, יְהֹוָה
see also יי, יְיָ, יְיָ, ייי׳
δεσπότης 292c
εὐσέβεια, εὐσεβία (יִרְאַת י׳) 580a
^θεός 630a
^κύριος (י׳ צְבָאוֹת, אֲדֹנָי י׳, י׳) 800b
ἄγγελος κυρίου 800b
κύριος ὁ θεός, (ὁ) κύριος θεός 630a, 800b
ὁ λόγος κυρίου 800b
τὸ ὄνομα κυρίου 800b
τὸ πρόσωπον κυρίου 800b
τὸ στόμα κυρίου 800b
παντοκράτωρ 1053c
יָהִיר
ἀλαζών 52a
αὐθάδης 176c
יַהֲלֹם
ἴασπις 669a
⟦σμάραγδος 1278b⟧ → בָּרֶקֶת
יוֹבֵל
⟦ἀφαίρεσις 181b⟧ → ἄφεσις
ἄφεσις 182b
ἀφέσεως σημασία 182b, 1263b
ἐνιαυτὸς ἀφέσεως 182b
⟦ἱερός 683a⟧
σάλπιγξ 1258b
σημασία 1263b
יוּבַל
ἰκμάς 684b
יוֹם, also Ar.
ἀδύνατος (קְשֵׁה יוֹם) 28a
ἀνδροῦν (יְמֵי עֲלוּמִים) 86b
ἀρχή (יְמֵי־קֶדֶם) 163c
⟦ " (יוֹם) 163c⟧
ἀτυχεῖν (בְּיוֹם אֵיד) 176c
αὐθημερινός 177a
αὐθημερόν (בְּיוֹמוֹ, בַּיּוֹם) 177a
αὔριον (יוֹם מָחָר) 179a
ἄωρος (עוּל יָמִים) 188c
βιβλιοθήκη (דִּבְרֵי הַיָּמִים) 218b
βίος (יְמֵי חַיִּים, יוֹם) 220a
πολὺν χρόνον βιοῦν (רָבָה יָמִים hi.) 220b
γενεά 236a
δειλινός (רוּחַ הַיּוֹם) 287a
⟦ἡ ἐπιοῦσα 520a⟧
ἔτος 565a
εὐφροσύνη 582c
μακρὸν χρόνον ζῆν (אָרַךְ יָמִים hi.) 594c, 893c
ζωή (יוֹם pl.) 599c
^ἡμέρα 607b, *179b* (+Si 36[33].7, 9, 32; 50.23)
ἑκάστη ἡμέρα (יוֹם בְּיוֹם) 418a
ἡμέραν καθ' ἡμέραν (יוֹם יוֹם) 607b
^ἡ σήμερον ἡμέρα (הַיּוֹם) 607b, 1264a
καθ' ἑκάστην ἡμέραν (כָּל־, יוֹם בְּיוֹם כָּל־הַיּוֹם, אִישׁ יוֹמוֹ, יוֹם וָיוֹם, יוֹם וָיוֹם) 418a, 607b
καθ' ἡμέραν (תָּמִיד, יוֹם יוֹם, יוֹם בְּיוֹם כָּל־יוֹם, יוֹם בְּיוֹמוֹ) 607b, *181a* (1E 5.51; 6.30)
τὸ καθ' ἡμέραν 607b
⟦καθήκειν 700a⟧
καιρός 706a, *180b*
μακρόβιος (אָרַךְ יָמִים hi.) 893a
μακροημερεύειν (אָרַךְ יָמִים hi., רָבוּ יָמִים) 893a
μακροήμερος γίνεσθαι (אָרַךְ יָמִים hi.) 256c, 893b
μακροχρονίζειν (אָרַךְ יָמִים hi.) 894a
μακροχρόνιος γίνεσθαι (אָרַךְ יָמִים hi.) 256c, 894a
μακροχρόνιος εἶναι (אָרַךְ יָמִים hi.) 894a
μεσημβρία (כְּחֹם הַיּוֹם) 912c
μετοικεσία (יוֹם גְּלוֹת) 917c
νῦν, νυνί (הַיָּמִים הָהֵם, הַיּוֹם הַזֶּה) 951c
⟦ὁδός 962b⟧
ὀλιγόβιος (קְצַר יָמִים) 986b
οὐδέποτε (מִיָּמָיו + neg.) 1029c
διὰ παντός (כָּל־הַיּוֹם) 1073a
πολυημερεύειν (רָבוּ יָמִים) 1181a
πολυήμερος γίνεσθαι (אָרַךְ יָמִים hi.) 256c, 1181a
πολυήμερος εἶναι (אָרַךְ יָמִים hi.) 1181a
γίνεσθαι πολυχρόνιος (אָרְכוּ הַיָּמִים) 1185c
πώποτε (מִיָּמִים) 1246b
σήμερον (בַּיּוֹם, הַיּוֹם הַזֶּה, כַּיּוֹם, הַיּוֹם) 1264a, *191b*
^ἐν τῇ σήμερον (הַיּוֹם הַזֶּה, הַיּוֹם) 1264a
ἐν ταῖς σήμερον ἡμέραις (הַיּוֹם) 1264a
ἐν τῇ σήμερον ἡμέρᾳ (הַיּוֹם) 1264a
ἡ ἡμέρα ἡ σήμερον (הַיּוֹם הַזֶּה, הַיּוֹם) 1264a
ἡ σήμερον (הַיּוֹם הַזֶּה, הַיּוֹם) 1264a
καθὰ καὶ σήμερον (בַּיּוֹם הַזֶּה) 1264a
καθὼς ἔχεις σήμερον (כַּיּוֹם הַזֶּה) 1264a
τὸ τῆς σήμερον (הַיּוֹם) 1264a

ὡς σήμερον (כְּהַיּוֹם, כַּיּוֹם הַזֶּה, כַּיּוֹם) 1264a
ὥσπερ καὶ σήμερον (כְּהַיּוֹם הַזֶּה) 1264a
εἰς τέλος ἡμέρας μιᾶς (כְּיוֹם תָּמִים) 1344a
τριημερία (שְׁלֹשֶׁת יָמִים) 1373a
τριταῖος (שְׁלֹשֶׁת הַיָּמִים) 1373c
^χρόνος 1476b
*ὥρα 1493b (Jb 15.32)
יוֹמָם
ἡμέρα 607b
ἐν ἡμέρᾳ 607b
ἡμέραν 607b
ἡμέρας (בְּיוֹ׳, יוֹ׳) 607b
יָוֵן
ἰλύς 685a
⟦ὕλη 1405a⟧ → ἰλύς
⟦ὕλις(?) 1405a⟧ → ἰλύς
יוֹנָה
περιστερά (בֶּן יוֹ׳, יוֹ׳) 1126c
יוֹנֶקֶת
βλαστός 220c
κλάδος 766a
παραφυάς 1065b
ῥάδαμνος 1247c
יוֹפִי
ὡραῖος *196a*
יוֹרֶה
πρώϊμος, πρόϊμος 1235a
יוֹשֶׁר
see יוֹשֶׁר, יֹשֶׁר
יוֹתֵר
περισσ(ε)ία 1126b
περισσεύειν 1126b
περισσός, περιττός 1126c, *188c*
יוֹתֶרֶת
λαβός 880a
יָזַן pu.
θηλυμανής 650a
יֶזַע
βία 218a
יָחַד pi.
⟦εὐφραίνειν 581a⟧ → חָדָה qal
*συνθλίβειν 1316b, *192c* (Si 34 [31].14)
יַחַד
ἅμα *166b*
ἀμφότεροι 68a
*ἕνωσις (1C 12.17*L*)
^*μόνος 933b (1E 5.71)
κατὰ μόνας 933b
ὁμοθυμαδόν 992b
ὁμοῦ 994a
πᾶς *188a*
יַחְדָּו, יַחְדָּיו
κοινῇ *182a*
ὁμοθυμαδόν 992b
ὡσαύτως 1495c
*יָחִיד also Ar.
*μονογενής 933a (To 3.15)
יָחַל ni.
ἐπέχειν 511a
יָחַל pi.
διαλείπειν 304b
⟦ἐγγίζειν 362b⟧ → ἐλπίζειν
ἐλπίζειν 453c
ἐπελπίζειν 509c
προσδέχεσθαι 1212c
*προσμένειν 1218c (Jd 3.25A)
ὑπομένειν 1415c
ὑφιστάναι 1419a
יָחַל hi.
⟦ἀκούειν 45a⟧
διαλείπειν 304b
ἐλπίζειν 453c
⟦ἐνωτίζεσθαι 482b⟧
μένειν 910a
ὑπομένειν 1415c
יָחַם qal
ἐγκισσᾶν 366b
יָחַם pi.
ἐν γαστρὶ λαμβάνειν 234b
ἐγκισσᾶν 366b
κισσᾶν 765c
יַחְמוּר
βούβαλος 226a
יָחֵף
ἀνυπόδετος, ἀνυπόδητος 112b
יָחַר pi.
⟦χρονίζειν 1476a⟧ → אָחַר hi.
יָחַר hi.
⟦χρονίζειν 1476a⟧ → אָחַר hi.
יַחַשׂ
συνοδ(ε)ία 1317b
יָחַשׂ hit.
ἀριθμός 156c
γενεαλογεῖσθαι 237a
*γενεαλογία 237a (1C 4.33, 5.7, 7.5,7,9, 9.22 all *L*)
^*γενικός 237b (1E 5.39)
ἐγκαταλοχίζειν 366b
καταλοχία 738b
^καταλοχισμός 738b
καταριθμεῖν 743a
§μεθωεσειμ (מִתְיַחֲשִׂים) 908a
^*μεριδαρχία 910c (1E 8.28)
συλλοχισμός 1302c
συνοδ(ε)ία 1317b
*σύστρεμμα 1323c (2Es 8.3)
יָטַב qal
ἀγαθός 2a
ἀγαθύνειν 4b
ἀρέσκειν (יָ׳ qal, יָ׳ בְּעֵינֵי qal, יָ׳ לִפְנֵי qal) 155c
ἀρεστός (י׳ בְּעֵינֵי qal) 156a
βελτίων, βέλτιστος 217b
βελτίων γίνεσθαι 256c
εὖ γίνεσθαι 256c, 568a
σαυτοῦ γίνεσθαι (יָ׳ לִבֶּךָ qal) 256c
εὖ εἶναι 568a
καλῶς εἶναι 717b
χαίρειν (י׳ בְּעֵינֵי qal) 1452a
יָטַב hi.
ἀγαθοποιεῖν 1c
ἀγαθοποιός *165a*
ἀγαθός 2a, *165a*
ἀγαθὸς ἔσται (= εἶναι VIII.3) *165a*, *173a*
ἀγαθοῦν 4b
ἀγαθύνειν 4b
ἀκριβῶς 50c
βελτίων, βέλτιστος 217b
βελτίονα ποιεῖν 1154a
διορθοῦν 336b
ἐλεεῖν 449c
*ἐπιμελῶς 525c (4K 11.18*L*)
*ἐπισκευάζειν 528b (Ex 30.7)
καλὸν ἐπιτηδεύειν 535b, 715b
⟦ἐποικτείρειν 539a⟧
⟦ἑτοιμάζειν 563c⟧ → טוב II pa.
εὖ ποιεῖν 568b, 1154a, *177c*, *189b*
εὖ χρᾶσθαι 568b, 1473c
εὐεκτεῖν ποιεῖν (יָ׳ גֵּהָה hi.) 569c, 1154a
εὐόδως 576a
θάλλειν 623b
καλλίονα ποιεῖν 1154a
καλός 715b, *181a*
καλὸν/κάλλιον ποιεῖν 715b, 1154a
καλὸς εἶναι 715b
καλῶς 717b
καλῶς εἶναι 717b
καλῶς ποιεῖν 1154a
ὀρθῶς 1011c
ποιεῖν + ἀγαθά acc. (= טוֹבָה) 1154a (Je 18.10)
⟦ " *189b*⟧
σφόδρα 1325a
*τέρπειν 1345c (Si 26.13)
יְטַב Ar. pe.
ἀγαθύνειν 4b
^*βούλεσθαι 226b
יַיִן
γλεῦκος 270c

*κατοινοῦσθαι (Hb 2.5)
οἰνοπότης (סֹבֵא־יַ׳) 983c
οἶνος 983c, *186a*
συμπόσιον (מִשְׁתֵּה יַ׳) 1306a
יָכַח ni.
⟦ἀληθεύειν 53c⟧
διελέγχειν 328b
ἔλεγχος 449c
יָכַח hi.
βλασφημεῖν 221a
διελέγχειν 328b
ἐλεγμός 449a
ἐλέγχειν 449b, *174a* (Si 34[31].31)
ἔλεγχος 449c
ἐνάλλεσθαι 467c
⟦ἐξελέγχειν 491a⟧ → ἐλέγχειν
⟦ἑτοιμάζειν 563c⟧
*μαστιγοῦν 898a (Pr 3.12)
ὀνειδίζειν 994b
παιδεύειν 1047a
יָכַח ho.
ἐλέγχειν 449b
יָכַח hit.
διελέγχειν 328b
יָכֹל qal
ἀνέχειν 87c
βλέπειν (יָ׳ לִרְאוֹת qal) 221a
⟦γίνεσθαι 256b⟧
^δύνασθαι 353a, *172b*
δυναστεύειν *172c*
δυνατός 355c
ἐκποιεῖν 439b
*ἱκανός 683c (Jl 2.11)
ἰσχύειν 692c
⟦ποιεῖν 1154a (2C 7.7)⟧ → ἐκποιεῖν
*ὑποφέρειν 1418a (Jb 4.2; 31.23)
⟦χωρεῖν 1482b⟧ → δύνασθαι
יָכֹל hi.
⟦δύνασθαι 353a⟧ → יָכֹל qal
יָכֹל ho.
⟦ὑποφέρειν 1418a⟧ → יָכֹל qal
יְכִל, יְכֵל Ar. pe.
δύνασθαι 353a
δυνατός 355c
ἰσχύειν 692c
τροποῦν 1376a
יָלַד qal
*ἀποβαίνειν 125b (Jb 15.35)
γένημα *170a*
γεννᾶν 237b
⟦γεννητής(?) 239b⟧ → γεννητός
γεννητός 239b
γίνεσθαι 256b
γυνὴ τίκτουσα 278b
*ἐκγεννᾶν 421c (Ps 109[110].3)
κτᾶσθαι 793b
μήτηρ 924a
παιδίον 1047c
⟦τέκνα ποιεῖν 1154b, 1340c⟧ → τεκνοποιεῖν
τεκνοποιεῖν 1342a
τίκτειν 1351c, *193b*
τοκετός 1363b
ὠδίν 1492b
יָלַד ni.
εἶναι ἀπόγονος 126a
γένεσις 237a
γεννᾶν 237b
γέννησις 239b
γεννητός 239b
γίνεσθαι 256b, *170b*
^*τέκνον 1340c (1E 8.93)
τίκτειν 1351c
יָלַד pi.
μαῖα 892a
μαιοῦσθαι 892a
יָלַד pu. (= qal pass.)
ἀπόγονος 126a
γεννᾶν 237b
γίνεσθαι 256c (Ps 89[90].2)
⟦ἑδράζειν 368a⟧ → γίνεσθαι
τίκτειν 1351c
יָלַד hi.
γεννᾶν 237b, *170a*
γεννῶσαν ποιεῖν 1154a
γίνεσθαι 256b
ἐκτίκτειν 443a
τεκνοποιεῖν 1342a
τεκταίνειν *193b*
τίκτειν 1351c
יָלַד ho.
γένεσις (הוּלֶּדֶת) 237a
τίκτειν 1351c
יָלַד hit.
ἐπαξονεῖν 508a
⟦ἐπισκέπ(τ)ειν 527c⟧ → ἐπαξονεῖν
יֶלֶד
ἄρσην, ἄρρην 160c
^νεανίας 940a
νεανίσκος 940b
ν(ε)οσσός 949c
νεώτερος 942a
παιδάριον 1045c
παιδίον 1047c
παῖς 1049a
τέκνον 1340c, *193a*
υἱός 1384c
יַלְדָּה
κοράσιον 779c
*νεᾶνις 940b (Da TH 11.6)
παιδίσκη 1048b
παῖς 1049a
יַלְדוּת
⟦γεννᾶν 237b⟧ → יָלַד qal
⟦ἐκγεννᾶν 421c⟧ → יָלַד qal
νεότης 942c
יִלּוֹד
γεννᾶν 237b
τίκτειν 1351c
יָלִיד
*ἀπόγονος 126a (2K 21.16, 18*L*)
γενεά 236a
ἔγγονος 363b
ἔκγονος 421c
οἰκογενής (יְלִיד בַּיִת ,יָ׳) 970c
υἱός 1384c
יָלַל hi.
ἀλαλάζειν 52a
θρηνεῖν 654c
ὀλολύζειν 989b
*πενθεῖν 1117b (Ps 77[78].63)
יְלֵל
⟦καῦμα 757a⟧
יְלָלָה
ἀλαλαγμός 52a
θρηνεῖν 654c
ὀλολυγμός 989b
יַלֶּפֶת
λ(ε)ιχήν 873c
λειχῆνας ἔχων 586c, 873c
יֶלֶק
ἀκρίς 50c
βροῦχος 231a
יַלְקוּט
συλλογή 1302c
יָם
δυσμή 357b
θάλασσα 621a, *179a* (+Si 50.3)
^*λιμήν 878c (1E 5.55)
λουτήρ 888c
παραθαλάσσιος (עַל ,חוֹף הַיָּם ,יָם שְׂפַת־הַיָּם) 1059c (Ez 25.9)
παράλιος (לְחוֹף ,מִיָּם ,חוֹף הַיָּם ,יָם דֶּרֶךְ הַיָּם ,יַמִּים) 1061c
ποντοπορεῖν (בְּלֶב־יָם) 1189a
יַם Ar.
θάλασσα 621a
יֵמִים
§ιαμ(ε)ιν 668a
יְמִימָה
ἡμέρα 607b
יָמִין
^δεξιός (יָ׳ ,יַד יָ׳) 290a, *170c*
χεὶρ δεξιά 290a
ἡ χεὶρ ἡ δεξιά, ἡ δεξιὰ χείρ 1457c

ἐπιδέξιος 519b
⟦θάλασσα 621a⟧ → יָם
יְמִינִי
ἀμφοτεροδέξιος (אִטֵּר יַד־יְמִינוֹ) 68a
יָמַן hi.
*δεξιάζειν 290a (1C 12.2*L*)
δεξιός 290a
יָמַר hit.
θαυμάζειν 626c
יָמַשׁ hi.
ποιεῖν ψηλαφᾶν 1154b
ψηλαφᾶν 1485b
יָנָה hi.
θλίβειν 652b
κακοῦν 711b
יְנִיקָה
ἁπαλότης 116c
*κλάδος 766a, *182a* (Si 40.15)
*παιδίον 1047c (Is 66.12)
יָנַק qal
ἔσθειν, ἐσθίειν 554a
θηλάζειν 650a
παιδίον νήπιος 944b
יָנַק hi.
θηλάζειν 650a
τροφεύειν 1376b
τροφός 1376c
יַנְשׁוּף
ἴβης, ἴβις, ἶβις 374b, 669a
κύκνος 798c
יַנְשׁוֹף
ἴβης, ἴβις, ἶβις 669a
יָסַד qal
θεμέλιον, θεμέλιος 629b
θεμελιοῦν 629c
θεμελίωσις 630a
^*οἰκοδομή 972c (1E 5.64)
יָסַד ni.
ἐπισυνάγειν 534a
θεμελιοῦν 629c
κτίζειν 795b
συνάγειν 1307b
יָסַד pi.
(ἐ)θέλειν 628b
εἰς τὰ θεμέλια ἐμβάλλειν 455a, 629b
ἐπιτάσσειν 534c
θεμέλιον, θεμέλιος 629b
^θεμελιοῦν 629c
ἱστάναι, ἱστᾶν 689a
καταρτίζειν 743b
^*οἰκοδομεῖν 970c (1E 5.58)
στηρίζειν *192b*
יָסַד pu.
θεμελιοῦν 629c
^*οἰκοδομεῖν 970c (1E 5.53)
יָסַד ho.
ἄρχειν 163a
^*ἔγερσις 364b (1E 5.62)
θεμέλιον, θεμέλιος 629b
θεμελίωσις 630a
יְסֻד
θεμελιοῦν 629c
יְסוֹד
βάσις 214b
διάστεμα, διάστημα 311c
θεμέλιον, θεμέλιος 629b, *179b*
*ὑπόστασις 1417a (Je 23.22)
*ὑπόστημα, ὑπόστεμα 1417a (Je 23.18)
יְסוּדָה
θεμέλιον, θεμέλιος 629b
יִסּוּר
*παιδ(ε)ία 1046c, *187a* (Si 4.17)
*πικρία 1132c (Je 2.21)
יָסַךְ
⟦χρίειν 1475b⟧ → סוּךְ qal
יָסַף qal
⟦γίνεσθαι 256b⟧
προστιθέναι 1221a
*πρόσθεσις 1216b (Ez 47.13)
יָסַף ni.
πλείονα ποιεῖν 1181b
προστιθέναι 1221a
יָסַף hi.
ἀναλαμβάνειν 78c
⟦ἀναλίσκειν 79b⟧ → סוּף I qal
διδόναι 317b
⟦δύνασθαι 353a⟧
⟦ἔρχεσθαι 548b⟧
οὐκέτι 1030a
οὐκέτι μή (יָ hi. + neg.) 1030b
πάλιν (יָסַף hi. + inf.) 1051c
πλεῖον ποιεῖν 1154a
πλεῖον, πλείων, πλέον 1181b
*πλεονάζειν 1141c (3K 16.43*L*)
πρόσθεμα 1216b
^προστιθέναι 1221a, *190b*
⟦προτιθέναι 1231a⟧ → προστιθέναι
σοφώτερος εἶναι (יָסַף לֶקַח hi.) 1280b
⟦συνάγειν 1307b⟧ → אָסַף ni.
ὑπερβαίνειν 1409a
φορεῖν 1437c
*יְסַף Ar. haf.
*προστιθέναι 1221a (To 14.2)
יְסַף Ar. hof.
προστιθέναι 1221a
יָסַר qal
⟦ἄρχων 166b⟧
παιδεύειν 1047a
⟦ " *187a*⟧
יָסַר ni.
παιδεύειν 1047a
σοφὸς εἶναι *192a*
יָסַר pi.
νουθετεῖν 950b
*παιδ(ε)ία 1046c (Am 3.7; Hb 1.12)
παιδεύειν 1047a, *187a*
*παιδευτής 1047c (Ho 5.2)
יָסַר pu.
*παιδεύειν 1047a (Ho 7.15)
*ὑπήκοος 1411c (Pr 13.1)
יָסַר hi.
παιδεύειν 1047a
יָסַר nit.
παιδεύειν 1047a
יָע
ἀναλημπτήρ, ἀναλή(μ)πτωρ 79b
θερμαστρίς 649a
§ιαμ(ε)ιν (יָעִים) 668a
καλυπτήρ 717b
κρεάγρα 784c
יָעַד qal
*διατάσσειν 313a (2K 20.5*L*)
καθομολογεῖν 704b
⟦κοσμεῖν 780b⟧ → עָדָה qal
τάσσειν 1337a
יָעַד ni.
⟦γινώσκειν 267a⟧ → יָדַע ni.
⟦γνωρίζειν 273a⟧ → יָדַע ni.
ἐπισυνάγειν 534a
ἐπισυνιστάναι 534b
προσέρχεσθαι 1213c
συνάγειν 1307b
συναθροίζειν 1310b
συνέρχεσθαι 1314a
συντάσσειν 1318b
τάσσειν 1337a
יָעַד hi.
ἀνθιστάναι 95c
יָעַד ho.
⟦ἐξεγείρειν 490b⟧ → עוּר I ho.
κεῖσθαι 758b
יְעוֹרִים
⟦δρυμός 349b⟧ → יַעַר
יָעַט qal
*περιτιθέναι 1127c (Is 61.10)
יְעַט Ar. pe.
^*συμβουλευτής (יְעַט act. ptc.) 1303c
σύμβουλος 1304a
*φίλος 1431b (1E 8.13)
יְעַט Ar. itpa..
συμβουλεύειν 1303c

יָעַל hi.
ἀνωφελής (hi. בִּלְתִּי יָ׳, יָ׳ hi. + neg.) 113a
ὄφελος 1039b
περαίνειν 1119b
⟦ποιεῖν 1154a⟧
*συμφέρειν 1306b, *192b* (Si 30.19)
ὠφέλεια, ὠφελία 1497a
ὠφελεῖν 1497b, *196c*
ὠφέλημα 1497c
יָעֵל
ἔλαφος 448c
τραγέλαφος 1369a
יַעֲלָה
πῶλος 1246b
יָעֵן
στρουθίον 1297a
יַעֲנָה
σειρήν (בַּת יַ׳,יְ׳) 1262a
στρουθός (בַּת יַ׳, יְ׳) 1297a
יָעֵף I qal
*ἀπορεῖν 140a (Is 8.22)
ἐκλείπειν 435c
ἐκλύειν 438a
κοπιᾶν 778b
ὀλιγοψυχεῖν 987a
πεινᾶν 1115b
יָעֵף I ho.
⟦φέρειν 1426c⟧ → עוּף I qal
יָעֵף II
πεινᾶν 1115b
יְעָף
τάχος 1338c
*√יעף
*ἀπορία 140a (Is 8.22)
יָעַץ qal
ἀναγγέλλειν 74a
⟦βούλεσθαι 226b⟧ → βουλεύειν
βουλεύειν 227a, *169c*
βουλευτής 227c
βουλευτικός 227c
βουλή 227c
^*ἐπιβουλή 517b (1E 5.73)
⟦ἐπιστηρίζειν 530b⟧ → עָצָה qal
^συμβουλεύειν 1303c, *192b*
^σύμβουλος 1304a, *192b*
συνετίζειν 1315a
יָעַץ ni.
⟦ἀπαγγέλλειν 113c⟧
⟦βούλεσθαι 226b⟧ → βουλεύειν
βουλεύειν 227a, *169c* (Si 37.10)
⟦γινώσκειν 267a⟧ → יָדַע qal
ἐπιγνώμων 518c
παραγγέλλειν 1056b
συμβουλεύειν 1303c
⟦["] *192b*⟧ → βουλεύειν
יָעַץ hit.
βουλεύειν 227a
יַעַר
ἀγρός 17a
δρυμός 349b
κηρίον 763b
יָפָה qal
καλλιοῦσθαι 715a
καλὸς γίνεσθαι 256c, 715b
ὡραιοῦσθαι 1494a
*ὡραῖος κάλλει (יָ׳ יְפִי qal) 1493c (Ps 44[45].2)
יָפָה pi.
καλλωπίζειν 715b
יָפָה pealel
⟦ὡραῖος κάλλει 715a, 1493c⟧ → יָפָה qal and יְפִי, יֳפִי ≈ κάλλος
יָפָה hit.
ὡραϊσμός 1494a
יָפֶה
ἀγαθός 2a
βελτίων, βέλτιστος 217b
εὐπρόσωπος (יְפַת־מַרְאֶה) 576b
⟦εὔριζος (יְפֵה־נוֹף) 576c⟧
ἡδύφωνος (יְפֵה קוֹל) 604c
κάλλος 715a, *180c* (Si 26.16)
καλλωπίζειν (יְפֵה־פִיָּה) 715b
καλός (יָ׳, יְפַת־מַרְאֶה) 715b
καλὸς τῷ εἴδει 375c, 715b
ὡραῖος 1493c
יפח hit.
ἐκλύειν 438a
יְפִי, יֳפִי
δόξα 341b
κάλλος 715a (Ps 44[45].2), *180c*
καλός 715b
ὡραιότης 1494a
יָפַע hi.
*ἀνατέλλειν 83a (Jb 3.9)
ἐμφαίνειν 460c
ἐμφανῶς 460c
ἔρχεσθαι 548b
⟦κατασπεύδειν 745b⟧
*ὀπτασία 1004b, *186b* (Si 43.2)
παρρησιάζεσθαι 1073a
*ποιεῖν + φῶς acc. (= אוֹר) 1154a (Jb 37.15)
⟦προσέχειν 1215b⟧
εἶναι φέγγος 1426a
יִפְעָה
κάλλος 715a
יָצָא qal
ἄγειν 9a
⟦ἀκούειν 45a⟧
*ἀνάλωμα (4K 12.13*L*)
⟦ἀνάπτειν 81c⟧
ἀναστρέφειν 82b
ἀνατέλλειν 83a
ἀνατολή 83c
ἀναφύειν 85c
ἀνθεῖν 95b
*ἀξία (יוֹצֵא) 113a, *167b* (Si 10.28)
*ἀπαίρειν 115c, *167c* (Si 30.40 [33.32])
ἀπέρχεσθαι 121a
ἀποβαίνειν 125b
ἀποτρέχειν 149b
ἀφίειν, ἀφιέναι 183b
γέν(ν)ημα 238c
γίνεσθαι 256b
διαπορεύεσθαι 308b
*διασῴζειν pass. 312b (4K 10.25*L*)
διεκβάλλειν 328a
*διεκβολή 328b (Ez 47.11)
διεξάγειν 328b
διεξέρχεσθαι 328b
διέξοδος 328b
διέρχεσθαι 328c
*διηγεῖσθαι 329c (Es 1.17)
⟦εἰσέρχεσθαι 410b⟧
⟦εἴσοδος 413c⟧
⟦εἰσπορεύεσθαι 414a⟧
ἐκβαίνειν *173b*
ἐκνήφειν + οἶνος (= יַיִן) 438b
ἐκπηδᾶν 439a
ἐκπορεύεσθαι 439c, *173c*
ἐκστρατεύειν 441c
ἐκφέρειν 444c
ἐκφεύγειν 445b, *174a*
⟦ἐμπορεύεσθαι 459a⟧ → ἐκπορεύεσθαι
ἐξάγειν 483a
ἐξαίρειν 485a
ἐξαποστέλλειν 488a
ἐξεῖναι 490c
^ἐξέρχεσθαι *175c* (–Si 42.13)
⟦ " 491c⟧
ἐξέχειν 495b
ἐξιέναι 495c
ἐξιστᾶν/ἐξιστάναι + καρδία (= לֵב) 496c
ἐξοδία 497b
ἐξοδιάζειν 497b
ἔξοδος 497b, *176a*
ἐπάγειν (יָ׳ לִפְקוֹד qal) 503c
ἐπέρχεσθαι 509c
⟦ἐπιδιηγεῖσθαι 519c⟧ → διηγεῖσθαι
⟦ἔρχεσθαι 548b⟧ → ἐξέρχεσθαι

ἥκειν 605a
⟦ἱστάναι, ἱστᾶν 689a⟧
⟦καταδιώκειν 730b⟧
⟦κατασπεύδειν 745b⟧ → אוּץ qal
κατισχύειν 751b
⟦μένειν 910a⟧
παρέρχεσθαι 1068c
⟦ποιεῖν 1154a⟧
πορεύεσθαι 1189a
*πορνεύειν 1194c (Jd 2.15A)
προσπίπτειν 1219a
προστάσσειν, προστάττειν 1220c
στρατεύειν 1295a
συνεκπορεύεσθαι 1313b
συνεξέρχεσθαι 1313c

יָצָא hi.
ἀναγγέλλειν 74a
ἀνάγειν 75b
αὐξάνειν, αὔξειν 178c
δεικνύειν, δεικνύναι 286a
διανοίγειν 307b
⟦διδάσκειν 316c⟧
⟦διεξάγειν 328b⟧ → יָצָא ho.
⟦εἰσάγειν 407c (Ez 42.1; Jo 2.3)⟧ → ἐξάγειν
^ἐκβάλλειν 420c
ἐκδιδόναι 422a, *173b*
ἐκπορεύεσθαι 439c
ἐκσπᾶν 441b
^ἐκφέρειν 444c
ἐξάγειν 483a, *175c*
ἐξαιρεῖν 484b
ἐξαίρειν 485a
⟦ἐξανθεῖν 487c⟧ → ἐκφέρειν
ἐξαποστέλλειν 488a
⟦ἐξάπτειν *175c*⟧
ἐξέρχεσθαι 491c
*ἐξοδιάζειν 497b (4K 12.12*L*)
ἔξοδος 497b
καταφέρειν 747b
κατειπεῖν (דִּבָּה ׳יָ hi.) 749a
κτίζειν *182c*
λαμβάνειν 847a
ὁδηγεῖν 962a
⟦συνάγειν 1307b (I1K 10.16)⟧
φέρειν 1426c

יָצָא ho.
ἄγειν 9a
⟦διεκβολή 328b⟧
*διεξάγειν 328b (Ez 12.5)
τὸ ὕδωρ τῆς ἐκβολῆς 421b
ἐξάγειν 483a
ἐξέρχεσθαι 491c

יְצָא Ar. shaf.
^*συντελεῖν 1319b (1E 7.5)
τελεῖν 1342c

יָצַב hit.
ἀνθιστάναι 95c, *167a*
ἀνιστᾶν, ἀνιστάναι 102c
*ἀντικαθιστάναι 110c (2K 21.5*L*)
διαμένειν 305c
ἐπιβαίνειν 515c
ἐφιστάναι 585c
ἱστάναι, ἱστᾶν 689a, *180b*
καθιστάναι 702c
⟦κατασκοπεύειν 745a⟧
λειτουργεῖν *183b*
παριστάναι 1070c
⟦στήκειν 1290b⟧ → ἱστάναι, ἱστᾶν
στηλοῦν 1290b
στηρίζειν *192b*
συμπαριστάναι 1304c
συνάγειν 1307b

יְצַב Ar. pa.
ἀκριβῶς 50c
ἐξακριβάζεσθαι 486c
⟦ἐξακριβοῦσθαι 486c⟧ → ἐξακριβάζεσθαι

יָצַג hi.
ἀνατιθέναι 83b
ἀπερείδεσθαι 120c
ἀποκαθιστᾶν, ἀποκαθιστάναι 131b
βαίνειν 189b
ἱστάναι, ἱστᾶν 689a
καταλείπειν 736a
παρατιθέναι 1065a
παριστάναι 1070c
τιθέναι 1348c

יָצַג ho.
*παράκεισθαι 1061a, *187c* (Si 30.18)
*παρατιθέναι 1065a, *187c* (Si 15.16)
ὑπολείπειν 1415a

יִצְהָר
ἔλαιον, ἔλεον 447a, *174a*
⟦καρπός ("fruit") 723c⟧
πιότης 1135b

יָצוּעַ
⟦ἔνδεσμος 470a⟧
κοίτη 775b, *182b* (+Si 41.22)
μέλαθρον 908b
πλευρά 1142a
στρωμνή 1297b

יָצִיא
ἐξέρχεσθαι 491c

יַצִּיב Ar.
ἀκρίβεια 50c
ἀκριβής 50c
ἀλήθεια 53a
ἀληθινός 54a
ἀληθῶς 54b

יָצִיעַ
ἔνδεσμος 470a
μέλαθρον 908b
πλευρά 1142a

יָצַע hi.
⟦καταβαίνειν 727a⟧
ὑποστρωννύναι 1417b, *194c* (Si 4.27)

יָצַע ho.
στρωννύειν, στρωννύναι 1297b
⟦ὑποστρωννύναι 1417b⟧ → στρωννύειν, στρωννύναι

*יְצַף Ar. pe.
*φοβεῖν 1433b (To 5.21)

יָצַק qal
ἀποχεῖν, ἀποχύνειν 150a
διδόναι 317b
ἐγχεῖν 367b
ἐκπορεύεσθαι 439c
ἐκχεῖν, ἐκχέειν 445c
ἐλαύνειν 448c
ἐπιτιθέναι 535c
ἐπιχεῖν 538c
ἱστάναι, ἱστᾶν 689a
κατακενοῦν 733b
κατατιθέναι 746c
καταχεῖν 748c
πηγνύναι 1130c
χεῖν 1457c
χωνεύειν 1480c
χώνευσις 1481a
*χωνευτός 1481a (2C 4.3*L*)

יָצַק pi.
⟦ἐπιχεῖν 538c⟧ → יָצַק hi.

יָצַק hi.
⟦ἀδικεῖν *165b*⟧ → צוּק hi.
ἐπιχεῖν 538c
ἱστάναι, ἱστᾶν 689a
τιθέναι 1348c (Jo 7.23)

יָצַק ho.
⟦ἀδικεῖν *165b*⟧ → צוּק ho.
ἐκχεῖν, ἐκχέειν 445c
⟦ἐπείσχυσις(?) 509b⟧ → ἐπίχυσις
ἐπιρρεῖν 527a
ἐπιχεῖν 538c
ἐπίχυσις 539a
⟦παρατιθέναι *187c*⟧
στρωννύειν, στρωννύναι 1297b
χυτός 1480b

יְצֻקָה
⟦χύσις 1480b⟧

יָצַר qal
διαβούλιον *171a*

⟦ἐπιγονή 518c⟧ → יֵצֶר
⟦ἱστάναι, ἱστᾶν 689a⟧ → XXX ≈ τετραίνειν
καταδεικνύναι 730b
κατασκευάζειν 744a
κεραμεύς 759b, *182a* (+Si 36[33].13)
κέραμος 759c
κτίζειν 795b
*κτίστης 796a (I1K 22.32)
*περιποιεῖν 1125c (Is 43.21)
πλάσσειν 1140b
*πλάστης (2K 22.3, 23.3*L*)
ποιεῖν 1154a, *189b* (Si 4.6)
⟦προσπλάσσειν 1219b⟧
*στερεοῦν 1289a (Am 4.13)
συντάσσειν 1318b

יָצַר ni.
γίνεσθαι 256b
*ἐγκυλίειν *172a* (Si 37.3)
κτίζειν 795b, *182c* (+Si 36[33].10; –39.29)
⟦[κυλίειν] *182c*⟧ → ἐγκυλίειν
[συγκτίζειν] *192b*

יָצַר pu.
πλάσσειν 1140b

יָצַר ho.
σκευαστός 1269b
χωνευτός 1481a

יֵצֶר
*διαβούλιον 299b, *171a* (Si 15.14)
διανοεῖσθαι (יֵ׳ מַחֲשָׁבוֹת) 306b
διάνοια (יֵ׳ מַחֲשָׁבוֹת) 306c
ἔγκεισθαι 366b
ἐνθύμημα (יֵ׳ מַחֲשָׁבוֹת) 473c, *175b* (Si 27.6)
*ἐπιγονή 518c (Am 7.1)
πλάσμα 1140b
πονηρία 1186b

יָצַת qal
ἐμπυρίζειν 460a
καίειν 705a
κατακαίειν 732b

יָצַת ni.
ἀνάπτειν 81c
*ἀφή 182c (Je 31.9)
διδόναι 317b
ἐκκαίειν 432b, *173c*
ἐκλείπειν 435c
⟦ἐκχεῖν, ἐκχέειν 445c⟧ → ἐκκαίειν
ἐμπιπράναι, ἐμπρήθειν 457c
*ἐμπυρίζειν 460a (Je 4.26)
*καίειν 705a (Je 26[46].19)
κατασκάπτειν 743c

יָצַת hi.
ἀνάπτειν 81c
ἐμπιπράναι, ἐμπρήθειν 457c, *174b*
ἐμπυρίζειν 460a, *174b*
*ἐξάπτειν 489c, *175c* (Si 35[32].16)
καίειν 705a
κατακαίειν 732b

יֶקֶב
⟦ἀπολήνιον 136c⟧ → ὑπολήνιον
ληνός 875c
⟦οἶνος 983c⟧ → ληνός
προλήνιον 1207c
ὑπολήνιον 1415c

יָקַד qal
καίειν 705a
ἐκκαίειν *173c*

יָקַד ni.
*συγκαίειν 1299a (Jb 30.17)

יָקַד ho.
καίειν 705a

יְקַד Ar. pe.
καίειν 705a

יְקֵדָא Ar.
καῦσις 757a

יְקָהָה
γῆρας 255c
προσδοκία 1213a

יְקוֹד
καίειν 705a

יְקוּם
ἀνάστημα, ἀνάστεμα 82b
*ἐξανάστασις (Ge 7.4)
ὑπόστασις 1417a

יָקוּשׁ
⟦θηρευτής 650c⟧ → יָקוֹשׁ voc.
παγίς, πακίς 1044b

*יָקוֹשׁ
*θηρευτής 650c (Ps 90.3)

יַקִּיר, also Ar.
ἀγαπητός 7a
βαρύς 191a
τίμιος 1353c

יָקַע qal
ἀφιστᾶν, ἀφιστάναι, ἀφιστάνειν 184b
ναρκᾶν 939c

יָקַע hi.
ἐξηλιάζειν 495c
παραδειγματίζειν 1057c

יָ־קַע ho.
ἐξηλιάζειν 495c

יָקַץ qal
ἐγείρειν 364a
ἐκνήφειν 438b
ἐξανιστάναι 487c
ἐξεγείρειν 490b
ἐξυπνίζειν 501b

יָקַר qal
δοκιμάζειν 339c
ἔντιμος 479a
ἔντιμος γίνεσθαι 256c
ἐντιμοῦν 479b
τιμᾶν 1353a
⟦τιμή 1353a⟧ → τιμᾶν

יָקַר hi.
ἔντιμος εἶναι 479a
*εὖ ποιεῖν 1154a, *189b* (Si 12.5)
σπάνιον εἰσάγειν 407c, 1281c
*τιμᾶν 1353a (Pr 25.2, 27)

יָקָר
⟦ἐκλεκτός 437a⟧ → χρηστός
ἔντιμος 479a
*πληθύ(ν)ειν 1144b (Ps 35[36].7 Aramaizing?)
πολυτελής 1185c
τιμή 1353a
τίμιος 1353c
χρηστός 1475a

יְקָר, also Ar.
⟦δοκίμιον 340a⟧ → δόκιμος
δόκιμος 340a
δόξα 341b
δοξάζειν (עָשָׂה יְ׳, יְ׳) 343b
ἔντιμος 479a
τιμή 1353a
τίμιος 1353c

יָקַשׁ qal
ἐπιτιθέναι 535c
θηρευτής 650c
συνιστάναι, συνιστᾶν 1317a

יָקַשׁ ni.
⟦ἐγγίζειν 362b⟧ → נָגַשׁ ni.
⟦κινδυνεύειν 765a⟧
παγίς, πακίς 1044b
πρόσκομμα *190b*
⟦προσκρούειν *190b*⟧
πταίειν 1237c
*σκανδαλίζειν *191b*
*συλλαμβάνειν 1301c (Ps 9.16)

יָקַשׁ pu.
ἁλίσκεσθαι *166a*
παγιδεύειν, πακιδεύειν 1044a

יָקַשׁ ho.
⟦σκανδαλίζειν *191b*⟧ → יָקַשׁ ni.

יָרֵא I qal
ἀγωνιᾶν 18c
ἐξιστᾶν, ἐξιστάναι 496c
εὐλαβεῖσθαι 572b
εὐλογεῖν 572b

θαρρεῖν, θαρσεῖν (יָ׳ qal + neg.) 626c
πτοεῖν 1238c
σέβειν 1261c
φοβεῖν 1433b
εἶναι φοβούμενος 1433b
φροντίζειν 1439c
יָרֵא I ni.
δοξάζειν *172a*
ἔνδοξος 470c
*ἐντρέπειν 480c (Is 16.12)
⟦ἐπιφαίνειν 537c⟧ → רָאָה I ni.
⟦ἐπιφάνεια, ἐπιφανία 537c⟧ → רָאָה I ni.
⟦ἐπιφανής 538a⟧ → רָאָה I ni.
⟦ἐπιφανὴς εἶναι 538a⟧ → רָאָה I ni. ≈ ἐπιφαίνειν
θαυμαστός 627b, *179a*
⟦[θαυμαστοῦν] *179a*⟧ → θαυμαστῶς
θαυμαστῶς 627c, *179a*
κραταιός 782a
μέγας 902c
φοβερός 1435c, *195b*
χαλεπός 1453a
יָרֵא I pi.
*φοβεῖν 1433b (2C 32.18)
φοβερίζειν 1435b
⟦φοβεροῦν(?) 1435c⟧ → φοβερίζειν
יָרֵא I hit.
φαντασιοκοπεῖν *195a*
*φυλάσσειν, φυλάττειν 1441c, *195c* (Si 12.11)
יָרֵא II adj.
⟦δειλός 287a⟧
θεοσεβής (יְרֵא אֱלֹהִים) 648a
σέβειν 1261c
φοβεῖν (יָ׳, הָיָה יָ׳) 1433b, *195b* (+Si 26.3)
יִרְאָה
⟦ἐπισκοπή 528c⟧
εὐσέβεια, εὐσεβία (יִ׳, יִרְאַת יהוה) 580a
σέβειν 1261c
φοβεῖν 1433b
φόβος 1435c, *195b* (+Si 50.29)
יָרַד qal
ᾅδης (יוֹרֵד־בּוֹר) 24a
⟦ἀναβαίνειν, ἀναβέννειν 70a⟧ → ἐμβαίνειν and καταβαίνειν
⟦διαβαίνειν, διαβέννειν 298a⟧
διέρχεσθαι 328c
⟦εἰσέρχεσθαι 410b⟧
⟦εἰσπορεύεσθαι 414a⟧
⟦ἐκκλ(ε)ίνειν 433c⟧
ἐμβαίνειν 455a
ἔρχεσθαι 548b
καθαιρεῖν 697b
^καταβαίνειν 727a, *181b*
κατάβασις 729a, *181b*
καταβιβάζειν 729a
κατάγειν 729b
καταδύ(ν)ειν 731a
καταπηδᾶν 741b
*καταρρεῖν 743b (1K 21.13[14])
κατασπᾶν 745a
κλίνειν 771a
πίπτειν 1135c
πλεῖν *189a*
πορεύεσθαι 1189a
προβαίνειν 1204a
⟦προσκαταβαίνειν 1216c⟧ → καταβαίνειν
συγκαταβαίνειν 1299b
συμπίπτειν 1305b
יָרַד hi.
ἄγειν 9a
⟦ἀναβιβάζειν 73a⟧
ἀναφέρειν 84c
ἀποστέλλειν 141b
ἀφαιρεῖν 180a
βρέχειν 230c
διδόναι 317b
⟦ἐπεγείρειν 509a⟧
⟦ἐπιβιβάζειν 516c⟧
καθαιρεῖν 697b
καταβιβάζειν 729a
κατάγειν 729b, *181b*
⟦καταρρεῖν 743b⟧ → יָרַד qal
καταφέρειν 747b
καταχαλᾶν 748b
παιδεύειν 1047a
παραδιδόναι 1058a
*ταπεινοῦν 1334c (2K 22.48*L*)
φέρειν 1426c
יָרַד ho.
ἀφαιρεῖν 180a
καθαιρεῖν 697b
καταβαίνειν 727a
καταβιβάζειν 729a
κατάγειν 729b
יָרָה qal
ἀκοντίζειν 45a
βάλλειν 189c
⟦βολίς 224b⟧
ἐκφέρειν 444c
κατατοξεύειν 747a
προβάλλειν 1204a
ῥίπτειν, ῥιπτεῖν 1252b
ῥοιζεῖν, ῥοίζεσθαι 1253a
τοξεύειν 1363c
τοξότης 1364b
יָרָה ni.
κατατοξεύειν 747a
יָרָה hi.
ἀκοντίζειν 45a
ἀκοντιστής 45a
ἀναγγέλλειν 74a
ἀποκρίνειν 133a
?γέν(ν)ημα 238c
δεικνύειν, δεικνύναι 286a
δηλοῦν 295c
διδάσκειν 316c
⟦δυνάστης 355b⟧ → מוֹרָא
εἰπεῖν, ἐρεῖν 384a
ἐξηγεῖσθαι 495b
ἡγεῖσθαι 602c
κατατοξεύειν 747a
νομοθετεῖν 947a
*νομοθέτης 947b (Ps 9.20)
ὁδηγεῖν 962a
παιδεύειν 1047a
προβιβάζειν 1205c
πρώϊμος, πρόϊμος 1235a
ῥοιζεῖν, ῥοίζεσθαι 1253a
συμβιβάζειν 1303b
τοξεύειν 1363c
τοξότης 1364b
ὑποδεικνύειν, ὑποδεικνύναι 1413a
φράζειν 1438b
φωτίζειν 1451b
יָרוֹק
χλωρός 1471c
יָרֵחַ
σελήνη 1262b, *191a*
יֶרַח
μήν ("month") 922a
יְרַח Ar.
δωδεκάμηνον (יַרְחִין תְּרֵי עֲשַׂר) 358b
^μήν ("month") 922a
יָרַט
οὐκ ἀστεῖος 173b
ῥίπτειν, ῥιπτεῖν 1252b
יָרִיב
ἀδικεῖν 24c
⟦δικαίωμα 334b⟧ → רִיב II subst.
⟦κρίσις 789c⟧ → רִיב II subst.
יְרִיעָה
αὐλαία 177a
δέρρις 291c
ἱμάτιον 685a
*σκηνή 1271a (I1K 7.2)
יָרֵךְ
⟦ἡμέρα 607b⟧

καυλός 757a
κλίτος 771c
μηρός 923c
πλάγιος 1139b
πλευρόν 1142b
σκέλος 1268c
יַרְכָה
ἄκρος 51b
βάθος 189a
ἔσχατος 558a
ἐσώτερον (בְּיַרְכְּתֵי) 558c
θεμέλιον, θεμέλιος 629b
κλίτος 771c
⟦κλιτύς 772a⟧ → κλίτος
κοῖλος 773c
μέρος 911c
ὀπίσθιος 1001c
ὁ/τὸ/τὰ ὀπίσω (יַרְכְּתֵי) 1001c
παρατείνειν 1065a
יַרְכָה Ar.
μηρός 923c
יָרַק qal
ἐμπτύειν 460a
πτύειν 1238c
יָרָק
λαχαν(ε)ία 863b
λάχανον 863b
⟦χλωροβοτάνη (יֶרֶק דֶּשֶׁא) 1471c⟧ → χλωρός
χλωρός 1471c
יֶרֶק
λάχανον 863b
χλωρός 1471c
יֵרָקוֹן
ἀνεμοφθορία 87a
ἴκτερος 684b
ὤχρα 1497c
יְרַקְרַק
χλωρίζειν 1471c
χλωρότης 1471c
יָרַשׁ qal
ἀγχιστεύειν 18b
ἀπολλύειν, ἀπολλύναι 136c
⟦ἀρχή 163c⟧ → **ראשׁ**
ἐκβάλλειν 420c
ἐκβιάζειν 421b
⟦ἐκζητεῖν 430c⟧ → **דָּרַשׁ** qal
ἐκτρίβειν 444a
κατακληρονομεῖν 733b
κατακυριεύειν 735a
κατέχειν 750c, *181c*
κατοικεῖν 751c
^κληρονομεῖν 768a
κληρονομία 769a
κληρόνομος 770a
κλῆρος 770a
κτῆσις 795a
κυριεύειν 800a
λαμβάνειν 847a
παραλαμβάνειν 1061b
⟦προνομεύειν 1207c⟧ → κληρονομεῖν
⟦πτωχεύειν 1239b⟧ → **יָרַשׁ** hi.
יָרַשׁ ni.
ἐκτρίβειν 444a
ἐξαίρειν 485a
πένεσθαι 1117a
πτωχεύειν 1239b
יָרַשׁ pi.
ἐξαναλίσκειν 487b
יָרַשׁ hi.
ἀπολλύειν, ἀπολλύναι 136c, *168a* (Si 20.22)
διδόναι 317b
ἐκβάλλειν 420c
ἐκτρίβειν 444a
ἐξαίρειν 485a, *175c*
ἐξέλκειν, ἐξελκύειν 491a
ἐξολεθρεύειν, ἐξολοθρεύειν 497c
^κατακληρονομεῖν 733b, *181b*
κληροδοτεῖν 768a
κληρονομεῖν 768a, *182a*
κυριεύειν 800a
ὀλεθρεύειν, ὀλοθρεύειν 986a
⟦ὀλέθρευσις 986a⟧ → ἐξολεθρεύειν, ἐξολοθρεύειν
?περιτιθέναι 1127c
*πτωχεύειν 1239b
πτωχίζειν 1239b
יְרֵשָׁה
κληρονομία 769a
יְרֻשָּׁה
κληρονομεῖν 768a
κληρονομία 769a
κλῆρος 770a
κτᾶσθαι 793b
⟦παραλαμβάνειν 1061b⟧ → κτᾶσθαι
***יְרַת** Ar. pe.
*κληρονομεῖν 768a (To 3.15)
יִשְׂחָק
γέλως, γέλος(?) 235c
יָשַׂם qal
⟦παρατιθέναι 1065a⟧
τιθέναι 1348c
יֵשׁ
⟦ἀποκρίνειν 133a⟧
ἐστί, ἔστι (= εἶναι II.3) 378c, *172b* (+Si 4.21)
εἰσίν (= εἶναι II.6) *172c*
ἔχειν 586c, *178c* (+Si 13.5)
ἰσχύειν (יֶשׁ־לְאֵל) 692c
⟦καταβαίνειν 727a⟧
⟦κατοικεῖν 751c⟧ → **יָשַׁב** qal
ποιεῖν (יֵשׁ עֹשֶׂה) 1154a
σῴζειν (יֵשׁ מוֹשִׁיעַ) 1328b
τις (יֵשׁ מִן) *193c*
ὑπακούειν (יֵשׁ עוֹנֶה) 1405c
ὕπαρξις 1406b
ὑπάρχειν 1406b
τὸ ὑπάρχον, (τὰ) ὑπάρχοντα (אֲשֶׁר יֶשׁ־לְ־) 1406b
ὑπερέχειν (יֵשׁ עוֹד) *194b*
ὑπόκεισθαι 1414b
יָשַׁב qal
⟦ἀναπαύειν 80b⟧ → **שָׁבַת** qal
ἀναπίπτειν *166c*
ἀοίκητος (יָ׳ qal + neg.) 113c
⟦ἀποκαθιστᾶν, ἀποκαθιστάναι 131b⟧ → **שׁוּב** qal
⟦ἀποστρέφειν 145b⟧ → **שׁוּב** qal
βασιλεύειν 194c
διακαθιζάνειν 303a
διαμένειν 305c
διατρίβειν 314a
ἐγκαθῆσθαι 364b
ἐγκαθίζειν 364c
⟦ἐγκαταλείπειν 365a⟧ → ἐγκαθῆσθαι
⟦ἐδαφίζειν 367c⟧
⟦εἰσέρχεσθαι 410b⟧
⟦ἐνθρονίζεσθαι (יָ׳ עַל כִּסֵּא מַלְכוּת qal) 473c⟧ → θρονίζειν
ἐνοικεῖν 476a
ἔνοικος 476b
ἐπικαθίζειν 521b
*ἐρείδειν 544c (Jb 17.10)
⟦ἔρχεσθαι 548b⟧ → **שׁוּב** qal
ἡσυχάζειν 620a
θεραπεύειν 648a
θρονίζειν (יָ׳ עַל כִּסֵּא qal) 655b
ἱστάναι, ἱστᾶν 689a
καθέδρα (יָ׳ qal, שֶׁבֶת) 699c
καθέζεσθαι 699c
καθεύδειν 700a
^καθῆσθαι 700b, *180a*
^καθίζειν 701c, *180a*
κάθισις 702c
*καθιστάναι 702c (4K 25.24*L*)
καταγίνεσθαι 730a
καταλύειν 738b
καταμένειν 739a
⟦καταπαύειν 740c⟧ → **שָׁבַת** qal
κατασκηνοῦν 744b
κατέχειν (יָ׳ עַל qal) 750c

κατοικ(ε)ία 755b
^κατοικεῖν 751c, *181c*
κατοίκησις 755b
κατοικητήριον 755b
^κατοικίζειν 755c
κάτοικος 756a
⟦κοιμᾶν 773c⟧ → שָׁכַב qal
κωθωνίζεσθαι (לִשְׁתּוֹת ׳יָ qal) 839b
μένειν 910a
οἰκεῖν 968a
*οἰκίζειν 970c (Jb 22.8)
ἡ οἰκουμένη 968b
παρακαθῆσθαι 1060a
παρακαθίζειν 1060a
παραμένειν 1062a
παροικεῖν 1071b
συγκαθῆσθαι 1299a
^συγκαθίζειν 1299a
συνοικίζειν *192c*
ὑπομένειν 1415c

יָשַׁב ni.
⟦καταλύειν 738b⟧ → שָׁבַת ni.
κατοικεῖν 751c
κατοικίζειν 755c
οἰκεῖν 968a
οἰκίζειν *186a*

יָשַׁב pi.
⟦κατασκηνοῦν 744b⟧ → יָשַׁב qal

יָשַׁב hi.
ἀντικαθίζειν 110c
⟦ἀποκαθιστᾶν, ἀποκαθιστάναι 131b⟧ → שׁוּב hi.
ἐγκαθίζειν 364c, *172a*
^*ἔχειν 586c (1E 9.12, 18)
καθίζειν 701c, *180a*
κατοικεῖν 751c
κατοικίζειν 755c
⟦λαμβάνειν 847a (I1E 10.2, 10, 14, 18)⟧ → καθίζειν
^*συνοικίζειν 1317c (1E 8.93; 9.7)
τιθέναι 1348c

יָשַׁב ho.
κατοικεῖν 751c
οἰκεῖν 968a

יְשׁוּב
^*κατοίκησις 755b (1E 1.21)

יְשׁוּעָה
ἔλεος *174a*
σῴζειν 1328b
σωτήρ 1331a
σωτηρία 1331b
σωτήριον 1332a

יָשַׁט hi.
⟦αἴρειν 34c⟧
ἐκτείνειν 442a, *173c*

יְשִׁימוֹן, יְשִׁמֹן
γῆ ἄνυδρος 112a, 240c
⟦γῆ διψῶσα 240c, 338a⟧
ἔρημος 545a

יָשִׁישׁ
γῆρας *170b*
ἐσχατογήρως (שָׁב כּוֹשֵׁל נגׄראמע וְיָשִׁישׁ) *177b*
παλαιός 1051b
πρεσβύτερος, πρεσβυτέρα 1201c, *190a* (Si 25.20)
πρεσβύτης 1202c
πολὺς χρόνος 1181b, 1476b (Jb 12.12)

יָשַׁם
ἀφανίζειν 181b
ἐρημοῦν 546c

יָשֵׁן I, יָשֵׁן qal
⟦ἐξυπνοῦν 501c⟧ → ὑπνοῦν
καθεύδειν 700a
κοιμᾶν 773c
ὑπνοῦν 1412a

יָשֵׁן I, יָשֵׁן pi.
κοιμίζειν 774c

יָשֵׁן II adj.
ὕπνος 1411c
ὑπνοῦν 1412a

יָשֵׁן III, יָשַׁן ni. ("to be old")
παλαιὰ παλαιῶν 1051b
παλαιοῦν 1051b
χρονίζειν 1476a

יָשֵׁן III, יָשַׁן hit. ("to be old")
παλαιοῦν *187a*

יָשָׁן
ἀρχαῖος 162c, *168c*
παλαιός 1051b
παλαιοῦν *187a*

יְשָׁנָה
⟦§ισανα 688b⟧

יָשַׁע ni.
βοηθεῖν 223b
διασῴζειν 312b
σῴζειν 1328b

יָשַׁע hi.
ἀμύνειν 67c
ἀνασῴζειν 83a
βοηθεῖν 223b
βοηθός 223c
διασῴζειν 312b
⟦εἰσακούειν 408b⟧
ἐλεεῖν *174a*
ἐξαιρεῖν 484b, *175c*
λυτροῦν *183c*
*ποιεῖν + σωτηρίαν (= תְּשׁוּעָה) 1154a (1C 11.14)
ῥύεσθαι 1254b
σῴζειν (׳יָ hi., יֵשׁ מוֹשִׁיעַ) 1328b
σωτήρ 1331a
σωτηρία 1331b
σωτήριον 1332a

יֵשַׁע, יֶשַׁע
ἔλεος, ἔλαιος 451a
σῴζειν 1328b
σωτήρ 1331a, *193c*
σωτηρία 1331b
σωτήριον 1332a

יָשְׁפֵה, יָשְׁפָה
ἴασπις 669a
ὀνύχιον 1000c

יָשַׁר qal
ἀρέσκειν (׳יָ qal, ׳יָ בְּעֵינֵי qal) 155c
δοκεῖν 339b
εὐδοκεῖν 569a
εὐθής 570b
εὐθύνειν 570c
εὐθύς (adj.) 571a, *177c*
κατευθύνειν 750b

יָשַׁר ni.
⟦ἐπαινεῖν *176a*⟧ → שִׁיר I ho.

יָשַׁר pi.
⟦ἀρχή (׳יָ pi., שָׂרָה) 163c⟧
εὐθύς (adj.) 571a
εὐθὺ ποιεῖν 571a, 1154a
κατευθύνειν 750b
κατορθοῦν 756b
ὁμαλίζειν 990c
ὀρθοτομεῖν 1011a

יָשַׁר pu.
κατάγειν 729b

יָשַׁר hi.
νεύειν δίκαια (׳יָ נֶגֶד hi.) 330c
κατευθύνειν 750b
ὁμαλίζειν 990c

יָשָׁר
ἀγαθός 2a
ἀλήθεια 53a
ἀληθινός 54a
ἄμεμπτος 65b
?ἀνδρεῖος 86b
ἀρεστός 156a
βελτίων, βέλτιστος 217b
δίκαιος 330c
δοκεῖν (׳יָ בְּעֵינֵי) 339b
ἐκτείνειν 442a
εὐθής 570b
εὐθύς (adj.) 571a
εὐθύτης 571b
^*εὐοδία (דֶּרֶךְ יְשָׁרָה) 575b (1E 8.50)
[καλός] *181a*

[[" 715b]]
κατευθύνειν 750b
κατορθοῦν 756b
ὀρθ(ρ)ός 1010c
ἀνὴρ ὀρθ(ρ)ός 1010c
ὅσιος 1018b, 186c
προθύμως (יִשְׁרֵי לֵבָב) 1206c
συνθήκη 1316a
χρηστός 1475a

יוֹשֶׁר ,יֹשֶׁר
ἀληθινός 54a
ἁπλότης 122c
ἀρεστός 168b
δίκαιος 330c
εὐθύς (adj.) 571a
εὐθύτης 571b
καθαρός 698c
ὀρθ(ρ)ός 1010c
ὀρθῶς (בְּיָשְׁרוֹ) 1011c
ὁσιότης 1018c

יְשָׁרָה ,יִשְׁרָה
εὐθύτης 571b

יָשֵׁשׁ
πρεσβύτερος, πρεσβυτέρα 1201c

יְתִב Ar. pe.
καθῆσθαι 700b
καθίζειν 701c
*κατοικεῖν 751c (To 14.4)
^οἰκεῖν 968a

יְתִב Ar. af.
κατοικίζειν 755c

יָתֵד
[[ἄνθρωπος 96b]]
[[ἄρχων 166b]]
πάσσαλος 1102c, 188a (Si 14.24)
στήριγμα, στήρισμα 1290c

[[σωτηρίαγμα(?) 1332a]] → στήριγμα, στήρισμα
[[σωτήρισμα(?) 1332c]] → στήριγμα, στήρισμα

יָתוֹם
ὀρφανός 1018a, 186c

יָתוּר
κατασκέπτεσθαι, κατασκέπτειν 744a

יַתִּיר Ar.
[[ἅγιος 12a]]
περισσός, περιττός 1126c
ἐκ περισσοῦ (יַתִּירָה) 1126c
περισσότερος 1126c
περισσῶς (יַתִּירָה) 1126c
*σκληρός 1274b (Ex 1.14)
ὑπερφέρειν 1411a
ὑπερφερής 1411b
ὑπέρφοβος (דְּחִיל יַ) 1411b

יָתַר qal
λοιπός 888a
περισσεύειν 188c

יָתַר ni.
ἀπολείπειν 136b
ἐγκαταλείπειν 365a
ἐπίλοιπος 525a
[[εὑρίσκειν 576c]]
καταλείπειν 736a
κατάλοιπος 738a
λοιπός 888a
περισσεύειν 1126b
περισσός, περιττός 1126c
[[ὑπολαμβάνειν 1414c]] → ὑπολείπειν
ὑπολείπειν 1415a
[[ὑπόλοιπος 1415c]] → ἐπίλοιπος

יָתַר hi.
ἀπολείπειν 136b
ἐγκαταλείπειν 365a
ἐκζεῖν 430c
*ἐπαίρειν 505a, 176a (Si 35[32].1)
[[εὐλογεῖν 572b]] → πολυωρεῖν
καταλείπειν 736a
περιποιεῖν 1125c
*περισσεύειν 1126b, 188c (Si 30[33].38)
πληθύ(ν)ειν 1144b
πολυωρεῖν 1186a
προσκαταλείπειν 1216c
ὑπολείπειν 1415a

יֶתֶר I ("remainder")
ἔλλειμμα 453b
ἐπίλοιπος 525a
κατάλ(ε)ιμμα 736a
καταλείπειν 736a
κατάλοιπος 738a
*λεῖμμα 872b (I1K 21.2)
λοιπός 888a
νευρά, νευρέα 943a
περισσός, περιττός 1126c
περισσῶς (עַל־יִ,יִ) 1126c
[[πιστός 1138c]]
πλεόνασμα 1142a
ὑπολείπειν 1415a
[[ὑπόλοιπος 1415c]] → ἐπίλοιπος

יֶתֶר II ("cord; quiver")
*κλῆμα (?) 767c (Jd 16.7, 8L)
φαρέτρα 1425a

יִתְרָה
ἃ περιεποιήσατο 1125c

יִתְרוֹן
περισσ(ε)ία 1126b

כ

כְּ, also Ar.
^*ἀκολούθως 45a (1E 5.48, 68; 7.9; 8.12)
^*ἅμα 60b (1E 8.68)
εἰς 173a
ἐν 174b
καθώς 704c, 180b
κατά + acc. 181a
οἷος 186a
^ὁμοίως 993b (+1E 5.66)
πρός + acc. 190a
^τοιοῦτος 1362b (+1E 1.19)
ὡς 1494b, 196a (+Si 3.16)
ὡσεί 196c
ὥσπερ 196c

כָּאַב qal
ἀλγεῖν 52b
*ἄρρωστος 160b, 168b (Si 7.35)
προσμίγνυται λύπη 889c
πονεῖν 189c
ἐν τῷ πόνῳ (כְּ ptc.) 1188b

כָּאַב hi.
ἀλγεῖν 52b
ἀλγεῖν ποιεῖν 1154a
ἀχρειοῦν 187c
?διαστρέφειν 312a
ὀδύνη 967a
*προσταράσσειν 1220b, 190b (Si 4.3)

כְּאֵב
ἄλγημα 52c

ἀρρώστημα 168b
λυπεῖν 889b
πικρία 188c
πληγή 1142b
πόνος 1188b, 189c

כָּאָה ni.
ἐξωθεῖν 502b
κατανύσσεσθαι 739c
ταπεινοῦν 1334c

כָּאָה hi.
?διαστρέφειν 312a

כְּאֶחָד
^*ἅμα 60b

כָּאַף hi.
ταπεινοῦν 193a

כָּבֵד I qal
βαρεῖσθαι 190c
βαρύνειν 191a, *169a* (Si 3.27)
βαρύς 191b
βαρὺς γίνεσθαι 256c
βαρυωπεῖν 191c
γνοφώδης 273a
δοξάζειν 343b
ἐνισχύειν 475a
καταβαρύνειν 728c
κατισχύειν 751b
μέγας 902c
εἶναι πλούσιος 1150b
πολύς, πλείων, πλεῖστος 1181b
כָּבֵד I ni.
δοξάζειν 343b, *172a*
ἐνδοξάζεσθαι 470c
ἔνδοξος 470c, *175b*
ἔντιμος 479a, *175b*
ἐντιμότερος (נִכְבָּד מִן) 479a
μεγαλύειν *184a*
כָּבֵד I pi.
βαρύνειν 191a
δόξα 341b
δοξάζειν 343b, *172a* (+Si 47.6)
ἐντίμως 479b
εὐλογεῖν 572b
τιμᾶν 1353a, *193b*
*φοβεῖν 1433b, *195b* (Si 7.31)
כָּבֵד I pu.
δοξάζειν 343b
τιμᾶν 1353a
כָּבֵד I hi.
βαρέως ἀκούειν 45a, 190c
βαρύνειν 191a, *169a*
βαρύς 191b
καταβαρύνειν *181b*
πλεονάζειν 1141c
σκληρύνειν 1275a
כָּבֵד I hit.
βαρύνειν 191a
δοξάζειν *172a*
τιμὴν ἑαυτῷ περιτιθέναι 1127c, 1353a
כָּבֵד II adj.
⟦βαθύγλωσσος (עִמְקֵי שָׂפָה וְכִבְדֵי לָשׁוֹן) 189a⟧ → βαρύγλωσσος
βάρος *169a*
βαρύγλωσσος (כִּבְדֵי לָשׁוֹן) 191a
*βαρυκάρδιος (כְּבֵד לֵב) 191a (Ps 4.2)
βαρύς 191b, *169a*
βραδύγλωσσος (כְּבַד לָשׁוֹן) 229c
ἔνδοξος 470c
ἰσχνόφωνος (כְּבַד־פֶּה) 692c
ἰσχυρός 693b
μέγας 902c
πλῆθος 1142c
πλήρης 1147a
πολύς, πλείων, πλεῖστος 1181b, *189b*
σκληρός *191b*
στιβαρός 1291a
כָּבֵד III subst.
ἧπαρ 619c
ἡπατοσκοπεῖσθαι (רָאָה בַּכָּ׳) 619c
כֹּבֶד
βάρος 190c
βαρύνειν 191a
δόξα 341b
ἔνδοξος 470c
⟦στρωννύειν, στρωννύναι 1297b⟧ → רָבַד qal
כֹּבֶד
βαρύς 191b
δόξα 341b
כְּבֵדוּת
βία 218a
כָּבָה qal
ἀποσβεννύναι 140c
⟦ἐπισκευάζειν 528b⟧
σβεννύναι 1261a
כָּבָה pi.
ἀποσβεννύναι 140c, *168b* (+Si 43.21)
σβεννύναι 1261a
כָּבוֹד
⟦γλῶσσα, γλῶττα 271b⟧
δόξα 341b, *171c* (+Si 44.13)
δοξάζειν 343b
⟦δόξις(?) 344a⟧ → δόξα
⟦δύναμις 350a⟧ → δόξα
ἔνδοξος 470c
λόγοι ἔνδοξοι 470c
τὸ ὄνομα τὸ ἔνδοξος 470c
⟦εὐκοσμία *177c*⟧
καλός 715b
πλοῦτος 1150c
τιμή 1353a, *193b*
§χαβωθ 1452a
כַּבִּיר
ἀναρίθμητος 81c
⟦βαρύς 191b⟧ → כָּבֵד I qal
δυνατός 355c
?ἔνδοξος 470c
ἔντιμος 479a
πλῆθος 1142c
πολυρρήμων (כַּ׳ אֲמָרִים) 1181b
πολύς, πλείων, πλεῖστος 1181b
⟦πρεσβύτερος, πρεσβυτέρα 1201c⟧ → כָּבֵד II adj. ≈ βαρύς
כֶּבֶל
πέδη 1113a
χειροπέδη 1467a
כָּבַס qal
γναφεύς, κναφεύς 272c
כָּבַס pi.
⟦ἀποκρύνειν(?) 134b⟧ → ἀποπλύνειν
ἀποπλύνειν 139c
πλύνειν 1151b
כָּבַס pu.
πλύνειν 1151b
כָּבַס hothp.
πλύνειν 1151b
כָּבַר hi.
βαρύνειν 191a
ἰσχύειν 692c
כְּבָר adv.
ἤδη 604b
כְּבָרָה
λικμός 878b
כִּבְרָה
§χαβραθα (כִּבְרַת) 1452a
כֶּבֶשׂ
ἀμνάς 66a
ἀμνός 66b, *166b*
^ἀρήν (= HR's ἀρνός) 159b
ἀρνίον 159b
πρόβατον 1204b
כַּבְשָׂה, כִּבְשָׂה
ἀμνάς 66a
πρόβατον 1204b
כָּבַשׁ qal
βιάζεσθαι 218a
*διαρπάζειν 308c (Is 5.17)
ἐκβιάζειν 421b
καταδυναστεύειν 731a
καταδύ(ν)ειν 731a
κατακτᾶσθαι 734c
κατακυριεύειν 735a
καταχωννύναι 748c
כָּבַשׁ ni.
καταδυναστεύειν 731a
κατακυριεύειν 735a
⟦κραταιοῦν 782c⟧ → κρατεῖν
κρατεῖν 783a
ὑποτάσσειν 1417b
כָּבַשׁ pi.
καταδυναστεύειν 731a
כָּבַשׁ hi.
*ᾠθεῖν 1492c (Je 41[34].11)
כִּבְשָׁן
καμιναῖος 718a
κάμινος 718a, *181a*
כַּד
ὑδρ(ε)ία 1381a

כְּדַב, כִּדְבָה Ar.
ψευδής 1484b
כְּדֵי
τόσῳ μᾶλλον (כְּ׳ כֵּן) *184a*
כְּדִי Ar.
τόσῳ μᾶλλον (כְּ׳ כֵּן) *193c*
τοσούτῳ μᾶλλον (כְּדִי כֵּן) *193c*
כַּדְכֹּד
ἴασπις 669a
כֹּה
ἐντεῦθεν 479a
⟦ἰδού 673c⟧
^ὅδε 960b
κατὰ τάδε 960b
οὕτω(ς) (בְּכֹה, כֹּה) 1035c
⟦οὐχ οὕτω(ς) 1035c⟧ → οὕτω(ς)
ὧδε 1491b
כָּה Ar.
ὧδε 1491b
כָּהָה qal
ἀμαυροῦν 65a
ἀμβλύνειν 65b
ἀναλάμπειν (כָּ׳ qal + neg.) 79a
ἐκτυφλοῦν 444c
⟦πηροῦν 1131b⟧ → πωροῦν
πωροῦν 1246c
כָּהָה pi.
ἀμαυρός 65a
ἀμαυροῦν *166b*
ἐκψύχειν 446c
νουθετεῖν 950b
כֵּהֶה
ἀκηδία 44a
αὐγάζειν 176c
βαρύνειν 191a
⟦καπνίζειν 718c⟧
כֵּהָה
ἴασις 668c
כְּהוּנָּה
see כְּהֻנָּה, כְּהוּנָּה
כְּהַל Ar. pe.
δύνασθαι (אִיתַי כָּ׳,כְּ׳) 353a
כָּהַן qal (always as ptc. כֹּהֵן)
⟦ἀδελφός 20a⟧
^ἀρχιερεύς 165b
αὐλάρχης 177a
ἱερατεύειν 679a
ἱεράτευμα 679a
^ἱερατικός 679a
^ἱερεύς 679a, *180a*
ἱερωσύνη 683c
כָּהַן pi.
ἱερατ(ε)ία 678c
ἱερατεύειν 679a, *180a*
λειτουργεῖν 872c
⟦περιτιθέναι 1127c⟧ → יָעַט qal
כָּהֵן Ar.
^ἱερεύς 679a
כְּהֻנָּה, כְּהוּנָּה
ἱερατ(ε)ία 678c
^ἱερατεύειν 679a
ἱερωσύνη *180a*
כּוֹבַע
περικεφαλαία 1124a
כָּוָה ni.
κατακαίειν 732b
כַּוָּה Ar.
θυρίς 663c
כְּוִיָּה
κατάκαυμα 733a
כּוֹכָב
ἀστήρ 173b, *168c*
ἄστρον (כּוֹכְבֵי בֹקֶר ,כּוֹ׳) 173b, *168c*
כּוּל pilp.
ἀρκεῖν 158a
διατρέφειν 314a
⟦διοικεῖν 336a⟧
ἐκτρέφειν 443c
ἐμμένειν *174b*
ἐπιχορηγεῖν *177a*
κατευθύνειν 750b
οἰκονομεῖν 973a
πραΰνειν 1201a
σιτομετρεῖν 1267b
τρέφειν 1371b
ὑπομένειν 1415c
*ὑποφέρειν 1418a (2C 2.5*L*)
φέρειν 1426c
χορηγεῖν 1472b
כּוּל hi.
δέχεσθαι 294c
δύνασθαι 353a
δύνασθαι συνέχειν 1315b
⟦ἱκανὸς εἶναι 683c⟧ → יָכֹל qal ≈ ἱκανός
*περιέχειν 1123a (1E 8.7)
⟦συντέλεια 1318c⟧ → כָּלָה II subst.
ὑποφέρειν 1418a
χωρεῖν 1482b
כּוּל hitpal..
καρτερεῖν *181a*
ὑφιστάναι *194c*
כּוּמָז
ἐμπλόκιον 458c
*σφραγίς 1327b, *193b* (Si 35.5 [32.7])
כּוּן qal
γίνεσθαι 256b
διαμένειν *171b*
συνίειν, συνιέναι 1316b
כּוּן ni.
ἀγαθός 2a
ἀλήθεια 53a
ἀληθής 53c
ἀνορθοῦν 108b
^γίνεσθαι 256b
δυνατός 355c
ἑδράζειν 368a
ἐμφανής 460c
ἐπιστηρίζειν 530b
ἑτοιμάζειν 563c
ἕτοιμος 564c, *177c* (Si 48.10)
εὐθής 570b
εὐθύς (adj.) 571a
⟦εὐφραίνειν 581a⟧
ἔχειν 586c
ἱστάναι, ἱστᾶν 689a
καθιστάναι 702c
καταρτίζειν 743b
κατευθύνειν 750b
κατορθοῦν 756b
μένειν 910a, *184b*
⟦[ὄρθρος, ὀρθός] *186c*⟧
ὀρθοῦν 1011a
⟦παιδεύειν *187a*⟧
σαφῶς 1261a
στερεοῦν 1289a
στήκειν 1290b
συναντιλαμβάνεσθαι 1312a
⟦συνετός *192c*⟧ → בִּין hi.
^*συντελεῖν 1319b (1E 1.17)
כּוּן pu.
κατευθύνειν 750b
κτίζειν 795b
כּוּן polel
ἀνορθοῦν 108b
βουλεύειν 227a
διορθοῦν 336b
διορίζειν 336b
ἑτοιμάζειν 563c, *177c*
θεμελιοῦν 629c
καταρτίζειν 743b
κατευθύνειν 750b
κτίζειν 795b
πλάσσειν 1140b
συνιστάναι, συνιστᾶν 1317a
כּוּן hi.
ἀνορθοῦν 108b
⟦διδόναι 317b⟧
διορθοῦν 336b
⟦δρᾶν 348c⟧
⟦ἔνδοξος 470c⟧
^ἑτοιμάζειν 563c, *177c* (Si 47.13)
ἑτοιμασία 564c
ἕτοιμος 564c

εὐθύνειν *177c*
ἱστάναι, ἱστᾶν 689a, *180b* (+Si 37.13)
καθαρὸν τιθέναι 698c, 1348c
καθιστάναι *180a*
καταρτίζειν 743b
κατευθύνειν 750b
^κατορθοῦν 756b
κρίνειν 787b
*περιποιεῖν 1125c (Jb 27.17)
*στηρίζειν 1290c, *192b* (Si 6.37)
⟦στοχάζεσθαι 1295a⟧ → תָּכַן pi.
*συνιστάναι 1317a (Jb 28.23)
τιθέναι 1348c
⟦ὑποφέρειν 1418a⟧ → כּוּל hi.
⟦φέρειν 1426c⟧ → כּוּל hi. ≈ ὑποφέρειν
כּוּן ho.
διορθοῦν 336b
ἑτοιμάζειν 563c
*εἰς ὀχείαν (כּוּן ptc.) 1042c (Si 36[33].6)
כּוּן hitpo.
ἀνορθοῦν 108b
κατασκευάζειν 744a
κατευθύνειν 750b
οἰκοδομεῖν 970c
כַּוָּן
§χαυβων 1456a
§χαυων 1456a
כּוֹס
ἐρωδιός, ἀρωδιός 553b
⟦κόνδυ 777c⟧ → קֻבַּעַת
νυκτικόραξ 951a
ποτήριον 1197b
φιάλη 1430a
כּוּר
κάμινος 718a, *181a*
πύρωσις 1246a
χωνευτήριον 1481a
כּוֹשָׁרָה
*ἀνδρεία 86a (Ps 67[68].6)
כּוֹתֶרֶת
γεῖσος 235b
כָּזַב qal
ψεύστης 1485b
כָּזַב ni.
*διαρτᾶν 309c
ψευδὴς γίνεσθαι 256c, 1484b
כָּזַב pi.
⟦ἀποφθέγγεσθαι 150a⟧
⟦διαρτᾶν 309c⟧ → כָּזַב ni.
διαψεύδεσθαι 316b
*ἐκγελᾶν 421c (4K 4.16*L*)
ἐκλείπειν 435c
κενός, καινός ("empty") 759a
ψεύδεσθαι 1484b
כָּזַב hi.
⟦ὁ λέγων ψευδῆ με λέγειν 863c (Jb 24.25)⟧ → φάναι ψευδῆ με λέγειν
φάναι ψευδῆ με λέγειν 1423c
ὁ φάμενος (λέγων) ψευδῆ με λέγειν 1484b
כָּזָב
ἀδίκως 27b
κακία 708a
κενός, καινός ("empty") 759a
μάταιος 898c
μάταιον ἀπόφθεγμα 150a, 898c
ψευδής 1484b, *196a* (+Si 31[34].1)
ψευδολογεῖν (pi. כָּ׳ דבר) 1485a
ψεῦδος 1485a, *196a*
ψεύστης (כַּזָּב, כָּ׳) 1485b, *196b*
כֹּחַ
ἀσθενεῖν (כֹּחַ + neg.) 172a
*βία 218a (Is 63.1)
^δύναμις 350a
δυνατῶς (בְּכֹחַ) 356c
⟦θυμός 660c⟧
^ἰσχύειν (עָצַר כֹּחַ) 692c, *180c* (Si 41.1)
ἰσχύς 694b, *180c*
κατισχύειν (עָצַר כֹּחַ) 751b
χαμαιλέων 1454b
⟦χείρ 1457c (Nu 14.17)⟧ → ἰσχύς
כָּחַד ni.
ἀπεῖναι 120a
⟦ἀποκρύπτειν 134b⟧ → κρύπτειν
ἀπολλύειν, ἀπολλύναι 136c
ἀφανίζειν 181b
ἀφιστᾶν, ἀφιστάναι, ἀφιστάνειν 184b
ἐκλείπειν 435c
ἐκλιμπάνειν 437c
ἐκτρίβειν 444a
ἔρημος 545a
κρύπτειν 791c
λανθάνειν 853a
כָּחַד pi.
⟦διακρύπτειν 304b⟧ → κρύπτειν
⟦ἐκτρίβειν 444a⟧ → כָּחַד ni.
ἐμφανίζειν (כָּ׳ pi. + neg.) 460c
κρύπτειν 791c
ψεύδεσθαι 1484b
כָּחַד hi.
ἐκτρίβειν 444a
ἐξαίρειν 485a
ἐξολεθρεύειν, ἐξολοθρεύειν 497c
κρύπτειν 791c
ὄλεθρος 986a
כָּחַל qal
στιμ(μ)ίζεσθαι, στιβίζεσθαι 1291b
*כְּחַל Ar. pe.
*ἐγχρίειν 367b (To 6.9)
כָּחַשׁ qal
ἀλλοιοῦν 56a
כָּחַשׁ ni.
ψεύδεσθαι 1484b
כָּחַשׁ pi.
ἀρνεῖσθαι 159b
ψεύδεσθαι 1484b, *196a*
ψευδὴς γίνεσθαι 256c, 1484b
ψεῦδος 1485a
כָּחַשׁ hit.
*διαψεύδεσθαι 316b (2K 22.45*L*)
ψεύδεσθαι 1484b
כַּחַשׁ
ψευδής 1484b
ψεῦδος 1485a, *196a*
כִּי
see also אַף כִּי
ἄν (וְאַף כִּי) *166b*
διὰ τοῦτο (כִּי זֶה) *171a*
δικαίως (הֲכִי) 335a
ἐάν *172a*
εἶτα (כִּי אָז) 415c
⟦ " (אָמְנָם כִּי) 415c⟧
ἦ μήν 602c
⟦ναὶ μήν 939a⟧ → מָה et al. ≈ καὶ τίς
νῦν, νυνί (כִּי עַתָּה) 951c
καὶ νῦν (אַף כִּי) 951c
νῦν/νυνὶ δέ (כִּי עַתָּה, כִּי) 951c
νῦν οὖν 951c
ὅστις 1022b
*ὅστις ἄν 1022b (Ex 22.9[8]; Nu 5.6; 4K 4.24)
ὅτι *186c*
οὕτω(ς) 1035c, *187b*
כִּי אִם
ἀλλά *166a*
πλήν 1145c
כִּיד
σφαγή 1324a
כִּידוֹד
ἐσχάρα 557c
כִּידוֹן, כִּידֹן
ἀσπίς ("shield") 173a
γαῖσος, γαισός 233b
ἐγχειρίδιον 367b
ζιβύνη, σιβύνη 598c
πυρφόρος 1246a
ῥομφαία *191c*

כִּיּוֹר
βάσις 214b
δαλός 284c
λέβης 863c (3K 7.26L)
λουτήρ 888c
χυτρόκαυλος, χυτρόγαυλος 1480b

כִּילַי
ὑπηρέτης 1411c

כֵּילַפּוֹת
λαξευτήριον 853b

כִּיס
βαλ(λ)άντιον 189c
[" 169a]
μαρσίππιον, μαρσύππιον 896b, 184a
μάρσιππος 896b
ποτήριον 1197b
[φιάλη 1430a] → כּוֹס

כִּיר
χυτρόπους, κυθρόπους 1480b

כִּיֹר
λουτήρ 888c

כַּךְ
*οὕτω(ς) 1035c, 187b (Si 13.17)

כָּכָה
ὅδε 960b
οὕτω(ς) 1035c

כִּכָּר
ἀγγεῖον 7b
ἄρτος (כִּכַּר לֶחֶם) 161b
§αχεχαρ, αχχεχζαρ (הַכִּ׳) 187c
διτάλαντον (כִּכָּרַיִם) 337c
§καιχαρ, κεχαρ 708a
περίοικος 1124c
περίχωρος (כִּכַּר בִּקְעָה, כִּ׳) 1128b
^τάλαντον 1333c
§χεχαρ 1468a

כַּכָּר Ar.
τάλαντον 1333c

כֹּל, also Ar.
[ἄλλος 56b]
ἀμφότεροι 68a
^ἅπας 118c
[εἷς 173b]
οὐδὲ εἷς 173b
ἕκαστος (כָּל־אִישׁ, כֹּל) 418a, 173b
καθ᾽ ἑκάστην ἡμέραν (כָּל־הַיּוֹם, כָּל־יוֹם וָיוֹם) 418a, 607b
ἐπάν (בְּכָל־עֵת אֲשֶׁר) 506b
ἕτερος 560a
εὐτάκτως (כֻּלּוֹ) 580c
καθ᾽ ἡμέραν (כָּל־יוֹם) 181a
[κυκλόθεν (כֹּל מֵעֵבֶר) 796b]
λοιπός 888a
μηδείς, μηθείς (כֹּל + neg.) 920c
^ὅλος 989b, 186b

^ὅσος (כָּל אֲנָשׁ, כָּל אֲשֶׁר, כֹּל) 1019a, 186c (1E 6.32)
καθ᾽ ὅσον (בְּכֹל) 181a, 186c
πάντες ὅσοι, πάντα ὅσα 1019a
ὅστις (כָּל־הַ) 1022b
οὐδείς, οὐθείς (כֹּל + neg., כָּל בָּשָׂר) 1028b, 187a
οὕτω(ς) (כָּל־קֳבֵל דְּנָה) 1035c
*πανταχῇ (בְּכָל־אֲשֶׁר) 1053b (2K 26[MT 3K] 2.3L)
πανταχοῦ (כֻּלָּם) 1053b
πάντοθεν (כֻּלֹּה, כֹּל) 1053b (Je 20.9)
^πᾶς (כֹּל אִישׁ, כָּל־אִישׁ, כֹּל) 1073a, 188a (– Si 3.12; +36[33].15; 30[33].26, 29, 31, 38; 40.8; 42.17, 22, 23)
διὰ παντός (כָּל־הַיּוֹם) 1073a
πάντες (כֹּל הָאֲנָשִׁים, כָּל־אִישׁ) 1073a
πᾶς τόπος 1073a
σύμπας 1305a
[συντέλεια 1318c] → כָּלָה I pi.
[συντελεῖν 1319b] → כָּלָה I pi.
εἰς (τὸ) τέλος (כָּלָה) 1344a
τις (כָּל־דָּבָר) 1354a
τότε (כָּל־קֳבֵל דְּנָה) 1367c
ὃν τρόπον (כְּכֹל, אֲשֶׁר), (כָּל־קֳבֵל דִּי) 1375a
[χλόη 1471c] → XXX ≈ μολόχη

כָּלָא qal
ἀνέχειν 87c
*ἀποκλείειν 132b (1K 6.10L)
ἀποκωλύειν 136a
ἐμποδίζειν 174b
κατακλείειν 733b
κωλύειν 839b
μακρύνειν 894a
παραδιδόναι 1058a
ὑποστέλλειν 1417a
φυλάσσειν, φυλάττειν (הָיָה כָלוּא) 1441c

כָּלָא ni.
κωλύειν 839b
συνέχειν 1315b

כֶּלֶא
φυλακή (also בֵּית כֶּלֶא) 1440c

כִּלְאַיִם
διάφορος 315b
[δίφορος 337c] → διάφορος
ἑτερόζυγος 560a
ἐκ δύο ὑφασμένος 1419a

כֶּלֶב
*κυνικός 799b (1K 25.3)
κύων 839a, 183c

כָּלָה I qal
ἀναλίσκειν 79b
*ἀπέχειν 122a (Ma 3.6)

ἀποκαθαίρειν 131a
ἀπολλύειν, ἀπολλύναι 136c
ἀφανίζειν 181b
[γινώσκειν 267a]
διατελεῖν 313a
ἐκλείπειν 435c
ἐκτελεῖν 442c
ἐπιτελεῖν 535a
*καταπαύειν 740c (Ho 11.6)
κατατρίβειν 747a
*κοπάζειν 778a (I1K 13.39)
παρέρχεσθαι 1068c
παύειν 1112b
πληροῦν 1147c
σήπειν 1265b
^*συντέλεια 1318c (1E 2.1)
συντελεῖν 1319b, 192c
συντέμνειν 1320b
τελεῖν 1342c
τελειοῦν 1343a
τήκειν 1348a

כָּלָה I pi.
ἀναλίσκειν 79b
^ἀπολλύειν, ἀπολλύναι 136c
διδόναι 317b
[δύνασθαι 353a] → יָכֹל qal
ἐκλείπειν 435c
ἐκτήκειν 443a
ἐκτρίβειν 444a
ἐξαναλίσκειν 487b
ἐξολεθρεύειν, ἐξολοθρεύειν 497c
ἐπιτελεῖν 535a
καταπαύειν 740c
κατέσθειν, κατεσθίειν 749b
[κοπάζειν 778a] → כָּלָה I qal
παύειν 1112b
^*ἄγειν ἐπὶ πέρας 1120a (1E 9.17)
πληροῦν 1147c
συντέλεια 1318c, 192c
^συντελεῖν 1319b, 192c
σφακελίζειν 1324c
^τελεῖν 1342c
εἰς (τὸ) τέλος (כָּלָה) 1344a
ἕως εἰς (τὸ) τέλος (עַד־לְכַלֵּה) 1344a
[τήκειν 1348a] → ἐκτήκειν
χόρτασμα 196a

כָּלָה I pu.
ἐκλείπειν 435c
ἐξαναλίσκειν 487b
[ἐξολεθρεύειν, ἐξολοθρεύειν 497c] → ἐξαναλίσκειν
συντελεῖν 1319b

*כָּלָה Ar. pe.
*κωλύειν 839b (To 6.13)

כָּלָה II subst.
ἐκλείπειν 435c
ὀργή *186c*
σὺν παντί 1073a
συντέλεια 1318c
συντέλειν 1319b
εἰς (τὸ) τέλος (לְכָ׳) 1344a
כָּלֶה
σφακελίζειν 1324c
כַּלֵּה
τέλος *193b*
כַּלָּה
νύμφη 951a
כְּלוּא
φυλακή 1440c
*φυλάσσειν, φυλάττειν 1441c (Je 52.31)
כְּלוּב
ἄγγος 9a
κάρταλλος *181a*
παγίς, πακίς 1044b
כְּלִי
ἀγγεῖον 7b
ἄγγος 9a
⟦ἀποσκευή 140c⟧ → κατασκευή
βουλή 227c
διασκευή 310a
⟦ἐπιστολή 530c⟧
ἐργαλεῖον 541b
ἔργον 541c
κάδιον 697a
κατασκευή 744b
κόσμος 780c
κυλίκιον 799a
ὁπλομάχος (כְּ׳ זַעַם) 1003c
ὅπλον 1003c
ὄργανον (כְּ׳, כְּ׳ עֹז, כְּ׳ שִׁיר) 1008b
πέλεκυς 1116b
πέλυξ (כְּ׳ מַפָּץ) 1116b
ποτήριον 1197b
^σκεῦος 1269b, *191b* (+Si 43.2; 45.8)
כְּלִיא
φυλακή 1440c
כִּלְיָה
νεφρός 944a
כִּלָּיוֹן
ἐκλείπειν 435c
συντελεῖν 1319b
כָּלִיל
ἅπας 118c
ἐνδελεχῶς *175b*
ὁλοκαρποῦσθαι (כָּ׳ נִקְטַר) *186b*
ὁλόκαυτος 987c
ὁλοκαύτωμα 987c
ὅλος 989b
πανδημ(ε)ί 1052c
πᾶς 1073a
διὰ παντός 1073a
σὺν παντὶ τῷ λαῷ 1073a
⟦περιτιθέναι 1127c⟧ → כָּלַל pi.
στέφανος 1289c
συντέλεια 1318c, *192c* (+Si 50.11)
συντελεῖν 1319b
*τελείωσις 1343a (Je 2.2)
כָּלַל qal
⟦περιτιθέναι 1127c⟧ → כָּלַל pi.
τελειοῦν 1343a
כָּלַל pi.
κεφαλαιοῦν *182a*
*περιτιθέναι 1127c (Ez 27.3, 4)
כְּלַל Ar. shaf.
^*ἐπιτελεῖν 535a (1E 6.4, 14)
*θεμελιοῦν 629c (1E 6.10)
^*θεραπεύειν 648a (1E 2.18)
καταρτίζειν 743b
^*συντελεῖν 1319b
כְּלַל Ar. ishtaf.
^*ἀνιστάναι 102c
καταρτίζειν 743b
^*συντελεῖν 1319b
כָּלַם ni.
αἰσχύνειν 36c
*αἰσχύνη *165c* (Si 20.23)
ἀπαναισχυντεῖν (מִן + הִכָּלֵם + neg.) 117a
ἀτιμάζειν 175c
ἀτιμοῦν 176a
⟦ἐκκλ(ε)ίνειν 433c⟧
^ἐντρέπειν 480c, *175b*
ἐξατιμοῦν 490a
καταισχύνειν 731c
λαμβάνειν τὴν κόλασιν 776b
⟦κοπάζειν 778a⟧ → כָּלָה I qal
*ὑπείκειν 1407b (Je 38[31].19)
כָּלַם hi.
ἀντικρίνεσθαι 110c
⟦ἀποκωλύειν 136a⟧ → כָּלָא qal
ἀτιμάζειν 175c, *168c*
ἀτιμία 175c
*διατρέπειν 314a (Jd 18.7B)
καταισχύνειν 731c
καταλαλεῖν 735a
ὀνειδίζειν 994b, *186b*
כָּלַם ho.
⟦ἀποκωλύειν 136a⟧ → כָּלָא qal
כְּלִמָּה
αἰσχύνη 37b
ἀτιμία 175c
βάσανος 191c
ἐντροπή 481a
ὀνειδισμός 994c
ὄνειδος 995a
כְּלִמּוּת
ἀτιμία 175c
כַּמָּה
*ποσαπλῶς 1195c (Ps 62[63].1)
כְּמוֹ
ὅμοιος *186b*
כְּמוֹ
κατά *181a*
οἷος (כָּמֹנִי) 984c
οἷος ἐγώ (אֲשֶׁר כָּמֹנִי, כָּמֹנִי) 984c
ὅμοιος 992b
οὕτω(ς) 1035c
^τοιοῦτος (כָּמֹהוּ) 1362b
τρόπος 1375a
ὡς *196b*
ὡσαύτως (כָּמֹהוּ, כָּמוֹהָ) 1495c
כַּמֹּן
κύμινον 799b
כָּמַס qal
συνάγειν 1307b
כָּמַר ni.
πελιοῦσθαι 1116b
συνταράσσειν 1318a
συστρέφειν 1323c
ταράσσειν 1336a
כֹּמֶר
*ἱερεύς 679a (4K 23.5*L*; Zp 1.4)
§χωμαρειμ (כְּמָרִים) 1480c
כֵּן I, also Ar.
διὰ τοῦτο (בַּעֲבוּר כֵּן, עַל כֵּן) *171a*
⟦ἐπ᾽ ἐσχάτῳ (בְּכֵן) *177b*⟧
ἐκεῖνος 428a
μετὰ ταῦτα (בְּכֵן) *184b*
μηδέ (וְכֵן) *184c*
^*ὅδε 960b (1E 6.23)
ὅμοιος 992b, *186b*
ὅμοιος εἶναι 992b
ὀπίσω αὐτοῦ (אַחֲרֵי־כֵן) 1001c
ὀρθῶς 1011c
^οὕτω(ς) (כֵּן, עַל כֵּן) 1035c, *187b* (+Si 20.4; 36.24)
⟦τοῖος 1362b⟧ → τοιόσδε
τοιόσδε 1362b
τοιοῦτος 1362b
τόσῳ μᾶλλον (כְּדֵי כֵן) *184a, 193c*
τοσοῦτος 1367b, *193c* (Si 3.18)
τοσούτῳ μᾶλλον (כְּדֵי כֵן) *193c*
τότε (כֵּן, בְּכֵן) 1367c
ὡσαύτως 1495c, *196c*
כֵּן II
ἀσφαλής 174b
εἰρηνικός 402c

כֵּן III
ἀρχή 163c
⟦ἀρχιοινοχοΐα 166a⟧
βάσις 214b
ἑτοιμασία 564c
ῥίζα 1251c
τόπος 1364b
כָּנָה pi.
αἰνεῖν *165c*
βοᾶν 222a
ἐντρέπειν 480c
θαυμάζειν πρόσωπον 626c
כִּנָּה
σκνίψ 1275a
כִּנּוֹר
κιθάρα 765a
§κινυρα 765c
ὄργανον 1008b
ψαλτήριον 1483c
כִּנָּם
σκνίψ 1275a
כְּנֵמָא Ar.
*ὅδε 960b (I1E 4.9)
οὕτω(ς) 1035c
τοιοῦτος 1362b
כָּנַן
⟦καταρτίζειν 743b⟧ → כּוּן polel
כָּנַס qal
ἐκκλησιάζειν 433b
συνάγειν 1307b
כָּנַס pi.
ἐπισυνάγειν 534a
*συνάγειν 1307b (Ez 22.20)
כָּנַס hit.
συνάγειν 1307b
כָּנַע qal
ἐκτρίβειν *174a*
כָּנַע ni.
αἰσχύνειν 36c
^ἐντρέπειν 480c, *175b* (Si 4.25)
ἐπιστρέφειν 531a
κατανύσσεσθαι 739c
συστέλλειν 1323b
ταπεινοῦν 1334c
⟦τρέπειν 1371b⟧ → ἐντρέπειν
כָּנַע hi.
ἀποστρέφειν 145b
ἐκτρίβειν 444a, *174a* (+Si 33[36].9)
ἐξαίρειν *175c*
ταπεινοῦν 1334c
τροποῦν 1376a
כִּנְעָה, כִּנְעָה
ὑπόστασις 1417a
כָּנַף ni.
⟦ἐγγίζειν 362b⟧

כָּנָף
ἄκρος 51b
ἀναβολή 73c
⟦ἱερός 683a⟧
κράσπεδον 782a
μεγαλοπτέρυγος (גְּדוֹל כְּנָפַיִם) 901c
πετεινός 1129a
πτερύγιον 1238a
πτέρυξ 1238a
πτερωτός (בַּעַל כָּ׳, כָּ׳) 1238b
συγκάλυμμα 1299a
כְּנַשׁ Ar. pe.
ἐπισυνάγειν 534a
συνάγειν 1307b
כְּנַשׁ Ar. itpe.
συνάγειν 1307b
כְּנָת Ar.
^*βουλή 227c (1E 2.17)
σύνδουλος 1313a
^*συνέταιρος 1315a (1E 6.3, 7, 27; 7.1)
^*ὁ συντασσόμενος 1318b (1E 2.16, 25, 30)
כִּסֵּא
δίφρος 337c
ἐνθρονίζεσθαι (יָשַׁב עַל כִּסֵּא מַלְכוּת) 473c
ἡγεῖσθαι (מֵעַל כִּסֵּא) 602c
θρονίζειν (יָשַׁב עַל כִּסֵּא) 655b
θρόνος 655b, *179c*
πρωτοβαθρεῖν (שׂוּם אֶת כִּסְאוֹ מֵעַל) 1235b
כָּסָה qal
ἐπικαλύπτειν 522b, *176c*
κρύπτειν 791c
*κρυφαῖος 793a (Ex 17.16)
כָּסָה ni.
καλύπτειν 716c
κατακαλύπτειν 732c
כָּסָה pi.
ἐπικαλύπτειν 522b
ἐφίσταναι 585c
καλύπτειν 716c
κατακαλύπτειν 732c
καταφεύγειν 747b
κρύπτειν 791c
κρυπτός 792c
περιβάλλειν 1121c
περικαλύπτειν 1124a
σκεπάζειν 1268c
στέγειν *192a*
συγκαλύπτειν 1299a
כָּסָה pu.
ἀναπτύσσειν 81c
ἐπικαλύπτειν 522b
καλύπτειν 716c

κρύπτειν *182b*
περιβάλλειν 1121c
כָּסָה hit.
κρύπτειν 791c
περιβάλλειν 1121c
כֶּסֶה
εὔσημος 580c
כֵּסֶה
θρόνος 655b
כָּסוּי
κάλυμμα 716c
κατακάλυμμα 732c
כְּסוּת
ἀμφιάζειν, ἀμφιέζειν 67c
ἀμφίασις 67c
ἱματισμός 686a
περιβόλαιον 1122b
כָּסַח qal
ἀνασκάπτειν 82a
ῥίπτειν, ῥιπτεῖν 1252b
כְּסִיל
*ἄνους 108b (Ps 48[49].10)
ἀπαίδευτος 115c
ἀσεβής 170b
ἀσύνετος 174a
ἀφροσύνη 186b
ἄφρων 186c, *169c*
ἐνδεὴς φρενῶν 469b, 1438c
ἕσπερος 557c
μωρός *185c*
παράνομος 1062b
כְּסִילוּת
ἄφρων 186c
כֶּסֶל, כֵּסֶל
ἀφροσύνη 186b
ἐλπίς 454a
*ἰσχύς 694b (Jb 31.24)
λαγών *183a*
μηρίον 923b
⟦μηρός 923c⟧ → μηρίον
⟦σκάνδαλον 1268b⟧ → מִכְשׁוֹל
[σπλάγχνον] *192a*
ψύα 1485c
כִּסְלָה
ἀφροσύνη 186b
כֻּסֶּמֶת
ζέα 593a
ὀλύρα 990c
כָּסַס qal
συναριθμεῖν 1312b
כָּסַף qal
μὴ ἀποποιεῖσθαι 139c
?ἕτοιμος 564c
כָּסַף ni.
ἐπιθυμεῖν 520b
ἐπιθυμία 521a

ἐπιποθεῖν 526c
כֶּסֶף
^ἀργύρεος, ἀργυροῦς 153a
^ἀργύριον 153b, *168b*
ἄργυρος 155b
ἀργυρώνητος (מִקְנַת כֶּסֶף) 155b
δίδραγμον, δίδραχμον, δίδραχμα 328a
περιαργυροῦν (מְחֻשָּׁק כֶּסֶף, נֶחְפָּה בְּכֶסֶף, צִפּוּי כֶ׳) 1121c
τιμή 1353a
χρῆμα 1474b
כְּסַף Ar.
ἀργύρεος, ἀργυροῦς 153a
ἀργύριον 153b
ἄργυρος 155b
כָּסְפְּיָא Ar.
^*γαζοφυλάκιον 233a (1E 8.45)
^*γαζοφύλαξ (נְתִינִים בְּכָ׳) 233b (1E 8.46)
כֶּסֶת
προσκεφάλαιον 1217a
כְּעַן Ar.
^νῦν, νυνί 951c
καὶ νῦν 951c
τὸ νῦν 951c
כְּעֶנֶת Ar.
^*νῦν 951c (1E 2.18, 28)
כָּעַס qal
θυμός 660c
θυμοῦν 662b
μεριμνᾶν 911a
ὀργίζειν 1010a
כָּעַס pi.
⟦παροξύνειν 1072a⟧ → παροργίζειν
παροργίζειν 1072b
כָּעַס hi.
ἀθυμεῖν, ἀθυμοῦν 30a
ἐκπικραίνειν 439a
θυμοῦν 662b
παραπικραίνειν 1063a
παροξύνειν 1072a
παροργίζειν 1072b, *188a*
⟦πικραίνειν 1132c⟧ → παραπικραίνειν
כַּעַס
ἀθυμία 30a
ἀντίπτωμα *167b*
⟦γλωσσώδης 272b⟧ → מִדְיָן
⟦γνῶσις 273c⟧
θυμός 660c
ὀργή 1008b
ὀργίλος 1010b
παρόργισμα 1072c
παροργισμός 1072c
כַּעַשׂ
ὀργή 1008b
כְּעֶת Ar.
^*τὰ ὑπογεγραμμένα 1412c (1E 2.25)
*φάναι 1423c (I1E 4.17)
כַּף
δάκτυλος 284b
δράξ (כַּף, מְלֹא כַף) 348c
ἐπικροτεῖν (מָחָא כַף, תָּקַע כַּף) 523c
θυΐσκη 659c
ἴχνος 696b
κάλλυνθρον 715b
καρπός ("wrist") 724b
κλάδος 766a
⟦πῆχυς 1131b⟧ → χείρ
πλάτος 1141a
πούς (כַּף רֶגֶל) 1198b
ταρσός 1337a
τρύβλιον 1377a
χείρ 1457c, *195b* (+Si 38.10)
כֵּף
πέτρα 1129c
כָּפָה qal
ἀνατρέπειν 84b
כִּפָּה
ἀρχή 163c
ῥάδαμνος 1247c
כְּפוֹר
§καφουδηθ, καφουρη (כְּפוֹרֵי) 757c
§κεφ(φ)ουρε (כְּפוֹרֵי) 763a
§κεφ(φ)ουρης (כְּפוֹרֵי) 763a
ὀμίχλη 991b
παγετός *187a*
πάγος 1045a
πάχνη 1112c, *188b*
^*φιάλη 1430a (1E 2.13)
§χαφουρη (כְּפוֹרֵי) 1456a
§χεφουρη (כְּפוֹרֵי) 1468a
כָּפִיס
κάνθαρος 718c
כְּפִיר
⟦δράκων 348b⟧
⟦κώμη 839c⟧ → כֹּפֶר, כָּפָר
λέων 874c, *183b*
σκύμνος λέοντος 874c, 1278a
⟦πλούσιος 1150b⟧
σκύμνος 1278a
כָּפַל qal
διπλοῦς 337a
ἐπιδιπλοῦν 519c
כָּפַל ni.
διπλασιάζειν 337a
כֶּפֶל
διπλάσιος *171c*
διπλοῦς 337a
πτύξις 1238c
כָּפָן
λ(ο)ιμός 878c
כָּפַף qal
κάμπτειν 718b, *181a* (+Si 30.12)
κατακάμπτειν 733a
καταράσσειν 743a
כָּפַף ni.
ἀντιλαμβάνεσθαι 110c
כָּפַר qal
ἀσφαλτοῦν 174c
כָּפַר pi.
ἁγιάζειν 10c
ἀθῳοῦν 30b
ἀπαλείφειν 116b
ἐκκαθαρίζειν 432a
ἐξιλάσκειν 495c, *175c*
ἱλάσκεσθαι, ἱλάζειν 684b
ἵλεως γίνεσθαι 256c, 684c
καθαρίζειν, καθερίζειν 698a
καθαρὸς γίνεσθαι 256c, 698c
כָּפַר pu.
ἁγιάζειν 10c
ἀποκαθαίρειν 131a
ἀφαιρεῖν 180a
ἀφίειν, ἀφιέναι 183b
ἐξιλάσκειν 495c
περικαθαρίζειν 1123c
כָּפַר hit.
ἐξιλάσκειν 495c
כָּפַר nit.
ἐξιλάσκειν 495c
כָּפָר
ἐποίκιον 539a
κώμη 839c
כֹּפֶר I ("redemption")
ἄλλαγμα 55b
ἀλοιφή 59b
ἀντάλλαγμα 108c
ἄσφαλτος 174c
*δῶρον 359a (Jb 36.18)
ἐξίλασμα 496b
κύπρος 799c
λύτρον 890a
περικάθαρμα 1123c
כֹּפֶר II ("village")
κωμή 839c
כַּפָּרָה
*ἐξιλασμός 496b (Ez 7.25)
כִּפֻּרִים
εἰσφορά 415c
ἐξίλασις 496b
ἐξιλασμός 496b
ἱλασμός 684c
καθαρισμός 698c

כַּפֹּרֶת
ἐξιλασμός 496b
ἱλαστήριον 684c

כְּפַת Ar. peil
πεδᾶν 1113a
συμποδίζειν 1305c

כְּפַת Ar. pa.
πεδᾶν 1113a
συμποδίζειν 1305c

כַּפְתֹּר, כַּפְתּוֹר
σφαιρωτήρ, σφυρωτήρ 1324c

כַּר
ἀρήν (= HR's ἀρνός) 159b
βελόστασις 217b
ἔριφος 547c
ἑρπετός 548a
κριός 788c
σάγμα 1257a
⟦τόπος 1364b (Is 30.23)⟧
χάραξ 1454c

כֹּר, also Ar.
⟦βαίθ 189b⟧
⟦βέθ 217a⟧
ᴧκόρος ("kor") 780a

כְּרָא Ar. itpe.
ἀκηδιᾶν 44a
φρίττειν 1439a

כִּרְבֵּל pu.
περιζωννύναι 1123b

כַּרְבְּלָא Ar.
περικνημίς 1124a
τιάρα 1348c

כָּרָה I qal
⟦ἐγχειρεῖν 367b⟧
⟦ἐγχειροῦν 367b⟧ → ἐγχειρεῖν
ἐκλατομεῖν 435a
ἐνάλλεσθαι 467c
λατομεῖν 862c (Si 50.3)
μισθοῦσθαι 930b
ὀρύσσειν 1017c
παρατιθέναι 1065a

כָּרָה I ni.
ὀρύσσειν 1017c

כָּרָה II
⟦διηγεῖσθαι 329c⟧

כֵּרָה
παράθεσις 1059c

כְּרוּב
§χερουβ 1467b
§χερουβ(ε)ιμ, χερουβ(ε)ιν (כְּרוּבִים,
כְּרֻבִים) 1467c

כָּרוֹז Ar.
κῆρυξ 763c

כְּרַז Ar. af.
κηρύσσειν 763c

כְּרִי
§χορρ(ε)ι 1472c

כְּרִיתֻת, כְּרִיתוּת
ἀποστάσιον 141b

כַּרְכֹּב
ἐσχάρα 557c

כַּרְכֹּם
κρόκος 791b

כֶּרֶם
ἄμπελος 66c
ἀμπελών 67a
κτῆμα 793c, 182c
*φυτόν 1447a (Jb 24.18)
§χαρμειν, χαρμιμ (כְּרָמִים) 1455c
χωρίον 1482c

כֹּרֵם
ἀμπελουργός 67a
⟦κτῆμα 793c⟧ → כֶּרֶם

כַּרְמִיל
κόκκινος 775c

כַּרְמֶל
ἀμπελών 67a
*παλάθη 1051a (4K 4.42)
§χερμελ 1467b

כָּרְסֵא Ar.
θρόνος 655b

כִּרְסֵם pi.
λυμαίνειν, λοιμαίνειν 889b

כָּרַע qal
ἀδυνατεῖν 27c
ἀναπίπτειν 81b
⟦ἐκτρέφειν 443c⟧
⟦ἐμπίπτειν 458a⟧
⟦ἰσχύειν + neg. 692c⟧
ᴧκάμπτειν 718b
κατακλίνειν 733c
κατακυλίνειν 734c
⟦κλαίειν 766a⟧ → ὀκλάζειν
κλίνειν 771a
*κύπτειν 799c (2C 29.29L)
ὀκλάζειν 985b
πίπτειν 1135c
προπίπτειν 1208b
προσκυνεῖν 1217b
προσπίπτειν 1219a
συγκάμπτειν 1299b
συμποδίζειν 1305c
ταπεινοῦν 1334c

כָּרַע hi.
ἐμποδοστατεῖν(?) 458c
κάμπτειν 718b
συμποδίζειν 1305c
*συντρίβειν 1321a (2K 22.40L)
ταράσσειν 1336a
ταραχή 1336c

ὑποσκελίζειν 1416c

כְּרָעַיִם
ἀκρωτήριον 51c
πούς 1198b
σκέλος 1268c

כַּרְפַּס
βύσσινος 232b
καρπάσι(ν)ος 723c

כָּרַר pilp.
ἀνακρούειν 78c
ὀρχεῖσθαι 1018a

כָּרֵשׂ
κοιλία 773a, 182a (Si 36.23)

כָּרַת qal
ἀποκόπτειν (כְּ' qal, שְׁפְכָה כְּ' qal)
133a
ἀποσπᾶν 141a
ἀφαιρεῖν 180a
διατιθέναι 313b
ἐκκόπτειν 434c
ἐκτρίβειν 444a
ἐξαίρειν 485a
ἐξολεθρεύειν, ἐξολοθρεύειν 497c
ἱστάναι, ἱστᾶν 689a, 180b
κατακόπτειν 734b
*κατεργάζεσθαι 749b
κόπτειν 779a
ὀλεθρεύειν, ὀλοθρεύειν 986a
περιτέμνειν 1127b
*πίπτειν 1135c (1K 5.4²L)
ποιεῖν + διαθήκην (= בְּרִית) 1154a
(Is 28.15; Je 41[34].18b)
συγκατατίθεσθαι 1299b
συντελεῖν 1319b
τιθέναι 1348c, 193b

כָּרַת ni.
⟦ἀναλίσκειν 79b⟧ → ἐξαίρειν
ἀποθνήσκειν 128a
*ἀποκεφαλίζειν 132b (כָּרַת רֹאשׁ (1K
31.9L)
ἀπολλύειν, ἀπολλύναι 136c
ἀφιστᾶν, ἀφιστάναι, ἀφιστάνειν
184b
ἐγκαταλείπειν 365a
ἐκκόπτειν 434c
ἐκλείπειν 435c
ἐκτρίβειν 444a
ἔκτριψις 444b
⟦ἐξάγειν 483a⟧ → ἐξαίρειν
ἐξαίρειν 485a
ἐξαλείφειν 175c
ἐξολεθρεύειν, ἐξολοθρεύειν 497c
ἐξολλύειν, ἐξολλύναι 499a
ἱστάναι, ἱστᾶν 180b
ὀλλύναι 987b

τιθέναι *193b*

כָּרַת pu.
ἐκκόπτειν 434c
ὀλεθρεύειν, ὀλοθρεύειν 986a

כָּרַת hi.
ἀπολλύειν, ἀπολλύναι 136c
ἀφαιρεῖν 180a
ἀφανίζειν 181b
ἐκκόπτειν 434c
ἐκτρίβειν 444a
ἐξαίρειν 485a
ἐξαναλίσκειν 487b
ἐξολεθρεύειν, ἐξολοθρεύειν 497c
ἐξολέθρευσις, ἐξολόθρευσις 499a
καθαιρεῖν 697b
κατασπᾶν 745a
κόπτειν 779a
ὀλεθρεύεσθαι, ὀλοθρεύεσθαι 986a
πλήσσειν 1149c
τύπτειν 1378b

כָּרַת ho.
ἐξαίρειν 485a
⟦ἐξέρχεσθαι 491c⟧ → ἐξαίρειν

כְּרֻתוֹת
⟦κατεργάζεσθαι 749b⟧ → כָּרַת qal
κολάπτειν 776b

כֶּשֶׂב
ἀμνός 66b
ἀρήν (= HR's ἀρνός) 159b
πρόβατον 1204b

כִּשְׂבָּה
ἀμνάς 66a

כָּשָׂה qal
πλατύνειν 1141b

כַּשִּׂיל
πέλεκυς 1116b

כָּשִׂיר
*ἀνδρεῖος 86b (Ec 10.10)

כָּשַׁל qal
ἀδυνατεῖν 27c
ἀνιέναι (= ἀνίημι) 102b
⟦ἄνισχυς εἶναι 105a⟧
ἀσθενεῖν 172a
*ἀσθενής 172b (2C 28.15L)
ἐσχατογήρως (כ׳ qal, וְרָשִׁישׁ שָׁב כּוֹשֵׁל [margin]) *177b*
θλίβειν *179c*
καταναλίσκειν 739b
κοπάζειν 778b
παραλύειν 1062a
πίπτειν 1135c
πταίειν *190c*
συντρίβειν 1321a

כָּשַׁל ni.
ἄνισχυς εἶναι 105a
ἀπολλύειν, ἀπολλύναι 136c
ἀσθενεῖν 172a
⟦διανοεῖσθαι 306b⟧ → שָׂכַל I hi.
⟦κακοῦν 711b⟧ → כָּשַׁל hi.
κοπάζειν 778b
πλανᾶν 1139b
προσκόπτειν 1217b
σκανδαλίζειν 1268b
συντρίβειν 1321a
ὑποσκέλισμα 1416c

כָּשַׁל pi.
⟦ἀτεκνοῦν 175b⟧ → שָׁכֵל, שָׁכֹל pi.

כָּשַׁל hi.
ἀπολλύειν, ἀπολλύναι *168a*
ἀσθενεῖν 172a
ἐξασθενεῖν 490a
⟦ἐξουδενεῖν, ἐξουθενεῖν 500b⟧ → ἐξασθενεῖν
θλίβειν *179c*
*κακοῦν 711b (Ez 33.12)
σκῶλον 1278b
τροποῦν 1376a

כָּשַׁל ho.
ἀσθένεια 172a
*ἀσθενεῖν 172a (Ez 21.15[20])

כִּשָּׁלוֹן
παραλύειν *187c*
πτῶμα 1239a

כָּשַׁף pi.
φαρμακεύειν 1425a
φάρμακος 1425a

כֶּשֶׁף
φαρμακ(ε)ία 1425a
φάρμακον 1425a

כַּשָּׁף
φάρμακος 1425a

כָּשֵׁר qal
εὐθής 570b
στοιχεῖν 1291c
*συμφέρειν 1306b (Pr 31.19)
χρησιμεύειν *196b*

כָּשֵׁר*
*χρήσιμος 1474c (To 3.10)

כִּשְׁרוֹן
ἀνδρ(ε)ία 86a

כָּתַב qal
^*ἀναγράφειν 76b
ἀπογράφειν 126a
γράμμα 275a
^γράφειν 276a
γραφή 277c
^*διαγορεύειν 300a
διαγράφειν 300a

⟦διαθήκη 300c⟧
ἔγγραπτος 363b
ἐγγράφειν 363b
ἐπιγράφειν 518c
^*ἐπιτάσσειν 534c
⟦ἔχειν 586c⟧
^*ἱστορεῖν 692b (1E 1.33)
^καταγράφειν (כ׳ qal, כ׳ שִׁטְנָה qal) 730a, *181b*
⟦μερίζειν 910c⟧
χωροβατεῖν 1482c

כָּתַב ni.
^γράφειν 276a
δογματίζειν 339b
ἐγγράφειν 363b
καταχωρίζειν 748c
πέμπειν 1116b

כָּתַב pi.
γράφειν 276a

כְּתַב Ar. pe.
^γράφειν 276a
*ἐπιτάσσειν 534c (1E 5.51)

כְּתָב, also Ar.
ἀπογραφή 126a
γράμμα 275a
γράφειν 276a
^γραφή 277c, *170c*
δόγμα 339b
ἐπιστολή 530c
λέξις 873c
ὁρισμός 1013b
*χειρόγραφον 1467a (To 9.2)

כְּתֹבֶת
γράμμα 275a

כָּתִית
κόπτειν 779a

כֹּתֶל
τοῖχος 1362c

כְּתַל Ar.
^τοῖχος 1362c

כָּתַם ni.
κηλιδοῦσθαι 763a

כֶּתֶם
ἀργύριον 153b
⟦ἱματισμός 686a⟧
λίθος 876c
λίθος πολυτελής 876c, 1185c
πολυτελής 1185c
χρυσίον 1477a

כֻּתֹּנֶת, כְּתֹנֶת
ἱμάτιον 685a
§κοθωνος 772c
⟦§μεχωνωθ (כְּתֹנֹת, כָּתְנוֹת) 918c⟧ → χοθωνωθ, χωθωνωθ
ποδήρης *189b*

^στολή 1291c
χιτών 1471a
§χοθωνωθ, χωθωνωθ (כָּתְנוֹת) 1472a
כָּתֵף
γωνία 283c
ἐπωμίς 540b
κλίτος 771c
⟦νότος 949c⟧ → νῶτον, νῶτος
νῶτον, νῶτος 956b
ὀρόφωμα 1017c
ὠμία 1492c
⟦ὠμίς 1493a⟧ → ὠμία
^ὦμος 1493a
כָּתַר pi.
μένειν 910a
περιέχειν 1123a
*ὑπομένειν 1415c (Ps 141[142].7)
כָּתַר hi.
καταδυναστεύειν 731a
κρατεῖν 783a
כֶּתֶר
διάδημα 300a
כֹּתֶרֶת
γεῖσος 235b
γλυφή 271b
ἐπίθεμα 520a
κεφαλίς 763a
μέλαθρον 908b
στῦλος 1297c
§χωθαρ 1480b
§χωθαρεθ (כֹּתָרוֹת) 1480b
כָּתַשׁ qal
μαστιγοῦν 898a
כָּתַשׁ pu.
*κατακόπτειν 734b (Zp 1.11)
כָּתַת qal
ἐκθλίβειν 432a
λεπτός 874a
συγκόπτειν 1300b
⟦συντρίβειν 1321a⟧ → συγκόπτειν
כָּתַת pi.
κατακόπτειν 734b
συγκόπτειν 1300b
כָּתַת hi.
κατακόπτειν 734b
כָּתַת ho.
ἀπολλύειν, ἀπολλύναι 136c
κατακόπτειν 734b
κόπτειν 779a
οὐκέτι εἶναι 1030a

ל

לְ, also Ar.
⟦βοηθός (לִי) 223c⟧
εἰς 403a, *173a* (–Si 39.24)
εἰς τό + inf. (בַּעֲבוּר לְ־ + inf.) *173a*
ἐκ *173b*
⟦ἕκαστος (לוֹ) 418a⟧ → XXX ≈ αὐτῷ
ἐν *174b*
ἔναντι *175a*
ἐπί + gen. *176b*
" + dat. *176b*
" + acc. *176b*
⟦ἔσω 558c⟧
ἔχειν (הָיָה לְ־) *178c*
ἕως *178c*
ἵνα *180b*
⟦ἴσος 688c⟧
κατά + acc. *181a*
ὅπως *186b*
⟦παῖς 1049a⟧
περί + gen. *188b*
πρός + acc. *190a*
[σύν] *192c*
ὑπέρ + gen. *194b*
ὑπό + gen. *194b*
ὡς *196b*
γίνεσθαι ὡς (דָּמָה לְ־) *196b*
לֹא, לוֹא
ἀδιάλυτος (לֹא־יִקָּרֵעַ) 24b
ἄκαυστος (pu. לֹא נֻפָּח) 44a
ἀκίνητος (qal לֹא סוּר) 44a
ἄκλητος (אֲשֶׁר לֹא יִקָּרֵא) 44b
ἀκουσίως (בְּלֹא טַעַם) *166a*
ἀλλότριος (לֹא לוֹ, לֹא לְךָ) 57a, *166b*
ἀμνήστευτος (pu. לֹא אֹרָשׂ) 66b
ἀναλάμπειν (qal לֹא כָהָה) 79a
ἀναρίθμητος (לֹא סָפַר וְלֹא מָנָה ni.) 81c
ἄνευ (בְּלֹא) *167a*
ἀνήκοος (qal לֹא שָׁמַע) 88a
ἀνωφελής (hi. לֹא יָעַל) 113a
ἀοίκητος (qal לֹא יָשַׁב) 113c
ἀπειθεῖν (qal לֹא אָבָה, לֹא שָׁמַע) 119c
ἀπερίτμητος (qal לֹא מוּל) 120c
ἀπληστία (לֹא מוּסָר) *167c*
ἄπληστος (qal לֹא שָׂבַע) 122c
ἀπογινώσκειν (qal לֹא יָדַע) 126a
ἄσβεστος (pu. לֹא נֻפָּח) 169c
ἄσηπτος (qal לֹא רָקַב) 171c
ἀφειδῶς (qal לֹא חָשַׂךְ) 182b
ἄφοβος (qal לֹא פָּחַד) 185c
ἄφρων (qal לֹא חָכַם) 186c
ἄωρος (לֹא־עֵת) 188c
δεῖν ("to bind") (ni. לֹא פָתַח) 287b
⟦διαλύειν (qal לֹא שָׁכַב) 305a⟧
εἰ μή (אִם לֹא) *172b*
ἐμφανίζειν (pi. לֹא כִחֵד) 460c
ἐναντίος (לֹא טוֹב) 468b
εὐλαβεῖσθαι (qal לֹא נוּד) 572a
ἦ μήν (אִם לֹא) 602c
ἦ μὴν μή (אִם לֹא) 602c
ἰδού (הֲלֹא) 673c
κενός, καινός ("empty") (qal לֹא סָכַן) 759a
⟦ " (pu. לֹא רָאָה) 759a⟧
μή *184c*
^μηδείς, μηθείς 920c
μηκέτι 921b
νῦν οὖν (הֲלֹא) 951c
οὐ 1026c
οὐδὲ μή *187a*
οὐδείς, οὐθείς 1028b, *187a*
οὐδέποτε 1029c
οὐκέτι 1030a
οὐκέτι μή (לֹא, לֹא עוֹד, hi. לֹא יָסַף) 1030b
⟦οὐκέτι οὐ μή (לֹא, לֹא עוֹד) 1030c⟧
οὔτε (לֹא, וְלֹא .. לֹא) *187b*
οὔτε μή (וְלֹא) *187b*
⟦ἐν πενθικοῖς (לֹא שָׁתוּ) 1118a⟧
συντόμως (בְּלֹא מִשְׁפָּט) 1321a
*ὡς (הֲלֹא) 1494b, *196a* (Si 42.22)
לָא Ar.
οὐ 1026c
οὐδείς, οὐθείς (אָחֳרָן לָא, לָא אֱנָשׁ, לָא) 1028b
^οὐκέτι 1030a
לָאָה qal
*κόπος 778c (Jb 4.2)
παραλύειν 1062a
*πόνος 1188b (Jb 4.5)
לָאָה ni.
ἀσθενεῖν 172a
*διαλείπειν 304b (Je 9.5[4])
δύνασθαι + neg. 353a
ἐπέχειν 511a
κοπιᾶν 778b, *182b*
*παραλύειν 1062a
παριέναι ("to allow") 1070b
לָאָה hi.
ἀγῶνα παρέχειν 18c, 1069c
ἐκλύειν 438a

κατάκοπαν ποιεῖν 734a, 1154a
λυπεῖν 889a
παρενοχλεῖν 1068c
לָאַט qal
⟦ἐπικρύπτειν 523c⟧ → κρύπτειν
κρύπτειν 791c
*παρακαλύπτειν 1060c (2K 19.5*L*)
φείδεσθαι 1426a
לָאַט, לְאַט
ἡσυχῇ 620b
לָאט
ἡσυχῇ (בַּלָּאט) 620b
ἐν κρυφῇ (בַּלָּאט) 793a
לְאֹם
⟦ἄρχων 166b⟧
ἔθνος 368b
λαός 853b
φυλή 1444b
לֵב, also Ar.
ἀκάρδιος (לֵב + neg., לֵב + neg., חֲסַר לֵב) 43c, *166a*
*ἀσύνετος (אֹבֵד לֵב) 174a (Ps 75 [76].5)
ἄφρων (חֲסַר לֵב) 186c
*βαρυκάρδιος (כְּבֵד לֵב) 191a (Ps 4.2)
βούλεσθαι (שִׂים לֵב qal) 226b
ἑκουσίως βούλεσθαι (נָשָׂא לֵב qal) 226b, 438c
^*βουλή 227c (1E 7.15)
σαυτοῦ γίνεσθαι (יָטַב לִבְּךָ qal) 256c
διανοεῖσθαι (עָצַב אֶל לֵב, אֶל לֵב hit.) 306b
διάνοια 306c
ἔνδεια (חֲסַר לֵב) 469b
ἐπαίρειν (גִּיל לֵב qal) 505a
⟦ἐπέρχεσθαι (בְּלִבִּי) 509c⟧
*ἐπιμελεῖσθαι (עָלָה עַל לֵב hi.) 525b, *177a* (Si 33[30].13)
⟦ἔσθειν, ἐσθίειν (סָעַד לֵב qal) 554a⟧ → סָעַד qal
*ἑτεροκλινῶς (בְּלֵב וָלֵב) (1C 12.34)
εὐφραίνειν (טוֹב לֵב) 581a
εὐφροσύνη (טוּב לֵב) 582c
ἡδέως γίνεσθαι (טוֹב לֵב qal) 604a
θρασυκάρδιος (רְחַב לֵב ,סוּג לֵב qal) 654b
^καρδία 719a, *181a* (+ Si 13.25; 51.15; To 6.18; 13.6)
τὰ ἀπὸ καρδίας 719a
κατανοεῖν (שׂוּם עַל לֵב qal) 739c
νοῦς 950c
νωθροκάρδιος (נַעֲוֵה־לֵב) 956b
ἐν ὁμονοίᾳ 993c
ποντοπορεῖν (בְּלֶב־יָם) 1189a
προσέχειν (שׂוּם לֵב qal) 1215b
σκληροκαρδία (זְדוֹן לֵב) *191b*
σκληροκάρδιος (קְשֵׁה־לֵב, עִקֵּשׁ־לֵב) 1274b
*σπλάγχνον 1284c, *192a* (Si 36 [33].5)
⟦στερεοκάρδιος (חֲזַק־לֵב) 1289a⟧
στῆθος 1290a
συνετός (חֲכַם־לֵב) 1315a
τολμᾶν (מָלֵא לֵב qal) 1363b
ὑψηλοκάρδιος (גְּבַהּ־לֵב) 1419b
φρήν 1438c
φρόνησις 1439a
φρόνιμος (חֲכַם־לֵב) 1439b
ψυχή 1486a, *196b*
לְבִי
*σκύμνος 1278a (Ps 56[57].4)
לְבָאָה
*λέων 874c (Na 2.12[13])
לָבַב pi.
καρδιοῦν 723c
κολλυρίζειν 776c
לֵבָב
διάνοια 306c
ἐπιθυμία 521a
^καρδία 719a, *181a*
νοῦς 950c
προθύμως (יִשְׁרֵי לֵ׳) 1206c
σκληροκαρδία (עָרְלַת לֵ׳) 1274b
συνετὸς καρδιάς/καρδίᾳ (אִישׁ לֵ׳) 1315a
ψυχή 1486a, *196b*
לְבַב Ar.
καρδία 719a
לְבַד
ἐκτός (מִלְּ׳, לְ׳ מִן) 443c
*ἴδιος 673b (Pr 5.18)
μόνον (לְ׳ + suf.) 933a
μόνος (לְ׳ + suf.) 933b, *185c* (Si 30[31].26)
κατὰ μόνας (לְ׳, לְ׳ + suf.) 933b
μονώτατος (לְ׳ + suf.) 933b
πάρεξ, παρέξ (מִלְּ׳, לְ׳ עַל, לְ׳ מִן) 1068c, *187c*
πλήν (מִלְּ׳, לְ׳ מִן, לְ׳) 1145c
לַבָּה
⟦πῦρ 1242b⟧ → φλόξ
φλόξ 1433a
לְבוֹנָה
λίβανος 876b, *183b*
λιβανωτός 876b
לְבוּשׁ, also Ar.
see also לְבֻשׁ
⟦ἀδίκως (בְּלִי לְ׳) 27b⟧
γυμνός (בְּלִי לְ׳) 278a
ἐδύ(ν)ειν 471a
ἔνδυμα 471c
ἔνδυσις 472a
⟦ἐνθύμημα 473c⟧ → ἔνδυμα
⟦ἔχειν 586c⟧ → לָבֵשׁ, לְבַשׁ qal
ἱμάτιον 685a
ἱματισμός 686a
περιβόλαιον 1122b
περιβολή 1122b
στολή 1291c
לָבַט ni.
⟦εἰρηνοποιεῖν 403a⟧
συμπλέκειν 1305b
ὑποσκελίζειν 1416c
לְבִי
⟦λέων 874c⟧ → לְבָאָה
⟦σκύμνος 1278a⟧ → לָבֵא
לָבִיא
λέων 874c
σκύμνος 1278a
לְבִיָּא
σκύμνος 1278a
לְבִיבוֹת
⟦κολλύρα 776c⟧
κολλυρίς 776c
לָבַן qal
πλινθ(ε)ία 1150a
πλινθεύειν 1150a
πλινθουργία (לָ׳ לְבֵנִים qal) 1150a
לָבַן hi.
*ἀποκαλύπτειν 131c (Da TH 11.35)
καθαρίζειν, καθερίζειν 698a
λευκαίνειν 874b
לָבַן hit.
ἐκλευκαίνειν 437c
לָבָן adj.
ἔκλευκος 437c
λευκαθίζειν 874b
λευκαίνειν 874b
⟦λευκανθίζειν 874b⟧ → λευκαθίζειν
λευκός 874c
χλωρός 1471c
לֹבֶן
*λευκότης 874c, *183b* (Si 43.18)
לְבָנָה
⟦λευκότης *183b*⟧
σελήνη 1262b
לְבֵנָה
πλινθ(ε)ία 1150a
πλίνθος 1150a
πλινθουργία (לָבַן לְבֵנִים) 1150a
⟦ " (לְ׳) 1150a⟧ → πλινθ(ε)ία
לִבְנֶה
λεύκη 874b
στυράκινος 1298b
לְבֹנָה
λίβανος 876b

לָבַשׁ, לָבֵשׁ qal
ἀμφιάζειν, ἀμφιέζειν 67c
ἐνδιδύσκειν 470b
ἐνδύ(ν)ειν 471a, *175b*
ἐνδυναμοῦν 472a
ἐξιστᾶν/ἐξιστάναι + ἐκστάσει (= חֲרָדָה) 496c
*ἔχειν 586c (Es 4.2)
περιβάλλειν 1121c
φύρεσθαι 1446b
לָבַשׁ, לָבֵשׁ pu.
ἐνδύ(ν)ειν 471a
ἔνοπλος (מְלֻבָּשׁ בְּגָדִים) 476b
^στολίζειν 1292b
לָבַשׁ, לָבֵשׁ hi.
ἐνδιδύσκειν 470b
ἐνδύ(ν)ειν 471a, *175b*
περιβάλλειν 1121c
περιτιθέναι 1127c
στολίζειν 1292b
*στολιστής (לָ׳ ptc.) 1292b (4K 10.22)
לָבַשׁ, לָבֵשׁ hit.
ἐνδιδύσκειν *175b*
לְבַשׁ Ar. pe.
ἐνδύ(ν)ειν 471a
στολίζειν 1292b
לְבַשׁ Ar. af.
ἐνδύ(ν)ειν 471a
לְבֻשׁ
see also לְבוּשׁ
ἀμφίασις 67c
στολή 1291c
לֹג
κοτύλη 781a
לֵדָה
τίκτειν 1351c
τόκος 1363b
לָה Ar.
see also לָא
οὐδείς, οὐθείς 1028b
לֹה
see also לוֹא, לֹא
ἰδού (הֲלֹה) 673c
לַהַב
⟦ὀξυσθενής 1001a⟧
στίλβειν 1291b
⟦φλέξ(?) 1432c⟧ → φλόξ
φλέψ 1432c
φλόξ 1433a
לֶהָבָה
καίειν 705a
καταφλέγειν 748a
πῦρ 1242b, *190c*
φέγγος 1426a
φλόξ 1433a
לַהֶבֶת
λόγχη (לַ׳ חֲנִית) 887b
φλόξ 1433a
לַהַג
μελέτη 908c
לָהָה qal
ἐκλείπειν 435c
לָהָה hitpalp.
ὑποκρίνεσθαι *194c*
לָהַט qal
⟦ταράσσειν 1336a⟧
φλέγειν 1432c
⟦φλέξ(?) 1432c⟧ → φλέγειν
φλογίζειν *195b*
לָהַט pi.
*ἀνακαίειν *166c*
ἀνάπτειν 81c
κατακαίειν 732b
καταφλέγειν 748a
συμφλέγειν 1306b
φλέγειν 1432c
φλογίζειν 1432c
לַהַט
φλόξ 1433a
לְהָטִים
φαρμακ(ε)ία 1425a
לָהַם hit.
μαλακός (כְּמִתְלַהֲמִים) 894b
לָהֵן Ar.
πλήν 1145c
לַהֲקָה
ἐκκλησία 433a
לוּ
ὀφ(ε)ίλειν 1039a
לוֹא
see לוֹא, לֹא
לָוָה I qal ("to borrow")
δαν(ε)ίζειν 285a
⟦ " *170a*⟧
לָוָה I hi. ("to borrow")
δαν(ε)ίζειν 285a, *170a*
ἐκδαν(ε)ίζειν 421c
κιχρᾶν 765c
לָוָה II qal ("to accompany")
διαμένειν *171b*
συμπροσεῖναι 1306a
לָוָה II ni. ("to accompany")
ἐπισυνάγειν 534a
καταφεύγειν 747b
προσκεῖσθαι 1216c
προστιθέναι 1221a
⟦προτιθέναι 1231a⟧
συμπαραγίνεσθαι 1304c
לוּז I ni.
γογγύζειν 274a
καμπύρος 718b
παράνομος 1062b
πορεύεσθαι *189c*
σκολιάζειν 1275b
לוּז I hi.
⟦ἐκλείπειν 435c⟧
λείπειν 872c
לוּז II subst.
καρύϊνος 725a
παραρρεῖν 1063c
לוּחַ
⟦ἀρχή 163c⟧
πλάξ 1140b
πλάτος 1141a
πυξίον 1242b
σανιδωτός 1259a
σανίς 1259a
לוּט qal
⟦εἰλεῖν 377c⟧ → ἐνειλεῖν
ἐνειλεῖν 472b
לוּט hi.
ἐπικαλύπτειν 522b
לִוְיָה
στέφανος 1289c
לִוְיָתָן
δράκων 348b
κῆτος 763c
τὸ μέγας κῆτος 902c
לוּל
⟦εἰλικτός 377c⟧ → ἑλικτός
ἑλικτός 453a
לוּן, לִין qal
*ἀποπαρθενοῦν 139b (Si 20.4)
^αὐλίζειν 178b, *169a*
⟦γογγύζειν 274a⟧ → לוּן, לִין hi.
ἐπικοιμᾶσθαι 523b
καταλύειν 738b
κατάλυμα 738c
καταπαύειν 740c
κοιμᾶν 773c
κοιτάζεσθαι 775b
μένειν 910a
παρεμβάλλειν 1066b
ὑπάρχειν 1406b
ὑπνοῦν 1412a
לוּן, לִין ni.
γογγύζειν 274a
διαγογγύζειν 299c
לוּן, לִין hi.
γογγύζειν 274a
διαγογγύζειν 299c
κοιμίζειν 774c
לוּן, לִין hitpo.
αὐλίζειν 178b, *169a*
לוּעַ
καταβαίνειν 727a
εἶναι φαῦλος 1425c

לִיץ, לוּץ qal
ἀκόλαστος 44c
ἀλαζῶν 52a
ἀπαίδευτος 115c
ἄφρων 186c
κακός 709b
κακὸς ἀποβαίνειν 709b
*λοιμεύεσθαι 887c (Pr 19.19)
λοιμός (adj.) 887c
ὑβτριστής *194a*
ὑπερήφανος 1410a, *194b*
לִיץ, לוּץ polel
λοιμός (adj.) 887c
לִיץ, לוּץ hi.
⟦ἀντιτάσσεσθαι 112a⟧
⟦ἄρχων 166b⟧
ἑρμηνευτής 547c
καθυβρίζειν 704b
λειτουργός *183b*
παρανομεῖν 1062b
πρεσβευτής 1201b
πρεσβύτης 1202c
לִיץ, לוּץ hit.
εὐφραίνειν 581a
לוּשׁ qal
τρίβειν 1372b
φυρᾶν 1446b
φύρασις 1446b
לָז
ἐκεῖνος (הַלָּז) 428a
לָזֶה
ἐκεῖνος (הַלָּ׳) 428a
לֵזוּ
ἐκεῖνος (הַלֵּ׳) 428a
לְזוּת
ἄδικος 26c
לַח
πρόσφατος 1222c
ὑγρός 1380c
χλωρός 1471c
לְחוּם
σάρξ 1259b
לְחִי
σιαγόνιον 1265c
σιαγών 1265c, *191b*
?χεῖλος 1456a (Jb 40.26)
לָחַךְ qal
ἐκλείχειν 437a
לָחַךְ pi.
ἐκλείχειν 437a
λείχειν 873c
לָחַם I qal ("to eat")
βρῶσις 231c
δειπνεῖν 288a
*ἔσθειν 554a (Pr 9.5)
σιτεῖσθαι 1267a
συνδειπνεῖν (לָ׳ לֶחֶם qal) 1312c
לָחַם II qal ("to fight")
⟦ἐνδυάζειν 471a⟧ → συνδυάζειν
πολεμεῖν 1170b
⟦συνδοιάζειν 1313a⟧ → συνδυάζειν
συνδυάζειν 1313a
לָחַם II ni. ("to fight")
διαμάχεσθαι 305c
ἐκπολεμεῖν 439b
ἐκπολιορκεῖν 439c
ἐφιστάναι 585c
καταπολεμεῖν 742a
μάχεσθαι 900c
μονομαχεῖν 933a
παράταξις 1064b
παρατάσσειν 1064c
πατάσσειν 1103b
περικαθίζειν 1123c
⟦ποιεῖν 1154a⟧
^πολεμεῖν 1170b, *189b*
^πόλεμος 1172a
^*πόλεμον ἐγείρειν 1172a (1E 1.25)
πολιορκεῖν (לָ׳ ni. + prep.) 1173c
συμπολεμεῖν 1305c
συνεκπολεμεῖν 1313b
לָחֵם
⟦πολεμεῖν 1170b⟧ → לָחַם II qal
לֶחֶם
ἄριστον 158a
ἀρσιτᾶν (אָכַל לֶ׳ qal) 157b
^ἄρτος (פַּת לֶ׳, כִּכַּר לֶ׳, חַלַּת לֶ׳, לֶ׳) 161b, *168b*
βίος 220a
βρωτὸν σίτου 232a
τὰ δέοντα 287b
δῶρον 359a
καταβιοῦν (אָכַל לֶ׳ qal) 729a
κατάβρωμα 729a
μασ(σ)ᾶν 898a
σιτίον 1267b
σῖτον 1267b
συνδειπνεῖν (אָכַל לֶ׳ qal) 1312c
σύνδειπνος *192c*
τράπεζα 1369b
τροφή 1376b
ψωμός 1490c
לְחֶם Ar.
δεῖπνον 288a
δοχή 348b
ἑστιατορ(ε)ία 557c
ζωή 599c
לְחֵנָה Ar.
παράκοιτος 1061a
לָחַץ qal
ἀποθλίβειν 128a
ἐκθλίβειν 432a
θλίβειν 652b
⟦κακοῦν 711b⟧
παραθλίβειν 1059c
πολιορκεῖν 1173c
לָחַץ ni.
προσθλίβειν 1216b
לַחַץ
ἐκθλίβειν 432a
θλιμμός 652c
θλῖψις 652c
στενός 1288c
לָחַשׁ qal
ψιθυρίζειν *196b*
לָחַשׁ pi.
ἐπᾴδειν, ἐπαείδειν 504c
לָחַשׁ hit.
ψιθυρίζειν 1485c
לַחַשׁ
ἀκροατής 51a
διαψιθυρίζειν *171b*
ἐπᾴδειν, ἐπαείδειν 504c
⟦ἐπιλαλεῖν 523c⟧ → ἐπᾴδειν, ἐπαείδειν
ψιθυρισμός 1485c
לָט
⟦ἐπαοιδή, ἐπῳδή 508a⟧ → φαρμακ(ε)ία
⟦κρυβῇ (בַּלָּט) 791c⟧ → ἐν κρυφῇ
ἐν κρυφῇ (בַּלָּט) 793a
λάθρα (בַּלָּט) 840c
λαθραίως (בַּלָּט) 841a
φαρμακ(ε)ία 1425a
לֹט
στακτή 1286c
לְטָאָה
καλαβώτης 712a
⟦χαλαβώτης 1452b⟧ → καλαβώτης
לָטַשׁ qal
ἀκίς 44b
ἀκίσιν ἐνάλλεσθαι 467c
στιλβοῦν 1291b
σφυροκόπος 1327c
χαλκεύειν 1453a
לָטַשׁ pu.
ἀκονᾶν 45a
⟦ἐξακονᾶν 486c⟧
לִיָּה
προσκεῖσθαι 1216c
לַיִל
νυκτερινός 951a
νύξ 954c

לַיְלָה
^*ἀωρία 188c (1E 1.14)
§γωληλα (גֵּיא לַ׳) 283b
μεσονύκτιον (חֲצִי לַ׳, חֲצוֹת־לַ׳) 912c
νύκτωρ *185c*
νύξ *185c*
לֵילֵי Ar.
νύξ 954c
לִילִית
ὀνοκένταυρος 995b
לִין qal
see לוּן, לִין qal
לִין ni.
see לוּן, לִין ni.
לִין hi.
see לוּן, לִין hi.
לִין hitpo.
see לוּן, לִין hitpo.
לִיץ qal
see לוּץ, לִיץ qal
לִיץ polel
see לוּץ, לִיץ polel
לִיץ hi.
see לוּץ, לִיץ hi.
לִיץ hit.
see לוּץ, לִיץ hit.
לַיִשׁ
σκύμνος λέοντος 874c, 1278a
μυρμηκολέων 937b
לָכַד qal
ἀγρεύειν 16c
ἁρπάζειν 160a
δεικνύειν, δεικνύναι 286a
ἐνδεικνύναι 469c
κατακληροῦσθαι 733c
κατακρατεῖν 734b
καταλαμβάνειν 735a
κατέχειν 750c
κληρονομεῖν 768a
κρατεῖν 783a
κυριεύειν 800a
⟦λαγχάνειν 840b⟧
λαμβάνειν 847a
πατάσσειν 1103b
*πηγνύναι 1130c (Jb 38.30)
προκαταλαμβάνειν 1207a
συλλαμβάνειν 1301c
σύλληψις 1302c
לָכַד ni.
ἁλίσκειν, ἁλίσκεσθαι 54c
ἐνδεικνύναι 469c
κατακληροῦσθαι 733c
κληροῦν 770c
λαμβάνειν 847a
πιέζειν, πιάζειν *188c*
προκαταλαμβάνειν 1207a
συλλαμβάνειν 1301c
συνέχειν 1315b
לָכַד hit.
*συμποδίζειν 1305c (Pr 20.11)
συνέχειν 1315b
לֶכֶד
⟦σαλεύειν 1257c⟧
לָכֵן
διὰ τοῦτο *171a*
οὕτω(ς) 1035c
⟦οὐδ᾽ οὕτω(ς) 1035c⟧ → כֵּן I ≈ οὕτω(ς)
⟦οὐχ οὕτω(ς) 1035c⟧ → כֵּן I ≈ οὕτω(ς)
*τοίνυν (לָכֵן) 1362b
לֻלָאוֹת
ἀγκύλη 15b
לָמַד qal
διδάσκειν 316c
μανθάνειν 895b, *184a*
לָמַד pi.
δεικνύειν, δεικνύναι 286a
^διδάσκειν 316c, *171b*
διδαχή 316b
*εὐοδοῦν 575c, *178a* (Si 15.10)
μανθάνειν 895b
לָמַד pu.
διδασκαλία 316c
διδάσκειν 316c
לָמָּה, לָמָה
ἵνα μή *180b*
τίς 1355c
διὰ τί (לָמָּה־זֶּה, לָמָּה) 1355c
εἰς τί 1355c, *173a*, *193c*
ἵνα τί (לָמָּה־זֶּה, לָמָּה) 1355c
ἵνα τί τοῦτο 1355c
κατὰ τί 1355c
τί ὅτι (לָמָּה־זֶּה) 1355c
לְמָא, לְמָה Ar.
*ὅπως μή 1004b (1E 2.24)
*τί 1355c (To 4.2)
לִמּוּד
διδακτός 316c
μανθάνειν 895b
παιδ(ε)ία 1046c, *187a*
לְמַעַן
διά + acc. *171a*
διὰ τοῦτο *171a*
ἵνα *180b*
ὅπως *186b*
τότε 1367c
χάριν *195a*
לָעַב hi.
μυκτηρίζειν 936c
לָעַג qal
ἐκμυκτηρίζειν 438b
ἐξουδενοῦν, ἐξουθενοῦν 500b, *176a* (Si 34[31].22)
καταγελᾶν 729c
καταχαίρειν 748b
μυκτηρίζειν 936c
μυκτηρισμός 936c
לָעַג ni.
*φαυλίζειν 1425c (Is 33.19)
לָעַג hi.
ἐκγελᾶν 421c
ἐκμυκτηρίζειν 438b
*ἐξουδενοῦν, ἐξουθενοῦν 500b, *176a* (Si 34[31].22)
καταγελᾶν 729c
καταμωκᾶσθαι 739b
*μυκτηρίζειν 936c (2C 30.10*L*)
לָעַג hit.
*ἐμπαίζειν 456b (Na 2.3[4])
לַעַג
καταπάτημα 740b
*μυκτηρισμός 936c
ὄνειδος 995a
φαυλισμός 1425c
לָעֵג
⟦ἐκμυκτηρίζειν 438b⟧ → לָעַג qal
⟦φαυλισμός 1425c⟧ → לַעַג
לָעַז qal
βάρβαρος 190c
לָעַט hi.
γεύειν 240a
לַעֲנָה
ἀνάγκη 76a
ὀδύνη 967a
πικρία 1132c
χολή 1472a
לָעַס qal
*διαμασᾶσθαι 305c, *171b* (Si 34[31].16)
לָעַע qal
*ἀπληστεύεσθαι 122c, *167c* (Si 34[31].17)
לַפִּיד
λαμπάς 852c
לִפְנֵי
^*αὐλή 177b
^*ἔμπροσθεν 459b
ἐν *174b*
ἐν ἡμέραις *174b*
ἔναντι *175a*
ἐναντίον *175a*
ἐνώπιον *175c*
ἐπί + dat. *176b*
ἤ *178a*
κατέναντι *181c*
πρὶν ἤ *190a*
πρό *190a*

πρός + acc. *190a*
^*πρὸς τῇ/τὰς ἀνατολῇ 83c
^*κατὰ πρόσωπον 1223c
ὑπό + gen. *194b*
לָפַת qal
περιλαμβάνειν 1124b
לָפַת ni.
⟦καταλείπειν 736a⟧
ταράσσειν 1336a
לָצוֹן
ἄνομος 107c
⟦θλίβειν 652b⟧
λοιμός (adj.) 887c
ὕβρις 1380a
לְקֳבֵל Ar.
^*κατακολουθεῖν 734a
לָקַח qal
ἄγειν 9a
ἀγοράζειν (לָ׳ qal, לָ׳ בִּמְחִיר qal) 16a
αἴρειν 34c
αἰχμαλωτεύειν 39a
*ἀκούειν 45a (Pr 16.21)
ἀναιρεῖν 77b
^ἀναλαμβάνειν 78c
ἀνασπᾶν 82a
ἀνταναιρεῖν 108c
ἀπολαμβάνειν 136a
⟦ἀπολλύειν, ἀπολλύναι 136c⟧
ἀποφέρειν 149c
ἀφαιρεῖν 180a, *169a*
⟦γινώσκειν 267a⟧
δέχεσθαι 294c, *171a*
⟦ἐγείρειν 364a⟧ → קוּם I hi.
εἰσάγειν 407c
⟦ἐκβάλλειν 420c⟧ → ἐκλαμβάνειν
ἐκδέχεσθαι *173b*
ἐκλαμβάνειν 435a (+Je 23.31; 39[32].33)
ἐκλέγειν 435a, *173c*
ἐκφέρειν 444c
ἐξάγειν 483a
*ἐξαίρετος εἶναι 486b
⟦ἐξέρχεσθαι 491c⟧
ἐξωθεῖν 502b
⟦ἐπιτιθέναι 535c⟧
⟦ἔρχεσθαι 548b⟧
ἔχειν 586c
⟦ἰδεῖν 669b⟧
⟦καλεῖν 712c⟧
⟦καταβάλλειν 728c⟧ → καταλαμβάνειν
καταλαμβάνειν 735a
κομίζειν 777b
κτᾶσθαι 793b
^λαμβάνειν 847a, *183a* (+Si 14.16)
μανθάνειν *184a*
μεταπέμπεσθαι 916c
μετατιθέναι 917a
νοσφίζεσθαι 949c
⟦παιδεύειν 1047a⟧
παραλαμβάνειν 1061b
πρίασθαι 1203a
προσάγειν 1211a
προσδέχεσθαι *190a*
προσκαθιστάναι 1216b
προσλαμβάνειν 1218b
προχειρεῖν, προχειρίζειν 1234a
^συλλαμβάνειν 1301c
συλλέγειν 1302b
συναπάγειν 1312a
συναρπάζειν 1312c
⟦τολμᾶν 1363b⟧
?φέρειν 1426c (4K 2.20)
לָקַח ni.
ἄγειν 9a
ἀγρεύειν 16c
ἀναλαμβάνειν 78c, *166c*
εἰσέρχεσθαι 410b
⟦ἐξαιρεῖν 484b⟧ → ἐξαίρετος εἶναι
*ἐξαίρετος εἶναι 486b
λαμβάνειν 847a
μετατιθέναι *184b*
לָקַח pu.
ἄγειν 9a
ἀναλαμβάνειν 78c
γίνεσθαι 256b
λαμβάνειν 847a
לָקַח ho.
εἰσάγειν 407c
λαμβάνειν 847a
לָקַח hit.
ἐξαστράπειν 490a
φλογίζειν 1432c
לֶקַח
⟦ἀκούειν 45a⟧ → לָקַח qal
ἀπόφθεγμα 150a
δῶρον 359a
⟦εἰρήνη 401b⟧
ἐπιγνωμοσύνη 518c
⟦ἔργον 541c⟧
λῆψις *183b*
ὁμιλία 991a
παιδ(ε)ία 1046c, *187a* (+Si 51.16)
⟦σοφία *191c*⟧ → παιδ(ε)ία
σοφώτερος εἶναι (יָסַף לֶ׳ hi.) 1280b
לָקַט qal
⟦εἰσφέρειν 415a⟧ → συνάγειν
συλλέγειν 1302b
συνάγειν 1307b
לָקַט pi.
ἀναλέγειν 79a
συλλέγειν 1302b
συνάγειν 1307b
לָקַט pu.
συνάγειν 1307b
לָקַט hit.
συλλέγειν 1302b
συστρέφειν 1323c
לֶקֶט
ἀποπίπτειν 139c
לָקַק qal
ἐκλείχειν 437a
λάπτειν 862c
λείχειν 873c
לָקַק pi.
λάπτειν 862c
לִקְרַאת
^*ἀπάντησις 117b
לָקַשׁ pi.
⟦ἐργάζεσθαι, ἐργάζειν 540c⟧
לָשָׁד
ἐγκρίς 367a
לָשׁוֹן
ἄνθραξ 96a
⟦βαθύγλωσσος (עִמְקֵי שָׂפָה וְכִבְדֵי לָ׳) 189a⟧ → βαρύγλωσσος
*βαθύχειλος καὶ βαρύγλωσσος 189b, 191a
βαρύγλωσσος (כִּבְדֵי לָ׳) 191a
βραδύγλωσσος (כְּבַד לָ׳) 229c
γλῶσσα, γλῶττα 271b, *170c*
γλωσσοχαριτοῦν (חָזַק לָ׳ hi.) 272b
γλωσσώδης 272b, *170c*
διάλεκτος 304c
ἐπᾴδειν, ἐπαείδειν (בַּעַל לָ׳) 504c
λέξις 873c
λοφιά 888c
φωνή 1447b
לִשְׁכָּה
αὐλή 177b
γαζοφυλάκιον 233a
ἐξέδρα 490c
θησαυρός 651c
κατάλυμα 738c
οἶκος 973a
παστοφόριον 1102c
περίπατος 1125b
לֶשֶׁם
λιγύριον 876b
לָשַׁן poel
καταλαλεῖν 735a
לָשַׁן hi.
παραδιδόναι 1058a
לָשָּׁן Ar.
γλῶσσα, γλῶττα 271b

מ

מַאֲבוּס
*ἀποθήκη 128a (Je 27[50].26)
מְאֹד
ἀμύθητος (שָׂגָה מְ׳) 67c
δύναμις 350a, *172b*
ἰσχύς 694b
^λίαν 876a
μέγας 902c
πολύς, πλείων, πλεῖστος 1181b
^σφόδρα (מְ׳, מְ׳ מְ׳, בִּמְ׳ מְ׳, עַד מְ׳, עַד־לְמְ׳) 1325a, *193b*
ἕως σφόδρα (עַד־לְמְ׳) 1325a
σφόδρα λίαν (עַד־מְ׳) 876a, 1325a
σφόδρα σφόδρα (בִּמְ׳ מְ׳) 1325a
σφοδρός (חָזָק מְ׳) 1327a
σφοδρῶς, σφοδρότερον 1327a
*ἕως τέλους 1344a (Ps 37[38].6)
מֵאָה
ἑκατόν 420a, *173b*
ἑκατονταετής (בֶּן מֵאָה שָׁנָה) 420b
ἑκατονταπλασίων (מֵ׳ פְּעָמִים) 420b
ἑκατονταπλασίως (מֵ׳ פְּעָמִים) 420b
ἑκατοντάρχης, ἑκατόνταρχος (שַׂר מֵאוֹת) 420b
ἑκατοντάς 420b
ἑκατοστεύειν 420b
ἑξακόσιοι (שֵׁשׁ מֵאוֹת) *175c*
ἑξακοσιοστός (שֵׁשׁ מֵאוֹת) 486c
§μηα(?) 920b
ἑξήκοντα μυριάδες (שֵׁשׁ מֵאוֹת אֶלֶף) 937a
πατριάρχης (שַׂר מֵאוֹת) 1111c
τετρακοσιοστός (אַרְבַּע מֵאוֹת) 1347b
מְאָה Ar.
ἑκατόν 420a
מַאֲוַי
ἐπιθυμία 521a
מְאוּם
ἄμωμος (מְ׳ + neg.) 68b
⟦δῶρον 359a⟧
μῶμος 938b
מְאוּמָה
μηδείς, μηθείς 920c
ὁστισοῦν 1023b
οὐδείς, οὐθείς (מְ׳ + neg.) 1028b (+Jb 42.2), *187a*
τις 1354a
ὁτιοῦν τι 1023b, 1354a
מָאוֹר
θεωρεῖν 649b
φαίνειν 1423a
φαῦσις 1425c
φῶς 1450b
φωστήρ 1451b
φωτίζειν 1451b
φωτισμός 1451c
מְאוּרָה
κοίτη 775b
מֹאזְנַיִם
ζυγός, ζυγόν 599a, *178b*
מֹאזְנַיִן Ar.
ζυγός, ζυγόν 599a
מַאֲכָל
βρῶμα 231a, *169c*
βρώσιμος 231c
βρῶσις 231c
^βρωτός 232a
ἔσθειν, ἐσθίειν 554a
καρπόβρωτος 723c
κατάβρωμα 729b
*κυνήγιον *182c* (Si 13.19)
παράθεσις 1059c
⟦τροφή *194b*⟧ → τρυφή
*τρυφή 1377c
מַאֲכֹלֶת
κατακαίειν 732b
πυρίκαυστος (מַ׳ אֵשׁ) 1245b
מַאֲכֶלֶת
μάχαιρα 899c
ῥομφαία 1253a
מַאֲמַצִּים
κραταιοῦν 782b
⟦κρατεῖν 783a⟧ → κραταιοῦν
מַאֲמָר
λόγος 881c, *183c* (Si 3.8)
*πρόσταγμα 1219c (Es 2.20)
τὰ προσταχθέντα 1220c
מֵאמַר Ar.
⟦λόγος 881c (Da TH 4.14), *183c*⟧ → ῥῆμα
ῥῆμα 1249a
מָאן Ar.
^σκεῦος 1269b
מָאֵן pi.
ἀνανεύειν 80a
ἀπαναίνεσθαι 116c
ἀπαναισχυντεῖν (מָ׳ הִכָּלֵם pi.) 117a
ἀπειθεῖν 119c
βούλεσθαι + neg. 226b
δύνασθαι + neg. 353a
(ἐ)θέλειν 628b
εἰσακούειν + neg. 408b
*ὀκνεῖν *186a* (Si 7.35)
προαιρεῖν + neg. 1203c
ὑπακούειν + neg. 1405c
מָאַס qal
⟦αἴρειν 34c⟧ → פָּרַר hi.
ἀπαναίνεσθαι 116c, *167c*
ἀπαρνεῖσθαι 118a
ἀπειθεῖν 119c
ἀπειπεῖν, ἀπειρεῖν 120a (+Jb 10.3)
ἀποδοκιμάζειν 127c
ἀποποιεῖσθαι 139c
ἀπορρίπτειν 140b
ἀπωθεῖν 151a
ἀστοχεῖν *168c*
ἀφαιρεῖν 180a
ἀφιστᾶν, ἀφιστάναι, ἀφιστάνειν 184b
βούλεσθαι + neg. 226b
ἐγκαταλείπειν 365a
(ἐ)θέλειν 628b
ἐξουδενεῖν, ἐξουθενεῖν 500b
ἐξουδενοῦν, ἐξουθενοῦν 500b
ἡγεῖσθαι ἄξιον + neg. 602c
θυμοῦν 662b
μισεῖν 929a
ὀλιγωρεῖν 987a
⟦προαιρεῖν 1203c⟧
προσοχθίζειν 1218c, *190b*
ὑπεριδεῖν 1410b
φαυλίζειν 1425c
מָאַס ni.
ἀποδοκιμάζειν 127c
⟦βδελυκτός, βδελυρός *169b*⟧
ἐξουδενοῦν, ἐξουθενοῦν 500b
μισεῖν 929a
μισητός *185b*
*παρακμάζειν *187c* (Si 42.9)
πονηρεύεσθαι 1186a
מַאֲפֶה
πέσσειν 1128c
מַאֲפֵל
γνόφος 272c
νεφέλη 943b
מָאַר hi.
ἔμμονος 456a
πικρία 1132c
מַאֲרָב
ἐνέδρα 472a
ἔνεδρον 472b
מְאֵרָה
⟦ἀπορία 140a⟧
⟦ἔνδεια 469b⟧
κατάρα 742b
מֵאֵת
see also מִן and אֵת II
ἀπὸ (τοῦ) προσώπου (מֵאֵת פְּנֵי) 1223c

ἐκ (τοῦ) προσώπου (מֵאֵת פְּנֵי) 1223c
מִבְדָּלוֹת
ἀφορίζειν 185c
מָבוֹא
δύσις 357b
δυσμή 357b
εἴσοδος 413c, *173b*
εἰσπορεύεσθαι 414a
ἔρχεσθαι 548b
⟦ὁδός 962b, *186a*⟧ → εἴσοδος
οἰκία 969b
συμπορεύεσθαι 1305c
מְבוּכָה
⟦κλαυθμός 767a⟧ → בָּכָה qal
מַבּוּל
κατακλυσμός 734a, *181b*
מְבוֹנִים
⟦δυνατός 355c⟧
מְבוּסָה
⟦ἀπώλεια, ἀπωλία 151c⟧
καταπατεῖν 740b
καταπάτημα 740b
πλάνησις 1140a
מַבּוּעַ
πηγή 1130b
מְבוּקָה
ἀνατιναγμός 83b
מִבְחוֹר
ἐκλεκτός 437a
מִבְחָר
*δοκιμάζειν 339c (Je 6.27)
⟦δυνάστης 355b⟧
ἐκλεκτός 437a
⟦ἐκσαρκίζειν 441b⟧
ἐπίλεκτος 525a
κάλλος 715a
מַבָּט
ἐλπίς 454a
⟦πεποιθὼς εἶναι 1114b⟧ → מִבְטָח ≈ πεποιθώς
מִבְטָא
διαστολή 311c
מִבְטָח
ἐλπίς 454a
πείθειν 1114b
πεποιθώς 1114b
מַבְלִיגִית
⟦ἐκβραγμός 421b⟧ → ἐκβρασμός
ἐκβρασμός 421c
מִבְנֶה
οἰκοδομή 972c
מִבְצָר
ἡ πόλις ἡ ἰσχυρά 693b
§μαψαρ 901b
ὀχυρός 1043b
ὀχύρωμα 1043c
περιοχή 1125a
περιτειχίζειν 1127b
*πόλις 1174a (Da LXX 11.24)
στερεοῦν 1289a
τειχήρης 1339c
τειχίζειν 1339c
*ὕψος 1421b (Is 25.12)
מִבְרָח
⟦φυγαδ(ε)ία 1440b⟧
מְבֻשִׁים
δίδυμος 328a
מְבַשְּׁלוֹת
μαγειρεῖον 891a
מִגְבָּלוֹת
⟦ἄνθος 96a⟧
⟦καταμεμιγμένος ἐν ἄνθεσι 739b⟧
מִגְבָּעָה
κίδαρις 764c
מֶגֶד
ἀκρόδρυα 51a
⟦κορυφή 780a⟧
ὥρα 1493b
מִגְדּוֹל
μεγαλύνειν 902a
מְגִדּוֹן
*ἐκκόπτειν 434c (Zc 12.11)
מִגְדָּל
^βῆμα 217c
⟦μεγαλωσύνη 902c⟧ → גֹּדֶל
πύργος 1422c
מִגְדָּנָה
δόμα 341a
^*δόσις 344c (1E 2.6)
δῶρον 359a
*ξένιος 956b (2E 1.6)
מָגוֹר I
ἀπώλεια, ἀπωλία 151c
συναθροίζειν 1310b
מָגוֹר II
μετοικία 917c
μέτοικος 918a
παροικεῖν 1071b
παροικεσία 1071c (+Zc 9.12)
παροίκησις 1071c
παροικία 1071c, *188a*
מְגוֹרָה
ἀπώλεια, ἀπωλία 151c
מְגוּרָה
ἅλων, ἅλως 60a
θλῖψις 652c
παροικία 1071c
מַגְזֵרָה
*σκέπαρνος/ν 1269a (2K 12.31*L*)
⟦ὑποτομεύς 1417c⟧
מַגָּל
δρέπανον 349a
מְגִלָּה, also Ar.
⟦βιβλίον, βυβλίον 218b⟧ → χαρτίον
κεφαλίς 763a
^*τόμος 1363c (1E 6.23)
χάρτης 1456a
χαρτίον 1456a
מָגַן pi.
παραδιδόναι 1058a
ὑπερασπίζειν 1408c
מָגֵן
ἀντιλήπτωρ 111a
ἀντίληψις 111b
ἀσπίς ("shield") 173a
βοήθεια, βοηθία 222c
θυρεός, θυραιός 663c
κραταιός 782a
*ὁπλίτης נֹשֵׁק מָגֵן 1003b (2C 17.17*L*)
ὁπλοθήκη 1003c
ὅπλον 1003c
πελταστής (נֹשֵׁק מ׳, נֹשֵׂא מ׳) 1116b
πέλτη 1116b
*σκέπη 1269a (Jd 5.8A)
ὑπερασπίζειν 1408c
ὑπερασπισμός 1408c
ὑπερασπιστής 1408c
מְגִנָּה
ὑπερασπισμός 1408c
מִגְעָל
*ἀλισγεῖν *166a* (Si 40.29)
מִגְעֶרֶת
ἀνάλωσις 79c
מַגֵּפָה
ἀπώλεια, ἀπωλία 151c
θραῦσις 654c
πληγή 1142b
πταῖσμα 1237c
πτῶσις 1239a
συνάντημα 1311c
מָגַר pi.
καταράσσειν 743a
מְגַר Ar. pa.
*ἀνατρέπειν (To12.12)
^*ἀφανίζειν 181b (1E 6.33)
καταστρέφειν 745c
מְגֵרָה
⟦διασχίζειν 312b⟧
πρίων 1203a
מִגְרָעוֹת
διάστεμα, διάστημα 311c
מִגְרָשׁ
ἀφορίζειν 185c
ἀφόρισμα 186a

διάστεμα, διάστημα 311c
κατάσχεσις 746b
ὅμορος 993c
περιπόλ(ε)ιον 1125c
περισπόρ(ε)ιον 1126a
περίχωρος 1128b
προάστ(ε)ιον 1204a
⟦σπόριον(?) 1285b⟧ → περισπό-ρ(ε)ιον
συγκυρεῖν 1300c

מַד
ἱμάτιον 685a
λαμπήνη 853a
μανδύας 895b
χιτών 1471a

מַדְבַּח Ar.
^θυσιαστήριον 666b

מִדְבָּר
ἀγρός 17a
ἄνυδρος 112a
⟦αὐχμώδης 180a⟧ → חֹרֶשׁ
γῆ ἄνυδρος 240c
ἐρημικός 545a
ἔρημος (מִ׳, אֶרֶץ מִ׳) 545a, *177b*
ἐρημοῦν (בַּמִּ׳) 546c
λαλιά 846c
§μαβδαριτις, μαδβαριτις 891a
πεδίον 1113b
⟦ἔρημος τόπος 1364b (Je 13.24)⟧

מָדַד qal
ἀποδιδόναι 126b
διαμετρεῖν 306a
διατάσσειν 313a
ἐκμετρεῖν 438b
μετρεῖν 918a
⟦μέτρον, μέτρος 918b⟧ → מֵדַד ≈ κάλαμος

מָדַד ni.
ἐκμετρεῖν 438b

מָדַד pi.
⟦γίνεσθαι 256b⟧
διαμετρεῖν 306a
⟦ἐκμετρεῖν 438b⟧ → διαμετρεῖν
*καταμετρεῖν 739b (Mi 2.4)

מָדַד hitpo.
ἐμφυσᾶν 461a

מֵדַד
*κάλαμος 712b (Ez 42.20)

מִדָּה, also Ar.
ἀριθμός 156c
γεωμετρικός 240b
διαμέτρησις 306b
διάστεμα, διάστημα 311c
ἔνδυμα 471c
*εὐμήκης 575a (1C 11.23*L*)
⟦ἱστάναι, ἱστᾶν 689a⟧ → עָמַד qal
μέτρον, μέτρος 918b
σύμμετρος 1304b
ὑπερμεγέθης 1410c
ὑπερμήκης (מִדּוֹת) 1410c
ὑψηλός 1419b
^*φορολογεῖν (מִ׳ הִתְיַהֲבַת) 1438a (1E 2.27)
^*φορολογία 1438a
φόρος 1438a

מָדוּ
μανδύας 895b

מַדְוֶה
νόσος 949b
ὀδύνη 967a

מַדּוּחִים
ἔξωσμα 502c

מָדוֹן
ἀντιλογία 111b
διακρίνειν 304a
δικαιοσύνη 332c
⟦κακός 709b⟧
κρίνειν εἰκῇ (גֵּרָה מָ׳) 787b
κρίσις 789c
⟦κριτής 791a⟧ → דַּיָּן
λοίδορος 887c
§μαδων 891c
μάχη 901a
μάχιμος 901b
νεῖκος 941b

מַדּוּעַ
πόθεν *189b*
τίς 1355c
διὰ τί 1355c
ἵνα τί 1355c
ἵνα τί τοῦτο 1355c
τί ὅτι 1355c
ὡς τί 1355c

מְדוֹר Ar.
κατοικ(ε)ία 755b

מְדוּרָה
δαλός 284c
ξύλα κείμενα 758b (Is 30.33)
*ὑποκαίειν 1413c (Am 4.2)

מְדוּשָׁה
⟦καταλείπειν 736a⟧

מִדְחֶה
ἀκαταστασία 44a

מַדְחֵפוֹת
διαφθορά 315a
⟦καταφθορά 747c⟧ → διαφθορά

מַדַּי
ἱκανός 683c

מִדְיָן
ἀντιλογία 111b
*γλωσσώδης 272b (Pr 21.19)
κρίσις 789c
*κριτήριον 791a (Jd 5.10B)
λοίδορος 887c
μάχιμος 901b
ταραχή 1336c

מְדִין
§μαδων 891c

מְדִינָה, also Ar.
βασιλ(ε)ία (מְ׳, מְדִינוֹת מַלְכוּת, מְדִינוֹת) 192a
ἐπαρχία 508b
*περίχωρος 1128b (Es 9.12)
^*πόλις 1174a (1E 2.22)
σατραπ(ε)ία 1260c
^χώρα 1481a

מְדֹכָה
θυΐα 659c

מְדָן
κρίσις 789c
νεῖκος 941b
ταραχή 1336c

מַדָּע
ἐπιστήμη 530a
συνείδησις 1313b
σύνεσις 1314a, *192c*
*συνίειν, συνιέναι 1316b (Is 59.15)
φρόνησις 1439a

מַנְדַּע, מַדַּע Ar.
σύνεσις 1314a
φρόνησις 1439a

מֹדָע
γνώριμος 273b

מַדְקְרוֹת
τιτρώσκειν 1362a

מְדָר Ar.
κατοικ(ε)ία 755b
κατοικητήριον 755b

מַדְרֵגָה
προτείχισμα 1230b
φάραγξ 1424b

מִדְרָךְ
βῆμα 217c

מִדְרָשׁ
βιβλίον, βυβλίον 218b
γραφή 277c
*ἐκζήτησις (2C 13.22*L*)
παιδ(ε)ία *187a*

מָה I, מֶה, מַה, מַה־
αἴτημα (מָה אֶתֵּן) 38a
δίς (כַּמֶּה פְּעָמִים) 337b
ἔτι (עַד מָה) 561a
ἱκανός (כַּמֶּה) 683c
λίαν 876a

ὅσος 1019a
ὅστις 1022b
οὐδείς, οὐθείς ('מ + neg.) 1028b
πηλίκος (כַּמָּה) 1131a
ποῖος 1170a, *189b*
ποσάκις (כַּמָּה, עַד־כַּמֶּה פְּעָמִים) 1195c
*ποσαπλῶς 1195c (Ps 62[63].1)
πόσος (כַּמָּה) 1195c
ἐάν τις (מַה־שֶׁ־, מַה דִּי, מַה־) 1354a
μή τι (מַה־) 1354a
^τίς ('מ, מַה־זֶּה) 1355c, *193c* (+Si 13.18)
διὰ τί (לָמָּה, מַה־) 1355c, *193c* (Si 36[33].7)
ἕως τίνος (כַּמָּה) 1355c
ἵνα τί (לָמָּה, מַה) 1355c
κατὰ τί (בַּמָּה) 1355c
τί ὅτι (לָמֶה, מַה־זֶּה, מַה־) 1355c
⟦τί οὗτοι (מָהֵם) 1355c (Ez 8.6 Kethiv)⟧
τί τοῦτο (מַה־, מֶה־) 1355c
⟦τί ὑμεῖς (מַלְּכֶם) 1355c (Is 3.15 Kethiv)⟧
τὸ ὑπάρχον, (τὰ) ὑπάρχοντα 1406b
ὡς (מֶה) *196b*

מָה II, מָא Ar.
ἐάν τις 1354a
τίς 1355c

מָהַהּ hitpalp.
βραδύνειν 229c, *169c*
ἐκλύειν 438a
⟦ἐξιστᾶν, ἐξιστάναι 496c⟧ → תָּמַהּ qal
ἐπιμένειν 525c
θορυβεῖν 654a
*προσδέχομαι 1212c (2K 15.28L)
*στραγγεύειν 1295a
⟦στρατεύειν 1295a⟧
ταράσσειν 1336a
ὑπομένειν 1415c
ὑστερεῖν 1418b
χρονίζειν *196c*

מְהוּמָה
ἀπώλεια, ἀπωλία 151c
ἐκλιμία 437c
ἔκστασις 441b
ἐλλιπής *174b*
θαυμαστός 627b
θόρυβος 654a
σύγχυσις 1301a
ταραχή 1336c
τάραχος 1337a

מָהִיר
^*εὐφυής 583c (1E 8.3)

ὀξυγράφος 1001a
ὀξύς 1001a
⟦σπεύδειν 1284a⟧ → מָהַר pi.
ταχύς 1339a

מָהַל qal
μίσγειν 929a

מַהֲלָךְ
⟦ὁδός 962a⟧
περίπατος 1125b
πορ(ε)ία 1189a

מַהֲלָל
ἐγκωμιάζειν 367b

מַהֲלֻמוֹת
*αἱμάσσειν *165c* (Si 42.5)
⟦θάνατος 623b⟧ → מָוֶת
τιμωρία 1354a

מַהֲמֹרָה
βόθρος (מ' עֲמֻקָּה) *169c*

מַהֲמֹרוֹת
ταλαιπωρία 1333a

מַהְפֵּכָה
καταστρέφειν 745c

מַהְפֶּכֶת
⟦ἀπόκλεισμα 132c⟧ → צִינֹק
καταρ(ρ)άκτης 743a
φυλακή 1440c

מָהַר qal
ταχύνειν 1338c
φερνή 1428a
φερνίζειν 1428b

מָהַר ni.
ἀσθενεῖν 172a
ἀσθενής 172b
ἐξιστᾶν, ἐξιστάναι 496c
κατασπεύδειν *181c*
ὀλιγόψυχος 987a
⟦ταχινός 1338b⟧

מָהַר pi.
ἐπισπεύδειν 529b
κατασπεύδειν 745b, *181c* (Si 45.3)
ὀξέως 1001a
σπεύδειν 1284a
σπουδή 1285c
ταράσσειν 1336a
ταχέως 1338b
ταχινός 1338b
ταχινὸς εἶναι 1338b
τάχος 1338c
ἐν τάχει 1338c
τὸ τάχος 1338c
ταχύνειν 1338c
ταχύς 1339a, *193a*
*φθάνειν 1429b (2K 15.14L)

מֹהַר
δόμα 341a
*ἕδνον 368a (1K 18.25L)

φερνή 1428a

מְהֵרָה
*σπεύδειν 1284a (2K 17.16L)
ταχέως (בְּמ'/מ') 1338b
τάχος 1338c
ἐν τάχει 1338c
τὸ τάχος 1338c
ταχύνειν 1338c
ταχύς (בְּמ'/מ') 1339a

מַהֲתַלֹּת
πλάνησις 1140a

מוֹאֵל
συναντᾶν (לְמוֹ') 1311a

מוֹבָא
εἴσοδος 413c

מוּג qal
θραύειν 654b
σαλεύειν 1257c

מוּג ni.
διαπίπτειν 308a
ἐξιστᾶν, ἐξιστάναι 496c
καταπτήσσειν 742b
ταράσσειν 1336a
τήκειν 1348a
σαλεύειν *191a*

מוּג polel
ἀπορρίπτειν 140b
⟦εὐφραίνειν 581a⟧

מוּג hitpo.
σαλεύειν 1257c
σύμφυτος 1306c
τήκειν 1348a

מוּד polel
⟦σαλεύειν 1257c⟧

מוֹדַע
γνώριμος 273b

מוֹדַעַת
γνώριμος 273b

מוּזָר
φαντασιοκοπεῖν (מוּ' וּמְתָרֵא) *195a*

מוֹט qal
ἀδυνατεῖν 27c
κλίνειν 771a
μεθιστᾶν, μεθιστάναι, μεθιστάνειν 907b
μετακινεῖν 916a
μετατιθέναι 917a
πίπτειν 1135c
σαλεύειν 1257c
⟦ " *191a*⟧ → מוֹט ni.
σφάλλειν 1324c

מוֹט ni.
ἐκκλ(ε)ίνειν *173c*
ἐνδιδόναι 470b
ἐξαίρειν 485a
κινεῖν 765b

κλίνειν 771a, *182a*
μεταναστεύειν 916b
πίπτειν 1135c, *188c*
σαλεύειν 1257c (+Hb 3.6), *191a* (Si 13.21)
σφάλλειν *193b*
מוט hi.
ἐκκλ(ε)ίνειν 433c
πίπτειν 1135c
מוֹט
ἀναφορεύς 85c
πτῶσις *190c*
σάλος 1258a
מוֹטָה
δεσμός 292a
ζυγός, ζυγόν (מֹטוֹת עֹל, מֹטוֹת) 599a
κλοιός, κλοιόν(?) 772a
⟦σκῆπτρον 1273c⟧ → מַטֶּה
σύνδεσμος 1312c
מוּךְ qal
ἀπορεῖν 140a
πένεσθαι 1117a
ταπεινὸς εἶναι 1334b
ταπεινοῦν 1334c
מול I qal
ἀπερίτμητος 120c
ἔρχεσθαι 548b
κλίτος 771c
περικαθαίρειν 1123c
περικαθαρίζειν 1123c
περιτέμνειν (מול qal, qal הָיָה מוּל) 1127b
מול I ni.
περιτέμνειν (מול ni., תָּמַם לְהִמּוֹל) 1127b
περιτομή 1128a
מול II hi.
ἀμύνειν 67c
מוּל III, מוֹל
ἐγγύς, ἐγγίων, ἐγγύτατος, ἔγγιστα 363c
ἐξ ἐναντίας (אֶל מ׳ פְּנֵה־) 468b
ἐξ ἐναντίας κατά (אֶל מ׳) 468b
ἔχειν (מִמּ׳,מ׳) 586c
μέρος 911c (+ 1K 17.30*L*, 2C 4.10*L*)
⟦ὅριον 1012a⟧ → גְּבוּל ,גְּבֻל
πλησίον (מ׳, אֶל מ׳,מִמּ׳) 1148b
κατὰ (τὸ) πρόσωπον (אֶל מ׳ פָּנִים, מִמּ׳ פָּנִים) 1224a
συναντᾶν (לְמ׳) 1311a
σύνεγγυς 1313a
מוֹלֶדֶת
γενεά 236a
γένεσις 237a
γεννᾶν 237b
γίνεσθαι 256b
ἔκγονος 421c
ἐνδογενής (מוֹ׳ בַּיִת) 470b
ὁμοπάτριος (מוֹ׳ אָבִיךָ) 993c
πατρίς (מוֹ׳, מוֹ׳ אֶרֶץ) 1112a
συγγένεια, συγγενία 1298b
φυλή 1444b
מוּלָה
περιτομή 1128a
מוּם
μωμᾶσθαι 938b
μωμητός 938b
μῶμος 938b, *185c* (+Si 30[33].31)
*מוּמָה Ar.
*ὅρκος 1013c (To 9.3)
מוּסָב
πρόσθεμα 1216b
מוּסָד
ἔδαφος 367c
θεμέλιον, θεμέλιος 629b
מוּסָד
θεμέλιον, θεμέλιος 629b
θεμελιοῦν 629b
מוּסָדָה
διάστεμα, διάστημα 311c
מוֹסֵר
δεσμός 292a, *170c*
מוּסָר
ἀπαίδευτος (מוּ׳ + neg.) 115c
ἀπληστία (מוּ׳ + neg.) *167c*
*εὐκοσμία *177c* (Si 45.7)
νουθέτημα 950b
παιδ(ε)ία 1046c, *187a* (+Si 41.14)
παιδεύειν 1047a
⟦παιδευτής 1047c⟧ → יָסַר pi.
⟦σοφία 1278c⟧
⟦ " *191c*⟧ → חָכְמָה
σύνεσις *192c*
מוֹעֵד
βουλή 227c
§εμωηδ (הַמּוֹ׳) 461a
^ἑορτή 503a, *176a* (+Si 36[33].8; 50.6)
καιρός 706a, *180b*
καιρὸν ὡρῶν 706a
ὧραι καιρῶν 706a
μαρτυρία 896b
μαρτύριον 896b
§μωηδ 938a
*ὁρισμός *186c* (Si 33[36].10)
ὅρος 1017c
πανήγυρις 1052c
σημεῖον 1263b
συνταγή 1318a
τάσσειν 1337a
*χρόνος τακτός (מוֹ׳ רֶגֶל) 1333a, 1476b (Jb 12.5)
ὥρα 1493b
מוֹעָדָה
ἑορτή 503a
מוּעָדָה
ἐπίκλητος 523a
מוֹעֵצָה
⟦ἀσέβεια, ἀσεβία 169c⟧
βουλή 227c
⟦διαβουλία 299b⟧
διαβούλιον 299b
⟦ἐνθύμημα 473c⟧
⟦ἐπιθύμημα 520c⟧
ἐπιτήδευμα 535b
ὁδός 962b
מוּעָקָה
θλῖψις 652c
מוֹפֵת
θαυμάσιος *179a*
σημεῖον 1263b
τέρας 1345a
τερατοσκόπος 1345b
מֹץ, מוֹץ
ἄχυρον, ἄχυρος(?) 188a (+ Is 30.24)
κονιορτός 777c
χνοῦς 1471c
⟦χοῦς ("dust") 1473b⟧ → χνοῦς
מוֹצָא
ἄπαρσις 118a
*διεκβολή 328b (Ez 47.8)
διέξοδος 328b
ἐκπορεύεσθαι 439c
ἐξέρχεσθαι 491c
ἔξοδος 497b
⟦ἔπαρσις 508b⟧ → ἄπαρσις
πηγή (מוֹ׳ מַיִם) 1130b
πορ(ε)ία 1189a
ῥῆμα (מוֹ׳ פֶּה) *191a*
τόπος ὅθεν γίνεται 1364b
ὑδραγωγός (מוֹצָאֵי מַיִם) 1380c
מוֹצָאָה
ἔξοδος 497b
λυτρών 890c
מוּצָק
κονία 777c
ὁ ἐν (τῇ) στενοχωρίᾳ (ὤν) (אֲשֶׁר מוּ׳ לָהּ) 1288c
τάξις 1334b
χεῖν 1457c
מוּצָק
κατάχυσις 748c

מוּצָקָה
ἐπαρυστ(ρ)ίς 508b
χώνευσις 1481a
מוק hi.
⟦διανοεῖσθαι 306b⟧
מוֹקֵד
φρύγιον 1440b
מוֹקְדָה
καῦσις 757a
מוֹקֵשׁ
βρόχος 231b, *169c* (Si 51.3)
δυσκολία 357b
ἐνσκολιεύεσθαι (בְּמוֹ׳) 476c
ἰξευτής 686c
κοίλασμα 773a
παγίς, πακίς 1044b
ἐμπίπτει εἰς παγίδας 1044b
πρόσκομμα 1217a, *190b*
σκάνδαλον 1268b
σκληρότης 1274c
σκῶλον 1278b
σφάλμα 1325a
ὑποσκελίζειν (נָתַן מוֹ׳) 1416c
מוֹקֶשֶׁת
ἀντίπτωμα *167b*
מוֹר
σμύρνα, ζμύρνα 1278b
מור ni.
ἐκλείπειν 435c
מור hi.
ἀθετεῖν 29b
ἀλλάσσειν 55b, *166a*
⟦καταμετρεῖν 739b⟧ → מָדַד pi.
ταράσσειν 1336a
τιθέναι 1348c (Ho 4.7)
מוֹרָא
*δυνάστης 355b (Jb 36.22)
θαυμάσιος 627a
⟦ὅραμα 1004c⟧ → מַרְאֶה
τρόμος 1374c
φοβερός 1435c
φόβος 1435c, *195b*
מוֹרַג
ἅμαξα 60c
ἄροτρον 159c
τροχός 1376c
מוֹרָד
κατάβασις 729a
καταφερής 747b
ὁδός 962b
מוֹרֶה
ὑψηλός 1419b
מוֹרָה
ξυρόν 959c
σίδηρος 1266a
מוֹרָשׁ
ἄρθρον 156b
⟦ἔρημος 545a⟧
κατακληρονομεῖν 733b
κατοικεῖν 751c
מוֹרָשָׁה
κατάσχεσις 746b
κληρονομία 769a
κλῆρος 770a
מוֹרֶשֶׁת
κληρονομία 769a
מושׁ qal
ἀφιστᾶν, ἀφιστάναι, ἀφιστάνειν 184b, *169b*
ἐκλείπειν 435c
κινεῖν 765b
κλίνειν 771a
μεθιστᾶν, μεθιστάναι, μεθιστάνειν 907b
παύειν 1112b
χωρίζειν 1482b
ψηλαφᾶν 1485b
מושׁ hi.
*αἴρειν 34a
⟦κωλύειν 839b⟧
ποιεῖν ψηλαφᾶν 1154b
ψηλαφᾶν 1485b
מוֹשָׁב
διατριβή 314a
δίφρος 337c
καθέδρα 699c, *180a*
καταγίνεσθαι 730a
⟦κατάσχεσις 746b⟧ → κατοίκησις
κατοικ(ε)ία 755b
κατοικεσία 755b (+La 1.7)
κατοίκησις 755b
κατοικητήριον 755b
κατοικοδομεῖν 756a
οἰκητός 969b
οἰκία 969b
⟦παροίκησις 1071c⟧ → κατοίκησις
מוֹשְׁכוֹת
⟦φραγμός 1438b⟧ → מְשׂוּכָה
מוֹשָׁעוֹת
σῴζειν 1328b
מות qal
see also מֵת
ἀναιρεῖν 77b
ἀναλίσκειν 79b
ἀποθνήσκειν 128a, *168a*
ἀποκτείνειν, ἀποκτέννειν 135a
ἀπολλύειν, ἀπολλύναι 136c
γίνεσθαι ὁ ἀποθνήσκων 256c
ἐκλείπειν 435c
ἔκτρωμα 444b
ἐναποθνήσκειν 469a
θανατηφόρος 623b
θάνατος 623b, *179a*
θανατοῦν 625a
θνήσκειν 653c
θνητός 654a
*κοιμᾶν 773c (Si 48.11)
^μεταλλάσσειν τὸν βίον 916a (1E 1.31)
νεκρός 941b, *185a*
πίπτειν 1135c
συντελεῖν 1319b
⟦τεθνήκειν(?) 1339c⟧ → ἀποθνήσκειν
τελευτᾶν 1343b, *193b*
τελευτή 1344a
ὑπνοῦν *194b*
מות polel
ἀποκτείνειν, ἀποκτέννειν 135a
⟦ἐπιδιδόναι 519b⟧ → נָתַן qal
θάνατος 623b
θανατοῦν 625a
מות hi.
ᾅδης 24a
ἀναιρεῖν 77b
ἀποθνήσκειν 128a
ἀποκτείνειν, ἀποκτέννειν 135a
διαφθείρειν 314c
ἐκτρίβειν 444a
θάνατος 623b
θανατοῦν 625a
πατάσσειν 1103b
מות ho.
ἀναιρεῖν 77b
ἀποθνήσκειν 128a
ἀποκτείνειν, ἀποκτέννειν 135a
ἀπολλύειν, ἀπολλύναι 136c
ἔνοχος 476c
θανατοῦν 625a
προσαποθνήσκειν 1212b
τελευτᾶν 1343b
מָוֶת
ᾅδης 24a, *165b*
ἀποθνήσκειν 128a
θάνατος 623b, *179a* (+Si 36[33].14)
θανατοῦν 625a
θανάτωσις 625c
θνήσκειν 653c
τελευτή 1344a, *193b* (+Si 30[33].32)
מות Ar.
^*θάνατος 623b (1E 8.24)
מוֹתָר
*κατάλοιπος 738a (Nu 3.26)

*περίλοιπος 1124b (Ps 20[21].12)
⟦περισσ(ε)ία 1126b⟧ → יוֹתֵר ≈ περισσεύειν
περισσός, περιττός 1126c
מִזְבֵּחַ
§αμμαζειβι, αμμασβη (הַמִּ׳) 66a
βωμός 232c, *169c*
^θυσιαστήριον 666b, *179c*
*ἱλαστήριον 684c (2C 6.22*L*)
*στήλη 1290b (2C 33.3*L*)
מֶזֶג
κρᾶμα 782a
מָזֶה
τήκειν 1348a
מַזְהִירָה
⟦ἐκλάμπειν *173c*⟧
מָזוּ
ταμ(ι)εῖον, ταμίον 1334a
מְזוּזָה
ἀναπτύσσειν 81c
πρόθυρον 1206c
σταθμός 1286b
στοά 1291c
φλιά 1432c
מָזוֹן, also Ar.
τροφή 1376b
מָזוֹר I
*ἀλγηρός 52c (Je 37[30].13)
ὀδύνη 967a
מָזוֹר II
ἔνεδρον 472b
מֵזַח
ζώνη 601a
מַזְלֵג
κρεάγρα 784c
מִזְלָג
κρεάγρα 784c
מְזִמָּה
⟦βδέλυγμα 215b⟧
βουλή 227c
βουλὴ καλή 227c, 715b
διαβούλιον 299b, *171a*
διαλογισμός 305a
ἐγχείρημα 367b
ἐνθύμημα *175b*
ἔννοια 475c
⟦οὐδείς, οὐθείς (מְ׳ + neg.) 1028b⟧ → מְאוּמָה
παρανομία 1062b
παράνομος 1062b
φρόνιμος 1439b
מִזְמוֹר
ἀκρόαμα *166a*
μέλος *184b*
μουσικός *185c*
ψαλμός 1483b
ᾠδή 1492a
מַזְמֵרָה
δρέπανον 349a
מְזַמֶּרֶת
⟦ἧλος 607b⟧ → מַסְמְרוֹת ,מִסְמְרוֹת
מִזְעָר
μικρός 926c
ὀλίγος 986b, *186a*
ὀλιγοστός 986c, *186a*
מִזְרֶה
διασπορά 311a
λικμᾶν, λιχμᾶν 878b
מַזָּרוֹת
§μαζουρωθ 892a
מִזְרָח
ἀνατολή 83c
ἡλίου ἀνατολή 83c, 606b
מְזָרִים
ἀκρωτήριον 51c
מִזְרָע
σπείρειν 1282a
מִזְרָק
διυλίζειν (מִזְרָקִים) 337c
⟦ἐσχάρα 557c⟧
⟦καλυπτήρ 717b⟧ → דָּשֵׁן I qal ≈ τὸν καλυπτῆρα ἐπιτιθέναι
*σπονδεῖον 1285a (1C 28.17*L*)
φιάλη 1430a
מֵחַ
μυελοῦν, μυαλοῦν 936b
מֹחַ
μυελός 936b
מָחָא qal
ἐπικροτεῖν (מָ׳ כַּף qal) 523c
κροτεῖν 791c
מָחָא pi.
κροτεῖν 791c
מְחָא Ar. pe.
see also מְחָה pe.
πατάσσειν 1103b
מְחָא Ar. pa.
ἀντιποιεῖν 111c
מְחָא Ar. itpe.
πηγνύναι 1130c
מַחֲבֵא
κρύπτειν 791c
מְחַבְּרוֹת
δοκός 340a
στροφεύς 1297b
מַחְבֶּרֶת
συμβολή 1303b
מַחֲבַת
τήγανον 1347c
*τηγανιστόν (1C 23.29*L*)
מַחֲגֹרֶת
περιζωννύναι 1123b
מָחָה qal
ἀλοιφή 59b
ἀπαλείφειν 116b
ἀπονίπτειν 139a
ἀφαιρεῖν 180a
*διαφθείρειν 314c (4K 14.27*L*)
ἐκτήκειν *174a*
ἐξαλείφειν 486c
מָחָה ni.
ἐξαλείφειν 486c, *175c* (Si 44.13)
ἐπιλανθάνειν *176c*
מָחָה hi.
ἐξαλείφειν 486c
מְחָה Ar. pe.
see also מְחָא pe.
*τύπτειν 1378b (Da TH 5.19)
מְחוּגָה
κόλλα 776c
מָחוֹז
λιμήν 878c
מָחוֹל
συναγωγή 1309b
χαρά 1454b
χορός 1472c
מְחוֹלָה
χορός 1472c
מַחֲזֶה
ὅραμα 1004c
מֶחֱזָה
θύρα 662c
θύρωμα 664a
מְחִי
⟦λόγχη 887b⟧ → רֹמַח
מִחְיָה
ἐμβίωσις *174b*
ζῆν 594c
ζωή 599c
τὰ πρὸς ζωήν 599c
ὑπόστασις ζωῆς 599c, 1417a
ζωοποίησις 601c
περιποίησις 1125c
^*τροφή 1376b (1E 8.76, 77)
מְחִיר
ἀγοράζειν (לָקַח בִּמְ׳) 16b
ἄλλαγμα 55b
⟦ἀνάλλαγμα 79b⟧
ἀντάλλαγμα 108c, *167b*
*διάφορος *171b* (Si 7.8; 34[31].5; 42.5)
δωρεά 358c
δῶρον 359a
λύτρον 890a
μισθός 930a

מַחֲשָׁבָה 251

τιμή 1353a
χρῆμα 1474b
מַחֲלֶה
νόσος 949b
מַחְלָה
ἀρρώστημα *168b*
מַחֲלָה
μαλακία 894b
νόσος 949b
πόνος 1188b
מְחֹלָה
χορεύειν 1472b
χορός 1472c
מְחִלָּה
τρώγλη 1378a
מַחֲלֻיִים
*ἀρρωστία 160b (2C 24.25*L*)
μαλακία 894b
מַחֲלָף
^*θυΐσκη 659c (1E 2.13)
παραλλάσσειν 1061c
מַחְלָפוֹת
βόστρυχος 225c
σειρά 1262a
מַחֲלָצוֹת
περιπόρφυρος 1125c
ποδήρης 1153c
מַחְלְקָה Ar.
μερισμός 911c
^*φυλή 1444b (1E 1.4, 10)
מַחְלְקוֹת
μερίζειν 910c
מַחֲלֹקֶת
διαίρεσις 302c
διαμερισμός 306a
διάταξις 312c
*δόσις *172b* (Si 42.3)
ἐφημερία 585b
κλῆρος 770a
μερίς 911a, *184b*
μερισμός 911c
^*φυλή 1444b (1E 7.9)
מַחֲלַת
§μαελεθ 892a
מַחְמָד
αἱρετός *165c*
^ἔνδοξος 470c
ἐπιθύμημα 520c, *176c*
ἐπιθυμητός 520c
ἐπιθυμία (מַ׳ pl.) 521a, *176c*
ἐπίλεκτος 525a
*ἴδιος *180a* (Si 11.34)
ὡραῖος 1493c
מַחֲמֻדִּים
ἐπιθύμημα 520c
ἐπιθυμητός 520c

מַחְמָל
ὑπὲρ ὧς φείδονται 1426a
מַחְמֶצֶת
ζυμωτός 599b
מַחֲנֶה
⟦ἀγρός 17a⟧
*ἀτείχιστος 175b (Nu 13.20[19])
δύναμις 350a
⟦ἐκεῖ (בַּמַּ׳) 423c⟧
λαός 853b
⟦οἶκος 973a⟧
παράταξις 1064b
παρεμβάλλειν 1066b
παρεμβολή 1067b, *187c*
πόλεμος 1172a
*στρατοκῆρυξ (רֹנֵן בְּמַ׳) 1296a (II1K 22.36)
⟦συναγωγή 1309b⟧ → παρεμβολή
τάξις 1334b
מַחֲנַיִם
παρεμβολή 1067b
מַחֲסֶה, מַחְסֶה
ἀντιλήπτωρ 111a
βοηθός 223c
ἐλπίς 454a
ἔρεισμα 544c
καταφυγή 748b
πείθειν 1114b
σκέπη 1269a
φείδεσθαι 1426a
מַחְסוֹם
*φυλακή 1440c (Ps 38[39].1)
מַחְסוֹר
ἐλαττονοῦν, ἐλασσονοῦν 448a
ἐλάττων, ἐλάσσων, ἐλάχιστος 448b
ἐλάττωσις *174a*
ἐνδεής 469b
ἔνδεια 469b
ἐνδεῖσθαι 469c
ἐπιδεῖν ("to lack") 519a
ὑστέρημα 1418c
מָחַץ qal
βάλλειν 189c
⟦βάπτειν 190b⟧ → רָחַץ qal
ἐκθλίβειν 432a
βάλλειν θάνατον 623b
θλᾶν 652a
θραύειν 654b
καταγνύναι 730a
κατατοξεύειν 747a
παίειν 1048c
πατάσσειν 1103b
⟦στρωννύειν, στρωνύναι 1297b⟧ → τιτρώσκειν
συνθλᾶν 1316a

συντρίβειν *193a*
*τιτρώσκειν 1362a (Jb 26.12)
⟦[τρίβειν] *194a*⟧ → συντρίβειν
מַחַץ
ὀδύνη 967a
מַחְצֵב
*λατομεῖν (4K 12.13*L*)
λατομητός 862c
τετράπεδος 1347b
מֶחֱצָה
ἡμίσευμα 618c
מַחֲצִית
ἡμίσευμα 618c
ἥμισυς 618c
^*μεσημβρινός (מַ׳ יוֹם) 912c (1E 9.41)
⟦μέσος 913a⟧ → ἥμισυς
⟦μεσοῦν 913c⟧ → ἥμισυς
מָחַק qal
ἀποτρίβειν 149c
διηλοῦν 330a
*συνθλᾶν 1316a (Jd 5.26*L*)
מֶחְקָר
πέρας 1120a
מָחָר
αὔριον (יוֹם מָ׳, מָ׳) 179a, *169a*
ἐπαύριον 508c
מַחֲרָאָה
λυτρών 890c
מַחֲרֵשָׁה
δρέπανον 349a
θερίβειν 648c
מַחֲרֶשֶׁת
*θεριστήριον 649a (1K 13.20*L*)
θέριστρον 649a
מָחֳרָת
αὔριον 179a
ἐπαύριον 508c
εχεῖν 586c
מַחְשֹׂף
περισύρειν 1127b
מַחֲשָׁבָה
⟦ἁμαρτία 62a⟧
⟦ἀποστέλλειν 141b⟧
ἀρχιτεκτονεῖν 166a
τὸν ἔργον τῆς ἀρχιτεκτονίας 166b
βουλή 227c
διαλογισμός 305a, *171a* (+Si 36 [33].5)
διανοεῖσθαι (יֵצֶר מַחֲשָׁבוֹת) 306b
διανόημα 306c
διανόησις 306c
διάνοια 306c
ἐνθύμημα (יֵצֶר מַחֲשָׁבוֹת) 473c
λογισμός 881a, *183c*
ποικιλία 1168c

מַחֲשֶׁבֶת
βουλή *169c*
διανόησις 306c
⟦ἐξαποστέλλειν 488a⟧ → XXX ≈ ἀποστέλλειν
λογισμός 881a
μηχανεύειν 925c
σοφία 1278c

מַחְשָׁךְ, מַחֲשָׁךְ
σκοτ(ε)ινός 1276a
σκοτίζειν 1276b
σκότος 1276b
⟦σκοτοῦν 1277a⟧ → σκοτίζειν
ταλαιπωρία 1333a

מַחְתָּה
ἐπαρυστ(ρ)ίς 508b
θυΐσκη 659c
πυρεῖον, πυρίον 1245b, *191b* (Si 50.5)
ὑπόθεμα 1413c

מְחִתָּה
ἀλλοτρίωσις 57c
δειλία 286c
ἐγκότημα 366c
πτοεῖν 1238c
συντριβή 1322a
τρόμος 1374c

מַחְתֶּרֶת
διόρυγμα 336c

מְטָא, מְטָה Ar. pe.
ἐγγίζειν 362b
παρεῖναι 1065c
φθάν(ν)ειν 1429b

מַטְאֲטֵא
βάραθρον 190c

מַטְבֵּחַ
σφάζειν 1324b

מְטָה Ar. pe.
see מְטָא, מְטָה pe.

מַטֶּה
βακτηρία 189c
ζυγός, ζυγόν 599a
⟦θυμός 660c⟧
*πῆξις *188c* (Si 41.19)
πληγή 1142b
ῥάβδος 1247a
σκῆπτρον 1273c, *191b*
στήριγμα, στήρισμα 1290c
φυλή 1444b, *195c*

מַטָּה
κάτω, κατώτερον, κατωτάτω (לְמַ׳,מַ׳) 756c
κάτωθεν (מִלְּמַ׳) 756c
κουφίζειν (חָשַׂךְ לְמַ׳ מִן) 781a
ὑποκάτω (לְמַ׳) 1413c

מִטָּה
δίφρος 337c
κλίνη 771b, *182a*
*κοίτη 775b (2K 4.7*L*)

מֻטֶּה, מֻטָּה
ἀδικία 25b
⟦πῆξις *188c*⟧

מַטְוֶה
νήθειν 944b

מְטִיל
χυτός 1480b

מַטְמוֹן
ἀπόκρυφος 134c, *168a*
θησαυρός 651c

מַטְמֹנֶת
ἀπόκρυφος *168a*

מַטָּע
φυτ(ε)ία 1446c
φύτευμα 1447a
φυτόν 1447a

מַטְעָם
ἔδεσμα *172b*

מַטְעַמּוֹת
βρῶμα 231b
ἔδεσμα 368a

מַטְעַמִּים
βρῶμα *169c*
ἔδεσμα 368a

מִטְפַּחַת
*ἐπίβλημα 517b
ἐπιβόλαιον (מִטְפָּחוֹת) 517b
περίζωμα 1123a

מָטַר ni.
βρέχειν 230c

מָטַר hi.
βρέχειν 230c
ἐπάγειν ὑετόν 503c, 1384a
ἐπιβρέχειν 517c
νίπτειν 945c
⟦ῥίπτειν, ῥιπτεῖν 1252b⟧ → νίπτειν
ὕειν 1384a
ὑετίζειν 1384a

מָטַר ho.
*βρέχειν 230c (Ez 22.24)

מָטָר
ὑετός 1384a, *194a*

מַטָּרָה
§αματταρι 65a
§αρματταρει, αματταρι (לְמַ׳) 159a
§λααρματταραι (לְמַ׳) 840a
σκοπός 1275c
φυλακή 1440c

מַי
⟦θάλασσα 621a⟧ → יָם
⟦κῦμα 799a⟧

מִי
⟦οὐδείς, οὐθείς 1028b⟧ → τίς
ὀφ(ε)ίλειν (מִי יִתֵּן) 1039a
εἰ γὰρ ὄφελον (מִי יִתֵּן) 1039a
ποῖος 1170a
τις 1354a, *193c*
ἐάν/εἴ τις 1354a
τίς 1355c, *193c*

מֵיטָב
ἀγαθός, ἀγαθώτερος 2a
βελτίων, βέλτιστος 217b
κρείσσων, κρείττων, κράτιστος 785a

מִיכָל
?μικρός 926c

מַיִם
ἄνυδρος (בְּלִי־מַ׳) 112a
⟦ἔθνος 368b⟧ → עַם, עָם I
⟦ἡμέρα 607b⟧ → יוֹם
οὖρον (מֵימֵי רַגְלַיִם) 1034b
πηγή (מוֹצָא מַ׳) 1130b
πότος 1198a
ποτός 1198a
ὑγρασία 1380c
ὑδραγωγός (מוֹצָאֵי מַ׳) 1380c
ὑδροποτεῖν (מַ׳ שָׁתָה) 1381a
ὑδροφόρος (שֹׁאֵב מַ׳) 1381a
^ὕδωρ 1381a, *194a* (+Si 40.11)
ὑετός 1384a

מִין
γένος 239b, *170a*
καὶ τὰ ὅμοια αὐτῷ (לְמִינָהּ, לְמִינֵהוּ) 992b
⟦καὶ τὰ ὅμοια αὐτῶν (לְמִינוֹ, לְמִינָהּ) 992b⟧ → καὶ τὰ ὅμοια αὐτῷ
ὁμοιότης 993a
ὅμοιος *186b*
ποικιλία *189b*

מִיץ qal
ἀμέλγειν 65b
ἐκπιέζειν, ἐκπιάζειν, ἐκπιαζεῖν 439a
ἐξέλκειν, ἐξελκύειν 491a

מִישׁ qal
αἴρειν 34c
διαλείπειν 304b
ἐκλείπειν 435c
ἐκπορεύεσθαι 439c
κινεῖν 765b
παρέρχεσθαι 1068c
ψηλαφᾶν 1485b

מִישֹׁר, מִישׁוֹר
εὐθύς (adj.) 571a
εὐθύτης 571b, *177c* (Si 51.15)

κατευθύνειν 750b
κατορθοῦν 756b
§μ(ε)ισωρ 908b
ἡ πεδ(ε)ινή 1113a
πεδίον 1113b
מֵישָׁרִים
ἀλήθεια 53a
δικαιοσύνη 332c
εὐθύς (adj.) 571a
εὐθὺς ὁδός 571a
εὐθύτης 571b
κατευθύνειν 750b
κατορθοῦν 756b
ὀρθ(ρ)ός 1010c
συνθήκη 1316a
*מִית Ar. pe.
*ἀποθνήσκειν 128a (To 14.1)
מֵיתָר
δέρρις 291c
κάλος 716c
⟦κατάλοιπος 738a⟧ → מוֹתָר
⟦περίλοιπος 1124b⟧ → מוֹתָר
⟦περισσός, περιττός 1126c⟧ → מוֹתָר
σχοίνισμα 1328a
מָךְ
*ἥσυχος 620b (Si 25.20)
ταπεινός *193a*
מַכְאֹב, מַכְאוֹב
ἀλγηδών 52b
ἄλγημα 52c
ἄλγος 52c
*βάσανος 191c (2C 6.29*L*)
⟦ἐπίπονος (עַל מַ׳) 527a⟧ → πόνος
διαφθορά 315a
μαλακία 894b
μάστιξ 898b
ὀδύνη 967a
πληγή 1142b
πόνος 1188b (Je 51.33 [45.3]), *189c*
מַכְבֵּר
§μαχβαρ 900c
*στρῶμα 1297b (4K 8.15*L*)
מִכְבָּר
ἐσχάρα 557c
παράθεμα 1059c
⟦περίθεμα 1123b⟧ → παράθεμα
מַכָּה
ἐπαγωγή *176a*
κοπή 778b
μάστιξ 898b, *184a* (Si 40.9)
νόσος 949b
πατάσσειν 1103b
πληγή 1142b, *189a*
σύντριψις 1322c
τροπή 1375a
מִכְוָה
κατάκαυμα 733a
מָכוֹן
ἀσφάλεια, ἀσφαλία 174b
⟦ἕδρασμα 368b⟧
ἑτοιμασία 564c
ἕτοιμος 564c
κατόρθωσις 756b
πόλις *189b*
σκέπη *191b*
^τόπος 1364b, *193c*
מְכוֹנָה
βάσις 214b
ἕτοιμος 564c
κατοικία *181c*
§μεχωνωθ 918c
παροικία *188a*
ὑπάρχειν *194a*
מְכוֹעָר
ἀπόρρητος *168a*
מְכוּרָה, מְכוֹרָה
ἴδιος 673b
λαμβάνειν 847a
ῥίζα 1251c
מָכַךְ qal
ταπεινοῦν 1334c
מָכַךְ ni.
ταπεινοῦν 1334c
מִכְלָה I
καθαρός 698c
מִכְלָה II
⟦βρῶσις 231c⟧
ποίμνιον 1169c
מִכְלוֹל
εὐπάρυφος 576a
⟦εὐπόρφυρος 576b⟧ → εὐπάρυφος
⟦θώραξ 668c⟧
מִכְלָל
εὐπρέπεια, εὐπρεπία 576b
מַכֹּלֶת
§μαχαλ 900c
מִכְמַנִּים
ἀπόκρυφος 134c
מִכְמָר, מִכְמֹר
ἀμφίβληστρον 67c
ἡμίεφθος 618c
מִכְמֶרֶת, מִכְמֹרֶת
ἀμφίβληστρον 67c
ἀμφιβολεύς (פָּרַשׂ מ׳) 68a
σαγήνη 1257a
מְכֻנָה
§μεχωνωθ (מְכֹנוֹת ,מ׳) 918c
מִכְנָס
περισκελής 1126a, *188c*
⟦περισκέλιον 1126a⟧ → περισκελής
מֶכֶס
τέλος 1344a
מִכְסָה
ἀριθμός 156c
τέλος 1344a
מִכְסֶה
⟦γλύμμα 271a⟧ → κατακάλυμμα
διφθέρα 337c
ἐπικάλυμμα 522b
κάλυμμα 716c
κατακάλυμμα 732c
στέγη 1288a
מְכַסֶּה
κατακάλυμμα 732c
περιβόλαιον 1122b
⟦συμβολή 1303b⟧
מַכְפֵּלָה
διπλοῦς 337a
τὸ διπλοῦν σπήλαιον 337a, 1284b
מָכַר qal
ἀποδιδόναι 126b
⟦διδόναι 317b⟧
⟦κτᾶσθαι 793b⟧
πιπράσκειν 1135c
ποιεῖν + πρᾶσιν (= מִמְכָּר) 1154a (Ne 13.20)
πρᾶσις 1200c
πωλεῖν 1246b
מָכַר ni.
ἀποδιδόναι 126b
παραδιδόναι 1058a
πιπράσκειν 1135c
πωλεῖν 1246b
מָכַר hit.
πιπράσκειν 1135c
מֶכֶר
πρᾶσις 1200c
τιμή 1353a
מִכְשׁוֹל
ἀσθένεια 172a
⟦ἀσθενεῖν 172a⟧ → כָּשַׁל ho.
βάσανος 191c
κόλασις 776b
πτῶμα 1239a
πτῶσις *190c*
σκάνδαλον 1268b
σκῶλον 1278b
מַכְשֵׁלָה
ἀσθενεῖν 172a
מִכְתָּב
*ἀπογραφή 126a (2C 35.4*L*)
γράμμα 275a
^γραπτόν 275c

γραφή 277c
*ἐγγραφή (2C 21.12*L*)
מִכְתָּם
στηλογραφία 1290b
מַכְתֵּשׁ
⟦ἡ κατακεκομμένη (הַמּ׳) 734b⟧ → כָּתַשׁ pu. ≈ κατακόπτειν
λάκκος 841a
*ὅλμος 987c (Jd 15.19*L*)
*מַכְתֵּשׁ Ar.
*μάστιξ 898b (To 13.14)
מָלֵא I qal
⟦ἀναθάλλειν *166c*⟧
ἀναπληροῦν 81b
γένειν 235c
ἐμπιπλᾶν, ἐμπι(μ)πλάναι, ἐμπλήθειν 457a
ἐπακολουθεῖν *176a*
ἐπισυνάγειν 534a
καταριθμεῖν 743a
⟦κατασκεύασμα *181c*⟧
⟦λαμβάνειν 847a (IIK 18.33[34])⟧
πιμπλάναι 1133b, *188c*
⟦πληθύ(ν)ειν 1144b⟧ → πιμπλάναι
πλήρης 1147a
πλήρης εἶναι 1147a
πληροῦν 1147c
πληροφερεῖσθαι 1148b
πλήρωσις 1148b
⟦συμπληροῦν 1305c⟧ → πληροῦν
συντελεῖν 1319b
τολμᾶν (מָ׳ לֵב qal) 1363b
מָלֵא I ni.
ἀναπληροῦν 81b
ἐμπιπλᾶν, ἐμπι(μ)πλάναι, ἐμπλήθειν 457a
πιμπλάναι 1133b
πληθύ(ν)ειν 1144b
⟦πλήρης 1147a⟧ → מָלֵא I qal
πληροῦν 1147c
σφόδρα 1325a
*φθείρειν 1429c (Jb 15.32)
מָלֵא I pi.
ἀναπληροῦν 81b
^ἀναπλήρωσις 81b
^ἐμπιπλᾶν, ἐμπι(μ)πλάναι, ἐμπλήθειν 457a
ἐπακολουθεῖν (מָ׳ אַחַר pi.) 505b
⟦ἔργον 541c⟧ → מְלָאכָה
καθυφαίνειν 704c
καλύπτειν *181a*
μέγα 902c
πιμπλάναι 1133b
πλήρης 1147a
πληροῦν 1147c, *189a* (+Si 30[33].25)
πορεύεσθαι 1189a, *189c*
*προσκεῖσθαι (מ׳ אַחַר pi.) 1216c (De 1.36)
^συμπλήρωσις 1305c
συνεπακολουθεῖν 1313c
συντελεῖν 1319b
συνυφαίνειν 1322c
τελειοῦν (מָ׳ אֶת־יָדוֹ pi.) 1343a
מָלֵא I pu.
πληροῦν 1147c
מָלֵא I hit.
κατατρέχειν 747a
מָלֵא II
ἄξιος 113a
γένειν 235c
ἐμπιπλᾶν, ἐμπι(μ)πλάναι, ἐμπλήθειν 457a
μεστός 913c
πλήρης 1147a, *189a* (+Si 42.16)
πληροῦν 1147c, *189a*
πλήρωσις 1148b
מְלָא Ar. pe.
πληροῦν 1147c
מְלָא Ar. itpe.
πιμπλάναι 1133b
מְלֹא
δράξ (מְ׳ כַף) 348c
ἐμπιπλᾶν, ἐμπι(μ)πλάναι, ἐμπλήθειν 457a
⟦ἐνοικεῖν 476a⟧
ἱστάναι, ἱστᾶν (מְ׳ קוֹמָה) 689a
κατοικεῖν 751c
πιμπλάναι 1133b
πλῆθος 1142c
πλήρης 1147a
πληροῦν 1147c
πλήρωμα 1148b
πλήρωσις 1148b
מִלֹּא
see מִלֹּא, מִלּוֹא
מְלֵאָה
ἅλων, ἅλως 60a
*ἀπαρχὴ ἅλωνος 118b (Ex 22.29 [28])
ἀφαίρεμα 181a
⟦γέ(ν)νημα 238c⟧
κυοφορεῖν 799b
מִלֻּאִים
γλυφή 271b
πλήρωσις 1148b
τελείωσις 1343a
ἡ θυσία τῆς τελειώσεως 1343a
ὕφασμα (מִלֻּאָה) 1419a
מַלְאָךְ
^ἄγγελος 7b, *165a*
ἀνήρ 88a
κατασκοπεύειν 745a
⟦παῖς 1049a⟧
⟦παρακαλεῖν 1060a⟧
πρέσβυς 1201b
מַלְאַךְ Ar.
ἄγγελος 7b
מְלָאכָה
⟦αἴνεσις 33c⟧
γεωργεῖν (עָשָׂה מְלֶאכֶת שָׂדֶה) 240b
γραμματεύς (עָשָׂה מְ׳) 275b
ἐργάζεσθαι, ἐργάζειν 540c
ἐργασία 541b, *177b*
ἐργάσιμος 541c
^ἔργον 541c, *177b* (+Si 3.17; 30 [33].33)
ἐφημερία 585b
*κατασκεύασμα *181c* (Si 35[32].6)
κατασκευή 744b
κατεργασία 749b
ἔργον λατρευτός 863b
λειτουργ(ε)ία 873b
παρακαταθήκη 1060c
πραγματ(ε)ία 1200b
πραγματεύεσθαι (עָשָׂה מְ׳) 1200b
מַלְאָכוּת
ἄγγελος 7b
מִלֵּאת
πλήρωμα 1148b
מַלְבּוּשׁ
ἔνδυμα 471c
ἱμάτιον 685a
ἱματισμός 686a
περιβόλαιον 1122b
στολισμός 1292b
מַלְבֵּן
πλινθεῖον, πλινθίον 1150a
⟦πλίνθος 1150a⟧ → לְבֵנָה
מִלָּה, also Ar.
ἀπόκρισις 134b
δόλος 340b
θρύλ(λ)ημα 656b
λαλεῖν 841c
λέξις 873c
λόγος 881c
πρᾶγμα 1199c
προσταγή 1219c
πρόσταγμα 1219c
ῥῆμα 1249a
מִלּוֹ
⟦ἴσος 688c⟧
מִלּוֹא
πλήρης 1147a
πλήρωμα 1148b
מִלֹּא, מִלּוֹא
ἄκρα 50b
ἀνάλημμα 79b

מְלוּאָה
⟦κατασκεύασμα *181c*⟧
מַלּוּחַ
ἅλιμον 54b
מְלוּכָה
βασιλ(ε)ία 192a
βασιλεύειν 194c
βασιλεύς 197a
βασιλικός 214a
מָלוֹן
καταλύειν 738b
κατάλυμα 738c
παρεμβολή 1067b
σταθμός 1286b
στρατοπεδ(ε)ία 1296a
מְלוּנָה
ὀπωροφυλάκιον 1004b
מָלַח qal
ἁλίζειν 54b
מָלַח pu.
μιγνύναι 926c
σκευάζειν *191b*
מָלַח ho.
ἁλίζειν 54b
ἅλς, ἅλα(ς) 59b
*מְלַח Ar. pe.
*ἁλίζειν 54b (To 6.6)
מְלַח Ar.
^ἅλς, ἅλα(ς) 59b
מֶלַח I
ἅλμη *166b*
^ἅλς, ἅλα(ς) 59b, *166b*
ἁλυκός 60a
§γαιμελα (גֵּי־מֶ׳) 233b
§γεμελεδ (גֵּי־מֶ׳) 236a
§μαλα 894b
מֶלַח II
*σχοινίον 1328a (Je 45[38].11)
מַלָּח
ἐπιβάτης 516b
κωπηλάτης 840b
ναυτικός 940a
מְלֵחָה
ἅλμη 59a
ἁλμυρίς 59a
ἁλμυρός 59a
מִלְחָמָה
⟦ἀθῷος 30a⟧
ἀντίκεισθαι (אִישׁ מִ׳) 110c
ἀντιπολεμεῖν (אִישׁ מִ׳) 111c
⟦δύναμις 350a⟧
⟦θυμός 660c⟧ → חֵמָה I
⟦κεῖσθαι (אִישׁ מִלְחָמוֹת) 758b⟧ → ἀντίκεισθαι
μάχη 901a
μαχητής (אִישׁ מִ׳) 901a
μάχιμος (אִישׁ מִ׳) 901b
μητρόπολις (עִיר מִ׳) 925c
ὁπλομάχος 1003c
παράταξις 1064b
παρατάσσειν (אָסַר מִ׳) 1064c
πολεμεῖν 1170b
πολεμία 1171b
πολεμικός 1171b
πολέμιος 1171b
πολεμιστής (מִ׳, תָּפַשׂ מִ׳) 1171c
^πόλεμος 1172a, *189b*
מָלַט ni.
ἀνασῴζειν 83a
*ἀπέρχεσθαι 121a (1K20.29*L*)
⟦διαβαίνειν, διαβέννειν 298a⟧
διαλανθάνειν 304b
διασῴζειν 312b
διαφεύγειν 314b
ἐκσπᾶν 441b
ἐκφεύγειν *174a*
ἐξαιρεῖν 484b, *175c*
⟦περισῴζειν 1127b⟧ → σῴζειν
ῥύεσθαι 1254b
σῴζειν 1328b
מָלַט pi.
ἀνασῴζειν 83a
διασῴζειν 312b
ἐξαιρεῖν 484b, *175c*
⟦εὑρίσκειν 576c⟧
ῥύεσθαι 1254b
σῴζειν 1328b
מָלַט hi.
σῴζειν 1328b
τίκτειν 1351c
מָלַט hit.
διαρριπτεῖν, διαρρίπτειν 309c
⟦ἔχειν 586c⟧
מְלִילָה
στάχυς 1287b
מְלִיצָה
ἑρμην(ε)ία *177b*
σκοτεινὸς λόγος 881c, 1276a
מָלַךְ qal
βασιλ(ε)ία 192a
^βασιλεύειν 194c, *169a*
βασιλεύς 197a
κρατεῖν 783a
מָלַךְ ni.
βουλεύειν 227a
מָלַךְ hi.
^*ἀναδεικνύειν βασιλέα 76c, 197a (1E 1.32, 35[4], 44[10])
βασιλεύειν (מָ׳ hi., מָ׳ מֶלֶךְ hi.) 194c
γίνεσθαι βασιλεύς 197a, 256c
καθιστάναι (εἰς) βασιλέα 197a, 703a
χρίειν εἰς βασιλέα 197a
⟦διδόναι 317b⟧
מָלַךְ ho.
βασιλεύειν 194c
*מְלַךְ Ar. pe.
*βασιλεύειν 194c (To 1.21)
מֶלֶךְ, also Ar.
ἀβασίλευτος (מֶ׳ + neg.) 1a
ἄρχων 166b
ὁ ἄρχων βασιλείας 166b
βασιλ(ε)ία (מֶ׳, מְדִינוֹת מֶ׳, בֵּית מֶ׳) 192a
βασίλειον (בֵּית מֶ׳) 194b
^βασιλεύειν (מֶ׳, הָיָה מֶ׳, מָלַךְ מֶ׳ hi.) 194c
^βασιλεύς 197a, *169a*
^βασιλικός (מֶ׳, בֵּית מֶ׳) 214a
⟦ " (לִפְנֵי מֶ׳) 214a⟧
^*τὰ βασιλικά (רְכוּשׁ מֶ׳) 214a (1E 1.7)
βουλή 227c (Ec 2.12 Aramaizing)
ἡγεῖσθαι 602c
στρατηγός 1295b
מְלַךְ Ar.
βουλή 227c
*ὑστεροβουλία 1418c (Pr 24.71 [31.3] Aramaizing)
מֹלֶךְ
ἄρχων 166b
βασιλεύς 197a
§μελχο 909c
מַלְכֹּדֶת
σύλληψις 1302c
מַלְכָּה, also Ar.
βασίλισσα 214a
γυνή 278b
מַלְכוּ Ar.
^βασιλ(ε)ία (מַ׳, שָׁלְטָן מַ׳) 197a
βασίλειον 194b
βασιλεύειν 194c
βασιλεύς 197a
βασιλικός 214a
θρόνος 655b
ὁ τόπος τοῦ θρόνου 655b, 1364b
מַלְכוּת
^βασιλ(ε)ία (מַ׳, מְדִינוֹת מַ׳) 192a, *169a*
βασίλειον (בֵּית מַ׳) 194b
^βασιλεύειν (מַ׳, נָגַע לְמַ׳ hi.) 194c
^βασιλεύς 197a
⟦ " *169a*⟧
βασιλικός (מַ׳, דְּבַר מַ׳) 214a
ἐνθρονίζεσθαι (יָשַׁב עַל כִּסֵּא מַ׳) 473c

⟦ἡδύς 604c⟧
מַלְכָּם
§μολχολ, μολχομ 932c
מִלְכֹּם
βασιλεύς 197a
מְלֶכֶת
βασίλισσα 214a
מָלַל qal
ἀποπίπτειν 139c
ἐκπίπτειν 439b
ἐπιπίπτειν 526b
σημαίνειν 1263a
מָלַל ni.
ἀποξηραίνειν 139b
מָלַל pi.
ἀναγγέλλειν 74a
λαλεῖν 841c, *183a*
מָלַל polel
ἀποπίπτειν 139c
מָלַל I hitpo.
ἀσθενεῖν 172a
מְלַל Ar. pa.
εἰπεῖν, ἐρεῖν 384a
⟦ἐπηχεῖν(?) 511b⟧ → XXX ≈ ἐπακούειν
λαλεῖν 841c
*λέγειν 863c (To 12.8)
מַלְמֵד, מַלְמָד
ἀροτρόπους, ἀρατρόπους 159c
ἄροτρον *168b*
מָלַץ ni.
γλυκύς 271a
מָלַק qal
ἀποκνίζειν 132c
מַלְקוֹחַ
λαμβάνειν 847a
λάρυγξ 862c
σκῦλον 1277b
מַלְקוֹשׁ
ὄψιμος 1044b
מַלְקָחַיִם, מֶלְקָחַיִם
ἐπαρυστήρ 508b
ἐπαρυστ(ρ)ίς 508b
λαβίς 840a
מַלְתָּעוֹת
μύλη 936c
מַמְּגֻרָה
ληνός 875c
מֵמַד
*κάλαμος 712b (Ez 42.20)
μέτρον, μέτρος 918b
מַמּוֹן
χρυσίον *196c*
מָמוֹת
θάνατος 623b
θανατοῦν 625a
מַמְזֵר
ἀλλογενής 55c
ἐκ πόρνης 1195a
מִמְכָּר
διάπρασις 308b
πρᾶσις 1200c, *190a*
מִמְכֶּרֶת
πρᾶσις 1200c
מַמְלֶכֶת, מַמְלָכָה
ἀρχή 163c
βασιλ(ε)ία 192a, *169a*
βασίλειον 194b
βασίλειος 194c
βασιλεύειν 194c
βασιλεύς 197a, *169a*
βασίλισσα 214a
νομός 949b
מַמְלָכוּת
βασιλ(ε)ία 192a
βασιλεύς 197a
מַמְלֶכֶת
see מַמְלֶכֶת, מַמְלָכָה
מִמְסָךְ
κέρασμα 760b
*πότος 1198a (Pr 23.30)
מֶמֶר
ὀδύνη 967a
מַמְרוֹרִים
πικρία 1132c
מִמְשָׁל
δυναστ(ε)ία 354c
κυρ(ε)ία 799c
κυριεία 800a
מֶמְשֶׁלֶת, מֶמְשָׁלָה
*ἀνάδειξις 76c (Si 43.6)
ἀρχή 163c
βασιλ(ε)ία 192a
δεσποτ(ε)ία 292c
δυναστ(ε)ία 354c
ἐξουσία 500c, *176a*
ἡγεμονία *179a*
κατάρχειν 743c
οἰκονομία 973a
στρατ(ε)ία 1295c
מַמְתַקִּים
^γλύκασμα 270c
γλυκασμός 270c
מָן
§μαν 895a
§μαννα 895c
מַן Ar.
ὅσος (מַן־דִּי) 1019a
ποῖος (מַן־הוּא) 1170a
^τίς 1355c
מֵן
χορδή 1472b
מִן, also Ar.
διά + acc. *171a*
ἐκ *173b* (– Si 10.17)
ἐκεῖθεν (מִן־תַּמָּה) 427b
ἐκτός (לְבַד מִן) 443c
ἔμπροσθε(ν) (מִן־קֳדָם, מִן קַדְמַת דְּנָה) 459b
ἐν *174b*
ἐναντίον *175a*
ἐξόπισθε(ν) (מִן־אַחֲרֵי) 500a
ἔξωθεν (מִן הַחוּץ) 502b
ἐπάνω (עֵלָּא מִן־) 507b
ἐπί + gen. *176b* (– Si 51.9)
" + dat. *176b*
" + acc. *176b*
ἤ *178a*
⟦κατέναντι *181c*⟧
μᾶλλον ἤ *178a*
μέρος 911c
*οὐδαμοῦ 1028a (Jb 21.9)
παρά + gen. *187b*
" + acc. *187b*
πάρεξ, παρέξ (לְבַד מִן) 1068c, *187c*
περί + gen. *188b*
πλήν 1145c
πρό *190a*
ἀπὸ (τοῦ) προσώπου 1223c
ἐκ (τοῦ) προσώπου (מִן קֳדָם) 1223c
κατὰ (τὸ) πρόσωπον (מִן קֳדָם) 1224a
τις (יֵשׁ־מִן) *193c*
ὑπέρ + gen. *194b*
" + acc. *194b*
ὑπεραίρειν (פָּלָא מִן ni.) *194b*
ὑποκάτωθεν (מִן־תְּחוֹת) 1414b
מְנָא Ar.
§μανη (מְנֵא) 895b
מַנְגִּינָה
ψάλλειν *196a*
*ψαλμός 1483b (La 3.63)
מִנְדָּה Ar.
φόρος 1438a
מַנְדַּע Ar.
σύνεσις 1314a
φρήν 1438c
φρόνησις 1439a
מַנְדֵּעַ
see מַנְדֵּעַ, מַדַּע
*מִנְדְּעַם Ar.
*οὐδείς 1028b (To 1.20)
מָנָה I qal
⟦ἀλλάσσειν 55b⟧
ἀριθμεῖν 156b
*ἀριθμός 156c (Jd 11.33B)

ἐξακριβάζεσθαι 486c
ἐξαριθμεῖν 489c
⟦διαλογισμός *171a*⟧
λογισμός *183c*
παραδιδόναι 1058a

מָנָה I ni.
ἀναρίθμητος (מָ׳ ni. + neg. + סָפַר וְ־ + neg.) 81c
ἀριθμεῖν 156b
ἐξαριθμεῖν 489c
λογίζεσθαι 880a

מָנָה I pi.
⟦ἀναδεικνύειν 76c⟧ → ἀποδεικνύειν
*ἀποδεικνύειν 126a (Da LXX 1.11)
διατάσσειν 313a
⟦διδόναι 317b⟧ → מָנָה I pu.
ἐκτάσσειν 442a
καθιστάναι 702c
προστάσσειν, προστάττειν 1220c

מָנָה I pu.
*διδόναι 317b
καθιστάναι 702c

מָנָה II
^*ἀποστολή 145a
*διαμερισμός 306a (Mi 7.12)
μερίς 911a (+Na 3.8), *184b* (Si 26.3)

מְנָה Ar. pe.
ἀριθμεῖν 156b
μετρεῖν 918a

מְנָה Ar. pa.
^*ἀναδεικνύειν 76c (1E 8.23)
καθιστάναι 702c

מָנֶה
§^μνα 931a

מִנְהָג
ἄγειν 9a
*ἀγωγή 18c (4K 9.20*L*)

מִנְהָרָה
μάνδρα 895a
τρυμαλιά 1377b

מָנוֹד
κίνησις 765c

מָנוֹחַ
ἀνάπαυσις 80c
κατάπαυσις 741a
στάσις 1286c

מְנוּחָה
ἀναπαύειν 80b
ἀνάπαυμα 80c
ἀνάπαυσις 80c, *166c*
κατάπαυσις 741a

מָנוֹס
καταφυγή 748b
φυγή 1440b

מְנוּסָה
φεύγειν 1428b
φυγή 1440b

מָנוֹר
ἀντίον 111b
μέσακλον 912c

מְנוֹרָה
λαμπάδιον, λαμπαδεῖον 852c
λυχνία 891a, *183c* (Si 26.17)

מִנְחָה, also Ar.
δῶρον 359a
^θυσία 664a, *179c*
θυσίασμα 666a
§μαανα 891a
§μανα 895a
§μαναα(ν)(?), μανααμ 895a
§μαναχ 895a
§μαννα 895c
§μανναειμ 896a
ξένιον 956b
ὁλοκαύτωμα 987c
προσφορά 1223b

מְנִי
τύχη 1379c

מִנְיָן Ar.
^ἀριθμός 156c

מָנַע qal
ἀνέχειν 87c
ἀπέχειν 122a
ἀποκωλύειν 136a, *168a*
ἀποστρέφειν 145b
ἀποτυγχάνειν 149c
ἀφαιρεῖν 180a
ἀφιστᾶν, ἀφιστάναι, ἀφιστάνειν 184b
ἀφυστερεῖν 187b, *169c*
διαλείπειν 304b
ἐκκλ(ε)ίνειν 433c
ἐμποδίζειν *174b*
ἐξαίρειν 485a
⟦ἐξαφιστάναι 490a⟧ → ἀφιστᾶν, ἀφιστάναι, ἀφιστάνειν
ἐφιστάναι 585c
κρύπτειν 791c
κωλύειν 839b, *183c*
παρέλκειν *187c*
στερεῖν 1288c, *192a*
⟦συνάγειν 1307b (Jb 20.13), *192c*⟧ → συνέχειν
συνέχειν 1315b (+Jb 20.13; Si 14.4)
⟦ὑστερεῖν 1418b⟧ → στερεῖν

מָנַע ni.
ἀπέχειν 122a
ἀφαιρεῖν 180a
ἐπέχειν 511a
ὀκνεῖν 985b

מַנְעוּל
κλεῖθρον 767b

מִנְעָל
ὑπόδημα 1413b

מַנְעַמִּים
ἐκλεκτός 437a

מְנַעַנְעִים
⟦κύμβαλον 799b⟧ → מְצִלְתַּיִם

מְנַקִּית
κύαθος 796a

מְנָת
μερίς 911a

מַס
ἔργον 541c
ἥττημα 620c
*προνομή 1208a (3K 10.23 (MT 9.15) *L*)
τέλος 1344a
ὑπήκοος (לָמַס) 1411c
φορολόγητος, φωρολόγητος 1438a
φόρος 1438a

מֵסַב
ἀνάκλισις 78b
*κυκλόθεν 796b (4K 23.5*L*)
κύκλος 797a
κύκλωμα 798c
*περικύκλῳ 1121a

מַסְגֵּר
δεσμός 292a
*δεσμωτήριον 292b (Is 24.22)
δεσμώτης 292b
ὀχύρωμα 1043c
συγκλείειν 1299c
*συγκλειστής (4K 24.16*L*)
φυλακή 1440c

מִסְגֶּרֶת
*δεσμός 292a (2K 22.46*L*)
διάπηγος(?) 308a
*ἔπαλξις 506b (3K 2.35[f])
στεφάνη 1289c
σύγκλεισμα 1300a
συγκλεισμός 1300a
συγκλειστός 1300a

מַסַּד
θεμέλιον, θεμέλιος 629b

מִסְדְּרוֹן
⟦προστάς 1220b⟧

מָסָה hi.
βρέχειν 230c
ἐκτήκειν 443a
μεθιστᾶν, μεθιστάναι, μεθιστάνειν 907b

τήκειν 1348a

מַסָּה
πεῖρα 1115c
πειρασμός 1116a
⟦πικρασμός 1132c⟧ → πειρασμός

מַסְוֶה
κάλυμμα 716c

מִסְחָר
ἔμπορος 459a

מָסַךְ
κεραννύναι, κεραννύειν 759c
κιρνᾶν 765c

מֶסֶךְ
κέρασμα 760b

מָסָךְ
ἐπικάλυμμα 522b
ἐπίσπαστρον 529b
κάλυμμα 716c
κατακάλυμμα 732c
καταπέτασμα 741b
*ῥῖπος (2K 17.19*L*)
σκέπη 1269a
συσκιάζειν 1323a

מְסֻכָּה
ἐνδεῖν 469c

מַסֵּכָה
γλυπτός 271a
συνθήκη 1316a
χώνευμα 1480c
χωνευτός 1481a

מִסְכֵּן also Ar.
πένης 1117a
*προσδεῖν ("to be needy") *190a*
*πτωχεύειν 1239b (To 4.21)
*πτωχός *190c* (Si 30.14)

מִסְכֵּנוּת
πτωχ(ε)ία 1239b

מִסְכְּנוֹת
ὀχυρός 1043b
περίχωρος (מִ׳ עָרִים) 1128b
⟦σκήνωμα 1273b⟧ → מִשְׁכָּן

מַסֶּכֶת
δίασμα 310c

מְסִלָּה
ἀνάβασις 72c
δίοδος 336a
ὁδός 962b
τάξις 1334b
τρίβος 1372b

מַסְלוּל
ὁδός 962b

מַסְמְרוֹת, מִסְמְרוֹת
ἧλος 607b

מַסְמְרִים, מִסְמְרִים
ἧλος 607b

מָסַס ni.
*ἀναλύειν 79b (Si 3.15)
βρέχειν 230c
⟦δειλιαίνειν 287a⟧ → hi.
δειλιᾶν 287a
διαλύειν 305a
*διαρρηγνύναι 309a (Jd 15.14*L*)
ἐξιστᾶν, ἐξιστάναι 496c
⟦ἐξουδενοῦν, ἐξουθενοῦν 500b⟧ → מָאַס ni.
ἡττᾶν 620b
θραύειν 654b
⟦θραυμός 654c⟧ → θραυσμός
θραυσμός 654c
*καταπλήσσειν 742a (Jo 5.1)
⟦κατατήκειν 746c⟧ → καταπλήσσειν
πτοεῖν 1238c
σαλεύειν 1257c
τήκειν 1348a

מָסַס hi.
ἀφιστᾶν, ἀφιστάναι, ἀφιστάνειν 184b
*δειλιαίνειν 287a

*מָסַס ho.
*τήκειν 1348a (Is 64.1²)

מַסַּע
ἀναζυγή 77a
ἀπαίρειν 115c
ἀπαρτία 118a
ἐξαίρειν 485a
ἔξαρσις 490a
ἐπαίρειν 505a
⟦ἔρχεσθαι 548b⟧
παρεμβολή 1067b
σταθμός 1286b
στρατιά, στρατεία 1295c

מַסָּע
ἀργός 153a

מִסְעָד
ὑποστήριγμα 1417a

מִסְעָר
καταιγίς *181b*

מִסְפֵּד
κοπετός 778a, *182a*
κόπτειν 779a
πένθος 1118a

מִסְפּוֹא
χόρτασμα 1473a

מִסְפָּחוֹת
ἐπιβόλαιον 517b
⟦περιβόλαιον 1122b⟧ → ἐπιβόλαιον

מִסְפַּחַת
σημασία 1263b

מִסְפָּר
*αἰών (מִ׳ + neg. + יְמֵי) *165c* (Si 41.13)
ἀναρίθμητος (מִ׳ + neg.) 81c, *166c*
ἀριθμητός 156c
^ἀριθμός 156c, *168b*
⟦βιβλίον, βυβλίον 218b⟧ → סֵפֶר
διήγησις 330a
ἐξαριθμεῖν 489c
ἐξήγησις 495b
ἔτος ἐξ ἔτους (בְּמִ׳ שָׁנִים) 565a
καταριθμεῖν 743a
⟦πλῆθος 1142c (Ps 146[147].4)⟧
συντέλεια 1318c

מָסַר qal
ἀφιστᾶν, ἀφιστάναι, ἀφιστάνειν 184b

מָסַר ni.
⟦ἐξαριθμεῖν 489c⟧ → סָפַר ni.

מָסֹרֶת
⟦ἀριθμός 156c⟧ → מִסְפָּר

מִסְתּוֹר
ἀπόκρυφος 134c

מִסְתָּר
ἀόρατος 113c
ἀπόκρυφος 134c
κεκρυμμένως (בְּמִסְתָּרִים) 758c
κρυπτός 792c, *182c* (+Si 4.18)
κρυφαῖος 793a
λάθρα (בַּמִ׳) 840c

מַעְבָד
ἔργον 541c

מַעֲבָד Ar.
*ἔργον 541c (Da TH 4.34)

מַעֲבֶה
πάχος 1112c

מַעֲבָר
διάβασις 298c
⟦κυκλόθεν (כֹּל מַעֲבָר) 796b⟧
⟦ὁ/ἡ/τὸ πέρα(ν) 1119b⟧ → עֵבֶר
*πάροδος 1071a (4K 25.24)

מַעְבָּרָה
διάβασις 298c
φάραγξ 1424b

מַעְגָּל
ἄξων 113c
⟦αὔξων(?) 179a⟧ → ἄξων
λαμπήνη 853a
ὁδός 962b
⟦πεδίον 1113b⟧
⟦στρογγύλωσις 1297a⟧
τρίβος 1372b
τροχ(ε)ία 1376c

מָעַד qal
ἀσθενεῖν 172a

σαλεύειν 1257c, *191a* (Si 16.18?)
ὑποσκελίζειν 1416c
מָעַד hi.
συγκάμπτειν 1299b
מַעֲדַנּוֹת
δεσμός 292a
מַעֲדַנִּים
κόσμος 780c
τρυφή 1377c
*מְעַדְנִית
*τρέμειν 1371b (1K 15.32)
מַעֲדֵר
ἀροτριᾶν 159b
ἀροτριοῦν 159c
מָעוֹג
ἐγκρυφίας 367a
⟦μυκτηρισμός 936c⟧ → לַעַג
מָעוֹז
ἀνδρίζεσθαι 86b
ἀντίληψις 111b
βοήθεια, βοηθία 222c
βοηθός 223c
δύναμις 350a
δυναστ(ε)ία 354c
ἐνισχύειν 475a
ἰσχυρός 693b
ὀχύρωμα ἰσχυρός 693b
ἰσχύς 694b
καταφυγή 748b
κατισχύειν 751b
κραταιοῦν 782c
κραταίωμα 783a
κραταίωσις 783a
§μαωζει(μ), μαωζειν (מָעֻזִּים) 901b
§μαωζι 901b
σκεπαστής *191b*
*σκέπη 1269a (Is 30.3)
στάσις 1286c
ὑπερασπιστής 1408c
ὑποστήριγμα 1417a
מָעוֹן
ἁγίασμα 11b
διατριβή 314a
⟦εὐπρέπεια, εὐπρεπία 576b⟧
⟦καταφυγή 748b⟧
κατοικητήριον 755b
*κατοικία 755b (Ps 86[87].7)
κοίτη 775b
§μουων 935c
οἶκος 973a
^*σκήνωμα 1273b (1E 1.60)
τόπος 1364b
מְעוֹנָה
κατοικητήριον 755b
κοίτη 775b

μάνδρα 895a
מָעוֹר
⟦σπήλαιον 1284b⟧ → מְעָרָה
מָעֹז
ὀχύρωμα 1043b
מָעַט qal
ἐλάσσων γίνεσθαι 256c
ἐλαττονοῦν, ἐλασσονοῦν 448a
ἐλαττοῦν, ἐλασσοῦν 448b
ἐλάττων, ἐλάσσων, ἐλάχιστος 448b
ὀλίγος εἶναι 986b
ὀλιγοστὸς εἶναι 986c
ὀλιγοῦν 987a
(σ)μικρύνειν 927c
מָעַט pi.
ὀλιγοῦν 987a
ταπεινοῦν *193a*
מָעַט hi.
ἐλαττονεῖν 448a
ἐλαττονοῦν, ἐλασσονοῦν 448a
ἐλαττοῦν, ἐλασσοῦν 448b
ἐλάττων, ἐλάσσων, ἐλάχιστος 448b
ὀλιγοποιεῖν *186a*
⟦ὁ τὸ ὀλίγος (הַמַּמְעִיט) 986b⟧ → ἐλάττων, ἐλάσσων, ἐλάχιστος
ὀλίγον ποιεῖν 986b, 1154a
ὀλιγοστὸν ποιεῖν 986c, 1154a
ὀλιγοῦν 987a
(σ)μικρύνειν 927c
*φθονερός *195a* (Si 14.10)
מְעַט, מְעָט
βραχύς 230c
⟦ἐκλείπειν (כִּמְ׳) 435c⟧
ἐλάττων, ἐλάσσων, ἐλάχιστος 448b
ἱκανός + neg. 683c
μηδείς, μηθείς 920c
μικρός 926c, *185b*
κατὰ μικρόν 926c
κατὰ μικρὸν μικρόν (מְעַט־מְעַט) 926c
μικρὸν ὅσον ὅσον (כִּמְ׳ רֶגַע) 926c, 1019a
μικρὸς μερίς 926c
μικροῦ (כִּמְ׳) 926c
μικρύνειν 927c
ὀλίγος (מְ׳,כִּמְ׳) 986b, *186a* (+Si 20.13; 51.16)
ὀλιγοστός 986c
ἐν τάχει (כִּמְ׳) 1338c
מָעֹט
⟦εὖ γίνεσθαι 568a⟧

ὀλίγος *186a*
מַעֲטֶה
καταστολή 745c
περιβολή *188b*
מַעֲטָפָה
μεσοπόρφυρος 913a
מְעִי I
ἔλεος, ἔλαιος 451a
καρδία *181a* (–Si 4.3)
⟦ " 719a⟧
מְעִי II
⟦χνοῦς 1471c⟧ → χοῦς
χοῦς ("dust") 1473b
מְעִיל
διπλοΐς 337a
ἐπενδύτης 509c
ἐπωμίς *177b*
^*ἐσθής 557a (1E 8.71, 73)
ἱμάτιον 685a
ποδήρης 1153c
στολή 1291c
ὑποδύτης 1413b
χιτών 1471a
מֵעִים
*ἔντερον 479a (2K 20.10*L*; 2C 21.15*L*, 19*L*)
κοιλία 773a (+ To 4.4), *182a*
*σπλάγχνα 1284c (Je 28[51].13)
מְעִין Ar.
*ἔγκατον 366b (To 6.5)
κοιλία 773a
מַעְיָן
πηγή 1130b
מָעַךְ qal
ἐμπηγνύναι 456c
θλαδίας 652a
מָעַךְ pu.
πίπτειν 1135c
מָעַל
ἀδικεῖν 24c
ἀθετεῖν 29b
^ἁμαρτάνειν 60c
^ἀνομεῖν 106b
ἀπειθεῖν 119c
ἀσυνθετεῖν 174b
ἀφιστᾶν, ἀφιστάναι, ἀφιστάνειν 184b
⟦λανθάνειν 853a⟧ → עָלַם I ni.
παραπίπτειν 1063b
⟦παριδεῖν 1070b⟧ → עָלַם I hi.
παριδὼν παριδεῖν (מָ׳ מַעַל) 1070b
πλανᾶν 1139b
⟦πλημμέλεια, πλημμελία *189a*⟧
πλημμελεῖν 1145b, *189a*
⟦ὑπεριδεῖν 1410b⟧ → עָלַם I hi.

מַעַל I subst.
ἀδικία 25b, *165b*
ἀθεσία 29b
ἀθέτημα 29c
ἀθέτησις 29c
ἁμαρτία *166b*
^ἀνομία 106b
ἀποστασία 141a
ἀπόστασις 141b
ἀσυνθεσία 174b
λήθη 875c
παραβαίνειν 1055b
παράπτωμα 1063c
⟦παριδὼν παριδεῖν (מָעַל מַעַל) 1070b⟧ → עָלַם I hi. ≈ παριδεῖν
πλημμέλεια, πλημμελία 1145b, *189a*
*πλημμελής 1145c (Si 10.7)
⟦ὑπεριδεῖν 1410b⟧ → עָלַם I hi.
מַעַל II adv.
ἄνωθεν 112c (+ 2C 16.12*L*, 26.8*L* לְמַעְלָה)
ἀνώτερος, ἀνώτατος 112c
ἐπάνω (מִמַּ׳, מִלְמַעְלָה, לְמַעְלָה, מַעְלָה, לְ־) 507b
ἐπάνωθεν (מִמַּ׳, מִלְמַעְלָה, לְמַעְלָה, מִמַּ׳, מִן) 507c
ἐπέκεινα (מַעְלָה) 509b
κύκλος (מִמַּ׳) 797a
εἰς τὸ μετέωρος (מִלְמַעְלָה) 917c
ἕως σφόδρα (עַד לְמַעְלָה) 1325a
ὑπεράνω (לְמַעְלָה, מַעְלָה, מִלְמַעְלָה, מִמַּ׳ לְ־) 1408b
ὑπεράνωθεν (מִמַּ׳) 1408c
ὕψιστος (מִמַּ׳) 1420b
ὕψος (מַעְלָה) 1421b
מֶעָל Ar.
δυσμή 357b
מֵעַל
*ἐπάνω *176b* (Si 45.12)
ἀπὸ (τοῦ) προσώπου (מֵ׳ פָּנִים) 1223c
ἐκ (τοῦ) προσώπου (מֵ׳ פָּנִים) 1223c
מֹעַל
^*αἴρειν 34c
ἐπαίρειν 505a
מַעֲלֶה
ἀναβαίνειν, ἀναβέννειν 70a
ἀνάβασις 72c, *166c*
κλιμακτήρ 771a
προσανάβασις 1212a
⟦πρόσβασις 1212b⟧ → προσανάβασις
מַעֲלָה
ἀναβαθμίς 69c
ἀναβαθμός 70a
ἀνάβασις 72c
*ἄνωθεν (מִלְמַ׳) 112c (Ge 6.16)
βαθμός 189a
διαβούλιον 299b
κλιμακτήρ 771a
κλίμαξ 771a
מַעֲלִיל
⟦ἐπιτήδευμα 535b⟧ → מַעֲלָל
מַעֲלָל
ἀνομία 106b
διαβούλιον 299b
ἐπιτήδευμα 535b
ἔργον 541c
πρᾶγμα 1199c
מַעֲמָד
ἱστάναι, ἱστᾶν 689a
*παράστασις 1064a (3K 10.5)
στάσις 1286c, *192a* (Si 36[33].12)
^*τάξις 1334b (1E 1.15)
מָעֳמָד
ὑπόστασις 1417a
συναγωγή *192c*
מַעֲמָסָה
καταπατεῖν 740b
מַעֲמַקִּים
βάθος 189a
מַעֲנֶה
ἀποκρίνειν 133a
ἀπόκρισις *168a*
ἀπόκρισιν διδόναι 134b
εἰσακούειν 408b
ἐπακούειν 505c
ῥῆμα *191a*
מַעֲצֵבָה
λύπη 889c
מַעֲצָד
σκέπαρνον 1269a
מַעְצוֹר
συνέχειν 1315b
מַעֲקֶה
στεφάνη 1289c
מַעֲקַשִּׁים
σκολιός 1275b
מַעַר
αἰσχύνη 37b
ἀσχημοσύνη 174c
ἔχειν (כְּמַ׳) 586c
מַעֲרָב I
συμμικτός 1304b
מַעֲרָב II
δυσμή 357b
λίψ 879c
מַעֲרָב III
ἐμπορία 459a
ἔμπορος 459a
מַעֲרָבָה
δυσμή 357b
⟦λίψ 879c⟧ → מַעֲרָב II
מַעֲרֶה
§μαραα 896a
מְעָרָה
σπήλαιον 1284b
σχισμή 1328a
מַעֲרוּמִים
*ἀγνόημα *165b* (Si 51.19)
πανούργευμα *187a*
מַעֲרִיץ
φόβος 1435c
מַעֲרָכָה
⟦καῦσις 757a⟧
^παράταξις 1064b
παρεμβολή 1067b
*πόλεμος 1172a (1K 17.20[1]*L*)
מַעֲרֶכֶת
θέμα 629b
πρόθεσις 1206b
מַעֲרֻמִּים
γυμνός 278a
מַעֲרָצָה
ἰσχύς 694b
מַעֲשֶׂה
⟦ἀδικία 25b⟧
[ἐνέργημα] *175b*
ἐνεργός 473a
ἐπιτήδευμα 535b
ἐργάζεσθαι, ἐργάζειν 540c
ἐργασία 541b
ἐργάσιμος 541c
^ἔργον 541c, *177b* (+Si 30[33].31; 36[33].15)
⟦κακός 709b⟧
κατασκευή 744b
κόσμος 780c
κτίσμα *182c*
⟦ὀχύρωμα 1043c⟧
ποιεῖν 1154a, *189b*
ἃ ποιεῖ 1154a
ποίημα 1168b
ποίησις 1168c
ποικιλία 1168c
*ποίμνιον 1169c (1K 25.2)
πρᾶγμα 1199c
ῥυθμός 1255b
τέχνη 1347c
מַעֲשֵׂר
⟦ἀπαρχή 118b⟧
⟦δεκάς 289a⟧ → δέκατος
δέκατος 289a, *170c*
ἐκφόριον 445c

ἐπιδέκατος 519a
מְעַשֵּׁק
ἄδικος *165b*
מַעֲשַׁקּוֹת
ἀδικία 25b
συκοφάντης 1301c
מִפְגָּע
κατεντευκτής 749a
מַפָּח
ἀπώλεια, ἀπωλία (מַ׳ נֶפֶשׁ) 151c
[ὀδύνη] *186a*
מַפֻּחַ
φυσητήρ 1446c
מֵפִיץ
⟦ῥόπαλον 1254b⟧ → מֵפֵץ
מִפְלָאָה
ἐξαίσιος 486b
מִפְלַגָּה
διαίρεσις 302c
^*μεριδαρχία 910c (1E 1.11)
מַפֵּלָה, מַפָּלָה
πίπτειν 1135c
πτῶσις 1239a
מִפְלָט
σῴζειν 1328b
מִפְלֶצֶת
εἴδωλον 376a
κατάδυσις 731b
מִפְלָשׂ
⟦διάθεσις 300c⟧ → διάκρισις
διάκρισις 304a
מַפֶּלֶת
πίπτειν 1135c
πτῶμα 1239a
πτῶσις 1239a, *190c*
מִפְעָל
ἔργον 541c, *177b*
מִפְעָלָה
ἔργον 541c
מַפָּץ
πέλυξ (כְּלִי מַ׳) 1116b
מֵפֵץ
⟦διασκορπίζειν 310b⟧ → פוץ hi.
*ῥόπαλον 1254b (Pr 25.18)
מִפְקָד
ἀποχωρίζειν 150a
*ἐξεγείρειν *175c* (Si 35[32].11)
ἐπίσκεψις 528b
καθὼς προσέταξεν (בְּמִ׳) 1220c
מִפְרָץ
διακοπή 303c
διέξοδος 328b
מַפְרֶקֶת
νῶτον, νῶτος 956b
מִפְרָשׂ
ἀπέκτασις 120b
⟦ἐπέκτασις 509b⟧ → ἀπέκτασις
στρωμνή 1297b
מִפְשָׂעָה
ἀναβολή 73c
מַפְתֵּחַ
*κλείειν *182a* (Si 42.6)
κλείς 767b
מִפְתָּח
⟦ἀναφέρειν 84c⟧
ἀνοίγειν 105b
מִפְתָּן
αἴθριος 30c
§αμαφεθ (הַמִּ׳) 65a
βαθμός 189a
πρόθυρον 1206c
⟦προπύλαιον 1208c⟧ → πρόπυλον
πρόπυλον 1208c
*σταθμός 1286b (1K 5.5*L*)
מֵץ → מוֹץ
מָצָא qal
⟦ἀναδεικνύειν 76c⟧ → ἀποδεικνύειν
ἀναπαύειν (מָ׳ נַחַת qal) *166c*
*ἀποδεικνύειν 126a (Da LXX 1.20)
⟦ἀρέσκειν 155c⟧
ἀρκεῖν 158a
αὐταρκεῖν 179b
ἀφικνεῖσθαι 184a
γίνεσθαι 256b
?γινώσκειν 267a, *170b*
δύνασθαι 353a
⟦ἐπικαλεῖν 521b⟧
εὔθετος 570b
⟦εὐπορεῖν 576a⟧
εὑρετής 576c
^εὑρίσκειν 576c, *178a* (+Si 16.14)
ἔχειν 586c
ζητεῖν 597a
ἰδεῖν 669b
*ἰσχύειν 692c (Is 22.3)
καταλαμβάνειν 735a
κατατυγχάνειν 747a
κληρονομεῖν *182a*
⟦λαμβάνειν 847a (4K 10.15)⟧ → εὑρίσκειν
*ὁρᾶν 1005a (3K 11.29 (27)*L*)
συμβαίνειν 1302c
συναντᾶν 1311a
τυγχάνειν 1378a
?ὑποφέρειν 1418a
מָצָא ni.
⟦ἀθετεῖν 29b⟧ → נָאַץ qal
ἁλίσκειν, ἁλίσκεσθαι 54c
⟦ἀρέσκειν 155c⟧ → ἀρκεῖν
ἀρκεῖν 158a
ἐπιφαίνειν 537c
^εὑρίσκειν 576c, *178a*
ἔχειν 586c
καταλαμβάνειν 735a
⟦καταλείπειν 736a⟧
παραμένειν *187c*
⟦προφέρειν 1231b⟧ → מָצָא hi.
מָצָא hi.
αὐτομολεῖν 179c
εὑρίσκειν 576c
παραδιδόναι 1058a
προσφέρειν 1222c
*προφέρειν 1231b (Pr 10.13)
מַצָּב
§μεσαβ 912c
§μεσσαβ 913c
§μεσσαφ 913c
οἰκονομία 973a
σύστεμα, σύστημα 1323c
ὑπόστασις 1417a
ὑπόστημα, ὑπόστεμα 1417a
מֻצָּב
στάσις 1286c
χάραξ 1454c
מַצָּבָה
ἀνάστημα, ἀνάστεμα 82b
§μεσαβ 912c
§μεσσαφ 913c
מַצֵּבָה
θυσιαστήριον 666b
λίθος 876c
στήλη 1290b
στῦλος 1297c
ὑπόστημα, ὑπόστεμα 1417a
מַצֶּבֶת
θήκη 649c
στήλη 1290b
⟦στήλωσις 1290c⟧ → στήλη
מְצָד
⟦βοήθεια, βοηθία 222c⟧
κρεμαστός 785c
ὀχύρωμα 1043c
περιοχή 1125a
⟦στενός 1288c⟧ → מֵצַר
τειχίζειν 1339c
מָצָה qal
ἀπορρεῖν 140a
ἐκκενοῦν 432c
⟦ἐκστραγγίζειν 441c⟧
στάζειν 1286a
*στραγγίζειν 1295a (Le 1.15)
מָצָה ni.
καταστραγγίζειν 745c
⟦στραγγίζειν 1295a⟧ → מָצָה qal
מַצָּה I
^ἄζυμος 28c
ἄρτος ἄζυμος 161b

מַצָּה II
⟦κακός 709b⟧
μάχη 901a, *184a* (Si 8.16)
*νεῖκος 541b (Ez 3.8, 9 MT מֵצַח)
מִצְהָלָה
χρεμετισμός 1474b
מָצוֹד
θήρευμα 650c
ὀχύρωμα 1043c
χάραξ 1454c
מְצוֹדָה
ἀμφίβληστρον 67c
παγίς, πακίς *187a*
φυλακή 1440c
מְצוּדָה
καταφυγή 748b
ὀχύρωμα 1043c
παγίς, πακίς 1044b
περιοχή 1125a
στενός 1288c
מִצְוָה
δικαίωμα 334b
ἔνταλμα 476c
ἐντολή 479b, *175b*
^*ἐπιταγή 534c (1E 1.18)
⟦κρίσις 789c⟧ → מִשְׁפָּט
λέγειν 863c
λόγος 881c
^νόμος 947b, *185b*
⟦ὁδός 962b⟧
^πρόσταγμα 1219c
προστάσσειν, προστάττειν 1220c
ῥῆμα 1249a
^*τὰ τεταγμένα 1337a (1E 1.15)
φωνή 1447b (De 28.9)
מְצוֹלָה, מְצֻלָה
ἄβυσσος 1b
βάθος 189a
βυθός 232b
⟦σκιὰ θανάτου 623b⟧ → צַלְמָוֶת
מָצוֹק
ἀνάγκη 76a
θλῖψις 652c
πολιορκία 1174a
מְצוּקָה
ἀνάγκη 76a
θλῖψις 652c, *179c*
πνιγμός *189b*
מָצוֹר
ὀχυρός 1043b
περιοχή 1125a
*πολιόρκησις (Si 50.4)
στενοχωρία 1288c
συγκλεισμός 1300a
*συνεχής (4K 19.24*L*)
συνοχή 1318a
τειχήρης 1339c
χαράκωσις 1454c
χάραξ 1454c
מְצוּרָה
ὀχυρός 1043b
πύργος 1244c
*συστροφή 1324a (Ez 13.21)
τειχήρης 1339c
τειχίζειν 1339c
τεῖχος 1339c
מַצּוּת
παροινεῖν 1072a
μάχη *184a*
מֵצַח
μέτωπον 918c
ὄψις 1044b
φιλόνεικος (חֲזַק־מֵ׳) 1431a
מִצְחָה
κνημίς 772c
מְצִלָּה
*χαλινός 1453a (Zc 14.20)
מְצֻלָּה
κατάσκιος (בִּמְ׳) 745a
מַצְלַחַת
εὐοδία *178a*
מְצִלְתַּיִם
κυμβαλίζειν 799a
^κύμβαλον 799b
מִצְנֶפֶת
κίδαρις 764c, *182a*
μίτρα 931a
מִצְעָד
διάβημα 299a
מִצְעָר
μικρός 926c
ὀλίγος 986b
מִצְפֶּה
*σκοπή *191c*
σκοπιά 1275c
⟦[ἐπισκοπή] *177a*⟧ → σκοπή
מִצְפָּה
ὅρασις 1007b
σκοπή *191c*
σκοπιά 1275c
מַצְפּוּנִים
κρύπτειν 792a
מָצַץ qal
ἐκθηλάζειν 431c
מֵצַר
θλίβειν 652b
θλῖψις 652c
κίνδυνος 765a
*στενός 1288c (1K 23.14, 19; 24.1, 23)
מַצְרֵף
δοκιμάζειν 339c
δοκίμιον 340a
מַק
⟦κονιορτός 777c⟧ → מֹץ
מַקָּבָה
σφῦρα 1327b
τέρετρον 1345c
מַקֶּבֶת
βόθυνος 224b
σφῦρα 1327b
מִקַּדְמַת Ar.
^*ἔμπροσθεν 459b (1E 6.13)
מִקְדָּשׁ
ἁγιάζειν 10c
ἁγίασμα 11b, *165b*
ἁγιασμός 11c
ἁγιαστήριον 12a
ἅγιος 12a, *165b*
ἀφορίζειν 185c
^ἱερός 683a
⟦ὅσιος 1018b⟧ → ἅγιος
τελετή 1343b
מַקְהֵלוֹת
ἐκκλησία 433a
מַקְהֵלִים
ἐκκλησία 433a
מִקְוֶה I
ἀποδοχεῖον *168a*
⟦[δοχεῖον] *172b*⟧ → ἀποδοχεῖον
συνάγειν 1307b
συναγωγή 1309b
συνιστάναι, συνιστᾶν 1317a
σύστεμα, σύστημα 1323c
ὕδωρ *194a*
ἀποδοχεῖον/ἀποδοχεῖα ὑδάτων *194a*
מִקְוֶה II
^*ἐλπίς 454a (1E 8.89; 1C 29.15*L*)
ὑπομονή 1416b
מָקוֹם
⟦ἅγιος 12a⟧
ἄλλοθεν (מִמָּ׳ אַחֵר) 56a
⟦γῆ 240c⟧
θεμέλιον, θεμέλιος 629b
⟦θρόνος 655b⟧
⟦λαός 853b (Ru 4.10)⟧
⟦ὁδός 962b⟧
οἶκος 973a
ὅπου (בִּמְ׳,מָ׳) *186b*
οὗ *187a*
⟦πόλις 1174a (De 21.19)⟧ → τόπος
⟦συναγωγή 1309b⟧ → מִקְוֶה I
τάξις 1334b
^τόπος 1364b, *193c*
*τάφος 1138a (2C 33.19*L*)
χώρα 1481a

מָקוֹר
πηγή 1130b
ῥύσις 1255c
ὕδατος ἔξοδος 497b, 1381a
φλέψ 1432c
מִקָּח
λαμβάνειν 847a
מַקָּחוֹת
ἀγορασμός 16c
מִקְטָר
θυμίαμα (מִקְטַר קְטֹרֶת) 660b
מִקְטֶרֶת
θυμιατήριον 660c
מַקֵּל
βακτηρία 189c
ῥάβδος 1247a
מִקְלָט
ἀφορίζειν 185c
καταφυγή 748b
φυγαδευτήριον (מ׳, עָרֵי מ׳) 1440b
φυγάδιον, φυγαδεῖον 1440b
מִקְלַעַת
γραφίς 278a
διατόρευμα 314a
ἐγκολάπτειν 366c
πλοκή 1150b
מִקְנֶה
ἀποσκευή 140c
ἔγκτημα 367a
ἔγκτητος 367a
κτῆνος 794a
κτηνοτρόφος 795a
ἀνὴρ κτηνοτρόφος (אִישׁ מ׳) 795a
κτῆσις 795a, *182c*
ὕπαρξις 1406b
τὸ ὑπάρχον, (τὰ) ὑπάρχοντα 1406b
מִקְנָה
ἀργυρώνητος (מִקְנַת כֶּסֶף) 155b
ἔγκτησις 367a
κτᾶσθαι 793b
κτῆσις 795a
πρᾶσις 1200c
מִקְסָם
μαντ(ε)ία 896a
⟦μαντεύεσθαι 896a⟧ → קָסַם qal
מִקְצוֹעַ
γωνία 283c
κέρας 759c
κλίτος 771c
μέρος 911c
מָקַק ni.
ἐντήκειν 479a
καταφθείρειν 747c
ῥεῖν 1248b
σήπειν 1265b
τήκειν 1348a
מָקַק hi.
τήκειν 1348a
מִקְרָא
^ἀνάγνωσις 76b
ἀνακαλεῖν 78a
ἐπίκλητος 523a
ἡμέρα μεγάλη (קְרֹא מ׳) 607b
καλεῖν 712c
κλητός 771a
מִקְרֶה
περίπτωμα 1126a
σύμπτωμα 1306b
συνάντημα 1311c
מְקָרֶה
δόκωσις 340a
מְקֵרָה
θερινός 648c
κοιτών 775c
מִקְשָׁה I
ἐλατός 448a, *174a*
στερεός 1289a
τορευτός 1367b
⟦χρυσοτορευτός (זָהָב מ׳) 1478c⟧ → χρυσοῦς, χρύσεος and זָהָב ≈ χρυσοῦς, χρύσεος
*χρυσοῦς, χρύσεος 1478c
מִקְשָׁה II
σικυήρατον, σικυήλατον 1267a
מַקְשֶׁה
σκληροτράχηλος (מַ׳ עֹרֶף) *191c*
מַר
?ἐλεγμός 449a
κατάπικρος 741b
κατώδυνος 756c
⟦μετέωρος 917c⟧
ὀδύνη 967a
πικρασμός 1132c
πικρία 1132c, *188c*
πικρός 1133a, *188c*
πικρῶς 1133b
σταγών 1286a
מֹר
⟦κρόκινος 791b⟧ → κρόκος
κρόκος 791b
σμύρνα, ζμύρνα 1278b
στακτή 1286c
מָרָא hi.
⟦πικρία 1132c⟧ → πικρός
πικρός 1133a
ὑψοῦν 1422a
מָרֵא Ar.
βασιλεύς 197a
θεός 630a
κύριος 800b
מַרְאֶה
*ἀποβλέπειν 125c (Ma 3.9a)
δόξα (מַרְאֵה עֵינַיִם) 341b
(ε)ἰδέα 374b, 669b
εἶδος 375c
εὐειδής (טוֹב מַ׳) 569c
εὐπρόσωπος (יְפַת מַ׳) 576b
ἰδεῖν 669b
καλός (יְפַת מַ׳, טוֹב מַ׳) 715b
⟦ὁμοίωμα 993a⟧
ὀπτασία 1004b
ὅραμα 1004c
ὅρασις (מַ׳, עֵינֵי מַ׳, מַרְאֵה עֵינֵי מַ׳) 1007b, *186b*
ὁρατής 1008a
ὁρατός 1008b
ὀφθαλμός 1039b
ὄψις 1044b
⟦[πρόσωπον] 1223c (1K 16.7), *190b*⟧
מַרְאָה
κάτοπτρον 756b
ὀπτασία 1004b
ὅραμα 1004c
ὅρασις 1007b
מֻרְאָה
πρόλοβος 1207c
מַרְאֲשׁוֹת, מְרַאֲשׁוֹת
πρὸς κεφαλῆς 760c
מַרְבַדִּים
δισσαὶ χλαῖναι 337b
κειρία 758b
⟦κηρία 763b⟧ → κειρία
χλαῖνα 1471b
מִרְבָּה
⟦τὸ πλεονάζον 1141c⟧ → רָבָה hi. ≈ πλεονάζειν
מַרְבֶּה
μέγας 902c
מַרְבִּית
περισσεύειν 1126b
πλεονασμός 1142a
πλῆθος 1142c
(τὸ) πλεῖστον 1181c
מַרְבֵּץ
νομή 946b
מַרְבֵּק
⟦ἀνιέναι (= ἀνίημι) 102b⟧
βουκόλιον 226a
*γαλαθηνός 233c (1K 28.24*L*)
ἐκ δεσμῶν ἀνειμένος 292a
νομάς 946b
⟦σιτευτός 1267b⟧
⟦τρέφειν 1371b⟧
מַרְגּוֹעַ
⟦ἁγιασμός 11c⟧
⟦ἁγνισμός 16a⟧
מַרְגְּלוֹת
πούς 1198b

(τὰ) πρὸς ποδῶν 1198b
σκέλος 1268c
מַרְגֵּמָה
σφενδόνη 1325a
מָרַד qal
ἀδικεῖν 24c
ἀθετεῖν 29b
ἀπειθεῖν 119c
ἀποστατεῖν 141b
ἀποστάτης γίνεσθαι 141b, 256c
⟦ἀσέβης 170b⟧
*αὐτομολεῖν 179c (1K 20.30)
^ἀφιστᾶν, ἀφιστάναι, ἀφιστάνειν 184b, *169b* (Si 16.7)
⟦παραπικραίνειν 1063a⟧ → מָרָה I qal
מְרַד Ar.
^ἀπόστασις 141b
מֶרֶד
ἀποστασία 141a
ἀπόστασις 141b
מְרָד Ar.
^ἀποστάτις 141b
מַרְדּוּת
⟦αὐτομολεῖν 179c⟧ → מָרַד qal
παιδ(ε)ία *187a* (+Si 30[33].33)
מָרָה I qal
ἀμελεῖν 65b
ἀπειθεῖν 119c, *167c*
ἀσεβεῖν 170a
ἀφιστάναι *169b*
εἰσακούειν + neg. 408b
ἐρεθίζειν 544b
ἐρεθιστής 544b
ἐρίζειν 547b
⟦ἔρις 547b⟧ → אָמַר qal ≈ εἰπεῖν, ἐρεῖν
ἐριστής 547b
παραβαίνειν 1055b
παραπικραίνειν 1063a
παροξύνειν (מָ׳ פִּי qal) 1072a
מָרָה I hi.
ἀπειθεῖν 119c (+Ex 23.21)
ἀφιστᾶν, ἀφιστάναι, ἀφιστάνειν 184b
παραβαίνειν 1055b, *187b*
παραπικραίνειν 1063a
מָרָה II
ἀνθιστάναι 95c
ἀπειθής 119c
πικρία 1132c
⟦πικρός 1133a⟧ → מַר
מָרָה
λυπηρός 890a
מֹרָה
ἐρίζειν (מֹרַת רוּחַ) 547b

מָרוֹד
ἀστεγός 173c
⟦διωγμός 338b⟧ → רָדַף qal
מָרוּד
*ἀπωσμός 152a (La 1.7)
מָרוֹחַ
μόνορχις (מְ׳ אֶשֶׁךְ) 933b
מָרוֹם
⟦ἀνταναιρεῖν 108c⟧ → רום I hi.
⟦κραυ(γ)ή 784b⟧ → זְעָקָה
μετέωρος 917c
ὄρος 1014b
οὐρανός 1031b
ὑψηλός 1419b
ὕψιστος 1420b, *194c* (+Si 26.16; 36[33].15)
ὕψος 1421b, *195b*
ὑψοῦν 1422a, *195c*
מֵרוֹץ
δρόμος 349a
מְרוּצָה
δρόμος 349a
מְרוּקִים
θεραπ(ε)ία 648a
מַרְזֵחַ
θίασος (בֵּית מַ׳) 652a
*χρεμετισμός 1474b (Am 6.7)
מָרַח qal
καταπλάσσειν 741c
מֶרְחָב
εὐρύχωρος 580a
πλάτος 1141a
πλατυσμός 1141c
מֶרְחָק
ἔσχατος 558a
μακράν 892c
ὁ μακράν (מִמֶּ׳) 892c
οἱ μακράν (בְּמֶרְחַקִּים) 892c
μακρόθεν (מִמֶּ׳,מֶ׳) 893b
ὁ μακρόθεν (מִמֶּ׳) 893b
διὰ χρόνου (πολλοῦ) (מִמֶּ׳) 1181b, 1476b
πόρρω (מִמֶּ׳) 1195b
πόρρωθεν (מִמֶּ׳,מֶ׳) 1195b
מַרְחֶשֶׁת
ἐσχάρα 557c
מָרַט qal
⟦ἕτοιμος 564c⟧
^*κατατίλλειν 747a (1E 8.71)
μαδᾶν 891c
μαδαροῦν 891c
ῥάπισμα 1248a
⟦σπᾶν 1281b⟧
τίλλειν 1352c
מָרַט ni.
μαδᾶν 891c

מָרַט pu.
ἄρδην 155b
⟦ἕτοιμος 564c⟧
τίλλειν 1352c
מְרַט Ar. pe.
ἐκτίλλειν 443a
τίλλειν 1352c
מְרִי
ἀδικία (בֵּית־מְ׳) 25b
ἀνήκοος 88a
ἀντιλογία 111b
ἀπειθής 119c
ἐρεθισμός 544b
⟦ὀδύνη 967a⟧ → מַר
παραπικραίνειν 1063a
*παραπικρασμός 1063b (1K 15.23*L*)
מְרִיא
ἀρήν (= HR's ἀρνός) 159b
στεατοῦσθαι 1287c
ταῦρος 1337c
מְרִיבָה
ἀντιλογία 111b
ἀντιπίπτειν 111c
λοιδόρησις 887c
λοιδορία 887c
§μαριμωθ (מְרִיבוֹת) 896a
μάχη 901a
παραπικρασμός 1063b
מֹרִיָּה
ὑψηλός 1419b
מְרִירוּת
ὀδύνη 967a
מְרִירִי
ἀνίατος 102b
מֹרֶךְ
δειλία 286c
מֶרְכָּב
ἅρμα 158b
ἐπίβασις 516b
ἐπίσαγμα 527b
מֶרְכָּבָה
ἅρμα 158b, *168b*
*ἁρματηλάτης 159a (1K 8.11*L*)
ἱππασία 687a
מִרְמָה
ἀδικία 25b
ἄδικος 26c, *165b*
ἀσέβεια, ἀσεβία 169c
δόλιος 340b
δολιότης 340b
δόλος (דְּבַר מִ׳ ,מִ׳) 340b
⟦πικρία 1132c⟧ → מְרֹרָה
πλάνη 1140a
ψεῦδος 1485a
מִרְמָס
⟦διαρπαγή 308c⟧

καταπατεῖν 740b
καταπάτημα 740b
πάτημα 1105a
συμπατεῖν 1305a
מֵרֵעַ
γνώριμος 273b
ἑταῖρος 559c, *177c*
νυμφαγωγός 951a
συνέταιρος 1315a
φίλος 1431b
מִרְעֶה
βόσκημα 225c
νομή 946b
מַרְעִית
βόσκημα 225c
νομή 946b, *185b*
ποίμνιον 1169c
מַרְפֵּא
ἀνίατος (מַ׳ + neg.) 102b
ἴαμα 668a
ἰᾶσθαι 668a
ἴασις 668c, *179b*
ἰατρ(ε)ία 669a
ἰατρός 669a
מַרְפֵּה
ἴασις 668c
מִרְפָּשׂ
τὸ τεταραγμένον ὕδωρ 1336a
מָרַץ ni.
ὀδυνηρός 967b
מָרַץ hi.
παρενοχλεῖν 1068c
מַרְצֵעַ
ὀπήτιον 1001b
*τρυπᾶν 1377b (נָתַן מַ׳ De 15.17)
מַרְצֶפֶת
βάσις 214b
מָרַק I qal
καθαρός 698c
⟦προβάλλειν 1204a (Je 26[46].4)⟧
→ זָרַק qal(?)
מָרַק I pu.
ἐκτρίβειν 444a
⟦προσβάλλειν 1212b⟧ → זָרַק qal ≈ προβάλλειν
מָרַק II
ζωμός 601a
מֶרְקָח
μυρεψικός 936c
מֶרְקָחָה
ἐξάλειπτρον 486c
⟦ζωμός 601a⟧ → מָרַק II
מִרְקַחַת
μυρεψικός 936c
μυρεψός 937a
μύρον 937b
μίγμα *185a*
מָרַר qal
κατώδυνος 756c
πικραίνειν 1132c
πικρὸς γίνεσθαι 256c, 1133a
מָרַר pi.
διαβουλεύεσθαι 299b
κατοδυνᾶν 751c
πικρῶς 1133b
מָרַר hi.
⟦ἀπειθεῖν 119c⟧ → מָרָה I hi.
ὀδυνᾶν 967a
ὀδύνη 967a
*παραπικραίνειν 1063a (Ho 10.5)
πικραίνειν 1132c, *188c*
πικροῦν 1133b
מָרַר hitpalp.
ἀγριαίνειν 16c
ἐξαγριαίνειν, ἐξαγριοῦν 484b
θυμοῦν 662b
ὀργίζειν 1010a
מְרֵרָה
χολή 1472a
מְרֹרָה
κακός 709b
πικρία 1132c
χολή 1472a
*מְרָרָה Ar.
*χολή 1472a (To 6.9)
מְרֹרִים
πικρία 1132c
πικρίς 1133a
מִרְשַׁעַת
ἄνομος 107c
מַשָּׂא
^αἴρειν 34c
ἀναφορά 85b
⟦ἀπαιτεῖν 116b⟧ → מַשָּׁא
⟦ἀπαίτησις 116b⟧ → מַשָּׁא
ἄρσις 161a
ἀρτός 161b
βάσταγμα 215a
γόμος 274b
δόμα 341a
δόξα 341b
ἐπαίρειν 505a
ἔπαρσις 508b
⟦ἔργον 541c⟧ → ἀρτός
θαυμάζειν 626c
λῆμμα 875c
ὅραμα 1004c
ὅρασις 1007b
ὁρμή 1014a
ῥῆμα 1249a
*ὑπερηφανία 1409c (Ps 73[74].3)
ὑπόστασις 1417a
φορτίον 1438b, *195b* (Si 30[33].33)
χρηματισμός 1474c
ᾠδή 1492a
מַשָּׂאָה
λόγιον 880c
מַשְׂאֵת
ἄρσις 161a
ἀφορισμός 186b
*δόμα 341a (IIK 19.42[43]), *171c*
δῶρον 359a
καθὼς εἶπε 384a
ἔπαρσις 508b
⟦κρίνειν 787b⟧
λαμβάνειν 847a
λῆμμα 875c
μερίς 911a
πύργος 1244c
*πυρσός 1246a (Jd 20.38,40)
σημεῖον 1263b
σύσσημον 1323b
מִשְׂגָּב
ἀντιλαμβάνεσθαι 110c
ἀντιλήπτωρ 111a
βοηθός 223c
ἰσχυρός 693b
καταφυγή 748b
⟦κραταίωμα 783a⟧
ὀχυρός 1043b
מַשּׂוֹא
δόξα *171c*
מְשׂוּכָה
φραγμός 1438b
מַשּׂוֹר
πρίων 1203a
מְשׂוּרָה
ζυγός, ζυγόν 599a
μέτρον, μέτρος 918b
מָשׂוֹשׂ
ἀγαλλίαμα 4c
ἀγαπᾶν 5c
βούλεσθαι ἔχειν 586c
⟦ἔπαρσις 508b⟧
εὐφροσύνη 582c
χαρά 1454b
מִשְׂחָק
παίγνιον 1045c
מַשְׂטֵמָה
⟦μανία 895c⟧ → שָׂטָה qal
מִשְׂכָּה
στρωννύειν, στρωννύναι 1297b
מַשְׂכִּיל
σύνεσις 1314a, *192c*
συνετῶς 1315b
מַשְׂכִּית
διάθεσις 300c

*δόξα 341b (Pr 18.11)
κρυπτός 792c
ὁρμίσκος 1014a
σκοπιά 1275c
σκοπός 1275c

מַשְׂכֹּרֶת
μισθός 930a

מַשְׂמְרוֹת
ἧλος 607b

מִשְׂפָּח
ἀνομία 106b

מִשְׂרָה
ἀρχή 163c

מִשְׂרָפֹת, מִשְׂרָפוֹת
κατακαίειν 732b

מַשְׂרֵת
τήγανον 1347c

מַשָּׁא
ἀπαιτεῖν 116b
ἀπαίτησις 116b

מַשְׁאָב
ὑδρεύεσθαι 1380c

מַשָּׁאָה
ὀφείλημα 1039b

מַשָּׁאוֹן
δόλος 340b

מִשְׁאָלָה
αἴτημα 38a

מִשְׁאֶרֶת
ἐγκατάλ(ε)ιμμα 365a
φύραμα 1446b

מִשְׁבְּצוֹת
ἀσπιδίσκη 173a
κροσ(σ)ωτός 791b
περισιαλοῦν 1126a
συνδεῖν 1312c

מַשְׁבֵּר
ὠδίν 1492b

מִשְׁבָּר
μετεωρισμός 917c
συντριβή 1322a
*σύντριμμα 1322b (Je 3.22)
συντριμμός 1322b

מִשְׁבָּת
*κατοικεσία 755b (La 1.7)
⟦μετοικεσία 917c⟧ → κατοικεσία

מִשְׁגֶּה
ἀγνόημα 16a

מָשָׁה qal
ἀναιρεῖν 77b
*ἐκσπᾶν 441b (Ez 17.9)

מָשָׁה hi.
*ἀναιρεῖν 77b (2K 22.17*L*)
ἕλκειν, ἑλκύειν 453a
προσλαμβάνειν 1218b

מַשֶּׁה
χρέος 1474b

מְשׁוֹאָה
ἀβοηθησία *165a*
ἀοίκητος 113c
ἀφανισμός 182a
ταλαιπωρία 1333a

מַשּׁוּאוֹת
⟦ἐπαίρειν 505a⟧ → מַשָּׁא

מְשׁוּבָה
ἀδικεῖν 24c
ἁμαρτία 62a
*ἀποστασία 141a (Je 2.19)
ἀποστροφή 148b
ἐπιστροφή *177a*
⟦κακία 708a⟧ → ἀποστασία

מְשׁוּגָה
πλάνος 1140b

מָשׁוֹט, מִשּׁוֹט
κώπη 840b
κωπηλάτης (תָּפַשׂ מָ׳) 840b

מְשׁוּסָּה
διαρπαγή 308c

מָשַׁח qal
ἀλείφειν 52c
διαχρίειν 316a
⟦ἑτοιμάζειν 563c⟧
καθιστάναι 702c
χρίειν 1475b, *196b*
χριστός 1475c

מָשַׁח ni.
χρίειν 1475b

מְשַׁח Ar.
^ἔλαιον, ἔλεον 447a

מִשְׁחָה
ἄλειμμα 52c
χρῖσις 1475c
χρῖσμα 1475c
χριστός 1475c

מָשְׁחָה
γέρας 240a
χρῖσμα 1475c

מַשְׁחִית
διαφθορά 315a
ἔκλειψις 437a
ἐξαλείφειν 486c
ἐξάλειψις 487a
ἐξολεθρεύειν, ἐξολοθρεύειν 497c
ἐξολέθρευσις, ἐξολόθρευσις 499a
§μοσθαθ, μοσο(α)θ 934b
φθορά 1430a

מִשְׁחָר
ἑωσφόρος 593c

מַשְׁחַת
ἀδοξεῖν 27c

מָשְׁחָת
φθάρμα 1429b
⟦φθαρτός 1429b⟧ → φθάρμα

מִשְׁטוֹחַ
ψυγμός 1486a

מִשְׁטָח
ψυγμός 1486a

מֶשִׁי
τριχαπτός 1374b

מָשִׁיחַ
χρίειν 1475b
χρῖσμα 1475c
χριστός 1475c, *196b*

מָשַׁךְ qal
ἄγειν 9a
ἀντιλήπτωρ (מָ׳ חֶסֶד qal) 111a
ἀπάγειν 115b
*ἀπαίρειν 115c (Jd 4.7*L*)
ἀπέρχεσθαι 121a, *167c*
διατείνειν 313a
ἐκτείνειν 442a
ἐκχεῖν, ἐκχέειν 445c
ἕλκειν, ἑλκύειν 453a
⟦ἐνισχύειν 475a⟧
ἐντείνειν 477a
ἐξέλκειν, ἐξελκύειν 491a
ἐπάγειν 503c
ἐπισπᾶν 529b
ἐπιτείνειν 535a
καταστρέφειν 745c
*μακρύνειν 894a (Ps 119[120].5)
παρατείνειν 1065a
συνέλκειν 1313c
τείνειν 1339c

מָשַׁךְ ni.
μηκύνειν 921c
χρονίζειν 1476a

מָשַׁךְ pu.
ἄγειν 9a
θλίβειν 652b
μετέωρος 917c

מֶשֶׁךְ
ἕλκειν, ἑλκύειν 453a
§μασεκ 898a
τὰ παρατείνοντα 1065a

מִשְׁכָּב
⟦ἀμφίταπος 68a⟧
κλίνη 771b
κοιμᾶν 773c
κοίτη 775b, *182b*
κοιτών 775c
στρῶμα 1297b

מִשְׁכַּב Ar.
*καθεύδειν 700a (Da LXX 4.7)
κοίτη 775b

מִשְׁכָּן
⟦αἰχμαλωσία 38b⟧

⟦ἀποικία 130c⟧ → αἰχμαλωσία
ἐνοικεῖν 476a
⟦κάλυμμα 716c⟧ → κατάλυμα
κατάλυμα 738c
κατασκήνωσις 744c
⟦κιβωτός 763c⟧ → σκηνή
οἶκος 973a
σκηνή 1271a
σκήνωμα 1273b
συναγωγή 1309b
מִשְׁכַּן Ar.
κατασκηνοῦν 744b
מָשַׁל qal
αἰνιγματιστής 34b
ἄρχειν 163a
ἄρχων 166b
βασιλεύς 197a
δεσπόζειν 292b
δεσπότης 292c
δυναστεύειν 355a
δυνάστης 355b, *172c*
εἰπεῖν, ἐρεῖν 384a
εἰπεῖν/ἐρεῖν παραβολήν 384a, 1056a (Ez 18.3)
ἐξουσιάζειν 501b
ἡγεῖσθαι 602c, *178c* (+Si 30[33].27)
⟦θαυμάζειν 626c⟧
θρύλ(λ)ημα 656b
καταδυναστεύειν *181b*
κατακυριεύειν 735a
κατάρχειν 743c
κραταιοῦν 782c
κρατεῖν 783a
κριτής *182b*
κυρ(ε)ία 799c
κυριεύειν 800a, *182c*
κύριος εἶναι 800b
λέγειν 863c
παραβολή 1056a
τυραννεῖν 1378c
מָשַׁל ni.
καταλογίζεσθαι 738a
ὁμοιοῦν 993a
παρασυμβάλλειν 1064a
מָשַׁל pi.
⟦λέγειν 863c (Ez 20.49 [21.5])⟧ → מָשַׁל qal
מָשַׁל hi.
ἐνεξουσιάζεσθαι *175b*
ἐξουσία *176a*
διδόναι ἐξουσίαν *171b*, *176a* (+Si 30[33].28)
καθιστάναι 702c
κατακυριεύειν 735a

⟦τεχνάζεσθαι 1347c⟧
ὑποτάσσειν 1417b
מָשָׁל
ἔπος *177a*
θρῆνος 655a
ἴσος 688c
παραβολή 1056a, *187b*
παροιμία 1072a, *188a*
προοίμιον 1208b
מֹשֶׁל
κυρ(ε)ία 799c
ὅμοιος 992b
מִשְׁלוֹחַ
ἐπιβάλλειν 516a
מִשְׁלָח
ἀποστέλλειν 141b
βόσκημα 225c
ἐπιβάλλειν 516a
ἔργον (מִשְׁלַח יָד) 541c
מִשְׁלֹחַ
ἐξαποστέλλειν 488a
מִשְׁלַחַת
ἀποστολή 145a
מְשַׁמָּה
ἔρημος 545a
ἐρημοῦν 546c
κατάκαυμα 733a
ὄλεθρος 986a
מִשְׁמָן
πίων 1139a
מַשְׁמַנִּים
^λίπασμα 879b
מִשְׁמָע
λαλιά (מִשְׁמַע אָזְנַיִם) 846c
מִשְׁמַעַת
ἀκοή 44b
παράγγελμα 1056b
ὑπακούειν 1405c
מִשְׁמָר
ἐφημερία 585b
προφυλακή 1234a
προφύλαξ 1234a
φυλακή 1440c, *195c*
מִשְׁמֶרֶת
ἀποθήκη 128a
διατηρεῖν 313a
διατήρησις 313b
^ἐφημερία 585b
παρεμβολή 1067b
πρόσταγμα 1219c
προφύλαξ 1234a
φύλαγμα 1440c
φυλακή 1440c
φυλάσσειν, φυλάττειν 1441c
מִשְׁנֶה
δευτερεύειν 293b

^*δευτέριος 293b (1E 1.31)
δευτερονόμιον (מִשְׁנֵה תּוֹרָה) 293b
δεύτερος 293b
δευτεροῦν 294c
δευτέρωσις 294c
διαδέχεσθαι 300a
διάδοχος 300b
διπλασιασμός 337a
διπλοῦς 337a
δισσός 337b
⟦ἔδεσμα 368a⟧
§μαασαναι, μεσαναι 891a
§μασαναι 898a
§μασενα 898a
מְשִׁסָּה
ἅρπαγμα 159c
διαρπαγή 308c
διαφόρημα 315b
προνομή 1208a
מִשְׁעוֹל
αὖλαξ 177a
מִשְׁעָן
ἀνάπαυσις *166c*
ἀντιστήριγμα 111c
*βοήθεια, βοηθία *169b* (Si 40.26)
ἐπιστήριγμα 530b
ἰσχύς 694b
στήριγμα *192b*
מַשְׁעֵן
ἰσχύειν 692c
מַשְׁעֵנָה
ἰσχύειν 692c
מִשְׁעֶנֶת
βακτηρία 189c
⟦κυριεύειν 800a⟧
ῥάβδος 1247a
מִשְׁפָּחָה also Ar.
γενεά 236a
γένεσις 237a
γενετή (עֵקֶר מ׳) 237b
⟦γέννησις 239b⟧ → γένεσις
γένος 239b
δῆμος 296a
εἶδος 375c
κλῆρος 770a
λαός 853b
οἶκος πατριᾶς/πατριῶν 973a, 1111a
πατριά 1111a
⟦πατρίς 1112a⟧ → πατριά
συγγένεια, συγγενία 1298b
συγγενής 1298c
υἱός 1384c
φυλή 1444b, *195c*
מִשְׁפָּט
⟦ἀδίκημα 25a⟧

*ἀδικία (מ׳ + neg.) 25b (Pr 15.29 [16.8])
ἀληθεύειν 53c
⟦ἀρχή 163c⟧
διακρίνειν 304a
διάταξις 312c
δίκαιος 330c
δικαιοσύνη 332c
δικαίωμα 334b
δικαίωσις 335b
δίκη 335b
ἐθισμός 368b
εἶδος 375c
ἐκδίκησις 423a, *173c*
ἐντολή 479b
⟦ἐπιστροφή 534a⟧
^καθήκειν 700a
^κρίμα 786b, *182b* (+Si 41.16)
κρίνειν (מ׳, בַּעַל מ׳) 787b, *182b*
κρίσις 789c, *182b* (+Si 30[33].38)
κριτήριον 791a
κριτής 791a, *182b* (–Si 32[35].15)
νόμος 947b, *185b*
^*προσήκειν 1215c (1E 5.51)
πρόσταγμα 1219c
σύγκριμα *192b*
σύγκρισις 1300b
σύνταξις 1318a
συντόμως (בְּלֹא מ׳) 1321a

מִשְׁפְּתַיִם
διγομία 316c
§μοσφαιθαμ 934b

מַשְׁקֶה
⟦ἀρχή 163c⟧
ἀρχιοινοχόος (שַׂר מַשְׁקִים) 166a
⟦ " (מ׳) 166a⟧
*οἰνοχοεῖν 984c
*οἰνοχόος 984c
πότος 1198a
ποτός 1198a

מִשְׁקוֹל
⟦στάθμιον 1286b⟧ → σταθμός
σταθμός 1286b

מַשְׁקוֹף
φλιά 1432c

מִשְׁקָל
^ὁλκή 987b
στάθμιον 1286b
σταθμός 1286b, *192a* (+Si 26.15)

מִשְׁקֶלֶת, מִשְׁקֹלֶת
στάθμιον 1286b
⟦σταθμόν(?) 1286b⟧ → στάθμιον
σταθμός 1286b

מִשְׁקָע
καθιστάναι 702c

מִשְׂרָה
⟦κατεργάζεσθαι 749b⟧

מַשְׁרוֹקִיתָא Ar.
σύριγξ 1322c

מָשַׁשׁ pi.
ἐρευνᾶν 544c
ψηλαφᾶν 1485b

מָשַׁשׁ hi.
ψηλαφητός 1485b

מִשְׁתֶּה
γάμος 234a
δοχή 348b
⟦εὐφροσύνη 582c⟧
κώθων 839b
πίνειν 1134a
πόμα 1186a
πόσις 1195c
πότημα 1197b
πότος 1198a
^ποτός 1198a
συμποσία *192b*
συμπόσιον (מִשְׁתֵּה יַיִן) 1306a, *192b*

*מַשְׁתּוּ Ar.
*γάμος 234a (To 6.13)

מִשְׁתֵּי Ar.
πότος 1198a

מַת
ἀνήρ 88a
ἄνθρωπος *167a*
⟦ἀριθμός 156c⟧
βραχύς 230c
εἰδεῖν, εἰδέναι (מְתֵי סוֹד) 374b
⟦ἔργον 541c⟧
⟦ἐχθρός 589c⟧
*θεράπαινα (מְתֵי אֹהֶל) 648a (Jb 31.31)
ὀλίγος 986b
ὀλιγοστός 986c
συνέδριον 1313a

מֵת
*νεκρός 941b (Is 5.13)
*ψυχή 1486a (Ez 44.25)

מַתְבֵּן
ἅλων, ἅλως 60a

מֶתֶג
κέντρον 759b
χαλινός 1453a

מָתוֹק
γλυκάζειν 270c
γλυκαίνειν 270c
γλύκασμα 270c
γλυκύς 271a

מָתַח
διατείνειν 313a

מָתַי
ὅσον χρόνον (עַד מָ׳) 1019a
ἕως τίνος (מָ׳, עַד מָ׳) 1355c, 1476b

מְתִים
πλῆθος *189a*

מַתְכֹּנֶת
ἴσος 688c
στάσις 1286c
σύνθεσις 1316a
σύνταξις 1318a
μέτρον *184c*

מְתַלְּעוֹת
μύλη 936c
⟦στομίς 1295a⟧ → τομίς
τομίς 1363c

מְתֹם
ἴασις 668c
⟦ὁλοκληρία 989a⟧

מַתָּן
⟦ἀποδιδόναι *168a*⟧
δόμα 341a, *171c*
δόσις 344c, *172b*
*δότης 344c (Si 3.17 [C])

מַתְּנָא Ar.
δόμα 341a
δωρεά 358c

מַתָּנָה
διδόναι *171b*
δόμα 341a
δόσις *172b* (+Si 41.21)
δύναμις 350a
δῶρον 359a
εὐγένεια 569a
⟦εὐτονία 581a⟧
λῆψις δώρων 876a

מָתְנַיִם
ἰσχύς 694b
νῶτον, νῶτος 956b
ὀσφύς 1023c, *186c*
πλευρά *189a*

מָתַק qal
γλυκαίνειν 270c, *170b*
γλυκερός 270c

מָתַק hi.
γλυκαίνειν 270c, *170b*

מֶתֶק
γλυκύς 271a

מֹתֶק
γλυκύτης 271a

מַתַּת
διδόναι *171b*
δόμα 341a
δόσις 344c, *172b*
καθὼς ἂν ἐκποιῇ 439b

נ

נָא I
אֲξιοῦν 113b
δεῖσθαι (אַל, נָא + neg.) 288a
δή *171a*
[[ἔτι 561a]]
ἰδού (הִנֵּה־נָא) 673c
μηδαμῶς (נָא + neg.) 920b
νῦν, νυνί (נָא, הִנֵּה־נָא) 951c
οἴμ(μ)οι (אֹוי־נָא לִי, אֹוי־נָא) 983b
[[τις 1354a]]

נָא II
ὠμός 1493a

נִא
[[μερίς 911a]] → מְנָה II

נֹאד
ἀσκός 172c

נָאָה I qal
ὡραῖος *196a*

נָאָה I pilp.
πρέπειν 1201b
[[ὥρα 1493b]]
ὡραῖος 1493c
ὡραιοῦσθαι 1494a

נָאָה II
[[ἁγιαστήριον 12a]]
[[θυσιαστήριον 666b]]
νομή 946b
οἶκος 973a
πεδίον 1113b
τόπος 1364b

נָאֶה
καλός *181a*

נֹאוֹד
ἀσκός 172c

נָאוֶה
ἁρμάζειν 159a
ἡδύνειν 604c
καλός 715b, *181a*
πρέπειν 1201b
συμφέρειν 1306b
ὡραῖος 1493c

נָאַם qal
εἰπεῖν, ἐρεῖν 384a
τάδε εἰπεῖν 960b
λέγειν 863c
τάδε λέγει (נְאֻם) 863c, 960b
[[ὅδε 960b]]
φάναι 1423c

נָאַף qal
μοιχαλίς 932b
μοιχᾶσθαι 932b
μοιχ(ε)ία 932b
μοιχεύειν 932b

μοιχός 932b

נָאַף pi.
μοιχαλίς 932b
μοιχᾶσθαι 932b
μοιχεύειν 932b
μοιχός 932b

נָאֻפִים
μοιχ(ε)ία 932b

נַאֲפִים
[[μοιχᾶσθαι 932b]] → μοιχεύειν
μοιχ(ε)ία 932b
μοιχεύειν 932b

נָאַץ qal
*ἀθετεῖν 29b (Je 15.16)
ἐκκλ(ε)ίνειν 433c
ζηλοῦν, ζηλεῖν(?) 594b
μυκτηρίζειν 936c
ὀνειδίζειν *186b*
παροξύνειν 1072a

נָאַץ pi.
ἀθετεῖν 29b
ἀπωθεῖν 151a
παροξύνειν 1072a
[[παροργίζειν 1072b]] → παροξύ-
νειν

נָאַץ hitpo.
βλασφημεῖν 221a

נֶאָצָה
ἐλεγμός 449a
ὀργή 1008b
παροργισμός 1072c

נַאֲצָה
βλασφημία 221a

נְאָקָה
στεναγμός 1288a

נָאַר pi.
ἀποτινάσσειν 149a
καταστρέφειν 745c

נָבָא ni.
ἀνακρούειν 78c
ἀποφθέγγεσθαι 150a
προφητεύειν 1231c, *190c* (Si 48.
13)
*προφήτης 1232b (1C 25.2L)

נָבָא hit.
[[λαλεῖν 841c]]
προφητεύειν 1231c

נְבָא Ar. itpa..
^προφητεύειν 1231c

נָבַב
ἄλλως 59a
κοῖλος 773c

נְבוּאָה, also Ar.

λόγος 881c
προφητ(ε)ία 1231c, *190c*
^*προφητεύειν 1231c (1E 7.3)
προφήτης *190c*

נְבִזְבָּה Ar.
δωρεά 358c

נָבַח qal
ὑλακτεῖν 1405a

נָבַט ni.
[[ἐμβλέπειν 455c]] → נָבַט pi.

נָבַט pi.
*ἐμβλέπειν 455c

נָבַט hi.
ἀναβλέπειν 73b
βλέπειν 221a, *169b* (Si 15.18)
[[ἐκζητεῖν 430c]] → κατανοεῖν
ἐμβλέπειν 455c, *174b* (Si 30[33].
30; 36[33].15)
ἐπιβλέπειν 516c, *176c*
ἐπιδεῖν, ἐφιδεῖν ("to see") 519a
ἐπινοεῖν *177a*
[[ἐπιστρέφειν 531a]] → ἐπιβλέπειν
ἐφορᾶν 586b
ἰδεῖν 669b, *179c*
καταμανθάνειν *181b*
κατανοεῖν 739c
κατανόησις *181c*
κατεμβλέπειν 749a
ὅραμα *186b*
ὁρᾶν *186b*
[[ὅρασις *186b*]]
περιβλέπειν 1122b
[[προσέρχεσθαι 1213c]]
*προσέχειν 1215b (1K 16.7L)
σκοπεύειν 1275b
[[[συνδιαιτᾶν] *192c*]]

נָבִיא
ἀποφθέγγεσθαι 150a
[[ἀφηγεῖσθαι 183a]]
^προφήτης 1232b, *190c*
ψευδοπροφήτης 1485a

נְבִיא Ar.
^προφήτης 1232b

נְבִיאָה
προφῆτις 1233c

נֵבֶךְ
πηγή 1130b

נָבֵל qal
ἀποβάλλειν 125c
ἀποπίπτειν 139c
ἀπορρεῖν 140a
ἀπορρίπτειν 140b
διαπίπτειν 308a

ἐκπίπτειν 439b
*ἐκρεῖν 441a (Is 64.6[5])
καταβάλλειν *181b*
καταρρεῖν 743b
καταφθείρειν 747c
*κατεσθίειν *181c* (Si 43.21)
⟦παλαιοῦν 1051b⟧ → בָּלָה qal
πίπτειν 1135c
φθείρειν 1429c
φθορά 1430a

נָבֵל pi.
⟦ἀκαθαρσία 42b⟧ → נְבֵלָה
⟦ἀπολλύειν, ἀπολλύναι 136c⟧
ἀτιμάζειν 175c
ἀφιστᾶν, ἀφιστάναι, ἀφιστάνειν 184b

נָבָל
ἀπαίδευτος 115c
ἀσύνετος 174a
ἄφρων 186c
μωρός 938c, *185c* (+Si 36[33].5)
§ναβαλ 938a

נֶבֶל, נֵבֶל
ἀγγεῖον 7b
ἀσκός 172c
εὐφροσύνη 582c
*κέρας 759c (Je 31[48].12)
κιθάρα 765a
*κινύρα *182a* (Si 39.15)
§ναβαλ 938a
§ναβλα 938a
§νεβελ 941a
ὄργανον 1008b
ψαλμός 1483b
ψαλτήριον 1483c, *196a*

נְבָלָה
ἄδικος 26c
ἀνόμημα 106b
ἀνομία 106b
⟦ἀπολλύειν, ἀπολλύναι (עָשָׂה נְ׳ עִם) 136c⟧
ἀπόπτωμα 140a
ἀσχήμων 175a
ἀφροσύνη 186b
ἄφρων γυνή 278b
μωρός 938c

נְבֵלָה
*ἀκαθαρσία 42b (2K 13.12*L*; Na 3.6)
θνησιμαῖος 653b
νεκριμαῖος 941b
νεκρός 941b
σῶμα 1330a

נַבְלוּת
ἀκαθαρσία 42b

נָבַע qal
ἀναπιδύειν 81a

נָבַע hi.
ἀγγέλλειν *165a*
ἀναγγέλλειν 74a
ἀνομβρεῖν 167b
ἀποκρίνειν 133a
ἀποφθέγγεσθαι 150a
διαγγέλλειν *171a*
ἐκφαίνειν *174a*
ἐξερεύγεσθαι 491b
ἐξομβρεῖν *176a*
⟦[ἐξυβρίζειν] *176a*⟧ → ἐξομβρεῖν
ἐρεύγεσθαι 544c
προϊέναι 1207a
φθέγγεσθαι 1429c

נֶבְרַשְׁתָּא Ar.
λαμπάς 852c
φῶς 1450b

נֶגֶב
§αργαβ (הַנֶּ׳) 152c
ἀπέναντι (מִנֶּ׳) *167c*
ἔρημος 545a
λίψ 879c
μεσημβρία 912c
§ναγεβ 938c
§ἡ γῆ ἡ ναγεβ 938c
§ὁ ἐν ναγεβ 938c
νότος 949c

נָגַד hi.
ἀγγέλλειν 7b
ἀναγγέλλειν 74a, *166c*
*ἀναφέρειν 84c (1K 3.13)
^ἀπαγγέλλειν 113c, *167b*
ἀποκαλύπτειν 131c
ἀποκάλυψις *168a*
⟦γινώσκειν 267a⟧
δεικνύειν, δεικνύναι 286a
εἰπεῖν, ἐρεῖν 384a (+Is 48.6)
ἐπιδεικνύειν *176c*
ἐπισυνιστάναι 534b
λαλεῖν 841c
προλέγειν 1207c
σημαίνειν 1263a
ὑποδεικνύειν, ὑποδεικνύναι 1413a, *194c*

נָגַד ho.
ἀναγγέλλειν 74a
ἀπαγγελία 113c
ἀπαγγέλλειν 113c
ὑποδεικνύναι *194c*

נְגַד Ar. pe.
ἕλκειν, ἑλκύειν 453a

נֶגֶד, also Ar.
⟦ἄντικρυς (לְנֶ׳) 110c⟧
ἀπέναντι (מִנֶּ׳,נֶ׳) *167c*
ἀπό (מִנֶּ׳) *167c*
βλέπειν 221a
νεύειν δίκαια (יָשַׁר נֶ׳ hi.) 330c
ἔναντι *175a*
ἐναντίος (מִנֶּ׳) 468b
ἐξ ἐναντίας (מִנֶּ׳,לְנֶ׳,נֶ׳) 468b, *175b*
ἐνώπιον *175c*
ἔρχεσθαι (מִנֶּ׳) 548b
εὐθύς (adj.) 571a
ἔχειν 586c
*κατέναντι 749a (Da 6.10[11] et al.)
*ἐν μέσῳ (1C 9.38*L*)
ὅμοιος (כְּנֶ׳) 992b
εἰς τὰ ὦτα 1034c
προκεῖσθαι (נֶ׳ פָּנִים) 1207b
⟦προσκεῖσθαι (נֶ׳ פְּנֵי) 1216c⟧ → προκεῖσθαι
ἀπὸ (τοῦ) προσώπου (מִנֶּ׳) 1223c
κατὰ (τὸ) πρόσωπον 1224a

נָגַהּ qal
ἀναβαίνειν, ἀναβέννειν 70a
λάμπειν 853a

נָגַהּ hi.
*ἀναλάμπειν 79a (2K 22.29*L*)
διδόναι + φῶς (= אוֹר) 317b
ἐκλάμπειν 435a
φωτίζειν 1451b

נֹגַהּ
ἀνατολή 83c
λάμπειν 853a
λαμπρότης (נֹ׳ זֶרַח) 853a
τηλαύγησις 1348b
φέγγος 1426a
⟦φθέγγος(?) 1429c⟧ → φέγγος
φῶς 1450b

נְגַהּ Ar.
πρωΐ (בִּנְגָהּא) 1234b

נְגֹהָה
αὐγή 176c

נָגַח qal
κερατίζειν 760b

נָגַח pi.
κερατίζειν 760b

נָגַח hit.
συνκερατίζεσθαι 1299c

נַגָּח
κερατιστής 760b

נָגִיד
ἄρχων 166b, *168c*
βασίλειον 194b
βασιλεύς 197a
⟦εἰσηγεῖσθαι 413c⟧ → ἡγεῖσθαι
^ἐπιστάτης 529c

ἡγεῖσθαι 602c
σεμνός 1263a
*χριστός (Da *L* 9.26, TH 9.25)
נְגִינָה
κιθάρα 765a
ὕμνος 1405b
ψαλμός 1483b
ψαλτήριον 1483c
ᾠδή (נְגִינוֹת) 1492a
נָגַן qal
ψάλλειν 1483a
נָגַן pi.
εὐάρμοστος (מֵטִב נַגֵּן) 568c
εὐλογεῖν 572b
κιθαρίζειν 765a
⟦λυρίζειν *183c*⟧
ψάλλειν 1483a, *196a*
ψαλμός 1483b
נָגַע qal
*ἄγειν 9a (Is 53.8)
ἀπαντᾶν *167c*
ἅπτεσθαι 150b, *168b*
ἀφάπτειν 182b
ἐγγίζειν 362b, *172a*
*ἐκθλίβειν 432a (2K 23.7*L*)
^*ἐνιστάναι 475a
ἐφάπτειν 585b
θιγγάνειν 652a
μαστιγοῦν 898a, *184a*
μίσγειν 929a
εἶναι ἐν πόνῳ 1188b
προσάγειν 1211a
προσεγγίζειν 1213b
συναντᾶν 1311a
συνάπτειν 1312b
φθάν(ν)ειν 1429b
נָגַע ni.
ἀναχωρεῖν 85c
נָגַע pi.
ἅπτεσθαι 150b
ἐλέγχειν 449b
ἐτάζειν 559b
נָגַע pu.
μαστιγοῦν 898a
נָגַע hi.
ἀναπληροῦν 81b
ἀνυψοῦν *167b*
ἅπτεσθαι 150b
ἀφικνεῖσθαι 184a (+Jb 15.8)
γίνεσθαι 256b
ἐγγίζειν 362b, *172a* (+Si 37.2)
ἐγκολλᾶν 366c
ἐκτιθέναι 443a
ἰσχύειν 692c
καθίγειν(?) 701b
καταβαίνειν 727a
κατάγειν 729b
καταλαμβάνειν *181b*
κολλᾶν 776b
μένειν *184b*
παραγίνεσθαι 1056c
παρεῖναι 1065c
προσάγειν 1211a
προσπίπτειν 1219a
⟦συνάγειν 1307b (Da LXX 12.12)⟧ → συνάπτειν
συνάπτειν 1312b
συνεγγίζειν *192c*
τιθέναι 1348c (Ez 13.14)
φθάν(ν)ειν 1429b
*נְגַע Ar. pe.
*ἀπάντημα 117b (To 6.8)
נֶגַע
ἁφή 182c
⟦ἐγγίζειν 362b⟧ → נָגַע qal
ἐπαγωγή *176a*
ἐτασμός 559c
λέπρα (נֶ׳ צָרַעַת) 873c
μάστιξ 898b
ὀδύνη 967a
πληγή 1142b
συνάντημα 1311c
נָגַף qal
θραύειν 654b
κερατίζειν 760b
κόπτειν 779a
⟦παιδεύειν 1047a⟧ → παίειν
παίειν 1048c
πατάσσειν 1103b
πληγή 1142b
προσκόπτειν 1217b
πταίειν 1237c
τροποῦν 1376a
τύπτειν 1378b
נָגַף ni.
ἐπικοπή 523b
θραύειν 654b
⟦κοπή 778b⟧ → ἐπικοπή
πίπτειν 1135c
πλήσσειν 1149c
προσκόπτειν 1217b
πταίειν 1237c
πτῶσις 1239a
συντρίβειν 1321a
τροποῦν 1376a
נָגַף hit.
προσκόπτειν 1217b
נֶגֶף
θραύειν 654b
θραῦσις 654c
πληγή 1142b
πρόσκομμα 1217a
πτῶσις 1239a
נָגַר ni.
*ἐκχεῖν 445c (2K 14.14*L*)
⟦ἐπέρχεσθαι 509c⟧
⟦καταπίνειν 741c⟧
*καταπονεῖν 742a (La 3.49)
καταφέρειν 747b
נָגַר hi.
⟦ἀθροίζειν 30a⟧ → אָגַר qal
⟦ἐγκαθίζειν 364c⟧ → גור I qal
κατασπᾶν 745a
*κλίνειν 771a (Ps 74.9)
⟦παραδιδόναι 1058a⟧ → סָגַר hi.
נָגַר ho.
καταφέρειν 747b
נָגַשׂ qal
ἀπαιτεῖν 116b
*ἀπαίτησις *167c* (Si 34[31].31)
*ἄρχων 166b (Is 60.17)
⟦διδόναι 317b⟧
⟦ἐλαύνειν 448c⟧ → ἐξελαύνειν
ἐξελαύνειν 491a
⟦ἐπίσκοπος 529a⟧
ἐπιστάτης 529c
ἐργοδιώκτης 541c
κυριεύειν 800a
πράσσειν, πράττειν 1201a
ὑπονύσσειν 1416c
φορολόγος, φωρολόγος 1438a
נָגַשׂ ni.
⟦προσάγειν 1211a⟧ → נָגַשׁ ni.
συμπίπτειν 1305b
נָגַשׂ hi.
διδόναι *171b*
נָגַשׁ qal
ἀποστρέφειν 145b
ἀφιστᾶν, ἀφιστάναι, ἀφιστάνειν 184b
ἐγγίζειν 362b
^*ἐνιστάναι 475a
⟦ἐπιστρέφειν 531a⟧ → ἀποστρέφειν
κολλᾶν 776b
παρατάσσειν 1064c
⟦ποιεῖν τόπον 1154b, 1364b (Is 49.20)⟧
πορεύεσθαι 1189a
⟦πράκτωρ 1200b⟧ → נָגַשׂ qal
προάγειν 1203b
προσάγειν 1211a
προσεγγίζειν 1213b
^προσέρχεσθαι 1213c
προσπορεύεσθαι 1219b

נָגַשׁ ni.
*ἀναχωρίζειν 85c (1K 13.6*L*)
ἀποστρέφειν 145b
ἐγγίζειν 362b
εἰσέρχεσθαι 410b
^*ἐνιστάναι 475a
καταλαμβάνειν 735a
προσάγειν 1211a
προσεγγίζειν 1213b
^προσέρχεσθαι 1213c
נָגַשׁ hi.
ἐγγίζειν 362b
εἰσάγειν *173b*
⟦εὕρεμα *178a*⟧
ἐφάπτειν 585b
προσάγειν 1211a, *190a*
προσεγγίζειν 1213b
προσφέρειν 1222c
?φέρειν 1426c
נָגַשׁ ho.
προσάγειν 1211a
נָגַשׁ hit.
βουλεύειν 227a
נֵד
*θημωνία *179b* (Si 39.17)
πῆγμα 1130c
*τεῖχος 1339c (Ex 15.8)
נָדָא hi.
ἐξωθεῖν 502b
נָדַב qal
δοκεῖν 339b
προθυμία *190a*
φέρειν 1426c
נָדַב hit.
⟦ἀκουσιάζειν 49c⟧ → ἑκουσιάζεσθαι
δυνάστης 355b
ἑκουσιάζεσθαι 438c
*ἑκουσιασμός 438c (1C 29.9*L*)
ἑκούσιος 438c
^*εὔχεσθαι 583c (1E 8.50)
^*εὐχή 584b (1E 2.9)
*παρρησιάζεσθαι *188a* (Si 6.11)
προαίρεσις 1203c
προθυμεῖν, προθυμοῦν 1206c
נְדַב Ar. itpa..
^*αἱρετίζειν 36a
ἀκουσιάζειν 49c
^*βούλεσθαι 226b (1E 8.10)
^*δωρεῖσθαι 359a
ἑκουσιάζεσθαι 438c
ἑκουσιασμός 438c
^*ἐνθυμεῖσθαι 473c (1E 8.11)
נְדָבָה
αἵρεσις 36a
ἀφαίρεμα 181a
δόμα 341a
ἑκούσιος 438c
ἑκουσίως (בְּנ׳) 438c
^*ἐπαγγελία 503b (1E 1.7)
^*εὐχή 584b (+1E 2.7)
ὁμολογία 993c
ὁμόλογως 993c
*τὰ προσφερόμενα 1222c (Ex 36.3)
σφάγιον 1324b
נִדְבָּךְ Ar.
^δόμος 341a
נָדַד qal
ἀνίπτασθαι 102c
ἀποξενοῦν 139b
ἀποπηδᾶν 139b
ἀφιστᾶν, ἀφιστάναι, ἀφιστάνειν 184b
διαφεύγειν 314b
ἐξιστᾶν, ἐξισάναι 496c
καταβαίνειν 727a
καταπεταννύναι 741b
⟦κατατάσσειν 746c⟧
πλανήτης 1140a
πτοεῖν 1238c
φεύγειν 1428b
φυγαδεύειν 1440b
נָדַד polal
ἀφάλλεσθαι 181b
נָדַד ho.
ἐξωθεῖν 502b
πέτεσθαι 1129b
נָדַד hitpo.
ταράσσειν 1336a
נְדַד Ar. pe.
ἀφιστᾶν, ἀφιστάναι, ἀφιστάνειν 184b
⟦γίνεσθαι 256b⟧
נְדֻדִים
*ἀγρυπνία (נְדֻדֵי שֵׁנָה) *165b* (Si 34[31].20)
ὀδύνη 967a
נָדָה pi.
ἀποκαθημένη 131b
βδελύσσειν, βδελύττειν 216a
⟦ἔρχεσθαι 548b⟧ → נָדַר qal ≈ εὔχεσθαι
⟦εὔχεσθαι 583c⟧ → נָדַר qal
נֵדֶה
μίσθωμα 930c
נִדָּה
ἁγνισμός 16a
ἀκαθαρσία 42b
ἄφεδρος 182b
⟦μετακινεῖν 916a⟧ → נוּד qal
⟦μετακίνησις 916a⟧ → נוּד qal
^*μολύνειν 932c
^*μολυσμός 932c (1E 8.83)
ῥαντισμός 1248a
*ὑπερορᾶν 1410c (Ez 7.19)
χωρισμός 1482c
נָדַח qal
*ἀπωθεῖν 151a (2K 14.14*L* הָיָה לְנִדָּה)
ἐξωθεῖν 502b
ἐπιβάλλειν 516a
נָדַח ni.
ἀπεῖναι 120a
ἀπολλύειν, ἀπολλύναι 136c
ἀπωθεῖν 151a
διασπείρειν 310c (+ To 13.3)
διασπορά 311a
ἐκκρούειν 435a
ἐξωθεῖν 520b
πλανᾶν 1139b
⟦προσαπωθεῖν *190a*⟧
σπείρειν 1282a
φεύγειν 1428b
φυγάς 1440b
נָדַח hi.
ἀπολλύειν, ἀπολλύναι 136c
ἀποπλανᾶν 139c
ἀπωθεῖν 151a
ἀφιστᾶν, ἀφιστάναι, ἀφιστάνειν 184b, *169b*
διασκορπίζειν 310b
διασπείρειν 310c
ἐκβάλλειν 420c
ἐξοκέλλειν 497c
ἐξωθεῖν 502b
נָדַח ho.
φεύγειν 1428b
נָדִיב
ἄρχειν 163a
ἄρχων 166b
βασιλεύς *169a*
δίκαιος 330c
δοκεῖν 339b
δυνάστης 355b, *172c*
*ἑκούστος 438c (1C 28.21*L*)
εὐσεβής 580b
καταδέχεσθαι 730b
μεγιστάν *184a*
§ναδαβ 939a
πρόθυμος 1206c
τύραννος 1378c
נְדִיבָה
⟦ἐλπίς 454a⟧
ἡγεμονικός 603c

⟦συνετός 1315a⟧
נָדָן
κολεός 776b
μίσθωμα 930c
נְדָן Ar.
ἕξις (נִדְנֶה) 496b
נָדַף qal
ἐκλείπειν 435c
ἐκρίπτειν, ἐκριπτεῖν 441a
נָדַף ni.
⟦ἀνεμόφθορος 87a⟧
διώκειν 338b
ἐκλείπειν 435c
ἐκτρίβειν *174a*
⟦ἐξαίρειν *175c*⟧
ἐξωθεῖν 502b
κινεῖν 765b
⟦ὀνειδίζειν 994b⟧ → גָּדַף pi.
φέρειν 1426c
נָדַר qal
εὔχεσθαι 583c
εὐχή 584b
ὁμολογεῖν 993c
נֶדֶר, נֵדֶר
δῶρον 359a
εὔχεσθαι 583c
εὐχή 584b
ὁμολογία 993c
נָהַג qal
ἄγειν 9a (+La 1.4)
αἰχμαλωτεύειν 39a
ἀπάγειν 115b
*ἀπαντᾶν *167c* (Si 40.23)
*ἀπελαύνειν 120b (1K 22.5*L*)
*διάγειν *171a* (Si 38.27)
ἐλαύνειν *174a*
ἐπάγειν 503c
ὁδηγεῖν 962a
παραλαμβάνειν 1061b
נָהַג pi.
ἄγειν 9a
ἀνάγειν 75b
ἀπάγειν 115b
εἰσάγειν 407c
ἐπάγειν 503c
παρακαλεῖν 1060a
נָהָה qal
θρηνεῖν 654c
נָהָה ni.
⟦ἐπιβλέπειν 516c⟧
נְהוֹר Ar.
φῶς 1450b
נְהִי
θρῆνος 655a
κοπετός 778a
οἶκτος, οἰκτρός 983b
נְהִיר Ar.
φῶς 1450b
נַהִירוּ Ar.
γρηγόρησις 278a
נָהַל pi.
ἄγειν 9a
ἀντιλαμβάνεσθαι 110c
διατρέφειν 314a
ἐκτρέφειν 443c
⟦καταπαύειν 740c⟧ → נוּחַ hi.
παρακαλεῖν 1060a
נָהַל hit.
ἐνισχύειν 475a
נַהֲלֹל
ξύλον 958a
ῥαγάς 1247c
נָהַם qal
βοᾶν 222a
⟦μεταμελεῖν 916b⟧ → נָחַם ni.
⟦πεινᾶν 1115b⟧
נַהַם
βρυγμός 231b
θυμός 660c
נְהָמָה
στεναγμός 1288a
φωνή 1447b
נָהַק qal
βοᾶν 222a
κράζειν 781b
נָהַר I qal
ἥκειν 605a
συνάγειν 1307b
נָהַר II qal
φωτίζειν 1451b
נָהָר
κατακλυσμός *181b*
πλημμύρα γίνεται (עָשַׁק נָ׳) 1145c
^ποταμός 1196a, *189c*
נְהַר Ar.
ποταμός 1196a
נְהָרָה
δόξα *171c*
φέγγος 1426a
נוּא qal
?διαστρέφειν 312a
נוּא hi.
ἀθετεῖν 29b
ἀνανεύειν 80a
ἀφιστᾶν, ἀφιστάναι, ἀφιστάνειν 184b
?διαστρέφειν 312a
נוּב qal
ἀποστάζειν 141a
πληθύ(ν)ειν 1144b
⟦ῥεῖν 1248b⟧
נוּב polel
εὐωδιάζειν 585a
נוֹב
*κόσμος *182b*
נוּד qal
ἀπαλλοτριοῦν 116c
δειλιᾶν 287a
εὐλαβεῖσθαι (נוּד qal + neg.) 572a
θρηνεῖν 654c
κινεῖν 765b
*μετακινεῖν 916a
*μετακίνησις 916a (I1E 9.11)
μεταναστεύειν 916b
πενθεῖν 1117b
πεταννύναι, πετάζειν 1128c
πλανᾶν *188c*
στενάζειν 1288b
συλλυπεῖσθαι 1302c
τρέμειν 1371b
נוּד hi.
κινεῖν 765b
σαλεύειν 1257c
נוּד hitpolel
ὀδύρεσθαι 967b
σείειν 1261c
נוּד Ar. pe.
σαλεύειν 1257c
נוֹד
⟦ζωή 599c⟧
נָוָה I qal
περαίνειν 1119b
*ὥρα 1493b (Is 52.7)
נָוָה I hi.
δοξάζειν 343b
נָוָה II
δίαιτα 303a
νομή 946b
נָוֶה
δίαιτα 303a
ἔπαυλις 508c
εὐπρέπεια, εὐπρεπία 576b
εὐπρεπής 576b
⟦εὐφροσύνη 582c⟧
κατάλυμα 738c
κατάλυσις 739a
μάνδρα 895a
νομή 946b
⟦νομός 949b⟧ → νομή
*ποίμνιος 1169c (Is 27.10[a])
τόπος 1364b
ὡραιότης 1494a
נוּחַ qal
ἀναπαύειν 80b, *166c* (Si 34[31].21)
ἀνάπαυσις 80c, *166c*

⟦ἀνάπαυσιν διδόναι 80c⟧ → נוּחַ hi.
ἀφιέιν, ἀφιέναι 183b
ἐπαναπαύεσθαι 506b
καθίζειν 701c
καταπαύειν 740c, *181c*
κατάπαυσις 741a
κοίμησις *182a*
⟦συμφωνεῖν 1306c⟧ → אָחָה ni.
נוּחַ hi.
αἴρειν *165c*
ἀναπαύειν (הֵנִיחַ) 80b
⟦ " (הִנִּיחַ) 80b⟧
*ἀνάπαυσιν διδόναι 80c
ἀνάπαυσιν ποιεῖν 80c, 1154a
ποιεῖν ἀνάπαυμα 80c, 1154a
*ἀνιέναι (= ἀνίημι) 102b (Je 15.6)
ἀποτιθέναι 148c
ἀφιέιν, ἀφιέναι 183b, *169b*
διδόναι 317b
ἐᾶν 361a
⟦ἐγκαταλείπειν *172a*⟧
⟦ἐμπιπλᾶν, ἐμπι(μ)πλάναι, ἐμπλήθειν 457a⟧
ἐναφιέναι 469b
ἐπαναπαύεσθαι 506b
ἐπαφιέναι 509a
ἐπιλανθάνειν 524a
*ἐπιστηρίζειν 530b (Ps 37[38].2)
ἐπιτιθέναι 535c
καθιέναι 701c
*καθιζάνειν 701c (Pr 18.16)
καθιστάναι 702c
⟦κατακληρονομεῖν 733b⟧ → נָחַל hi.
καταλείπειν 736a, *181b*
καταλιμπάνειν 737c
καταπαύειν 740c, *181c*
*λείπειν 872c (Pr 11.3)
παραδιδόναι 1058a
⟦συνάγειν 1307b⟧ → כָּנַס pi.
τιθέναι 1348c
*ὑφιστάναι 1419a (Zc 9.8)
נוּחַ ho.
ἀναπαύειν 80b
ἀπόλοιπος 138c
τιθέναι 1348c
נוֹחַ
κατάπαυσις 741a
נוּחָה
ἀνάπαυσις *166c*
נוּט
σαλεύειν 1257c
נְוָלִי Ar.
δημεύειν (נְ׳ + שְׁוָה itpa.) 295c
διαρπαγή 308c
διαρπάζειν (נְ׳ + שׂוּם itpe., נְ׳ + שְׁוָה itpa.) 308c

נוּם qal
*νυσταγμός 956a (Je 23.31)
νυστάζειν 956a
ὑπνοῦν 1412a
נוּמָה
νυσταγμός *185c*
ὕπνος *194b* (+Si 42.9)
ὑπνώδης 1412a
נוּן ni.
διαμένειν 305c
נוּן hi.
διαμένειν 305c
*נוּן Ar.
*ἰχθύς 696a (To 6.7)
נוּס qal
ἀναχωρεῖν 85c
ἀποδιδράσκειν 127b
⟦ἀφιστάναι *169b*⟧
διαφεύγειν 314b
διώκειν 338b
ἐκφεύγειν 445b
ἐμφράσσειν 460c
καταφεύγειν 747b
καταφυγή 748b
κινεῖν 765b
φεύγειν 1428b
φθείρειν 1429c (De 34.7)
φυγαδευτήριον 1440b
φυγάς εἶναι 1440b
φυγή 1440b
נוּס hi.
ἐκφεύγειν 445b
μετακινεῖν 916a
συνάγειν 1307b
φεύγειν 1428b
נוּעַ qal
ἄρχειν 163a
διασκορπίζειν 310b
ἐξιστᾶν/ἐξιστάναι + ψυχή (= נֶפֶשׁ) 496c
ἐπαίρειν 505a
κινεῖν 765b
⟦κλίνειν 771a⟧
⟦μετακινεῖν 916a⟧
μετανιστάναι 916b
σαλεύειν 1257c
σείειν 1261c
*στενάζειν *192a* (Si 36.30)
στένειν 1288b
συναθροίζειν 1310b
σφαλερός 1324c
φοβεῖν 1433b
נוּעַ ni.
λικμᾶν, λιχμᾶν 878b
σαλεύειν 1257c

נוּעַ hi.
βασιλεύειν (נוּעַ לְמַלְכוּת hi.) 194c
διασκορπίζειν 310b
ἐγείρειν 364a
καταρεμβεύειν 743a
καταρομβεύειν 743a
κινεῖν 765b, *182a*
⟦λιγμίζειν(?) 876b⟧ → λικμίζειν
⟦λικμᾶν, λιχμᾶν 878b⟧ → λικμίζειν
*λικμίζειν
μετακινεῖν 916a
σαλεύειν 1257c
נוֹעַם
see נֹעַם, נוֹעַם
נוּף qal
διαρραίνειν 309a
נוּף polel
παρακαλεῖν 1060a
נוּף hi.
αἴρειν 34c
ἀναφέρειν 84c
ἀποδιδόναι 126b
ἀφαιρεῖν 180a
ἀφορίζειν 185c
⟦ἐκκλ(ε)ίνειν *173c*⟧ → ἐκτείνειν
⟦ἐκτείνειν *173c*⟧
ἕλκειν, ἑλκύειν 453a
*ἐξαίρειν *175c* (Si 37.7)
ἐπαίρειν 505a, *176a* (+Si 46.2)
ἐπιβάλλειν 516a
ἐπικροτεῖν *176c*
ἐπιτιθέναι 535c
παρακαλεῖν 1060a
πάσσειν *188a*
*σαλεύειν *191a* (Si 43.16)
*ταράσσειν 1336a (Is 30.28)
φέρειν 1426c
נוֹף
εὔριζος (יְפֵה נוֹף) 576c
נוּר Ar.
πῦρ 1242b
נוּשׁ
⟦ταλαιπωρία 1333a⟧ → אָנַשׁ qal
נָזָה qal
ἐπιρραντίζειν 527a
⟦κατάγειν 729b⟧
ῥαντίζειν 1248a
נָזָה hi.
θαυμάζειν 626c
περιρ(ρ)αίνειν 1126a
προσραίνειν 1219c
ῥαίνειν, ῥανίζειν 1247c
נָזִיד
ἕψεμα, ἕψημα 592a

נָזִיר
ἁγιάζειν 10c
ἁγίασμα 11b
ἁγιασμός 11c
ἅγιος 12a
ἁγνεία 15c
δοξάζειν 343b
εὔχεσθαι 583c
ἡγεῖσθαι 602c
§ναζ(ε)ιρ 939a
ναζ(ε)ιραῖος 939a
נָזַל qal
⟦ἐξέρχεσθαι 491c⟧ → אָזַל qal
καταβαίνειν 727a
ὄμβρημα 991a
ῥαίνειν, ῥανίζειν 1247c
ῥεῖν 1248b
ῥοιζεῖν, ῥοίζεσθαι 1253a
τήκειν 1348a
ὕδωρ 1381a
*φέρειν pass. 1426c (Je 18.14)
נָזַל hi.
ἐξάγειν 483a
נֶזֶם
ἐνώτιον (נֶ׳, נֶ׳ אַף) 482c
נָזַף hi.
ἐπιτιμᾶν *177a*
נְזַק Ar. pe.
ἐνοχλεῖν 476b
נְזַק Ar. af.
^*ἐνοχλεῖν 476b
κακοποιεῖν 709a
κακοποίησις 709b
נָזַר ni.
⟦ἁγίασμα 11b⟧ → נֵזֶר
⟦ἀπαλλοτριοῦν 116c⟧ → זוּר I, זוּר ni.
προσέχειν 1215b
נָזַר hi.
ἁγιάζειν 10b
ἁγνίζειν 15c
ἀφαγνίζειν 180a
εὐλαβῆ ποιεῖν 572a, 1154a
εὔχεσθαι 583c
εὐχή 584b
נֵזֶר
ἁγίασμα 11b
ἅγιος 12a
ἅγνεια 15c
ἁγνισμός 16a
ἀφόρισμα 186a
βασίλειον 194b
*διάδημα 300a (2K 1.10*L*)
§εζερ 368b
εὐχή 584b
καθαγιάζειν 697a
§νεζερ 941b
πέταλον 1128c
נָחָה qal
εὐοδοῦν 575c
ὁδηγεῖν 962a
נָחָה hi.
ἄγειν 9a
δεικνύειν, δεικνύναι 286a
ἐπάγειν 503c
εὐοδοῦν 575c
⟦καθιζάνειν 701c⟧ → נוּחַ hi.
καθοδηγεῖν 704a
μεταπέμπεσθαι 916c
ὁδηγεῖν 962a
παρακαλεῖν 1060a
⟦τιθέναι 1348c (3K 10.26)⟧ → נוּחַ hi.
נִחוּמִים
μεταμέλεια 916b
παράκλησις 1061a
παρακλητικός 1061a
נָחוּשׁ
χάλκειος 1453a
⟦χαλκοῦς, χάλκεος 1453c⟧ → χάλκειος
נְחוּשָׁה
χάλκειος 1453a
χαλκός 1453b
χαλκοῦς, χάλκεος 1453c
נְחִירַיִם
μυκτήρ 936b
נָחַל qal
*διαιρεῖν 302c (Jo 18.4)
⟦διέρχεσθαι 328c⟧
ἐμβατεύειν 455c
⟦ἐξολεθρεύειν, ἐξολοθρεύειν 497c⟧ → κατακληρονομεῖν
κατακληρονομεῖν 733b
κατέχειν 750c
κληρονομεῖν 768a, *182a*
*κλῆρος 770a (Je 12.13)
κτᾶσθαι 793b
μερίζειν 910c
נָחַל pi.
κατακληρονομεῖν 733b
καταμερίζειν 739a
καταμετρεῖν 739b
נָחַל hi.
⟦ἀποδιαιρεῖν 126b⟧ → ἀποδιαστέλλειν
ἀποδιαστελλεῖν 126b
*διαδιδόναι 300b (Si 30[33].32)
διαιρεῖν 302c
διαμερίζειν 305c
⟦κατακληροδοτεῖν 733b⟧
κατακληρονομεῖν 733b, *181b* (+Si 33.16)
καταμερίζειν 739a
κληρονομεῖν 768a, *182a*
μερίζειν 910c
נָחַל hit.
κατακληρονομεῖν 733b
⟦ " *181b*⟧
καταμερίζειν 739a
κληρονομεῖν 768a
נַחַל I
⟦διορυγή 336c⟧ → διῶρυξ, διώρυγος, διώρυχος
διῶρυξ, διώρυγος, διώρυχος 339a
⟦κῦμα (אֲפִיק נְחָלִים) 799a⟧
§νααλ (נַחֲלֵי) 938a
νάπη 939c
§ναχαλ 940a
§ναχαλει, ναχαλη (נַחֲלֵי) 940a
ποταμός 1196a, *189c*
φάραγξ 1424b
χειμάρρους, χείμαρρος 1457a
נַחַל II
*φοῖνιξ 1436c (Jb 29.18), *195b* (Si 50.12)
נַחֲלָה
διαίρεσις 302c
ἔγκληρος 366c
εὔκληρος 571c
κατακληρονομεῖν (חָלַק נַ׳, נַ׳) 733b
κατάσχεσις 746b
κληροδοσία 768a
κληρονομεῖν (נָתַן נַ׳, חָלַק נַ׳, נַ׳) 768a
κληρονομία 769a, *182a*
κλῆρος 770a
κληροῦν 770c
⟦κληρουχία 770c⟧
κτῆμα 793c
μερίζειν 910c
μερίς 911a, *184b*
μέρος 911c
⟦οἶκος 973a⟧
τόπος 1364b
נַחֲלַת
κληρονομία 769a
נָחַם ni.
ἀναπαύειν 80b
⟦ἀνιέναι (= ἀνίημι) 102b⟧ → נוּחַ hi.
⟦ἐλεεῖν 449c⟧ → חוּס qal
ἐνθυμεῖσθαι 473c
θυμοῦν 662b
ἱλάσκεσθαι, ἱλάζειν 684b
ἵλεως γίνεσθαι 256c, 684c
μεταμελεῖν 916b (+Pr 5.11)

*μετάμελος 916b (Pr 11.3)
μετανοεῖν 916b
παρακαλεῖν 1060a, *187c* (+Si 32 [35].21)
παύειν 1112b
נָחַם pi.
διαναπαύειν 306b
ἐλεεῖν 449c
⟦ἐπισκέπ(τ)ειν 527c⟧
⟦ἡγεῖσθαι 602c⟧
⟦θαυμάζειν 626c⟧
παρακαλεῖν 1060a, *187c*
παράκλησις 1061a
παρακλήτωρ 1061a
נָחַם pu.
παρακαλεῖν 1060a
נָחַם hit.
*ἀπειλεῖν 120a (Ge 27.42; Nu 23. 19)
παρακαλεῖν 1060a
נֹחַם
παράκλησις 1061a
נֶחָמָה
παρακαλεῖν 1060a
נָחַץ qal
κατασπεύδειν 745b, *181c* (Si 35 [32].10)
σπουδή 1285c
נַחֲרָה
φωνὴ ὀξύτητος 1001a, 1447b (Je 8.16)
נָחַשׁ pi.
*ἐξερευνᾶν, ἐξεραυνᾶν 491b (Ps 108[109].11)
οἰωνίζεσθαι 985b
οἰωνισμός 985b
⟦φαρμακεύειν 1425a⟧
נַחַשׁ
οἰωνισμός 985b
οἰωνός 985b
נָחָשׁ
δράκων 348b
ὄφις 1042b
נְחָשׁ Ar.
χαλκός 1453b
χαλκοῦς, χάλκεος 1453c
נְחֹשֶׁת
πέδη 1113a
πέδη χάλκεια 1113a, 1453a
πέδη χαλκῆ 1453c
σίδηρος, [σίδηρον] *191b*
^*χάλκειος δεσμός 1453a (1E 1.40)
χαλκός 1453b, *195a*
^χαλκοῦς, χάλκεος 1453c

נָחַת qal
⟦ἐπιστηρίζειν 530b⟧ → נוּחַ hi.
*καταβαίνειν 727a
⟦κοιμᾶν 773c⟧
נָחַת ni.
ἐμπηγνύναι 456c
נָחַת pi.
⟦καταγνύναι 730a⟧ → נָחַת pi.
⟦τιθέναι 1348c (Ps 17[18].35)⟧ → נָתַן qal
נְחֵת Ar. pe.
ἀποστέλλειν 141b
καταβαίνειν 727a
נְחֵת Ar. af.
^*ἀποτιθέναι 148c
κεῖσθαι 758b
^τιθέναι 1348c
נְחֵת Ar. hoph.
καταφέρειν 747b
נַחַת
ἀναπαύειν (מָצָא נ׳) *166c*
ἀνάπαυσις 80c, *166c*
*ἐλευθερία *174b* (Si 30[33].34)
⟦θυμός 660c⟧
⟦καταβαίνειν 727a⟧ → נָחַת qal
συγκύπτειν *192b*
נָחֵת
⟦κρύπτειν 791c⟧ → חָבָא ni.
*πρᾳΰς 1201a (Jl 3[4].11)
נָטָה qal
αἴρειν 34c (+1C 21.10)
⟦αἱρεῖν 36a⟧ → αἴρειν
ἀφικνεῖσθαι 184a
βάλλειν 189c
βαστάζειν 215a
ἐκκλ(ε)ίνειν 433c, *173c*
ἐκτείνειν 442a, *173c* (Si 46.2)
ἐντείνειν 477a
ἐπαίρειν *176a* (–Si 46.2)
ἐπιβάλλειν + χεῖρα (= יָד) 516a
ἱστάναι, ἱστᾶν 689a, *180b*
καταχεῖν 748c
κλίνειν 771a
⟦μετέωρος 917c⟧
ὀλισθαίνειν *186a*
παριδεῖν 1070b
πηγνύναι 1130c
ποιεῖν 1154a
προσέχειν 1215b
σαλεύειν 1257c
στερεοῦν 1289a
τανύειν 1334b, *193a*
*τείνειν 1339c (Ez 30.22)
ὑποτιθέναι 1417c
ὑψηλός (זְרוֹעַ נְטוּיָה) 1419b

⟦ὑψοῦν 1422a⟧ → ὑψηλός
נָטָה ni.
ἐκλείπειν 435c
ἐκτείνειν 442a
⟦ἐκτιθέναι 443a⟧ → ἐκτείνειν
נָטָה hi.
ἀποκλίνειν 132c
ἀποπλανᾶν 139c
ἀφαιρεῖν 180a
διαστρέφειν 312a
εἰσάγειν *173b*
⟦ἐκκλείειν κρίσιν 433a⟧ → ἐκκλ(ε)ίνειν κρίσιν
ἐκκλ(ε)ίνειν 433c, *173c* (–Si 6.33; 7.2)
ἐκκλ(ε)ίνειν κρίσιν 433c
ἐκτείνειν 442a
ἐπαίρειν + ῥάβδος (= מַטֶּה) 505a
⟦ἐπιβλέπειν 516c⟧ → נָבַט hi.
ἐπικλίνειν 523a
εὐθύνειν 570c
κλίνειν 771a, *182a* (+Si 51.16)
παραβάλλειν 1055c
πηγνύναι 1130c
⟦πλανᾶν 1139b⟧
προσέχειν 1215b
*στρωννύναι 1297b (2K 21.10*L*)
ὑποτιθέναι *194c*
נָטִיל
⟦ἐπαίρειν 505a⟧ → נָטַל qal
נְטִיפוֹת
ὁρμίσκος 1014a
στραγγαλίς 1295a
נְטִישׁוֹת
κλῆμα 767c
κληματίς 768a
⟦ὑποστήριγμα 1417a⟧
נָטַל qal
αἴρειν 34c
*εἰπεῖν 384a (2K 24.12*L*)
*ἐξαίρειν 485a (Na 1.2)
*ἐπαίρειν 505a (Zp 1.11)
נָטַל pi.
ἀναλαμβάνειν 78c
נְטַל Ar. pe.
αἴρειν 34c
*ἀναβλέπειν τοὺς ὀφθαλμούς 73b (To 3.12 נָטַל עַיְנַיִן)
ἀναλαμβάνειν 78c
נְטַל peil Ar.
ἐξαίρειν 485a
ἐξεγείρειν 490b
נֵטֶל
δυσβάστακτος 357b

נָטַע qal
ἱστάναι, ἱστᾶν 689a
καταφυτεύειν 748b, *181c*
πηγνύναι 1130c
φύειν 1440c
φυτ(ε)ία 1446c
φυτεύειν 1446c, *195c*

נָטַע ni.
προσανοικοδομεῖν *190a*
φυτεύειν 1446c

נָטַע pu.
[[ῥιζοῦν *191b*]] → נָטַע

נֶטַע
νεόφυτος 943a
*ῥιζοῦν *191b* (Si 3.28)
*τέκνον *193a* (Si 3.9)
φυτεύειν 1446c
φυτόν *195c*

נְטִעִים
[[νεόφυτος 943a]] → נֶטַע

נָטַף qal
ἀποστάζειν 141a
ἀποσταλάζειν 141a
ἐξιστᾶν, ἐξιστάναι 496c
στάζειν 1286a

נָטַף hi.
ἀποσταλάζειν 141a
δακρύειν 284a
δάκρυ(ον) 284a
[[ἐπιβλέπειν 516c]] → נָבַט hi.
κλαίειν δάκρυσι 766a
ὀχλαγωγεῖν 1042c
[[σταγών 1286a]] → נָטָף
σταλάζειν 1286c

נָטָף
σταγών 1286a
στακτή 1286c

נָטַר qal
διαμένειν 305c
[[ἐξαίρειν 485a]] → נָטַל qal
μηνίειν 923b
τηρεῖν 1348b
φυλάκισσα 1441b
φυλάσσειν, φυλάττειν 1441c

נְטַר Ar. pe.
διατηρεῖν 313a
[[στηρίζειν 1290c]]
[[συντηρεῖν 1320c]] → διατηρεῖν
*τηρεῖν 1348b (Da LXX 7.28 [נ967])

נָטַשׁ qal
ἀνιέναι (= ἀνίημι) 102b
ἀξιοῦν 113b
*ἀπαλείφειν 116b (4K 21.14*L*)
ἀποσκορακίζειν 141a
ἀποστρέφειν 145b

*ἀποτιθέναι 148c (1K 17.22*L*)
ἀποτινάσσειν 149a
ἀπωθεῖν 151a
ἀφίειν, ἀφιέναι 183b
διαχεῖν 316a
ἐγκαταλείπειν 365a, *172a* (+Si 6.19)
[[ἐδαφίζειν 367c]] → רָטַשׁ pi.
ἐκρίπτειν, ἐκριπτεῖν 441a
[[ἐκτείνειν 442a]]
ἐκχεῖν, ἐκχέειν 445c
ἐπιβάλλειν 516a
καταβάλλειν 728c
καταλείπειν *181b*
κλίνειν 771a
παριδεῖν *188a*
ῥάσσειν 1248a
ὑπεριδεῖν *194b*

נָטַשׁ ni.
ἐγκαταλείπειν 365a
ἐκρίπτειν, ἐκριπτεῖν 441a
συμπίπτειν 1305b
σφάλλειν 1324c

נָטַשׁ pu.
ἐγκαταλείπειν 365a

נִיב
[[ἐπιτιθέναι 535c]]
κόσμος (נוֹב, נִיב) *182b*

נִיד
κίνησις 765c

נִידָה
σάλος 1258a

נִיחֹחַ, נִיחֹחַ also Ar.
εὐωδία (רֵיחַ נִ׳, נִ׳) 584c, *178b*
θυσία 664a
∧*σπονδή 1285a (1E 6.31)

נִין
ἔκγονος *173b*
[[ἐπίγνωστος 518c]]
σπέρμα 1282b, *192a* (Si 47.23)
συγγένεια, συγγενία 1298b
τέκνον *193a*

נִיס
[[φεύγειν 1428b]]

נִיסוּ
πειρασμός *188b*

נִיצוֹץ
σπινθήρ 1284c

נִיר
λύχνος 891b

נִיר I qal
νεοῦν 943a
φωτίζειν 1451b

נִיר II
θέσις 649b

[[κατάλ(ε)ιμμα 736a]]
λαμπτήρ 853a
λύχνος 891b
φῶς 1450b

נִיר III
νέωμα 944b

נָכָא ni.
σβεννύναι 1261a

נָכֵא
λυπηρός 890a
ὀλιγόψυχος ἀνήρ (רוּחַ נְכֵאָה) 987a
σκυθρωπάζειν (רוּחַ נְכֵאָה) 1277a

נְכֹאת
θυμίαμα 660b

נֶכֶד
[[ἐπίγνωστος 518c]] → נָכַר ni.
[[ὄνομα 995b]]
σπέρμα 1282b

נָכָה ni.
πλήσσειν 1149c

נָכָה pu.
πλήσσειν 1149c

נָכָה hi.
ἀδικεῖν 24c
ἀναιρεῖν 77b
ἀποκτείνειν, ἀποκτέννειν 135a, *168a*
ἀπολλύειν, ἀπολλύναι 136c
βάλλειν 189c
διακόπτειν 303c
[[διασπείρειν 310c]]
ἐκζεῖν 430c
ἐκκαίειν 432b
ἐκκόπτειν 434c
ἐκπολεμεῖν 439b
ἐκπολιορκεῖν 439c
[[ἐμπολιορκεῖν 458c]]
ἐξολεθρεύειν, ἐξολοθρεύειν 497c
*ἐπάγειν + χεῖρα πρὸς χεῖρα (= כַּפַּיִם) 503c
[[ἐπιβουλεύειν 517b]]
θανατοῦν 625a
[[κατάγειν 729b]] → πατάσσειν
[[καταγνύναι 730a]] → πατάσσειν
κατακόπτειν 734b
καταστρέφειν *181c*
κοπή 778b
κόπτειν 779a
κροτεῖν 791c
λαμβάνειν 847a
μαστιγοῦν 898a
μαστίζειν 898b
μάχεσθαι 900c
παίειν 1048c
παραδιδόναι 1058a

πατάσσειν 1103b
πληγή 1142b
πλήσσειν 1149c
⟦συγκαίειν 1299a⟧
συγκόπτειν 1300b
συγχεῖν 1301a
συντρίβειν 1321a
τιτρώσκειν 1362a
τρέπειν 1371b
τύπτειν 1378b
φονεύειν 1437a
⟦χαράσσειν 1454c⟧ → πατάσσειν

נָכָה ho.
ἁλίσκειν, ἁλίσκεσθαι 54c
μαστιγοῦν 898a
πίπτειν 1135c
πληγή 1142b
πλήσσειν 1149c
πονεῖν 1186a
*συντρίβειν 1321a (Zp 3.18)

נָכֶה
ἡσύχιος (נְכֵה רוּחַ) 620b
πλήσσειν 1149c

נֵכֶה
μάστιξ 898b

נָכֹחַ
ἀγαθός 2a
ἀλήθεια 53a
ἐνώπιος 482b
εὐθύς (adj.) 571a
εὔκολος 571c
*κοῦφος 781b (Si 11.21)
⟦σοφός 1280b⟧ → ἀγαθός
φανερός *195a*

נֵכַח
εὔκολος 571c

נֹכַח
*ἀπέναντι *167c* (Si 36[33].14)
ἐξ ἐναντίας (נ׳, עַד נ׳) 468b
*ὀπτασία *186b* (Si 43.16)
ὀρθ(ρ)ός (לְנֹ׳) 1010c

נָכַל pi.
δολιοῦν 340b

נָכַל hit.
δολιοῦν 340b

נֵכֶל
δολιότης 340b

נְכַס Ar.
^*ἀργυρικός 153b
βίος 220a
τὸ ὑπάρχον, (τὰ) ὑπάρχοντα 1406b

נְכָסִים
*ὕπαρξις 1406b (2C 1.12*L*)
τὸ ὑπάρχον, (τὰ) ὑπάρχοντα 1406b

χρῆμα 1474b, *196b*

נָכַר ni.
γινώσκειν *170b*
ἐπιγινώσκειν 517c
*ἐπίγνωστος 518c (Jb 18.19)
ἐπινεύειν 526a

נָכַר pi.
ἀπαλλοτριοῦν 116c, *167c*
εἰδεῖν, εἰδέναι 374b
⟦πιπράσκειν 1135c⟧ → מָכַר qal
συνεπιτιθέναι 1313c

נָכַר hi.
αἰδεῖσθαι 30c
αἰσχύνειν 36c
^*ἀκούειν 45a
γινώσκειν 267a
γνωρίζειν 273a
ἐπιγινώσκειν 517c, *176c* (+Si 44.23)
μιμνήσκεσθαι *185a*

נָכַר hit.
ἀλλοτριοῦν 57c
⟦ἀποξενοῦν 139b⟧
διεστραμμένως *171c*
πονηρεύεσθαι 1186a

נֵכָר
ἀλλογενής 55c
ἀλλογενῆ ἔθνος (בֶּן־נֵ׳) 368b
ἀλλότριος 57a, *166b*
ἀλλοτρίωσις 57c
ἀλλόφυλος (בֶּן־נֵ׳) 57c
ἕτερος 560a

נֵכֶר, נֹכֶר
ἀλλότριος 57a
ἀπαλλοτρίωσις 116c

נָכְרִי
^ἀλλογενής 55c
ἀλλότριος 57a, *166b*
ἀλλόφυλος 57c
ἴδιος + neg. 673b
ξένος 957a

נְכֹת
§νεχωθα (נְכֹתוֹ, נְכֹתֹה) 944b
§νεχωτα (נְכֹתֹה) 944b

נִמְבְזָה
⟦ἀτιμοῦν 176a⟧ → בָּזָה ni.

נְמָלָה
μύρμηξ 937b

נָמֵר
πάρδαλις 1065c

נְמַר Ar.
πάρδαλις 1065c

נֵס
ἄρχειν 163a
⟦δόξα 341b⟧
ἱστίον 692b
⟦καταφυγή 748b⟧ → נוּס qal
σημεία, σημαία 1263a
σημεῖον 1263b
σημείωσις 1264a
σύσσημον 1323b

נְסַב Ar. pe.
*ἀπολλύειν, ἀπολλύναι *168a* (Si 9.6 Aramaizing)
*λαμβάνειν 847a (To 6.13+)

נְסִבָּה
μεταστροφή 917a

נָסָה qal
⟦ἀφιστάναι *169b*⟧

נָסָה pi.
*c. neg., ἄπειρος 120b (1K 17.39*L*)
*ἐγχειρεῖν 367b (Je 29[49].16)
ἐκπειράζειν 438c
πεῖραν λαμβάνειν 847a, 1115c
πειράζειν, πειρᾶν 1115c, *188b*

נָסַח qal
ἐξωθεῖν 502b
κατασπᾶν 745a
μεταναστεύειν 916b

נָסַח ni.
ἐξαίρειν 485a
προνομεύειν *190a*

נְסַח Ar. itpe.
καθαιρεῖν 697b
^*λαμβάνειν 847a (1E 6.32)

נִסָּיוֹן
πειράζειν *188b*
*πειρασμός *188b* (Si 6.7)

נָסִיךְ
ἄρχειν 163a
ἄρχων 166b
γίγας *170b*
σπονδή 1285a

נָסַךְ qal
καθιστάναι 702c
ποιεῖν 1154a
ποτίζειν 1197c
σπένδειν 1282b

נָסַךְ ni.
θεμελιοῦν 629c

נָסַךְ pi.
σπένδειν 1282b

נָסַךְ hi.
σπένδειν 1282b

נָסַךְ ho.
σπένδειν 1282b

נְסַךְ Ar. pa.
*ἐπιτελεῖν 535a (Da LXX 2.46 [967])
ποιεῖν + σπονδήν (= נִיחֹחַ) 1154a (Da LXX 2.46)
σπένδειν 1282b

σπονδή 1285a
נֵסֶךְ, נֶסֶךְ, also Ar.
σπένδειν 1282b
σπονδή 1285a
χωνεύειν 1480c
χωνευτός 1481a
נִסְמָן
⟦κέγχρος 757c⟧
נָסַס qal
φεύγειν 1428b
נָסַס hitpo.
?κυλίειν 798c
φεύγειν 1428b
נָסַע qal
αἴρειν 34c
ἀναβαστάζειν 73a
^ἀναζευγνύειν, ἀναζευγνύναι 76c
ἀπαίρειν 115c
ἀπέρχεσθαι 121a
ἐκσπᾶν 441b
ἐξαίρειν 485a
ἐξέρχεσθαι 491c
κινεῖν 765b
προπορεύεσθαι 1208c
στρατοπεδεύειν 1296a
נָסַע ni.
*ἐξαίρειν 485a (Zc 10.2)
ἐξέρχεσθαι 491c
נָסַע hi.
αἴρειν 34c
ἀπαίρειν 115c
ἐκκόπτειν 434c
ἐξαίρειν 485a
ἐπαίρειν 505a
μεταίρειν 916a
*φέρειν 1426c (3K 6.2 (MT 5.31)*L*)
נָסַק hi.
ἐκκαίειν *173c*
נְעוּרִים
γένεσις 237a
νεότης 942c, *185a*
νηπιότης 944c
παιδάριον 1045c
παῖς 1049a
παρθεν(ε)ία 1069a, *188a*
παρθενικός 1070a
נָעִים
εὐπρέπ(ε)ια 576b
εὐπρεπής 576b
ἡδύνειν 604c
ἡδύς 604c
καλός 715b
κρείσσων, κρείττων, κράτιστος 785a
τερπνός 1345c
τερπνότης 1345c
ὡραῖος 1493c
נָעַל qal
ἀποκλείειν 132b
κλείειν 767a
σφηνοῦν 1325a
ὑποδεῖν 1413b
⟦ὑποδύειν 1413b⟧ → ὑποδεῖν
נָעַל hi.
ὑποδεῖν 1413b
נַעַל
σανδάλιον 1259a
ὑπόδημα 1413b, *194c*
נָעֵם qal
*εἰς ἀγαθόν *165a* (Si 7.13)
βελτίων φαίνεσθαι 217b
εὐπρεπής 576b
ἡδέως ἅπτεσθαι 604a
ἡδύνειν 604c
καλὸς εἶναι δοκεῖν 715b
κρείττων εἶναι 785a
⟦πίων 1139a⟧
*ὡραῖος 1493c (2K 1.26*L*)
ὡραιοῦσθαι 1494a
נָעֵם hi.
γλυκαίνειν *170b*
נוֹעַם, נֹעַם
ἡδύς *179a*
κάλλος 715a
καλός 715b
λαμπρότης 853a
σεμνός 1263a
τερπνότης 1345c
נַעֲצוּץ
⟦στοιβή, στυβή 1291c⟧
נָעַר I qal
⟦ἐξεγείρειν 490b (Je 28[51].38)⟧ → עוּר I ni.
נָעַר II qal
ἀποσείειν 140c
⟦ἐκτείνειν 442a⟧ → ἐκτινάσσειν
ἐκτινάσσειν 443b
נָעַר II ni.
ἀποτινάσσειν 149a
ἐκτινάσσειν 443b
נָעַר II pi.
ἀνορθοῦν *167b*
ἐκτινάσσειν 443b
נָעַר II hit.
ἐκτινάσσειν 443b
נַעַר I
⟦διακονία 303b⟧ → διάκονος
διάκονος 303b
⟦ἐκτάσσειν 442a⟧ → נָעַר II qal ≈ ἐκτινάσσειν
⟦κοράσιον 779c⟧ → παιδάριον
νεανίας 940a
νεᾶνις 940b
^νεανίσκος 940b, *185a*
νέος 942a
παῖς νέος 942a
νεώτερος 942a, *185a*
νήπιος 944b, *185b*
παιδάριον (אִישׁ־נ׳, נ׳) 1045c
παιδίον 1047c
παῖς 1049a
παρθένος 1070a
τέκνον *193a*
נַעַר II
⟦διασκορπίζειν 310b⟧
⟦σκορπίζειν 1275c⟧ → διασκορπίζειν
נֹעַר
νεανίας 940a
νεότης 942c
νήπιος 944b
παῖς 1049a
נַעֲרָה
ἅβρα 1b
γυνή 278b
δοῦλος (subst.) 346b
θεράπαινα 648a
θεράπων 648b
κοράσιον 779c
νεᾶνις 940b
παιδίον 1047c
παιδίσκη 1048b
παῖς 1049a
παρθένος 1070a, *188a*
נְעֻרוֹת
*νεότης 942c, *185a* (Si 30.12)
נְעֹרֶת
ἀποτίναγμα 149a
καλάμη στιππύου 712b, 1291b
στιππύον, στιππεῖον, στύππιον 1291b
נָפָה
§νεφθα (נֶפֶת) 944a
נָפַח qal
ἀποκακεῖν 131c
ἐκφυσᾶν 445c
ἐμφυσᾶν 461a
καίειν 705a
*προσεκκαίειν 1213b (Nu 21.30)
ὑποκαίειν 1413c
φυσᾶν 1446c, *195c*
נָפַח pu.
ἄκαυστος (נ׳ pu. + neg.) 44a
⟦ἄσβεστος (נ׳ pu. + neg.) 169c⟧
נָפַח hi.
ἐκφυσᾶν 445c
נְפִילִים
γίγας 256b

נֹפֶךְ
ἄνθραξ 96a
στακτή 1286c

נָפַל qal
ἄλογος 59b
ἀποπίπτειν 139c
⟦ἀσύνετος 174a⟧
ἀφιστᾶν, ἀφιστάναι, ἀφιστάνειν 184b
βάλλειν 189c, *169a*
γίνεσθαι 256b
διαπίπτειν 308a
διαφωνεῖν 315c
ἔγκεισθαι 366b
ἐκπίπτειν 439b
ἐμπίπτειν 458a, *174b*
ἐμπλέκεσθαι 458b
ἐπέρχεσθαι 509c
ἐπιπίπτειν 526b, *177a*
ἐπιστρέφειν 531a
ἔρχεσθαι 548b
⟦ἔσθειν, ἐσθίειν 554a⟧
καταβάλλειν 728c
κατακλίνειν 733c
καταπηδᾶν 741b
καταπίπτειν 741c
καταφεύγειν 747b
κατοικεῖν 751c
§ναβαλ (נְפוֹל) 938a
§ναφα (נְפוֹל) 940a
*ὀλισθαίνειν 987a (Si 25.8)
παρεμβάλλειν 1066b
περιπίπτειν 1125b
πίπτειν 1135c, *188c*
πλήσσειν 1149c
προσκύνησις *190b*
προσπίπτειν 1219a, *190b*
προστιθέναι 1221a
προσχωρεῖν 1223c
πτῶσις 1239a
ῥίπτειν, ῥιπτεῖν 1252b
συμπίπτειν 1305b
ταπεινοῦν 1334c
⟦τελευτᾶν 1343b, *193b*⟧ → πίπτειν
φεύγειν 1428b

נָפַל ni.
⟦ἀφιστᾶν, ἀφιστάναι, ἀφιστάνειν 184b⟧ → נָפַל qal

נָפַל pilp.
⟦πίπτειν 1135c (Ez 28.23)⟧ → נָפַל qal

נָפַל hi.
ἀποπίπτειν 139c
ἀπορρίπτειν 140b
ἀφιστᾶν, ἀφιστάναι, ἀφιστάνειν 184b
βάλλειν 189c
δεῖσθαι 288a
διαδιδόναι 300b
διαπίπτειν 308a
ἐκκόπτειν 434c
ἐμβάλλειν 455a
ἐπιβάλλειν 516a
ἐπιπίπτειν 526b
ἐπιρρίπτειν, ἐπιρριπτεῖν 527a
καθίζειν 701c
καταβάλλειν 728c, *181b*
καταμετρεῖν 739b
⟦κατέχειν 750c⟧
κληροδοτεῖν 768a
⟦λαμβάνειν 847a (1K 14.42; Ne 11.1)⟧ → βάλλειν
παραπίπτειν 1063b
πίπτειν 1135c
ποιεῖν ψήφισμα 1154b
ῥάσσειν 1248a
ῥίπτειν, ῥιπτεῖν 1252b
στηρίζειν 1290c
ταράσσειν 1336a
τιθέναι 1348c (Es 9.24)

נָפַל hit.
δεῖσθαι 288a
ἐπιτιθέναι 535c
^*χαμαιπετής 1454b
⟦προσεύχεσθαι 1214a⟧ → פָּלַל hit.

נְפַל Ar. pe.
γίνεσθαι 256c
ἐκπίπτειν 439b
ἐκτινάσσειν 443b
πίπτειν 1135c (+ To 14.10)
^*ὑποπίπτειν 1416c (1E 8.17)
φαίνειν 1423a

נֵפֶל
ἔκτρωμα 444b
πτῶσις 1239a

נָפַץ qal
⟦διασπείρειν 310c⟧ → פוץ ni.
ἐκτινάσσειν 443b
*πάσσειν 1219a (To 11.11 v.l.)

נָפַץ pi.
ἄφεσις 182b
⟦διασκορπίζειν 310b⟧ → פוץ ni.
⟦διασκορπισμός 310c⟧ → פוץ ni.
ἐδαφίζειν 367c
ἐκτινάσσειν 443b
συγκόπτειν 1300b
συντρίβειν 1321a

נָפַץ pu.
κατακόπτειν 734b
λεπτός 874a

נֶפֶץ
κεραυνοῦν, κεραύνωσις 760c

נְפַק Ar. pe.
δογματίζειν (דָּתָא נָפְקַת) 339b
ἐκπορεύεσθαι 439c
ἐξέρχεσθαι 491c

נְפַק Ar. af.
^ἐκφέρειν 444c
*ἐξαιρεῖν 484b (To 6.5)
φέρειν 1426c

נִפְקָא Ar.
δαπάνη 285b

נִפְקָה Ar.
^*δαπάνημα 285b (1E 6.25)
^*σύνταξις 1318a (1E 6.29)

נָפַשׁ ni.
ἀναπαύειν 80b (+ 2K 16.14*L*)
ἀναψύχειν 86a
καταπαύειν 740c
⟦παύειν 1112b⟧

נֶפֶשׁ
ἀνήρ 88a, *167a*
ἄπληστος (רְחַב נ׳, בַּעַל נ׳) 122c
ἀπώλεια, ἀπωλία (מַפַּח נ׳) 151c
βοηθεῖν (עָמַד עַל־נ׳) 223b
ἐλεύθερος (לְנ׳) 452b
ἐλπίδα ἔχειν (נָשָׂא נ׳) 454a (De 24.15)
ἐμπνεῖν 458c
⟦ἐνύπνιον 481b⟧
ζωή *178b*
⟦καρδία 719a, *181a*⟧
κεφαλή 760c
λυπεῖν (אָגַם נ׳) 889b
ὁ ἐν ὀδύνῃ (מַר נ׳) 967a
ὀλιγοψυχεῖν (קָצְרָה נ׳) 987a
πνεῦμα *189b*
πνοή 1153b
σεαυτοῦ (נַפְשְׁךָ) *191a*
σῶμα 1330a
ὑγ(ε)ία, ὑγίεια 1380b (Es 9.31)
ψυχή 1486a, *196b*

נֹפֶת
κηρίον 763b
μέλι 908c

*נִפְתָּן Ar.
*ὀψάριον 1022a (To 2.2)

נֵץ
ἄνθος 96a (Zp 2.2), *167a*
βλαστός (נִצָּה, נֵץ) 220c
*ἐξανθεῖν (גָּרַע נֵץ) 487c (Si 51.15)
ἱέραξ 678c

נָצַב ni.
ἀνθιστάναι 95c
διαμένειν 305c
ἐπιστηρίζειν 530b
⟦ἔρχεσθαι 548b⟧
ἐφιστάναι 585c

ζῆν 594c
ἱστάναι, ἱστᾶν 689a, *180c*
καθιστάναι 702c
ὁλόκληρος 989a
ὀρθοῦν 1011a
παριστάναι 1070c
περιϊστάναι 1123c
πηγνύναι 1130c
σκοπεύειν 1275b
στερεοῦν 1289a
στηλοῦν 1290b
נָצַב hi.
ἀνιστᾶν, ἀνιστάναι 102c
βεβαιοῦν 216b
⟦διαστέλλειν *171b*⟧
διϊστάναι *171c*
⟦ἑτοιμάζειν *177c*⟧
ἐφιστάναι 585c
ἱστάναι, ἱστᾶν 689a, *180c* (+Si 47.13)
*κατορθοῦν 756b (1K 13.21*L*)
*οἰκοδομεῖν 970c (Ho 10.1)
⟦παριστάναι 1070c⟧ → ἱστάναι, ἱστᾶν
ποιεῖν + ὅρια acc. (= גְּבוּל) 1154a (Ps 73[74].17)
στηλοῦν 1290b
στηρίζειν 1290c
*ὑπερείδειν 1409b (Pr 9.1)
ὑπόστασις 1417a
נָצַב ho.
στηρίζειν 1290c
ὑπόστασις 1417a
נְצָב
λαβή 840a
§νασ(ε)ιβ 939c
נָצָה qal
⟦ἀνάπτειν 81c⟧
διαμάχεσθαι *171b*
καθαιρεῖν 697b
נָצָה ni.
*ἅπτεσθαι 150b (Je 31[48].9)
*διαμάχεσθαι 305c (2K 14.6*L*)
διαπληκτίζεσθαι 308a
μάχεσθαι 900c
μάχιμος 901b
נָצָה hi.
ἐπισυνιστάναι 534b
ἐπισύστασις 534b
⟦ἐφιστάναι 585c⟧ → ἐπισυνιστάναι
נִצָּה
ἄνθος 96a
βλαστός (נֵץ ,נ׳) 220c
נֹצָה
§νε(ε)σσα 943a
*ὄνυξ 1000c (Ez 17.3, 7)
πτερόν 1237c
נִצּוֹץ
σπινθήρ *192a* (+Si 42.22)
נָצַח qal
⟦κατασπεύδειν *181c*⟧
נָצַח ni.
ἀναιδής 77b
*ὑπερορᾶν 1410c (Ez 7.19)
נָצַח pi.
ἐνισχύειν 475a
ἐπισκοπεῖν 528c
*ἐπισπουδάζειν 529b (1C 23.4*L*; 2C 34.12*L*)
ἐπιστάτης 529c
^ἐργοδιώκτης 541c
ἰσχύειν 692c
*κατισχύειν 751b (Je 15.18)
νικᾶν 945b
προέρχεσθαι *190a*
*ταχύνειν *193a* (Si 43.13)
⟦εἰς (τὸ) τέλος (לַמְנַצֵּחַ) 1344a⟧ → נֵצַח ,נֶצַח
נֵצַח ,נֶצַח
αἷμα 31b
αἰών 39b
⟦ἰσχύειν 692c⟧ → נָצַח pi.
νίκη 945b
νῖκος 945c
διὰ παντός (לָנֶ׳) 1073a
εἰς χρόνον πολύν (לְנֵ׳ נְצָחִים) 1181b, 1476b
εἰς (τὸ) τέλος (לָנֶ׳,נ׳) 1344a
εἰς συντέλειαν (לָנֶ׳) *192c*
εἰς τὸν αἰῶνα χρόνον (לָנֶ׳) 1476b
נְצִיב
ἀνάστημα, ἀνάστεμα 82b
ἡγεῖσθαι 602c, *178c*
§νασ(ε)ιβ (נְצִבֵי ,נ׳) 939c
§νασεφ, νασιφ 939c
στήλη 1290b
στηλοῦν 1290b
σύστεμα, σύστημα 1323c
*σύστρεμμα 1323c (1C 11.16*L*)
ὑπόστημα, ὑπόστεμα 1417a
φρουρά 1440a
נָצִיר
διασπορά 311a
נָצַל ni.
⟦ἀπέχειν 122a⟧ → אָצַל ni.
*διασῴζειν *171b* (Si 46.8)
ἐκσπᾶν 441b
ῥύεσθαι 1254b
σῴζειν 1328b
נָצַל pi.
σκυλεύειν 1277b
⟦συσκευάζειν 1323a⟧ → σκυλεύειν
σῴζειν 1328b
נָצַל hi.
ἀπελαύνειν 120b
ἀφαιρεῖν 180a
βοήθεια, βοηθία 222c, *169b*
ἐκσπᾶν 441b
ἐξαιρεῖν 484b, *175c*
⟦καθαρίζειν, καθερίζειν 698a⟧
κατευθύνειν 750b
*κομίζειν 777b (1K 30.18*L*)
μακρὰν ποιεῖν 892c
περιαιρεῖν 1121b
^ῥύεσθαι 1254b, *191c*
*συλλύειν 1302c (2K 14.6*L*)
⟦συνάγειν 1307b (Ez 34.12)⟧ → ἀπελαύνειν
σῴζειν 1328b
*ὑπολείπειν 1415a (Ez 14.20)
נָצַל ho.
ἐκσπᾶν 441b
נָצַל hit.
περιαιρεῖν 1121b
נְצַל Ar. af.
ἐξαιρεῖν 484b
ῥύεσθαι 1254b
נִצָּן
ἄνθος 96a
נָצַץ qal
⟦σπινθήρ 1284c⟧ → נִיצוֹץ
נָצַץ hi.
ἀνθεῖν 95b
ἐξανθεῖν 487c
נָצַר qal
ἀντιλαμβάνεσθαι 110c
διασπορά 311a
διατηρεῖν 313a
διαφυλάσσειν, διαφυλάττειν 315c
⟦ἔκγονος *173b*⟧
ἐκζητεῖν 430c
ἐνισχύειν 475a
⟦ἐντέλλεσθαι, ἐντελλέσθειν(?) 477a⟧
ἐξαιρεῖν 484b
ἐξερευνᾶν, ἐξεραυνᾶν 491b
⟦ἐξίπτασθαι ποιεῖν 496b⟧
ἐπίστασθαι τὸν νοῦν 529b
ζητεῖν 597a
⟦κολλᾶν 776b⟧ → צָרַר II hi.
παύειν 1112b
⟦περιέχειν 1123a⟧ → צוּר I qal
πιστεύειν *188c*
⟦πλάσσειν 1140b⟧ → יָצַר qal
ποιεῖν + ἔλεος (= חֶסֶד) 1154a
⟦πολιορκεῖν 1173c⟧ → צוּר I qal

προσέχειν *190b*
ῥύεσθαι 1254b
σπήλαιον 1284b
τηρεῖν 1348b
φυλακή 1440c
φυλλάσσειν, φυλλάττειν 1441c
⟦φυτεύειν 1446c⟧

נֵצֶר
ἄνθος 96a
ἔκγονος *173b*
κλάδος *182a*
φυτόν 1447a

נְקֵא Ar.
καθαρός 698c
λευκός 874c

נָקַב qal
ἀρᾶσθαι (נ׳ qal, קָבַב) 152c
*βιβρώσκειν 219c (Jb 5.3)
διακόπτειν 303c
διαστέλλειν 311b
⟦ἐπικατάρατος εἶναι 522c⟧ → קָבַב qal
ἐπονομάζειν 539a
⟦καταρᾶσθαι 742c⟧ → קָבַב qal
ὀνομάζειν 999c
τετραίνειν 1347a
τρυπᾶν 1377b

נָקַב ni.
ἀνακαλεῖν 78a
ἐπικαλεῖν 521b
ὀνομάζειν 999c
^*σημαίνειν 1263a (1E 8.49)
⟦συνάγειν 1307b (I1E 8.20)⟧ → קָבַץ ni.

נֶקֶב
*ἀποθήκη 128a (Ez 28.13)

נְקֵבָה
θηλυκός 650a
θῆλυς 650a

נָקֹד
⟦λευκός 874c⟧ → ῥαντός
ποικίλος 1168c
ῥαντός 1248a
⟦φαιός 1423b⟧

נֹקֵד qal
§νωκηδ, νωκηθ 956b
^*προσπίπτειν 1219a (1E 9.47)

נְקֻדָּה
στίγμα 1291a

נִקֻּדִים
βιβρώσκειν 219c
εὐρωτιᾶν 580a
κολλύριον 776c
κολλυρίς 776c

נָקָה qal
ἀθῳοῦν 30b

נָקָה ni.
ἀθῷος 30a
ἀθῷος ἔσῃ (= εἶναι VIII.2) *165c*, *173a*
ἀθῳοῦν 30b, *165c*
ἀτιμώρητος εἶναι 176b
δικαιοῦν *171c*
⟦ἐκδικεῖν 422b⟧ → נָקַם ni.
καθαρίζειν, καθερίζειν 698a
καθαρὸς εἶναι 698c
κάθαρσις 699c
καταλείπειν 736a

נָקָה pi.
ἀθῷος 30a
ἀθῷον ἐᾶν 361a
ἀθῷον ποιεῖν 1154a
ἀθῳοῦν 30b
⟦ἐκδικεῖν 422b⟧ → נָקַם qal
⟦ἐκζητεῖν 430c⟧ → נָקַם qal ≈ ἐκδικεῖν
καθαρίζειν, καθερίζειν 698a
καθαρός 698c

נָקִי
ἀθῷος 30a
ἀληθινός 54a
ἄμεμπτος 65c
ἀναίτιος 78a
§α(ι)ννακειμ (אֵין נ׳) 105a
δίκαιος 330c
§ενακιμ (אֵין נ׳) 467c
καθαρός 698c

נָקִיא
δίκαιος 330c

נִקָּיוֹן
ἀθῷος 30a
⟦γομφιασμός 274c⟧ → קֵהָיוֹן
δικαιοσύνη 332c
καθαρίζειν, καθερίζειν 698a

נָקִיק, נְקִיק
τρυμαλιά 1377b
τρώγλη 1378a

נָקַם qal
ἀμύνειν 67c
δίκη 335b
ἐκδικάζειν 422b
ἐκδικεῖν 422b, *173c*
*τίειν 1348c (Pr 24.22)

נָקַם ni.
ἀνταποδιδόναι 108c
ἐκδικεῖν (נ׳ מִן ni.) 422b, *173c*
ἐκδίκησιν ποιεῖν 423a, 1154b
⟦ἐξανιστάναι 487c⟧ → קוּם I qal
κρίσιν ποιεῖν 789c, 1154a

נָקַם pi.
ἐκδικεῖν 422b

נָקַם ho.
ἐκδικεῖν 422b
ἐκδικεῖσθαι ἐκ 422b
ἐκδικούμενα παραλύειν 422b, 1062a
⟦παραλύειν 1062a⟧

נָקַם hit.
ἐκδικεῖν 422b
ἐκδικητής 423b
⟦ἐκδιώκειν 423b⟧

נָקָם
ἀνταπόδοσις 109b
δίκαιος 330c
δίκη 335b
⟦ἐκδικησία(?) 423a⟧
ἐκδίκησις 423a, *173c*
κρίσις 789c

נְקָמָה
ἐκδικεῖν *173c*
ἐκδίκησις 423a

נָקַע
ἀφιστᾶν, ἀφιστάναι, ἀφιστάνειν 184b

נָקַף I pi.
ἀναντλεῖν 80b

נָקַף II hi.
γυροῦν *170c*
κύκλος 797a
κυκλοῦν 798b, *182c*
⟦περιβάλλειν 1121c⟧ → περιλαμβάνειν
περιέχειν 1123a
περικυκλοῦν 1124a
περιλαμβάνειν 1124b
ποιεῖν σισόην 1154b, 1267a
συνάπτειν 1312b
συντελεῖν 1319b

נֹקֶף
καλαμᾶσθαι 712b
⟦ῥώξ 1255c⟧

נִקְפָּה
σχοινίον 1328a

נָקַר qal
ἐκκολάπτειν 434b
ἐκκόπτειν 434c
ἐξορύσσειν 500a

נָקַר pi.
ἐκκόπτειν 434c
ἐξορύσσειν 500a
⟦συγχεῖν 1301a⟧ → XXX ≈ συγκαίειν
⟦συνθλᾶν 1316a⟧ → XXX ≈ συγκαίειν

נָקַר pu.
ὀρύσσειν 1017c
נִקְרָה, נְקָרָה
ὀπή 1001b
τρώγλη 1378a
נָקַשׁ qal
περισπᾶν *188c*
*προσκρούειν *190b* (Si 13.2)
⟦συλλαμβάνειν 1301c⟧ → יָקַשׁ ni.
נָקַשׁ ni.
⟦ἐκζητεῖν 430c⟧ → בָּקַשׁ pi.
נָקַשׁ pi.
?ἐκβιάζειν 421b
⟦ἐξερευνᾶν, ἐξεραυνᾶν 491b⟧ → נָחַשׁ pi.
נָקַשׁ hit.
παγιδεύειν, πακιδεύειν 1044a
נְקַשׁ Ar. pe.
συγκροτεῖν 1300c
נֵר
λαμπτήρ 853a
λύχνος 891b, *183c* (Si 26.17)
φῶς 1450b
נִרְגָּן
δίθυμος 330b
κέρκωψ 760c
נֵרְדְּ
νάρδος 939c
נָשָׂא qal
αἴρειν 34c, *165c*
αἱρετίζειν 36a
αἰσχύνειν 36c
ἀναβλέπειν (נָ׳ qal, נָשָׂא עֵינַיִם qal, נָ׳ פָּנִים qal) 73b
ἀναβοᾶν (נָ׳ qal, נָ׳ קוֹל qal) 73c
ἀναιρεῖν 77b
ἀνακύπτειν (נָ׳ רֹאשׁ qal) 78c
ἀναλαμβάνειν 78c
ἀναλάμπειν 79a
*ἀναντλεῖν 80b (Pr 9.12)
ἀναστέλλειν 82a
ἀναφέρειν 84c
ἀνιέναι (= ἀνίημι) 102b (Je 27 [50].7)
ἀνιστᾶν, ἀνιστάναι 102c
ἀνοίγειν *167b*
⟦ἀνταίρειν 108b⟧ → שָׂנֵא qal ≈ μισεῖν
ἀνταλλάσσειν (נָ׳ פָּנִים qal) 108c
ἀντιλαμβάνεσθαι 110c
ἀντιτάσσεσθαι 112a (+ 3K 11.34)
⟦ἀντλεῖν 112a⟧ → ἀναντλῆναι
ἀνυψοῦν *167b*
ἀξιοῦν (נָ׳ רִנָּה qal) 113b
*ἀπάγειν 115b (4K 4.19*L*)
ἀποφέρειν 149c
ἀφαιρεῖν 180a
ἀφιέναι, ἀφιέναι 183b
βάλλειν 189c
βαστάζειν 215a
βοᾶν 222a
ἑκουσίως βούλεσθαι (נָ׳ לֵב qal) 226b, 438c
γέμειν 235c
⟦γνωρίζειν (נָ׳ יָד qal) 273a⟧
δεῖσθαι (נָ׳ תְּפִלָּה qal) 288a
δέχεσθαι 294c
⟦διαίρειν 302c⟧
⟦διδόναι *171b*⟧
διηγεῖσθαι *171c*
δοκεῖν τῇ διανοίᾳ (נָ׳ לֵב qal) 339b
δορατοφόρος (נֹשֵׂא רֹמַח) 344b
ἐκδέχεσθαι *173b*
ἐκλέγειν *173c*
⟦ἐκσπᾶν 441b⟧ → מָשָׁה qal
ἐκτείνειν 442a
ἐκφέρειν 444c
*ἐντρέφεσθαι 480c (1K 25.35*L*)
ἐξαίρειν 485a
ἐξιλάσκειν *175c*
ἐπάγειν 503c
ἐπαίρειν 505a, *176a*
ἐπαισχύνεσθαι + πρόσωπον (= פָּנִים) 505b
*ἔπαρσις 508b (4K 19.25; La 3.47)
ἐπιβάλλειν 516a
ἐπιδέχεσθαι *176c*
ἐπιτιθέναι 535c
⟦ἔσθειν, ἐσθίειν 554a⟧
εὔϊλατος 571c
εὑρίσκειν + χάριν (= חֵן/חֶסֶד) 576c
εὐφραίνειν + understood object φωνήν (= קוֹל) 581a
ἔχειν 586c
ζημιοῦν (נָ׳ עֹנֶשׁ qal) 594c
θαυμάζειν 626c
θαυμαστός (נְשׂוּא פָּנִים) 627b
θυρεοφόρος, θυρεωφόρος (נֹשֵׂא צִנָּה) 663c
ἰδεῖν (נָ׳ עֵינַיִם qal) 669b
ἵλεως γίνεσθαι 256c, 684c
⟦καταδυναστεύειν 731a⟧
καταλαμβάνειν 735a
⟦κατέσθειν, κατεσθίειν 749b⟧ → אָכַל qal
κομίζειν 777b
λαμβάνειν 847a, *183a*
⟦ποιεῖν λήθην 875c, 1154a⟧ → נָשָׁה II qal
λύειν 889a
μιμνήσκεσθαι 927c
⟦ὁπλοφόρος (נֹשֵׂא צִנָּה) 1004a⟧
⟦παιδεύειν 1047a⟧
παραδέχεσθαι 1058a
[παριδεῖν] *188a*
πελταστής (נֹשֵׂא מָגֵן) 1116b
περιτιθέναι 1127c
προσδέχεσθαι 1212c
προσφέρειν 1222c
σάλος 1258a
σημειοῦν 1264a
σκυλεύειν 1277b
συναντιλαμβάνεσθαι 1312a
^*συνοικεῖν μετὰ θυγατέρος (נָ׳ מִבְּנוֹת־ qal) 1317c (1E 8.67)
^*συνοικίζειν 1317c (1E 8.81; 9.36)
τάσσειν 1337a
τιθέναι 1348c
⟦τροποφορεῖν 1376b⟧ → τροφοφορεῖν
τροφοφορεῖν 1376c
ὑπέχειν 1411c
*ὑπολαμβάνειν 1414c (Je 44[37].9)
ὑποστέλλειν (נָ׳ פָּנִים qal) 1417a
ὑποφέρειν 1418a
ὑψοῦν 1422a
φέρειν 1426c
φωνεῖν 1447b
χωρεῖν 1482b
נָשָׂא ni.
αἴρειν 34c
ἄρσις 161a
αὐξάνειν, αὔξειν 178c
βαστάζειν *169a*
⟦δόμα 341a⟧
δοξάζειν 343b
ἐξαίρειν 485a
ἐπαίρειν 505a
λαμβάνειν 847a
μετεωρίζειν 917b
μετέωρος 917c
πληροῦν 1147c
⟦ὑπαίρειν 1405c⟧
ὑπεραίρειν 1408b
ὑψηλός 1419b
ὑψοῦν 1422a
נָשָׂא pi.
αἴρειν 34c
ἀνιστᾶν, ἀνιστάναι 102c
ἀντιλαμβάνεσθαι 110c
^*βοηθεῖν 223b (1E 2.6)
⟦διδόναι 317b⟧
^δοξάζειν 343b
ἐλπίζειν + ψυχῇ (= נֶפֶשׁ) 453c

ἐπαίρειν 505a
εὔχεσθαι + ψυχῇ (= נֶפֶשׁ) 583c
λαμβάνειν 847a
ποιεῖν πρωτεύειν 1235b
ποιεῖν αὐτὸν πρῶτον 1235c
τιμᾶν 1353a
ὑψοῦν 1422a

נָשָׂא hi.
⟦ἐνάγειν *175a*⟧
ἐπάγειν 503c, *176a*
*ἐπαίρειν 505a (Ob 3)
⟦ἔρχεσθαι 548b⟧
λαμβάνειν 847a
*προσάγειν 1211a (2K 17.13*L*)

נָשָׂא hit.
αὔξειν 178c
γαυριοῦν 234c
γαυροῦν 234c
ἐπαίρειν 505a
*ἔπαρσις 508b (1C 29.11*L*)
⟦εὐφροσύνη 582c⟧
κατανιστάναι 739b
ὑψοῦν 1422a

נְשָׂא Ar. pe.
^*ἀποφέρειν 149c
ἐξαίρειν 485a
λαμβάνειν 847a
ῥιπίζειν 1252a

נְשָׂא Ar. itpa..
^*ἀντιπαρατάσσειν 111b (1E 2.26)
ἐπαίρειν 505a

נָשַׂג hi.
ἀφικνεῖσθαι 184a
ἐκποιεῖν 439b
ἐκτείνειν *173c*
⟦ἐξολεθρεύειν, ἐξολοθρεύειν 497c⟧
ἐπέρχεσθαι *176b*
ἐπιγινώσκειν *176c*
⟦ἐπιστρέφειν 531a⟧ → שׁוּב hi.
⟦εὖ ποιεῖν 568b, 1154a⟧ → ἐκποιεῖν
εὐπορεῖν 576a
εὑρίσκειν 576c, *178a*
*εὕρεμα *178a* (Si 32[35].12)
*εὕρεσις *178a* (Si 13.26)
ἰσχύειν 692c
*καταδιώκειν 730b (1C 21.12*L*)
καταλαμβάνειν 735a, *181b*
*κατέχειν 750c (Ps 72[73].12)
λαμβάνειν 847a
συναντᾶν 1311a
*ὑπερβαίνειν 1409a (Jb 24.2)

נָשִׂיא
⟦ἀνήρ 88a⟧
ἀρχηγός 165a
ἄρχων 166b
ἀφηγεῖσθαι 183a
βασιλεύς 197a
δυνάστης *172c*
⟦ἔθνος 368b⟧
ἐπαίρειν 505a
ἡγεῖσθαι 602c, *178c*
νεφέλη 943b
νέφος 944a
προηγεῖσθαι *190a*
^*προστάτης 1221a (1E 2.12)

נָשַׂק ni.
ἀνάπτειν 81c

נָשַׂק hi.
ἐκκαίειν *173c*
καίειν 705a

נָשָׁא qal
ἀπαιτεῖν (נ׳ qal, נָשָׁה) 116b
ὀφ(ε)ίλειν 1039a
ὑπόχρεως (אֲשֶׁר־לוֹ נשֶׁא) 1418b

נָשָׁא hi.
ἀναπείθειν 81a (Je 36[29].8)
ἀνθιστάναι 95c
ἀπατᾶν 119b
*ἀποπλανᾶν *168a* (Si 13.6)
⟦ἐγχειρεῖν 367b⟧ → נָסָה pi.
⟦ἐπαίρειν 505a⟧
⟦πείθειν 1114b⟧ → ἀναπείθειν

נְשָׁא Ar.
⟦γυνή 278b (Da 6.24)⟧ → אַנְתָּה

נָשַׁב qal
ἐκφυσᾶν *174a*
⟦ἐμφυσᾶν *174b*⟧

נָשַׁב hi.
πνεῖν 1151c, *189a*

נָשָׁה I qal
ἀπαιτεῖν (נ׳ qal, נָשָׁא) 116b
δάν(ε)ιον 285a
δαν(ε)ιστής 285a
*ἐγκαταλείπειν 365a (De 32.18)
⟦ἐκφέρειν 444c⟧ → נָשָׂא qal
κατεπείγειν 749a
ὀφ(ε)ίλειν 1039a
ὀφείλημα ἐστι 1039b
ὑπόχρεως 1418b
⟦ὠφελεῖν 1497b⟧ → ὀφ(ε)ίλειν

נָשָׁה II qal
ἐπιλανθάνειν 524a, *176c* (Si 13.10)
*ποιεῖσθαι λήθην 875c, 1154a (Jb 7.21)

נָשָׁה II ni.
ἐπιλανθάνειν 524a

נָשָׁה II pi.
ἐπιλαθέσθαι ποιεῖν 1154a

נָשָׁה II hi.
κατασιωπᾶν 743c
⟦ὀφ(ε)ίλειν 1039a⟧ → נָשָׁה I qal

נְשִׁי
*δάνειον 285a (4K 4.7*L*)
⟦τόκος 1363b⟧ → נֶשֶׁךְ

נְשִׁיָּה
ἐπιλανθάνειν 524a

*נְשִׁיכָה δῆγμα 295b (Mi 5.5)

נְשִׁיקָה
φίλημα 1430c

נָשַׁךְ I qal
ἐκδαν(ε)ίζειν 421c
πλήσσειν 1149c
ὀφιόδηκτος *187c*

נָשַׁךְ I pi.
δάκνειν 284a

נָשַׁךְ II qal
ἐκδαν(ε)ίζειν 421c

נָשַׁךְ II hi.
ἐκτοκίζειν 443b

נֶשֶׁךְ
τόκος 1363b

נִשְׁכָּה
γαζοφυλάκειν 233a

נָשַׁל qal
ἐκπίπτειν 439b
ἐκρεῖν 441a
ἐξαίρειν 485a
καταναλίσκειν 739b
λύειν 889a

נָשַׁל pi.
ἐκβάλλειν 420c

נָשַׁם qal
*ζῆν 594c (Jb 18.20)

נִשְׁמָא Ar.
πνεῦμα 1151c
πνοή 1153b

נְשָׁמָה
ἐμπνεῖν 458c
ἔμπνευσις 458c
ζωή *178b*
θυμός 660c
πνεῦμα 1151c
πνοή (נִשְׁמַת רוּחַ ,נ׳) 1153b, *189b* (Si 30[33].29)

נָשַׁף
ἀποστέλλειν 141b
πνεῖν 1151c

נֶשֶׁף
ἀωρία 188c
*διάφσκειν 315c (4K 7.7*L*)
ἑωσφόρος 593c
μεσονύκτιον 912c
νύξ 954c

ὄψε 1044a
πρωΐ 1234b
σκοτ(ε)ινός 1276a
σκότος 1276b
*φῶς *195c* (Si 35[32].16)
נָשַׁק qal
ἐντείνειν 477a
*ἐπιλαμβάνειν 523c (Jl 2.9)
καταφιλεῖν 747c
⟦πελταστής (נשֵׁק מָגֵן) 1116b⟧
προσκυνεῖν 1217b
*συνάπτειν 1312b (Ne 3.19)
τοξότης (נשֵׁק קֶשֶׁת) 1364b
ὑποκούειν 1405c
φιλεῖν 1430b
נָשַׁק pi.
δράσσεσθαι 348c
καταφιλεῖν 747c
φιλεῖν 1430b
נָשַׁק hi.
πτερύσσεσθαι 1238b
*נְשַׁק Ar. pe.
*καταφιλεῖν 747c (To 7.6)
נֵשֶׁק, נֶשֶׁק I
βέλος 217a
ὅπλον 1003c
πόλεμος 1172a
⟦συνάπτειν 1312b⟧ → נָשַׁק qal
נֵשֶׁק II
*στακτή 1286c (II1K 10.25 ‖ 2C 9.24)
נֶשֶׁר
ἀετός 28c
נְשַׁר Ar.
ἀετός 28c
נָשַׁת qal
θραύειν 654b
ξηραίνειν 957a
נָשַׁת ni.
⟦πίνειν 1134a⟧ → שָׁתָה I ni.
נִשְׁתְּוָן Ar.
^*τὰ γραφέντα 276a
διάταγμα 312c
^*ἐπιστολή 530c (1E 2.30)
^*προσφωνεῖν (הֲתִיב נ׳) 1223c (1E 6.6)
*φορολόγος 1438a (1E 4.7, 18; 5.5)
נָתַח pi.
διαιρεῖν 302c
διχοτομεῖν 338a
*καταγνύναι 730a (I1K 22.35)
κρεανομεῖν 784c
μελίζειν 909a
נֵתַח
διχοτόμημα 338a
μέλος 909b, *184b*
μερίς 911a
נָתִיב
τρίβος 1372b
נְתִיבָה
ἀτραπός 176c
⟦ὁδός 962b⟧ → τρίβος
τρίβος 1372b
נָתִין
^*ἱερόδουλος 683a (1E 1.3 et al.)
*naqinai'o" (1C 9.2*L*)
נְתִין Ar.
^*ἱερόδουλος 683a (1E 8.22)
נְתִיתִים
διδόναι 317b
נָתַךְ qal
δακρύειν 284a
ἐκκαίειν 432b
ἐπέρχεσθαι 509c
στάζειν 1286a
נָתַךְ ni.
ἐκκαίειν 432b
⟦ἐκχεῖν, ἐκχέειν 445c⟧ → χεῖν
στάζειν 1286a
τήκειν 1348a
χεῖν 1457c
χωνεύειν 1480c
נָתַךְ hi.
ἀμέλγειν 65b
*διατήκειν 313a (Hb 3.6)
⟦ἐπαφιέναι 509a (Jb 10.1)⟧ → עָזַב qal
χωνεύειν 1480c
נָתַךְ ho.
*διατήκειν 313a (Hb 3.6)
χωνεύειν 1480c
נָתַן qal
ἄγειν 9a (–Pr 1.20; Is 43.6)
⟦αἰτεῖν 37c⟧
αἴτημα (מָה אֶתֵּן) 38a
⟦ἀναβάλλειν 72c⟧ → ἐμβάλλειν
*ἀνατιθέναι 83b (4K 23.11*L*)
⟦ἀνιστᾶν, ἀνιστάναι (נָ׳ צְבִי qal) 102c⟧ → יָצַב hit.
ἀντιδιδόναι 110b
^*ἀπερείδεσθαι 120c (1E 1.41; 2.10)
^ἀποδιδόναι 126b
ἀπόδομα 127c
ἀποστέλλειν 141b
ἀποτίνειν 149a
ἀφιέιν, ἀφιέναι 183b, *169b*
⟦γίνεσθαι 256c⟧
⟦δεικνύειν, δεικνύναι 286a⟧ → διδόναι
⟦δεκτός 289c⟧
⟦διαδιδόναι 300b⟧ → διδόναι
διατιθέναι 313b
^διδόναι 317b, *171b* (+Si 30[33].28, 31)
διεμβάλλειν 328b
δόμα 341a
*δότης 344c (Si 3.17 [A])
δωρεῖσθαι 359a
ἐᾶν 361a
εἰπεῖν/ἐρεῖν + δίκαια (= צֶדֶק) 384a (Jb 36.3)
⟦ἐκβάλλειν 420c⟧ → ἐμβάλλειν
^ἐκδιδόναι (נָ׳ qal, נָ׳ לְחֹק qal) 422a
ἐκτίνειν 443b
ἐκχεῖν, ἐκχέειν 455c
*ἐλεᾶν 449a
⟦ἐλεεῖν 449c⟧ → ἐλεᾶν
*ἐμβάλλειν 455a
ἐνδιδόναι 470b
ἐνδύ(ν)ειν 471a
⟦ἐπαίρειν 505a⟧
^ἐπιβάλλειν + χεῖρα (= יָד) 516a
ἐπιδιδόναι 519b
ἐπίκεισθαι 523a
ἐπιστοιβάζειν *177a*
ἐπιτάσσειν 534c
ἐπιτιθέναι 535c, *177a*
ἐπιχεῖν 538c
εὐδοκεῖν 569a
ἐφιστάναι 585c, *178b*
ἔχειν 586c
^*θέσις 649b (1E 1.3)
⟦ἱστάναι, ἱστᾶν 689a⟧ → διδόναι
⟦καθιέναι 701c⟧ → τιθέναι
καθιστάναι 702c
⟦κατακαλύπτειν (נָ׳ עַל qal) 732c⟧
κατακληρονομεῖν 733b
κατατάσσειν 746c
⟦κατατιθέναι 746c⟧ → τιθέναι
κατευθύνειν *181c*
κηρύσσειν (נָ׳ קוֹל qal) 763c
κληρονομεῖν (נָ׳ נַחֲלָה qal) 768a
μερίζειν *184b*
οἰκεῖν (נָ׳ pass. ptc.) 968a
⟦οἰκτείρειν 982c⟧
ὀφ(ε)ίλειν (מִי־יִתֵּן) 1039a
εἰ γὰρ ὄφελον (מִי־יִתֵּן) 1039a
^παραδιδόναι 1058a
παράδωσις(?) 1059c
παρακλίνειν *187c*
⟦παραλύειν 1062a⟧
παρανακλίνειν *187c*

παρατιθέναι (נָ׳ qal, נָ׳ לִפְנֵי qal) 1065a
⟦[παρεγκλίνειν] *187c*⟧ → παρανακλίνειν
περιτιθέναι 1127c
ποιεῖν 1154a
⟦προδιδόναι 1206a⟧
προεκφέρειν 1206a
προϊέναι 1207a
προσδιδόναι 1213a
προστιθέναι 1221a
προτιθέναι 1231a
στηρίζειν 1290c
συνάγειν 1307b
τάσσειν 1337a
τιθέναι 1348c, *193b*
⟦τρυπᾶν 1377b⟧
ὑποσκελίζειν (נָ׳ מוֹקֵשׁ qal) 1416c
ὑποτάσσειν (נָ׳ יָד תַּחַת qal) 1417b
ὑποτιθέναι 1417c
⟦φέρειν 1426c⟧ → διδόναι
χαρίζεσθαι 1454c

נִתַּן ni.
⟦γίνεσθαι 256c⟧
διδόναι 317b, *171b* (+Si 26.3)
ἐκτιθέναι 443a
⟦ἐπιτιθέναι 535c⟧ → ἐκτιθέναι
εὑρίσκειν *178a*
^παραδιδόναι 1058a, *187b*
παράδοσις 1059b

נָתַן ho.
⟦διδόναι 317b⟧ → נָתַן qal
⟦ἐπιχεῖν 538c⟧ → נָתַן qal
⟦κρεμάζειν, κρεμᾶν, κρεμαννύναι 785c⟧

נְתַן Ar. pe.
^διδόναι 317b
*ἐγγυᾶν 363b (To 6.13)

נָתַס qal
ἐκτρίβειν 444a

נָתַץ qal
διασπείρειν 310c
καθαιρεῖν 697b
καταβάλλειν 728c
καταλύειν 738b
κατασκάπτειν 743c
κατασπᾶν 745a
καταστρέφειν 745c
συνθλᾶν 1316a

נָתַץ ni.
ἀφανίζειν 181b
διαθρύπτειν 302b

נָתַץ pi.
καθαιρεῖν 697b
κατασκάπτειν 743c
κατασπᾶν 745a
καταστρέφειν 745c
^*λύειν 889a (1E 1.55)

נָתַץ pu.
καθαιρεῖν 697b
κατασκάπτειν 743c

נָתַץ ho.
καθαιρεῖν 697b

נָתַק qal
ἀφιστᾶν, ἀφιστάναι, ἀφιστάνειν 184b
ἐκκενοῦν 432c
ἐκσπᾶν 441b
ἐκτομί(α)ς 443b
*ἕλκειν, ἑλκύειν 453a (Jd 20.32*L*, 0Pr 25.20)

נָתַק ni.
ἀπορρήσσειν 140a
ἀποσπᾶν 141a
διαρρηγνύειν, διαρρηγνύναι, διαρρήσσειν 309a
διασπᾶν 310c
ἐκρηγνύναι 441a
⟦παράγειν 1056b⟧ → ῥηγνύναι
ῥηγνύναι 1248c

נָתַק pi.
διαρρηγνύειν, διαρρηγνύναι, διαρρήσσειν 309a
διασπᾶν 310c
σπᾶν 1281b

נָתַק hi.
ἀποσπᾶν 141a
ἀφιστᾶν, ἀφιστάναι, ἀφιστάνειν 184b

נָתַק ho.
ἐκκενοῦν 432c
ἐξέλκειν, ἐξελκύειν 491a

נֶתֶק
θραῦσμα 654c
νίτρον 945c
⟦τραῦμα 1369c⟧ → θραῦσμα

נָתַר qal
ἀπορρεῖν 140a

נָתַר pi.
*ἐξάλλεσθαι 487a (Na 3.17)
πηδᾶν 1131a

נָתַר hi.
διαλύειν 305a
⟦διατήκειν 313a⟧ → נָתַךְ hi.
λύειν 889a

נְתַר Ar. af.
ἐκτινάσσειν 443b

נָתַשׁ qal
ἀποσπᾶν 141a
ἐκβάλλειν 420c
ἐκκόπτειν 434c
ἐκριζοῦν 441a, *173c*
ἐκτελεῖν 442c
ἐκτίλλειν 443a
ἐξαίρειν 485a
ἔξαρσις 490a
καθαιρεῖν 697b

נָתַשׁ ni.
*ἀφιστάναι 184b (Da LXX 11.4)
?ἐκκλ(ε)ίνειν 433c
ἐκλείπειν 435c
ἐκσπᾶν 441b
ἐκτίλλειν 443a

נָתַשׁ ho.
⟦κατακλᾶν 733b⟧ → תָּשַׁשׁ ho.

ס

סְאָה
δίμετρον (סָאתַיִם) 335c
μετρητής 918a
μέτρον, μέτρος 918b
οἰφ(ε)ί 985a

סָאַן
⟦ἐπισυνάγειν 534a⟧

סָבָא
μέθυσος 908a
οἰνοπότης (סֹבֵא־יַיִן) 983c
⟦οἰνοῦσθαι 984c⟧
οἰνοφλυγεῖν, οἰνοφρύγειν(?) 984c
συμβολοκοπεῖν *192b*

סֹבֶא
οἶνος 983c

סָבַב qal
αἴτινος 38b
*ἀναστρέφειν 82b
ἀναχωρεῖν 85c
ἀποστρέφειν 145b
διέρχεσθαι 328c
ἐκκλ(ε)ίνειν 433c
ἐπιστρέφειν 531a
*καθίζειν *180a* (Si 35[32].1)
κατακλίνειν 733c
⟦κυκλεύειν 796b⟧ → κυκλοῦν
κυκλόθεν 796b

κύκλος 797a
κυκλοῦν 798b
⟦κύκλωμα 798c⟧
*μεταβάλλειν 915b (Is 13.8)
μετάγειν *184b*
μετέρχεσθαι 917b
*παρέρχεσθαι 1068c (2K 18.30*L*)
περιέρχεσθαι 1123a
περιϊστάναι 1123c
περικυκλοῦν 1124a
περιστρέφειν 1127a
⟦προσάγειν 1211b⟧
ῥεμβεύειν 1248c
στρέφειν 1296c
סָבַב ni.
διέρχεσθαι 328c
ἐκπορεύεσθαι 439c
ἐπιστρέφειν 531a
κυκλοῦν 798b
μεταστρέφειν 916c
⟦παρέρχεσθαι 1068c⟧ → διέρχεσθαι and περιέρχεσθαι
περιέρχεσθαι 1123a
περικυκλοῦν 1124a
περιπορεύεσθαι 1125c
סָבַב pi.
*κυκλοῦν 798b (2K 14.20*L*)
⟦περιαιρεῖν 1121b⟧ → περιέρχεσθαι
περιέρχεσθαι 1123a
סָבַב polel
κυκλοῦν 798b
περιέρχεσθαι 1123a
סָבַב hi.
*ἀνακλίνειν 78b (1K 16.11*L*)
^ἀποστρέφειν (ס׳ פָּנִים hi.) 145b
ἐπιστρέφειν 531a
ἐπιτιθέναι 535c (4K 24.17)
κυκλοῦν 798b
^μεταστρέφειν 916c
μεταφέρειν 917b
μετέρχεσθαι 917b
περιάγειν 1121b
περιέρχεσθαι 1123a
*περικυκλοῦν 1124a (1C 13.13*L*)
ποιεῖν + τείχη acc. (= חוֹמָה) 1154a (2C 14.7[6])
στρέφειν 1296c
⟦συγκαλύπτειν 1299a⟧ → כָּסָה pi.
⟦τιθέναι 1348c (4K 24.17)⟧ → ἐπιτιθέναι
סָבַב ho.
περιάγειν 1121b
περικυκλοῦν 1124a
στροφωτός 1297b

συμπορπᾶν 1306a
סִבָּה
μεταστροφή 917a
סָבִיב
⟦ἐπιστρέφειν 531a⟧ → סָבַב qal
κυκλόθεν (ס׳, מִסָּ׳, ס׳ ס׳) 796b, *182c*
ὁ κυκλόθεν (מִסָּ׳) 796b
κύκλος (ס׳, מִסָּ׳, ס׳ ס׳) 797a
κυκλοῦν (ס׳, חָנָה ס׳) 978b
κύκλωμα 798c
πάντοθεν *187b*
περικυκλοῦν 1124a
*περικύκλῳ 1121a
περίοικος 1124c
περιφερής 1128a
⟦ὑπέρκυκλῳ 1410c⟧
סְבִיבָה
*περικύκλῳ 1121a (Ex 28.29; 1C 9.27*L*), 1124b
*σύνεγγυς *192c* (Si 14.24)
סָבַךְ qal
^*περιπλέκειν 1125b (Na 1.10)
סָבַךְ pu.
⟦κοιμᾶν 773c⟧ → שָׁכַב qal
סְבַךְ
δάσος 285b
§σαβεκ 1257a
φυτόν 1447a
סְבֹךְ
δρυμός 349b
μάνδρα 895a
סֹבֶךְ
*σμῖλαξ 1278b (Na 1.10; Je 26 [46].14)
סַבְּכָא Ar.
see also שַׂבְּכָא
σαμβύκη 1259a
סָבַל qal
ἀναλαμβάνειν 78c
ἀναφέρειν 84c
ἀνέχειν 87c
πονεῖν 1186a
ὑπέχειν 1411c
*ὑπομένειν 1415c (To 4.4 v.l.)
סָבַל pu.
παχύς 1112c
סָבַל hit.
παχύνειν 1112c
סְבַל poel Ar.
τιθέναι 1348c
סַבָּל
ἄρσις 161a
νωτοφόρος 956c
סֵבֶל
ἄρσις 161a

ἀρτήρ 161a
סֹבֶל
⟦ζυγός, ζυγόν 599a⟧
ἐπ' αὐτῶν κείμενος 758b
⟦κῦδος 796a⟧
סִבְלָה, סְבָלָה
δυναστ(ε)ία 354c
ἔργον 541c
καταδυναστεία 731a
πόνος 1188b
סְבַר Ar. pe.
προσδέχεσθαι 1212c
ὑπονοεῖν 1416b
סָגַד qal
κύπτειν 799c
προσκυνεῖν 1217b
סְגִד Ar. pe.
προσκυνεῖν 1217b
סְגוֹר
συγκλεισμός 1300a
סְגֻלָּה
περιουσιασμός 1125a
περιούσιος 1125a
λαὸς περιούσιος 1125a
ὃ περιπεποίημαι 1125c
περιποίησις 1125c
סֶגֶן, סָגָן
ἄρχων 166b
βασιλεύς 197a
^*μεγιστάν 907a (1E 8.70)
στρατηγός 1295b
סְגַן Ar.
ἡγεῖσθαι 602c
σατράπης 1260c
στρατηγός 1295b
τοπάρχης 1364b
ὕπατος 1407b
סָגַר qal
ἀναπληροῦν 81b
ἀποκλείειν 132b
⟦ἀπόκλειστος 132c⟧
καθαρός 698c
⟦καταλαμβάνειν 735a⟧
κατειλεῖν 749a
κλείειν 767a
*προσοίγειν 1218c (Ge 19.6)
συγκλείειν 1299c
συγκλειστός 1300a
⟦συναποκλείειν 1312a⟧
σύνδεσμος 1312c
סָגַר ni.
ἀποκλείειν 132b
ἀποκλίνειν 132c
ἀφορίζειν 185c
ἐγκλείειν 366c

κλείειν 767a
συγκλείειν 1299c
סָגַר pi.
ἀποκλείειν 132b
*συγκλείειν 1299c (1K 17.46, 2K 18.28*L*)
סָגַר pu.
⟦ἀποκλείειν 132b⟧ → סָגַר pi.
κλείειν 767a
ὀχυροῦν 1043c
συγκλείειν 1299c
סָגַר hi.
ἀποκλείειν 132b
ἀφορίζειν 185c
ἐξαίρειν 485a
κλείειν 767a
παραδιδόναι 1058a, *187b*
συγκλείειν 1299c
סָגַר hitpo.
ἐμπίπτειν *174b*
סְגַר Ar. pe.
ἐμφράσσειν 460c
סַגְרִיר
χειμερινός 1457c
סַד
⟦κύκλωμα 798c⟧ → κώλυμα
κώλυμα 839c
ξύλον 958a
סָדִין
βύσσος 232b
ὀθόνιον 967c
σινδών 1267a
סָדַר qal
κοσμεῖν *182b*
τάσσειν *193a*
⟦[τείνειν] *193a*⟧ → τάσσειν
*סְדַר Ar. pe.
*τυγχάνειν 1378a (To 6.2)
סֵדֶר
*τάξις 1334b (Pr 31.24[26])
סַהַר
⟦τορευτός 1367b⟧ → τορνευτός
*τορνευτός (Ct 7.2[3])
סֹהַר
ἀρχιδεσμοφύλαξ (שַׂר בֵּית־ס׳) 165b
δεσμωτήριον (בֵּית ס׳) 292b
ὀχύρωμα (בֵּית ס׳) 1043c
סוּג qal
⟦ἀναμιγνύναι 79c⟧
ἀφιστᾶν, ἀφιστάναι, ἀφιστάνειν 184b
ἐκκλ(ε)ίνειν 433c
θρασυκάρδιος (סוּג לֵב qal) 654b
φράσσειν 1438b
סוּג ni.
ἀντιλέγειν 111a
ἀποστρέφειν 145b, *168b*
ἀποχωρεῖν 150a
ἀπωθεῖν 151a
ἀφιστᾶν, ἀφιστάναι, ἀφιστάνειν 184b
ἐκκλ(ε)ίνειν 433c
⟦ἐπιστρέφειν 531a⟧ → ἀποστρέφειν
סוּג hi.
ἐκνεύειν 438b
μεταίρειν 916a
μετακινεῖν 916a
μετατιθέναι 917a
⟦ὑπερβαίνειν 1409a⟧ → נָשַׂג hi.
סוּג ho.
ἀφιστᾶν, ἀφιστάναι, ἀφιστάνειν 184b
סוּגַר
*γαλέαγρος 233c (Ez 19.9)
⟦κημός, κιμός 763a⟧ → γαλέαγρος
סוּד qal
ἀδολεσχεῖν *165b*
סוּד hit.
⟦βουλεύειν *169c*⟧
συμβουλεύειν *192b*
συνεδρεύειν *192c*
סוֹד
βουλή 227c, *169c*
γνώμη 273a
διήγησις *171c*
εἰδεῖν, εἰδέναι (מְתֵי סוֹד) 374b
⟦ἐπισκοπή 528c⟧
⟦κραταίωμα 783a⟧
κρύφιος *182c*
μυστήριον *185c*
σύμβουλος (בַּעַל ס׳) *192b*
συναγωγή 1309b
συνεδριάζειν 1313a
συνέδριον 1313a
σύνταγμα 1318a
συστροφή 1324a
⟦ὑπόστασις 1417a⟧ → יְסוֹד
⟦ὑπόστημα, ὑπόστεμα 1417a⟧ → יְסוֹד
סוּחָה
κοπρία 778c
סוּךְ qal
ἄλειμμα 52c
ἀλείφειν 52c
ἔλαιον, ἔλεον 447a
χρίειν 1475b
סוּךְ hi.
ἀλείφειν 52c
סוּמָה
θησαυρός *179b*
סוּמְפֹּנְיָה, סוּמְפֹּנְיָא Ar.
συμφωνία 1306c
סוּס I
ἱππεύς (רֹכֵב סוּס) 687a
^ἵππος 687b, *180b* (Si 36[33].6)
סוּס II
χελιδών (סוּס, סוּס עָגוּר) 1467b
סוּסָה
ἵππος 687b
סוּף I qal
ἀναλίσκειν 79b (+Pr 23.28)
ἐκλείπειν 435c
ἕλος 453b
καταναλίσκειν 739b
συντελεῖν 1319b
τελεῖν 1342c
סוּף I hi.
⟦ἐκλείπειν 435c⟧ → אָסַף ni.
סוּף II Ar. pe.
συντελεῖν 1319b (Da TH 4.30)
τελεῖν 1342c (Da LXX 4.30)
סוּף II Ar. af.
ἀφανίζειν 181b
λικμᾶν, λιχμᾶν 878b
סוּף III
ἐρυθρός 548b
ἔσχατος 558a
πάπυρος 1054b
§σ(ε)ιφ 1262b
סוֹף, also Ar.
ἄκρος 51b
*ἔσχατος *177b* (Si 51.14)
καταστροφή 746a
ὀπίσω 1001c
πέρας 1120a
συντέλεια 1318c (Na 1.3), *192c*
τέλος 1344a
סוּפָה
γνόφος 272c
*δίνη 336a (Jb 37.9)
καταιγίς 731b
καταστροφή 746a
λαῖλαψ 841a
⟦ὀδύνη 967a⟧
ὀργή 1008b
⟦συντέλεια 1318c⟧ → סוֹף
συστροφή *193a*
סוּר qal
⟦αἱρετίζειν 36a⟧
ἀκίνητος (סוּר qal + neg.) 44a
ἄκυρον ποιεῖν 51c
ἀνακάπτειν 78b
*ἀναχωρεῖν 85c (Pr 25.8)

ἀπέρχεσθαι 121a
ἀπέχειν 122a
ἀποπλανᾶν *168a*
ἀποστρέφειν 145b
ἀποσχίζειν 148c
ἀφαιρεῖν 180a
ἀφιστᾶν, ἀφιστάναι, ἀφιστάνειν 184b, *169b*
*ἐγγίζειν *172a* (Si 51.23)
⟦ἐκκινεῖν 432c⟧ → ἐκκλ(ε)ίνειν
ἐκκλ(ε)ίνειν 433c
ἐκλείπειν 435c
ἐκνεύειν 438b
ἐκπίπτειν 439b
ἐκφεύγειν (סור מִנִּי qal) 445b
ἐξαίρειν 485a
⟦ " *175c*⟧
ἐπιστρέφειν 531a
κακόφρων (סָר טַעַם) 712a
κινεῖν 765b
λαμβάνειν 847a
μακράν 892c
μακρύνειν 894a
μεθιστᾶν, μεθιστάναι, μεθιστάνειν 907b
^παραβαίνειν 1055b, *187b*
παρέρχεσθαι 1068c
περιαιρεῖν 1121b

סור polel
ἀφιστᾶν, ἀφιστάναι, ἀφιστάνειν 184b

סור hi.
ἀθετεῖν 29b
αἴρειν 34c
⟦αἱρεῖν 36a⟧ → ἀφαιρεῖν
⟦ἀναφαιρεῖν 84c⟧
*ἀναχωρεῖν 85c (Pr 25.8)
*ἀνθιστάναι 95c (I1K 5.6)
ἀπαλλάσσειν 116b
^*ἀποκαθιστάναι 131b
ἀποκαλύπτειν 131c
⟦ἀποστέλλειν 141b⟧ → ἀφιστᾶν, ἀφιστάναι, ἀφιστάνειν
ἀποστρέφειν 145b
ἀφαιρεῖν 180a (+Ez 26.16)
ἀφιστᾶν, ἀφιστάναι, ἀφιστάνειν 184b
διαλλάσσειν 304c
διαστέλλειν 311b
⟦διαφαιρεῖν(?) 314b⟧ → ἀφαιρεῖν
διαχωρίζειν 316a
⟦ἐκκλείειν 433a⟧ → ἐκκλ(ε)ίνειν
ἐκκλ(ε)ίνειν 433c
ἐκσπᾶν 441b
ἐξαίρειν 485a, *175c*
ἐξαποστέλλειν 488a
⟦ἑτοιμάζειν 563c⟧ → כּוּן hi.
καθαιρεῖν 697b
κατασπᾶν 745a
μεθιστᾶν, μεθιστάναι, μεθιστάνειν 907b
μετάγειν 915c
μεταίρειν 916a
παραβαίνειν 1055b
περιαιρεῖν 1121b
⟦περιτέμνειν 1127b⟧ → περιαιρεῖν
σαλεύειν 1257c
*ὠθεῖν 1492c (Is 30.22)

סור ho.
αἴρειν 34c
ἀφαιρεῖν 180a
ἀφιστᾶν, ἀφιστάναι, ἀφιστάνειν 184b
παράλλαξις 1061c
περιαιρεῖν 1121b

סות I hi.
⟦ἀγαπᾶν 5c⟧ → ἀπατᾶν
ἀπατᾶν 119b
ἀποστρέφειν 145b
εἰπεῖν, ἐρεῖν 384a
ἐπισείειν 527b
*μεθιστάναι 907b (3K 21(20).25*L*)
μετατιθέναι 917a
παρακαλεῖν 1060a
⟦πεποιθέναι ποιεῖν 1114b, 1154a⟧
⟦προσεπιαπατᾶν 1213b⟧
συμβάλλειν 1303a
συμβουλεύειν 1303c

סות II subst.
περιβολή 1122b

סָחַב qal
διασπασμός 310c
*ἐπισπᾶν 529b (2K 17.13*L*)
συμψᾶν 1307a
σύρειν 1322c

סְחָבָה
ῥάκος 1247c

סָחָה pi.
ἐξαίρειν *175c*
λικμᾶν, λιχμᾶν 878b

סָחִישׁ
ἀνατέλλειν 83a

סָחַף
λάβρος 840a

סָחַר qal
ἐμπορεύεσθαι 459a
ἐμπορεύεσθαι ἐπί 459a
ἐμπορία 459a
ἔμπορος 459a, *174b*
*κυκλοῦν 798b (Jb 40[41].4)
μεταβολή 915c
μεταβόλος 915c
πορεύεσθαι 1189a
⟦πόρος 1195a⟧ → ἔμπορος

סְחַרְחַר pilp.
ταράσσειν 1336a
*סְחַר μένειν 910a (To 6.8)

סַחַר
ἐμπορεύεσθαι 459a
ἐμπορία 459a
ἐργάζεσθαι, ἐργάζειν 540c
μεταβόλος 915c

סְחֹרָה
ἐμπορία 459a

סֹחֵרָה
⟦κυκλοῦν 798b⟧ → סָחַר qal

סֵטִים
παράβασις 1056a

סִיג
ἀδόκιμος 27b
ἀναμιγνύναι 79c
σύγκρασις 1300b

סִימָה
θησαυρός *179b*

סִיס
χελιδών 1467b

סִיף
βαθμὸς θυρῶν *169a*

סִיפֹּנְיָה Ar.
see also סוּמְפֹּנְיָה, סוּמְפֹּנְיָא
συμφωνία 1306c

סִיר
ἄκανθα 43c
ἀκάνθινος 43c
⟦κρεάγρα 784c⟧ → יָעָ
λέβης 863c (+1K 2.14; II1K 7.40), *183b*
ποδιστήρ 1153c
*σκάνδαλον 1268b (Ho 4.17)
*σκηνοπηγ(ε)ία 1273a
σκόλοψ 1275b
ὑποχύτηρ 1418b
^χαλκίον 1453a

סָךְ
⟦τόπος 1364b⟧

סֹךְ
κατάλυμα 738c
μάνδρα 895a
σκηνή 1271a
τόπος 1364b

סֻכָּה
σκηνή 1271a
^σκηνοπηγ(ε)ία 1273a
⟦σκήνωμα 1273b⟧ → σκηνή

ὕλη 1405a
סִכּוּת
⟦σκηνή 1271a (Am 5.26)⟧ → סֻכָּה
סָכַךְ qal
*ἀντιλαμβάνεσθαι 110c (Ps 138 [139].13)
ἐπισκεπάζειν 527b
ἐπισκιάζειν 528c
περικαλύπτειν 1124a
⟦προφυλακή 1234a⟧ → סֹכֵךְ
σκεπάζειν 1268c
σκιάζειν 1274b
συσκιάζειν 1323a
סָכַךְ pilp.
⟦διασκεδάζειν, διασκεδαννύειν, διασκεδαννύναι 309c⟧
⟦ἐπεγείρειν 509a⟧
סָכַךְ hi.
ἀποκενοῦν 132b
πρὸς δίφρους καθῆσθαι (סָ׳ רַגְלַיִם hi.) 337c
ἐπισκιάζειν 528c
⟦καθῆσθαι 700b⟧
κατασκηνοῦν 744b
παρασκευάζειν (הֵסֵךְ אֶת־רַגְלָיו) 1064a
σκεπάζειν 1268c
συγκλείειν 1299c
φράσσειν 1438b
סֹכֵךְ
*προφυλακή 1234a (Na 2.5[6])
סָכַל ni.
ἀγνοεῖν 16a
ματαιοῦν 899b
μωραίνειν 938b
סָכַל pi.
διασκεδάζειν, διασκεδαννύειν, διασκεδαννύναι 309c
*ματαιοῦν 899b (2K 15.31*L*)
⟦μωραίνειν 938b⟧ → μωρεύειν
μωρεύειν 938b
סָכַל hi.
ἀφρόνως 186b
ματαιοῦν 899b
*ὑπεριδεῖν 1410b (Nu 22.30)
*ὑπερορᾶν 1410c (Le 26.37)
*ὑπερόρασις 1410c (Nu 22.30)
סָכָל
ἀπαίδευτος *167c*
ἀφροσύνη 186b
ἄφρων 186c
μωρός 938c
סֶכֶל
ἄφρων 186c
סִכְלוּת
ἀφροσύνη 186b
⟦εὐφροσύνη 582c⟧ → ἀφροσύνη
ὀχληρία 1043a
*σκληρία 1274b (Ec 7.25)
סָכַן qal
*δεῖν ("to be necessary") 287a (Jb 15.3)
⟦διδάσκειν 316c⟧
⟦ἐπισκοπὴ εἶναι 528c⟧
θάλπειν 623b
κενός, καινός ("empty") (סָ׳ qal + neg.) 759a
*σύγκοιτος 1300a (2K 25 (MT 3K 1).4*L*)
סָכַן ni.
κινδυνεύειν 765a
סָכַן hi.
προϊδεῖν 1206c
⟦προσδεῖν ("to be needy") *190a*⟧
סָכַר I qal
^*πολιορκεῖν 1173c (1E 5.72)
סָכַר I ni.
ἐμφράσσειν 460c
ἐπικαλύπτειν 522b
סָכַר I pi.
παραδιδόναι 1058a
סָכַר II qal
μισθοῦσθαι 930b
סָכַת ni.
σιγᾶν *191b*
סָכַת hi.
σιωπᾶν 1267c
סַל
κανοῦν 718c
κόφινος 781b
סָלָא pu.
⟦ἐπαίρειν 505a⟧ → סָלַל pu.
סָלַד pi.
ἅλλεσθαι 55c
סָלָה qal
ἐξουδενοῦν, ἐξουθενοῦν 500b
סָלָה pi.
ἐξαίρειν 485a
סָלָה pu.
συμβαστάζειν 1303b
סֶלָה
διάψαλμα 316b
סִלּוֹן
?ἐπισυνιστάναι 534b
σκόλοψ 1275b
סָלַח qal
ἀφαιρεῖν 180a
ἀφίειν, ἀφιέναι 183b
ἐξιλάσκειν *175c*
ἐξιλασμός *175c*
εὐϊλατεύειν 571b
ἱλάσκεσθαι, ἱλάζειν 684b
ἵλεως γίνεσθαι 256c, 684c
ἵλεως εἶναι 684c
καθαρίζειν, καθερίζειν 698a
μιμνήσκεσθαι + neg. 927c
סָלַח ni.
ἀφίειν, ἀφιέναι 183b
סַלָּח
ἐπιεικής 519c
סְלִיחָה
ἀφίειν, ἀφιέναι 183b
ἐξιλασμός *175c*
ἱλασμός 684c
סָלַל qal
⟦ἐρευνᾶν 544c⟧ → שָׁאַל, שָׁאֵל qal
ὁδοποιεῖν 962b
τρίβειν 1372b
סָלַל pilp.
περιχαρακοῦν 1128b
סָלַל pu.
*ἐπαίρειν 505a (La 4.2)
סָלַל hit.
ἐμποιεῖν 458c
ἐπαιτεῖν *176a*
πρόσκομμα *190b*
סֹלְלָה
πρόσχωμα 1223c
⟦πρόχωμα 1234a⟧ → πρόσχωμα
χαρακοβολία (שְׁפֹךְ ס׳) 1454c
χάραξ 1454c
χῶμα 1480c
סֻלָּם
κλίμαξ 771a
סַלְסִלּוֹת
κάρταλλος 725a
סֶלַע
ἀντιλήμπτωρ 111a
κραταίωμα 783a
⟦κραταίωσις 783a⟧ → κραταίωμα
κρημνός 785c
λεωπετρία, λεοπετρία (צְחִיחַ סֶ׳) 875b
πέτρα 1129c, *188c*
*στερεοῦν 1289a (2K 22.2*L*)
στερέωμα 1289b
סָלְעָם
ἀττάκης 176c
סָלַף pi.
διαστρέφειν *171b*
ἐξαίρειν 485a
καταστρέφειν 745c
λυμαίνειν, λοιμαίνειν 889b
μέμφεσθαι *184b*

φαυλίζειν 1425c
φαῦλον ποιεῖν 1154b, 1425c
סֶלֶף
⟦ὑποσκελισμός 1416c⟧
סְלֵק Ar. pe.
^ἀναβαίνειν, ἀναβέννειν 70a
ἀναφύειν 85c
προσφύειν 1223c
סְלֵק Ar. af.
ἀναφέρειν 84c
סְלֵק Ar. hoph.
ἀναφέρειν 84c
סָלַק
ἀναβαίνειν, ἀναβέννειν 70a
סֹלֶת
σεμίδαλις 1262c
סַם also Ar.
*ἄρωμα 169b (2C 2.3*L*)
ἥδυσμα 604c
ἡδυσμός 604c
θυμίαμα 660b
σύνθεσις 1316a
σύνθετος 1316a
*φάρμακον 1425a (To 6.7)
סְמָדַר
κυπρίζειν 799c
κυπρισμός 799c
סָמַךְ qal
ἀντιλαμβάνεσθαι 110c
ἀντιλήπτωρ 111a
ἀντίληψις *167b*
ἀντιστήριγμα 111c
ἀντιστηρίζειν 111c
ἀπερείδεσθαι 120c
βοηθεῖν *169b*
ἐπιστηρίζειν 530b
ἐπιτιθέναι 535c
ἐφιστάναι 585c
⟦ἱστάναι, ἱστᾶν 689a⟧ → ἐφιστάναι
⟦προσάγειν 1211b⟧ → ἐπιτιθέναι
στηρίζειν 1290c, *192b*
ὑποστηρίζειν 1417b
χορηγεῖν *196a*
סָמַךְ ni.
ἀντιστηρίζειν 111c
ἐπιστηρίζειν 530b
καταθαρσεῖν 731b
στηρίζειν 1290c, *192b*
סָמַךְ pi.
στηρίζειν 1290c
סֵמֶל, סֶמֶל
γλυπτός 271a
εἰκών 377b
*στήλη 1290b (Ez 8.3)

סָמַר qal
καθηλοῦν 700b
סָמַר pi.
φρίττειν 1439a
סְנֶה
βάτος ("bramble") 215a
*σκόλοψ *191c* (Si 43.19)
סַנְוֵרִים
ἀορασία 113c
*τυφλός 1379b (Is 61.1)
סְנַפִּיר
πτερύγιον 1238a
סָס
σής 1265b, *191b* (Si 42.13)
סָעַד qal
ἀντιλαμβάνεσθαι 110c
ἀριστᾶν 157b
βοηθεῖν 223b
ἔσθειν, ἐσθίειν 554a
⟦περικυκλοῦν 1124a⟧
στηρίζειν 1290c
סְעַד Ar. pa.
^βοηθεῖν 223b
סְעִיף
κλάδος 766a
ὀπή 1001b
σπήλαιον 1284b
σχισμή 1328a
τρυμαλία 1377b
סָעַף pi.
συνταράσσειν 1318a
סֵעֵף
παράνομος 1062b
סְעַפָּה
παραφυάς 1065b
סְעִפָּה
ἰγνύα 669b
סָעַר qal
ἀκατάστατος 44a
ἐξεγείρειν κλύδωμα 490b
ἐξεγείρεσθαι 490b
κλύδων 772b
σείειν 1261c
סָעַר ni.
ἐκκινεῖν 432c
*ἐξιστάναι 496c (4K 6.11*L*)
סָעַר pi.
ἐκβάλλειν 420c
סָעַר poel
ἀποφυσᾶν 150a
סָעַר hi.
ἀποθαυμάζειν *168a*
⟦ἐπιθαυμάζειν *176c*⟧ → ἀποθαυμάζειν

סַעַר
καταιγίς 731b
κλύδων 772b
λαῖλαψ 841a
ὀργή 1008b
συσσεισμός 1323b
סְעָרָה
ἐξαίρειν 485b
καταιγίς 731b
λαῖλαψ 841a, *183a*
ὀργή 1008b
πνεῦμα *189b*
σάλος 1258a
σεισμός 1262b
συσσεισμός 1323b
φέρειν 1426c
סַף
αἰλάμ, αἰλαμμεῖν 31a
§απφωθ 151a
ἀρχισωματοφύλαξ (שֹׁמֵר סַף) 166a
αὐλή 177b
§αφφωθ (סִפִּים) 187b
⟦^εἴσοδος 413c⟧
θύρα 662c
λέβης 863c
πρόθυρον 1206c
πρόπυλον 1208c
πύλη 1240b
πυλών 1242a
§σαφ(φ)ωθ (סִפִּים) 1261a
σταθμός 1286b
τὸ ὑπέρθυρον (אַמּוֹת סִפִּים) 1410a
סָפַד qal
⟦ἐπιληπτεύεσθαι 525a⟧
κλαίειν 766a
κόπτειν 779a
סָפַד ni.
κόπτειν 779a
סָפָה qal
ἀπολλύειν, ἀπολλύναι 136c
ἀφαιρεῖν 180a
ἀφανίζειν 181b
ἐξαίρειν 485b
⟦προστιθέναι 1221a (Is 30.1; Am 3.15)⟧ → יָסַף qal and ni.
συνάγειν 1307b
συναπολλύναι 1312a
סָפָה ni.
ἀπολλύειν, ἀπολλύναι 136c
ἐξολλύναι *176a*
⟦προστιθέναι 1221a (1K 12.25; 26.10; 27.1)⟧ → יָסַף ni.
συμπαραλαμβάνειν 1304c
συνάγειν 1307b
συναπολλύναι 1312a, *192c*

סָפָה hi.
⟦συνάγειν 1307b⟧ → אָסַף qal
סִפּוּן
δοκός 340a
סָפַח qal
παραρρίπτειν, παραριπτεῖν 1063c
סָפַח ni.
προστιθέναι 1221a
סָפַח pu.
διαιτᾶν 303a
סָפַח hit.
στηρίζειν 1290c
סַפַּחַת
σημασία 1263b
סָפִיחַ
τὰ αὐτόματα ἀναβαίνοντα 70a
αὐτόματος 179c
*συνάγειν pass. 1307c (4K 19.29*L*)
סְפִינָה
πλοῖον 1150a
סַפִּיר also Ar. (To 13.16)
σάπφειρος 1259b
סֵפֶל
λεκάνη, λακάνη 873c
סָפַן qal
κοιλοσταθμεῖν 773c
κοιλόσταθμος 773c
ξυλοῦν 959b
ὀροφοῦν 1017c
⟦ταφνοῦν(?) 1338a⟧
φατνοῦν 1425c
סָפַק qal
ἐπικρούειν 523c
κροτεῖν 791c
⟦μεταστενάζειν 916c⟧ → XXX ≈ στενάζειν
πολύς, πλείων, πλεῖστος *189b*
συγκροτεῖν 1300c
χορηγεῖν *196a*
סָפַק pi.
προσποιεῖν *190b*
סָפַק hi.
*ἐκποιεῖν 439b (Si 42.17)
⟦ἐμποιεῖν *174b*⟧
*προσποιεῖν *190b* (Si 34[31].30)
סָפַר qal
ἀριθμεῖν 156b
ἀριθμός *168b*
⟦βιβλίον, βυβλίον 218b⟧ → סֵפֶר
γραμματεύς 275b, *170c*
γραμματικός 275c
⟦διηγεῖσθαι 329c⟧ → סָפַר pi.
⟦ἐξαγγέλλειν 483a⟧ → סָפַר pi.
ἐξαριθμεῖν 489c
ἥγησις 604a
⟦συνάγειν 1307b⟧ → אָסַף qal
*ὑπομιμνήσκειν 1416a (2K 20.25*L*)
סָפַר ni.
ἀναρίθμητος (מָנָה + neg. + סָ׳ וְ־ ni. + neg.) 81c
ἀριθμεῖν 156b
ἐξαριθμεῖν 489c
⟦ψηφίζειν 1485b⟧
סָפַר pi.
ἀναγγέλλειν 74a
ἀπαγγέλλειν 113c
⟦ἀριθμεῖν 156b⟧ → סָפַר qal
⟦ἀριθμός 156c⟧ → מִסְפָּר
διαγγέλλειν 299b
διηγεῖσθαι 329c, *171c*
ἐκδιηγεῖσθαι 422b, *173b*
ἐξαγγέλλειν 483a
ἐξαριθμεῖν 489c
ἐξηγεῖσθαι 495b
ἐξιλάσκειν *175c*
ἐξομολογεῖν *176a*
⟦λαλεῖν 841c⟧
λέγειν 863c
ὑποδεικνύειν, ὑποδεικνύναι 1413a
סָפַר pu.
ἀναγγέλλειν 74a
⟦βίβλος, βύβλος 219b⟧ → סֵפֶר
διηγεῖσθαι 329c
ἐκδιηγεῖσθαι 422b
סָפַר Ar.
^*ἀναγνώστης 76b
^γραμματεύς 275b
סֵפֶר
⟦ἀριθμός 156c⟧ → סָפַר qal
^βιβλίον, βυβλίον 218b
^βίβλος, βύβλος 219b
γράμμα 275a
γραμματικός 275c
ἐπιστολή 530c
⟦λόγος 881c (Da TH 12.4)⟧ → βιβλίον, βυβλίον
συγγραφή 1299a
סֹפֵר
^*ἀναγνώστης 76b
*πρέσβυς 1201b (Is 39.1)
סְפַר Ar.
βιβλιοθήκη (בֵּית סִפְרַיָּא) 218b
^βιβλίον, βυβλίον 218b
^βίβλος, βύβλος 219b
סְפָר
ἀριθμός 156c
סִפְרָה
ἐπαγγελία 503b
סְפֹרָה
γραμματεία 275b
סָקַל qal
καταλιθοβολεῖν 737c
λιθοβολεῖν 876c
⟦λίθος 876c⟧
סָקַל ni.
λιθοβολεῖν 876c
סָקַל pi.
*βάλλειν 189c (2K 16.6, 13*L*)
διαρριπτεῖν, διαρρίπτειν 309c
λιθάζειν 876b
⟦χαρακοῦν 1454c⟧
סָקַל pu.
λιθοβολεῖν 876c
סַר
συγχεῖν 1301a
*συνέχειν pass. 1315b (3K 21.43*L*)
ταράσσειν 1336a
סָרַב pi.
ἀντιλέγειν *167b*
סָרָב
ἀπειθεῖν *167c*
παροιστρᾶν 1072a
סַרְבָּלִין Ar.
§σαραβαρα 1259b
*ὑπόδημα 1413b (Da LXX 3.21)
סָרָה
ἀνίατος (בִּלְתִּי סָ׳) 102b
ἀνομία 106b
ἄνομος 107c
ἀπειθεῖν 119c
ἀσέβεια, ἀσεβία 169c
πλανᾶν 1139b
סָרַח I qal
ἐπικαλύπτειν 522b
εὐθηνεῖν 570b
κατασπαταλᾶν 745b
⟦παραβαπτά (סְרוּחֵי טְבוּלִים) 1056a⟧ → τιάρα and טָבַל qal ≈ βαπτός
συγκαλύπτειν 1299a
τιάρα 1348c
*ὑποκαλύπτειν 1413c (Ex 26.12)
סָרַח I ni.
οἴχεσθαι 985a
סָרַח II qal
*ἀσθενεῖν 172a (Ez 17.6)
סִרְיוֹן
θώραξ 668c
ὅπλον 1003c
סָרִיס
ἀρχιευνοῦχος (רַב סָרִיסִים, שַׂר סָרִיסִים) 165c
δυνάστης 355b
εὐνοῦχος 575b, *178a* (Si 30.20)
σπάδων 1281b

סָרַךְ Ar.
ἡγεῖσθαι 602c
τακτικός 1333a
סֶרֶן
ἄρχων 166b, *168c*
τὸ προσέχον 1215b
*τὸ προσέχον 1215b
σατραπ(ε)ία 1260c
σατράπης 1260c
στρατηγός 1295b
סַרְעַפָּה
⟦κλάδος 766a⟧
סִרְפַּד
κόνυζα 778a
סָרַר
ἀνήκοος 88a
ἀπειθεῖν 119c
ἀπειθής 119c
ἀποστάτης 141b
ἄσωτος 175a
παραπικραίνειν 1063a
παραφρονεῖν 1065b
παροιστρᾶν 1072a
σκολιός 1275b
סְתָו, סְתָיו
χειμών 1457c
סָתַם qal
ἀναφράσσειν 85c
ἐμφράσσειν 460c
καλύπτειν 716c
κατακαλύπτειν 732c
κλείειν *182a*
κρύφιος 793a
σφραγίζειν 1327a
φράσσειν 1438b
סָתַם pi.
ἐμφράσσειν 460c
סָתַר ni.
οὐκ ἀναβαίνω 70a
ἀποκρύπτειν 134b
ἀπόκρυφος *168a*
⟦ἀποστρέφειν 145b⟧ → סָתַר hi.
ἀφιστᾶν, ἀφιστάναι, ἀφιστάνειν 184b
καταδύ(ν)ειν 731a
κατακρύπτειν 734c
κρύπτειν 791c, *182b* (–Si 4.18)
κρυπτός 792c, *182c*
κρύφιος 793a
σκεπάζειν 1268c
סָתַר pu.
ἀφανής *169b*
κρύπτειν 792a, *182b*
סָתַר hi.
ἀπαλλάσσειν 116b
ἀποκρύπτειν 134b
ἀποστρέφειν 145b (+ To 3.6, 4.7)
ἀποστροφή 148b
κατακρύπτειν 734c
κρύπτειν 792a
κρυφῇ 793a
σκεπάζειν 1268c
סָתַר ho.
*ἀποστρέφειν 145b (To 4.7)
ἀφανής *169b*
סָתַר hit.
εἰδεῖν/εἰδέναι + neg. 374b
κρύπτειν 792a
σκεπάζειν 1268c
סְתַר I Ar. pa.
ἀπόκρυφος 134c
σκοτ(ε)ινός 1276a
סְתַר II Ar. pe.
^*καθαιρεῖν 697b (1E 6.16)
καταλύειν 738b
λύειν 889a
סֵתֶר
ἀποκρυβή 134b
ἀποκρυφή 134c
ἀπόκρυφος 134c, *168a*
*βοήθεια 222c (Ps 90[91].1)
βοηθός 223c
δόλος 340b
⟦ἐρεθίζειν 544b⟧
καταφυγή 748b
⟦κρύβδην (בַּסֵּ׳) 791c⟧ → κρυβῇ
κρυβῇ (בַּסֵּ׳) 791c
κρύπτειν 792a
*κρυπτός 792c (2K 12.12*L*)
κρυφαίως (בַּסֵּ׳) 793a
κρυφῇ (בַּסֵּ׳) 793a
ἐν κρυφῇ (בַּסֵּ׳) 793a
κρύφιος 793a
λάθρα (בַּסֵּ׳) 840c
λάθριος (בַּסֵּ׳) 841a
σκέπη 1269a
סִתְרָה
σκεπαστής 1269a

ע

עָב I
πάχος 1112c
עָב II
ἄλσος 59c
νεφέλη 943b, *185b* (+Si 32[35].26)
νέφος 944a
*σκοτάζειν 1276a (2K 23.4*L*)
עֹב
ζυγοῦν 599b
⟦ξυλοῦν 959b⟧ → ζυγοῦν
עָבַד qal
⟦γεωργός 240b⟧
δουλ(ε)ία 345a
δουλεύειν 345a, *172b*
⟦δοῦλος (subst.) 346b⟧ → עֶבֶד
δουλοῦν 348b
ἐργάζεσθαι, ἐργάζειν 540c, *177b* (+Si 30.13)
ἐργάζεσθαι τὰ ἔργα (עָ׳ qal, לַעֲבֹד) 540c, 541c
ἔργον 541c
πρὸς τὸ ἔργον (לַעֲבֹד עֲבוֹדָה) 541c
καταδουλοῦν 731a
κατεργάζεσθαι 749b
⟦κατόχιμος εἶναι 756c⟧ → אֲחֻזָּה
κοπιᾶν *182b*
^λατρεύειν (עָ׳ qal, הָיָה עֹבֵד) 863a
λειτουργεῖν 872c
⟦οἰκέτης *186a*⟧
ποιεῖν 1154a, *189b*
προσκυνεῖν 1217b
ὑπήκοος 1411c
*χρᾶν 1473c (Is 28.21)
עָבַד ni.
ἐργάζεσθαι, ἐργάζειν 540c
κατεργάζεσθαι 749b
עָבַד pu.
δουλεύειν 345a
ἐργάζεσθαι, ἐργάζειν 540c
עָבַד hi.
δουλεύειν 345a
δουλοῦν 348b
*ἐργάζεσθαι, ἐργάζειν *177b* (Si 30[33].34)
*ἐργασία *177b* (Si 30[33].36)
καταδουλοῦν 731a
καταδυναστεύειν 731a
ποιεῖν 1154a
עֲבַד Ar. pe.
^*γίνεσθαι 256c (1E 2.24)
δοῦλος (subst.) 346b
^*ἐπιτελεῖν 535a (1E 8.16)
ἑστὼς ἐνώπιον 689a

^*παραβαίνειν (′עָ pe. + neg.) 1055b (1E 8.24)
^ποιεῖν 1154a
^*συμποιεῖν 1305c (1E 6.28)
^*συνεργεῖν 1314a (1E 7.2)
^*πολιορκίαν συνιστάναι / συνιστᾶν (pe. ′אֶשְׁתַּדּוּר עָ) 1317a
עֲבַד Ar. itpe.
εἰς ἀπώλειαν/ἀπωλίαν εἶναι (itpe. ′הַדָּמִין עֲ) 151c
^γίνεσθαι 256c
διαμελίζειν (itpe. ′הַדָּמִין עֲ) 305c
^*ἐπιτελεῖν 535a (1E 8.21)
ποιεῖν 1154a
*συμβαίνειν 1302c (To 14.4)
^*συντελεῖν 1319b (1E 2.27; 6.10)
עֶבֶד
⟦ἄγγελος 7b⟧
*ἀνήρ 88a (2K 21.15*L*)
ἄνθρωπος 96b
⟦ἄρχων 166b⟧
δουλ(ε)ία 345a
δουλεύειν 345a
δούλη 346a
δοῦλος (adj.) 346b
δοῦλος (subst.) 346b
⟦δύναμις 350a⟧
⟦ἔθνος 368b⟧
ἐργασία 541b
θεραπ(ε)ία 648a
θεραπεύειν 648a
θεράπων 648b
ἑστὼς ἐνώπιον 689a
⟦λαός 853b (Ps 135[136].22; Is 48.20)⟧ → δοῦλος (subst.)
οἰκέτης 969a, *186a* (+ Si 7.20; 30[33].33; 35.39; 42.5)
⟦οἶκος 973a (Je 22.2)⟧
παιδάριον 1045c
παιδίον 1047c
^παῖς 1049a
σέβειν 1261c
ὑπηρέτης 1411c
עֲבֵד Ar.
δοῦλος (subst.) 346b
⟦εὑρίσκειν 576c⟧
^παῖς 1049a
עֲבוֹדָה, עֲבֹדָה
⟦ἀναφορά 85b⟧
ἀποσκευή 140c
ἀρτός 161b
γεωργία *170a*
γεώργιον *170a*
δουλ(ε)ία 345a
§εβδαθ (עֲבֹדַת) 361b
*ἐνεργεῖν 473a
⟦ἐπίπονος *177a*⟧
ἐργάζεσθαι, ἐργάζειν 540c
ἐργαλεῖον 541b
^ἐργασία 541b, *177b*
ἔργον 541c
ποιεῖν τὰ ἔργα (לַעֲבֹדָה) 541c
πρὸς τὸ ἔργον (לַעֲבֹד עֲבוֹדָה) 541c
^*ἐφημερία 585b (1E 1.16)
§εφραθ (עֲבֹדַת) 586c
⟦καθήκειν 700a⟧
κατασκευή 744b
κάτεργον 749b
⟦κρατεῖν 783a⟧
λατρ(ε)ία 863a
λατρευτός 863b
λειτουργ(ε)ία 873b
λειτουργεῖν 872c
λειτούργημα 873b
λειτουργήσιμος 873b
λειτουργικός 873b
⟦[οἰκέτης] *186a*⟧ → עֲבֻדָּה
παρασκευή 1064a
ποιεῖν 1154a
σύνταξις 1318a
τέχνη 1347c
עֲבֻדָּה
γεώργιον 240b
ἔργον 541c
*οἰκέτης *186a* (Si 4.30)
ὑπηρεσία 1411c
עַבְדוּת
^δουλ(ε)ία 345a
^*δουλεύειν 345a (1E 8.80)
עָבָה pi.
παχύνειν 1112c
παχύτερος 1112c
עֲבוֹדָה
see עֲבוֹדָה, עֲבֹדָה
עֲבוֹט
ἐνέχυρον 473a
⟦ἱμάτιον 685a⟧ → ἐνέχυρον
*עֲבוּר
*σῖτος 1267b
עֲבוּר
*ἀντί + gen. (Am 8.6)
διά + acc. *171a*
διὰ τοῦτο (בַּעֲ′ כֵּן ,בַּעֲ′) *171a*
εἰς τό + inf. (בַּעֲ′ לְ־) *173a*
ἐν λόγῳ (בַּעֲ′ 2K 12.25*L*)
ἕνεκα, ἕνεκεν (בַּעֲ′) *175b*; + inf. (לְבַעֲבוּר Ex 20.20[1]+)
ἵνα *180b*; + inf. (לְבַעֲבוּר Ex 20.20[2])
*ὅπως + subj. (Ge 27.4+)
χάριν (בַּעֲ′) *195a*
עָבַט qal
δαν(ε)ίζειν 285a
ἐνεχυράζειν 473a
עָבַט pi.
⟦ἐκκλ(ε)ίνειν 433c⟧ → עָוַת pi.
עָבַט hi.
δαν(ε)ίζειν 285a
δάν(ε)ιον 285a
עַבְטִיט
⟦κλοιός, κλοιόν(?) 772a⟧ → עֹל
עֲבִי
πάχος 1112c
עֳבִי
πάχος 1112c
⟦πλάτος 1141a⟧ → πάχος
עֲבִידָא Ar.
δουλ(ε)ία 345a
^ἔργον 541c
^*οἰκοδομή 972c (1E 2.30)
πρᾶγμα 1199c
עָבַר qal
ἀναβαίνειν, ἀναβέννειν 70a
ἀναπαύειν 80b
ἀπέρχεσθαι 121a
ἀφαιρεῖν 180a
ἀφιστᾶν, ἀφιστάναι, ἀφιστάνειν 184b
βαδίζειν 188a
γίνεσθαι 256c
διαβαίνειν, διαβέννειν 298a
διάβασις 298c
διαπερᾶν 307c
διαπορεύεσθαι 308b
διεκβάλλειν 328a
διέρχεσθαι 328c
διοδεύειν 336a
δόκιμος 340a
ἐγκαταλείπειν 365a
εἰσέρχεσθαι 410b
⟦εἰσπορεύεσθαι 414a (De 11.11 [8QMez])⟧ → בּוֹא qal
ἐκκλ(ε)ίνειν 433c
ἐκπεριπορεύεσθαι 439a
⟦ἐκπορεύεσθαι 439c⟧
⟦ἐξέρχεσθαι 491c⟧
ἐξολεθρεύειν, ἐξολοθρεύειν 497c
ἐπέρχεσθαι 509c
ἐπιβάλλειν 516a
⟦ἐπιπαρέρχεσθαι 526a⟧ → παρέρχεσθαι
ἐπιπορεύεσθαι 527a
ἔρχεσθαι 548b
ἥκειν 605a
⟦ἱστάναι, ἱστᾶν 689a⟧
καταλύειν 738b

⟦κατασκέπτεσθαι, κατασκέπτειν (ע׳ לָתוּר qal) 744a⟧ → תּוּר qal
*λαλεῖν (ע׳ qal + פֶּה as subj.) 841c (Ps 16[17].3)
οἴχεσθαι 985a
παραβαίνειν 1055b, *187b*
παράγειν 1056b
παρακούειν 1061b
παραλλάσσειν 1061c
παραπορεύεσθαι 1063b
παρέρχεσθαι 1068c, *187c*
⟦παρέχειν 1069c⟧
παριέναι ("to go past") (ע׳ qal, ע׳ דֶּרֶךְ qal) 1070b
παροδεύειν 1071a
πάροδος 1071a
*παύειν 1112b (Is 24.11), *188b* (Si 23.16)
περιέρχεσθαι 1123a
πλήρης 1147a
*πορ(ε)ία 1189a (Na 1.8; Hb 3.10)
πορεύεσθαι 1189a
προέρχεσθαι 1206a
προπορεύεσθαι (ע׳ qal, ע׳ לִפְנֵי qal) 1208c
προσάγειν 1211b
⟦προσέρχεσθαι 1213c⟧ → προέρχεσθαι
συνέχειν 1315b
ὑπεραίρειν 1408b
ὑπερβαίνειν 1409a
φέρειν 1426c
ἄλλως χρᾶσθαι 59a, 1473c (Es 1.19)
χωροβατεῖν 1482c

עָבַר ni.
διαβαίνειν, διαβέννειν 298a

עָבַר pi.
*συλλαμβάνειν 1301c (Jb 39.13)

עָבַר hi.
*ἀναβάλλειν 72c (Ps 77[78].21; 88[89].38)
ἀναβιβάζειν 73a
ἀναφέρειν 84c
ἀπάγειν 115c
ἀποστρέφειν 145b
ἀποτροπιάζεσθαι 149c
ἀφαιρεῖν 180a, *169a*
^*ἀφιστᾶν, ἀφιστάναι, ἀφιστάνειν 184b (1E 1.30)
ἀφορίζειν 185c
⟦ἀφορισμός 186b⟧
διαβαίνειν, διαβέννειν 298a
διαβιβάζειν 299a
διαγγέλλειν 299b
διάγειν 299c
διακομίζειν 303b
διαπορεύεσθαι 308b
διέρχεσθαι 328c
ἐκβάλλειν 420c
ἐξάγειν 483a
ἐξαίρειν 485b
⟦ἐξεγείρειν 490b⟧ → עוּר I hi.
ἐπάγειν 503c
⟦ἐπέρχεσθαι 509c⟧ → עָבַר qal
ποιεῖν καθαρισμόν 698c
παραβιβάζειν 1056a
παραγγέλλειν 1056b
παράγειν 1056b
παραφέρειν 1065b
παρέρχεσθαι 1068c
περιάγειν 1121b
περιαιρεῖν 1121b
περικαθαίρειν 1123c
περιτιθέναι 1127c

עָבַר hit.
⟦ἀναβάλλειν 72c⟧ → עָבַר hi.
καταλείπειν *181b*
παραβλέπειν *187b*
παροξύνειν 1072a
ὑπερβάλλειν *194b*
ὑπεριδεῖν 1410b
χρονίζειν *196c*

עֵבֶר
ἐπέκεινα (מֵע׳ לְ־) 509b
§μαεβερ (מֵע׳) 891c
μέρος 911c
*παριδεῖν *188a* (Si 7.10)
πέρα(ν) (מֵע׳ לְ, בְּעֶבְרֵי, בְּע׳, ע׳ לְ־, ע׳) 1119b
ὁ/ἡ/τὸ πέρα(ν) (ע׳, ע׳ לְ־) 1119b
*πέρας 1120a (Ps 7.6)
κατὰ (τὸ) πρόσωπον (אֶל ע׳ פָּנִים) 1224a

עֲבַר Ar.
πέρα(ν) 1119b
ὁ/ἡ/τὸ πέρα(ν) (מֵעֲבַר, ע׳) 1119b

עֲבָרָה
§αραβωθ (עַבְרוֹת) 152c
διάβασις 298c

עֶבְרָה
⟦ἄγγελος 7b⟧
⟦ἀπολλύειν, ἀπολλύναι 136c⟧ → אָבַד qal
*ἔκστασις 441b (Pr 26.10)
ἐπαγωγή *176a*
εὐστροφία 580c
θυμός 660c
θυμὸς ὀργῆς 660c, 1008b
μῆνις 923b
ὀργή 1008b, *186c* (Si 25.22)
ὅρμημα 1014a

עִבָּרוֹן
*ὀργή *186c* (Si 7.16)

עִבְרִי
περάτης 1120b

עֲבָרִים
⟦πέρα(ν) 1119b⟧
ὁ/ἡ/τὸ πέρα(ν) 1119b

עָבַת pi.
?ἐξαιρεῖν 484b

עָבֹת
αὐχήν 179c
δασύς 285b
κατάσκιος 745a
*σύσκιος 1323a (II1K 14.23; Ct 1.16; Ez 6.13)

עֲבֹת
ἁλυσιδωτός 60a
δεσμός 292a
ἐμπλόκιον 458c
ζυγός, ζυγόν 599a
ζυγοῦ ἱμᾶς 599a, 685a
ἱμάς 685a
καλῴδιον 717b
κροσός, κρωσσός 791b
⟦νεφέλη 943b⟧ → עָב II
πλέκειν 1141c
πλοκή 1150b
πυκάζειν 1240a
στέλεχος 1288a

עָגַב qal
ἐπιτιθέναι 535c
ἐραστής 540b

עֲגָבָה
ἐπίθεσις 520a

עֻגָה
ἐγκρυφίας 367a

עָגוּר
στρουθίον 1297a
χελιδών (סוּס ע׳) 1467b

עָגִיל
περιδέξιον 1122c
τροχίσκος 1376c

עֲגִילָה
*θυρεός, θυραιός 663c (Ps 45[46].9)

עָגֹל
στρογγύλος 1297a
⟦στρογγυλοῦν 1297a⟧

עֵגֶל
δάμαλις 284c
μοσχάριον 934b
μόσχος 934c

עֶגְלָה
βοΐδιον 224b

δάμαλις 284c
μόσχος 934c
עֲגָלָה
ἅμαξα 60c
⟦θυρεός, θυραιός 663c⟧ → עֲגִילָה
עָגַם qal
στενάζειν 1288b
עָגַן ni.
κατέχειν 750c
עַד, also Ar.
αἰών 39b, *165c*
διά + gen. (בְּעַד) *171a*
εἰς *173a*
ἐξ ἐναντίας (עַד נֹכַח) 468b
ἐπέκεινα 509b
⟦ἐπί + acc. *176b*⟧
ἔτι (עַד) 561a
⟦ " (עַד מָה, עַד־הֵנָּה) 561a⟧
ἕως (עַד־אֲשֶׁר, עַד־עֵת, עַד) *178c* (+Si 30[33].29; 42.22; 51.14)
ἕως ἄν *166b*
⟦καιρός 706a⟧ → עֵת
ἀπὸ μακρόθεν (עַד־מֵרָחוֹק) 893b
ὁ μέλλων αἰών 909b
μόνιμος 933a
ὀπίσω (עַד־אַחַר) 1001c
⟦ὅσος 1019a⟧
ὅσον χρόνον (עַד מָתַי) 1019a
ἕως ὅτου 1022b
οὐδείς, οὐθείς (עַד־אֶחָד + neg.) 1028b
διὰ παντός 1073a
ἕως πόρρω (עַד־לְמֵרָחוֹק) 1195b
ποσάκις (עַד־כַּמֶּה פְעָמִים) 1195c
σφόδρα (עַד־לִמְאֹד, עַד־מְאֹד) 1325a
ἕως σφόδρα (עַד לְמַעְלָה, עַד־לִמְאֹד) 1325a
σφόδρα λίαν (עַד־מְאֹד) 876a, 1325a
εἰς (τὸ) τέλος (עַד־תֻּמָּם, לָעַד) 1344a
ἕως εἰς (τὸ) τέλος (עַד־, עַד־לְכַלֵּה תֻּמָּם) 1344a
ἕως τίνος (עַד־מָתַי, עַד־אָנָה) 1355c
μέχρι τίνος (עַד־אָנָה, עַד־אָן) 1355c
εἰς τὸν αἰῶνα χρόνον (עַד־עוֹלָם) 1476b
ὅσον χρόνον (עַד־מָתַי) 1476b
עֵד
⟦ἄνθρωπος 96b⟧
ἐγγυᾶν 363b
ἔτασις 599c
μαρτυρεῖν 896b
μαρτυρία 896b
μαρτύριον 896c
μάρτυς 897c
עֲדָא Ar. pe.
μένειν (עֲ׳ pe. + neg.) 910a
παρέρχεσθαι 1068c
עֲדָא Ar. af.
*ἀπολλύειν, ἀπολλύναι 136c (Da LXX 7.26)
עָדָה qal
ἀναλαμβάνειν 78c
*διακοσμεῖν 303c (2K 23.8*L*)
⟦ἐπιλαμβάνειν 523c⟧ → λαμβάνειν
⟦ἔρχεσθαι 548b⟧ → παρέρχεσθαι
κατακοσμεῖν 734b
κοσμεῖν 780b
λαμβάνειν 847a
παρέρχεσθαι 1068c (Jb 28.8 Aramaizing)
περιτιθέναι 1127c
עָדָה hi.
*ἐκκλ(ε)ίνειν 433c (Jb 29.11 Aramaizing)
κοσμεῖν 780b
עֲדָה Ar. pe.
αἴρειν 34c
ἀφαιρεῖν 180a
παρέρχεσθαι 1068c
עֲדָה Ar. af.
ἀφαιρεῖν 180a
ἀφιστᾶν, ἀφιστάναι, ἀφιστάνειν 184b
μεθιστᾶν, μεθιστάναι, μεθιστάνειν 907b
עֵדָה I
⟦βουλή 227c⟧ → עֵצָה
ἐπισύστασις 534b
λαός *183a*
?παρεμβολή 1067b
πλῆθος *189a*
συναγωγή (קְהַל עֵ׳, עֵ׳) 1309b, *192c*
συστροφή 1324a
עֵדָה II
μαρτύριον 896c
עִדָּה
ἀποκαθημένη 131b
עֵדוּת
διαθήκη 300c
μαρτυρία 896b, *184a*
μαρτύριον 896c, *184a*
עֲדִי
⟦ἐπιθυμία 521a⟧
κόσμος 780c, *182b* (+Si 6.30; 43.9)
ἐν πενθικοῖς (שׁוּת עֶדְיוֹ עָלָיו + neg.) 1118a
περιστολή 1127a
αἱ στολὴ τῶν δοξῶν 1291c
עָדִין
τρυφερός 1377c
עָדַן hit.
⟦ἐντρυφᾶν 481a⟧ → τρυφᾶν
τρυφᾶν 1377c
עֵדֶן
⟦θύπη(?) 662c⟧ → τρυφή
κόσμος 780c
παράδεισος 1057c, *187b* (+Si 40.17)
τρυφή 1377c
*οὔπω 1031a (Ec 4.3)
עִדָּן Ar.
ἔτος 565a
καιρός 706a
ὥρα 1493b
עֲדֶנָה
ἕως τοῦ νῦν 951c
עָדַף qal
πλεονάζειν 1141c
ὑπερέχειν 1409b
ὑπολείπειν 1415a
עָדַף hi.
πλεονάζειν 1141c
עָדַר I qal
⟦αἴρειν 34c⟧ → עָדַר II ni.
⟦παρατάσσειν 1064c⟧ → עָרַךְ qal
עָדַר I ni.
ἀροτριᾶν 159b
ἀροτριοῦν 159c
σκάπτειν 1268b
παρέρχεσθαι *187c*
עָדַר II ni.
*αἴρειν 34c
ἀπολλύειν, ἀπολλύναι 136c
διαφωνεῖν 315c
*κρύπτειν *182b* (Si 42.20)
λανθάνειν 853a
עָדַר II pi.
παραλλάσσειν 1061c
עֵדֶר
ἀγέλη 10b
βουκόλιον 226a
μάνδρα 895a
ποίμνη 1169c
ποίμνιον 1169c
עֲדָשָׁה
φακός 1423b
עוּב hi.
γνοφοῦν 272c
*עוֹבֵד Ar.
*ποιεῖν 1154a (To 14.10)
עוּג
ἐγκρυφίας 367a
עוּגָב
κιθάρα 765a
ὄργανον 1008b
ψαλμός 1483b

*ψαλτήριον 1483c (Ez 33.32)
עוּד qal
μαρτυρεῖν 896b
עוּד pi.
περιπλέκειν 1125b
עוּד polel
ἀναλαμβάνειν 78c
עוּד hi.
⟦διαμαρτυρεῖν 305b⟧
διαμαρτύρεσθαι 305b
διαμαρτυρία 305b
ἐπιμαρτύρεσθαι 525b, *177a*
καταμαρτυρεῖν 739a
μαρτυρεῖν 896b
μάρτυρας ποιεῖν 1154a
עוּד ho.
διαμαρτύρεσθαι 305b
עוּד hitpo.
ἀνορθοῦν 108b
עוֹד, also Ar.
αἰών 39b
ἄλλος 56b
ἐγγίζειν (הָיָה עוֹד ,בְּעוֹד בַּדֶּרֶךְ) 362b
ἕτερος 560a
ἔτι 561a, *177c* (+Si 30[33].29)
ἕως (שֶׁעוֹד) *178c*
μηκέτι (עוֹד + neg.) 921b
νεότης 942c
οὐκέτι (עוֹד, עוֹד + neg.) 1030a
οὐκέτι μή (עוֹד + neg.) 1030b
οὐκέτι οὐ μή (עוֹד + neg.) 1030c
πάλιν 1051c
ὑπερέχειν (יֵשׁ עוֹד) *194b*
עָוָה qal
ἀδικεῖν 24c
ἀνομεῖν 106b
ἀσεβεῖν 170a
⟦ἀτιμάζειν 175c⟧ → ἀδικεῖν
עָוָה ni.
ἀδικεῖν 24c, *165b*
νωθροκάρδιος (נַעֲוֵה לֵב) 956b
ταλαιπωρεῖν 1333a
עָוָה pi.
⟦ἀνακαλύπτειν 78a⟧ → עָרָה I pi.
ταράσσειν 1336a
עָוָה hi.
ἀδικεῖν 24c, *165b* (Si 13.3a)
ἀδικία 25b
ἀνομεῖν 106b
ἔρχεται ἀδικία 548b
κακοποιεῖν 709a
עַוָּה
⟦ἀδικία 25b (Ez 21.27)⟧ → עַוְלָה or עָוֹן
עוֹז
ἰσχυρῶς (בְּעוֹז) 694b
ἰσχύς 694b, *180c*
עוּז qal
βοηθεῖν 223b
עוּז hi.
ἐνισχύειν 475a
συνάγειν 1307b
עֲוָיָא Ar.
ἀδικία 25b
עֲוִיל
ἄδικος 26c
עָוַל pi.
*ἄδικος *165b* (Si 40.13)
*ἀσεβής 170b (Is 26.10)
παρανομεῖν 1062b
⟦ποιεῖν + neg. 1154a⟧
עַוָּל
ἀδικία 25b
ἄδικος 26c
ἁμαρτωλός *166b*
ἄνομος 107c
παράνομος 1062b
עָוֶל
ἀδικία 25b
ἄδικος 26c
ἀνομία 106b
ταράσσειν τὸ δίκαιον 330c
παράπτωμα 1063c
πλημμέλημα 1145c, *189a* (Si 38. 10)
עוּל I qal
ἐν γαστρὶ ἔχειν 234b, 586c
λοχεύειν 889a
πρωτοκοκεῖν 1237a
עוּל II subst.
ἄωρος (עוּל יָמִים) 188c
παιδίον 1047c
עוֹל
ζυγός, ζυγόν *178b*
עַוְלָה
ἀδίκημα 25a (+Is 61.8)
ἀδικία 25b
ἄδικος 26c
ἀνομία 106b
ἄνομος 107c
*ἀσέβεια, ἀσεβία 169c (Pr 1.19)
ἀσεβής *168c*
⟦δόλιος 340b⟧ → מִרְמָה
κακός 709b
φαῦλος 1425c
עוֹלָה
see also עֹלָה
⟦ἀδικία 25b⟧ → עַוְלָה
ἀναφορά 85b
κάρπωμα 724c
ὁλοκάρπωμα 987c
ὁλοκάρπωσις 987c
*עוּלַיִם Ar.
*παιδάριον (To 14.10)
עוֹלֵל, עוֹלָל
νήπιος 944b
τέκνον 1340c
ὑποτίτθιον, ὑποτίθθιον 1417c
עוֹלָם
see also עֹלָם
ἀεί, αἰεί (מֵעוֹ׳) 28b
ἀέν(ν)αος 28b
^αἰών 39b, *165c*
εἰς τὸν αἰῶνα *165c*, *173a*
ἀρχή 163c
αἰώνιος 41c
§γελαμ 235b
διὰ παντός 1073a
εἰς τὸν αἰῶνα χρόνον (לְעוֹ׳,עַד־עוֹ׳) 1476b
^*τὸν ἅπαντα χρόνον (עַד־עוֹ׳) 1476b
עָוֹן
ἄγνοια 16a
ἀδίκημα 25a
ἀδικία 25b
ἄδικος *165b*
αἰτία 38a
ἁμαρτάνειν 60c
ἁμάρτημα 62a
^ἁμαρτία 62a, *166b*
ἀνομεῖν 106b
ἀνόμημα 106b
ἀνομία 106b
ἄνομος 107c
ἀσέβεια, ἀσεβία 169c
⟦ἀτιμία 175c⟧
κακία 708a
⟦κακός *180c*⟧
παρανομία 1062b
עוֹנִי
πτωχεία *190c*
עוֹנֶשׁ
see also עֹנֶשׁ
ἐπιτίμιον *177a*
עִוְעִים
πλάνησις 1140a
עוּף I qal
ἀποστέλλειν 141b
ἐκλύειν 438a
ἐκπετάζειν, ἐκπεταννύναι 439a
ἐκπέτεσθαι *173c*
⟦ἐφιστάναι 585c⟧ → עוּף I hi.
⟦κοπιᾶν 778b⟧ → עָיֵף I qal
πεταννύναι πετάζειν 1128c
πέτασθαι 1128c
πέτεσθαι 1129b
*φέρειν 1426c (Da LXX 9.21)

עוף I polel
*πεταννύναι 1128c (Ez 32.10)
πέτεσθαι 1129b
*τάχος 1338c (Da LXX 9.21)
עוף I hi.
ἐφιστάναι 585c
עוף I hitpo.
ἐκπετάζειν, ἐκπεταννύναι 439a
πέτεσθαι 1129b
עוף II qal
ἐκψύχειν 446c
*σκοτοῦν 1277a (Jd 4.21B)
עוֹף, also Ar.
ὄρνεον 1014a
πέρδιξ *188b*
πετεινός 1129a, *188c*
עוץ qal
βουλεύειν 227a
βουλή 227c
עוק hi.
κυλίειν 798c
עָוַר ni.
*ἐξεγείρειν 490b (Je 28[51].38)
עָוַר pi.
⟦ἀποτυφλοῦν 149c⟧
ἐκτυφλοῦν 444c
עִוֵּר
ἐκτυφλοῦν 444c
τυφλός 1379b
τυφλοῦν 1379c
עור I qal
ἀγρυπνεῖν 18a
ἐγείρειν 364a
*ἐγρήγορος 367b (La 4.14)
ἐξεγείρειν 490b
ἑτοιμάζειν 563c
עור I ni.
ἐγείρειν 364a
⟦ἐκπορεύεσθαι 439c⟧
ἐντείνειν 477a
ἐξεγείρειν 490b
ἐξυπνίζειν 501b
עור I polel
ἐγείρειν 364a
ἐξεγείρειν 490b
ἐπεγείρειν 509a
σπᾶν 1281b
συνεγείρειν 1313a
עור I hi.
^ἐγείρειν 364a, *172a*
ἐκκαίειν 432b
⟦ἐξαίρειν 485b⟧ → ἐξεγείρειν
ἐξεγείρειν 490b
δεήσεως ἐπακούειν 505c
ἐπανιστάναι, ἐπανιστάνειν 506c
ἐπεγείρειν 509a
⟦ἑτοιμάζειν 563c⟧
⟦σκεπάζειν 1268c⟧
עור I ho.
*ἐξεγείρειν 490b (Ez 21.16[21])
עור I hitpo.
ἐξεγείρειν 490b
ἐπανιστάναι, ἐπανιστάνειν 506c
μιμνήσκεσθαι 927c
עור II Ar.
ἀχύρον, ἀχύρος(?) 188a
κονιορτός 777c
עוֹר
⟦ἀσχημοσύνη 174c⟧ → עֶרְוָה
βύρσα 232b
δέρμα 291b
δερμάτινος 291c
⟦σῶμα 1330a⟧ → δέρμα
⟦χρῶμα 1480a⟧
χρώς 1480a
עִוָּרוֹן
ἀορασία 113c
ἀποτύφλωσις 149c
עֲוָרִים
ὄνος 1000a
עַוֶּרֶת
τυφλός 1379b
עוש qal
συναθροίζειν 1310b
עוֹשֶׁר
see also עֹשֶׁר
πλοῦτος *189a*
עָוַת pi.
ἀδικεῖν 24c (+Ps 61[62].9)
ἀφανίζειν 181b
διαστρέφειν 312a
*ἐκκλ(ε)ίνειν 433c (Jl 2.7)
καταδικάζειν 730b
ταράσσειν 1336a
עָוַת pu.
διαστρέφειν 312a
עָוַת hit.
διαστρέφειν 312a
עות
⟦εἰπεῖν, ἐρεῖν 384a⟧
עַוָּתָה
ταραχή 1336c
עַז
ἀναιδής (עַז פָּנִים) 77b (+Ec 8.1), *166c* (Si 40.30)
αὐθάδης 176c
βίαιος 218a
δυνατός 355c
θρασύς 654b
ἰσχυρός 693b
ἰσχύς 694b
κραταιός 782a
σκληρός 1274b
σφοδρός 1327a
τολμηρός *193c*
עֵז, also Ar.
αἴγειος 30c
αἴξ 34b
^ἔριφος 547c
^*χίμαρος (צְפִיר עִזִּין) 1470c
עֹז
⟦ἁγίασμα 11a⟧
⟦ἁγιωσύνη 15b⟧
αἶνος 34b
⟦ἀναιδής 77b⟧ → עַז
ἀντίληψις 111b
ἁρμόζειν 159a
βοήθεια, βοηθία 222c
βοηθός 223c
δόξα 341b
δύναμις 350a
δυναστ(ε)ία 354c
δυνατός 355c
εὐκλεής 571c
ἰσχύειν 692c
ἰσχυρός 693b
ἰσχύς 694b, *180c*
κραταιός 782a
κραταιοῦν 782c
κραταίωμα 783a
κράτος 784a, *182b*
ὄργανον (כְּלִי עֹז) 1008b
ὀχυρός 1043b
ὀχύρωμα 1043c
τιμή 1353a
*ὑπερηφανία 1409c (Le 26.19)
ὑψηλός 1419b
עֲזָאזֵל
ἀποπομπαῖος 139c
ἀποπομπή 139c
ἄφεσις 182b
עָזַב qal
*ἀμνημονεῖν *166b* (Si 37.6)
ἀνεξέλεγκτος (עֹזֵב תּוֹכַחַת) 87b
ἀπολείπειν 136b
ἀφιέιν, ἀφιέναι 183b
διαρπάζειν 308c
^ἐγκαταλείπειν 365a, *172a* (+Si 3.16 [C]; 41.8)
ἐγκαταλιμπάνειν 366b
ἐκλείπειν 435c
ἐπαφιέναι 509a
ἐπιστρέφειν 531a
ἐπιτρέπειν 537b

⟦καταλειμμάνειν 736a⟧ → καταλιμπάνειν
καταλείπειν 736a, *181b*
καταλιμπάνειν 737c
παριέναι ("to allow") 1070b
*συγγνώμην ἔχειν *192b* (Si 3.13)
⟦συγκύπτειν 1300c⟧
συναίρειν 1310c
⟦συνεγείρειν 1313a⟧
ὑπεριδεῖν 1410b
ὑπερορᾶν 1410c
ὑπολείπειν 1415a
עָזַב ni.
ἀοίκητος εἶναι 113c
ἐγκαταλείπειν 365a
καταλείπειν 736a
עָזַב pu.
ἀφίειν, ἀφιέναι 183b
ἐγκαταλείπειν 365a
עִזָּבוֹן
ἀγορά 16b
μισθός 930a
עִזּוּז
ἰσχυρός 693b
κραταιός 782a
עֱזוּז
δύναμις 350a
δυναστ(ε)ία 354c
θυμός *179c*
κατισχύειν 751b
עַזּוּת
ὀργή *186c*
עָזַז qal
ἀσφαλῆ τιθέναι 174b, 1348c
βοηθεῖν 223b
*διαφεύγειν 314b (Je 11.15)
δυναμοῦν 353a
⟦ἐνδυναμοῦν 472a⟧
ἰσχύειν 692c
κατισχύειν 751b
κραταιοῦν 782c
עָזַז hi.
ἀναιδής 77b
ἀναιδῶς ὑφίστασθαι 77b
עָזְנִיָּה
ἁλιάετος, ἁλίαιτος, ἁλίετος 54b
עָזַק pi.
φραγμὸν περιτιθέναι 1127c, 1438b
עִזְקָא Ar.
δακτύλιος 284b
עָזַר qal
ἀνιστᾶν, ἀνιστάναι 102c
ἀντιλαμβάνεσθαι 110c
ἀντιλήπτωρ *167b*
βοήθεια, βοηθία 222c
βοηθεῖν 223b, *169b*
βοηθός 223c, *169c*
βοηθὸς γίνεσθαι 223c, 256c, *169c*
ἐξαιρεῖν 484b
*ἰσχύειν 692c (2C 25.8)
κατισχύειν 751b
προσκεῖσθαι 1216c
συμβοηθός 1303b
^*συμβραβεύειν 1304a
συμμαχεῖν 1304a
συνεπισχύειν 1313c
συνεπιτιθέναι 1313c
σῴζειν 1328b
ὠφελεῖν 1497b
עָזַר ni.
βοηθεῖν 223b
κατισχύειν 751b
עָזַר hi.
⟦βοήθεια, βοηθία 222c⟧ → עָזַר qal
⟦βοηθεῖν 223b⟧ → עָזַר qal
κατισχύειν 751b
עֵזֶר
βοήθεια, βοηθία 222c
βοηθεῖν 223b
βοηθός 223c
עֶזְרָה
ἀντίληψις 111b
βοήθεια, βοηθία 222c
βοηθεῖν 223b
βοηθός 223c
ἐλπίς 454a
עֲזָרָה
αὐλή 177b
⟦ἱερός 683a⟧
ἱλαστήριον 684c
περιβολή *188b*
עֵט
γραφεῖον 277c
κάλαμος 712b
σχοῖνος 1328b
עֵטָא Ar.
βουλή 227c
עָטָה qal
ἀναβάλλειν 72c, *166c*
⟦ἀφαιρεῖν 180a⟧
διδόναι 317b
⟦καταλαλεῖν (עָ׳ עַל שָׂפָם qal) 735a⟧
περιβάλλειν 1121c
*στολή 1291c (Is 22.17)
φέρειν *195a*
φορεῖν *195b*
עָטָה hi.
καταχεῖν 748c
עֲטִין
?ἔγκατον 366b
עֲטִישָׁה
πταρμός 1237c
עֲטַלֵּף
νυκτερίς 951a
עָטַף qal
ἀκηδιᾶν 44a
ἄσημος 171c
ἐκλύειν 438a
⟦ἐξέρχεσθαι 491c⟧
περιβάλλειν 1121c
⟦πληθύ(ν)ειν 1144b⟧
עָטַף ni.
ἐκλείπειν 435c
עָטַף hi.
ἀκηδιᾶν 44a
ἐκλείπειν 435c
ἐκλύειν 438a
ὀλιγοψυχεῖν 987a
עָטַר qal
*παραπλαγιάζειν (1K 23.26*L*)
παρεμβάλλειν 1066b
περιτιθέναι *188c*
στεφανοῦν 1290a
עָטַר pi.
στεφανοῦν 1290a
עֲטָרָה
⟦στεφάνη 1289c⟧
στέφανος 1289c, *192a*
עִי
ἄβατος 1a
ὀπωροφυλάκιον 1004b
עִיט qal
διαμασᾶσθαι *171b*
⟦κλίνειν 771a⟧ → נָטָה qal
*ὁρμᾶν 1014a (1K 14.32*L*)
ὁρμᾶν τοῦ θέσθαι 1014a
עַיִט
ὄρνεον 1014a
πετεινός 1129a, *188c* (Si 43.14)
עֵילוֹם
αἰών 39b
עֲיָם
βίαιος 218a
עָיַן qal
ὑποβλέπεσθαι 1412c
עָיַן poel
*ἀποβλέπειν 125c (Jd 9.37A)
*βλέπειν 221a
עַיִן, also Ar.
§αιν(α) 33a
§αινειν 33a
βάσκανος (רַע עַ׳) 214c, *169a*
εἶδος 375c
ἐλεεῖν (טוֹב עַ׳) 449c
^*ἐπισκοπή 528c (1E 6.5)

ἐφορᾶν 586b
ὄμμα 991b
⟦ὁμοίωμα 993a⟧ → ὅρασις
*ὁρᾶν 1005a (Nu 24.3, 15)
ὅρασις 1007b
ὀφθαλμός 1039b (+ To 6.9), *187c* (+Si 4.2)
ὀφρύς (גַּב עַ׳) 1042c
ὄψις 1044b
πηγή 1130b

עֵינַיִם
ἀναβλέπειν (נָשָׂא עֵ׳) 73b
ἀρέσκειν (יָשַׁר ,יָטַב בְּעֵינֵי ,טוֹב בְּעֵינֵי בְּעֵינֵי) 155c
" + neg. (רַע בְּעֵינֵי ,רָעַע בְּעֵינֵי) 155c
ἀρεστός (יָטַב בְּעֵינֵי ,טוֹב בְּעֵינֵי) 156a
βαρέως φέρειν (חָרָה בְּעֵינֵי) 190c, 1426c
ἐνώπιόν σου βλέποντες (לְעֵינֶיךָ) 221a
βούλεσθαι (טוֹב בְּעֵינֵי) 226b
δοκεῖν (יָשַׁר בְּעֵינֵי ,טוֹב בְּעֵינֵי) 339b
δόξα (מַרְאֵה עֵ׳) 341b
ἔναντι (בְּעֵינֵי) *175a*
⟦[ἐναντίον] (לְעֵינֵי) *175a*⟧ → ἐνώπιον
ἐνώπιον (לְעֵינֵי) *175c*
ἐνώπιος (בְּעֵי׳) 482b
ἐπιμελεῖσθαι (שִׂים עֵ׳) 525b
ἐπισκοπὴν ποιεῖν (אוֹר עֵ׳ hi.) 528c
ἰδεῖν (נָשָׂא עֵ׳) 669b
καταφαίνεσθαι (בְּעֵינָיו) 747b
μεγαλόφρων (רוּם עֵ׳) 902a
ὅρασις (מַרְאֵה עֵינֵי) 1007b
ὁρατὴς εἶναι (עֵינָיו עַל־) 1008a
κατὰ (τὸ) πρόσωπον (עֵי׳) 1224a (Ge 20.16; 1K 16.7)
" (לְעֵי׳) 1224a (Ps 49[50].21)
σκληρὸν φαίνεσθαι (חָרָה בְּעֵ׳) 1274b, 1423a
φαίνειν (בְּעֵינֵי) 1423a
χαίρειν (יָטַב בְּעֵינֵי) 1452a

עָיֵף I qal
διψᾶν (= HR's διψῆν) 338a
ἐκλείπειν 435c
ἐκλύειν 438a
κοπιᾶν 778b
ὀλιγοψυχεῖν 987a
πεινᾶν 1115b

עָיֵף II adj.
ἄβατος 1a
ἄνυδρος 112a
ἐκλείπειν 435c

עֵיפָה
ὀμίχλη 991b
σκότος 1276b

עִיר I
ἄκρα 50b
⟦γῆ 240c⟧
^*κατοικία 755b (1E 9.12, 37)
^κώμη 839c
μητρόπολις (עִ׳ מַמְלָכָה ,עָ׳ פְּרָזוֹת) 925c
§ορη(?) (עָרֵי) 1010c
περίχωρος (מִסְכְּנוֹת עָרִים) 1128b
^πόλις 1174a, *189b*
φυγαδευτήριον (עִ׳ מִקְלָט) 1440b

עִיר II
τρόμος 1374c

עִיר III ("angel") Ar.
ἄγγελος 7b
ἐγρήγορος 367b
§ειρ 401a

עַיִר
ὄνος 1000a
ὄνος ἐρημίτης (עַ׳ פֶּרֶא) 1000a
πῶλος 1246b

עֵירֹם
γυμνός 278a
γυμνότης 278b

עַיִשׁ
ἕσπερος 557c

עַכָּבִישׁ
ἀράχνη 152c

עַכְבָּר
μῦς 937c

עָכוֹר
§εμεκ (עֵמֶק עָ׳) 456a

עָכַס pi.
παίζειν 1049a

עֶכֶס
⟦ἱματισμός 686a⟧
κύων 839a

עָכַר qal
ἀπαλλάσσειν 116b
διαστρέφειν 312a
ἐκτρίβειν 444a
ἐμποδοστάτης 458c
ἐξολλύειν, ἐξολλύναι 499a
μισητὸν ποιεῖν 930a, 1154a
ὀλεθρεύειν, ὀλοθρεύειν 986a
*πατάσσειν 1103b (1C 2.7*L*)
συναλγεῖν *192c*

עָכַר ni.
ἀνακαινίζειν 78a
ἀπολλύειν, ἀπολλύναι 136a

עִכְרוֹן
⟦ὀργή *186c*⟧

עַכְשׁוּב
ἀσπίς ("snake") 173b

עַל, also Ar.
^*δι' ἣν αἰτίαν (עַל־דְּנָה) 38a
ἄνωθεν 112c
διὰ τοῦτο (עַל־כֵּן) *171a*
⟦[εἰς] (עַל ,עַל יְדֵי) *173a*⟧ → לְ
ἐν *174b*
ἐπάνω (עַל ,מֵעַל לְ־ ,מֵעַל ,עַל־פְּנֵי ,עַל עַל רֹאשׁ ,בָּמֳתֵי) 507b
ἐπάνωθεν (מֵעַל לְ־ ,מֵעַל ,עַל) 507c
ἐπί + gen. *174b* (+Si 6.30)
" + dat. *174b*
" + acc. *174b* (–Si 5.6)
ἔχειν (עַל יַד־) 586c
ἕως *178c*
ἕως ἐχόμενον (עַל יְדֵי) 586c
⟦ζητεῖν 597a⟧
*κατά + gen. *181a* (Si 4.22)
" + acc. *181a*
μετά + gen. *184b*
ὀπίσω 1001c
οὕτω(ς) (עַל כֵּן) *187b*
παρά + dat. *187b*
" + acc. *187b*
περί + gen. *188b*
πλησίον (עַל יַד־) 1148b
πρός + acc. *190a*
*τοιγαροῦν (עַל כֵּן) 1362b
ὑπέρ + acc. *194b*
ὑπεράνω (עֶלְיוֹן עַל ,מֵעַל לְ־ ,מֵעַל ,עַל, עַל גַּב) 1408b (Da TH 7.6)
ὑπεράνωθεν (מֵעַל לְ־) 1408c
*ὑπερφέρειν 1411a (Da LXX 1.20 [967])
χάριν *195a*
χρείαν ἔχειν (עַל + suf.) 586c, 1474a (Ps 15[16].2)

עֹל
ζυγός, ζυγόν (מוֹטוֹת עֹל ,עֹל) 599a
κλοιός, κλοιόν(?) 772a

עֵלָּא Ar.
ἐπάνω (עֵ׳ מִן) 507b

עָלַב hi.
^*ἐκμυκτηρίζειν 438b (1E 1.51)

עָלַג pi.
ψελλίζειν 1484a

עָלָה qal
⟦ἀδικεῖν 24c⟧ → עָוַת pi.
^ἀναβαίνειν, ἀναβέννειν 70a, *166b*
ἀνάβασις 72c, *166c*
ἀναβιβάζειν 73a
ἀνάγειν 75b
ἀναλαμβάνειν 78c
ἀνάπτειν 81c
*ἀνατέλλειν 83a (2K 23.6*L*)

ἀναφέρειν 84c
ἀναφύειν 85c
*ἀνήκειν 87c (1K 27.8)
⟦ἀνιέναι (= ἄνειμι) 102b⟧
ἀνιστᾶν, ἀνιστάναι 102c
*ἀπαντᾶν 117a (עָלָה לִקְרַאת qal 4K 1.3*L*)
ἀπέρχεσθαι 121a
ἀπολλύειν, ἀπολλύναι (עָ׳ בַתֹּהוּ qal) 136c
ἀποπηδᾶν 139b
ἀποτρέχειν 149b
⟦γίνεσθαι 256c⟧
δεῦρο 293a
⟦διαβαίνειν, διαβέννειν 298a⟧
διανοεῖσθαι 306b
διεκβάλλειν 328a
εἰσέρχεσθαι 410b
εἰσπορεύεσθαι 414a
ἐκβαίνειν 420c
⟦ἐκβάλλειν 420c⟧ → διεκβάλλειν
⟦ἐμβαίνειν 455a⟧ → ἀναβαίνειν, ἀναβέννειν
ἐνδύ(ν)ειν 471a
ἐνεῖναι 472b
ἐξέρχεσθαι 491c
⟦ἐπάγειν 503c⟧ → עָלָה hi.
ἐπεῖναι 509b
ἐπέρχεσθαι 509c
ἐπιβαίνειν 515c
ἐπιβάλλειν 516a
*ἐπιτιθέναι 535c (1K 6.7*L*)
^ἔρχεσθαι 548b
ἥκειν 605a
⟦θερίζειν 648c⟧
⟦ἱστάναι, ἱστᾶν 689a⟧ → עָמַד qal
καταχωρίζειν 748c
⟦λαμβάνειν 847a (1C 21.18)⟧ → ἀναβαίνειν, ἀναβέννειν
ὄρθρου (בַּעֲלוֹת הַשַּׁחַר) 1011b
⟦παρέρχεσθαι 1068c⟧
πορεύεσθαι 1189a
προανατάσσειν 1204a
⟦προκοπή *190a*⟧
προσαναβαίνειν 1212a
προσφορά *190b*
ἕως (τὸ) πρωΐ (עַד עֲלוֹת הַשַּׁחַר) 1234b
πτεροφυεῖν (עָ׳ אֵבֶר qal) 1238a
συγκομίζεσθαι 1300a
συμπλέκειν 1305b
^συναναβαίνειν 1311a
σχάζειν 1327c
τροποῦν 1376a
ὑπεραίρειν (עָ׳ עַל qal) 1408b
ὑπερκεῖσθαι (עָ׳ עַל qal) 1410b
φύειν 1440c
⟦χάζεσθαι 1452a⟧ → σχάζειν

עָלָה ni.
ἀναβαίνειν, ἀναβέννειν 70a
ἀναχωρεῖν 85c
ἀφιστᾶν, ἀφιστάναι, ἀφιστάνειν 184b
⟦γίνεσθαι 256c⟧
ἐπαίρειν 505a
ὑπερυψοῦν 1411a

עָלָה hi.
ἄγειν 9a
ἀναβαίνειν, ἀναβέννειν 70a
^ἀναβιβάζειν 73a
ἀνάγειν 75b
ἀναμαρυκᾶσθαι 79c
ἀνασπᾶν 82a
^ἀναφέρειν 84c
*ἀναφορά 85b (2C 35.14*L*)
*ἀπάγειν 115b (4K 25.6*L*)
⟦ἅπτειν 150c⟧
γλύφειν 271b
*διανόημα (מַעֲלָה, מַעֲלֶה) 306c (Pr 14.14; 15.24)
ἐγείρειν 364a
ἐξάγειν 483a
ἐξάπτειν + λύχνον (= נֵר) 489c
ἐπάγειν 503c
*ἐπανάγειν 506b (Zc 4.12)
ἐπιβάλλειν 516a
⟦ἐπισκευάζειν 528b⟧
ἐπιτιθέναι 535c
καίειν 705a
^*μετάγειν 915c (1E 5.69)
μηρυκᾶσθαι, μαρυκᾶσθαι 923c
ποιεῖν + ὁλοκαύτωμα (= עֹלָה) 1154a (Le 17.8)
" + κάρπωσιν (= עֹלָה) 1154a (Jb 42.8)
^προσφέρειν 1222c
⟦συνάγειν 1307b⟧ → ἀνάγειν
συναναφέρεσθαι 1311a
τιθέναι 1348c (Ez 14.4, 7)
ὑφαίνειν 1419a
*ὑψοῦν 1422a (1C 17.17)
φέρειν 1426c

עָלָה ho.
ἀναβαίνειν, ἀναβέννειν 70a
ἀναφέρειν 84c
⟦καταγράφειν 730a⟧

עָלָה hit.
*ἐπαίρειν 505a (Ps 36[37].35)

עָלֶה
ἀνάβασις 72c
⟦θάλλειν *179a*⟧
στέλεχος 1288a
φύλλον 1446a, *195c*

עִלָּה Ar.
ἁμαρτία 62a
κατηγορεῖν 751a
πρόφασις 1231b

עֹלָה
see also עוֹלָה
^θυσία 664a
κάρπωμα 724c, *181a*
κάρπωσις 725a, *181a*
ὁλοκάρπωμα 987c
ὁλοκάρπωσις 987c
^ὁλοκαύτωμα 987c
^ὁλοκαύτωσις 988c
^*προσφορά 1223b (1E 5.52)

עֲלָוָה Ar.
^*θυσία 664a
ὁλοκαύτωσις 988c

עֲלוּמִים
ἀνδροῦν (יְמֵי עֲ׳) 86b
νεότης 942c
*χρόνος 1476b (Ps 88[89].45)

עֲלוּקָה
βδέλλα 215a

עָלַז qal
ἀγαλλιᾶσθαι 4c
ἀναθάλλειν 77a
*γαυριᾶν 234c (2K 1.20*L*)
⟦διαφεύγειν 314b⟧ → עָזַז qal
⟦ἐνδιατρίβειν 470b⟧
εὐλαβεῖσθαι 572a
καροῦσθαι 723c
κατατέρπεσθαι 746c
καυχᾶσθαι 757b
λοιμός (adj.) 887c
*ταράσσειν 1336a (Ps 67[68].4)
⟦τέρπειν 1345c⟧ → κατατέρπεσθαι
ὑβρίζειν 1379c
ὑψοῦν 1422a
χαίρειν 1452a

עֲלָטָה
κεκρυμμένος (בַּעֲ׳) 792a

עֱלִי I
μετέωρος 917c

עִלִּי II Ar.
ὑπερῷον 1411b

עִלַּי Ar.
θεός 630a
ὕψιστος 1420b

עֲלִיָּה
ἀνάβασις 72c
*προκοπή *190a* (Si 51.17)

ὑπερῷον 1411b

עֶלְיוֹן, also Ar.
ἀνώτερος, ἀνώτατος 112c
ἐπάνω 507b
ἐσώτερος, ἐσώτατος 559a
κύριος *182c*
μέγας *184a*
*ὑπεράγειν *194b* (Si 30[33].31)
ὑπεράνω (עַל ,עֲ׳) 1408b
ὑπερῷον 1411b
ὑπερῷος 1411b
ὑψηλός 1419b
ὕψιστος 1420b, *194c* (+Si 42.18; 43.2)

עֲלִיז
〚ἀσεβής 170b〛
〚πλούσιος 1150b〛
ὕβρις 1380a
φαύλισμα 1425c
φαυλίστρια 1425c
χαίρειν 1452a

עֲלִיל
?δοκίμιον 340a

עֲלִילָה
ἁμαρτία 62a
〚ἀνομία 106c〛 → ἁμαρτία
〚ἀσέβεια, ἀσεβία 169c〛
ἔνδοξος 470c
ἐνθύμημα 473c
ἐπιτήδευμα 535b
ἔργον 541c
εὐεργεσία 569c
θέλημα 629a
〚μεγαλεῖος, μεγαλίος 901b〛 → ἔργον
πρόφασις 1231b
προφασιστικός 1231b

עֲלִילִיָה
ἔργον 541c

*עֲלַיִם Ar.
*νεανίσκος 940b (To 7.2)
*παιδίον 1047c (To6.3bis)

עֲלֵימָה Ar.
*κοράσιον 779c (To 6.13)
*παιδάριον 1045c (To 6.7)

עָלַל polel
〚γίνεσθαι 256c〛
ἐπανατρυγᾶν 506c
ἐπιφυλλίζειν 538b
ἐπιφυλλίδα ποιεῖν 538b, 1154a
καλαμᾶσθαι 712b, *180c* (Si 30[33].25)

עָלַל hit.
ἐμπαίζειν 456b
καταμωκᾶσθαι 739b

עָלַל hitpo.
προφασίζεσθαι 1231b

עֲלַל Ar. pe.
εἰσέρχεσθαι 410b (+To 6.9; 7.1 v.l.)
εἰσπορεύεσθαι 414a
ἔρχεσθαι 548b

עֲלַל Ar. af.
*ἄγειν 9a (To 7.1)
εἰσάγειν 407c
εἰσφέρειν 415a
καλεῖν 712c

עֲלַל Ar. hoph.
εἰσάγειν 407c
εἰσέρχεσθαι 410b

עֹלֵלוֹת
ἐπιφυλλίς 538b
καλαμᾶσθαι 712b
καλάμη 712b
*καλάμημα 712b (Je 29.10 [49.9])
〚κατάλ(ε)ιμμα 736a〛 → καλάμημα
〚ὑποφυλλίς 1418a〛 → ἐπιφυλλίς

עָלַם I qal
*κρύφιος 793a (Ps 45[46].title)

עָלַם I ni.
κρυπτός *182c*
λανθάνειν 853a
〚παρανομεῖν 1062b〛
παρέρχεσθαι 1068c
παρορᾶν 1072b
ὑπερορᾶν 1410c

עָלַם I hi.
ἀποκρύπτειν 134b
ἀποστρέφειν 145b, *168b*
κρύπτειν 792a, *182b*
παρακαλύπτειν 1060c
*παριδεῖν 1070b (Le 6.2 [5.21]; Nu 5.6, 12)
*παρορᾶν 1072b (Is 57.11)
ὑπεριδεῖν 1410b, *194b*
ὑπερορᾶν 1410c
ὑπέροψις 1411a

עָלַם I hit.
*ἀποστρέφειν πρόσωπον *168b* (Si 4.4)
ἐγκυλίειν 367a
〚ἐπιπίπτειν 526b〛
παρέλκειν *187c*
ὑπεριδεῖν 1410b
ὑπερορᾶν 1410c

עָלַם II Ar.
^αἰών (יוֹמָת עָלְמָא) 39b
αἰώνιος 41c

עֹלָם
see also עוֹלָם
αἰών 39b

αἰώνιος 41c

עֶלֶם
*νεανίας 940a (1K 17.56, 20.22L)
νεανίσκος 940b

עַלְמָה
νεᾶνις 940b
νεότης 942c
παρθένος 1070a

עֲלָמוֹת
§αλαιμωθ, αλεμωθ, αλημωθ 52a

עָלַס ni.
§νεελας(σ)α (נֶעֱלָסָה) 941a

עֲלַע Ar.
πλευρά 1142a
πλευρόν 1142b

עַלְעוֹל
*καταιγίς *181b* (Si 43.17)

עָלַף pu.
ἀπορεῖν 140a
*ἐκλύειν 438a (Ez 31.15)
*ἐξιστᾶν, ἐξιστάναι 496c

עָלַף hit.
ἐκλείπειν 435c
καλλωπίζειν 715b
ὀλιγοψυχεῖν 987a

עֻלְפֶה
〚ἐκλύειν 438a〛 → עָלַף pu.
〚ἐξιστᾶν, ἐξιστάναι 496c〛 → עָלַף pu.

עָלַץ qal
ἀγαλλιᾶσθαι 4c
καταγελᾶν 729c
〚κατορθοῦν 756b〛
καυχᾶσθαι 757b
?στερεοῦν 1289a

עָלַץ hi.
εὐφραίνειν *178b*

עַם ,עָם I
*ἀλλογενής 55c (1E 8.66, 67, 80, 90)
ἀνήρ 88a
ἄνθρωπος 96b
αὐτόχθων 179c
γενεά 236a
γένος 239b
γῆ 240c
^δῆμος 296a
〚δοῦλος (subst.) 346b〛
δύναμις 350a
^ἔθνος 368b, *172b*
  " (עַם הָאָרֶץ) 368b (1E 1.34)
〚ἡγεῖσθαι 602c〛
^λαός 853b, *183a*
  " (בְּנֵי עַם) 853b (1E 1.7, 11), *183a* (+Si 30[33].27; 44.4; 47.4)

*οἱ ἐκ τοῦ λαοῦ 853b (1E 1.13)
^ὄχλος 1043a
παῖς 1049a
^πλῆθος 1142c
πολίτης (בֶּן־עַמִּי) 1180c
συναγωγή (עַם הַקָּהָל, עַם) 1309b
עַם II Ar.
ἔθνος 368b
λαός 853b
עִם, also Ar.
^*ἅμα 60b
⟦ἀνοίγειν (הָיָה עִם) 105b⟧
ἐν *174b*
ἐπί + dat. *176b*
ἔχειν 586c
⟦[κατά + gen.] *181a*⟧ → μετά + gen.
*ἐν μέσῳ (1K 10.11*L*)
μετά + gen. *184b*
⟦ὀπίσω 1001c⟧
παρά + gen. *187b*
" + dat. *187b*
πρός + acc. *190a*
συγγίνεσθαι (הָיָה עִם) 1298c
עָמַד qal
ἀναβαίνειν, ἀναβέννειν 70a
ἀνθιστάναι 95c
^ἀνιστᾶν, ἀνιστάναι 102c, *167b*
ἀφιστᾶν, ἀφιστάναι, ἀφιστάνειν 184b
βιάζεσθαι (עָ׳ לִפְנֵי qal) *169b*
βοηθεῖν (עָ׳ עַל נֶפֶשׁ qal) 223b
⟦γίνεσθαι 256c⟧
γρηγορεῖν 278a
⟦διαβαίνειν, διαβέννειν 298a⟧
διαβιοῦν 299a
διαμένειν 305c, *171b* (–Si 41.13)
?διέρχεσθαι 328c
⟦ἐγρηγορεῖν 367b⟧ → γρηγορεῖν
ἀγαθὸς ἔσται (= εἶναι VIII.3) *173a*
ἔμμονος *174b*
ἐμποδίζειν *174b*
ἐνιστάναι 475a
^*ἐπιδέχεσθαι 519b (1E 9.14)
ἐξανιστάναι 487c
⟦ἐξιστᾶν, ἐξιστάναι 496c⟧ → ἱστάναι, ἱστᾶν
ἐπανιστάναι, ἐπανιστάνειν 506c
ἐπεῖναι 509b
ἐπιβαίνειν 515c
^*εὐπρεπῶς (עַל עָמְדּ) 576b (1E 1.10)
ἐφιστάναι 585c
ἥκειν 605a
^ἱστάναι, ἱστᾶν 689a, *180c* (+Si 39.17)
ἱστάνειν 692b
καθιστάναι 702c
κτίζειν 795b
μένειν 910a, *184b* (Si 42.23)
νέμειν *185a*
⟦ " 941c⟧
ὀρθοῦν 1011a
παραμένειν 1062a, *187c* (+Si 11.17)
?παραπορεύεσθαι 1063b
παραστήκειν 1064a
⟦παρέρχεσθαι 1068c⟧
παριστάναι (עָ׳ qal, לִפְנֵי עָ׳ qal) 1070c
*προϊστάναι 1207a (Is 43.24)
στάσις 1286c
⟦στήκειν 1290b⟧ → ἱστάναι, ἱστᾶν
*συνίειν, συνιέναι 1316b (2C 20.17)
συνιστάναι, συνιστᾶν 1317a
⟦ὑπολείπειν 1415a⟧ → ὑφιστάναι
ὑφιστάναι 1419a
χωματίζεσθαι (עָ׳ עַל תֵּל qal) 1480c
עָמַד hi.
ἄγειν 9a
*ἀνάστασις 82a (Da LXX 11.20)
ἀνιστᾶν, ἀνιστάναι 102c
διατηρεῖν 313a
⟦διδόναι 317b⟧
^ἐγείρειν 364a, *172a*
ἐμμένειν *174b*
ἐπανιστάναι, ἐπανιστάνειν 506c
*ἐπισυνιστάναι 534b (Le 19.16)
ἐφιστάναι 585c
⟦ἔχειν 586c⟧ → ἄγειν
^ἱστάναι, ἱστᾶν 689a, *180c*
καθιστάναι 702c
παρέχειν 1069c
παριστάναι 1070c
πιστοῦν 1139a
⟦ποιεῖν 1154a (Ne 10.32[33])⟧ → ἱστάναι, ἱστᾶν
⟦στεγάζειν 1287c⟧ → ἱστάναι, ἱστᾶν
στηρίζειν *192b*
συνάγειν 1307b
τάσσειν 1337a
עָמַד ho.
ἱστάναι, ἱστᾶν 689a
עִמָּד
πλήν 1145c
עֹמֶד
στάσις 1286c
⟦στῦλος 1297c⟧ → עַמּוּד
τόπος 1364b
עָמָה
περιβάλλειν *188b*
עֻמָּה
ἐξισοῦν 496c
ἔχειν (לְעֻמַּת) 586b
*κατέναντι (לְעֻמַּת) *181c* (Si 36[33].15; 42.24)
πλάγιος 1139b
*πλευρά 1142a (3K 7.9 (20)*L*)
σύμφωνος (לְעֻמַּת) 1306c
⟦συμφώνως (לְעֻמַּת) 1306c⟧ → σύμφωνος
τρόπος (לְעֻמַּת) 1375a
עַמּוּד
κιών 766a
στάσις 1286c
στῦλος 1297c, *192b*
עַמּוֹן
§υἱοὶ αμμων (עַמֹּנִים) 1384c
עֲמוּקָּה
βόθρος (מַהֲמֹרָה עֲ׳) *169c*
עַמִּיק Ar.
βαθύς 189b
עָמִיר
δράγμα 348b
καλάμη 712b
*χόρτος 1473a (Je 9.22[21])
עָמִית
πλησίον 1148b
πολίτης 1180c
עָמַל qal
κακοπαθεῖν 709a
κοπιᾶν 778b, *182b* (+Si 30[33].26; 51.27)
μοχθεῖν 935c
⟦ποιεῖν 1154a (Ec 8.17)⟧ → μοχθεῖν
πονεῖν 1186a
עָמָל
*ἀνάγκη 76a (Jb 20.22)
κακός 709b, *182b*
κοπιᾶν *182b*
κόπος 778c
μόχθος 935c
ὀδύνη 967a
πονηρία 1186b
πόνος 1188b
עָמֵל
⟦ἀνάγκη (יַד עָ׳) 76a⟧
κατάκοπος 734a
κοπιᾶν 778b
μοχθεῖν 935c
ὁ ἐν πικρίᾳ 1132c
ἐν πόνοις 1188b

עָמַם qal
ἐπιτιθέναι 535c
עָמַם ho.
ἀμαυροῦν 65a
עָמַס qal
αἴρειν 34c
ἐπιγεμίζειν 517c
καταδεῖν 730b
καταπατεῖν 740b
⟦κατευοδοῦν 750c⟧
עָמַס hi.
ἐπισάσσειν 527b
*ἐπιτάσσειν 534c (3K 12.11*L*)
*ἐπιτιθέναι 535c (2C 10.11*L*)
⟦παιδεύειν 1047a⟧
עָמַק qal
βαθύνειν 189a
⟦βαρύνειν 191a⟧ → βαθύνειν
עָמַק hi.
βαθέως βουλὴν ποιεῖν 189a, 1154a
βάθος 189a
βαθύνειν 189a
βαθύς 189b
τὴν βαθὺν βουλὴν βουλεύεσθαι 189b
⟦ἐμβαθύνειν 455a⟧ → βαθύνειν
καταπηγνύναι 741b
עָמֵק
ἀλλόγλωσσος (עִמְקֵי שָׂפָה) 56a
ἀλλόφωνος (עֲ׳ שָׂפָה) 59a
⟦βαθύγλωσσος (עִמְקֵי שָׂפָה וְכִבְדֵי לָשׁוֹן) 189a⟧ → βαθύχειλος
βαθύφωνος (עִמְקֵי שָׂפָה) 189b
βαθύχειλος (עִמְקֵי שָׂפָה) 189b
עֹמֶק
βάθος 189a
βαθύς 189b
ἔγκοιλος 366c
κοῖλος 773c
ταπεινός 1334b
עֵמֶק
⟦αὖλαξ 177a⟧ → תֶּלֶם
αὐλών 178c
⟦γῆ 240c⟧
§εμεκ (עֵ׳ עָכוֹר) 456a
κοιλάς 772c
⟦κοῖλος 773c⟧ → κοιλάς
πεδίον 1113b
φάραγξ 1424b
עָמֹק
βαθύς 189b
πέταυρον, πέτευρον 1129a
עָמַר pi.
δράγματα συλλέγειν 348b
עָמַר hit.
ἀθετεῖν 29b
καταδυναστεύειν 731a
עֲמַר Ar.
ἔριον 547b
עֹמֶר
§γομορ 274b
δράγμα 348b
ψωμός 1490c
עֵנָב
σταφίς (עֲ׳, עֲ׳ יָבֵשׁ) 1287a
σταφυλή 1287a, *192a* (+Si 51.15)
עָנַג hit.
⟦ἐμπαρρησιάζεσθαι 456c⟧ → παρρησιάζεσθαι
ἐντρυφᾶν 481a
κατατρυφᾶν 747a
παρρησίαν ἔχειν 586c, 1073a (Jb 27.10)
παρρησιάζεσθαι 1073a
⟦πεποιθὼς εἶναι 1114b⟧
τρυφᾶν 1377c
τρυφερότης 1377c
עָנֹג
τρυφερός 1377c
עֹנֶג
τρυφερός 1377c
עָנַד
ἐγκλοιοῦν 366c
עָנָה I qal
*αἰνεῖν *165c* (Si 47.6)
ἀκούειν 45a
ἀκρόασις 51a
ἀνθιστάναι 95c
ἀνταποκρίνεσθαι 109b
ἀντειπεῖν, ἀντερεῖν 109c
ἀντικαθιστάναι 110c
ἀντικρίνεσθαι 110c
ἀποκρίνειν 133a, *168a*
[ἀπόκρισις] 134b (I1E 7.12), *168a*
ἀπόκρισιν διδόναι 134b, 317b
⟦ἄρχειν 163a⟧
ἐγκαλεῖν *172a*
⟦εἴκειν ("to yield") 377a⟧
εἰπεῖν, ἐρεῖν 384a
εἰσακούειν 408b
*ἐνακούειν 467c (Na 1.12)
ἐξάρχειν 490a
ἐπακούειν 505c, *176a*
ἐπερωτᾶν 510b
^*ἐπιφωνεῖν 538b (1E 9.47)
*ἐπήκοος 511b (1K 23.24,25*L*)
καταλέγειν 736a
καταμαρτυρεῖν 739a
*κρίνειν pass. *182b* (Si 42.8)
μαρτυρεῖν 896b
περιστᾶν 1126a
*ὑπακοή 1405c (2K 22.36)
ὑπακούειν (עָ׳ qal, יֵשׁ עֹנֶה) 1405c
⟦ὑποκρίνεσθαι 1414b⟧ → ἀποκρίνειν
ὑπολαμβάνειν 1414c
φθέγγεσθαι 1429c
⟦["] *195a*⟧ → פִּתְגָם
^*φωνεῖν 1447b (1E 5.61; 8.92; 9.10)
ψευδομαρτυρεῖν 1485a
עָנָה I ni.
*ἀντακούειν 108b (Jb 11.2)
ἀποκρίνειν 133a
εἰσακούειν 408b
ἐπακούειν 505c
עָנָה I pi.
⟦ἀποκρίνειν 133a⟧ → עָנָה I qal
⟦δοξάζειν *172a*⟧
⟦εἰσακούειν 408b⟧ → עָנָה I qal
⟦ἐνακούειν 467c⟧ → עָנָה I qal
ἐξάρχειν 490a
⟦κακοῦν *180c*⟧ → עָנָה II qal
עָנָה I hi.
περιστᾶν 1126a
⟦ὑπακούειν 1405c⟧ → עָנָה I qal
עָנָה II qal
κακοῦν 711b
ταπεινοῦν 1334c
עָנָה II ni.
⟦ἀντακούειν 108b⟧ → עָנָה I ni.
ἐντρέπειν 480c
κακοῦν 711b, *180c*
ταπεινοῦν 1334c
עָנָה II pi.
⟦ἐπάγειν 503c⟧ → אָנָה II pi.
κακία 708a
κακοῦν 711b, *180c* (+ Si 30[33].40)
⟦κακουχεῖν 711c⟧
*παιδ(ε)ία 1046c (Ps 17[18].35)
παροξύνειν 1072a
⟦σαλεύειν 1257c⟧ → נוּעַ hi.
ταπεινοῦν 1334c
עָנָה II pu.
*κακοῦν 711b (Zc 10.2)
κάκωσις 712a
πραΰτης, πραότης 1201b
ταπεινοῦν 1334c
עָנָה II hi.
ἀδικεῖν *165b*
ταπεινοῦν 1335a
עָנָה II hit.
κακοῦν 711b
κακουχεῖν 711c

προσοχή *190b*
σφιγγία *193b*
ταπεινοῦν 1335a
עֲנָה Ar. pe.
ἀποκρίνειν 133a
εἰπεῖν, ἐρεῖν 384a
ἐκφωνεῖν 445c
ὑποβάλλειν 1412c
ὑπολαμβάνειν 1414c
*φωνεῖν 1447b (Da LXX 2.20 [𝔓967])
עֲנֵה Ar.
πένης 1117a
עֹנָה
ὁμιλία 991a
עָנָו
πένης 1117a
πρᾳῢς 1201a
πτωχός 1239b (+ To 4.7)
ταπεινός 1334b, *193a*
ταπείνωσις 1335c
עֲנָוָה
⟦παιδ(ε)ία 1046c⟧ → עָנָה II pi.
ταπεινοῦν 1335a
*ταπείνωσις 1335c (Ps 21[22].21)
⟦ὑπακοή 1405c⟧
עַנְוָה
πραΰτης, πρᾳότης 1201b, *190a*
ταπεινότης *193a*
ταπείνωσις *193a*
עֱנוּת
δέησις 285c
עָנִי
⟦ἀδικία 25b⟧
ἀδύνατος 28a
ἀσθενής 172b
ἐκπίπτειν 439b
*ἐπιδεής *176c* (Si 34[31].4)
πένεσθαι 1117a
πένης 1117a
πενιχρός 1118b
πρᾳῢς 1201a, *190a*
πτωχός 1239b, *190c*
ταπεινός 1334b
ταπεινοῦν 1335a
ταπείνωσις 1335c
עֳנִי
ἀσθενής (בֶּן־עֳ׳) 172b
⟦ἐπιδεής *176c*⟧
θλῖψις 652c
⟦κακία 708a⟧ → ταπείνωσις
κάκωσις 712a
ὀδύνη 967a
πενιχρός 1118b
πτωχ(ε)ία 1239b
ταπείνωσις 1335c
עָנִיו
πρᾳῢς 1201a
עִנְיָן
⟦πειρασμός 1116a⟧ → περισπασμός
περισπασμός 1126a
עָנַן pi.
συννεφεῖν 1317b
עָנַן polel
ἄνομος 107c
⟦ἀποβλέπειν 125c⟧ → עַיִן polel
ἀποφθέγγεσθαι 150a
⟦βλέπειν 221a⟧ → עַיִן polel
κληδονίζεσθαι 767c
κληδονισμός 767c
κληδών 767c
οἰώνισμα 985b
ὀρνιθοσκοπεῖν 1014b
עָנָן
ἀτμίς 176b
γνόφος 272c
νεφέλη 943b, *185b* (+Si 43.15; 50.10)
νέφος 944a
ὀμίχλη *186b*
σκότος 1276b
עֲנַן Ar.
νεφέλη 943b
עֲנָנָה
γνόφος 272c
עָנָף
ἀναδενδράς 76c
βλαστός 220c
κλάδος 766a, *182a*
κλῆμα 767c
παραφυάς 1065b
עֲנַף Ar.
κλάδος 766a
עָנֵף
βλαστός 220c
עָנַק qal
κρατεῖν 783a
עָנַק hi.
ἐφοδιάζειν 586b
ἐφόδιον 586b
עֲנָק
γίγας 256b
ἔνθεμα 473b
κλοιός, κλοιόν(?) 772a
περίθεμα 1123b
עָנַשׁ qal
ἐπιβάλλειν φόρον 516a, 1438a
ἐπιζήμιον 520a
^ζημιοῦν 594c
συκοφαντ(ε)ία 1301c
עָנַשׁ ni.
ζημία 594c
ζημίαν τίειν 1348c
ζημιοῦν 594c
עֹנֶשׁ
see also עוֹנֶשׁ
*ἐκδικεῖν *173c* (Si 30.19)
ζημία 594c
ζημιοῦν (נָשָׂא עֹ׳) 594c
*φόρος 1438a (ΙΙ1Κ 10.15)
עֲנָשׁ Ar.
^ζημία 594c
עָסִיס
γλυκασμός 270c
?μέθη 907b
νᾶμα 939a
οἶνος νέος 942a, 983c
עָסַס qal
καταπατεῖν 740b
עֵסֶק
ἀσχολία *168c*
ἔργον *177b*
πρᾶξις *189c*
χρεία *196a*
*עִי Ar.
*προμαχών 1207c (To 12.16)
עֳפִי Ar.
φύλλον 1446a
עָפַל pu.
ὑποστέλλειν 1417a
עָפַל hi.
διαβιάζεσθαι 299a
עֹפֶל
ἄδυτον 28a
ἕδρα 368a
ναῦς 940a
§οπελ 1001b
§οπλα 1003b
§οφλα 1042c
עַפְעַפַּיִם
⟦ἀνατέλλειν 83a⟧
βλέφαρον 221c
εἶδος 375c
⟦κρόταφος 791b⟧
ὀφθαλμός 1039b
עָפַר pi.
πάσσειν 1102c
עָפָר
ἄμμος 66a
*αὐχμώδης 180a (Mi 4.8)
γῆ 240c (+ To 3.6), *170a*
ἔδαφος 367c
κονιορτός 777c
πηλός 1131a

σποδιά 1284c
⟦χνοῦς 1471c⟧ → χοῦς
χοῦς ("dust") 1473b
χῶμα 1480c

עֹפֶר
νεβρός 941a

עֹפֶרֶת
μόλιβ(δ)ος, μόλυβ(δ)ος 932b, *185b*

עֵץ
δένδρον 289c, *170c*
δένδρος 290a
κέδρος (עֵץ אֶרֶז) 758a
*κοντός 778a (1K 17.7)
κυπάρισσος (עֵץ שֶׁמֶן) *182c*
λινοκαλάμη (פִּשְׁתֵּי עֵץ) 879b
ξυλάριον, ξυλήριον 957c
^ξύλινος 957c
ξυλοκόπος (חֹטֵב עֵץ) 958a
^ξύλον 958a, *185c*
ξυλοῦν (שְׂ/שְׁחִיף עֵץ) 959b
ξυλοφορία (קֻרְבַּן עֵצִים) 959c
ξυλοφόρος 959c
πεύκη (עֵץ בְּרוֹשׁ) 1130a
⟦ῥάβδος 1247a (Ez 37.16, 17, 19, 20)⟧ → שֵׁבֶט, שֵׁבֶט
*σύμβολον 1303c (Ho 4.12)
σχίδαξ 1327c

עָצַב I qal
ἀποκωλύειν 136a
*ἐπιτιμᾶν 537a (2K 25.6*L*)
ὀλιγόψυχος (עֲצוּבַת רוּחַ) 987a
ταπεινοῦν 1335a

עָצַב I ni.
διαπίπτειν 308a
διαπονεῖν 308a
θραύειν 654b
καταπίπτειν 741c
^λυπεῖν 889b

עָצַב I pi.
βδελύσσειν, βδελύττειν 216a
*λυπεῖν *183c* (Si 3.12)
παροξύνειν 1072a

עָצַב I hi.
παροργίζειν 1072b

עָצַב I hit.
διανοεῖσθαι (עָ׳ אֶל לֵב hit.) 306b
κατανύσσεσθαι 739c

עָצַב II pi.
πλάσσειν 1140b
⟦ποιεῖν 1154a (Jb 10.8)⟧ → πλάσσειν

עָצָב
γλυπτός 271a
εἴδωλον 376a
θεός 630a
*μίασμα 926c (Ez 33.31)

עֶצֶב
ὑποχείριος 1418a

עֶצֶב, עֵצֶב
λύπη 889c
λυπηρός 890a
μεριμνᾶν 911a
ὀδύνη 967a
πόνος 1188b

עֹצֶב I
ἀνομία 106b
εἴδωλον 376a

עֹצֶב II
ὀδύνη 967a

עִצָּבוֹן
λύπη 889c

עַצֶּבֶת
ἀσθένεια 172a
λύπη 889c, *183c*
*σύμπτωμα 1306b (Pr 27.9)
σύντριμμα 1322b

עָצָה qal
*ἐπιστηρίζειν 530b (Ps 31[32].8)

עָצָה ni.
ἀγωνίζεσθαι *165b*

עָצֶה
ψόα, ψοιά 1485c

עֵצָה
βούλεσθαι 226b
βουλεύειν 227a
βουλή 227c, *169c*
ἔργον 541c
^*κρίμα 786b (1E 9.4)
^*κρίνειν 787b (1E 8.94)
*κρύφιος *182c* (Si 42.1)
συμβουλία 1303c
σύμβουλος (אִישׁ עֵ׳) 1304a

עָצוּם
ἀναρίθμητος 81c
βαρύς 191b
⟦δυναστ(ε)ία 354c⟧ → δυνάστης
δυνάστης 355b
δυνατός 355c
ἰσχύειν 692c
ἰσχυρός 693b, *180c*
κραταιός 782a
μέγας 902c
πλῆθος 1142c
⟦πολύς, πλείων, πλεῖστος 1181b (Nu 32.1)⟧
πλῆθος πολύς 1181c

עֲצִיב Ar.
⟦ἰσχυρός 693b⟧
μετὰ κλαυθμοῦ 767a
⟦μέγας 902c⟧

עֶצְיֹן, עֶצְיוֹן
⟦ἐργασία 541b⟧

עָצַל ni.
ὀκνεῖν 985b

עָצֵל
ἀεργός 28c
ἄφρων 186c
ὀκνηρός 985b
⟦παρανομία 1062b⟧

עַצְלָה
⟦δειλία 286c⟧
ὀκνηρία 985b
*ὀκνηρός 985b (Pr 18.8)

עַצְלוּת
ὀκνηρός 985b

עָצַם, עָצֵם qal
δυνατώτερος γίνεσθαι 256c, 355c
ἰσχύειν 692c
καμμύειν 718b
*κατακυριεύειν 735a (Ps 9.31 [10.10])
κατισχύειν 751b
κραταιός 782a
κραταιοῦν 782c
πλῆθος 1142c
πληθύ(ν)ειν 1144b
στερεοῦν 1289a
ὑπερισχύειν 1410b

עָצַם, עָצֵם pi.
καμμύειν 718b
*στηρίζειν 1290c (Pr 16.30)

עָצַם, עָצֵם hi.
κραταιοῦν 782c

עֶצֶם
⟦ἁρμονία 159a⟧
εἶδος στερεώματος 375c, *172b*
ἕξις *175c*
⟦ἑκάτερος 420a⟧
καιρός 706a
⟦κράτος 784a⟧ → עֹצֶם
ὀστέον, ὀστοῦν 1021c, *186c* (+Si 49.15)
πάχος 1112c
πλευρά 1142a
σῶμα *193c*
⟦ὑγ(ε)ία, ὑγίεια *194a*⟧ → שֹׁר II

עֹצֶם
κραταιός 782a
κράτος 784a
⟦ὀστέον, ὀστοῦν 1021c⟧ → עֶצֶם

עָצְמָה
ἰσχύς 694b, *180c* (+Si 38.18)

עֲצֻמוֹת
?βουλή 227c

עָצַר qal
ἀνέχειν *167a*
ἀπέχειν 122a
ἄρχειν 163a
βιάζεσθαι 218a
δεῖν ("to bind") 287b
δύνασθαι 353a
ἐπαγωγή 504a
ἐπέχειν 511a
ἔχειν 586c
ἰσχύειν (עָ׳ כֹּחַ qal) 692c
καταλαμβάνειν 735b
*κατάρχειν 743c (1K 9.17*L*)
κατέχειν 750c
κατισχύειν (עָ׳ qal, עָ׳ כֹּחַ qal) 751b
κρατεῖν 783a
κωλύειν 839b
*παραβιάζεσθαι 1056a (Jd 13.15, 16*L*)
παύειν 1112b
πολιορκεῖν 1173c
στεῖραν ποιεῖν 1154b, 1288a
συγκλείειν 1299c
⟦συγχεῖν 1301a⟧
συνέχειν 1315b
φυλάσσειν, φυλάττειν 1441c
עָצַר ni.
*ἐπέχειν 511a (2K 24.21,25*L*)
κοπάζειν 778a
§νε(ε)σσαραν 941b
παύειν 1112b
*στειροῦν *192a* (Si 42.10)
συνέχειν 1315b
עֹצֶר
⟦ἔρως γυναικός (עֹ׳ רַחַם) 553b⟧ → רַחַם
θλῖψις 652c
*συγκλεισμός 1300a (I1K 5.24)
ταπείνωσις 1335c
עֲצָרָה
ἀργ(ε)ία 153a
θεραπ(ε)ία 648a
ἱερ(ε)ία 679a
πανήγυρις 1052c
עֲצֶרֶת
ἐξόδιον 497b
σύνοδος 1317b
עָקַב qal
πτέρνα 1237c
πτερνίζειν 1237c
*ταράσσειν 1336a (Ho 6.9[8])
עָקַב pi.
*ἀνταλλάσσειν 108c (Jb 37.4)
עָקֵב
ἴχνος 696b, *180c* (Si 13.26; 42.19)
*παραυτίκα (עַל עָ׳) 1065b (Ps 69 [70].3)
*παραχρῆμα (עַל עָ׳) 1065c (Ps 39 [40].15)
πούς 1198b
πτέρνα 1237c, *190c*
πτερνισμός 1237c
עָקֹב
⟦βαθύς 189b⟧
σκολιός 1275b
τραχύς *194a*
עֵקֶב
⟦ἄμειψις 65b⟧
*ἀντάλλαγμα 108c (Ps 88[89].51)
ἀντάμειψις 108c
ἀνταπόδοσις 109b
*γενεά 236a (Pr 22.4)
διαπαντός 1073a
πλήν 1145c
עָקְבָה
⟦ἴχνος *180c*⟧
πτερνισμός 1237c
עָקַד qal
συμποδίζειν 1305c
עָקֹד
διάλευκος 304c
λευκός 874c
⟦ῥαντός 1248a⟧ → נָקֹד
עֵקֶד
§βαιθακαθ, βαιθακαδ (בֵּית עֵ׳) 189b
עָקָה
θλῖψις 652c
עָקוֹב
στρεβλός *192b*
עָקַל pu.
διαστρέφειν 312a
עֲקַלְקַל
διαστρέφειν 312a
στραγγαλιά 1295a
עֲקַלָּתוֹן
σκολιός 1275b
עָקַר qal
ἐκτίλλειν 443a
עָקַר ni.
ἐκριζοῦν 441a
⟦ἐκρίπτειν, ἐκριπτεῖν 441a⟧ → ἐκριζοῦν
עָקַר pi.
νευροκοπεῖν 943a
παραλύειν 1062a
עֲקַר Ar. itpe.
ἐκριζοῦν 441a
*ἐξαίρειν 485a (Da LXX 7.8 [𝔓967])
עָקָר
ἄγονος 16b
στεῖρος, στεῖρα (עֲקֶרֶת, עֲקָרָה) 1288a
עֵקֶר
γενετή (עֵ׳ מִשְׁפָּחָה) 237b
עִקַּר Ar.
φυή 1440c
עַקְרָב
σκορπίος 1276a, *191c*
עָקַשׁ ni.
σκολιαῖς ὁδοῖς πορεύεσθαι 1275b
עָקַשׁ pi.
διαστρέφειν 312a
עָקַשׁ hi.
σκολιὸς ἀποβαίνειν 125b, 1275b
עִקֵּשׁ
διατρέφειν 312a
σκαμβός 1268a
σκληροκάρδιος (עִ׳־לֵב) 1274b
σκολιός 1275b
⟦στραγγαλιώδης 1295a⟧ → στραγγαλώδης
στραγγαλώδης 1295a
στρεβλός 1296a
*ψευδής (עִ׳ דְּרָכִים) 1484b (Pr 28.6)
עִקְּשׁוּת
οὐκ ἀγαθός 2a
σκολιός 1275a
עַר Ar.
ἐχθρός 589c
*πόλεμος *189b* (Si 37.5)
⟦ὑπεναντίος *194b*⟧ → צַר II
עָרַב I, עָרֵב qal
⟦ἐνδέχεσθαι 470b⟧ → עָרַב IV qal ≈ ἐκδέχεσθαι
ἐπιμιγνύναι 525c
συμμιγνύναι 1304b
σύμμικτος 1304b
עָרַב I, עָרֵב hit.
^ἐπιμιγνύναι 525c
μιγνύναι 926c
παράγειν 1056b
עָרַב II qal
ἀρέσκειν 155c
*γλυκαίνειν *170b* (Si 50.18)
ἡδέως 604a
ἡδύνειν 604c, *179a*
ἡδύς γίνεσθαι 256c, 604c
⟦παύειν 1112b⟧ → עָבַר qal
עָרַב III qal
δυσμή 357b
ἑσπέρα 557a
עָרַב III hi.
ὀψίζειν 1044b, *187c*
עָרַב IV qal
διδόναι 317b

διεγγυᾶν 328a
ἐγγυᾶν 363b, *172a*
ἐγγύη 363c
ἐκδέχεσθαι 422a
*προιστάναι 1207a (Pr 26.27)

עֲרַב Ar. pa.
ἀναμιγνύναι 79c

עֲרַב Ar. itpa..
ἀναμιγνύναι 79c
συγκεραννύναι 1299b
συμμιγής 1304b

עֶרֶב
δείλη 286c
^δειλινός (בֵּין הָעַרְבַּיִם, עֶ׳) 287a
ἑσπέρα 557a
πρὸς (τὸ) ἑσπέραν (בֵּין הָעַרְבַּיִם) 557a
τὸ ἑσπέρας (הָעֶ׳,לָעֶ׳,בָּעֶ׳,עֶ׳) 557a
τὸ πρὸς ἑσπέραν (לִפְנוֹת עֶ׳) 557a
ἑσπερινός 557c
⟦ἕσπερος 557c⟧
⟦ἡμέρα 607b (Je 6.4)⟧ → ἑσπέρα
⟦κλών 772b⟧
ὀψέ (בֵּין הָעַרְבַּיִם, עֶ׳) 1044a

עֵרֶב I
ἐπίμικτος 525c
σύμμικτος 1304b

עֵרֶב II
κρόκη 791b

עֲרַב, עֲרָב
⟦ἑσπέρα 557a (Is 21.13)⟧ → עֶרֶב

עָרֵב
γλυκύς *170b*
ἡδύνειν 604c

עֹרֵב
κόραξ 779c
*κορώνη 780b (Je 3.2)

עָרֹב
κυνόμυια 799b

עֲרָבָה I ("willow")
ἄγνος 16b
ἰτέα 696a

עֲרָבָה II ("desert")
ἄβατος 1a
⟦ἄπειρος 120b⟧
§αραβα 152c
§αραβωθ (עַרְבֹת) 152c
γῆ ἄνυδρος 240c
γῆ διψῶσα 240c, 338a
ἔρημος 545a
⟦ἑσπέρα 557a⟧ → עֶרֶב
§ραβα 1247a
§ραβωθ (עַרְבוֹת) 1247c

עֲרָבָה III ("west")
δυσμή 357b
ἡ πρὸς δυσμοῖς 357b

עֲרֻבָּה
ἐγγύη 363c

עֵרָבוֹן
§αρραβων 160a

עָרַג qal
ἀναβλέπειν 73b
ἐπιποθεῖν 526c
*προσδοκᾶν 1213a (De 32.2)

עֲרָד Ar.
ὄναγρος 994b

עָרָה I ni.
ἐπέρχεσθαι 509c
⟦ἔρχεσθαι 548b⟧ → ἐπέρχεσθαι

עָרָה I pi.
ἀνακαλύπτειν 78a (+Is 24.1)
ἀνταναιρεῖν 108c
ἀποκαλύπτειν 131c
ἐκκενοῦν 432c

עָרָה I hi.
ἀποκαλύπτειν 131c
παραδιδόναι 1058a

עָרָה I hit.
ἀποχεῖν, ἀποχύνειν 150a
⟦ἐπαίρειν 505a⟧ → עָלָה hit.

עָרָה II
τὸ ἄχι τὸ χλωρόν 187c, 1471c

עֲרוּגָה
⟦βόλος 224c⟧ → βῶλος
βῶλος 232c
φιάλη 1430a

עָרוֹד
*ἄγριος 16c (Je 31[48].6)

עֶרְוָה
αἰσχύνη 37b
ἀποκάλυψις 132b
ἀσχημοσύνη 174c
ἀσχήμων 175a
γύμνωσις 278b
ἴχνος 696b
⟦κακία 708a⟧ → רָעָה III

עַרְוָה Ar.
ἀσχημοσύνη 174c

עָרוֹם
γυμνός 278a

עָרוּם
πανοῦργος 1053a
συνετός 1315a
φρόνιμος 1439b

עֶרְיָה
⟦αἰσχύνειν 36c⟧ → ἀσχημονεῖν
ἀσχημονεῖν 174c
ἐντείνειν 477a

עֲרִיסָה
σῖτος 1267b
φύραμα 1446b

עֲרִיפִים
⟦ἀπορία 140a⟧ → צַר I

עָרִיץ
ἀδικεῖν 24c
ἀνδρεῖος 86b
ἄνομος 107c
δυνάστης 355b
ἰσχύειν 692c
ἰσχυρός 693b
καταδυναστεύειν 731a
κραταιός 782a
λοιμός (adj.) 887c
ὑπερήφανος 1410a
ὑπερυψοῦν 1411a

עֲרִירִי
ἄτεκνος 175b, *168c*
ἐκκήρυκτος 432c

עָרַךְ qal
αἴρειν 34c
ἀναλαμβάνειν 78c
βοηθεῖν εἰς 223b
εἰπεῖν/ἐρεῖν + κρίμα (= מִשְׁפָּט) 384a
ἐπιστοιβάζειν 530b
ἐπιτιθέναι 535c
⟦ἐπιτρέπειν 537b⟧
ἑτοιμάζειν 563c
ἕτοιμος 564c
ἰσοῦν 689a
καίειν 705a
⟦κεντεῖν 759b⟧
κοσμεῖν 780b
ὁμοιοῦν 993a
παρασκευάζειν 1064a
παράταξις 1064b
παρατάσσειν 1064c
παριστάναι 1070c
⟦προστιθέναι 1221a (Le 24.8)⟧ → προτιθέναι
προτιθέναι 1231a
στοιβάζειν 1291c
συνάπτειν 1312b
*φορολογεῖν 1438a (4K 23.35*L*)

עָרַךְ hi.
⟦ἱστάναι, ἱστᾶν *180c*⟧
τιμᾶν 1353a
τιμογραφεῖν 1354a

עֵרֶךְ
*δύναμις 350a (4K 23.35*L*)
ζεῦγος 594a
*ἴσος 688c (Jb 41.3[4])
ἰσόψυχος (כְּעֶרֶךְ-) 689a
πρόθεσις 1206b
*προσφορά *190b* (Si 38.11)

στολή 1291c
συντίμησις 1320c
τιμᾶν 1353a
τιμή 1353a
τίμημα 1353c
עָרֵל I qal
ἀπερίτμητος 120c
περικαθαρίζειν 1123c
עָרֵל II
ἄλογος (עֲרַל שְׂפָתַיִם) 59b
ἀπερίτμητος 120c
ἰσχνόφωνος (עֲרַל שְׂפָתַיִם) 692c
עָרְלָה
ἀκαθαρσία 42b
ἀκροβυστία 51a
σκληροκαρδία (עָרְלַת לֵבָב) 1274b
⟦עָרַם qal
πανουργεύειν 1053a⟧
עָרַם ni.
διϊστάνειν, διϊστάναι 330b
עָרַם hi.
καταπανουργεύεσθαι 740a
πανουργεύειν 1053a
πανοῦργος ἔσῃ (= εἶναι VIII.2) *173a*, *187b*
πανουργότερος 1053a
πανουργότερος γίνεσθαι 256c, 1053a
⟦πανουργότερος εἶναι 1053a⟧ → πανουργότερος γίνεσθαι
עֵרֹם
γυμνός 278a
עָרֹם
γυμνός 278a
עָרְמָה
βουλή 227c
δόλος 340a
πανουργία 1053a
φρόνησις 1439a
עֲרֵמָה
δράγμα 348b
θεμέλιον, θεμέλιος 629b
θημωνία, θε(ι)μωνία 650b
?κυψέλη 839a
στοιβή, στυβή 1291c
σωρός 1331a
χῶμα 1480c
עַרְמוֹן
ἐλάτη 448a
πλάτανος 1140c
עַרְעָר
ἀγριομυρίκη 16c
⟦πτωχός 1239b⟧ → ταπεινός
ταπεινός 1334b
עָרַף qal
ἀποκτείνειν, ἀποκτέννειν 135a
κατασκάπτειν 743c
λυτροῦν 890a
νευροκοπεῖν 943a
συννεφής 1317b
⟦τιμὴν διδόναι 317b⟧
עֹרֶף
αὐχήν 179c
⟦καρδία 719a⟧ → τράχηλος
⟦κόμη 777b⟧ → פֶּרַע
νῶτον, νῶτος 956b
σκληροτράχηλος (מַקְשֵׁה ע׳, קְשֵׁה ע׳) 1274c, *191c*
σφόνδυλος 1327a
^τράχηλος 1370b, *194a* (Si 30.12)
φυγάς 1440b
עֲרָפֶל
γνόφος 272c, *170c*
θύελλα 659c
ὁμίχλη 991b
σκότος 1276b
עָרַץ qal
δειλιᾶν 287a
διατρέπειν 314a
ἐκκλ(ε)ίνειν 433c
εὐλαβεῖσθαι 572a
θραύειν 654b
μεγαλαυχεῖν 901b
πτήσσειν 1238b
πτοεῖν 1238c
?τιτρώσκειν 1362a
עָרַץ ni.
ἐνδοξάζεσθαι 470c
עָרַץ hi.
⟦καταμωκᾶσθαι *181b*⟧
ταράσσειν 1336a
φοβεῖν 1433b
עָרַק qal
νεῦρον 943a
φεύγειν 1428b
*עֲרַק Ar. pe.
*ἀποδιδράσκειν 127b (To 1.19)
*φεύγειν 1428b (To 1.21)
עָרַר qal
γυμνὸς γίνεσθαι 256c, 278a
עָרַר pilp.
κατασκάπτειν 743c
עָרַר hitpal..
κατασκάπτειν 743c
πίπτειν *188c*
עֶרֶשׂ
κλίνη 771b
στρωμνή 1297b
עֵשֶׂב
ἄγρωστις 18b
βοτάνη 225c
παμβότανον 1052b
χλόη 1471c
χλωρός 1471c
χόρτασμα 1473a
χόρτος 1473a
עֲשַׂב Ar.
χλόη 1471c
χόρτος 1473a
עָשָׂה qal
⟦ἀγαπᾶν 5c⟧
^ἄγειν 9a (–1C 29.19)
⟦ἁμαρτάνειν 60c⟧
⟦ἀναστρέφειν 82b⟧
ἀναφέρειν 84c
⟦ἀνήρ 88a⟧
ἀνομεῖν (עָ׳ תּוֹעֵבָה qal) 106b
⟦ἀπολλύειν, ἀπολλύναι (עָ׳ qal, עָ׳ נְבָלָה עִם qal) 136c⟧
ἀσεβεῖν (qal עָ׳ תֶּבֶל) 170a
⟦βοηθεῖν 223b⟧ → ποιεῖν
γεωργεῖν (עָ׳ מְלֶאכֶת שָׂדֶה qal) 240b
γίνεσθαι 256c
γλύφειν 271b
⟦γλυφή 271b⟧
⟦γραμματεύς (עָ׳ מְלָאכָה qal) 275b⟧
διαγλύφειν 299c
διδόναι 317b
δοξάζειν (עָ׳ יְקָר qal) 343b
⟦ἐλεεῖν 449c⟧
⟦ἐπακούειν 505c⟧
⟦ἐπικαλεῖν 521b⟧
^ἐπιτελεῖν 535a
ἐπιτιθέναι 535c
ἐργάζεσθαι, ἐργάζειν 540c, *177b*
ἔργον 541c
ἑτοιμάζειν 563c
⟦εὖ γίνεσθαι 568a⟧
⟦εὖ ποιεῖν 568b⟧
θεραπεύειν 648a
κακοποιεῖν (עָ׳ רַע qal) 709a
^κατασκευάζειν 744a
⟦καταφυτεύειν 748b⟧ → φυτεύειν + κῆπον
κατεργάζεσθαι 749b
⟦κλίνειν 771a⟧
⟦κόπτειν 779a⟧
κτᾶσθαι 793b
μεγαλοποιεῖν (פָּלָא לַעֲשׂוֹת hi.) *184a*
⟦μεριμνᾶν 911a⟧ → שָׁעָה I qal
⟦νοεῖν 946a⟧
οἰκοδομεῖν 970c, *186a* (Si 48.17)
⟦ὅσα συμβέβηκεν (הֶעָשׂוּי) 1019a⟧ → הַ־ ≈ ὅσος
παρακούειν (עָ׳ qal + neg.) 1061b

περιβλέπειν 1122b
περιονυχίζειν (עָ׳ צִפֹּרֶן qal) 1124c
*περιποιεῖν 1125c (Pr 6.32)
πλάσσειν 1140b
^ποιεῖν (עָ׳ qal) 1154a, *189b* (+Si 20.14; 36[33].13)
⟦ ” (יֵשׁ עֹשֶׂה) 1154a (Ge 24.49)⟧ → ποιεῖν (עָ׳ qal)
ποίησις 1168c
πραγματεύεσθαι 1200b
πράσσειν, πράττειν 1201a
⟦προσλαμβάνειν 1218b⟧
προσφέρειν 1222c
⟦συμβαίνειν 1302c⟧
συντελεῖν 1319b
συνυφαίνειν 1322c
τέκτων *193b*
⟦τελεῖν 1342c⟧ → συντελεῖν
τιθέναι 1348c
φέρειν + καρπόν (= פְּרִי) 1426c (Ho 9.16)
φυλάσσειν, φυλάττειν 1441c (De 5.15; 1C 28.7)
φυτεύειν + κῆπον (= כֶּרֶם) 1446c (Am 9.14)
⟦χαρίζεσθαι *195a*⟧
χρᾶν, χρᾶσθαι 1473c
עָשָׂה ni.
ἄγειν 9a
ἀντιποιεῖν 111c
ἀποβαίνειν 125b
γίνεσθαι 256c
⟦εἶναι γινόμενος 256c⟧
^*ἐπιτελεῖν 535a
ποιεῖν 1154a
ποίησις 1168c
στερεοῦν 1289a
συμβαίνειν 1302c
συντελεῖν 1319b
τελειοῦν 1343a
עָשָׂה pi.
διαπαρθενεύειν (עָ׳ דַּדֵּי בְתוּלִים pi.) 307b
עָשָׂה pu.
ποιεῖν 1154a
עָשׂוֹר
^δέκατος 289a
δεκάχορδος 289c
עֲשִׂירִי
^δέκατος 289a
ἐπιδέκατος 519a
עָשַׁק hit.
⟦ἀδικεῖν 24c⟧ → עָשַׁק qal
*αἰτία 38a (Pr 28.17)
*περιέργεια *188b* (Si 41.22)
עֵשֶׁק
⟦ἀδικία 25b⟧ → עֹשֶׁק
πρᾶξις *189c*
עָשַׂר qal
ἀποδεκατοῦν 126b
עָשַׂר pi.
ἀποδεκατοῦν 126b
δέκατος 289a
δεκατοῦν 289c
עָשַׂר hi.
ἀποδεκατοῦν 126b
δέκατος 289a
עֲשָׂרָה, עֶשֶׂר
*δέκα 288c
δεκάδαρχος (שַׂר עֲשָׂרוֹת) 288c
δεκάπηχυς (עֶ׳ אַמּוֹת) 289a
δεκαπλασίων (עֶ׳ יָדוֹת) 289a
δεκαπλασίως (עֶ׳ יָדוֹת) 289a
⟦δέκαρχος (שַׂר עֲשָׂרוֹת) 289a⟧ → δεκάδαρχος
δέκατος (עֶ׳ פְּעָמִים) 289a
עָשָׂר
δέκα *170b*
δέκατος 289a
δώδεκα (שְׁנֵים עָשָׂר) *172c*
δωδέκατος (שְׁנֵים עָשָׂר) 358b
εἰκάς (עֶשְׂרִים) 376c
εἰκοσαετής (בֶּן עֶשְׂרִים שָׁנָה) 377a
εἰκοστός (עֶשְׂרִים) 377b
ἑκκαιδέκατος (שִׁשָּׁה עָשָׂר) 432a
ἑνδέκατος (עַשְׁתֵּי עָשָׂר) 469c
ἐννεακαιδέκατος (תִּשְׁעָה עָשָׂר) 475c
ἑπτακαιδέκατος (שִׁבְעָה עָשָׂר) 539c
ὀκτωκαιδέκατος (שְׁמֹנָה עָשָׂר) 985c
πεντεκαιδέκατος (חֲמִשָּׁה עָשָׂר) 1118c
τεσσαρεσκαιδέκατος, τεσσαρισκαιδέκατος (אַרְבָּעָה עָשָׂר) 1346b
τρισκαιδέκατος (שְׁלֹשָׁה עָשָׂר) 1373b
עֲשַׂר Ar.
δωδεκάμηνον (יַרְחִין תְּרֵי עֲ׳) 358b
עֶשְׂרֵה
δέκατος 289a
ἑνδέκατος (עַשְׁתֵּי עֶ׳, אַחַת עֶ׳) 469c
ἐννεακαιδέκατος (תְּשַׁע עֶ׳) 475c
ἑπτακαιδέκατος (שְׁבַע עֶ׳) 539c
ὀκτωκαιδέκατος (שְׁמֹנֶה עֶ׳) 985c
πεντεκαιδέκατος (חֲמֵשׁ עֶ׳) 1118c
τεσσαρεσκαιδέκατος, τεσσαρισκαιδέκατος (אַרְבַּע עֶ׳) 1346b
τρισκαιδέκατος (שְׁלֹשׁ עֶ׳, שְׁלָשׁ־עֶ׳) 1373b
עִשָּׂרוֹן
δέκατος 289a
עֶשְׂרִים
^*εἰκάς 376c
^*εἰκοσαετής (בֶּן עֶ׳ שָׁנָה) 377a
עֶשְׂרִין Ar.
*εἴκοσι 377a
עָשׁ
ἀράχνη 152c
σής 1265b, *191b*
σητόβρωτος (אָכַל עָשׁ) 1265b
עָשׁוֹק
ἀδικεῖν 24c
עֲשׁוּקִים
καταδυναστεία 731a
συκοφαντ(ε)ία 1301c
συκοφαντεῖν 1301c
עֲשׂוֹת
ἐργάζεσθαι, ἐργάζειν 540c
עָשִׁיר
πλούσιος 1150b, *189a*
πλουσιώτερος *189a*
πλουτεῖν 1150c
πλοῦτος 1150c
⟦ ” *189a*⟧
עָשַׁן I qal
ἐκκαίειν 432b
καπνίζειν 718c
ὀργίζειν 1010a
עָשֵׁן II adj.
καπνίζειν 718c
עָשָׁן
ἀτμίς 176b
καπνίζειν 718c
καπνός 718c
עָשַׁק qal
⟦ἄγειν 9a⟧
ἀδικεῖν 24c
⟦αἰτία 38a⟧ → עָשַׁק hit.
ἀπαδικεῖν 115c
ἀποστερεῖν 145a
⟦ἀσεβεῖν 170a⟧ → ἀδικεῖν
διαρπάζειν 308c
δυναστεύειν 355a
ἐκπιέζειν, ἐκπιάζειν, ἐκπιαζεῖν 439a
θλίβειν 652b
καταδυναστεύειν 731a
πλημμύρα γίνεται (עָ׳ נָהָר qal) 1145c
συκοφαντεῖν 1301c
συκοφάντης 1301c
עָשַׁק pu.
ἀδικεῖν 24c
עָשַׁק hit.
*ἀδικεῖν 24c (Ge 26.20)
עֹשֶׁק
ἀδίκημα 25a
ἀδικία 25b (+Ge 26.20), *165b*

ἄδικος 26c, *165b*
θλῖψις 652c
καταδυναστεία 731a
συκοφαντ(ε)ία 1301c
עָשַׁר qal
πλουτεῖν 1150c
πλουτίζειν 1150c
עָשַׁר hi.
πλούσιος 1150b
πλουτεῖν 1150c, *189a*
πλουτίζειν 1150c, *189a*
πλοῦτος 1150c
עָשַׁר hit.
πλουτεῖν *189a*
πλουτίζειν 1150c
עֹשֶׁר
see also עוֹשֶׁר
πλοῦτος 1150c (+Si 34[31].1)
עָשֵׁשׁ qal
ταράσσειν 1336a
עָשַׁת hit.
διασῴζειν 312b
עֲשַׁת Ar. pe.
βουλεύειν 227a
עֶשֶׁת
πυξίον 1242b
עַשְׁתֵּי
ἑνδέκατος (ע׳ עֶשְׂרֵה, ע׳ עָשָׂר) 469c
עֶשְׁתֹּנוֹת
διαλογισμός 305a
*ὑπόληψις *194c* (Si 3.24)
עַשְׁתֹּרֶת
ἄλσος 59c
ποίμνιον 1169c
עֵת
ἀκαίρως (בַּל עֵת) *166a*
ἄωρος (עֵת + neg.) 188c
ἐν (בְּעֵת) *174b*
ἐπάν (בְּכָל־עֵת אֲשֶׁר) 506b
εὐκαιρία 571c
εὔκαιρος 571c
ἕως (עַד עֵת) *178c*
ἡμέρα 607b, *179b* (Si 30[33].32)
καίριος (בְּעִתּוֹ) 706a
^καιρός 706a, *180b* (+Si 30[33].32)
μεσημβρία (עֵת צָהֳרַיִם) 912c
⟦πέρας 1120a⟧
τότε (בָּעֵת הַהִיא) 1367c
^χρόνος 1476b
^ὥρα 1493b, *196a*
*εἰς ὥρας (כָּעֵת חַיָּה) 1493b (Ge 18. 10, 14)
ὥριμος 1494a
עָתַד pi.
παρασκευάζειν 1064a
עָתַד hit.
ἑτοιμάζειν 563c
עַתָּה
ἄρτι 161a
ἀρτίως 161a
ἑσπέρα 557a
ἤδη 604b
ἡ ἡμέρα αὕτη 607b
ἰδού 673c
ἐν τῷ νῦν καιρῷ (ע׳ הַפַּעַם) 706a, 951c
^νῦν, νυνί (ע׳, וְע׳, כִּי ע׳) 951c, *185c*
καὶ νῦν (ע׳, וְגַם ע׳) 951c
νῦν/νυνὶ δέ (ע׳, אַךְ ע׳, כִּי ע׳) 951c
νῦν οὖν (ע׳, וְע׳, כִּי ע׳) 951c
τὸ νῦν 951c
*τοίνυν (עַתָּה) 1362b
עָתוּד
ἕτοιμος 564c
ἰσχύς 694b
עַתּוּד
ἀμνός 66b
ἀρήν (= HR's ἀρνός) 159b
ἄρχειν 163a
ἄρχων 166b
⟦δράκων 348b⟧
ἔριφος 547c
κριός 788c
*προτρέχειν 1231b (Je 27[50].8)
*πρωτοστάτης 1237a (Jb 15.24)
τράγος 1369a
χίμαρος 1470c
עִתִּי
ἕτοιμος 564c
עָתִיד
ἕτιομος 564c
ἰσχύς 694b
μέλλειν 909b
עֲתִיד Ar.
ἑτοίμως 565a
עַתִּיק, also Ar.
§αθουκιειμ, αθουκιειν (עַתִּיקִים) 30a
ἀποσπᾶν 141a
παλαιός 1051b
עָתַם ni.
συγκαίειν 1299a
עָתַק qal
καταστρέφειν 745c
παλαιοῦν 1051b
עָתַק hi.
ἀπαίρειν 115c
ἐκγράφειν 421c
παλαιοῦν 1051b
עָתָק
ἀδικία 25b
ἀνομία 106b
μεγαλορ(ρ)ημοσύνη 901c
עָתַר qal
δεῖσθαι 288a
εὔχεσθαι 583c
προσεύχεσθαι 1214a
עָתַר ni.
εἰσακούειν 408b
*ἑκούσιος 438c
*ἐξιλάσκειν 495c (2K 21.14*L*)
ἐπακούειν 505c
^*εὐϊλάτου τυγχάνειν 571c (1E 8.53)
עָתַר hi.
ἀφιστᾶν, ἀφιστάναι, ἀφιστάνειν 184b
*δέησις 285c (Jb 8.6)
δεῖσθαι *170b*
εὔχεσθαι 583c
προσεύχεσθαι 1214a

פ

פָּאָה hi.
διασπείρειν 310c
פֵּאָה
ἀρχηγός 165a
ἄρχων *168c*
θερισμός 649a
κλίτος 771c
κόμη 777b
λοιπός 888a
μέρος 911c
ὅριον 1012a
ὄψις 1044b
κατὰ (τὸ) πρόσωπον (מִפְּאַת פָּנִים) 1224a
⟦ " (פ׳) 1224a (Je 9.26[25])⟧
τὰ κατὰ πρόσωπον 1224a
⟦(τὸ) πρὸ προσώπου 1224a (Je 30.10 [49.32])⟧ → פָּנִים

*τρίχωμα 1374c (Ez 24.17)
פָּאַר pi.
^δοξάζειν 343b
ἔνδοξος εἶναι 470c
καλαμᾶσθαι 712b
*στεφανοῦν 1290a (Si 45.8)
ὑψοῦν 1422a
פָּאַר hit.
δόξα 341b
δοξάζειν 343b
ἐνδοξάζεσθαι 470c, *175b*
καυχᾶσθαι 757b, *181c*
⟦τάσσειν 1337a⟧
פְּאֵר
δόξα 341b
κίδαρις 764c
⟦κόμη 777b⟧ → פֵּאָה
μίτρα 931a
⟦τρίχωμα 1374c⟧ → פֵּאָה
פֹּארָה, פֻּארָה
ἀναδενδράς 76c
ἔνδοξος εἶναι 470c
κλάδος 766a
παραφυάς 1065b
στέλεχος 1288a
פָּארוּר
χύτρα, κύθρα, χύθρα, χύτρον(?) 1480b
פָּארָן
κατάσκιος 745a
פַּגָּה
ὄλυνθος 990c
פִּגּוּל
ἄθυτος 30a
βέβηλος 216b
ἕωλος 592a
μίασμα 926c
μολύνειν 932c
פָּגַע qal
ἀναιρεῖν 77b
ἀπαντᾶν 117a, *167c*
ἀποκτείνειν, ἀποκτέννειν 135a
*ἅπτεσθαι 151b (2K 1.15*L*)
διέρχεσθαι 328c
ἐμπίπτειν 458a
ἔρχεσθαι 548b
θανατοῦν 625a
λαλεῖν 841c
παραδιδόναι 1058a
προσέρχεσθαι 1213c
συναντᾶν 1311a
συνάπτειν 1312b
פָּגַע hi.
ἀντιλαμβάνεσθαι 110c
ἀπαντᾶν 117a
παραδιδόναι 1058a
ὑποτιθέναι 1417c
פֶּגַע
ἀπάντημα 117b
פָּגַר pi.
ἐκλύειν 438a
⟦καθίζειν 701c⟧
פֶּגֶר
κῶλον 839b
νεκρός 941b
πίπτειν 1135c
πτῶμα 1239a
πτῶσις 1239a
σῶμα 1330a
φόνος 1437c
פָּגַשׁ qal
ἀπαντᾶν 117a
ἐμπίπτειν 458a
συναντᾶν 1311a
פָּגַשׁ ni.
⟦συναιτεῖν 1310c⟧ → συναντᾶν
συναντᾶν 1311a
συνέρχεσθαι 1314a
פָּגַשׁ pi.
συναντᾶν 1311a
פָּדָה qal
ἀλλάσσειν 55b
ἀφορίζειν 185c
λύτρον 890a
λυτροῦν 890a, *183c*
λύτρωσις 890c
ῥύεσθαι 1254b
⟦συνάγειν 1307b⟧
σῴζειν 1328b, *193c*
פָּדָה ni.
λυτροῦν 890a
σῴζειν 1328b
פָּדָה hi.
ἀπολυτροῦν 139a
פָּדָה ho.
λύτρον 890a
פְּדוּי
ἐκλύτρωσις 438b
λύτρον 890a
פְּדוּת
διαστολή 311c
λύτρωσις 890c
פִּדְיוֹם
λύτρον 890a
פִּדְיוֹן, פִּדְיֹן
λύτρον 890a
λύτρωσις 890c
פָּדַע qal
ἀντέχειν 109c
פֶּדֶר
στέαρ 1287b
פֶּה
βρῶσις 231c
γλῶσσα, γλῶττα 271b
δίστομα (פִּיּוֹת) 337b
διυφαίνειν (כְּפִי תַחְרָא) 337c
κατὰ δύναμιν (כְּפִי) 350a (Nu 6.21)
εἰπεῖν, ἐρεῖν 384a
⟦θυμός 660c⟧ → אַף II subst.
⟦κύκλος (עַל־פֶּה) 797a⟧
*λαλεῖν (as subj. of עָבַר qal) 841c (Ps 16[17].3)
λόγος 881c, *183c*
περιστόμιον 1127a
πρόσταγμα 1219c
⟦πρόσωπον 1223c, *190b*⟧ → פָּנִים
ῥῆμα 1249a
σιαγών 1265c
^στόμα 1292b, *192b* (+Si 8.11; 40.30)
*τρόπος (לְפִי) 1375a (Jb 4.19)
φόνος + μαχαίρας (= חֶרֶב) 1437c
φωνή 1447b
⟦χεῖλος 1456a⟧
ᾦα, ᾠΐα 1491b
פֹּה
αὐτοῦ (adv.) 179c
ἔνθεν (מִפֹּה) 473b
^ἐνταῦθα 476c
ἐντεῦθεν (מִפֹּה) 479a
ὧδε 1491b
פּוֹ
ἔνθεν (מִפּוֹ) 473b
פּוּג qal
διασκεδάζειν, διασκεδαννύειν, διασκεδαννύναι 309c
ἐξολεθρεύειν, ἐξολοθρεύειν 497c
παρακαλεῖν *187c*
פּוּג ni.
κακοῦν 711b
פּוּגָה
ἔκνηψις 438b
פּוּחַ qal
διαπνεῖν 308a
λυπεῖν *183c*
פּוּחַ ni.
*ἐκκαίειν *173c* (Si 51.4)
פּוּחַ hi.
ἀνατέλλειν 83a
διαπνεῖν 308a
⟦ἐγκαλεῖν 365a⟧
ἐκκαίειν 432b
ἐμφυσᾶν 461a
⟦ἐπιδεικνύειν, ἐπιδεικνύναι 518c⟧

⟦κατακυριεύειν 735a⟧
פּוּךְ
*ἄνθραξ 96a (Is 54.11)
πολυτελής 1185c
στίβι 1291a
⟦στίμη 1291b⟧ → στίβι
στιμ(μ)ίζεσθαι, στιβίζεσθαι (שׂוּם בַּפּוּךְ) 1291b
פּוֹל
κύαμος 796a
פּוּם
στόμα *192b*
פּוּן
ἐξαπορεῖσθαι 488a
פּוּץ qal
διασκορπίζειν 310b, *171b*
διασπᾶν 310c
διασπείρειν 310c
διαχεῖν 316a
σκορπίζειν *191c*
⟦σπείρειν 1282a⟧
ὑπερεκχεῖν 1409b
פּוּץ ni.
διασκορπίζειν 310b
*διασκορπισμός 310c (Da TH 12.7)
διασπείρειν 310c
פּוּץ pilp.
⟦διατίλλειν 313c⟧ → פָּצַץ pilp.
⟦κόπτειν 779a⟧ → פָּצַץ polel
פּוּץ hi.
ἀποστέλλειν 141b
⟦διανοίγειν 307b⟧ → פָּצָה qal
διασκεδάζειν, διασκεδαννύειν, διασκεδαννύναι 309c
διασκορπίζειν 310b
διασπείρειν 310c
ἐμφυσᾶν 461a
σκορπίζειν 1275c
σπείρειν 1282a
פּוּץ hitpal..
διαθρύπτειν 302b
פּוּק qal
⟦ἐγκαταλείπειν 365a⟧
פּוּק hi.
διδόναι 317b
*ἐμπιπλᾶν, ἐμπι(μ)πλάναι, ἐμπλήθειν *174b* (Si 35[32].15)
ἐξερεύγεσθαι 491b
⟦ἐξερεύεσθαι(?) 491b⟧ → ἐξερεύγεσθαι
⟦ἑτοιμάζειν 563c⟧
⟦εὑρίσκειν 576c⟧
⟦ἰδεῖν 669b⟧
κινεῖν 765b
λαμβάνειν 847a

פּוּקָה
βδελυγμός 216a
פּוּר I hi.
⟦διασκεδάζειν, διασκεδαννύειν, διασκεδαννύναι 309c⟧ → פָּרַר hi.
παραβαίνειν 1055b
ὑπερτιθέναι 1411a
פּוּר II
κλῆρος 770a
§φουρ 1438b
ψήφισμα 1485b
פּוּרָה
μετρητής 918a
פּוּשׁ qal
ἐξιππάζεσθαι 496b
σκιρτᾶν 1274b
פּוּשׁ ni.
ἀπαίρειν 115c
פָּז
§καιφαζ, κεφαζ 708a
λίθος τίμιος 876c, 1353c
τοπάζιον 1364b
§φαζ 1423a
χρυσίον 1477a, *196c*
τὸ χρυσίον τὸ ἄπυρον 151a
χρυσοῦς, χρύσεος 1478c, *196c*
פָּזַז qal
ἐκλύειν 438a
פָּזַז pi.
ὀρχεῖσθαι 1018a
פָּזַז ho.
δόκιμος 340a
פָּזַר qal
*διασπείρειν 310c (Es 9.19)
πλανᾶν 1139b
פָּזַר ni.
διασκορπίζειν 310b
פָּזַר pi.
διασκορπίζειν 310b
διασπείρειν 310c
διαχεῖν 316a
πάσσειν 1102c
σκορπίζειν 1275c
σπείρειν 1282a
פָּזַר pu.
διασπείρειν 310c
⟦ἐνδιασπείρειν 470b⟧ → διασπείρειν
פַּח also Ar.
λεπίς 873c
παγίς, πακίς 1044b (+ To 14.10), *187a*
πέταλον 1128c
פָּחַד qal
ἀφιστᾶν, ἀφιστάναι, ἀφιστάνειν 184b

ἄφοβος (׳פָּ qal + neg.) 185c
δειλιᾶν 287a
*δειλός 287a (Jd 9.4)
ἐντρέπειν 480c
ἐξιστᾶν, ἐξιστάναι 496c
εὐλαβεῖσθαι 572a, *177c*
παρακαλύπτειν 1060c
πτοεῖν 1238c
ὑποπτεύειν *194c*
φοβεῖν 1433b
φροντίζειν 1439b, *195b*
*φυλάσσειν, φυλάττειν *195c* (Si 4.20)
פָּחַד pi.
εὐσεβής *178b*
καταπτήσσειν 742b
φοβεῖν 1433b
פָּחַד hi.
⟦διασείειν 309c⟧
⟦συμπίπτειν 1305b⟧ → συσσείειν
συσσείειν 1323b
פַּחַד
ἀφόβως (׳מִפּ) 185c
ἔκστασις 441b
θάμβος 623b
θόρυβος 654a
ὄλεθρος 986a
πτόησις 1238c
σάλος *191a*
τρόμος 1374c
*φοβεῖν (׳נָפַל פּ) 1433b (Es 9.2)
φόβος 1435c, *195a*
φρίκη 1439a
פַּחְדָּה
εὐδοκεῖν 569a
פֶּחָה, also Ar.
ἀρχιπατριώτης 166a
ἄρχων 166b
ἀφηγεῖσθαι 183a
*βασιλεύς 197a (Jb 39.22)
*βία 218a (Ne 5.14, 15, 18)
^ἔπαρχος 508b
ἡγεῖσθαι 602c
ἡγεμών 603c
θησαυροφύλαξ 652a
οἰκονόμος 973a
σατράπης 1260c
τοπάρχης 1364b
*φυλή 1444b (Hg 1.1, 12, 14; 2.3 [2], 22[21])
פָּחַז qal
*ἀναπηδᾶν 81a (1K 20.34, cf. 4Q52; 25.9, cf. 4Q51)
*ἐπανιστάναι 506c (Jd 9.4*L*)
θαμβεῖν 623b
παραβαίνειν *187b*

πνευματοφόρος, πνευματόφορος 1153b
פָּחַז hi.
ἀπολλύειν, ἀπολλύναι *168a*
פָּחַז hit.
⟦[φαντασιοκοπεῖν] *195a*⟧
פַּחַז
ἐξυβρίζειν 501b
πονηρία *189c*
πορνεία *189c*
פָּחַח hi.
⟦παγίς, πακίς 1044b⟧ → פַּח
פֶּחָם
ἄνθραξ 96b
ἐσχάρα 557c
פֶּחָר Ar.
κεραμ(ε)ικός 759c
פַּחַת
*αὐλών 178c (2K 17.9*L*)
*βόθρος 224a (Jo 8.29)
βόθυνος 224b
χάσμα 1456a
פִּטְדָה
τοπάζιον 1364b
פָּטִיר
διατάσσειν 313a
פַּטִּישׁ
⟦πέλεκυς 1116b⟧ → πέλυξ
πέλυξ 1116b
σφῦρα 1327b
פָּטַר qal
ἀποτρέχειν *168b*
ἀφιστᾶν, ἀφιστάναι, ἀφιστάνειν 184b
διαπετάζειν, διαπεταννύειν, διαπεταννύναι 307c
⟦διατάσσειν 313a⟧
καταλύειν 738b
⟦περίγλυφον 1122c⟧
פֶּטֶר
διανοίγειν 307b
πρωτότοκος 1237a
פִּטְרָה
διανοίγειν 307b
פִּי
ἀρκεῖν (לְפִי אֹכֶל) 158a
διπλάσιος (פִּי שְׁנַיִם) *171c*
διπλοῦς (פִּי שְׁנַיִם) 337a
ἐν (כְּפִי) *174b*
καλλωπίζειν (יְפֵה־פִיָּה) 517b
πρός + acc. (לְפִי) *190a*
פִּיד
πτῶμα 1239a
τιμωρία 1354a
פֵּיָה
δίστομα (שְׁנֵי פֵיוֹת) 337b

פִּיחַ
αἰθάλη 30c
פִּילֶגֶשׁ
γυνή 278b
παλλακή 1052b
*παλλακός 1052b (Ez 23.20)
פִּימָה
περιστόμιον 1127a
פִּיפִיּוֹת
δίστομα 337b
פִּיק
ὑπόλυσις 1415c
פַּךְ
φακός 1423b
פָּכָה pi.
καταφέρειν 747b
פָּלָא ni.
ἀδυνατεῖν 27c
ἀδύνατος 28a
*ἀποκρύπτειν 134b (Je 39[32].17)
δύναμις 350a
ἔνδοξος 470c
ἐξαίσιος 486b
ἔξαλλος 487a
θαυμάσιος 627a, *179a*
θαυμαστός 627b, *179a*
θαυμαστοῦν 627c
θαυμαστῶς 627c
κρύβειν 791c
κρύπτειν 792a
μέγας 902c
ἀδύνατος νοῆσαι 946a
τέρας *193b*
ὑπεραίρειν (פָּ׳ מִן ni.) *194b*
ὑπέρογκος 1410c
פָּלָא pi.
διαστέλλειν 311b
μεγαλύνειν 902a
פָּלָא hi.
διαχωρίζειν 316a
ἔνδοξος 470c
⟦εὔχεσθαι 583c⟧
θαυμάσιος 627a, *179a*
θαυμαστός 627b
θαυμαστοῦν 627c
μεγαλοποιεῖν (פָּ׳ לַעֲשׂוֹת hi.) *184a*
μεγάλως 902b
μέγας *184a*
⟦μετατιθέναι 917a⟧ → פָּלָה hi.
παραδοξάζειν 1059b
⟦τέρας 1345a⟧ → פֶּלֶא
פָּלָא hit.
δεινῶς ὀλέκειν 288a
פֶּלֶא
⟦βαθύς *169a*⟧ → χαλεπός, χαλεπώτερος
θαυμάσιος 627a
θαυμαστός 627b, *179a*
μέγας 902c
παράδοξος *187c*
τέρας 1345a
ὑπέρογκος 1410c
χαλεπός, χαλεπώτερος *195a*
פִּלְאִי
θαυμαστός 627b
θαυμαστοῦν (פְּ׳, פִּלְי) 627c
פָּלַג ni.
διαμερίζειν 305c
*μερίζειν 910c (1C 1.19*L*)
פָּלַג pi.
*διαιρεῖν 302c (Am 5.9 possibly hi.)
⟦ἑτοιμάζειν 563c⟧
καταδιαιρεῖν 730b
פָּלַג hi.
*διαιρεῖν 302c (Am 5.9 possibly pi.)
פֶּלֶג
ἄφεσις 182b
διαπορεύεσθαι (פֶּ׳ יָבָל, פֶּ׳) 308b
διέξοδος 328b
ὁρμή 1014a
ὅρμημα 1014a
ποταμός 1196a
פְּלַג I Ar. pe.
διαιρεῖν 302c
διμερής 335c
פְּלַג II subst. Ar.
ἥμισυς 618c
פְּלַגָּה
⟦ἄμελξις 65b⟧
διαίρεσις 302c
μερίς 911a
פְּלֻגָּה, also Ar.
διαίρεσις 302c
^*μεριδαρχία 910c (1E 1.5)
פִּלֶגֶשׁ
γυνή 278b
παλλακή 1052b
παλλακίς 1052b
פְּלָדָה
ἡνία 619b
פָּלָה ni.
ἐνδοξάζεσθαι 470c
θαυμαστοῦν 627c
פָּלָה hi.
*διαχωρίζειν 316a (Jd 13.19)
*διορίζειν 336b
θαυμαστοῦν 627c
*μετατιθέναι 917a (Is 29.14)
παραδοξάζειν 1059b
פָּלַח pi.
⟦ἐμβάλλειν 455a⟧

πλήσσειν 1149c
פְּלַח Ar. pe.
δουλεύειν 345a
λατρεύειν 863a
^*πραγματικός 1200b (1E 8.22)
ὑποτάσσειν 1417b
φοβεῖν 1433b
פֶּלַח
ἄκμων 44b
κλάσμα 766c
κλάσμα μύλου (פֶּ׳ רֶכֶב) 936c
λέπυρον 874b
פָּלְחָן Ar.
λειτουργ(ε)ία 873b
^*χρεία 1474a (1E 8.17)
פָּלַט qal
ἀνασῴζειν 83a
פָּלַט pi.
διασῴζειν 312b
ἐξάγειν 483a
ἐξαιρεῖν 484b
*λυτροῦν 890a
ῥύεσθαι 1254b
ῥύστης 1255c
σῴζειν 1328b
ὑπερασπιστής 1408c
פָּלַט hi.
διασῴζειν 312b
ἐκβάλλειν 420c
פָּלֵט
ἀνασῴζειν 83a
פְּלֵט
⟦λυτροῦν 890a⟧ → פָּלַט pi.
פְּלֵטָה
ἀνασῴζειν 83a
καταλείπειν 736a
^*ῥίζα 1251c
פְּלִי
θαυμαστός (פְּ׳, פִּלְאִי) 627b
פָּלִיא
θαυμαστοῦν 627c
פָּלִיט
ἀνασῴζειν 83a
διασῴζειν 312b
διαφεύγειν 314b
σῴζειν 1328b
פָּלֵיט
διασῴζειν 312b
σῴζειν 1328b
פְּלֵיטָה
ἀνασῴζειν 83a
διασῴζειν 312b
καταλείπειν 736a
κατάλειψις 737c
*ῥίζα 1251c (1E 8.78, 87, 88, 89)

σῴζειν 1328b
σωτηρία 1331b
פְּלִילִים
*ἀξίωμα 113b (Ex 21.22)
פֶּלֶךְ
ἄτρακτος 176c
μέρος 911c
περίχωρος 1128b
σκυτάλη 1278a
פָּלַל qal
εὔχεσθαι *178b*
פָּלַל pi.
?διαφθείρειν 314c
ἐξιλάσκειν 495c
προσεύχεσθαι 1214a
פָּלַל hit.
εὔχεσθαι 583c, *178b*
^προσεύχεσθαι 1214a
פַּלְמֹנִי
§φελλανει, φελμουνι, φελμωνι 1426b
פְּלֹנִי
κρύφιος (פְּ׳ אַלְמֹנִי) 793a
§φελλανει, φελμουνι, φελμωνι 1426b
פָּלַס pi.
⟦ἐπέρχεσθαι 509c⟧
ὁδοποιεῖν 962b
ὀρθ(ρ)ὸν ποιεῖν 1010c, 1154a
παρασκευάζειν 1064a
⟦σκοπεύειν 1275b⟧
⟦συμπλέκειν 1305b⟧
פֶּלֶס
ῥοπή 1254b
στάθμιον *192a*
σταθμός 1286b
⟦["] *192a*⟧ → στάθμιον
פָּלַץ hit.
σαλεύειν 1257c
פַּלָּצוּת
θάμβος 623b
ὀδύνη 967a
*σκότος 1276b (Ps 54[55].5)
פָּלַשׁ hit.
καταπάσσειν 740a
κόπτειν 779a
⟦στρωννύειν, στρωννύναι 1297b⟧ → ὑποστρωννύναι
ὑποστρωννύναι 1417b
פְּלֶשֶׁת
ἀλλόφυλος 57c
§φυλιστιειμ *195c*
פְּלִשְׁתִּי
*ἀλλόφυλος 57c (Zp 2.5; Zc 9.6)
§φυλιστιειμ (פְּלִשְׁתִּים) *195c*

פֻּם Ar.
στόμα 1292b
פֶּן
ἵνα μή *180b*
μή *184c*
μή πότε *184c*
οὐ μή *186c*
פַּנַּג
κασ(σ)ία 725b
פָּנָה qal
ἀκολουθεῖν 44c
ἀναβλέπειν 73b
ἀποβλέπειν 125c
ἀποστρέπειν 145b
βλέπειν 221a
⟦γωνία 283c⟧ → פִּנָּה
ἐγγίζειν *172a*
εἰσβλέπειν 410a
ἐκκλ(ε)ίνειν 433c
ἐκλείπειν 435c
ἐκνεύειν 438b
ἐμβλέπειν 455c
⟦ἐντέλλεσθαι, ἐντελλέσθειν(?) 477a⟧
ἐξακολουθεῖν 486c
ἐπακολουθεῖν (פָּ׳ אֶל qal) 505b
ἐπιβλέπειν 516c
ἐπιστρέφειν 531a
⟦ἐπιφαίνειν 537c⟧
τὸ πρὸς ἑσπέραν (לִפְנוֹת עֶרֶב) 557a
⟦καταβαίνειν 727a⟧
κλίνειν 771a
μεθιστᾶν, μεθιστάναι, μεθιστάνειν 907b
ὁρᾶν 1005a
ὁρμᾶν 1014a
περιβλέπειν 1122b
πλανᾶν 1139b
προσέχειν 1215b
πρωΐ (לִפְנוֹת בֹּקֶר) 1234b
τὸ πρὸς πρωῒ πρωΐ (לִפְנוֹת בֹּקֶר) 1234b
στρέφειν 1296c
⟦ὑποστρέφειν 1417b⟧ → ἐπιστρέφειν
φέρειν 1426c
פָּנָה pi.
ἀποσκευάζειν 140c
⟦ἐπιβλέπειν 516c⟧ → פָּנָה qal
ἑτοιμάζειν 563c
ὁδοποιεῖν (פָּ׳ pi., פָּ׳ דֶּרֶךְ pi.) 962b
פָּנָה hi.
ἀναστρέφειν 82b
ἀποστρέφειν 145b
βλέπειν 221a

⟦ἐπιβλέπειν 516c⟧ → פָּנָה qal
ἐπιστρέφειν 531a
στρέφειν 1296c
συνδεῖν 1312c

פָּנָה ho.
βλέπειν 221a

פָּנֶה
see פָּנִים

פִּנָּה
ἀκρογωνιαῖος 51a
γωνία 283c
γωνιαῖος 283c
καμπή 718b
κλίμα 771a
*φυλή 1444b (1K 14.38*L*)

פְּנוּאֵל
τὸ εἶδος τοῦ θεοῦ 630a

פְּנִיאֵל
εἶδος θεοῦ 630a

פְּנִיִּים
⟦λίθοι πολυτελεῖς 876c, 1185c⟧ → פְּנִינִים

פָּנִים
αἴθριος 30c
*αἰσχύνειν (נָשָׂא פָּ׳) 36c (Jb 32.21)
*πρὸς τῇ ἀνατολῇ/ἀνατολάς (לִפְנֵי) 83c (1E 5.47; 9.38)
ἀντιπρόσωπος (פָּנֶה) 111c
εἰς ἀπάντησιν (לִפְנֵי, אֶל־פְּנֵי) 117b
ἀρχή (פָּנֶה) 163c
βλέπειν (פָּנֶה) 221a
ἔμπροσθε(ν) (מִפְּנֵי, לִפְנֵי, מִלִּפְ׳, לִפְ׳) 459b
ἐκ τῶν ἔμπροσθε(ν) 459b
τὰ ἔμπροσθε(ν) 459b
τὸ/τὰ ἔμπροσθε(ν) (פְּנֵי) 459b
*ἔναντι (בִּפְנֵי) *175a* (Si 46.7)
ἐξ ἐναντίας (לִפְנֵי, אֶל מוּל פְּנֵי) 468b
ἐνώπιος 482b
ἐπάνω (עַל־פְּנֵי) 507b
ἔσω ἐν (לִפְנֵי) 558c
ἔσωθεν (לִפְנֵי) 559a
ἐσώτερος, ἐσώτατος (לִפְנֵי, מִלִּפְ׳) 559a
ἡγεῖσθαι (הָלַךְ לִפְנֵי, לִפְנֵי) 602c
⟦ὀπίσω (לִפְנֵי) 1001c⟧
ὀφθαλμός 1039b
παρά + dat. (לִפְנֵי) *187b*
παρατιθέναι (שׂוּם לִפְנֵי, נָתַן לִפְנֵי, לִפְנֵי) 1065a
πλήν (עַל־פָּ׳) 1145c
πρὶν ἤ (לִפְנֵי) *190a*
προηγεῖσθαι (לִפְנֵי) 1206b
πρόθεσις 1206b
προκεῖσθαι (נֶגֶד פָּ׳, פָּ׳) 1207b
προπορεύεσθαι (עָבַר, הָלַךְ לִפְנֵי, לִפְנֵי) 1208c
τὰ προπορευόμενα 1208c
⟦προσκεῖσθαι (נֶגֶד פְּנֵי) 1216c⟧ → προκεῖσθαι
⟦πρόστομα (אֶל־פְּנֵי) 1222b⟧ → פֶּה ≈ στόμα
προσφορά 1223b
πρόσωπον 1223c, *190b* (+ Si 20.22; 26.17; 34[31].6; 41.21)
ἀπὸ (τοῦ) προσώπου (מֵעַל, מִפָּ׳, פָּ׳, מֵעִם פָּ׳, מֵאֵת פָּ׳, לִפָ׳, מִלִּפָ׳, פָּ׳) 1223c
εἰς (τὸ) πρόσωπον (לִפָ׳, אֶל־פָּ׳, פָּ׳, בִּפָ׳, עַל פָּ׳) 1223c
ἐκ (τοῦ) προσώπου (מֵעִם פָּ׳, מִלִּפָ׳, מֵעַל פָּ׳, לִפָ׳, מִפָּ׳, מֵאֵת פָּ׳) 1223c
ἐκ τοῦ κατὰ πρόσωπον (מִפָּ׳) 1223c
ἐν προσώπῳ (לִפָ׳) 1223c
ἐπὶ προσώπου (עַל פָּ׳) 1223c
ἐπὶ προσώπῳ (עַל פָּ׳) 1223c
ἐπὶ (τὸ) πρόσωπον (אֶל פָּ׳, עַל פָּ׳, פָּ׳, לִפָ׳) 1223c–24a
κατὰ (τὸ) πρόσωπον (מִפְּאַת פָּ׳, פָּ׳, מִמּוּל, אֶל מוּל פָּ׳, אֶת פָּ׳, לִפָ׳, עַל פָּ׳, אֶל עֵבֶר פָּ׳, בִּפָ׳, אֶל פָּ׳, פָּ׳) 1224a
κατὰ πρόσωπον ἔσω (פְּנִימָה) 1224a
(τὸ) πρὸ προσώπου (עַל פָּ׳, לִפָ׳, פָּ׳, מִלִּפָ׳, מִפָּ׳) 1224a
πρότερον (adv.) (לִפָ׳) 1230b, *190c*
πρότερος (לִפְנֵי, עַל פָּ׳, לִפָ׳) 1230c, *190c*
τὸ πρότερα (לִפָ׳) 1230c
πρῶτον (adv.) (לִפָ׳) *190c*
πρῶτος (לִפָ׳) *190c* (–Si 34[31].17)
ἐκ πρώτου (לִפָ׳) 1235c
⟦στόμα *192b*⟧ → פֶּה
*συναντᾶν (לִפְנֵי) 1311a (Ge 46.28)
συνάντησις 1311c
⟦τρόπον (לִפְנֵי) 1375a⟧ → פֶּה ≈ τρόπος
⟦ὑπάντησις 1406b⟧ → εἰς ἀπάντησιν
⟦ὑποχείριος (לִפְנֵי) 1418a⟧ → יָד

פְּנִים
*γαστήρ 234b (Jb 16.16)

פְּנִימָה
⟦ἔνδοθεν (מִפְּ׳) 470b⟧
ἔσω (לִפְ׳, פְּ׳) 558c
ἔσωθεν (לִפְ׳ לְ־, מִפְּ׳, לִפְ׳, פְּ׳) 559a
ἐσώτερος, ἐσώτατος 559a
κατὰ πρόσωπον ἔσω 1224a

פְּנִימִי
⟦ἐντότερος(?) 480c⟧ → ἐσώτερος, ἐσώτατος
ἔσωθεν 559a
ἐσώτερος, ἐσώτατος 559a

פְּנִינִים
λίθος 876c
λίθοι πολυτελεῖς 876c, 1185c

פָּנַק pi.
κατασπαταλᾶν 745b

פַּס, also Ar.
ἀστράγαλος 173c
*ἀστραγαλωτός 173c (2K 13.18, 19*L*)
καρπωτός 725a
ποικίλος 1168c

פָּסַג pi.
καταδιαιρεῖν 730b

פִּסְגָּה
λαξεύειν 853b
λαξευτός 853b

פָּסַח qal
παρέρχεσθαι 1068c
περιποιεῖν 1125c
*πορ(ε)ία 1189a (Pr 26.7)
σκεπάζειν (פָּ׳ עַל qal) 1268c
χωλαίνειν 1480b

פָּסַח ni.
χωλαίνειν 1480b

פָּסַח pi.
διατρέχειν 314a

פֶּסַח
^πάσχα 1103a
§φασεκ, φασεχ 1425b

פִּסֵּחַ
χωλός 1480b

פְּסִילִים. See also פֶּסֶל.
ἄγαλμα 5b
γλυπτός 271a
εἴδωλον 376a
⟦περιβώμιον 1122b⟧

פָּסַל qal
γλύφειν 271b
λαξεύειν 853b
πελεκᾶν 1116b

פֶּסֶל
see also פְּסִילִים
γλύμμα 271a
γλυπτός 271a
γλύφειν 271b
εἴδωλον 376a
εἰκών 377b

פְּסַנְטֵרִין Ar.
ψαλτήριον 1483c

פְּסַנְתֵּרִין Ar.
ψαλτήριον 1483c

פָּסַס qal
ὀλιγοῦν 987a

פָּעָה qal
καρτερεῖν 725a
פָּעַל qal
ἀνταποδιδόναι *167b*
ἐνεργεῖν 473a
ἐξεργάζεσθαι 491b
ἐπάγειν 503c
ἐπιτελεῖν 535a
ἐργάζεσθαι, ἐργάζειν 540c, *177b*
ἐργάτης *177b*
ἔργον 541c
κακοῦργος (פֹּעֵל אָוֶן) 711c
⟦καταρτίζειν 743b⟧ → κατεργάζεσθαι
κατεργάζεσθαι 749b
ποιεῖν 1154a, *189b*
πράσσειν, πράττειν 1201a
פָּעַל ni.
⟦σύγκεισθαι *192b*⟧
פֹּעַל
⟦ἀδικεῖν 24c⟧
*γίνεσθαι *170b* (Si 42.15)
ἐνεργεῖν 473a
ἐργάζεσθαι, ἐργάζειν 540c
ἐργασία 541b
ἔργον 541c, *177b*
μισθός 930a
ποιεῖν 1154a
ποίημα 1168b
πρᾶξις 1200c, *189c*
⟦τάξις 1334b⟧ → πρᾶξις
פְּעֻלָּה
⟦δουλ(ε)ία 345a⟧ → λειτουργ(ε)ία
ἐργασία 541b
ἔργον 541c
λειτουργ(ε)ία 873b
μισθός 930a, *185b*
μόχθος 935c
⟦πόνος 1188b⟧
פָּעַם qal
συμπορεύεσθαι 1305c
συνεκπορεύεσθαι 1313b
פָּעַם ni.
ἐξιστᾶν, ἐξιστάναι 496c
κινεῖν 765b
ταράσσειν 1336a
פָּעַם hit.
ἐξιστᾶν, ἐξιστάναι 496c
ταράσσειν 1336a
פַּעַם
καθὼς αἰεί/ἀεί (כְּפַ׳ בְּפַ׳) 28b
ἅπαξ 118a
δεύτερος (פַּעֲמַיִם) 293b
διάβημα 299a
δίς (פַּעֲמַיִם) 337b, *171c*
⟦ " (כַּמֶּה פְעָמִים, פְּעָמִים) 337b⟧
*ἅπαξ καὶ δίς (כְּפַ׳ בְּפַ׳) 337b (Jd 20.28*L*)
ἔθειν (כְּפַ׳ בְּפַ׳) 368b
εἰσάπαξ 410a
ἴχνος 696b
κάθοδος 704a
καιρός 706a
ἐν τῷ νῦν καιρῷ (בַּפַ׳, הַפַ׳, עַתָּה הַפַ׳, הַזֹּאת) 706a, 951c
κλίτος 771a
μερός 911c
νῦν, νυνί (הַפַ׳) 951c
ἀπὸ τοῦ νῦν (הַפַ׳) 951c
νῦν ἔτι τοῦτο (הַפַ׳) 951c
τὸ νῦν (הַפַ׳) 951c
*ὁδός 962b (Jb 33.29)
περίοδος 1124c
πλειστάκις (פְּעָמִים רַבּוֹת) 1141c
πλεονάκις (פְּעָמִים רַבּוֹת) 1142a
ποσάκις (עַד־כַּמֶּה פְעָמִים) 1195c
πούς 1198b
χρόνος 1476b
פַּעֲמוֹן
κώδων 839b, *183c* (Si 45.9)
ῥοΐσκος 1253a
⟦ " *191c*⟧ → רִמּוֹן
פָּעַר
ἀνοίγειν 105b
διανοίγειν 307b
פָּצָה qal
ἀνοίγειν 105b
⟦ἀντειπεῖν, ἀντερεῖν (פָּ׳ פֶּה qal) 109c⟧
διανοίγειν 307b
διαστέλλειν 311b
ἐξαιρεῖν 484b
λυτροῦν 890a
ῥύεσθαι 1254b
χαίνειν 1452a
*פָּצָה ni.
*ἐκφεύγειν 445b (To 13.2)
פָּצַח qal
ᾄδειν 19a
βοᾶν 222a
ἐξάλλεσθαι 487a
ῥηγνύναι 1248c
פָּצַח pi.
⟦συγκλείειν 1299a⟧ → συνθλᾶν
συνθλᾶν 1316a
פָּצַל pi.
λεπίζειν 873c
פְּצָלוֹת
λέπισμα 873c
פָּצַם pi.
συνταράσσειν 1318a
פָּצַע
θλαδίας (פְּצוּעַ דַּכָּא) 652a
συντρίβειν 1321a
τραυματίζειν 1370a
פֶּצַע
σύντριμμα 1322b
τραῦμα 1369b, *193c*
פָּצַץ pilp.
*διατίλλειν 313c (Jb 16.12)
פָּצַץ polel
*κόπτειν 779a (Je 23.29)
פָּצַר, פָּצֵר qal
βιάζεσθαι 218a
καταβιάζεσθαι 729a
παραβιάζεσθαι (פָּ׳ בְּ־ qal) 1056a
פָּצַר, פָּצֵר hi.
ἐπάγειν 503c
פָּקַד qal
ἁλίσκειν, ἁλίσκεσθαι 54c
ἀνταποδιδόναι 108c
ἀποδιδόναι 126b
ἀριθμεῖν 156b
⟦ἀριθμός 156c⟧ → ἐπίσκεψις
ἀρχηγός 165a
ἐκδικεῖν 422b
ἐκδίκησις 423a
⟦ἐκζητεῖν 430c⟧ → ζητεῖν
ἐντέλλεσθαι, ἐντελλέσθειν(?) 477a
ἐπάγειν (פָּ׳ qal, יָצָא לִפְקוֹד) 503c
ἐπιζητεῖν 520a
ἐπισκέπ(τ)ειν 527c, *177a*
⟦ἐπισκευή 528b⟧ → ἐπίσκοπος
ἐπίσκεψις 528b
ἐπισκοπή 528c, *177a*
ἐπισκοπὴν ποιεῖν 528c, 1154a
ἐπίσκοπος 529a
*ἐπιτάσσειν 535c (1K 25.15*L*)
ἐτάζειν 559b
ἐφιστάναι 585c
ζητεῖν 597a
καθιστάναι 702c
*καταλείπειν 736a (Is 38.10)
μιμνήσκεσθαι 927c, *185a*
παρατιθέναι 1065a
^*σημαίνειν 1263a (1E 2.4)
συνεπισκέπτεσθαι 1313c
συνιστάναι, συνιστᾶν 1317a
σύνταξις 1318a
פָּקַד ni.
*ἀπολείπειν 136b (4K 10.19*bisL* ‖ vs. 21 B)
*ἀφαιρεῖν pass. 180a (Jd 21.3*L*)

διαφωνεῖν 315c
?ἐκπηδᾶν 439a
⟦ἐντέλλεσθαι, ἐντελλέσθειν(?) 477a⟧ → פָּקַד qal
ἐπισκέπ(τ)ειν 527c, *177a*
ἐπισκοπεῖν 528c
ἐπισκοπὴ εἶναι 528c
ἑτοιμάζειν 563c, *177c*
καθιστάναι 702c
⟦ὑπογράφειν *194c*⟧ → בָּדַק ni. ≈ ὑπορράπτειν
פָּקַד pi.
ἐντέλλεσθαι, ἐντελλέσθειν(?) 477a
פָּקַד pu.
⟦καταλείπειν 736a⟧ → פָּקַד qal
συντάσσειν 1318b
פָּקַד hi.
ἐμβάλλειν 455a
ἐπισυνιστάναι 534b
ἐπιτιθέναι 535c
ἐφιστάναι 585c
καθιστάναι 702c
*παραδιδόναι *187b* (Si 42.7)
παρακατατιθέναι 1060c
παρατιθέναι 1065a
τιθέναι 1348c (Is 10.28)
διδόναι φυλάσσειν/φυλάττειν 317b, 1441c (Je 43[36].20)
פָּקַד ho.
⟦ἐπισκευή 528b⟧ → ἐπίσκοπος
ἐπισκοπή 528c
ἐπίσκοπος 529a
καθιστάναι 702c
παρατιθέναι 1065a
פָּקַד hit.
*ἐκδικεῖν 422b (Ez 19.12)
ἐπισκέπ(τ)ειν 527c
פָּקַד hothp.
ἐπισκέπ(τ)ειν 527c
συνεπισκέπτεσθαι 1313c
*פְּקַד Ar. pa.
*ἐντέλλεσθαι 477a (To 6.16, 14.3)
פְּקֻדָּה
ἀριθμός 156c
⟦ἄρχων 166b⟧
ἐκδίκησις 423a
ἐπάγειν 503c
ἐπίσκεψις 528b
ἐπισκοπή 528c
ἐπίσκοπος 529a
ἔργον 541c
θυρωρός 664a
καθιστάναι 703a
μυλών 936c

προστάτης 1221a
פִּקָּדוֹן
παραθήκη 1059c
φυλάσσειν, φυλάττειν 1441c
פִּקּוּדִים
δικαίωμα 334b
ἐντολή 479b
פַּקֻּעָה
τολύπη 1363c
פָּקַח qal
ἀνοίγειν 105b
διανοίγειν 307b
*σοφοῦν 1281b (Ps 145[146].8)
פָּקַח ni.
ἀνοίγειν 105b
διανοίγειν 307b
פִּקֵּחַ
βλέπειν 221a
פְּקַח־קוֹחַ
ἀνάβλεψις 73b
פָּקִיד
ἐπίσκοπος 529a
ἐπιστάτης 529c
καθιστάναι 703a
κωμάρχης 839c
προστάτης 1221a
*τεταγμένος < τάσσειν 1337a (Jd 9.28*L*)
τοπάρχης 1364b
פֶּקַע
ἦχος, ⟦ἠχώ⟧ *179c*
פְּקָעִים
ἐπανάστασις 506c
ὑποστήριγμα 1417a
פַּר, פָּר
βοῦς 229a
δάμαλις 284c
⟦κριός 788c⟧ → אַיִל I
μοσχάριον 934b
μόσχος 934c
^ταῦρος 1337c
פָּרָא hi.
⟦διαστέλλειν 311b⟧ → פָּרַד hi.
פֶּרֶא
ἄγροικος 17a
ἐρημίτης 545a
ὄναγρος 994b, *186b*
ὄνος 1000a
ὄνος ἄγριος 16c, 1000a
ὄνος ἐρημίτης 1000a
פַּרְבָּר
διαδέχεσθαι 300a
פָּרַג hi.
ἀπαιτᾶν *167c*

ἀφιστᾶν, ἀφιστάναι, ἀφιστάνειν *169b*
פָּרַד qal
ἐκτείνειν 442a
פָּרַד ni.
ἀφορίζειν 185c
διασπείρειν 310c
διαστέλλειν 311b (+Ho 13.15)
διαχωρίζειν 316a
λείπειν 872c
σκορπίζειν 1275c
χωρίζειν 1482b
פָּרַד pi.
⟦συμφύρειν 1306c⟧
פָּרַד pu.
⟦διασπείρειν 310c⟧
פָּרַד hi.
*ἀφιστᾶν, ἀφιστάναι, ἀφιστάνειν *169b* (Si 42.9)
διασπείρειν 310c
διαστέλλειν 311b
*διαχωρεῖν (4K 2.11*L*)
διαχωρίζειν 316a
διϊστάνειν, διϊστάναι 330b
ὁρίζειν 1011c
פָּרַד hit.
ἀποσπᾶν 141a
διασκορπίζειν 310b
λείπειν ἀλλήλους 872c
ταράσσειν 1336a
פֶּרֶד
^ἡμίονος 618c
פִּרְדָּה
ἡμίονος 618c
פַּרְדֵּס
παράδειος 1057c
פָּרָה I qal
ἀναβαίνειν, ἀναβέννειν 70a
αὐξάνειν, αὔξειν 178c
βλαστᾶν, βλαστάνειν, βλαστεῖν 220c
⟦ἐν γαστρὶ ἔχειν 586c⟧
γέν(ν)ημα 238c
εὐθηνεῖν 570b
πληθύ(ν)ειν *189a*
*πλήρης 1147a (Is 63.3)
φύειν 1440c
פָּרָה I hi.
αὐξάνειν, αὔξειν 178c
ὑψοῦν 1422a
פָּרָה II
βοῦς 229a
δάμαλις 284c
⟦καρπός (“fruit”) 723c⟧

פַּרְוָר
§φαρουρειμ (פַּרְוָרִים) 1425b

פָּרוּר
χύτρα, κύθρα, χύθρα, χυτρον(?) 1480b, *196c*

פֶּרֶז, פֵּרֶז
δυνάστης 355b

פְּרָזוֹן
δυνατός 355c
ἐνισχύειν 475a
*κρατεῖν 783a (Jd 5.7*L*)
§φραζων 1438b

פְּרָזוֹת
ἔξω, ἐξωτέρω 501c
⟦κατακάρπως 733a⟧ → פְּרִי
μητρόπολις (עִיר פְּ׳) 925c

פְּרָזִי
⟦διασπείρειν 310c⟧ → פָּזַר qal

פַּרְזֶל Ar.
σίδηρος 1266a
σιδηροῦς 1266b

פָּרַח qal
ἀναζεῖν 76c
ἀναθάλλειν *166c*
ἀνατέλλειν 83a
ἀνθεῖν 95b
βλαστᾶν, βλαστάνειν, βλαστεῖν 220c
διασκορπισμός 310c
ἐκβλαστάνειν 421b
ἐξανθεῖν 487c
⟦ἐξανιστάναι 487c⟧
⟦ἐξεῖναι 490c⟧ → ἐξανθεῖν
θάλλειν 623b, *179a* (Si 14.18)
καρποφορεῖν 724c
*πάσσειν *188a* (Si 43.17)

פָּרַח hi.
ἀναθάλλειν 77a
ἀνατέλλειν *166c*
ἀνθεῖν 95b
ἐξανθεῖν 487c
⟦ἱστάναι, ἱστᾶν 689a⟧

פֶּרַח
ἄνθος 96a
βλαστός 220c, *169b*
ἐξανθεῖν 487c
κρίνον 788c
*λαμπαδεῖον 852c (3K 7.35 (MT 49)*L*)

פִּרְחָה
βλαστός 220c

פָּרַט qal
ἐπικροτεῖν 523c

פֶּרֶט
ῥώξ 1255c

פְּרִי
γέν(ν)ημα 238c, *170a*
ἔγγονος 363b
ἔκγονος 421c
⟦ἐκλεκτός 437a⟧
ἐκφόριον 445c
⟦ἐκφόρτιον(?) 445c⟧ → ἐκφόριον
εὐλογία 574b
καρπίζεσθαι 723c
κάρπιμος 723c
καρπός ("fruit") 723c, *181a*
καρποφόρος 724c
*κατακάρπως 733a (Zc 2.4[8])
τέκνον (פְּ׳ בֶטֶן) 1340c

פָּרִיץ
ἀφυλάκτως 187b
λῃστής 876a
λοιμός (adj.) 887c
σκληρός 1274b

פֶּרֶךְ
βία 218a
μόχθος 935c

פָּרֹכֶת
*ἐπικάλυμμα 522b (Ex 39.21[24])
κατακάλυμμα 732c
καταπέτασμα 741b, *181c*

פָּרַם qal
διαρρηγνύειν, διαρρηγνύναι, διαρρήσσειν 309a
παραλύειν 1062a

פָּרַס qal
κλᾶν 766c

פָּרַס hi.
διχηλεῖν 337c
διχηλεύειν 338a
ἐκφέλειν ὁπλάς 1003b

פְּרַס Ar. pe.
§φαρες 1424c

פְּרַס Ar. peil
διαιρεῖν 302c

פֶּרֶס
⟦ἀστράγαλος 173c⟧ → פַּרְסָה
γρύψ 278a
γύψ 283b

פְּרֵס Ar.
*§φαρες 1424c (Da TH 5.25, 28)

פַּרְסָה
*ἀστράγαλος 173c
ἴχνος 696b
ὁπλή 1003b
πούς 1198b
χηλή 1468a

פָּרַע qal
ἀκάλυπτος 43b
ἀκατακάλυπτος 43c
ἄκυρον ποιεῖν 51c, 1154a
*ἀνοίγειν *167b* (Si 43.14)
ἀπαίδευτος *167c*
*ἀποκάλυμμα 131c (Jd 5.2B)
ἀποκαλύπτειν 131c
ἀποκιδαροῦν 132b
ἀποφράσσειν 150a
ἀπωθεῖν 151a
ἄρχειν 163a
ἀφαιρεῖν 180a
ἀφιστᾶν, ἀφιστάναι, ἀφιστάνειν *169b*
διασκεδάζειν, διασκεδαννύειν, διασκεδαννύναι 309c
διαστέλλειν 311b (Ma 3.11 MT גָּעַר)

פָּרַע hi.
ἀφιστᾶν, ἀφιστάναι, ἀφιστάνειν *169b*
διαστρέφειν 312a

פֶּרַע
ἀρχηγός 165a
ἄρχων 166b
κόμη 777b

פַּרְעֹשׁ
ψύλλος 1486a

פָּרַץ qal
*ἀπαλλάσσειν 116b (Ex 19.22)
ἀπολλύειν, ἀπολλύναι 136c
*ἀσεβής 170b (Is 28.21)
αὐξάνειν, αὔξειν 178c
βιάζεσθαι 218a
διακοπή 303b
διακόπτειν 303c
διασφαγή 312b
ἐκβλύζειν 421b
⟦ἐκβύζειν(?) 421c⟧ → ἐκβλύζειν
ἐκπετάζειν, ἐκπεταννύναι 439a
εὐοδοῦν 575c
θραύειν 654b
ἰσχύειν 692c
καθαιρεῖν 697b
καταβάλλειν 728c
⟦κατασκάπτειν 743c⟧ → κατασπᾶν
κατασπᾶν 745a
⟦κατελαύνειν 749a⟧ → καθαιρεῖν
κατευθύνειν 750b
⟦παραβιάζεσθαι (פָּ׳ בְּ־ qal) 1056a⟧ → פָּצַר, פָּצַר qal
πλατύνειν 1141b
πληθύ(ν)ειν 1144b
πλουτεῖν 1150c
πολὺν ποιεῖν 1154a, 1181b
*προστάσσειν 1220c (2C 31.5)

χεῖν 1457c
פָּרַץ ni.
διαστέλλειν 311b
*διαχεῖν 316a (Ez 30.16)
פָּרַץ pu.
καθαιρεῖν 697b
פָּרַץ hit.
ἀναχωρεῖν 85c
פֶּרֶץ
διακοπή 303b
διακόπτειν 303c
θραῦσις 654c
κατάπτωμα 742b
πίπτειν 1135c
πτῶμα 1239a
τροπή *194b*
φραγμός 1438b
פָּרַק qal
ἐκλύειν 438a
λυτροῦν 890a
פָּרַק pi.
διαλύειν 305a
ἐκστρέφειν 441c
⟦ἐκτρίβειν 444a⟧ → ἐκστρέφειν
περιαιρεῖν 1121b
פָּרַק hit.
⟦ἐκδικεῖν 422b⟧ → פָּקַד hit.
περιαιρεῖν 1121b
פְּרַק Ar. pe.
λυτροῦν 890a
פָּרָק
⟦ζωμός 601a⟧ → מָרָק II
פֶּרֶק
ἀδικία 25b
διεκβολή 328b
פָּרַר polel
⟦κραταιοῦν 782c⟧
פָּרַר hi.
αἴρειν 34c (+Is 33.8)
ἀποποιεῖσθαι 139c
⟦ἀπορία στενή 140a⟧
⟦ἀποστρέφειν 145b⟧
διαλλάσσειν 304c
διασκεδάζειν, διασκεδαννύειν, διασκεδαννύναι 309c
ἐμμένειν + neg. 456a
μένειν + neg. 910a
^*παραβαίνειν 1055b
περιαιρεῖν 1121b
פָּרַר ho.
διασκεδάζειν, διασκεδαννύειν, διασκεδαννύναι 309c
פָּרַר pilp.
διασκεδάζειν, διασκεδαννύειν, διασκεδαννύναι 309c
פָּרַר hitpo.
ἀπορεῖν 140a
פָּרַשׂ qal
⟦αἴρειν 34c⟧
ἀμφιβολεύς (פ׳ מִכְמֹרֶת qal) 68a
ἀναπεταννύναι 81a
ἀναπτύσσειν 81c
ἀνειλεῖν 86c
ἀνοίγειν 105b
βάλλειν 189c
διακλᾶν 303b
διανοίγειν 307b
διαπετάζειν, διαπεταννύειν, διαπεταννύναι 307c
διατείνειν 313a
*διαχεῖν 316a (Pr 28.32)
διϊέναι 330b
ἐκπετάζειν, ἐκπεταννύναι 439a, *173c*
^ἐκτείνειν 442a
ἐπιβάλλειν 516a
ἐπικαλύπτειν 522b
⟦κλᾶν 766c⟧ → διακλᾶν
μελίζειν 909a
περιβάλλειν 1121c
σκιάζειν 1274b
ὑπτιάζειν 1418b
χεῖν 1457c
פָּרַשׂ ni.
διασπείρειν 310c
פָּרַשׂ pi.
ἀνιέναι (= ἀνίημι) 102b
διαπετάζειν, διαπεταννύειν, διαπεταννύναι 307c
⟦διαστέλλειν 311b⟧ → פָּרַשׁ qal or pi.
ἐκπετάζειν, ἐκπεταννύναι 439a
ἐκτείνειν 442a
παριέναι ("to allow") 1070b
פָּרַשׁ qal
διακρίνειν 304a
*διαστέλλειν 311b (Ps 67[68].14 possibly pi.)
פָּרַשׁ ni.
διαχωρίζειν 316a
פָּרַשׁ pi.
*διαστέλλειν 311b (Ps 67[68].14 possibly qal)
פָּרַשׁ pu.
διδάσκειν 316c
συγκρίνειν 1300b
פָּרַשׁ hi.
⟦διαχεῖν 316a⟧ → פָּרַשׂ qal
⟦διαχεῖται ὁ ἰός 687a⟧
פָּרָשׁ I
ἀναβάτης 73a
ἱππάρχης, ἵππαρχος (בַּעַל פָּרָשִׁים) 687a
^ἱππεύς 687a
ἵππος 687b
פָּרָשׁ II
συνωρίς (צֶמֶד פָּרָשִׁים) 959c
פֶּרֶשׁ
ἔνυστρον 482a
κόπρος 779a
פַּרְשֶׁגֶן Ar.
^*ἀντίγραφον 110b
διασάφησις 309c
διαταγή 312c
*פַּרְשְׁדֹן
*προστάς 1220b (Jd 3.22A)
פָּרָשָׁה
ἐπαγγελία 503b
פַּרְשֵׁז
ἐκπετάζειν, ἐκπεταννύναι 439a
⟦σκέπειν 1269a⟧ → ἐκπετάζειν, ἐκπεταννύναι
פֹּרָת
⟦αὐξάνειν, αὔξειν 178c⟧ → פָּרָה I qal
פַּרְתְּמִים
ἔνδοξος 470c
ἐπίλεκτος 525a
§πορθομμειν 1194b
§φορθομμειν 1438a
פָּשָׂה qal
διαχεῖν 316a
διάχυσις 316a
μεταβάλλειν 915b
μεταπίπτειν 916c
פָּשַׂק qal
προπετής 1208b
פָּשַׂק pi.
⟦ἄγειν 9a⟧ → διάγειν
διάγειν 299c
פָּשַׁח pi.
*κατασπᾶν 745a (La 3.11)
פָּשַׁט qal
ἐκδιδύσκειν 422b
ἐκδύ(ν)ειν 423c
ἐκτείνειν 442a
ἐκχεῖν, ἐκχέειν 445c
*ἐπιβάλλειν 516a (Jd 9.33*L*)
ἐπιτιθέναι 535c
⟦κυκλοῦν 798b⟧
ὁρμᾶν 1014a
συμπίπτειν 1305b
פָּשַׁט pi.
ἐκδιδύσκειν 422b

*ἐκδύειν 423c (1K 31.8*L*)
σκυλεύειν 1277b
פָּשַׁט hi.
ἀφαιρεῖν 180a
δέρειν 291b
*ἐκδιδύσκειν 422b (1K 31.9*L*)
ἐκδύ(ν)ειν 423c
פָּשַׁט hit.
ἐκδύ(ν)ειν 423c
פָּשַׁע qal
ἀδικεῖν 24c
ἀθετεῖν 29b
^ἁμαρτάνειν 60c
*ἁμαρτωλός *166b* (Si 11.15)
ἀνομεῖν 106b
ἀνομία 106b
ἄνομος 107c
ἀσεβεῖν 170a
ἀσεβής 170b
ἀφιστᾶν, ἀφιστάναι, ἀφιστάνειν 184b
παραβαίνειν 1055b
παράνομος 1062b
πλανᾶν 1139b
⟦ποιεῖν 1154a (Ez 18.31)⟧ → ἀσεβεῖν
פֶּשַׁע
ἄγνοια 16a
ἀδίκημα 25a, *165b*
ἀδικία 25b
ἀθέτημα 29c
ἀθέτησις 29c
ἁμαρτάνειν 60c
ἁμάρτημα 62a
ἁμαρτία 62a, *166b*
ἀνομεῖν 106b
ἀνόμημα 106b
ἀνομία 106b, *167b*
ἀσέβεια, ἀσεβία 169c
ἀσέβημα 170b
ἀφιστᾶν, ἀφιστάναι, ἀφιστάνειν *169b*
⟦παράνομος 1062b⟧ → פָּשַׁע qal
παράπτωμα 1063c
πλανᾶν 1139b
πλάνη 1140a
φιλαμαρτήμων (אֹהֵב פֶּ׳) 1430b
פְּשַׁר I Ar. pe.
συγκρίνειν 1300b
פְּשַׁר I Ar. pa.
συγκρίνειν 1300b
פְּשַׁר II subst. Ar.
⟦ἕκαστος 418a⟧
κρίμα 786b
κρίνειν (הַחֲוִי פְּ׳) 787b
κρίσις 789c
σύγκριμα 1300b
σύγκρισις 1300b
פֵּשֶׁר
*λύσις 890a (Ec 8.1)
פִּשְׁתָּה
λινοκαλάμη (פִּשְׁתֵּ עֵץ) 879b
λίνον 879b
λινοῦς 879b
ὀθόνιον 967c
στίππινος, στιππόϊνος, στιππύϊνος 1291b
στιππύον, στιππεῖον, στύππιον 1291b
פַּת
ἄρτος (פַּת, פַּת־לֶחֶם) 161b
κλάσμα 766c
ψωμός 1490c
פֹּת
θύρωμα 664a
σχῆμα 1327c
פִּתְאֹם
ἄφνω 185b
ἐξαίσιος 486b
ἐξαίφνης, ἐξέφνης 486b
ἐξάπινα (בְּפֶתַע פִּ׳, בְּפִ׳,פִּ׳) 488a, *175c*
⟦[ἐξαπίνης] *175c*⟧
⟦ἐπέρχεσθαι 509c⟧
εὐθέως 570b
εὐθύς (adv.) 571b
κεπφοῦσθαι, κεφφοῦσθαι 759b
παραχρῆμα 1065c
פַּת־בַּג
τὰ δέοντα 287b
δεῖπνον 288a
τράπεζα 1369b
פִּתְגָּם, also Ar.
^*ἀντιγράφειν (שְׁלַח פִּ׳ pe.) 110b
ἀντίρρησις 111c
^*ἀποκρίνειν (הֲתִיב פִּ׳) 133a
ἀπόκρισις *168a*
ἐπιταγή 534c
⟦λόγος 881c⟧ → νόμος
νόμος 947b
^*τὰ προειρημένα 1206a (1E 6.32)
ῥῆμα 1249a
ῥῆσις 1251c
*φθέγγεσθαι *195a* (Si 5.11)
פָּתָה qal
⟦ἀγαπᾶν 5c⟧ → ἀπατᾶν
ἀνόητος *167b*
ἄνους 108b
ἀπατᾶν 119b
ἄφρων *169c*
*ἐνθυσιάζειν *175b* (Si 34[31].7)
μωρός *185c*
πλανᾶν 1139b
πλατύνειν 1141b
פָּתָה ni.
ἀπατᾶν 119b
ἐξακολουθεῖν 486c
פָּתָה pi.
ἀπατᾶν 119b, *167c*
ἀποπειρᾶσθαι 139b
*διαπλανᾶν 308a (Jd 19.8*L*)
πλανᾶν 1139b
πλατύνειν 1141b
פָּתָה pu.
ἀπατᾶν 119b
⟦βεβηλοῦν *169b*⟧ → חָלַל I ni.
εὐοδία 575b
⟦πλανᾶν 1139b⟧ → פָּתָה pi.
פָּתָה hi.
πλατύνειν 1141b
פָּתָה hit.
⟦βεβηλοῦν *169b*⟧ → חָלַל I ni.
פִּתּוּחַ
βόθρος 224a
γλύμμα 271a, *170b*
γλυφή 271b
ἐγγλύφειν 363b
ἐγγράφειν 363b
⟦ἐγκόλαμμα 366c⟧
ἐγκολαπτός 366c
ἐκκόλαμμα 434b
⟦ἐκκολαπτός 434b⟧
ἐκτυποῦν 444b
ἐκτύπωμα 444b
⟦ἐντυποῦν 481b⟧
⟦θύρα 662c⟧ → פֶּתַח
פְּתוֹת
κλάσμα 766c
פָּתַח qal
⟦ἀνατέλλειν 83a⟧ → פָּרַח qal
*ἀνατιθέναι (פֶּה פָּ׳ qal) 83b (Mi 7.5)
ἀνοίγειν 105b, *167b*
διαθρύπτειν 302b
διανοίγειν 307b
διαρρηγνύειν, διαρρηγνύναι, διαρρήσσειν 309a
⟦ἐκτείνειν *173c*⟧
^λύειν 889a
παραλύειν 1062a
σπᾶν 1281b
פָּתַח ni.
⟦ἀκούειν 45a⟧
ἀνοίγειν 105b
δεῖν ("to bind") (פָּ׳ ni. + neg.) 287b

διανοίγειν 307b
ἐκκαίειν 432b
λύειν 889a
פָּתַח pi.
ἀνθεῖν 95b
ἀνοίγειν 105b
ἀποσάττειν 140c
ἀφαιρεῖν 180a
ἀφιέναι, ἀφιέναι 183b
γλύφειν 271b
διαγλύφειν 299c
διαρρηγνύειν, διαρρηγνύναι, διαρρήσσειν 309a
ἐκτυποῦν 444b
λύειν 889a
ὀρύσσειν 1017c
פֻּתַּח pu.
γλυφή 271b
ἐκκολάπτειν 434b
הִתְפַּתַּח hit.
ἐκδύ(ν)ειν 423c
⟦ἐκλύειν 438a⟧ → ἐκδύ(ν)ειν
פְּתַח Ar. pe.
ἀνοίγειν 105b
פֶּתַח
⟦ἀνοίγειν (בּוֹא פֶּ׳) 105b⟧ → פָּתַח qal
ἄνοιγμα 106a
αὐλή 177b
⟦διανοίγειν 307b⟧ → פָּתַח qal
εἴσοδος 413c
θύρα 662c
θυρίς 663c
θύρωμα 664a, *179c*
⟦προθύρα(?) 1206c⟧ → θύρα
πρόθυρον 1206c
πύλη 1240b
πυλών 1242a
τάφρος 1338b
פֵּתַח
δήλωσις 295c
פִּתְחוֹן
ἀνοίγειν 105b
פְּתִחוֹת
βολίς 224b
פְּתִי
ἄκακος 43b
ἀφροσύνη 186b
ἄφρων 186c
⟦δικαιοσύνη 332c⟧
νήπιος 944b
פְּתָי Ar.
εὖρος 579c
^πλάτος 1141a
פְּתִיגִיל
χιτὼν μεσοπόρφυρος 913a, 1471a
פָּתִיל
θρίξ 655b
κλώθειν 772b
κλῶσμα 772b, *182a*
λῶμα 891c
ὁρμίσκος 1014a
σπαρτίον 1281c
στρέμμα 1296b
συνεχόμενος ἐκ (בְּפִ׳) 1315b
נִפְתַּל ni.
πολύπλοκος 1181b
⟦πολυτρόπος 1185c⟧ → πολύπλοκος
σκολιός 1275b
συναναστρέφειν 1311a
הִתְפַּתֵּל hit.
⟦διαστρέφειν 312a⟧ → στρεβλοῦν
στρεβλοῦν 1296b
פְּתַלְתֹּל
διαστρέφειν 312a
פֶּתֶן
ἀσπίς ("snake") 173b
βασιλίσκος 214a
δράκων 348b
ἔχις *178c*
פֶּתַע
ἐξαίφνης, ἐξέφνης 486b
ἐξάπινα, ἐξαπίνης (בְּפֶ׳, בְּפֶ׳, בְּפֶ׳, פִּתְאֹם) 488a
παραχρῆμα (לְפֶ׳) 1065c
στιγμή 1291b
*τάχος (בְּפֶ׳) *193a* (Si 11.21)
פָּתַר qal
ἀπαγγέλλειν 113c
συγκρίνειν 1300b
פִּתְרוֹן
διασάφησις 309c
σύγκρισις 1300b
פַּתְשֶׁגֶן
ἀντίγραφον 110b

צ

צֵאָה
ἀσχημοσύνη 174c
⟦κόπρος 779a⟧ → צוֹאָה
צֵאָה See also צוֹאָה.
*προχώρημα 1234a (Ez 32.6)
ῥύπος 1255b
*ὑδρασία 1380c (Je 31.18 MT צמא)
צֹאִי
ῥυπαρός (צוֹא) 1255b
צֶאֱלִים
δένδρον μέγα 289c
παντοδαπὸν δένδρα 1053b
צֹאן
ἀμνός 66b
βόσκημα 225c
κτῆνος 794a
λαός 853b
νομάς 946b
⟦ποιμνημίον(?) 1169c⟧ → ποίμνιον
ποίμνιον 1169c
προβατικός 1204b
*προβάτιον (1K 17.28*L*)
πρόβατον 1204b
צֶאֱצָאִים
⟦ἀνδροῦν 86b⟧
ἔγγονος 363b
ἔκγονος 421c
τέκνον 1340c, *193a* (+Si 44.12)
צָב
ὁ κροκόδειλος ὁ χερσαῖος 791b, 1468a
λαμπήνη 853a
λαμπηνικός 853a
צָבָא I qal
ἀριθμός 156c
ἐκπολεμεῖν 439b
⟦ἐνεργεῖν (צָבָא צָבָא בַּעֲבֹדַת qal)⟧ 473a
⟦ἐξέρχεσθαι 491c⟧
ἐπιστρατεύειν 530c
λειτουργεῖν 872c
παρατάσσειν 1064c
παριστάναι 1070c
πολεμιστής 1171c
στρατεύειν 1295a
הִצְבִּא I hi.
γραμματεύειν 275b
ἐκτάσσειν 442a
צָבָא II subst.
⟦ἅγιος 12a⟧

ἀρχιστράτηγος (שַׂר צָ׳) 166a
ἀστήρ (צָ׳) 173b
⟦ " (צְ׳ הַשָּׁמַיִם) 173b⟧
ἄστρον 173c
⟦βίος 220a⟧
δύναμις 350a
⟦δυναστ(ε)ία 354c⟧ → δύναμις
ἔθνος 368b
ἐκτάσσειν 442a
ἐνεργεῖν (צָבָא צָבָא בַּעֲבֹדַת) 473a
*ἐπίπονος *177a* (Si 7.15)
⟦εὔζωνος *177c*⟧
κόσμος 780c
λειτουργ(ε)ία 873b
λειτουργεῖν 872c
μάχη 901a
⟦παντοκρατεῖν (צְבָאוֹת) 1053c⟧ → παντοκράτωρ
παντοκράτωρ (צְבָאוֹת) 1053c, *187b*
παράταξις 1064b
παρατάσσειν 1064c
παρεμβολή *187c*
πειρατήριον 1116a
πλῆθος 1142c
πολεμικός 1171b
πολεμιστής 1171c
πόλεμος 1172a
στρατιά, στρατεία 1295c
στρατηγ(ε)ία 1295b
צְבָא Ar. pe.
βούλεσθαι 226b
δοκεῖν 339b
(ἐ)θέλειν 628b
ζητεῖν 597a
θέλημα 629a
צְבָאוֹת
κύριος (אֱלֹהֵי צְ׳, יְהוָה צְ׳, יְהֹוִה צְ׳) 800b
§σαβαωθ 1256a
צָבָה qal
πρήθειν 1202c
צָבָה hi.
πρήθειν 1202c
צָבֶה
πρήθειν 1202c
צְבוּ Ar.
*βουλή 227c (Is 4.2 MT צְבִי)
πρᾶγμα 1199c
צָבוּעַ
ὕαινα 1379a, *194a*
צָבַט qal
βουνίζειν 228b
צְבִי
⟦ἀνιστᾶν, ἀνιστάναι (נָתַן צְ׳) 102c⟧ → יָצַב hit.
δόξα 341b
δορκάδιον 344b
δορκάς 344b
δόρκων 344b
ἐκλεκτός 437a
ἐλπίς 454a
ἔνδοξος 470c
θέλησις 629b
§σαβαειν, σαβαειμ 1256a
§σαβ(β)ειρ 1257a
§σαβει(ν) 1257a
צְבִיָּה
δορκάς 344b
צְבַע Ar. pa.
?αὐλίζειν 178b
צְבַע Ar. itpe.
?αὐλίζειν 178b
βάπτειν 190b
צֶבַע
βάμμα 190b
*βαφή 215a (Jd 5.30A)
צָבַר qal
βάλλειν 189c
θησαυρίζειν 651b
συνάγειν 1307b, *192c*
צִבֻּרִים
βουνός 228b
צְבָתִים
βουνίζειν 228b
צַד
κλίτος 771c
μέρος 911c
πλάγιος 1139b
πλευρά 1142a
πλευρόν 1142b
πλησίον (מִצַּד) 1148b
ὦμος 1493a
צְדָא Ar.
ἀληθῶς 54b
צָדָה qal
⟦δεσμεύειν 292a⟧ → צָרַר II qal
*ἐπίβουλος 517b (I1K 2.16)
צָדָה ni.
ἐκλείπειν 435c
צֵדָה
ἐπισιτισμός 527b
צְדִיָּה
ἔνεδρον 472b
צַדִּיק
⟦ἀδίκως 27b⟧
ἀληθής 53c
^*ἀληθινός 54a
δίκαιος 330c, *171c* (+Si 32[35].22)
δικαιοσύνη 332c
εὐσεβής 580b, *178b*
πιστός 1138c
φυλάσσειν/φυλάττειν δικαιοσύνην 332c
צָדַק qal
ἄμεμπτος 65b
⟦ἀναφαίνειν 84c⟧
δίκαιος ἀναφαίνεσθαι 330c
δίκαιος εἶναι 330c
δικαιοῦν 334b
καθαρὸς εἶναι 698c
καθαρίζειν, καθερίζειν 698a
צָדַק pi.
δίκαιον ἀποφαίνειν 149c, 330c
δικαιοῦν 334b
צָדַק hi.
δίκαιος 330c
δίκαιον ἀποφαίνειν 149c, 330c
δίκαιον κρίνειν 330c, 787b
δικαιοῦν 334b, *171c*
צָדַק hit.
δικαιοῦν 334b, *171c*
צֶדֶק
*ἀλήθεια *166a* (Si 4.28)
δίκαιος 330c, *171c* (–Si 32[35].22)
δικαιοσύνη 332c, *171c*
δικαιοῦν 334b
δικαίως 335a
⟦ " *171c*⟧
ἐλεημοσύνη 450b, *174a*
κρίσις 789c
צְדָקָה also Ar.
δίκαιος 330c
δικαιοσύνη 332c, *171c* (Si 44.10)
δικαίωμα 334b
ἐλεημοσύνη 450b (+ To 12.3), *174a*
ἔλεος, ἔλαιος 451a
⟦εὐφροσύνη 582c⟧
κρίμα 786b
צִדְקָה Ar.
ἐλεημοσύνη 450b
צָהַב ho.
^στίλβειν 1291b
צָהֹב
ξανθίζειν 956a
ξανθός 956a
צָהַל qal
ἀγαλλιᾶσθαι 4c
βοᾶν 222a
κερατίζειν 760b
ταράσσειν 1336a
χρεμετίζειν 1474a, *196b* (Si 36[33].6)
צָהַל pi.
χρεμετίζειν 1474a

צָהַל hi.
ἱλαρύνειν 684b
צָהַר hi.
μεσημβρία *184b*
צֹהַר
δειλινός, τὸ δειλινόν, ἡ δειλινή (צָהֳרַיִם) 278a
ἐπισυνάγειν 534a
μεσημβρία (צ׳, עֵת צָהֳרַיִם) 912c
μεσημβρινός 912c
צוֹאָה
see also צֹאָה
ἔξοδος 497b
κόπρος 779a
צוֹאי
see צֹאִי
צַוָּאר
τράχηλος 1370b, *194a*
*ὦμος 1493a (Is 60.4; 66.12)
צַוַּר, צַוְּאר Ar.
τράχηλος 1370b (+ To 7.7)
צוד qal
ἀγρεύειν 16c
⟦ἐκθλίβειν 432a⟧ → צָרַר II qal
θηρεύειν 650b
צוד polel
διαστρέφειν 312a
ἐκστρέφειν 441c
צוד hit.
*ἐπισιτίζειν 527b (Jo 9.4)
*ἑτοιμάζειν 563c (Jo 9.4)
ἐφοδιάζειν 586b
צָוָה pi.
ἀποστέλλειν 141b
διατιθέναι 313b
διδόναι ἐντολήν (צָ׳ מִצְוָה pi.) 317b (I1E 9.11)
^εἰπεῖν, ἐρεῖν 384a
⟦ἐκφέρειν 444c⟧ → יָצָא hi.
⟦ἐνθυμεῖσθαι 473c⟧
ἐντέλλεσθαι, ἐντελλέσθειν(?) 477a, *175b*
ἐντολή *175b*
ἐπιτάσσειν 534c
καθιστάναι 703a
κατισχύειν 751b
κρίνειν *182b*
*ὁρκίζειν 1013b (Ge 50.16)
^προστάσσειν, προστάττειν 1220c
συνιστάναι, συνιστᾶν 1317a
συντάσσειν 1318b
τάσσειν 1337a
⟦τιθέναι 1348c (Ps 77[78].5)⟧ → ἐντέλλεσθαι, ἐντελλέσθειν
צָוָה pu.
ἐντέλλεσθαι, ἐντελλέσθειν(?) 477a, *175b*
ἐπιτάσσειν 534c
συντάσσειν 1318b
*צְוֵה Ar.
*ἔρημος 545a (To 14.4)
צָוַח qal
βοᾶν 222a
*κράζειν 781b (Jd 1.14)
צְוָחָה
κραυ(γ)ή 784b
ὀλολύζειν 989b
צוּלָה
ἄβυσσος 1b
צום qal
ἀσιτεῖν 172c
νηστεύειν 945b
צוֹם
^νηστεία 945a
צוף I qal
ἐμπιπλᾶν, ἐμπι(μ)πλάναι, ἐμπλήθειν *174b*
*ὑπερχεῖν 1411b (La 3.54)
צוף I hi.
ἐπικαλύπτειν *176c*
ἐπικλύζειν 523b
ἐπιπολάζειν 526c
צוף II
κηρίον 763b
צוץ qal
ἀνθεῖν 95b
צוץ hi.
ἀνθεῖν 95b
βλαστᾶν, βλαστάνειν, βλαστεῖν 220c
διακύπτειν 304b
ἐκκύπτειν 435a
ἐξανθεῖν 487c
צוק hi.
*ἀδικεῖν 24c, *165b* (Si 4.9)
ἐκθλίβειν 432a
θλίβειν 652b
κατεργάζεσθαι 749b
ὀλέκειν 986b
παρενοχλεῖν 1068c
πολιορκεῖν 1173c
צוק ho.
*ἀδικεῖν 24c, *165b* (Si 4.9)
צוּקָה
θλῖψις *179c*
πολιορκία 1174a
στενοχωρία 1288c
צור I qal
ἀντίκεισθαι 110c
βάλλειν 189c
βοηθός 223c
δεῖν ("to bind") 287b
διαγράφειν 300a
*διακαθίζειν 303a (I1K 11.1)
ἐπανιστάναι, ἐπανιστάνειν 506c
ἐχθραίνειν 589b
⟦καθίζειν 701c⟧ → διακαθίζειν
λαμβάνειν 847a
*περιέχειν 1123a (Ps 39[40].12)
περικαθῆσθαι 1123c
περικαθίζειν 1123c
*περιοχή 1125a (Ps 140[141].3; Ob 1)
πλάσσειν 1140b
πολιορκεῖν 1173c
⟦["] *189b*⟧ → מָצוֹר ≈ πολιόρκησις
συγκλείειν 1299c
συνέχειν 1315b
σφίγγειν 1325a
χαρακοῦν 1454c
χωνεύειν 1480c
צור I ni.
*ὀχυρός 1043b (Is 37.26a [1QIs[a]])
*περιέχειν 1123a (Ez 6.12)
צור II subst.
⟦ἅγιος 12a⟧
ἀκρότομος *166a*
ἀντιλήπτωρ 111a
*βοήθεια, βοηθία 222c (Ps 48[49].15)
θεός 630a
κύριος 800b
⟦μέγας 902c (Is 26.4)⟧
ὄρος 1014b
πέτρα 1129c, *188c*
*πλάσσειν 1140b (2K 22.47*L*)
*πλάστης 1140c (2K 22.3, 23.3*L*)
στερεὰ πέτρα 1129a, 1289a
πέτρινος 1130a
§σορ 1278c
φύλαξ 1441b
צוֹר
⟦διακαθίζειν 303a⟧
צוּרָה
διαγράφειν 300a
⟦δικαίωμα 334b⟧
צַוְּרוֹנִים
τράχηλος 1370b
צוֹרֶךְ
χρεία *196a*
צות polel
ἀκροᾶσθαι *166a*

צַח
⟦εἰρήνη 401b⟧
*ἐπιλάμπειν (Is 4.2)
λευκός 874c
צָחַח qal
λάμπειν 853a
צְחִיחַ
λεωπετρία, λεοπετρία (צְ׳ סֶלַע) 875b
צְחִיחִי
σκεπεινός 1269a
צַחֲנָה
*βρόμος 231a (Jl 2.20)
צָחַק qal
γελᾶν 235b
συγχαίρειν 1301a
צָחַק pi.
γελοιάζειν 235c
ἐμπαίζειν 456b
παίζειν 1049a
צְחֹק
γέλως, γέλος(?) 235c
צִי
πλοῖον 1150a
צַיִד
βορά 224a
θήρα 650b
θήρευμα 650c
κυνηγεῖν 799b
κυνηγός 799b
צַיָּד
θηρευτής 650c
צֵידָה
ἐπισιτισμός 527b
θήρα 650b
צִיָּה
ἄνυδρος 112a
διψᾶν (= HR's διψῆν) 338a
ἔρημος 545a
ξηρός 957b
צָיוֹן
§σ(ε)ιων 1267c
צִיּוּן
σημεῖον 1263b
σκόπελον 1275b
צִיִּי
⟦δαιμόνιον 283b⟧
θηρίον 650c
ἴνδαλμα 686c
צִינָּה
ψυχρός *196c*
צִינֹק
*ἀπόκλεισμα 132c (Je 36[29].26)
⟦καταρ(ρ)άκτης 743a⟧ → מַהְפֶּכֶת
צִיץ I qal
ἐγκύπτειν 367b

צִיץ II subst.
*ἄκρα *166a* (Si 43.19)
ἀνάγλυφον 76b
ἄνθος 96a
ἐκτύπωμα *174a*
πέταλον 1128c
στέφανος *192a*
צִיצָה
ἄνθος 96a
צִיצִת
⟦κορυφή (צְ׳ רֹאשׁ) 780a⟧
κράσπεδον 782a
צִיר I
ἄγγελος 7b
ὅμηρος 991a
πρέσβυς 1201b
צִיר II
στρόφιγξ 1297b
צִיר III
ὠδίν 1492b
צֵל
ἀσφάλεια, ἀσφαλία 174b
⟦καιρός 706a⟧
σκεπάζειν (חָסָה בְּצֵל) 1268c
σκέπη 1269a
σκιά 1274a
στέγη 1288a
צְלָא Ar. pa.
δεῖσθαι 288a
^προσεύχεσθαι 1214a
צָלָה qal
ὀπτᾶν 1004a
צָלָה pi.
*προσεύχεσθαι 1214a (Hb 3.16 Aramaizing)
צְלוּל
μαγίς 891b
צָלַח qal
ἅλλεσθαι 55c
ἀναλάμπειν 79a
αὐξάνειν, αὔξειν 178c
*ἐκκαίειν *173c* (Si 8.10)
εὐδοκεῖν 569a
εὐοδία *178a*
εὔοδον εἶναι 575c
εὐοδοῦν 575c, *178a*
ἐφάλλεσθαι 585b
κατευθύνειν 750b
κατευοδοῦν 750c
πίπτειν 1135c
χρᾶν, χρᾶσθαι 1473c
χρήσιμος εἶναι 1474c
צָלַח hi.
ἐπιτυγχάνειν 537c
εὐδοκεῖν 569a
εὐδοκία *177c*

^*εὐοδία 575b (1E 1.11 Aramaizing)
εὐοδοῦν 575c, *178a*
κατευθύνειν 750b
κατευοδοῦν 750c
צְלַח Ar. af.
καθιστάναι ἄρχοντα 166b
αὐξάνειν, αὔξειν 178c
εὐοδοῦν 575c
κατευθύνειν 750b
צְלַח haf. Ar.
^*εὔοδον γίνεσθαι/εἶναι 575c (1E 7.3)
^*εὐοδοῦν 575c (1E 6.10)
צְלֹחִית
ὑδρίσκη 1381a
צַלַּחַת
ἀλάβαστρος, ἀλάβαστρον 52a
κόλπος 777a
*πυξίον 1242b (4K 20.13*L*)
צָלִי
ὀπτός 1004b
צְלִיל
μαγίς 891b
צָלַל I qal
δύ(ν)ειν 350a
⟦καθιστάναι 703a⟧
צָלַל II qal
ἠχεῖν 620c
צָלַל III hi.
σκέπη 1269a
*σκιάζειν 1274b (Jn 4.6)
*צָלַל III ho.
*σκεπάζειν 1268c (2K 20.6*L*)
צֶלֶם
εἴδωλον 376a
εἰκών 377b
ὁμοίωμα 993a
τύπος 1378b
צְלֵם Ar.
εἰκών 377b
μορφή 934b
ὄψις 1044b
צַלְמָוֶת
ᾅδης 24a
⟦ἄκαρπος 43c⟧
γνοφερός 272c
σκιά 1274a
σκιὰ θανάτου 623b, 1274a
σκότος 1276b
צָלַע qal
ἐκπιέζειν, ἐκπιάζειν, ἐκπιαζεῖν 439a
ἐπισκάζειν 527b
συντρίβειν 1321a

צֵלָע
ἐξέδρα 490c
κλίτος 771c
μέρος 911c
⟦ξύλον 958a⟧
⟦πέρας 1120a⟧ → πλευρά
πλευρά 1142a, *189a* (Si 42.5)
πλευρόν 1142b
πτυχή 1239a

צֶלַע
⟦ἐξαίσιος (לְצֶ׳) 486b⟧
⟦μάστιξ 898b⟧

צְלָצַל
ἐρυσίβη, ἐρισύβη 548b

צֶלְצְלִים
*αὐλός 178c
*κύμβαλον 799b

צָמֵא I qal
διψᾶν (= HR's διψῆν) 338a, *171c*

צָמֵא II adj.
⟦ἀναμάρτητος 79c⟧
διψᾶν (= HR's διψῆν) 338a
δίψος 338b

צָמָא
δίψα 338a
δίψος 338b

צִמְאָה
δίψος 338b

צִמָּאוֹן
γῆ διψῶσα 240c, 338a

צָמַד ni.
τελεῖν 1342c

צָמַד pu.
ζευγνύειν, ζευγνύναι 593c
*ἀμφήκης 67c (2K 20.8*L*)

צָמַד hi.
περιπλέκειν 1125b

צֶמֶד
⟦βοῦς 229a⟧
γεώργιον 240b
ζεῦγος 594a
κόχλαξ, κοχλάς(?) 781b
ξυνωρίς (צֶ׳ פָּרָשִׁים) 959c

צַמָּה
κατακάλυμμα 732c
σιώπησις 1268a

צִמּוּק
σταφίς 1287a

צָמַח qal
ἀναβλαστάνειν 73b
ἀνατέλλειν 83a
ἀναφύειν 85c
βλαστᾶν, βλαστάνειν, βλαστεῖν 220c
φύειν 1440c, *195b*

צָמַח pi.
ἀνατέλλειν 83a
βλαστᾶν, βλαστάνειν, βλαστεῖν 220c

צָמַח hi.
ἀνατέλλειν 83a
βλαστᾶν, βλαστάνειν, βλαστεῖν 220c
ἐκβλαστάνειν 421b
ἐξανατέλλειν 487c

צֶמַח
ἀνατέλλειν 83a
ἀνατολή 83c
ἄνθος 96a
ἰσχύς 694b
προανατέλλειν (טֶרֶף צֶ׳) 1204a
χλόη *196a*

צָמִיד
δεσμός 292a
καταδεῖν 730b
ψέλ(λ)ιον 1484a

צְמִיתֻת
βεβαίως (לַצְּ׳) 216b
βεβαίωσις 216b

צָמַק qal
ξηρός 957b

צֶמֶר
ἐπίποκος 526c (4K 3.4*L*)
ἔρεος 544c
ἐρεοῦς 544c
ἔριον 547b
ἱμάτιον 685a
πόκος 1170b

צַמֶּרֶת
ἀρχή 163c
⟦ἐκλεκτός 437a⟧
ἐπίλεκτος 525a

צָמַת qal
θανατοῦν 625b

צָמַת pi.
*ἐκταράσσειν 442a (Ps 87[88].16)
ἐκτήκειν 443a

צָמַת pilp.
⟦ἐκταράσσειν 442a⟧ → צָמַת pi.
⟦ταράσσειν 1336a⟧ → צָמַת pi. ≈ ἐκταράσσειν

צָמַת hi.
ἀποκτείνειν, ἀποκτέννειν 135a
ἀφανίζειν 181b
ἐκδιώκειν 423b
ἐξολεθρεύειν, ἐξολοθρεύειν 497c
ἐχθρός 589c
θανατοῦν 625b
*καταπατεῖν 740b (2K 22.41*L*)

צֵן
τρίβολος 1372b

צֹנֶא
κτῆνος 794a

צֹנֶה
πρόβατον 1204b

צִנָּה
ἀσπίς ("shield") 173a, *168c*
δόρυ 344b
⟦ἔξοδος 497b⟧ → יָצָא qal
θυρεός, θυραιός 663c
θυρεοφόρος, θυρεωφόρος (נֹשֵׂא צִ׳) 663c
κοντός 778a
ὅπλον 1003c
ὁπλοφόρος (נֹשֵׂא צִ׳) 1004a
⟦πέλτη 1116b⟧ → מָגֵן
⟦περίστασις ὅπλων 1126c⟧

צָנוֹף ,צָנוּף
διάδημα 300a

צִנּוֹר
καταρ(ρ)άκτος 743a

צָנַח qal
διελαύνειν 328b
διεξέρχεσθαι 328b

צְנִינִים
βολίς 224b

צָנִיף
διάδημα 300a, *171a*
κίδαρις 764c

צָנַע qal
ταπεινός 1334b

צָנַע hi.
ἀκρίβεια *166a*
ἀκριβής *166a*
?ἕτοιμος 564c

צָנַף qal
περιτιθέναι 1127c
⟦ῥίπτειν, ῥιπτεῖν 1252b⟧

צִנְצֶנֶת
στάμνος 1286c

צַנְתֶּרֶת
μυξωτήρ 936c

צָעַד qal
*ἀναστρέφειν 82b
ἀπαίρειν 115c
διαβαίνειν, διαβέννειν 298a, *171a*
ἐπιβαίνειν 515c

צָעַד hi.
⟦ἀνάγκη 76a⟧
ἀνάγκη ἔχει 586c

צַעַד
βῆμα *169b*
διάβημα 299a
ἐπιτήδευμα 535b

ἴχνος 696b
ὁδός *186a*
πορ(ε)ία 1189a
πορεύεσθαι 1189a
צְעָדָה
*σεισμός 1262b (1C 14.15*L*)
συσσεισμός 1323b
χλιδών 1471b
צָעָה qal
διαχεῖν 316a
κλίνειν 771a
⟦ὑποστρωννύναι *194c*⟧ → יָצַע hi.
צָעָה pi.
κλίνειν 771a
צָעוֹר
νεώτερος 942a
צָעִיף
θέριστρον 649a
צָעִיר
ἀρνίον 159b
ἐλάττων, ἐλάσσων, ἐλάχιστος 448b
μικρός 926c
μικρότερος 926c
νεώτερος 942a
ὀλιγοστός 986c
צְעִירָה
νεότης 942c
צָעַן qal
⟦σαλεύειν 1257c⟧ → σείειν
σείειν 1261c
צָעַק qal
ἀναβοᾶν 73c
βοᾶν 222a
καταβοᾶν 729a
κράζειν 781b
*παραγγέλλειν 1056b (4K 3.21*L*)
צָעַק ni.
⟦ἀναβαίνειν, ἀναβέννειν 70a⟧ → ἀναβοᾶν
ἀναβοᾶν 73c
βοᾶν 222a
συνάγειν 1307b
*συναθροίζειν 1310b (Jd 12.1*L*)
צָעַק pi.
βοᾶν 222a
צָעַק hi.
παραγγέλλειν 1056b
*συνάγειν 1307c (1K 10.17*L*)
צְעָקָה
βοή 222c
δέησις 285c, *170b*
ἱκετ(ε)ία *180a*
κράζειν 781b
κραυ(γ)ή 784b
φωνή 1447b (Ge 27.34)
צָעַר qal
ἐλαττονοῦν, ἐλασσονοῦν 448a
⟦μικρός 926c⟧ → XXX ≈ ποιμήν
ὀλίγος γίνεσθαι 986b
צָעַר pi.
*ὀλιγοῦν 987a (Hb 3.12)
צָעַר hi.
*ἐλαττοῦν, ἐλασσονοῦν *174a* (Si 39.18)
צַעַר
χολέρα *196a*
צָפַד qal
πηγνύναι 1130c
צָפָה I qal
*ἀποβλέπειν 125c (Ps 9.29 [10.8])
⟦βλέπειν *169b*⟧
⟦ἐντάσσειν 476c⟧ → XXX ≈ ἐντέλλεσθαι, ἐντελλέσθειν
ἐπιβλέπ(τ)ειν 516c, *176c*
ἐπιδεῖν, ἐφιδεῖν ("to see") 519a
*ἐπισκοπή 528c (Ez 7.22)
ἰδεῖν 669b
κατανοεῖν 739c
σκοπεύειν 1275b
σκοπιά 1275c
σκοπός 1275c, *191c*
⟦ὑπερχεῖν 1411b⟧ → צוּף I qal
φυλάσσειν, φυλάττειν 1441c
⟦χώρημα 1482b⟧ → צֵאָה ≈ προχώρημα
צָפָה I pi.
ἀποσκοπεύειν 141a
ἐμβλέπειν *174b*
ἐπιβλέπειν 516c
ἐπιδεῖν, ἐφιδεῖν ("to see") 519a
ἐφορᾶν 586b
⟦πεταλοῦν 1128c⟧
σκοπεύειν 1275b
σκοπιά 1275c
σκοπός 1275c
צָפָה II pi.
καλύπτειν 716c
καταχαλκοῦν 748c
καταχρυσοῦν 748c
κοιλοσταθμεῖν 773c
κοσμεῖν 780b
περιέχειν 1123a
⟦περιπιλεῖν 1125b⟧
περιχαλκοῦν 1128b
περιχρυσοῦν 1128b
χρυσοῦν 1478c
צָפָה II pu.
⟦καλύπτειν 716c⟧ → צָפָה II pi.
χρυσοῦν 1478c
צִפּוּי
περιηργυρωμένος (צ׳ כֶּסֶף) 1121c
περίθεμα 1123b
צָפוֹן
ἀπηλιώτης 122b
βορέας, βορέης, βορρᾶς 224c, *169c*
εὐώνυμος 585a
צְפוֹנִי
ὁ ἀπὸ βορρᾶ 224c
צָפוּעַ
⟦βόλβιτον 224b⟧ → צָפִיעַ
צִפּוֹר
ὄρνεον 1014a
ὀρνίθιον 1014a
πετεινός 1129a
στρουθίον 1297a
צַפַּחַת
κα(μ)ψάκης 757c
φακός 1423b
צְפִיָּה
ἀποσκοπεύειν 141b
צַפִּיחִית
ἐγκρίς 367a
צָפִין
κρύπτειν 792a
צָפִיעַ
βόλβιτον 224b
צָפִיר
^τράγος 1369a
χίμαρος 1470c
צְפִיר Ar.
^*χίμαρος (צ׳ עִזִּין) 1470c (1E 7.8)
צָפַן qal
⟦ἅγιος 12a⟧
⟦ἀποβλέπειν 125c⟧ → צָפָה I qal
ἐγκρύπτειν 367a
ἐκλείπειν 435c
⟦ἐπισκοπή 528c⟧ → צָפָה I qal
ἔχειν 586c
θησαυρίζειν 651b
⟦κατακρύπτειν 734c⟧ → צָפַן hi.
κρύπτειν 792a
σκεπάζειν 1268c
τηρεῖν 1348b
צָפַן ni.
διδόναι 317b
κρύπτειν 792a
*λανθάνειν 853a (Jb 24.1)
צָפַן hi.
ἀποκρύπτειν *168a*
κατακρύπτειν 734c
κρύπτειν 792a
["] *182b*

צֶפַע
ἀσπίς ("snake") 173b
צִפְעֹנִי
ἀσπίς ("snake") 173b
θανατοῦν 625b
צִפְצֵף pilp.
ἀντειπεῖν, ἀντερεῖν 109c
⟦ἀσθενεῖν 172a⟧
⟦ἀπὸ τῆς γῆς φωνεῖν 240c⟧
κενολογεῖν 759a
φωνεῖν 1447b
צַפְצָפָה
⟦ἐπιβλέπειν 516c⟧
צָפַר qal
ἐκχωρεῖν 446c
ἐξορμᾶν 500a
צִפַּר Ar.
ὄρνεον 1014a
πετεινός 1129a
צְפַרְדֵּעַ
βάτραχος 215a
צִפֹּרֶן
περιονυχίζειν (עָשָׂה צִ׳) 1124c
צָקוּן
*θλῖψις 652c (Is 26.16)
צַר I
ἀλγεῖν 52b
ἀνάγκη 76a
*ἀπορία 140a (Is 5.30)
⟦βίαιος 218a⟧
ἐκθλίβειν 432a
⟦ἐκλείπειν 435c⟧
ἔνδεια 469b
⟦ἐπίβουλος 517b⟧
θλίβειν 652b
θλῖψις 652c
*σκληρός 1274b (Zp 1.14; Is 5.30)
στενός 1288c
*στενότης 1288c (2C 15.4*L*)
στενῶς 1288c
⟦στερεὰ πέτρα 1129a, 1289a⟧ → צוּר II subst.
*συνοχή 1318a (Jd 2.3)
*χρῄζειν (צַר לְ־) 1474b (Jd 11.7B)
צַר II
ἀντίδικος *167b*
διάβολος 299b
ἔχθρα *178c*
^ἐχθρός 589c, *178c*
κακός 709b
πειρατής 1116a
ὑπεναντίος 1407b, *194b* (Si 47.7)
צֹר
*λίθος 876c (Jb 41.6[7])
⟦πέτρα 1129c⟧ → צוּר II subst.
ψῆφος 1485c
צָרַב ni.
κατακαίειν 732b
צָרָב
*φλέγειν 1432c (Je 20.9)
צָרֶבֶת
οὐλή 1030c
χαρακτήρ 1454c
צָרָה
ἀνάγκη 76a
ἀντίζηλος *167b*
⟦ἀπορία 140a⟧
θλίβειν 652b
θλῖψις 652c, *179c*
κακός 709b
πονηρός *189c*
στεναγμός 1288a
ἀπορία στενός 1288c
צְרוֹךְ
χρεία *196a*
צְרוֹר
ἀπόδεσμος 126b
βαλ(λ)άντιον 189c
δεσμός 292a
λίθος 876c
*σύντριμμα 1322b (Am 9.9)
צָרַח hi.
βοᾶν 222a
צֶרַח
*βοή 222c (Ez 21.22[27])
צֳרִי
ῥητίνη, ῥιτίνη 1251c
*φάρμακον *195a* (Si 6.16)
צְרִיחַ
βόθρος 224a
ὀχύρωμα 1043c
συνέλευσις 1313c
צָרִיךְ
ἐπιδεής *176c*
⟦ἔχειν *178c*⟧
προσδεῖν ("to be needy") *190a*
χρεία *196a*
*צְרִיךְ Ar.
*ἔχειν χρείαν 1474a (To 5.12)
צָרַךְ qal
προσδεῖν ("to be needy") *190a*
χρεία *196a*
צֹרֶךְ
ἔχειν *178c* (+Si 13.6)
θέλημα *179b*
στενοχωρία *192a*
χρεία 1474a, *196a*
צָרַע qal
λεπρᾶν 874a
λεπρός 874a
צֹרַע pu.
*ἐπιβάλλειν λέπραν 873c (הָיָה מְצֹרָע 4K 15.5*L*)
λεπρᾶν 874a
λεπρός 874a
λεπροῦσθαι 874a
צִרְעָה
σφηκία 1325a
צָרַעַת
λέπρα (נֶגַע צָ׳, צָ׳) 873c
צָרַף qal
ἀργυροκοπεῖν 155b
ἀργυροκόπος 155b
δοκιμάζειν 339c
ἐκκαθαίρειν 432a
καθαρίζειν, καθερίζειν 698a
*καθαρός 698c (Pr 25.4)
⟦κατασκευάζειν 744a⟧
πυροῦν 1245c
πυρωτής 1246a
χαλκεύς 1453a
χρυσοχόος (צֹרֵף בַּזָּהָב, צוֹרֵף, צֹרֵף) 1480a
χωνεύειν 1480c
χωνευτής (צוֹרֵף) 1481a
צָרַף ni.
πυροῦν 1245c
צָרַף pi.
χωνεύειν 1480c
χωνευτήριον 1481a
צֹרְפִי
§σαραφει 1259b
§σαρεφι 1259b
§σεραφειν, σεραφ(ε)ιμ 1263a
צָרַר I qal
ἀνθιστάναι 95c
ἀντίζηλος 110b
ἀντίκεισθαι 110c
διάβολος 299b
ἐχθραίνειν 589b
ἐχθρεύειν 589c
ἐχθρός 589c
καταπατεῖν 740b
μισεῖν 929a
πολεμεῖν 1170b
צָרַר II qal
ἀποδεσμεύειν 126b
ἀπορεῖν 140a
*ἀσθενεῖν 172a (Is 28.20)
δεσμεύειν 292a
*ἐγκρατής *172a* (Si 26.15)
ἐκθλίβειν 432a
ἐνδεῖν 469c
θλίβειν 652b
στενοχωρεῖν 1288c

συγκλείειν 1299c
συμπεριλαμβάνειν 1305b
συνέχειν 1315b
συστρέφειν 1323c
συστροφή 1324a
צָרַר II ni.
*συστροφή 1324a (Je 4.16)
צָרַר II pi.
*συστρέφειν 1323c (Ez 13.20)
צָרַר II pu.
ἀποδεῖν 126a
צָרַר II hi.
ἐκθλίβειν 432a
ἐκτρίβειν 444a
θλίβειν 652b
θλῖψις 652c
*κολλᾶν 776b (Ps 24[25].21)
πατάσσειν 1103b
ὠδίνειν 1492c
צְרֹר
δεσμός 292a
ἔνδεσμος 470a

ק

קֵא
ἔμετος 456a
קָאַת
καταρ(ρ)άκτης 743a
ὄρνεον 1014a
πελεκᾶν 1116b
*χαμαιλέων 1454b (Zp 2.14)
קַב
§καβος 697a
קָבַב qal
ἀρᾶσθαι 152c
ἐπικαταρᾶσθαι 522c
*ἐπικατάρατος εἶναι 522c (Pr 24. 39[24])
κατάρα 742b
καταρᾶσθαι 742c
κατάρασις 743a
*μέμφεσθαι *184b* (Si 41.7)
קֵבָה
ἔνυστρον 482a
*μήτρα 925b (Nu 28.5)
קֹבָה
⟦μήτρα 925b⟧ → קֵבָה
קֻבָּה
κάμινος 718a
קְבוּצָה
εἰσδέχεσθαι 410a
קְבוּרָה
μνῆμα 931b
μνημεῖον 931b
ταφή 1338a
τάφος 1338a
קָבַל pi.
δέχεσθαι 294c, *171a*
ἐκλέγειν 435a
ἐπιδέχεσθαι *176c*
^*παραλαμβάνειν 1061b (1E 8.60)
πείθειν 1114b
προσδέχεσθαι 1212c
συναγωγή *192c*
ὑποφέρειν 1418a
קָבַל hi.
ἀντιπίπτειν 111c
קַבֵּל Ar. pa.
λαμβάνειν 847a
παραλαμβάνειν 1061b
קֳבֵל Ar.
*κατακολουθεῖν (לְקֳ׳) 734a (1E 7.1)
οὕτω(ς) (כָּל־קֳבֵל דְּנָה) 1035a
τότε (כָּל־קֳבֵל דְּנָה) 1367c
ὃν τρόπον (כָּל־קֳבֵל דִּי) 1375a
קֶבֶל, קְבֹל
§κεβλααμ (קְבָל־עָם) 1502c
קָבַע qal
ἄσυλος 174a
*βάλλειν 189c (Ez 23.24)
⟦πτερνίζειν 1237c⟧ → עָקַב qal
קֻבַּעַת
*κόνδυ 777c (Is 51.17)
⟦ποτήριον 1197b⟧ → כּוֹס
קָבַץ qal
ἀθροίζειν 30a
εἰσδέχεσθαι 410a
ἐκλέγειν 435a
ἐξεκκλησιάζειν 491a
ἐπιλέγειν 524c
ἐπισυνάγειν 534a
^συνάγειν 1307b
συναθροίζειν 1310b
συστρέφειν 1323c
קָבַץ ni.
ἀθροίζειν 30a
^ἐπισυνάγειν 534a
ἔρχεσθαι 548b
⟦περιστέλλειν 1126c⟧ → קָבַר ni.
^συνάγειν 1307b
συναγωγή 1309b
συναθροίζειν 1310b
συναντᾶν 1311a
קָבַץ pi.
ἀθροίζειν 30a
ἀποστρέφειν 145b
εἰσδέχεσθαι 410a
ἐκδέχεσθαι 422a
⟦ἐλεεῖν 449c⟧
ἐπισυνάγειν 534a
προσδέχεσθαι *190a*
συνάγειν 1307b, *192c*
*συστρέφειν 1323c (Mi 1.7)
קָבַץ pu.
συνάγειν 1307b
קָבַץ hit.
συνάγειν 1307b
συναθροίζειν 1310b
συνέρχεσθαι 1314a
קָבַר qal
θάπτειν 625c
κατορύσσειν 756b
κόπτειν 779a
ταφή 1338a
τάφος 1338a
*קְבַר Ar. pe.
*θάπτειν 625c (To 1.19)
קָבַר ni.
^θάπτειν 625c
κατορύσσειν 756b
*περιστέλλειν 1126c (Ez 29.5)
קָבַר pi.
θάπτειν 625c
קָבַר pu.
θάπτειν 625c
קֶבֶר
⟦θάνατος 623b⟧
μνῆμα 931b
μνημεῖον 931b
*οἶκος 973a (2K 17.23[4]*L*)
ταφή 1338a
^τάφος 1338a
קָדַד qal
εὐδοκεῖν 569a
κάμπτειν τὰ γόνατα 274c, 718b
κύπτειν 799c
πίπτειν 1135c
קִדָּה
ἶρις 688b
קְדוּמִים
ἀρχαῖος 162c
קָדוֹשׁ
*ἄγγελος 7b (Jb 5.1)

ἁγιάζειν 10c
^ἅγιος 12a, *165b*
καθαρός 698c
κύριος (הַקָּ׳) *182c*
קָדַח qal
ἐκκαίειν 432b
καίειν 705a
קַדַּחַת
ἴκτερος 684b
⟦ἴκτηρ(?) 684b⟧
πυρετός 1245b
קָדִים
ἀνατολή (ק׳, רוּחַ הַקָּ׳) 83c
ἀνεμόφθορος (שְׁדוּף ק׳) 87a
βίαιος 218a
ἐξ ἐναντίας (ק׳, קָדִימָה) 468b
καύσων 757b
νότος 949c
πνεῦμα 1151c
קַדִּישׁ Ar.
ἅγιος 12a
קָדַם qal
ὑπαντᾶν *194a*
קִדֵּם pi.
βάλλειν 189c
ἐπιβάλλειν + θυρεόν (= מָגֵן) 516a
καταλαμβάνειν 735a
⟦πορεύεσθαι πρό 1189a (Ps 88[89].14)⟧
προκαταλαμβάνειν 1207a
προπορεύεσθαι 1208c
προφθάνειν 1233c
συναντᾶν 1311a
*φθάνειν 1429b (Si 30[33].25)
קָדַם hi.
ἀνθιστάναι 95c
γίνεσθαι 256c
קֶדֶם
αἰών 39b
ἀλλόφυλος (בְּנֵי־קֶדֶם) 57c
ἀνατολή 83c
ἡλίου ἀνατολαί 83c, 606b
ἀρχαῖος (קֶ׳, מִקֶּ׳) 162c, *168c*
ἀρχή (קֶ׳, יְמֵי קֶ׳) 163c, *168c*
⟦ἀρχῆθεν 165b⟧
ἔμπροσθε(ν) 459b
§κεδεμ 757c
*νότος 949c (Ex 27.13; Nu 34.15)
πρότερον (adv.) 1230b
τὸ πρότερον 1230c
πρῶτος 1235c
קֵדֶם
ἀνατολή 83c
πρῶτος 1235c
קֳדָם Ar.
ἔμπροσθε(ν) (ק׳, מִן־קֳ׳) 459b
*ἐνώπιον 482a (To 13.6)
παριστάναι (קוּם קֳ׳) 1070c
ἀπὸ (τοῦ) προσώπου (מִן־קֳ׳) 1223c
ἐκ (τοῦ) προσώπου (מִן־קֳ׳) 1223c
κατὰ (τὸ) πρόσωπον (מִן־קֳ׳) 1224a
πρότερος (מִן־קֳ׳) 1230c
*קֳדָם, לְקֳדְמִין Ar.
*πρῶτος 1235c (To 7.1; 14.5)
קַדְמָה, also Ar.
ἀρχή 163c
ἔμπροσθε(ν) (מִקַּדְמַת, מִן קַדְמַת דְּנָה) 459b (1E 6.14)
קֵדְמָה
ἐξ ἐναντίας 468b
קִדְמָה
ἐξ ἐναντίας 468b
קַדְמוֹן
ἀνατολή 83c
*πρότερος *190c* (Si 41.3)
קַדְמָי Ar.
ἔμπροσθε(ν) 459b
πρῶτος 1235c
קַדְמֹנִי
ἀνατολή 83c
ἀρχαῖος 162c
ὁ ἔμπροσθε(ν) 459b
πρῶτος 1235c
קָדְקֹד
*ἄρχειν 163a (Is 3.17)
ἄρχων 166b
κεφαλή 760c
κορυφή 780a
קָדַר qal
⟦ἀπολλύειν, ἀπολλύναι 136c⟧
⟦ἀπορία 140a⟧
διευλαβεῖσθαι 329c
σκοτοῦν 1277a
σκυθρωπάζειν 1277a
στένειν 1288b
συσκοτάζειν 1323b
קָדַר hi.
⟦πενθεῖν 1117b⟧ → σκοτάζειν
σκοτάζειν 1276a
σκοτοῦν *191c*
συσκοτάζειν 1323b
קָדַר hit.
συσκοτάζειν 1323b
קִדְרוֹן
§κεδρος 758a
קַדְרוּת
σκότος 1276b
קְדֹרַנִּית
ἱκέτης 684a
קָדַשׁ, קָדֵשׁ qal
ἁγιάζειν 10c
⟦ἐνδιαλλάσσειν 470b⟧
καθαρὸς εἶναι 698c
τελεῖν 1342c
קָדַשׁ, קָדֵשׁ ni.
ἁγιάζειν 10c, *165a*
⟦δοξάζειν 343b⟧
θαυμάζειν *179a*
קָדַשׁ, קָדֵשׁ pi.
ἁγιάζειν 10c
ἅγιος 12a
ἁγνίζειν 15c
⟦ἀναβιβάζειν 73a⟧ → ἁγιάζειν
ἐγείρειν + πόλεμον (= מִלְחָמָה) 364a
εἰσάγειν 407c
⟦ἐπάγειν 503c⟧
καθαρίζειν, καθερίζειν 698a
παρασκευάζειν 1064a
קָדַשׁ, קָדֵשׁ pu.
^ἁγιάζειν 10c
קָדַשׁ, קָדֵשׁ hi.
^ἁγιάζειν 10c, *165a*
ἁγιασμός 11c
ἅγιος 12a
ἁγνίζειν 15c
διαστέλλειν 311b
καθαγιάζειν 697a
θαυμάζειν *179a*
קָדַשׁ, קָדֵשׁ hit.
^ἁγιάζειν 10c
ἅγιος 12a
ἁγνίζειν 15c
ἑορτάζειν (ק׳ חָג hit.) 502c
*λούω mid./pass. 888b (2K 11.4*L*)
קָדֵשׁ
⟦ἐνδιαλλάσσειν 470b⟧
§καδησ(ε)ιμ, καδησιν (קְדֵשִׁים) 697a
πορνεύων 1194c
πόρνη 1195a
*στήλη 1290b (3K 15.12*L*)
τελεσφόρος 1343b
τελετή 1343b
τελίσκεσθαι 1344a
קֹדֶשׁ
ἁγιάζειν 10c
^ἁγίασμα *165b*
⟦ " 11b (–Ez 22.8)⟧ → ἅγιος
ἁγιασμός 11c, *165b*
^ἅγιος 12a
ἁγιωσύνη 15b
ἁγνίζειν 15c
⟦δόξα 341b⟧
θεός 630a
^*θυσία 664a (1E 1.6, 12)
^*ἱερός 683a (1E 1.5)
§καδης 697a

καθαγιάζειν 697a
οἶκος 973a
*קְדִשׁ Ar.
*ἅγιος 12a (To 13.9)
קָהָה qal
αἱμωδιᾶν 33a
*γῆρας 255c (Pr 30.17)
γομφιάζειν 274c
קָהָה pi.
ἐκπίπτειν 439b
*קֵהָיוֹן
*γομφιασμός 274c (Am 4.6)
קָהַל ni.
ἀθροίζειν 30a
ἐξεκκλησιάζειν 491a
ἐπισυνάγειν 534a
ἐπισυστρέφειν 534b
συνάγειν 1307b
συναθροίζειν 1310b
συνιστάναι, συνιστᾶν 1317a
קָהַל hi.
ἐκκλησιάζειν 433b
ἐξεκκλησιάζειν 491a
ἐπισυνιστάναι 534b
συνάγειν 1307b
συναθροίζειν 1310b
קָהָל
ἐκκλησία 433a, *173c*
ἐξεκκλησιάζειν 491a
λαός 853b
⟦οἶκος 973a (De 23.1[2])⟧ → ἐκκλησία
^ὄχλος 1043a
^πλῆθος 1142c
συναγωγή (ק׳, ק׳ עַם, קְהַל עֵדָה) 1309b
συνέδριον 1313a
σύστασις 1323b
קְהִלָּה
ἐκκλησία 433a
*ἔκκλητος *173c* (Si 42.11)
ὄχλος *187c*
συναγωγή 1309b
קֹהֶלֶת
ἐκκλησιαστής 433b
קְהָת, קֳהָת
§υἱὸς κααθ (קֳהָתִי) 1384c
קַו I, קָו
διαμέτρησις 306b
⟦κύκλωμα 798c⟧
μέτρον, μέτρος 918b
σπαρτίον 1281c
⟦φθόγγος 1430a⟧ → קוֹל
קַו II
ἐλπίς 454a

קוֹבַע
περικεφαλαία 1124a
⟦προφυλακή 1234a⟧
קָוָה I qal
*ἀνέλπιστος (ק׳ + neg.) 86c (Is 18.2)
ὑπομένειν 1415c, *194c*
קָוָה I pi.
ἀναμένειν 79c, *166c*
διορᾶν 336b
ἐλπίζειν 453c
ἐμμένειν *174b*
ἐπέχειν 511a
μένειν 910a
πείθειν 1114b
πεποιθὼς εἶναι 1114b
περιμένειν 1124c
*προσδέχεσθαι 1212c (Is 28.10)
προσδοκᾶν 1213a
⟦συνάγειν 1307b (Mi 5.7[6]; Je 8.15)⟧ → קָוָה II ni.
ὑπομένειν 1415c
ὑπομονή 1416b
קָוָה II ni.
ἐγγίζειν 362b
συνάγειν 1307b
קָוֶה, קָוָה
⟦διαμέτρησις 306b⟧ → קַו I, קָו
μέτρον, μέτρος 918b
קוּט qal
προσοχθίζειν 1218c
קוּט ni.
κάμνειν 718b
κόπτειν 779a
προσοχθίζειν 1218c
קוּט hitpo.
ἐκτήκειν 443a
קוֹל
ἀναβοᾶν (נָשָׂא קוֹל) 73c
⟦βοή 222c⟧ → φωνή
βροντή (קוֹלוֹת) *169c*
ἐντολή 479b
ἐξηχεῖν *175c*
ἡδύφωνος (יְפֵה קוֹל) 604c
ἦχος, ἠχώ *179c*
⟦θυμός 660c⟧
ἱκετ(ε)ία *180a*
^κήρυγμα 763b
^κηρύσσειν (נָתַן קוֹל, עָבַר קוֹל hi.) 763c
^κραυ(γ)ή 784b
λόγος 881c
μέλος *184b*
⟦προσευχή 1214c⟧ → φωνή
*φθόγγος 1430a (Ps 18[19].4)

^φωνή 1447b, *195c*
קוּם I qal
ἀμβλυωπεῖν 65b
ἀναβαίνειν, ἀναβέννειν 70a
ἀναπηδᾶν 81a
ἀνάστασις 82a
ἀνατέλλειν 83a
ἀνθιστάναι 95c
⟦["] *167a*⟧ → παριστάναι
^ἀνιστᾶν, ἀνιστάναι 102c, *167b*
ἀποπηδᾶν 139b
γίνεσθαι 256c
διανιστάναι 306b
ἐγείρειν 364a
ἔγερσις 364b
⟦εἰσέρχεσθαι 410b⟧
ἐμμένειν 456a
ἐξανιστάναι 487c
^ἐξεγείρειν 490b
ἐπανιστάναι, ἐπανιστάνειν 506c
ἐπεγείρειν 509a, *176b* (Si 46.1)
ἐπέρχεσθαι 509c
ἔτασιν ποιεῖν 559c
ἥκειν 605a
⟦ἡμέρα 607b (Jb 7.4)⟧
^ἱστάναι, ἱστᾶν 689a, *180c*
^καθιστάναι 703a
κυροῦν 839a
μένειν 910a
μισεῖν 929a
παριστάναι *188a*
⟦ποιεῖν 1154a (Jb 41.17[18])⟧
τιθέναι 1348c (1K 22.13)
ὑπεναντίος 1407b
ὑπομένειν 1415c
ὑφιστάναι 1419a
קוּם I pi.
ἀνιστᾶν, ἀνιστάναι 102c
βεβαιοῦν 216b
ἱστάναι, ἱστᾶν 689a
*στερέωμα 1289b (Es 9.29)
קוּם I polel
ἀνατέλλειν 83a
ἀνθιστάναι 95c
ἀντικαθιστάναι 110c
ἐξανιστάναι 487c
ἐξουσιάζειν *176a*
συνεδρεύειν *192c*
קוּם I hi.
ἀνιστᾶν, ἀνιστάναι 102c
ἀντικαθιστάναι 110c
ἀντιλαμβάνεσθαι 110c
διατιθέναι 313b
ἐγείρειν 364a, *172a*
ἔγερσις 364b

ἐμμένειν 456a
ἐμμένειν ἐν 456a
ἐξανιστάναι 487c
ἐξεγείρειν 490b
ἐπεγείρειν 509a
ἐπιτάσσειν 534c
ἐφιστάναι 585c
ἱστάναι, ἱστᾶν 689a, *180c*
καθιστάναι 703a
⟦κρατεῖν 783a⟧
⟦λαμβάνειν 847a (Am 2.11)⟧ → נָשָׂא qal
πιστοῦν 1139a
*ποιεῖν 1154a (4K 23.3*L*)
τηρεῖν 1348b (1K 15.11)
τιθέναι 1348c (Is 29.3)
קום I ho.
ἀνιστᾶν, ἀνιστάναι 102c
ἱστάναι, ἱστᾶν 689a
קום I hitpo.
ἀνθιστάναι 95c
ἐπανιστάναι, ἐπανιστάνειν 506c
*ἐφιστάναι *178b* (Si 41.22)
ἐχθρός (תְּקוֹמֵם) 589c
קום II Ar. pe.
ἀνιστᾶν, ἀνιστάναι 102c
*ἁρμόζειν 159a (To 6.13 v.l.) or pa. μνηστεύεσθαι
^ἱστάναι, ἱστᾶν 689a
ὀρθ(ρ)ίζειν (pe. בִּשְׁפַרְפָּרָא ק׳) 1011a
*παριστάναι (קוּם קֳדָם pe.) 1070c (Da 7.10)
קום II Ar. pa.
ἱστάναι, ἱστᾶν 689a
קום II Ar. af.
ἀνιστᾶν, ἀνιστάναι 102c
⟦διδόναι 317b⟧
^ἱστάναι, ἱστᾶν 689a
καθιστάναι 703a
קום II Ar. hof.
ἱστάναι, ἱστᾶν 689a
קוֹמָה
ἡλικία 606b, *179b* (Si 26.17)
ἱστάναι, ἱστᾶν (מְלֹא ק׳) 689a
μέγεθος 907a
μικρός (שְׁפַל ק׳) 926c
*στάσις 1286c (K 28.20*L*)
ὑπεροχή 1411a
ὕψος 1421b
קוֹמְמִיּוּת
μετὰ παρρησίας 1073a
קוֹף
πίθηκος 1132c
קוץ qal
βαρυθυμεῖν 191a
βδελύσσειν, βδελύττειν 216a
⟦ἐκλύειν 438a⟧
*μισεῖν *185b* (Si 7.15)
ὀλιγοψυχεῖν (קָצְרָה רוּחַ) *186a*
προσοχθίζειν 1218c, *190b*
⟦συνάγειν 1307b⟧ → קָבַץ ni. or pu.
*φοβεῖν 1433b (Is 7.16)
קוץ hi.
ἀνιστᾶν, ἀνιστάναι 102c
ἐξανιστάναι 487c
קוֹץ
ἄκανθα 43c
קְוֻצּוֹת
βόστρυχος 225c
קור I qal
τιθέναι γέφυραν 240b, 1348c
ψύχειν 1486a
קור I pilp.
προνομεύειν 1207c
קור I hi.
ψύχειν 1486a
קור II subst.
*βόθρος 224a (Am 9.7)
קור III subst.
ἱστός 692c
קוֹר
ψῦχος 1490c
קוֹרָה
δοκός 340a
קוֹשׁ
πρόσκομμα τιθέναι 1217a, 1348c
קֶטֶב, קֹטֶב
βία 218a
⟦καταφέρειν 747b⟧
?κέντρον 759b
ὀπισθότονος 1001c
σύμπτωμα 1306b
קְטוֹרָה
θυμίαμα 660b
קָטַל qal
ἀποκτείνειν, ἀποκτέννειν 135a
χειροῦσθαι 1467a
קְטַל Ar. pe.
ἀναιρεῖν 77b
ἀποτυμπανίζειν 149c
קְטַל Ar. pa.
ἀναιρεῖν 77b
ἀποκτείνειν, ἀποκτέννειν 135a
ἐξάγειν 483a
קְטַל Ar. itpa..
ἀναιρεῖν 77b
ἀποκτείνειν, ἀποκτέννειν 135a
συναπολλύναι 1312a
קֶטֶל
σφαγή 1324a
קָטֹן qal
ἱκανοῦσθαι 684a
κατασμικρύνειν 745a
(σ)μικρύνειν 927c
קָטֹן hi.
ποιεῖν μικρόν 926c, 1154a
קָטָן, קָטֹן
βραχύς 230c
δεύτερος 293b
ἐλάττων, ἐλάσσων, ἐλάχιστος 448b
ἐλαφρός 449a
μικρολόγος *185a*
^μικρός 926c
μικρότατος 926c
μικρότερος 926c
νεώτερος 942a
νήπιος *185b*
ὀλίγος *186a*
ὀλιγοστός 986c
πτωχός 1239b
קֹטֶן
μικρὸς δάκτυλος 284b, 926c
μικρότης 927c
קָטַף qal
ἀποκνίζειν 132c
συλλέγειν 1302b
⟦συνάγειν 1307b⟧ → συλλέγειν
קָטַף ni.
θερίζειν 648c
קָטַר ni.
ὁλοκαρποῦσθαι (ni. כָּלִיל קָ׳) *186b*
קָטַר pi.
θύειν 659a
θυμιάζειν, θυμιᾶν 660a
θυμίαμα 660b
קָטַר pu.
θυμιάζειν, θυμιᾶν 660a
קָטַר hi.
ἀναφέρειν 84c
⟦διαναφέρειν 306b⟧
ἐπιθύειν 520b
ἐπιτιθέναι 535c
θύειν 659a
θυμιάζειν, θυμιᾶν 660a
θυμίαμα *179c*
⟦θυσιάζειν 666a⟧ → θυμιάζειν, θυμιᾶν
προσφέρειν 1222c
קָטַר ho.
ἐπιτελεῖν 535a
θυμίαμα 660b
קְטַר Ar.
σύνδεσμος 1312c

קְטֹרֶת
θυμιάζειν, θυμιᾶν 660a
θυμίαμα (′קְ, ′מִקְטַר קְ) 660b, *179c*
σύνθεσις 1316a, *192c*
קִיא qal
ἐξεμεῖν 491a
προσοχθίζειν 1218c
קִיא hi.
ἐκβάλλειν 420c
ἐξεμεῖν 491a
ἐμεῖν 456a, *174b* (Si 34[31].21)
προσοχθίζειν 1218c
קַיִט Ar.
θερινός 648c
קִיטוֹר
ἀτμίς 176b
κρύσταλλος 792c
πάχνη 1112c
φλόξ 1433a
קְיָם Ar.
στάσις 1286c
קַיָּם Ar.
μένειν 910a
συντηρεῖν 1320c
קִימָה
ἀνάστασις 82a
קִין polel
^θρηνεῖν 654c
θρήνημα 655a
קַיִן
δόρυ 344b
קִינָה
^*θρηνεῖν (אָמַר בְּקִינוֹת) 654c (1E 1.32)
θρῆνος 655a, *179c*
קִיץ hi.
ἐγείρειν 364a
ἐκνήφειν 438b
ἐξεγείρειν 490b, *175c*
ὄρθρος/ὀρθός ἐστι 1011b
προσέχειν 1215b
קַיִץ
⟦ἀμητός, ἄμητος 65c⟧
θερινός 648c
θερισμός 649a
θέρος 649b, *179b*
καῦμα 757a
ὀπώρα 1004b
*παλάθη 1051a (2K 16.1*L*)
קִיצוֹן
ἐξώτερος, ἐξώτατος 502c
קִיקָיוֹן
κολόκυνθα, κολόκυντα 777a
קִיקָלוֹן
⟦ἀτιμία 175c⟧ → קָלוֹן

קִיר
αἰσθητήριον 36c
βάσις 214b
δοκός 340a
§κειραδες (קִיר־חֶרֶשׂ) 758b
ὀρόφωμα 1017c
τεῖχος 1339c
τοῖχος 1362c, *193c*
קִיתָרֹס Ar.
κιθάρα 765a
קַל
δρομεύς 349a
ἐλαφρός 449a
κοῦφος 781b
κούφως 781b
ὀξέως 1001a
ὀξύς 1001a
οὐδείς, οὐθείς *187a*
*ταχύς 1339a (Na 1.14; Is 9.1 [8. 23])
קָל Ar.
φωνή 1447b
קֹל
κυδοιμός (חֲזִיז קֹלוֹת) 796a
קָלָה I qal
ἀποτηγανίζειν 148c
φρύγειν 1440a
קָלָה II ni.
ἄδοξος *165c*
ἀνάξιος *166c*
ἀσχημονεῖν 174c
ἀτιμάζειν 175c, *168c*
⟦[ἀτιμᾶν] *168c*⟧
ἀτιμία 175c
⟦["] *168c*⟧
ἄτιμος 176a, *168c*
*οὐκ ἔντιμος 479a (1K 18.23*L*)
⟦ἔμπαιγμα 456b⟧ → ἐμπαιγμός
ἐμπαιγμός 456b
οὐχὶ ἔνδοξος 470c
קָלָה II hi.
ἀτιμάζειν 175c, *168c*
⟦[ἀτιμᾶν] *168c*⟧
קָלוֹן
αἰσχύνη *165c*
ἀνομία 106c
ἀτιμάζειν 175c
ἀτιμία 175c, *168c*
קַלַּחַת
χαλκίον 1453a
⟦χαλκός 1453b⟧ → χαλκίον
χύτρα, κύθρα, χθύρα, χύτρον(?) 1480b
קָלַט qal
κολοβόκερκος 776c

קָלִי
ἄλφιτον 60a
φρύγειν 1440a
קָלַל qal
ἀτιμάζειν 175c
ἀτιμοῦν 176a
ἐλαφρότερος εἶναι 449a
ἐξάλλεσθαι 487a
κοπάζειν 778a
κοῦφος 781b
קָלַל ni.
⟦ἀποκαλύπτειν 131c⟧
ἐξουδενεῖν, ἐξουθενεῖν 500b
εὐχερής 583c
ἱκανός + neg. 683c
κοῦφος 781b
κοῦφος εἶναι 781b
μικρός 926c
קָלַל pi.
*ἀδοξία *165b* (Si 3.11)
ἀρᾶσθαι 152c
κακολογεῖν 709a
κακῶς εἰπεῖν/ἐρεῖν 384a, 712a
καταρᾶσθαι 742c, *181c*
קָלַל pu.
ἐπικατάρατος εἶναι 522c
καταρᾶσθαι 742c
קָלַל pilp.
ἀναβράσσειν 74a
ταράσσειν 1336a
קָלַל hi.
ἀνιέναι (= ἀνίημι) 102b
ἀτιμάζειν 175c
*ἀτιμάω (2K 19.44*L*)
ἀφίειν, ἀφιέναι 183b
κακολογεῖν 709a
κουφίζειν 781a
ὑβρίζειν 1379c
קָלַל hitpalp.
ταράσσειν 1336a
קָלָל
ἐλαφρός 449a
ἐξαστράπτειν 490a
στίλβειν 1291b
קְלָלָה
ἀρά 152b
κατάρα 742b, *181c*
καταρᾶσθαι 742c
κατάρασις 743a
קָלַס hit.
ἐμπαίζειν 456b
ἐντρυφᾶν 481a
⟦κατακράζειν 734b⟧ → καταπαίζειν
καταπαίζειν 740a

קֶלֶס
κατάγελως 730a
⟦χλεύασμα 1471b⟧ → χλευασμός
χλευασμός 1471b
קַלָּסָה
ἐμπαιγμός 456b
קָלַע qal
βάλλειν 189c
γράφειν 276a
ἐγκολάπτειν 366c
ἐγκολαπτός 366c
⟦εἰσκολάπτειν 413c⟧
ἐκκολάπτειν 434b
σφενδονήτης, σφενδονηστής 1325a
קָלַע pi.
σφενδονᾶν 1325a
קֶלַע
αὐλαία 177a
ἱστίον 692b
πετροβόλος (אַבְנֵי קֶ׳) 1130a
⟦πτυχή 1239a⟧
σφενδόνη 1325a, *193b*
קַלָּע
σφενδονήτης, σφενδονηστής 1325a
קְלֹקֵל
διάκενος 303b
קָמָה
⟦ἀμητός, ἄμητος 65c⟧
δράγμα 348b
ἱστάναι, ἱστᾶν 689a
στάχυς 1287b
στάχυς ὀρθ(ρ)ός 1010c
קִמּוֹשׁ
ὄλεθρος 986a
קֶמַח
ἄλευρον 52c
σεμίδαλις 1262c
קָמַט qal
ἐπιλαμβάνειν 523c
קָמַט pu.
συλλαμβάνειν 1301c
קָמַע hi.
*θλίβειν *179c* (Si 34[31].31)
קָמַץ qal
δράσσεσθαι 348c
קֹמֶץ
δράγμα 348b
δράξ 348c
קֵן
ν(ε)οσσ(ε)ία 949b, *185c*
ν(ε)οσσός 949c
קָנָא pi.
ζηλοῦν, ζηλεῖν(?) 594b, *178a*
παραζηλοῦν 1059c
παροργίζειν 1072b
קָנָא hi.
παραζηλοῦν 1059c
παροξύνειν 1072a
קַנָּא
ζηλωτής 594b
ζηλωτός 594b
קִנְאָה
ζῆλος 594a, *178a*
ζηλοτυπία (קְ׳ pl.) 594a
ζηλοῦν, ζηλεῖν(?) 594b
ζήλωσις 594b
⟦θυμός 660c⟧
καρδία αἰσθητική 36c
קָנָה qal
⟦ἀγαπᾶν 5c⟧
ἀγοράζειν 16b, *165b*
κτᾶσθαι 793b, *182c* (+Si 20.23)
κτῆσις 795a
κτίζειν 795b
⟦λυτροῦν 890a⟧ → κτᾶσθαι
קָנָה ni.
κτᾶσθαι 793b
⟦κτίζειν 795b⟧ → κτᾶσθαι
קָנָה hi.
γεννᾶν 237b
κτᾶσθαι 793b
קָנֶה
ἀγκών 15c
ζυγός, ζυγόν 599a
θυμίαμα 660b
καλάμινος 712b
καλαμίσκος 712b
κάλαμος 712b
κιν(ν)άμωμον (קְ׳ הַטּוֹב) 765c
πῆχυς 1131b
πυθμήν 1240a
*τροχίας 1376c (Ez 27.19)
קַנּוֹא
ζηλοῦν, ζηλεῖν(?) 594b
ζηλωτής 594b
קִנְיָן
ἔγκτητος 367a
κτᾶσθαι 793b
κτῆμα *182c*
κτῆνος 794a
κτῆσις 795a, *182c*
⟦κτίσις 795c⟧ → κτῆσις
τὸ ὑπάρχον, (τὰ) ὑπάρχοντα 1406b
קִנָּמוֹן
§κιν(ν)αμωμον 765c
קָנַן pi.
ἐννοσσεύειν 476a
νοσσεύειν 949b
קָנַן pu.
⟦ἐννοσσεύειν 476a⟧
קָסַם qal
ἀποφθέγγεσθαι 150a
μαντ(ε)ία 896a
μαντεύεσθαι 896a
μάντις 896a
στοχαστής 1295a
קֶסֶם
μαντ(ε)ία 896a
μαντεῖον 896a
⟦μαντεύεσθαι 896a⟧ → קָסַם qal
οἰώνισμα 985b
קָסַס polel
*σήπειν 1265b (Ez 17.9)
קֶסֶת
ζώνη 601a
קַעֲקַע
στικτός 1291b
קְעָרָה
τρυβλίον 1377a
קָפָא qal
πηγνύναι 1130c
קָפָא hi.
πηγνύναι 1130c, *188c*
τυροῦν 1379b
קִפָּאוֹן
*πάγος 1045a (Zc 14.6)
קָפַד qal
συστέλλειν *193a*
קִפֹּד
ἐχῖνος 592a
קְפָדָה
⟦ἐξιλασμός 496b⟧ → כַּפָּרָה
קִפּוֹז
ἐχῖνος 592a
קָפַץ qal
ἐμφράσσειν 460c
⟦συνάγειν 1307b⟧ → συνέχειν
συνέχειν 1315b
⟦συστέλλειν *193a*⟧
συσφίγγειν 1324a
קָפַץ ni.
*μαραίνειν 896a (Jb 24.24)
קָפַץ pi.
διάλλεσθαι 304c
קֵץ
ἀναπληροῦν 81b
ἀναρίθμητος (קֵץ + neg.) 81c
ἀρχή 163c
ἐκκόπτειν 434c
ἐπ᾽ ἐσχάτῳ/ἐσχάτων 558a
καιρός 706a, *180b*
μέρος 911c

μέσος 913a
ὅριον 1012a
πέρας 1120a
περασμός 1120b
ὅταν πληρωθῇ (מִקֵּץ) 1147c
συντέλεια 1318c, *192c*
τάξις 1334b
τέλος 1344a
χρόνος 1476b, *196c*

קָצַב qal
*ἀποκλᾶν 132b (4K 6.6*L*)
ἀποκνίζειν 132c
κείρειν 758b

קֶצֶב
[[συντέλεια 1318c]] → קֵץ
σχισμή 1328a
[[τέρμα 1345c]]

קָצָה I qal
*κάθαρσις 699c (Ez 15.4)
συμπεραίνειν 1305b

קָצָה I pi.
συγκόπτειν 1300b

קָצָה I hi.
ἀποξύειν 139b

קָצָה II
ἄκρος 51b
ἀρχή 163c
κλίτος 771c
μέρος 911c
πτερύγιον 1238a
συμβολή 1303b

קָצֶה
ἄκρος 51b
ἀκρωτήριον 51c
ἀρχή 163c
ἐπ᾿ ἐσχάτῳ/ἐσχάτων 558a
κλίτος 771c
[[μερίς 911a]] → μέρος
μέρος 911c
[[μέσος 913a]] → μέρος
πέρας 1120a
πλησίον, πλησιέστερον (בְּקָצֶה) 1148b
τέλος 1344a
τι αὐτοῦ (קָצֵהוּ) 1354a

קָצָה
ἀριθμός 156c
πέρας 1120a

קָצוּ
πέρας 1120a

קֶצַח
μελάνθιον 908b

קָצִין
ἀρχηγός 165a
ἄρχων 166b, *168c*
βασιλεύς 197a

ἐνάρχεσθαι 469a
*ἔνδοξος 470c (Is 26.15)
ἡγεῖσθαι 602c

קְצִיעָה
κασ(σ)ία 725b

קָצִיר
[[ἀγρός 17a]]
ἀμητός, ἄμητος 65c
θερίζειν 648c
θερισμός 649a
θέρος 649b
κλῆμα 767c
συνάγειν 1307b
τρυγᾶν 1377a
τρύγητος 1377b (Am 4.7; Mi 7.1)
τρυγητός 1377b (1K 8.12; Jo 1.11; 3[4].13; Is 16.9)

קָצַע pu.
[[γωνία 283c]] → מִקְצוֹעַ

קָצַע hi.
ἀποξύειν 139b

קָצַף qal
θυμός ἐστιν 660c
θυμοῦν 662b
λυπεῖν 889b
ὀργή 1008b
ἐστὶν ἡ ὀργή 1008b
ὀργίζειν 1010a
παροξύνειν 1072a
πικραίνειν 1132c

קָצַף hi.
παροξύνειν 1072a
παροργίζειν 1072b

קָצַף hit.
λυπεῖν 889b
μεταμελεῖν *184b*

קְצַף I Ar. pe.
ᴧὀργή 1008b
περίλυπος γίνεσθαι 1124c

קְצַף II subst. Ar.
ὀργή 1008b

קֶצֶף
ἁμάρτημα 62a
θυμός 660c
μετάμελος 916b
ὀργή 1008b
[[ὁρμή 1014a]] → ὀργή
παροξυσμός 1072b
[[παροργισμός 1072c]] → ὀργή
[[φρύγανον 1440a]]
χόλος 1472b

קְצָפָה
συγκλασμός 1299c

קְצָפוֹן
λύπη *183c*

קָצַץ qal

ἀποκόπτειν 133a
κείρειν 758b
περικείρειν 1124a

קָצַץ pi.
ἀποκόπτειν 133a
κατακόπτειν 734b
κολοβοῦν 777a
συγκλᾶν 1299c
συγκόπτειν 1300b

קָצַץ pu.
ἀποκόπτειν 133a

קְצַץ Ar. pa.
ἐκτίλλειν 443a

קָצַר qal
ἀμᾶν 60c
ἐκθερίζειν 431c
παροργίζειν 1072b

קָצַר I qal
[[ἀμητός, ἄμητος 65c]]
ἀσθενεῖν 172a
βαρύνειν 191a
ἐκδέχεσθαι 422a
ἐλαττοῦν, ἐλασσοῦν *174a*
ἐξαρκεῖν 490a
θερίζειν 648c, *179b*
θυμοῦν (קָצְרָה רוּחַ qal) 662b
ἰσχύειν ('ק qal) 692c
    " + χείρ as subj. ('ק qal + neg.) 692c
ὀλιγοῦν 987a
ὀλιγοψυχεῖν (קָצְרָה נֶפֶשׁ qal) 987a
στενοχωρεῖν 1288c
τρυγᾶν 1377a
τρύγητος 1377b

קָצַר I pi.
ὀλιγότης 987a

קָצַר I hi.
θερίζειν 648c
(σ)μικρύνειν 927c

קָצַר I hit.
ὀλιγοψυχεῖν *186a*

קָצַר II
ὀλιγόβιος (קְצַר-יָמִים) 986b
ὀλιγόψυχος (קְצַר-רוּחַ) 987a
ὀξύθυμος (קְצַר-אַפַּיִם) 1001a

קֹצֶר
ὀλιγοψυχία (ק'-רוּחַ) 987a

קְצָת, also Ar.
μέρος 911c
πέρας 1120a
τέλος 1344a

קַר
μακρόθυμος (קַר רוּחַ) 893a
ψυχρός 1490c

קָרָא I qal
ἀναβοᾶν 73c

ἀναγγέλλειν 74a
^ἀναγινώσκειν 75c
ἀνακαλεῖν 78a
ἀνακράζειν 78b
ἀντίκεισθαι 110c
ἀπαγγέλλειν 114a
βοᾶν 222a
διαβοᾶν 299a
ἐγκαλεῖν (ק׳ אֶל qal) 365a
εἰπεῖν, ἐρεῖν 384a
⟦εἰσάγειν 407c⟧ → καλεῖν
ἐκβοᾶν 421b
ἐκκαλεῖν (ק׳ אֶל qal) 432c
ἐξεκκλησιάζειν 491a
ἐπάγειν 503c
⟦ἐπανακαλεῖν *176a*⟧
ἐπικαλεῖν (לִקְרַאת) 521b, *176c*
ἐπίκλητος 523a
ἐπιλαμβάνειν 523c
ἐπονομάζειν (ק׳ qal, ק׳ שֵׁם qal) 539a
ἐπονομάζειν τὸ ὄνομα 539a
^*εὔχεσθαι 583c (+1E 5.44)
ἡμέρα μεγάλη (קְרֹא מִקְרָא) 607b
καλεῖν 712c
καταβοᾶν 729a
*κήρυγμα 763b (Pr 9.3)
κηρύσσειν 763c
κλαίειν 766a
κλῆσις 770c
κλητός 771a
κράζειν 781b
λαλεῖν 841c
μετακαλεῖν 916a
⟦νηστεύειν 945b⟧
ξένος 957a
ὀνομάζειν 999c
ὀνομαστός 1000a
παρακαλεῖν 1060a
προσκαλεῖν 1216c
συγκαλεῖν 1299a
συμπαραλαμβάνειν 1304c
φωνεῖν 1447b

קָרָא I ni.
ἄκλητος (יִקָּרֵא + neg. + אֲשֶׁר) 44b
ἀναγινώσκειν 75c
ἀντέχειν 109c
ἐπεῖν, ἐρεῖν 384a
ἐπικαλεῖν 521b, *176c*
^καλεῖν 712c, *180c*
⟦κληροῦν 770c⟧ → καλεῖν
κράζειν 781b
λογίζεσθαι 880a
⟦μένειν 910a⟧
ὀνομάζειν 999c
προσκαλεῖν 1216c
⟦συγκαλεῖν 1299a⟧ → καλεῖν

קָרָא I pu.
ἐπικαλεῖν 521b
καλεῖν 712c

קָרָא II qal
⟦ἄγειν 9a⟧
ἀντιπρόσωπος (לִקְרַאת) 111c
ἀπαντᾶν 117a
εἰς ἀπαντήν (לִקְרַאת) 117a
εἰς ἀπάντησιν (לִקְרַאת) 117c
?εἰσέρχεσθαι πρός 410b
εἰσφέρειν 415a
ἔμπροσθε(ν) (לִקְרַאת) 459b
ἐξ ἐναντίας (לִקְרַאת) 468b
παρατάσσειν (לִקְרַאת) 1064c
⟦περιποιεῖν 1125c⟧
συμβαίνειν 1302c
συναντᾶν 1311a
συναντήσας σοι (לִקְרַאת בּוֹאֶךָ) 1311a
συναντή 1311b
συνάντησις 1311c
ὑπαντᾶν *194a*
ὑπάντησις 1406b

קָרָא II ni.
περίπτωμα 1126a
συναντᾶν 1311a

קָרָא II hi.
⟦συμβαίνειν 1302c⟧
ποιεῖν συμβῆναι 1302c

קְרָא Ar. pe.
ἀναγινώσκειν 75c
βοᾶν 222a
καλεῖν 712c
κηρύσσειν 763c
φωνεῖν 1447b

קְרָא Ar. itpe.
καλεῖν 712c

קֹרֵא
νυκτικόραξ 951a
πέρδιξ 1120b

קָרֵב ,קָרַב qal
⟦[ἀπαντᾶν] (ק׳ אֶל qal) *167c*⟧ → ὑπαντᾶν
ἅπτεσθαι 150b
ἐγγίζειν 362b
εἰσέρχεσθαι 410b
ἔρχεσθαι 548b
⟦ἱστάναι, ἱστᾶν 689a⟧
*παριστάναι 1070c (2K 26.7*L*)
⟦πορεύεσθαι 1189a (De 20.3)⟧ → προσπορεύεσθαι
προπορεύεσθαι 1208c
προσάγειν (ק׳ אֶל qal) 1211b, *190a*
προσάγειν ἐγγύς 363c
προσεγγίζειν 1213b
προσέρχεσθαι 1213c, *190b*
προσέρχεσθαι ἐγγύς 363c
προσέχειν 1215b
*προσκαλεῖν *190b* (Si 13.9a)
προσπορεύεσθαι 1219b
συμμιγνύναι 1304b
ὑπαντᾶν *194a*

קָרֵב ,קָרַב ni.
προσέρχεσθαι 1213c
συνάγειν 1307b

קָרֵב ,קָרַב pi.
⟦ἀνακαίειν 78a⟧
ἐγγίζειν 362b
⟦ἐλπίζειν 453c⟧ → ἐγγίζειν
προσλαμβάνειν 1218b
συνάπτειν 1312b

קָרֵב ,קָרַב hi.
ἀναφέρειν 84c
ἐγγίζειν 362b
⟦λαμβάνειν 847a⟧
προσάγειν 1211b
προσεγγίζειν 1213b
^προσφέρειν 1222c
συνάγειν 1307b

קָרֵב ,קָרַב hit.
ἐμπίπτειν *174b*

קְרֵב Ar. pe.
ἐγγίζειν 362b
ἐντυγχάνειν 481b
προσέρχεσθαι 1213c

קְרֵב Ar. pa.
^προσφέρειν 1222c

קְרֵב Ar. af.
*παρατιθέναι 1064a (To 2.2)
παρεῖναι 1065c
προσάγειν 1211b
^προσφέρειν 1222c

קָרֵב
ἅπτεσθαι 150b
?διάγγελμα 299b
⟦ἐγγίζειν 362b⟧ → קָרֵב ,קָרַב qal
προσπορεύεσθαι 1219b

קְרָב, also Ar.
ἐγγίζειν 362b
παράταξις 1064b
πόλεμος 1172a
*στρατιά, στρατεία 1295c (II1K 21[20].39)

קֶרֶב
γαστήρ 234b
διάνοια 306c
ἐγγίζειν 362b
ἔγκατον 366b

ἐγκοίλια 366c
ἐνδόσθια 471a
ἐνδοσθιαῖος 471a
ἔντερον *175b*
καρδία 719a, *181a* (Si 4.3)
κεῖσθαι (בְּקִרְבְּכֶם) 758b
κοιλία 773a, *182a*
μέσος 913a
*ψυχή *196b* (Si 37.6)
קִרְבָה
ἐγγίζειν 362b
προσκολλᾶν 1217a
קָרְבָּן
δωρεῖσθαι 359a
δῶρον 359a
קֻרְבָּן
δῶρον 359a
κλῆρος 770a
ξυλοφορία (ק׳ עֵצִים) 959c
קַרְדֹּם
ἀξίνη 113a
קָרָה I qal
ἀνθιστάναι 75c
ἀπαντᾶν 117a
γίνεσθαι 256c
ἐπικαταλαμβάνειν 522c
περιπίπτειν 1125b
συμβαίνειν 1302c
συναντᾶν 1311a
ὑπαντᾶν 1406b
קָרָה I ni.
εὐφραίνειν *178b*
περιπίπτειν 1125b
⟦πορεύεσθαι ἐπερωτᾶν 510b⟧
⟦προσκαλεῖν 1216c⟧ → קָרָא I qal
συναντᾶν 1311a
φαίνειν 1423a
קָרָה I hi.
διαστέλλειν 311b
εὐοδοῦν 575c
παραδιδόναι 1058a
ποιεῖν συμβῆναι 1154b
קָרָה II pi.
στεγάζειν 1287c
קָרָה III
πάγος 1045a
ψῦχος 1490c
קָרֶה
ῥύσις 1255c
קוֹרָה
δοκός 340a
קָרוֹב
ἐγγίζειν 362b
ἐγγύθεν (מִקָּ׳,קָ׳) 363c
ἐγγύς 363c, *172a*
⟦ἐξαίσιος (מִקָּ׳) 486b⟧
ὁμορ(ρ)εῖν, ὁμοροεῖν 993c
πλησίον (ק׳ אֶל־בַּיִת) 1148b
προσέρχεσθαι 1213c
*προσφάτως (בְּקָ׳) 1222c (Ez 11.3)
ταχύς 1339a
קָרַח qal
ξυρᾶν 959c
קָרַח ni.
ξυρᾶν 959c
קָרַח hi.
⟦φαλακροῦν 1423c⟧
קָרַח ho.
φαλακρός 1423c
φαλάκρωμα 1423c
קֵרֵחַ
φαλακρός 1423c
קֶרַח
κρύσταλλος 792c
*παγετός *187a* (Si 2.15)
πάγος 1045a
קָרְחָה
ξυρᾶν 959c
ξύρησις 959c
φαλάκρωμα 1423c
קָרַחַת
φαλάκρωμα 1423c
קְרִי
θυμὸς πλάγιος (ק׳, חֲמַת־קְ׳) 660c, 1139b
πλάγιος (בְּקְ׳,קְ׳) 1139b
קָרִיא
ἐπίκλητος 523a
σύγκλητος 1300a
קְרִיאָה
κήρυγμα 763b
*קָרִיב Ar.
*ἐγγύς 363c (To 3.15; 6.12)
קִרְיָה, also Ar.
κώμη 839c
μητρόπολις 925c
^πόλις 1174a, *189b*
קְרִיּוֹת
⟦πόλις 1174a⟧ → קִרְיָה
קָרַם qal
ἀναβαίνειν, ἀναβέννειν 70a
ἐκτείνειν 442a
*καταλύειν *181b* (Si 43.20)
קַרְמִית
*ἄχι *169c* (Si 40.16)
קָרַן qal
δοξάζειν 343b
קָרַן hi.
κέρατα ἐκφέρειν 444c, 759c
קֶרֶן, also Ar.
κέρας 759c, *182a*
⟦κεφαλή 760c⟧
σάλπιγξ 1258b
קָרַס qal
⟦συντρίβειν 1321a⟧
קֶרֶס
κρίκος 786a
קַרְסֹל
ἴχνος 696b
σκέλος 1268c
*τρίβος 1372b (2K 22.37*L*)
קָרַע qal
ἀνοίγειν 105b
ἀπορρήσσειν 140a
ἀποτέμνειν 148c
^διαρρηγνύειν, διαρρηγνύναι, διαρρήσσειν 309a
διαστέλλειν 311b
διασχίζειν 312b
ἐγχρίνειν 367b
λαμβάνειν 847a
ῥηγνύναι 1248c
σχίζειν 1327c
קָרַע ni.
ἀδιάλυτος (יִקָּרֵעַ + neg.) 24b
διάλυτος 305b
διαρρηγνύειν, διαρρηγνύναι, διαρρήσσειν 309a
ῥηγνύναι 1248c
קָרַע hit.
*καταρρηγνύναι 743b (Pr 27.9)
קְרָעִים
διαρρηγνύειν, διαρρηγνύναι, διαρρήσσειν 309a
ῥακώδης 1248a
ῥῆγμα 1248c
קָרַץ qal
διανεύειν 306b
ἐννεύειν 475c
ὁρίζειν 1011c
קֹרַץ pu.
διαρτίζειν 309c
קֶרֶץ
ἀπόσπασμα 141a
קְרַץ Ar.
διαβάλλειν (אֲכַל קַרְצֵי) 298c
καταμαρτυρεῖν (אֲכַל קַרְצֵי) 739a
קַרְקַע
βάθος 189a
ἔδαφος 367c
τὸ ἐσώτερον 558c
קֶרֶשׁ
διατόνιον 314a
κεφαλίς 763a
*κιών 766a (II1K 15.15)

στῦλος 1297c
קֶרֶת
πόλις 1174a
קַשְׂוָה
σπονδεῖον, σπόνδιον 1285a
⟦φιάλη 1430a⟧ → מִזְרָק
קְשִׂיטָה
ἀμνάς 66a
ἀμνός 66b
קַשְׂקֶשֶׂת
ἀλυσιδωτός 60a
λεπίς 873c
*πτέρυξ 1238a (Ez 29.4)
קַשׁ
καλάμη 712b
φρύγανον 1440a
χόρτος 1473a
קָשַׁב qal
⟦διδόναι 317b⟧
קָשַׁב hi.
ἀκούειν 45a
ἀκροᾶσθαι 51a
*ἀκρόασις 51a (1K 15.22*L*)
ἀκροατής *166a*
ἐνωτίζεσθαι 482b
ἐπακούειν 505c
ἐπακρόασις 506b
προσέχειν 1215b
ὑπακούειν 1405c
קֶשֶׁב
ἀκρόασις 51a
קַשָּׁב
προσέχειν 1215b
קַשֻּׁב
ἐπήκοος 511b
קָשָׁה qal
σκληρός 1274b
σκληρὸν εἶναι 1274b
σκληρύνειν 1275a
קָשָׁה ni.
σκληρός 1274b
קָשָׁה pi.
δυστοκεῖν 358a
קָשָׁה hi.
βαρύνειν 191a
σκληρός 1274b
σκληρὸς γίνεσθαι 256c, 1274b
σκληροτράχηλος (מַקְשֶׁה עֹרֶף) 1274c
^σκληρύνειν 1275a, *191c* (+Si 30.12)
σκληρῶς 1275a
קָשֶׁה
ἀδύνατος (קְשֵׁה יוֹם) 28a
*κραταιοῦν 782b (Jd 4.24*L*)
σκληροκάρδιος (קְשֵׁה לֵב) 1274b
⟦σκληροπρόσωπος (קְשֵׁה פָנִים) 1274b⟧
σκληρός 1274b
σκληροτράχηλος (קְשֵׁה עֹרֶף) 1274c
σκληρύνειν 1275a
σκληρῶς 1275a
ὑπέρογκος 1410c
קִשּׁוּאָה
σίκυος, σίκυον 1267a
σίκυς 1267a
קְשֹׁט Ar.
ἀλήθεια 53a
ἀληθής 53c
ἀληθινός 54a
*δικαιοσύνη 532c (To 13.6)
קָשַׁח hi.
ἀποσκληρύνειν 140c
σκληρύνειν 1275a
קֹשְׁטְ
ἀληθής 53c
קְשִׁי
σκληρότης 1274c
*קְשִׁיט Ar.
*εὐθύς 571a (To 7.1)
*καλὸς καὶ ἀγαθός (To 7.7)
קָשַׁר qal
ἀφάπτειν 182b
δεῖν ("to bind") 287b
ἐκδεῖν 422a
ἐκκρέμασθαι 435a
ἐξάπτειν 489c
*ἐπιβουλεύειν 517b (4K 21.24*L*)
ἐπιδεῖν ("to bind") 519a
⟦ἐπίσημος 527b⟧
ἐπιτιθέναι 535c
*καταδεσμεύειν *181b* (Si 7.8)
περικαθίζειν 1123c
περιτιθέναι 1127c
σύγκεισθαι 1299b
συνάγειν 1307b
συνάπτειν 1312b
συντιθέναι 1320c
συστρέφειν 1323c
συστροφὰς ποιεῖσθαι 1154b, 1324a
קָשַׁר pi.
περιτιθέναι 1127c
קָשַׁר hit.
ἐπιτιθέναι 535c
συστρέφειν 1323c
קֶשֶׁר
ἀδικία 25b
δεσμός 292a
*διαβούλιον 299b (2K 15.13*L*)
*ἐπιβουλή 517b (4K 17.4*L*)
ἐπίθεσις 520a
ἐπιτιθέναι 535c
⟦στρέμμα 1296b⟧ → σύστρεμμα
σύναψις 1312c
σύνδεσμος 1312c
⟦συστράτευμα 1323c⟧ → σύστρεμμα
σύστρεμμα 1323c
συστροφή 1324a
קִשֻּׁרִים
ἐμπλόκιον 458c
στηθοδεσμίς 1290a
ψέλ(λ)ιον 1484a
קָשַׁשׁ qal
συνδεῖν 1312c
קֹשֵׁשׁ polel
συλλέγειν 1302b
συνάγειν 1307b
קָשַׁשׁ hitpo.
συνάγειν 1307b
קֶשֶׁת
τόξευμα 1363c
τόξον 1363c, *193c*
τοξότης (נֹשֵׁק קֶשֶׁת, דֹּרֵךְ קֶשֶׁת, בַּקֶּ׳, תֹּפֵשׂ קֶ׳) 1364b
קַשָּׁת
τοξότης (רֹבֵה קֶ׳) 1364b

ר

רָאָה I qal
⟦ἀκούειν 45a⟧
ἀναβλέπειν 73b
⟦ἀναγγέλλειν 74a⟧
ἀπιδεῖν, ἀφιδεῖν 122b
ἀποβλέπειν 125c (+Ma 3.9b)
ἀποδεικνύναι 126a
βλέπειν (ר׳ qal, יָכוֹל לִרְאוֹת) 221a
γινώσκειν 267a
δεικνύειν, δεικνύναι 286a
⟦(ἐ)θέλειν 628b (Da LXX 1.13 [𝔓967])⟧ → θεωρεῖν

εἰδεῖν, εἰδέναι 374b, *172b* (–Si 6.36; 48.11)
⟦εἰπεῖν, ἐρεῖν 384a⟧ → ἰδεῖν
εἰσβλέπειν 410a
⟦εἰσέρχεσθαι 410b⟧
⟦εἰσιδεῖν 413c⟧ → ἐπιδεῖν, ἐφιδεῖν
ἐμβλέπειν 455c
ἐνιδεῖν 475a
⟦ἐπέρχεσθαι 509c⟧
ἐπιβλέπ(τ)ειν 516c, *176c*
ἐπιγινώσκειν 517c
ἐπιδεῖν, ἐφιδεῖν ("to see") 519a
*ἐπιμελεῖσθαι 525b (Pr 27.25)
ἐπισκέπτειν *177a*
εὑρίσκειν 576c
ἐφορᾶν 586b
ἡπατοσκοπεῖσθαι (ר׳ בַּכָּבֵד qal) 619c
*θέα 627c (Is 27.11)
θεᾶσθαι 627c
θεωρεῖν 649b
ἰδεῖν 669b, *179c* (+Si 6.36; 48.11)
ἰδού 673c
καθορᾶν 704b
καταμανθάνειν 739a
κατανοεῖν 739c, *181b* (Si 30[33].26)
⟦κατασκοπεῖν 745a⟧ → ἡπατοσκοπεῖσθαι
κατιδεῖν 751a
^ὁρᾶν 1005a, *186b*
ὅρασις 1007b, *186b* (Si 46.15)
ὁρατός 1008b
προβλέπειν 1205c
προϊδεῖν 1206c
σκέπτεσθαι 1269b
συνίειν, συνιέναι 1316b
⟦σῴζειν 1328b⟧
ὑπεριδεῖν 1410b
⟦ὑπερορᾶν 1410c⟧ → ὁρᾶν
ὑποδεικνύειν, ὑποδεικνύναι 1413a
*φάσμα 1425b (Nu 16.30; Is 28.7)

רָאָה I ni.
βλέπειν 221a
γίνεσθαι 256c
δηλοῦν 295c
ἐμβλέπειν 455c
⟦ἐντρέπειν 480c⟧ → יָרֵא I qal
*ἐπιφάνεια, ἐπιφανία 537c (IIK 7.23)
*ἐπιφαίνειν 537c
*ἐπιφανής 538a
εὑρίσκειν 576c
ἰδεῖν 669b
⟦καταβαίνειν 727a⟧
⟦κείρειν 758b⟧
ὀπτάζεσθαι 1004a
ὀπτάνειν 1004a
ὀπτασία 1004b
ὁρᾶν 1005a
φαίνειν 1423a
φανερός *195a*
φωτίζειν *195c*

רָאָה I pu.
⟦κενός, καινός ("empty") (ר׳ pu. + neg.) 759a⟧

רָאָה I hi.
δεικνύειν, δεικνύναι 286a, *170b*
ἐμφανίζειν 460c
ἐνδεικνύναι 469c
*ἐπιδεικνύειν, ἐπιδεικνύναι 518c
*ἐπιφάνεια, ἐπιφανία 537c (Am 5.22)
ἰδεῖν 669b
ὁρᾶν 1005a
παραδεικνύναι 1057c
⟦ὑποδεικνύναι *194c*⟧ → רָאָה I hit.
φωτίζειν 1451b

רָאָה I ho.
δεικνύειν, δεικνύναι 286a
ἐπιφανής 538a

רָאָה I hit.
ὁρᾶν 1005a
ῥᾳθυμεῖν 1247c
*ὑποδεικνύναι *194c* (Si 3.23)

רָאָה II
⟦γύψ 283b⟧ → דָּאָה II subst.
ὁ ἐγγύς (ר׳ פְּנֵי) 363c

רֹאֶה
προφήτης 1232b

רְאוּבֵן
§υἱοὶ ρουβην (רְאוּבֵנִי) 1384c

רַאֲוָה
παραδειγματίζειν 1057c

רְאוּת
ὁρᾶν 1005a

רְאִי
ὅρασις 1007b

רֳאִי
ἐπιδεῖν, ἐφιδεῖν ("to see") 519a
ὅρασις 1007b
παράδειγμα 1057b

רְאֵים
μονόκερως 933a

רְאִית
ὁρᾶν 1005a

רָאַם
§ραμα (רָאֲמָה) 1248a

רְאֵם
ἁδρός 27c
μονόκερως 933a

רָאמוֹת
μετέωρος 917c

רָאשׁ
πένης 1117a
πενία 1118b

רֵאשׁ I
πενία 1118b

רֵאשׁ II Ar.
^*ἀφηγεῖσθαι (בְּר׳) 183a (1E 6.12)
κεφάλαιον 760c
κεφαλή 760c
^*προκαθηγεῖσθαι (בְּר׳) 1207a (1E 6.12)

רֹאשׁ
ἄγρωστις 18b
ἄκρος 51b
ἀνακύπτειν (נָשָׂא ר׳) 78c
ἀνήρ 88a
ἄνθος 96a
ἀριθμός 156c
γενεαὶ ἀρχαῖαι 162c
ἄρχειν 163a
ἀρχή 164a, *168c*
ἀρχηγός (ר׳, ר׳ אֲלָפִים) 165a
ἀρχιπατριώτης (רָאשֵׁי אָבוֹת) 166a
ἀρχισωματοφύλαξ (שֹׁמֵר לְר׳) 166a
^ἀρχίφυλος (ר׳, ר׳ שֵׁבֶט) 166b
ἄρχων (אִישׁ מֵרָאשֵׁי) 166b (2C 28.12)
ἔνοχος (דָּם בְּר׳) 476c
ἐπάνω (עַל ר׳) 507b
^ἡγεῖσθαι 602c, *178c*
⟦θυμός 660c⟧
κεφάλαιον 760c
^κεφαλή 760c, *182a*
κεφαλίς 763a
κορυφή (ר׳) 780a
⟦ " (צִיצִת ר׳) 780a⟧
μέγας 902c
νουμηνία, νεομηνία (ר׳ חֹדֶשׁ) 950b
πατριάρχης (ר׳ אָבוֹת) 1111c
πικρός 1133a
πρό *190a*
^προηγεῖσθαι (בְּר׳,ר׳) 1206b
^*προκαθῆσθαι 1207a (1E 5.63)
προτομή 1231b
^πρῶτος 1235c
πρωτότοκος 1237a
§ρ(ο)ως 1254b
συλλογισμός 1302c
*φύλαρχος (ר׳ שֵׁבֶט) 1441c
χιλίαρχος (ר׳ אֲלָפִים) 1469a

רְאָשָׁה
τὸ/τὰ ἔμπροσθε(ν) 459b
רִאשׁוֹן
ἀρχαῖος 162c
^ἀρχή 164a
ἔμπροσθε(ν) (בָּרִ׳,רִ׳) 459b
ἐνάρχεσθαι (בָּרִ׳) 469a
πατήρ 1105a
πρεσβύτερος, πρεσβυτέρα 1201c
πρότερον (adv.) (בָּרִאשֹׁנָה ,רִ׳) 1230b
ἐν τῷ πρότερον (לְמִבָּרִאשׁוֹנָה) 1230b
πρότερος (בָּרִאשֹׁנָה) 1230c
" (רִ׳) *190c*
τὸ πρότερον (רִ׳, רִאשֹׁנָה, לָרִאשֹׁנָה, בָּרִאשֹׁנָה) 1230c
πρώην (בָּרִאשֹׁנָה) 1234a
πρῶτον (adv.) 1235c
⟦["] *190c*⟧ → πρῶτος
^πρῶτος (רִ׳, בָּרִאשׁוֹנָה, רִישׁוֹן, רִאישׁוֹן) 1235c, *190c* (+Si 34[31].17)
ἐν πρώτοις (רִאשׁוֹנָה) 1235c
ὁ πρῶτος (μήν) 1235c
ὁ υἱὸς ὁ πρωτότοκος 1237a
רֵאשִׁית
ἀπάρχεσθαι 118b
ἀπαρχή 118b
ἀρχή 164a, *168c*
ἀρχηγός 165a
τὰ ἔμπροσθε(ν) 459b
ἐνάρχεσθαι *175b*
κεφάλαιον 760c
πρότερον (adv.) (מֵרֵ׳) 1230b
πρώϊμος, πρόϊμος (בְּרֵ׳) 1235a
πρωτογέν(ν)ημα, προτογέν(ν)ημα 1235b
πρῶτος 1235c
רִאשֹׁן
see רִאשׁוֹן
רַב I, also Ar.
⟦ἀληθής 53c⟧
ἀμύθητος 67c
ἀρχιευνοῦχος (רַב סָרִיסִים) 165c
ἀρχιμάγειρος (רַב־טַבָּחִים, רַב־טַבָּחַיָּא) 165c
*ἀρχιοινοχόος 166a (To 1.22)
ἄρχων 166b
δυνάστης 355b
δυνατός 355c
ἔχειν 586c
*ἱκανός 683c (2K 24.16*L*)
ἱκανοῦσθαι 684a
⟦κριτής 791a⟧ → רִיב I qal
μέγας 902c, *184a*
μέγας πλῆθος 902c (Ex 1.9)
μείζων 902c
οἰκονόμος (רַב־בַּיִת) 973a
ὄχλος (רַבִּים) 1043a
παύειν (רַב מִן) 1112b
πλειστάκις (פְּעָמִים רַבּוֹת) 1141c
πλεονάζειν 1141c
πλεονάκις (פְּעָמִים רַבּוֹת, רַבּוֹת, רַבַּת) 1142a
πλῆθος 1142c
πλῆθος πολύς 1181c
πληθύ(ν)ειν 1144b
πολλοστός 1180c
πολυέλεος (רַב־חֶסֶד) 1181a
πολυπληθεῖν 1181b
^πολύς, πλείων, πλεῖστος 1181b, *189b* (+Si 42.6)
ἐπὶ πολύ 1181b, *189b* (Si 49.13)
ὁ τὸ πολύ (הָרַב) 1181b
πλείων, πλέον, πλεῖον 1181b
πλείων γίνεσθαι 1181b
πολὺς γίνεσθαι 256c
πολυχρόνιος 1185c
⟦πονηρός 1186c (2C 21.15)⟧ → רַע
πρωρεύς (רַב חֹבֵל) 1235b
τις 1354a
ὑπερφέρειν 1411a
רַב II
λόγχη 887b
רֹב
μεγάλως 902b
*μέγας 902c (Ps 50[51].1)
μέγιστος 902c
πλῆθος 1142c
πολυλογία (רֹב דְּבָרִים) 1181a
πολυοδία (רֹב דֶּרֶךְ) 1181a
πολυπληθεῖν 1181b
^*πολύς, πλείων, πλεῖστος 1181b, *189b* (+Si 20.5)
πλείων γίνεσθαι 1181b
πλείων, πλέον, πλεῖον 1181b
πλῆθος πολύς 1181c
(τὸ) πλεῖστον 1181c
רָבַב qal
*ἱκανοῦσθαι 684a (Ct 7.9[10])
μεγαλύνειν 902a
πληθύ(ν)ειν 1144b
πολύς, πλείων, πλεῖστος 1181b
πλείουν εἶναι 1181b
πολὺς γίνεσθαι 256c, 1181b
πολὺς εἶναι 1181b
רָבַב pu.
πληθύ(ν)ειν 1144b
רְבָבָה
μυριάς 937a, *185c*
⟦πληθύ(ν)ειν 1144b (Ez 16.7)⟧
רָבַד qal
*διαστορωννύναι 311c (1K 9.25)
*στρωννύειν, στρωννύναι 1297b (Ez 23.41)
τείνειν 1339c
רָבָה qal
αὐξάνειν, αὔξειν 178c
⟦βαρύνειν *169a*⟧ → כָּבֵד I qal
⟦ἐγκωμιάζειν 367b⟧ → בְּרָכָה
⟦ἐπιπληθύνειν 526c⟧ → πληθύ(ν)ειν
μακροημερεύειν (רָ׳ יָמִים qal) 893a
⟦μακρότερος εἶναι 893c⟧
⟦μακρὰν γίνεσθαι 256c, 892c⟧
μεγαλύνειν 902a
μέγας 902c
μείζων 902c
μείζων εἶναι 902c
^πλεονάζειν 1141c
πλῆθος 1142c
πληθύ(ν)ειν 1144b
πολυημερεύειν (רָ׳ יָמִים qal) 1181a
πολυπλασιάζειν 1181b
πολύς, πλείων, πλεῖστος 1181b, *189b*
πλείων γίνεσθαι 256c, 1181b
πολὺς γίνεσθαι 256c, 1181b
πολὺς εἶναι 1181b
τοξότης (רֹבֶה קַשָּׁת) 1364b
⟦χυδαῖος γίνεσθαι 256c, 1480b (Ex 1.7)⟧ → שָׁרַץ qal
רָבָה pi.
*γυναικοτροφής Aramaising (1K 20.30*L*)
πλῆθος 1142c
πληθύ(ν)ειν 1144b
רָבָה hi.
?ἀνορθοῦν 108b
ἀπληστία *167a*
ἐκχεῖν *174a*
καυχᾶσθαι 757b
μέγας *184a*
^*πλεῖον 1141c
πλεονάζειν 1141c
πλεοναστὸν ποιεῖν 1142a, 1154a
πλῆθος 1142c
πληθύ(ν)ειν 1144b, *189a*
⟦ποιεῖν 1154a (2C 33.6)⟧ → πληθύ(ν)ειν
πολλαχῶς 1180c
πολυπληθεῖν 1181b
πολυπληθύνειν 1181b
πολύς, πλείων, πλεῖστος 1181b, *189b* (+Si 30[33].37; 42.5)
^ἐπὶ πλεῖον 1181c

ἐπὶ πολύ 1181b
ὁ τὸ πολύ (הַמַּרְבֶּה) 1181b
πλείων, πλέον, πλεῖον 1181b
πολὺν ποιεῖν 1154b, 1181b
πολὺν χρόνον βιοῦν (רָ׳ יָמִים hi.) 220b
πολὺς εἶναι 1181b
(τὸ) πλεῖστον 1181c
προστιθέναι 1221a
ὑψοῦν 1422a
רְבָה Ar. pe.
μεγαλύνειν 902a
μέγας 902c
רְבָה Ar. pa.
μεγαλύνειν 902a
רַבָּה
⟦ἄβυσσος *165a*⟧
ἄκρα 50b
ἐπὶ πλεῖον 1181c
רִבּוֹ, also Ar.
μυριάς 937a
⟦πλῆθος 1142c⟧ → רֹב
רִבּוּ Ar.
μεγαλειότης 901b
μεγαλωσύνη 902c
רִבּוֹא
^μυριάς 937a
μυριοπλάσιος 937b
πολύς, πλείων, πλεῖστος 1181b
רְבִיבִים
νιφετός 946a
πλησμονή 1149c
σταγών 1286a
רָבִיד
κάθεμα 699c
κατασκεύασμα *181c*
κλοιός, κλοιόν(?) 772a
רְבִיעִי
⟦τεταρταῖος 1346b⟧ → τέταρτος
τέταρτος 1346b
τετράγωνος 1347a
τετράς 1347b
רְבִיעָי Ar.
*τέταρτος 1346b (Da 2.40; 3.25; 7.7, 19, 23)
רָבַךְ ho.
φυρᾶν 1446b
רָבַע qal
βιβάζεσθαι 218b
τετράγωνος 1347a
*τετραπλῶς (רָבוּעַ) 1347b
רָבַע pu.
τετράγωνος 1347a
רָבַע hi.
κατοχεύειν 756c
*רְבַע Ar. pe.
*ἀναπίπτειν 81b (To 2.1)
רֶבַע I
τέταρτος 1346b
רֶבַע II
μέρος 911c
רִבֵּעַ
τετάρτη γενεά 236a, 1346b
τέταρτος 1346b
רֹבַע
δῆμος 296a
*σχοῖνος 1328b (Ps 138[139].3)
τέταρτος 1346b
רָבַץ qal
ἀναπαύειν 80b
⟦[”] *166c*⟧ → ἀναπίπτειν
ἀνάπαυσις 80c
ἀναπίπτειν *166c*
βόσκειν 225c
⟦γίνεσθαι 256c⟧
ἐγκαθῆσθαι 364b
ἔχειν 586c
ἡσυχάζειν 620a
θάλπειν 623b
καταλύειν 738b
κοιμᾶν 773c
κοιτάζεσθαι 775b
κοίτη 775b
⟦κολλᾶν 776b⟧ → דָּבֵק, דָּבַק qal
νέμειν 941c
πίπτειν 1135c
συγκαθίζειν 1299a
συναναπαύεσθαι 1311a
רָבַץ hi.
ἀναπαύειν 80b
⟦ἑτοιμάζειν 563c⟧
κατασκηνοῦν 744b
κοιτάζεσθαι 775b
רֵבֶץ
ἀνάπαυσις 80c
κοίτη 775b
רַבְרַב
μέγας 902c
πολύς, πλείων, πλεῖστος 1181b
רַבְרְבָן Ar.
μεγιστάν 907a
רֶגֶב
*κρύσταλλος *182c* (Si 43.20)
κύβος 796a
χάλιξ 1453a
רָגַז qal
⟦διαγογγύζειν *171a*⟧
θαμβεῖν 623b
θυμός 660c
λυπεῖν 889b
μεριμνᾶν 911a
μνείαν ποιεῖσθαι ἐν ὀδύνῃ 967a
ὀργίζειν 1010a
παροξύνειν 1072a
πικραίνειν 1132c
πτοεῖν 1238c
σαλεύειν 1257c
σείειν 1261c
συγχεῖν 1301a
⟦συνάγειν 1307b (Jl 2.1)⟧ → συγχεῖν
συνταράσσειν 1318a
ταράσσειν 1336a
⟦φοβεῖν 1433b⟧ → ὀργίζειν
רָגַז hi.
θυμοῦν 662b
⟦ὀργίζειν 1010a⟧ → παροργίζειν
παρενοχλεῖν 1068c
παροξύνειν 1072a
παροργίζειν 1072b
σείειν 1261c
רָגַז hit.
θυμός 660c
θυμοῦν 662b
ὀργίζειν 1010a
רְגַז I Ar. af.
^*παραπικραίνειν 1063a (1E 6.15)
παροργίζειν 1072b
רְגַז II subst. Ar.
θυμὸς ὀργῆς 660c
θυμοῦν 662b
רַגָּז
ἀθυμεῖν, ἀθυμοῦν 30a
רֹגֶז
θυμός 660c, *179c*
θυμὸς ὀργῆς 660c, 1008b
ὀργή 1008b, *186c*
רָגְזָה
βάσανος 191c
רָגַל qal
δολοῦν 340c
רָגַל pi.
ἐνεδρεύειν *175b* (+Si 11.31)
κατασκέπτεσθαι, κατασκέπτειν 744a
κατασκοπεῖν 745a
κατασκοπεύειν 745a
κατάσκοπος 745a, *181c*
*κατηγορεῖν 751a (2K 19.28*L*)
μεθοδεύειν 907c
רָגַל hi.
προσπαίζειν *190b*
רָגַל tiph.
συμποδίζειν 1305c

רֶגֶל, also Ar.
ἀκολουθεῖν (הָלַךְ לְרֶ׳) 44c
⟦ἀφηγεῖσθαι 183a⟧
πρὸς δίφρους καθῆσθαι (סָכַךְ רַגְלַיִם hi.) 337c
καιρός 706a
μηρός (בֵּין רַגְלַיִם) 923c
οὖρον (מֵימֵי רַגְלַיִם) 1034b
παρασκευάζειν (לְהָסֵךְ אֶת־רַגְלָיו) 1064a
παριστάναι (הָלַךְ בְּרַגְלֵי hit.) 1070c
πατεῖν (מִשְׁלַח רֶ׳) 1105a
*πεζός, πεζῇ 1114b (2K 15.17, 3K 21.10; 2K 15.18*L*)
⟦πόρευσις 1194b⟧ → הָלַךְ pi.
πούς (כַּף רֶ׳, רֶ׳) 1198b, *189c*
σκέλος 1268c
*χρόνος τακτός (מוֹעֵד רֶ׳) 1333a (Jb 12.5)
ἕως τρίτος γενεᾶς (שָׁלֹשׁ רְגָלִים) 1373c
רַגְלִי
πεζός (אִישׁ רַ׳, רַ׳) 1114b, *188b*
τάγμα 1333a
רָגַם qal
καταλιθοβολεῖν 737c
λιθοβολεῖν 876c
⟦λίθος 876c⟧
רִגְמָה
⟦ἡγεμών 603c⟧
רָגַן qal
γογγύζειν 274a
*διαγογγύζειν *171a* (Si 34[31].24)
רָגַן ni.
γογγύζειν 274a
διαγογγύζειν 299c
רָגַע I qal
καταπαύειν 740c
*παύειν 1112b (Jb 6.7)
רָגַע I ni.
ἀναπαύειν 80b
רָגַע I hi.
ἀναπαύειν 80b
?ἐξαίρειν 485b
καταλύειν *181b*
ταχέως 1338b
ταχύς 1339a
רָגַע II qal
κραυ(γ)ή 784b
ταράσσειν 1336a
רֶגַע
ἀνάπαυσις 80c
εἰσάπαξ (כְּרֶ׳) 410a
ἐξαίφνης, ἐξέφνης 486b
ἐξάπινα (כְּרֶ׳) 488a
μικρὸν ὅσον ὅσον (כִּמְעַט־רֶ׳) 926c, 1019a
σπουδή 1285c
διὰ τάχους 1338c
χρόνος 1476b
רָגַשׁ qal
*σαλεύειν *191a* (Si 16.18?)
φρυάζειν(?), φρυάττειν 1440a
רְגַשׁ Ar. af.
?παριστάναι 1070c
προσέρχεσθαι 1213c
רֶגֶשׁ
ὁμόνοια 993c
רִגְשָׁה
⟦πλῆθος 1142c⟧
רָדַד qal
⟦ἐπακούειν 505c⟧
*ταπεινοῦν 1334c (2K 22.48*L*)
ὑποτάσσειν 1417b (+Ps 61[62].1, 5)
רָדָה qal
ἄρχειν 163a
ἄρχων 166b
⟦διώκειν 338b⟧ → רָדַף qal
ἐξαιρεῖν 484b
?ἐξεγείρειν 490b
ἐπικρατεῖν 523b
ἐπιστάτης 529c
ἐργοδιωκτεῖν 541c
⟦κατάγειν 729b⟧ → יָרַד hi.
κατακυριεύειν 735a
κατάρχειν 743c
κατατείνειν 746c
κατεργάζεσθαι 749b
κυριεύειν 800a, *182c*
πατεῖν 1105a
רָדָה hi.
⟦ἐξιστᾶν, ἐξιστάναι 496c⟧ → חָרֵד I hi.
רָדִיד
θέριστρον 649a
κατακλιστός(?), κατάκλιστρον, κατάκλιτον 733c
רָדַם ni.
⟦ἀποσκαρίζειν 140c⟧
ἔκστασις 441b
ἐξιστᾶν, ἐξιστάναι 496c
θαμβεῖν 623b
κατανύσσεσθαι 739c
κοιμᾶν 773c
νυστάζειν 956a
πίπτειν 1135c
ῥέγχειν 1248b
*ὑπνοῦν 1412a (Je 14.9)
רָדַף qal
⟦ἀγαπᾶν *165a*⟧
ἀντίκεισθαι 110c
ἀποδιώκειν 127c
*διωγμός 338b (La 3.19)
διώκειν 338b, *171c* (Si 34[31].5)
⟦εἰπεῖν, ἐρεῖν 384a⟧
ἐκδιώκειν 423b
ἐπιδιώκειν 519c
⟦καταβαίνειν 727a⟧
⟦καταγνύναι 730a⟧ → καταδιώκειν
καταδιώκειν 730b
κατατρέχειν 747a
*παροξύνειν 1072a (Pr 6.3)
רָדַף ni.
διώκειν 338b
רָדַף pi.
διωγμός 338b
διώκειν 338b
ἐρεθίζειν 544b
καταδιώκειν 730b
רָדַף pu.
διώκειν 338b
רָדַף hi.
διώκειν 338b
רָהַב qal
προσκόπτειν 1217b
רָהַב hi.
ἀναπτεροῦν 81c
רַהַב
κῆτος 763c, *182a* (Si 43.25)
*μάταιος 898c (Is 30.7)
*ματαιότης 899a (Ps 39[40].4)
ὑπερήφανος 1410a
רַהַט
δεξαμενή 290a
ληνός 875c
παραδρομή 1059b
רָהִיט
φάτνωμα, φάτμωμα 1425c
רֵו Ar.
ὅρασις 1007b
πρόσοψις 1219a
רוֹב
⟦μέγας *184a*⟧
πλῆθος 1142c, *189a*
πολύς, πλείων, πλεῖστος *189b*
רוּב
⟦κρίνειν 787b⟧ → רִיב I qal
φιλεχθρεῖν 1430c
רוּד qal
⟦κυριεύειν 800a⟧ → רָדָה qal
רוּד hi.
⟦καθαιρεῖν 697b⟧ → יָרַד hi.
λυπεῖν 889b

רָוָה qal
ἀπολαύειν 136b
μεθύ(σκ)ειν 907c
רָוָה pi.
μεθύ(σκ)ειν 907c, *184a*
ὁμιλεῖν 991a
רָוָה hi.
⟦ἐπιθυμεῖν 520b⟧
μεθύ(σκ)ειν 907c
רָוֶה
ἔγκαρπος 365a
μεθύ(σκ)ειν 907c
רָוַח qal
ἀναπαύειν 80b
ἀναψύχειν 86a
רָוַח pu.
ῥιπιστός 1252a
רֶוַח
βοήθεια, βοηθία 222c
διάστεμα, διάστημα 311c
רוּחַ I hi.
*ἀπολύειν 138c (To 3.6).
ἐμπλήθειν πνεῦμα 457a
ὀσφραίνεσθαι 1023b, *186c*
רוּחַ II, also Ar.
⟦αἷμα 31b⟧
ἄνεμος 86c, *167a*
⟦ἄνεμος καύσων 86c⟧ → ἄνεμος
ἀνεμόφθορος, ἀνεμοφθόριος 87a
⟦ἀνήρ 88a⟧
⟦ἡμέρα 607b (1K 1.15)⟧
θυμός 660c
μέρος 911c
νοῦς 950c
*ὀργή 1008b (Pr 16.32; Is 59.19)
^πνεῦμα 1151c (+ To 6.8), *189b* (+Si 30.15)
πνευματοφορεῖσθαι (שָׁאֲפָה רוּחַ) 1153b
πνευματοφόρος, πνευματόφορος 1153b
πνοή (רוּחַ, נִשְׁמַת־רוּחַ) 1153b
φρόνησις 1439a
ψυχή 1486a, *196b* (+Si 7.17)
רְוָחָה
ἀνάψυξις 86a
*ἀναψυχή 86a (Ps 65[66].12)
⟦δέησις 285c⟧
רְוָיָה
⟦ἀναψυχή 86a⟧ → רְוָחָה
μεθύ(σκ)ειν 907c
רוּם I qal
ἀπαίρειν 115c
δυνατός 355c
ἐκζεῖν 430c
*ἐπαίρειν 505a (Je 29[47].6)
εὐμήκης 575a
⟦ζεῖν 593a⟧ → ἐκζεῖν
ἰσχύειν 692c
⟦ἰσχυρός 693b⟧ → ἰσχύειν
μετεωρίζειν 917b
μετέωρος 917c
⟦ὕβρις 1380a⟧ → רוּם III subst. ≈ ὕψος
ὑβριστής 1380a
ὑπερήφανος 1410a
ὑπερυψοῦν 1411a
ὑψηλός 1419b
ὑψηλὸν ἔχειν 586c, 1419b
ὕψιστος 1420b
ὑψοῦν 1422a
רוּם I ni.
ἐκχωρεῖν 446c
ἐπαίρειν 505a
μετεωρίζειν 917b
רוּם I polel
ἀνυψοῦν 112b
^δοξάζειν 343b
ὑψοῦν 1422a, *195c*
רוּם I hi.
αἴρειν 34c
ἀναιρεῖν 77b
*ἀνταναιρεῖν 108c (Ps 9.26 [10.5])
ἀνυψοῦν 112b, *167b*
ἀπάρχεσθαι 118b
ἀφαιρεῖν 180a
ἀφορίζειν 185c
^διδόναι 317b
^*δωρεῖσθαι 359a
ἐγείρειν 364a
ἐκτείνειν 442a
ἐξαίρειν 485b
ἐπαίρειν 505a
⟦ἐπιβάλλειν *176c*⟧
ἐπιτιθέναι 535c
⟦ἕψειν 592a⟧
ἱστάναι, ἱστᾶν 689a
*ἰσχυρός 693b (Pr 14.29)
⟦ἰσχυρῶς 694b⟧ → ἰσχυρός
καλεῖν + φωνῇ (= קוֹל) 712c
^*μέγας 902c (1E 5.64)
*μετεωρίζειν 917b (4K 6.7*L*)
περιαιρεῖν 1121b
προσφέρειν 1222c
τιθέναι 1348c (Is 14.13)
ὕψος 1421b
ὑψοῦν 1422a, *195c*
רוּם I ho.
ἀφαιρεῖν 180a
ἀφορίζειν *169c*
ἐξαίρειν 485b
רוּם I hitpo.
⟦παροργίζειν 1072b⟧
ὑψοῦν 1422a
רוּם II Ar. peil
ὑψοῦν 1422a
רוּם II Ar. polel
ὑπερυψοῦν 1411a
רוּם II Ar. af.
ὑψοῦν 1422a
רוּם II Ar. hitpo.
ὑψοῦν 1422a
רוּם III subst., also Ar.
μεγαλόφρων (רוּם עֵינַיִם) 902a
⟦πολύς, πλείων, πλεῖστος 1181b (De 1.28; 9.2)⟧ → רַב I
ὑπερηφαν(ε)ία 1409c
ὑψηλός 1419b
^ὕψος 1421b
ὑψοῦν 1422a
*ὕψωμα 1422c (Jb 24.24)
רוֹם
ὕψος 1421b
רוֹמָה
ὀρθ(ρ)ός 1010c
רוֹמָם
ὑψοῦν 1422a
ὕψωσις 1422c
רוּעַ qal
ἀλαλάζειν 52a
רוּעַ ni.
⟦κακοποιεῖν 709a⟧ → רָעַע hi.
רוּעַ hi.
αἰνεῖν 33a
ἀλαλάζειν 52a
ἀναβοᾶν 73c
ἀνακράζειν 78b, *166c*
^βοᾶν 222a
ἐπιχαίρειν 538b
ἠχεῖν *179c*
⟦κατακρατεῖν 734b⟧ → κατακροτεῖν
*κατακροτεῖν (Je 27[50].15)
κηρύσσειν 763c
κράζειν 781b
κραυγάζειν 784b
^σαλπίζειν 1258c
σημαίνειν 1263a
*σημασία 1263b (Nu 10.7)
רוּעַ hitpo.
κράζειν 781b
רוֹעַ
πονηρία *189c*
רוּץ qal
βιβλιαφόρος, βιβλιοφόρος 218b

διώκειν 338b, *171c*
δρομεύς 349a
ἐκδιώκειν 423b
ἐκτρέχειν 444a
ἐξέρχεσθαι 491c
ἐπιτρέχειν 537b
⟦ἱππεύς 687a⟧
καταδιώκειν 730b
κατατρέχειν 747a
καταφεύγειν 747b
παρατρέχειν 1065b
προστρέχειν 1222b
προτρέχειν 1231b
τρέχειν 1371c
σπεύδειν *192a*
*συντρέχειν 1321a (Jd 7.21*L*, Ps 49[50].18)
*συντροχάζειν 1322c (Ec 12.6)

רוץ polel
διατρέχειν 314a

רוץ hi.
^*ἀποφέρειν 149c (1E 1.13)
διατρέχειν 314a
ἐκδιώκειν 423b
ἐξάγειν 483a
προφθάνειν 1233c
τρέχειν 1371c

רוק hi.
ἀμφιβάλλειν 67c
ἀναίρειν 77b
διασπείρειν 310c
διαφθείρειν 314c
ἐκκενοῦν 432c
ἐκχεῖν, ἐκχέειν 445c
ἐξαναλίσκειν 487b
⟦ἐπανάγειν 506b⟧ → עָלָה hi.
ἐπιχεῖν 538c
κατακενοῦν 733b
⟦λε(ι)αίνειν 863c⟧ → דָּקַק hi.

רוק ho.
ἐγχεῖν 367b
ἐκκενοῦν 432c

רוֹשׁ
χολή 1472a

רושׁ qal
πτωχεύειν 1239b
πτωχός 1239b, *190c*
ταπεινός 1334b

רושׁ hitpo.
ταπεινοῦν 1335a

רָז Ar.
κρυπτός 792c, *182c*
μυστήριον 937c

רָזָה
ἐξολεθρεύειν, ἐξολοθρεύειν 497c

רָזֶה
ἀσθενής 172b
παρειμένος 1070b

רָזוֹן I
⟦ἀτιμία 175c⟧

רָזוֹן II
δυνάστης 355b

רָזַם qal
⟦ἐπιφέρειν 538a⟧

רָזַן qal
ἄρχων 166b
δυνάστης 355b
σατράπης 1260c
τύραννος 1378c

רָחַב qal
⟦ἐξιστᾶν, ἐξιστάναι 496c⟧
πλατύνειν 1141b

רָחַב ni.
εὐρύχωρος 580a

רָחַב hi.
ἀνοίγειν 105b
ἐμπλατύνειν 458b
πλατύνειν 1141b
πλατυσμός 1141c
⟦πληθύ(ν)ειν 1144b⟧ → רָבָה hi.
πολυωρεῖν 1186a

רָחָב
ἀμέτρητος (רְחַב יָדַיִם) 65c
ἄπληστος (רְחַב נֶפֶשׁ ,ר׳) 122c
εὖρος 579c
εὐρύχωρος(רְחַב יָדַיִם) 580a
θρασυκάρδιος (רְחַב לֵב) 654b
πλατύνειν 1141b
πλατύς (ר׳, רְחַב יָדַיִם) 1141b
πλατυσμός 1141c
πολύς, πλείων, πλεῖστος 1181b

רַחַב
ἄβυσσος 1b
εὖρος 579c

רֹחַב
διαπλατύνειν 308a
εὖρος 579c
πλάτος 1141a
χύμ(μ)α 1480b

רְחוֹב ,רְחֹב
δίοδος 336a
^*εὐρύχωρος 580a (+1E 5.47)
⟦ἔπαυλις 508c⟧ → πλατεῖα (subst.)
κλίτος 771c
ὁδός 962b
πλατεῖα (subst.) 1140c
πλάτος 1141a
ῥύμη 1255b

רְחֹבוֹת
εὐρυχωρία 580a

רֵחֶה
μύλος 936c

רְחוֹב
see רְחוֹב ,רְחֹב

רַחוּם
ἐλεήμων 450c, *174a*
οἰκτ(ε)ίρμων 983a

רָחוֹק
ἀπωτέρω 152b
ἀρχαῖος (מֵרָ׳) 162c
ἀρχή 164a
μακράν (לְמֵרָ׳ ,מֵרָ׳ ,רָ׳) 892c, *183b*
μακρὰν ἀπέχειν 122a, 892c
μακρὰν εἶναι 892c
μακρὰν οἰκῶν 892c
ὁ μακράν (מֵרָ׳ ,רָ׳) 892c
^μακρόθεν (עַד לְמֵרָ׳ ,בְּרָ׳ ,מֵרָ׳ ,רָ׳) 893b
ἀπὸ μακρόθεν (עַד־מֵרָ׳ ,לְמֵרָ׳) 893b
ὁ μακρόθεν (מֵרָ׳) 893b
μακρός (מֵרָ׳ ,רָ׳) 893c
⟦γῆ μακρά 893c⟧ → μακρός ἐκ μακρῶν (לְמֵרָ׳) 893c
μακρύνειν 894a
πάλαι (לְמֵרָ׳) 1051a
διὰ χρόνου (πολλοῦ) (מֵרָ׳) 1181b, 1476b
πόρρω (מֵרָ׳ ,רָ׳) 1195b
ἕως πόρρω (עַד־לְמֵרָ׳) 1195b
πόρρωθεν (לְמֵרָ׳ ,מֵרָ׳ ,רָ׳) 1195b
γῆ πόρρωθεν 1195b
ὁ πόρρωθεν 1195b
⟦τίμιος 1353c⟧
ὑποχωρῶν γίνεσθαι *194c*

רָחִיט
φάτνωμα, φάτμωμα 1425c

רַחִיק Ar.
^*ἀπέχειν (ר׳ הֲוָה) 122a (1E 6.27)
μακράν 892c

רָחֵל
ἀμνός 66b
⟦κείρειν 758b⟧
πρόβατον 1204b

רָחַם qal
ἀγαπᾶν 5c
*φιλιάζειν 1431a (Jd 5.30A)
*φίλος 1431b (Jd 5.30A)

רָחַם pi.
ἀγαπᾶν 5c
ἐλεᾶν 449a
ἐλεεῖν 449c, *174a*
ἔλεος, ἔλαιος 451a
ἵλεως 684c
οἰκτείρειν 982c, *186a*
παρακαλεῖν 1060a

רָחַם pu.
ἀγαπᾶν 5c
ἐλεεῖν 449c
*רְחֵם Ar. pe.
*ἀγαπᾶν 5b (To 6.12 v.l.; 13.14; 14.7)
*φιλεῖν 1430b (To 6.15)
רָחָם
*ἔποψ 539b (De 14.16)
κύκνος 798c
רַחַם
ἔγκατον 366b
ἔλεος, ἔλαιος 451a, *174a*
ἔντερον 479a
ἔρως γυναικός 553b
μήτρα 925b
τὰ περὶ τὴν μήτραν 925b
οἰκτ(ε)ιρμός 983a
⟦παιδίον 1047c⟧
σπλάγχνα 1284c
χάρις 1455a, *195a*
רֶחֶם
γαστήρ 234b, *170a*
κοιλία 773a, *182a*
μήτρα 925b, *185a*
רַחֲמִים
οἰκτ(ε)ιρμός *186a*
רַחֲמִין Ar.
οἰκτ(ε)ιρμός 983a
רַחֲמָנִי
οἰκτ(ε)ίρμων 983a
רָחַף qal
σαλεύειν 1257c
רָחַף pi.
ἐπιποθεῖν 526c
ἐπιφέρειν 538a
רָחַץ qal
*βάπτειν 190b (Ps 67[68].23)
ἐκπλύνειν 439b
λούειν 888b
νίπτειν 945c
πλύνειν 1151b
χεῖν 1457c
רָחַץ pu.
ἀπονίπτειν 139a
λούειν 888b
רָחַץ hit.
ἀπολούειν 138c
רְחַץ Ar. itpe.
ἐλπίζειν 453c
πείθειν 1114b
רַחַץ
ἐλπίς 454a (Ps 59[60].8; 107[108].9 Aramaizing)
רַחְצָה
λουτρόν 888c

רָחַק qal
ἀπέχειν 122a
ἀποτρίβειν 149c
ἀπωθεῖν 151a
ἀφαιρεῖν 180a
ἀφάλλεσθαι 181b
ἀφιστᾶν, ἀφιστάναι, ἀφιστάνειν 184b, *169b*
ἀφιστάναι μακράν 184b
ἐφορᾶν + neg. 586b
μακράν 892c
ἀφεστάναι/ἀποστῆναι μακράν 892c
μακρὰν ἀπέχειν 122a, 892c, *167c*, *183b*
μακρὰν εἶναι 892c
μακρότερον ἀπέχειν 893c
μακρύνειν 894a
πόρρω 1195b
πόρρω γίνεσθαι 256c, 1195b
רָחַק ni.
ἀνατρέπειν 84b
רָחַק pi.
ἀπωθεῖν 151a
μακρύνειν 894a
πόρρω ἀπέχειν 122a, 1195b
רָחַק hi.
ἀπέχειν 122a
ἀποτείνειν 148c
ἀπωθεῖν 151a
ἀφιστᾶν, ἀφιστάναι, ἀφιστάνειν 184b
ἐκδιώκειν 423b
ἐξωθεῖν 502b
μακράν 892c
ἀφιστάναι μακράν 184b, *169b*, *183b*
μακρὰν ἀπέχειν 122a, 892c
μακρὰν ἀπωθεῖν 892c
μακρὰν γίνεσθαι 256c, 892c
μακρὰν ποιεῖν 892c, 1154a
μακρόθεν 893b
μακρότερον (adv.) 893c
μακρύνειν 894a
πόρρω ποιεῖν 1154b, 1195b
רָחַק hit.
ἀπωθεῖν *168b*
ἀφιστᾶν, ἀφιστάναι, ἀφιστάνειν *169b*
ἀφιστάναι μακράν *183b*
רָחֵק
ὁ μακρύνων ἑαυτόν 894a
רָחַשׁ qal
ἐξερεύγεσθαι 491b
רָטַב qal
ὑγραίνειν 1380c

רָטֹב
ὑγρός 1380c
רֶטֶט
τρόμος 1374c
רֻטֲפַשׁ
ἁπαλύνειν 116c
רָטַשׁ pi.
*ἐδαφίζειν 367c (Ez 31.12)
ἐνσείειν 476c
συντρίβειν 1321a
רָטַשׁ pu.
ἐδαφίζειν 367c
ῥάσσειν 1248a
רָטַשׁ hit.
ἀναστρέφειν *166c*
רִי
⟦ἐκλεκτός 437a⟧
רִיב I qal
ἀντιδικεῖν 110b
ἀπολογεῖσθαι 138c
διακρίνειν 304a
διαλέγεσθαι 304b
διαμάχεσθαι *171b*
δικάζειν 330b
δικαιοῦν 334b
δίκη 335b
ἐκδικεῖν 422b
⟦ἐπέρχεσθαι 509c⟧
κατήγορος 751a
κρίνειν 787b, *182b*
κρίσις 789c
*κριτής 791a (Is 63.7)
⟦λαλεῖν 841c⟧
λοιδορεῖν 887b
μάχεσθαι 900c
μάχη 901a
ὀργίζειν 1010a
φιλεχθρεῖν 1430c
רִיב I hi.
ἀντίδικος 110b
ἀντιλέγειν 111a
רִיב II subst.
ἀδικία 25b
ἀντιδικεῖν 110b
ἀντίδικος (רִיב, אִישׁ רִיב) 110b
ἀντιλογία 111b
ἀπολογεῖσθαι 138c
δικάζειν 330b
δικαίωμα 334b
*δικαίωσις 335b (2C 19.8*L*)
δίκη 335b
ἔρις *177b*
⟦κακός 709b⟧
κρίνειν 787b
κρίσις 789c, *182b*

⟦κριτὴς γίνεσθαι 791a⟧ → דַּיָּן ≈ κριτής
λοιδορία 887c
μάχη 901a, *184a*
μαχητής 901a
κατήγορος ἐν πρωτολογίᾳ (רִאשׁוֹן בְּרִיב) 1235c
στάσις 1286c

רֵיחַ, also Ar.
εὐωδία (רֵיחַ נִחוֹחַ) *178c*
ὀσμή 1018c
ὀσφρασία 1023c

רֵיעַ
ἑταῖρος *177c*
πλησίον *189a*
φίλος 1431b, *195a*

רִיפוֹת
§αραφωθ, αραβωθωθ (הָרִפוֹת) 152c

רִיק
κενός, καινός ("empty") 759a, *182a* (Si 31[34].1)
κενῶς (לְרִיק) 759b
⟦λεπτός 874a⟧ → דַּק
ματαιότης 899a
ματαίως 899b
οὐδείς, οὐθείς *187a*

רֵק, רֵיק
κενός, καινός ("empty") 759a
λιτός 879c
μάταιος 898c
*σχολή 1328b (Pr 28.19)

רֵיקָם
κενός, καινός ("empty") 759a
διὰ κενῆς 759a

רִיר
*γόνος 274c (Le 15.3)
*σίαλον 1265c
σίελον, σίελος→ σίαλον

רֵישׁ
πενία 1118b
*προσδεῖν ("to be needy") *190a* (Si 18.32)
πτωχεία *190c*

רִישׁ
πενία 1118b

רִישׁוֹן
see also רִאשׁוֹן
πρῶτος 1235c

רַךְ
ἁπαλός 116c
ἀσθενής 172b
δειλός 287a
μαλακός 894b
μαλακῶς (רַכּוֹת) 894c
*ὑπήκοος 1411c (Pr 4.3)
ὑποπίπτειν 1416c

רֹךְ
ἁπαλότης 116c
⟦τρυφερότης 1377c⟧ → ἁπαλότης

רָכַב qal
^ἀναβαίνειν, ἀναβέννειν 70a
ἀναβάτης 73a
⟦ἅρμα 158b⟧ → רֶכֶב
διαπορεύεσθαι *171b*
ἐπιβαίνειν 515c
ἐπιβάτης 516b
ἐπικαθῆσθαι 521b (Si 36[33].6 text אוהב)
ἐπικαθίζειν 521b
ἱππάζεσθαι 687a
ἱππεύειν 687a
ἱππεύς (ר׳ qal, רֹכֵב סוּס, רֹכֵב רֶכֶשׁ) 687a
καθῆσθαι 700b
⟦καθίζειν 701c⟧ → ἐπιβαίνειν
⟦[πορεύεσθαι] *189c*⟧ → διαπορεύεσθαι

רָכַב hi.
ἀναβιβάζειν 73a
*ἀναφέρειν 84c (4K 9.28*L*)
διέρχεσθαι 328c
ἐμβιβάζειν 455c
ἐπιβιβάζειν 516c
ἐπικαθίζειν 521b
ἐπιτιθέναι 535c

רֶכֶב
ἀναβάτης 73a
^ἅρμα 158b
⟦ἐπιβάτης 516b⟧ → רָכַב qal
ἐπιμύλιον 526a
ἐπιμύλιος 526a
⟦θάρσος 626c⟧
ἵππος 687b
κλάσμα μύλου (פֶּלַח ר׳) 936c
§ρηχαβ 1251c

רַכָּב
ἐπιβάτης 516b
ἡνίοχος 619c

רִכְבָּה
ἅρμα 158b

רְכוּב
ἐπίβασις 516b

רְכוּשׁ
ἀποσκευή 140c
^*ἵππος 687b (Ge 14.11, 16, 21; 1E 2.7, 9)
^κτῆνος 794a
κτῆσις 795a
ὕπαρξις 1406b
ὑπάρχειν 1406b
χρῆμα 1474b

רָכִיל
δίγλωσσος 316c
δολίως 340b
δόλος 340b
σκολιῶς 1275b

רָכַךְ qal
ἁπαλύνειν 116c
ἀσθενεῖν 172a
ἐκλύειν 438a
ἐντρέπειν 480c
⟦ἐπιτιθέναι 535c⟧

רָכַךְ pu.
μάλαγμα 894b
μάλαγμα ἐπιτιθέναι 535c

רָכַךְ hi.
μαλακύνειν 894c

רָכַל qal
δόλιος *171c*
ἐμπορεύεσθαι 459a
ἐμπορία 459a
φέρειν ἐμπορίαν 459a
ἐμπόριον 459a
*ἐμπορεύεσθαι 459a
ἔμπορος 459a
⟦ἐνεμπορεύεσθαι 472c⟧ → ἐμπορεύεσθαι
⟦μυρεψικός 936c⟧ → μυρεψός
μυρεψός 937a
ῥωποπώλης, ῥοβοπώλης, ῥοποπώλης 1255c

רְכֻלָּה
ἐμπορία 459a
⟦πλοῦτος 1150c⟧ → ὑπάρχειν
ὕπαρξις 1406b
ὑπάρχειν 1406b (Ez 26.12)

רָכַס qal
συσφίγγειν 1324a

רֶכֶס
τραχύς 1371a

רֹכֶס
ταραχή 1336c

רָכַשׁ qal
κτᾶσθαι 793b
περιποιεῖν 1125c

רֶכֶשׁ
ἅρμα 158b
ἱππεύειν 687a
ἱππεύς (רֹכֵב ר׳) 687a

רָם
μέγας 902c

רֵם
μονόκερως 933a

רְמָא, רְמָה Ar. pe.
*ἀφιέναι 183b (To 14.6)

βάλλειν 189c
ἐμβάλλειν 455a
^*ἐπιβάλλειν 516a (1E 8.22)
^*ἐπιβολή 517b (1E 8.22)
καταδουλοῦν 731a
ῥίπτειν, ῥιπτεῖν 1252b
τιθέναι 1348c
רְמָא, רְמָה Ar. itpe.
ἐμβάλλειν 455a
ῥίπτειν, ῥιπτεῖν 1252b
רָמָה I qal
ἀναίρεσις 77c
*ἀπορρίπτειν 140b (2K 19.27*L*; Ho 10.7; Je 8.14[1])
βάλλειν 189c
ἐντείνειν 477a
ῥίπτειν, ῥιπτεῖν 1252b
*τοξότης (ר׳ act. ptc.) 1364b (2C 22.5)
*ὑπολαμβάνειν 1414c Aramaising (Ps 16.12)
רָמָה I ni.
*ἀπορρίπτειν 140b (Ho 10.7; 11.1 [10.15]; Ob 5; Je 8.14[1]; 28[51].6; 29[47].5)
רָמָה I pi.
ἐνεδρεύειν 472a
παραδιδόναι 1058a
παραλογίζεσθαι 1062a
רָמָה II
βάσις 214b
ἔκθεμα 431c
πορνεῖον, πορνίον 1194c
רְמָה Ar. pe.
see רְמָא, רְמָה pe.
רְמָה Ar. itpe.
see רְמָא, רְמָה itpe.
רִמָּה
ἑρπετόν *177b*
σαπρία 1259a
σῆψις 1265c
σκώληξ 1278a, *191c*
רִמּוֹן
ἄνθινος *95c*
⟦κώδων 839b, *183c*⟧
ῥόα 1252c
ῥοΐσκος 1253a, *191c* (Si 45.9)
*ῥοών 1254b
רֹמַח
δορατοφόρος (נֹשֵׂא ר׳) 344b
δόρυ 344b
λόγχη 887b
σ(ε)ιρομάστης 1262a
⟦σειρομάστρα(?) 1262a⟧ → σ(ε)ιρομάστης

רְמִיָּה
ἄδικος 26c
⟦ἀεργός 28c⟧
ἀμελῶς 65b
ἄνομος 107c
δόλιος 340b
δόλος 340b
⟦ἐντείνειν 477a⟧ → רָמָה I qal
στρεβλός 1296b
רֹמֹם
⟦ὑψοῦν 1422a⟧ → רום I polel
רָמַס qal
διαστέλλειν 311b
καταθλᾶν 731b
καταπατεῖν 740b
πατεῖν 1105a
συμπατεῖν 1305a
συντρίβειν 1321a
רָמַס ni.
καταπατεῖν 740b
רָמַשׂ qal
διέρχεσθαι 328c
ἕρπειν 547c
ἑρπετός 548a
κινεῖν 765b
רֶמֶשׂ
ἑρπετός 548a
רֹן
ἀγαλλίαμα 4c
רָנָה qal
γαυριᾶν 234c
רִנָּה
ἀγαλλίαμα 4c
ἀγαλλίασις 5b
αἴνεσις 33b
δέησις 285c
*δεῖσθαι 288a (Is 43.14; Je 7.16)
εὐφροσύνη 582c
*μέλος *184b* (Si 50.18)
τέρψις 1345c
χαρά 1454b
רָנַן qal
ἀγαλλιᾶσθαι 4c
⟦ἐξιστᾶν, ἐξιστάναι 496c⟧
εὐφραίνειν 581a
*στρατοκῆρυξ (רֹנֵן בְּמַחֲנֶה) 1296a (II1K 22.36)
τέρπειν 1345c
⟦τετραίνειν 1347a⟧ → τρανὸς εἶναι
τρανὸς εἶναι 1369b
ὑμνεῖν 1405a
χαίρειν 1452a
ἐν χαρᾷ εἶναι 1454b
רָנַן pi.
ἀγαλλιᾶσθαι 4c

ἀγαλλίασις 5b
εὐφραίνειν 581a
εὐφροσύνη 582c
ἠχεῖν *179c*
⟦ὑψοῦν 1422a⟧ → ἀγαλλιᾶσθαι
רָנַן pu.
εὐφραίνειν 581a
רָנַן hi.
ἀγαλλιᾶσθαι 4c
εὐλογεῖν 572b
εὐφραίνειν 581a
καυχᾶσθαι 757b
τέρπειν 1345c
ὑμνεῖν *194a*
רָנַן hitpo.
κραιπαλᾶν 782a
רְנָנָה
ἀγαλλίασις 5b
εὐφροσύνη 582c
τέρπειν 1345c
χαρμονή 1455c
רְסִיסִים
θλάσμα 652b
ψεκάς 1484a
רֶסֶן
⟦θώραξ 668c⟧ → שִׁרְיוֹן
κημός, κιμός 763a
χαλινός 1453a
רָסַס qal
ἀναμιγνύναι 79c
רַע
ἀδίκημα 25a
ἀδικία 25b
ἄδικος 26c
ἀδίκως 27b
αἰσχρός 36c
ἁμαρτωλός 64b, *166b*
ἀπώλεια, ἀπωλία *168b*
ἀρέσκειν + neg. (רַע בְּעֵינֵי) 155c
ἀρκεῖν + neg. 158a
βασκαίνειν *169a*
βάσκανος (רַע עַיִן, רַע) 214c, *169a*
εὐαρεστεῖν + neg. 568c
ἐχθρός 589c
κακία 708a, *180b*
κακοποιεῖν (עָשָׂה רַע) 709a
κακός 709b, *180c* (–Si 7.1; 12.5; +34[31].13)
ὁδὸς κακή 709b
κακοῦν 711b
κακοῦργος *180c* (+Si 30[33].35)
λοιμός (adj.) 887c
λυπεῖν 889b
λύπη *183c* (+Si 12.9)
λυπηρός 890a

παράνομος 1062b
*πικρός *188c* (Si 30.17)
πονηρεύεσθαι 1186a
πονηρία 1186b, *189c* (–Si 25.17; +46.7)
⟦πονήριος(?) 1186c⟧
^πονηρός 1186c, *189c* (+Si 42.5; 51.8)
πονηρὸν πρᾶγμα 1186c
σκυθρωπός 1277a
*χείρων 1467b (2K 19.8*L*)
רֵעַ I ("purpose")
διαλογισμός 305a
רֵעַ II
ἀδελφός 20a
*ἀντίδικος 110b (Pr 18.17)
ἕκαστος (אִישׁ ... רֵעַ) 418a
ἑταῖρος 559c
ἕτερος 560a, *177c*
*κοινωνός 775a (4K 17.11 voc.]
⟦κράζειν 781b⟧ → רוּעַ hi.
πλησίον 1148b, *189a*
πλησίος 1149b
πολίτης 1180c
συγγενής *192b*
συνεῖναι 1313b
φιλεῖν 1430b
φιλία 1430c
φίλος 1431b, *195a* (+Si 20.23; 30 [33].28)
רֹעַ
αἰσχρός 36c
κακία 708a
πονηρία 1186b, *189c* (+Si 25.17)
πονηρός 1186c
רָעֵב I qal
πεινᾶν 1115b
רָעֵב I hi.
λιμαγχονεῖν 878b
λιμοκτονεῖν 878c
רָעֵב II
ἐνδεής 469b
λ(ο)ιμός 878c
πεινᾶν 1115b
רָעָב
λ(ο)ιμός 878c, *183b* (Si 39.29; 40.9)
σιτοδ(ε)ία 1267b
רְעָבוֹן
λ(ο)ιμός 878c
רָעַד qal
ποιεῖν τρέμειν 1371b
רָעַד hi.
ἔντρομος 481a
θόρυβος 654a
^τρέμειν 1371b
רַעַד
τρόμος 1374c
רְעָדָה
τρόμος 1374c
רָעָה I qal
βόσκειν 225c
κατακολουθεῖν 734a
κατανέμεσθαι 739b
νέμειν 941c
νέμειν τὰς ἡμίονας 618c
νομάς 946b
ποιμαίνειν 1169a
ποιμενικός 1169b
ποιμήν 1169b
*ποίμνιον 1169c (Zp 2.6)
⟦συρρέμβεσθαι, συνρέμβεσθαι 1323a⟧ → רָעָה II hit. ≈ συμπορεύεσθαι
τρέφειν 1371b
רָעָה I hi.
ποιμαίνειν 1169a
רָעָה II pi.
⟦ἑταῖρος εἶναι 559c⟧ → מֵרֵעַ ≈ ἑταῖρος
φιλιάζειν 1431a
רָעָה II hit.
ἑταῖρος εἶναι 559c
*ὁμιλεῖν *186b* (Si 11.20)
*συμπορεύεσθαι 1305c
רָעָה III
ἀδίκημα 25a
ἀδικία 25b
ἀθέτησις 29c
ἁμαρτία 62a
⟦ἀποστασία 141a⟧ → מְשׁוּבָה
ἀπώλεια, ἀπωλία 151c
ἀρρωστία (רָ׳ חוֹלָה) 160b
ἀσέβεια, ἀσεβία 169c
ἀσεβής 170b
⟦ἔργον 541c⟧ → κακός
θλῖψις 652c, *179c*
κακία (דֶּרֶךְ רָ׳, רָ׳) 708a, *180b* (+Si 7.1; 12.5; 30[33].37)
κακοποιεῖν 709a
κακός 709b, *180c*
κακοῦν 711b
κακοῦργος *180c*
κάκωσις 712a
λύπη 889c
πονηρία 1186b, *189c* (–Si 46.7)
πονηρός 1186c, *189c*
βουλὴ πονηρά 1186c
ὁδὸς πονηρά 962b, 1186c
ῥῆμα πονηρόν 1186c
רֵעֶה
⟦ἀρχιεταῖρος 169c⟧
ἑταῖρος 559c
רֵעָה
πλησίον 1148b
συνεταιρίς 1315a
רֹעָה
ταραχή 1336c
רְעוּ I
γυνή 278b
ἕτερος 560a
πλησίον 1148b
συνεταιρίς 1315a
רְעוּ II Ar.
ἀρεστός 156a
*εὐδοκία 569b (Ps 140.5 voc.)
^*θέλημα 629a (1E 8.16)
^*κρίνειν 787b (1E 6.22)
⟦περισσ(ε)ία 1126b⟧ → προαίρεσις
προαίρεσις 1203c
*προσφωνεῖν (רְ׳ שְׁלַח pe.) 1223c (1E 6.22)
רְעִי
νομάς 946b
רַעְיָה
πλησίον 1148b
רַעְיוֹן, also Ar.
διαλογισμός 305a
προαίρεσις 1203c
ἃ ὑπέλαβες 1414c
ὑπόνοια 1416c
רָעַל ni.
*διασαλεύειν 309c (Hb 2.16)
*σείειν 1261c (Hb 2.16)
רָעַל ho.
θορυβεῖν 654a
רַעַל
κάθεμα 699c
σαλεύειν 1257c
רָעַם qal
βοᾶν 222a
βομβεῖν 224c
⟦δακρύειν 284a⟧ → דָּמַע qal
σαλεύειν 1257c
רָעַם hi.
ἀθυμεῖν, ἀθυμοῦν 30a
βροντᾶν 231a, *169c*
רַעַם
ἅλμα 59a
βροντή 231a, *169c*
καταιγίς 731b
⟦κραυ(γ)ή 784b⟧ → βροντή
רַעְמָה
φόβος 1435c

רָעַן palel
*ἀναθάλλειν *166c* (Si 50.10)
πυκάζειν 1240a
רַעֲנָן
ἀλσώδης 59c
δασύς 285b, *170a*
εὐπαθεῖν 576a
⟦[εὐπρεπής] *178a*⟧
εὔσκιος 580c
κατάκαρπος 733a
κατάσκιος 745a
πίων 1139a
πυκάζειν 1240a
⟦σύσκιος 1323a⟧ → עָבֹת
רַעֲנַן Ar.
*εὐθαλεῖν 570a (Da TH 4.1)
*εὐθηνεῖν 570b (Da LXX 4.1)
רָעַע qal
ἀδικεῖν 24c
ἀρέσκειν + neg. (qal רָ׳ בְּעֵינֵי) 155c
ἀχρειοῦν 187c
βαρύς 191b
βασκαίνειν 214c
κακοῦν 711b
*πονεῖν 1186a (2K 11.16 *d* > *r*)
πονηρεύεσθαι 1186a
πονηρός 1186c
πονηρὸν γίνεσθαι 256c, 1186c
πονηρὸν εἶναι 1186c
πονηρὸν φαίνεσθαι 1186c
*τύπτειν + subj. καρδία (= לֵב) 1378b (1K 1.8)
רָעַע ni.
*κακοῦν 711b (Ho 9.7)
רָעַע hi.
ἀπωθεῖν 151a
ἀσεβής 170b
κακία 708a
κακοποιεῖν 709a
κακοποιός 709b
κακός 709b
κακὰ ποιεῖν *189b*
⟦κακότης 711b⟧ → κακοποιός
κακοῦν 711b, *180c* (+Si 49.7)
λυπεῖν 889b
πονηρεύεσθαι 1186a
πονηρία 1186b
πονηρός 1186c
ἄνθρωπος πονηρός 1186c
πονηρὰ συντελεῖν 1186c, 1319b
⟦πονηρὸν φαίνεσθαι 1423a⟧ → רָעַע qal
σκληρὸν εἶναι 1274b
σκληρὸν φαίνεσθαι 1274b, 1423a

רָעַע hitpo.
ταράσσειν 1336a
רְעַע Ar. pe.
ἐκκόπτειν 434c
*δαμάζειν 284c
רָעַף qal
⟦πιαίνειν 1132c⟧
πιμπλάναι 1133b
ῥεῖν 1248b
רָעַף hi.
⟦εὐφραίνειν 581a⟧
רָעַץ qal
θλίβειν 652b
θραύειν 654b
σαθροῦν 1257b
רָעַשׁ qal
ἔντρομος γίνεσθαι 256c, 481a
σείειν 1261c
συσσείειν *193a*
ταράσσειν 1336a
τρέμειν 1371b
φοβεῖν 1433b
רָעַשׁ ni.
σείειν 1261c
רָעַשׁ hi.
σείειν 1261c
συσσείειν 1323b
רַעַשׁ
⟦δόλος 340b⟧
ὀδύνη 967a
σεισμός 1262b
συσσεισμός 1323b
τρόμος *194b*
רָפָא I qal
ἀνεγείρειν *167a*
ἐνταφιαστής 477a
θεραπεύειν *179b*
ἰᾶσθαι 668a, *179a*
ἴασις 668c (Zc 10.2), *179b*
ἰατής 669a
ἰατρεύειν 669a
ἰατρός 669a, *179b*
רָפָא I ni.
ἰᾶσθαι 668a
ὑγιάζειν 1380b
רָפָא I pi.
ἰᾶσθαι 668a, *179b* (Si 3.28)
ἰατρεῖον 669a
ἰατρεύειν 669a
σωματοποιεῖν 1330c
רָפָא I hit.
*ἰᾶσθαι 668a (Pr 18.9)
ἰατρεύειν 669a
רָפָא II
§ραφα 1248b

רִפְאוּת
ἴασις 668c, *179b* (–Si 3.28)
רְפָאִים
*γηγενής 255c (Pr 9.18)
γίγας 256b
רָפַד pi.
στοιβάζειν 1291c
στρωννύειν, στρωννύναι 1297b
רָפָה I qal
ἀνιέναι (= ἀνίημι) 102b
ἀπέρχεσθαι 121a
ἀσθενεῖν 172a
ἐκλύειν 438a
κλίνειν 771a
παραλύειν 1062a
παριέναι ("to allow") 1070b
רָפָה I ni.
σχολάζειν 1328b
σχολαστής 1328b
רָפָה I pi.
ἀνιέναι (= ἀνίημι) 102b
ἐκλύειν 438a
^*ἐπικοιμᾶσθαι (רָ׳ יְדֵי pi.) 523b (1E 5.72)
καταπαύειν 740c
רָפָה I hi.
ἀνιέναι (= ἀνίημι) 102b
ἀφιέιν, ἀφιέναι 183b, *169b*
ἐᾶν 361a
ἐγκαταλείπειν 365a, *172a*
ἐκλύειν 438a
παριδεῖν 1070b
παριέναι ("to allow") 1070b
παύειν 1112b
προϊέναι 1207a
σχολάζειν 1328b
*τελειοῦν 1343a (Ne 6.3)
רָפָה I hit.
ἐκλύειν 438a
ἐμμολύνειν 456a
רָפָה II
γίγας 256b
§ραφα 1248b
רָפֶה
ἀνιέναι (= ἀνίημι) 102b
ἀσθενεῖν 172a
ἀσθενής 172b
⟦γηγενής 255c⟧ → רְפָאִים
⟦γίγας 256b⟧ → רְפָאִים
ἐκλύειν 438a
*νωθρός *185c* (Si 4.29)
רְפוּאָה
ἴαμα 668a
ἴασις 668c
ἰατρεύειν 669a

רְפִידָה
ἀνάκλιτον 78b
רִפְיוֹן
ἔκλυσις 438a
παριέναι ("to allow") *188a*
רָפַס qal
see רָפַס, רָפַשׂ qal
רָפַס ni.
see רָפַס, רָפַשׂ ni.
רָפַס hit.
ἐκκλείειν 433a
καταπατεῖν (רָפַשׂ hit.) 740b
רְפַס Ar. pe.
καταπατεῖν 740b
συμπατεῖν 1305a
רַפְסֹדוֹת
σχεδία 1327c
רָפַף polal
⟦ἐφιστάναι 585c⟧ → πεταννύναι, πετάζειν
πεταννύναι, πετάζειν 1128c
רָפַק hit.
ἐπιστηρίζειν 530b
רָפַס, רָפַשׂ qal
καταπατεῖν 740b
ταράσσειν 1336a
רָפַס, רָפַשׂ ni.
?φράσσειν 1438b
רֶפֶת
φάτνη, πάθνη 1425b
רַץ
§ρασ(ε)ιμ, ρασσειμ (רַצִּים) 1248a
רָצָא qal
προσδέχεσθαι 1212c
⟦τρέχειν 1371c⟧
רָצַד pi.
ἐνεδρεύειν *175b*
רָצָה qal
ἀγαπᾶν 5c
*ἀρεσκεῖν 155c (2C 10.7*L*)
δεκτός 289c
δεκτὸς εἶναι 289c
δέχεσθαι 294c
(ἐ)θέλειν 628b
εἰσακούειν 408b
⟦ἐπισκοπή 528c⟧
^εὐδοκεῖν 569a
εὐλογεῖν 572b
εὐοδοῦν 575c
παραδέχεσθαι 1058a
προσδέχεσθαι 1212c
⟦συντρέχειν (רָ׳ עִם qal) 1321a⟧ → רוּץ qal
רָצָה ni.
δεκτός 289c
δέχεσθαι 294c
*εὐοδοῦν 575c (1C 13.2)
λύειν 889a
⟦προσδέχεσθαι 1212c⟧ → δέχεσθαι
רָצָה pi.
⟦ὀλλύναι 987b⟧ → רָצַץ qal ≈ θλᾶν
רָצָה hi.
εὐδοκεῖν 569a
רָצָה hit.
διαλλάσσειν 304c
רָצוֹן
ἀρεστός 156a
βούλεσθαι 226b
δεκτός 289c
δόξα *171c*
(ἐ)θέλειν 628b
εἰσδεκτός, εἰς δεκτόν(?) 410a
ἔλεος, ἔλαιος 451a, *174a*
ἐνθύμημα *175b*
ἐπιθυμία 521a
εὐδοκία 569b, *177c* (+Si 35[32].14; 36[33].13; 36.22; 42.15)
εὐφροσύνη *178b*
^θέλημα 629a, *179b*
θέλησις 629b
ἱλαρός 684b
ἱλαρότης 684b
προσδεκτός 1212c
χάρις 1455a
רָצַח qal
φονεύειν 1437a
φονευτής 1437b
φόνος 1437c
רָצַח ni.
φονεύειν 1437a
φονευτής 1437b
רָצַח pi.
φονεύειν 1437a
φονευτής 1437b
רֶצַח
⟦βοή 222c⟧ → צֶרַח
καταθλᾶν 731b
*φόνος 1437c (Je 22.17)
רָצַע qal
τρυπᾶν 1377b
רָצַף qal
λιθόστρωτον 878b
רִצְפָּה
ἄνθραξ 96a
λιθόστρωτον 878b
*ὀλυρίτης 990c (3K 19.6)
περίστυλον 1127a
στοά 1291c
רָצַץ qal
ἐκπιέζειν, ἐκπιάζειν, ἐκπιαζεῖν 439a
θλᾶν 652a, *179b*
θραύειν 654b
καταδυναστεύειν 731a
καταπατεῖν 740b
κατασπᾶν 745a
συνθλᾶν 1316a
συνθλίβειν 1316b
⟦συντρίβειν 1321a⟧ → συνθλίβειν
רָצַץ ni.
θλᾶν 652a
⟦συντροχάζειν 1322c⟧ → רוּץ qal
רָצַץ pi.
θλᾶν 652a
⟦θράζειν(?) 654b⟧
λυμαίνειν, λοιμαίνειν 889b
συνθλᾶν 1316a
⟦συντρίβειν 1321a⟧ → συνθλᾶν
רָצַץ polel
θλᾶν 652a
רָצַץ hi.
κλᾶν 766c
συνθλᾶν 1316a
רָצַץ hit.
σκιρτᾶν 1274b
רַק
ἐκτός 443c
ἐπιμελῶς 525c
ἔτι 561a
ἰδού 673c
⟦λεπτός 874a⟧ → דַּק
μονογενής (רַק יָחִיד) 933a
μόνον 933a
μόνος 933b
⟦ὅστις (רַק אִם) 1022b⟧
πλήν (רַק, רַק ־בִּלְעֲדֵי) 1145c
ἀλλὰ πλήν 1145c
πλὴν ὅτι 1145c
⟦τότε 1367c (De 28.13)⟧
רֵק I
κενός, καινός ("empty") 759a
⟦λεπτός 874a⟧ → דַּק
λοιμός (adj.) 887c
μάταιος 898c
רֵק II
see רֵק, רֵיק
רֹק
ἔμπτυσμα 460a
πτύελος 1238c
רָקַב qal
ἄσηπτος (רָ׳ qal + neg.) 171c
ἐκλείπειν *173c*
σήπειν *191b*

רָקָב
σής 1265b
רֶקֶב, רֹקֶב
*ἀσκός 172c (Jb 13.28)
רִקָּבוֹן
σαθρός 1257b
רָקַד qal
*κατορχεῖσθαι 756c (Zc 12.10)
ὀρχεῖσθαι 1018a
σκιρτᾶν 1274b
רָקַד pi.
ἀναβράσσειν 74a
ἐξάλλεσθαι 487a
ὀρχεῖσθαι 1018a
προσπαίζειν 1219a
רַקָּה
γνάθος 272c
κρόταφος 791b
μῆλον 921c
רָקַח qal
ἥδυσμα 604c
μυρεψός 937a, *185c*
⟦ποιεῖν 1154a⟧
רָקַח pu.
μύρον 937b
רֶקַח
μυρεψικός 936c
רֹקַח
μυρεψικός 936c
μύρον 937b
רַקָּח
μυρεψός 937a
§ρωκε(ε)ιμ (רַקָּחִים) 1255c
רָקִיעַ
οὐρανός 1031b
στερέωμα 1289b, *192a* (+Si 43.1)
רָקִיק
λάγανον, λάγανος(?) 840b
רָקַם qal
ποικιλτής 1169a
⟦ποικιλτικός⟧ → ποικιλτός
ποικιλτός 1169a
ῥαφιδευτής 1248b
ῥαφιδευτός 1248b
⟦ὑφάντης 1419a⟧ → ὑφαντός
ὑφαντός 1419a
רָקַם pu.
⟦ὑπόστασις 1417a⟧ → תְּקוּמָה
רִקְמָה
ἥγημα 604a
ποικιλία 1168c
ποικίλλειν 1168c
ποίκιλμα 1168c
ποικίλος 1168c
ποικιλτός 1169a
*στίγμα 1291a (Jd 5.30*L*)
רָקַע qal
ἐπιψοφεῖν 539a
στερεοῦν 1289a
ψοφεῖν 1485c
רָקַע pi.
περιχρυσοῦν 1128b
τέμνειν 1345a
רָקַע pu.
⟦προβλητός 1205c⟧ → προσβλητός
προσβλητός 1212b
רָקַע hi.
στερεοῦν 1289a
⟦στερέωσις 1289c⟧ → στερεοῦν
רִקֻּעִים
ἐλατός 448a
רָקַק qal
προσσιελίζειν 1219c
רָשׁ
⟦δαν(ε)ιστής 285a⟧ → תֹּךְ
πένης 1117a, *188b*
*χρεοφειλέτης 1474b (Pr 29.13)
רָשָׁה ho.
*προστάσσειν *190b* (Si 3.22)
רִשְׁיוֹן
ἐπιχώρησις 539a
^*πρόσταγμα 1219c (1E 5.55)
רָשִׁישׁ
παριέναι ("to allow") *188a*
רֵשִׁית
ἀρχή 164a
רָשַׁם
ἐντάσσειν 476c
רְשַׁם Ar. pe.
ἐκτιθέναι 443a
ἐντάσσειν 476c
ἐπιτάσσειν 534c
ὁρίζειν 1011c
τάσσειν 1337a
רָשַׁע qal
ἀγνοεῖν 16a
ἀνομεῖν 106b
ἀσεβεῖν 170a
ἀσεβής 170b
רָשַׁע hi.
ἀδικεῖν 24c
ἄδικος 26c
ἁλίσκειν, ἁλίσκεσθαι 54c
ἁμαρτάνειν 60c, *166b*
ἁμαρτία 62a
⟦ἀνοεῖν 105a⟧ → ἀνομεῖν
ἀνομεῖν 106b
ἀσεβεῖν 170a
ἀσεβής 170b
ἀσεβὴς τιθέναι 1348c
(τὰ) ἄτοπα ποιεῖν 176b, 1154a
ἐλέγχειν 449b
ἔνοχος 476c
ἐξαμαρτάνειν 487a
ἡττᾶν 620b
κακοῦν 711b
καταγινώσκειν 730a
καταδικάζειν 730b
רָשָׁע
ἀδικεῖν 24c
ἀδικία 25b
ἄδικος 26c, *165b*
ἀδίκως 27b
ἁμαρτάνειν 60c
ἁμαρτωλός 64b, *166b*
⟦ἀνήρ 88a⟧
ἄνομος 107c, *167b*
ἀσέβεια, ἀσεβία 169c
⟦ἀσεβεῖν 170a⟧
ἀσεβής 170b, *168c*
⟦δυνάστης 355b⟧
ἔνοχος 476c
⟦ἐξαμαρτωλός(?) 487b⟧ → ἁμαρτωλός
θρασύς 654b
καταδικάζειν 730b
λοιμός (adj.) 887c
παράνομος 1062b
πονηρός 1186c
σκληρός 1274b
רֶשַׁע
ἀδικία 25b
ἁμάρτημα 62a
ἁμαρτία 62a
ἁμαρτωλός 64b
ἀνομία 106b
ἄνομος 107c
ἀσέβεια, ἀσεβία 169c
ἀσεβεῖν 170a
ἀσέβημα 170b
ἀσεβής (אִישׁ רֶ׳) 170b (Jb 34.8)
κακοποιεῖν 709b
κακός *180c*
πλημμέλεια, πλημμελία 1145b
רִשְׁעָה
ἀνομία 106b
ἄνομος 107c
ἀσέβεια, ἀσεβία 169c
ἀσεβής 170b
רָשַׁף qal
*ἐκκαίειν *173c* (Si 16.6)
רֶשֶׁף
ἄνθραξ 96a

⟦γύψ 283b⟧
κράτος 784a
περίπτερος, περίπτερον 1125c
πετεινός *188c*
πῦρ 1242b
רָשַׁשׁ pu.
καταστρέφειν 745c
רָשַׁשׁ polel
ἀλοᾶν 59a
ἀποκενοῦν *168a*
רֹשֶׁשׁ
νωθρός *185c*
רֶשֶׁת
δίκτυον 355c
δικτυωτός 355c
ἐσχάρα 557c
θήρα 650b
παγίς, πακίς 1044b
*πέδη *188b* (Si 6.29)
רַתּוֹק
⟦καθήλωμα 700b⟧
רָתַח pi.
ζεῖν 593a
רָתַח pu.
ἐκζεῖν 430c
רָתַח hi.
ἀναζεῖν 76c
ἀναξηραίνειν *166c*
רֶתַח
⟦ἐκζεῖν 430c⟧ → ζεῖν
ζεῖν 593a
רַתִּיק
⟦καθήλωμα 700b⟧
רֹתֶם
ἅλιμον 54b
ἐρημικός 545a
§ραθμεν 1247c
φυτόν 1447a
רָתַק ni.
ἀνατρέπειν 84b
רָתַק pu.
δεῖν ("to bind") 287b

שׂ

שְׂאֹר
ζύμη 599b
שְׂאֵת
⟦δῖνη 336a⟧ → XXX ≈ δεινός
λῆμμα 875c
οὐλή 1030c
ὄψις 1044b
τιμή 1353a
שָׂב, also Ar.
*γέρων *170a*
ἐσχατογήρως ([margin שָׂב [כְּוֹשֵׁל] וְיָשִׁישׁ) *177b*
^πρεσβύτερος 1201c, *190a*
*πρεσβύτης 1202c
שְׂבַךְ
δίκτυον 335c
שַׂבְּכָא Ar.
see also סַבְּכָא
σαμβύκη 1259a
שְׂבָכָה
δίκτυον 335c
δικτυοῦν 335c
δικτυωτός 335c
§σαβαχ 1256a
§σαβαχα 1256a
שָׂבֵעַ, שָׂבַע qal
ἄπληστος (שָׂ׳ qal + neg.) 122c
ἐμπιπλᾶν, ἐμπι(μ)πλάναι, ἐμπλήθειν 457a, *174b* (Si 12.16)
πιμπλάναι 1133b
⟦πληθύ(ν)ειν 1144b⟧ → πιμπλάναι
πλήρης 1147a
πλήρης γίνεσθαι 256c, 1147a
πλήρης εἶναι 1147a
πλησμονή 1149c
χορτάζειν 1472c
שָׂבֵעַ, שָׂבַע ni.
⟦ἐμπιπλᾶν, ἐμπι(μ)πλάναι, ἐμπλήθειν *174b*⟧
πιμπλάναι 1133b, *188c*
שָׂבֵעַ, שָׂבַע pi.
ἐμπιπλᾶν, ἐμπι(μ)πλάναι, ἐμπλήθειν 457a
שָׂבֵעַ, שָׂבַע hi.
ἐμπιπλᾶν, ἐμπι(μ)πλάναι, ἐμπλήθειν 457a
*πιμπλάναι 1133b (Ez 32.4)
*πληροῦν 1147c (Ps 15[16].11)
χορτάζειν 1472c
שָׂבָע
ἐμπιπλᾶν, ἐμπι(μ)πλάναι, ἐμπλήθειν 457a
εὐθηνία 570b
πλησμονή 1149c
שָׂבֵעַ
πλήρης 1147a
πλήρης ἡμερῶν 1147a
πλησμονή 1149c
ἐν πλησμονῇ ὤν 1149c
שֹׂבַע
ἐμπιπλᾶν, ἐμπι(μ)πλάναι, ἐμπλήθειν 457a
⟦πληροῦν 1147c⟧ → שָׂבֵעַ, שָׂבַע hi.
πλησμονή 1149c
שִׂבְעָה, שָׂבְעָה
ἐμπιπλᾶν, ἐμπι(μ)πλάναι, ἐμπλήθειν 457a
*πλήρωσις 1148b (Je 5.24)
πλησμονή 1149c
שָׂבַר pi.
ἐλπίζειν 453c
προσδέχεσθαι 1212c
προσδοκᾶν 1213a
προσδοκεῖν 1213a
שֵׂבֶר
ἐλπίς 454a
προσδοκία 1213a
שָׂגָא qal
*πολύς, πλείων, πλεῖστος 1181b (Pr 14.17)
ὑψοῦν 1422a
שָׂגַב qal
διαφεύγειν 314b
ἐξεγείρειν 490b
שָׂגַב ni.
⟦ἅγιος 12a⟧
κραταιοῦν 782c
ὀχυρός 1043b
ὑψοῦν 1422a
שָׂגַב pi.
ἀντιλαμβάνεσθαι 110c
βοηθεῖν 223b
λυτροῦν 890a
ὑπερασπίζειν 1408c
שָׂגַב pu.
⟦εὐφραίνειν 581b⟧
σῴζειν 1328b
שָׂגַב hi.
κραταιοῦν 782c
⟦κραταιῶς 783a⟧ → κραταιοῦν
שָׂגָה qal
ἀμύθητος (שָׂ׳ מְאֹד qal) 67c
πληθύ(ν)ειν 1144b
ὑψοῦν 1422a
שָׂגָה hi.
⟦κατέχειν 750c⟧ → נָשַׂג hi.
μέγας εἶναι 902c
*πολὺς εἶναι 1181b (Pr 5.20: Aramaising)

שַׂגִּיא, also Ar.
μέγας 902c
^πολύς, πλείων, πλεῖστος 1181b
ἐπὶ πολύ 1181b
*σθένος 1265c (Jb 4.10)
σφόδρα 1325a
שְׂגִיא Ar. pe.
*λίαν 876a (To 6.18)
πληθύ(ν)ειν 1144b
^*(προβαίνειν ἐπὶ) πλεῖον 1181b (1E 2.29)
שָׂדַד pi.
ἕλκειν, ἑλκύειν 453a
ἐνισχύειν 475a
ἐργάζεσθαι, ἐργάζειν 540c
שָׂדֶה
ἄγριος 16c
ἄγροικος (אִישׁ שָׂ׳) 17a
ἀγρός 17a
ἀμπελών 67a
γεωργεῖν (עָשָׂה מְלֶאכֶת שָׂ׳) 240b
γῆ 240c
⟦δάσος 285b⟧ → πεδίον
⟦ἡγεῖσθαι 602c⟧ → שַׂר
κτῆμα 793c
⟦ὁδός 962b⟧ → ἀγρός
ὅριον 1012a
*ὄρος 1014b (Ob 19)
πεδίον 1113b
σπόριμος *192a*
σπόρος *192a*
χώρα 1481a
שָׂדַי
πεδίον 1113b
*ὕλη 1405a (Jb 19.29)
*ὑλώδης 1405a (Jb 29.5)
שִׂדִּים
ἁλυκός 60a
שְׂדֵרָה
διάταξις 312c
§σαδηρωθ (שְׂדֵרוֹת) 1257b
שֶׂה
ἀμνός 66b
κριός 788c
ποίμνιον 1169c
πρόβατον 1204b
χίμαρος 1470c
שָׂהֵד
συνίστωρ 1317b
שָׂהֲדוּ Ar.
μαρτυρία 896b
μάρτυς 896b
שַׂהֲרֹנִים
μηνίσκος 923b
§σιων, σειρων(?) 1267c

שׂוֹאָה
λῆψις *183b*
שׂוֹבֶךְ
δάσος 285b
⟦δράσος(?) 348c⟧ → δάσος
*φυτόν 1447a (2K 18.9*L*)
שׂוּג ni.
*ἀναστρέφειν 82b (2K 1.22*L*)
ἀποστρέφειν 145b
שׂוּחַ qal
ἀδολεσχεῖν 27b
שׂוּךְ qal
περιφράσσειν 1128a
φράσσειν 1438b
שׂוּךְ pil.
⟦ἐνείρειν 472b⟧ → שָׂכַךְ polel
שׂוֹךְ
κλάδος 766a
φορτίον 1438b
שׂוֹכָה
κλάδος 766a
φορτίον 1438b
שׂוּם I, שִׂים qal
ἀγωνίζεσθαι (שׂ׳ בָּל qal) 18c
ἀναλαμβάνειν 78c
ἀνατιθέναι 83b
ἀπαντᾶν 117a
*ἀπειλή (שׂ׳ בְּ־ qal) 120a (Jb 23.6)
ἀποτιθέναι 148c
ἀποτίνειν 149a
ἀφιστᾶν, ἀφιστάναι, ἀφιστάνειν 184b
βάλλειν 189c
βούλεσθαι (שׂ׳ לֵב qal) 226b
γεννᾶν 237b
γίνεσθαι 256c
γράφειν 276a
δεῖν ("to bind") 287b
διανοεῖσθαι (שׂ׳ לֵב qal) *171b*
⟦διαστέλλειν 311b⟧
διατάσσειν 313a
διδόναι 317b
⟦ " *171b*⟧
διεμβάλλειν 328b
ἐγχεῖν 367b
ἐγχειρεῖν 367b
⟦ἐγχειρίζειν 367b⟧ → ἐγχειρεῖν
⟦εἰλεῖν 377c⟧ → δεῖν
ἐκδέχεσθαι + τῇ καρδίᾳ (= עַל לֵב) 422a
ἐκτιθέναι 443a
ἐμβάλλειν 455a
ἐνθυμεῖσθαι 473c
ἐννοεῖν (שׂ׳ לֵב qal) 475c
ἐντάσσειν 476c

ἐντέλλεσθαι, ἐντελλέσθειν (שׂ׳ דָּבָר בְּפִי־ qal) 477a (1E 8.45)
ἐπάγειν 503c
ἐπιβάλλειν 516a, *176a* (Si 33[36]. 2)
ἐπιδιδόναι *176c*
ἐπικαλεῖν 521b
ἐπικυλίειν 523c
ἐπιμελεῖσθαι (שׂ׳ עֵינַיִם qal) 525b
⟦ἐπινοεῖν 526a⟧
ἐπιστρέφειν 531a
ἐπιτιθέναι 535c
ἐπιχεῖν 538c
ἐπονομάζειν + ὄνομα (= שֵׁם) 539a
⟦εὐφραίνειν 581b⟧
ἐφιστάναι 585c
ἔχειν 586c
ζωννύειν, ζωννύναι + σάκκον (= שַׂק) 601a
ἡγεῖσθαι 602c
ἱστάναι, ἱστᾶν 689a, *180c*
καθιστάναι 703a, *180a* (Si 35[32]. 1)
κατάγειν 729b
καταλείπειν 736a
κατανοεῖν (שׂ׳ עַל לֵב qal) 739c
*κατατάσσειν 746c (Je 19.8)
κεῖσθαι 758b
⟦κυλίειν 798c⟧
λαμβάνειν 847a
⟦νοεῖν 946a⟧
ὁρμᾶν (שׂ׳ אֶת־פָּנָיו qal) 1014a
*παράκεισθαι *187c* (Si 34[31].16)
παρατιθέναι (שׂ׳ qal, שׂ׳ לִפְנֵי qal) 1065a
περιτιθέναι 1127c
ποιεῖν 1154a
προσέχειν (שׂ׳ qal, שׂ׳ לֵב qal) 1215b, *190b*
⟦προστιθέναι 1221a (Ps 85[86]. 14)⟧ → προτιθέναι
προτιθέναι 1231a
πρωτοβαθρεῖν (שׂ׳ אֶת־כִּסְאוֹ מֵעַל qal) 1235b
σπείρειν 1282a
στηρίζειν 1290c
στιμ(μ)ίζεσθαι, στιβίζεσθαι (שׂ׳ בַּפּוּךְ qal) 1291b
τάσσειν 1337a
τιθέναι 1348c, *193b* (+Si 36[33].9)
⟦ὑπολείπειν 1415a⟧
ὑποτάσσειν 1417b
ὑποτιθέναι 1417c
⟦φοβεῖν 1433b⟧

שׂוּם I, שִׂים hi.
?βοηθεῖν 223b
ἐπικαλεῖν (שׂ׳ דִּבְרָה hi.) 521b
שׂוּם I, שִׂים ho.
⟦παρατιθέναι 1065a⟧
שׂוּם II Ar. pe.
ἐπιτιθέναι 535c
κρίνειν (שׂ׳ טְעֵם qal) 787b
προστάσσειν, προστάττειν (שׂ׳ טְעֵם qal) 1220c
τιθέναι 1348c
ὑπακούειν (שׂ׳ טְעֵם qal) 1405c
ὑποτάσσειν 1417b
שׂוּם II Ar. itpe.
ἀναλαμβάνειν 78c
διαρπάζειν (שׂ׳ נְוָלִי itpe.) 308c
ἐντιθέναι 479a
^*τιθέναι 1348c (1E 6.9)
שׂוּר qal
⟦ἄρχειν 163a⟧ → שָׂרַר qal
διαπρίειν 308c
*ἐμπρίειν (1C 20.3*L*)
ἐνισχύειν 475a
שׂוּר hi.
ἄρχειν 163a
שׂוֹרֵק
ἄμπελος 66c
שׂוּשׂ, שִׂישׂ qal
ἀγαλλιᾶσθαι 4c
γαυριᾶν 234c
⟦ἐπάγειν 503c⟧
⟦ἐπισκέπ(τ)ειν 527c⟧
εὐφραίνειν 581b, *178b*
εὐφροσύνη 582c
περιχαρὴς γίνεσθαι 256c
τέρπειν 1345c
χαίρειν 1452a
שָׂחָה qal
κατακάμπτειν 733a
שָׂחָה hi.
λούειν 888b
שְׂחוֹק
γέλως, γέλος(?) 235c
εὐφροσύνη 582c
χαρά 1454b
χλεύασμα 1471b
⟦χλευασμός 1471b⟧ → χλεύασμα
שָׂחַט qal
ἐκθλίβειν 432a
שָׂחִיף
ξυλοῦν (שְׂ׳ עֵץ) 959b
שָׂחַק qal
γελᾶν 235b
⟦ἐγγελᾶν 362b⟧
ἐκγελᾶν 421c
ἐμπαίζειν 456b
ἐπιγελᾶν 517c
εὐφραίνειν 581b
καταγελᾶν 729c
παιγνία 1045c
*χαρμονή 1455c (Jb 40.15[20])
שָׂחַק pi.
ἐμπαίζειν 456b
ἐνευφραίνεσθαι 473a
εὐφραίνειν 581b
⟦ὀρχεῖσθαι 1018a⟧
παίζειν 1049a, *187a*
ποιεῖν χαρμονήν 1154b
שָׂחַק hi.
καταγελᾶν 729c
שְׂחֹק
γελοιασμός 235c
γέλως, γέλος(?) 235c
שָׂטָה qal
ἐκκλ(ε)ίνειν 433c
παραβαίνειν 1055b, *187b* (Si 42.10)
*שְׂטָה Ar. pe.
*παραβαίνειν 1055b (To 4.5)
שָׂטַם qal
ἐγκοτεῖν 366c
ἐνέχειν 473a
καταβάλλειν 728c
μαστιγοῦν 898a
μνησικακεῖν 932a
שָׂטַן qal
ἀντίκεισθαι 110c
ἐνδιαβάλλειν 470b
שָׂטָן
ἀντίκεισθαι 110c
⟦διαβάλλειν 298c⟧
διαβολή 299a
διάβολος 299b
ἐνδιαβάλλειν 470b
ἐπίβουλος 517b
§σαταν 1260c
שִׂטְנָה
ἐπιστολή 530c
ἔχθρία 589c
^*καταγράφειν (כָּתַב שִׂ׳) 730a (1E 2.15)
שְׂטַר Ar.
μέρος 911c
πλευρόν 1142b
*שִׂיב qal
*πολιοῦσθαι 1174a (1K 12.2*L*)
שֵׂיב
γῆρας 255c
שֵׂיבָה
γῆρας 255c, *170b*
καταγηράσκειν 730a
πολία, πολειά 1173c
πολιός 1174a
πρεσβεῖον 1201b
καθεστηκὼς πρεσβύτερος (אִישׁ שֵׂ׳) 1201c
καθεστηκὼς πρεσβύτης (אִישׁ שֵׂ׳) 1202c
שִׂיג
εὕρεσις *178a*
שִׂיד I qal
κονιᾶν 777c
שִׂיד II subst.
κονία 777c
שִׂיחַ I qal
ἀδολεσχεῖν 27b
ἀνοίγειν 105b
δεῖσθαι 288a
διηγεῖσθαι 329c
ἐκδιηγεῖσθαι 422b
*καταδολεσχεῖν 731a (La 3.20)
*λαλεῖν 841c (Jb 9.27)
μελετᾶν 908b
συλλαλεῖν 1301c
φθέγγεσθαι 1429c
שִׂיחַ I polel
διηγεῖσθαι 329c
μελετᾶν 908b
שִׂיחַ II
ἀδολεσχία 27c
ἀηδία 29a
δέησις 285c
διαλογή 305a
ἐλάτη 448a
ἔλεγξις 449a
εὔηχος 570a
*ἠχεῖν 620c (Jb 30.4)
λαλιά *183a*
λέσχη 874b
λόγος 881c (Jb 7.13), *183c*
*παραβολή *187b* (Si 13.26)
*ῥῆμα 1249a (Jb 10.1)
שִׂיחָה
*ἀδολεσχία 27c (Ps 118[119].85)
διήγημα *171c*
διήγησις *171c*
λόγος 881c (Je 18.22), *183c*
μελέτη 908c
*ῥῆμα 1249a (Jb 15.4; Je 18.20)
שִׂים qal
see שׂוּם I, שִׂים qal
שִׂים hi.
see שׂוּם I, שִׂים hi.
שִׂים ho.
see שׂוּם I, שִׂים ho.

שִׂישׂ qal
see שׂוּשׂ, שִׂישׂ qal
שֵׂךְ
σκόλοψ 1275b
שֹׂךְ
σκήνωμα 1273b
שְׂכִיָּה
θέα 627c
שָׂכִיר
*ἐργάτης *177b* (Si 40.18)
μίσθιος *185b*
⟦μισθός 930a⟧ → שָׂכָר
μισθωτός 930a
שְׂכִירָה
μισθοῦσθαι 930b
שָׂכַךְ qal
σκεπάζειν 1268c
שָׂכַךְ polel
*ἐνείρειν 472b
שָׂכַל I qal
συνίειν, συνιέναι 1316b
שָׂכַל I hi.
ἁρμόζειν 159a
διανοεῖσθαι 306b
δικαιοσύνη 332c
ἐννοεῖν 475c
ἐπιγινώσκειν 517c
ἐπίστασθαι 529b
ἐπιστήμη 530a
ἐπιστήμων 530b, *177a*
εὐοδοῦν 575c
⟦ἐφιστάναι 585c⟧
κατανοεῖν 739c
μωρός 938c
νοεῖν 946a
νοήμων 946a
σοφός *192a*
συμβιβάζειν 1303b
σύνεσις 1314a
συνετίζειν 1315a
συνετός 1315a, *192c*
συνίειν, συνιέναι 1316b
ὑποδεικνύειν, ὑποδεικνύναι 1413a
φρονεῖν 1439a
φρόνησις 1439a
שָׂכַל II qal
*κλοιός 772a (Da TH 8.25)
שָׂכַל II pi.
ἐναλλάξ 467c
שְׂכַל Ar. itpa..
προσνοεῖν 1218c
שֶׂכֶל, שֵׂכֶל
διανόημα 306c, *171b*
⟦ἐλεήμων 450c⟧
ἔννοια 475c
ἐπιστήμη 530a, *177a* (+Si 26.13)
^*ἐπιστήμων 530b (1E 8.47)
*νοήμων 946a (Pr 17.12)
σοφία 1278c
σύνεσις 1314a, *192c*
συνετός 1315a
φρόνησις 1439a
שִׂכְלוּת
ἐπιστήμη 530a
[πλάνη] *189a*
שָׂכְלְתָנוּ Ar.
ἐπιστήμων 530b
σύνεσις 1314a
שָׂכַר qal
μίσθιος *185b*
μισθοῦσθαι 930b
שָׂכַר hit.
μισθοὺς συνάγειν 930a, 1307b
⟦συνάγειν 1307b⟧
שָׂכָר
μισθός 930a, *185b*
ναῦλον 940a
שֶׂכֶר
μισθός 930a
שְׂלָיו, שְׂלָו
ὀρτυγομήτρα 1017c
שַׂלְמָה
ἱμάτιον 685a
ἱματισμός 686a
στολή 1291c
שְׂמֹאל, שְׂמֹאול
ἀριστερός 157c
^εὐώνυμος 585a
שמאל hi.
*ἀριστερεύειν 157c (1C 12.2*L*)
ἀριστερός 157c
εὐώνυμος 585a
שְׂמָאלִי
ἀριστερός 157c
⟦δεύτερος 293b⟧
εὐώνυμος 585a
שָׂמַח, שָׂמֵחַ I qal
γελᾶν 235b
*ἐπιθυμία *176c* (Si 3.29)
ἐπιχαίρειν 538b
ἐπιχαρὴς γίνεσθαι 256c, 538c
εὐφραίνειν 581b, *178b* (+Si 16.2 [B]; 51.15)
εὐφροσύνη 582c
ἐν εὐφροσύνῃ εἶναι 582c
συνευφραίνεσθαι 1315b
χαίρειν 1452a
שָׂמַח, שָׂמֵחַ I pi.
εὐφραίνειν 581b, *178b*
ποιεῖν εὐφραινόμενον 581b, 1154a
εὐφροσύνη 582c
τέρπειν 1345c
שָׂמַח, שָׂמֵחַ I hi.
εὐφραίνειν 581b
שָׂמֵחַ II
εὐφραίνειν 581b
περιχαρής 1128b
ὑπερχαρής 1411b
χαίρειν 1452a
שִׂמְחָה
ἀγαλλίαμα 4c, *165a*
αἴνεσις 33c
ἐπίχαρμα *177a*
^εὐφραίνειν (עָשָׂה שׂ׳ ,שׂ׳) 581b
εὐφροσύνη 582c, *178b*
χαίρειν 1452a
^χαρά 1454b
χαρμονή 1455c
χαρμοσύνη 1455c
שְׂמִיכָה
δέρρις 291c
ἐπιβόλαιον 517b
שִׂמְלָה
ἱμάτιον 685a
ἱματισμός 686a
στολή 1291c
שְׂמָמִית
καλαβώτης 712a
שָׂנֵא qal
ἔχθρα *178c*
ἐχθρός 589c, *178c* (–Si 6.9; +20.23)
μισεῖν 929a, *185b*
μισητὴ γυνή (שְׂנוּאָה) 930a
μισητός 930a (Pr 26.11), *185b*
*μωκός 7 (Si 36[33].5)
ὑπεναντίος 1407b
שָׂנֵא pi.
ἐχθρός 589c
μισεῖν 929a
שָׂנֵא pu.
μισεῖν *185b*
שָׂנֵא hi.
μισεῖν 929c
שְׂנֵא Ar. pe.
μισεῖν 929a
שִׂנְאָה
ἔχθρα 589b
μισεῖν 929a
μῖσος 931a
שָׂנִיא
μισεῖν 929a
שָׂעִיר
αἴξ 34b

δαιμόνιον 283b
δασύς 285b
εἴδωλον 376a
ἔριφος 547c
μάταιος 898c
ὄμβρος 991a
χίμαρος 1470c

שְׂעִירָה
χίμαιρα 1470c

שָׂעַר qal
εἰδεῖν, εἰδέναι 374b
ἐξιστᾶν, ἐξιστάναι 496c
καταπίνειν 741c
φρίττειν 1439a

שָׂעַר ni.
καταιγίς 731b

שָׂעַר pi.
λικμᾶν 878b

שָׂעַר hit.
ἐποργίζεσθαι 539b
συνάγειν 1307b

שַׂעַר
ἔκστασις 441b
θαῦμα 626c
⟦καταφέρειν 747b⟧
τρίχωμα 1374c

שֵׂעָר
δασύς (בַּעַל שֵׂ׳, שֵׂ׳) 285b
θρίξ 655b
τρίχινος 1374c
^*τρίχωμα 1374c

שְׂעַר Ar.
θρίξ 655b
τρίχωμα 1374c

שְׂעָרָה
γνόφος 272c
συσσεισμός 1323b

שַׂעֲרָה
θρίξ 655b

שְׂעֹרָה
κριθή 786a
κρίθινος 786a
*φακός 1423b (1C 11.13*IL*)

שָׂפָה
⟦ἀλλόγλωσσος (עִמְקֵי שָׂ׳) 56a⟧
ἀλλόφωνος (עֲמֵק שָׂ׳) 59a
ἄλογος (עֲרַל שְׂפָתַיִם) 59b
⟦βαθύγλωσσος (עִמְקֵי שָׂ׳ וְכִבְדֵי לָשׁוֹן) 189a⟧ → βαθύχειλος καὶ βαρύγλωσσος and לָשׁוֹן ≈ βαθύχειλος καὶ βαρύγλωσσος
βαθύφωνος (עִמְקֵי שָׂ׳) 189b
*βαθύχειλος καὶ βαρύγλωσσος 189b, 191a
βαθύχειρος (עִמְקֵי שָׂ׳) 189b
γλῶσσα, γλῶττα 271b, *170c*
ἐνεὸν ποιεῖν (אָטַם שְׂפָתַיִם) 472c, 1154a
εὔλαλος (שְׂפַת חֵן, אִישׁ שְׂפָתַיִם) 572a, *177c*
ἰσχνόφωνος (עֲרַל שְׂפָתַיִם) 692c
*λάλημα 846c (Ez 36.3)
λόγος 881c
μέρος 911c
παραθαλάσσιος (עַל שְׂפַת הַיָּם) 1059c
κατὰ (τὸ) πρόσωπον (לְ שָׂ׳) 1224a
στόμα 1292b
φωνή 1447b
χεῖλος 1456a, *195b*
ᾦα, ὠΐα 1491b

שָׂפָם
καταλαλεῖν (עָטָה עַל שָׂ׳) 735a
μύσταξ 937c

שָׂפַן
⟦ἐμπόριον 459a⟧

שָׂפַק I qal
κροτεῖν 791c

שָׂפַק II qal
ἐκποιεῖν 439b (Si 42.17)

שָׂפַק II hi.
*ἐκποιεῖν 439b

שַׂק
μάρσιππος 896b
σάκκος 1257b

שָׂקַר pi.
νεῦμα 943a

שַׂר
⟦ἄγγελος 7b⟧
ἁδρός 27c
ἄρχειν 163a
ἀρχηγός 165a
⟦ἀρχιδεσμοφύλαξ (שַׂר, שַׂר בֵּית סֹהַר טַבָּחִים) 165b⟧
⟦ " (שַׂר) 165b⟧
ἀρχιδεσμώτης (שַׂר טַבָּחִים) 165b
ἀρχιευνοῦχος (שַׂר סָרִיסִים) 165c
ἀρχιμάγειρος (שַׂר טַבָּחִים) 165c
ἀρχιοινοχόος (שַׂר מַשְׁקִים) 166a
ἀρχισιτοποιός (שַׂר אֹפִים) 166a
ἀρχιστράτηγος (שַׂר צָבָא, שַׂר) 166a
ἀρχός 166b
^ἄρχων (אִישׁ שַׂר, שַׂר) 166b
ἀφηγεῖσθαι 183a
βασιλεύς 197a
δεκάδαρχος (שַׂר עֲשָׂרוֹת) 288c
⟦δέκαρχος (שַׂר עֲשָׂרוֹת) 289a⟧ → δεκάδαρχος
διάδοχος 300b
δυνάστης 355b, *172c*
ἑκατοντάρχης, ἑκατόνταρχος (שַׂר מֵאוֹת) 420b
⟦ἐλεύθερος 452b⟧
ἔνδοξος 470c
ἔντιμος 479a
ἐπιστάτης 529c
^ἡγεῖσθαι 602c, *178c*
ἡγεμών 603c
*ἰσχύς 694b (Jd 5.29*L*)
^μεγιστάν 907a, *184a* (+Si 30[33].27)
⟦οἰνοχόος (שַׂר מַשְׁקִים) 984c⟧ → ἀρχιοινοχόος
πατριάρχης (שַׂר מֵאוֹת, שַׂר) 1111c
πεντηκόνταρχος (שַׂר חֲמִשִּׁים) 1119a
*πρεσβύτερος 1201c (1C 13.1*L*, 2C 32.3)
^*προηγεῖσθαι 1206b (1E 8.70; 9.12)
^*προκαθῆσθαι 1207a (1E 1.32)
προστάτης 1221a
σατράπης 1260c
στρατηγός 1295b
^*φίλος 1431b (1E 8.26; Es 1.3; 2.18; 3.1; 6.9)
^*φύλαρχος 1441c (1E 8.54, 59)
χιλίαρχος (שַׂר אֶלֶף) 1469a

שָׂרַג pu.
συμπλέκειν 1305b

שָׂרַג hit.
συμπλέκειν 1305b

שָׂרַד qal
διασῴζειν 312b

שָׂרָה I qal
ἐνισχύειν 475a

שָׂרָה II qal
ἄρχειν 163a
τυραννίς 1378c

שְׂרוֹךְ
ἱμάς 685a
⟦σφαιρωτήρ 1324c⟧ → σφυρωτήρ
*σφυρωτήρ 1327c (Ge 14.23)

שְׂרוּקִים
ἄμπελος 66c

שָׂרַט qal
κατατέμνειν 746c

שֶׂרֶט
ἐντομίς 480c

שָׂרֶטֶת
ἐντομίς 480c

שָׂרִיג
κλῆμα 767c
πυθμήν 1240a

שָׂרִיד
διασῴζειν 312b

διαφεύγειν 314b
ἐκφεύγειν *174a*
ἐπήλυτος 511b
ζωγρ(ε)ίας 599c
κατάλ(ε)ιμμα 736a
καταλείπειν 736a
κατάλοιπος 738a
ὁ περιών 1122c
*σπέρμα 1282b (De 3.3; Is 1.9)
σῴζειν 1328b
ὑπόλ(ε)ιμμα 1415a
φεύγειν 1428b
שָׂרִיק
σχιστός 1328a
שָׂרַע qal
ὠτότμητος (שָׂ׳ pass. ptc.) 1496c
שַׂרְעַפִּים
ὀδύνη 967a
√שׂרף
*ἐμπυρισμός 460b (3K 8.37)
*πύρωσις 1264a (Am 4.9)
שָׂרַף qal
ἐμπιπράναι, ἐμπρήθειν 457c
^ἐμπυρίζειν 460a
καίειν 705a
κατακαίειν 732b
⟦καταπαύειν 740c⟧ → κατακαίειν
ὀπτᾶν 1004a
πυρίκαυστος (שְׂרוּף אֵשׁ) 1245b
שָׂרַף ni.
ἐμπιπράναι, ἐμπρήθειν 457c
καίειν 705a
κατακαίειν 732b
שָׂרַף pu.
ἐμπυρίζειν 460a
שָׂרָף
ἀσπίς ("snake") 173b
δάκνειν 284a
θανατοῦν 625a
ὄφις 1042b
§σαραφειν (שְׂרָפִים) 1259b
§σεραφειν, σεραφ(ε)ιμ (שְׂרָפִים) 1263a
שְׂרֵפָה
ἐκφορά 445c
ἐμπυρίζειν 460a
ἐμπυρισμός 460b
κατακαίειν 732b
κατάκαυμα 733a
πῦρ 1242b
πυρίκαυστος (שְׂ׳, שְׂרֵפַת אֵשׁ) 1245b
שָׂרַק hi.
ἐκλάμπειν *173c*
φωτίζειν *195c*
שָׂרֹק
⟦ποικίλος 1168c⟧ → בָּרֹד
ψαρός 1484a
שֹׂרֵק
ἄμπελος 66c
§σωρηκ, σωρηχ 1331a
שֹׂרֵקָה
ἕλιξ 453a
שָׂרַר qal
ἄρχειν 163a
*ἐνισχύειν 475a (Ho 12.4)
μεγαλύνειν 902a
שָׂרַר pi.
*ἐνισχύειν 475a (Ho 10.11: MT שָׁדַד)
שָׂרַר hit.
ἄρχων εἶναι 166b
κατάρχειν 743c
שָׂשׂוֹן
ἀγαλλίαμα 4c
ἀγαλλίασις 5b
αἴνεσις 33c
εὐφραίνειν 581b
εὐφροσύνη 582c, *178b*
χαρά 1454b
χαρμονή 1455c
שֵׂת
⟦στρέφειν 1296c⟧
שָׂתַם qal
ἀποφράσσειν 150a
שָׂתַר qal
*πατάσσειν 1103b (1K 5.9)

שׁ

שְׁ, שַׁ, שֶׁ
*ἀπόκεισθαι (שֶׁל־) 132b (Ge 49.10)
ἕως (כְּשֶׁ׳, שֶׁעוֹד) *178c*
ὅπως *186b*
שָׁאַב qal
ἀντλεῖν 112a
*ἐκσιφωνίζειν 441b (Jb 5.5)
ἐπισπᾶν 529b
ὑδρεύεσθαι 1380c
ὑδροφόρος (שֹׁאֵב מַיִם) 1381a
שָׁאַג qal
ἀνακράζειν 78b
βοᾶν 222a
ἐγκαυχᾶσθαι 366b
⟦ἐξεγείρειν 490b⟧
ἐρεύγεσθαι 544c
φθέγγεσθαι 1429c
χρηματίζειν 1474c
ὠρύεσθαι 1494a
שְׁאָגָה
κράζειν 781b
⟦ὀργιᾶν 1010a⟧ → XXX ≈ ὁρμᾶν
⟦σθένος 1265c⟧ → שַׁגִּיא
ὠρύεσθαι 1494a
ὤρυμα, ὠρύομα, ὠρύωμα 1494a
שָׁאָה I qal
ἐρημοῦν 546c
שָׁאָה I ni.
ἠχεῖν 620c
⟦καταλείπειν 736a⟧
שָׁאָה I hi.
ἐξερημοῦν 491c
⟦ἔπαρσις 508b⟧ → נָשָׂא qal
שָׁאָה II hit.
καταμανθάνειν 739a
שֹׁאָה
ὁρμή 1014a
שְׁאוֹל, שְׁאֹל
ᾅδης 24a, *165b*
θάνατος 623a, *179a*
שָׁאוֹן
ἀδυναμία 27c
ἀπώλεια, ἀπωλία 151c
αὐθάδεια, αὐθαδία 176c
ἦχος 620c
⟦καταφέρειν 747b⟧
κραυ(γ)ή 784b
⟦κύτος 839a⟧
*ὄλεθρος 986a (Je 28[51].55; 32.17 [25.31])
§σαων 1261a
ταλαιπωρία 1333a
ὑπερηφαν(ε)ία 1409c
שְׁאָט
ἀτιμάζειν 175c
⟦ἐπιχαίρειν 538b⟧
שְׁאִיָּה
⟦ἐγκαταλείπειν 365a⟧
שָׁאַל, שָׁאֵל qal
^αἰτεῖν 37c
ἀπολέγειν 136c
ἀσπάζεσθαι, ἀσπάζειν (שָׁ׳ לְשָׁלוֹם qal, שָׁ׳ שָׁלוֹם qal) 173a, *168c*
δαν(ε)ίζειν 285a
ἐγγαστρίμυθος (שֹׁאֵל אוֹב) 362b

ἐξερευνᾶν, ἐξεραυνᾶν 491b
ἐπερωτᾶν 510b, *176b*
ἐπιθυμεῖν 520b
ἐρευνᾶν 544c
ἐρωτᾶν 553b
*εὐπροσήγορος (שָׁ׳ שָׁלוֹם qal) *178a* (Si 6.5)
ζητεῖν 597a
*ἱκέτης *180a* (Si 4.4)
χρᾶν, χρᾶσθαι 1473c
χρῆσις 1475a

שָׁאַל, שָׁאֵל ni.
αἰτεῖν 37c
παραιτεῖσθαι 1060a

שָׁאַל, שָׁאֵל pi.
ἐπαιτεῖν 505b
ἐπερωτᾶν 510b
ἐρωτᾶν 553b

שָׁאַל, שָׁאֵל hi.
κιχρᾶν 765c
χρᾶν, χρᾶσθαι 1473c

שְׁאֵל Ar. pe.
^αἰτεῖν 37c
^ἐπερωτᾶν 510b
ἐρωτᾶν 553b
ζητεῖν 597a
^*πυνθάνεσθαι 1242b (1E 6.11)
*χαιρετίζειν שְׁ_שְׁלָם 1452b (To 7.1)

שְׁאֹל
see שְׁאוֹל, שְׁאֹל

שְׁאֵלָא Ar.
ἐπερώτημα 511a

שְׁאֵלָה
αἴτημα 38a
αἴτησις 38a
ἀξιοῦν 113b
ἀπαίτησις *167c*
ἐπαίτησις *176a*
χρέος 1474b

שַׁאֲנַן palel
ἀναπαύειν 80b
παύειν 1112b
ὑπνοῦν 1412a

שַׁאֲנָן
⟦ἐξουδενεῖν, ἐξουθενεῖν 500b⟧
εὐθηνεῖν 570b
ἡσυχάζειν 620a
⟦πεποιθώς 1114b⟧ → בָּטַח qal ≈ πεποιθὼς γίνεσθαι and πεποιθὼς εἶναι
⟦πικρία 1132c⟧
πλούσιος 1150b
*πλοῦτος 1150c (Is 32.18)
στρῆνος 1297a
τακτός 1333a

שָׁאַף qal
⟦ἐκσιφωνίζειν 441b⟧ → שָׁאַב qal
ἐκτρίβειν 444a
ἕλκειν, ἑλκύειν 453a
ἕλκειν πνεῦμα 453a, 1151c
ἐξέλκειν, ἐξελκύειν 491a
καταπατεῖν 740b
μισεῖν 929a
?ξηραίνειν 957a
*πατεῖν 1105a (Am 2.7)
πνευματοφορεῖσθαι (שָׁאֲפָה רוּחַ) 1153b

שָׁאַר ni.
ἀπολείπειν 136b
δεύτερος 293b
ἐγκαταλείπειν 365a
ἐκλείπειν 435c
ἐπίλοιπος 525a
^καταλείπειν 736a, *181b*
κατάλοιπος 738a
λοιπός 888a
⟦περιλείπειν 1124b⟧ → καταλείπειν
ὑπόλ(ε)ιμμα 1415a
ὑπολείπειν 1415a

שָׁאַר hi.
⟦ἐπιλείπειν 525a⟧ → ὑπολείπειν
^καταλείπειν 736a
ὑπολείπειν 1415a

שְׁאָר, also Ar.
^*ἄλλος 56b
^ἐπίλοιπος 525a
κατάλ(ε)ιμμα 736a
καταλείπειν 736a
κατάλοιπος 738a
^λοιπός 888a
ὑπόλ(ε)ιμμα 1415a
ὑπόλοιπος 1415c

שְׁאֵר
τὰ δέοντα 287b
οἰκεῖος 968c
οἰκειότης 969a
σάρξ 1259b, *191a*
*συγγενής *192b* (Si 41.21)
σῶμα 1330a, *193c*
τράπεζα 1369b

שַׁאֲרָה
οἰκεῖος 968c

שְׁאֵרִית
ἐγκατάλ(ε)ιμμα 365a
^ἐπίλοιπος 525a
κατάλ(ε)ιμμα 736a, *181b*
^καταλείπειν 736a
κατάλοιπος 738a
λεῖμμα 872b
⟦λῆμμα 875c⟧ → κατάλ(ε)ιμμα and λεῖμμα
λοιπός 888a
οἱ περίλοιποι 1124b
ὑπόλ(ε)ιμμα 1415a

שְׂאֵת
⟦ἔπαρσις 508b⟧ → נָשָׂא qal

שָׁבָה qal
αἰχμαλωτεύειν 39a
αἰχμαλωτίζειν 39b
αἰχμαλωτίς 39b
αἰχμάλωτος 39b
ἀπάγειν 115b
ἀποικίζειν 131a
⟦ἀποστρέφειν 145b⟧ → שׁוּב hi.
ζωγρεῖν (qal שָׁ׳ חַיִּים) 599b
καταπρονομεύειν 742b
λαμβάνειν 847a
μετάγειν 915c
*μετοικεσία 917c (3K 8.47*L*)
μετοικία 917c
προνομεύειν 1207c

שָׁבָה ni.
αἰχμαλωτεύειν 39a
αἰχμάλωτος 39b
αἰχμάλωτος γίνεσθαι 256c
μετάγειν 915c
*μετοικίζειν 918a (3K 8.47*L*)

שְׁבָה Ar. pe.
*αἰχμαλωτίζειν 39b (To 7.3)

שְׁבוֹ
ἀχάτης 187c

שְׁבוֹל, שְׁבוּל
σχοῖνος 1328b

שָׁבוּעַ
δὶς ἕπτα (שְׁבֻעִים) 337b
δὶς ἑπτὰ ἡμέρας (שְׁבֻעִים) 607b
ἑβδομάς 361b
ἕβδομος 361c

שְׁבוּעַ Ar.
*ἑβδομάς 361b (To 2.1)

שְׁבוּעָה
ἔνορκος (בַּעַל שְׁ׳) 476b
ὅρκος (שְׁ׳) *186c*
⟦ ” (בַּעַל שְׁ׳) 1013c⟧ → ἔνορκος

שְׁבוּת
αἰχμαλωσία 38b
ἀποικία 130c
ἀποστρέφειν 145b
ἀποστροφή 148b

שָׁבַח pi.
αἰνεῖν 33a
καταπραΰνειν 742a
ταμιεύεσθαι 1334b

שָׁבַח hit.
ἐγκαυχᾶσθαι 366b
*ἐπαίνειν 504c (Ec 8.10)
καυχᾶσθαι 757b
שֶׁבַח
ὕμνος *194a*
שְׁבַח Ar. pa.
αἰνεῖν 33a
ἀνθομολογεῖσθαι 96a
εὐλογεῖν 572b
שֵׁבֶט, שֶׁבֶט
*ἀκίς 44b (2K 18.14*L*)
⟦ἄνθρωπος 96b⟧
ἀρχίφυλος (רֹאשׁ שֵׁ׳) 166b
ἄρχων 166b
βακτηρία 189c
βέλος 217a
δῆμος 296a
⟦δόρυ 344b⟧ → ῥάβδος
ζυγός, ζυγόν 599a
⟦κριτής 791a⟧
⟦λόγος 881c⟧
μάστιξ 898b
παιδ(ε)ία 1046c
πληγή 1142b
ῥάβδος 1247a
σκῆπτρον 1273c
τυραννίς *194c*
⟦[υἱός] *194a*⟧ → φυλός
⟦φύλαρχος (זְקַן שֵׁ׳) 1441c⟧ → רֹאשׁ
φυλή 1444b, *195c* (+Si 45.11)
*φυλός
שְׁבַט Ar.
^*φύλαρχος 1441c (1E 7.8)
φυλή 1444b
שְׁבִי
^αἰχμαλωσία 38b
αἰχμαλωτεύειν 39a
αἰχμαλωτίζειν (בַּשְּׁ׳) 39b
αἰχμαλωτίς 39b
αἰχμάλωτος 39b
ἀποικισμός 131a
προνομή 1208a
שָׁבִיב
⟦πῦρ *190c*⟧
φλόξ 1433a, *195b* (Si 8.10)
שְׁבִיב Ar.
φλόξ 1433a
שִׁבְיָה
αἰχμαλωσία 38b
*αἰχμάλωτος 39b (Jb 41.24)
προνομή 1208a
שְׁבִיל
[ἀτραπός] *168c*
σχοῖνος 1328b
τρίβος 1372b
שְׁבִיסִים
ἐμπλόκιον 458c
κόσυμβος 781a
שְׁבִיעִי
^ἕβδομος 361c
ἔσχατος + ἡμέρα (= יוֹם) 558a
שְׁבִית
αἰχμαλωσία 38b
αἰχμάλωτος 39b
ἀποστρέφειν 145b
ἀποστροφή 148b
שִׁבֹּלֶת
⟦[ἀτραπός] *168c*⟧ → שְׁבִיל
διῶρυξ, διώρυγος, διῶρυχος 339a
καλάμη 712b
καταιγίς 731b
κλάδος 766a
⟦ποταμός *189c*⟧
*ῥοῦς ποταμοῦ *191c* (Si 4.26)
στάχυς 1287b
*σύνθημα 1316a (Jd 12.6A)
שָׁבַע ni.
ἀποκρίνειν 133a
ἐξομολογεῖν 499a
ἐπίορκος 526a
^ὀμνύειν, ὀμνύναι 991b (+To 10.7)
⟦ὁμολογεῖν 993c⟧ → ὀμνύειν, ὀμνύναι
שָׁבַע hi.
διορίζειν 336b
⟦ἐνορκίζειν 476b⟧ → ὁρκίζειν
ἐξορκίζειν 500a
ὀμνύειν, ὀμνύναι 991b
^ὁρκίζειν 1013b
ὅρκος 1013c
⟦ὁρκοῦν 1013c⟧ → ὁρκίζειν
שֶׁבַע I also Ar.
^ἕβδομος 361c
*ἑπτά 539b
ἑπταετής (שֶׁ׳ שָׁנִים) 539c
ἑπτακαιδέκατος (שְׁבַע עֶשְׂרֵה) 539c
ἑπτάκι(ς) (שֶׁ׳, שֶׁ׳ פְּעָמִים) 539c
שֶׁבַע II
ὁρκισμός 1013b
ὅρκος 1013c
שִׁבְעָה also Ar.
ἕβδομος 361c
ἑπτά 539b, *177a*
ἑπτάκι(ς) 539c
ἑπτάμηνος (שׁ׳ חֳדָשִׁים) 540a
ἑπταπλασίως (חַד־שִׁ׳) 540b
⟦ὅρκος 1013c⟧ → שְׁבֻעָה
שְׁבֻעָה
ἐνόρκιος 476b
ὅρκος 1013c
שָׁבֻעִים
ἑβδομηκοντάκις 361c
ἑβδομηκοστός 361c
ἑπτά *177a*
שִׁבְעָתַיִם
ἑπτάκι(ς) 539c
ἑπταπλάσιος 540a, *177a* (–Si 7.3)
ἑπταπλασίων 540a
ἑπταπλασίως 540b, *177a*
ἑπταπλοῦς *177b*
שָׁבַץ pi.
κόσυμβος 781a
⟦κοσυμβωτός 781a⟧ → κόσυμβος
שָׁבַץ pu.
περικαλύπτειν 1124a
συνδεῖν 1312c
שָׁבָץ
σκοτὸς δεινός 288a, 1276b
שְׁבַק Ar. pe.
ἀφίειν, ἀφιέναι 183b
^ἐᾶν 361a
*καταλείπειν 736a (To 1.20)
שְׁבַק Ar. itpe.
ἐᾶν 361a
ὑπολείπειν 1415a
שָׁבַר I qal
ἀγοράζειν 16b
πρίασθαι 1203a
πωλεῖν 1246b
שָׁבַר I ni.
ἀποδιδόναι 126b
⟦διαλύειν 305a⟧ → שָׁבַר II ni. ≈ συντρίβειν
⟦ἐρημοῦν 546c⟧
שָׁבַר I hi.
ἀποδιδόναι 126b
ἐμπολᾶν 458c
ἐμπορεύεσθαι 459a
μεταδιδόναι 915c
πωλεῖν 1246b
שָׁבַר II qal
ἀπολλύειν, ἀπολλύναι 136c
θλίβειν 652b
καταβάλλειν *181b*
συντρίβειν 1321a, *193a*
שָׁבַר II ni.
συντρίβειν 1321a, *193a*
συντριβή 1322a
שָׁבַר II pi.
λεπτύνειν 874b
*συγκόπτειν 1300b (4K 25.13*L*)
συντρίβειν 1321a
שָׁבַר II pu.
*ἀπολλύειν, ἀπολλύναι 136c (Es 9.2)

שֶׁבֶר, שֵׁבֶר I
ἀγορασμός 16c
⟦αἰχμαλωσία 38b⟧ → שְׁבִי
πρᾶσις 1200c
πτῶμα 1239a
σῖτος 1267b
σύγκρισις 1300b
⟦ταλαιπωρία 1333a⟧ → שֹׁד
שֶׁבֶר, שֵׁבֶר II
συντρίβειν 1321a
συντριβή 1322a
σύντριμμα 1322b, *193a*
συντριμμός 1322b
שִׁבָּרוֹן
συντριβή 1322a
σύντριμμα 1322b
שְׁבַשׁ Ar. itpa..
συνταράσσειν 1318a
שָׁבַת qal
ἀναπαύειν 80b (+Mi 4.4)
ἀνάπαυσις 80c, *166c*
ἀπολλύειν, ἀπολλύναι *168a*
*ἀφανίζειν *169b* (Si 45.26)
ἐκλείπειν 435c
ἡσυχάζειν 620a
καταλύειν 738b
καταπαύειν 740c, *181c*
*κατάπαυμα 741a (Ho 7.4), *181c* (Si 36.18)
κατάπαυσις 741a
παύειν 1112b
πίπτειν *188c*
^σαββατίζειν 1256b
συντελεῖν *192c*
שָׁבַת ni.
ἀπολλύειν, ἀπολλύναι 136c
*καταλύειν 738b
οὐκέτι εἶναι 1030a
⟦συντρίβειν 1321a⟧
שָׁבַת hi.
αἴρειν 34c
ἀναλύειν *166c*
ἀνταναιρεῖν 108c
ἀπολλοτριοῦν 116c
ἀπολλύειν, ἀπολλύναι 136c
⟦ἀποστρέφειν 145b⟧ → שׁוּב hi.
ἀφαιρεῖν 180a
ἀφανίζειν 181b
διαπαύειν 307b
ἐκλείπειν 435c
⟦ἐκτρίβειν 444a⟧ → ἐκλείπειν
ἐξαίρειν *175c*
καθυστερεῖν *180b*
⟦[καθυστερίζειν] *180b*⟧
⟦καταδυναστεύειν 731a⟧
⟦κατακαίειν 731b⟧ → καταπαύειν
καταλύειν 738b
καταπαύειν 740c
κοπάζειν *182b*
παρακαλεῖν 1060a
παύειν 1112b
*συντρίβειν *193a* (Si 33[36].12)
שֶׁבֶת
ἀνάπαυσις 80c
ἀργ(ε)ία 153a
⟦κατάπαυμα, [κατάπαυσις] *181c*⟧
שַׁבָּת
ἀνάπαυσις 80c
ἑβδομάς 361b
ἕβδομος 361c
⟦προσάββατον 1211a⟧ → σάββατον
^σάββατον 1256b
שַׁבָּתוֹן
ἀνάπαυσις 80c
σάββατον 1256b
שָׁגַג qal
ἀγνοεῖν 16a
ἀκουσιάζειν 49c
πλημμελεῖν 1145b
שְׁגָגָה
ἄγνοια 16a
ἀκούσιος 50a
ἀκουσίως 50a
שָׁגָה qal
ἀγνοεῖν 16a
*ἀπολλύειν, ἀπολλύναι 136c (Pr 5.23)
ἀποστατεῖν 141b
διαμαρτάνειν 305b
⟦διασπείρειν 310c⟧
ἐκκλ(ε)ίνειν 433c, *173c*
⟦ἐκρίπτειν, ἐκριπτεῖν 441a⟧
⟦ἐξιστᾶν, ἐξιστάναι 496c⟧
πλανᾶν 1139b, *188c* (Si 34[31].5)
⟦πλημμελεῖν 1145b⟧ → πλανᾶν
⟦συμμιγνύναι 1304b⟧
שָׁגָה hi.
ἀπωθεῖν 151a
πλανᾶν 1139b
שָׁגַח hi.
βλέπειν *169b*
ἐπιβλέπειν 516c
θαυμάζειν 626c
παρακύπτειν 1061b
⟦περιστροφή *188c*⟧ → חוּג I qal
שְׁגִיאָה
παράπτωμα 1063a
שִׁגָּיוֹן
ψαλμός 1483b
ᾠδή (שִׁגְיֹנוֹת) 1492a
שָׁגַל qal
ἔχειν 586c
שָׁגַל ni.
ἔχειν 586c
μολύνειν 932c
שָׁגַל pu.
⟦ἐκφύρεσθαι 445c⟧ → שָׁכַב pu.
שֵׁגָל
βασίλισσα 214a
παλλακή 1052b
שֵׁגַל Ar.
παλλακή 1052b
שָׁגַע pu.
ἐπίληπτος 525a
μαίνεσθαι 892a
παράπληκτος 1063b
παρεξιστάναι 1068c
שָׁגַע hit.
ἐπιληπτεύεσθαι 525a
ἐπίληπτος 525a
שִׁגָּעוֹן
παραλλαγή 1061c
παραπληξία 1063b
παραφρόνησις 1065b
שֶׁגֶר
βουκόλιον 226a
μήτρα 925b
שַׁד
μαστός, μασθός 898b
שֵׁד also Ar.
δαιμόνιον 283b
שֹׁד
ἄδικος 26c
δείλαιος 286c
ἐπαγωγή *176a*
ὄλεθρος 986a
πτῶμα 1239a
συντριβή 1322a
σύντριμμα 1322b
συντριμμός 1322b
ταλαιπωρία 1333a
שָׁדַד qal
ἀνομεῖν 106b
ἀπολλύειν, ἀπολλύναι 136c
διώκειν 338b
ἐξοδεύειν 497b
ἐξολεθρεύειν, ἐξολοθρεύειν 497c
καταστροφή 746a
λῃστής 876a
ὀλεθρεύειν, ὀλοθρεύειν 986a
ὄλεθρος 986a
ὀλλύναι 987b
*πλήσσειν 1149c (Je 30.6 [49.28])
ταλαιπωρεῖν 1333a

ταλαιπωρία 1333a
⟦ταλαιπωρίζειν 1333b⟧ → ταλαιπωρεῖν
ταλαίπωρος 1333b
ποιεῖν ταλαίπωρον 1154b, 1333b
שָׁדַד ni.
ταλαιπωρεῖν 1333a
שָׁדַד pi.
ἀτιμάζειν 175c
שָׁדַד pu.
ἀπολλύειν, ἀπολλύναι 136c
δείλαιος 286c
⟦οἴχεσθαι 985a⟧ → ὀλλύναι
ὀλλύναι 987b
ταλαιπωρεῖν 1333a
שָׁדַד polel
ταλαιπωρεῖν 1333a
שָׁדַד ho.
οἴχεσθαι 985a
שְׁדָה Ar. af.
*ἐκβάλλειν 420c (Ps 16[17].11 Aramaizing)
שִׁדָּה
οἰνοχόη 984c
οἰνοχόος 984c
שַׁדַּי
ἐπουράνιος 539b
θεός 630a
ὁ θεὸς τοῦ οὐρανοῦ 630b
ἱκανός 683c
κύριος 800b
κύριος παντοκράτωρ 800b
παντοκράτωρ 1053c
ὁ τὰ πάντα ποιήσας 1073a, 1154a
§σαδδαι 1257a
שְׁדֵמָה
ἄγρωστις 18b
κληματίς 768a
πεδίον 1113b
§σαδημωθ (שַׁדְמוֹת) 1257b
שָׁדַף qal
ἀνεμόφθορος 87a
*שְׁדֵפָה
*πάτημα 1105a (4K 19.26*L*)
שִׁדָּפוֹן
ἀνεμοφθορία 87a
⟦ἀπορία 140a⟧ → ἀφορία
⟦ἀφθορία 183b⟧ → ἀφορία
ἀφορία 185c
⟦ἐμπυρισμός 460b⟧
⟦πύρωσις 1246a⟧
שְׁדַר Ar. itpa.
ἀγωνίζεσθαι 18c
שֹׁהַם
βηρύλλιον 217c
ὄνυξ 1000c
πράσινος 1200c
σάρδιον 1259b
σμάραγδος 1278b
§σοαμ, σοομ 1278c
שָׁוְא
ἄνομος 107c
ἀργός *168b*
ἀσύνετος *168c*
ἄτοπος 176b
ἄχρηστος *169c*
γελοιαστής 235c
κενός, καινός ("empty") 759a
διὰ κενῆς 759a
μάταιος 898c
ματαιότης 899a
ματαίως 899b
μάτην (שָׁ׳, לַשָּׁ׳) 899c
εἰς μάτην 899c
*ὀκνηρός (פּוֹעֵל שָׁ׳) *186a* (Si 37.11)
ψευδής 1484b
שׁוֹא
*κακουργία 711c
שׁוֹאָה
ἄβατος 1a
ἀωρία 188c
θλῖψις 652c
⟦κακουργία 711c⟧ → שׁוֹא
παγίς, πακίς 1044b
συνοχή 1318a
⟦ταλαιπωρία 1333a⟧ → ἀωρία
ὑετός 1384a
ὑπερηφανία *194b*
⟦ὑπερήφανος *194b*⟧ → ὑπερηφανία
שׁוּב qal
ἀθετεῖν (שׁוּב מִן qal) 29b
⟦αἰχμαλωσία 38b⟧ → שְׁבִי
ἀναβαίνειν, ἀναβέννειν 70a
^ἀνακάμπτειν 78b
ἀναστρέφειν 82b, *166c*
ἀνέχειν 87c
ἀνταποδιδόναι 108c
*ἀπεῖναι 120a (Pr 25.10)
ἀπέρχεσθαι 121a, *167c*
ἀποδιδόναι 126b
ἀποκαθιστᾶν, ἀποκαθιστάναι 131b
ἀπολύειν 138c
ἀποστρέφειν 145b, *168b*
ἀποστροφή 148b
ἀποτρέχειν 149b
ἀφιστᾶν, ἀφιστάναι, ἀφιστάνειν 184b
βαδίζειν 188a
διαλείπειν 304b
διδόναι 317b
ἐγκαταλείπειν 365a
⟦ἐλεεῖν 449c⟧
ἐνδιδόναι 470b
ἐπάγειν 503c
ἐπαναστρέφειν 506c
ἐπανέρχεσθαι 506c
ἐπανήκειν 506c, *176a*
ἐπέρχεσθαι 509c
⟦ἐπιβλέπειν 516c⟧ → ἐπιστρέφειν
^ἐπιστρέφειν 531a, *177a*
ἐπιστροφή 534a
["] *177a*
⟦ἐρειδεῖν 544c⟧ → יָשַׁב qal
ἔρχεσθαι 548b
ἥκειν 605a
καθιστάναι 703a
⟦καταβαίνειν 727a⟧
καταπαύειν 740c
⟦κυλίειν 798c⟧
μεταβάλλειν 915b
*μεταμελεῖν *184b* (Si 30[33].28)
μετανοεῖν 916b, *184b*
μετατιθέναι 917a
ὁρμᾶν 1014a
^πάλιν (שׁוּב qal, שׁוּב וְ־ qal) 1051c, *187a*
ἀπέρχεσθαι πάλιν 1051c
βαδίζειν πάλιν 1051c
ἐπέρχεσθαι πάλιν 1051c
πάλιν ἀποκαταστῆναι 1051c
πάλιν μεταβάλλειν 1051c
πάλιν πορεύεσθαι 1051c, 1189b
πάλιν προσέρχεσθαι 1051c, 1213c
παραγίνεσθαι 1056c
παύειν (שׁוּב qal, שׁוּב מִן qal) 1112b
προστιθέναι 1221a
⟦στρέφειν 1296c⟧ → ἐπιστρέφειν
⟦σῴζειν 1328b⟧
ὑπευθύνειν 1411b
ὑπεύθυνος γίνεσθαι 1411b
ὑποστρέφειν 1417b
שׁוּב polel
ἀναστρέφειν *166c*
ἀποκαθιστᾶν, ἀποκαθιστάναι 131b
ἀποπλανᾶν 139c
ἀποστρέφειν 145b
*ἀτιμία 175c (Je 30[49].4)
ἐπιστρέφειν 531a
⟦ἰταμία 696a⟧ → ἀτιμία
⟦οἰκτείρειν 982c⟧
συνάγειν 1307b

שׁוּב polal
ἀποστρέφειν 145b
שׁוּב hi.
ἀναγγέλλειν (שׁוּב hi., שׁוּב דָּבָר hi.) 74a
ἀνάγειν 75b
*ἀναπαύειν ψυχήν (שׁוּב נֶפֶשׁ hi.) 80b (La 1.6)
ἀναπνεύειν (שׁוּב רוּחַ hi.) 81b
ἀναστρέφειν 82b
ἀναφέρειν 84c
ἀνταποδιδόναι 108c, *167b*
ἀνταπόδομα 109b
*ἀνταποκρίνεσθαι 109b (2K 3.11*L*)
ἀνταπόκρισις 109c
ἀντειπεῖν, ἀντερεῖν 109c
ἀντιδιδόναι 110b
⟦ἀντιπίπτειν 111c⟧ → ἀντειπεῖν, ἀντερεῖν
ἀπαγγέλλειν 114a
ἀπάγειν 115b
ἀπερείδεσθαι 120c
ἀποδιδόναι 126b, *168a*
ἀπόδοσις 127c
ἀποκαθιστᾶν, ἀποκαθιστάναι 131b
ἀποκομίζειν 132c
ἀποκρίνειν (שׁוּב דָּבָר hi.) 133a, *168a*
ἀπόκρισιν διδόναι 134b, 317b
ἀπόκρισιν ποιεῖσθαι 134b, 1154a
*φθέγγεσθαι ἀπόκρισιν (שׁוּב מַעֲנֶה hi.) *168a* (Si 5.11)
ἀποστέλλειν 141b
ἀποστρέφειν 145b
ἀποστροφή 148b, *168b*
ἀποτιθέναι 148c
ἀποτιννύειν 149b
ἀφιστᾶν, ἀφιστάναι, ἀφιστάνειν 184b
δέχεσθαι 294c
διαλλάσσειν 304c
διδόναι 317b, *171b*
διδόναι ἀνταπόκρισιν 317b
*εἰπεῖν, ἐρεῖν 384a (Jb 11.10)
⟦εἰσάγειν 407c⟧
εἰσφέρειν 415a
⟦ἐκτρίβειν 444a⟧ → שׁוּף qal
ἐξαποστέλλειν 488a
ἐπάγειν 503c
ἐπιβάλλειν 516a
ἐπιστρέφειν 531a, *177a*
ἐπισυνάγειν 534a
ἐπιφέρειν 538a
ἐφιστάναι 585c
⟦καθιέναι 701c⟧ → κατατιθέναι
καθιστάναι 703a
καταπαύειν 740c
κατατιθέναι 746c
⟦κατοικίζειν 755c⟧
κωλύειν *183c*
⟦ " 839b⟧
λογίζεσθαι 880a
^*λύειν 889a (1E 9.13)
^*μετακαλεῖν 916a (1E 1.50)
ἀπάγειν πάλιν 1051c
ἐξαποστέλλειν πάλιν 1051c
πάλιν ἀποστρέφειν 1051c
περιτιθέναι 1127c
προσάγειν 1211a
προσφέρειν 1222c
στρέφειν 1296c
⟦τάσσειν 1337a⟧ → שׂוּם I, שִׂים qal
τίνειν 1348c
ὑποστρέφειν 1417b
φέρειν 1426c
⟦φθέγγεσθαι *195a*⟧ → פִּתְגָם
⟦ὠφελεῖν 1497b⟧
שׁוּב ho.
ἀποδιδόναι 126b
ἀποστρέφειν 145b
ἐπιστρέφειν 531a
שׁוֹבָב I
*αἰσχύνη 37a (Is 47.10)
ἀφιστᾶν, ἀφιστάναι, ἀφιστάνειν 184b
ἐπιστρέφειν 531a
στυγνός 1297c
שׁוֹבָב II
ἀποστρέφειν 145b
ἀτιμοῦν 176a
ἰταμία 696a
שׁוּבָה
ἀποστρέφειν 145b
שׁוֹד
κακός 709b
שׁוּד
⟦δαιμόνιον 283b⟧ → שֵׁד
שָׁוָה qal
ἀντιτάσσεσθαι 112a
ἄξιος 113a
ἀρέσκειν 155c
*ἰσοῦν 689a (Is 40.25)
ὅμοιος γίνεσθαι 256c, 992b
συμφέρειν 1306b
שָׁוָה pi.
*ἀποβαίνειν 125b (Jb 11.6)
⟦ἐπιλανθάνεσθαι + neg. 524a⟧
ἐπιτιθέναι 535c
εὐθηνεῖν 570b
καταρτίζειν 743b
ὁμαλίζειν 990c
*στηρίζειν 1290c (2K 22.34*L*)
προορᾶν 1208b
⟦ταπεινοφορεῖν 1335c⟧ → ταπεινοφρονεῖν
ταπεινοφρονεῖν 1335c
τιθέναι 1348c
שָׁוָה hi.
*ἰσοῦν 689a (La 2.13)
שָׁוָה nit.
*ὡσαύτως 1495c (Pr 27.15)
שְׁוָה Ar. pa.
*διδόναι 317b (Da TH 5.21)
שְׁוָה Ar. itpa..
δημεύειν (itpa. נְוָלִי שׁ׳) 295c
διαρπάζειν (itpa. נְוָלִי שׁ׳) 308c
שׁוּחַ qal
⟦καταδολεσχεῖν 731a⟧ → שִׂיחַ qal
ταπεινοῦν 1335a
שׁוּחַ hi.
⟦καταδολεσχεῖν 731a⟧ → שִׂיחַ qal
שׁוּחָה
ἄβατος 1a
*ἄπειρος 120b (Je 2.6)
βόθρος 224a
שׁוּט qal
ἀτιμάζειν 175c
διαπορεύεσθαι 308b
διέρχεσθαι 328c
κωπηλάτης 840b
περιέρχεσθαι 1123a
⟦περιέχειν 1123a⟧
περιοδεύειν 1124c
*φαῦλος 1425c (Jb 9.23)
שׁוּט pilp.
⟦ἀπομαίνεσθαι 139a⟧ → שָׁטָה qal
⟦διδάσκειν 316c⟧
ἐπιβλέπειν 516c
περιτρέχειν 1128a
שׁוֹט
⟦καταιγίς 731b⟧
μάστιξ 898b
παγίς *187a*
*ῥάβδος 1247a (Si 30[33].33)
*σχοῖνος 1328b (Mi 6.5)
שׁוֹי
*τιμή 1353a (Jb 34.19)
שׁוּל
⟦δόξα 341b⟧
λῶμα 891c
ὀπίσθιος 1001c
ὁ (τὸ/τὰ) ὀπίσω 1001c
שׁוֹלָל
αἰχμάλωτος 39b

ἀνυπόδετος, ἀνυπόδητος 112b
שׁוּם
σκόρδον 1275c
שׁוּעַ I, שָׁוַע pi.
βοᾶν 222a
δεῖσθαι 288a, *170b*
κράζειν 781b
κραυ(γ)ή 784b
στενάζειν 1288b
שׁוּעַ I, שָׁוַע hi.
ἀποπλανᾶν *168a*
שׁוּעַ II
δέησις 285c
שֶׁוַע
δέησις 285c
שׁוֹעַ
⟦σίγα 1265c⟧
שׁוֹעָה
⟦προσευχή *190b*⟧
שַׁוְעָה
βοή 222c
⟦βοήθεια, βοηθία 222c⟧ → תְּשׁוּעָה
δέησις 285c
κραυ(γ)ή 784b
*προσευχή *190b* (Si 32[35].21)
שׁוּעָל
ἀλώπηξ 60b
שׁוֹעֵר
θυρωρός 664a
πυλωρός 1242a
שׁוּף qal
ἐκτρίβειν 444a
καταπατεῖν 740b
*τηρεῖν 1348b (Ge 3.15)
שׁוֹפָר
⟦εὐτόνως (בַּשּׁוֹפָרוֹת) 581a⟧
κερατίνη 760b
σάλπιγξ 1258b
σάλπιγξ κερατίνη 760b
§σωφε(ι)ρ 1332c
שׁוּק I hi.
ὑπερεκχεῖν 1409b
⟦ὑπερχεῖν 1411b⟧ → ὑπερεκχεῖν
שׁוּק I pilp.
⟦μεθύ(σκ)ειν 907c⟧ → שָׁקָה hi.
שׁוּק II, also Ar.
^*ἀγορά 16b (1E 2.17)
שׁוֹק
βραχίων 230a
κνήμη 772c
κωλέα 839b
σκέλος 1268c
שׁוֹר
βοῦς 229a
μόσχος 934c
μόσχος ἐκ βοῶν 934c
σιτευτός 1267b
ταῦρος 1337c
שׁוּר I qal
⟦ἀναστρέφειν 82b⟧ → צָעַד qal
⟦ἀτενοῦν(?) 175b⟧ → περιβλέπειν
διέρχεσθαι 328c
καταμανθάνειν 739a
κατισχύειν 751b
ὁρᾶν 1005a
ὁρατὴς εἶναι 1008a
περιβλέπειν 1122b
⟦προνοεῖν 1207c⟧ → προσνοεῖν
προσνοεῖν 1218c
שׁוּר I polel
ἐχθρός 589c
*שְׁוַר Ar. pe.
*ἀναπηδᾶν 81a (To 7.6)
שׁוּר II subst., also Ar.
*τειχίζειν 1339c (1K 27.8 Aramaizing)
^τεῖχος 1339c
שׁוּר III
ἐχθρός 589c
προμαχών 1207c
שׁוֹרֶשׁ
see also שֹׁרֶשׁ
ῥίζα *191b*
שׁוּשַׁן
κρίνον 788c, *182b*
שׁוֹשַׁן
κρίνον 788c
שׁוֹשַׁנָּה
κρίνον 788c
שׁוּת qal
ἐπιτιθέναι 535c
ἐν πενθικοῖς (שׁוּת עֶדְיוֹ עָלָיו + neg.) 1118a
שׁוּתָף
*κοινωνός *182a* (Si 41.18; 42.3)
שָׁזַף qal
παραβλέπειν 1056a
*שֵׁהזְפָנוּ Ar.
*ἐκλογιστία 437c (To 1.21)
שָׁזַר ho.
κλώθειν 772b
νήθειν 944b
שַׁח
κύφειν 839a
שָׁחַד qal
δωροκοπεῖν *172c*
ἐπιδεῖν ("to lack") 519a
φορτίζειν 1438a
שֹׁחַד
δωροδέκτης 359a
δῶρον 359a
שָׁחָה qal
κύπτειν 799c
שָׁחָה hi.
ταράσσειν 1336a
⟦שָׁחָה hištaphel⟧ → חָוָה hištaphel
καταφιλεῖν 747c
ποιεῖν 1154a
^προσκυνεῖν 1217b, *190b*
שְׁחוֹר
ἀσβόλη 169c
שָׁחוֹר
μέλας 908b
שְׁחוּת
διαφθορά 315a
שָׁחַח qal
δείδειν 286a
κακοῦν 711b
*κατακάμπτειν 733a (Ps 37[38].6)
κάμπτειν 718b
κύπτειν 799c
ὀλισθαίνειν, ὀλισθάνειν 987a
ταπεινοῦν 1335a
τήκειν 1348a
שָׁחַח ni.
δύ(ν)ειν 350a
ἐκλύειν *173c*
κύπτειν 799c
ταπεινοῦν 1335a
שָׁחַח hi.
κατάγειν 729b
ταπεινοῦν 1335a
שָׁחַח hitpo.
περίλυπος εἶναι 1124c
ταράσσειν 1336a
שָׁחַט qal
⟦ἀγρεύειν 16c⟧
ἐλατός 448a
^θύειν 659a
καθαρός 698c
καταστρωννύναι, καταστρωνύειν 746a
σφάζειν 1324b
τιτρώσκειν 1362a
שָׁחַט ni.
σφάζειν 1324b
שְׁחִיטָה
θύειν 659a
שְׁחִין
ἕλκος 453b
שָׁחִיס
⟦κατάλ(ε)ιμμα 736a⟧
שָׁחִיף
ξυλοῦν (שְׁ׳ עֵץ) 959b

שְׁחִית
  διαφθορά 315a
שְׁחִיתָה
  [ἄγνοια] *165b*
  ἀμπλάκημα, ἀμβλάκημα 67c
שַׁחַל
  λέαινα 863c
  λέων 874c
  πανθήρ 1052c
שְׁחֵלֶת
  ὄνυξ 1000c
שַׁחַף
  λάρος 862c
שַׁחֶפֶת
  ἀπορία 140a
  ψώρα 1490c
שַׁחַץ
  ἀλαζών 52a
שָׁחַק qal
  *διασκορπίζειν 310b (2K 22.43*L*)
  ἐκτρίβειν *174a*
  λε(ι)αίνειν 863c
  λεπτύνειν 874b
  προσγελᾶν *190a*
  συγκόπτειν 1300b
שַׁחַק
  ἀήρ 29a
  ἄστρον 173c
  νεφέλη 943b
  νέφος 944a
  οὐρανός 1031b
  παλαίωμα 1051c
  ῥοπή 1254b
  στερέωμα 1289b
שָׁחַר qal
  ⟦μελανοῦσθαι 908b⟧ → σκοτοῦν
  σκοτοῦν 1277a
שָׁחַר pi.
  ἐπιμελῶς 525c
  ζητεῖν 597a
  ὀρθ(ρ)ίζειν 1011a, *186c*
  ποθεῖν 1153c
שַׁחַר
  ἑωθινός (בַּעֲלוֹת הַשַּׁ׳,שַׁ׳) 592a
  ἑωσφόρος 593c
  *ὄρθριος 1011b (Jb 29.7)
  ὄρθρος, ὀρθός 1011b
  κατ᾽ ὄρθρον 1011b
  ὄρθρου (בַּשַּׁ׳,בַּעֲלוֹת הַשַּׁחַר ,שַׁ׳) 1011b
  πρωΐ 1234b
  ἕως (τὸ) πρωΐ (עַד עֲלוֹת הַשַּׁחַר) 1234b
  ὁ πρωΐ ἀνατέλλων (בֶּן שַׁ׳) 83a
  πρώϊμος, πρόϊμος (כַּשַּׁ׳) 1235a
שָׁחֹר
  μέλας 908b
  ξανθίζειν 956a
שְׁחַרְחֹר
  μελανοῦσθαι 908b
שָׁחַת ni.
  διαπίπτειν 308a
  διαφθείρειν 314c
  ἐξολεθρεύειν, ἐξολοθρεύειν 497c
  καταφθείρειν 747c
  ⟦πίπτειν 1135c⟧ → διαπίπτειν
  φθείρειν 1429c
שָׁחַת pi.
  ἁμαρτάνειν 60c, *166b*
  ἀνομεῖν 106b
  ἀπολλύειν, ἀπολλύναι 136c, *168a*
  ἀφανίζειν 181b
  διαφθείρειν 314c
  διαφθορά 315a
  ἐκτρίβειν 444a
  ἐκτυφλοῦν 444c
  ἐκχεῖν, ἐκχέειν 445c
  ἐξαλείφειν 486c
  ἐξολεθρεύειν, ἐξολοθρεύειν 497c
  καταβάλλειν 728c
  κατασκάπτειν 743c
  καταστρέφειν 745c
  καταφθείρειν 747c
  λυμαίνειν, λοιμαίνειν 889b
  φθείρειν 1429c
שָׁחַת hi.
  ἀγνοεῖν *165b*
  αἴρειν 34c
  ἀνομεῖν 106b
  ἀνομία 106b
  ἄνομος 107c
  ἀπολλύειν, ἀπολλύναι 136c, *168a*
  ἀπώλεια, ἀπωλία 151c
  ἀσεβής 170b
  ἀφανισμός 182a
  ^*ἀχρειοῦν 187c (1E 1.56)
  ⟦διασπορά 311a⟧ → διαφθορά
  διαφθείρειν 314c
  διαφθορά 315a
  ἐκτρίβειν 444a
  ⟦ἐμβάλλειν 455a⟧ → שִׁית I qal
  ἐξαίρειν 485b, *175c*
  ἐξαλείφειν 486c, *175c*
  ἐξολεθρεύειν, ἐξολοθρεύειν 497c
  ⟦ἐπιτιθέναι 535c⟧ → שׂוּת qal
  καταβάλλειν *181b*
  καταφθείρειν 747c
  καταφθορά 747c
  λυμαίνειν, λοιμαίνειν 889b
  νοεῖν 946a
  ὀλεθρεύειν, ὀλοθρεύειν 986a
  ⟦ταπεινοῦν 1335a⟧
  φθείρειν 1429c
שָׁחַת ho.
  διαφθείρειν 314c
  λυμαίνειν, λοιμαίνειν 889b
שְׁחַת Ar. pe.
  διαφθείρειν 314c
שַׁחַת
  ἀπολλύειν, ἀπολλύναι 136c
  ἀπώλεια, ἀπωλία 151c, *168b*
  βόθρος 224a
  βόθυνος 224b
  διαφθορά 315a
  θάνατος 623b
  καταφθορά 747c
  ῥύπος 1255b
  φθορά 1430a
שָׂטָה qal
  *ἀπομαίνεσθαι 139a (Da LXX 12.4)
  *μανία 895c (Ps 39[40].4; Ho 9.7, 8)
שִׁטָּה
  ἄσηπτος 171c
  πύξος 1242b
  *σχοῖνος 1328b (Jl 3[4].18)
שָׁטַח qal
  καταστρωννύειν, καταστρωννύναι 746a
  ψυγμός 1486a
  ψύχειν 1486a
שָׁטַח pi.
  διαπετάζειν, διαπεταννύειν, διαπεταννύναι 307c
שֹׁטֵט
  ἧλος 607b
שָׁטַף qal
  ἀπονίπτειν 139a
  ἀποπλύνειν 139c
  ⟦διορίζειν 336b⟧
  ἐπικλύζειν 523b
  κάθιδρος 701c
  κατακλύζειν 734a
  καταποντίζειν 742a
  κατασύρειν 746b
  νίπτειν 945c
  *ὀξύς (שָׁ act. ptc.) 1001a (Pr 27.4)
  συγκλύ(ζ)ειν 1300a
  συντρίβειν 1321a
  σύρειν 1322c
  φέρειν 1426c
שָׁטַף ni.
  κατακλύζειν 734a
  νίπτειν 945c
  συντρίβειν 1321a
שָׁטַף pu.
  ἐκκλύζειν 434b
שֶׁטֶף ,שֵׁטֶף
  κατακλύζειν 734a

κατακλυσμός 734a
ὑετὸς λάβρος 840a, 1384a
⟦ὀξύς 1001a⟧ → שָׁטַף qal
συντρίβειν 1321a
שָׁטַר qal
ἀναγκάζειν 76a
γραμματεύειν 275b
γραμματεύς 275b
γραμματοεισαγωγεύς 275c
κριτής 791a
שַׁי
δῶρον 359a
שִׁיבָה I
⟦αἰχμαλωσία 38b⟧
*αἰχμάλωτος 39b (Jb 41.23)
שִׁיבָה II
⟦οἰκεῖν 968a⟧ → יָשַׁב qal
שָׁיָה
⟦ἐγκαταλείπειν 365a⟧ → נָשָׁה I qal(?)
שֵׁיזִב Ar. shaf.
ἀντιλαμβάνεσθαι 110c
ἐξαιρεῖν 484b
λυτροῦν 890a
ῥύεσθαι 1254b
σῴζειν 1328b
שִׂיחַ qal
*καταδολεσχεῖν 731a
שִׂיחַ hi.
⟦καταδολεσχεῖν 731a⟧ → שִׂיחַ qal
שִׁיחָה
βόθρος 224a
שִׁיחוֹר
*ἀοίκητος 113c (Jo 13.3)
שַׁיִט
ἐλαύνειν 448c
⟦καταιγίς 731b⟧
שִׁילֹה (place-name)
⟦ἀπόκεισθαι 132b⟧ → שְׁ, שַׁ, שֶׁ
שֵׁילָל
ἀνυπόδετος, ἀνυπόδητος 112b
שַׁיִן, שֵׁיִן
οὖρον 1034b
שֵׁינָה
ὕπνος *194b*
שִׁיר I qal
ᾄδειν 19a
αἰνεῖν 33a
⟦ἄρχειν 163a⟧
⟦εὐφραίνειν 581b⟧
ὑμνεῖν 1405a
ᾠδός 1492c
שִׁיר I polel
ᾄδειν 19a
⟦ἄρχειν 163a (Jb 36.24 Aramaizing)⟧ → שְׁרָא pa.
^*ἱεροψάλτης 683c (+1E 1.15)
φωνεῖν 1447b
^*ψάλτης 1484a (1E 5.42)
ψαλτῳδεῖν 1484a
^ψαλτῳδός 1484a
⟦ᾠδός 1492c⟧
שִׁיר I ho.
ᾄδειν 19a
*ἐπαινεῖν 504c, *176a* (Si 9.17)
שִׁיר II
ᾄδειν 19a
⟦ἄρχων 166b⟧ → שַׂר
ᾆσμα 172c
⟦θέλημα 629a⟧
μέλος *184b*
^μουσικός 935c, *185c* (+Si 40.20)
ὄργανον (כְּלִי־שִׁיר) 1008b
⟦ " (שִׁיר) 1008b⟧
ὕμνος 1405b
ὑμνῳδεῖν (בַּשִּׁיר) 1405c
ψαλμός 1483b
ψαλτῳδός 1484a, *196a* (Si 50.18)
ᾠδή 1492a, *196a*
שִׁירָה
αἴνεσις *165c*
ᾆσμα 172c
μουσικός *185c*
ᾠδή 1492a, *196a*
שַׁיִשׁ
πάριος (אַבְנֵי שַׁ׳) 1070b
שִׁית I qal
ἀνιέναι (= ἀνίημι) 102b
⟦ἀντιτάσσεσθαι 112a⟧ → נָשָׂא qal
*ἄξιος (שִׁית עִם qal) 113a (Jb 30.1)
ἀποστρέφειν 145b
ἀφιέναι *169b*
⟦διακρίνειν (שִׁית יָד qal) 304a⟧ → שִׁית I hi. ≈ διακούειν
⟦διαχωρίζειν 316a⟧
διδόναι 317b, *171b*
*ἐᾶν 361a (Jb 10.20)
ἐκτείνειν *173c*
*ἐμβάλλειν 455a (Je 11.19)
ἐμφράσσειν 460c
ἐξανιστάναι 487c
ἐπάγειν 503c
ἐπέρχεσθαι 509c
ἐπιβάλλειν 516a
ἐπιτιθέναι *177a*
ἐφιστάναι 585c
καθιστάναι 703a
*καταρτίζειν 743b (Ps 10[11].4)
μιγνύναι 926c
νοεῖν 946a
προσέχειν 1215b
προστιθέναι 1221a
προτιθέναι 1231a
συγκατατίθεσθαι (שִׁית יָד qal) 1299b
συνεπιτιθέναι 1313c
τάσσειν 1337a
⟦τεκταίνειν 1342b⟧
τιθέναι 1348c
ὑποτάσσειν 1417b
שִׁית I hi.
διακούειν (שִׁית יָד hi.) 304a
שִׁית I ho.
ἐπιβάλλειν 516a
שִׁית II
εἶδος 375c
שַׁיִת
ἄγρωστις ξηρά (שָׁמִיר וָשַׁ׳) 18b
ἄκανθα 43c
⟦καλάμη 712b⟧
שָׁכַב qal
ἀναπαύειν 80b, *166c*
ἀποθνήσκειν 128a
⟦διαλύειν (שָׁ׳ qal + neg.) 305a⟧
ἐπικοιμᾶσθαι 523b
ἔχειν 586c
καθεύδειν 700a
καθῆσθαι 700b
κατάκεισθαι 733a
*κατακλίνειν 733c (2K 13.5*L*)
καταλύειν 738b
κοιμᾶν 773c
⟦κοιμίζειν 774c⟧ → שָׁכַב hi.
κοιτάζεσθαι 775b
κοίτη 775b
⟦κυβερνήτης 796a⟧ → חֹבֵל
σύγκοιτος (שֹׁכֶבֶת חֵיק) 1300a
שָׁכַב ni.
ἔχειν 586c
μολύνειν 932c
שָׁכַב pu.
*ἐκφύρεσθαι 445c (Je 3.2)
שָׁכַב hi.
κατοικίζειν 755c
κλίνειν 771a
κοιμᾶν 773c
κοιμίζειν 774c
שָׁכַב ho.
κοιμᾶν 773c
κοιμίζειν 774c
שְׁכָבָה
καταπαύειν 740c
κοίτη 775b
שְׁכֹבֶת
κοιτασία 775b
κοίτη 775b
שְׁכוֹל
ἀτεκνία 175b

ὀρφανία 1018a
שַׁכּוּל
ἀπορεῖν 140a
ἄτεκνος 175b
שִׁכּוֹר
κραιπαλᾶν 782a
μεθύ(σκ)ειν 907c
μέθυσος 908a, *184a* (Si 19.1)
ἐν οἴνῳ *186a*
שׁכח, שָׁכֵחַ I qal
ἀμνησία *166b*
ἀνελεήμων γίνεσθαι 86c
ἀπολανθάνειν 136b
ἐγκαταλείπειν 365a
ἐπιλανθάνειν 524a, *176c*
ἐπιλησμονὴν ποιεῖν *177a*
καταλείπειν 736a
λήθη 875c
μιμνήσκεσθαι + neg. *185a*
שׁכח, שָׁכֵחַ I ni.
ἐπιλανθάνειν 524a
καταλείπειν 736a
שׁכח, שָׁכֵחַ I pi.
ἐπιλανθάνειν 524a
ἐπιλησμονὴν ποιεῖν *189b*
שׁכח, שָׁכֵחַ I hi.
ἐπιλανθάνειν 524a
שָׁכֵחַ II
ἐπιλανθάνειν 524a
שְׁכַח Ar. af.
^εὑρίσκειν 576c
καταλαμβάνειν 735a
τηρεῖν 1348b
שְׁכַח hitpe. Ar.
^εὑρίσκειν 576c
καταλείπειν 736a
שָׁכַךְ qal
κοπάζειν 778a
שָׁכַךְ hi.
περιαιρεῖν 1121b
שׁכל, שָׁכֵל qal
ἀποτεκνοῦσθαι 148c
ἀτεκνοῦν 175b
שׁכל, שָׁכֵל pi.
ἄγονος 16b
⟦ἀσθενεῖν 172a⟧ → כָּשַׁל qal
ἀτεκνοῦν 175b
κατέσθειν, κατεσθίειν 749b
σφάλλειν 1324c
τιμωρεῖν 1354a
שׁכל, שָׁכֵל hi.
ἀτεκνοῦν 175b
שִׁכֻּלִים
ἀπολλύειν, ἀπολλύναι 136c
שָׁכַם hi.
ἀνιστᾶν, ἀνιστάναι 102c
⟦διορθρίζειν 336b⟧ → ὀρθ(ρ)ίζειν
ἐγείρειν 364a
ἐξανιστάναι 487c
ὀρθ(ρ)ίζειν 1011a
ὀρθρινός 1011b
ὄρθρος, ὀρθός 1011b
שְׁכֶם
ζυγός, ζυγόν 599a
μέρος *184b*
νῶτον, νῶτος 956b
§σικιμα 1266c
ὑπερωμίαν (מִשִּׁכְמוֹ) 1411b
*ὠμία 1492c (1K 9.2; 10.23)
ὦμος 1493a, *196a*
שִׁכְמָה
κλείς 767b
שׁכן, שָׁכֵן I qal
ἀναπαύειν 80b
αὐλίζειν 178b
γείτων 235b
⟦ἐγκατασκηνοῦν 366b⟧ → κατασκηνοῦν
⟦εἰσέρχεσθαι 410b⟧
ἐπέρχεσθαι 509c
ἐπικαλεῖν 521b
ἐπισκιάζειν + νεφέλη (= עָנָן) 528c
⟦ἥκειν 605a⟧
ἡσυχάζειν 620a
ἱστάναι, ἱστᾶν 689a
καθέζεσθαι 699c
⟦καταβαίνειν 727a⟧
καταγίνεσθαι 730a
καταλύειν 738b, *181b*
καταπαύειν 740c, *181c*
κατασκηνοῦν 744b
κατοικεῖν 751c
κτίζειν 795b
οἰκεῖν 968a
εἶναι οἰκήτωρ 969b
οἶκος 973a
ὁμορ(ρ)εῖν, ὁμοροεῖν 993c
⟦ὁρᾶν 1005a⟧
παροικεῖν 1071b
πάροικος 1071c
σκηνοῦν 1273a
σκιάζειν 1274b
στρατοπεδεύειν 1296a
שׁכן, שָׁכֵן I pi.
ἐπικαλεῖν 521b
κατασκηνοῦν 744b
κατοικίζειν 755c
שׁכן, שָׁכֵן I poel
⟦κατασκηνοῦν 744b⟧ → שָׁכֵן ,שָׁכַן I qal
שׁכן, שָׁכֵן I hi.
αὐλίζειν 178b
*ἐνοικίζειν *175b* (Si 11.34)
ἐπικαθίζειν 521b
κατασκηνοῦν 744b
κατοικίζειν 755c
πηγνύναι 1130c
שָׁכֵן II
⟦ἀναπαύειν 80b⟧ → שָׁכֵן ,שָׁכַן I qal
γείτων 235b
περίοικος 1124c
שְׁכַן Ar. pe.
κατασκηνοῦν 744b
⟦κατοικεῖν 751c⟧ → κατασκηνοῦν
νοσσεύειν 949b
שְׁכַן Ar. pa.
κατασκηνοῦν 744b
שֶׁכֶן
κατάλυμα *181b*
שָׁכַר qal
κραιπαλᾶν 782a
μέθη 907b
μεθύ(σκ)ειν 907c
שָׁכַר pi.
μεθύ(σκ)ειν 907c
שָׁכַר hi.
μεθύ(σκ)ειν 907c
μεθύ(σκ)ειν μέθη 907b, 907c
שָׁכַר hit.
μεθύ(σκ)ειν 907c
שֵׁכָר
μέθη 907b
μέθυσμα 908a
οἶνος 983c, *186a*
σίκερα 1266c
שִׁכֹּר
μεθύ(σκ)ειν 907c
שִׁכָּרוֹן
μέθη 907b
μέθυσμα 908a
שֶׁל־
*χρῆμα *196b* (Si 30[33].28; 37.6)
שַׁל
προπέτεια 1208b
שַׁלְאֲנַן, שַׁלְאֲנָן
εὐπαθεῖν 576a
שָׁלַב pu.
ἀντιπίπτειν 111c
שְׁלַבִּים
ἐξέχειν 495b
שָׁלַג hi.
χιονοῦσθαι 1471a
שֶׁלֶג
⟦δρόσος 349b⟧
χιών 1471b, *196a*
שָׁלָה I qal
εὐθηνία 570b

שָׁלָה I ni.
διαλείπειν 304b
שָׁלָה I hi.
πλανᾶν 1139b
שָׁלָה II, שָׁלֵו I also Ar.
⟦βλασφημεῖν (אֲמַר שָׁ׳) 221a⟧
⟦βλασφημία 221a⟧
εἰρηνεύειν 401b
εὐθηνεῖν 570b
שְׁלֵה Ar.
εἰρηνεύειν (שְׁ׳ הֲוָה) 401b
εὐθηνεῖν 570b
שֵׁלָה
αἴτημα 38a
שַׁלְהֶבֶת
ἐξάπτειν 489c
⟦πῦρ *190c*⟧
πυρά *191a*
שַׁלְהֶבֶתְיָה
φλόξ 1433a
שָׁלֵו I
see שָׁלָה II, שָׁלֵו I
שָׁלֵו II
εἰρηνεύειν (הָיָה שָׁ׳) 401b
εὐσταθεῖν 580c
ἡσυχία 620b
σωτηρία 1331b
שָׁלוּ, also Ar.
ἀμπλάκημα, ἀμβλάκημα 67c
^*ἀναμφισβητήτως (שָׁ׳ + neg. + דִּי) 80a
ἄνεσις 87b
βλασφημεῖν (אֲמַר שָׁ׳) 221a
βλασφημία 221a
εὐθηνία 570b
παράπτωμα 1063c
*παράπτωσις 1063c (Je 22.21 voc.)
שְׁלֵוָא Ar.
ἐπιείκεια 519c
παράπτωμα 1063c
שַׁלְוָה
εἰρήνη 401b, *173a*
ἐξάπινα, ἐξαπίνης (בַּשַּׁ׳) 488a
⟦ἐξετασμός 495a⟧
εὐθηνία 570b
⟦παράπτωσις 1063c⟧ → שָׁלוּ
שִׁלּוּחִים
ἀποστολή 145a (+Ct 4.13)
ἄφεσις 182b
ἐξαποστέλλειν 488a
שָׁלוֹם
ἀσπάζεσθαι, ἀσπάζειν (שָׁאַל לְשָׁ׳) 173a, *168c*
^εἰρηνεύειν (שָׁ׳, אִישׁ שָׁ׳) 401b, *173a*
εἰρήνη 401b, *173a*
εἰρηνικός 402c, *173a*
εὐθηνεῖν 570b
εὐπροσήγορος (שָׁאַל שָׁ׳) *178a*
⟦ἔχειν 586c⟧
ἵλεως 684c
ὅσιος 1018b
σωτηρία 1331b
σωτήριον 1332a
⟦τέλειος 1342c⟧ → שָׁלֵם II
ὑγιαίνειν (also לְשָׁלוֹם) 1380b
ὑγιής (בְּשָׁ׳) 1380c
φίλος 1431b
χαίρειν 1452a
שִׁלּוּם
ἀνταπόδοσις 109b
שְׁלוֹמָה
see שְׁלֹמָה
שָׁלוֹשׁ
see שָׁלֹשׁ
שָׁלַח I qal
ἀνιέναι (= ἀνίημι) 102b
ἀνταποστέλλειν 109c
ἀπαγγέλλειν 114a
ἀποκτείνειν, ἀποκτέννειν (שָׁ׳ יָד qal) 135a
^ἀποστέλλειν 141b, *168b*
ἀπόστολος 145b
ἅπτεσθαι (שָׁ׳ יָד qal) 150b
^*διαπέμπειν (שָׁ׳ מַלְאָךְ qal) 307c
διαρπάζειν (שָׁ׳ יָד qal) 308c
ἐκβάλλειν 420c
ἐκτείνειν 442a, *173c*
ἐκτείνειν τὴν χεῖρα 442a
ἐξαποστέλλειν 488a
ἐπιβάλλειν 516a
⟦ἐπιστέλλειν 529c⟧ → ἀποστέλλειν
ἐπιστρέφειν 531a
ἐπιφέρειν 538a
κατασπεύδειν 745b
πέμπειν 1116b
⟦πλεονάζειν 1141c⟧
προβάλλειν 1204a
προχειρεῖν, προχειρίζειν 1234a
συμπαραλαμβάνειν 1304c
συναποστέλλειν 1312b
συνεπιτιθέναι 1313c
φέρειν 1426c
χειροῦσθαι (שָׁ׳ יָד qal) 1467a
שָׁלַח I ni.
ἀποστέλλειν 141b
שָׁלַח I pi.
ἀπελαύνειν 120b
ἀποίχεσθαι 131a
^*ἀπολύειν 138c (1E 9.36)
ἀπορρίπτειν 140b
ἀποστέλλειν 141b
ἀποστολή 145a
ἀφίειν, ἀφιέναι 183b
βάλλειν 189c
διαπέμπειν 307c
ἐκβάλλειν 420c
ἐκπέμπειν 439a
ἐκτείνειν 442a
ἐκφέρειν 444c
ἐμπιπράναι, ἐμπρήθειν 457c
ἐμπυρίζειν + ἐν πυρί (= בָּאֵשׁ) 460a
ἐξάγειν 483a
ἐξαποστέλλειν 488a (+ To 10.7)
ἐπάγειν 503c
ἐπαποστέλλειν 508a
ἐπαφιέναι 509a
ἐπιπέμπειν 526b
ἐπιστρέφειν 531a
πατεῖν (מְשַׁלֵּחַ רֶגֶל) 1105a
πέμπειν 1116b
*προπέμπειν 1208b (2K 19.32*L*)
ῥίπτειν, ῥιπτεῖν 1252b
συμπροπέμπειν 1306a
συνιστάναι 1317a
χαλᾶν 1452c
שָׁלַח I pu.
ἀνιέναι (= ἀνίημι) 102b
ἀποστέλλειν 141b
ἀφαιρεῖν 180a
ἐκπέμπειν 439a
ἐκτείνειν 442a
ἐμβάλλειν 455a
ἐξαποστέλλειν 488a
πλανᾶν 1139b
שָׁלַח I hi.
ἀποστέλλειν 141b
ἐξαποστέλλειν 488a
ἐπαποστέλλειν 508a
שָׁלַח II qal
*ψιλοῦν 1485c (Ez 44.20 Aramaizing)
שְׁלַח Ar. pe.
^*ἀντιγράφειν (שְׁ׳ פִּתְגָם pe.) 110b
^ἀποστέλλειν 141b
^*δοκεῖν 339b (1E 8.11)
^ἐκτείνειν 442a
^πέμπειν 1116b
^*προστάσσειν 1220c (1E 7.1)
^*προσφωνεῖν (pe. רְעוּ שְׁ׳) 1223c (1E 6.22)
χειροτονία (שְׁ׳ אֶצְבַּע pe.) 1467a
שֶׁלַח I
⟦ἀποστολή 145a⟧ → שִׁלּוּחִים
βέλος 217a

βολίς 224b
ὅπλον 1003c
πόλεμος 1172a
שֶׁלַח II
*κῴδιον 839b (Ne 3.15)
שֻׁלְחָן
τράπεζα 1369b, *193c*
שָׁלַט qal
ἐξουσιάζειν 501b
שָׁלַט hi.
ἐξουσιάζειν 501b
κατακυριεύειν 735a
שְׁלֵט Ar. pe.
ἅπτεσθαι 150b
ἄρχειν 163a
διδόσθαι ἐξουσίαν 500c
ἐξουσίαν ἔχειν 500c, 586c
κυριεύειν 800a
שְׁלֵט Ar. af.
ἀποδεικνύναι ἄρχοντα 126a
καθιστάναι 703a
κυριεύειν 800a
κύριον καθιστάναι 800b
שֶׁלֶט
βολίς 224b
*κλοιός 772a (1C 18.7*L*)
ὅπλον 1003c
*φαρέτρα 1425a (4K 11.10*L*)
שִׁלְטוֹן, also Ar.
ἄρχων 166b
ἐξουσία 500c
ἐξουσιάζειν 501b
μεγιστάν *184a*
שָׁלְטָן Ar.
ἀρχή 164a
βασιλ(ε)ία (שָׁ׳ מַלְכוּ) 192a
ἐξουσία 500c
κυρ(ε)ία 799c
κυριεία 800a
שְׁלִי
ἐνεδρεύειν (בַּשְּׁ׳) 472a
שִׁלְיָה
χόρ(ε)ιον 1472c
שְׁלֵיו, שָׁלֵיו
ἀπερίσπαστος *167c*
εὐθηνεῖν 570b
שַׁלִּיט, also Ar.
ἄρχων 166b
δυνάστης 355b
⟦ἐκπορνεύειν τρισσῶς 440c⟧
ἐξουσία 500c
^ἐξουσίαν ἔχειν 500c, 586c, *176a*, *178c*
ἐξουσιάζειν 501b
ἐπικρατεῖν 523b
^κυριεύειν 800a
κύριος 800b
שָׁלִישׁ
δυνατός 355c
μέτρον, μέτρος 918b
τρισσός 1373b
τριστάτης 1373b
שְׁלִישִׁי
§ασαλιηλ (הַשְּׁ׳) 169c
§ασελεισηλ (הַשְּׁ׳) 171c
§σαλασ(ε)ια (שְׁלִישִׁיָּה) 1257c
§σαλισ(ι)α (שְׁלִישִׁיָּה) 1258a
τριετής 1373a
τρισσῶς (הַשְּׁלִשִׁית) 1373b
τρίτος 1373c, *194b*
τριώροφος 1374c
שָׁלַךְ hi.
ἀπορρίπτειν 140b, *168b*
ἀπόστολος 145b
βάλλειν 189c
ἐκβάλλειν 420c
ἐκπίπτειν 439b
ἐκρίπτειν, ἐκριπτεῖν 441a
ἐκσπᾶν 441b
ἐκτείνειν 442a
ἐκφέρειν 444c
ἐμβάλλειν 455a
⟦ἐξαρπάζειν 490a⟧ → ἐκσπᾶν
ἐπιβάλλειν 516a
ἐπιρρίπτειν, ἐπιρριπεῖν 527a
καθιέναι 701c
κατακρημνίζειν 734c
καταράσσειν 743a
καταρρίπτειν 743b
⟦κατατιθέναι 746c⟧ → καθιέναι
ῥίπτειν, ῥιπτεῖν 1252b
σπαράσσειν 1281c
σφάλλειν 1324c
שָׁלַךְ ho.
ἀπορρίπτειν 140b
ἐκβάλλειν 420c
ἐπιρρίπτειν, ἐπιρριπτεῖν 527a
ἐρημοῦν 546c
ῥάσσειν 1248a
ῥίπτειν, ῥιπτεῖν 1252b
שָׁלָךְ
καταρ(ρ)άκτης 743a
νυκτικόραξ 951a
שַׁלֶּכֶת
ἐκπίπτειν 439b
ἐκσπᾶν 441b
שָׁלַל qal
παραβάλλειν 1055c
ποιεῖν + σκῦλα acc. (= שָׁלָל) 1154a (Is 10.6)
προνομεύειν 1207c
σκυλεύειν 1277b
שָׁלַל hitpo.
ταράσσειν 1336a
שָׁלָל
ἀπαρτία 118a
ἀπώλεια, ἀπωλία 151c
ἁρπαγή 159c
⟦διαρπαγή 308c⟧
εὕρεμα, εὕρημα 576c
λάφυρον 863b
προνομή 1208a
σκῦλον 1277b
שָׁלֵם I, שָׁלַם qal
ἀναπληροῦν 81b
ἀνταποδιδόναι 108c, *167b*
εἰρηνικός 402c
συντελεῖν 1319b (+ To 10.7)
τελεῖν 1342c
τελειοῦν 1343a
שָׁלֵם I, שָׁלַם pi.
ἀνταποδιδόναι 108c
ἀνταπόδοσις 109b
⟦ἀνταποθνήσκειν 109b⟧
ἀνταποτίνειν 109c
ἀπαρτίζειν 118b
ἀποδιδόναι 126b, *168a*
ἀποκαθιστᾶν, ἀποκαθιστάναι 131b
ἀποτίνειν 149a, *168b*
διδόναι 317b
διδόναι ἀποδοῦναι 317b
⟦καταλαμβάνειν 735a⟧
ποιεῖν *189b*
συντελεῖν 1319b
τίειν 1348c
שָׁלֵם I, שָׁלַם pu.
ἀνταποδιδόναι 108c
ἀποδιδόναι 126b
σῴζειν 1328b
ὑγιαίνειν 1380b
שָׁלֵם I, שָׁלַם hi.
ἀληθεύειν 53c
αὐτομολεῖν 179c
διατιθέναι 313b
διατιθέναι διαθήκειν 300c, 313b
*διατιθέναι εἰρήνην 401b (1C 19.19*L*)
εἰρηνεύειν 401b
⟦παραδιδόναι + neg. 1058a⟧
ποιεῖν 1154a
συντιθέναι 1320c
ὑπακούειν 1405c
φίλος γίνεσθαι 256c, 1431b
שָׁלֵם I, שָׁלַם ho.
εἰρηνεύειν 401b

שָׁלֵם II
ἀγαθός 2a
ἀκρότομος 51c
ἀληθινός 54a
ἀναπληροῦν 81b
δίκαιος 330c
εἰρήνη 401b
εἰρηνικός 402c
ὁλόκληρος 989a
πλήρης 1147a
*σύμπας 1305a (Jb 25.2)
τέλειος 1342c
τελειοῦν 193b

שְׁלֵם Ar. pe.
^*λαμβάνειν συντέλειαν 847a,
  1318c (1E 6.19)
τελεῖν 1342c

שְׁלֵם Ar. af.
ἀπολήγειν 136c
παραδιδόναι 1058a
πληροῦν 1147c

שְׁלֵם haf. Ar.
^*τιθέναι 1348c (1E 8.17)

שְׁלָם Ar.
εἰρήνη 401b
*καλῶς 717b (To 7.1)
*ὑγιαίνειν 1380b (To 5.21)
^*χαίρειν 1452a (1E 6.7; 8.9)

שֶׁלֶם
εἰρηνικός 402c
θυσία σωτηρίου, ἡ θυσία τοῦ σω-
  τηρίου 664a, 1332a
σωτηρία 1331b
σωτήριον 1332a
τὸ τοῦ σωτηρίου 1332a
〚σωτήριος 1332c〛 → σωτήριον
τέλειος 1342c
ἡ τελείωσις τοῦ σωτηρίου 1343a

שִׁלֵּם
ἀνταποδιδόναι 108c

שִׁלְמָה
ἀνταπόδοσις 109b

שִׁלֻּמִים
ἀνταπόδομα 109b

שָׁלַף qal
ἐκσπᾶν 441b
ἕλκειν, ἑλκύειν 453a
σπᾶν 1281b
ὑπολύειν 1415c

שָׁלַשׁ pi.
τριμερίζειν 1373a
τρισσεύειν 1373b
τρισσοῦν 1373b
*τρισσῶς 1373b (Ez 16.30)

שָׁלַשׁ pu.
ἔντριτος 481a
τριετίζειν 1373a
τριπλοῦς 1373a

שָׁלֹשׁ
*τρεῖς 1371a
τριακονταετής (בֶּן שְׁלֹשִׁים שָׁנָה)
  1372a
τριακοστός (שְׁלֹשִׁים) 1372a
τριετής (בֶּן שָׁ׳ שָׁנִים) 1373a
τρίμηνον (שָׁ׳ חֳדָשִׁים) 1373a
τριόδους (שָׁ׳ שִׁנַּיִם) 1373a
*τριπλασίων 194a (Si 43.4)
τρίς (שָׁ׳, שָׁ׳ פְּעָמִים) 1373a, 194b
τρισκαιδέκατος (שָׁ׳-עֶשְׂרֵה) 1373b
τρισσῶς (שָׁ׳ פְּעָמִים) 1373b
τρίτος (שָׁ׳, שָׁ׳ פְּעָמִים שָׁ׳ רְגָלִים) 1373c

שָׁלִישׁ
δράξ 348c
κύμβαλον 799b
τρισσός 1373b
τρισσῶς (שְׁלִשִׁים) 1373b

שְׁלֹשָׁה
*τρεῖς 1371a
τριετίζειν 1373a
τριημερία (שְׁלֹשֶׁת יָמִים) 1373a
τρίμηνον (שָׁ׳ חֳדָשִׁים) 1373a
τρισκαιδέκατος (שָׁ׳ עָשָׂר) 1373b
〚τρισσεύειν 1373b〛 → שָׁלַשׁ pi.
τρισσῶς (לְשָׁלְשְׁתָּם) 1373b
τριταῖος (שָׁ׳, שְׁלֹשֶׁת הַיָּמִים) 1373c
τρίτος 1373c

שִׁלְשׁוֹם
τρίτην (ἡμέραν), (τῆς) τρίτης ἡμέ-
  ρας, (τῆς) τρίτης 1373c

שָׁלִשִׁים
ἕως τρίτης γενεᾶς 1373c
τρίτη γενεά 236a, 1373c

שִׁלְשֹׁם
καθ᾽ ἑκάστην ἡμέραν (תְּמוֹל שָׁ׳)
  418a, 607b
τρίτη ἡμέρα 607b
τρίτην (ἡμέραν), (τῆς) τρίτης ἡμέ-
  ρας, (τῆς) τρίτης 1373c

שָׁם
^*αὐτόθι 179b
^ἐκεῖ (שָׁמָּה, מִשָּׁם) 423c, 173c
ἐκεῖθεν (שָׁמָּה, מִשָּׁם) 427b
ἐκεῖσε (מִשָּׁם) 430c
〚ἔτι 561a〛

שֵׁם
ἄτιμος (בְּלִי-שֵׁם) 176a
ἐπιτάσσειν (בְּשֵׁם) 534c
ἐπονομάζειν (קָרָא שֵׁם) 539a
〚θρόνος 655b〛 → ὄνομα

καλεῖν 712c
κατασκευή 744b
καύχημα 757c
λάλημα 846a
μνημόσυνον 185b
^ὄνομα 995b, 186b (+Si 44.14)
ὄνομα καλόν 715b, 995b
〚ὀνομαστί (בְּשֵׁם) 1000a〛 → ὄνομα
ὀνομαστός (שֵׁם גָּדוֹל, לְשֵׁם)
  1000a, 186b
^*ὀνοματογραφία 1000a (1E 8.49)
ὁ ὀνομαστός (הַשֵּׁם) 1000a

שֻׁם Ar.
ἐπικαλεῖν 521b
^ὄνομα 995b
^*ὀνοματογραφία 1000a (1E 6.12)

שָׁמַד ni.
ἀπολλύειν, ἀπολλύναι 136c
ἀφανίζειν 181b
ἐκτρίβειν 444a
ἐκτριβή 444b
ἐξαίρειν 485b
ἐξολεθρεύειν, ἐξολοθρεύειν 497c
συντρίβειν 1321a

שָׁמַד hi.
ἀπολλύειν, ἀπολλύναι 136c
ἀπώλεια, ἀπωλία 151c
ἀφανίζειν 181b
ἀφανισμός 182a
ἐκτρίβειν 444a
ἐξαίρειν 485b, 175c
ἐξαναλίσκειν 487b
〚ἐξεγείρειν 490b〛 → ἐξαίρειν
ἐξολεθρεύειν, ἐξολοθρεύειν 497c
ἐρημοῦν 546c
〚ξηραίνειν 957a〛 → ἐξαίρειν
〚ὀλεθρεύειν, ὀλοθρεύειν 986a〛 →
  ἐξολεθρεύειν, ἐξολοθρεύειν

שָׁמַד Ar. af.
ἀφανίζειν 181b

שַׁמָּה
*ἄβατος 1a (Je 49[42].18)
〚αἴνιγμα 34b〛
*ἀπορία 140a (Je 8.21)
*ἀπώλεια, ἀπωλία 151c (Je 51[44].
  12)
ἀφανισμός 182a
ἔκστασις 441b
ἔρημος 545a
^ἐρήμωσις 547a
τέρας 1345a

שְׁמוּעָה
ἀγγελία 7b
ἀκοή 44b
ἀκούειν 45a

ἀκρόασις *166a*
φήμη 1429b
שָׁמַט qal
  ἄφεσιν ποιεῖν 182b, 1154a
  ἀφίειν, ἀφιέναι 183b
  ἐκκλ(ε)ίνειν 433c
  κυλίειν 798c
  περισπᾶν 1126a
  *ῥίπτειν 1252b (4K 9.33*L*)
שָׁמַט ni.
  καταπίνειν 741c
שָׁמַט hi.
  ἄφεσιν ποιεῖν 182b, 1154a
שְׁמִטָּה
  ἄφεσιν ποιεῖν 182b
שְׁמַיָּא, שְׁמֵין Ar.
  ⟦ἐπουράνιος 539b⟧ → οὐράνιος
  ^οὐράνιος 1031b
  ^οὐρανός 1031b
  ^*ὕψιστος 1420b (1E 6.31; 8.19, 21)
שָׁמַיִם
  ⟦ἀστήρ (צְבָא הַשּׁ) 173b⟧
  ἄστρον 173c
  ἥλιος 606b
  ⟦οὐράνιος 1031b⟧ → οὐρανός
  ^οὐρανός 1031b, *187b*
  ^*ὕψιστος 1420b (1E 2.3)
שְׁמִין
  see שְׁמַיָּא, שְׁמֵין
שְׁמִינִי
  §αμασε(ν)ιθ (הַשְּׁמִינִית) 65a
  ὄγδοος 960a
שְׁמִיעָה
  διήγημα *171c*
שָׁמִיר
  ἄγρωστις ξηρά (שׁ' וָשַׁיִת) 18b
  *ἀπειθής 119c (Zc 7.12)
  ὕλη 1405a
  *χέρσος 1468a (Is 5.6; 7.23, 24, 25)
  *χόρτος 1473a (Is 10.17; 32.13)
שָׁמֵם I qal
  ἀπολλύειν, ἀπολλύναι *168a*
  ⟦ἀτιμάζειν 175c⟧ → שׁוט qal
  ἀφανίζειν 181b
  ἀφανισμός 182a
  διαφθείρειν 314c
  *ἐκψύχειν 446c (2K 13.20*L*)
  ἐξερημοῦν 491c
  ἐξιστᾶν, ἐξιστάναι 496c
  *ἐξολεθρεύειν, ἐξολοθρεύειν 497c (Ez 6.6)
  ἔρημος 545a
  ἐρημοῦν 546c, *177b*

ἐρήμωσις 547a
θαῦμα ἔχει 586c, 626c
θαυμάζειν 626c
καταφθείρειν 747c
σκυθρωπάζειν 1277a
*στενάζειν 1288b (Jb 18.20)
στυγνάζειν 1297c
χηρεύειν 1468b
שָׁמֵם I ni.
  ἀφανίζειν 181b
  ἐξιστᾶν, ἐξιστάναι 496c
  ἔρημος (pl. אֶרֶץ נְשַׁמָּה) 545a
  ἐρημοῦν 546c
  ⟦συντρίβειν 1321a⟧
שָׁמֵם I polel
  ἀφανίζειν 181b
  ἀφανισμός 182a
  ἐρεμάζειν(?) 544c
  ἐρήμωσις 547a
  ἠρεμάζειν 619c
  ^*περίλυπος 1124c (1E 8.71, 72)
  ^*σύννους 1317b (1E 8.71)
שָׁמֵם I hi.
  ἀβατοῦν 1a
  ἀναστρέφειν 82b
  ἀπολλύειν, ἀπολλύναι 136c
  ἀφανίζειν 181b
  *βασανίζειν 191c (1K 5.6*L*)
  ἐξερημοῦν 491c
  ⟦ἐπάγειν 503c⟧ → שׂום I, שִׂים I qal
  ἐρημοῦν 546c
  στυγνάζειν 1297c
שָׁמֵם I ho.
  ἐρημοῦν 546c
  ἐρήμωσις 547a
  θαῦμα ἔχειν 586c, 626c
  θαυμάζειν 626c
שָׁמֵם I hitpo.
  *ἀφανίζειν 181b (Mi 6.15)
  ἐκλύειν 438a
  ἐκπλήσσειν 439b
  θαυμάζειν 626c, *179a*
  ⟦κατανοεῖν 739c⟧
  ταράσσειν 1336a
שָׁמֵם II
  ἀφανισμός 182a
  ἔρημος 545a
שְׁמַם itpo. Ar.
  ἀπενεοῦσθαι 120c
  ἀποθαυμάζειν 128a
  θαυμάζειν 626c
שְׁמָמָה
  ἄβατος 1a
  ἀοίκητος 113c
  ἀπώλεια, ἀπωλία 151c

ἀφανίζειν 181b
ἀφανισμός 182a
ἔρημος 545a
⟦ἐρημοῦν 546c⟧ → שָׁמֵם I qal and מְשַׁמָּה
κατάρα 742b
ὄλεθρος 986a
שְׁמָמָה
  ἐρημία 545a
  ἔρημος 545a
שִׁמָּמוֹן
  ἀφανισμός 182a
שָׁמֵן I qal
  ⟦ἔσθειν, ἐσθίειν 554a⟧
  λιπαίνειν 879b
  παχύνειν 1112c
שָׁמֵן I hi.
  λιπαίνειν 879b
  παχύνειν 1112c
שָׁמֵן II
  λιπαίνειν 879b
  λιπαρός 879b
  πίων 1139a
שֹׁמֶן
  πιότης 1135b
שֶׁמֶן
  ἄλειμμα 52c
  ἀρκεύθινος 158a
  ἄρκευθος 158a
  ἔλαιον, ἔλεον 447a, *174a*
  ⟦εὐφροσύνη 582c⟧
  κυπαρίσσινος, κυπαρίστινος 799b
  κυπάρισσος (עֵץ שֶׁמֶן) *182c*
  μύρον (שֶׁמֶן הַטּוֹב, שׁ') 937b
  παχύς 1112c
  πεύκινος 1130a
  πίων 1139a
שְׁמֹנֶה, שְׁמֹנָה
  ὄγδοος 960a
  ὀκτάπηχυς (שׁ' אַמּוֹת) 985c
  *ὀκτώ 485c
  ^ὀκτωκαιδέκατος (שְׁמֹנָה עָשָׂר, שְׁמֹנֶה עֶשְׂרֵה) 985c
שְׁמֹנַת
  ὄγδοος 960a
שָׁמַע, שְׁמַע qal
  ⟦ἀθετεῖν 29b⟧
  ἀκοή 44b, *166a*
  ^ἀκούειν 45a, *166a*
  ἀκουστός 50a
  ἀκουστὸν ποιεῖν *166a*
  ἀκουστὸς γίνεσθαι 256c
  ἀκρόασις 51a
  ἀνήκοος (שׁ' qal + neg.) 88a
  ἀπειθεῖν (שׁ' qal + neg.) 119c

⟦γινώσκειν 267a⟧
διακούειν 304a
εἰδεῖν, εἰδέναι 374b
εἰσακούειν 408b, *173b* (–Si 4.6, 15; 51.11)
ἐλεεῖν 449c
*ἐνωτίζεσθαι 482b (Is 44.8)
ἐπακούειν 505c, *176a* (–Si 4.15)
ἐπιστρέφειν 531a
εὐήκοος 570a
⟦κρίνειν 787b⟧
μανθάνειν *184a*
παρακούειν (שׁ׳ qal + neg.) 1061b
πιστεύειν 1137c
ποιεῖν 1154a (+II1K 8.30; Je 22.5)
^*προσέχειν 1215b (1E 1.28)
τηρεῖν 1348b
ὑπακούειν 1405c
⟦ " *194a* (–Si 42.23)⟧ → שָׁמַע, שָׁמֵעַ ni.
ὑπήκοος 1411c
φυλάσσειν, φυλάττειν 1441c

שָׁמַע, שָׁמֵעַ ni.
^ἀκούειν 45a
ἀκουστός 50a
ἀκουστὸν ποιεῖν *166a*, *189b*
ἀπαγγέλλειν 114a
⟦γίνεσθαι 256c⟧
διαβοᾶν 299a
εἰσακούειν 408b
ἐπακούειν 505c
ὑπακούειν 1405c, *194a* (Si 42.23)

שָׁמַע, שָׁמֵעַ pi.
παραγγέλλειν 1056b

שָׁמַע, שָׁמֵעַ hi.
ἀκοή 44b
ἀκούειν 45a, *166a*
ἀκουσθῆναι ποιεῖν 1154a
ἀκουστός 50a
ἀκουστὸν ποιεῖν 1154a, *166a*, *189b*
ἀκουστὸς γίνεσθαι 256c
ἀκουτίζειν 50a, *166a*
ἀλαλάζειν 52a
ἀναγγέλλειν 74a
ἀναφωνεῖν 85c
ἀπαγγέλλειν 114a
δηλοῦν 295c
εἰπεῖν, ἐρεῖν 384a
⟦εἰσακούειν 408b⟧ → ἀκούειν
⟦ἐνωτίζεσθαι 482b⟧
παραγγέλλειν 1056b
⟦ποιεῖν 1154a (De 30.13)⟧ → ἀκουστὸν ποιεῖν
*φωνεῖν 1447b (1C 15.16)

שְׁמַע Ar. pe.
ἀκούειν 45a

שְׁמַע Ar. itpa..
πειθαρχεῖν 1114b
ὑπακούειν 1405c

שֵׁמַע
ἀγγελία 7b
ἀκοή 44b, *166a* (Si 43.24)
ἀκουστός 50a
κλέος 767b
ὄνομα 995b

שֶׁמַע
⟦εὐηχοῖος(?) 570a⟧
εὔηχος 570a

שֹׁמַע
ἀκοή 44b
ὄνομα 995b

שִׁמְעָה
ἀκοή 44b

שֶׁמֶץ
⟦ἐξαίσιος 486b⟧
⟦ἰκμάς 684b⟧
τρυφή *194c*

שִׁמְצָה
ἐπίχαρμα 538c

שָׁמַר qal
ἀγαπᾶν 5c
ἀκοή 44b
ἀκούειν 45a
ἀντέχειν 109c
ἀποσκοπεῖν 141a
ἀρχισωματοφύλαξ (שֹׁמֵר סַף, שֹׁמֵר לְרֹאשׁ) 166a
διατάσσειν 313a
διατηρεῖν 313a
διαφυλάσσειν, διαφυλάττειν 315c, *171b*
⟦εἰδεῖν, εἰδέναι 374b⟧
εἰσακούειν 408b
ἐμβάλλειν 455a
ἐρείδειν 544c
⟦εὑρίσκειν 576c⟧
ἱματιοφύλαξ (שֹׁמֵר בְּגָדִים) 686a
παρατηρεῖν 1065a
*περικαθῆσθαι 1123c (2K 11.16*L*)
ποιεῖν 1154a
προσέχειν 1215b, *190b*
*σκευροφύλαξ (1K 17.22*L*)
⟦συνάγειν 1307b⟧ → φυλάσσειν, φυλάττειν
⟦συνίειν, συνιέναι 1316b (Jo 1.8)⟧ → εἰδεῖν, εἰδέναι
συντηρεῖν 1320c, *192c* (+Si 41.14)
τηρεῖν 1348b
τήρησις *193b*

⟦τιθέναι 1348c (Ps 38[39].1)⟧ → שׂוּם I, שִׂים qal
φυλακή 1440c
φύλαξ 1441b
^φυλάσσειν, φυλάττειν 1441c, *195c*

שָׁמַר ni.
διαφυλάσσειν, διαφυλάττειν 315c
εὐλαβεῖσθαι 572a
προσέχειν 1215b, *190b*
συντηρεῖν *192c*
φυλάσσειν, φυλάττειν 1441c, *195c*

שָׁמַר pi.
φυλάσσειν, φυλάττειν 1441c

שָׁמַר hit.
προφυλάσσειν 1234a
φυλάσσειν, φυλάττειν 1441c

שֶׁמֶר
οἶνος 983c
τρυγίας 1377b

שֹׁמֶר
προφυλακή 1234a
*φύλαγμα 1440c (Zp 1.12)

שְׁמֻרָה
φυλακή 1440c

שָׁמְרָה
φυλακή 1440c

שְׁמַשׁ I Ar. pa.
θεραπεύειν 648a
λειτουργεῖν 872c

שְׁמַשׁ II subst. Ar.
ἑσπέρα (מֶעָלֵי שִׁמְשָׁא) 557a
ἥλιος 606b

שֶׁמֶשׁ
ἔπαλξις 506b
ἥλιος 606b, *179b* (+Si 26.16; 36 [33].7)

שֵׁן, also Ar.
ἀκρότομος *166a*
ἀκρωτήριον 51c
γαυρίαμα 234c
ἐλεφάντινος 452c
ὀδόντες ἐλεφάντινοι 452c, 966c
ἐλέφας 452c
ἐξοχή 501b
ὀδούς 966c, *186a*
σκοπή *191c*
τριόδους (שְׁלֹשׁ שִׁנַּיִם) 1373a

שְׁנָא Ar. pe.
ἀλλοιοῦν 56a
διαφέρειν 314b
διάφορος 315b
ὑπερέχειν (שְׁנָא מִן pe.) 1409b
ὑπερφέρειν 1411a

שְׁנָא Ar. pa.

ἀθετεῖν 29b
ἀλλοιοῦν 56a
διάφορος 315b
διαφόρως χρᾶσθαι 315c
שְׁנָא Ar. af.
^*ἀκυροῦν 51c
ἀλλάσσειν 55b
ἀλλοιοῦν 56a
^*παραβαίνειν 1055b (1E 6.32)
παραλλάσσειν 1061c
שְׁנָא Ar. itpa..
ἀλλοιοῦν 56a
διαφέρειν 314b
παρέρχεσθαι 1068c
שֵׁנָא
ὕπνος 1411c
שָׁנָה I qal
⟦ἀλλοιοῦν 166a⟧ → שָׁנָה II qal
ἀναστρέφειν 82b
δευτεροῦν 294c, *170c*
δευτέρωσις *170c*
δίς *171c*
⟦δισσός *171c*⟧
*μελετᾶν 908b (Pr 24.2)
שָׁנָה I ni.
δευτεροῦν 294c
שָׁנָה I pi.
δευτεροῦν 294c
⟦ἐφιστάναι 585c⟧
προστιθέναι 1221a
שָׁנָה II qal
ἀλλοιοῦν 56a, *166a*
*διάφορος 315b (I1E 8.27)
ἔξαλλος 487a
שָׁנָה II pi.
ἀθετεῖν 29b
ἀλλάσσειν 55b
ἀλλοιοῦν 56a, *166a* (Si 40.5)
שָׁנָה II hit.
ἀλλοιοῦν 56a
ἀλλοίωσις *166a*
שָׁנָה III
βίος 220a
δεύτερον ἔτος (שְׁנָתַיִם) 293b, 565a
⟦ " (שָׁנִים) 293b, 565a⟧
διετηρίς (שְׁנָתַיִם) 329b
εἰκοσαετής (בֶּן עֶשְׂרִים שָׁ׳) 377a
ἐνιαύσιος (בַּת שָׁ׳, בֶּן שָׁ׳) 474a
^ἐνιαυτός 474b, *175b* (Si 36[33].7)
ἑξηκονταετής (בֶּן שִׁשִּׁים שָׁ׳) 495c
ἑπέτ(ε)ιος *176b*
ἑπταετής (שֶׁבַע שָׁנִים) 539c
^ἔτος 565a, *177c* (+Si 26.2)
ἔτος ἐξ ἔτους (בְּמִסְפַּר שָׁנִים) 565a
*ἐφέτειος 585b (De 15.18)
*ἡμέρα 607b (Da LXX 9.2 [פ967])
καιρός 706a
πενταετής (בֶּן חָמֵשׁ שָׁנִים) 1118b
πεντηκονταετής (בֶּן־חֲמִשִּׁים שָׁ׳) 1119a
τριακονταετής (בֶּן שְׁלֹשִׁים שָׁ׳) 1372a
τριετής (בֶּן שָׁלוֹשׁ שָׁנִים) 1373a
שֵׁנָה
νυστάζειν 956a
ὕπνος 1411c, *194b*
ὑπνοῦν 1412a
שְׁנָה I Ar.
^ἔτος 565a
שְׁנָה II Ar.
ὕπνος 1411c
שֶׁנְהַבִּים
ὀδόντες ἐλεφάντινοι 452c, 966c
שָׁנִי
διανήθειν (תּוֹלַעַת שָׁ׳) 306b
κλώθειν 772b
κλωστός 772c
κόκκινος 775c
κόκκος *182b*
φοινικοῦς 1436c
שֵׁנִי
^δεύτερος 293b
*διπλοῦς 337a (Ex 25.4; 35.6)
διώφορος 339a
ἕτερος 560a
σιτευτός 1267b
שְׁנַיִם
ἀμφότεροι 68a, *166b*
δεύτερος 293b
⟦διάφορος 315b⟧ → שָׁנָה II qal
διπλάσιος (פִּי שְׁ׳) *171c*
διπλοῦς (שְׁ׳, פִּי שְׁ׳) 337a
*δισσός *171c* (Si 42.24)
*δισσῶς 337b (4K 2.9*L*)
δίστομος (שְׁנֵי פֵיוֹת) 337b
δίχα *171c*
δύο 356c,*172c* (+Si 36[33].15)
δώδεκα (שְׁ׳ עָשָׂר) *172c*
δωδέκατος (שְׁנֵים עָשָׂר) 358b
שְׁנִינָה
διήγημα 330a
λάλημα 846c
⟦μῖσος 931a⟧ → שִׂנְאָה
שָׁנַן qal
⟦ἀκηλίδωτος 44a⟧
ἀκιδωτός 44a
ἀκονᾶν 45a
ὀξύς 1001c
παροξύνειν 1072a
שָׁנַן pi.
*ἐκδιηγεῖσθαι *173b* (Si 42.15)
προβιβάζειν 1205c
שָׁנַס pi.
συσφίγγειν 1324a
שִׁנְעָר
*ἀνατολή 83c (Is 11.11)
שְׁנָת
ὕπνος 1411c
שָׁסָה qal
διαρπάζειν 308c
καταπατεῖν 740b
προνομεύειν 1207c
שָׁסָה poel
προνομεύειν 1207c
שָׁסַס qal
διαρπάζειν 308c
διαφορεῖν 315b
καταπατεῖν 740b
καταπρονομεύειν 742b
προνομεύειν 1207c
שָׁסַס ni.
διαρπάζειν 308c
προνομεύειν 1207c
שָׁסַע qal
ὀνυχίζειν 1000c
ὀνυχιστήρ 1001a
שָׁסַע pi.
διασπᾶν 310c
*ἐκκλᾶν 433a
πείθειν 1114b
συντρίβειν 1321a
שֶׁסַע
ὄνυξ 1000c
ὀνυχιστήρ 1001a
שָׁסַף pi.
σφάζειν 1324b
שָׁעָה I qal
ἀφιέναι, ἀφιέναι 183b
ἀφιστᾶν, ἀφιστάναι, ἀφιστάνειν 184b
⟦βοᾶν 222a⟧ → שׁוּעַ I, שָׁוַע pi.
διαλέγεσθαι *171a*
ἐᾶν (שָׁ׳ מִן qal) 361a
ἐπιδεῖν, ἐφιδεῖν ("to see") 519a
μελετᾶν 908b
μεριμνᾶν 911a
πεποιθὼς εἶναι 1114b
προσέχειν 1215b
שָׁעָה I hi.
ἀνιέναι (= ἀνίημι) 102b
ἐκδιηγεῖσθαι *173c*
שָׁעָה I hit.
ἐκδιηγεῖσθαι *173c*
θαυμάζειν 626c
שְׁעָה II Ar.
αὐθωρί (בַּהּ שַׁעֲתָא) 177a

ὥρα 1493b
שְׁעָטָה
ὁρμή 1014a
שַׁעַטְנֵז
κίβδηλος 763c
שַׁעְיָה
διήγησις *171c*
שֹׁעַל
δράξ 348c
χείρ 1457c
שֻׁעָלִב
*ἀλώπηξ 60b (Jd 1.35)
שָׁעַן ni.
ἀντιστηρίζειν 111c
ἐλπίζειν 453c
ἐπαίρειν 505a
ἐπαναπαύεσθαι 506b
ἐπέχειν *176b*
ἐπιστηρίζειν 530b
καταψύχειν 748c
πείθειν 1114b
πεποιθὼς γίνεσθαι 256c
πεποιθὼς εἶναι 1114b
προσκεῖσθαι 1216c
στηρίζειν *192b*
ὑπερείδειν 1409b
שָׁעַע pilp.
ἀγαπᾶν 5c
εὐφραίνειν 581b
μελετᾶν 908b
παρακαλεῖν 1060a
שָׁעַע hi.
καμμύειν 718b
שָׁעַע hit.
μελετᾶν 908b
שַׁעַר
αὐλή 177b
θύρα 662c
θύρωμα 664a
πόλις 1174a, *189b*
πύλη 1240b, *190c* (Si 42.11)
^πυλών 1242b
*πυλωρεῖν (1C 16.42*L*)
שֹׁעֵר
^*θυρωρός 664a
שַׁעֲרוּר
φρικτός 1439a
שַׁעֲרוּרִי
φρικτός 1439a
φρικώδης 1439a
שַׁעֲרִירִי
⟦φρικώδης 1439a⟧
שַׁעֲשֻׁעִים
ἀγαπᾶν 5c
ἐνευφραίνεσθαι 473a
ἐντρυφᾶν 481a
εὐφραίνειν 581b
μελέτη 908c
προσχαίρειν 1223c
שָׁפָה I ni.
πεδ(ε)ινός 1113a
שָׁפָה II, שֵׁפָה
§σαφ(φ)ωθ (שְׁפוֹת) 1261a
שְׁפוֹט
⟦ἐκδίκησις 423a⟧ → שֶׁפֶט
κρίσις 789c
שִׁפְחָה
⟦γυνή 278b⟧
δούλη 346a
θεράπαινα 648a
οἰκέτις 969b
παιδίσκη 1048b, *187a* (Si 41.22)
שָׁפַט qal
ἄρχειν 163a
διακρίνειν 304a
δικάζειν 330b
δικαστής 335b
⟦διώκειν 338b⟧
ἐκδικεῖν 422b
ἐκδίκησις 423a
⟦ἐλπίζειν 453c⟧
⟦καταδιώκειν 730b⟧
κρατεῖν 783a
κρίνειν 787b, *182b*
κρίσις 789c
^κριτής 791a, *182b* (+Si 32[35].15)
שָׁפַט ni.
⟦ἀπαγγέλλειν 114a⟧
διακρίνειν 304a
δικάζειν *171c*
⟦ " 330b⟧ → שָׁפַט qal
δικαιοῦν 334b
ἐκδικεῖν 422b
κρίνειν 787b
κρίσις 789c
שָׁפַט poel
κρίμα 786b
שְׁפַט Ar. pe.
γραμματεύς 275b
*κριτής 791a (1E 8.23)
שֶׁפֶט
ἐκδίκησις 423a
κρίμα 786b
κρίσις 789c
⟦μάστιξ 898b⟧ → שֵׁבֶט, שֶׁבֶט
שְׁפִי
διεκβολή 328b
εὐθύς (adj.) 571a
⟦νάπη 939c⟧
ὄρος 1014b
שְׁפִיפֹן
⟦ἐγκαθῆσθαι 364b⟧
שַׁפִּיר Ar.
εὐθαλής 570a
*καλός 715b (To 6.12)
*καλῶς 717b (Mi 1.10)
ὡραῖος 1493c
שָׁפַךְ qal
βάλλειν 189c
ἐγχεῖν 367b
ἐκχεῖν, ἐκχέειν 445c, *174a* (–Si 20.13)
ἔκχυσις 446c
ἐπάγειν 503c
ἐπιστρέφειν 531a
⟦κυκλοῦν 798b⟧
περιβάλλειν 1121c
⟦περιποιεῖν 1125c⟧ → ποιεῖν
ποιεῖν 1154a
χαρακοβολία (שְׁפֹךְ סֹלְלָה) 1454c
χεῖν 1457c, *195b*
שָׁפַךְ ni.
ἐκχεῖν, ἐκχέειν 445c, *174a*
προσχεῖν 1223c
שָׁפַךְ pu.
ἐγχεῖν 367b
ἐκχεῖν, ἐκχέειν 445c
שָׁפַךְ hit.
⟦ἐκλύειν 438a⟧ → ἐκχεῖν, ἐκχέειν
ἐκχεῖν, ἐκχέειν 445c
שֶׁפֶךְ
ἐκχεῖν, ἐκχέειν 445c
ἐκχύσις 446c
שָׁפְכָה
ἀποκόπτειν (כָּרַת שָׁ') 133a
שָׁפֵל qal
ἀσθένεια 172a
ἀτιμάζειν 175c
πίπτειν 1135c
ταπεινός 1334b
ταπεινοῦν 1335a
שָׁפֵל hi.
καταβάλλειν 728c
ταπεινός 1334b
ταπεινοῦν 1335a, *193a* (+Si 3.18; 36[33].12)
שְׁפַל I Ar. af.
ταπεινοῦν 1335a
שְׁפַל II Ar.
ἐξουδένημα, ἐξουθένημα 500b
⟦ἐξουδένωμα 500c⟧ → ἐξουδένημα, ἐξουθένημα
שָׁפָל
⟦ἀπορρίπτειν 140b⟧ → παρειμένος

ἀσθενής 172b
ὀλιγόψυχος (דַּכָּא וּשְׁפַל־רוּחַ) 987a
παρειμένος 1070b
πρᾳΰθυμος (שְׁפַל־רוּחַ) 1201a
ταπεινός 1334b
ταπεινόφρων (שְׁפַל־רוּחַ) 1335c
שֵׁפֶל
ταπεινός 1334b
ταπείνωσις 1335c
שִׁפְלָה
μικρός (שִׁפְלַת קוֹמָה) 926c
ἡ πεδεινή 1113a
שְׁפֵלָה
ἡ πεδινή (הַשְּׁ׳) 1113a
⟦γῆ πεδινή (הַשְּׁ׳) 1113a⟧ → ἡ πεδινή
⟦τὰ πεδινά 1113a⟧ → ταπεινός
πεδίον 1113b
§σεφηλα 1263a
ταπεινός 1334b
שִׁפְלוּת
ἀργ(ε)ία 153a
שָׁפָן
δασύπους 285b
⟦λαγωός 840c⟧
χοιρογρύλλιος (and variants) 1472a
שֶׁפַע
πλοῦτος 1150c
שִׁפְעָה
ἀγέλη 10b
⟦δρόμος 349a⟧
⟦κονιορτός 777c⟧
*ὄχλος 1043a (4K 9.17*bisL*)
πλῆθος 1142c
שָׁפַר qal
κράτιστος εἶναι 785a
שְׁפַר Ar. pe.
ἀρέσκειν 155c
שֶׁפֶר
κάλλος 715a
שְׁפַרְפָּרָא Ar.
ὀρθ(ρ)ίζειν (בִּשְׁ׳ קוּם) 1011a
שָׁפַת qal
διδόναι 317b
ἐφιστάναι 585c
κατάγειν 729b
שְׁפַתַּיִם
γεῖσος 235b
שֶׁצֶף
⟦μικρός 926c⟧
שָׁק Ar.
κνήμη 772c
שָׁקַד qal
^ἀγρυπνεῖν 18a, *165b* (Si 36[33].16)
⟦ἀνομεῖν 106b⟧
γρηγορεῖν 278a (Je 5.6; 38[31].28; Da TH 9.14)
ἐγείρειν 364a
שָׁקַד ni.
*γρηγορεῖν 278a (La 1.14)
שָׁקַד pu.
ἐκτυποῦσθαι καρυΐσκους 444b, 725b
καρυωτός 725b
שֶׁקֶד
ἀγρυπνία *165b*
שָׁקֵד
ἀμύγδαλον 67c
καρΰϊνος 725a
κάρυον 725b
שָׁקָה pu.
διαχεῖν 316a
שָׁקָה hi.
*ἀρχιοινοχόος 166a
*μεθύ(σκ)ειν 907c (Ps 64[65].9)
οἰνοχοεῖν (מַשְׁקֶה) 984c
οἰνοχόος (מַשְׁקֶה) 984c
⟦ ” (שַׂר מַשְׁקִים) 984c⟧ → ἀρχιοινοχόος
πίνειν 1134a
ποτίζειν 1197c, *189c*
שִׁקּוּי
ἐπιμέλεια, ἐπιμελία 525b
πόμα 1186a
שִׁקּוּץ
βδέλυγμα 215b
βδελυγμός 216a
βδελύσσειν, βδελύττειν 216a
εἴδωλον 376a
μίασμα 926a
προσόχθισμα, προσώχθισμα 1219a
שָׁקַט qal
ἀναπαύειν 80b
ἀνάπαυσις *166c*
ἀνιέναι (= ἀνίημι) 102b
ἀσφάλεια, ἀσφαλία 174b
εἰρηνεύειν 410b, *173a*
εἰρήνη 410b
ἡσυχάζειν 620a
ἡσυχάζων (שֹׁקֵט וּבֹטֵחַ) 620a
καταπαύειν 740c
καταπραΰνειν 742a
κοπάζειν 778a
πείθειν 1114b
πεποιθὼς εἶναι 1114b
שָׁקַט hi.
ἀναπαύειν 80b
ἀνάπαυσις 80c
ἡσυχάζειν 620a
ἡσυχίαν παρέχειν 620b, 1069c
καταπραΰνειν 742a
κατασβεννύναι 743c
⟦πείθειν 1114b⟧
πρᾳΰνειν 1201a
σπαταλᾶν 1282a
שֶׁקֶט
ἡσυχίαν παρέχειν 620b, 1069c
שְׁקִידָה
ἀγρυπνία *165b*
שָׁקַל qal
ἀποκαθιστᾶν, ἀποκαθιστάναι 131b
ἀποτίνειν 149a
διαγράφειν 300a
^ἱστάναι, ἱστᾶν 689a
*ὁλκή 987b (1E 8.63, 64), *186a* (Si 8.2)
^*παραδιδόναι 1058a (1E 8.59)
παριστάναι 1070c
συμβουλεύειν 1303c
τιμᾶν 1353a
שָׁקַל ni.
^ἱστάναι, ἱστᾶν 689a
^*παραδιδόναι 1058a (1E 8.62)
שֶׁקֶל
δίδραγμον, δίδραχμον, δίδραχμα 328a
δραχμή 349a
σίκλος 1266c
στάθμιον 1286b
σταθμός 1286b
שִׁקְמָה
συκάμινον 1301b
συκάμινος 1301b
שָׁקַע qal
καταβαίνειν 727a
καταδύ(ν)ειν 731a
κοπάζειν 778a
שָׁקַע ni.
καταβαίνειν 727a
שָׁקַע hi.
⟦ἡσυχάζειν 620a⟧ → שָׁקַט hi.
שְׁקַעֲרוּרָה
κοιλάς 772c
שָׁקַף ni.
βλέπειν 221a
διακύπτειν 304b
ἐγκύπτειν 367b
εἰσκύπτειν 413c
ἐκκύπτειν 435a
παρακύπτειν 1061b
παρατείνειν 1065a
שָׁקַף hi.
διακύπτειν 304b

ἐκκύπτειν 435a
ἐπιβλέπειν 516c
καταβλέπειν 729a
κατακύπτειν 735a
κατιδεῖν 751a
παρακύπτειν 1061b, *187c*
שֶׁקֶף
μελαθροῦσθαι 908b
שְׁקֻפִים
μέλαθρον 908b
παρακύπτειν 1061b
שָׁקַץ pi.
βδελύσσειν, βδελύττειν 216a
προσοχθίζειν 1218c
προσόχθισμα, προσώχθισμα 1219a
שֶׁקֶץ
βδέλυγμα 215b
שָׁקַק qal
διψᾶν (= HR's διψῆν) 338a
⟦ἐπιλαμβάνειν 523c⟧ → נָשַׁק qal
κενός, καινός ("empty") 759a
εἰς κενὸν ἐλπίζειν 453c, 759a
שָׁקַק hitpalp.
συμπλέκειν 1305b
שָׁקַר qal
ἀδικεῖν 24c
שָׁקַר pi.
ἀδικεῖν 24c
ἀθετεῖν 29b
ἀποστρέφειν 145b
*ἐπιστρέφειν 531a (1K 15.29*L*)
συκοφαντεῖν 1301c
שֶׁקֶר
ἀδικία 25b
ἄδικος 26c, *165b*
ἀδίκως 27b
ἀνομία 106c
ἄνομος 107c
δόλιος 340b
κενός, καινός ("empty") 759a
ματαίως 899b
μάτην 899c
ψευδής 1484b, *196a*
ψεῦδος 1485a
*שְׁקַר Ar.
*ἀδικία 25b (To 4.5)
שֶׁקֶת
ποτιστήριον 1198a
שֹׁר I
ὀμφαλός 994a
שֹׁר II
εὐεξία *177c*
*ὑγ(ε)ία, ὑγίεια *194a* (Si 30.16)
שְׁרָא Ar. pe.
*καταλύειν 738c (Da LXX 2.22 [𝔓967])
⟦κατάλυσις 739a⟧
λύειν 889a
שְׁרָא Ar. pa.
^ἄρχειν 163a
λύειν 889a
שְׁרָא Ar. itpa..
διαλύειν 305a
שָׁרַב qal
*φλέγειν 1432c (Pr 29.1)
שָׁרָב
ἄνυδρος 112a
καύσων 757b, *181c*
שַׁרְבִיט
ῥάβδος 1247a
שָׁרָה
ἀρχή 163c
*שָׁרוּ Ar.
*ἄριστον 158a (To 2.1)
שְׁרוּקוֹת
σύριγμα 1322c
שִׁרְיָה
θώραξ 668c
שִׁרְיוֹן
θώραξ 668c
שִׁרְיָן
θώραξ 668c, *179c*
שְׁרִיקוֹת
σύριγμα 1322c
συρισμός, συριγμός 1323a
שָׁרִיר
ὀμφαλός 994a
שְׁרִירוּת
ἀποπλάνησις 139c
ἀρεστός 156a
ἐνθύμημα 473c
ἐπιθύμημα 520c
ἐπιτήδευμα 535b
θέλημα 629b
πλάνη 1140a
שֵׁרִית
κατάλοιπος 738a
שְׁרֵמוֹת
§ασαρημωθ (הַשְּׁ׳) 169c
§σαρημωθ 1259b
שָׁרַץ qal
ἐκζεῖν 430c
⟦ἐξάγειν 483a⟧
⟦ἐξερεύγεσθαι 491b⟧
ἐξέρπειν 491c
ἕρπειν 547c
κινεῖν 765b
⟦πληθύ(ν)ειν 1144b⟧ → רָבָה qal
⟦πληροῦν (שָׁ׳ בְּ־ qal) 1147c⟧
*χυδαῖος γίνεσθαι 1480b (Ex 1.7)
שֶׁרֶץ
ἐρεύγεσθαι 544c
ἑρπετός 548a
שָׁרַק qal
*σημαίνειν 1263a (Zc 10.8)
συρίζειν 1322c
שְׁרֵקָה
συρισμός, συριγμός 1323a
שָׁרַר qal
*κατισχύειν 751b (Ho 14.9)
שָׁרַשׁ pi.
ἀπολλύειν, ἀπολλύναι 136c, *168a*
*ἐκριζοῦν 441a (Jd 5.14B)
ἐκ ῥιζῶν ἀπολλύναι 1251c
⟦ῥίζωμα 1252a⟧ → שֹׁרֶשׁ
*τιμωρεῖν 1354a (Jd 5.14A Aramaizing)
שָׁרַשׁ pu.
ἄρριζος 160a
שָׁרַשׁ poel
ῥιζοῦν 1252a
שָׁרַשׁ poal
ῥιζοῦν 1252a
שָׁרַשׁ hi.
καταφυτεύειν 748b
ῥίζαν βάλλειν 189c, 1251c
שֹׁרֶשׁ
⟦ἐκριζοῦν 441a⟧ → שָׁרַשׁ pi.
*θεμέλιον *179b* (Si 3.9)
ῥίζα 1251c, *191b*
ῥίζωμα 1252a
*σπέρμα 1282b (Is 14.29, 30)
שְׁרֹשׁ Ar.
*ῥίζα 1251c
שַׁרְשָׁה
κροσός, κρωσσός 791b
שְׁרֹשׁוּ, שְׁרֹשִׁי Ar.
παιδ(ε)ία 1046c
^*τιμωρία 1354a (1E 8.24)
שַׁרְשְׁרָה
*ἁλυσιδωτός 60a (2C 3.16*L*)
*ἅλυσις 60a (2C 3.5, 16*L*)
κροσός, κρωσσός 791b
κροσ(σ)ωτός 791b
§σερσερωθ (שַׁרְשְׁרוֹת) 1263a
χαλαστόν 1452c
שָׁרַת pi.
⟦ᾄδειν 19a⟧
διάδοχος *171a*
⟦διακονία 303b⟧ → διάκονος
διάκονος 303b
δουλεύειν 345a
εὐαρεστεῖν 568c
⟦ἥκειν 605a⟧
θεράπων 648b
^*ἱερατεύειν 679a (1E 8.46)
λατρεύειν 863a, *183a*
*λειτουργ(ε)ία *183b* (Si 50.19)

λειτουργεῖν 872c, *183b* (–Si 7.30)
λειτουργός 873b, *183b*
παριστάναι 1070c
*προϊστάναι 1207a (I1K 13.17)
οἱ περὶ τὸ σῶμα (מְשָׁרְתִים) 1330a
ὑπουργός 1417c

שָׁרֵת
λειτουργικός 873b

שָׁשָׁה qal
see שָׁסָה qal

שָׁשָׁה poel
see שָׁסָה poel

שֵׁשׁ I
ἕκτος 443b
*ἕξ 482c
ἑξάκις (שֵׁשׁ פְּעָמִים ,שֵׁשׁ) 486b
ἑξακόσιοι (שֵׁשׁ מֵאוֹת) *175c*
ἑξακοσιοστός (שֵׁשׁ מֵאוֹת) 486c
ἑξήκοντα μυριάδες (שֵׁשׁ־מֵאוֹת אֶלֶף) 937a
ἑξηκονταετής (בֶּן שִׁשִּׁים שָׁנָה) 495c
ἑξηκοστός (שִׁשִּׁים) 495c

שֵׁשׁ II
βύσσινος 232b
βύσσος 232b
βύσσος κεκλωσμένη 232b
λίθινος 876b
μαρμάρινος 896a
πάρινος 1070b
πάρινος λίθος 1070b

שָׁשָׁא pi.
καθοδηγεῖν 704a

שִׁשָּׁה
ἑκκαιδέκατος 432a
ἕκτος 443b
*ἕξ 482c
ἑξάμηνον (שִׁשָּׁה חֳדָשִׁים) 487b

שִׁשִּׁי
βύσσινος 232b

שִׁשִּׁי
ἕκτος 443b

שָׁשֵׁר
γραφίς 278a
μίλτος 927c

שֵׁת
⟦ἐργάζεσθαι, ἐργάζειν 540c⟧
⟦καταρτίζειν 743b⟧ → שִׁית I qal

שֵׁת I
ἰσχίον 692c

שִׁת, שֵׁת II Ar.
^ἕκτος 443b

שָׁתָה I qal
ἐκπίνειν 439b
κωθωνίζεσθαι (יָשַׁב לִשְׁתּוֹת) 839b
μεθύ(σκ)ειν 907c
^πίνειν 1134a, *188c*
συμπίνειν (שָׁ׳ עִם qal) 1305b
ὑδροποτεῖν (qal מַיִם שָׁ׳) 1381a

שָׁתָה I ni.
πίνειν 1134a, *188c*

שָׁתָה II qal ("to weave")
*διάζεσθαι 300b (Is 19.10)

שְׁתָה Ar. pe.
οἰνοχοεῖν 984c
πίνειν 1134a

שְׁתִי
στήμων 1290c

שְׁתִיָּה
πότος 1198a

שָׁתִיל
βλάστημα *169b*
νεόφυτος 943a

שְׁתַּיִם
δίγλωσσος (בַּעַל שְׁ׳) *171b*
δίς 337b
*δύο 356c
ζεῦγος 594a

שָׁתַל qal
εὐθηνεῖν 570b
καταφυτεύειν 748b
⟦πιαίνειν 1132c⟧
φυτεύειν 1446c

שָׁתַם
⟦ἀληθινός 54a⟧ → תָּם ≈ ἀληθινῶς
⟦ἀληθινῶς 54b⟧ → תָּם

שָׁתַן hi.
οὐρεῖν 1034b

שָׁתָף
⟦κοινωνός *182a*⟧

שָׁתַק qal
ἡσυχάζειν 620a
κοπάζειν 778a

שָׁתַת qal
τιθέναι 1348c

ת

תָּא
§θαιηλαθα, θεηλαθ (תָּאִים) 621a
§θεε (תָּאוֹת ,תָּאִים ,תָּא) 628a
§θεειμ (תָּאוֹת ,תָּאִים) 628a
*τάξις 1334b (2C 12.11*L*)

תָּאַב I hit.
ἐπιθυμεῖν 520b
ἐπιποθεῖν 526c

תָּאַב II pi.
βδελύσσειν, βδελύττειν 216a

תַּאֲבָה
ἐπιθυμεῖν 520b

תָּאָה pi.
⟦καταμετρεῖν 739b⟧ → תָּוָה hi.

תְּאוֹ
ὄρυξ 1017c

תַּאֲוָה
ἀρεστός 156a
ἐπιθυμεῖν 520b
ἐπιθυμία 521a, *176c*
εὐλογία 574b
⟦καρπός ("fruit") 723c⟧

תָּאַם hi.
διδυμεύειν 328a

תְּאֹם
δίδυμος 328a

תַּאֲנָה
παραδιδόναι 1058a

תְּאֵנָה
συκ(ε)ών 1301c
συκῆ 1301b
σῦκον 1301b

תֹּאֲנָה
ἀνταπόδομα 109b
ἐκδίκησις 423a
*πρόφασις 1231b (Pr 18.1)

תַּאֲנִיָּה
ταπεινοῦν 1334c

תָּאַר qal
ἄγειν 9a
διεκβάλλειν 328a
διέρχεσθαι 328c
ἐξάγειν 483a

תָּאַר pi.
ῥυθμίζειν 1255b

תֹּאַר
ἀγαθὸς τῷ εἴδει/ἰδεῖν 2a, 375c, 669b
*γαυρίαμα *170a* (Si 43.1)
δόξα 341b
εἶδος 375c
κάλλος *180c*
μορφή 934b
ὁμοίωμα 993a

*ὅρασις 1007b (1C 17.17)
ὄψις 1044b
תְּאַשּׁוּר
κέδρος 758a
תֵּבָה
§θιβις, θηβη 652a
κιβωτός 763c
תְּבוּאָה
γέν(ν)ημα 238c
⟦ἐπέρχεσθαι 509c⟧ → בּוֹא qal
⟦θησαυρός 651c⟧
καρπίζεσθαι (אָכַל מִתּ׳) 723c
καρπός ("fruit") 723c, *181a*
⟦κουρά 781a⟧ → אֶרֶץ ≈ χώρα
תְּבוּנָה
⟦ἀνδρ(ε)ία 86a⟧
⟦εἰκών 377b⟧ → תְּמוּנָה
ἔννοια 475c
ἐπιστήμη 530a, *177a*
⟦λόγος 881c (Pr 5.1)⟧
νουθέτησις 950b
παιδ(ε)ία *187a*
σοφία 1278c, *191c*
σύνεσις 1314a, *192c*
φρόνησις 1439a
φρόνιμος 1439b
תְּבוּסָה
καταστροφή 746a
תֵּבֵל
γῆ 240c, *170a*
ξηρός *185b*
ἡ οἰκουμένη 968a
οὐρανός 1031b
ἡ σύμπασα 1305a
*χώρα *196c* (Si 43.3)
תֶּבֶל
ἀσεβεῖν (תֶּ׳ עָשָׂה) 170a
μυσαρός, μυσερός 937c
תְּבַלֻּל
πτίλ(λ)ος (adj.) 1238b
תֶּבֶן
ἄχυρον, ἄχυρος(?) 188a
תַּבְנִית
μορφή 934b
ὁμοίωμα 993a
ὁμοίωσις 993b
παράδειγμα 1057b
ῥυθμός 1255b
τύπος 1378b
תַּבְעֵרָה
ἐμπυρισμός 460b
תְּבַר Ar. pe.
συντρίβειν 1321a
תַּגָּר
*ἔμπορος *174b* (Si 42.5)
תֶּגֶר
*μεταβουλία *184b* (Si 37.11)
תִּגְרָה
ἰσχύς 694b
תִּדְהָר
πεύκη 1130a
תְּדִירָה Ar.
ἐνδελεχῶς (בִּתְ׳) 470a
תֹּהוּ
ἄβατος 1a
ἄδικος 26c
ἀόρατος 113c
ἀπολλύειν, ἀπολλύναι (עָלָה בַתֹּהוּ) 136c
δίψος 338b
ἔρημος 545a
εἰς κενόν 759a
μάταιος 898c
*μάτην 899c (Is 29.13)
τὰ μηδὲν ὄντα 920c
οὐδείς, οὐθείς (תֹּ׳, תֹּ׳ וָבֹהוּ) 1028b
תְּהוֹם
ἄβυσσος 1b, *165a*
*ἀπώλεια 151c (To 13.2)
βάθος *169a*
⟦γῆ 240c⟧
κῦμα 799a
οὐρανός 1031b
πόντος 1189a
תָּהֳלָה
σκολιός 1275b
תְּהִלָּה
ἀγαλλίαμα 4c
ἀγαυρίαμα 7a
αἴνεσις 33c
*αἰνετός 34b (Je 30.14)
αἶνος *165c*
ἀρετή 156a
γαυρίαμα 234c
?γλύμμα 271a
δόξα 341b
ἔνδοξος 470c
ἐξομολόγησις 499c
ἔπαινος 504c, *176a* (+Si 44.8)
καύχημα 757c
ὕμνησις 1405b
ὕμνος 1405b
⟦ὑπόμνησις 1416b⟧ → ὕμνησις
ψαλμός 1483b
*ᾠδή 1492a (To 13.18)
תַּהֲלוּכָה
διέρχεσθαι 328c
תַּהְפֻּכָה
ἄδικος 26c
ἀποστρέφειν 145b
διαστρέφειν 312a
διαστροφή 312a
ἐκστρέφειν 441c
καταστρέφειν 745c
μηδὲν πιστόν (תַּהְפֻּכוֹת) 920c, 1138c
σκολιός 1275b
תָּו
διδόναι σημεῖον (תָּוָה תָו hi.) 317b
σημεῖον 1263b
χείρ 1457c (Jb 31.35)
תּוֹאָם
ἐξ ἴσου 688c
תֹּאַר
δόξα *171c*
κάλλος *180c*
תּוּב Ar. pe.
ἀποδιδόναι 126b
ἀποκαθιστᾶν, ἀποκαθιστάναι 131b
ἐπιστρέφειν 531a (+ To 2.1; 6.12)
*κατέρχεσθαι 749b (To 2.1)
תּוּב Ar. af.
^*ἀποκαθιστᾶν, ἀποκαθιστάναι 131b
^*ἀποκρίνειν (פִּתְגָם הֲתִיב) 133a
⟦διδόναι 317b⟧ → יְהַב itpe.
εἰπεῖν, ἐρεῖν 384a
*ἐπιστρέφειν 531a (To 14.5)
^*προσφωνεῖν (הֲתִיב נִשְׁתְּוָן) 1223c (1E 6.6)
*תּוּב Ar. uph.
*ἀποδιδόναι 126b (To 2.1)
תובנה
⟦ἐπιστήμη 530a⟧ → תְּבוּנָה
תּוּגָה
ἀκηδία 44a
λύπη 889c
ὀδύνη 967a
πένθος 1118a
תּוֹדָה
ᾄδειν 19a
αἴνεσις 33c
δῶρον 359a
ἐξομολόγησις 499c
§θωδαθα, θωλαθα(ς) (תּוֹדוֹת) 668b
^*ὁμολογία 993c (1E 9.8)
χαρμοσύνη 1455c
תָּוָה pi.
⟦τυμπανίζειν 1378a⟧ → תָּפַף qal
תָּוָה hi.
*καταμετρεῖν 739b (Nu 34.7, 8, 10)
παροξύνειν 1072a
διδόναι σημεῖον (תָּ׳ תָו hi.) 317b
תְּוַהּ Ar. pe.
θαυμάζειν 626c

תּוֹחֶלֶת
ἐγχρονίζειν 367c
ἐλπίς 454a, *174b* (+Si 31[34].1)
⟦καύχημα 757c⟧ → תְּהִלָּה
ὑπόστασις 1417a
תָּוֶךְ
⟦ἐν (בְּתוֹךְ) *174b*⟧
ἔνδον (בְּתוֹךְ, אֶל תּוֹךְ) 470b
μέσος (בְּתוֹךְ, בַּתָּ׳, תָּ׳) 913a, *184b*
ἐν μέσῳ (בְּתוֹךְ) *174b*
πλάγιος 1139b
πλατεῖα (subst.) 1140c
תּוֹךְ
see תֹּךְ
תּוֹכֵחָה
ἐλεγμός 449a
ἔλεγχος 449c
⟦ὀνειδισμός 994c⟧
תּוֹכַחַת
ἀνεξέλεγκτος (עָזַב תּוֹ׳) 87b
ἐκδίκησις 423a
ἐλεγμός 499a, *174a*
ἐλέγχειν 449b
ἔλεγχος 449c, *174a*
παιδ(ε)ία 1046c
תּוֹלֵדֹת
γενεά 236a
γένεσις 237a
συγγένεια, συγγενία 1298b
תּוֹלָע
κόκκινος 775c
κόκκος 776a
σκώληξ 1278a
תּוֹלַעַת, תּוֹלֵעָה
διανήθειν (תּוֹ׳ שָׁנִי) 306b
κόκκινος 775c
κόκκος *182b*
σκώληξ 1278a, *191c*
תּוֹם
see תֹּם
תּוֹעֵבָה
^ἀκαθαρσία 42b
ἀκάθαρτος 42c
ἀκάθαρτος καὶ βδελυκτός 216a
ἁμαρτία 62a
ἀνομεῖν (עָשָׂה תּוֹ׳) 106b
ἀνόμημα 106b
ἀνομία 106c
ἄνομος 107c
ἀσέβεια, ἀσεβία 169c
βδέλυγμα 215b, *169b*
βδελύσσειν, βδελύττειν 216a
ἐπιτήδευμα 535b
ἔργον 541c
μάκρυμμα 894a
⟦μάκρυνσις 894b⟧ → μάκρυμμα
μόλυνσις 932c
πονηρία 1186b
⟦πονηρός 1186c (Ez 11.21)⟧
⟦προσόχθισμα, προσώχθισμα 1219a⟧ → βδέλυγμα
תּוֹעָה
ἀφανής 181b
πλάνησις 1140a
תּוֹעֵלָה
ὠφέλεια, ὠφελία *196c*
תּוֹעָפוֹת
δόξα 341b
?πυροῦν 1245c
ὕψος 1421b
תּוֹצָאוֹת
διεκβολή 328b
διέξοδος 328b
ἔξοδος 497b
תּוּר qal
διαστρέφειν 312a
*ἐκζητεῖν *173c* (Si 51.21)
ἐκλέγειν 435a
⟦ἐπισκέπ(τ)ειν 527c⟧ → κατασκέπτεσθαι, κατασκέπτειν
⟦ἑτοιμάζειν 563c⟧
κατασκέπτεσθαι, κατασκέπτειν (תּוּר qal, עָבַר לָתוּר) 744a
תּוּר hi.
⟦ἐκτείνειν 442a⟧ → נָעַר II pi. ≈ ἐκτινάσσειν
⟦ἐκτινάσσειν 443b⟧ → נָעַר II pi.
ἐπιγνώμων 518c
κατασκέπτεσθαι, κατασκέπτειν 744a
תּוֹר I
καιρός 706a
χρόνος 1476b
תּוֹר II
τρυγών 1377b
תּוֹר III
⟦ὅρασις 1007b⟧ → תֹּאַר
תּוֹר IV Ar.
βοῦς 229a
μόσχος 934c
^*ταῦρος 1337c (1E 6.29; 7.7; 8.14)
תּוֹרָה
⟦βιβλίον, βυβλίον 218b⟧
^*βίβλος 219b (1E 5.49)
δευτερονόμιον (מִשְׁנֵה תּוֹ׳) 293b
διαγραφή 300a
διαθήκη 300c
*ἐννόμως 476a (Pr 31.24[26])
^ἐντολή (תּוֹ׳, דִּבְרֵי תּוֹ׳) 479b
ἐξηγορία 495b
θεσμός 649b
⟦λόγος 881c (Is 1.10)⟧ → νόμος
νόμιμος 946c
⟦νομόθεσμος 947a⟧ → νομοθέσμως
νομοθέσμως 947a
^νόμος 947b, *185b* (+Si 41.8)
πρόσταγμα 1219c, *190b* (Si 39.18)
⟦τάξις 1334b⟧ → סֵדֶר
תּוֹשָׁב
κατοικεῖν 751c
παρεπίδημος 1068c
παροικεῖν 1071b
πάροικος 1071c
תּוּשִׁיָּה
⟦ἀληθής 53c⟧
?ἀσφάλεια, ἀσφαλία 174b
⟦βοήθεια, βοηθία 222c⟧ → תְּשׁוּעָה
⟦ἐπακολουθεῖν 505b⟧
ἰσχύς 694b
⟦καιρός 706a⟧
σωτηρία 1331b
תּוֹתָח
σφυρόν 1327c
תָּזַז hi.
ἀποκόπτειν 133a
κατακόπτειν 734b
תַּזְנוּת
ἐκπορνεύειν 440c
ἔργα πόρνης 541c
πορν(ε)ία 1194c
תַּחְבּוּלוֹת
⟦βούλεσθαι 226b⟧
§θεεβουλαθωθ 628a
תַּחְבֻּלוֹת
κυβερνᾶν 796a
κυβέρνησις 796a
תְּחוֹת Ar.
ὑποκάτω 1413c
ὑποκάτωθεν (מִן־תְּ׳) 1414b
תְּחִלָּה
*ἄρχειν 163a (Am 7.1)
ἀρχή 164a, *168c*
ἀφηγεῖσθαι 183a
τὸ πρότερον (בַּתְּ׳) 1230c
πρῶτος (בַּתְּ׳) 1235c
תַּחֲלוּא
*ἀρρωστία 160b (2C 21.19^{2}*L*)
μαλακία 894b
νοσερός 949b
νόσος 949b
πόνος 1188b
תַּחֲלִיף
ἀντάλλαγμα *167b*

תַּחְמָס
γλαύξ 270c

תַּחֲנָה
παρεμβάλλειν 1066b

תְּחִנָּה
ἀξίωμα 113b
βοή 222c
δέησις 285c
^ἔλεος, ἔλαιος 451a
ἐπιεικεύεσθαι (הָיְתָה תְ׳) 519c
προσευχή 1214c
⟦φωνή 1447b⟧ → δέησις

תַּחֲנוּן
δέησις 285c, 170b
ἔλεος, ἔλαιος 451a
οἰκτ(ε)ιρμός 983a
παράκλησις 1061a
προσευχή 1214c

תַּחְרָא
διυφαίνειν (כְּפִי תְ׳) 337c

תַּחֲרָה
ἐρεθισμός 177b
μηνίαμα, μήνιμα, μῆνις 185a

תַּחַשׁ
ὑακίνθινος 1379a
ὑάκινθος 1379b

תַּחַת
ἄλλος 56b
ἀντί 167b
αὐτόθι (תַּחְתָּם) 179b
κατόπισθε(ν) 756a
κάτω (also מִתַּ׳) 756c (+ To 13.2)
κάτωθεν (מִתַּ׳,תַּ׳) 756c
κοίτη 775b
⟦κύκλος 797a⟧
μετά + acc. 184b
οἶκος 973a
⟦ὀπίσω 1001c⟧
στρωμνή 1297b
*τόπος 193c (Si 49.10)
ἐπὶ τὸν τόπον 193c
ἐπὶ (τοῦ) τόπου 1364b, 193c
ὕπανδρος (תַּ׳ אִישׁ) 1406b
*ὑπηρετεῖν (נָתַן יָד תַּחַת) 1411c (1C 29.24L)
ὑπό + acc. 194b
ὑποκάτω (אֶל־ תַּ׳, מִתַּ׳ ל־, מִתַּ׳,תַּ׳, אֶל־תַּ׳ ל־) 1413c, 194c (Si 36 [33].6)
τὰ ὑποκάτω 1413c
ὑποκάτωθεν (מִתַּ׳ ל־, תַּ׳ ל־, מִתַּ׳,תַּ׳) 1414b
ὑποτάσσειν (נָתַן יָד תַּ׳) 1417b
κατὰ χώραν 1481a

תַּחְתּוֹן
κάτω 756c
κάτωθεν 756c
κατώτερος, κατώτατος 757a
ὑποκάτω 1413c
ὑποκάτωθεν 1414b

תַּחְתִּי
ἀνήλατος 88a
βάθος 189a
θεμέλιον, θεμέλιος 629b
κατάγαιος 729b
κάτω 181c
κάτωθεν 756c
κατώτερος, κατώτατος 757a
ταπεινός 1334b

תִּיכוֹן
μέσος 913a
μεσοῦν 913a
περίστυλον 1127a

תֵּימָן
§θαιμαν 621a
θάλασσα 621a
λίψ 879c
νότος 949c, 185c (Si 43.16)

תִּימָרָה
ἀτμίς 176b
στέλεχος 1288a

תִּירשׁ, תִּירוֹשׁ
μέθυσμα 908a
οἶνος 983c, 186a
⟦ῥώξ 1255c⟧

תַּיִשׁ
τράγος 1369a

תֹּךְ
*δαν(ε)ιστής (אִישׁ תְּכָכִים) 285a (Pr 29.13)
δόλος 340b
⟦κόπος 778c⟧ → τόκος
ταμ(ι)εῖον, ταμίον 1334a
τόκος 1363b

תְּכוּנָה
ἑτοιμασία 564c
κόσμος 780c
ὑπόστασις 1417a

תֻּכִּיִּים
⟦ταών 1339b⟧

תִּכְלָה
συντέλεια 1318c

תַּכְלִית
⟦ἔκθλιψις 432a⟧ → ἔκλειψις
ἔκλειψις 437a
ἔσχατος 558a
πέρας 1120a
συντέλεια 1318c
τέλειος 1342c

תְּכֵלֶת
ὁλοπόρφυρος 989b
ὑακίνθινος 1379a, 194a
ὑάκινθος 1379b, 194a

תָּכַן qal
⟦γινώσκειν 267a⟧
κατευθύνειν 750b

תָּכַן ni.
ἑτοιμάζειν 563c
εὐθύς (adj.) 571a
κατευθύνειν 750b
κατορθοῦν 756b

תָּכַן pi.
⟦γινώσκειν 267a⟧
κοσμεῖν 182b
στερεοῦν 1289a
*στοχάζεσθαι 1295a (De 19.3)

תָּכַן pu.
ἑτοιμάζειν 563c

תֹּכֶן
*στάσιμος 1286c (Si 26.17)
σύνταξις 1318a

תָּכְנִית
διάταξις 312c
⟦ὁμοίωσις 993b⟧ → תַּבְנִית

תַּכְרִיךְ
διάδημα 300a

תֵּל
ἄβατος 1a
ἀοίκητος 113c
⟦μετέωρος 917c⟧ → תָּלָה qal
⟦τεῖχος 1339c⟧ → ὕψος
*ὕψος 1421b (Je 37[30].18)
χῶμα 1480c
χωματίζεσθαι (עָמַד עַל תֵּל) 1480c

תָּלָא qal
see תָּלָה qal

תָּלָא ni.
see תָּלָה ni.

תָּלָא pi.
see תָּלָה pi.

תְּלָאָה
κακοπάθεια 709a
μόχθος 935c

תַּלְאוּבָה
ἀοίκητος 113c

תַּלְבֹּשֶׁת
περιβόλαιον 1122b

תְּלַג Ar.
χιών 1471b

תָּלָה qal
ἐπικρεμαννύναι 523c
ἱστάναι, ἱστᾶν 689a
κρεμάζειν, κρεμᾶν, κρεμαννύναι 785c

[κρεμνᾶν(?) 785c] → κρεμάζειν, κρεμᾶν, κρεμαννύναι
*μετέωρος 917c (Ez 3.15)
πεποιθὼς εἶναι 1114b
σταυροῦν 1287a

תָּלָה ni.
*ἀνακρεμάζειν (2K 18.9L 4Q51)
κρεμάζειν, κρεμᾶν, κρεμαννύναι 785c

תָּלָה pi.
κρεμάζειν, κρεμᾶν, κρεμαννύναι 785c

תְּלוּנָה
γόγγυσις 274b
γογγυσμός 274b

תְּלִי
φαρέτρα 1425a

תְּלָיִם
*γνήσιος 170c (Si 7.18)

תְּלִיתָי Ar.
τρίτος 1373c

תָּלַל hi.
ἀπατᾶν 119b
ἐξαπατᾶν 488a
καταπαίζειν 740a
παρακρούεσθαι 1061b
παραλογίζεσθαι 1062a
πλανᾶν 1139b

תָּלַל ho.
πλανᾶν 1139b

תֶּלֶם
αὖλαξ 177a, 169a
χέρσος 1468a

תַּלְמִיד
μανθάνειν 895b

תַּלְפִּיָּה
§θαλπιωθ, θαλφιωθ (תַּלְפִּיּוֹת) 623b

תְּלָת Ar.
τρίς (זִמְנִין תְּלָתָה) 1373a
^τρίτος 1373c

תְּלָת Ar.
τρίτος 1373c
τρίτον μέρον 911c

תַּלְתַּלִּים
ἐλάτη 448a

תָּם
[ἄβλαστος(?) 1b] → ἄπλαστος
[ἀκακία 43b] → תֹם
ἄκακος 43b
ἀληθινός 54a
*ἀληθινῶς 54b
ἄμεμπτος 65b
ἄμωμος 68b
ἄπλαστος 122c
ὅσιος 1018b
τέλειος 1342c

תֹם
ἀκακία 43b
ἄκακος 43b
^ἀλήθεια 53a
ἄμωμος 68b
ἀπλοσύνη 122c
ἀπλότης 122c
ἀπλῶς (בְּתוֹם) 123a
*ἀφελῶς (לְתֹם) (3K 22.34L)
[δῆλος 295b] → אוּר I
[ἐξαίφνης, ἐξέφνης (כְּתֹם) 486b]
εὐστόχως (לְתֻמּוֹ) 580c
καθαρός 698c
ὅσιος 1018b
ὁσιότης 1018c
τέλειος 1342c
εἰς (τὸ) τέλος (עַד־תֻּמָּם) 1344a
ἕως εἰς (τὸ) τέλος (עַד־תֻּמָּם) 1344a

תִּמָּה Ar.
^ἐκεῖ (תַּמָּה) 423c
ἐκεῖθεν (מִן־תַּמָּה) 427b

תָּמַהּ qal
ἀναθαυμάζειν 166c
ἀποθαυμάζειν 168a
ἐξιστᾶν, ἐξιστάναι 496c
θαυμάζειν 626c, 179a (+Si 11.21; – 11.31; 33[36].4)
θαυμάσιος 627a
θαυμαστός 627b (To 12.22) [179a → תָּמַהּ]

תָּמַהּ hi.
*ἐξιστᾶν, ἐξιστάναι 176a (Si 43. 18)

תָּמַהּ hit.
θαυμάζειν 626c

תְּמַהּ
*θαυμάσιος 179a (Si 43.25; 48.14)
*θαυμαστός 179a (Si 16.11)

תְּמַהּ Ar.
τέρας 1345a

תִּמָּה
ἀκακία 43b
[τελειότης 1342c]

תִּמָּהוֹן
ἔκστασις 441b

תְּמוֹל
καθ' ἑκάστην ἡμέραν (תְּמוֹל שִׁלְשׁוֹם) 418a, 607b
(ἐ)χθές (כְּתְ/תְ׳) 1468c
τρίτη ἡμέρα 607b
χθιζός 1468c

תְּמוּנָה
δόξα 341b
*εἰκών 377b (Ho 13.2)
μορφή 934b
ὁμοίωμα 993a

תְּמוּר
ἀντί 167b

תְּמוּרָה
ἄλλαγμα 55b
[ἀμάσητος 65a]
ἀντάλλαγμα 108c
[ἀποβαίνειν (הָיְתָה תְ׳) 125b] → הָיָה qal

תְּמוּתָה
θανατοῦν 625a

תָּמִיד
ἀεί, αἰεί 28b
αἰών 39b
ἐνδελεχεῖν, ἐνδελεχίζειν 175b
^ἐνδελεχισμός 470a
ἐνδελεχιστός 470a
ἐνδελεχῶς 470a, 175b
καθ' ἡμέραν 607b
θυσία 664a
δι' ὅλου 989b
πᾶς 1073a
διὰ παντός 1073a, 171a, 188a
θυσία διὰ παντός 1073a
πολλαστός 1180c
διὰ τέλους 1344a

תָּמִים
ἄθῷος 30a
ἀκακία 43b
ἄκακος 43b
ἄμεμπτος 65b
ἄμωμος 68b, 166b
[δῆλος 295b] → אוּר I
[δίκαιος 330c] → δικαίως
δικαίως 335a
εὐθύτης 571b, 177c
ὁλόκληρος 989a
ὅλος 989b
ὅσιος 1018b, 186c
ὁσιότης 1018c (+ Jd 9.16, 19L)
τέλειος 1342c, 193b
εἰς τέλος ἡμέρας μιᾶς (כְּיוֹם תָּ׳) 1344a

תְּמִים
[ἐξ ἴσου 688c] → תּוֹאָם

תָּמַךְ qal
ἀντιλαμβάνεσθαι 110c
ἀποκαθιστᾶν, ἀποκαθιστάναι 131b
ἀσφάλεια, ἀσφαλία 174b
ἀσφαλίζειν 174b
ἐγείρειν 364a
ἐπερείδειν 509c
ἐρείδειν 544c
καταρτίζειν 743b
κρατεῖν 182b
στηρίζειν 1290c

תָּמַךְ ni.
σφίγγειν 1325a
תָּמַם qal
ἄμωμος 68b
ἀναλίσκειν 79b
ἀπολλύειν, ἀπολλύναι 136c
*ἀφανίζειν 181b (Hb 1.5)
διαπίπτειν 308a
ἐκλείπειν 435c, *173c*
ἐξαναλίσκειν 487b
[[ἐξέρχεσθαι + ἔτος (= שָׁנָה) 491c]]
ἡσυχίαν ἔχειν 586c, 620b
κατευθύειν *181c*
παύειν 1112b
περιτέμνειν (תָּ׳ לְהִמּוֹל qal) 1127b
[[πίπτειν 1135c]] → διαπίπτειν
πληροῦν 1147c
συντέλεια 1318c
συντελεῖν 1319b
τελειοῦν 1343a
τέλος 1344a
תָּמַם ni.
ἐκλείπειν 435c
ἐξαναλίσκειν 487b
תָּמַם hi.
ἁπλοῦν 123a
ἐκλείπειν 435c
[[ἐκτήκειν 443a]] → τήκειν
πληροῦν 1147c
συντελεῖν 1319b
[[σφραγίζειν 1327a]] → חָתַם qal
τήκειν 1348a
תָּמַם hit.
ἀθῷος 30a
συντελεῖν 1319b
τελειοῦν 1343a
*תַּמָּן Ar.
*ἐκεῖ 423c (To 13.4)
תֶּמֶס
τήκειν 1348a
תָּמָר
στέλεχος φοινίκων 1288a
φοινικών 1436c
φοῖνιξ 1436c
תֹּמֶר
φοῖνιξ 1436c
תִּמֹּרָה
φοῖνιξ 1436c
תַּמְרוּק
σμῆγμα, σμῖγμα 1278b
תַּמְרוּרִים I
ὀδυρμός 967c
οἰκτρός 983b
παροργίζειν 1072b
תַּמְרוּרִים II
§τιμωρια 1354a

תַּן
δράκων 348b
ἐχῖνος 592a
κάκωσις 712a
σειρήν 1262a
στρουθός 1297a
*תַּן Ar. af.
*καπνίζειν 718c (To 6.8)
*תְּנָא Ar.
*ἐντεῦθεν 479a (To 7.11; מִן תְּנָא 9.2)
תָּנָה pi.
[[διδόναι 317b]] → נָתַן qal
θρηνεῖν 654c
תְּנוּאָה
ὁ θυμὸς τῆς ὀργῆς 660c
μέμψις 909c
תְּנוּבָה
γέν(ν)ημα 238c
γλύκασμα *170b*
καρπός ("fruit") 723c
תְּנוּךְ
λοβός 880a
תְּנוּמָה
ἐπινυστάζειν 526a
καθυπνοῦν 704c
νύσταγμα 956a
νυσταγμός 956a
תְּנוּפָה
ἀπαρχή 118b
ἀπόδομα 127c
ἀφαίρεμα 181a
ἀφόρισμα 186a
δόμα 341a
ἐπίθεμα 520a
θέμα *179b*
μεταβολή 915c
תַּנּוּר
§θαννουρ(ε)ιμ (תַּנּוּרִים) 625c
§θεννουριμ (תַּנּוּרִים) 630a
κλίβανος 771a
תַּנְחוּמוֹת
παράκλησις 1061a
תַּנְחוּמִים
παράκλησις 1061a
תַּנִּים
δράκων 348b
תַּנִּין
δράκων 348b
κῆτος 763c
תִּנְיָן Ar.
δεύτερος 293b
תִּנְיָנוּת Ar.
δεύτερος 293b
תִּנְשֶׁמֶת
ἀσπάλαξ 173b
ἶβης, ἶβις, ἶβις 669a

πορφυρίων, πορφυρών 1195c
[[σπάλαξ 1281b]] → ἀσπάλαξ
תָּעַב ni.
βδελύσσειν, βδελύττειν 216a
*καταταχύνειν (?) (1C 21.6*L*)
[[κατισχύειν 751b]]
[[προσοχθίζειν 1218c]] → κατισχύειν
תָּעַב pi.
βδέλυγμα 215b
βδελύσσειν, βδελύττειν 216a, *169b*
λυμαίνειν, λοιμαίνειν 889b
תָּעַב pu.
*βδελύσσειν, βδελύττειν *169b* (Si 16.8)
תָּעַב hi.
ἀνομεῖν 106b
βδελύσσειν, βδελύττειν 216a
תָּעָה qal
πλανᾶν 1139b, *188c* (Si 51.13)
πλάνησις 1140a
[[σείειν 1261c]]
תָּעָה ni.
πλανᾶν 1139b
תָּעָה hi.
ἐξάγειν 483a
ἐξωθεῖν 502b
ὀλισθαίνειν *186a*
πλανᾶν 1139b
πλάνησις 1140a
πονηρεύεσθαι 1186a
תְּעוּדָה
μαρτύριον 896c
תְּעָלָה I
[[θάλασσα 621a]]
*ἰατρεία 669a (Je 31[48].2)
ῥύσις 1255c
σύστεμα, σύστημα 1323c
ὑδραγωγός 1380c
תְּעָלָה II
*ὠφέλεια, ὠφελία 1497a (Je 26[46].11; 37[30].13)
תֹּעָלָה
ὠφέλεια, ὠφελία *196c*
תַּעֲלוּלִים
ἔμπαιγμα 456b
ἐμπαίκτης 456c
תַּעֲלֻמָּה
*δύναμις 350a (Jb 11.6; 28.11)
κρύφιος 793a
תַּעֲנוּג
ἐντρύφημα 481b
εὐφροσύνη *178b*
[[τροφή *194b*]] → τρυφή
τρυφερός 1377c

τρυφή 1377c, *194c* (+Si 14.16; 37.20; 41.1)
τρύφημα *194c*
תַּעֲנִית
^*νηστεία 945a (1E 8.73)
ταπείνωσις 1335c
תָּעַע pilp.
καταφρονεῖν 748a
תָּעַע hitpal..
*ἐκπαίζειν 438c (1E 1.51)
ἐμπαίζειν 456b
תַּעֲצֻמוֹת
κραταίωσις 783a
תַּעַר
κολαιός 776b
κολεός 776b
ξυρόν 959c
תַּעֲרוּבָה
σύμμιξις 1304c
תַּעְתֻּעִים
ἐμπαίζειν 456b
μωκᾶσθαι 938a
תֹּף
αὐλός 178c
τύμπανον 1378b
ψαλτήριον 1483c
תִּפְאָרָה
δόξα 341b
καύχημα *181c*
καύχησις *182a*
μεγάλωμα 902b
תִּפְאֶרֶת
ἀγαλλίαμα *165a*
γαυρίαμα *170a*
δόξα 341b
δοξάζειν 343b
δόξασμα 344a
δοξαστός 344a
⟦ἔπαρξις 508b⟧ → ἔπαρσις
ἔπαρσις 508b
καλλονή 715a
κάλλος 715a
καύχημα 757c
καύχησις 757c
κόσμος 780c
μεγαλειότης 901b
μεγαλοπρέπεια, μεγαλοπρεπία 901c
μεγαλωσύνη 902c
προτέρημα 1230b
τρυφή 1377c
ὡραιότης 1494a
תֻּפִּינִים
ἑλικτός 453a
תָּפֵל
ἀφροσύνη 186b
תִּפְלָה
ἀνόμημα 106b
ἀφροσύνη 186b
תְּפִלָּה
δέησις 285c, *170b*
δεῖσθαι (נָשָׂא תְ׳) 288a
ἐξομολόγησις *176a*
εὔχεσθαι 583c
εὐχή 584b
προσεύχεσθαι 1214a
προσευχή 1214c, *190b* (+Si 51.13)
ὕμνος 1405b
תִּפְלֶצֶת
παιγνία 1045c
תָּפַף qal
*τυμπανίζειν 1378a (1K 21.13[14])
τυμπανίστρια 1378b
תָּפַף polel
φθέγγεσθαι 1429c
תָּפַר qal
ῥάπτειν 1248a
תָּפַר pi.
συρράπτειν 1323a
תָּפַשׂ qal
⟦ἀναβαίνειν, ἀναβέννειν 70a⟧ → ἀναλαμβάνειν
*ἀναλαμβάνειν 78c (Je 26[46].9)
ἀντέχειν 109c
βιάζεσθαι 218a
⟦διαστρέφειν 312a⟧ → πλαγιάζειν
ἐγκρατής *172a*
ἔλασμα 448a
ἐπιλαμβάνειν 523c
ἐπισπᾶν 529b
καθοπλίζειν 704b
καταδεικνύναι 730b (–Ge 4.21)
κατακρατεῖν 734b
καταλαμβάνειν 735a
κατάληψις 737c
κατέχειν 750c
κρατεῖν 783a
κωπηλάτης (תָּ׳ מָשׁוֹט qal) 840b
λαμβάνειν 847a
ὀμνύειν, ὀμνύναι 991b
πλαγιάζειν 1139b
πολεμιστής (תָּ׳ מִלְחָמָה qal) 1171c
συλλαμβάνειν 1301c
σύλληψις 1302c
τοξότης (תֹּפֵשׂ קֶשֶׁת) 1364b
תָּפַשׂ ni.
ἁλίσκειν, ἁλίσκεσθαι 54c
ἅλωσις 60b
θηρεύειν 650b
λαμβάνειν 847a
⟦παραδιδόναι 1058a⟧
συλλαμβάνειν 1301c
תָּפַשׂ pi.
ἐρείδειν 544c
εὐάλωτος 568c
תֹּפֶת
*γέλως 235c (Jb 17.6)
διαπίπτειν 308a
διάπτωσις 308c
§ταφεθ, ταφετ 1337c
תִּפְתָּיֵא Ar.
οἱ ἐπ' ἐξουσιῶν 500c
תִּקְוָה I
ἀγαθός 2a
ἐλπίς 454a
εὔελπις 569c
μόνιμος 933a
σημεῖον 1263b
ὑπομένειν *194c*
ὑπομονή 1416b, *194c* (+Si 16.13)
ὑπόστασις 1417a
תִּקְוָה II
συναγωγή 1309b
תְּקוּמָה
ἀνθιστάναι 95c
*ὑπόστασις 1417a (Jb 22.20)
תָּקוֹעַ
σάλπιγξ 1258b
תְּקוֹף
κραταιός *182b*
תְּקוּפָה
καιρός 706a
κατάντημα 739c
μεσοῦν 913c
συντέλεια 1318c, *192c*
תַּקִּיף, also Ar.
^ἰσχυρός 693b
ἰσχύς 694b
^*σκληρός 1274b (1E 2.27)
תָּקַל ni.
προσκόπτειν *190b*
תָּקַל hi.
πλανᾶν *188c*
תְּקַל Ar. peil
ἱστάναι, ἱστᾶν 689a
תְּקֵל Ar.
§θεκελ 628b
תְּקָלָה
ξύλον *185c*
ξύλον προσκόμματος *190b*
תָּקַן qal
*ἐπικοσμεῖν 523b
ἐπικραταιοῦν 523b
⟦κοσμεῖν 780b⟧ → ἐπικοσμεῖν
תָּקַן pi.
κοσμεῖν 780b
κόσμιον 780c

תְּקַן Ar. hof.
κραταιοῦν 782c
κρατεῖν 783a
תָּקַע qal
βάλλειν 189c
ἐγκρούειν 367a (+ Jd 4.21)
ἐμβάλλειν 455a
ἐμπηγνύναι 456c
ἐπικροτεῖν (תָּ׳ כַּף qal) 523c
ἦχος 620c
ἱστάναι, ἱστᾶν 689a
κατακρούειν 734c
καταπηγνύναι 741b
κροτεῖν 791c
παραδιδόναι 1058a
πηγνύναι 1130c
σαλπίζειν 1258c
σημαίνειν 1263a
⟦στηλοῦν 1290b⟧ → ἱστάναι, ἱστᾶν
στηρίζειν 1290c
τιθέναι 1348c (Jd 4.21A; 1C 10.10)
תָּקַע ni.
σαλπίζειν 1258c
συνδεῖν 1312c
φωνεῖν 1447b
תֵּקַע
ἦχος 620c
תָּקַף qal
ἐπικραταιοῦν 523b
κατέχειν 750c
ὠθεῖν 1492c
תְּקִף, תְּקֵף Ar. pe.
*ἐγκρατὴς γίνεσθαι 367a (To 6.4)
ἰσχύειν 692c
ἰσχύς 694b
κραταιοῦν 782c
תְּקִף, תְּקֵף Ar. pa.
ἐνισχύειν 475a
תֹּקֶף
βία 218a
ἰσχύς 694b
תְּקֹף Ar.
ἰσχύς 694b
κραταιός 782a
κράτος 784a
תֹּר
τρυγών 1377b
תַּרְבּוּת
σύστρεμμα 1323c
תַּרְבִּית
πλεονασμός 1142a
πλῆθος 1142c
תֻּרְגַּם pu.
ἑρμηνεύειν 547c

תַּרְדֵּמָה
δεινὸς φόβος 288a
ἔκστασις 441b
θάμβος 623b
κατάνυξις 739c
תְּרוּמָה
ἀπαρχή 118b, *167c*
⟦ἀπαρχία 118c⟧ → ἀπαρχή
⟦ἀρχή 164a⟧
ἀφαίρεμα 181a
ἀφόρισμα 186a
ἀφορισμός 186b
δόσις *172b*
*δῶρον 359a (Jd 9.31A)
εἰσφορά 415c
θυσία *179c*
תְּרוּעָה
ἀγαλλίασις 5b
*ἀλάλαγμα 52a (1K 4.6*L*)
ἀλαλαγμός 52a
⟦ἔνδοξος 470c⟧
ἐξηγορία 495b
ἐξομολόγησις 499c, *176a*
θόρυβος 654a
κραυ(γ)ή 784b
^σάλπιγξ 1258b
σημασία 1263b
^φωνή 1447b
תְּרוּפָה
ὑγ(ε)ία, ὑγίεια 1380b
φάρμακον *195a*
תְּרֵין Ar.
*ἀμφότεροι 68a (To 6.6)
^δεύτερος 293b
δωδεκάμηνον (יַרְחִין תְּרֵי עֲשַׂר) 358b
תָּרְמָה
ἐν κρυφῇ (בְּתָ׳) 793a
תַּרְמִית
δόλιος 340b
δολιότης *171c*
ἐνθύμημα 473c
θέλημα 629a
προαίρεσις (תַּרְמוּת ,תַּ׳) 1203c
תֹּרֶן
ἱστός 692c
תְּרַע Ar.
αὐλή 177b
θύρα 662c
תָּרָע Ar.
^*θυρωρός 664a (1E 8.22)
πυλωρός 1242a
תַּרְעֵלָה
⟦θυμός 660c⟧
κατάνυξις 739c
πτῶσις 1239a

תְּרָפִים
*ἀποφθέγγεσθαι 150a (Zc 10.2)
γλυπτός 271a
δῆλος 295b
εἴδωλον 376a
§θεραπ(ε)ια 648a
§θεραφ(ε)ιν, θαραφειν, θεραπειν, θεραφειμ 648c
κενοτάφια, καινοτάφια 759b
תִּרְצָה
εὐδοκία 569b
תַּרְשִׁישׁ
ἄνθραξ 96a
θάλασσα 621a
§θαρσ(ε)ις 626c
χρυσόλιθος, χρυσόλιθον 1478b
תִּרְשָׁתָא
§αθερσασθα, αθερσα(θ)α, αρτασασθα (הַתִּ׳) 29b, 161a
תְּשׂוּמֶת
κοινωνία (תְּ׳ יָד) 775a
תְּשֻׁאוֹת
?μέμψις 909c
תַּשְׁבֵּץ
κοσυμβωτός 781a
תְּשׁוּבָה
ἀλλοίωσις *166a*
ἀνταπόκρισις 109c
ἀπόκρισιν διδόναι 134b
ἀποστροφή 148b
ἐπιέναι 520a
ἐπιστρέφειν 531a
καταπαύειν 740c
תְּשׁוּעָה
βοήθεια, βοηθία 222c
σωτηρία 1331b, *193c*
σωτήριον 1332a, *193c*
תְּשׁוּקָה
ἀποστροφή 148b
ἐπιστροφή 534a
תֻּשִׁיָּה
see תּוּשִׁיָּה
תְּשִׁיעִי
^ἔν(ν)ατος 469a
תַּשְׁלוּמָה
ἀνταποδιδόναι *167b*
ἀνταπόδομα *167b*
תַּשְׁנִיק
χολέρα *196a*
תְּשַׁע, תִּשְׁעָה
*ἐννέα 475b
ἔν(ν)ατος 469a
ἐννεακαιδέκατος (תִּשְׁעָה עֶשְׂרֵה, תְּשַׁע עָשָׂר) 475c
תָּשַׁשׁ ho.
*κατακλᾶν 733b (Ez 19.12)